REVISÃO TURBO

OAB 1ª Fase

DOUTRINA E QUESTÕES 2ª edição

COAUTORES

Arnaldo Quaresma
Caroline Müller Bitencourt
Cleize Kohls
Douglas Azevedo
Felipe Dalenogare Alves
Franciele Letícia Kühl
Grace Kellen
Guilherme Pedrozo da Silva
Janriê Rodrigues Reck
Leonardo Rizzolo Fetter
Letícia Neves
Luiz Henrique Dutra
Maitê Damé Teixeira Lemos
Marcelo Hugo da Rocha
Mateus Silveira
Mauro Sturmer
Nidal Ahmad
Patrícia Strauss
Tatiane Kipper
Veridiana Maria Rehbein

EDITORA RIDEEL
Quem tem Rideel tem mais.

Expediente

Presidente e Editor	Italo Amadio (*in memoriam*)
Diretora Editorial	Katia Amadio
Editoras	Janaína Batista Mayara Sobrane
Editora Assistente	Mônica Ibiapino
Projeto Gráfico	Sergio A. Pereira
Diagramação	Sheila Fahl/Projeto e Imagem

Dados Internacionais de Catalogação na Publicação (CIP)
Angélica Ilacqua CRB-8/7057

Revisão turbo OAB 1ª fase : doutrina e questões / Arnaldo Quaresma...[et al.]. – 2. ed. – São Paulo : Rideel, 2021.

ISBN 978-65-5738-171-7

1. Direito – Brasil 2. Ordem dos Advogados do Brasil – Exames 3. Direito – Ética 4. Filosofia do direito I. Quaresma, Arnaldo

21-0068 CDD 340.0981
CDU 347.965.8(81)(079)

Índice para catálogo sistemático:
1. Ordem dos Advogados do Brasil : Exames de Ordem : Direito

EDITORA RIDEEL

Av. Casa Verde, 455 – Casa Verde
CEP 02519-000 – São Paulo – SP
e-mail: sac@rideel.com.br
www.editorarideel.com.br

EDITORA AFILIADA

1 3 5 7 9 8 6 4 2
0 1 2 1

REVISÃO TURBO

OAB 1ª Fase

Apresentação

Pensado para permitir **a melhor revisão antes da prova da 1ª Fase** do Exame da OAB, o livro abrange todo o conteúdo dessa etapa do Exame **em volume único**, de maneira sistematizada e extremamente didática!

Escrito por professores especialistas na preparação de candidatos ao Exame de Ordem, doutrina objetiva e consistente, com questões para assimilar a teoria, além de quadros de "observações" dos pontos relevantes e mais cobrados nos exames, para que o examinando consiga pontuar melhor em cada disciplina e atinja os tão almejados 40 pontos.

Além de todo o conteúdo doutrinário e questões, a obra também traz um capítulo específico que aborda temas de grande relevância de maneira estratégica e racional para todos aqueles que buscam aprovação no Exame de Ordem, como o Provimento nº 144 do CFOAB, que regula o certame, técnicas de preparação, métodos de estudo, planejamento e aspectos psicológicos de como trabalhar a motivação e a ansiedade etc.

Técnicas de preparação e metodologia de estudo, doutrina sintetizada e didática, questões e muito mais: esse é o **Revisão Turbo**! Dê um "TURBO" NA SUA PREPARAÇÃO!

Sumário

Como se preparar para o Exame da OAB

Marcelo Hugo da Rocha

Mestre em Direito pela Pontifícia Universidade Católica do Rio Grande do Sul (PUCRS). Especialista em Direito Empresarial pela PUCRS. Pós-graduado em Psicologia Positiva e Coaching pela Faculdade Unyleya. Graduando em Psicologia pela IMED. Escritor de mais de 60 títulos para OAB e concursos públicos. Professor na pós-graduação na PUCRS e coach no curso CEISC. Professor na pós-graduação de Coaching Jurídico na Faculdade Unyleya. Palestrante motivacional e editor do blogue Passe na OAB. Advogado. Leader Coach (IBC – Instituto Brasileiro de Coaching) e Mentor (FGV). Site: www.passenaoab.com.br. Instagram: @profmarcelohugo

SUMÁRIO

1. CONHECENDO O PROVIMENTO E O EDITAL DO EXAME DE ORDEM

Quando alguém adquire um produto novo, em especial jogos – eletrônicos ou eletrodomésticos –, é inevitável que se consulte um manual de instruções ou de instalação. O mesmo deveria acontecer com quem presta exames e provas: conhecer as instruções do que irá enfrentar. Em razão disso, destacamos os principais pontos dos instrumentos que deveriam ser consultados para o Exame de Ordem.

1.1 O PROVIMENTO Nº 144 DO CONSELHO FEDERAL DA OAB

O Provimento nº 144/2011 do Conselho Federal da OAB (CFOAB), bem como sua atualização, Provimento nº 156/2013, dispõe sobre o Exame de Ordem. Todos os editais deverão respeitá-lo, antes de tudo. Sendo assim, destacam-se, no seu texto, regras imutáveis até a formalização de outro provimento, como a realização de três Exames de Ordem por ano (art. 1º, § 2º) e a prestação da prova pelos estudantes de Direito dos últimos dois semestres ou do último ano do curso (art. 7º, § 3º).

Segundo ainda o referido provimento, o Exame de Ordem será composto por ***duas provas***: uma *objetiva*, sem consulta; e uma *prático-profissional*, com consulta, ambas de caráter eliminatório (art. 11). De forma esquematizada, sintetiza-se quanto às provas:

1ª fase	Prova objetiva conterá no máximo 80 (oitenta) questões de múltipla escolha; Sem consulta; Exige-se o mínimo de 50% (cinquenta por cento) de acertos para habilitação à 2ª fase; O conteúdo contemplará as disciplinas do Eixo de Formação Profissional, de Direitos Humanos, do Estatuto da Advocacia e da OAB e seu Regulamento Geral e do Código de Ética e Disciplina, podendo contemplar disciplinas do Eixo de Formação Fundamental; A prova objetiva conterá, no mínimo, 15% (quinze por cento) de questões versando sobre Estatuto da Advocacia e seu Regulamento Geral, Código de Ética e Disciplina, Filosofia do Direito e Direitos Humanos.
2ª fase	Prova prático-profissional composta de duas partes distintas: a) redação de peça profissional; b) questões práticas, sob a forma de situações-problema; Consulta, exclusivamente, a legislação, súmulas, enunciados, orientações jurisprudenciais e precedentes normativos sem qualquer anotação ou comentário; Será considerado aprovado o examinando que obtiver, na prova prático-profissional, nota igual ou superior a 6 (seis) inteiros, vedado o arredondamento.

A formulação do que se convencionou "repescagem" também está prevista no provimento. Segundo ele, "ao examinando que não lograr aprovação na prova prático-profissional será facultado computar o resultado obtido na prova objetiva apenas quando se submeter ao Exame de Ordem imediatamente subsequente" (art. 11, § 3º). Em outras palavras, o ***reaproveitamento*** serve no caso de reprovação na 2ª fase, oportunizando ao *examinando* repeti-la, imediatamente, sem a necessidade de enfrentar a 1ª fase. Caso ocorra a reprovação pela segunda vez seguida, cai o benefício, e o candidato deverá começar tudo de novo, desde o início. A *repescagem* pode ser utilizada novamente, desde que cumprido o ciclo.

O referido provimento ainda determina que o examinando prestará o Exame de Ordem no Conselho Seccional da OAB da unidade federativa na qual concluiu o curso de graduação em Direito ou na sede do seu domicílio eleitoral (art. 12) e que o ***certificado de aprovação*** possui eficácia por tempo *indeterminado* e validade em todo o território nacional (art. 13, § 1º).

1.2 OS EDITAIS DA OAB

Enquanto o principal provimento sobre o Exame de Ordem tem apenas *15* artigos, os editais referentes ao certame têm, em média, *37* páginas de conteúdo. Sinteticamente, ele é dividido por estes capítulos:

1. Das disposições;
2. Da inscrição no Exame de Ordem;
3. Das provas;
4. Dos critérios de avaliação;
5. Dos recursos;
6. Das disposições finais.

O edital ainda tem mais *cinco* ***anexos*** que tratam das *cidades de realização da prova objetiva, conteúdo programático da prova prático-profissional, materiais e procedimentos permitidos para consulta, declaração de hipossuficiência financeira* e, por fim, *cronograma geral de eventos*. Para o propósito da obra, importa destacar neste tópico algumas regras que constam nos dois primeiros capítulos, porque eles justificam a inscrição no Exame de Ordem. Quanto aos demais assuntos, serão referenciados ao longo das explicações sobre como se preparar para a prova da OAB.

Pelas perguntas-respostas, ***atente-se***!

Ainda não me formei, posso prestar o Exame da OAB?

O Exame de Ordem é prestado por bacharel em Direito, ainda que pendente apenas a sua colação de grau, ou pelos estudantes de Direito que comprovem estar matriculados nos últimos dois semestres ou no último ano do curso de graduação em Direito no semestre da publicação do edital (primeiro ou segundo semestre do ano).

E se eu estiver em outro semestre, posso mesmo assim me inscrever?

Segundo o que vem sendo alertado pelos editais, os estudantes de Direito que declararem falsamente estarem matriculados nos últimos dois semestres ou no último ano do curso de graduação em Direito no semestre da publicação do edital, além de não aproveitarem o resultado obtido do exame, poderão responder por crime de falsidade ideológica e estarão sujeitos a eventual processo de averiguação de idoneidade moral perante a OAB.

Qual é o marco temporal em que posso basear a minha matrícula na faculdade?

O marco temporal para as edições que acontecem no primeiro semestre é o último dia dele, ou seja, *30 de junho*. No segundo semestre, é *31 de dezembro*. Ou seja, a comprovação de estar matriculado no último ano na faculdade não acontece nem no dia da inscrição nem nos dias das provas, mas até o final do semestre da publicação do edital. Exemplificando: Caso você esteja no 8º semestre no dia da inscrição da prova da OAB, em abril, mas sua matrícula para o 9º semestre ocorra em junho, você aproveitará, teoricamente, a aprovação. Afirmo que "teoricamente", pois há relatos de algumas seccionais que interpretam como estar "cursando" o último ano no mesmo semestre do lançamento do edital.

Posso escolher a cidade para prestar o Exame?

Sim, desde que seja no estado em que concluiu o curso de graduação em Direito ou no estado sede de seu domicílio eleitoral, sendo vedada a realização de etapa subsequente em local diverso do inicialmente escolhido, visto que é obrigatória a realização da 1ª e da 2ª fase na mesma cidade de opção. Mas o examinando pode interpor requerimento fundamentado à Coordenação Nacional do Exame de Ordem, em data disponível no edital, solicitando a realização das provas em estado distinto do escolhido no ato da inscrição, o qual deverá ser encaminhado exclusivamente pela *internet*. Os pedidos serão apreciados pelas Comissões de Exame de Ordem das Seccionais OAB de origem, que deliberarão por seu deferimento ou indeferimento.

Caso consiga a aprovação no Exame de Ordem, mas ainda não tiver concluído o curso de graduação, como faço para garantir o resultado?

Poderá retirar seus certificados de aprovação caso comprove que a matrícula nos dois últimos semestres ou no último ano do curso foi efetivada no semestre respectivo do edital. A comprovação será feita por meio de documentação idônea e em original, entregue à Seccional, que, depois de comprovadas a condição e a quitação das despesas correspondentes, expedirá o Certificado de Aprovação.

Quando começam as inscrições para o Exame?

Tradicionalmente, no mesmo dia da publicação do edital. O prazo é, geralmente, de *dez* dias, e a inscrição é realizada de forma exclusiva na *internet* no *site* específico da Fundação Getúlio Vargas (FGV). Submetido o formulário, o examinando deverá imprimir o boleto bancário correspondente, lembrando que a homologação da inscrição somente se dará após o pagamento da taxa de inscrição, que é reajustada anualmente. Após o pagamento do boleto, o examinando deve aguardar o prazo médio de cinco dias úteis para confirmar a sua inscrição na FGV.

Em que momento faço a minha escolha da disciplina para 2ª fase da OAB?

No momento da inscrição, entre as seguintes: Direito Administrativo, Direito Civil, Direito Constitucional, Direito do Trabalho, Direito Empresarial, Direito Penal ou Direito Tributário.

E sobre o reaproveitamento da 1ª fase da OAB?

As instruções sobre o reaproveitamento da 1ª fase da OAB constam em edital complementar, cuja data de publicação é previamente divulgada. Inclusive as inscrições ocorrem em momento distinto da 1ª fase da OAB.

2. O INÍCIO DA PREPARAÇÃO PARA A OAB

Além da pergunta *como começar* a estudar para Exame da OAB, *quando* também é bastante requisitada. Se você está ainda na faculdade, parabéns! As ***chances de aprovação*** são maiores enquanto se é *formando* em vez de *formado*, já bacharel. A razão é simples: a pressão da aprovação é *suavizada* por todas as outras responsabilidades que estão em jogo, como ser aprovado nas provas finais e no Trabalho de Conclusão de Curso (TCC). Portanto, faça a prova o quanto antes, dentro das regras do edital. O que *vier é lucro*!

2.1 COMO COMEÇAR

O primeiro passo sempre é o mais difícil. Iniciar uma dieta, os exercícios físicos ou os estudos sempre são tarefas mais idealizadoras do que executáveis. Como diz um dos maiores *coaches* do mundo, **Marshall Goldsmith**, todos nós somos "planejadores visionários" e "realizadores míopes". Muitos dirão que sempre se começa do "início". Mas o que é o início? Pois bem, há duas situações que devem ser apontadas em razão de quando se começará a preparação, mais adiantada ou não.

Assim, quem vem de reprovações está mais adiantado na preparação do que aquele que irá fazer o Exame da OAB pela primeira vez. O ***ponto de partida*** é o mesmo: a última prova aplicada. A ***estratégia*** também: analisar a prova. A diferença está, em geral, no adiantamento dessa tarefa. Explico: Para quem fará a prova pela primeira vez, precisará, necessariamente, tentar resolvê-la; já quem a prestou e não teve êxito, ficará apenas com a missão da análise. Por que começar resolvendo a prova?

Todo engenheiro responsável por construir uma estrada precisa conhecer o trajeto por onde ela passará. Disso, inclui avaliar o terreno e as dificuldades que encontrará pelo caminho. O examinando também precisa conhecer a sua prova e analisar o que enfrentará até a redenção de encontrar seu nome na lista de aprovados. Fazer (ou refazer) a última prova é descobrir o que está por vir, mas é necessária a reflexão sobre quais são as dificuldades diante de tantas disciplinas e matérias a serem vencidas ou apenas contornadas. Se você procura um médico com algum sintoma que lhe preocupa ou com uma dor em alguma parte do corpo, ele, certamente, solicitará *exames* ou uma *radiografia*. Com eles em mão, o médico terá um *diagnóstico* e, em seguida, recomendará o *tratamento*. Na prova da OAB é o mesmo: você vai fazer uma "radiografia" com a última prova e terá um resultado, um "diagnóstico", p. ex., disciplinas nas quais acertou menos da metade e, em outras, acima de 50% (média da aprovação na 1ª fase). Qual será o tratamento que se ocupará?

Caso Direito Constitucional tenha revelado muitos erros de conhecimento, fica o alerta de que essa disciplina precisará de uma atenção maior, especialmente porque detém grande número de questões na prova e relação interdisciplinar forte com as demais. Um ***planejamento consistente*** exige que você conheça seus limites e virtudes, pois não terá sentido algum dedicar mais tempo para as matérias de que gosta ou se sai bem, ao contrário daquelas que precisa de reforços e preocupações. No tópico próprio trataremos melhor o assunto.

Se você não ficar satisfeito com o resultado, pois acreditava que *sabia mais* do que a prova lhe mostrou, busque realizar o penúltimo exame e, assim, sucessivamente. Para quem é *marinheiro de primeira viagem*, ao fazer a prova evite "chutar" as alternativas caso desconheça ou não tenha certeza do que está sendo pedido. Arriscar a sorte nessa fase de ***pré-preparação*** não é recomendado, pois afetará o diagnóstico do resultado. *Deixe em branco* a questão, pois ao final você saberá que a sua omissão foi produtiva, porque aquele assunto ou tema pode não ter sido objeto de seus estudos. Veja que a gravidade é muito maior ao errar uma questão por convicção: você *achava que sabia*, mas o erro indica o contrário.

Assim, numa ***escala de importância*** na preparação: 1º) matérias com erros; 2º) matérias não estudadas; 3º) matérias com acertos. No item ***preparação adequada*** será reforçada essa tese também. Neste momento importa destacar o porquê de iniciar os estudos na avaliação da última prova da OAB. Serve ainda para tirar uma *fotografia* das tendências do Exame de Ordem, pois, caso opte em começar por uma prova mais antiga, certamente a *foto* servirá apenas para colocar no museu da preparação.

Para aqueles que reprovaram na última prova, servirá *melhor* de lição, já que passaram pela experiência de enfrentar todas as dificuldades do clima do exame. Será importante avaliar questão por questão e identificar as que você *acertou mesmo* (com convicção), aquelas que *acertou ou errou no chute* (sem convicção) e, por fim, os *erros convictos* (achava que sabia). Pelos motivos anteriores, o direcionamento dos estudos será pela gravidade, iniciando sempre por ***reaprender***, depois em ***aprender*** e, por último, em ***manter*** o que sabe.

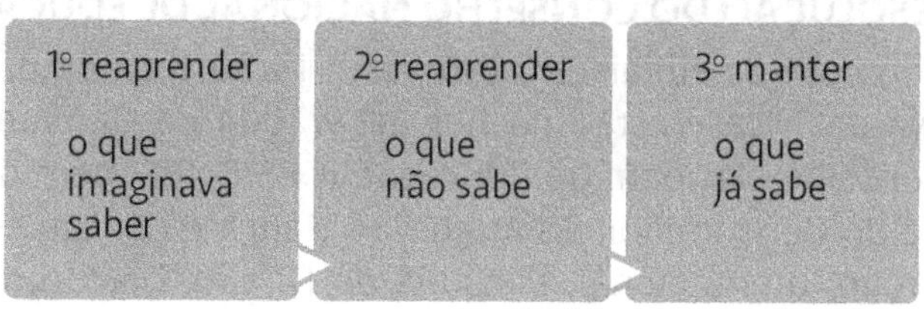

2.2 O MATERIAL ESPECIALIZADO

Depois de conhecer muito bem o terreno em que construirá a sua estrada, o engenheiro precisará de equipamentos adequados para vencer o trajeto. O estudante, do mesmo modo, deverá ter em mão um material especializado para a sua preparação. Ferramentas como caderno da faculdade e apostilas pouco servirão, visto que a prova cada vez mais está especializada e exige conhecimentos além da mera memorização de artigos. O próprio edital da OAB prevê que "as questões da prova objetiva poderão ser formuladas de modo que, necessariamente, a resposta reflita a jurisprudência pacificada dos Tribunais Superiores".

Assim, quando você escolheu estudar por esta obra, decidiu-se por um conteúdo teórico direcionado e atualizado, um *norte* para os seus estudos. Além dela, é importante e fundamental consultar a legislação, bem como resolver questões da OAB e fazer simulados. Você pode ainda contar com o auxílio de videoaulas e revisões. Atente-se ainda para o seguinte: um livro específico que traga somente questões comentadas será útil para revisão de conteúdo teórico, visto que estudar por provas anteriores é um dos melhores métodos de estudo, como será visto em tópico específico.

Por fim, obras com ***perfil motivacional*** também devem ser consideradas, especialmente em razão de que uma preparação adequada deve observar não só a "parte material" dos estudos, mas também a "parte psicológica", já que a falta de concentração por si impede todo o aprendizado. Em outras palavras, não adianta estudar *oito horas* por dia sem estar com a mente em paz.

Por isso, encontrar o equilíbrio é *conditio sine qua non* para que toda a leitura, por exemplo, não se perca facilmente. Nesse quesito, indicamos a obra ***Poder da Aprovação*: *Coaching* + *Mentoring* para OAB e Concursos,** que traz lições para fortalecer a parte emocional na preparação.

3. AS DISCIPLINAS PARA A 1ª FASE

É sabido, logo quando se tem contato com o Exame de Ordem, que a prova da 1ª fase tem *17* disciplinas. Se fosse uma prova de concurso, certamente seria uma das mais complexas em razão do elevado número de conceitos que se exige do candidato. Similares seriam para magistratura e Ministério Público Estadual e Federal. Mesmo assim, não há unanimidade entre os professores e examinandos sobre a importância de cada uma delas na prova da OAB.

3.1 RESOLUÇÃO DO CONSELHO NACIONAL DE EDUCAÇÃO

De acordo com os editais e o Prov. nº 144/2011 da OAB, as disciplinas objeto de prova da 1ª fase estão na Res. nº 9/2004 da Câmara de Educação Superior do Conselho Nacional de Educação (CES/CNE), além de Direitos Humanos, Código do Consumidor, Estatuto da Criança e do Adolescente, Direito Ambiental, Direito Internacional, Filosofia do Direito, bem como Estatuto da

Advocacia e da OAB, seu Regulamento Geral e Código de Ética e Disciplina da OAB.

A referida resolução institui as diretrizes curriculares nacionais do curso de graduação em Direito, dividindo o conteúdo a ser ministrado em ***três eixos interligados***: 1. formação fundamental; 2. formação profissional; e 3. formação prática. De acordo com o Prov. nº 144/2011 da OAB, o conteúdo das provas contemplará as disciplinas do eixo de ***formação profissional*** e também do eixo de ***formação fundamental***. Atualmente, o eixo de formação profissional é a base da prova com as seguintes disciplinas: Direito Constitucional, Direito Administrativo, Direito Tributário, Direito Penal, Direito Civil, Direito Empresarial, Direito do Trabalho, Direito Internacional e Direito Processual.

3.2 MAPA DA PROVA

Nem o edital, muito menos os provimentos, informa como é a sequência de disciplinas nem quantas questões cada uma delas terá na prova objetiva. Nem sempre foram *17* disciplinas ou *80* questões, portanto muitas mudanças aconteceram desde o I Exame de Ordem Unificado ainda sob organização da banca CESPE. Somente a partir do II Exame, a FGV assumiu sua produção. Desde então, basicamente, a disposição das disciplinas na prova objetiva é esta:

> Ética → Filosofia → Constitucional → Direitos Humanos → Internacional → Tributário → Administrativo → Ambiental → Civil → Estatuto da Criança e do Adolescente → Código de Defesa do Consumidor → Empresarial → Processo Civil → Penal → Processo Penal → Trabalho → Processo do Trabalho

É importante destacar que a cada edição são quatro tipos de provas: branca, verde, amarela e azul. Assim, já houve edições em que as provas apresentaram uma ordem diversa entre elas quanto às disciplinas, mas nunca quanto ao número de questões. **Ética** continua sendo a *rainha das disciplinas*, não só por apresentar o maior número de questões por prova (*oito*) como também por ter o melhor índice de aproveitamento entre os examinandos.

Diante da divisão que vem sendo dada por número de questões entre as disciplinas, é possível apontar os seguintes grupos disciplinares:

8 Questões	Ética
7 Questões	Civil Constitucional Processo Civil
6 Questões	Administrativo Penal Processo Penal Trabalho

5 Questões	Empresarial Processo do Trabalho Tributário
2 Questões	Ambiental Código de Defesa do Consumidor Estatuto da Criança e do Adolescente Direitos Humanos Filosofia do Direito Direito Internacional

Essa divisão não é imune a alterações, portanto a cada certame é possível que a sua composição seja distinta do quadro supra. Sugerimos que sempre se observe a última prova aplicada e, mesmo assim, a banca pode alterar sem qualquer aviso prévio, como ocorreu no XXIII Exame de Ordem.

3.3 ÍNDICE DE APROVEITAMENTO

A FGV divulgou em 2016, entre outras informações a respeito do Exame de Ordem, o ***aproveitamento médio*** por disciplina na 1ª fase da OAB com base em *16* provas. O resultado é este:

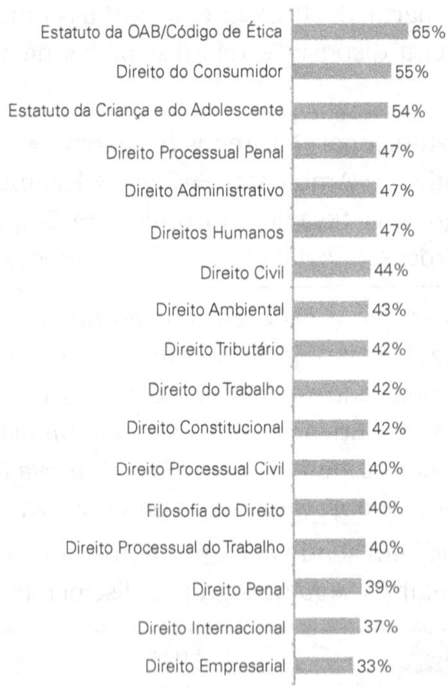

Fonte: FGV Projetos - Núcleo de Concursos.
Nota (*): medido em termos de percentual de acerto das questões objetivas.

Como interpretar esses dados? Em primeiro lugar, as disciplinas com maior número de questões na prova não são aquelas com maior aproveitamento médio, exceto **Ética**. Em segundo, o *pódio* das campeãs é composto, basicamente, por disciplinas que exigem o conhecimento de uma única lei, como é o caso das Leis nºs 8.906/1994 (Estatuto da OAB), 8.078/1990 (CDC) e 8.069/1990 (ECA). Afirmarão que Ética tem ainda o Código de Ética e o Regulamento Geral, mas a grande maioria da prova é o Estatuto unicamente. Observe, ainda, que somente o *pódio* é representado por disciplinas com mais de 50% de acertos, estando todas as demais abaixo da média exigida para aprovação.

Esses dados desmistificam aquela ideia de estudar apenas as disciplinas com maior incidência na prova, pois duas disciplinas com apenas duas questões cada estão no topo de melhor média de acertos. Em outras palavras, as chances de gabaritá-las e conquistar quatro acertos é muito grande, então por que deixá-las de lado? Sabe-se que a reprovação por uma única questão é mais dolorosa do que não ser aprovado por cinco; sendo assim, reconsidere a sua importância.

4. A PREPARAÇÃO ADEQUADA E OS SEUS DOIS LADOS ESSENCIAIS

Nossa longa experiência em preparação para o Exame da OAB trouxe-nos a certeza de que *modelos* ou *planos* estáticos de estudos não servem do mesmo modo a todos. Por isso, dentro do conceito de ajustar, individualmente, a preparação para cada aluno ou leitor, bem como oferecer todas as ferramentas necessárias para alcançar a aprovação, encontramos a solução na figura da ***moeda***! Sim. Toda moeda tem ***dois lados***, como também toda preparação tem o ***lado pedagógico*** e o ***psicológico***. Ambos os lados, no entanto, devem estar em equilíbrio durante os estudos e na hora da prova. Daniel Goleman[1], um dos precursores a tratar sobre a *inteligência emocional*, já afirmava que temos *duas mentes*, uma racional e outra emocional, e que precisamos encontrar o equilíbrio inteligente entre as duas. É o que veremos a seguir.

4.1 PREPARAÇÃO ADEQUADA

Em nosso sentido, *adequar* é *particularizar*, *individualizar* determinada rota ou destino para chegar ao objetivo final, no caso, a aprovação. Assim, ***preparação adequada*** é aquela que serve para VOCÊ alcançar o resultado desejado da aplicação de seus estudos. Em outras palavras, é uma preparação que se baseia em diagnósticos, ministrando receitas e doses para resolver as enfermidades pessoais e fortalecer o que já *vai bem*.

O diagnóstico mais preciso está nos resultados da resolução de questões de provas anteriores. Quanto ***mais testes*** são realizados, mais firme e exato é o diagnóstico. Desse modo, caso o percentual de acertos seja baixo em Constitucional, por exemplo, depois de resolver diversas provas, não há dúvidas de, que para superar esse *trauma*, deverá o acadêmico juntar forças e material para reverter esse quadro. Para tanto, a programação e a agenda de estudos deverão contemplar um tempo maior de leitura e videoaulas para essa disciplina. Portanto, não é possível, simplesmente, acreditar num plano de estudos

1 GOLEMAN, Daniel. Inteligência Emocional. Rio de Janeiro: Objetiva, 2006.

de *outrem* que contemple apenas duas horas semanais para ela, porque não vai dar certo!

4.2 LADO PEDAGÓGICO

O lado pedagógico é o *lado material* ou *racional*, isto é, os estudos na sua concepção mais básica. Se antigamente "estudar" era apenas ler ou ir à aula, hoje esse verbo é muito mais complexo. Entenda que a tecnologia ajuda muito o aluno dos tempos atuais, neste caso, você. Só a internet já é uma ferramenta espetacular, e não conseguimos mais viver sem sinal. No entanto, não só pelo aspecto positivo como também negativo. Do mesmo modo, o *smartphone* é um grande companheiro, especialmente pelos seus incríveis aplicativos que facilitam muito a nossa vida. Porém, ambos são fontes incríveis de *distração*.

Creditam-se ainda aos *audiolivros* uma ótima opção para estudar enquanto se está num transporte coletivo ou em trânsito, inclusive nos momentos de ócio. Todo *smartphone* tem microfone e serve para gravar sua leitura para ouvir em outro momento. As videoaulas, por meio de cursos *on-line*, como os do **CEISC**, também são uma evolução no aprendizado, especialmente pelo fato de permitir o acesso ao conteúdo quantas vezes quiser. Os simulados *on-line* e *e-books*, da mesma forma, agilizam a preparação. No lado pedagógico, vamos enfrentar questões como ***ambientação de estudos, como e quando iniciá-los, métodos de estudo, técnicas de aprendizado, planejamento, distribuição do tempo, indicação de material****;* enfim, todo o universo relacionado ao verbo *estudar*.

4.3 LADO PSICOLÓGICO

Como se sabe há séculos, *mens sana in corpore sano*, "uma mente sã num corpo são". Em outras palavras, não adianta estudar, estudar e estudar quando a *cabeça* não está boa. Ocorre que esse "detalhe" passa despercebido pela grande maioria das pessoas quando se organiza para estudar: pensa em tudo (local dos estudos, material, planejamento, preparatório etc.), mas não se dá conta que logo ali os seus problemas sabotarão a sua preparação. Não há estudos que resistam à falta de concentração, efeito consequente de ansiedade, medo, pressões diversas, sofrimento, enfim, um coquetel de emoções ou sentimentos negativos que resultarão, sem dúvida alguma, em doenças *psicossomáticas*, ou seja, problemas psicológicos que se transformam em doenças físicas ou reações fisiológicas.

Na jornada da preparação, o *coaching* pode ajudar muito a enfrentá-los quando a solução está diante dos olhos, mas o estudante não quer enxergar ou tem dificuldades de perceber o que está afetando seu rendimento. Por essa razão, o **CEISC** tem um módulo de *coaching* para ser consultado em todos os momentos durante o aprendizado e alavancar a *performance*. Por meio da ***autorreflexão*** sobre questões como ***por que alguns passam antes e outros depois, motivação e inspiração, pressões internas e externas, foco, procrastinação, propósitos***, e claro, ***concentração***, é possível melhorar muito os estudos, a parte material da preparação.

5. OS MELHORES MÉTODOS DE ESTUDOS

Uma pergunta bastante comum que nos é dirigida refere-se ao "melhor método" de estudos. Acredito também que as particularidades devem ser observadas em cada um dos alunos para responder a essa pergunta, que se faz mediante uma breve entrevista. Por outro lado, há métodos que são infalíveis para todos, quaisquer que sejam os objetivos e as peculiaridades. A ciência se deu o *trabalho* de avaliar os mais populares métodos e, a seguir, serão compartilhados com vocês!

5.1 PANORAMA

O estudo divulgado pela revista *Psychological Science in the Public Interest* e compartilhado no Brasil pelo *site* Mude.nu,[2] classificou os *dez* métodos mais populares entre os estudantes em três níveis de ***utilidade***: ***baixa***, ***modera*da** e ***alta***. O resultado é bastante surpreendente quanto a alguns métodos que todos utilizam por acreditar na sua eficiência. Aos *campeões*, não tenho dúvidas de que, realmente, entregam melhores resultados que os demais. Confira!

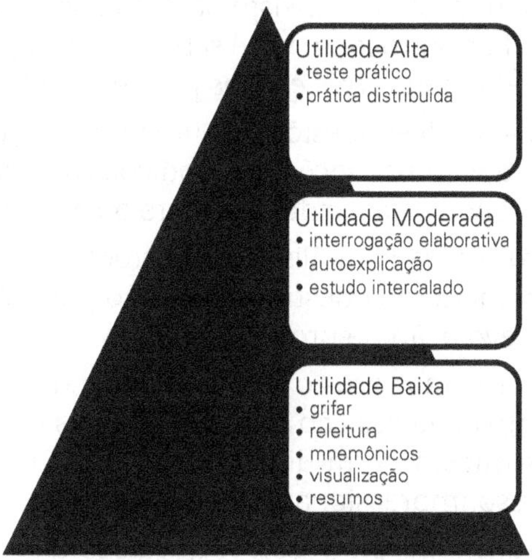

Nas técnicas classificadas como de utilidade baixa, apesar de serem populares entre os estudantes, grifar não traz muitos resultados práticos para a memorização. Grifa-se muito para uma releitura posterior das partes importantes do texto e para a realização de resumo. Na qualidade de estudante e ainda leitor voraz, são técnicas que utilizo bastante. Mas somente elas não bastam, sabemos disso. Os ***mnemônicos*** ajudam, sim; mas, quando eles se tornam dezenas e dezenas, fica difícil *decorá-los* todos. Para ilustrar, um dos mais famosos é o LIMPE, os princípios da Administração Pública: *legalidade*, *impessoalidade*, *moralidade*, *publicidade* e *eficiência*.

A ***visualização*** de que trata os estudos publicados é a associação de imagens com palavras ou frases, o que muitos denominam *mapas mentais*. Acredito que trazem benefícios, sim. No entanto, nem todos conseguem domi-

2 Disponível em: <https://mude.nu/estudo-10-melhores-formas/>.

nar essa "arte" e ficam frustrados com os resultados. Quanto aos métodos de *utilidade moderada*, a ***interrogação elaborativa*** é uma das mais comuns (*vide* os livros de perguntas e respostas, especialmente as indagações que trazem o *porquê* na sua construção). Entender a partir dessas associações fortalece os conceitos básicos. A ***autoexplicação*** é quando se constroem afirmativas com suas próprias palavras em vez de meramente *copiar* alguma definição. Também os resumos ganham mais *eficiência* caso sigam esse caminho.

Já o ***estudo intercalado*** é uma técnica bastante indicada para quem sofre de *tédio* para estudar. Assim, num dia único, melhor estudar duas disciplinas do que apenas uma durante um período completo. A diversidade desperta maior interesse nos estudos. Quanto aos métodos de *utilidade alta*, abordaremos nos dois próximos tópicos.

5.2 RESOLUÇÃO DE QUESTÕES

A realização de testes práticos é um dos dois únicos métodos de estudo comprovados pela ciência como de *utilidade alta*. Acredito que você já sabia disso, porque todo bom professor insiste para que se realize o maior número de questões possível. Por outro lado, você sabe qual o impacto dos testes práticos na preparação? Pelo menos *três* ***efeitos*** poderosos eles produzem, a saber:

Autoavaliação – resolver questões faz um *juízo* dos seus estudos. Considerando cada disciplina e matéria, você terá condições de afirmar se o tempo que passa à frente do conteúdo está sendo suficiente ou aproveitado como deveria.

Descobrimento – a cada análise de questões, você saberá quais temas são mais cobrados, o modo de questionamento, o perfil da banca, bem como as tendências com a evolução de provas.

Aprendizado – muitas vezes o modo de aprendizado por meio tanto da leitura da teoria quanto da legislação ou de videoaulas não é completo, porque as questões práticas trazem outra dinâmica de raciocínio. Aprender com os erros traz um progresso impressionante nos estudos.

Portanto, invista muito em resolver questões das provas anteriores da OAB. Você pode ter resultados melhores observando as seguintes regras:

Resolva mais de uma disciplina a cada bateria de testes: lembre-se de que no dia da prova serão *17* disciplinas numa única vez!

Resolver questões logo após a leitura ou o aprendizado de determinado tema é importante, mas não se deixe levar pelos acertos; experimente fazer testes uma semana depois também.

Mantenha uma agenda cheia de testes, inclusive no fim de semana; cansado de estudar, vá resolver questões!

Faça simulados, eles são os testes que mais impactam no rendimento de seus estudos.

Nunca deixe de compreender o porquê do erro, aprenda com ele para não errar no dia da prova.

Livros exclusivos de questões comentadas para OAB otimizam os estudos, porque fazem uma abordagem completa delas, inclusive das erradas.

5.3 PREPARAÇÃO ANTECIPADA

Por fim, a ***prática distribuída*** é um método de *utilidade alta* pelas razões que você já sabe: estudar somente na véspera da prova não traz bons resultados. Nossa experiência, desde 2005 em preparar para o Exame da OAB, indica que há "momentos" preferidos de iniciar a preparação ou de "tomar vergonha" em estudar com foco total. Há aqueles que iniciam logo após o luto de uma reprovação; outros iniciam com cem dias antes da prova; muitos quando da publicação do edital (cerca de 2 meses antes); e aqueles que deixam para os últimos 40 ou 30 dias antes da prova. A boa notícia: sim, é possível ser aprovado em qualquer um desses planos; no entanto, quanto menos tempo para estudar, maior é o senso de responsabilidade, da exigência do foco e, por que não, de conhecimentos prévios.

Você também pode estar na faculdade e preocupado com a prova. Como manter essa preocupação de forma positiva? Estudando desde já de forma organizada, mesmo que seja uma hora por dia com foco no exame num prazo bastante antecedente. Estar vinculado à prova é um passo importante, porque gera responsabilidade. O problema da *urgência*, quando há pouco tempo para se preparar, é gerar uma ansiedade que poderia ser evitada caso se tivesse estudado com maior antecipação possível. Deixar tudo para depois ou procrastinar a preparação traz um arrependimento maior quando, por uma ou duas questões, a aprovação não vem.

Na faculdade, muitas vezes deixamos os estudos para a véspera da prova e dá certo. Ocorre que o Exame de Ordem não é apenas uma matéria de uma única disciplina, mas praticamente *cinco anos* do curso de Direito em cinco horas distribuídas em *80* questões. Importante, assim, é criar um ***planejamento consistente***, distribuindo as disciplinas nos dias da semana até o dia da prova. É o que vamos tratar no próximo tópico.

6. PLANEJAMENTO CONSISTENTE

É um planejamento com propósitos *firmes* que se baseia em mais de dez anos de experiência na preparação para o Exame de Ordem e milhares de aprovações nesse período. A organização dos estudos a partir de um roteiro e uma agenda compatível são condições que não podem ser deixadas de lado, porque não basta mais abrir um livro, mas sim abrir a mente para um novo nível de comprometimento.

6.1 QUANTAS DISCIPLINAS ESTUDAR POR DIA

Durante a faculdade e mesmo no colégio, o hábito era estudar uma matéria ou disciplina por vez. Estudava-se *por demanda*. Ocorre que para o Exame de Ordem são *17* disciplinas em 80 questões para cinco horas de resolução. Realmente, um exercício complexo para a *cabeça* de qualquer estudante. Se mantivermos essa média de uma disciplina por dia – vamos imaginar que segunda-feira será de Direito Civil –, quando será a próxima vez que abriremos os livros para essa matéria? Mais de duas semanas depois, caso se aproveite para estudar também aos fins de semana, pois, senão, serão três semanas!

6.1.1 Plano completo

Temos uma fórmula comprovada que ajuda a equalizar e a equilibrar os estudos diante das ***17 disciplinas***. Onze delas representam *68 questões* na prova; outras seis disciplinas, cada uma com 2 questões na prova, apenas *12 questões* no total. Assim, o projeto exige o investimento naquelas que mais importam, sendo ***duas disciplinas por dia nos dias úteis, e Ética, exclusivamente, no sábado ou domingo***. Essa fórmula compreende as *11 principais*. E o restante das disciplinas? No ***sábado*** ou ***domingo***, no dia oposto à Ética. Todas as seis? Não, faça de forma cíclica. expor exemplo, em um fim de semana você estuda Código de Defesa do Consumidor, Estatuto da Criança e do Adolescente e Ambiental e noutro, Filosofia, Internacional e Direitos Humanos. E assim sucessivamente. Para uma breve ideia de como seria a sua agenda, segue o exemplo.

Segunda	Civil Processo Civil
Terça	Trabalho Processo do Trabalho
Quarta	Penal Processo Penal
Quinta	Constitucional Administrativo
Sexta	Tributário Empresarial
Sábados alternados	Código de Defesa do Consumidor/Estatuto da Criança e do Adolescente/Ambiental Internacional/Direitos Humanos/Filosofia
Domingo	Ética

Nos dias úteis, está uma divisão por vinculação, mas a melhor divisão é trazer uma disciplina ***fraca*** com outra ***forte*** no mesmo dia. Explico melhor. Vamos imaginar que você tem grandes dificuldades em Penal e Processo Penal. Os resultados das suas avaliações ao resolver questões anteriores indicam isso, bem como seu histórico na faculdade. Talvez as notas tenham sido boas, mas você não entende nada delas. Veja que o tempo de estudo disponível não é dos melhores, cerca de *2 horas e meia* por dia. Como dividir esse tempo com duas disciplinas que exigem maior atenção do que as outras? Assim, ***equilibrar*** uma fraqueza com uma destreza é a resposta mais sábia para essa divisão.

Provavelmente, nos ***fins de semana*** você terá mais tempo para estudar, por isso é possível uma maior carga quanto ao número de disciplinas. Lembramos que Exame de Ordem é *estratégia*: basta ter ***50% de acertos*** para ser aprovado, e todas as disciplinas têm o mesmo peso. Assim, em razão de seus compromissos, do tempo de que dispõe e atendendo às suas necessidades, você pode *abreviar* as disciplinas do sábado e reforçar o que trouxe poucos resultados durante a semana.

6.1.2 Plano emergencial

Planos emergenciais servem para quem deixou para estudar na última hora. É importante ter um mínimo de base de conteúdo, pois a ideia é focar 100 % dentro de um período bem curto de preparação. Assim, não vai funcionar para quem estava *estacionado* na vida ou há muito tempo sem qualquer envolvimento com o Direito. Para ter êxito, exigem tais planos *ignorar* as disciplinas com menor incidência na prova, não só pela pouca efetividade na prova, como também por contemplarem grande extensão de conteúdo. São elas: *Ambiental, Código de Defesa do Consumidor, Estatuto da Criança e do Adolescente, Filosofia, Direitos Humanos e Internacional*, o que representa apenas 12 questões numa prova com 80 questões.

Assim, diante da sugestão anterior de cronograma, *mantém-se a estrutura* dos dias úteis e, no sábado, (ou domingo) estuda-se Ética. Nessa lógica, toda *santa* semana você terá sempre 11 disciplinas bem atualizadas. Vai sobrar um dia do fim de semana, pois nele você fará *simulados* e *resolverá questões*. Para você ter uma ideia de como funciona, observando que entre a publicação do edital e a data da prova da 1ª fase são *oito semanas*, todas as 11 disciplinas serão estudadas em oito oportunidades cada uma. De qualquer modo, mesmo que não *abra sua atenção* para as disciplinas com duas questões cada, mantenha a resolução de questões, pois se aprende muito *só* resolvendo provas anteriores ou simulados. Você pode também optar em substituir uma disciplina importante que "não entra na sua cabeça de modo algum", p. ex., Direito Empresarial, por outras do grupo de menor efetividade, como Código de Defesa do Consumidor e Estatuto da Criança e do Adolescente. Fica a dica.

6.1.3 Plano especial

Para a **última semana ou 10 dias** antes da prova, você pode fazer uma programação diferente, especial, para resolver as dificuldades que ficaram para trás e ajustar o *foco* com a realização de uma bateria maior de questões. Como costumamos comparar, toda preparação se assemelha a uma *maratona*. Ela é longa e cansativa. Para tanto, é necessário reservar fôlego para os últimos *quilômetros* para o *sprint final*, ou seja, a corrida decisiva. Nos estudos é igual: os últimos dias representam um momento de grande sacrifício para chegar à prova "voando"! E não se esqueça de revisar Ética, dada a sua importância na prova. Lembre-se de que neste período há grandes eventos de revisão de preparatórios, para a qual recomendamos a *Revisão Turbo* do CEISC.

6.2 QUANTAS HORAS ESTUDAR POR DIA

Lamento informar, mas não há uma "fórmula mágica" ou um número que seja a resposta para essa pergunta. Como defendemos o propósito de *duas* disciplinas por dia útil, além do fim de semana, será necessário muito mais do que uma breve passagem de olhos no conteúdo. O ideal seria ao menos um turno de estudos, ou seja, entre três ou quatro horas dedicadas à preparação para a OAB. O que importa destacar é que não precisam ser, necessariamente, *horas corridas*, podendo ser diluídas durante o dia.

Esse é o ***arranjo*** que impede a *velha* desculpa: "não tenho tempo para estudar". Realmente, é difícil estudar quatro horas seguidas, porque esse tempo não existe, seja pelas atividades ainda na faculdade, seja pelo estágio ou mesmo pelo emprego exercido. Ocorre que durante *24 horas* é possível *arranjar* as quatro horas necessárias para desenvolver uma preparação adequada e coerente com o objetivo desejado. As horas podem ser posicionadas antes de se iniciarem as atividades pela manhã, durante trajetos e deslocamentos, no momento de ócio no estágio ou trabalho e ao se encerrarem os compromissos pela noite.

Como adiantado, há dias que a agenda permite maior carga horária, portanto aproveite para estudar as disciplinas com maiores dificuldades. Nos fins de semana, da mesma forma. Caso não consiga cumprir o tempo durante a semana ou deixe alguma disciplina de fora, corrija a agenda incluindo-as no fim de semana. Se você tem tempo disponível para estudar *oito horas* ou dois turnos por dia, poderá aumentar o número de disciplinas diárias para deixar a folga nos domingos.

A divisão da ***carga horária*** deve ser coerente com a sua realidade em relação às disciplinas. Assim, caso o problema esteja em Empresarial (e sempre está!), gaste mais tempo com essa disciplina do que com Direitos Humanos, por exemplo, se aí você não enfrenta dificuldades. Há melhor equilíbrio se você *dosar* um dia com uma disciplina com bons resultados e outra que requer cuidados. E jamais deixe de resolver questões, porque elas serão a "voz da consciência" a respeito dos seus estudos!

Caso você faça um curso preparatório, compute-o como *horas produtivas*, mas somente a aula não será o suficiente para alcançar a aprovação: *leitura* e *resolução de questões* são atividades extraclasse essenciais na preparação. Ninguém disse que seria fácil e não tem jogo fácil sem treinamento árduo. Lembre-se de que a *carteira da OAB* é para sempre e os esforços são temporários. Acorde uma hora mais cedo ou durma uma hora mais tarde durante a preparação, o que for mais efetivo para você! E não deixe de descansar durante os estudos. Descubra até quando sua atenção é válida: uma hora, quarenta e cinco minutos, uma hora e meia etc. Importante é fazer pausas rápidas nesses momentos de *fuga*.

7. LADO PSICOLÓGICO DA PREPARAÇÃO

Dentro do conceito de preparação adequada, a sua perspectiva *psicológica* é aquela menos considerada entre os examinandos, pois o que *importa*, para muitos, é apenas *estudar*. Ocorre que não temos apenas uma *mente racional*, que acumula informações; também temos uma *mente emocional*, cujos sentimentos em grande parte dominam nossas escolhas, inclusive, de maneira inconsciente. Ademais, todas as teorias que envolvem pesquisas sobre o cérebro indicam que as emoções influenciam em grande parte a aprendizagem. Faça o seguinte exercício: estudar o que você adora ou estudar o que você detesta, qual conteúdo fixará mais?

7.1 AS PRESSÕES

Vivemos num *mundo* de resultados, e as redes sociais são o maior exemplo da exposição das conquistas pessoais. Raramente fracassos são ilustrados. O fato é que lidamos com ***dois tipos*** de pressão, o que torna mais prudente resolver cada um deles separadamente. A pressão *interna* e a pressão *externa*. A primeira trata da busca incansável de resultados pessoais, qualquer que seja a sua motivação, como mostrar para os demais que não lhe falta capacidade ou, simplesmente, para deleite próprio. A segunda diz respeito a exigências de terceiros para obtenção de resultado positivo.

Não há dúvidas de que não faltam motivos para você alcançar a aprovação e, justamente, por todos eles, a ***pressão interna*** é, consideravelmente, muito alta. O que não pode ocorrer é essa pressão *sufocar* os pensamentos e todas as demais atividades. A aprovação no Exame de Ordem não pode ser *objetivo* de vida para ninguém! Deve ser encarado como mais um teste, o *meio* para alcançar o seu propósito, seja na advocacia, seja em concursos públicos. Quem pensa só na OAB deve *blindar* a sua mente para não atrapalhar os estudos; caso contrário, a ***ansiedade*** não permitirá a concentração e, logo, a fixação do conteúdo. Estuda e estuda, mas não vence a matéria ou, se vence, não fixa o conteúdo. Fica a ilustração a seguir para você entender melhor como a mente pode ser vista.

> Quando estudamos, vamos armazenando todo o conteúdo em gavetas. Portanto, a sua cabeça seria um grande escritório, cheio de armários e gavetas. Esse armazenamento, seja lendo, seja assistindo vídeos ou realizando exercícios, é a parte de conexão com o seu escritório. Porém, não basta apenas abrir a porta e jogar o conteúdo lá dentro como um grande depósito. A organização é fundamental para que o conteúdo seja acessado quando se precisa dele. Ocorre que as *emoções* têm um grande papel em deixar tudo em ordem, como fosse a responsável pelo escritório. No entanto, por trás delas também há sabotadores, e eles só atrapalham, sem podermos nos livrar deles, a não ser silenciá-los. Então, caso você esteja estudando de forma emotivamente incômoda, certamente, os sabotadores não deixarão seus armários e gavetas organizados e, quando mais precisar daquelas informações, não encontrará. Sabe o *branco* de prova? Consequência disso. E o principal *sabotador* é o "Sr. Crítico", aquele que adora apontar o dedo para você e dizer que você não vai conseguir ou gosta de lembrar que há outros problemas pessoais para resolver justo na hora de estudar.

Portanto, a parte *emocional* é um dos principais fatores de *reprovação* no Exame da OAB, ou você *acha* que a cada prova faltaram estudos para 80 mil reprovados? Claro que não! De acordo com dados da própria FGV, a cada exame não vencido, ao se acumularem as reprovações, fica mais difícil a aprovação. Ou seja, cria-se uma barreira psicológica quase intransponível, necessitando, nesses casos, do auxílio de um profissional. Por essas razões, conforme já ilustrado anteriormente, aqueles que ainda estão na faculdade têm maior índice de aprovação, pois ser aprovado na OAB não é a maior prioridade. Um dos modos de *escape* dessa pressão são os exercícios físicos, principalmente a corrida ou a caminhada, pois libertam ***endorfina***, considerado um hormônio poderoso da *felicidade*.

Para as pressões ***externas***, além dos exercícios físicos, sugere-se o *afastamento* das pessoas que lhe cobram resultados, ao menos sobre o "assunto OAB". Evite ao máximo falar sobre esse tema para aqueles que você tem certeza que acham que "só estudar" é coisa de quem não tem mais nada o que fazer. Por outro lado, busque enxergar, dentro do círculo familiar, que as exigências diretas ou indiretas têm apenas um objetivo: querem ver você feliz. Pode ser que a *dose* seja exagerada, mas no final todos querem o seu *bem*. Por isso, suavize tais pressões, mesmo que carregadas de muita verdade (por exemplo, falta de engajamento). O objetivo é não se *afetar* com elas, caso contrário, o aprendizado será apenas superficial.

7.2 A FALTA DE CONCENTRAÇÃO

A ***distração*** é consequência, o reflexo de que algo não está bem. Às vezes, a falta de concentração não se manifesta de forma *explícita*, como o sono, a preguiça, a procrastinação, o desinteresse etc. Quando é de forma *silenciosa*, torna todo o tempo produtivo em *tempo perdido*. Oito horas à frente de livros e da tela do computador e pouco se aproveita. É importante observar o que impede o progresso dos seus estudos.

Canais de *fuga* devem ser fechados, como o uso do *smartphone*, as abas do navegador que não têm nenhuma ligação com os estudos, inclusive as persianas, para evitar se distrair com o que acontece no mundo exterior. Se há uma propensão de muitas pausas desnecessárias, é melhor se precaver e impor limites, como um descanso de *dez minutos* a cada hora estudada. Beba muita água e não estude com muita fome ou depois de estar farto de comida, porque ambas as situações prejudicam o *foco*.

Autoquestionar-se, semanalmente, se a preparação está como deveria ser é um modo simples de avaliar o rendimento. Nessa reflexão, observar-se-á como está o resultado da resolução de questões, se o conteúdo está sendo consumido e, se está, em que nível (baixo, médio ou alto), se as horas dedicadas à leitura e às videoaulas estão sendo suficientes, enfim, não deixe que apenas a FGV *julgue* seus estudos somente no dia da prova, porque você, antes dela, tem a *régua* para medir seus esforços!

7.3 O MAL DO SÉCULO, A ANSIEDADE

Segundo as pesquisas de Augusto Cury, no seu *best-seller Ansiedade:* como enfrentar o mal do século, a *ansiedade* precisa ser, antes de tudo, aceita. Veja que ela é uma *emoção* neutra, portanto, pode ser positiva ou negativa. Apesar de ser referida mais como uma *doença*, ela também pode ser positiva. Até os atletas mais bem preparados do planeta *sofrem* de ansiedade às vésperas de grandes decisões. Sendo assim, é normal ser ansioso. Nesses casos, a ansiedade serve para deixar alerta, trazer foco para o que acontecerá.

Porém, de forma excessiva, ela desperta problemas sérios e derruba até aquela pessoa mais bem preparada para a realização do que pretende. Na minha caminhada, conheci muitos alunos que estavam 100% prontos para aprovação, no entanto a ansiedade acabava derrubando toda a expectativa positiva. Como ficar *curado* da ansiedade? Não tem cura, mas há exercícios interessantes para amenizá-la. Em primeiro lugar, aceite a ansiedade. Brigar contra ela só vai piorar a situação. Depois, tente relacionar os momentos em que ela incomoda mais. Neles, busque a *calma*, seja respirando melhor, seja se posicionando de forma confortável numa poltrona ou procurando um refúgio em que você se sinta protegido (um abraço, um olhar distraído pela janela, uma xícara de chá).

7.4 EMOÇÕES À FLOR DA PELE

Vivemos em conflito constante entre a razão e a emoção. Mas pare um momento e pense. Mesmo que você venha de diversas reprovações e acredite que seu *estado civil* é "fracassado", pergunto sobre sua *jornada até aqui*. Quantas dificuldades você passou até chegar a este livro. Uma graduação de Direito não é para qualquer um. E se você já tem um *canudo* na mão ou está prestes a alcançá-lo, *parabéns*, é vitorioso! Quantos outros colegas já desistiram durante o curso? Os motivos são inúmeros, mas você está aqui e agora correndo atrás de uma conquista possível, porque muitos outros já conseguiram.

Quantas horas de sono você perdeu em razão de uma prova na faculdade? Quantos deslocamentos foram necessários até chegar à instituição? Quantas chamadas foram respondidas? Provas realizadas? Boletos pagos? Realmente, é para poucos, e você é um deles. *Parabéns*, é vencedor ou vencedora. E a prova da OAB é mais uma vitória que se aproxima, mas que ainda não aconteceu. O seu número da OAB já está reservado pelo destino, e o nosso papel aqui é adiantá-lo o quanto antes, não é? Permita-se a essa nova vitória, pois ela vai chegar. Uns passam antes, outros, depois, mas todos passam, só não alcança quem já desistiu. *Boa prova*!

REFERÊNCIAS BIBLIOGRÁFICAS

ROCHA, Marcelo Hugo da. ***Poder da Aprovação*: *Coaching* + *Mentoring* para OAB e Concursos.** São Paulo: Saraiva, 2017.[3]

3 Uma observação: o conteúdo exposto nesse texto, bem como as citações e seu embasamento científico, foi elaborado a partir da nossa obra, dentro da proposta deste projeto. A referida obra tem 300 páginas e trata de todos esses temas de forma mais profunda, extensa (1ª e 2ª fases da OAB e concursos públicos) e com uma abordagem mais motivacional e de *autoajuda*.

Ética Profissional

Leonardo Rizzolo Fetter

Mestre em Direitos Sociais e Políticas Públicas. Especialista em Direito Processual. Advogado. Professor no Centro de Ensino Integrado de Santa Cruz do Sul – CEISC.

SUMÁRIO

1. CONSIDERAÇÕES INICIAIS

Não se tem a pretensão, aqui, de tecer considerações teóricas sobre Ética em geral.

O objetivo é fazer um apanhado geral - um grande resumo - sobre a Ética como disciplina cobrada pela FGV no Exame de Ordem.

Nesse sentido, vamos lá.

2. LEGISLAÇÃO

O Estatuto da Advocacia e da OAB foi instituído pela Lei Federal (ordinária) nº 8.906/1994 - são mais de 80 artigos.

Tal legislação foi regulamentada pelo Conselho Federal - o chamado Regulamento (por volta de 150 artigos).

Paralelamente, ainda se tem o Código de Ética e Disciplina (CED), ato administrativo de competência do Conselho Federal, voltado para os deveres do profissional (e com 80 artigos).

3. NATUREZA JURÍDICA DA ORDEM DOS ADVOGADOS DO BRASIL

Não há dúvida de que é SERVIÇO PÚBLICO, com PERSONALIDADE JURÍDICA E FORMA FEDERATIVA.

A OAB tem natureza jurídica especial e única, *sui generis*, sendo pessoa jurídica de direito público interno, que executa serviço público federal, porém não equiparável à autarquia nem à entidade paraestatal.

IMPORTANTE:

- Sem vínculo com a Administração Pública;
- Imunidade tributária (bens, rendas e serviços);
- Membros da Diretoria ou Conselheiro - atividade gratuita (não são remunerados);
- Pode criar seu próprio título executivo (CDA).

4. ÓRGÃOS DA ORDEM DOS ADVOGADOS DO BRASIL

a) Conselho Federal (arts. 51 a 55 do Estatuto)

Equivocadamente denominado OAB federal.

É integrado por três Conselheiros Federais oriundos do Conselho Seccional (equivocadamente chamada de OAB Estadual) - tais conselheiros são eleitos (compõem a chapa do Conselho Seccional) e têm mandato de três anos.

Também são considerados membros do Conselho Federal seus ex-presidentes (honorários e vitalícios) - nas deliberações, estes têm apenas direito de manifestação (voz), mas não de voto.

São considerados Órgãos do Conselho Federal:

- Conselho Pleno;
- Órgão Especial do Conselho Pleno;
- Câmaras Julgadoras;
- Diretoria;
- Presidente.

IMPORTANTE! O voto dos conselheiros não é individual, mas por delegação (recorde-se: três conselheiros por Conselho Seccional); deve prevalecer o voto da maioria.

DICA OLHOS DE TIGRE – O presidente não precisa ser Conselheiro Federal, conforme o parágrafo único do art. 67 (Estatuto).

b) Conselhos Seccionais (arts. 56 a 59 do Estatuto)

Um Conselho Seccional por Estado (por isso conhecido como OAB Estadual – ou seção Estadual da OAB, embora não mais exista esta última denominação).

É composto pelo Presidente e por sua Diretoria, bem como pelos Conselheiros Estaduais (estes têm direito de votar, de decidir e deliberar – e o voto é unipessoal, diferentemente do Conselho Federal, é por delegação).

Também podem participar das reuniões do Conselho Seccional o presidente da Caixa de Assistência dos Advogados (CAA), os conselheiros federais, o presidente do Conselho Federal, os presidentes das subseções, o presidente do Instituto dos Advogados e ex-presidentes do próprio Conselho.

DICA OLHOS DE TIGRE – Estes últimos podem participar das reuniões e têm o direito de manifestação (voz – de emitir opinião), mas não poderão participar das deliberações, ou seja, não terão o direito de votar (este será exercido apenas pelos conselheiros e diretoria).

c) Subseção (arts. 60 e 61 do Estatuto)

É parte autônoma do Conselho Seccional – abrange um ou mais municípios (desde que possua pelo menos 15 advogados a ela vinculados).

Quando tiver mais do que cem advogados inscritos e vinculados, a subseção pode criar seu Conselho.

d) CAA (art. 62 do Estatuto)

É vinculada ao Conselho Seccional e tem como objetivo prestar assistência aos advogados inscritos (órgão assistencial).

Adquire personalidade jurídica quando seu Estatuto for aprovado e registrado no Conselho Seccional.

Como tem personalidade, pode possuir patrimônio próprio, que será incorporado ao Conselho Seccional no caso de extinção da CAA.

e) Conferência Nacional dos Advogados (arts. 145 a 149 do Regulamento Geral)

É órgão consultivo do Conselho Federal, reunindo-se trianualmente.

f) Tribunal de Ética e Disciplina (TED)

Tem atribuição de julgar o processo disciplinar – seria a primeira instância (a segunda instância seria uma das Câmaras vinculadas ao Conselho Seccional – ou seja, o recurso contra decisão do TED).

5. ELEIÇÃO NA ORDEM DOS ADVOGADOS DO BRASIL (ARTS. 63 A 67 DO ESTATUTO E ARTS. 128 A 137-C DO REGULAMENTO GERAL)

Genérica e objetivamente:

a) são eleições diretas (para o Conselho Seccional, Subseção e CAA);

b) o mandado é de três anos;

c) a eleição para o Conselho Federal é indireta;

d) o voto é secreto e em chapas (não pessoas de forma individual).

Dessa forma, os advogados votarão em chapas regularmente inscritas para o Conselho Seccional (Diretoria, Conselheiros Seccionais, três Conselheiros Federais e Diretoria da CAA) e Subseção (Diretoria e Conselho da Subseção – se este existir).

Importante recordar os requisitos para que o advogado seja candidato – art. 63, § 2º, do Estatuto.

Quando forem eleições diretas, o voto será OBRIGATÓRIO para os advogados regularmente inscritos – INSCRIÇÃO PRINCIPAL (não votar representa multa – 20% sobre o valor da anuidade) – art. 134 do Regulamento Geral.

O voto será FACULTATIVO para os advogados com INSCRIÇÃO SUPLEMENTAR (para votar, deve avisar com antecedência).

> *DICA OLHOS DE TIGRE* – São PROIBIDOS DE VOTAR os advogados na condição de *inadimplentes* (devendo anuidade) e os *estagiários* (inscritos na OAB – estagiário paga anuidade, mas não tem direito de votar).

> **IMPORTANTE!** A eleição no Conselho Federal é indireta; quem vai eleger a diretoria são os Conselheiros Federais (os quais são em número de três e são eleitos com a chapa do Conselho Seccional).

6. INSCRIÇÃO NA ORDEM DOS ADVOGADOS DO BRASIL (ART. 8º DO ESTATUTO)

Inicialmente, necessário recordar que a condição de advogado se adquire com a inscrição na OAB (e não com a aprovação no Exame da OAB – este é apenas um dos requisitos para postular a inscrição).

Dessa forma, os requisitos para inscrição na OAB estão definidos no art. 8º do Estatuto:

- capacidade civil;
- diploma/certidão de conclusão;
- título de eleitor/serviço militar;
- aprovação no Exame da OAB;
- não exercício de atividade incompatível;
- idoneidade moral.

IMPORTANTE! As atividades incompatíveis estão definidas no art. 28 do Estatuto (e geram a proibição absoluta do exercício da advocacia – e exatamente por isso não permitem o deferimento da inscrição).

DICA OLHOS DE TIGRE – A falta de idoneidade moral deve ser analisada pelo Conselho Seccional (por decisão de dois terços de seus membros), a fim de impedir a inscrição (sendo concedido ao interessado o direito ao contraditório).

DICA OLHOS DE TIGRE – O Conselho Federal já definiu que a *prática de* violência contra a mulher, assim definida na Convenção Interamericana de Belém do Pará, constitui fator apto a demonstrar a ausência de idoneidade moral para a inscrição de bacharel em Direito nos quadros da OAB, independentemente da instância criminal *(devendo ser analisada caso a caso).*

OBSERVAÇÃO: Deferida e autorizada a inscrição, o advogado somente receberá sua Carteira profissional depois de PRESTAR COMPROMISSO PERANTE O CONSELHO SECCIONAL (juramento previsto no art. 20 do Regulamento Geral).

Tal compromisso é solene, formal e, principalmente, PERSONALÍSSIMO (ou seja, não pode ser feito por procuração).

6.1 DOMICÍLIO PROFISSIONAL (ART. 10 DO ESTATUTO)

A inscrição deverá ser feita perante o Conselho Seccional em que o advogado exercerá a advocacia com *habitualidade.*

Será denominada INSCRIÇÃO PRINCIPAL.

Poderá o advogado, facultativamente, buscar inscrição em outro Conselho Seccional, a denominada INSCRIÇÃO SUPLEMENTAR.

O advogado deverá possuir uma INSCRIÇÃO PRINCIPAL e poderá ter quantas inscrição suplementares ele quiser (sempre uma – e apenas uma – por Conselho Seccional).

IMPORTANTE:

a) Não será exigido um novo Exame de Ordem para cada inscrição suplementar;
b) Para cada inscrição (principal ou suplementar), haverá a incidência de uma anuidade (ex.: dez inscrições, dez anuidades).

A inscrição principal autoriza e habilita o advogado a exercer a advocacia em qualquer Estado (ou Conselho Seccional).

Quando a inscrição suplementar será obrigatória?

Em duas situações:

Primeira – quando o advogado estiver atuando em mais de cinco causas em Conselho Seccional em que ele não tenha a inscrição principal (ex.: advogado com inscrição principal no Rio Grande do Sul pode atuar – exercer a advocacia – em qualquer Estado; mas, se possuir mais de cinco ações num Estado, deverá providenciar a inscrição suplementar naquele Conselho Seccional correspondente).

Segunda – quando o advogado for sócio de SOCIEDADE DE ADVOGADOS, deverá obrigatoriamente possuir inscrição (principal ou suplementar) perante o Conselho Seccional em que a sociedade foi registrada.

7. ESTAGIÁRIO

Para obter a inscrição como estagiário, devem ser obedecidos os requisitos do art. 9º do Estatuto.

O estagiário com inscrição na OAB paga anuidade (mas não pode votar) e tem direito a praticar todos os atos privativos da advocacia, *desde que em conjunto com o advogado.*

De forma isolada, ou seja, sem a presença do advogado, o estagiário pode obter:

- *carga* dos autos (com autorização e sob a supervisão do advogado);
- certidões;
- petição de juntada (assinando sozinho).

> ***DICA OLHOS DE TIGRE*** – O estagiário, para atuar no processo, deve ter poderes, ou seja, ele deve aparecer na procuração ou no substabelecimento.

> **IMPORTANTE!** Conforme previsão do art. 9º, § 4º, o estágio profissional poderá ser cumprido por bacharel em Direito (desde que tenha alguma daquelas vinculações exigidas no § 4º do mesmo artigo).

8. ATIVIDADES PRIVATIVAS DO ADVOGADO (ARTS. 1º A 5º DO ESTATUTO)

Em primeiro lugar, frise-se: *bacharel* em Direito e *estagiário não são advogados* (ou seja, não podem agir ou atuar naquelas atividades definidas como privativas da advocacia).

São atividades privativas da advocacia:

- consultoria e assessoria *jurídica* – **é atividade privativa** (somente podem ser feitas por advogado);

- direção e gerência *jurídica* – **é atividade privativa**;
- visar atos constitutivos (contratos sociais) de pessoa jurídica – **é atividade privativa**;
- postular em juízo – é atividade privativa, mas com exceções:
  - *habeas corpus* (em qualquer instância);
  - *jus postulandi* trabalhista;
  - JEC (limitação de valor);
  - JEF/JEFP.

Nestes casos, das exceções, será possível postular em juízo sem a presença do advogado.

9. ADVOGADO EMPREGADO (ARTS. 18 A 21 DO ESTATUTO)

É um profissional assalariado – mas esta relação de emprego não pode retirar sua independência profissional.

Tem jornada de trabalho diferenciada (4 horas diárias e 20 semanais), salvo no caso de dedicação exclusiva (ou acordo coletivo), quando a jornada poderá ficar em 8 diárias e 40 semanais.

> *DICA OLHOS DE TIGRE* – O advogado empregado tem direito aos honorários de sucumbência – todavia, poderá acertar com o empregador (contratualmente ou em convenção coletiva) a forma de partilha de tais honorários (ou até abrir mão deles).

10. ADVOGADO ESTRANGEIRO

Para advogar no Brasil, deve se inscrever na OAB, submetendo-se aos mesmos requisitos do advogado brasileiro (terá, no entanto, que revalidar seu diploma, circunstância que não é de competência da OAB).

Pode o advogado estrangeiro, no entanto, receber uma autorização (precária) para dar consultoria em direito estrangeiro (mediante requerimento ao Conselho Seccional).

> **Observação – Portugal:** Conforme o Prov. nº 129/2008 – Tratado de Reciprocidade –, podem advogados portugueses exercer advocacia no Brasil, bem como advogados brasileiros advogar em Portugal.

11. SOCIEDADE DE ADVOGADOS (ARTS. 15 A 17 DO ESTATUTO)

Pessoa jurídica, formada única e exclusivamente por advogados (seus sócios), com o objetivo de atuar em atividades privativas da advocacia.

Adquire personalidade jurídica (passa a ser titular de direitos e obrigações) com o registro de seus atos constitutivos no Conselho Seccional competente (não é registrada na Junta Comercial ou em outro Cartório Extrajudicial).

O sócio deve ter inscrição (principal ou suplementar) no Conselho Seccional em que a sociedade de advogados foi registrada.

A sociedade de advogados pode ter filial, desde que esta seja em outro Conselho Seccional (não poderá a sociedade ter filial no mesmo Conselho Seccional em que está a sociedade registrada).

DICA OLHOS DE TIGRE – O advogado somente pode ser sócio de uma sociedade de advogados por Conselho Seccional.

12. HONORÁRIOS ADVOCATÍCIOS (ARTS. 22 A 26 DO ESTATUTO)

Corresponde a remuneração ao profissional da advocacia pelos serviços prestados. São divididos em três tipos: convencionados, arbitrados e sucumbência.

12.1 HONORÁRIOS CONVENCIONADOS/CONTRATADOS

Contratados e fixados entre o advogado e o cliente, sendo como regra uma obrigação de meio (e não de resultado – poderá, excepcionalmente, ser de resultado quando, por exemplo, o advogado for contratado para elaborar uma minuta de contrato).

Quando tal contrato (de honorários fixados entre advogado e cliente) não estabelecer ou fixar forma de pagamento, o Estatuto *orienta/sugere* a seguinte forma:

- 1/3 no início;
- 1/3 até a decisão de primeira instância;
- 1/3 no final.

Honorários *cota litis* (parte na lide) – é maneira de contratar honorários com o cliente (é fixado um percentual no resultado, no benefício que o cliente receber).

O advogado deve receber em pecúnia/dinheiro, e não em bens (para receber em bens, deve existir cláusula contratual declarando que o cliente não tem como pagar em dinheiro).

DICA OLHOS DE TIGRE – Não existe disposição definindo qual é o percentual adequado dos honorários *cota litis* – todavia, o art. 50 do CED prevê que, quando acrescidos dos honorários da sucumbência (os horários *cota litis* somados ao de sucumbência), não podem ser superiores às vantagens advindas a favor do cliente.

12.2 HONORÁRIOS ARBITRADOS

Serão fixados pelo Poder Judiciário, mediante postulação (*ação do advogado contra o cliente*), pois não foram convencionados previamente.

Ou seja: ausente o contrato escrito entre cliente e advogado, negando-se o cliente a efetuar o pagamento, a alternativa do profissional da advocacia será entrar com uma ação contra o cliente, pedindo que o juiz arbitre os honorários.

12.3 HONORÁRIOS DE SUCUMBÊNCIA

Verba honorária fixada pelo Poder Judiciário, em processo judicial, no qual condena a parte vencida (perdedora no processo) ao pagamento de honorários em favor do advogado da parte vencedora (o percentual deverá obedecer ao CPC, art. 85, § 2º, entre 10% e 20% da condenação).

IMPORTANTE! Os honorários de sucumbência não excluem os contratados, ou seja, eles coexistem (até porque os contratados são devidos pelo cliente – os de sucumbência são devidos pela outra parte).

TAMBÉM IMPORTANTE! O benefício da justiça gratuita não exclui a fixação de honorários de sucumbência, conforme prevê o § 2º do art. 98 do CPC.

12.4 HONORÁRIOS ASSISTENCIAIS

Foi criada, em 2018, a figura dos honorários assistenciais, que são aqueles pagos a um advogado contratado por entidade sindical para prestar assistência jurídica ao trabalhador sem condições financeiras de arcar com os custos de um defensor.

Na forma do art. 22, § 6º, do Estatuto, são aqueles fixados em ações coletivas propostas por entidades de classe em substituição processual, sem prejuízo aos honorários convencionais.

Simplificando, seriam honorários de sucumbência, fixados na Justiça do Trabalho, em benefício dos advogados contratados pelos sindicatos para defesa de direitos coletivos.

12.5 HONORÁRIOS - PRESCRIÇÃO

A pretensão de cobrar os honorários prescreverá em *cinco anos*, prazo esse contado (dependendo de cada caso – ou da origem dos honorários) do(a):

- vencimento do contrato;
- trânsito em julgado da sentença que fixou;
- término do serviço extrajudicial;
- desistência ou da transação;
- renúncia ou da revogação.

12.6 ADVOCACIA *PRO BONO*

Durante um determinado período, entendeu-se que o advogado não poderia trabalhar sem cobrar honorários (que tal atitude poderia configurar forma de aviltamento de honorários).

Com o intuito de regular essa atividade, foi trazida para o sistema brasileiro a possibilidade do exercício da advocacia *pro bono*.

Considera-se advocacia *pro bono* a prestação *gratuita, eventual* e *voluntária* de serviços jurídicos – essas são as característica principais.

Este tipo de atuação pode acontecer em favor de instituições sociais sem fins econômicos e aos seus assistidos, sempre que os beneficiários não dispuserem de recursos para a contratação de profissional.

Também pode ser exercida para pessoas naturais hipossuficientes.

E, de forma bem objetiva, não poderá o advogado atuar como *pro bono* com objetivos político-partidários ou eleitorais, nem beneficiar instituições que visem tais objetivos, ou como instrumento de publicidade para captação de clientela.

> ***DICA OLHOS DE TIGRE*** – Segundo o Prov. nº 166/2015 do Conselho Federal da OAB, os advogados que desempenharem a advocacia *pro bono* estarão impedidos, pelo prazo de três anos, de exercer advocacia remunerada para quem trabalha como *pro bono* (art. 4º, § 1º).

13. PROCURAÇÃO – MANDATO

Para que o advogado atue em nome de seu cliente, necessário que ele receba poderes para tanto. A forma processual é a outorga da procuração.

A procuração, como todo o contrato, pode ter prazo determinado – se não contiver prazo, presume-se que ela tem eficácia até a conclusão da causa.

Objetivamente, a procuração não se extingue ou perde valor/eficácia pelo decurso do tempo.

> **IMPORTANTE!** O advogado não pode aceitar procuração de quem já tenha patrono constituído.

> **IMPORTANTE!** O advogado tem o direito de atuar sem procuração em casos de urgência – juntar no prazo de 15 dias (podendo ser prorrogado por mais 15) – art. 5º, § 1º.

13.1 RENÚNCIA – ART. 5º, § 3º, DO ESTATUTO EM CONJUNTO COM O ART. 16 DO CÓDIGO DE ÉTICA

Forma de extinção da procuração – e dos poderes nela outorgados.

Quem renuncia é o advogado!

Não existe necessidade de a renúncia ser motivada.

Notificado o cliente, o advogado ainda é responsável pelos atos processuais por dez dias (caso um novo profissional se habilite antes de terminado tal prazo, encerra-se a responsabilidade).

13.2 REVOGAÇÃO

Forma de extinção da procuração e dos poderes nela outorgados – neste caos, *por iniciativa do cliente*.

Na revogação não existe o prazo de responsabilização por dez dias.

> *DICA OLHOS DE TIGRE* – A renúncia e a revogação não desobrigam o cliente de pagar os honorários advocatícios (inclusive verba sucumbencial – de forma proporcional ao trabalho desenvolvido).

13.3 SUBSTABELECIMENTO

Forma de o advogado transferir os poderes recebidos na procuração para outro advogado (relação advogado com advogado).

Pode acontecer – o substabelecimento – COM RESERVA DE PODERES, sendo, neste caso, um compartilhamento de poderes (poderá atuar tanto o advogado que substabeleceu quanto o advogado substabelecido).

E pode ocorrer, também, SEM RESERVA DE PODERES – neste caso, o advogado que substabelece se afasta do processo (e exatamente por isso que, aqui, será necessária a anuência/concordância do cliente).

14. LICENCIAMENTO DA INSCRIÇÃO - ART. 12 DO ESTATUTO

Licenciamento é forma de *interrupção temporária da inscrição*.

O advogado licenciado não perde o número (tampouco sua inscrição é cancelada).

É uma forma de o advogado suspender sua capacidade postulatória – durante o período de licenciamento, ele não pode advogar (nem paga a anuidade).

Três hipóteses de licenciamento:

a) requerimento *justificado;*

b) exercício – *temporário* – atividade incompatível;

c) doença mental curável.

15. CANCELAMENTO DA INSCRIÇÃO - ART. 11 DO ESTATUTO

Configura INTERRUPÇÃO DEFINITIVA do exercício da advocacia. Com o cancelamento, a pessoa deixa de ser advogado, perdendo sua capacidade postulatória.

Pode acontecer em cinco hipóteses:

a) a pedido (personalíssimo) – não precisa ser fundamentado, mas deve ser assinado pelo advogado postulante;

b) exclusão (pena mais grave do Estatuto) – a punição com a exclusão gerará o cancelamento da inscrição;

c) o exercício de atividade incompatível (forma definitiva);

> **Observação!** Importante recordar que, se já é incompatível no ato da inscrição, haverá o seu indeferimento (art. 8º do Estatuto).

d) perda dos requisitos da inscrição (art. 8º do Estatuto);

e) falecimento do advogado.

DICA OLHOS DE TIGRE – A pessoa que teve sua inscrição cancelada poderá requerer nova inscrição, submetendo-se aos requisitos legais (mas não precisará fazer novo Exame da OAB – bastará provar que já foi aprovada anteriormente).

Cuidado! A aplicação por três vezes da pena de suspensão gerará a pena de exclusão – e, gerando-a, acarretará o cancelamento da inscrição.

16. INCOMPATIBILIDADE E IMPEDIMENTO (ARTS. 28 A 30 DO ESTATUTO)

16.1 INCOMPATIBILIDADE

Proibição total do exercício da advocacia.

16.2 IMPEDIMENTO

Proibição parcial (limitação) do exercício da advocacia.

A incompatibilidade pode ser definitiva (gerará o cancelamento da inscrição) ou poderá ser temporária (circunstância que acarretará o licenciamento da inscrição).

Importante! O impedimento não gera licenciamento ou cancelamento; o advogado impedido pode advogar, tendo carteira da OAB (apenas exercerá a advocacia com algumas limitações).

16.3 CAUSAS QUE GERAM A INCOMPATIBILIDADE – ART. 28 DO ESTATUTO

- Membros da *mesa* do Poder Legislativo;
- Juízes/MP/Tribunal de Contas;
- Funcionário público *com cargo de direção (poder de mando)*;
- Serventuário do Poder Judiciário (todos) – Inclusive dos cartórios extrajudiciais;
- Atividade policial (qualquer uma);
- Militar na ativa;
- Responsáveis por lançamento/arrecadação/fiscalização de tributos;
- Gerente/diretor de banco público/privado;
- Cargo ou função na Administração Pública Direta ou Indireta com poder de mando sobre terceiros.

DICA OLHOS DE TIGRE – Art. 28, § 2º, do Estatuto – Não se incluem nas hipóteses do inc. III os que não detenham poder de decisão relevante sobre interesses de terceiro, a juízo do conselho competente da OAB, *bem como a administração acadêmica diretamente relacionada ao magistério jurídico.*

Ou seja – não têm incompatibilidade Diretor ou Coordenador de Curso/ Faculdade de Direito de Universidade Pública

DICA OLHOS DE TIGRE – Gerente de banco (público ou privado) não pode advogar; no entanto, o gerente jurídico de banco pode exclusivamente para o banco.

16.4 CAUSAS QUE GERAM O IMPEDIMENTO

Funcionário público – contra a Fazenda Pública que o remunera.

Em resumo – funcionário público com poder de mando – INCOMPATÍVEL; funcionário público que não tem poder de mando – IMPEDIMENTO (de advogar contra quem o remunera).

Membros do Poder Legislativo (municipal/estadual/federal).

Estão impedidos de advogar contra ou a favor do *serviço público em geral*.

Cuidado! Membro do Poder Legislativo que faz parte da MESA DIRETORA exerce atividade incompatível com a advocacia (não poder advogar).

Então, e em resumo, quanto ao Poder Legislativo:

- faz parte da mesa – incompatível;
- não faz parte da mesa – impedimento.

Vale recordar que o IMPEDIMENTO APARECE NA CARTEIRA DA OAB.

DICA OLHOS DE TIGRE – Existem alguns cargos públicos com poder de mando – por exemplo: Procurador-Geral dos Estados, Defensor Público Geral, Advogado-Geral da União, entre outros – quando é possível exercer a advocacia no limite do seu cargo (não podem exercer em causa própria).

Cuidado! A incompatibilidade não cessa quando o ocupante deixa de exercer o cargo que a gerou temporariamente.

17. PUBLICIDADE (ARTS. 39 A 47 DO CÓDIGO DE ÉTICA E DISCIPLINA)

A palavra-chave nas regras referentes publicidade é a moderação. Não pode a publicidade ter um viés mercantilista, empresarial, industrial ou comercial.

Objetivamente, não pode o advogado fazer PROPAGANDA de seus serviços ou atividades.

Diante de tais princípios, não pode o advogado, na sua publicidade:

a) indicar o preço do trabalho;

b) divulgar que trabalha de graça, sem cobrança de honorários;

c) referir que ostenta ou ostentou cargo ou função pública;

d) veicular publicidade na rádio e na televisão;
e) relacionar, na publicidade do advogado, com outra atividade não advocatícia;
f) divulgar o serviço em carros de som ou outdoor.

Ao contrário, é permitido ao advogado, na sua publicidade:

a) divulgação em jornal, revistas e periódicos;
b) áreas de interesse e atuação;
c) títulos acadêmicos;
d) endereço, número de telefone, *e-mail* e *site*.

18. DIREITOS E PRERROGATIVAS DO ADVOGADO (ART. 7º DO ESTATUTO)

a) *Hierarquia – Subordinação*

Não existe hierarquia entre advogados, órgãos do Poder Judiciário e Ministério Público – objetivamente não existe poder de mando sobre o advogado, devendo exercer sua função com INDEPENDÊNCIA.

b) *Inviolabilidade do escritório (local de trabalho)*

É garantido ao advogado a inviolabilidade dos seus instrumentos de trabalho – aí incluídos todos os documentos relativos ao serviço da advocacia.

Esta inviolabilidade pode, excepcionalmente, ser quebrada, existindo indícios de autoria e materialidade contra o advogado, mediante ordem judicial (específica e fundamentada), cumprida na presença de representante da OAB.

c) *Comunicação com o cliente*

Tem direito o advogado a comunicar-se pessoal e reservadamente com seu cliente (mesmo sem procuração), ainda que o cliente esteja recolhido na condição de incomunicável.

d) *Prisão em flagrante do advogado*

O advogado tem direito de, quando for preso em decorrência do exercício da profissão (da advocacia), ter a presença de representante da OAB na lavratura do flagrante.

Importante referir que o motivo da prisão em flagrante tem que estar ligado ao exercício da advocacia.

E a lavratura do flagrante sem a presença de representante da ordem gerará a nulidade da prisão.

e) *Local da prisão*

Tem direito o advogado, antes de sentença condenatória transitada em julgado, de ser recolhido preso em sala de Estado Maior (com instalação e comodidade condigna).

Neste caso, para o reconhecimento deste direito, a motivação não importa (ou seja, mesmo que a prisão tenha origem em crime não ligado ao exercício da advocacia, ainda assim terá o advogado a prerrogativa de local especial para sua prisão).

> ***DICA OLHOS DE TIGRE*** – Segundo decisões reiteradas do STF, a falta de instalações condignas para receber o advogado lhe garante o direito de prisão domiciliar (sempre até o trânsito em julgado da decisão condenatória).

f) *Relação com magistrado*

Possibilidade de conversar com o juiz independente de hora marcada (ser atendido).

g) *Exame de autos*

O advogado tem direito a vistas dos autos em andamento (ou arquivados), mesmo sem procuração – este direito garante a possibilidade de tirar cópia e fazer apontamentos.

Caso os autos estejam protegidos por sigilo, para ter acesso será necessária a procuração.

Tem o advogado, ainda, o direito de retirar os autos em carga – para o exercício deste direito será necessária a procuração.

Excepcionalmente, será concedida carga de autos ARQUIVADOS sem procuração (no entanto, estando protegidos por sigilo, necessária também, neste caso, a procuração).

Em resumo – para ter vistas dos autos, a regra é a desnecessidade da procuração; para ter carga dos autos, ao contrário, a regra será a necessidade da procuração.

> ***DICA OLHOS DE TIGRE*** – Sempre que os autos estiverem protegidos pelo sigilo (segredo de justiça), o acesso do advogado (para vistas ou carga) dependerá da procuração.

h) *Exame de inquérito policial*

Tem direito o advogado de fazer cópias e apontamentos de autos de prisão em flagrante ou inquérito policial, findo ou em andamento (ainda que concluso à autoridade), mesmo sem procuração.

Será necessária a procuração apenas quando o inquérito policial estiver sob sigilo (segredo de justiça).

> **IMPORTANTE!** Conforme o art. 7º-B, constitui crime a violação das prerrogativas inseridas nos incs. II, III, IV e V (inviolabilidade do local e instrumentos de trabalho, direito a comunicação com cliente, prisão em flagrante e local da prisão).

19. DESAGRAVO (ARTS. 18 E 19 DO REGULAMENTO GERAL)

O desagravo é a forma que a OAB tem, como instituição de classe, de responder a ofensas exaradas contra advogados no exercício (ou em razão) da profissão.

Como a ofensa atinge não só o advogado, mas todos, o pedido pode ser feito por qualquer pessoa (e, também nesta mesma linha, o desagravo não depende de concordância do ofendido, que não pode dispensá-lo, devendo ser promovido a critério do Conselho).

Quem decide se haverá ou não o desagravo é o Conselho Seccional – no caso de urgência, poderá a diretoria do Conselho conceder imediatamente o desagravo, *ad referendum* do órgão competente do Conselho (recordar que excepcionalmente a atribuição poderá ser do Conselho Federal, nos casos elencados no art. 19 do Regulamento Geral).

Não sendo caso de urgência, o pedido será analisado, inclusive com a ouvida da pessoa ou autoridade que proferiu as ofensas.

O pedido de desagravo deverá ser decidido no prazo máximo de 60 dias.

Deferido o pedido de desagravo, a sessão deverá ocorrer no prazo máximo de 30 dias – no local da ofensa ou onde se encontre a autoridade ofensora.

20. SIGILO PROFISSIONAL (ARTS. 35 A 38 DO CÓDIGO DE ÉTICA E DISCIPLINA)

O sigilo profissional do advogado é inerente à profissão – não depende de cláusula de confidencialidade.

E, importante: abrange toda e qualquer comunicação entre cliente e advogado.

> *DICA OLHOS DE TIGRE* – Caso seja o advogado arrolado como testemunha e as perguntas digam respeito a fatos que ele tomou conhecimento em decorrência do sigilo, lhe será autorizado e reconhecido o direito de não depor.

Exceções – Quando será possível quebrar o sigilo profissional (art. 37 do CED):

- grave ameaça ao direito à vida, à honra;
- quando o advogado se veja afrontado pelo próprio cliente;
- em defesa própria, tenha que revelar segredo, porém sempre restrito ao interesse da causa.

21. IMUNIDADE PROFISSIONAL – ART. 7º, § 2º DO ESTATUTO

A imunidade garante ao advogado, no exercício da profissão, que suas atitudes/posturas na defesa dos interesses do cliente não tipificarão fatos delituosos – incidirá a AUSÊNCIA DE CRIME (cível e disciplinar).

Basicamente, a imunidade atinge (exclui) os crimes de injúria e difamação.

Por outro lado, não exclui calúnia, desacato ou tergiversação.

22. INFRAÇÕES DISCIPLINARES (ART. 34 DO ESTATUTO)

São condutas negativas ou comportamentos indesejados do advogado, definidas e tipificadas pelo Estatuto (e não podem ser objeto de interpretação extensiva ou analógica).

Apenas os inscritos na OAB podem cometer infração disciplinar (não há como responsabilizar terceiro, não inscrito).

23. SANÇÕES DISCIPLINARES (ARTS. 35 A 43 DO ESTATUTO)

As sanções disciplinares, para serem aplicadas, exigem devido processo legal (contraditório e ampla defesa) – ou seja, processo disciplinar válido.

Dividem-se em censura (existindo atenuantes, pode ser substituída por advertência), suspensão e exclusão.

Existe, ainda, uma sanção acessória: a multa. É uma espécie de agravante, não existe sozinha, apenas aplicada em conjunto com a censura ou a suspensão (na exclusão, não existe multa).

23.1 CENSURA (ART. 36 DO ESTATUTO)

É aplicada, basicamente, quando o advogado comete atos contrários ao Código de Ética e Disciplina.

Não é pública e consiste em registrar a pena no prontuário do advogado.

Existindo circunstâncias atenuantes (art. 40 do Estatuto), a censura poderá ser convertida em advertência, situação em que será apenas remetido um ofício reservado ao advogado (sem qualquer registro no prontuário).

23.2 SUSPENSÃO (ART. 37 DO ESTATUTO)

Aplicada a pena de suspensão, restará o advogado proibido de exercer a advocacia em todo o território nacional (embora tenha que continuar pagando anuidade da OAB).

A pena é pública.

Infrações disciplinares que podem resultar na pena de suspensão:

- todas que envolvam dinheiro (podendo ser aplicada e mantida até que se devolva o dinheiro do cliente);
- erros reiterados, configurando inépcia (somente erro é censura);
- retenção abusiva de autos;
- conduta inadequada (ex.: envolvimento com drogas, álcool, escândalos, improbidade etc.).

> **IMPORTANTE REPETIR:** As penas somente poderão ser aplicadas após o trânsito em julgado da decisão condenatória.

No entanto, existe uma exceção: a suspensão preventiva prevista no art. 70, § 3º, do Estatuto – havendo repercussão prejudicial para a dignidade da advocacia, o Tribunal de Ética e Disciplina (TED) poderá notificar o acusado para uma sessão especial, quando será analisada a aplicação ou não da suspensão preventiva (o acusado terá direito de apresentar sua defesa nesta sessão, pelo prazo de 15 minutos).

Caso aplicada a suspensão preventiva, o julgamento do processo disciplinar deve acontecer em 90 dias, sob pena de constrangimento ilegal.

23.3 EXCLUSÃO (ART. 38 DO ESTATUTO)

É a pena mais grave, será pública e gerará o cancelamento da inscrição.

Será aplicada nas seguintes infrações:

- prova falsa de requisito da inscrição;
- falta de idoneidade moral para o exercício da advocacia;
- prática de crime infamante;
- terceira suspensão.

> ***DICA OLHOS DE TIGRE*** – Para aplicação da exclusão, será necessária a manifestação de *dois terços* do Conselho Seccional de forma favorável.

24. PROCESSO DISCIPLINAR

Será instaurado de ofício ou mediante representação (essa não pode ser anônima).

A atribuição para conduzir o processo, na primeiro instância, será do TED, o qual é órgão subordinado ao Conselho Seccional.

Será garantido o sigilo do processo até a decisão final, proporcionando-se ao acusado a mais ampla e constitucional defesa.

O julgamento do TED, apesar de ser a primeira instância, será colegiado (não existe decisão monocrática).

O recurso contra decisão do TED será de competência do Conselho Seccional, por uma de suas Câmaras Julgadoras.

Os recursos terão, como regra, o duplo efeito (devolutivo e suspensivo).

Excepcionalmente terão apenas efeito devolutivo nos seguintes casos:

a) processo/recurso referente a eleição da OAB;

b) exclusão de advogado que produziu prova falsa para inscrição nos quadros da OAB;

c) suspensão preventiva.

25. PRESCRIÇÃO – ART. 43 DO ESTATUTO

A prescrição da pretensão punitiva ocorre após *cinco anos* da ciência oficial dos atos que poderia gerar a abertura de um processo disciplinar.

Este prazo será interrompido pelas seguintes circunstâncias:

a) instauração do processo disciplinar;
b) notificação regular do acusado;
c) decisão condenatória recorrível.

No decorrer do processo, é possível acontecer a *prescrição intercorrente*, a qual é identificada pela paralisação do processo disciplinar por mais de *três anos*.

26. REABILITAÇÃO (ART. 41 DO ESTATUTO)

Tem direito advogado punido de pretender a reabilitação, uma forma de, ultrapassado determinado prazo, afastar dos seus assentamos e registros a referência sobre a punição sofrida (maneira de "limpar a ficha").

O Estatuto prevê de forma expressa que será permitido requerer, após um ano do cumprimento da pena, a reabilitação.

> *DICA OLHOS DE TIGRE* – Quando a pena disciplinar decorrer de condenação criminal, a reabilitação perante a OAB exigirá, primeiro, a reabilitação criminal.

QUESTÕES

1. (OAB FGV – XXVIII Exame – 2019-1) Eduardo contrata o advogado Marcelo para propor ação condenatória de obrigação de fazer em face de João. São convencionados honorários contratuais, porém o contrato de honorários advocatícios é omisso quanto à forma de pagamento. Proposta a ação, Marcelo cobra de Eduardo o pagamento de metade dos honorários acordados.

De acordo com o Estatuto da OAB, assinale a afirmativa correta.

a) Marcelo pode cobrar de Eduardo metade dos honorários, pois na ausência de estipulação sobre a forma de pagamento, metade dos honorários é devida no início do serviço e metade é devida no final.

b) Marcelo pode cobrar de Eduardo metade dos honorários, pois na ausência de estipulação sobre a forma de pagamento, os honorários são devidos integralmente desde o início do serviço.

c) Marcelo não pode cobrar de Eduardo metade dos honorários, pois na ausência de estipulação sobre a forma de pagamento, os honorários somente são devidos após a decisão de primeira instância.

d) Marcelo não pode cobrar de Eduardo metade dos honorários, pois na ausência de estipulação sobre a forma de pagamento, apenas um terço é devido no início do serviço.

2. **(OAB FGV - XXVIII Exame - 2019-1)** Gabriel, advogado, teve aplicada contra si penalidade de suspensão, em razão da prática das seguintes condutas: atuar junto a cliente para a realização de ato destinado a fraudar a lei; recusar-se a prestar contas ao cliente de quantias recebidas dele e incidir em erros reiterados que evidenciaram inépcia profissional. Antes de decorrido o prazo para que pudesse requerer a reabilitação quanto à aplicação dessas sanções e após o trânsito em julgado das decisões administrativas, instaurou-se contra ele, em razão dessas punições prévias, novo processo disciplinar.

   Com base no caso narrado, assinale a opção que indica a penalidade disciplinar a ser aplicada.

   a) De exclusão, para a qual é necessária a manifestação da maioria absoluta dos membros do Conselho Seccional competente.

   b) De suspensão, que o impedirá de exercer o mandato e implicará o cancelamento de sua inscrição na OAB.

   c) De exclusão, ficando o pedido de nova inscrição na OAB condicionado à prova de reabilitação.

   d) De suspensão, que o impedirá de exercer o mandato e o impedirá de exercer a advocacia em todo o território nacional, pelo prazo de doze a trinta meses.

3. **(OAB FGV - XXVIII Exame - 2019-1)** Maria Lúcia é parte em um processo judicial que tramita em determinada Vara da Infância e Juventude, sendo defendida, nos autos, pelo advogado Jeremias, integrante da Sociedade de Advogados Y. No curso da lide, ela recebe a informação de que a criança, cujos interesses são debatidos no feito, encontra-se em proeminente situação de risco, por fato que ocorrera há poucas horas. Ocorre que o advogado Jeremias não se encontra na cidade naquela data. Por isso, Maria Lúcia procura o advogado Paulo, o qual, após analisar a situação, conclui ser necessário postular, imediatamente, medida de busca e apreensão do infante. Considerando o caso hipotético, assinale a afirmativa correta.

   a) Paulo poderá aceitar procuração de Maria Lúcia e postular a busca e apreensão, independentemente de prévio conhecimento de Jeremias ou da Sociedade de Advogados Y.

   b) Paulo poderá aceitar procuração de Maria Lúcia e postular a busca e apreensão, apenas após o prévio conhecimento de Jeremias, não sendo suficiente informar à Sociedade de Advogados Y, sob pena de cometimento de infração ética.

   c) Paulo poderá aceitar procuração de Maria Lúcia e postular a busca e apreensão, apenas após o prévio conhecimento de Jeremias ou da Sociedade de Advogados Y, sob pena de cometimento de infração ética.

   d) Paulo não poderá aceitar procuração de Maria Lúcia e postular a busca e apreensão, mesmo que seja promovido o prévio conhecimento de Jeremias e da Sociedade de Advogados Y, sem antes ocorrer a renúncia ou revogação do mandato, sob pena de cometimento de infração ética.

4. **(OAB – FGV – XXVIII EXAME DE ORDEM)** Jorge é advogado, atuando no escritório modelo de uma universidade. Em certa ocasião, Jorge é consultado por um cliente, pois este gostaria de esclarecer dúvidas sobre honorários advocatícios. O cliente indaga a Jorge sobre o que seriam os honorários assistenciais.

   Considerando o disposto no Estatuto da Advocacia e da OAB, assinale a opção que apresenta a resposta de Jorge.

   a) Os honorários assistenciais são aqueles pagos diretamente ao advogado que promove a juntada aos autos do seu contrato de honorários antes de expedir-se o mandado de levantamento ou precatório.

   b) Os honorários assistenciais são aqueles devidos ao advogado em periodicidade determinada, pela prestação de serviços advocatícios de forma continuada, nas situações que o cliente venha a ter necessidade, como contrapartida à chamada "advocacia de partido".

   c) Os honorários assistenciais são aqueles fixados pelo juiz ao advogado indicado para patrocinar causa de juridicamente necessitado, no caso de impossibilidade da Defensoria Pública no local da prestação do serviço.

   d) Os honorários assistenciais são aqueles fixados em ações coletivas propostas por entidades de classe em substituição processual.

5. **(OAB – FGV – XXIII EXAME DE ORDEM)** Juliana é integrante da equipe de recursos humanos de certa sociedade anônima, de grande porte, cujo objeto social é o comércio de produtos eletrônicos. Encontrando-se vago um cargo de gerência jurídica, Juliana organizou processo seletivo, tendo recebido os currículos de três candidatas. A primeira delas, Mariana, é advogada regularmente inscrita na OAB, tendo se especializado em Direito Penal. A segunda, Patrícia, não é graduada em Direito, porém é economista e concluiu o doutorado em direito societário e mercado de capitais. A terceira, Luana, graduada em Direito, foi aprovada no exame da OAB e concluiu mestrado e doutorado. É conselheira de certo tribunal de contas estadual, mas encontra-se afastada, a pedido, sem vencimentos. Considerando a situação narrada, assinale a afirmativa correta.

   a) Qualquer das candidatas poderá exercer a função de gerência jurídica, mas apenas Mariana poderá subscrever os atos privativos da advocacia.

   b) Qualquer das candidatas poderá exercer a função de gerência jurídica, mas apenas Mariana e Luana poderão subscrever os atos privativos da advocacia.

   c) Apenas Mariana poderá exercer a função de gerência jurídica.

   d) Apenas Mariana e Luana poderão exercer a função de gerência jurídica.

GABARITO

1. D; 2. C; 3. A; 4. D; 5. C

Filosofia do Direito

Douglas Azevedo

Mestre em Direito pela Universidade de Santa Cruz do Sul – UNISC. Professor na Faculdade Dom Alberto e no Centro de Ensino Integrado de Santa Cruz do Sul – CEISC. Advogado.

SUMÁRIO

1. INTRODUÇÃO - O QUE É FILOSOFIA DO DIREITO?

Antes de adentramos nos temas cobrados na prova da OAB, é importante entendermos o que é a filosofia do direito. Antes, contudo, devemos entender o que é a própria filosofia. De modo sucinto, filosofia é uma espécie de sistematização do pensamento, tendo como base a razão humana. É, também, uma forma de enfrentamento direto da realidade em que vivemos. Ora, sempre que "filosofamos" acerca de alguma coisa, estamos, de certa forma, a questionando.

A filosofia, por sua vez, possui objetos, ou temas gerais, sobre os quais se debruça. A política, a ética, a estética, as questões teológicas e, claro, o direito. Portanto, temos a filosofia do direito como uma das áreas de análise da filosofia, e não como um método independente e autônomo. Vários dos autores que trabalharemos a seguir possuem uma base de pensamento filosófico (um método) e, entre os diversos objetos estudados, temos o direito. Quer dizer, os gregos possuem um entendimento do direito dentro de sua filosofia, ao passo que autores contemporâneos têm a sua compreensão sobre o tema. Imprescindível, para prosseguirmos, compreender a distinção entre filosofia do direito, teoria geral do direito e pensamento jurídico.

A filosofia do direito vai se preocupar com os grandes temas da experiência jurídica, por exemplo, aquelas perguntas que parecem simples, mas são extremamente complexas de se responder e bem mais abstratas, como O que é o direito? O que é a justiça, ou melhor, esta sentença, ou ainda esta lei, é justa? Percebam que as respostas vão variar conforme o autor abordado e seu método filosófico. Alguns vão aproximar o direito da moral; outros, da política, econômica etc. Seu objeto, portanto, é histórico, pois muda conforme as concepções de determinada época.

Com a modernidade e o surgimento dos ordenamentos jurídicos estruturados e codificados, teremos o surgimento da teoria geral do direito - a qual vai se debruçar não sobre casos concretos da aplicação jurídica do cotidiano, mas sobre questões de ordem um pouco mais geral, como técnicas jurídicas (qual norma aplicar quando há uma colisão entre regras, por exemplo). Em alguns pontos, a teoria geral do direito muito se aproxima da filosofia, sendo difícil estabelecer uma distinção, mas notem que a primeira é ainda muito mais geral e abstrata, preocupando-se com a fundamentação do direito como um todo, e não com questões referentes a sua aplicação. Já o pensamento jurídico, este ensinado nas graduações, aborda aspectos bem menos gerais, preocupando com questões de ordem prática - a aplicação de leis no caso concreto, por exemplo.

Como aplicadores do direito, imperioso que nossa análise não fique restrita tão somente às leis que aplicamos diariamente, mas que sejamos capazes de compreender o fenômeno jurídico dentro de sua complexidade e de suas relações com outras áreas do saber. A construção desta base crítica e questionadora demanda que o jurista conheça a tradição filosófica já desenvolvida por grandes nomes, pois esta etapa mostra-se fundamental para a consolidação das bases por meio das quais poderemos elaborar nossa crítica. O que apresentaremos neste capítulo, portanto, não é um ensaio sobre filosofia do direito, mas sim um ensaio sobre a história da filosofia do direito, abordando nomes fundamentais para a consolidação do fenômeno jurídico atual.

2. ANTIGUIDADE CLÁSSICA – OS SOCRÁTICOS

Este conjunto de autores leva este nome em razão do alinhamento de sua filosofia com a de Sócrates, responsável por uma completa mudança nos temas debatidos até então ou, como se diz, Sócrates tirou a filosofia dos céus e a trouxe para dentro da casa das pessoas. Antes de Sócrates, a principal questão debatida pelos filósofos era cosmológica e metafísica – como surgiu o mundo, as leis da natureza etc., e, em seguida, passou a se debater a humanidade e suas relações sociais, trazendo temas como justiça, política e ética para o debate. Elemento essencial para se compreender este período reside na relação sujeito – *pólis* (cidade), isto é, o indivíduo do período era parte de uma coletividade, e é neste meio em que vai residir a tônica da filosofia do direito deste período.

2.1 SÓCRATES

Para entendermos o direito em Sócrates, devemos compreender o ser humano dentro do seu caráter político, quer dizer, do humano como membro de uma sociedade. Há, portanto, um grande respeito às instituições jurídicas e à própria *pólis*.

Todavia, a filosofia de Sócrates encontra-se em forte oposição com os ensinamentos dos sofistas, os quais defendiam não haver conhecimento objetivo e não ser possível se chegar à verdade ou à essência das coisas – uma verdadeira relativização do conhecimento, sob o argumento de que a boa retórica poderia sustentar e convencer qualquer pessoa sobre qualquer ponto. Dessa concepção, surge a máxima "o homem é a medida de todas as coisas", a qual ressalta o mencionado relativismo, por tomar o ser humano como base na construção de verdades (se há um consenso formado por pessoas sobre algo, aquele algo é uma verdade).

Nesse sentido, Sócrates posiciona-se contra tal afirmativa, defendendo a possibilidade de se conhecer a essência das coisas. Para tanto, cria o chamado método socrático, por meio do qual o filósofo deve conversar com as pessoas e, por meio da contradição das ideias e da constatação dos preconceitos imbuídos pela vida social (maiêutica) e da ironia, a pessoa passa a pensar por si mesma e não mais abraçar os conceitos equivocados aos quais antes aderia. O sábio, assim, é aquele que conhece a si mesmo e, por isso, reconhece que nada sabe – uma postura de humildade diante do conhecimento, mas também de constante busca.

Não obstante, a grande crítica de Sócrates advém do fato de as decisões políticas e jurídicas serem deliberadas e estabelecidas por meio da retórica e do convencimento, e não da busca da verdade. Condenado à morte pelas instituições da época, Sócrates aceita sua pena e, em contraste, toda a *pólis* percebe a injustiça da sentença. Com isso, o filósofo afirma seu ponto: a existência de uma noção de justiça pautada na razão muito maior do que aquela estabelecida pela retórica e o convencimento, sem a preocupação com uma busca pela essência das coisas.

2.2 PLATÃO

Platão, em sua obra *A República*, trabalha a ideia de justiça, direito e política na *pólis* (cidade) grega; contudo, a concepção do justo do filósofo é muito diferente das atuais, o que pode gerar um estranhamento. Em primeiro lugar, há uma grande aproximação da noção de justiça com a de direito (ao passo que hoje em dia separamos as leis por vigentes ou não vigentes), assim, estamos ampliando o conceito, associando-o às noções de política e virtude.

Aqui, contudo, Platão critica a democracia, a mesma que condenou seu mestre, Sócrates, à morte. Os fundamentos são justamente no sentido de que não são os mais sábios que elaboram as leis e tomam as decisões políticas, mas sim a maioria – ocorrendo aqui um afastamento do justo. Ora, quem deveria, então, governar? Platão responderá: que os filósofos sejam os reis, ou que os reis sejam filósofos.

Na sua visão de política, Platão propõe um método de educação chamado Paideia (7-30 anos), no qual se verificam as aptidões das pessoas da *pólis*. Após esse árduo período de educação, Platão destaca que existiriam três grupos de pessoas: 1) os produtores; 2) os guerreiros; e 3) os filósofos.

Os primeiros estariam mais próximos da virtude da temperança, os segundos, da coragem e os terceiros, da sabedoria. Por estes últimos desenvolverem mais as suas habilidades racionais e estando suas almas mais próximas do mundo das ideias, deveriam, portanto, governar a *pólis*, cunhando a expressão Filósofo-Rei.

Sobre o mundo das ideias, Platão narra o famoso mito da caverna, no qual indivíduos estão acorrentados pelos pés e pela cabeça no fundo de uma caverna, impossibilitados de olharem para trás. Às costas dessas pessoas, há um muro, e por trás desse muro uma alta fogueira pela qual são passados objetos que lançam suas sombras contra a parede do fundo da caverna. As pessoas aprisionadas só conhecem, portanto, o que lhes é mostrado e, mesmo assim, a sombra ou uma mera projeção de como o objeto real é. Contudo, por só conhecerem aquilo, entendem que se trata da realidade.

Um dia, uma dessas pessoas consegue fugir e vê o mundo pela primeira vez, compreendendo que aquilo era a realidade, e não as sombras. Ao retornar para a caverna e comunicar isso aos demais, todos se revoltam e tentam matá-lo por não aceitarem essa verdade.

O mito faz clara alusão a Sócrates, mestre de Platão, o qual foi condenado a beber veneno por "subverter a juventude" e "falar contra os deuses". O conceito por trás do mito é de que há um mundo sensorial (o nosso) e um mundo das ideias, e que nós só vemos a sombra de como as coisas realmente são nesse mundo das ideias.

Retornando à questão da justiça, Platão entende que esta deve ser algo interno. Assim, traça uma interessante analogia: o indivíduo é justo quando as partes que o compõem (razão, espírito e apetite) estão em harmonia, obedecendo à razão. Somente assim o sujeito age com justiça. Do mesmo modo, uma cidade só é justa quando as partes que a compõem atuam de forma harmoniosa: os filósofos governando, os mais fortes atuando como guardiões e os demais atuando como produtores. O pleno funcionamento ordenado, no qual cada um exerce sua função conforme sua aptidão resulta na cidade justa.

Há, portanto um deslocamento interessante: a justiça não está só nos indivíduos, mas deve ser entendida dentro da lógica da *pólis*, adquirindo uma aresta social. Se há injustiça na sociedade, os indivíduos não estão dela alheios. Hoje associamos a justiça ao sujeito – "tal pessoa é justa" ou "tal pessoa praticou um ato justo". Em nosso âmago pessoal, todos somos justos, e a sociedade que é injusta. Tal ideia é totalmente contrária aos escritos de Platão.

2.3 ARISTÓTELES

Em sua obra *Ética a Nicômaco*, Aristóteles complementa sua teoria política (na qual política é a arte de bem governar a *pólis*) com sua teoria ética, a qual apresenta um caminho para o pleno desenvolvimento e a boa vida em sociedade. Isto porque concebe o homem como animal político, ou seja, afirma que a espécie humana só difere dos animais no momento em que se encontra em relação com seus semelhantes. Inclusive vale aqui ressaltar que o surgimento da cidade grega (a pólis) é um dos principais fatores que possibilitou o nascimento da filosofia ocidental, vez que o homem poderia acumular riquezas e viver de forma ociosa, tendo assim tempo para pensar e refletir sobre as questões da vida.

Para Aristóteles, todas as ações humanas possuem uma finalidade (logo, teleológica), isto é, a eudaimonia, traduzida como a felicidade ou o sumo bem. Para se chegar até essa felicidade, é preciso seguir o caminho racional das virtudes, entendidas como o meio-termo ou a mediana entre dois vícios (de excesso e de insuficiência. Ex.: coragem é equilíbrio, covardia é insuficiência e temeridade é excesso). Fala o autor, ainda, do hábito virtuoso e do exercício da razão, ou seja, as virtudes são aprendidas por meio do hábito, da repetição.

Ser moderado com minhas paixões = ser virtuoso e ser moderado nas minhas ações com o outro = justiça. Entre as virtudes, a justiça é a mais elevada, pois se estende ao próximo – é a própria excelência moral, estando presente em todas as outras virtudes – é universal.

Justiça, por sua vez, é dividida pelo autor em duas categorias:

1) A justiça *lato sensu* seria o princípio geral que possibilita a convivência social. É a ideia de seguir a lei. Aqui, temos de fazer uma ressalva importante: Aristóteles entendia a lei dentro de uma construção ética

no seio da pólis; logo, a lei seria justa. Uma lei ruim não pode sequer ser considerada uma lei.

2) Já a justiça *stricto sensu* refere-se apenas a determinadas ações previstas pela lei. Esta se divide também em duas:

   a) Justiça distributiva: se dá no âmbito da distribuição de honrarias ou bens públicos (benefícios). Por exemplo: quem exerce uma atividade mais complexa deve receber mais. As pessoas consideradas iguais recebem quantidades iguais das coisas a serem repartidas. As pessoas consideradas desiguais recebem porções desiguais das mesmas coisas. Assim, constitui ato justo tratar igualmente as pessoas iguais e, também, justo tratar desigualmente pessoas desiguais (ex.: é justo um filho receber mais mesada do que outro caso tenha feito tarefas). Igualdades de razões – razões proporcionais ao mérito.

   b) Justiça corretiva: as pessoas são tratadas conforme o princípio da igualdade no sentido absoluto da palavra. Na busca da correção da perda em relação ao ganho, a justiça corretiva (ou comutativa) não se preocupa com a qualidade das pessoas em questão, mas sim com o dano causado. Ideia de um para um. Ex.: se furtou alguém, devolver na igual medida. Lógica de igualdade absoluta: 1 por 1. A ideia é reparar o prejuízo ou garantir a obrigação, podendo ser ela voluntária (contrato) ou involuntária (um furto).

Alguns cuidados acerca dos conceitos de justo: quando abordamos as justiças em sentido estrito de Aristóteles, temos de considerar que o justo só se aplica àqueles que estão em situações semelhantes. Como o próprio autor diz, pessoas livres e proporcionalmente ou aritmeticamente iguais: assim, não se fala em justiça quando, competindo por uma vaga, temos um adulto e uma criança de 10 anos, por exemplo. A justiça na lógica proporcional ocorre no âmbito dos semelhantes. Ou seja, entre os cidadãos da pólis – os homens, maiores de 21 anos e nascidos em Atenas, excluindo mulheres, crianças e escravos. O justo acaba sendo uma medida da elite política da época.

Outro ponto relevante é entender a justiça como uma virtude tanto em potencial como na prática. Sobre este último aspecto, vale lembrar a ideia do meio-termo: a análise de cada caso revelará o meio-termo adequado para a ação justa.

Vale destacar ainda outros dois conceitos de justo para Aristóteles:

1) Justiça politica: melhor forma de organizar uma cidade / fazê-la funcionar bem → todos serem felizes.
2) Equidade: perceber a necessidade de se buscar uma solução adequada ao caso concreto que não está na lei, que é limitada ao seu conteúdo – uma ideia de direito natural, ou seja, compreender a natureza

das coisas dentro de um caso concreto (as partes, circunstâncias etc.). Em poucas palavras: regular e preencher lacunas; melhorar o justo na aplicação do caso concreto.

3. IDADE MÉDIA

Período marcado pela forte presença de Deus e da Igreja em todas as esferas da vida pública (ética, moral, explicações metafísicas etc.). Num primeiro momento, a filosofia seguia os ditames da chamada patrística (os pais da igreja), sobretudo os ensinamentos de Santo Agostinho. Só muitos séculos depois, com a escolástica, o pensamento filosófico medieval abre mais espaço para uma base filosófica mais racional, inspirada em Aristóteles, tendo como principal referência São Tomás de Aquino. No período, há de se destacar o jusnaturalismo teológico, quer dizer, o homem até pode criar leis, mas estas estão sempre fundadas na figura de Deus.

3.1 SANTO AGOSTINHO

Santo Agostinho faz uma leitura cristã da filosofia de Platão, quer dizer, na existência de um mundo ideal e um mundo sensível. Agostinho fala, assim, em uma Cidade de Deus, a qual é perfeita; e a Cidade dos Homens, sendo esta imperfeita e marcada pelo pecado (dicotomia Ser x Dever Ser). De igual sorte, a lei dos homens também é falha, devendo tentar se aproximar da lei de Deus, que é perfeita. E é justamente nesta última que se encontra a justiça. Em outras palavras, os homens e suas ações terrenas são incapazes de compreender e atingir a justiça; o justo se dá somente pela graça divina. Tal lei divina é imutável e se aplica a todos na terra.

Temos, aqui, uma nova etapa do direito natural: se antes, para os gregos, ele se referia à análise da natureza das coisas, flexibilizando o direito diante do caso concreto e do momento, com Agostinho fala-se em um direito natural teológico que não advém da "natureza", mas sim de Deus, sendo inflexível e imutável.

Todavia, mesmo sendo as leis humanas injustas por natureza, a elas todos devem se submeter. Isto porque Agostinho entende que a autoridade existe por um desígnio divino. Mesmo injustas, as leis terrenas devem ser aplicadas e seguidas, no intuito de se manter a ordem.

3.2 SÃO TOMÁS DE AQUINO

Santo Tomás, por sua vez, faz uma leitura cristã da filosofia de Aristóteles: há uma justiça universal estabelecida por Deus (em Aristóteles, era a justiça natural) e também utiliza do racionalismo aristotélico, quer dizer, busca explicar a existência de Deus com base em deduções lógicas. Há, assim, uma aproximação entre razão e fé – a razão melhora a fé, diferentemente de Agostinho, para quem a razão possuía pouca importância. Há espaço, portanto, para uma racionalidade da justiça – que, é claro, deriva de Deus.

Em sua *Suma teológica*, Aquino nos apresenta um tratado sobre as leis - sempre voltadas para a ideia de bem comum:

1) Lei eterna: lei de Deus, perfeita; a lei que tudo rege - o homem não a alcança.
2) Lei divina: intervenções de Deus na história para orientar os homens (ex.: os mandamentos) - o homem a alcança por meio da fé.
3) Lei natural: obra de Deus disposta na natureza, mas o ser humano é capaz de captá-la; alcançada pela razão humana.
4) Lei humana: lei natural que, depois de compreendida pela razão humana, é positivada (escrita).

No tocante à justiça, Tomás de Aquino utiliza as mesmas concepções de justiça aristotélicas (justiça distributiva e corretiva). Pode-se reduzir a ideia do "dar a cada um o que é seu". Esta questão, inclusive, já foi cobrada no exame da ordem.

Tem-se, assim, a justiça geral ou em sentido amplo, a qual é dotada de princípios absolutos e estabelecida por Deus, e a justiça particular, que deriva da justiça geral e, tal qual em Aristóteles, se divide em justiça distributiva e comutativa.

A justiça distributiva também se dá na lógica meritória (igualdade proporcional), sendo aquela na qual o Estado daria bens aos indivíduos em uma relação vertical. A justiça comutativa, por sua vez, trataria das relações entre particulares sem uma relação de subordinação, logo, horizontal e equilibrada (igualdade absoluta).

4. MODERNIDADE

Após a Idade Média, o pensamento filosófico transforma-se de maneira drástica, com o surgimento de novas bases epistemológicas e a ampliação dos debates.

Nunca antes ética, política e justiça (temas que flertam diretamente com o direito) foram tão debatidas e exploradas.

4.1 NICOLAU MAQUIAVEL

Maquiavel escreve *O príncipe* para "ensinar" ao monarca como governar e como permanecer no poder. Trata-se, portanto, de um guia sobre como um governante deve agir para se manter no poder. Interessante sempre ter em mente o contexto no qual o autor estava inserido, isto é, na península itálica do século XVI, que era dividida entre diversas cidades-estados muito ricas, porém sem unificação política.

Maquiavel exercia um alto cargo em uma dessas cidades até que o monarca acabou sendo destituído em virtude de um golpe de Estado - fato que, como mencionado, motiva o autor a escrever sua obra acerca de como se manter no poder, tendo como base as experiências do próprio Maquiavel e de suas observações do cenário político.

É um livro que "rompe" com o modelo teocrático até então vigente, pois separa a política da moral ("Os fins justificam os meios."). Trata-se, portanto, do primeiro ensaio sobre realismo político, isto é, é um livro que se baseia em dados empíricos coletados pelo autor, não em questões metafísicas (como *A República*, de Platão).

O governante precisa possuir duas características para se manter no poder de forma adequada: *virtù* (inteligência, sagacidade) e fortuna (oportunismo, saber converter situações ao seu favor).

4.2 OS CONTRATUALISTAS

Os autores a seguir analisados (Hobbes, Locke e Rousseau) buscam explicar o surgimento da entidade estatal ou, mais precisamente, o motivo de os homens abrirem mão de parte de sua liberdade, conferindo poderes a um grupo seleto de indivíduos – quer dizer, analisam o surgimento dos Estados e as relações de poder. Para tanto, todos partem de um mesmo ponto: um Estado de Natureza no qual o homem se encontrava antes do surgimento do Estado.

4.2.1 Thomas Hobbes

O ponto de partida para Hobbes é o Estado de natureza, quer dizer, um momento anterior ao surgimento do Estado e da sociedade. Nesse momento, o autor entende que os homens, imbuídos de um forte senso de autopreservação, viviam num estado de guerra de todos contra todos, no qual imperava a insegurança e o medo, razão pela qual afirmou ser o homem o lobo do próprio homem.

Para romper esse estado de insegurança, os homens se juntam e, por um ato de vontade, celebram o contrato social (que, como contrato celebrado, deve ser cumprido), pelo qual transferem seus direitos e liberdades a outro homem, que passará a governar todos, criando mecanismos para proteger o direito à vida.

O Estado, portanto, deveria ser forte e com o poder centralizado; logo, o autor defende a ideia de um estado absolutista, pois seria o mais apto a impedir o retorno ao Estado de Natureza. Nota-se, pois, que o direito passa a efetivamente surgir após a estrutura estatal estar consolidada.

4.2.2 John Locke

O Estado de natureza também é o ponto de partida, mas, diferentemente do modelo hobbesiano, para Locke o homem tende a ser bom e viver bem. Existem alguns direitos no Estado de natureza, a saber: a vida, a propriedade privada e a punição de transgressões. Tem-se, pois, a adoção de uma visão jusnaturalista, na qual já existiam direitos na natureza derivados da razão humana, mesmo antes do surgimento do Estado.

O trabalho era o critério para a propriedade de terras. Eventualmente poderia haver disputas, configurando um estado de guerra temporário. Seria, portanto, interessante haver uma instituição para julgar as disputas, prevenir abusos, punir os que descumprem as leis naturais etc.

Surge, assim, o contrato social e, com o consentimento das partes, há a cessão de direitos ao Estado com o intuito de se poder criar as próprias leis, um sistema coercitivo e instituir juízes imparciais. A ideia, portanto, é a de melhorar algo que já era bom.

Assim, modelo de governo = democracia representativa; papel do Estado = garantia das liberdades individuais.

Por fim, vale destacar o direito de defesa proposto por Locke. Para o autor, se o governo representante não garante à população os direitos de liberdade e a propriedade privada, o povo pode contra ele se insurgir.

4.2.3 Rousseau

No Estado natural de Rousseau, o homem é bom; ele era solitário (grupo familiar, no máximo) e os indivíduos respeitavam a liberdade uns dos outros. O eventual crescimento populacional acaba por instituir o chamado Estado de sociedade, no qual alguns homens tomam para si propriedade, dando início a uma sociedade desigual e corrompida. As leis protegem os ricos etc. Há, portanto, a corrupção do homem pela sociedade. Não há liberdade, pois só alguns fazem as leis.

O contrato social seria celebrado para se sair desse Estado de sociedade para um novo modelo. Para isso, seria necessário romper a alienação inicial dos oprimidos e instaurar um modelo de democracia participativa pautada na ideia de vontade geral – entendida como o substrato das vontades coletivas; o interesse comum "norteando" a sociedade; o que cada homem quer em comum com seus semelhantes.

4.3 ILUMINISMO

O Iluminismo, por sua vez, afasta as ideias cristãs e deterministas do pensamento filosófico, proporcionando, igualmente, grandes avanços em termos de racionalidade.

4.3.1 Montesquieu

Aponta, em seus estudos, os tipos de governo e em qual princípio se baseiam: despotismo (medo)/República (virtude)/Monarquia (honra). Quanto a este último, trata-se, contudo, de uma monarquia regida por *leis*. Esse modelo defendido por ele introduz a ideia de tripartição de poderes, sendo inspirado no inglês. As leis decorrem da realidade social e histórica de um povo: não há justo ou injusto, mas sim uma situação de adequado naquele contexto. Dentro do contexto da monarquia inglesa: liberdade é fazer tudo o que as leis permitem.

Em *O espírito das leis*, Montesquieu não parte do pressuposto da existência de um Direito natural, inato ao ser humano, captado pela razão. Rejeita esse argumento porque as leis de fato não se fundamentam na razão humana; pelo contrário, elas derivam de circunstâncias naturais sob a influência de determinados fatores físicos e morais.

Por fim, Montesquieu trabalha com a ideia da separação de poderes, que persiste até o modelo atual. Para o pensador, executivo, legislativo e judiciário precisam ser órgãos independentes e autônomos, cada um limitando a esfera de atuação do outro. Com isso, evitar-se-iam a centralização do poder e os eventuais abusos.

4.3.2 Immanuel Kant

Kant era Iluminista, ou seja, buscava romper com a moralidade anterior que tolhia a liberdade dos indivíduos. Para tanto, Kant vai tentar elaborar uma teoria da moralidade fundada na razão – caráter universal (vale para todo o mundo).

Na obra *Crítica da razão prática*, Kant aborda a questão da ética da moral, bem como aspectos jurídicos e políticos, sobretudo sob a lógica de como orientar nossa ação. Nesse contexto é que o autor apresenta os imperativos. Estes (que são os princípios) podem ser hipotéticos (inclinações) como categóricos (baseados na razão). Nesses últimos, a ação passa a ser um fim em si mesma – é o certo a ser feito, é o puro dever.

Transcrevendo os imperativos categóricos de Kant temos:

> "Age de modo que a tua ação possa se tornar uma lei universal."
>
> "Age de tal maneira que uses a humanidade, tanto na tua pessoa como na pessoa de qualquer outro, sempre e simultaneamente como fim e nunca como meio."

As coisas possuem preço, as pessoas possuem dignidade.

Ex.: Por que não mentir? Segundo o imperativo hipotético, alguém pode contar uma mentira buscando evitar sofrimento, ou para se livrar de uma situação negativa. Pela lógica do imperativo categórico, o indivíduo não deve mentir pois não é o correto; é inviável para uma ordem social que as pessoas mintam quando acharem que podem o fazer. Logo, o caráter universal – por meio da razão, o ser humano já consegue chegar a esta conclusão, não importa em qual cultura ele esteja inserido. Outrossim, a ação só estará conforme a moralidade, para Kant, caso eu não minta por não querer mentir; se eu não o faço em virtude de minha boa vontade, e não apenas por medo de uma punição. Logo, a boa vontade é elemento fundamental na ação moral – o indivíduo deve agir daquela forma pois ela é correta, independentemente dos fins.

Em outras palavras, o agente, ao agir, precisa querer o resultado bom, e não agir apenas por interesse pessoal. A ação é boa independente dos fins que se alcança com ela. Essa boa vontade, portanto, não deve ser afetada pelas inclinações, mas sim pela vontade de agir por dever.

Exemplo de boa vontade: O comerciante que pratica preços justos por receio de que, caso cobre valores elevados, acabe perdendo clientes para os concorrentes. Embora o resultado seja a prática dos preços justos e em conformidade com os demais vendedores, a intenção do comerciante está moralmente maculada, pois não o faz pensando ser o certo, seu dever e obrigação, mas tão somente para evitar seu prejuízo. Caso esse comerciante exerça preços justos motivado por uma noção de dever e obrigação moral, estará, portanto, imbuído de boa vontade. Isso não quer dizer que o homem não deva se preocupar com sua felicidade (os imperativos hipotéticos), a questão é que esta não pode ser considerada quando a questão permeia a esfera do seu dever moral. É esse agir que nos tornaria, portanto, dignos da felicidade.

A lei, por sua vez, é algo cumprido pelo medo da coação, logo, é externa ao indivíduo. A boa vontade, por sua vez, é interna – a vontade de agir de forma ética está dentro do próprio sujeito.

5. UTILITARISMO

O utilitarismo foi uma corrente filosófica pragmática e consequencialista, isto é, estava preocupada com o resultado das ações, e não com os meios. Em outras palavras, o que importa são os fins obtidos, e não os meios utilizados para se chegar até eles.

5.1 JEREMY BENTHAM

Para Bentham, as ações são boas quando promovem a felicidade (ação moralmente correta) e más quando geram infelicidade (moralmente incorreta). Para melhor representar a teoria do autor, vale citar o seu princípio da utilidade: toda ação deve ser aprovada/rejeitada conforme tendência de aumentar ou reduzir o bem-estar (seu e geral).

Deve-se, portanto, agir de forma a produzir uma maior quantidade de bem-estar. Ex.: cinco pessoas estão amarradas em um trilho de trem e uma pessoa em outro. Um indivíduo, puxando uma alavanca, pode escolher matar um ou cinco. Pela lógica utilitarista, deveríamos sempre escolher poupar cinco vidas, independentemente de quem fosse essa uma pessoa a ser sacrificada.

Bentham trabalha a ideia, portanto, de quantidade de bem-estar/felicidade etc.

5.2 JOHN STUART MILL

Trabalha também com a qualidade do prazer, não só a quantidade.

Em outras palavras, entende que alguns prazeres têm mais valor do que outros, como os prazeres do pensamento, do sentimento e da imaginação, que resultam da experiência de apreciar a beleza, a verdade, o amor, a liberdade, o conhecimento, a criação artística. Assim, por exemplo, se uma grande mansão e uma pequena biblioteca estivessem pegando fogo, deve-se salvar primeiro a biblioteca por ser mais importante, mesmo que menor.

Mill também é um crítico da chamada "ditadura das maiorias" - mostra que, num modelo democrático, muitas vezes é possível que o interesse de grupos majoritários seja prejudicial a grupos minoritários, os quais devem, portanto, ter seus direitos resguardados pelo direito (ideia de caráter contramajoritário do âmbito de proteção). Ou seja, mesmo dentro do cálculo utilitarista, Mill entende que violar direitos de uma minoria é pior para o todo.

6. POSITIVISMO

Sobre positivismo, vale a pena destacar a escola da exegese, por ser uma das pioneiras e por já ter sido diretamente cobrada no exame e também por existirem muitos tipos de positivismo, de modo a restar prejudicada aqui uma análise de todas as suas particularidades. Vale pontuar, contudo, a ideia central das principais correntes: a ideia de direito como ciência, o qual recebe validade quando posto pela autoridade competente; logo, direito é aquilo posto pela autoridade competente, não o que parece ser mais justo.

Positivismo exegético é a tentativa de prever todas as condutas humanas nos códigos; simples aplicação da subsunção; "juiz boca de lei", pois apenas identificava o fato e aplicava a lei sem qualquer interpretação. Logo, percebeu-se que o modelo era insuficiente.

6.1 RUDOLF VON IHERING

Para Rudolf von Ihering, Direito e força se confundiam, porquanto o Direito se tornaria vazio, na medida em que desprovido de força. Em outras palavras, o autor afirma que o direito precisa possuir mecanismos de coação para ser efetivo; é necessário que existam sanções e todo um aparato que possibilite a implementação do direito.

Outro ponto explorado pelo jurista é a ideia de luta pelo Direito e de o direito ser uma força viva (sofre modificações). A paz é o fim que o direito almeja, a luta é o meio. Luta dos povos, Estado, classes, indivíduos etc. Assim, os direitos não surgem espontaneamente na cabeça dos legisladores, mas precisam sempre ser reivindicados pela população.

Ex.: os movimentos de mulheres que foram às ruas para conquistar o direito ao voto no início do século XX. O movimento LGBT, que vem conquistando bastante espaço, com a regulamentação da união estável e do casamento entre pessoas do mesmo sexo.

6.2 HANS KELSEN

Kelsen abordou o direito como ciência: se existem leis que explicam a natureza e são válidas em todo o mundo, o direito também deveria ter validade objetiva e uma base universal (notamos aqui uma certa influência kantiana). Este aspecto é fundamental na compreensão da obra do autor: a separação do direito entre o que ele é na prática jurídica (ser) do que ele é como ciência (dever ser).

Kelsen não se preocupa em trabalhar o conteúdo do direito, pois este é relativo (cada país tem leis diferentes, logo, impossível de se conceber bases universalmente validas). Logo, direito não é aquilo que é justo, mas sim o que é posto por uma autoridade competente. O que Kelsen verifica ser universal é a estrutura do direito; sua manifestação normativa (dever ser); a relação de imputação que busca tornar válida/inválida uma conduta, entre outros aspectos.

A seguir, alguns pontos importantes de sua teoria que aparecem na prova.

6.2.1 Modelo escalonado e norma fundamental

O ordenamento jurídico, para Kelsen, obedece a uma ordem escalonada de validade. Quer dizer, as normas inferiores (sentenças, por exemplo) obedecem às normas (leis) e delas adquirem sua validade, recebendo, por sua vez, validade da norma superior (a Constituição).

Assim, o que dá "validade" a um sistema jurídico? Sua Constituição. O que dá validade e objetividade a uma Constituição? A constituição anterior. Mas como proceder ante esse retorno infinito? Por meio da norma fundamental.

A norma fundamental é fictícia; pressuposta (pelo intelecto, não pela vontade) – sem ela, o retorno infinito só seria explicado por questões alheias ao direito. A Constituição, por sua vez, dá objetividade e validade às normas gerais, que, por sua vez, darão objetividade e validade às normas individuais. A norma fundamental poderia, por exemplo, ser entendida como o comando de que "devemos seguir a Constituição Federal", muito embora isto não esteja positivado em nenhum lugar – logo, pressuposta.

6.2.2 Moldura e interpretação

Kelsen aponta existirem duas espécies de indeterminação da lei:

1) intencional (lei das alternativas a serem escolhidas. Ex.: trabalho comunitário ou prestação pecuniária);
2) não intencional (plurissignificância das palavras). Para enfrentar os limites da interpretação, Kelsen imagina a figura de uma moldura de quadro, que representa o limite dentro do qual uma interpretação é válida, limite este estabelecido pelas próprias normas hierarquicamente superiores.

A norma superior = moldura (esfera de ação da norma inferior). Há, assim, dois momentos:

1) determinação objetiva da moldura colocada pela norma superior, por meio de um ato cognoscitivo;
2) escolha subjetiva, por meio de um ato de vontade, de uma das possíveis opções apresentadas pela norma superior para transformação em Direito positivo.

Em outras palavras, primeiro o intérprete verificará os limites de aplicação impostos pelas próprias normas e, assim, decidirá, e qualquer coisa que decidir dentro desses limites configurará uma decisão válida.

Todavia, caso o magistrado realize uma interpretação fora da moldura, esta também será direito, pois se trata de intérprete autêntico. O próprio Kelsen deixa claro em sua obra que, pela via da interpretação autêntica (quer dizer, pelo órgão jurídico que a tem de aplicar), também é possível se produzir uma norma que se situe completamente fora da moldura que a norma a ser aplicada representa.

Por meio dessa interpretação, poder-se-ia, então, criar direito não só no caso em que a interpretação tem caráter geral, em que, portanto, existe interpretação autêntica no sentido usual da palavra, mas também no caso em que é produzida uma norma jurídica individual por meio de um órgão aplicador do Direito, desde que o ato deste órgão já não possa ser anulado, desde que ele tenha transitado em julgado (KELSEN, 2009).

É notório que, pela via de uma interpretação autêntica deste tipo, é muitas vezes criado Direito novo, especialmente pelos tribunais de última instância.

6.2.3 Kelsen *versus* Schmitt – quem deve ser o guardião da Constituição?

Temática que ainda não foi cobrada, mas que se mostra pertinente, sobretudo em virtude de sua popularidade acadêmica, é o debate travado entre Hans Kelsen e Carl Schmitt a respeito de quem deveria ser o guardião da Constituição.

Para Schmitt, a Constituição possui uma conotação política (sendo a soma dos poderes reais), de modo que este caráter político sobreporia ao caráter jurídico. Assim, seu guardião deveria ser um órgão apto a manter esse seu caráter, portanto, o Presidente, vez que eleito democraticamente.

Já Kelsen entendia que o guardião da Constituição deveria ser um órgão autônomo, com a tarefa exclusiva de efetuar o controle de constitucionalidade concentrado, ou seja, um Tribunal Constitucional. Tal Tribunal não possuiria nenhum vínculo com qualquer outro poder e seria derivado da própria Constituição, portanto, independente, e teria o poder de anular normas dissonantes do sistema constitucional.

Num primeiro momento, a visão de Carl Schmitt foi dominante, sendo, inclusive, adotada pelo regime nazista alemão. Todavia, após a Segunda Guerra Mundial praticamente todos os países passaram a adotar o modelo kelseniano de Tribunais Constitucionais, cada um, é claro, com suas particularidades tanto no funcionamento como no próprio sistema jurídico, como o brasileiro, que permite também o controle difuso de constitucionalidade realizado por juízes de qualquer instância.

6.3 HERBERT HART

O que interessa da teoria de Hart para se enfrentar a prova de filosofia do direito reside na distinção apontada pelo autor sobre as normas e na questão da indeterminação legislativa. Inicialmente, o autor, um dos mais importantes positivistas, entende que um ordenamento jurídico é composto por um sistema de normas primárias e secundárias:

1) normas primárias são regras de obrigação que impõem condutas ou abstenções;
2) normas secundárias surgem para corrigir defeitos das normas primárias. Elas se dividem em:
   a) de modificação (disciplinam mecanismos para modificação, revogação ou introdução de uma norma primária);
   b) julgamento (que outorgam a determinadas pessoas poder de julgar violações das normas primárias);
   c) reconhecimento → legitima o sistema às normas primárias → aceitação social da norma, logo, questão fática, não normativa. Atenção especial a esta última informação, pois já foi cobrada: no momento em que se fala de aceitação social da norma, abre-se espaço para juízos valorativos no universo do direito, razão pela qual o positivismo de Hart é chamado de *soft* (brando).

Outro ponto relevante para a prova abordado por Hart é a questão da textura aberta do direito que ocorrem por dois motivos:

1) imprecisão linguística na descrição de uma norma prejudicando o método da subsunção e do silogismo;
2) impossibilidade de prever todas as condutas possíveis.

Para o primeiro caso, Hart utiliza como exemplo uma norma que proíbe o ingresso de veículos automotores em determinado local, mas, conforme novas tecnologias se desenvolvem, exsurge a questão acerca de se novos inventos de locomoção enquadram-se na categoria de veículos automotores.

Muito embora exista tal indeterminação, ainda há grande margem de segurança na maioria dos casos, quer dizer, as normas apresentam noção de sentido. Essa noção de sentido é um núcleo de sentido fixo, o que, segundo Hart, afasta a ideia de que o direito é o que os juízes dizem. Assim, a discricionariedade estaria em um plano intermediário entre arbitrariedade e aplicação literal da lei.

6.4 NORBERTO BOBBIO

Norberto Bobbio, em sua obra *Teoria do ordenamento jurídico*, destaca que um ordenamento precisa, para sua devida manutenção, de três elementos:

1) unidade (norma fundamental que funda e sustenta o sistema normativo);

2) coerência (ordenamento sistemático – ideia de relação entre as normas); e
3) completude (possibilidade de que todo caso seja resolvido pelo ordenamento).

É nesse último ponto que a Fundação Getulio Vargas (FGV) tem insistido na prova: nas lacunas e nas antinomias.

Lacunas podem ser:

1) próprias: espaço vazio no sistema;
2) impróprias: originam-se da comparação do sistema real *versus* ideal (Ex.: a lei sobre aborto brasileiro é injusta se comparada com a legislação alemã sobre o tema).

As lacunas próprias podem ser resolvidas por meio da:

1) Heterointegração: busca-se alternativa em ordenamento diverso – direito natural, internacionais, costume, doutrina etc.;
2) Autointegração: busca-se alternativa dentro do ordenamento (analogia, princípios gerais do direito, interpretação extensiva).

A analogia é utilizada naquelas situações não reguladas de forma expressa pelo legislador, momento no qual se devem buscar regras previstas para casos semelhantes, estendendo-se o alcance.

Princípios gerais de direito são aqueles postulados genéricos que, muitas vezes, dão fundamento às regras inferiores de um ordenamento jurídico. Importante lembrar que eles fazem parte do ordenamento, muito embora nem sempre estejam positivados em um texto.

Interpretação extensiva é aquela na qual se parte de uma norma e se procura estabelecer seu significado e sua abrangência, quer dizer, nos casos em que o legislador disse, no texto, menos do que tinha a intenção de dizer. A ideia, portanto, é a de se buscar a real intenção do legislador na hora da aplicação.

As lacunas impróprias só podem ser solucionadas pelo próprio Poder Legislativo, já as antinomias são duas normas válidas e vigentes incompatíveis entre si.

Elas podem ser:

1) aparentes/solúveis: critérios de solução:
   a) critério cronológico: havendo duas normas incompatíveis, prevalece a norma posterior;
   b) critério hierárquico: havendo duas normas incompatíveis, prevalece a hierarquicamente superior;
   c) critério da especialidade: havendo duas normas incompatíveis, uma geral e outra especial (ou excepcional), prevalece a segunda.
2) reais/insolúveis: incompatibilidade, "impossível" de resolver.

7. DEMAIS AUTORES ABORDADOS

7.1 MIGUEL REALE

Sobre Reale, interessa-nos conhecer sua teoria tridimensional do direito, que une os principais aspectos de três correntes jurídicas:

1) normativistas: leis deveriam ser compreendidas pelo seu valor intrínseco, afastando aspectos alheios na hora da interpretação. Direito, portanto, é norma.
2) sociologismo: leis como um produto de seu tempo e espaço (eficácia e necessidade de uma lei, por exemplo). Direito, assim, é fato.
3) moralistas: verificar se a lei é justa ou não e se é socialmente aceita. Para essa corrente, direito é valor.

Para Reale, todas estão corretas. Cria, assim, a teoria tridimensional do direito, na qual os elementos (norma, valor e fato) se implicam e se exigem de forma recíproca, resultando na interação dinâmica e dialética dos três elementos.

Dialética de complementaridade – norma, fato e o valor se correlacionam (interagem um sobre o outro), de tal modo que cada um deles se mantém irredutível ao outro e distinto, mas se exigindo mutuamente, o que resulta na origem da estrutura normativa como momento de realização do direito.

Ex.: art. 121 do CP. O artigo determina que matar alguém resulta em uma pena corporal – há, assim, uma imputação. O valor perseguido é o valor vida, que se entende como bem tutelado por aquela sociedade naquele momento.

7.2 RONALD DWORKIN

Dworkin traz a ideia de direito como integridade, ou seja: legitimar uma decisão judicial que considere todos os aspectos fáticos, normativos e morais relevantes para a solução do caso. Com isso, cria as condições para impedir a discricionariedade do intérprete, pois a magnitude da tarefa não deixa margem a escolhas arbitrárias. Defende, assim, a ideia de uma única e melhor decisão possível para cada caso.

Como a tarefa de encontrar a decisão mais adequada para cada caso é muito árdua, Dworkin cria um juiz imaginário, inspirado na mitologia de Hércules, como uma espécie de modelo a ser seguido pelos juízes na tarefa de decidir questões jurídicas.

Contudo, o ponto mais explorado de Dworkin em provas é a diferença entre regras e princípios. Há que se lembrar, primeiramente, que nos modelos positivistas clássicos, como o de Hart, existia tão somente a figura da regra, sendo o direito, assim, um sistema fechado. Com o novo constitucionalismo pós-guerra, abriu-se espaço para questões morais por meio dos princípios. Norma jurídica, portanto, é gênero, e regra e princípios, espécie.

Princípios são mandados de otimização: ordens para que algo seja realizado ao máximo possível de acordo com as circunstancias fáticas e possíveis

– cumprimento gradual conforme as possibilidades (Ex.: direito à saúde, previsto na Constituição em seu art. 196, → diz *que tem que fazer ao seu máximo*, mas são as regras que vão estabelecer as peculiaridades). É, contudo, possível aplicar os princípios diretamente.

Estão sempre em rota de colisão → prevalência sempre se dá ante o caso concreto por juízo de ponderação – o que sucumbiu não deixa de existir. A tabela a seguir apresenta algumas outras diferenças entre princípios e regras:

REGRAS	PRINCÍPIOS
Mandado de determinação (menos abstrato).	Mandado de otimização (aplicar ao máximo possível).
Aplicadas ao modelo tudo ou nada (aplica ou não aplica – subsunção).	Aplicados na dimensão do peso/importância – prevalecem em detrimento a outro em alguns casos – logo, não são mais importantes só naquele caso.
É possível numerar todas as exceções de uma regra (que já vem previstas na própria regra – ex.: legítima defesa).	Aplicam-se por ponderação.
Uma regra exclui a outra.	Um princípio não é exceção a outro.

Exemplo da ponderação de princípios encontra-se na própria ementa da ADPF nº 130[1].

> Ponderação diretamente constitucional entre blocos de bens de personalidade: o bloco dos direitos que dão conteúdo à liberdade de imprensa e o bloco dos direitos à imagem, honra, intimidade e vida privada. Precedência do primeiro bloco. Incidência *a posteriori* do segundo bloco de direitos, para o efeito de assegurar o direito de resposta e assentar responsabilidades penal, civil e administrativa, entre outras consequências do pleno gozo da liberdade de imprensa. Peculiar fórmula constitucional de proteção a interesses privados que, mesmo incidindo *a posteriori*, atua sobre as causas para inibir abusos por parte da imprensa. Proporcionalidade entre liberdade de imprensa e responsabilidade civil por danos morais e materiais a terceiros.

No julgado, percebe-se como o STF entendeu que o bloco dos direitos da liberdade de imprensa possui precedência sobre o bloco dos direitos da personalidade. Contudo, estes últimos ainda permanecem na relação, protegendo as partes de eventuais abusos.

7.3 JOHN RAWLS

Rawls foi um autor liberal, quer dizer, utilizou em sua teoria a ideia de que, se cada um seguisse seu interesse, a sociedade poderia ser mais justa.

1 SUPREMO TRIBUNAL FEDERAL, Relator Min. Carlos Britto, julgado em 30-4-2009.

A teoria de Rawls possui influência contratualista – imagina que em determinado momento na formação de uma sociedade as pessoas se juntam para decidir os princípios básicos que irão reger a sociedade.

Para que os mais fortes/inteligentes não imponham sua vontade sobre os mais fracos, todos devem estar "vestindo" um "véu da ignorância", quer dizer, ninguém sabe se é ou não forte; se é ou não inteligente.

Como ninguém sabe se é forte/fraco, por exemplo, todos, na busca de seus interesses, decidirão de maneira que todos se beneficiem ao máximo.

Assim, os dois princípios básicos de uma sociedade serão:

1) Princípio da liberdade: cada pessoa deve ter um direito igual ao mais abrangente sistema de liberdades básicas iguais que sejam compatíveis com um sistema de liberdade para as outras.
2) Princípio da igualdade: as desigualdades econômicas e sociais devem ser distribuídas por forma a que, simultaneamente: a) redundem nos maiores benefícios possíveis para os menos beneficiados, de uma forma que seja compatível com o princípio da poupança justa; e b) sejam a consequência do exercício de cargos e funções abertos a todos em circunstâncias de igualdade equitativa de oportunidades.

A ideia do autor consiste em impedir que pessoas sejam beneficiadas/ prejudicadas pela loteria natural – quer dizer, fatores dos quais não temos culpa; fatores independentes da nossa vontade.

Ex.: ninguém escolheu nascer cego, surdo, com alguma deficiência etc. Essas pessoas estão em uma situação de desvantagem social.

Para isso, Rawls defende a adoção de políticas afirmativas, para que todos tenham o mesmo ponto de partida na busca de seus interesses pessoais, como no caso das cotas raciais.

O autor reconhece que existem desigualdades, mas estas, portanto, precisam ser compensadas.

7.4 HANNAH ARENDT

Sobre a autora, trabalharemos aqui dois aspectos de sua obra:

1) A questão dos apátridas em contextos de totalitarismo: tanto a Primeira como a Segunda Guerra resultaram, entre outros aspectos, em fluxos muito grandes de pessoas de uma região para outra. Essas pessoas, fugindo dos conflitos ou de perseguição de cunho ideológica, estavam em países estranhos, na qualidade de apátridas, não sendo titulares, portanto, de direitos (direitos humanos em especial). A autora destaca, portanto, a importância do direito a se ter direitos, o que muitos vezes implica pertencer a uma determinada comunidade que o aceite (o apátrida) e garanta seus direitos.

2) A banalidade do mal: obra na qual a filósofa analisa o julgamento de um dos burocratas alemães responsáveis pelo extermínio de milhões de judeus. Em sua análise, conclui que o oficial não era uma pessoa má no sentido clássico da palavra, mas sim um burocrata que seguia ordens e buscava ascender em sua carreira – o tipo de pessoa que jamais praticaria uma ação má diretamente, tampouco apresentava qualquer sinal de doença mental. O oficial era alguém que cumpria ordens sem questioná-las, quer dizer, ignorava o aspecto moral, sem qualquer análise crítica acerca de ela promover o "bem" ou o "mal" alheio. Aponta, assim, que o mal não é algo presente na natureza, mas sim algo político e verificável em um contexto histórico, sendo produzido por homens e reproduzido em ambientes institucionais. Para tanto, fundamental existirem pessoas, como o burocrata alemão anteriormente analisado, incapazes de pensamento crítico e que apenas cumpram ordens.

7.5 GUSTAV RADBRUCH

O autor tece críticas à obediência cega das leis positivas – direito passava a ser equivalente à força – quer dizer, algo que não se questiona, se obedece sem questionar e não deixa espaço para o seu não cumprimento.

Assim, o jurista propõe uma espécie de "retorno" aos modelos anteriores ao positivismo, a saber, o jusnaturalismo, ressaltando a existência de princípios maiores que a lei (supralegais) e que, portanto, transcenderiam o direito positivo.

QUESTÕES

1. (OAB – FGV – XXI EXAME DE ORDEM) De acordo com o contratualismo proposto por Thomas Hobbes em sua obra Leviatã, o contrato social só é possível em função de uma lei da natureza que expresse, segundo o autor, a própria ideia de justiça.

Assinale a opção que, segundo o autor na obra em referência, apresenta esta lei da natureza.

a) Tratar igualmente os iguais e desigualmente os desiguais.

b) Dar a cada um o que é seu.

c) Que os homens cumpram os pactos que celebrem.

d) Fazer o bem e evitar o mal.

2. (FGV – OAB – XXIII EXAME DE ORDEM) "(...) só a vontade geral pode dirigir as forças do Estado de acordo com a finalidade de suas instituições, que é o bem comum (...)." Jean-Jacques Rousseau

A ideia de vontade geral, apresentada por Rousseau em seu livro Do Contrato Social, foi fundamental para o amadurecimento do conceito moderno de lei e de democracia.

Assinale a opção que melhor expressa essa ideia conforme concebida por Rousseau no livro citado.

a) A soma das vontades particulares.

b) A vontade de todos.

c) O interesse particular do soberano, após o contrato social.

d) O interesse em comum ou o substrato em comum das diferenças.

3. (OAB – FGV – XIV EXAME DE ORDEM) O filósofo inglês Jeremy Bentham, em seu livro Uma introdução aos princípios da moral e da legislação, defendeu o princípio da utilidade como fundamento para a Moral e para o Direito.

Para esse autor, o princípio da utilidade é aquele que

a) estabelece que a moral e a lei devem ser obedecidas porque são úteis à coexistência humana na vida em sociedade.

b) aprova ou desaprova qualquer ação, segundo a tendência que tem a aumentar ou diminuir a felicidade das pessoas cujos interesses estão em jogo.

c) demonstra que o direito natural é superior ao direito positivo, pois, ao longo do tempo, revelou-se mais útil à tarefa de regular a convivência humana.

d) afirma que a liberdade humana é o bem maior a ser protegido tanto pela moral quanto pelo direito, pois são a liberdade de pensamento e a ação que permitem às pessoas tornarem algo útil.

4. (FGV – OAB – XVII EXAME DE ORDEM) "Mister é não olvidar que a compreensão do direito como 'fato histórico-cultural' implica o conhecimento de que estamos perante uma realidade essencialmente dialética, isto é, que não é concebível senão como *processus*, cujos elementos ou momentos constitutivos são fato, valor e norma (...)."

(Miguel Reale, in *Teoria tridimensional do direito*)

Assinale a opção que corretamente explica a natureza da dialética de complementaridade que, segundo Miguel Reale, caracteriza a Teoria Tridimensional do Direito.

a) A relação entre os polos opostos que são o fato, a norma e o valor, produz uma síntese conclusiva entre tais polos.

b) A implicação dos opostos na medida em que se desoculta e se revela a aparência da contradição, sem que, com esse desocultamento, os termos cessem de ser contrários.

c) A síntese conclusiva que se estabelece entre diferentes termos, conforme o modelo hegeliano de tese, antítese e síntese.

d) A estrutura estática que resulta da lógica de subsunção entre os três termos que constituem a experiência jurídica: fato, norma e valor.

5. (FGV – OAB – XXVI EXAME DE ORDEM) **Em seu livro *Levando os direitos a sério*, Ronald Dworkin cita o caso "Riggs contra Palmer" em que um jovem matou o próprio avô para ficar com a herança. O Tribunal de Nova Iorque (em 1889), ao julgar o caso, deparou-se com o fato de que a legislação local de então não previa o homicídio como causa de exclusão da sucessão. Para solucionar o caso, o Tribunal aplicou o princípio do direito, não legislado, que diz que ninguém pode se beneficiar de sua própria iniquidade ou ilicitude. Assim, o assassino não recebeu sua herança.**

Com base na obra citada, assinale a opção que melhor expressa uma das pretensões fundamentais da jusfilosofia de Ronald Dworkin.

a) Revelar que a responsabilidade sobre o maior ou menor grau de justiça de um ordenamento jurídico é exclusiva do legislador, que deve sempre se esforçar por produzir leis justas.

b) Mostrar como as Cortes podem ser ativistas quando decidem com base em princípios, não com base na lei, e que decidir assim fere o estado de Direito.

c) Defender que regras e princípios são normas jurídicas que possuem as mesmas características, de forma que se equivalem; por isso, ambos podem ser aplicados livremente pelos Tribunais.

d) Argumentar que regras e princípios são normas com características distintas, mas igualmente vinculantes e, em certos casos, os princípios poderão justificar, de forma mais razoável, a decisão judicial.

6. (FGV – OAB – XXXI EXAME DE ORDEM) ***Temos pois definido o justo e o injusto. Após distingui-los assim um do outro, é evidente que a ação justa é intermediária entre o agir injustamente e o ser vítima da injustiça; pois um deles é ter demais e o outro é ter demasiado pouco.***

ARISTÓTELES. *Ética a Nicômaco*. Coleção Os Pensadores. São Paulo: Abril Cultural, 1973.

Em seu livro *Ética a Nicômaco*, Aristóteles apresenta a justiça como uma virtude e a diferencia daquilo que é injusto.

Assinale a opção que define aquilo que, nos termos do livro citado, deve ser entendido como justiça enquanto virtude.

a) Uma espécie de meio-termo, porém não no mesmo sentido que as outras virtudes, e sim porque se relaciona com uma quantia intermediária, enquanto a injustiça se relaciona com os extremos.

b) Uma maneira de proteger aquilo que é o mais conveniente para o mais forte, uma vez que a justiça como produto do governo dos homens expressa sempre as forças que conseguem fazer valer seus próprios interesses.

c) O cumprimento dos pactos que decorrem da vida em sociedade, seja da lei como pacto que vincula todos os cidadãos da cidade, seja dos contratos que funcionam como pactos celebrados entre particulares e vinculam as partes contratantes.

d) Um imperativo categórico que define um modelo de ação moralmente desejável para toda e qualquer pessoa e se expressa da seguinte maneira: "Age como se a máxima de tua ação devesse tornar-se, por meio da tua vontade, uma lei universal".

7. (FGV - OAB - XXVIII EXAME DE ORDEM) Uma das mais importantes questões para a Filosofia do Direito diz respeito ao procedimento que define uma norma jurídica como sendo válida. Para o jusfilósofo Herbert Hart, em *O Conceito de Direito*, o fundamento de validade do Direito baseia-se na existência de uma regra de reconhecimento, sem a qual não seria possível a existência de ordenamentos jurídicos.

Segundo Hart, assinale a opção que define regra de reconhecimento.

a) Regra que exige que os seres humanos pratiquem ou se abstenham de praticar certos atos, quer queiram quer não.

b) Regra que estabelece critérios segundo os quais uma sociedade considera válida a existência de suas próprias normas jurídicas.

c) Regra que impõe deveres a todos aqueles que são reconhecidos como cidadãos sob a tutela do Estado.

d) Regra que reconhece grupos excluídos e minorias sociais como detentores de direitos fundamentais.

8. (FGV - OAB - XXVIII EXAME DE ORDEM) Isso pressupõe que a norma de justiça e a norma do direito positivo sejam consideradas como simultaneamente válidas. Tal, porém, não é possível, se as duas normas estão em contradição, quer dizer, entram em conflito uma com a outra. Nesse caso apenas uma pode ser considerada como válida.

Hans Kelsen

Sobre a relação entre validade e justiça da norma, o jusfilósofo Hans Kelsen, em seu livro O Problema da Justiça, sustenta o princípio do positivismo jurídico, para afirmar que

a) a validade de uma norma do direito positivo é independente da validade de uma norma de justiça.

b) o direito possui uma textura aberta que confere, ao intérprete, a possibilidade de buscar um equilíbrio entre interesses conflitantes.

c) o valor de justiça do ato normativo define a validade formal da norma; por isso valor moral e valor jurídico se confundem no direito positivo.

d) a validade de uma norma jurídica se refere à sua dimensão normativa positiva, à sua dimensão axiológica, e também, à sua dimensão fática.

9. (FGV - OAB - XXVI EXAME DE ORDEM) Em tempos de mudanças e reformas, é comum assistirmos a diferentes tipos de lutas sociais, especialmente visando à garantia de direitos e à conquista de novos direitos. Em *A Luta pelo Direito*, o jurista alemão Rudolf von Ihering afirma que o fim do Direito

é a paz, mas o meio de atingi-lo é a luta. Considerando essa afirmação e de acordo com o livro citado, assinale a opção que melhor caracteriza o pensamento jusfilosófico de Ihering.

a) O Direito é sempre o produto do espírito do povo, que é passado de geração em geração. Por isso, quando se fala em Direito é preciso sempre olhar para a história. O Direito romano é a melhor expressão desse processo social-histórico.

b) O Direito de uma sociedade é a expressão dos conflitos sociais dela e resulta de uma luta de pessoas e grupos pelos seus próprios direitos subjetivos. Por isso, o Direito é uma força viva, e não uma ideia.

c) O Direito resulta exclusivamente da ação institucional do Estado. É no parlamento que são travadas as lutas políticas que definem os direitos subjetivos presentes no Direito Positivo de uma dada sociedade.

d) O Direito é parte da infraestrutura da sociedade e resulta de um processo de luta de classes, no qual a classe dominante usa o Direito para manter o controle sobre os dominados.

10. (FGV – OAB – XXV EXAME DE ORDEM) A ideia da existência de lacuna é um desafio ao conceito de completude do ordenamento jurídico. Segundo o jusfilósofo italiano Norberto Bobbio, no livro *Teoria do Ordenamento Jurídico*, pode-se completar ou integrar as lacunas existentes no Direito por intermédio de dois métodos, a saber: heterointegração e autointegração. Assinale a opção que explica como o jusfilósofo define tais conceitos na obra em referência.

a) O primeiro método consiste na integração operada por meio de recursos a ordenamentos diversos e a fontes diversas daquela que é dominante; o segundo método consiste na integração cumprida por meio do mesmo ordenamento, no âmbito da mesma fonte dominante, sem recorrência a outros ordenamentos.

b) A heterointegração consiste em preencher as lacunas recorrendo-se aos princípios gerais do Direito, uma vez que estes não estão necessariamente incutidos nas normas do Direito positivo; já a autointegração consiste em solucionar as lacunas por meio das convicções pessoais do intérprete.

c) O primeiro método diz respeito à necessidade de utilização da jurisprudência como meio adequado de solucionar as lacunas sem gerar controvérsias; por outro lado, o segundo método implica buscar a solução da lacuna por meio de interpretação extensiva.

d) A heterointegração exige que o intérprete busque a solução das lacunas nos tratados e nas convenções internacionais de que o país seja signatário; por seu turno, a autointegração está relacionada à busca da solução na jurisprudência pátria.

GABARITO

1. C; 2. D; 3. B; 4. B; 5. D; 6. A; 7. B; 8. B; 9. B; 10. A

REFERÊNCIAS BIBLIOGRÁFICAS

AGOSTINHO, Santo. *A cidade de Deus*. Lisboa: Fundação Calouste Gulbekian, 2003.

AQUINO, Santo Tomás de. *Suma teológica*. Parte I-II. 2. ed. Madrid: BAC, 1989. vol. 2.

ARENDT, Hannah. *As origens do totalitarismo*. São Paulo: Cia. das Letras, 2012.

ARENDT, Hannah. *Eichmann em Jerusalém:* um relato sobre a banalidade do mal. São Paulo: Cia. das Letras, 1999.

ARISTÓTELES. Ética a *Nicômaco*. Rio de Janeiro: Forense, 2017.

ARISTÓTELES. *Política*. São Paulo: Martin Claret, 2001.

BENTHAM, Jeremy. *Uma introdução aos princípios da moral e da legislação*. São Paulo: Abril Cultural, 1974.

BOBBIO, Norberto. *Teria do ordenamento jurídico*. São Paulo: Edipro, 2014.

BRASIL. Supremo Tribunal Federal. Arguição por Descumprimento de Preceito Fundamental - ADPF nº 130. Brasília, STF, 2009.

DWORKIN, Ronald. *Levando os direitos a sério*. São Paulo: WMF Martins, 2010.

HART, Herbert. L. A. *O conceito de direito*. Lisboa: Fundação Calouste Gulbenkian, 2011.

HOBBES, Thomas. *O leviatã*. São Paulo: Ícone, 2014.

IHERING, Rudolph von. *A luta pelo direito*. São Paulo: RT, 2008.

KANT, Immanuel. *Fundamentação da metafísica dos costumes*. São Paulo: Martin Claret, 2002.

KELSEN, Hans. *Quem deve ser o guardião da Constituição? Jurisdição constitucional*. São Paulo: Martins Fontes, 2003.

KELSEN, Hans. *Teoria pura do direito*. São Paulo: WMF Martins, 2009.

LOCKE, John. *Segundo tratado sobre o governo civil*. São Paulo: Nova Cultural, 1978.

MAQUIAVEL, Nicolau. *O príncipe*. São Paulo: Martin Claret, 2004.

MILL, John Stuart. *Utilitarismo*. Porto: Porto Ed., 2005.

MONTESQUIEU. *Do Espírito das leis*. São Paulo: Nova Cultural, 2000.

PLATÃO. *A República*. São Paulo: Edipro, 2004.

RADBRUCH, Gustav. *Filosofia do direito*. 5. ed. rev. Coimbra: Arménio Amado, 1974.

RAWLS, John. *Uma teoria de Justiça*. Porto Alegre: Penso, 2013.

REALE, Miguel. *Teoria tridimensional do direito*. São Paulo: Saraiva, 2010.

ROUSSEAU, Jean-Jacques. J. *Do contrato social*. São Paulo: Abril Cultural, 2000.

Direito Constitucional

Caroline Müller Bitencourt

Doutora em Direito. Pós-Doutora pela Pontifícia Universidade Católica do Paraná – PUCPR. Especialista em Direito Público. Professora do Mestrado e Doutorado em Direito e da Graduação na Universidade de Santa Cruz do Sul – UNISC. Pesquisadora. Chefe de Departamento. Professora no Centro de Ensino Integrado Santa Cruz – CEISC, no preparatório da OAB em Direito Constitucional. carolinemb@unisc.br

Janriê Rodrigues Reck

Doutor em Direito pela Universidade do Vale do Rio dos Sinos – Unisinos. Mestre em Direito pela Universidade de Santa Cruz do Sul – UNISC. Professor do programa de Pós-graduação, Mestrado e Doutorado na Universidade de Santa Cruz do Sul – UNISC. Professor de Direito Constitucional no Centro de Ensino Integrado Santa Cruz – CEISC. Procurador Federal.

SUMÁRIO

1. PODER CONSTITUINTE

1.1 CONCEITO

Poder constituinte é a máxima expressão da soberania popular – elemento fundamental para a criação de um Estado. Obs: o poder constituinte só é exercitado em situações muito especiais.

Pode ser considerado como o poder de elaborar ou como o poder de atualizar a Constituição – mediante a criação ou o acréscimo, a supressão ou ainda a modificação de normas constitucionais.

1.2 TITULARIDADE

Parágrafo único do art. 1º da Constituição:

> TÍTULO I – Dos Princípios Fundamentais:
>
> Art. 1º A República Federativa do Brasil, formada pela união indissolúvel dos Estados e Municípios e do Distrito Federal, constitui-se em Estado Democrático de Direito e tem como fundamentos:
>
> (...)
>
> Parágrafo único. Todo o poder emana do povo, que o exerce por meio de representantes eleitos ou diretamente, nos termos desta Constituição.
>
> Art. 2º São Poderes da União, independentes e harmônicos entre si, o Legislativo, o Executivo e o Judiciário.

1.3 PREÂMBULO

Nós, *representantes do povo brasileiro, reunidos em Assembleia Nacional Constituinte* para instituir um Estado Democrático (...)

1.4 DIVISÕES

1.4.1 Poder constituinte ORIGINÁRIO:

É também conhecido como poder inicial, inaugural, cuja função é CRIAR UM ESTADO NOVO, diverso do que vigorava em decorrência da manifestação do poder constituinte que o precedeu.

1.4.1.1 Subdivisão

a) histórico: o verdadeiro poder constituinte originário, estruturado pela primeira vez;
b) revolucionário: seriam os posteriores ao histórico, rompendo por completo com a antiga ordem e instituindo uma nova.

Características:

- Inicial: inaugura uma nova ordem;
- Autônomo: terá autonomia para a instituição de uma nova ordem;

- Ilimitado juridicamente: não tem que se preocupar com o direito anterior;
- Incondicionado e soberano: não tem que se submeter a qualquer forma prefixada de manifestação;
- Poder de fato e Poder Político: caracterizado como uma energia, uma força social, tem sua natureza como pré-jurídica.

1.4.1.2 Poder constituinte originário:

a) formal: é um ato de criação propriamente dito, e atribui roupagem constitucional a um complexo normativo;

b) material: é o lado substancial do poder constituinte, qualificado como orientador da atividade formal. O material diz o que é constitucional, materializa e sedimenta o que é uma Constituição.

1.4.1.3 Formas de expressão:

- Outorga: caracterizada pela expressão unilateral do agente revolucionário;
- Assembleia nacional constituinte: nasce com a deliberação da representação popular.

1.4.2 Poder constituinte DERIVADO:

- É denominado como instituído, constituído, secundário ou de segundo grau;
- O poder constituinte derivado é criado e instituído pelo poder constituinte originário;
- É um poder limitado;
- Sua atuação é condicionada pelo Poder Constituinte originário.

1.4.2.1 Subdivisão:

a) Poder constituinte derivado reformador:

- Tem em capacidade de modificar a Constituição, por meio de um procedimento específico;
- Tem natureza jurídica, delimitado juridicamente;
- Suas manifestações aparecem em forma de emendas constitucionais (arts. 59, I, e art. 60);
- O poder de reforma por meio de emendas pode, em geral, se manifestar a qualquer tempo, sofrendo limites materiais, circunstanciais, formais e algumas vezes temporais. Esse poder consiste em alterar pontualmente uma determinada matéria constitucional, adicionando, suprimindo, modificando alínea(s), inciso(s), artigo(s) da Constituição.

b) Poder constituinte derivado decorrente:

- Também é derivado do originário e por ele limitado, também é jurídico e encontra seus parâmetros estabelecidos pelo originário;

- Sua missão é a de estruturar as Constituições dos Estados-membros – competência que decorre da capacidade de auto-organização (característica dos sistemas federativos);
- Intervém para exercer uma tarefa de caráter nitidamente constituinte, tem uma caráter de complementaridade com relação à Constituição Federal, com relação ao âmbito de abrangência do território dos Estados-membros;
- O exercício do poder constituinte derivado decorrente foi concebido às Assembleias legislativas, conforme estabelece o art. 11 do ADCT.

c) Poder constituinte derivado revisor:

- Também é limitado e condicionado, tem natureza jurídica e foi criado pelo constituinte originário;
- Não se trata necessariamente de um poder, mas de um processo de revisão que está limitado pelo poder originário;
- O art. 3º do ADCT determinou que a revisão constitucional aconteceria após cinco anos da promulgação constitucional, pelo voto da maioria absoluta dos membros do Congresso Nacional, em sessão unicameral;
- A revisão poderia se dar numa única vez, não podendo passar por uma segunda produção de efeitos;
- O limite material do poder de revisão é o mesmo derivado do poder constituinte reformador, quais sejam, as cláusulas pétreas do art. 60, § 4º e incisos.

d) Poder constituinte derivado difuso **(técnicas de decisão a exemplo da interpretação conforme a Constituição)**:

- Pode ser caracterizado como um poder de fato, que se manifesta por meio das mutações constitucionais, ou seja, por meio da hermenêutica jurídica;
- Se, por um lado, as mudanças implementadas pelo poder constituinte derivado reformador significam algo real, formal, palpável por meio de emendas constitucionais, o poder constituinte difuso faz suas transformações de modo espontâneo e informal, ou seja, por meio de um verdadeiro poder de fato, decorrente das transformações sociais, políticas e econômicas;
- O texto é o mesmo, mas o sentido que lhe é atribuído é outro.

2. ESTRUTURA DA CONSTITUIÇÃO

2.1 PREÂMBULO

Não tem força normativa – STF: em decorrência da palavra "Deus".

> Preâmbulo da Constituição: não constitui norma central. Invocação da proteção de Deus: não se trata de norma de reprodução obrigatória na Constituição estadual, não tendo força normativa.

(ADI nº 2.076, rel. Min. Carlos Velloso, j. 15-8-2002, *DJ* de 8-8-2003)

2.1.2 Normas constitucionais

1) princípios;
2) regras (distinção de grau) (características do constitucionalismo pós-guerra, que inseriu os princípios com força normativa nas constituições – destaque ao PRINCÍPIO DA DIGNIDADE HUMANA).

2.1.3 Corpo

Títulos, capítulos, artigos, incisos, alíneas.

2.1.4 Atos das Disposições Constitucionais Transitórias

Alguns mantêm aplicabilidade até hoje, possuindo força normativa.

2.2 DOS PRINCÍPIOS FUNDAMENTAIS

Art. 1º A República Federativa do Brasil, formada pela união indissolúvel dos Estados e Municípios e do Distrito Federal, constitui-se em Estado Democrático de Direito e tem como fundamentos:

I – a soberania;

II – a cidadania;

III – a dignidade da pessoa humana;

IV – os valores sociais do trabalho e da livre iniciativa;

V – o pluralismo político.

Parágrafo único. Todo o poder emana do povo, que o exerce por meio de representantes eleitos ou diretamente, nos termos desta Constituição.

Art. 2º São Poderes da União, independentes e harmônicos entre si, o Legislativo, o Executivo e o Judiciário.

Art. 3º Constituem objetivos fundamentais da República Federativa do Brasil:

I – construir uma sociedade livre, justa e solidária;

II – garantir o desenvolvimento nacional;

III – erradicar a pobreza e a marginalização e reduzir as desigualdades sociais e regionais;

IV – promover o bem de todos, sem preconceitos de origem, raça, sexo, cor, idade e quaisquer outras formas de discriminação.

Art. 4º A República Federativa do Brasil rege-se nas suas relações internacionais pelos seguintes princípios:

I – independência nacional;

II – prevalência dos direitos humanos;

III - autodeterminação dos povos;

IV - não intervenção;

V - igualdade entre os Estados;

VI - defesa da paz;

VII - solução pacífica dos conflitos;

VIII - repúdio ao terrorismo e ao racismo;

IX - cooperação entre os povos para o progresso da humanidade;

X - concessão de asilo político.

Parágrafo único. A República Federativa do Brasil buscará a integração econômica, política, social e cultural dos povos da América Latina, visando à formação de uma comunidade latino-americana de nações.

2.3 EFICÁCIA DAS NORMAS CONSTITUCIONAIS

2.3.1 Normas de eficácia plena

Normas constitucionais de **eficácia plena e aplicabilidade direta, imediata e integral** são aquelas normas da Constituição que, no momento em que esta entra em vigor, estão aptas a produzir todos os seus efeitos, independentemente de norma integrativa infraconstitucional. Como regra geral, criam órgãos ou atribuem aos entes federativos competências. Não têm a necessidade de ser integradas. Aproximam-se do que a doutrina clássica norte-americana chamou de normas autoaplicáveis.

José Afonso da Silva[1] destaca que **as normas constitucionais de eficácia plena:**

são as que receberam do constituinte normatividade suficiente à sua incidência imediata. Situam-se predominantemente entre os elementos orgânicos da constituição. Não necessitam de providência normativa ulterior para sua aplicação. Criam situações subjetivas de vantagem ou de vínculo, desde logo exigíveis.

2.3.2 Normas constitucionais de eficácia contida

As normas constitucionais de **eficácia contida ou prospectiva têm aplicabilidade direta e imediata, mas possivelmente não integral**. Embora tenham condições de, quando da promulgação da nova Constituição, produzir todos os seus efeitos, poderá a norma infraconstitucional reduzir a sua abrangência.

Ao contrário do que ocorre com as normas constitucionais de eficácia limitada, como será visto no item seguinte, em relação às quais o legislador infraconstitucional amplia o âmbito de sua eficácia e aplicabilidade, no tocante

---

1 SILVA, José Afonso da. *Curso de Direito Constitucional Positivo*. 34. ed. Editora Malheiros, São Paulo, 2012

às **normas constitucionais de eficácia contida** percebemos verdadeira limitação (restrição) à eficácia e à aplicabilidade.

2.3.3 Normas constitucionais de eficácia limitada (também conhecidas como programáticas)

São aquelas normas que, de imediato, no momento em que a Constituição é promulgada, não têm o condão de produzir todos os seus efeitos, precisando de uma lei integrativa infraconstitucional. São, portanto, de **aplicabilidade mediata e reduzida**, ou, segundo alguns autores, **aplicabilidade diferida**.

Nesse sentido, José Afonso da Silva,[2] em sede conclusiva, observa que referidas normas têm, ao menos, **eficácia jurídica imediata, direta e vinculante**, já que:

a) estabelecem um dever para o legislador ordinário;
b) condicionam a legislação futura, com a consequência de serem inconstitucionais as leis ou atos que as ferirem;
c) informam a concepção do Estado e da sociedade e inspiram sua ordenação jurídica, mediante a atribuição de fins sociais, proteção dos valores da justiça social e revelação dos componentes do bem comum;
d) constituem sentido teleológico para a interpretação, integração e aplicação das normas jurídicas;
e) condicionam a atividade discricionária da Administração e do Judiciário;
f) criam situações jurídicas subjetivas, de vantagem ou de desvantagem.

Atenção! Normas definidoras dos direitos e das garantias fundamentais têm aplicação direta e imediata, de acordo com o art. 5º, § 1º, da CF/1988.

Assim, podemos concluir que as normas de eficácia plena e contida possuem a referida aplicabilidade imediata, não acontecendo o mesmo com as normas de eficácia limitada, que, normalmente, precisam de lei integrativa infraconstitucional para produzir integralmente aos seus efeitos.

3. ASPECTOS IMPORTANTES SOBRE OS DIREITOS FUNDAMENTAIS

As três dimensões ou gerações de direitos fundamentais:

3.1 PRIMEIRA DIMENSÃO DE DIREITOS FUNDAMENTAIS

Os direitos fundamentais de primeira dimensão, denominados direitos civis, individuais e políticos, surgiram consoante as ideias iniciais de constitucionalismo, marcado pelo ascendente crescimento do pensamento indivi-

2 Op. cit.

dualista característico do Estado liberal burguês. O surgimento de um Estado submetido à lei (fruto das Revoluções Liberais Francesa, Inglesa e Americana).

Referem-se ao direito de liberdade dos cidadãos em frente do Estado. Sua esfera de atuação é definir tanto a área de domínio do Poder Público quanto a área de domínio individual, que não deve sofrer interferência do Estado, já que apenas ele tem a função de guardião desses direitos. Por isso são denominadas liberdades negativas e exigem do Estado a abstenção, a não interferência. Ex: direitos à vida, à liberdade, à propriedade e à igualdade perante a lei.

3.2 SEGUNDA DIMENSÃO DOS DIREITOS FUNDAMENTAIS

Os direitos de segunda dimensão são os econômicos, sociais e culturais. Surgiram em decorrência do impacto causado pela industrialização e pelos graves problemas econômicos e sociais que acompanharam esse processo, podendo-se perceber que apenas o reconhecimento formal dos direitos de igualdade e de liberdade não é suficiente para garanti-los aos cidadãos.

Para tanto, exigiu-se do Estado uma posição efetiva para minimizar os problemas sociais, daí seu caráter de dimensão positiva. Caberá ao Estado outorgar aos cidadãos prestações de cunho assistencial, propiciando saúde, educação, trabalho e outros. É a passagem das liberdades formais abstratas para as liberdades materiais concretas. Além do caráter de direitos de cunho positivo, que é sua principal característica, trata também das liberdades sociais, que envolvem a vida em sociedade, como liberdade sindical, direito de greve, direitos dos trabalhadores.

3.3 TERCEIRA DIMENSÃO DOS DIREITOS FUNDAMENTAIS

A terceira dimensão de direitos, sob a influência das disparidades de condições entre países, nações desenvolvidas e outras subdesenvolvidas, desperta a necessidade humanitária, voltada aos rumos da humanidade como um todo. Centra-se na razão da existência do ser humano na qualidade de gênero, não apenas como indivíduo ou uma pequena coletividade. É uma nova preocupação concernente ao ser humano no sentido relacional, em consonância com outros seres humanos, sem barreiras físicas e econômicas.

A essência desse direito está num sentimento voltado ao bem-estar universal. Obviamente fala-se dos direitos de terceira dimensão como direitos de solidariedade, fraternidade – sua titularidade é indeterminada – de todos. Ex.: paz, proteção ao meio ambiente e às gerações futuras, qualidade de vida.

3.4 CARACTERÍSTICAS DOS DIREITOS FUNDAMENTAIS

Inalienabilidade: a impossibilidade de transferência e de abdicação desses direitos, não importando se é a título gratuito ou oneroso;

Imprescritibilidade: os direitos fundamentais não se perdem, nem possuem decurso de prazo, podendo ser invocados a qualquer momento;

Irrenunciabilidade: não podem ser objeto de renúncia por parte de seu titular; inviolabilidade, não podem ser desrespeitados por autoridades públicas ou normas infraconstitucionais;

Universalidade: abrange todos os direitos dos indivíduos, sem qualquer tipo de distinção;

Efetividade: o Poder Público deve atuar no sentido de garantir esses direitos; interdependência, apesar de serem autônomos, estão diretamente ligados para atingirem suas finalidades;

Complementaridade: não devem os direitos fundamentais ser interpretados isoladamente, já que eles completam-se entre si.

4. EFICÁCIA IRRADIANTE (HORIZONTAL *VERSUS* VERTICAL) – SUJEITOS PASSIVOS DE DIREITOS FUNDAMENTAIS

Os direitos fundamentais têm sua incidência de forma direta tanto nas relações do Estado/cidadão *(vertical)* quanto nas dos particulares *(horizontal)*, estando ambos direta e imediatamente vinculados à realização dos direitos fundamentais, mesmo que em diferentes graus de vinculação, quando reclamados fretes à jurisdição na tutela desses direitos.

Muito embora o fato de se reconhecer a vinculação direta e imediata dos particulares aos direitos fundamentais não implique sua aplicação na mesma proporção nas relações privadas quanto ocorre nas relações entre Estado e cidadão (vertical), visto que os particulares são detentores do princípio da autonomia privada (e também detentores de direitos fundamentais).

Trata-se de identificar contra quem os direitos fundamentais são exercidos:

a) ESTADO ("eficácia direta contra o Estado") – Em geral;
b) TERCEIROS, isto é, outros particulares ("eficácia horizontal" ou "indireta" ou "eficácia perante terceiros, que não o Estado"). "O efeito dos direitos fundamentais no âmbito privado é diverso e, sob certo aspecto, menos energético do que aquele verificado nas relações com o Poder Público" – Direito fundamental *versus* autonomia privada.

4.1 SUJEITOS ATIVOS DE DIREITOS FUNDAMENTAIS

Trata-se de identificar quem pode buscar a tutela dos direitos fundamentais exercidos:

a) Art. 5º, *caput*: BRASILEIROS E ESTRANGEIROS RESIDENTES;
b) TEORIA DA COMPATIBILIDADE: PESSOAS JURÍDICAS TAMBÉM E ESTRANGEIROS NÃO RESIDENTES. Sim, nos direitos que lhe couberem – ou seja, desde que compatíveis. Ex: propriedade (pessoa jurídica); *habeas corpus* (estrangeiro não residente).

4.2 DISTINÇÃO DE DIREITOS HUMANOS E DE FUNDAMENTAIS

Note-se que o texto constitucional atual, no seu § 3º, diz que SOMENTE OS TRATADOS INTERNACIONAIS EM MATÉRIA DE DIREITOS HUMANOS QUE TIVEREM A VOTAÇÃO QUALIFICADA (3/5 em dois turnos em duas Casas) TERÃO FORÇA DE EMENDA CONSTITUCIONAL - LOGO, FORÇA DE CONSTITUIÇÃO.

Sendo assim, é possível dizer que há tratados internacionais em matéria de direitos humanos que não serão considerados direitos fundamentais (pois estes estão na Constituição). Ante a dogmática do texto constitucional, parece que a Constituição pretende, sim, adotar tal distinção, que terá implicações práticas relevantes no âmbito da hierarquia e proteção dessas normas no ordenamento jurídico brasileiro.

DIREITOS HUMANOS - POSITIVAÇÃO EM NÍVEL INTERNACIONAL - TRATADOS

DIREITOS FUNDAMENTAIS - POSITIVAÇÃO EM NÍVEL CONSTITUCIONAL NACIONAL

A diferenciação tem consequências de ordem prática, especialmente no que diz respeito à interpretação e à aplicação das normas de direitos fundamentais e/ou direitos humanos.

4.3 RELAÇÃO DOS DIREITOS FUNDAMENTAIS COM OS TRATADOS INTERNACIONAIS - PARÁGRAFOS DO ART. 5º

O art. 5º, § 2º, da CF/1988, diz que "Os direitos e garantias expressos nesta Constituição não excluem outros decorrentes do regime e dos princípios por ela adotados, ou dos tratados internacionais em que a República Federativa do Brasil seja parte".

Como se vê, a Constituição, em seu art. 5º, § 2º, institui um sistema constitucional aberto, não excluindo outros decorrentes dos tratados internacionais em matéria de direitos humanos. O catálogo dos direitos elencados no art. 5º é exemplificativo, não é taxativo, exaustivo, pois se encontram direitos fundamentais esparsos na Constituição.

> Art. 5º (...)
>
> § 3º Os tratados e convenções internacionais sobre direitos humanos que forem aprovados, em cada Casa do Congresso Nacional, em dois turnos, por três quintos dos votos dos respectivos membros, serão equivalentes às emendas constitucionais.

Ou seja, após a EC nº 45/2004, os tratados internacionais aprovados com a votação acima equiparam-se às normas de direitos fundamentais, justamente por ser considerado o nível de uma emenda constitucional.

Força de norma supralegal: o caso do depositário infiel. O fato é que a Constituição, no seu art. 5º, LXVII, prevê a prisão civil em caso de inadimplemento de prestação alimentícia e em caso de depositário infiel.

A CF já dispõe, no § 2º do art. 5º, que os direitos e garantias nela expressos "não excluem outros decorrentes do regime e dos princípios por ela adotados, ou dos tratados internacionais em que a República Federativa do Brasil seja parte".

Nesse sentido, existe o Pacto de São José da Costa Rica, ratificado pelo Brasil em 1992, que não prevê a prisão civil de depositário infiel, contrariando dispositivo constitucional expresso.

Depois desse grande embate entre a teoria unista (que dizia que todo tratado, quando ratificado, ganharia status de emenda constitucional – não era a corrente adotada pelo STF) e a dualista (que dizia que os tratados internacionais entrariam com força de lei ordinária, ou seja, inferior à Constituição – era, até então, a posição adotada pelo STF), surge a EC nº 45/2004, que acrescentou um § 3º ao art. 5º da CF para dispor que esse status (a equiparação a dispositivo constitucional) somente será alcançado se o Congresso Nacional ratificar o respectivo tratado ou convenção, por votação em dois turnos, em duas Casas do Congresso, com maioria de dois terços. Contudo, como o tratado era anterior à emenda, a decisão do STF foi no sentido de considerar os tratados anteriores a 2004 com força de norma suprelegal.

Súm. Vinc. nº 25 do STF

Consequência: no Brasil, fica proibida a prisão civil do depositário infiel.

PRECISAMOS LEMBRAR QUE OS DIREITOS FUNDAMENTAIS:

- Têm aplicação direta e imediata;
- São cláusulas pétreas, não podendo ser abolidos da constituição em hipótese alguma.

Art. 60, § 4º, e incisos

Forma Federativa

Voto secreto, direto universal e periódico

Separação de Poderes Direito e garantias individuais

4.4 LIMITES E RESTRIÇÕES A DIREITOS FUNDAMENTAIS

Não existem diretos absolutos, logo, a ideia de restrição não é estranha à disciplina dos direitos fundamentais, bem como à determinação do âmbito de proteção deles.

Sempre está presente a máxima da otimização, no sentido de máxima de garantia e proteção dos direitos fundamentais nos estados democráticos, mas DIREITOS FUNDAMENTAIS NÃO SÃO ABSOLUTOS, PODENDO SOFRER RELATIVIZAÇÕES EM FACE DO DIREITO FUNDAMENTAL DE OUTREM.

Limitações internas, que dizem respeito ao próprio direito, por assim dizer, nascem juntamente com o direito. Entre muitos exemplos a serem arrolados, pode-se citar o art. 5º, XI, XII e XIII, que trata dos casos em que se restringe/limita direitos como a inviolabilidade do domicílio, o sigilo de correspondência e o livre exercício do trabalho (mediante a imposição de certas exceções ao exercício ilimitado destes determinados direitos).

4.5 PROPORCIONALIDADE

Restrições de ordem externa, ou seja, espécies de "limitações" práticas que serão analisadas nos casos em concreto, pois a redução desse conteúdo de direito fundamental se realiza por força de algo que lhe é exterior ao seu próprio conteúdo, situações fáticas as quais poderão exigir certas restrições.

Essas restrições externas, realizadas pelo intérprete constitucional, sempre deverão observar o princípio da proporcionalidade e da concordância prática (que tem relação com sua melhor aplicação ao caso em concreto, na prática, para atender seus fins).

O princípio da proporcionalidade se divide em três máximas:

1) **ADEQUAÇÃO** – dever de adequação do meio: exige que, no caso concreto, se verifique se o fim é legítimo, se era o meio mais adequado, apto, útil e idôneo, no sentido de atingir a finalidade pretendida;
2) **NECESSIDADE** – dever de necessidade do meio: exige-se a adoção do meio menos gravoso, que a utilização desse meio proporcionou menos desvantagens e afetação a um direito fundamental, seus resultados trazem menores prejuízos;
3) **PROPORCIONALIDADE EM SENTIDO ESTRITO** – é a análise da relação custo/benefício, obtida mediante a análise entre o resultado obtido pelo emprego do meio eleito e a afetação desvantajosa dele decorrente aos direitos fundamentais. Ex.: a própria legítima defesa – dano moral.

4.6 POSSIBILIDADE DE RESTRIÇÃO A DIREITOS FUNDAMENTAIS

4.6.1 Estado de defesa *versus* estado de sítio e as restrições a direitos fundamentais

> Art. 136. O Presidente da República pode, ouvidos o Conselho da República e o Conselho de Defesa Nacional, decretar estado de defesa para preservar ou prontamente restabelecer, em locais restritos e determinados, a ordem pública ou a paz social ameaçadas por grave e iminente instabilidade institucional ou atingidas por calamidades de grandes proporções na natureza.
>
> § 1º O decreto que instituir o estado de defesa determinará o tempo de sua duração, especificará as áreas a serem abrangidas e indicará, nos termos e limites da lei, as medidas coercitivas a vigorarem, dentre as seguintes:
>
> I - restrições aos direitos de:
>
> a) reunião, ainda que exercida no seio das associações;
>
> b) sigilo de correspondência;

c) sigilo de comunicação telegráfica e telefônica;

II - ocupação e uso temporário de bens e serviços públicos, na hipótese de calamidade pública, respondendo a União pelos danos e custos decorrentes.

§ 2º O tempo de duração do estado de defesa não será superior a trinta dias, podendo ser prorrogado uma vez, por igual período, se persistirem as razões que justificaram a sua decretação.

§ 3º Na vigência do estado de defesa:

I - a prisão por crime contra o Estado, determinada pelo executor da medida, será por este comunicada imediatamente ao juiz competente, que a relaxará, se não for legal, facultado ao preso requerer exame de corpo de delito à autoridade policial;

II - a comunicação será acompanhada de declaração, pela autoridade, do estado físico e mental do detido no momento de sua autuação;

III - a prisão ou detenção de qualquer pessoa não poderá ser superior a dez dias, salvo quando autorizada pelo Poder Judiciário;

IV - é vedada a incomunicabilidade do preso.

§ 4º Decretado o estado de defesa ou sua prorrogação, o Presidente da República, dentro de vinte e quatro horas, submeterá o ato com a respectiva justificação ao Congresso Nacional, que decidirá por maioria absoluta.

§ 5º Se o Congresso Nacional estiver em recesso, será convocado, extraordinariamente, no prazo de cinco dias.

§ 6º O Congresso Nacional apreciará o decreto dentro de dez dias contados de seu recebimento, devendo continuar funcionando enquanto vigorar o estado de defesa.

§ 7º Rejeitado o decreto, cessa imediatamente o estado de defesa.

Art. 137. O Presidente da República pode, ouvidos o Conselho da República e o Conselho de Defesa Nacional, solicitar ao Congresso Nacional autorização para decretar o estado de sítio nos casos de:

I - comoção grave de repercussão nacional ou ocorrência de fatos que comprovem a ineficácia de medida tomada durante o estado de defesa;

II - declaração de estado de guerra ou resposta a agressão armada estrangeira.

Parágrafo único. O Presidente da República, ao solicitar autorização para decretar o estado de sítio ou sua prorrogação, relatará os motivos determinantes do pedido, devendo o Congresso Nacional decidir por maioria absoluta.

Art. 138. O decreto do estado de sítio indicará sua duração, as normas necessárias a sua execução e as garantias constitucionais que ficarão suspensas, e, depois de publicado, o Presidente da República designará o executor das medidas específicas e as áreas abrangidas.

§ 1º O estado de sítio, no caso do art. 137, I, não poderá ser decretado por mais de trinta dias, nem prorrogado, de cada vez, por prazo superior; no do inciso II, poderá ser decretado por todo o tempo que perdurar a guerra ou a agressão armada estrangeira.

§ 2º Solicitada autorização para decretar o estado de sítio durante o recesso parlamentar, o Presidente do Senado Federal, de imediato, convocará extraordinariamente o Congresso Nacional para se reunir dentro de cinco dias, a fim de apreciar o ato.

§ 3º O Congresso Nacional permanecerá em funcionamento até o término das medidas coercitivas.

Art. 139. Na vigência do estado de sítio decretado com fundamento no art. 137, I, só poderão ser tomadas contra as pessoas as seguintes medidas:

I - obrigação de permanência em localidade determinada;

II - detenção em edifício não destinado a acusados ou condenados por crimes comuns;

III - restrições relativas à inviolabilidade da correspondência, ao sigilo das comunicações, à prestação de informações e à liberdade de imprensa, radiodifusão e televisão, na forma da lei;

IV - suspensão da liberdade de reunião;

V - busca e apreensão em domicílio;

VI - intervenção nas empresas de serviços públicos;

VII - requisição de bens.

Parágrafo único. Não se inclui nas restrições do inciso III a difusão de pronunciamentos de parlamentares efetuados em suas Casas Legislativas, desde que liberada pela respectiva Mesa.

5. DIREITOS FUNDAMENTAIS EM ESPÉCIE - ART. 5º E SEUS INCISOS

5.1 DIREITO À VIDA

Direito à existência (sentido negativo): é o direito de estar vivo, de lutar pelo viver, engloba o direito de defender a própria vida, bem como o de permanecer vivo. Motivo pelo qual, por exemplo, é permitida a legítima defesa, sendo possível que, em norma da defesa de sua própria vida, seja possível tirar a vida do outro. Nessa dimensão, engloba-se tanto o direito à integridade física quanto à integridade moral, pois o corpo constitui um bem vital necessário à manutenção da vida humana. Ex: da doação de órgãos. Moral, porque a vida engloba valores imateriais, ético-sociais, honra.

ART. 5º, III – VEDAÇÃO À TORTURA

> **Observação:** Constitucionalmente não temos positivado quando se inicia a vida humana, já que não há previsão expressa, muita embora a legislação ordinária incline-se para diferentes tendências. Ex.: direito do nascituro (CC), quando da concepção (CP). Nem mesmo o final está previsto pela Constituição, embora seja indicada pela lei de doação de órgãos.

5.1.1 Proibição da pena de morte

Uma Constituição que dê primazia ao direito à vida torna incongruente a aplicação da pena de morte. Obs.: no entanto, a Constituição admite no caso de guerra declarada (arts. 84, XIX, e 5º, XLVII, *a*).

5.1.2 Proibição de aborto

O Código Penal assegura o direito à vida desde sua concepção, prevendo apenas duas hipóteses em que se torna permitido: em caso de risco de vida à mãe e de estupro. Agora, está se decidindo se poderá incluir nessas hipóteses, seja pela alteração do Código Penal, seja pela utilização de métodos hermenêuticos, a hipótese da anencefalia.

5.1.3 Proibição da eutanásia

Conhecida como homicídio piedoso, ou "morte bela", não é admitida no Direito Constitucional pátrio.

5.1.4 Direito de viver com dignidade (sentido positivo)

Implica que os poderes públicos realizem políticas públicas em detrimento e em benefício da dignidade de todos os cidadãos. Como exemplo, temos as políticas públicas de saúde. Outra abordagem desse conteúdo pode ser no que se refere à proibição à tortura, que traz um dispositivo próprio na Constituição.

O STF DECIDIU QUE, QUANDO O SUJEITO FOR TITULAR DE PLANO DE SAÚDE E RECEBER TRATAMENTO PELO SISTEMA ÚNICO DE SAÚDE, O ESTADO PODERÁ BUSCAR RESSARCIMENTO NOS PLANOS DE SAÚDE (INFORMATIVO Nº 890)

Outrossim, em relação à constitucionalidade material do dispositivo, registrou-se que a análise da natureza do ressarcimento nele cristalizado evidencia sua conformidade com o devido processo legal substantivo. Isso porque a norma em questão não confere tratamento desigual entre cidadãos com e sem plano de saúde. A nenhuma pessoa será negado tratamento em hospital público, considerada a universalidade do sistema. Porém, se o Poder Público atende a particular em virtude de situação incluída na cobertura contratual, deve o Sistema Único de Saúde ser ressarcido, tal como faria o plano de saúde em se tratando de hospital privado.

Muito embora o Poder Público atue gratuitamente em relação aos cidadãos, não o faz no tocante às entidades cuja atividade-fim é justamente assegurar a cobertura de lesões e doenças, cabendo, nessa senda, distinguir os vínculos jurídicos em jogo: constitucional, entre Estado e cidadão (art. 196 da CF); obrigacional, entre pessoa e plano de saúde; e legal, entre Estado e plano de saúde (art. 32 da Lei nº 9.656/1998).

A escolha do agente privado de atuar na prestação de relevantes serviços à saúde, de forma concorrente com o Estado, pressupõe a responsabilidade de arcar integralmente com as obrigações assumidas. A norma impede o enriquecimento ilícito das empresas e a perpetuação de modelo no qual o mercado de serviços de saúde submeta-se unicamente à lógica do lucro, ainda que à custa do erário. Entendimento em sentido contrário resultaria em situação em que os planos de saúde recebem pagamentos mensais dos segurados, mas os serviços continuam a ser fornecidos pelo Estado, sem contrapartida.

6. IGUALDADE: MATERIAL *VERSUS* FORMAL

Art. 5º, I: "Homens e mulheres são iguais em direitos e obrigações, nos termos desta Constituição".

Em certos casos, admitir-se-á uma diferenciação em face das condições materiais diferenciadas, reconhecendo uma história de desigualdade e condições físicas diferenciadas. Ex.: licença-maternidade; aposentadoria; dispensa do serviço militar para as mulheres em tempos de paz.

Cabem outras diferenças decorrentes de normas infraconstitucionais? Lei nº 9.029/1995 proíbe atestados de gravidez para fins de admissão no emprego; Lei nº 10.714/2003 – telefone para denúncia; Lei Maria da Penha, cotas sociais e raciais, prazo para aposentadoria, etc.

6.1 QUESTÃO DA DISTINÇÃO DE IDADE, PESO, ALTURA PARA CONCURSOS PÚBLICOS

Regra geral: é inconstitucional a limitação de idade, pois fere o princípio da isonomia.

> **Atenção!** Súm. nº 683 do STF: "O limite de idade só se justifica quando em razão da natureza da atividade" – e deverá atender CRITÉRIOS DA PROPORCIONALIDADE para justificar em razão da atividade".

Ex.: provas de títulos, exigência de escolaridade, altura mínima em concursos de segurança pública, etc.

STF – Votos de ministros:

> A jurisprudência do Supremo Tribunal Federal firmou-se no sentido de que a norma constitucional que proíbe tratamento norma-

> tivo discriminatório, em razão da idade, para efeito de ingresso no serviço público (...), não se reveste de caráter absoluto, sendo legítima, em consequência, a estipulação de exigência de ordem etária, quando esta decorrer da natureza e do conteúdo ocupacional do cargo público a ser provido (...). (RTJ nº 179/210-211, rel. Min. Celso de Mello)

7. ASPECTOS GERAIS SOBRE A LEI Nº 12.990/2014

A Lei nº 12.990/2014 determinou que deveria haver cotas para negros nos concursos públicos federais NO PERCENTUAL DE 20% das vagas oferecidas nos concursos públicos realizados pela Administração Pública federal (art. 1º da Lei). Ou seja, órgãos, autarquias, fundações, empresas públicas e sociedades de economia mista federais, ligadas ao Poder Executivo, não abrangendo Estados e Municípios. Contudo, a lei estabelece que, para contabilizar as vagas para cotas, o número mínimo deve ser igual ou superior a três vagas.

A OAB, legitimado universal para o controle concentrado de constitucionalidade, adentrou com uma Ação Declaratória de Constitucionalidade (ADC nº 41), e o STF a julgou procedente, declarando a constitucionalidade da Lei nº 12.990/2014, fimando o entendimento de que: "É constitucional a reserva de 20% das vagas oferecidas nos concursos públicos para provimento de cargos efetivos e empregos públicos no âmbito da administração pública direta e indireta".

O art. 2º trata do critério de autodeclaração e heterodeclaração. O STF afirmou que o critério da autodeclaração é constitucional, pois se deve respeitar as pessoas tal como elas se percebem. O que não impede que a Administração Pública adote um controle heterônomo, sobretudo quando existirem fundadas razões para acreditar que houve abuso na autodeclaração, podendo, por exemplo, constituir uma banca presencial, ou mesmo fazer a avaliação por fotos. Fundamental é que se realize de uma forma que respeite a dignidade humana, preservando o candidato.

> **Importante!** O candidato que concorrer à vaga por cotas também poderá concorrer à vaga geral. Caso não obtenha a aprovação por cotas, e sim pela vaga geral, sua vaga de cotas será destinada a outro candidato, assumindo ele a vaga geral. Caso algum candidato que passou por cotas desista da vaga, esta deverá ser destinada ao preenchimento novamente pelas cotas.

8. LIBERDADE DE EXPRESSÃO

Engloba tanto a manifestação do pensamento (art. 5º, inc. IV) quanto o direito à informação (art. 5º, inc. XIV, c/c art. 220 – comunicação social).

Incluem-se faculdades diversas: comunicação do pensamento, ideias, informações, expressões não verbais.

> Art. 5º (...)
>
> IV - é livre a manifestação do pensamento, sendo vedado o anonimato;
>
> V - é assegurado o direito de resposta, proporcional ao agravo, além da indenização por dano material, moral ou à imagem;

8.1 DIREITO DE RESPOSTA: POSSIBILIDADE DE RETRUCAR A OFENSA VEICULADA À MÍDIA - ART. 5º, INC. V

- Direito de reação ao uso indevido da mídia;
- Proteção da imagem e da honra do ofendido;
- Exercício indevido do direito de liberdade de expressão.

8.2 LIBERDADE DE MANIFESTAÇÃO DO PENSAMENTO

FORMAS DE EXPRESSÃO: a liberdade de opinião exterioriza-se pelo exercício das liberdades, como comunicação, de religião, de expressão intelectual, artística, científica e cultural.

Importante! Art. 5º, IV: "É livre a manifestação do pensamento, sendo vedado o **anonimato**".

Quanto à vedação do anonimato, nesses termos, refere-se à manifestação do pensamento entre locutores presentes, como de uma pessoa a outra (conversa, diálogo), ou de uma pessoa para com as outras (palestras, conferências, discursos).

> **Anonimato — Notícia de prática criminosa — Persecução criminal — Impropriedade. Não serve à persecução criminal notícia de prática criminosa sem identificação da autoria, consideradas a vedação constitucional do anonimato e a necessidade de haver parâmetros próprios à responsabilidade, nos campos cível e penal, de quem a implemente. (HC nº 84.827, rel. Min. Marco Aurélio, j. 7-8-2007, *DJ* de 23-11-2007)**

8.3 DIREITO DE INFORMAR E SER INFORMADO

> Art. 5º (...)
>
> XIV - é assegurado a todos o acesso à informação e resguardado o sigilo da fonte, quando necessário ao exercício profissional;
>
> (...)
>
> XXXIII - todos têm direito a receber dos órgãos públicos informações de seu interesse particular, ou de interesse coletivo ou geral, que serão prestadas no prazo da lei, sob pena de responsabilidade, ressalvadas aquelas cujo sigilo seja imprescindível à segurança da sociedade e do Estado;

<u>Direito de passar informação</u>: é o teor do *caput* do art. 220 da CF, no qual se admite que, por qualquer forma, processo ou veiculação, a informa-

ção não sofrerá nenhuma espécie de restrição, observado o disposto nesta Constituição (arts. 220 e parágrafos e 221), vedada qualquer forma de censura de caráter político, ideológico e artístico. Não anonimato: podem esses casos ocorrer entre pessoas determinadas, indeterminadas, por meio de correspondência pessoal e particular (carta, telegrama, telefone, e-mails), e pessoas indeterminadas (livros, jornais, revistas, periódicos).

8.3.1 Direito de se informar

É uma limitação estatal em frente da esfera individual, que permite ao sujeito pesquisar, buscar informações de seu interesse (salvo art. 5º, incs. XXXIII [matérias sigilosas] e XIV [profissionais de informação quanto ao sigilo das fontes]).

> **Observação:** tratando-se de informação relativa ao próprio sujeito quanto a informações em cadastros públicos, banco de dados ou outras de caráter público, a CF, em seu art. 5º, LXXII, prevê a garantia do remédio constitucional do *habeas data*.

8.3.2 Direito de ser informado

Como forma de direito de receber informação, só pode ser investido, reivindicado, quando simultaneamente atribui a outrem o DEVER de informar, que, em termos da CF, atribui-se apenas ao Poder Público, conforme arts. 5º XXXIII, e 37, *caput*.

8.4 LEI DE ACESSO À INFORMAÇÃO – LEI Nº 12.527, DE 18 DE NOVEMBRO DE 2011 – ARTS. 5º, XXXIII, E 37, *CAPUT*

A transparência está associada à divulgação de informações que permitam que sejam averiguadas as ações dos gestores e a consequente responsabilização por seus atos. Na definição de transparência, são identificadas características em relação à informação completa, objetiva, confiável e de qualidade, ao acesso, à compreensão e aos canais totalmente abertos de comunicação. Engloba os seguintes atributos: *acesso, abrangência, relevância, qualidade e confiabilidade*.

Regra: acesso à informação!

Exceção: possibilidade de sigilo em caso de segurança do Estado e interesse público ou casos que se justifiquem em decorrência da preservação da privacidade intimidade (segredo de justiça).

8.4.1 O parlamentar e a condição de acesso à informação

Decisão do STF:

> Atividade parlamentar e o direito à informação
>
> O Plenário deu provimento a recurso extraordinário e fixou a seguinte tese de repercussão geral (Tema 832): "O parlamentar, na condição de cidadão, pode exercer plenamente seu direito fundamental de acesso a informações de interesse pessoal ou coleti-

vo, nos termos do art. 5º, inciso XXXIII(1), da Constituição Federal (CF) e das normas de regência desse direito. (Informativo nº 899)

8.4.2 Liberdade religiosa

8.4.2.1 Significado de Estado laico

"Estado separado da religião" – não possui uma religião oficial.

> Art. 19. É vedado à União, aos Estados, ao Distrito Federal e aos Municípios:
>
> I - estabelecer cultos religiosos ou igrejas, subvencioná-los, embaraçar-lhes o funcionamento ou manter com eles ou seus representantes relações de dependência ou aliança, ressalvada, na forma da lei, a colaboração de interesse público;
>
> Art. 5º (...)
>
> VI - é inviolável a liberdade de consciência e de crença, sendo assegurado o livre exercício dos cultos religiosos e garantida, na forma da lei, a proteção aos locais de culto e a suas liturgias;
>
> VII - é assegurada, nos termos da lei, a prestação de assistência religiosa nas entidades civis e militares de internação coletiva;
>
> VIII - ninguém será privado de direitos por motivo de crença religiosa ou de convicção filosófica ou política, salvo se as invocar para eximir-se de obrigação legal a todos imposta e recusar-se a cumprir prestação alternativa, fixada em lei;

Atenção!

Mudança de postura do STF:

> O Supremo Tribunal Federal (STF) julgou improcedente a Ação Direta de Inconstitucionalidade (ADI) 4439 na qual a Procuradoria-Geral da República (PGR) questionava o modelo de ensino religioso nas escolas da rede pública de ensino do país. Por maioria dos votos (6 x 5), os ministros entenderam que o ensino religioso nas escolas públicas brasileiras pode ter natureza confessional, ou seja, vinculado às diversas religiões.

Nesse sentido, entendeu que não é incompatível com o Estado laico o ensino confessional nas escolas públicas.

> PROSELITISMO: POSSIBILIDADE DE TRANSMISSÃO DE CONTEÚDO EM EMISSORAS DE RADIOFUSÃO DE CONTEÚDO RELIGIOSO - PREVALÊNCIA DA LIBERDADE DE EXPRESSÃO
>
> ADI: proselitismo e liberdade de expressão.
>
> O Plenário, por maioria, julgou procedente pedido formulado em ação direta para declarar a inconstitucionalidade do § 1º (1) do art. 4º da Lei 9.612/1998. O dispositivo proíbe, no âmbito da pro-

gramação das emissoras de radiodifusão comunitária, a prática de proselitismo, ou seja, a transmissão de conteúdo tendente a converter pessoas a uma doutrina, sistema, religião, seita ou ideologia.

8.4.3 Liberdade de locomoção

De acordo com o art. 5º, inc. XV: "é livre a locomoção no território nacional em tempo de paz, podendo qualquer pessoa, nos termos da lei, nele entrar, permanecer ou dele sair com seus bens;".

Direito de, em tempos de paz:

- ingressar no território nacional;
- estar no território nacional;
- permanecer no território nacional;
- deslocar-se no território nacional.

> **Observação:** Vale igualmente para os estrangeiros; no entanto, deve-se observar legislação específica, que é o caso da exigência do visto, que não é um direito subjetivo, mas liberdade estatal, pois, embora possa preencher todos os requisitos para o recebimento do visto documentação e exigência, o Estado não é obrigado a concedê-lo.

8.4.4 Liberdade de reunião

> Art. 5º (...)
>
> XVI – todos podem reunir-se pacificamente, sem armas, em locais abertos ao público, independentemente de autorização, desde que não frustrem outra reunião anteriormente convocada para o mesmo local, sendo apenas exigido prévio aviso à autoridade competente;

Este é um direito, notadamente marcado pelo repúdio ao Regime Militar, anos de repressão a direitos, especialmente, liberdades.

O foco principal é a garantia da **MANIFESTAÇÃO COLETIVA DO PENSAMENTO**.

Requisitos essenciais para a "liberdade de reunião":

- Ser pacífica;
- Sem armas;
- Não frustrar outra reunião agendada;
- Locais abertos ao público;
- Prévia comunicação das autoridades competentes;
- Fim lícito e determinado.

8.4.5 Liberdade de associação

> Art. 5º (...)
>
> XVII – é plena a liberdade de associação para fins lícitos, vedada a de caráter paramilitar; [Vale tanto para associações como para cooperativas]

> XVIII - a criação de associações e, na forma da lei, a de Cooperativas independem de autorização, sendo vedada a interferência estatal em seu funcionamento;

O art. 5º, inc. XIX, trata do encerramento e da suspensão das atividades das associações:

- Suspensão: é temporária, provisória.
- Dissolução é definitiva e só OCORRE APÓS O TRÂNSITO EM JULGADO DE SENTENÇA JUDICIAL QUE DECRETAR A DISSOLUÇÃO.

8.4.5.1 Regra geral

É a garantia de permanência e funcionamento até a desconstituição por seus associados.

8.4.5.2 Exceção

Decisão judicial é a única e exclusiva forma que pode mandar impedir, mandar fechar, encerrar as atividades (não cabe processo administrativo).

Art. 5º, XXI - Direito de representação da associação: "as entidades associativas, quando expressamente autorizadas, têm legitimidade para representar seus filiados judicial ou extrajudicialmente;".

Súm. nº 629 do STF: "A impetração de mandado de segurança coletivo por entidade de classe em favor dos associados independe da autorização destes".

> **Atenção!** Cuidado com a finalidade da representação - ela somente autoriza fazer aquilo que tiver relação com aquilo que se propõe a associação.

8.5 PROTEÇÃO À INTIMIDADE E À VIDA PRIVADA

> Art. 5º (...)
>
> X - são invioláveis a intimidade, a vida privada, a honra e a imagem das pessoas, assegurado o direito a indenização pelo dano material ou moral decorrente de sua violação;

8.5.1 Conceito e conteúdo

A Constituição declara invioláveis a intimidade, a vida privada, a honra e a imagem das pessoas (art. 5º, X); portanto, erigiu, expressamente, esses valores humanos à condição de direito individual, considerando-o um direito conexo ao da vida.

A tutela constitucional visa proteger as pessoas de dois atentados particulares:

1) ao segredo da vida privada; e
2) à liberdade da vida privada.

> **Observação:** A privacidade está relacionada com a vida privada em sentido amplo e, portanto, com todas as relações pessoais, tanto aquelas de caráter íntimo como aquelas de cunho profissional, comercial, entre outras.

Segundo J. J. Canotilho,[3] o direito à privacidade é composto por dois subdireitos:

1) Direito a impedir o acesso de estranhos a informações sobre a vida privada e familiar;
2) Direito a que ninguém divulgue as informações que tenha sobre a vida privada e familiar de outrem.

Assim, outros direitos fundamentais funcionam como garantias do direito à privacidade:

- – A inviolabilidade do sigilo de correspondência;
- – A inviolabilidade do lar e local de trabalho;
- – A proteção dos dados pessoais.

8.6 PROTEÇÃO DO DOMICÍLIO

> Art. 5º (...)
>
> XI – a casa é asilo inviolável do indivíduo, ninguém nela podendo penetrar sem consentimento do morador, salvo em caso de flagrante delito ou desastre, ou para prestar socorro, ou, durante o dia, por determinação judicial;

> **Observação:** Casa, para fins constitucionais, possui um conceito extremamente amplo, incluindo locais provisórios, como quartos de hotéis, casas de praia, etc, bem como o local de trabalho.

8.6.1 Conceito de dia

STF, das 6 às 18 h: o não cumprimento gera prova ilícita – devido ao princípio da proporcionalidade do STF, já aceitou relativizações acerca do horário.

> **Observação:** A prova coletada sem o respeito à proteção do domicílio, por violar a intimidade ou privacidade, constitui prova ilícita.

8.7 PROTEÇÃO AO SIGILO DAS COMUNICAÇÕES

> Art. 5º (...)
>
> XII – é inviolável o sigilo da correspondência e das comunicações telegráficas, de dados e das comunicações telefônicas, salvo, no último caso, por ordem judicial, nas hipóteses e na forma que a lei estabelecer para fins de investigação criminal ou instrução processual penal;

---

3 CANOTILHO, J. J. Gomes. *Direito constitucional e teoria da constituição*. 4. ed. Coimbra: Almedina, 1998.

8.7.1 Âmbito de proteção

Engloba a proteção de todo tipo de comunicação, reservado o seu direito de não ser violado, com exceção de determinação judicial.

- Telefônico;
- Telégrafos: entende-se o email por analogia – a polêmica reside mais no fato de os e-mails institucionais, destinados ao trabalho;
- Dados: correspondência.

8.7.1.1 Quebra do sigilo telefônico – sempre como última medida

LEI Nº 9.296/1996 – regulamenta; somente é permitido em processos penais.

SÓ SERÁ PERMITIDO NOS CRIMES PUNIDOS COM PENA DE RECLUSÃO QUANDO HOUVER:

- fortes indícios de autoria (para reforçar a prova);
- insuficiência de provas para a comprovação da autoria.

QUEM PODERÁ PEDIR A QUEBRA DE SIGILO TELEFÔNICO AO JUIZ COMPETENTE?

- Autoridade policial do inquérito;
- Ministério Público em inquérito e processo penal;
- Juiz de ofício (somente se o processo estiver em andamento);
- Art. 58, § 3º, tem entendimento de que a CPI poderia pedir.

PRAZO: O prazo legal é de 15 dias – prorrogáveis por + 15 dias (art. 5º da Lei nº 9.296/1996) – Em casos extraordinários, a jurisprudência tem entendido e admitido a extensão do prazo.

> Art. 5° A decisão será fundamentada, sob pena de nulidade, indicando também a forma de execução da diligência, que não poderá exceder o prazo de quinze dias, renovável por igual tempo uma vez comprovada a indispensabilidade do meio de prova.

Esse tema está há muito tempo sendo discutido no STF em sede de RE nº 625263, no qual se discute a possibilidade de se renovar sucessivamente a autorização de interceptação telefônica para fins de investigação criminal, sem limite definido de prazo.

A seguir, posição do STF (site do Supremo Tribunal), com voto da Min. Carmen Lúcia no HC nº 128755, que:

> pedia a nulidade da decisão que quebrou o sigilo telefônico de I.M.C e S.M.B, acusadas de integrar grupo criminoso especializado em exploração de jogos de azar e lavagem de dinheiro que atuava na região metropolitana de Belém (PA).
>
> (...)
>
> Quanto à prorrogação da interceptação telefônica, a ministra Cármen Lúcia assinalou que o STF firmou entendimento de ser lícita a prorrogação do prazo legal de autorização para intercep-

tação telefônica, ainda que sucessivamente deferido, quando o fato for complexo e exigir investigação diferenciada e contínua.

A relatora salientou ainda que o procedimento adotado na primeira instância está em consonância com a jurisprudência do Supremo no sentido de que as interceptações telefônicas podem ser prorrogadas, por mais de uma vez, desde que comprovada a necessidade do prosseguimento das investigações mediante decisão motivada.

Ressalta-se que há na própria Constituição a previsão de permissão de restrição da garantia de sigilo das comunicações telefônicas, telegráficas e da correspondência, em caso de Estado de Defesa e estado de sítio, nos arts. 136, § 1º, I, *c*, e 139, III.

9. DIREITO DE PROPRIEDADE

Art. 5º (...)

XXII – é garantido o direito de propriedade;

XXII – a propriedade atenderá a sua função social;

Observação: propriedade intelectual também tem função social.

9.1 FORMAS DE DESAPROPRIAÇÃO

9.1.1 Necessidade, utilidade e interesse social:

XXIV – "a lei estabelecerá o procedimento para desapropriação por necessidade ou utilidade pública, ou por interesse social, mediante justa e prévia indenização em dinheiro, ressalvados os casos previstos nesta Constituição;".

9.1.2 Interesse social para fins de reforma agrária

Ocorre apenas nas médias e grandes propriedades improdutivas, sendo a indenização em títulos da dívida agrária resgatáveis em 20 anos, excetuando-se a indenização pelas bem feitorias úteis e necessárias.

Art. 184. Compete à União desapropriar por interesse social, para fins de reforma agrária, o imóvel rural que não esteja cumprindo sua função social, mediante prévia e justa indenização em títulos da dívida agrária, com cláusula de preservação do valor real, resgatáveis no prazo de até vinte anos, a partir do segundo ano de sua emissão, e cuja utilização será definida em lei.

§ 1º As benfeitorias úteis e necessárias serão indenizadas em dinheiro.

§ 2º O decreto que declarar o imóvel como de interesse social, para fins de reforma agrária, autoriza a União a propor a ação de desapropriação.

§ 3º Cabe à lei complementar estabelecer procedimento contraditório especial, de rito sumário, para o processo judicial de desapropriação.

§ 4º O orçamento fixará anualmente o volume total de títulos da dívida agrária, assim como o montante de recursos para atender ao programa de reforma agrária no exercício.

§ 5º São isentas de impostos federais, estaduais e municipais as operações de transferência de imóveis desapropriados para fins de reforma agrária.

Art. 185. São insuscetíveis de desapropriação para fins de reforma agrária:

I - a pequena e média propriedade rural, assim definida em lei, desde que seu proprietário não possua outra;

II - a propriedade produtiva.

Parágrafo único. A lei garantirá tratamento especial à propriedade produtiva e fixará normas para o cumprimento dos requisitos relativos a sua função social.

Art. 186. A função social é cumprida quando a propriedade rural atende, simultaneamente, segundo critérios e graus de exigência estabelecidos em lei, aos seguintes requisitos:

I - aproveitamento racional e adequado;

II - utilização adequada dos recursos naturais disponíveis e preservação do meio ambiente;

III - observância das disposições que regulam as relações de trabalho;

IV - exploração que favoreça o bem-estar dos proprietários e dos trabalhadores.

(...)

Art. 243. As propriedades rurais e urbanas de qualquer região do País onde forem localizadas culturas ilegais de plantas psicotrópicas ou a exploração de trabalho escravo na forma da lei serão expropriadas e destinadas à reforma agrária e a programas de habitação popular, sem qualquer indenização ao proprietário e sem prejuízo de outras sanções previstas em lei, observado, no que couber, o disposto no art. 5º. [Redação dada pela Emenda Constitucional nº 81, de 2014]

Parágrafo único. Todo e qualquer bem de valor econômico apreendido em decorrência do tráfico ilícito de entorpecentes e drogas afins e da exploração de trabalho escravo será confiscado e reverterá a fundo especial com destinação específica, na forma da lei. [Redação dada pela Emenda Constitucional nº 81, de 2014]

9.2 PROPRIEDADE IMATERIAL

9.2.1 Intelectual: autoral e industrial

9.2.1.1 Propriedade autoral

Art. 5º (...)

XXVII – aos autores pertence o direito exclusivo de utilização, publicação ou reprodução de suas obras, transmissível aos herdeiros pelo tempo que a lei fixar;

XXVIII – são assegurados, nos termos da lei:

a) a proteção às participações individuais em obras coletivas e à reprodução da imagem e voz humanas, inclusive nas atividades desportivas;

b) o direito de fiscalização do aproveitamento econômico das obras que criarem ou de que participarem aos criadores, aos intérpretes e às respectivas representações sindicais e associativas;

9.2.1.2 Propriedade industrial

Art. 5º (...)

XXIX – a lei assegurará aos autores de inventos industriais privilégio temporário para sua utilização, bem como proteção às criações industriais, à propriedade das marcas, aos nomes de empresas e a outros signos distintivos, tendo em vista o interesse social e o desenvolvimento tecnológico e econômico do País;

9.2.1.3 Conceito de domínio público

Após 70 anos da morte do autor ou na falta de herdeiros.

Importante: Diferenciar propriedade industrial *versus* intelectual.

9.3 RESTRIÇÃO À PROPRIEDADE NA CONSTITUIÇÃO DE 1988

Trata-se de requisição de bens – que é restrição temporária ao direito de propriedade.

Art. 5º (...)

XXV – no caso de iminente perigo público, a autoridade competente poderá usar de propriedade particular, assegurada ao proprietário indenização ulterior, se houver dano;

9.4 Princípio da legalidade

Traz sempre consigo a NOÇÃO DE SEGURANÇA JURÍDICA, PREVISIBILIDADE, ANTERIORIDADE.

É a garantia individual da liberdade e institucional de estabilidade das relações jurídicas. A norma jurídica sempre ou OBRIGA, ou PROÍBE, ou PERMITE – pois sempre indicará um comando, algo a ser feito, ou deixado de fazer, ou ainda permitido.

Art. 5º, II: "ninguém será obrigado a fazer ou deixar de fazer alguma coisa senão em virtude de lei". Ou seja, os comandos de proibição (deixar de fazer) ou de obrigação (fazer) só podem ser veiculados por meio de uma lei; na falta desta, estão permitidos. Excluem-se, por exemplo, desta noção a tradição e o costume.

Além da previsão legal, é necessária que a lei me obrigue a algo e, para isso, necessita de:

- aspecto formal: regular procedimento (iniciativa, aprovação, promulgação, sanção, publicação, vigência);
- adequado conteúdo (ser constitucional);
- a ideia do devido processo legal.

9.5 PRINCÍPIO DA ESTRITA LEGALIDADE

O art. 37, *caput*, diz que o administrador só poderá fazer algo em virtude de lei, exclusivamente em virtude dela – é o princípio da legalidade voltado à administração pública e sua responsabilidade para com seus administrados, cidadãos.

9.6 RESERVA LEGAL

Que é mais restrito, trazendo exigências especiais, específicas no trato de algumas matérias legais – por estarem reservadas ao trato da lei em sentido formal – não podendo ser disciplinadas por medidas provisórias ou leis delegadas.

- Absoluta: traz detalhamentos e especificações da matéria;
- Relativa: se satisfaz com leis que criem regras e parâmetros gerais.

Ex.: arts. 62, § 1º, I, 68, § 1º, e 167, § 3º.

"O princípio constitucional da reserva de lei formal traduz limitação ao exercício das atividades administrativas e jurisdicionais do Estado."

9.7 GARANTIAS DO DEVIDO PROCESSO REAL NA CONSTITUIÇÃO

9.7.1 Ampla defesa e contraditório

9.7.1.1 Juiz natural

A causa deve ser julgada por um juiz imparcial, competente e preconstituído por lei, isto é, constituído antes do fato ser constituído. Fica vedada a convocação ou substituição de juizes somente para o julgamento do fato. Deve-se analisar qual o juiz competente para apreciar a demanda, SÓ PODENDO HAVER JULGAMENTOS PELOS ÓRGÃOS JURISDICIONAIS CONSTITUÍDOS. A *ordem de competência é taxativa, não pode ser alterada.*

Exceção: observar os casos de desaforamento ou continência ou conexão.

9.7.1.2 Publicidade dos atos processuais:

Acesso a quem tiver interesse, controle público das decisões, transparência em favor da ordem democrática.

9.7.1.3 Motivação das decisões

As decisões necessitam ser fundamentadas por elementos jurídicos, de acordo com a coerência das considerações apresentadas – engloba a garantia de atuação imparcial e equilibrada.

O STF diz que, para a fundamentação das decisões, o juiz não necessita considerar todos os argumentos levantados pelas partes, podendo ater-se aos essenciais ao processo para fundamentar sua decisão.

9.7.1.4 Inafastabilidade de controle jurisdicional

(art. 5º, XXXIV): completo acesso à justiça.

9.7.1.5 Inadmissibilidade de provas ilícitas

a) Provas ilícitas: adquiridas por meios ilícitos.
b) Provas ilegítimas: vício processual – apresentada em momento inadequado.

As provas obtidas por meios ilícitos contaminam as que são exclusivamente delas decorrentes; tornam-se inadmissíveis no processo, não podem ensejar a investigação criminal e, com mais razão, a denúncia, a instrução e o julgamento (art. 5º, LVI, da CF,), ainda que tenham restado sobejamente comprovadas, por meio delas, a autoria e a materialidade dos fatos.

10. DIREITOS DE NACIONALIDADE – ART. 12 DA LEI Nº 13.445/2017

Primária ou originária	Secundária ou adquirida
• UNILATERAL • Decorre do NASCIMENTO • Cada país estabelece as regras sobre outorga da nacionalidade para os que nascerem sob seu governo • CRITÉRIOS: • *Ius sanguinis* – FILIAÇÃO • *Ius solis* – LOCAL NASCIMENTO	• VOLUNTÁRIA (necessita buscar seu reconhecimento) • DEPOIS DE NASCER (não se dá tacitamente) • Processo de naturalização (sempre ocorre perante a Justiça Federal) • Estrangeiros ou apátridas • Pode surgir o conflito de nacionalidade POSITIVO (mais de uma nacionalidade) ou • NEGATIVO (sem pátria)

10.1 BRASILEIRO NATO

O Brasil adotou como primeiro critério para firmar nacionalidade o local onde a pessoa nasceu – *ius solis* – art. 12, I, da CF/1988 – hipóteses taxativas para adquirir nacionalidade brasileira.

> Art. 12. São brasileiros:
>
> I - natos:
>
> a) os nascidos na República Federativa do Brasil, ainda que de pais estrangeiros, desde que estes não estejam a serviço de seu país;

10.1.1 Requisito

Nascer em território brasileiro. Se os pais estrangeiros estiverem a serviço do país de origem, ***a princípio***, o indivíduo que nascer no Brasil não será brasileiro nato. Nesse caso, para saber a nacionalidade, deveremos analisar as peculiaridades de cada situação.

A Constituição também adotou um segundo critério, o sanguíneo, para conferir nacionalidade brasileira para filhos nascidos no estrangeiro de pai ***OU*** mãe brasileiros, ***ESTANDO*** quaisquer dos pais a serviço do Brasil.

> Art. 12. São brasileiros:
>
> I - natos:
>
> b) os nascidos no estrangeiro, de pai brasileiro ou mãe brasileira, desde que qualquer deles esteja a serviço da República Federativa do Brasil;

> **Cuidado:** A expressão ***"a serviço do Brasil"*** há de ser entendida não só como atividade diplomática, mas também como qualquer função associada às atividades do Poder Público (três esferas), bem como suas autarquias.

Outro critério sanguíneo adotado pelo texto da CF/1988 refere-se aos casos em que os pais, quaisquer deles brasileiros, não estão a serviço o Brasil (viajando de férias, por exemplo) e o filho nasce no estrangeiro.

Art. 12. São brasileiros:

> I - natos:
>
> c) **os nascidos no estrangeiro de pai brasileiro ou de mãe brasileira, desde que sejam registrados em repartição brasileira competente (...)** [Redação dada pela Emenda Constitucional nº 54, de 2007]

Ou seja, deve ser for registrado em repartição brasileira competente.

> Art. 12. São brasileiros:
>
> I - natos:
>
> c) (...) **ou venham a residir na República Federativa do Brasil e optem, em qualquer tempo, depois de atingida a maiorida-**

de, pela nacionalidade brasileira; [Redação dada pela Emenda Constitucional nº 54, de 2007]

10.2 NACIONALIDADE POTESTATIVA

*A aquisição se dá no momento da fixação de residência, mas fica sujeita à **opção confirmativa, POIS*** o texto da CF/1988 refere casos em que os pais, quaisquer deles brasileiros, não estão a serviço do Brasil (moram em outro país, por exemplo) e o filho nasce no estrangeiro e vem a residir no Brasil.

10.3 LEMBRETES IMPORTANTES: AQUISIÇÃO DE NACIONALIDADE SECUNDÁRIA

Os processos judiciais envolvendo litígios sobre a naturalização são de competência da Justiça Federal, bem como as causas referentes à opção de nacionalidade – art. 109, X, da CF/1988.

A naturalização depende tanto da vontade da pessoa quando da aquiescência do Estado: agora devemos lembrar que o Estado é soberano, portanto, discricionariamente, decidirá se concederá ou não a cidadania brasileira por solicitação do estrangeiro ou apátrida.

> **Cuidado:** Não existe naturalização TÁCITA, mas, sim, EXPRESSA, que se divide em ordinária ou extraordinária.

Art. 12, II, *a*, da CF/1988 – a naturalização ocorrerá segundo critérios estabelecidos em Lei (a Constituição se refere à Lei nº 13.445/2017).

10.3.1 Extraordinária

Art. 12, II, *b*, da CF/1988: "os estrangeiros de qualquer nacionalidade, residentes na República Federativa do Brasil há mais de quinze anos ininterruptos e sem condenação penal, desde que requeiram a nacionalidade brasileira".

10.3.2 Requisitos

1. Qualquer nacionalidade;
2. Residentes no Brasil ***há mais de 15 anos ininterruptos***;
3. Sem condenação penal;
4. Solicitação pelo estrangeiro.

> **Importante!** A naturalização extraordinária é intransferível, isto é, sua concessão não importa a aquisição da nacionalidade brasileira pelo cônjuge e filhos do naturalizado, nem os autoriza a entrar ou radicar-se no Brasil, sem que satisfaçam as exigências legais.

10.3.2.1 Distinção entre natos e naturalizados

REGRA GERAL: a lei não poderá estabelecer tratamento diferente entre brasileiros natos e naturalizados, salvo nos casos taxativos expressamente previstos pela CF/1988.

> Art. 5º (...)
>
> LI – nenhum brasileiro será extraditado, salvo o naturalizado, em caso de crime comum, praticado antes da naturalização, ou de comprovado envolvimento em tráfico ilícito de entorpecentes e drogas afins, na forma da lei;
>
> (...)
>
> Art. 12. (...)
>
> § 3º São privativos de brasileiro nato os cargos:
>
> I – de Presidente e Vice-Presidente da República;
>
> II – de Presidente da Câmara dos Deputados;
>
> III – de Presidente do Senado Federal;
>
> IV – de Ministro do Supremo Tribunal Federal;
>
> V – da carreira diplomática;
>
> VI – de oficial das Forças Armadas;
>
> VII – de Ministro de Estado da Defesa.
>
> § 4º Será declarada a perda da nacionalidade do brasileiro que:
>
> I – tiver cancelada sua naturalização, por sentença judicial, em virtude de atividade nociva ao interesse nacional;
>
> II – adquirir outra nacionalidade, salvo nos casos:
>
> a) de reconhecimento de nacionalidade originária pela lei estrangeira;
>
> b) de imposição de naturalização, pela norma estrangeira, ao brasileiro residente em estado estrangeiro, como condição para permanência em seu território ou para o exercício de direitos civis.
>
> Art. 89. (...)
>
> VII – seis cidadãos brasileiros natos, com mais de trinta e cinco anos de idade, sendo dois nomeados pelo Presidente da República, dois eleitos pelo Senado Federal e dois eleitos pela Câmara dos Deputados, todos com mandato de três anos, vedada a recondução.
>
> Art. 222. A propriedade de empresa jornalística e de radiodifusão sonora e de sons e imagens é privativa de brasileiros natos ou naturalizados há mais de dez anos, ou de pessoas jurídicas constituídas sob as leis brasileiras e que tenham sede no País.

11. DIREITOS POLÍTICOS – ARTS. 14 E SS.

- Capacidade eleitoral ativa: direito de votar.
- Capacidade eleitoral passiva: direito de ser votado.

Observação:
INALISTÁVEL: refere-se à capacidade ativa, que se reflete na passiva.
INELEGÍVEL: refere-se à capacidade passiva, que pode ser absoluta (inelegível para qualquer cargo) ou relativa (referente a alguns cargos).

11.1 CAPACIDADE ELEITORAL ATIVA

Exercita-se o sufrágio ativo mediante o *VOTO*.

São pressupostos do voto:

a) Alistamento eleitoral na forma da lei (título eleitoral);
b) Nacionalidade brasileira – estrangeiros ***não podem se alistar como eleitores*** (art. 14, § 2º);
c) Idade mínima de 16 anos (art. 14, § 1º, II, *c*);
d) Não ser conscrito durante o serviço militar ***obrigatório***.

O voto direto, secreto, universal e periódico ***é cláusula pétrea*** (art. 60, § 4º, II).

Observação:
OBRIGATÓRIO: maiores de 18 e menores de 70 anos de idade.
FACULTATIVO: maiores de 16 e menores de 18 anos de idade; analfabetos; maiores de 70 anos de idade.

11.2 CAPACIDADE ELEITORAL PASSIVA – CONDIÇÕES DE ELEGIBILIDADE

Art. 14, § 3º, da CF/88, na forma da lei:

- Nacionalidade brasileira;
- Pleno exercício dos direitos políticos;
- Alistamento eleitoral;
- Domicílio eleitoral na circunscrição;
- Filiação partidária.

Observação: Precisa-se observar, na capacidade passiva, não apenas as condições de elegibilidade, mas que ela não pode incorrer nas hipóteses de inelegibilidade – somente ilegibilidades relativas poderão ser acrescidas por lei complementar.

11.3 INELEGIBILIDADES

11.3.1 Inelegibilidades absolutas (não podem concorrer a nenhum cargo)

a) *INALISTÁVEL:* estrangeiros (LC nº 64/1990, nº 81/1994 e nº 135/2010) e conscritos durante o serviço militar obrigatório.
b) *ANALFABETO:* tem capacidade eleitoral ATIVA, mas **não possui** capacidade eleitoral **PASSIVA**.

11.3.2 Relativas

São aplicáveis, em se tratando de Chefe do Executivo Federal, Estadual e Municipal:

11.4 VEDAÇÃO AO TERCEIRO MANDATO CONSECUTIVO - INDEPENDENTEMENTE DA CIRCUNSCRIÇÃO A QUE IRÁ CONCORRER

> Art. 14. (...)
>
> § 5º O Presidente da República, os Governadores de Estado e do Distrito Federal, os Prefeitos e quem os houver sucedido ou substituído no curso dos mandatos poderão ser reeleitos para um único período subsequente.

11.4.1 Renunciar ao mandato para concorrer "a outros cargos"

> § 6º Para concorrerem a outros cargos, o Presidente da República, os Governadores de Estado e do Distrito Federal e os Prefeitos devem renunciar aos respectivos mandatos até seis meses antes do pleito.

O STF entende que a expressão ***"outros cargos"*** não se aplica aos casos de reeleição para o ***mesmo cargo***.

11.4.2 Inelegibilidade de cônjuge e parentes

Procura dar eficácia e efetividade aos postulados republicanos e democráticos da Constituição, evitando-se a perpetuidade ou alongada presença de familiares no poder.

> Art. 14. (...)
>
> § 7º São inelegíveis, no território de jurisdição do titular, o cônjuge e os parentes consangüíneos ou afins, até o segundo grau ou por adoção, do Presidente da República, de Governador de Estado ou Território, do Distrito Federal, de Prefeito ou de quem os haja substituído dentro dos seis meses anteriores ao pleito, **salvo se já titular de mandato eletivo e candidato à reeleição.** (grifos nossos)

Súm. Vinc. nº 18: "A dissolução da sociedade ou do vínculo conjugal, no curso do mandato, não afasta a inelegibilidade prevista no § 7º do artigo 14 da Constituição Federal".

> **Precedentes Representativos**
>
> A dissolução da sociedade conjugal, no curso do mandato, não afasta a inelegibilidade prevista no art. 14, § 7º, da CF/1988. II — Se a separação judicial ocorrer em meio à gestão do titular do cargo que gera a vedação, o vínculo de parentesco, para os fins de inelegibilidade, persiste até o término do mandato, inviabilizando a candidatura do ex-cônjuge ao pleito subsequente, na mesma cir-

> cunscrição, a não ser que aquele se desincompatibilize seis meses antes das eleições. [RE nº 568.596, rel. Min. Ricardo Lewandowski, P, j. 1º-10-2008, *DJe* 222 de 21-11-2008, Tema 61.]

11.4.3 Militares

O alistável será elegível, mas: a) com menos de dez anos de serviço, deverá afastar-se das atividades; e b) com mais de dez anos, será agregado pela autoridade superior e, se eleito, passará, ***automaticamente com a diplomação,*** à inatividade.

11.5 SOBRE A PERDA E A SUSPENSÃO

11.5.1 Perda

a) arts. 15, I e IV, e 12, § 4º, II, da CF/1988 – cancelamento da naturalização por sentença transitada em julgado, pois o indivíduo ***volta à condição de estrangeiro***;
b) Descumprimento de obrigação a todos imposta (serviço militar obrigatório). Por exemplo, seja a obrigação propriamente dita, seja a alternativa (fixada em lei) no caso da escusa por força do art. 5º, VIII;
c) Perda da nacionalidade pela aquisição de outra, pois a nacionalidade brasileira é pressuposto para adquirir direitos políticos.

11.5.2 Suspensão

Arts. 15, II, III e V, 17, 3, do Dec. nº 3.927/2001 (Tratado de Amizade) e 55, II, § 1º, da CF, c/c art. 1º, I, *b*, da LC nº 64/1990.

- Incapacidade civil absoluta: casos de interdição;
- Condenação criminal transitada em julgado: enquanto durarem os efeitos da condenação;
- Improbidade administrativa: art. 37, § 4º, da CF/1988, sendo declarada apenas mediante processo judicial;
- Exercício assegurado pela cláusula de reciprocidade: Tratado de Amizade;
- Quebra de decoro parlamentar por parte de deputado ou senador.

11.6 PARTIDOS POLÍTICOS

Muita atenção ao art. 17, que sofreu alteração por emenda constitucional em 2017.

> **Observação:** Não é obrigatório os partidos mante**rem as mesmas coligações nos âmbitos federal, estadual e municipal.**

A partir das eleições de 2010, não é possível os partidos coligarem para cargos da proporcional, como vereadores, deputados federais e estaduais.

> Art. 17. É livre a criação, fusão, incorporação e extinção de partidos políticos, resguardados a soberania nacional, o regime demo-

crático, o pluripartidarismo, os direitos fundamentais da pessoa humana e observados os seguintes preceitos:

I - caráter nacional;

II - proibição de recebimento de recursos financeiros de entidade ou governo estrangeiros ou de subordinação a estes;

III - prestação de contas à Justiça Eleitoral;

IV - funcionamento parlamentar de acordo com a lei.

§ 1º É assegurada aos partidos políticos autonomia para definir sua estrutura interna e estabelecer regras sobre escolha, formação e duração de seus órgãos permanentes e provisórios e sobre sua organização e funcionamento e para adotar os critérios de escolha e o regime de suas coligações nas eleições majoritárias, vedada a sua celebração nas eleições proporcionais, sem obrigatoriedade de vinculação entre as candidaturas em âmbito nacional, estadual, distrital ou municipal, devendo seus estatutos estabelecer normas de disciplina e fidelidade partidária.

§ 2º Os partidos políticos, após adquirirem personalidade jurídica, na forma da lei civil, registrarão seus estatutos no Tribunal Superior Eleitoral.

§ 3º Somente terão direito a recursos do fundo partidário e acesso gratuito ao rádio e à televisão, na forma da lei, os partidos políticos que alternativamente:

I - obtiverem, nas eleições para a Câmara dos Deputados, no mínimo, 3% (três por cento) dos votos válidos, distribuídos em pelo menos um terço das unidades da Federação, com um mínimo de 2% (dois por cento) dos votos válidos em cada uma delas; ou

II - tiverem elegido pelo menos quinze Deputados Federais distribuídos em pelo menos um terço das unidades da Federação.

§ 4º É vedada a utilização pelos partidos políticos de organização paramilitar.

§ 5º Ao eleito por partido que não preencher os requisitos previstos no § 3º deste artigo é assegurado o mandato e facultada a filiação, sem perda do mandato, a outro partido que os tenha atingido, não sendo essa filiação considerada para fins de distribuição dos recursos do fundo partidário e de acesso gratuito ao tempo de rádio e de televisão. (grifos nossos)

11.7 DA FORMAÇÃO DO ESTADO FEDERAL BRASILEIRO

A CONSTITUIÇÃO REPUBLICANA DE 1891 ADOTOU O MODELO FEDERALISTA E DESDE ENTÃO, ESSA É A FORMA DE ORGANIZAÇÃO DO ESTADO FEDERAL BRASILEIRO.

11.7.1 Entes federativos

1) União: pessoa jurídica de direito público interno e externo. É autônoma e soberana, pois, ao mesmo tempo que é ente federativo, representa o Estado Federal;
2) Estados: membros;
3) Distrito Federal: terá caráter de Estado-membro e de Municípios;
4) Municípios: são entes autônomos da Federação brasileira, por isso é considerada *sui generis*.

> Art. 18. A organização político-administrativa da República Federativa do Brasil compreende a União, os Estados, o Distrito Federal e os Municípios, todos autônomos, nos termos desta Constituição.
>
> § 1º Brasília é a Capital Federal.
>
> § 2º Os Territórios Federais integram a União, e sua criação, transformação em Estado ou reintegração ao Estado de origem serão reguladas em lei complementar.

Observação: Atualmente não temos mais territórios, mas eles PODERÃO ser criados. No entanto, não seriam considerados entes federativos, porque teriam uma autonomia tutelada pela União.

11.7.2 União Federal

11.7.2.1 Conceito

A União é fruto da junção dos Estados entre si, é a aliança indissolúvel destes. É quem age em nome da Federação. No plano legislativo edita tanto leis nacionais – que alcançam todos os habitantes do território nacional e outras esferas da federação – como leis federais- que incidem sobre os jurisdicionados da União, como servidores federais e o aparelho administrativo da União. Possui bens próprios definidos nano art. 20 da CF (MENDES, 2012, p. 832-833[4]).

11.7.3 Estados-Membros

Na forma do art. 1º da CF/1988, a união dos Estados-membros é indissolúvel, e portanto inexiste possibilidade jurídica de um Estado-membro

4 MENDES, Gilmar Ferreira; BRANCO, Paulo Gustavo Gonet. *Curso de direito constitucional*. 10. ed. São Paulo: Saraiva, 2012, p. 832-833.

separar-se do restante do Brasil para constituir um novo Estado, soberano e independente. Constitucionalmente só são possíveis alterações na atual estrutura político-territorial dos Estados-membros.

11.7.4 Municípios

No caso brasileiro, Municípios integram o Estado (art. 1º, *caput*, c/c art. 18, *caput*, da CF/1988), e, como tal, possuem competências constitucionais próprias e originárias, tanto legislativas quanto de auto-organização político-administrativa, definidas, em última instância, pela cláusula do "interesse local" (cf. art. 30, I, da CF/1988). Na verdade, foi a atribuição de poder de auto-organização, por meio de lei orgânica, que atribui tal status ao município.

11.7.5 Distrito Federal

> Art. 32. O Distrito Federal, vedada sua divisão em Municípios, reger-se-á por lei orgânica, votada em dois turnos com interstício mínimo de dez dias, e aprovada por dois terços da Câmara Legislativa, que a promulgará, atendidos os princípios estabelecidos nesta Constituição.
>
> § 1º Ao Distrito Federal são atribuídas as competências legislativas reservadas aos Estados e Municípios.

11.7.5.1 Conceito

> Federação é uma "*pluralidade de centros de poder*, coordenados e *autônomos* entre si, de tal modo que ao Governo Federal que tem competência sobre o inteiro território da Federação, seja conferida uma quantidade mínima de poderes, indispensável para garantir a unidade política e econômica, e aos Estados federados, que têm competência cada um sobre o próprio território, sejam assinalados os demais poderes (BOBBIO, PAQUINO e MATTEUCCI, p. 481).[5]
>
> É correto afirmar que o Estado Federal expressa um modo de ser do Estado (daí se dizer que é uma forma de Estado) em que se divisa uma organização descentralizada, tanto administrativa quanto politicamente, erigida sobre uma repartição de competências entre o governo central e os locais, consagrada na CF/88, em que os Estados federados participam das deliberações da União, sem dispor do direito de secessão. No Estado Federal, de regra, há uma Suprema Corte com jurisdição nacional e é previsto um mecanismo de Intervenção federal, como procedimento assecuratório da unidade física e da identidade da Federação (MENDES, 2012).[6]

---

5 BOBBIO, Norberto. Democracia. In: BOBBIO, Norberto; MATTEUCCI, Nicola; PASQUINO, Gianfranco. Dicionário de política. Trad. Carmen C, Varriale et al.; Coord. trad. João Ferreira; Rev. geral João Ferreira e Luis Guerreiro Pinto Cacais. 11. ed. Brasília: Editora Universidade de Brasília, 1998. v. 1. p. 481.

6 MENDES, Gilmar Ferreira; BRANCO, Paulo Gustavo Gonet. *Curso de direito constitucional*. 10. ed. São

> **Observação:** O que seria o direito de secessão? Seria a possibilidade de um Estado desligar-se da Federação; contudo, como os Estados-membros são autônomos e não soberanos, não existe tal possibilidade, que somente poderia ser vislumbrada em uma confederação. Daí de ser dizer que a União dos Estados é indissolúvel e constitui-se cláusula pétrea na CF/1988.

11.8 FUNDAMENTOS DA FEDERAÇÃO NA CONSTITUIÇÃO DE 1988

a) **FEDERAÇÃO COMO PRINCÍPIO FUNDAMENTAL – art. 1º da CF/1988:** "A República Federativa do Brasil, formada pela união indissolúvel dos Estados e Municípios e do Distrito Federal, constitui-se em Estado Democrático de Direito e tem como fundamentos:", de onde a atual Federação, em face de ser uma "união indissolúvel", impede a possibilidade de Estados-membros, Municípios ou o Distrito Federal intentarem, juridicamente, sua independência do restante do Brasil.

b) **FEDERAÇÃO COMO CLÁUSULA PÉTREA – art. 60, § 4º, I, da CF/1988:** "§ 4º Não será objeto de deliberação a proposta de emenda tendente a abolir: I – a forma federativa de Estado", norma que impede juridicamente a abolição do Estado federal por meio de emenda constitucional que transforme o Brasil em Estado unitário ou, mesmo, de províncias sem autonomia (legislativa, sobretudo).

c) **FEDERAÇÃO *SUI GENERIS* – art. 1º, *caput*, c/c art. 18, *caput*, da CF/1988:** "A organização político- administrativa da República Federativa do Brasil compreende a União, os Estados, o Distrito Federal e os Municípios, todos autônomos, nos termos desta Constituição", normas que enumeram expressamente as entidades que compõem a Federação brasileira. Em vista disso, a Federação brasileira é *sui generis* no âmbito do direito constitucional comparado, vez que é a única no mundo que reconhece três entes básicos que a compõem (União, Estados-membros e Municípios), em vez dos dois entes tradicionais (União e Estados-membros).

11.8.1 Distinção de *autonomia* versus soberania

Para distinguirmos com maior clareza o que significam União e Estado-Membro, dois conceitos são fundamentais. Diz-se que a soberania é atributo do Estado Federal, que detém o poder/dever de manter a Unidade Federativa como um todo, o que lhe confere "poder" (soberania) sobre os demais membros do pacto federativo.

Já a autonomia é nota característica dos demais entes, haja vista que reflete e representa a ideia de descentralização nos limites, é claro, da própria soberania. Assim, a autonomia é a possibilidade de coordenação desses entes

Paulo: Saraiva, 2012.

(Estado-membro, Município e Distrito Federal), tanto administrativa como política e financeiramente.

A autonomia dos Estados-membros perante a União se dinamiza, sobretudo, por:

- "Poder Constituinte decorrente" é o poder de cada Estado-membro de ter uma Constituição Estadual e por ela se autogovernar, dentro dos limites previamente estabelecidos na Constituição Federal (cf. art. 25, *caput*, c/c art. 11 do ADCT e da CF/1988);
- Impossibilidade de um ente federativo criar obrigações contra o outro que não aquelas já estabelecidas na Constituição Federal (cf. arts. 18 e 19 da CF/1988);
- Quebra da autonomia dos Estados-membros mediante interferência da União federal somente em casos muito especiais, expressamente previstos na Constituição Federal ("intervenção" – cf. arts. 34 e 36 da CF/1988);
- Participação igualitária de todos os Estados-membros na formação da "vontade" legislativa federal/nacional do Senado Federal (cf. art. 46, § 1º, da CF/1988), e paralela à Câmara Legislativa de representantes do povo (Câmara dos Deputados, cf. art. 45, *caput*, da CF/1988).

11.8.2 Processo de alteração dos Estados-Membros

Art. 18, § 3º, da CF/1988:

> Art. 18. (...)
>
> Os Estados podem incorporar-se entre si, subdividir-se ou desmembrar-se para se anexarem a outros, ou formarem novos Estados ou Territórios Federais, mediante aprovação da população diretamente interessada, através de plebiscito, e do Congresso Nacional, por lei complementar.

a) **INCORPORAÇÃO:** união de dois ou mais Estados-membros para formação de um novo e único Estado-membro, com nova personalidade jurídica, desaparecendo os Estados-membros anteriores.

b) **SUBDIVISÃO:** seccionamento do território de um Estado-membro para criação de dois novos Estados-membros, com desaparecimento do Estado-membro anterior.

c) **DESMEMBRAMENTO:** em dois casos distintos: (i) desmembramento de parte do território de um Estado-membro para anexação a outro Estado-membro já existente; ou (ii) desmembramento de parte do território para formação ou criação de novo Estado-membro ou território nessa porção desmembrada. Aqui o Estado-membro anterior permanece existindo no território remanescente.

11.8.3 Procedimento – art. 18, § 3º, da CF/1988

1. **Necessidade da prévia "aprovação da população diretamente interessada, através de plebiscito" (Caráter vinculativo).**
2. **Devem ser "ouvidas as respectivas Assembleias Legislativas"** (art. 48, VI, da CF/1988) antes da promulgação da lei complementar federal pelo Congresso Nacional. Devendo apenas ser ouvidas, não têm as Assembleias poder de veto ou de proibição, caráter meramente político, a fim de legitimar a futura decisão do Congresso Nacional.
3. **Promulgação da lei complementar pelo Congresso definindo a incorporação, a subdivisão ou o desmembramento.**

11.8.4 Criação, incorporação, fusão e desmembramento de municípios

Art. 18, § 4º, da CF/1988 [redação pós-EC nº 15/1996]:

> Art. 18. (...)
>
> A criação, a incorporação, a fusão e o desmembramento de Municípios, far-se-ão por lei estadual, dentro do período determinado por Lei Complementar Federal, e dependerão de consulta prévia, mediante plebiscito, às populações dos Municípios envolvidos, após divulgação dos Estudos de Viabilidade Municipal, apresentados e publicados na forma da lei.

CRIAÇÃO ("emancipação'): secção de parte do território de um Município para constituição de novo Município. O Município anterior permanece existindo no território remanescente.	**LEI COMPLEMENTAR FEDERAL:** o texto originário da CF/1988 nada dispunha sobre a necessidade de uma lei complementar federal estabelecer um determinado momento temporal para instauração de novos procedimentos (expressão "dentro do período determinado por Lei Complementar Federal").
INCORPORAÇÃO: um Município é absorvido por outro, desaparecendo aquele.	**ESTUDOS DE VIABILIDADE TÉCNICA MUNICIPAL:** sua regulamentação também deve ocorrer na lei complementar federal; trata-se de comprovar que o novo Município tem, de fato, viabilidade (autonomia financeira, sobretudo). A comprovação desses estudos deverá ser feita previamente ao plebiscito, logo ele não haverá se os estudos não comprovarem a possibilidade de viabilidade.
FUSÃO: dois Municípios se unem, constituindo um novo (e desaparecendo os anteriores).	**CONSULTA PRÉVIA** das "populações dos Municípios envolvidos": conforme já se viu, trata-se de uma consulta que envolve a população inteira, e não somente aquela que integra a área de criação, incorporação, fusão ou desmembramento (art. 7º da Lei nº 9.709/1998 – Lei de Plebiscitos e Referendos).

DESMEMBRAMENTO: secção de parte do território de um Município para inclusão dessa parte no território de outro Município.	**LEI ESTADUAL:** determina a "criação, incorporação, fusão ou desmembramento" de Município, isto é, confere personalidade e capacidade jurídica ao novo ente municipal.

11.9 NOMENCLATURA DA REPARTIÇÃO DE COMPETÊNCIA

11.9.1 Competências enumeradas (expressas) x remanescentes (reservadas)

Os **poderes enumerados** são aqueles expressamente estabelecidos a algum dos entes federativos, sendo as competências remanescentes (reservadas) estabelecidas ao ente federativo que não recebeu competências expressas.

11.9.1.1 Competência reservada ou remanescente

Certa matéria jurídica é atribuída parcialmente para algumas das categorias dos entes da Federação de forma expressa A competência reservada ou remanescente, no caso brasileiro, foi atribuída aos Estados-membros, conforme art. 25, § 1º, da CF/1988.

11.9.2 Competências ADMINISTRATIVAS X LEGISLATIVAS

Teremos **competências administrativas** quando a Constituição **outorgar ao ente político a competência para realizar atos de execução, administração.** Já no que se refere às **competências legislativas**, quando a Constituição **outorgar ao ente político a competência para legislar, ou seja, para a edição de atos normativos gerais e abstratos.**

11.10 COMPETÊNCIAS EXCLUSIVAS *VERSUS* PRIVATIVAS

• **A competência exclusiva**, indicando que naquela a delegação de competências é proibida, isto é, **é indelegável**. • Na competência exclusiva somente o ente que recebeu a incumbência constitucional é quem poderá realizá-la.	• Pode delegar a outro ente, mediante o cumprimento dos seguintes requisitos estabelecidos no parágrafo único do art. 22. São eles: **1.** O Instrumento normativo autorizador da delegação será a lei complementar federal. **2.** Embora não haja disposição expressa, a delegação também é estendida ao Distrito Federal, haja vista que cabe a ele as competências legislativas reservadas aos Estados e Municípios (art. 32, § 1º, da CF/1988). **3.** A União só poderá delegar questões específicas, e não toda a matéria que lhe é originariamente estabelecida.

11.11 COMPETÊNCIAS COMUNS *VERSUS* COMPETÊNCIAS CONCORRENTES

Competências comuns	Competências concorrentes
• Competências do moderno federalismo cooperativo: nela distribuem-se competências **administrativas** a todos os entes federativos para que a exerçam sem preponderância de um ente sobre o outro, ou seja, sem hierarquia. • Em nosso ordenamento jurídico- constitucional, sua delimitação foi estabelecida no art. 23 da CF/1988, no qual se apresentam as atividades administrativas que podem ser exercidas de modo paralelo entre União, Estados, Distrito Federal e Municípios, atuando todos os entes federativos em igualdade, sem nenhuma prioridade de um sobre o outro.	• A **competência concorrente** é típico caso de repartição vertical de competência em nosso país. Ela se expressa na possibilidade de que, sobre uma mesma matéria, diferentes entes políticos atuem de maneira a **legislar** sobre determinada matéria, adotando-se, em nosso caso, a predominância da União, que legislará normas gerais (art. 24, § 1º, da CF/1988), e aos Estados estabelece-se a possibilidade, em virtude do poder suplementar, de legislar sobre assuntos referentes aos seus interesses locais (art. 24, § 2º, da CF/1988), em que suplementar tem alcance semântico de pormenorização.

11.12 COMPETÊNCIA PLENA *VERSUS* COMPETÊNCIA SUPLEMENTAR

Exercer a competência plena ou supletiva significa que os Estados e o Distrito Federal, na ausência de normas gerais editadas pela União, poderão editar as aludidas normas gerais para atender às suas peculiaridades, as quais terão aplicação apenas em seu próprio âmbito territorial. Portanto, disciplinarão matérias de competência concorrente, editando as normas gerais inexistentes.

Na ocorrência de a União ter sido omissa em elaborar normas gerais, não significa que ela tenha perdido sua competência para a futura edição de tais normas. Assim, a União poderá abandonar sua inércia exercendo a sua prerrogativa constitucional para a edição de normas gerais. Portanto, se a União editar supervenientemente a lei federal de normas gerais, esta prevalecerá sobre a lei estadual, suspendendo a eficácia desta, no que lhe for contrário.

> **Observação 1:** Tais denominações encontram-se no art. 24 e parágrafos, c/c art. 30, II.

> **Observação 2:** As competências tributárias dos entes políticos são exercidas de forma exclusiva. Assim, o Legislador Constituinte Originário, com o intuito de preservar a própria Federação, especialmente a capacidade de autonomia administrativa dos entes políticos, distribuiu a tais entes determinada parcela de fatos econômicos tributáveis exclusivamente por eles. Por conseguinte, foram distribuídos, de forma exclusiva, os impostos da União (art. 153, I, da CF/1988), os impostos dos Estados e do Distrito

Federal (art. 155 da CF/1988) e os impostos dos Municípios (art. 156 da CF/1988).

Observação 3: Parte da doutrina atribui ao art. 154, I, a competência tida como residual.

> Art. 154. A União poderá instituir:
>
> I – mediante lei complementar, impostos não previstos no artigo anterior, desde que sejam não cumulativos e não tenham fato gerador ou base de cálculo próprios dos discriminados nesta Constituição;

11.13 ESQUEMA DE REPARTIÇÃO DE COMPETÊNCIAS

11.13.1 Competência da União Federal

11.13.1.1 Competência administrativa ou material:

1.a) Exclusiva: art. 21 da CF/1988.

1.b) Comum (cumulativa, concorrente administrativa ou paralela): trata-se de competências comuns aos quatro entes federativos) – art. 23, parágrafo único.

Observação: Leis complementares fixarão normas para a cooperação entre União, Estados, Distrito Federal e Municípios. O que se faz, então, se ocorrer conflito entre os entes federativos? Deve-se observar o critério de preponderância de interesse – em que os mais amplos devem preferir aos mais restritos.

11.13.1.2 Competência legislativa:

2.a) Privativa: art. 22 da CF/1988. Segundo o parágrafo único, poderiam ser delegadas por lei complementar, tanto aos Estados quanto ao distrito Federal (art. 32, § 2º).

2.b) Concorrente/plena: art. 24, *caput* e parágrafos.

2.c) Competência tributária expressa: art. 153.

2.d) Competência tributária residual: art. 154, I (instituição mediante lei complementar de impostos não previstos no art. 153, desde que não tenham fato gerador e não sejam cumulativos ou base de cálculo dos discriminados na CF/1988).

2.e) Competência tributária extraordinária: art. 154, II.

11.13.2 Competência dos Estados-Membros

11.13.2.1 Competência administrativa ou material

1.a) Comum (cumulativa, concorrente administrativa ou paralela): trata-se de competências comuns aos quatro entes federativos – art. 23, parágrafo único.

1.b) Remanescente ou reservada: são reservadas aos Estados as competências administrativas que não lhe sejam vedadas, ou competências que sobrar - após determinado a competência da União (art. 21), do Distrito Federal (art. 23), dos Municípios (art. 30, III e IX) e comum (art. 23).

1.c) Exclusiva: art. 25, 2º.

11.13.2.2 Competência legislativa

2.a) Expressa/exclusiva: art. 25, *caput*.

2.b) Reservada ou remanescente: art. 25, § 1º.

2.c) Delegada pela União: art. 22, parágrafo único e incisos (por lei complementar).

2.d) Concorrente: art. 24 (União - normas gerais, Estados - normas específicas).

2.e) Suplementar ou plena: art. 24, §§ 1º a 4º (em caso de inércia da União - aí será plena).

2.f) Tributária expressa: art. 155.

11.13.3 Competência dos municípios

11.13.3.1 Competência administrativa ou material

1.a) Comum (cumulativa, concorrente administrativa ou paralela): trata-se de competências comuns aos quatro entes federativos - art. 23, parágrafo único.

1.b) Exclusiva: art. 30, III a IX.

11.13.3.2 Competências legislativas

2.a) Expressa/exclusiva: art. 29 - capacidade de autor - organização do município - lei orgânica.

2.b) Interesse local/exclusiva: art. 30, I.

2.c) Suplementar: arts. 30, II, e também 24, principalmente em se tratando de interesse local (logo, não há distinção prática entre o art. 30, incs. I e II).

2.d) Plano diretor: art. 182, § 1º: obrigatório para cidades com mais de 20 mil habitantes, a fim de estabelecer plano de política de expansão e desenvolvimento urbano.

11.13.4 Competência do Distrito Federal

11.13.4.1 Competência administrativa ou material

1.a) Comum (cumulativa, concorrente administrativa ou paralela): trata-se de competências comuns aos quatro entes federativos) - art. 23, parágrafo único.

1.b) Expressa: as destinadas aos Estados-membros e Municípios.

11.13.4.2 Competências legislativas:

2.a) Expressa: art. 32, *caput* – elaboração de lei orgânica.

2.b) Reservada/remanescente: art. 25, § 1º – toda competência que não for vedada ao Distrito Federal estará reservada.

2.c) Delegada: art. 22, parágrafo único.

2.d) Concorrente: art. 24.

2.e) Suplementar: art. 24, §§ 1º a 4º – em caso de inércia legislativa, será então plena.

2.f) Interesse local: art. 30, I, c/c art. 32, § 1º.

2.g) Competência tributária expressa: art. 155.

12. INTERVENÇÃO FEDERAL

12.1 DEFINIÇÃO

Intervenção é a antítese da autonomia. Por ela afasta-se momentaneamente a atuação autônoma do Estado, Distrito Federal, ou Município que a tenha sofrido. Uma vez que a Constituição assegura a essas entidades a autonomia como princípio básico da forma de Estado adotada, decorre daí que a intervenção é medida excepcional, e só há de ocorrer nos casos nela taxativamente estabelecidos e indicados como exceção, conforme o art. 34: "A União não intervirá nos Estados nem no Distrito Federal, exceto para [...]", e o art. 35: "O Estado não intervirá em seus Municípios, nem a União nos Municípios localizados em Território Federal, exceto quando: [...], arrolando-se em seguida os casos em que é facultada a intervenção estreitamente consagrados" (DA SILVA, p. 483).[7]

Os entes federativos devem exercer a autonomia mediante a auto-organização, a autoadministração e o autogoverno. No entanto, em alguns casos, PREVISTOS DE FORMA TAXATIVA na Constituição de 1988, será admitida a INTERVENÇÃO.

Por essa, entende-se que é uma medida excepcional, em que a autonomia do ente federativo que sofreu a intervenção encontrar-se-á SUPRIMIDA temporariamente, em nome da SOBERANIA DO ESTADO e, também, como forma de garantia das próprias autonomias dos entes federativos.

12.2 QUEM PODERÁ INTERVIR?

1) A União somente poderá intervir nos Estados-membros e no Distrito Federal.

2) Estados poderão intervir nos Municípios de seus territórios.

7 DA SILVA, José Afonso da. *Curso de Direito Constitucional Positivo*. São Paulo: Malheiros Editores, 2012. p. 483.

CASO ESPECIAL: A União poderá intervir diretamente nos Municípios, se estes estiverem dentro do Território Federal.

12.3 ESPÉCIES DE INTERVENÇÃO

a) Art. 34 da CF/1988 – Da União nos Estados ou no Distrito Federal;

b) Art. 35, *in fine*, da CF/1988 – Da União em Municípios de Territórios Federais (hoje inexistentes);

c) Art. 35, parte inicial, da CF/1988 – Do Estado em seus Municípios.

Excepcionalidade ao princípio da autonomia – HIPÓTESES DE INTERVENÇÃO FEDERAL NA CONSTITUIÇÃO DE 1988:

> Art. 34. A União não intervirá nos Estados nem no Distrito Federal, exceto para:
>
> I – manter a integridade nacional;
>
> II – repelir invasão estrangeira ou de uma unidade da Federação em outra;
>
> III – pôr termo a grave comprometimento da ordem pública;
>
> IV – garantir o livre exercício de qualquer dos Poderes nas unidades da Federação;
>
> V – reorganizar as finanças da unidade da Federação que:
>
> a) suspender o pagamento da dívida fundada por mais de dois anos consecutivos, salvo motivo de força maior;
>
> b) deixar de entregar aos Municípios receitas tributárias fixadas nesta Constituição, dentro dos prazos estabelecidos em lei;
>
> VI – prover a execução de lei federal, ordem ou decisão judicial;
>
> VII – assegurar a observância dos seguintes princípios constitucionais:
>
> a) forma republicana, sistema representativo e regime democrático;
>
> b) direitos da pessoa humana;
>
> c) autonomia municipal;
>
> d) prestação de contas da administração pública, direta e indireta.
>
> e) aplicação do mínimo exigido da receita resultante de impostos estaduais, compreendida a proveniente de transferências, na manutenção e desenvolvimento do ensino e nas ações e serviços públicos de saúde.

12.4 PONTOS DE ESCLARECIMENTO - ANÁLISE DE INCISOS ESPECÍFICOS

a) GARANTIA DO LIVRE EXERCÍCIO - Art. 34, IV, da CF/1988

Trata-se da perturbação e/ou impossibilidade do exercício das competências constitucionais por um dos Poderes estaduais, que tanto pode vir dos dois outros Poderes estaduais quanto de terceiros (poder econômico, forças coatoras ilegítimas etc.).

b) CONCEITO DE "DÍVIDA FUNDADA" - Art. 34, V, *a*, da CF/1988

Segundo o art. 98 da Lei nº 4.320/1964: "A dívida fundada compreende os compromissos de exigibilidade superior a 12 (doze) meses, contraídos para atender a desequilíbrio orçamentário ou a financeiro de obras e serviços públicos".

c) RECEITAS TRIBUTÁRIAS - Art. 34, V, *b*, da CF/1988

Uma parte do valor dos tributos arrecadados pelos Estados deve obrigatoriamente ser repartida entre seus Municípios, o chamado "Fundo de Participação dos Municípios" (cf. art. 158, III e IV, c/c art. 159, § 3º, c/c art. 160, c/c art. 161, II e III, da CF/1988). O art. 160, *caput*, da CF/1988, por sua vez, é expresso ao proibir a retenção dos valores respectivos, cuja sanção se encontra então no art. 34, V, *b*, da CF/1988.

d) EXECUÇÃO DE LEI FEDERAL - Art. 34, VI, da CF/1988

Existe divergência na doutrina sobre se a inexecução é o mero descumprimento da lei ou se é o ato positivo e consciente de se recusar a aplicar uma lei ao caso concreto. Alega-se que no primeiro caso não se justifica uma intervenção, o que cabe ao interessado é propor uma ação condenatória contra o Estado-membro no Poder Judiciário. Somente a recusa no cumprimento da lei justificaria a intervenção. Esse argumento se reforça em face da redação do art. 36, III, parte final, que fala expressamente em "recusa".

e) EXECUÇÃO DE DECISÃO JUDICIAL - Art. 34, VI, da CF/1988

Decisão judicial tem aqui sentido amplo, tanto sendo decisão liminar e/ou provisória no trâmite do processo quanto decisão definitiva (STF, IF nº 94, *DJU* 3-4-1987).

> **Observação:** Não é mero descumprimento, ou seja, deve haver a intencionalidade de desrespeito da decisão.

f) "PRINCÍPIOS CONSTITUCIONAIS SENSÍVEIS" - Art. 34, VII, da CF/1988

Na jurisprudência do STF, denominam-se princípios constitucionais "sensíveis" o conjunto de princípios expressos nas alíneas do art. 34, VII, da CF/1988 e cuja lesão (isto é, conduta inconstitucional) por parte dos Estados-membros permite a decretação da intervenção pela União (cf., p. ex., STF, *RTJ* nº 146/388).

> Art. 35. O Estado não intervirá em seus Municípios, nem a União nos Municípios localizados em Território Federal, exceto quando:
>
> I – deixar de ser paga, sem motivo de força maior, por dois anos consecutivos, a dívida fundada;
>
> II – não forem prestadas contas devidas, na forma da lei;
>
> III – não tiver sido aplicado o mínimo exigido da receita municipal na manutenção e desenvolvimento do ensino e nas ações e serviços públicos de saúde;
>
> IV – o Tribunal de Justiça der provimento a representação para assegurar a observância de princípios.

12.4.1 Pontos importantes – análise de incisos específicos acerca da intervenção estadual

a) PRESTAÇÃO DE CONTAS PELO MUNICÍPIO– Art. 35, II

Vejamos o que determina a Constituição:

> Art. 31. A fiscalização do Município será exercida pelo Poder Legislativo Municipal, mediante controle externo, e pelos sistemas de controle interno do Poder Executivo Municipal, na forma da lei.
>
> § 1º O controle externo da Câmara Municipal será exercido com o auxílio dos Tribunais de Contas dos Estados ou do Município ou dos Conselhos ou Tribunais de Contas dos Municípios, onde houver.
>
> (...)

b) APLICAÇÃO DE PERCENTUAIS MÍNIMOS EM SAÚDE E EDUCAÇÃO – Art. 35, III

Tanto Estados-membros (art. 34, VII, *e*) quanto Municípios estão obrigados a aplicar um percentual mínimo da arrecadação de impostos em ações e serviços de saúde (art. 198, § 2º, II e III, da CF/1988) e de educação (art. 212 da CF/1988).

c) PRINCÍPIOS CONSTITUCIONAIS SENSÍVEIS ESTADUAIS – Art. 35, IV

Note-se que esse dispositivo não enumera quais são os princípios estaduais sensíveis (nem haveria como, pois cada Estado-membro é autônomo para definir o conteúdo de sua Constituição), cabendo então ao Tribunal de Justiça, mediante desenvolvimento jurisprudencial, definir quais são esses princípios sensíveis.

13. MODALIDADES

13.1 MODALIDADE PADRÃO *EX OFFICIO*: CHEFE DO EXECUTIVO (ART. 36)

Observação: Juízo discricionário do Presidente, não havendo ação judicial hábil a compelir a decretação. Sujeito a controle político.

> § 1º O decreto de intervenção, que especificará a amplitude, o prazo e as condições de execução e que, se couber, nomeará o interventor, será submetido à apreciação do Congresso Nacional ou da Assembleia Legislativa do Estado, no prazo de vinte e quatro horas.

13.2 MODALIDADE DE SOLICITAÇÃO (PROVOCAÇÃO)

Na modalidade por provocação, o Presidente da República, para fazer a expedição do decreto, depende de que seja provocado. As diferentes situações indicam aquele que poderá solicitar a intervenção federal.

ART. 36. A DECRETAÇÃO DA INTERVENÇÃO DEPENDERÁ (OU SEJA, QUEM PODE PROVOCAR):

I – no caso do art. 34, IV (COAÇÃO AO PODER LEGISLATIVO, EXECUTIVO OU JUDICIAL), de solicitação do Poder Legislativo ou do Poder Executivo coato ou impedido, ou de requisição do Supremo Tribunal Federal, se a coação for exercida contra o Poder Judiciário;

II – no caso de desobediência a ordem ou decisão judiciária (RECURSAR-SE A CUMPRIR ORDEM JUDICIAL), de requisição do Supremo Tribunal Federal, do Superior Tribunal de Justiça ou do Tribunal Superior Eleitoral;

III – de provimento, pelo Supremo Tribunal Federal, de representação do Procurador-Geral da República, na hipótese do art. 34, VII (VIOLAÇÃO DOS PRINCÍPIOS CONSTITUCIONAIS SENSÍVEIS), e no caso de recusa à execução de lei federal.

ART. 36, III (RECUSA AO CUMPRIMEITO DE LEI E VIOLAÇÃO AOS PRINCÍPIOS GERA A MODALIDADE DE PROVOCAÇÃO, CHAMADA DE AÇÃO DIRETA INTERVENTIVA – PROPOSTA PELO PROCURADOR-GERAL DA REPÚBLICA)

Nesse caso, o controle é jurídico.

> § 3º Nos casos do art. 34, VI e VII, ou do art. 35, IV, dispensada a apreciação pelo Congresso Nacional ou pela Assembleia Legislativa, o decreto limitar-se-á a suspender a execução do ato impugnado, se essa medida bastar ao restabelecimento da normalidade.

Em todos os demais, o controle será político e exercido pelo Congresso Nacional.

14. PROCESSO LEGISLATIVO

Manoel Gonçalvez Ferreira Filho[8]:	José Afonso da Silva[9]:
Para o autor, existe uma fase: 1) introdutória (que se refere à iniciativa); 2) constitutiva (que compreende a deliberação e sanção); e 3) complementar (na qual estão contidas a promulgação e a publicação).	1) introdutória ou de iniciativa; 2) exames de projetos nas comissões; 3) deliberação – discussões dos projetos em plenário; 4) decisória; 5) revisão. **Obs.:** Note-se que o autor exclui a promulgação e a publicação.

Importante! No âmbito federal, como é um sistema BICAMERAL (Senado + Câmara dos Deputados), é a iniciativa que condicionará em qual das Casas será cada uma das deliberações, a saber: a principal e a revisional. Assim, os projetos de lei enviados a membros do Senado começam neste. Em todos os demais casos, a deliberação principal ocorrerá na Câmara dos Deputados, incluindo a iniciativa do Presidente da República. Por isso, a Câmara tem posição sobranceira sobre o Senado, já que no conflito sobre a adoção de determinada norma geralmente prevalecerá a posição assumida pela Câmara.

Observação: Usurpação de iniciativa é vício de inconstitucionalidade formal, consistente na apresentação de projeto de lei versando sobre determinada matéria por quem não tem legitimidade para tal.

14.1 TRATANDO-SE DE EMENDAS CONSTITUCIONAIS

Art. 60. A Constituição poderá ser emendada mediante proposta:

14.2 QUEM PODE PROPOR

I – de um terço, no mínimo, dos membros da Câmara dos Deputados ou do Senado Federal;

II – do Presidente da República;

III – de mais da metade das Assembleias Legislativas das unidades da Federação, manifestando-se, cada uma delas, pela maioria relativa de seus membros.

14.3 VEDAÇÃO A EMENDA

§ 1º A Constituição não poderá ser emendada na vigência de intervenção federal, de estado de defesa ou de estado de sítio.

8 FERREIRA FILHO, Manoel Gonçalves. *Do processo legislativo*. Imprenta: São Paulo, Saraiva, 2014.

9 SILVA, José Afonso da. *Curso de direito constitucional positivo*. São Paulo: Malheiros Editores, 2012.

14.4 VOTAÇÃO

§ 2º A proposta será discutida e votada em cada Casa do Congresso Nacional, em dois turnos, considerando-se aprovada se obtiver, em ambos, três quintos dos votos dos respectivos membros.

14.5 CLÁUSULA PÉTREA

§ 3º A emenda à Constituição será promulgada pelas Mesas da Câmara dos Deputados e do Senado Federal, com o respectivo número de ordem.

§ 4º Não será objeto de deliberação a proposta de emenda tendente a abolir:

I - a forma federativa de Estado;

II - o voto direto, secreto, universal e periódico;

III - a separação dos Poderes;

IV - os direitos e garantias individuais.

§ 5º A matéria constante de proposta de emenda rejeitada ou havida por prejudicada não pode ser objeto de nova proposta na mesma sessão legislativa.

Importante!
Emenda não está sujeita a veto ou sanção, pois é atuação do poder constituinte derivado.
As emendas podem sofrer limitações formais, materiais, temporais.
Ex.: Não se pode emendar a Constituição na vigência da intervenção federal, estado de defesa e de sítio.

DECISÃO DO STF: O STF decidiu que emendas à Constituição Estadual poderão ser por iniciativa popular, caso haja previsão na Constituição Estadual. Nesse caso, não se trata de aplicar o princípio da simetria.

15. LEIS COMPLEMENTARES E LEIS ORDINÁRIAS

Art. 61. A iniciativa das leis complementares e ordinárias cabe a qualquer membro ou Comissão da Câmara dos Deputados, do Senado Federal ou do Congresso Nacional, ao Presidente da República, ao Supremo Tribunal Federal, aos Tribunais Superiores, ao Procurador-Geral da República e aos cidadãos, na forma e nos casos previstos nesta Constituição.

Observação:
Leis complementares – maioria absoluta.
Leis ordinárias – maioria simples: respeitada a regra do art. 47 da Constituição (ou seja, presente na sessão a maioria absoluta dos membros).

Não há hierarquia entre lei ordinária e lei complementar, pois ambas têm objetos distintos.

Iniciativa popular (somente de leis ordinárias ou complementares. Não cabe no caso de emenda à Constituição)

> § 2º A iniciativa popular pode ser exercida pela apresentação à Câmara dos Deputados de projeto de lei subscrito por, no mínimo, *um por cento do eleitorado nacional, distribuído pelo menos por cinco Estados*, com *não menos de três décimos por cento dos eleitores* de cada um deles. (grifos nossos)

Observação:

No caso dos Municípios, é necessário 5% do eleiturado para iniciativa de lei municipal.

Em relação às leis ordinárias e complementares, muito importante lembrar que há matérias que são de iniciativa privativa do Presidente da República, que, por simetria, se for compatível, serão também de iniciativa do governador do Estado e prefeito municipal:

> § 1º São de iniciativa privativa do Presidente da República as leis que:
>
> I – fixem ou modifiquem os efetivos das Forças Armadas;
>
> II – disponham sobre:
>
> a) criação de cargos, funções ou empregos públicos na administração direta e autárquica ou aumento de sua remuneração;
>
> b) organização administrativa e judiciária, matéria tributária e orçamentária, serviços públicos e pessoal da administração dos Territórios;
>
> c) servidores públicos da União e Territórios, seu regime jurídico, provimento de cargos, estabilidade e aposentadoria;
>
> d) organização do Ministério Público e da Defensoria Pública da União, bem como normas gerais para a organização do Ministério Público e da Defensoria Pública dos Estados, do Distrito Federal e dos Territórios;
>
> e) criação e extinção de Ministérios e órgãos da administração pública, observado o disposto no art. 84, VI;
>
> f) militares das Forças Armadas, seu regime jurídico, provimento de cargos, promoções, estabilidade, remuneração, reforma e transferência para a reserva.

15.1 REGRA GERAL PARA VOTAÇÃO NO PROCESSO LEGISLATIVO

- O veto deverá ser expresso (total ou parcial), e poderá ser por questões políticas e ou jurídicas;

- A sanção poderá ser tácita, decorrido o prazo de 15 dias;
- Poderá ser derrubado pela maioria absoluta, em sessão conjunta, no prazo de 30 dias.

> Art. 66. A Casa na qual tenha sido concluída a votação enviará o projeto de lei ao Presidente da República, que, aquiescendo, o sancionará.
>
> § 1º Se o Presidente da República considerar o projeto, no todo ou em parte, inconstitucional ou contrário ao interesse público, vetá-lo-á total ou parcialmente, no prazo de quinze dias úteis, contados da data do recebimento, e comunicará, dentro de quarenta e oito horas, ao Presidente do Senado Federal os motivos do veto.
>
> § 2º O veto parcial somente abrangerá texto integral de artigo, de parágrafo, de inciso ou de alínea.
>
> § 3º Decorrido o prazo de quinze dias, o silêncio do Presidente da República importará sanção.
>
> § 4º O veto será apreciado em sessão conjunta, dentro de trinta dias a contar de seu recebimento, só podendo ser rejeitado pelo voto da maioria absoluta dos Deputados e Senadores.
>
> § 5º Se o veto não for mantido, será o projeto enviado, para promulgação, ao Presidente da República.
>
> § 6º Esgotado sem deliberação o prazo estabelecido no § 4º, o veto será colocado na ordem do dia da sessão imediata, sobrestadas as demais proposições, até sua votação final.
>
> § 7º Se a lei não for promulgada dentro de quarenta e oito horas pelo Presidente da República, nos casos dos § 3º e § 5º, o Presidente do Senado a promulgará, e, se este não o fizer em igual prazo, caberá ao Vice-Presidente do Senado fazê-lo.

15.2 PRERROGATIVA DO PRESIDENTE DA REPÚBLICA

> Art. 64. A discussão e votação dos projetos de lei de iniciativa do Presidente da República, do Supremo Tribunal Federal e dos Tribunais Superiores terão início na Câmara dos Deputados.
>
> § 1º O Presidente da República poderá solicitar urgência para apreciação de projetos de sua iniciativa.

Atenção à rejeitação legislativa:

> Art. 67. A matéria constante de projeto de lei rejeitado somente poderá constituir objeto de novo projeto, na mesma sessão legislativa, mediante proposta da maioria absoluta dos membros de qualquer das Casas do Congresso Nacional.

Observação: Emendas à Constituição e medidas provisórias somente podem ser reapresentadas na próxima sessão legislativa (ano).

15.3 REGRA DA MAIORIA SIMPLES

> Art. 47. Salvo disposição constitucional em contrário, as deliberações de cada Casa e de suas Comissões serão tomadas por maioria dos votos, presente a maioria absoluta de seus membros.

Quórum de abertura da sessão é de maioria absoluta, uma vez aberta a sessão, a votação se daria por maioria simples, salvo, se a Constituição tiver previsão em contrário. Ex: a votação de uma emenda à Constituição é de 3/5 em 2 turnos em 2 casas.

15.4 MEDIDAS PROVISÓRIAS

Função legislativa do Presidente da República.

> Art. 62. Em caso de relevância e urgência, o Presidente da República poderá adotar medidas provisórias, com força de lei, devendo submetê-las de imediato ao Congresso Nacional. (Redação dada pela Emenda Constitucional nº 32, de 2001)
>
> § 1º É vedada a edição de medidas provisórias sobre matéria:
>
> I – relativa a:
>
> a) nacionalidade, cidadania, direitos políticos, partidos políticos e direito eleitoral;
>
> b) direito penal, processual penal e processual civil;
>
> c) organização do Poder Judiciário e do Ministério Público, a carreira e a garantia de seus membros;
>
> d) planos plurianuais, diretrizes orçamentárias, orçamento e créditos adicionais e suplementares, ressalvado o previsto no art. 167, § 3º;
>
> II – que vise a detenção ou seqüestro de bens, de poupança popular ou qualquer outro ativo financeiro;
>
> III – reservada a lei complementar;
>
> IV – já disciplinada em projeto de lei aprovado pelo Congresso Nacional e pendente de sanção ou veto do Presidente da República.
>
> § 2º Medida provisória que implique instituição ou majoração de impostos, exceto os previstos nos arts. 153, I, II, IV, V, e 154, II, só produzirá efeitos no exercício financeiro seguinte se houver sido convertida em lei até o último dia daquele em que foi editada.
>
> § 3º As medidas provisórias, ressalvado o disposto nos §§ 11 e 12 perderão eficácia, desde a edição, se não forem convertidas em lei no prazo de sessenta dias, prorrogável, nos termos do § 7º, uma vez por igual período, devendo o Congresso Nacional disciplinar, por decreto legislativo, as relações jurídicas delas decorrentes. [60 dias + 60 dias]

§ 4º O prazo a que se refere o § 3º contar-se-á da publicação da medida provisória, suspendendo-se durante os períodos de recesso do Congresso Nacional.

§ 5º A deliberação de cada uma das Casas do Congresso Nacional sobre o mérito das medidas provisórias dependerá de juízo prévio sobre o atendimento de seus pressupostos constitucionais.

§ 6º Se a medida provisória não for apreciada em até quarenta e cinco dias contados de sua publicação, entrará em regime de urgência, subsequentemente, em cada uma das Casas do Congresso Nacional, ficando sobrestadas, até que se ultime a votação, todas as demais deliberações legislativas da Casa em que estiver tramitando.

Importante decisão do STF:

O Plenário retomou julgamento de mandado de segurança impetrado contra decisão do Presidente da Câmara dos Deputados que, em questão de ordem, formalizara, perante o Plenário dessa Casa Legislativa, seu entendimento no sentido de que o sobrestamento das deliberações legislativas, previsto no § 6º do art. 62 da CF ("§ 6º Se a medida provisória não for apreciada em até quarenta e cinco dias contados de sua publicação, entrará em regime de urgência, subsequentemente, em cada uma das Casas do Congresso Nacional, ficando sobrestadas, até que se ultime a votação, todas as demais deliberações legislativas da Casa em que estiver tramitando"), **só se aplicaria, supostamente, aos projetos de lei ordinária — v. Informativo 572.** Em voto-vista, a Ministra Cármen Lúcia acompanhou o relator e denegou a segurança. Destacou que seria não apenas da competência do Presidente da Câmara valer-se da interpretação conforme, como também seria compatível com princípios e regras da Constituição. Nesse ponto, a interpretação conforme seria instrumento que poderia ser exercido tanto pelo Poder Judiciário quanto pelo Poder Legislativo no exercício da interpretação constitucional. Assim, na decisão questionada, ficara consignado que o regime de urgência, previsto no § 6º do art. 62 da CF, a impor o sobrestamento das deliberações legislativas das Casas do Congresso seria referente somente às matérias que se mostrassem passíveis de regramento por medida provisória. Estariam excluídos do âmbito de incidência das medidas provisórias, como dispõe o art. 62, § 1º, da CF, em consequência, as propostas de emenda à Constituição, os projetos de lei complementar, os projetos de decreto legislativo, os projetos de resolução e, até mesmo, tratando-se de projetos de lei ordinária, aqueles que veiculassem temas pré-excluídos, por determinação

> constitucional. Em seguida, pediu vista o Min. Roberto Barroso. MS nº 27931/DF, rel. Min. Celso de Mello, 18-3-2015. (MS nº 27931)
>
> § 7º Prorrogar-se-á uma única vez por igual período a vigência de medida provisória que, no prazo de sessenta dias, contado de sua publicação, não tiver a sua votação encerrada nas duas Casas do Congresso Nacional.
>
> § 8º As medidas provisórias terão sua votação iniciada na Câmara dos Deputados.
>
> § 9º Caberá à comissão mista de Deputados e Senadores examinar as medidas provisórias e sobre elas emitir parecer, antes de serem apreciadas, em sessão separada, pelo plenário de cada uma das Casas do Congresso Nacional.
>
> § 10. É vedada a reedição, na mesma sessão legislativa (ano em que houver sido rejeitada), de medida provisória que tenha sido rejeitada ou que tenha perdido sua eficácia por decurso de prazo.
>
> § 11. Não editado o decreto legislativo a que se refere o § 3º até sessenta dias após a rejeição ou perda de eficácia de medida provisória, as relações jurídicas constituídas e decorrentes de atos praticados durante sua vigência conservar-se-ão por ela regidas.
>
> § 12. Aprovado projeto de lei de conversão alterando o texto original da medida provisória, esta manter- se-á integralmente em vigor até que seja sancionado ou vetado o projeto.

Também é competência do Presidente:

> Art. 68. As leis delegadas serão elaboradas pelo Presidente da República, que deverá solicitar a delegação ao Congresso Nacional.
>
> § 1º Não serão objeto de delegação os atos de competência exclusiva do Congresso Nacional, os de competência privativa da Câmara dos Deputados ou do Senado Federal, a matéria reservada à lei complementar, nem a legislação sobre:
>
> I – organização do Poder Judiciário e do Ministério Público, a carreira e a garantia de seus membros;
>
> II – nacionalidade, cidadania, direitos individuais, políticos e eleitorais;
>
> III – planos plurianuais, diretrizes orçamentárias e orçamentos.
>
> § 2º A delegação ao Presidente da República terá a forma de resolução do Congresso Nacional, que especificará seu conteúdo e os termos de seu exercício.

16. PODER LEGISLATIVO

16.1 NO ÂMBITO FEDERAL SISTEMA BICAMERAL

Art. 44 da CF/1988: "O Poder Legislativo é exercido pelo Congresso Nacional, que se compõe da Câmara dos Deputados e do Senado Federal".

Art. 45 da CF/1988:

> A Câmara dos Deputados compõe-se de representantes do povo, eleitos, pelo sistema proporcional, em cada Estado, em cada Território e no Distrito Federal.
>
> § 1º O número total de Deputados, bem como a representação por Estado e pelo Distrito Federal, será estabelecido por lei complementar, proporcionalmente à população, procedendo-se aos ajustes necessários, no ano anterior às eleições, para que nenhuma daquelas unidades da Federação tenha menos de oito ou mais de setenta Deputados.
>
> § 2º Cada Território elegerá quatro Deputados.

Observação: Sendo assim, as regras do DISTRITO FEDERAL, nesse caso, são as mesmas dos Estados membros (vide art. 27), ao passo que os territórios poderão eleger o número fixo de quatro deputados (lembrando que atualmente inexistem territórios federais).

No caso do Poder Legislativo Estadual e Municipal (art. 29-A), a estrutura é unicameral, ou seja, formada apenas pela Assembleia Legislativa, composta pelos deputados estaduais, representantes do povo daquele Estado.

16.1.2 Cálculo para obtenção do número dos deputados estaduais

> Art. 27. O número de Deputados à Assembleia Legislativa corresponderá ao triplo da representação do Estado na Câmara dos Deputados e, atingido o número de trinta e seis, será acrescido de tantos quantos forem os Deputados Federais acima de doze.

Logo, até o número de 12 deputados federais, multiplica-se por três (x 3). Acima de 12, a fórmula mais simples é a seguinte: y (número dos deputados estaduais) = x (número de deputados federais acima de 12) + 24.

Observação: Lembrando-se que o número mínimo é de 8 e o número máximo, de 70 deputados federais.

17. SENADO FEDERAL

Art. 46 da CF/1988:

> O Senado Federal compõe-se de representantes dos Estados e do Distrito Federal, eleitos segundo o princípio majoritário.

> § 1º Cada Estado e o Distrito Federal elegerão três Senadores, com mandato de oito anos.
>
> § 2º A representação de cada Estado e do Distrito Federal será renovada de quatro em quatro anos, alternadamente, por um e dois terços.
>
> § 3º Cada Senador será eleito com dois suplentes.

18. PODER LEGISLATIVO MUNICIPAL

No caso do Poder Legislativo Municipal, a estrutura é unicameral, ou seja, formada apenas pela Câmara dos Vereadores, composta pelos vereadores, representantes do povo daquele município.

Número de vereadores (EC nº 58/2009): notar que está se tratando de número máximo. Como a emenda constitucional alterou esses números, tal situação foi objeto de votação nas casas legislativas, a favor ou não da ampliação do número de vereadores dentro do permitido pela Constituição.

VER ART. 29 SOBRE A COMPETÊNCIA LEGISLATIVA DO MUNICÍPIO:

> Competência legislativa dos Municípios e Direito Ambiental:
>
> Os Municípios podem legislar sobre Direito Ambiental, desde que o façam fundamentadamente. Com base nesse entendimento, a Segunda Turma negou provimento a agravo regimental. A Turma afirmou que os Municípios podem adotar legislação ambiental mais restritiva em relação aos Estados-Membros e à União. No entanto, é necessário que a norma tenha a devida motivação. ARE nº 748206 AgR/SC, rel Min. Celso de Mello, j. 14-3-2017. (ARE nº 748206) (Informativo nº 857, 2ª T.)

19. REGIMENTO COMUM E REGIMENTOS INTERNOS

Art. 57, § 3º, II, da CF 1988:

> § 3º Além de outros casos previstos nesta Constituição, a Câmara dos Deputados e o Senado Federal reunir-se-ão em sessão conjunta para:
>
> (...)
>
> II – elaborar o regimento comum e regular a criação de serviços comuns às duas Casas.;

Art. 51, III, da CF/1988:

> Art. 51. Compete privativamente à Câmara dos Deputados:
>
> (...)
>
> III – elaborar seu regimento interno;

Art. 52, XII, da CF/1988:

> Art. 52. Compete privativamente ao Senado Federal:
>
> (...)
>
> XII – elaborar seu regimento interno;

Importante! Atos *INTERNA CORPORIS* ou atos "DE ECONOMIA INTERNA", isto é, que se baseiam exclusivamente nos três Regimentos do Congresso Nacional, NÃO são atos apreciáveis pelo Poder Judiciário, vez que, em face do princípio da separação de Poderes e da auto-organização do Poder Legislativo que lhe foi conferido pela Constituição, não cabe a um Poder imiscuir-se no funcionamento interno do outro Poder. Logo, conflitos derivados da aplicação de norma regimental devem ser dirimidos exclusivamente pelos órgãos competentes do próprio Congresso Nacional.

19.1 EXCEÇÃO

Só cabe controle judicial de atos *inter corporis* se eles violarem dispositivo expresso na Constituição. Ex.: o caso dos regimentos internos.

19.2 MESAS DA CÂMARA FEDERAL E DO SENADO FEDERAL

Art. 57, § 4º, da CF/1988:

> Cada uma das Casas reunir-se-á em sessões preparatórias, a partir de 1º de fevereiro, no primeiro ano da legislatura, para a posse de seus membros e eleição das respectivas Mesas, para mandato de dois anos, vedada a recondução para o mesmo cargo na eleição imediatamente subsequente.

19.3 MESA DO CONGRESSO NACIONAL

Observação: Art. 58, § 1º, da CF/1988: "§ 1º Na constituição das Mesas e de cada Comissão, é assegurada, tanto quanto possível, a representação proporcional dos partidos ou dos blocos parlamentares que participam da respectiva Casa".

> O Congresso Nacional e suas *Casas terão comissões permanentes e temporárias*, constituídas na forma e com as atribuições previstas no respectivo regimento ou no ato de que resultar sua criação.

19.4 COMISSÕES PARLAMENTARES PERMANENTES

Previstas nos regimentos internos de cada Casa.

19.5 COMISSÕES PARLAMENTARES TEMPORÁRIAS

Art. 22, II, do Regimento Interno da Câmara dos Deputados:

> As Comissões Temporárias são criadas "para apreciar determinado assunto, que se extinguem ao término da legislatura, ou antes

> dele, quando alcançado o fim a que se destinam ou expirado seu prazo de duração".

19.6 COMISSÕES PARLAMENTARES TEMPORÁRIAS ESPECIAIS – ART. 34 DO REGIMENTO INTERNO DA CÂMARA DOS DEPUTADOS

São criadas para dar pareceres a respeito de:

a) Proposta de emenda à Constituição e projeto de código;

b) Proposições que versarem matéria de competência de mais de três Comissões que devam pronunciar-se, quanto ao mérito, por iniciativa do Presidente da Câmara ou a requerimento de líder ou de presidente de comissão interessada.

19.7 COMISSÕES PARLAMENTARES MISTAS

Compostas por ambas as Casas sobre temas em comum.

19.8 COMISSÕES PARLAMENTARES DE INQUÉRITO

Art. 58, § 3º, da CF/1988:

> As comissões parlamentares de inquérito, que terão poderes de investigação próprios das autoridades judiciais, além de outros previstos nos regimentos das respectivas Casas, *serão criadas pela Câmara dos Deputados e pelo Senado Federal, em conjunto ou separadamente, mediante requerimento de um terço de seus membros, para a apuração de fato determinado e por prazo certo*, sendo suas conclusões, se for o caso, encaminhadas ao Ministério Público, para que promova a responsabilidade civil ou criminal dos infratores.

Observação: Somente poderes investigatórios e não jurisdicionais podem quebrar sigilo bancário e de dados. Quanto ao demais, dever-se-á pedir ao juiz competente.
A denúncia não depende do Ministério Público. Note que é uma espécie de "inquérito", eis que sua função é instruir um possível futuro processo judicial.

20. SESSÃO LEGISLATIVA

> Art. 57. O Congresso Nacional reunir-se-á, anualmente, na Capital Federal, de 2 de fevereiro a 17 de julho e de 1º de agosto a 22 de dezembro.

- Sessão legislativa é então o período ANUAL de reuniões do Congresso Nacional.
- Cada sessão legislativa compõe-se de DOIS períodos legislativos.

20.1 PERÍODO LEGISLATIVO

É cada um dos dois períodos que compõem a sessão legislativa. O primeiro período legislativo compreende aquele entre 2 de fevereiro e 17 de julho. O segundo compreende aquele entre 1º de agosto e 22 de dezembro.

20.2 SESSÃO LEGISLATIVA EXTRAORDINÁRIA

É a possibilidade de convocação do Congresso Nacional para se reunir, discutir e deliberar nos períodos de recesso parlamentar.

Ver possibilidades: art. 57, § 6º.

20.3 ATRIBUIÇÕES DO LEGISLATIVO

- Constituintes (emendar a Constituição);
- Legislativas (leis complementares, ordinárias, etc.);
- Meramente deliberatórias;
- Fiscalizatórias;
- De julgamentos;
- De julgamento de crimes de responsabilidade.

20.4 ATRIBUIÇÕES FISCALIZATÓRIAS

A) Art. 50 da CF/1988:

> A Câmara dos Deputados e o Senado Federal, ou qualquer de suas Comissões, poderão convocar Ministro de Estado ou quaisquer titulares de órgãos diretamente subordinados à Presidência da República para prestarem, pessoalmente, informações sobre assunto previamente determinado, importando crime de responsabilidade a ausência sem justificação adequada.

B) Convocação de outras autoridades ou cidadãos (art. 58, § 2º, da CF/1988):

> § 2º Às comissões, em razão da matéria de sua competência, cabe:
>
> (...)
>
> III - convocar Ministros de Estado para prestar informações sobre assuntos inerentes a suas atribuições;
>
> (...)
>
> V - solicitar depoimento de qualquer autoridade ou cidadão;

C) Comissões parlamentares de inquérito.

20.5 ATRIBUIÇÕES DE JULGAMENTOS

Art. 49, IX, da CF/1988:

> Art. 49. É da competência exclusiva do Congresso Nacional:
>
> (...)

IX – julgar anualmente as contas prestadas pelo Presidente da República e apreciar os relatórios sobre a execução dos planos de governo;

Art. 84, XXIV, da CF/1988:

Art. 84. Compete privativamente ao Presidente da República:

(...)

XXIV – prestar, anualmente, ao Congresso Nacional, dentro de sessenta dias após a abertura da sessão legislativa, as contas referentes ao exercício anterior;

Art. 71, I, da CF/1988:

Art. 71. O controle externo, a cargo do Congresso Nacional, será exercido com o auxílio do Tribunal de Contas da União, ao qual compete:

I – apreciar as contas prestadas anualmente pelo Presidente da República, mediante parecer prévio que deverá ser elaborado em sessenta dias a contar de seu recebimento;

EMITE PARECER NÃO JULGAR! PAPEL DE CONTROLE EXTERNO DA ADMINISTRAÇÃO PÚBLICA.

ATRIBUIÇÕES DE JULGAMENTO DE CRIMES DE RESPONSABILIDADE

Art. 51, I, da CF/1988:

Compete privativamente à Câmara dos Deputados:

I – autorizar, por dois terços de seus membros, a instauração de processo contra o Presidente e o Vice-Presidente da República e os Ministros de Estado; [Câmara dos Deputados como "órgão de admissibilidade do processo"]

Art. 52, I e II, da CF/1988:

Art. 52. Compete privativamente ao Senado Federal:

I – processar e julgar o Presidente e o Vice-Presidente da República nos crimes de responsabilidade, bem como os Ministros de Estado e os Comandantes da Marinha, do Exército e da Aeronáutica nos crimes da mesma natureza conexos com aqueles;

II – processar e julgar os Ministros do Supremo Tribunal Federal, os membros do Conselho Nacional de Justiça e do Conselho Nacional do Ministério Público, o Procurador-Geral da República e o Advogado-Geral da União nos crimes de responsabilidade; (Redação dada pela Emenda Constitucional nº 45, de 2004)

Importante!
Distinção entre crimes comuns e crimes de responsabilidade:

a) Crimes comuns são aqueles previstos na legislação penal, seja no Código Penal, seja na legislação extravagante ou especial. A competência para julgamento cabe ao Poder Judiciário.
b) Crimes de responsabilidade são graves infrações de caráter político-constitucional cometidas pelas mais altas autoridades constitucionais dos demais Poderes do Estado (isto é, aquelas arroladas no art. 52, I e II, da CF/1988), sendo competente para julgamento o Congresso Nacional.

21. SANÇÃO

Diversamente dos crimes comuns, a sanção para o caso dos crimes de responsabilidade está prevista no art. 52, parágrafo único, da CF/1988, que regulamenta as linhas básicas dos processos de crimes de responsabilidade:

> Nos casos previstos nos incisos I e II [do art. 52], funcionará como Presidente o do Supremo Tribunal Federal, limitando-se a condenação, que somente será proferida por dois terços dos votos do Senado Federal, à perda do cargo, com inabilitação, por oito anos, para o exercício de função pública, sem prejuízo das demais sanções judiciais cabíveis. [isto é, sanções de natureza civil, penal ou administrativa]

Observação: No caso Dilma Rousseff, a sanção foi desmembrada, ou seja, a votação incidiu sobre cada uma das sanções, restando aprovada apenas a votação pela cassação do mandato, e não para inabilitação dos direitos políticos – algo absolutamente inédito.

Art. 53, § 8º, da CF/1988:

> As imunidades de Deputados ou Senadores subsistirão durante o estado de sítio, só podendo ser suspensas mediante o voto de dois terços dos membros da Casa respectiva, nos casos de atos praticados fora do recinto do Congresso Nacional, que sejam incompatíveis com a execução da medida.

22. IMUNIDADE PARLAMENTAR

22.1 IMUNIDADE MATERIAL OU INVIOLABILIDADE (*FREEDOM OF SPEACH*: IMUNIDADE POR OPINIÃO E PALAVRAS)

a) **Inviolabilidade no** âmbito **CIVIL:** quaisquer opiniões, palavras e votos proferidos não constituem dano civil, isto é, não geram direito à indenização por perdas e danos (sejam danos morais, sejam danos causadores de sanção acessória por prática de crime).
b) **Inviolabilidade no âmbito PENAL:** quaisquer opiniões, palavras e votos proferidos não tipificam crime, isto é, não tipificam injúria, calúnia ou difamação ou outros crimes similares.

22.1.2 Teoria da "conexão"

Depois da EC nº 35/2001 – âmbito espacial de proteção.

A garantia da imunidade material ou inviolabilidade vigora não somente no efetivo exercício do mandato NO RECINTO do Congresso Nacional, mas também efetivo exercício do mandato pode significar exercício de atividade FORA do recinto do Parlamento (expressão-chave: teoria da conexão).

22.1.3 Imunidade Formal

A imunidade formal possui duas variantes:

a) Garantia do parlamentar de não ser preso (*freedom from arrest*)

TEXTO ATUAL: art. 53, § 2º, da CF/1988 (redação da Emenda nº 35, de 20-12-2001)

> Desde a expedição do diploma, os membros do Congresso Nacional não poderão ser presos, salvo em flagrante de crime inafiançável. Nesse caso, os autos serão remetidos dentro de vinte e quatro horas à Casa respectiva, para que, pelo voto da maioria de seus membros, resolva sobre a prisão.

b) Garantia de sustação de ação penal

TEXTO ATUAL: art. 53 da CF/1988 (na redação da Emenda nº 35, de 20-12-2001)

> § 1º Os Deputados e Senadores, desde a expedição do diploma, serão submetidos a julgamento perante o Supremo Tribunal Federal.
>
> (...)
>
> § 3º Recebida a denúncia contra o Senador ou Deputado, por crime ocorrido após a diplomação, o Supremo Tribunal Federal dará ciência à Casa respectiva, que, por iniciativa de partido político nela representado e pelo voto da maioria de seus membros, poderá, até a decisão final, sustar o andamento da ação.
>
> § 4º O pedido de sustação será apreciado pela Casa respectiva no prazo improrrogável de quarenta e cinco dias do seu recebimento pela Mesa Diretora.
>
> § 5º A sustação do processo suspende a prescrição, enquanto durar o mandato.

Atenção! Art. 53, § 3º, c/c art. 102, I, *b*, da CF/1988: A competência para julgamento de membros do Congresso Nacional pela prática de infrações penais comuns é do Supremo Tribunal Federal (e não dos juízes ordinários de primeira instância).

23. FORO PRIVILEGIADO

> Art. 53. Os Deputados e Senadores são invioláveis, civil e penalmente, por quaisquer de suas opiniões, palavras e votos.
>
> § 1º Os Deputados e Senadores, desde a expedição do diploma, serão submetidos a julgamento perante o Supremo Tribunal Federal.

O STF deu uma interpretação restritiva ao chamado "foro privilegiado":

> O ministro acolheu, no entanto, manifestação da Procuradoria-Geral da República (PGR) e também pedido subsidiário da defesa de Aécio, para declinar da competência do STF e remeter os autos ao Tribunal Regional Eleitoral de Minas Gerais, a fim de que o processo seja distribuído ao juízo eleitoral competente. O relator explicou que, a partir do julgamento da questão de ordem na AP 947, o Supremo alterou entendimento anterior e passou a compreender que a prerrogativa de foro dos parlamentares federais é limitada aos crimes cometidos durante o exercício do cargo e relacionados às funções desempenhadas. No caso concreto, segundo verificou, "os fatos em análise são anteriores e não relacionados ao exercício das funções de senadores da República pelos investigados amoldando-se, à perfeição, ao precedente estabelecido pelo STF".

Assim, somente serão julgados no STF os crimes cometidos por deputados e senadores: a) após a diplomação; e b) que tiverem relação com o exercício do mandato.

24. CHEFE DO PODER EXECUTIVO

24.1 ÓRGÃO MONOCRÁTICO OU UNIPESSOAL

Art. 76 da CF/1988 – "O Poder Executivo é exercido [somente] pelo Presidente da República, [sendo] auxiliado pelos Ministros de Estado".

24.2 CONDIÇÕES DE ELEGIBILIDADE

Arts. 12, § 3º, e 14, § 3º, IV – contar com mais de 35 anos; ser brasileiro nato; ter registro em partido político (há pelo menos um ano); estar em pleno gozo dos direitos políticos.

Observação: Seguem-se ainda as demais regras para elegibilidade constantes na Constituição:

- mandato de quatro anos, alterado pela EC de revisão nº 5/1994, pois o mandato era de cinco anos.
- permitida uma recondução ao cargo em período subsequente, por EC nº 16/1997.

Arts. 79 e 80 da CF/1988:

> Art. 79. Substituirá o Presidente, no caso de impedimento, e suceder- lhe-á, no de vaga, o Vice-Presidente.
>
> Art. 80. Em caso de impedimento do Presidente e do Vice-Presidente, ou vacância dos respectivos cargos, serão sucessivamente chamados ao exercício da Presidência o Presidente da Câmara dos Deputados, o do Senado Federal e o do Supremo Tribunal Federal.

24.3 DUAS HIPÓTES: CUIDAR O TEMPO

- se a vacância se der mais de dois anos antes o término do mandato, terão 90 dias após a abertura da última vaga (art. 81, *caput*). Nesse caso, a eleição será direta.
- se a vacâncias se der nos últimos dois anos de mandato, então terão o prazo de 30 dias após a abertura da última vaga. Nesse caso, a eleição será indireta.

Observação: Os novos ocupantes do cargo permanecem até completar o período restante do mandato.

25. FORMAÇÃO DO PODER EXECUTIVO

Art. 77 da CF/1988:

> Art. 77. A eleição do Presidente e do Vice-Presidente da República realizar-se-á, simultaneamente, no primeiro domingo de outubro, em primeiro turno, e no último domingo de outubro, em segundo turno, se houver, do ano anterior ao do término do mandato presidencial vigente.
>
> § 1º A eleição do Presidente da República importará a do Vice-Presidente com ele registrado.
>
> § 2º Será considerado eleito Presidente o candidato que, registrado por partido político, obtiver a maioria absoluta de votos, não computados os em branco e os nulos.
>
> § 3º Se nenhum candidato alcançar maioria absoluta na primeira votação, far-se-á nova eleição em até vinte dias após a proclamação do resultado, concorrendo os dois candidatos mais votados e considerando- se eleito aquele que obtiver a maioria dos votos válidos.
>
> **§ 4º Se, antes de realizado o segundo turno, ocorrer morte, desistência ou impedimento legal de candidato, convocar-se-á, dentre os remanescentes, o de maior votação.**
>
> § 5º Se, na hipótese dos parágrafos anteriores, remanescer, em segundo lugar, mais de um candidato com a mesma votação, qualificar-se-á o mais idoso. (grifos nossos)

25.1 AS PRINCIPAIS FUNÇÕES DO CHEFE DO EXECUTIVO

- Nomear e exonerar os Ministros de Estado;
- Exercer, com o auxílio dos Ministros de Estado, a direção superior da administração federal;
- Sancionar, promulgar e fazer publicar as leis, bem como expedir decretos e regulamentos para a sua fiel execução;
- Vetar projetos de lei, total ou parcialmente, ou solicitar sua consideração ao Congresso Nacional;
- Manter relações com países estrangeiros e acreditar seus representantes diplomáticos;
- Decretar o estado de defesa, o estado de sítio e a intervenção federal, nos termos da Constituição;
- Remeter ao Congresso plano de governo, plano anual de investimentos, assim como a prestação anual das contas relativas ao exercício anterior;
- Exercer o comando supremo das Forças Armadas e nomear os comandantes da Marinha, do Exército e da Aeronáutica, promover seus oficiais-generais e nomeá-los para outros cargos;
- O presidente é substituído no caso de impedimento (ver *impeachment*) e sucedido, na vaga, pelo vice-presidente.

Sobre os ministros e ministérios (cf. arts. 87 e 88 da CF/1988):

- pelo menos 21 anos e em pleno gozo dos direitos políticos;
- trata-se de cargos em comissão, ou seja, de livre provimento por parte do Presidente;
- basicamente são organismos responsáveis em coordenação, muitas vezes uma matéria demanda a ação conjunta de mais de um ministério.

25.2 ÓRGÃOS ESTADUAIS

Governos das Unidades Federativas: representados pelos governadores. Secretarias de Estado das Unidades Federativas.

25.3 ÓRGÃOS MUNICIPAIS

Prefeituras Municipais: representadas pelos Prefeitos. Secretarias Municipais.

26. CRIME DE RESPONSABILIDADE

Os crimes de responsabilidade distinguem-se em infrações políticas (art. 85, I a IV) e crimes funcionais (art. 85, V a VII).

> Art. 85. (...)
>
> I – a existência da União;

> II - o livre exercício do Poder Legislativo, do Poder Judiciário, do Ministério Público e dos Poderes constitucionais das unidades da Federação;
>
> III - o exercício dos direitos políticos, individuais e sociais;
>
> IV - a segurança interna do País;
>
> V - a probidade na administração;
>
> VI - a lei orçamentária;
>
> VII - o cumprimento das leis e das decisões judiciais.

26.1 NATUREZA DOS CRIMES DE RESPONSABILIDADE

> Em primeiro lugar (...), impõe-se o exame do fundamento do *impeachment*. A consulta à Constituição de 1988, art. 85, revela ser ele uma conduta contrária à Constituição. A lei, todavia (nº 1.079, de 10-4-1950), define as figuras que dão ensejo ao *impeachment*. Sem dúvida, a maior parte dessas figuras retrata comportamentos politicamente indesejáveis e não condutas antissociais. Essas figuras, pois, não são crimes, no sentido que a ciência penal dá a esse termo. Todavia, a ocorrência de fatos que se enquadram exatamente na descrição da figura da Lei nº 1079 [isto é: a tipicidade], é indispensável para que possa desencadear-se o *impeachment*. Assim, o fundamento deste em sua substância é político, mas em sua forma é um crime (em sentido formal) (FERREIRA FILHO, p. 143).[10]

Lembrando: Nova interpretação constitucional do art. 53, § 1º - importante decisão da ação penal 937.

Aplicação para crimes cometidos durante o exercício do cargo e crimes relativos à função que exerce.

> Esse é o entendimento do Plenário, ao resolver questão de ordem para determinar a baixa de ação penal ao juízo da zona eleitoral para posterior julgamento, tendo em vista que: a) os crimes imputados ao réu não foram cometidos no cargo de deputado federal ou em razão dele; b) o réu renunciou ao cargo para assumir a função de prefeito; e c) a instrução processual se encerrou perante a 1ª instância, antes do deslocamento de competência para o Supremo Tribunal Federal (STF) (Informativos nºs 867 e 885).
>
> Prevaleceu o voto do ministro Roberto Barroso (relator), o qual registrou que a quantidade de pessoas beneficiadas pelo foro e a extensão que se tem dado a ele, a abarcar fatos ocorridos antes de o indivíduo ser investido no cargo beneficiado pelo foro por

10 FERREIRA FILHO, *Curso de direito constitucional*. 18. ed. Imprensa: São Paulo, Saraiva, 2015. 18 ed. p. 143.

prerrogativa de função ou atos praticados sem qualquer conexão com o exercício do mandato que se deseja proteger, têm resultado em múltiplas disfuncionalidades.

(...) Ademais, viola o princípio da igualdade proteger, com foro de prerrogativa, o agente público por atos praticados sem relação com a função para a qual se quer resguardar sua independência, o que constitui a atribuição de um privilégio. A Corte registrou que essa nova linha interpretativa deve ser aplicada imediatamente aos processos em curso, com a ressalva de todos os atos praticados e decisões proferidas pelo STF. AP nº 937 QO/RJ, rel. Min. Roberto Barroso, j. 2 e 3-5-2018. (AP nº 937) (Informativo nº 900)

26.2 CRIMES DE RESPONSABILIDADE E IMPROBIDADE ADMINISTRATIVA

Ação de improbidade administrativa: ministro de estado e foro competente

Os agentes políticos, com exceção do Presidente da República, encontram-se sujeitos a duplo regime sancionatório, de modo que se submetem tanto à responsabilização civil pelos atos de improbidade administrativa quanto à responsabilização político-administrativa por crimes de responsabilidade. O foro especial por prerrogativa de função previsto na Constituição Federal (CF) em relação às infrações penais comuns não é extensível às ações de improbidade administrativa.

(...)

Em relação ao duplo regime sancionatório, a Corte concluiu que não há qualquer impedimento à concorrência de esferas de responsabilização distintas. Assim, carece de fundamento constitucional a tentativa de imunizar os agentes políticos das sanções relativas à ação de improbidade administrativa a pretexto de que essas seriam absorvidas pelo crime de responsabilidade. Em realidade, a única exceção ao referido regime sancionatório em matéria de improbidade se refere aos atos praticados pelo Presidente da República, conforme previsão expressa do art. 85, V (1), da CF. Já no concernente à extensão do foro especial, o Tribunal afirmou que o foro privilegiado é destinado a abarcar apenas as ações penais. A suposta gravidade das sanções previstas no art. 37, § 4º (2), da CF, não reveste a ação de improbidade administrativa de natureza penal. O foro especial por prerrogativa de função submete-se a regime de direito estrito, já que representa exceção aos princípios estruturantes da igualdade e da República (...). Ademais, a fixação de competência para julgar a ação de improbidade no primeiro grau de jurisdição, além de constituir fórmula republicana, é atenta às capacidades institucionais dos diferentes graus de jurisdição para a instrução processual.

(...)

Pet nº 3240 AgR/DF, rel. Min. Teori Zavascki, red. p/ o ac. Min. Roberto Barroso, j. 10-5-2018. (Pet nº 3240) (Informativo nº 901)

Art. 86. Admitida a acusação contra o Presidente da República, por dois terços da Câmara dos Deputados, será ele submetido a julgamento perante o Supremo Tribunal Federal, nas infrações penais comuns, ou perante o Senado Federal, nos crimes de responsabilidade.

§ 1º O Presidente ficará suspenso de suas funções:

I – nas infrações penais comuns, se recebida a denúncia ou queixa-crime pelo Supremo Tribunal Federal;

II – nos crimes de responsabilidade, após a instauração do processo pelo Senado Federal.

§ 2º Se, decorrido o prazo de cento e oitenta dias, o julgamento não estiver concluído, cessará o afastamento do Presidente, sem prejuízo do regular prosseguimento do processo.

§ 3º Enquanto não sobrevier sentença condenatória, nas infrações comuns, o Presidente da República não estará sujeito a prisão.

§ 4º O Presidente da República, na vigência de seu mandato, não pode ser responsabilizado por atos estranhos ao exercício de suas funções. (grifos nossos)

26.3 FASES DO PROCESSO

a) Fase do juízo de admissibilidade ou pronúncia: art. 51, I, c/c art. 86, parte inicial, da CF/1988;
b) Fase do julgamento: art. 52, I e parágrafo único, c/c art. 86, parte final, da CF/1988

Regulamentação do processo: art. 85, parágrafo único, da CF/1988, c/c nº Lei 1.079/1950.

Muito importante!
Lei especial sobre *impeachment* e seu processamento: a Lei nº 1.079/1950 prevê a configuração dos crimes de responsabilidade e procedimentos (diferença de "sanções" para presidente/governador/prefeitos) na inabilitação dos direitos políticos.

Súm. Vinc. nº 46 do STF: A definição dos crimes de responsabilidade e o estabelecimento das respectivas normas de processo e julgamento são da competência legislativa privativa da União.

STF. Plenário. Aprovada em 9-4-2015 (Info nº 780).

27. DEC.-LEI Nº 201/1967: O CASO DE *IMPEACHMENT* DE PREFEITOS MUNICIPAIS

No aspecto punitivo, faz-se confusão entre crimes de responsabilidade e infrações político- administrativas. É que, conforme doutrina e jurisprudência do STF, os denominados crimes de responsabilidade do Prefeito, tipificados no art. 1º do Dec.-lei nº 201/1967, e julgados pelo Poder Judiciário, são crimes comuns.

> Art. 1º (...)
>
> § 1º Os crimes definidos neste artigo são de ação pública, punidos os dos itens I e II, com a pena de reclusão, de dois a doze anos, e os demais, com a pena de detenção, de três meses a três anos.
>
> § 2º A condenação definitiva em qualquer dos crimes definidos neste artigo, acarreta a perda de cargo e a inabilitação, pelo prazo de cinco anos, para o exercício de cargo ou função pública, eletivo ou de nomeação, sem prejuízo da reparação civil do dano causado ao patrimônio público ou particular.

As infrações político-administrativas, tipificadas no art. 4º do mesmo decreto-lei, na tradição de nosso direito, são crimes de responsabilidade, sendo previstos em lei especial federal, na referência da Constituição Federal (art. 85, parágrafo único).

> **Atenção!** Tanto o Estado quanto o Município no Brasil não possuem competência constitucional para definir os tipos político-administrativos de infrações passíveis de serem apuradas pelo devido processo legal do *impeachment*, assim como para dispor sobre as regras do processo e do julgamento de Prefeito, isso porque é a União (art. 22, inc. I, da CF/1988) que detém a competência para legislar sobre crimes de responsabilidade (que são infrações político-administrativas, não penais) e sobre direito processual.

27.1 RESPONSABILIDADE (PENAL) DO PRESIDENTE DA REPÚBLICA

FORO PRIVILEGIADO

a) Art. 51, I, da CF/1988: Necessidade de prévia autorização da Câmara dos Deputados para a instauração de qualquer ação judicial contra o Presidente da República, inclusive a ação penal.
b) Art. 102, I, *b*: Competência originária do STF para o processamento e julgamento do Presidente da República pela prática de crime comum.

> **Importante!** O foro privilegiado vale somente para agentes públicos que ainda estejam no exercício do cargo. Tão logo cesse o exercício do cargo, cessa também o foro privilegiado, deslocando-se a competência para exame da causa ao juiz singular de primeira instância.

28. FORO PRIVILEGIADO E IMPROBIDADE ADMINISTRATIVA

O tema "improbidade administrativa" diz respeito não somente ao Presidente da República, mas também a toda pessoa que exerce funções públicas (Lei nº 8.429/1992 – Lei de Improbidade Administrativa: "dispõe sobre as sanções aplicáveis aos agentes públicos nos casos de enriquecimento ilícito no exercício de mandato, cargo, emprego ou função na administração pública").

a) **Senado Federal:** julga o Presidente da República, o Vice-Presidente da República, o Procurador-Geral da República (Chefe do Ministério Público Federal), os Ministros do STF, o Advogado-Geral da União e os Senadores (cf. arts. 52, I e II, + art. 51, I, da CF/1988);

b) **Supremo Tribunal Federal:** julga Ministros de Estado, Comandantes da Marinha, Exército e Aeronáutica, membros de Tribunais Superiores, membros do Tribunal de Contas da União e chefes de missão diplomática em caráter permanente (cf. art. 102, I, *c*, da CF/1988);

c) **Superior Tribunal de Justiça:** desembargadores de Tribunais de Justiça dos Estados e Distrito Federal, membros dos Tribunais de Contas dos Estados e do Distrito Federal, dos Tribunais Regionais Eleitorais e do Trabalho, membros dos Conselhos ou Tribunais de Contas dos Estados e do Distrito Federal, os dos Tribunais Regionais Federais, dos Tribunais Regionais Eleitorais e do Trabalho, membros dos Conselhos ou Tribunais de Contas dos Municípios e os do Ministério Público da União que oficiem perante tribunais (art. 105, I, *a*, da CF/1988);

d) **Tribunais de Justiça Estaduais:** julgam Prefeitos (art. 29, X, da CF/1988), c/c art. 1º do Dec.-lei nº 201/1967 (dispõe sobre a responsabilidade dos prefeitos e vereadores).

28.1 PODER EXECUTIVO ESTADUAL

- Governador do Estado: mandato de quatro anos e idade mínima de 30 anos.
- Secretários Estaduais (cargos comissionados).

28.2 PREFEITO MUNICIPAL

- Para ajudá-lo na direção do Município, ele conta com secretários estaduais, encarregados dos vários setores administrativos. São de livre escolha do prefeito, permanecendo no cargo enquanto acharem conveniente.
- Mandato de quatro anos, idade mínima de 21 anos.

29. PODER JUDICIÁRIO

29.1 ESTRUTURA

Art. 92 da CF:

> Art. 92. São órgãos do Poder Judiciário:
>
> I - o Supremo Tribunal Federal;
>
> (...)
>
> II - o Superior Tribunal de Justiça;
>
> (...)
>
> III - os Tribunais Regionais Federais e Juízes Federais;
>
> IV - os Tribunais e Juízes do Trabalho;
>
> V - os Tribunais e Juízes Eleitorais;
>
> VI - os Tribunais e Juízes Militares;
>
> VII - os Tribunais e Juízes dos Estados e do Distrito Federal e Territórios.

O conselho Nacional de Justiça

> § 1º O Supremo Tribunal Federal, o Conselho Nacional de Justiça e os Tribunais Superiores têm sede na Capital Federal. **(Incluído pela Emenda Constitucional nº 45, de 2004)**
>
> § 2º O Supremo Tribunal Federal e os Tribunais Superiores têm jurisdição em todo o território nacional. **(Incluído pela Emenda Constitucional nº 45, de 2004)**.

Segundo José Afonso da Silva (p. 553)[11] temos aí a ordem judiciária do País, que compreende:

> *a)* um órgão de cúpula, como guarda da Constituição e Tribunal da Federação, que é o Supremo Tribunal Federal [cf. art. 102, *caput*, da CF/1988];
>
> *b)* um órgão de articulação e defesa do direito objetivo federal, que é o Superior Tribunal de Justiça [cf. arts. 104 e 105 da CF/1988];
>
> *c)* as estruturas e sistemas judiciários, compreendidos nos números III a VI, supra;
>
> *d)* os sistemas judiciários dos Estados, Distrito Federal e Territórios.

29.2 REPARTIÇÃO DE COMPETÊNCIAS

a) **JURISDIÇÃO:** "Pode-se definir a jurisdição como a função do Estado que tem por escopo a atuação da vontade concreta da lei por meio da substituição pelas atividades de órgãos públicos, da atividade de

11 SILVA, José Afonso. *Curso de direito constitucional positivo*. Juspodivm | Malheiros Editores.

particulares ou de outros órgãos públicos, já no afirmar a existência da vontade da lei, já no torná-la, praticamente, efetiva".[12]

b) COMPETÊNCIA: é o termo técnico que designa espécie do termo jurisdição, isto é, competência é "a medida da jurisdição",

1) A competência em razão da pessoa	2) A competência em razão da matéria	3) A competência em razão do lugar

A competência em razão da pessoa pode ser subdividida em:

Em razão da pessoa jurídica estatal envolvida no litígio

29.2.1 Art. 109, I, da CF/1988

> I - *as causas em que a União*, entidade autárquica ou empresa pública federal forem interessadas na condição de autoras, rés, assistentes ou oponentes, exceto as de falência, as de acidentes de trabalho e as sujeitas à Justiça Eleitoral e à Justiça do Trabalho; (grifos nossos)

Trata-se da dicotomia Justiça Federal e Justiça Estadual: quando a União Federal estiver envolvida no litígio (ou interesse seu estiver envolvido), a competência será da Justiça Federal. Inexistindo esse envolvimento ou interesse, a competência será (residualmente) da Justiça Estadual ou "Justiça ordinária" ou "Justiça comum".

> Súm. nº 150 do STJ: "Compete à Justiça Federal decidir sobre a existência de interesse jurídico que justifique a presença, no processo, da União, suas autarquias ou empresas públicas".

29.2.2 Agente público

Em razão do agente público (isto é, pessoa física) envolvido no litígio, determinados agentes do Estado gozam de "foro privilegiado", isto é, a competência originária para o julgamento das mais altas autoridades constitucionais está (especialmente crimes comuns e de responsabilidade) atribuída analogamente aos Tribunais Superiores, e não aos Tribunais e juízes de instâncias inferiores.

Exemplos: STF: art. 102, I, *b* e *c*, da CF/1988; STJ: art. 105, I, *a*, *b* e *c*, da CF/1988; Tribunal de Justiça do Estado: art. 29, X, da CF/1988 - crimes comuns e contravenções penais praticados por Prefeito Municipal quando no exercício do cargo.

29.3 EM RAZÃO DA MATÉRIA

Parte do Poder Judiciário tem sua competência estatuída com base em matérias ou temas específicos.

Exemplo: Justiça Militar, Justiça do Trabalho, Justiça Eleitoral.

12 CHIOVENDA, Giuseppe. *Instituições de direito processual civil*. Campinas : Bookseller, 1998. 2v. p.

- Também aqui, em não se tratando de competência em razão de matéria específica, a competência será (residualmente) da Justiça Estadual ou "Justiça comum".

29.4 EM RAZÃO DO LUGAR

A competência se define em função de um dado território geográfico. Juízes de Direito têm competência em razão da Comarca em que atuam; Tribunais de Justiça estaduais, em razão do território do Estado; e Tribunais Regionais Federais, em razão de determinadas regiões (Ex.: O Tribunal Regional Federal da 4ª Região possui competência sobre o território dos Estados do RS, de SC e PR).

29.5 COMPETÊNCIAS ORIGINÁRIA E RECURSAL

a) Tem-se competência ORIGINÁRIA quando a causa ou litígio se inicia perante um dado Juízo ou Tribunal.

b) Tem-se competência RECURSAL quando a causa se iniciou em um juízo ou instância inferior e o exame do recurso (isto é, o exame da impugnação da decisão tomada nessa instância inferior) cabe a outro Juízo ou Tribunal hierarquicamente superior.

29.6 JUSTIÇA PARA QUESTÕES DE FATO E DE DIREITO

1) JUSTIÇA PARA QUESTÕES DE FATO:
   a) Juízes estaduais e federais;
   b) Tribunais Estaduais;
   c) Tribunais Regionais Federais.
2) JUSTIÇA PARA QUESTÕES DE DIREITO:
   a) Tribunais Superiores Federais;
   b) Supremo Tribunal Federal.

29.7 JUSTIÇA ELEITORAL

Diversamente das demais Justiças, a Justiça Eleitoral é uma Justiça "caudatária", isto é, ela é constituída por juízes e Ministros vindos das demais Justiças, que fazem, portanto, as vezes de juízes e Ministros Eleitorais. Logo, inexiste uma carreira de Juiz Eleitoral.

29.8 ÓRGÃO ESPECIAL

Art. 93, XI, da CF/1988:

> "nos tribunais com número superior a vinte e cinco julgadores, poderá ser constituído órgão especial, com o mínimo de onze e o máximo de vinte e cinco membros, para o exercício das atribuições administrativas e jurisdicionais delegadas da competência do tribunal pleno, provendo-se metade das vagas por antiguidade e a outra metade por eleição pelo tribunal pleno."

Na forma do *caput* do art. 93, tal órgão especial deve ser instituído por lei complementar, cuja iniciativa está reservada ao STF (no caso estadual, a iniciativa é do Tribunal de Justiça do Estado). A criação de um órgão especial serve basicamente para facilitar e desafogar a atividade do Tribunal pleno. Nos casos previstos na lei complementar, o órgão especial toma a decisão em nome e como se fosse o Tribunal pleno.

29.9 QUINTO CONSTITUCIONAL

Art. 94 da CF/1988:

> Art. 94. Um quinto dos lugares dos Tribunais Regionais Federais, dos Tribunais dos Estados, e do Distrito Federal e Territórios será composto de membros, do Ministério Público, com mais de dez anos de carreira, e de advogados de notório saber jurídico e de reputação ilibada, com mais de dez anos de efetiva atividade profissional, indicados em lista sêxtupla pelos órgãos de representação das respectivas classes.
>
> Parágrafo único. Recebidas as indicações, o tribunal formará lista tríplice, enviando-a ao Poder Executivo, que, nos vinte dias subsequentes, escolherá um de seus integrantes para nomeação.

29.10 CONSELHO NACIONAL DE JUSTIÇA - EC Nº 45/2004

> STF (ADI 3.367, Notícias STF, 13-4-2005)
>
> Em uma longa sessão, que terminou por volta das 20h20 desta quarta-feira (13/4), os ministros do Supremo Tribunal Federal (STF) consideraram constitucional o Conselho Nacional de Justiça, instituído pela reforma do Judiciário (Emenda Constitucional nº 45/04). Por maioria de sete votos, o plenário declarou improcedente a Ação Direta de Inconstitucionalidade (ADI) 3367 ajuizada pela Associação dos Magistrados Brasileiros (AMB), que contestava a criação do conselho, como órgão independente para fiscalizar e propor políticas públicas para o Poder Judiciário. O relator da matéria, ministro Cezar Peluso, votou pela improcedência total da ADI. Em seu voto, rebateu um a um os argumentos da AMB, que alegava na ação ofensa aos princípios constitucionais da separação dos Poderes e violação do Pacto Federativo. Para o ministro Peluso, a ação demonstra a legítima preocupação da AMB de que a criação do Conselho Nacional de Justiça represente risco à independência do Poder Judiciário. No entanto, o ministro observou que o conselho não possui competência jurisdicional, ou seja, não exerce função capaz de interferir no desempenho de função típica do Judiciário. O relator ressaltou que o conselho tem duas atribuições: (...)
>
> controlar a atividade administrativa e financeira do Judiciário e fazer controle ético-disciplinar de seus membros. Na avaliação de

Peluso, nenhuma delas fere a autonomia do Judiciário. "Não se pode confundir autonomia e independência do Judiciário com o seu isolamento social", afirmou.

Ao apontar que o CNJ recebeu uma alta função política de aprimoramento do Judiciário, o ministro Cezar Peluso afirmou que "são antigos os anseios da sociedade pela instituição de um órgão superior, capaz de formular diagnósticos, tecer críticas construtivas e elaborar programas que, no limite de suas responsabilidades constitucionais, dêem respostas dinâmicas e eficazes aos múltiplos problemas comuns em que se desdobra a crise do Poder".

29.10.1 Composição detalhada

- O Presidente do Supremo Tribunal Federal (redação dada pela EC nº 61/2009);
- Um Ministro do Superior Tribunal de Justiça, que será o Corregedor Nacional de Justiça;
- Um Ministro do Tribunal Superior do Trabalho;
- Um Desembargador de Tribunal de Justiça;
- Um Juiz Estadual;
- Um Juiz do Tribunal Regional Federal;
- Um Juiz Federal;
- Um Juiz de Tribunal Regional do Trabalho;
- Um Juiz do Trabalho;
- Um Membro do Ministério Público da União;
- Um Membro do Ministério Público Estadual;
- Dois advogados;
- Dois cidadãos de notável saber jurídico e reputação ilibada.

30. FUNÇÕES ESSENCIAIS À JUSTIÇA

30.1 MINISTÉRIO PÚBLICO

Art. 127 da CF/1988: "O Ministério Público é instituição permanente, essencial à função jurisdicional do Estado, incumbindo-lhe a defesa da ordem jurídica, do regime democrático e dos interesses sociais e individuais indisponíveis".

30.1.1 Garantias institucionais e impedimentos

Art. 128, § 5º, da CF/1988:

I – as seguintes garantias:

a) VITALICIEDADE, após dois anos de exercício, não podendo perder o cargo senão por sentença judicial transitada em julgado;

b) INAMOVIBILIDADE, salvo por motivo de interesse público, mediante decisão do órgão colegiado competente do Ministério Público, pelo voto da maioria absoluta de seus membros, assegurada ampla defesa; (Redação dada pela Emenda Constitucional nº 45, de 2004)

c) IRREDUTIBILIDADE DE SUBSÍDIO, fixado na forma do art. 39, § 4º, e ressalvado o disposto nos arts. 37, X e XI, 150, II, e 153, III, § 2º, I.

II - as seguintes vedações:

a) receber, a qualquer título e sob qualquer pretexto, honorários, percentagens ou custas processuais;

b) exercer a advocacia;

c) participar de sociedade comercial, na forma da lei;

d) exercer, ainda que em disponibilidade, qualquer outra função pública, salvo uma de magistério;

e) exercer atividade político-partidária; (Redação dada pela Emenda Constitucional nº 45, de 2004)

30.1.2 Funções institucionais do Ministério Público

Inicialmente o *caput* do art. 127 da CF/1988 regra que a atividade institucional do Ministério Público abrange três âmbitos distintos: a defesa da ordem jurídica, do regime democrático e dos interesses sociais e individuais indisponíveis.

a) Defesa da ordem jurídica.

b) Defesa do regime democrático.

c) Defesa dos interesses sociais e individuais indisponíveis.

De acordo com Celso Bastos:[13]

- **Essas três funções institucionais básicas se desdobram depois em funções delas decorrentes, que podem mais concretamente ser identificadas nos incisos do art. 129 da CF/1988.**

30.2 ADVOCACIA PÚBLICA

A Advocacia Pública, conforme já salientado, é o órgão ao qual cabe a defesa judicial e extrajudicial das pessoas jurídicas estatais (União, Estados, Distrito Federal e suas entidades administrativas: autarquias e fundações públicas). Não foi prevista constitucionalmente uma carreira específica da Advocacia Pública no âmbito dos Municípios.

30.2.1 Advocacia e Defensoria Pública

a) DA ADVOCACIA:

Art. 133 da CF/1988: "O advogado é indispensável à administração da justiça, sendo inviolável por seus atos e manifestações no exercício da profissão, nos limites da lei".

13 BASTOS, Celso. *Curso de direito constitucional.* 17. ed., Ed. Rio de Janeiro, Forense, 1996. p. 234-2.

b) DA DEFENSORIA PÚBLICA:

> Art. 134. A Defensoria Pública é instituição permanente, essencial à função jurisdicional do Estado, incumbindo-lhe, como expressão e instrumento do regime democrático, fundamentalmente, a orientação jurídica, a promoção dos direitos humanos e a defesa, em todos os graus, judicial e extrajudicial, dos direitos individuais e coletivos, de forma integral e gratuita, aos necessitados, na forma do inciso LXXIV do art. 5º desta Constituição Federal. (Redação dada pela Emenda Constitucional nº 80, de 2014)
>
> Parágrafo único. Lei complementar organizará a Defensoria Pública da União e do Distrito Federal e dos Territórios e prescreverá normas gerais para sua organização nos Estados, em cargos de carreira, providos, na classe inicial, mediante concurso público de provas e títulos, assegurada a seus integrantes a garantia da inamovibilidade e vedado o exercício da advocacia fora das atribuições institucionais.
>
> § 1º Lei complementar organizará a Defensoria Pública da União e do Distrito Federal e dos Territórios e prescreverá normas gerais para sua organização nos Estados, em cargos de carreira, providos, na classe inicial, mediante concurso público de provas e títulos, assegurada a seus integrantes a garantia da inamovibilidade e vedado o exercício da advocacia fora das atribuições institucionais. (Renumerado pela Emenda Constitucional nº 45, de 2004)

31. REMÉDIOS CONSTITUCIONAIS

São garantias ao exercício dos direitos fundamentais. Constam nos incisos do art. 5º da Constituição, logo, também são consideradas cláusulas pétreas.

32. *HABEAS CORPUS*

> Art. 5º Todos são iguais perante a lei, sem distinção de qualquer natureza, garantindo-se aos brasileiros e aos estrangeiros residentes no País a inviolabilidade do direito à vida, à liberdade, à igualdade, à segurança e à propriedade, nos termos seguintes:
>
> (...)
>
> *LXVIII – conceder-se-á habeas corpus sempre que alguém sofrer ou se achar ameaçado de sofrer violência ou coação em sua liberdade de locomoção, por ilegalidade ou abuso de poder;* (grifos nossos)

32.1 OBJETO DO *HABEAS CORPUS*

É o *ato de agente ou* órgão *estatal* ou que age com atribuição pública constrangedor da liberdade de locomoção do indivíduo. É o ato inviabilizador do direito de ir, vir e ficar sem constrangimentos ilícitos ou abusivos. É o direito de acesso, ingresso, saída, permanência e deslocamento dentro do território nacional.

Não é cabível em face de meros indícios ou boatos, etc. Logo, fala-se que caberá *habeas corpus* SEMPRE QUE HOUVER DIREITO LÍQUIDO E CERTO.

Assim, a *finalidade será sempre a proteção do direito constitucional de locomoção da pessoa humana em face de constrangimento ilegal ou abusivo*, garantindo-se ao destinatário da aludida proteção uma situação de tranquilidade e paz individual e de certeza de que não sofrerá coação ilegal ou ilegítima na sua liberdade de ir, vir e ficar.

32.2 ESPÉCIES DE *HABEAS CORPUS*

32.2.1 Preventivo

Demonstração de constrangimento ilegal iminente, ou seja, sempre que estiver ameaçado de sofrer violência ou coação da liberdade. Nessa hipótese, a autoridade competente expede *SALVO-CONDUTO* assinado pela autoridade competente.

32.2.2 Liberatório ou repressivo

É impetrado para sanar a violência ou coação *cometida* ilegal ou abusivamente contra a liberdade ambulatória da pessoa.

> **Importante!** Em ambas as espécies, nas hipóteses de perigo na demora (*periculum in mora*) e de "fumaça do bom direito" (*fumus boni juris*), ou seja, de que haja uma densa plausibilidade jurídica do pedido com o risco de sua ineficácia, se houver demora na prestação jurisdicional, o *habeas corpus* pode ser concedido liminarmente, inclusive sem a audiência prévia do agente ou órgão constrangedor.

Como regra, podemos dizer: o STF entendeu que o exaurimento da instância antecedente é pressuposto fundamental para legitimar a competência do STF em *habeas corpus*. Exceções: casos excepcionais, quando a decisão for teratológica, abusiva, flagrantemente ilegal ou mesmo contrária à jurisprudência do STF. Então, de ofício, o *habeas corpus* poderá ser concedido.

CABERÁ *HABEAS CORPUS*	NÃO CABE *HABEAS CORPUS*
• Quando não houver justa causa; • Quando alguém estiver preso por mais tempo do que determina a lei; • Quando quem ordenar a coação não tiver competência para fazê-lo; • Quando houver cessado o motivo que autorizou a coação; • Quando não for alguém admitido a prestar fiança; • Quando o processo for manifestamente nulo; • Quando extinta punibilidade.	• Não houver ilegalidade ou abuso de poder na ameaça ou na privação da liberdade de locomoção do indivíduo; • A "violência legal e válida" não será atacada via *habeas corpus*; • Não cabe se houver a necessidade de dilação probatória, ante seu caráter sumaríssimo; • Nos termos do § 2º do art. 142 do texto constitucional, não cabe o *habeas corpus* em relação a punições disciplinas militares.

Observação precedente: Para o Min. Moreira Alves, se houver ilegalidade na forma ou nos meios ou abusividade (desproporcionalidade ou irrazoabilidade) na aplicação da punição, será cabível o remédio contra as punições militares. Assim, nessas hipóteses, há de se perquirir se houve respeito à autoridade hierárquica, ao poder disciplinar em si, ao ato disciplinar ligado à função e à punição disciplinar cabível (*HC* nº 70.648).

32.2.3 Legitimidade ativa

Como é atributo da personalidade, poderá ser impetrado por qualquer pessoa, inclusive pessoa jurídica se o paciente for pessoa física.

Importante! Não é exigida capacidade de estar em juízo, podendo haver impetração em favor de terceiro, caso de verdadeira substituição processual. Ou seja, qualquer pessoa, em benefício próprio ou alheio, independentemente de capacidade política, processual, idade, profissão, nacionalidade ou estado mental. Não necessita representação de advogado e pode ser impetrado pelo Ministério Público.

Algumas observações:

- **Para os analfabetos:** a exigência de assinatura: alguém a seu rogo – preferencialmente por duas testemunhas.
- **Para estrangeiro:** não há restrição, mas jurisprudência do STF já manifestou que a petição deverá ser em português.
- **Para pessoa jurídica:** peticionar em favor de terceiro.
- Magistrado somente poderá estar no polo ativo, se for paciente.
- Da capacidade postulatória: não há afronta ao art. 133 da CF.

32.2.4 Legitimidade passiva

32.2.4.1 Ato de autoridade pública

Será impetrado contra o agente ou órgão com poder de decisão (liberdade de escolha) que ameace, coaja ou viole, ilegal ou abusivamente, o direito de locomoção do paciente.

32.2.4.2 Ato de particular constitui crime ou é passível de *habeas corpus*?

É quase pacífico na doutrina a impetração contra ato particular, dada a redação do texto: "(...) tanto por abuso de poder como por ilegalidade (...)".

Assim, a doutrina entende que, quando for difícil ou impossível a intervenção da polícia para fazer cessar a coação ilegal (p. ex., retenção de paciente em hospital, internação compulsória por parentes de pessoa não interditada), caberá *habeas corpus*.

33. DISCUSSÃO DE COMPETÊNCIA (ARTS. 102, I, E 105, I)

Exemplos:

- Autoridade coatora versus *juízo* competente;
- Delegado – Juiz Criminal;
- Promotor de Justiça – Tribunal de Justiça do Estado;
- Juiz de primeiro grau – Tribunal de segundo grau;
- Desembargador – STJ;
- Juízes do TRF – STJ;
- Ato de órgão colegiado – STF;
- Plenário dos Tribunais Estaduais, Federais – STF.

33.1 PERDA DE OBJETO E PRAZO

Cessada a violência ou coação ilegal, o magistrado julgará prejudicado o *HC*, na linha do art. 659 do CPP.

O art. 660 do CPP prescreve que, "efetuadas as diligências, e interrogado o paciente, o juiz decidirá, fundamentadamente, dentro de 24 (vinte e quatro) horas".

34. *HABEAS DATA*

Previsão no art. 5º, LXXII, da CF, com a seguinte redação:

> LXXII – conceder-se-á *habeas data*:
>
> a) para assegurar o conhecimento de informações relativas à pessoa do impetrante, constantes de registros ou bancos de dados de entidades governamentais ou de caráter público;
>
> b) para a retificação de dados, quando não se prefira fazê-lo por processo sigiloso, judicial ou administrativo;

34.1 LEI Nº 9.507/1997 – REGULA O *WRIT* E DISCIPLINA SEU RITO PROCESSUAL

Novidade entre os *writs*, é uma tutela específica dos direitos e garantias fundamentais que visa assegurar ao cidadão interessado exibição de informações constantes nos registros públicos ou privados, nos quais estejam incluídos seus dados pessoais, para que tome *conhecimento* e, se for o caso, *retifique* eventuais erros.

34.2 POSSIBILIDADES: CONHECIMENTO E RETIFICAÇÃO

Direito de acesso aos registros relativos à pessoa do impetrante:

1) Direito de retificação desses registros;
2) Direito de complementação dos registros.
3) **Art. 7º, III, da Lei nº 9.507:** ainda, trata da anotação nos assentamentos do interessado, de contestação ou explicação sobre dado verdadeiro, mas justificável, que esteja sob pendência judicial amigável.

34.3 E O SEGREDO DE ESTADO?

Em busca de mais transparência nos Três Poderes (Executivo, Legislativo e Judiciário), os brasileiros passaram a ter acesso a informações públicas de qualquer órgão público. A Lei de Acesso a Informações Públicas – LAI (Lei nº 12.527/2011), aprovada em novembro de 2011, foi sancionada pela ex-presidenta Dilma Rousseff no dia 16 de maio de 2012, e passou a valer para para todo o país. Contudo, nem todas as solicitações de informações são liberadas dentro do prazo. Confira o quadro:

34.4 CLASSIFICAÇÃO – DURAÇÃO DO SIGILO

ULTRASSECRETO:	25 anos renováveis por mais 25
SECRETO:	15 anos não renováveis
RESERVADO:	5 anos não renováveis

34.5 LEGITIMIDADE ATIVA

O *habeas data* poderá ser ajuizado por qualquer pessoa física, brasileira ou estrangeira, bem como por pessoa jurídica, entes despersonalizados (massa falida, herança jacente, espólio, sociedade de fato, condomínio). Saliente-se, porém, que a ação é personalíssima, vale dizer, somente poderá ser impetrada pelo *titular das informações ou aqueles que os represente (ex.: o representante do espólio).*

É irrelevante a natureza jurídica da entidade, que poderá ser pública ou privada. O aspecto que determinará o cabimento da ação será *o fato de o banco de dados ser de caráter público*, a exemplo do SPC.

> **Observação:** Nesse caso, a entidade é de natureza privada, mas o seu banco de dados é de caráter público *(as informações sobre os consumidores podem ser acessadas por terceiros).*

> **Importante – requisito essencial:** Aspecto importante do cabimento do *habeas data* diz respeito à *exigência legal de que a ação somente poderá ser impetrada em Juízo diante da prévia negativa da autoridade administrativa de fornecimento* (ou de retificação ou de anotação da contestação ou explicação) das informações solicitadas (PARA OS CONCURSOS PÚBLICOS).

Trata-se de uma das exceções constitucionais ao princípio do controle jurisdicional imediato (art. 5º, XXXV), configurando hipótese de instância administrativa de curso forçado (a outra hipótese de curso forçado está prevista pelo art. 217, § 1º, da CF).

A impetração do *habeas data* não está sujeita a prazo prescricional ou decadencial, podendo a ação ser proposta a qualquer tempo.

34.6 COMPETÊNCIA

34.6.1 Critério

A pessoa que pratica o ato (*ratione personae*).

Ex.: art. 102, I, *d*: competência originária do STF para processar e julgar *habeas data* contra atos do Presidente da República; art. 105, I, *b*: competência originária do STJ para processar e julgar *habeas data* contra atos dos Ministros de Estado, dos Comandantes da Marinha, do Exército e da Aeronáutica, ou do próprio Tribunal.

35. MANDADO DE INJUNÇÃO

Inovação no direito brasileiro, previsto no art. 5º, LXXI, com a seguinte redação: "conceder-se-á mandado de injunção sempre que a falta de norma regulamentadora torne inviável o exercício dos direitos e liberdades constitucionais e das prerrogativas inerentes à nacionalidade, à soberania e à cidadania;".

35.1 FUNDAMENTO LEGAL – ART. 1º DA LEI Nº 13.300/2016

"Esta Lei disciplina o processo e o julgamento dos mandados de injunção *individual e coletivo*". (grifos nossos)

> **Importante!** Alterou a lei anterior prevendo expressamente o mandado de injunção coletivo.

OUTRA IMPORTANTE DIFERENÇA: CABERÁ DA OMISSÃO TOTAL OU PARCIAL

> Art. 2º Conceder-se-á mandado de injunção sempre que a falta total ou parcial de norma regulamentadora torne inviável o exercício dos direitos e liberdades constitucionais e das prerrogativas inerentes à nacionalidade, à soberania e à cidadania.
>
> Parágrafo único. Considera-se parcial a regulamentação quando forem insuficientes as normas editadas pelo órgão legislador competente.

35.2 CABIMENTO

falta da norma regulamentadora + inviabilidade do direito

35.3 NORMA DE EFICÁCIA LIMITADA

Entende-se que o mandado de injunção não terá cabimento nas hipóteses de normas constitucionais de eficácia plena e de eficácia contida, pois ele visa justamente à regulamentação de normas constitucionais de eficácia limitada (de princípio institutivo e de norma programática), que, em regra, exigem legislação posterior para sua aplicação.

Ainda, *não caberá* quando a norma se encontra em fase final do processo legislativo, aguardando logo sua promulgação e sanção – a norma está em iminência de ser editada pelo órgão competente.

Logo, a presente ação é UTILIZADA para suprimir *omissões legislativas* capazes de obstar direitos e liberdades dos cidadãos, e o exercício pleno dos direitos nelas previstos *depende* necessariamente de edição normativa posterior.

Resumindo: direito foi garantido pela Constituição, mas o seu exercício encontra-se condicionado à edição de lei regulamentadora ulterior.

35.4 LEGITIMADOS

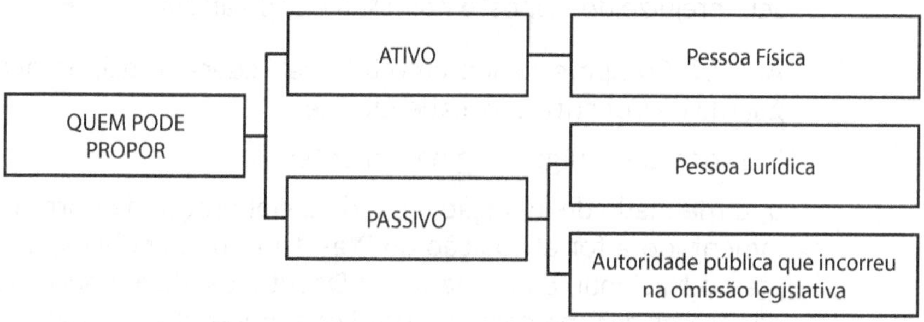

> Art. 3º São legitimados para o mandado de injunção, como impetrantes, as pessoas naturais ou jurídicas que se afirmam titulares dos direitos, das liberdades ou das prerrogativas referidos no art. 2º e, como impetrado, o Poder, o órgão ou a autoridade com atribuição para editar a norma regulamentadora.

35.5 QUANTO AO MANDADO DE INJUNÇÃO COLETIVO

> Art. 12. O mandado de injunção coletivo pode ser promovido:
>
> I – pelo Ministério Público, quando a tutela requerida for especialmente relevante para a defesa da ordem jurídica, do regime democrático ou dos interesses sociais ou individuais indisponíveis;
>
> II – por partido político com representação no Congresso Nacional, para assegurar o exercício de direitos, liberdades e prerrogativas de seus integrantes ou relacionados com a finalidade partidária;

III – por organização sindical, entidade de classe ou associação legalmente constituída e em funcionamento há pelo menos 1 (um) ano, para assegurar o exercício de direitos, liberdades e prerrogativas em favor da totalidade ou de parte de seus membros ou associados, na forma de seus estatutos e desde que pertinentes a suas finalidades, dispensada, para tanto, autorização especial;

IV – pela Defensoria Pública, quando a tutela requerida for especialmente relevante para a promoção dos direitos humanos e a defesa dos direitos individuais e coletivos dos necessitados, na forma do inciso LXXIV do art. 5º da Constituição Federal.

Parágrafo único. Os direitos, as liberdades e as prerrogativas protegidos por mandado de injunção coletivo são os pertencentes, indistintamente, a uma coletividade indeterminada de pessoas ou determinada por grupo, classe ou categoria.

35.6 LIMITES DA DECISÃO DO MANDADO COLETIVO

Art. 13. No mandado de injunção coletivo, a sentença fará coisa julgada limitadamente às pessoas integrantes da coletividade, do grupo, da classe ou da categoria substituídos pelo impetrante, sem prejuízo do disposto nos §§ 1º e 2º do art. 9º.

Art. 102. Compete ao Supremo Tribunal Federal, precipuamente, a guarda da Constituição, cabendo-lhe:

I – processar e julgar, originariamente:

q) o mandado de injunção, quando a elaboração da norma regulamentadora for atribuição do Presidente da República, do Congresso Nacional, da Câmara dos Deputados, do Senado Federal, das Mesas de uma dessas Casas Legislativas, do Tribunal de Contas da União, de um dos Tribunais Superiores, ou do próprio Supremo Tribunal Federal;

Art. 105. Compete ao Superior Tribunal de Justiça:

I – processar e julgar, originariamente:

h) o mandado de injunção, quando a elaboração da norma regulamentadora for atribuição de órgão, entidade ou autoridade federal, da administração direta ou indireta, excetuados os casos de competência do Supremo Tribunal Federal e dos órgãos da Justiça Militar, da Justiça Eleitoral, da Justiça do Trabalho e da Justiça Federal;

35.7 SUJEITO PASSIVO

Figuram nesse polo os órgãos ou autoridades públicas que têm a obrigação de legislar, mas estejam omissos quanto à elaboração da norma regulamentadora.

Exemplo: Se a omissão for legislativa federal, o mandado de injunção deverá ser impetrado em face do Congresso Nacional.

> **Importante!** Salvo se a iniciativa para a lei for privativa de outro órgão ou autoridade, hipótese em que o mandado de injunção deverá ser ajuizado em face do detentor da iniciativa privativa (ex.: Presidente da República, nas situações do art. 61, § 1º, da CF, por exemplo).

O STF firmou o entendimento de que os particulares não se revestem de legitimidade passiva *ad causam* para o processo do mandado de injunção, pois somente ao Poder Público é imputável o dever constitucional de produção legislativa.

Dessa forma, só podem ser sujeitos passivos do mandado de injunção entes públicos, não admitindo o STF a formação de litisconsórcio passivo, necessário ou facultativo, entre autoridades públicas e pessoas privadas.

35.8 DA DECISÃO QUE RECONHECE O MANDADO DE INJUNÇÃO

> Art. 8º Reconhecido o estado de mora legislativa, será deferida a injunção para:
>
> I - determinar prazo razoável para que o impetrado promova a edição da norma regulamentadora;
>
> II - estabelecer as condições em que se dará o exercício dos direitos, das liberdades ou das prerrogativas reclamados ou, se for o caso, as condições em que poderá o interessado promover ação própria visando a exercê-los, caso não seja suprida a mora legislativa no prazo determinado.

OU SEJA: O PODER JUDICIÁRIO ESTÁ AUTORIZADO NO CASO CONCRETO DE DECIDIR COMO VIABILIZAR O DIREITO QUE ESTÁ IMPEDIDO DE SER EXERCIDO PELA MORA

> Parágrafo único. Será dispensada a determinação a que se refere o inciso I do *caput* quando comprovado que o impetrado deixou de atender, em mandado de injunção anterior, ao prazo estabelecido para a edição da norma.

35.9 EFEITOS DA DECISÃO

> Art. 9º A decisão terá eficácia subjetiva limitada às partes e produzirá efeitos até o advento da norma regulamentadora.

35.10 REGRA GERAL: *INTER PARTES*

Contudo:

> § 1º Poderá ser conferida eficácia *ultra partes* ou erga omnes à decisão, quando isso for inerente ou indispensável ao exercício do direito, da liberdade ou da prerrogativa objeto da impetração.

§ 2º Transitada em julgado a decisão, seus efeitos poderão ser estendidos aos casos análogos por decisão monocrática do relator.

OU SEJA, PODERÁ TER EFEITOS *ULTRA PARTES* E *ERGA OMNES* EM SE TRATANDO TANTO DE CASOS QUE DEPENDEM DA VIABILIDADE DO DIREITO QUANTO PARA CASOS SEMELHANTES.

Se a decisão se der pelo indeferimento por falta de provas, mediante novos elementos probatórios, não haverá litispendência, podendo-se interpor novamente o mandado de injunção.

§ 3º O indeferimento do pedido por insuficiência de prova não impede a renovação da impetração fundada em outros elementos probatórios.

Importante!

Art. 10. Sem prejuízo dos efeitos já produzidos, a decisão poderá ser revista, a pedido de qualquer interessado, quando sobrevierem relevantes modificações das circunstâncias de fato ou de direito.

Parágrafo único. A ação de revisão observará, no que couber, o procedimento estabelecido nesta Lei.

35.11 EDIÇÃO NORMATIVA POSTERIOR À DECISÃO DO MANDADO DE INJUNÇÃO

Art. 11. A norma regulamentadora superveniente produzirá efeitos *ex nunc* em relação aos beneficiados por decisão transitada em julgado, salvo se a aplicação da norma editada lhes for mais favorável.

OU SEJA, REGRA GERAL É *EX NUNC*; CONTUDO, SE FOR FAVORÁVEL AO ATINGIDO EM DECISÃO ANTERIOR À PRODUÇÃO NORMATIVA, OS EFEITOS PASSAM A SER *EX TUNC* (RETROATIVOS).

Parágrafo único. Estará prejudicada a impetração se a norma regulamentadora for editada antes da decisão, caso em que o processo será extinto sem resolução de mérito.

36. MANDADO DE SEGURANÇA

Meio constitucional posto à disposição de qualquer pessoa física ou jurídica, é órgão com capacidade processual para a proteção de direito individual e coletivo, líquido e certo, não amparado por *habeas corpus* ou por *habeas datas*, lesado ou ameaçado de lesão, por ato de autoridade seja de que categoria for e seja quais as funções que exerça.

36.1 LÍQUIDO E CERTO

O direito líquido e certo será aquele apto a realizar-se no momento da impetração, ou seja, a liquidez e a certeza não residem na vontade normativa, e sim na materialidade ou existência fática da situação jurídica. A liquidez é imprescindível para admissibilidade do conhecimento do mandado de segurança, por isso todas as provas que demonstrem a certeza e a liquidez deverão acompanhar a inicial.

Não será cabível o mandado de segurança nos seguintes casos: se a existência do direito for duvidosa, se a sua extensão ainda não estiver delimitada e se o seu exercício depender de situações e fatos ainda indeterminados,. Esse direito incerto, indeterminado, poderá ser defendido por outras vias, mas não em sede de mandado de segurança.

Por essa razão, não há dilação probatória nem espaço para produção de prova complexa no mandado de segurança; as provas devem ser pré-constituídas, documentais, levadas aos autos do processo no momento da impetração.

> **Observação:** Caberá se a complexidade for de direito, e não de matéria fática.

Isso significa que a matéria de direito, por mais complexa e difícil que se apresente, pode ser apreciada em mandado de segurança (STF). A alegação de *grande complexidade jurídica do direito invocado não é motivo para obstar a utilização do mandado de segurança. A propósito, vide Súm. nº 625 do STF (Controvérsia sobre matéria de direito não impede concessão de mandado de segurança).*

36.2 OBJETO

O objeto do mandado de segurança será a correção do ato ou omissão da autoridade, desde que o ato seja ilegal e que ofenda o direito individual ou coletivo, líquido e certo, do impetrante. Poderá o ato emanar de qualquer autoridade dos Três Poderes. Em geral, não se admite mandado de segurança contra atos meramente normativos, ou seja, a lei em tese não é atacável, pois por si só, não lesa direito individual. Contudo, as leis e os decretos de efeito concreto, como os proibitivos, poderão ser passíveis do mandado de segurança.

36.3 FINALIDADE

É a invalidação de atos de autoridade ou a supressão de efeitos e omissões administrativas capazes de lesar direito líquido e certo.

É uma ação civil de rito sumário especial, que visa afastar a ofensa de direito subjetivo individual e coletivo. Em geral, de caráter repressivo. Distingue-se das demais ações pela especificidade de seu objeto e pela sumariedade de seu procedimento que lhe é próprio, e apenas subsidiariamente aceita regras do Código de Processo Civil.

Cabe medida liminar, que tem caráter de antecipação de tutela. Dessa decisão caberá agravo de instrumento.

O mandado de segurança será preventivo diante da possível ameaça ou abuso da autoridade. Sempre que já tiver ocorrido a ameaça ou o abuso, o mandado de segurança será repressivo.

36.4 SUBSIDIARIEDADE

O mandado de segurança é ação de natureza residual, subsidiária, pois somente é cabível quando o direito líquido e certo a ser protegido não for amparado por outros remédios judiciais (*habeas corpus*, *habeas data*, ação popular, etc.).

36.5 PRESSUPOSTOS

- Legitimidade da parte;
- Direito líquido e certo do impetrante;
- Direito não amparado por *habeas corpus* e *habeas data*;
- Ilegalidade ou abuso de poder de autoridade pública ou agente de pessoa jurídica no exercício de atribuições próprias do Poder Público.

36.6 CABIMENTO

- Ato de qualquer autoridade do Poder Público ou por particular decorrente de delegação (comissivo ou omissivo): contudo a lei excepciona que seja contra os que comportem recurso administrativo com efeito suspensivo independente de caução;
- Ilegalidade ou abuso de poder;
- Lesão ou ameaça de lesão;
- Contra lei ou ato administrativo se produzirem efeitos concretos e individualizados;
- Contra ato que caiba recurso administrativo com efeito suspensivo (em caso de omissão da autoridade);
- Contra ato judicial de qualquer instância e natureza, desde que ilegal e violador de direito líquido e certo do impetrante, e que não possa ser coibido por recursos comuns (p. ex;, recurso que não enseja efeito suspensivo).

36.7 LEGITIMIDADE

36.7.1 Ativa

a) as pessoas físicas ou jurídicas, nacionais ou estrangeiras, domiciliadas ou não no Brasil;

b) as universalidades reconhecidas por lei, que, embora sem personalidade jurídica, possuem capacidade processual para a defesa de seus direitos (ex.: o espólio, a massa falida, o condomínio de apartamentos, a herança, a sociedade de fato, a massa do devedor insolvente, etc.);

c) os órgãos públicos de grau superior, na defesa de suas prerrogativas e atribuições;

d) os agentes políticos (governador de Estado, prefeito municipal, magistrados, deputados, senadores, vereadores, membros do Ministério Público, membros dos Tribunais de Contas, Ministros de Estado, Secretários de Estado, etc.), na defesa de suas atribuições e prerrogativas;

e) o Ministério Público, competindo a impetração, perante os Tribunais locais, ao Promotor de Justiça, quando o ato atacado emanar de juiz de primeiro grau.

36.7.2 Passiva

a) autoridade pública de qualquer dos poderes da União, dos Estados, do Distrito Federal e dos Municípios, bem como de suas autarquias, fundações públicas, empresas públicas e sociedades de economia mista;

b) agente de pessoa jurídica privada, desde que no exercício de atribuições do Poder Público (só responderão se estiverem, por delegação, no exercício de atribuições do Poder Público).

36.7.3 Prazo

DECADENCIAL de 120 dias da data em que o ato a ser impugnado se torna operante e exequível, ou seja, da data em que tiver conhecimento oficial do ato a ser impugnado, sendo este capaz de produzir lesão ao direito do impetrante. Como todo prazo decadencial para impetração, não poderá ser este suspenso ou interrompido.

O mandado de segurança pode ser repressivo ou preventivo, conforme se destine a reparar uma ilegalidade ou abuso de poder já praticados ou apenas a afastar uma ameaça de lesão ao direito líquido e certo do impetrante. *O mandado de segurança poderá ser, também, individual* (para proteger o direito líquido e certo do(s) impetrante(s), no caso de litisconsórcio ativo) ou *coletivo* (impetrado por partido político, organização sindical, entidade de classe ou associação legalmente constituída e em funcionamento há pelo menos um ano, em defesa dos interesses de seus membros ou associados).

37. AÇÃO POPULAR

O objeto da ação popular é anular atos comissivos ou omissivos que sejam lesivos ao patrimônio público e condenar os responsáveis pelo dano a restituir o bem ou indenizar por perdas e danos.

Na ação popular, pede-se a anulação do ato lesivo e a condenação dos responsáveis ao pagamento de perdas e danos ou à restituição de bens e valores, conforme a letra da lei.

Assim, é que se pode extrair a própria finalidade da ação, O DIREITO DE FISCALIZAR A COISA PÚBLICA, um importante instrumento posto à disposição do cidadão para a proteção do patrimônio da comunidade.

Ilegalidade e lesividade representam a necessidade de se provar o vício do ato e a lesão causada ao patrimônio público em sua virtude.

Lesão ao patrimônio público, por último, é exemplificada já na letra da Lei nº 4.717/1965, regulamentadora da *actio popularis*, ou ainda à moralidade administrativa, ao meio ambiente, ao patrimônio histórico e cultural.

Atos com presunção de ilegalidade ou lesividade sujeitos à anulação por meio de ação popular:

> Art. 2º São nulos os atos lesivos ao patrimônio das entidades mencionadas no artigo anterior, nos casos de:
>
> a) incompetência;
>
> b) vício de forma;
>
> c) ilegalidade do objeto;
>
> d) inexistência dos motivos;
>
> e) desvio de finalidade.

37.1 CONCEITO DE PATRIMÔNIO PÚBLICO

O mais amplo possível, abrange coisas corpóreas ou incorpóreas, móveis, ou imóveis, créditos, direitos, ações que pertençam a qualquer ente administrativo, bem como sua administração indireta.

"Art. 1º, § 1º: "bens e direitos de valor econômico, artístico, estético, histórico ou turístico".

> **Observação:** Ter-se-á quase sempre, no polo passivo, a pluralidade de sujeitos, invocando também aqueles que de alguma forma tenham contribuído para ação ou omissão e, até mesmo, terceiros beneficiados.
> É facultado a qualquer cidadão habilitar-se como litisconsorte ou assistente no processo.

37.2 FALTA DE LEGITIMAÇÃO

a) Quem teve cancelada a naturalização por sentença transitada em julgado;

b) Quem teve sua nacionalidade cancelada administrativamente;

c) Suspensão dos direitos civis por incapacidade absoluta;

d) Suspensão dos direitos políticos por condenação criminal transitada em julgado;

e) Perda do direito político por recusa de cumprimento de obrigação a todos imposta sem o cumprimento de prestação alternativa;

f) Suspensão dos direitos políticos por condenação em ato de improbidade.

37.3 DA PROCEDÊNCIA OU IMPROCEDÊNCIA

Procedente a demanda, o juiz invalidará os atos ilegais e condenará os responsáveis e os seus beneficiários a indenizarem em perdas e danos os prejudicados, não se esquecendo de que, quando proclamada a responsabilidade da administração pública e tendo ela que arcar com os prejuízos causados dolosa ou culposamente por seus funcionários, terá ação de regresso contra o agente causador do dano a ressarcir integralmente erário público.

Já na improcedência do pedido popular, o responsável pela ação só arcará com as custas processuais e os honorários advocatícios, se for comprovada a sua má-fé ao intentá-la.

38. AÇÃO CIVIL PÚBLICA

A ação civil pública, disciplinada pela Lei nº 7347, de 24-7-1985, é um instrumento processual que reprime ou impede atos lesivos ao meio ambiente, ao consumidor a bens e direitos de valor artístico, estético, histórico, turístico e paisagístico e por infrações da ordem econômica, conforme art. 1º, protegendo assim os interesses difusos da sociedade (MEIRELLES).[14]

Note-se que ela não está prevista no rol de garantias de direitos fundamentais do art. 5º, o que não impede que não o seja por equiparação, dado o conteúdo de direitos que esta visa à tutela. Para Sarlet,[15] isso ocorre porque é um instrumento destinado à tutela dos NOVOS DIREITOS.

38.1 REQUISITOS

- Deve ter ocorrido, ou haver a ameaça de ocorrer, dano ou lesão contra o meio ambiente;
- Ao consumidor, ordem econômica, livre concorrência, o patrimônio histórico, o patrimônio turístico, o patrimônio artístico, o patrimônio paisagístico, o patrimônio estético, bem como a qualquer outro interesse difuso ou direito coletivo.

a) Trata-se de direitos coletivos;

b) Os sujeitos são indeterminados, mesmo que os direitos sejam individuais;

c) A forma de propositura é coletiva, pois são direitos de origem comum;

d) O objeto é indivisível.

Ainda que haja outros legitimados, para o Ministério Público é um dever agir quando estiverem presentes as condições ensejadoras da ação, ao passo que para os demais é uma faculdade, podendo, inclusive, atuar de ofício, sem necessidade de provocação.

O inquérito é peça instrutória da Ação Civil Pública; contudo, não é indispensável, significando dizer que ela pode ou não ser precedida do inquéri-

14 MEIRELLES, Hely Lopes. *Mandado de Segurança, Ação Popular, Ação Civil Pública, Mandado de Injunção* e Habeas Data. 14. ed. São Paulo, Editora Malheiros, 1998.

15 SARLET, Ingo Wolfgang; MARINONI, Luiz Guilherme; MITIDIERO, Daniel. *Curso de direito constitucional*, 9 ed. São Paulo, Saraiva, 2020.

to. Em verdade, torna-se é dispensável o inquérito civil quando as provas existentes do ato lesivo já sejam, por si só, capazes de prover a ação civil pública.

Quando a ação for proposta por algum dos outros legitimados, e houver desistência infundada ou abandono da ação, o Ministério Público ou outro legitimado assumirá a titularidade ativa, POIS SE TRATA DA INDISPONIBILIDADE DO INTERESSE PÚBLICO.

> **Observação:** FISCAL DA LEI: Importante mencionar que, quando o Ministério Público não figurar como parte, deverá, obrigatoriamente, intervir como fiscal da lei.

38.2 LEGITIMIDADE PASSIVA

Em se tratando de polo passivo, qualquer pessoa que tenha causado lesão ou ameaça de lesão aos bens jurídicos por ela tutelados pode figurar como ré na ação civil pública, incluindo-se pessoas físicas ou jurídicas, privadas ou públicas, entes federados e entidades da administração pública indireta.

Na Ação Civil Pública, não existe foro por prerrogativa de função, sendo a competência para processo e julgamento dessa ação determinada pelo local onde ocorreu o dano. Salvo quando o ato lesivo é imputado a pessoa jurídica que tenha foro na Justiça Federal, a Ação Civil Pública deverá ser ajuizada e julgada originariamente por juízes ordinários estaduais (ALEXANDRINO).[16]

39. CONTROLE DE CONSTITUCIONALIDADE

39.1 ORIGEM – CONTROLE DIFUSO

1803 – CASO MARBURY X MADISSON – CONSTITUIÇÃO DOS ESTADOS UNIDOS

Teve como marco famoso julgamento do caso Marbury *versus* Madisson, em um julgamento conduzido pelo então Juiz-Presidente Marshall, que, por sua vez, entendeu que deveria haver, nos casos concretos, o respeito da Constituição do Estado: "Juiz Marshall da Suprema Corte Americana afirmou que é próprio da atividade jurisdicional interpretar e aplicar a lei. E ao fazê-lo, em caso de contradição entre a legislação e a Constituição, o tribunal deve aplicar esta última por ser superior a qualquer lei ordinária do Poder Legislativo" (MORAES).[17]

Nesse caso, possibilitou-se a qualquer instância judicial, com a incumbência de julgar um caso em concreto, o poder-dever de decidir a respeito da aplicação de determinada lei se a entender divergente da ordem constitucional em vigor.

---

16 PAULO, Vicente; ALEXANDRINO, Marcelo. *Direito Constitucional Descomplicado*. São Paulo: Método, 2018.

17 MORAES, Alexandre de. *Direito constitucional*. 33. ed. São Paulo: Atlas, 2017.

39.2 CONTROLE CONCENTRADO/EUROPEU/AUSTRÍACO

Debate KELSEN VERSUS *SCHMIDT – 1932 – QUEM É O GUARDIÃO DA CONSTITUIÇÃO?*

O cenário são os séculos XIX e XX e sua gritante diferença da realidade política social da realidade constitucional da época, quando duas propostas surgem sobre a quem incumbiria o papel de guardar a Constituição.

Kelsen propõe um Tribunal Constitucional buscando preservar um sistema de liberdades, bem como o cumprimento do estabelecido na Constituição, objetivando garantir sua função de lei maior no ordenamento jurídico.

Schmidt, em oposição à proposta de Kelsen, defende que a função judicial seria tão somente a decisão de casos em razão das leis, e não a discussão de seu conteúdo, devendo se limitar a subsumir os fatos à norma, e não aventurar-se na atividade criativa de interpretação constitucional.

Trata-se da verificação de constitucionalidade de todo ato estatal, normativo ou concreto, e também os atos jurídicos emanados da sociedade, em conformidade com a Constituição vigente. Logo, é uma tarefa atribuída ao órgão controlador, no sentido de impedir ou corrigir quaisquer máculas produzidas contra aquelas normas que são consideradas as principais do ordenamento jurídico.

39.3 FUNDAMENTOS DO CONTROLE DE CONSTITUCIONALIDADE

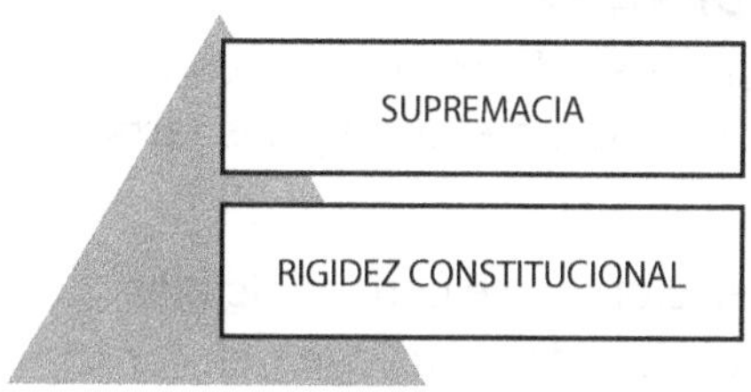

39.4 MOMENTOS DO CONTROLE

39.4.1 Preventivo

A função do controle preventivo é impedir que uma norma inconstitucional ingresse no ordenamento jurídico. Assim, esse controle acontece em dois momentos distintos e fora da via judiciária:

a) **COMISSÃO DE CONSTITUIÇÃO E JUSTIÇA**, cuja função é analisar os aspectos constitucionais do projeto de lei ou de emenda constitucional no seu aspecto formal e material.

b) **VETO DO PRESIDENTE DA REPÚBLICA:** poderá vetar projeto por entendê-lo inconstitucional, mas, em relação à emenda, não há participação do executivo.

A exceção do controle preventivo será no caso de projeto que pretenda abolir cláusulas pétreas, quando, nessa hipótese, poderá haver o controle preventivo por parte do Poder Judiciário, mediante a interposição de mandado de segurança.

39.4.2 Controle repressivo

Este será exercido por via jurisdicional, ante o papel de guardião da Constituição. Essa espécie de controle se dará por via difusa ou do controle concentrado.

Duas exceções em que o controle repressivo poderá ser exercido pela via do legislativo:

a) Art. 49, V: trata da competência de o Congresso Nacional sustar os atos normativos do Poder Executivo que exorbitem do poder regulamentar ou dos limites de delegação legislativa.

b) Outra hipótese é a medida provisória que poderá ser editada com força de lei, em caso de relevância, mas deve ser submetida ao Congresso Nacional.

> **Importante!** A doutrina e a jurisprudência brasileira não admitem a declaração de inconstitucionalidade de normas Constitucionais originárias, logo, estas não serão passíveis de controle.

Assim, as emendas são passíveis de controle.

39.5 ESPÉCIES DE VÍCIO

Sobre o tema, pode-se dizer que a inconstitucionalidade pode se dar com relação aos aspectos meramente formais (arts. 5º, II, e 59 a 69 da CF).

Podem ser:

A) **subjetivos:** relacionam-se com a iniciativa do processo legislativo, ou seja, com a conduta dos seus agentes constitucionalmente responsáveis pela propositura (art. 61, § 1º, II, *c*).

B) **objetivos:** relacionados com as demais fases do processo legislativo, que será determinado pela Constituição para cada espécie de ato normativo.

VÍCIOS MATERIAIS: voltados à ação do legislador, bem como relacionados aos seus valores, denominados aspectos materiais, ou seja, os interesses e direitos eleitos pela sociedade, bem como os aspectos relativos à distribuição de poderes e estrutura do Estado Democrático de Direito.

A) Podem ser decorrentes de vício de constitucionalidade expresso;

B) Outro seria o excesso de poder legislativo, violador do princípio constitucional implícito da proporcionalidade/razoabilidade.

39.5.1 Das espécies

- **COMISSÃO:** edição de um ato estatal que não se coaduna com a Carta Magna.

- **POR OMISSÃO:** quando o agente responsável pela integração concretizadora dos interesses, valores e direitos inscritos nas normas constitucionais mantém-se inerte.

39.5.1.1 Duas são as formas de atacar omissões constitucionais

1) AÇÃO DIRETA DE INCONSTITUCIONALIDADE POR OMISSÃO
2) MANDADO DE INJUNÇÃO

A declaração de inconstitucionalidade pode ser:

1. **TOTAL:** declaração de inconstitucionalidade de todo o diploma legal questionado.
2. **PARCIAL:** declaração de nulidade parcial, hipótese em que somente os dispositivos inconstitucionais serão declarados nulos e não a totalidade da lei.
3. **AINDA:** interpretação conforme a Constituição.

39.5.2 Interpretação conforme a Constituição

Destina-se ela à preservação da validade de determinadas normas, suspeitas de inconstitucionalidades, assim como à atribuição de sentido às normas infraconstitucionais. Como se depreende da assertiva precedente, o princípio abriga, simultaneamente, uma técnica de interpretação e um mecanismo de controle de constitucionalidade (BARROSO).[18]

39.6 DOS EFEITOS DA DECLARAÇÃO

- **Regra geral:** efeitos *ex tunc*.
- **Possibilidades:**
  1) Declarar a inconstitucionalidade a partir do trânsito em julgado da decisão – o que denominamos *ex nunc*;
  2) Declarar a inconstitucionalidade com suspensão dos efeitos a algum tempo que deverá ser proferido na decisão (no caso sentença) – o que denominamos feitos pró-futuro;
  3) Declarar a inconstitucionalidade sem pronúncia de nulidade, permitindo que se opere a suspensão da aplicação da lei e dos processos em curso, para que tal pronúncia se dê em prazo razoável – o que na prática nada mais é do que uma restrição de efeitos.

39.7 POSSIBILIDADE DE MODULAÇÃO TEMPORAL DE EFEITOS – ASPECTO TEMPORAL, O ART. 27 DA LEI Nº 9.868/1999

O Supremo Tribunal Federal terá a opção de declarar a inconstitucionalidade apenas a partir do trânsito em julgado da decisão (declaração de Inconstitucionalidade *ex nunc*). Poderá, ainda, declarar a inconstitucionalidade com a suspensão dos efeitos por algum tempo a ser fixado na sentença (declaração

18 BARROSO. Luís Roberto. *Curso de direito constitucional contemporâneo*: os conceitos fundamentais e a construção do novo modelo. 8 ed. São Paulo: Saraiva, 2019.

de inconstitucionalidade com efeito pró-futuro). Nessa hipótese, por motivo de segurança jurídica ou de interesse social, a lei continuará sendo aplicada por um determinado prazo, a ser determinado pelo próprio Tribunal.

A regra geral é quanto ao controle difuso e concentrado à eficácia *ex tunc* do proferimento acerca da constitucionalidade ou inconstitucionalidade da lei; contudo, em caso de existirem razões de segurança jurídica e relevante interesse público, poder-se-á, então, aplicar a modulação temporal dos efeitos (art. 27) para atribuir à decisão os efeitos anteriormente citados. Também, ressalta-se que é posição doutrinária consolidada a aplicação em se tratando de controle difuso de constitucionalidade (o que significa sua possibilidade de aplicação no caso concreto).

> **Importante!** A modulação temporal, apesar de estar prevista na Lei nº 9.868/1999, é aplicada ao controle difuso, segundo jurisprudência do STF.

CONTROLE DIFUSO: O controle de constitucionalidade difuso caracteriza-se pela possibilidade de qualquer juiz ou Tribunal, ao analisar um caso concreto, verificar a inconstitucionalidade da norma, arguida pela parte como meio de defesa. Nesse caso, o objeto principal da ação não é a inconstitucionalidade de lei ou ato normativo, sendo a mesma analisada incidentalmente ao julgamento de mérito. A declaração de inconstitucionalidade torna-se necessária para a solução do caso concreto em questão, ou seja, a apreciação de inconstitucionalidade tem o condão de decidir determinada relação jurídica, objeto principal da ação. [...] A questão prejudicial, então, é relativa à aplicabilidade da norma, com efeito *inter partes* (DIDIER JUNIOR).[19]

O controle difuso é caracterizado por permitir que todo e qualquer juiz ou tribunal possa realizar no caso concreto a análise sobre a compatibilidade da norma infraconstitucional com a Constituição Federal.

Não é objeto central da lide, logo: A INCONSTITUCIONALIDADE É O ASPECTO SECUNDÁRIO DA DEMANDA.

Nesse sentido, a alegação de (in)constitucionalidade da norma se daria de forma incidental ou prejudicial, pois a centralidade da demanda é o que ensejou o pedido no caso concreto (seja como inicial, seja como contestação, recurso, etc.), sendo a discussão sobre a declaração de (in)constitucionalidade apenas um elemento para apreciação do caso concreto – fundamental para a decisão da lide.

Em havendo declaração de inconstitucionalidade da norma a ser aplicada no caso concreto pela via difusa, a norma contestada não será excluída do sistema jurídico, surtindo seus efeitos apenas às partes envolvidas na lide em questão.

---

19 JUNIOR. DIDIER JR., Fredie. *Curso de Direito Constitucional*, Salvador: JusPodivm, 2016.

39.8 EFEITOS

Regra geral:

- ***INTER PARTES***: a decisão que afasta o ato inconstitucional não beneficia a quem não for parte da demanda em que se reconhecer a inconstitucionalidade. **Obs.**: atenção ao recurso extraordinário.
- ***EX TUNC***: da declaração de inconstitucionalidade extrai-se efeito retroativo, ou seja, anula todos os atos regidos pela lei considerada inválida, vez que há incompatibilidade com a Constituição. **Obs.**: art. 27 da Lei nº 9.868/1999.

39.9 PROCESSO DE ABSTRATIVIZAÇÃO

O processo de abstratização do controle difuso, à luz da nova orientação consolidada no sistema de Corte Constitucional, evidencia uma mudança paradigmática, abrangente e efetiva no que tange à atuação jurisdicional e legislativa, corolário lógico do processo de uniformização e objetivação da ordem normativa constitucional. A mudança da acepção constitucional implica, sobretudo, a redefinição do papel constitucional do STF em sede de controle difuso de constitucionalidade, assumindo feição de estabilizador definitivo da ordem constitucional brasileira.

39.10 O PAPEL RECURSAL DO SUPREMO TRIBUNAL FEDERAL

> Art. 102. Compete ao Supremo Tribunal Federal, precipuamente, a guarda da Constituição, cabendo-lhe:
>
> (...)
>
> III – julgar, mediante recurso extraordinário, as causas decididas em única ou última instância, quando a decisão recorrida:
>
> a) contrariar dispositivo desta Constituição;
>
> b) declarar a inconstitucionalidade de tratado ou lei federal;
>
> c) julgar válida lei ou ato de governo local contestado em face desta Constituição;
>
> d) julgar válida lei local contestada em face de lei federal.
>
> (...)
>
> § 3º No recurso extraordinário o recorrente deverá demonstrar a repercussão geral das questões constitucionais discutidas no caso, nos termos da lei, a fim de que o Tribunal examine a admissão do recurso, somente podendo recusá-lo pela manifestação de dois terços de seus membros.

A repercussão geral é um dos requisitos de admissibilidade do recurso extraordinário, que tem por objetivo restringir o acesso ao STF, restringindo-o analisar casos de flagrante cunho constitucional e que tenham a relevância econômica, jurídica e social.

Recente mudança de posicionamento do STF, a partir do julgamento das ADIs nºs 3406/RJ e 3470/RJ, NO VOTO DE PARTE DOS MINISTRO, ENTENDERAM QUE OS EFEITOS DAS DECISÕES DO PLENO DO STF NOS RECURSOS EXTRAORDINÁRIOS SERÃO *ERGA OMNES*, OU SEJA, UMA VERDADEIRA ABSTRATIVIZAÇÃO DO CONTROLE DIFUSO DE CONSTITUCIONALIDADE.

39.10.1 Papel do Senado nova interpretação do art 52, X

A suspensão da execução pelo Senado Federal do ato declarado inconstitucional pela Excelsa Corte foi a forma definida pelo constituinte para emprestar eficácia *erga omnes* às decisões definitivas sobre inconstitucionalidade nos recursos extraordinários.

Contudo, o STF, em decisão recente, PARA PARTE DA DOUTRINA CONSTITUCIONAL PASSOU A FIRMAR QUE A SUSPENSÃO POR PARTE DO SENADO TEM FUNÇÃO DE PUBLICIZAR A DECISÃO DO STF E ESTÁ VINCULADA A ELA, OU SEJA, ASSUMINDO A ABTRATIZAÇÃO DO CONTROLE DIFUSO PARA EMPRESTAR EFEITO *ERGA OMNES* ÀS DECISÕES EMANADAS PELO STF NOS RECURSOS EXTRAORDINÁRIOS.

EM RESUMO: APARENTEMENTE, ACONTECEU UMA MUDANÇA DE POSTURA, SE o Plenário do STF decidir a constitucionalidade ou inconstitucionalidade de uma lei ou ato normativo EM controle difuso, TERÁ EFEITO *ERGA OMNES*, OCORRENDO O QUE PODEMOS CHAMAR DE MUTAÇÃO CONSTITUCIONAL (UMA VEZ QUE, NO CONTROLE CONCENTRADO, JÁ ERAM *ERGA OMNES* OS EFEITOS). Informativo nº 886 – STF. Plenário DO STF ADI nº 3406/RJ e nº ADI 3470/RJ, rel. Min. Rosa Weber, j. 29-11-2017.

39.10.2 Cláusula de reserva de plenário

> Art. 97. Somente pelo voto da maioria absoluta de seus membros ou dos membros do respectivo órgão especial poderão os tribunais declarar a inconstitucionalidade de lei ou ato normativo do Poder Público.

Atenção! Aplica-se apenas no caso de alegação de INCONSTITUCIONALIDADES e de ATOS NORMATIVOS, ou seja, atos concretos não torna obrigatória a cláusula de reserva de plenário.

Súm. Vinc. nº 10: Viola a cláusula de reserva de plenário (CF, artigo 97) a decisão de órgão fracionário de tribunal que, embora não declare expressamente a inconstitucionalidade de lei ou ato normativo do Poder Público, afasta sua incidência, no todo ou em parte.

40. CONTROLE CONCENTRADO

O controle concentrado de constitucionalidade defere atribuição para julgamento das questões constitucionais a um órgão jurisdicional superior ou a uma Corte. Por meio desse controle, procura-se obter a declaração de inconstitucionalidade da lei ou do ato normativo em tese, independentemente da existência de um caso concreto, visando à obtenção da invalidação da lei (MENDES).[20]

40.1 CARACTERÍSTICAS

O controle concentrado caracteriza-se pela competência exclusiva do STF em apreciar a questão constitucional.

Tem por objetivo expelir do ordenamento jurídico a lei ou ato normativo inconstitucionais.

É realizado em abstrato, sem que haja um caso concreto sob análise (ADI e ADC). Contudo, importa uma análise mais detalhada a questão da ADPF.

Natureza objetiva: o processo não tem partes, e, exatamente por isso, não está sujeito a princípios constitucionais como ampla defesa e contraditório.

Seus efeitos são peculiares, quais sejam: eficácia *erga omnes*, efeito *ex tunc* e vinculantes das decisões proferidas pelo STF, ou seja, são contra todos. A decisão ainda vincula os órgãos do Poder Judiciário e a Administração Pública em todas as esferas, conforme § 2º do art. 102 da CF.

40.2 PECULIARIDADES

a) Foro competente é o STF (ORIGINÁRIA);

b) Autores legitimados estão previstos taxativamente na Constituição;

c) Não se admite intervenção de terceiros;

d) Efeito *erga omnes*;

e) Não se admite desistência, pois vigora o princípio da indisponibilidade.

40.3 LEGITIMIDADE

O rol taxativo de legitimados consta do art. 103 da CF – ATIVOS (ADI, ADC e ADPF):

> I – o Presidente da República;
>
> II – a Mesa do Senado Federal;
>
> III – a Mesa da Câmara dos Deputados;
>
> IV – a Mesa de Assembleia Legislativa ou da Câmara Legislativa do Distrito Federal;
>
> V – o Governador de Estado ou do Distrito Federal;
>
> VI – o Procurador-Geral da República;
>
> VII – o Conselho Federal da Ordem dos Advogados do Brasil;
>
> VIII – partido político com representação no Congresso Nacional;
>
> IV – confederação sindical ou entidade de classe de âmbito nacional.

20 MENDES, Gilmar Ferreira; BRANCO, Paulo Gustavo Gonet. *Curso de direito constitucional*. 10. ed. São Paulo: Saraiva, 2012.

40.3.1 Legitimados universais *versus* pertinência temática

Alguns autores deverão demonstrar o interesse no tema da discussão, o que ficou conhecido como PERTINÊNCIA TEMÁTICA. Essa pertinência deverá ser demonstrada pela Mesa da Assembleia legislativa, pelos governadores de Estado, pela confederação sindical ou pela entidade de classe no âmbito nacional.

Os demais autores não precisam demonstrar interesse nas discussões de constitucionalidade da lei ou ato normativo, pois possuem legitimidade ativa universal.

> **Observação:** Quanto à entidade de classe de representação no âmbito nacional, há necessidade de representação pelo menos em nove unidades da Federação.

40.3.2 *Amicus curie versus* intervenção de terceiros

> Art. 7º Não se admitirá intervenção de terceiros no processo de ação direta de inconstitucionalidade.
>
> § 1º (VETADO);
>
> § 2º O relator, considerando a relevância da matéria e a representatividade dos postulantes, poderá, por despacho irrecorrível, admitir, observado o prazo fixado no parágrafo anterior, a manifestação de outros órgãos ou entidades.

> **Observação:** ESSE DISPOSITIVO INDICA QUE É POSSÍVEL A PARTICIAPAÇÃO DE ÓRGÃOS OU ENTIDADES NO CONTROLE CONCENTRADO DE CONSTITUCIONALIDADE NA CONDIÇÃO DE AMICUS CURIAE, UMA PESÉCIE DE AMIGO DA CORTE QUE TRARÁ INFORMAÇÃO RELEVANTES PARA A TOMADA DE DECISÃO, DEMOCRATIZANDO O PROCESSO DECISIONAL.

40.3.3 Inconstitucionalidade por "arrastamento"

Também existe a figura da chamada INCONSTITUCIONALIDADE POR ARRASTAMENTO – conhecida também por inconstitucionalidade sequencial ou por atração, nos casos em que há inconstitucionalidade de outro dispositivo legal com estrita relação de dependência com o preceito impugnado e declarado como inconstitucional, sem que haja requerimento nesse sentido na petição inicial.

40.3.4 Liminares

A função da medida de urgência, a liminar, em uma ação direta de inconstitucionalidade não tem por finalidade assegurar um determinado direito subjetivo à efetividade do processo ou à antecipação dos efeitos da tutela, mas, sim, a suspensão DA EFICÁCIA DA LEI.

> **Importante!** Às liminares atribui-se efeito *ex nunc*.

40.4 EFEITOS DÚPLICES OU AMBIVALENTES

> Art. 24. Proclamada a constitucionalidade, julgar-se-á improcedente a ação direta ou procedente eventual ação declaratória; e, proclamada a inconstitucionalidade, julgar-se-á procedente a ação direta ou improcedente eventual ação declaratória.

O caráter dúplice ou ambivalente dessa modalidade de controle abstrato restou inequivocamente demonstrado nesse dispositivo. Convém notar que a jurisprudência do STF já acenava com essa possibilidade.

41. AÇÃO DIRETA DE INCONSTITUCIONALIDADE

Era o único meio de controle concentrado até a promulgação da emenda constitucional de 1993, que criou a ação declaratória de constitucionalidade.

Regulamentada pela Lei nº 9.868/1999, que regulamenta o processo de julgamento de ambas. O objeto da ação direta de inconstitucionalidade não recai somente sobre a lei *strictu sensu*, podendo ser objeto qualquer ato normativo que tenha as características de abstração e generalidade.

A ADI nº 02/1990 julgou com votos divergentes a impossibilidade de apreciação de inconstitucionalidade de norma anterior à Constituição de 1988.

Não cabe ADI ao STF de lei municipal.

Nas constituições anteriores, era de competência do Procurador-Geral da República sua propositura, contudo a CF/1988 ampliou significativamente seus legitimados.

A ação direta de inconstitucionalidade não terá cabimento no tocante à eventual ilegalidade da norma, cabendo apenas quando houver omissão de atos diretamente reportados à Constituição, seja o ato normativo, seja o não normativo.

> Art. 3º A petição indicará:
>
> I – o dispositivo da lei ou do ato normativo impugnado e os fundamentos jurídicos do pedido em relação a cada uma das impugnações;
>
> II – o pedido, com suas especificações.
>
> Parágrafo único. A petição inicial, acompanhada de instrumento de procuração, quando subscrita por advogado, será apresentada em duas vias, devendo conter cópias da lei ou do ato normativo impugnado e dos documentos necessários para comprovar a impugnação.
>
> Art. 4º A petição inicial inepta, não fundamentada e a manifestamente improcedente serão liminarmente indeferidas pelo relator.

Importante!
Não admite desistência.
Art. 5º da Lei nº 9.868/1999: "Proposta a ação direta, não se admitirá desistência".

41.1 POR OMISSÃO

O art. 103, § 2º, prevê que: "declarada a inconstitucionalidade por omissão de medida para tornar efetiva norma constitucional, será dada ciência ao poder competente para a adoção de providências necessárias e, em se tratando de órgão administrativo, para fazê-lo em trinta dias".

Assim, o objeto está ligado diretamente à aplicabilidade das normas constitucionais, logo, é atacável somente às normas constitucionais de eficácia limitada.

41.2 NO CASO DE OMISSÃO LEGISLATIVA

> Art. 12-H. Declarada a inconstitucionalidade por omissão, com observância do disposto no art. 22, será dada ciência ao Poder competente para a adoção das providências necessárias.

41.3 NO CASO DE OMISSÃO EXECUTIVA

> § 1º Em caso de omissão imputável a órgão administrativo, as providências deverão ser adotadas no prazo de 30 (trinta) dias, ou em prazo razoável a ser estipulado excepcionalmente pelo Tribunal, tendo em vista as circunstâncias específicas do caso e o interesse público envolvido.

42. AÇÃO DE REPRESENTAÇÃO DE INCONSTITUCIONALIDADE NO ÂMBITO DOS ESTADOS-MEMBROS – OU ADI ESTADUAL

Trata-se de ato normativo municipal ou de ato normativo estadual que afronte a *Constituição Estadual*.

De acordo com o art. 125, § 2º, da CF/1988: "Cabe aos Estados a instituição de representação de inconstitucionalidade de leis ou atos normativos estaduais ou municipais em face da Constituição Estadual (...)". O julgamento será pelo Tribunal de Justiça respectivo.

Cuidado com as normas de reprodução obrigatória da Constituição Federal:

A Rcl. nº 383 (Rel. Min. Moreira Alves, Tribunal Pleno, DJ 21.5.1993) assentou não configurada a usurpação de competência quando os Tribunais de Justiça analisam, em controle concentrado, a constitucionalidade de leis municipais ante as normas constitucionais estaduais que reproduzem regra da Constituição de observância obrigatória. O acórdão possui a seguinte ementa:

> EMENTA: É competente o Tribunal de Justiça (e não o Supremo Tribunal), para processar e julgar ação direta contra lei estadual contrastada com a norma da Constituição local, mesmo quando venha esta a consubstanciar mera reprodução de regra da Carta Federal, cabendo, em tese, recurso extraordinário de decisão que vier a ser proferida sobre a questão.

Resumo: aplica-se a regra do art. 125, § 2º, da CF/1988, mas, dessa decisão, poderá ser interposto recurso extraordinário ao STF, em face da competência do Supremo.

43. AÇÃO DECLARATÓRIA DE CONSTITUCIONALIDADE

Introduzida pela EC nº 03/1993 e aperfeiçoada pela nº EC 45/2004 com a finalidade de declarar a constitucionalidade de atos normativos federais em face da Constituição, tornando caso julgado procedente.

Lei nº 9.868/1999:

> Art. 14. A petição inicial indicará:
>
> I - o dispositivo da lei ou do ato normativo questionado e os fundamentos jurídicos do pedido;
>
> II - o pedido, com suas especificações;
>
> III - a existência de controvérsia judicial relevante sobre a aplicação da disposição objeto da ação declaratória.

É a necessidade de que haja divergência judicial prévia (segundo o art. 14, III, "controvérsia judicial relevante").

43.1 PRESUNÇÃO RELATIVA DE ATO NORMATIVO QUESTIONADO EM PRESUNÇÃO ABSOLUTA

Há, ainda, dispositivo que dá a possibilidade de o STF, enquanto se decide a questão constitucional, suspender o julgamento de outros processos em trâmite a respeito do mesmo tema, no âmbito da ADC.

43.2 QUANTO À MEDIDA CAUTELAR

A lei prevê a possibilidade, desde que a decisão se dê por maioria absoluta dos seus membros

Liminar em ADC:

> Art. 21. O Supremo Tribunal Federal, por decisão da maioria absoluta de seus membros, poderá deferir pedido de medida cautelar na ação declaratória de constitucionalidade, consistente na determinação de que os juízes e os Tribunais suspendam o julgamento dos processos que envolvam a aplicação da lei ou do ato normativo objeto da ação até seu julgamento definitivo.
>
> Parágrafo único. Concedida a medida cautelar, o Supremo Tribunal Federal fará publicar em seção especial do Diário Oficial da União a parte dispositiva da decisão, no prazo de dez dias, devendo o Tribunal proceder ao julgamento da ação no prazo de cento e oitenta dias, sob pena de perda de sua eficácia.

43.3 APLICAÇÕES GERAIS (TANTO DA AÇÃO DIRETA DE INCONSTITUCIONALIDADE QUANTO DA AÇÃO DECLARATÓRIA)

Artigos importantes da Lei nº 9.868/1099:

> Art. 22. A decisão sobre a constitucionalidade ou a inconstitucionalidade da lei ou do ato normativo *somente será tomada se presentes na sessão pelo menos oito Ministros.*
>
> Art. 23. Efetuado o julgamento, proclamar-se-á a constitucionalidade ou a inconstitucionalidade da disposição ou da norma impugnada se num ou noutro sentido se tiverem manifestado *pelo menos seis Ministros, quer se trate de ação direta de inconstitucionalidade ou de ação declaratória de constitucionalidade.*
>
> Art. 27. Ao declarar a inconstitucionalidade de lei ou ato normativo, e tendo em vista razões de segurança jurídica ou de excepcional interesse social, poderá o Supremo Tribunal Federal, por maioria de dois terços de seus membros, restringir os efeitos daquela declaração ou decidir que ela só tenha eficácia a partir de seu trânsito em julgado ou de outro momento que venha a ser fixado.
>
> Art. 28. Dentro do prazo de dez dias após o trânsito em julgado da decisão, o Supremo Tribunal Federal fará publicar em seção especial do Diário da Justiça e do *Diário Oficial da União* a parte dispositiva do acórdão.
>
> Parágrafo único. *A declaração de constitucionalidade ou de inconstitucionalidade, inclusive a interpretação conforme a Constituição e a declaração parcial de inconstitucionalidade sem redução de texto, têm eficácia contra todos e efeito vinculante em relação aos* órgãos *do Poder Judiciário e à Administração Pública federal, estadual e municipal.* (grifos nossos)

44. ARGUIÇÃO DE DESCUMPRIMENTO DE PRECEITO FUNDAMENTAL

Completude do sistema de controle de constitucionalidade brasileiro:

INCONSTITUCIONALIDADE	X	DESCUMPRIMENTO
(apenas atos normativos)		(quaisquer atos do Poder Público,ou seja, tanto normativos quanto atos concretos)

> **Atenção!** "Descumprimento de preceito fundamental" (art. 102, § 1º, da CF/1988) + "ato do Poder Público" (art. 1º da Lei nº 9.882/1999) = campo de atuação da arguição de descumprimento de preceito fundamental (ADPF).

Art. 1º A arguição prevista no § 1º do art. 102 da Constituição Federal será proposta perante o Supremo Tribunal Federal, e terá por objeto evitar ou reparar lesão a preceito fundamental, resultante de ato do Poder Público.

O objeto da arguição de descumprimento de preceito fundamental é amplo, pois ela vem completar o sistema de controle concentrado de constitucionalidade no STF, uma vez que questões até então não apreciadas no âmbito concentrado, poderão ser objeto da ADPF. Dessa forma, poderão ser objetos da ADPF os atos do poder público (art. 1º, *caput*), controvérsias constitucionais com relevante fundamento sobre lei e ato normativo Federal, estadual e municipal, inclusive se anteriores à Constituição (MENDES).[21]

Art. 1º (...)

Parágrafo único. Caberá também arguição de descumprimento de preceito fundamental:

I - quando for relevante o fundamento da controvérsia constitucional sobre lei ou ato normativo federal, estadual ou municipal, incluídos os anteriores à Constituição;

44.1 OBJETO DE ATUAÇÃO DA ADPF

Exemplo de alguns objetos que passaram a ser sindicáveis no âmbito do controle abstrato de constitucionalidade perante o STF:

44.1.1 Atos não normativos do Poder Público

- Atos de efeito concreto;
- Atos políticos;
- Atos normativos secundários (só cabe ADIN de atos normativos primários, ou seja, aqueles que retiram seu fundamento de validade diretamente da CF).

44.1.2 Leis ou atos normativos municipais

1. a ADIN só cabe para atos normativos estaduais e federais em face da CF,
2. somente existia controle abstrato em face da CF - art. 125, § 2º, da CF/1988
3. ou controle difuso.

4.1.3 Leis ou atos normativos anteriores à Constituição

No caso da ADIN, o STF entende, desde a ADIN nº 02/1990, rel. Paulo Brossard, que não haveria inconstitucionalidade superveniente.

21 Op. Cit.

44.2 PRINCÍPIO DA SUBSIDIARIEDADE

> Art. 4º A petição inicial será indeferida liminarmente, pelo relator, quando não for o caso de arguição de descumprimento de preceito fundamental, faltar algum dos requisitos prescritos nesta Lei ou for inepta.
>
> § 1º Não será admitida arguição de descumprimento de preceito fundamental quando houver qualquer outro meio eficaz de sanar a lesividade.
>
> § 2º Da decisão de indeferimento da petição inicial caberá agravo, no prazo de cinco dias.

A doutrina contempla duas possibilidades interpretativas:

44.2.1 Eficácia no sentido amplo

O "outro meio eficaz" incluiria todas as vias processuais (qualquer ação individual ou coletiva).

44.2.2 Eficácia no sentido estrito

Busca-se a equivalência somente no âmbito do controle abstrato-concentrado de constitucionalidade.

> Art. 11. Ao declarar a inconstitucionalidade de lei ou ato normativo, no processo de arguição de descumprimento de preceito fundamental, e tendo em vista *razões de segurança jurídica ou de excepcional interesse social, poderá o Supremo Tribunal Federal, por maioria de dois terços de seus membros, restringir os efeitos daquela declaração ou decidir que ela só tenha eficácia a partir de seu trânsito em julgado ou de outro momento que venha a ser fixado.* (grifos nossos)

Logo, remete ao art. 27 da Lei nº 9.868/1999.

QUESTÕES

1. (OAB – FGV – XXXI EXAME DE ORDEM) **Josué, deputado federal no regular exercício do mandato, em entrevista dada, em sua residência, à revista Pensamento, acusa sua adversária política Aline de envolvimento com escândalos de desvio de verbas públicas, o que é objeto de investigação em Comissão Parlamentar de Inquérito instaurada poucos dias antes. Não obstante, após ser indagado sobre os motivos que nutriam as acaloradas disputas entre ambos, Josué emite opinião com ofensas de cunho pessoal, sem qualquer relação com o exercício do mandato parlamentar. Diante do caso hipotético narrado, conforme reiterada jurisprudência do Supremo Tribunal Federal sobre o tema, assinale a afirmativa correta.**

a) Josué poderá ser responsabilizado penal e civilmente, inclusive por danos morais, pelas ofensas proferidas em desfavor de Aline que não guardem qualquer relação com o exercício do mandato parlamentar.

b) Josué encontra-se protegido pela imunidade material ou inviolabilidade por suas opiniões, palavras e votos, o que, considerado o caráter absoluto dessa prerrogativa, impede a sua responsabilização por quaisquer das declarações prestadas à revista.

c) Josué poderá ter sua imunidade material afastada em virtude de as declarações terem sido prestadas fora da respectiva casa legislativa, independentemente de estarem, ou não, relacionadas ao exercício do mandato.

d) imunidade material, consagrada constitucionalmente, foi declarada inconstitucional pelo Supremo Tribunal Federal, de modo que Josué não poderá valer-se de tal prerrogativa para se isentar de eventual responsabilidade pelas ofensas dirigidas a Aline.

2. (OAB – FGV – XXXI EXAME DE ORDEM) Alfa, entidade de classe de abrangência regional, legalmente constituída e em funcionamento há mais de 1 ano, ingressa, perante o Supremo Tribunal Federal, com mandado de segurança coletivo para tutelar os interesses jurídicos de seus representados. Considerando a urgência do caso, Alfa não colheu autorização dos seus associados para a impetração da medida. Com base na narrativa acima, assinale a afirmativa correta. Ele não possui legitimidade ativa para ingressar com mandado de injunção coletivo, mas pode pleitear aplicação do direito constitucional via ação civil pública.

a) Ele Alfa não tem legitimidade para impetrar mandado de segurança coletivo, de modo que a defesa dos seus associados em juízo deve ser feita pelo Ministério Público ou, caso evidenciada situação de vulnerabilidade, pela Defensoria Pública.

b) Alfa goza de ampla legitimidade para impetrar mandado de segurança coletivo, inclusive para tutelar direitos e interesses titularizados por pessoas estranhas à classe por ela representada.

c) Alfa possui legitimidade para impetrar mandado de segurança coletivo em defesa dos interesses jurídicos dos seus associados, sendo, todavia, imprescindível a prévia autorização nominal e individualizada dos representados, em assembleia especialmente convocada para esse fim.

d) Alfa possui legitimidade para impetrar mandado de segurança coletivo em defesa dos interesses jurídicos da totalidade ou mesmo de parte dos seus associados, independentemente de autorização.

3. (OAB – FGV – XXXI EXAME DE ORDEM) José Maria, no ano de 2016, foi eleito para exercer o seu primeiro mandato como Prefeito da Cidade Delta, situada no Estado Alfa. Nesse mesmo ano, a filha mais jovem de José Maria, Janaína (22 anos), elegeu-se vereadora e já se organiza para um segundo mandato como vereadora. Rosária (26 anos), a outra filha de José Maria, animada com o sucesso da irmã mais nova e com a popularidade do pai, que pretende concorrer à reeleição, faz planos para ingressar na política, disputando uma das cadeiras da Assembleia Legislativa do Estado Alfa. Diante desse quadro, a família contrata um advogado para orientá-la. Após analisar a situação, seguindo o sistema jurídico-constitucional brasileiro, o advogado afirma que A ação deve prosperar, porque a competência para julgar

a ação popular em tela é do juiz de primeira instância da justiça comum, e o autor da ação tem legitimidade ativa porque é cidadão no pleno gozo de seus direitos políticos, muito embora não faça parte da nação brasileira.

a) as filhas não poderão concorrer aos cargos almejados, a menos que José Maria desista de concorrer à reeleição para o cargo de chefe do Poder Executivo do Município Delta.

b) Rosária pode se candidatar ao cargo de deputada estadual, mas Janaína não poderá se candidatar ao cargo de vereadora em Delta, pois seu pai ocupa o cargo de chefe do Poder Executivo do referido município.

c) as candidaturas de Janaína, para reeleição ao cargo de vereadora, e de Rosária, para o cargo de deputada estadual, não encontram obstáculo no fato de José Maria ser prefeito de Delta.

d) Janaína pode se candidatar ao cargo de vereadora, mas sua irmã Rosária não poderá se candidatar ao cargo de deputada estadual, tendo em vista o fato de seu pai exercer a chefia do Poder Executivo do município.

4. (OAB – FGV – XXX EXAME DE ORDEM) Em março de 2017, o Supremo Tribunal Federal, em decisão definitiva de mérito proferida no âmbito de uma Ação Declaratória de Constitucionalidade, com eficácia contra todos (erga omnes) e efeito vinculante, declarou que a lei federal, que autoriza o uso de determinado agrotóxico no cultivo de soja, é constitucional, desde que respeitados os limites e os parâmetros técnicos estabelecidos pela Agência Nacional de Vigilância Sanitária (ANVISA). Inconformados com tal decisão, os congressistas do partido Y apresentaram um projeto de lei perante a Câmara dos Deputados visando proibir, em todo o território nacional, o uso do referido agrotóxico e, com isso, "derrubar" a decisão da Suprema Corte. Em outubro de 2017, o projeto de lei é apresentado para ser votado. Diante da hipótese narrada, assinale a afirmativa correta.

a) A superação legislativa das decisões definitivas de mérito do Supremo Tribunal Federal, no âmbito de uma ação declaratória de constitucionalidade, deve ser feita pela via da emenda constitucional, ou seja, como fruto da atuação do poder constituinte derivado reformador; logo, o projeto de lei proposto deve ser impugnado por mandado de segurança em controle prévio de constitucionalidade.

b) Embora as decisões definitivas de mérito proferidas pelo Supremo Tribunal Federal nas ações declaratórias de constitucionalidade não vinculem o Poder Legislativo em sua função típica de legislar, a Constituição de 1988 veda a rediscussão de temática já analisada pela Suprema Corte na mesma sessão legislativa, de modo que o projeto de lei apresenta vício formal de inconstitucionalidade.

c) Como as decisões definitivas de mérito proferidas pelo Supremo Tribunal Federal em sede de controle concentrado de constitucionalidade gozam de eficácia contra todos e efeito vinculante, não poderia ser apresentado projeto de lei que contrariasse questão já pacificada pela Suprema Corte, cabendo sua impugnação pela via da reclamação constitucional.

d) O Poder Legislativo, em sua função típica de legislar, não fica vinculado às decisões definitivas de mérito proferidas pelo Supremo Tribunal Federal no controle de constitucionalidade, de modo que o projeto de lei apresentado em data posterior ao julgamento poderá ser regularmente votado e, se aprovado, implicará a superação ou reação legislativa da jurisprudência.

5. (OAB – FGV – XXXI EXAME DE ORDEM) As chuvas torrenciais que assolaram as regiões Norte e Nordeste do país resultaram na paralisação de serviços públicos essenciais ligados às áreas de saúde, educação e segurança. Além disso, diversos moradores foram desalojados de suas residências, e o suprimento de alimentos e remédios ficou prejudicado em decorrência dos alagamentos. O Presidente da República, uma vez constatado o estado de calamidade pública de grande proporção, decretou estado de defesa. Dentre as medidas coercitivas adotadas com o propósito de restabelecer a ordem pública estava o uso temporário de ambulâncias e viaturas pertencentes ao Município Alfa. Diante do caso hipotético narrado, assinale a afirmativa correta.

a) A fundamentação empregada pelo Presidente da República para decretar o estado de defesa viola a Constituição de 1988, porque esta exige, para tal finalidade, a declaração de estado de guerra ou resposta a agressão armada estrangeira.

b) Embora seja admitida a decretação do estado de defesa para restabelecer a ordem pública em locais atingidos por calamidades de grandes proporções da natureza, não pode o Presidente da República, durante a vigência do período de exceção, determinar o uso temporário de bens pertencentes a outros entes da federação.

c) O estado de defesa, no caso em comento, viola o texto constitucional, porque apenas poderia vir a ser decretado pelo Presidente da República caso constatada a ineficácia de medidas adotadas durante o estado de sítio.

d) A União pode determinar a ocupação e o uso temporário de bens e serviços públicos, respondendo pelos danos e custos decorrentes, porque a necessidade de restabelecer a ordem pública em locais atingidos por calamidades de grandes proporções da natureza é fundamento idôneo para o estado de defesa.

6. (OAB – FGV – XXX EXAME DE ORDEM) Giuseppe, italiano, veio ainda criança para o Brasil, juntamente com seus pais. Desde então, nunca sofreu qualquer tipo de condenação penal, constituiu família, sendo pai de um casal de filhos nascidos no país, possui título de eleitor e nunca deixou de participar dos pleitos eleitorais. Embora tenha se naturalizado brasileiro na década de 1990, não se sente brasileiro. Nesse sentido, Giuseppe afirma que é muito grato ao Brasil, mas que, apesar do longo tempo aqui vivido, não partilha dos mesmos valores espirituais e culturais dos brasileiros. Giuseppe mora em Vitória/ES e descobriu o envolvimento do Ministro de Estado Alfa em fraude em uma licitação cujo resultado beneficiou, indevidamente, a empresa de propriedade de seus irmãos. Indignado com tal atitude, Giuseppe resolveu, em nome da intangibilidade do patrimônio público e do princípio da moralidade administrativa, propor ação popular contra o Ministro de Estado Alfa, ingressando no juízo de primeira instância da justiça comum, não no Supremo Tribunal Federal. Sobre o caso, com base no Direito Constitucional e na jurisprudência do Supremo Tribunal Federal, assinale a afirmativa correta.

a) A ação não deve prosperar, uma vez que a competência para processá-la e julgá-la é do Supremo Tribunal Federal, e falta legitimidade ativa para o autor da ação, porque não possui a nacionalidade brasileira, não sendo, portanto, classificado como cidadão brasileiro.

b) A ação deve prosperar, porque a competência para julgar a ação popular em tela é do juiz de primeira instância da justiça comum, e o autor da ação tem legitimidade ativa porque é cidadão no pleno gozo de seus direitos políticos, muito embora não faça parte da nação brasileira.

c) A ação não deve prosperar, uma vez que a competência para julgar a mencionada ação popular é do Supremo Tribunal Federal, muito embora não falte legitimidade ad causam para o autor da ação, que é cidadão brasileiro, detentor da nacionalidade brasileira e no pleno gozo dos seus direitos políticos.

d) A ação deve prosperar, porque a competência para julgar a ação popular em tela tanto pode ser do juiz de primeira instância da justiça comum quanto do Supremo Tribunal Federal, e não falta legitimidade ad causam para o autor da ação, já que integra o povo brasileiro.

7. **(OAB - FGV - XXX EXAME DE ORDEM)** Bento ficou surpreso ao ler, em um jornal de grande circulação, que um cidadão americano adquiriu fortuna ao encontrar petróleo em sua propriedade, situada no Estado do Texas. Acresça-se que um amigo, com formação na área de Geologia, tinha informado que as imensas propriedades de Bento possuíam rochas sedimentares normalmente presentes em regiões petrolíferas. Antes de pedir um aprofundado estudo geológico do terreno, Bento buscou um advogado especialista na matéria, a fim de saber sobre possíveis direitos econômicos que lhe caberiam como resultado da extração do petróleo em sua propriedade. O advogado respondeu que, segundo o sistema jurídico-constitucional brasileiro, caso seja encontrado petróleo na propriedade, Bento

a) poderá, por ser proprietário do solo e, por extensão, do subsolo de sua propriedade, explorar, per se, a atividade, auferindo para si os bônus e ônus econômicos advindos da exploração.

b) receberá indenização justa e prévia pela desapropriação do terreno em que se encontra a jazida, mas não terá direito a qualquer participação nos resultados econômicos provenientes da atividade.

c) terá assegurada, nos termos estabelecidos pela via legislativa ordinária, participação nos resultados econômicos decorrentes da exploração da referida atividade em sua propriedade.

d) não terá direito a qualquer participação no resultado econômico da atividade, pois, embora seja proprietário do solo, as riquezas extraídas do subsolo são de propriedade exclusiva da União.

8. (OAB – FGV – XXIX EXAME DE ORDEM) O Estado Alfa promulgou, em 2018, a Lei Estadual X, concedendo unilateralmente isenção sobre o tributo incidente em operações relativas à circulação interestadual de mercadorias (ICMS) usadas como insumo pela indústria automobilística. O Estado Alfa, com isso, atraiu o interesse de diversas montadoras em ali se instalarem. A Lei Estadual X, no entanto, contraria norma da Constituição da República que dispõe caber a lei complementar regular a forma de concessão de incentivos, isenções e benefícios fiscais relativos ao ICMS, mediante deliberação dos Estados e do Distrito Federal. Em razão da Lei Estadual X, o Estado Beta, conhecido polo automobilístico, sofrerá drásticas perdas em razão da redução na arrecadação tributária, com a evasão de indústrias e fábricas para o Estado Alfa. Diante do caso narrado, com base na ordem jurídico-constitucional vigente, assinale a afirmativa correta.

a) O Governador do Estado Beta não detém legitimidade ativa para a propositura da Ação Direta de Inconstitucionalidade em face da Lei Estadual X, uma vez que, em âmbito estadual, apenas a Mesa da Assembleia Legislativa do respectivo ente está no rol taxativo de legitimados previsto na Constituição.

b) A legitimidade do Governador do Estado Beta restringe-se à possibilidade de propor, perante o respectivo Tribunal de Justiça, representação de inconstitucionalidade de leis ou atos normativos estaduais ou municipais em face da Constituição Estadual.

c) A legitimidade ativa do Governador para a Ação Direta de Inconstitucionalidade vincula-se ao objeto da ação, pelo que deve haver pertinência da norma impugnada com os objetivos do autor da ação; logo, não podem impugnar ato normativo oriundo de outro Estado da Federação.

d) O Governador do Estado Beta é legitimado ativo para propor Ação Direta de Inconstitucionalidade em face da Lei Estadual X, a qual, mesmo sendo oriunda de ente federativo diverso, provoca evidentes reflexos na economia do Estado Beta.

9. (OAB – FGV – XXIX EXAME DE ORDEM) Durval, cidadão brasileiro e engenheiro civil, desempenha trabalho voluntário na ONG Transparência, cujo principal objetivo é apurar a conformidade das contas públicas e expor eventuais irregularidades, apresentando reclamações e denúncias aos órgãos e entidades competentes. Ocorre que, durante o ano de 2018, a Secretaria de Obras do Estado Alfa deixou de divulgar em sua página da Internet informações referentes aos repasses de recursos financeiros, bem como foram omitidos os registros das despesas realizadas. Por essa razão, Durval compareceu ao referido órgão e protocolizou pedido de acesso a tais informações, devidamente especificadas. Em resposta à solicitação, foi comunicado que os dados requeridos são de natureza sigilosa, somente podendo ser disponibilizados mediante requisição do Ministério Público ou do

Tribunal de Contas. A partir do enunciado proposto, com base na legislação vigente, assinale a afirmativa correta.

a) A decisão está em desacordo com a ordem jurídica, pois os órgãos e entidades públicas têm o dever legal de promover, mesmo sem requerimento, a divulgação, em local de fácil acesso, no âmbito de suas competências, de informações de interesse coletivo ou geral que produzam ou custodiem.

b) Assiste razão ao órgão público no que concerne tão somente ao sigilo das informações relativas aos repasses de recursos financeiros, sendo imprescindível a requisição do Ministério Público ou do Tribunal de Contas para acessar tais dados.

c) Assiste razão ao órgão público no que concerne tão somente ao sigilo das informações relativas aos registros das despesas realizadas, sendo imprescindível a requisição do Ministério Público ou do Tribunal de Contas para acessar tais dados.

d) Assiste razão ao órgão público no que concerne ao sigilo das informações postuladas, pois tais dados apenas poderiam ser pessoalmente postulados por Durval caso estivesse devidamente assistido por advogado regularmente inscrito na Ordem dos Advogados do Brasil.

10. (OAB – FGV – XXIX EXAME DE ORDEM) **O diretor da unidade prisional de segurança máxima ABC expede uma portaria vedando, no âmbito da referida entidade de internação coletiva, quaisquer práticas de cunho religioso direcionadas aos presos, apresentando, como motivo para tal ato, a necessidade de a Administração Pública ser laica. A partir da situação hipotética narrada, assinale a afirmativa correta.**

a) A motivação do ato administrativo encontra-se equivocada, uma vez que o preâmbulo da Constituição da República de 1988 faz expressa menção à "proteção de Deus", também assegurando aos entes federados ampla liberdade para estabelecer e subvencionar os cultos religiosos e igrejas.

b) O ato expedido pelo diretor encontra plena correspondência com a ordem constitucional brasileira, a qual veda, aos entes federados, estabelecer cultos religiosos ou igrejas, subvencioná-los ou firmar qualquer espécie de colaboração de interesse público.

c) A Constituição da República de 1988 dispõe que, nos termos da lei, é assegurada assistência religiosa nas entidades civis e militares de internação coletiva, de modo que a portaria expedida pelo diretor viola um direito fundamental dos internos.

d) Inexiste incompatibilidade entre a portaria e a Constituição da República de 1988, uma vez que a liberdade religiosa apenas se apresenta no ensino confessional, ministrado, em caráter facultativo, nos estabelecimentos públicos e privados de ensino, não sendo tal direito extensível aos presos.

11. (OAB – FGV – XXIX EXAME DE ORDEM) **O Município X, visando à interligação de duas importantes zonas da cidade, após o regular procedimento licitatório, efetua a contratação de uma concessionária que ficaria responsável pela construção e administração da via. Ocorre que, em análise do projeto**

básico do empreendimento, constatou-se que a rodovia passaria em área de preservação ambiental e ensejaria graves danos ao ecossistema local. Com isso, antes mesmo de se iniciarem as obras, Arnaldo, cidadão brasileiro e vereador no exercício do mandato no Município X, constitui advogado e ingressa com Ação Popular postulando a anulação da concessão. Com base na legislação vigente, assinale a afirmativa correta.

a) A Ação Popular proposta por Arnaldo não se revela adequada ao fim de impedir a obra potencialmente lesiva ao meio ambiente.

b) A atuação de Arnaldo, na qualidade de cidadão, é subsidiária, sendo necessária a demonstração de inércia por parte do Ministério Público.

c) A ação popular, ao lado dos demais instrumentos de tutela coletiva, é adequada à anulação de atos lesivos ao meio ambiente, mas Arnaldo não precisaria constituir advogado para ajuizá-la.

d) Caso Arnaldo desista da Ação Popular, o Ministério Público ou qualquer cidadão que esteja no gozo de seus direitos políticos poderá prosseguir com a demanda.

12. **(OAB – FGV – XXVIII EXAME DE ORDEM)** Da população do Estado X, insatisfeita com os rumos da política nacional e os sucessivos escândalos de corrupção que assolam todas as esferas do governo, inicia uma intensa campanha pleiteando sua separação do restante da Federação brasileira. Um plebiscito é então organizado e 92% dos votantes opinaram favoravelmente à independência do Estado. Sobre a hipótese, com base no texto constitucional, assinale a afirmativa correta.

a) Diante do expressivo quórum favorável à separação do Estado X, a Assembleia Legislativa do referido ente deverá encaminhar ao Congresso Nacional proposta de Emenda Constitucional que, se aprovada, viabilizará a secessão do Estado X.

b) Para o exercício do direito de secessão, exige-se lei estadual do ente separatista, dentro do período determinado por Lei Complementar federal, dependendo ainda de consulta prévia, mediante plebiscito, às populações dos demais Estados, após divulgação dos estudos de viabilidade, apresentados e publicados na forma da lei.

c) Diante da autonomia dos entes federados, admite-se a dissolução do vínculo existente entre eles, de modo que o Estado X poderia formar um novo país, mas, além da aprovação da população local por meio de plebiscito ou referendo, seria necessária a edição de Lei Complementar federal autorizando a separação.

d) A forma federativa de Estado é uma das cláusulas pétreas que norteiam a ordem constitucional brasileira, o que conduz à conclusão de que se revela inviável o exercício do direito de secessão por parte de qualquer dos entes federados, o que pode motivar a intervenção federal.

13. **(OAB – FGV – XXVIII EXAME DE ORDEM)** Numerosas decisões judiciais, contrariando portarias de órgãos ambientais e de comércio exterior, concederam autorização para que sociedades empresárias pudessem importar

pneus usados. Diante disso, o Presidente da República ingressa com Arguição de Descumprimento de Preceito Fundamental (ADPF), sustentando que tais decisões judiciais autorizativas da importação de pneus usados teriam afrontado preceito fundamental, representado pelo direito à saúde e a um meio ambiente ecologicamente equilibrado. A partir do caso narrado, assinale a afirmativa correta.

a) A ADPF não se presta para impugnar decisões judiciais, pois seu objeto está adstrito às leis ou a atos normativos federais e estaduais de caráter geral e abstrato, assim entendidos aqueles provenientes do Poder Legislativo em sua função legislativa.

b) A ADPF tem por objetivo evitar ou reparar lesão a preceito fundamental resultante de ato do Poder Público, ainda que de efeitos concretos ou singulares; logo, pode impugnar decisões judiciais que violem preceitos fundamentais da Constituição, desde que observada a subsidiariedade no seu uso.

c) Embora as decisões judiciais possam ser impugnadas por ADPF, a alegada violação do direito à saúde e a um meio ambiente ecologicamente equilibrado não se insere no conceito de preceito fundamental, conforme rol taxativo constante na Lei Federal nº 9.882/99.

d) A ADPF não pode ser admitida, pois o Presidente da República, na qualidade de chefe do Poder Executivo, não detém legitimidade ativa para suscitar a inconstitucionalidade de ato proferido por membros do Poder Judiciário, sob pena de vulneração ao princípio da separação dos poderes

14. (OAB – FGV – XXVIII EXAME DE ORDEM) **Agentes do Ministério do Trabalho, em inspeção realizada em carvoaria situada na zona rural do Estado K, constataram que os trabalhadores locais encontravam-se sob exploração de trabalho escravo, sujeitando-se a jornadas de 16 horas consecutivas de labor, sem carteira assinada ou qualquer outro direito social ou trabalhista, em condições desumanas e insalubres, percebendo, como contraprestação, valor muito inferior ao salário mínimo nacional. Diante da situação narrada, com base na ordem constitucional vigente, assinale a afirmativa correta.**

a) Diante da vedação ao confisco consagrada na Constituição de 1988, o descumprimento da função social, agravado pela situação de grave violação aos direitos humanos dos trabalhadores, enseja responsabilização administrativa, cível e criminal do proprietário, mas não autoriza a expropriação da propriedade rural.

b) O uso de mão de obra escrava autoriza a progressividade das alíquotas do imposto sobre a propriedade territorial rural e, caso tal medida não se revele suficiente, será possível que a União promova a expropriação e destinação das terras à reforma agrária e a programas de habitação popular, mediante prévia e justa indenização do proprietário.

c) A hipótese narrada enseja a desapropriação por interesse social para fins de reforma agrária, uma vez que o imóvel rural não cumpre a sua função social, mediante prévia e justa indenização em títulos da dívida agrária.

d) A exploração de trabalho escravo na referida propriedade rural autoriza sua expropriação pelo Poder Público, sem qualquer indenização ao proprietário e sem prejuízo de outras sanções previstas em lei, admitindo-se, até mesmo, o confisco de todo e qualquer bem de valor econômico apreendido na carvoaria.

15. (OAB – FGV – XXVIII EXAME DE ORDEM) Pablo, cidadão espanhol, decide passar férias no litoral do Nordeste brasileiro. Durante sua estadia, de modo acidental, corta-se gravemente com o facão que manuseava para abrir um coco verde, necessitando de imediato e urgente atendimento hospitalar. Ocorre que o hospital de emergência da localidade se recusa a atender Pablo, ao argumento de que, por ser estrangeiro, ele não faria jus aos serviços do Sistema Único de Saúde, devendo procurar um hospital particular. Com base na situação fictícia narrada, assinale a afirmativa correta.

a) A Constituição da República, no *caput* do Art. 5º, assegura a igualdade de todos os brasileiros natos e naturalizados perante a lei, sem distinções de qualquer natureza, de modo que Pablo, por ser estrangeiro, não faz jus ao direito social à saúde.

b) A saúde, na qualidade de direito social, apenas pode ser prestada àqueles que contribuem para a manutenção da seguridade social; diante da impossibilidade de Pablo fazê-lo, por ser estrangeiro, não pode ser atendido pelos hospitais que integram o Sistema Único de Saúde.

c) O Sistema Único de Saúde rege-se pelo princípio da universalidade da tutela à saúde, direito fundamental do ser humano; logo, ao ingressar no território brasileiro, Pablo, mesmo sendo cidadão espanhol, tem direito ao atendimento médico público e gratuito em caso de urgência.

d) Pablo, apenas pode ser atendido em hospital público que integre o Sistema Único de Saúde caso se comprometa a custear todas as despesas com seu tratamento, salvo comprovação de ser hipossuficiente econômico, circunstância excepcional na qual terá direito ao atendimento gratuito.

16. (OAB – FGV – XXVIII EXAME DE ORDEM) Ante o iminente vencimento do prazo para adimplemento de compromissos internacionais assumidos pelo Brasil perante o Fundo Monetário Internacional, bem como diante da grave crise econômica enfrentada pelo Estado, o Presidente da República, no regular exercício do mandato, edita a Medida Provisória X. A medida dispõe sobre a possibilidade de detenção e sequestro, pelo governo federal, de bens imóveis com área superior a 250 m² situados em zonas urbanas, desde que não se trate de bem de família e que o imóvel esteja desocupado há mais de dois anos. Sobre a Medida Provisória X, com base na CRFB/88, assinale a afirmativa correta.

a) É inconstitucional, uma vez que a Constituição Federal de 1988 veda, expressamente, que tal espécie normativa disponha sobre matéria que vise a detenção ou o sequestro de bens.

b) É inconstitucional, pois trata de matéria já regulamentada pelo legislador ordinário, qual seja, a possibilidade de desapropriação de bens imóveis urbanos por necessidade ou utilidade pública.

c) Ela não se revela adequada ao cumprimento do requisito de urgência porque só produzirá efeitos no exercício financeiro seguinte, caso venha a ser convertida em lei até o último dia daquele em que foi editada.

d) É constitucional, pois foram respeitados os requisitos de relevância e urgência, desde que seja submetida de imediato ao Congresso Nacional, perdendo eficácia se não for convertida em lei no prazo de 60 (sessenta) dias, prorrogável uma única vez por igual período.

17. (OAB – FGV – XXVII EXAME DE ORDEM) Após cumprimento de todas as formalidades constitucionais e legais exigíveis, o Estado Alfa se desmembra (desmembramento por formação), ocasionando o surgimento de um novo Estado-membro: o Estado Beta. Preocupados com a possibilidade de isso influenciar nas grandes decisões políticas regionais, um grupo de cidadãos inicia um movimento exigindo a imediata elaboração de uma Constituição para o novo Estado Beta. Os líderes políticos locais, sem maiores conhecimentos sobre a temática, buscam assessoramento jurídico junto a advogados constitucionalistas, sendo-lhes corretamente informado que, segundo a inteligência do sistema jurídico-constitucional brasileiro,

a) com a criação do Estado Beta no âmbito da República Federativa do Brasil, passou este a fazer parte do pacto federativo, subordinando-se tão somente à Constituição Federal, e não a qualquer outra constituição.

b) tendo passado o Estado Beta a ser reconhecido como um ente autônomo, adquiriu poderes para se estruturar por meio de uma Constituição, sem a necessidade desta se vincular a padrões de simetria impostos pela Constituição Federal.

c) pelo fato de o Estado Beta ter sido reconhecido como um ente federado autônomo, passa a ter poderes para se estruturar por meio de uma Constituição, que deverá observar o princípio da simetria, conforme os padrões fixados na Constituição Federal.

d) o reconhecimento do Estado Beta como um ente federado autônomo assegurou-lhe poderes para se estruturar por meio de uma Constituição, cujo texto, porém, não poderá se diferenciar daquele fixado pela Constituição Federal.

18. (OAB – FGV – XXVII EXAME DE ORDEM) O Estado Y, bastante conhecido pela exuberância de suas praias, que atraem milhares de turistas todos os anos, edita lei estadual impedindo a pesca de peixes regionais típicos, ameaçados de extinção, e limitando o transporte marítimo de passageiros.A partir da hipótese narrada, nos termos da Constituição da República Federativa do Brasil, assinale a afirmativa correta.

a) O Estado Y possui competência legislativa concorrente com a União para dispor sobre pesca, mas poderá legislar sobre transporte e navegação marítima, caso Lei Complementar federal o autorize.

b) O Estado Y tem competência comum com os demais entes federados para legislar sobre a matéria; logo, a lei estadual é constitucional.

c) A lei editada pelo Estado Y é inconstitucional, porque compete privativamente à União legislar sobre a proteção do meio ambiente e o controle da poluição.

d) A lei editada pelo Estado Y é inconstitucional, porque trata de pesca e navegação marítima, que são de competência exclusiva da União, apesar de o Estado Y ter competência privativa para legislar sobre meio ambiente.

19. (OAB - FGV - XXVII EXAME DE ORDEM) O Procurador-Geral de Justiça resolve representar perante o Tribunal de Justiça, solicitando intervenção estadual no Município Alfa, sob a alegação de que esse ente federado tem violado frontalmente diversos princípios, de reprodução obrigatória, indicados na Constituição Estadual. Com base na hipótese narrada, assinale a afirmativa correta.

a) A intervenção estadual no Município Alfa pode ser decretada, ex officio, pelo Governador de Estado, independentemente da representação.

b) A intervenção estadual no Município Alfa dependerá de provimento do Tribunal de Justiça requisitando ao Governador de Estado que decrete a referida medida.

c) A intervenção estadual não é possível, pois, devido à sua natureza excepcional, o rol previsto na Constituição da República não contempla a violação a princípios.

d) A intervenção estadual no Município Alfa, após o acolhimento da representação pelo Tribunal de Justiça, ainda dependerá do controle político da Assembleia Legislativa Estadual.

GABARITO

1- A; 2- D; 3- C; 4- D; 5- D; 6- B; 7- C; 8- D; 9- A; 10- C; 11- D; 12- D; 13- B; 14- D ; 15- C; 16- A; 17- C; 18- A; 19- B

REFERÊNCIAS BIBLIOGRÁFICAS

BARROSO. Luís Roberto. *Curso de direito constitucional contemporâneo*: os conceitos fundamentais e a construção do novo modelo. 8 ed. São Paulo: Saraiva, 2019

BASTOS, Celso. *Curso de direito constitucional*. 17. ed. Rio de Janeiro: Forense, 1996. p. 234-2

BOBBIO, Norberto. Democracia. In: BOBBIO, Norberto; MATTEUCCI, Nicola; PASQUINO, Gianfranco. *Dicionário de política*. Trad. Carmen C, Varriale et al. Coord. trad. João Ferreira. Rev. geral João Ferreira e Luis Guerreiro Pinto Cacais. 11. ed. Brasília: Editora Universidade de Brasília, 1998. v. 1. p. 481.

CANOTILHO, J. J. Gomes. *Direito constitucional e teoria da Constituição*. 4. ed. Coimbra: Almedina, 1998.

CHIOVENDA, Giuseppe. *Instituições de direito processual civil*. Campinas: Bookseller, 1998. 2v.

DIDIER JR., Fredie. *Curso de Direito Constitucional*. Salvador: JusPodivm, 2016

FERREIRA FILHO, Manoel Gonçalves. *Curso de direito constitucional*. 18. ed. São Paulo: Saraiva | Imprenta, 2015. p. 143.

FERREIRA FILHO, Manoel Gonçalves. *Do processo legislativo*. São Paulo: Saraiva | Imprenta, 2014.

MEIRELLES, Hely Lopes. *Mandado de segurança, ação popular, ação civil pública, mandado de injunção e* habeas data. 14. ed. São Paulo: Malheiros, 1998.

MENDES, Gilmar Ferreira; BRANCO, Paulo Gustavo Gonet. *Curso de direito constitucional*. 10. ed. São Paulo: Saraiva, 2012.

PAULO, Vicente; ALEXANDRINO, Marcelo. *Direito constitucional descomplicado*. São Paulo: Método, 2018.

SARLET, Ingo Wolfgang; MARINONI, Luiz Guilherme; MITIDIERO, Daniel. *Curso de direito constitucional*. 9 ed. São Paulo, Saraiva, 2020.

SILVA, José Afonso da. *Curso de direito constitucional positivo*. 34. ed. São Paulo: Malheiros, 2012.

SILVA, José Afonso da. *Curso de direito constitucional positivo*. Salvador: Juspodivm. São Paulo: Malheiros.

Direito Internacional

Mateus Silveira

Especialista em Direito Ambiental Nacional e Internacional pela UFRGS. Mestrando em Direitos Humanos na Uniritter. Professor de Direito Constitucional e História Aplicada ao Direito na Faculdade Dom Alberto. Professor exclusivo do CEISC para exame da OAB e concursos. Professor Palestrante na FESDEP (Fundação Escola Superior da Defensoria Pública do RS) nas disciplinas de Direito Constitucional e Direitos Humanos. Advogado. Consultor jurídico de Direito Ambiental, Direitos Humanos e Direitos Fundamentais. Instagram e Facebook: @professormateussilveira; Canal no You Tube: Professor Mateus Silveira.

SUMÁRIO

1. CONSIDERAÇÕES INICIAIS

A disciplina de Direito Internacional, na 1ª fase do Exame de Ordem, em regra, aparece com duas questões na prova, as quais abordam ou direito internacional privado ou direito internacional público.

Direito Internacional Privado: regula a relação entre os particulares e os seus interesses de ordem privada com características internacionais.

Direito Internacional Público: é o conjunto de princípios e normas, positivas e costumeiras, representativas dos direitos e deveres aplicáveis no âmbito da sociedade internacional.

2. DIREITO INTERNACIONAL PRIVADO

Em suma, é o conjunto de princípios e regras sobre qual direito será aplicável à solução de relações jurídicas com características internacionais privadas, quando, numa relação jurídica privada, tivermos mais de uma legislação estrangeira envolvida na relação e com possibilidades de regular a relação jurídica estabelecida.

Na verdade, esse direito **é um sobredireito, pois indica o direito aplicável e não soluciona o litígio** (traz normas conflituais e indiretas).

O Direito Internacional Privado busca encontrar **elementos de conexão**, que são regras determinadas pelo Direito Internacional Privado que apontam o direito aplicável a uma ou várias situações jurídicas unidas a mais de um sistema legal.

São exemplos, entre outros, de elementos de conexão: nacionalidade, domicílio e residência habitual da pessoa física, *lex rei sitae* (**lei do local da situação da coisa**), *lex loci delicti commissi* (**lei do lugar onde foi cometido o ato ilícito**), *lex fori* (**lugar do foro**) e *lex loci actus* (**lei do lugar da ação ou obrigação**).

Portanto, o Direito Internacional Privado é o ramo da ciência jurídica que regula as regras e os princípios aplicáveis nos casos de conflitos de lei no espaço.

NORMAS E ARTIGOS IMPORTANTES NA PROVA DE DIREITO INTERNACIONAL PRIVADO		
CPC Limites da Jurisdição Nacional e da Cooperação Internacional (Arts. 21 a 25)	**LINDB** (Arts. 7 a 10)	**CÓDIGO CIVIL** (Arts. 76 a 78)

2.1 DA LEI DE INTRODUÇÃO ÀS NORMAS DO DIREITO BRASILEIRO (DEC. Nº 4.657/1942)

2.1.1 A Lei de Introdução às Normas do direito brasileiro e a personalidade da pessoa natural

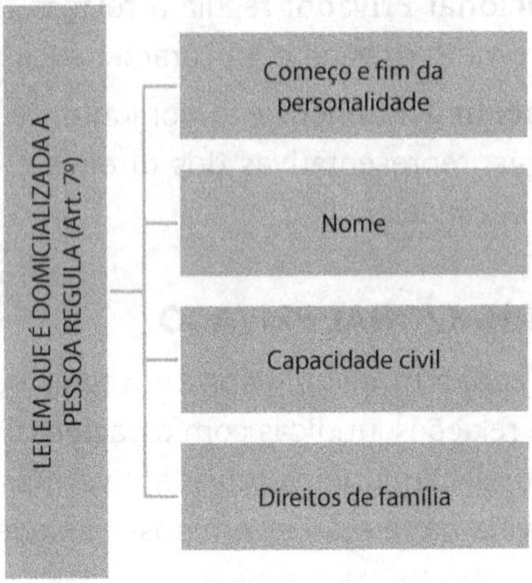

2.1.2 A Lei de Introdução às Normas do Direito Brasileiro e as normas relativas ao casamento (art. 7º, §§ 1º a 7º)

De acordo com o art. 7º da LINDB, aplica-se a lei brasileira para os casamentos realizados no Brasil quanto aos impedimentos dirimentes e às formalidades da celebração.

O casamento de estrangeiros poderá ser celebrado perante autoridades diplomáticas ou consulares do país de ambos os nubentes, mas atenção: esse dispositivo só se aplica quando os nubentes tiverem a mesma nacionalidade.

Quanto à invalidade do matrimônio, a lei que regerá essa situação será a do domicílio dos nubentes. Tendo eles domicílio diverso, valerá a lei do primeiro domicílio conjugal. Do mesmo modo, é regulado o regime legal de bens, que será fixado o do domicílio dos nubentes, que, se antes do casamento for diverso, valerá o primeiro domicílio conjugal.

2.1.3 Regras para determinação de domicílio de modo subsidiário na lei de introdução às normas do direito brasileiro

O domicílio do chefe da família estende-se ao outro cônjuge e aos filhos não emancipados, salvo em caso de abandono. O mesmo acontece quanto ao domicílio do tutor ou curador aos incapazes sob sua guarda. E, quando a pessoa não tiver domicílio, considerar-se-á domiciliada no lugar de sua residência ou no local em que se encontre.

2.1.4 Regras para os direitos reais na Lei de Introdução às Normas do Direito Brasileiro (art. 8º)

Para **qualificar os bens imóveis** e regular as relações a eles concernentes, **aplicar-se-á a lei do país em que estiverem situados**.

Quanto aos bens móveis que o proprietário trouxer e/ou transportar para outros lugares, aplicar-se-á a **lei do país** em que for **domiciliado o proprietário**.

2.1.5 a Lei de Introdução às Normas do Direito Brasileiro e as obrigações (art. 9º)

Para se qualificar e reger as obrigações, aplicar-se-á a lei do país em que se constituírem e, destinando-se a obrigação a ser executada no Brasil, e dependendo de forma essencial, será esta observada, admitindo-se as peculiaridades da lei estrangeira quanto aos requisitos extrínsecos do ato.

Caso não tenhamos o local de constituição e os sujeitos da norma sejam ausentes, o contrato reputar-se-á constituído no lugar onde residir o proponente.

2.1.6 Lei de Introdução às Normas do Direito Brasileiro e sucessões (art. 10)

Qualquer que seja a natureza e a situação dos bens, a sucessão por morte ou por ausência obedece à lei do país em que domiciliado o defunto ou o desaparecido, bem como a sucessão de bens de estrangeiros, situados no País, será regulada pela lei brasileira em benefício do cônjuge ou dos filhos brasileiros, ou de quem os represente.

Sempre que não lhes seja mais favorável a lei pessoal do *de cujus*, este mesmo dispositivo constará também previsto no art. 5º, XXXI, da CF/1988. Já no tocante à capacidade de suceder a lei do **domicílio do herdeiro** ou legatário, será a lei reguladora.

> **Atenção!** O juiz poderá julgar uma demanda utilizando lei estrangeira, desde que tenha competência para realizar o julgamento previsto no CPC. Além disso, não conhecendo a lei estrangeira, poderá o juiz exigir de quem a invoca prova do texto e da vigência.

2.1.7 Demais pontos importantes da Lei de Introdução às Normas do Direito Brasileiro

Quando as declarações de vontade, leis, atos e sentenças de outro país ofenderem a soberania nacional, a ordem pública e os bons costumes, não terão eficácia no Brasil.

Tratando-se de brasileiros, são competentes as autoridades consulares brasileiras para lhes celebrar o casamento e os mais atos de Registro Civil e de tabelionato, inclusive o registro de nascimento e de óbito dos filhos de brasileiro ou brasileira nascido no país da sede do Consulado.

2.2 COMPETÊNCIAS DO JUDICIÁRIO BRASILEIRO

A autoridade judiciária brasileira é competente para julgar uma demanda quando o réu for domiciliado no Brasil ou aqui tiver de ser cumprida a obrigação. Contudo, só à autoridade judiciária brasileira compete conhecer das ações relativas a imóveis situados no Brasil.

2.3 DA PRODUÇÃO DE PROVAS NO BRASIL

A prova dos fatos ocorridos em país estrangeiro rege-se pela lei que nele vigorar, quanto ao ônus e aos meios de produzir-se, não admitindo aos tribunais brasileiros provas que a lei brasileira desconheça (art. 13 da LINDB).

> **Atenção!**
> **QUANTO A PROVAS** – Convenção sobre a Obtenção de Provas no Estrangeiro em Matéria Civil ou Comercial: Dec. nº 9.039/2017.
> O **Brasil não autorizou a OBTENÇÃO DE PROVAS POR REPRESENTANTES DIPLOMÁTICOS, AGENTES CONSULARES OU COMISSÁRIOS**, pois não aceitou estes elementos previstos no tratado internacional.

2.4 DA HOMOLOGAÇÃO DE DECISÃO (SENTENÇA) ESTRANGEIRA (ARTS. 15 DA LINDB E 960 A 965 DO CPC/2015)

Sentença Estrangeira: advinda de um tribunal estrangeiro (por exemplo, uma decisão de um tribunal italiano). As decisões do tribunal estrangeiro não valem de imediato no Brasil, por este motivo precisam ser homologadas para terem força executiva no País.

Sentença Internacional: advinda de um tribunal internacional (por exemplo, Corte Internacional de Justiça [CIJ], Tribunal Penal Internacional [TPI] e Corte Interamericana de Direitos Humanos [COIDH]). As decisões dos tribunais internacionais têm validade em todos os países que se submetem à jurisdição do tribunal, ou seja, tem validade nos países signatários submetidos às suas decisões.

A homologação de sentença estrangeira e a concessão de *exequatur* às cartas rogatórias é realizada pelo STJ desde a EC nº 45/2004, conforme dispõe o art. 105, I, *i*, da CF/1988. Após a homologação e a concessão da *exequatur* pelo STJ, compete ao Juiz Federal a execução de carta rogatória e o cumprimento da sentença estrangeira homologada (art. 109, X, da CF/1988).

As regras de homologação de sentença estrangeira que estavam inicialmente dispostas no art. 15 da LINDB agora estão previstas também e de forma mais completa pelo CPC, nos arts. 960 a 965.

O STJ regula o procedimento de homologação, que está disciplinado nos arts. 216-A a 216-X do Regimento Interno do STJ (RISTJ), introduzidos pela ER nº 18 do STJ.

Ainda, quanto à homologação de decisão estrangeira, destacam-se:

a) Súm. nº 420 do STF: "Não se homologa sentença proferida no estrangeiro sem prova do trânsito em julgado".
b) A reciprocidade com o país de origem da decisão não é requisito para a homologação de sentença estrangeira (art. 26, § 2º, do CPC/2015).
c) Não cabe homologação de sentença em matérias de competência exclusiva do poder judiciário brasileiro.
d) O cumprimento de decisão estrangeira far-se-á perante o juízo federal competente.
e) É possível a homologação parcial da decisão estrangeira.
f) É possível homologar decisões estrangeiras interlocutórias e decisões arbitrais.

3. DIREITO INTERNACIONAL PÚBLICO

Regula ou regra a relação entre Estados, e outros sujeitos de Direito Internacional, como os organismos internacionais intergovernamentais (ONU, BIRD, FMI)) e os indivíduos.

O Direito Internacional Público tem como características importantes para a sua compreensão: inexistência de uma autoridade superior, falta de coercibilidade para o cumprimento dos regramentos estabelecidos, sistema de sanções frágeis, descentralização das decisões e dever do respeito à soberania dos Estados, tendo com fonte mais importante os tratados internacionais.

São fundamentos do Direito Internacional Público (DIP):

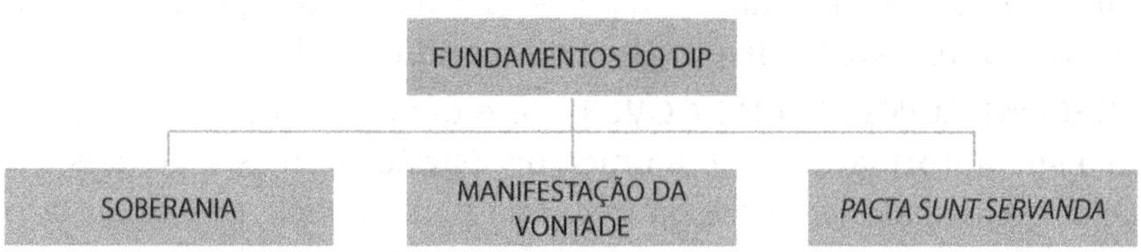

3.1 CONCEITOS IMPORTANTES

POPULAÇÃO: é o conjunto de habitantes que mantêm ligação estável com um determinado Estado, por meio de um vínculo jurídico, ou seja, o vínculo da nacionalidade. Inclui os nacionais residentes dentro e fora (emigrantes) do território nacional. Não inclui os estrangeiros residentes no território do Estado.

NACIONALIDADE: é o vínculo jurídico-político de fidelidade entre o Estado e o indivíduo, atribuído pelo Estado no exercício de seu poder soberano.

TERRITÓRIO: é o espaço onde se exerce a soberania estatal. Ele determina os limites do exercício do poder do Estado. **Delimitar um território significa estabelecer seus limites**, o que é feito por tratados ou costumes. Demarcar um território significa implantar marcos físicos sobre o território.

> **Atenção! Não confundir limite com fronteira**. Limite é um ponto que determina, com certa precisão, até onde vai o território do Estado, já **fronteira é uma região em torno do limite territorial**, sobre o qual o Estado tem interesse de zelar para garantir sua segurança nacional.

3.2 PERSONALIDADE JURÍDICA DE DIREITO INTERNACIONAL

Significa quais sujeitos gozam de aptidão internacional para contrair direitos e deveres no direito internacional público.

Os Estados e as organizações internacionais intergovernamentais e os particulares ou indivíduos têm personalidade jurídica internacional, ou seja, são sujeitos do Direito Internacional. Os indivíduos, as pessoas se configuram muito mais como sujeitos de direito internacional, uma vez que o objeto dos acordos internacionais de direitos humanos estabelece a proteção de todos os seres humanos.

> **Atenção!** A Anistia Internacional e o Comitê Internacional da Cruz Vermelha não são organizações internacionais, mas sim Organizações Não Governamentais de atuação internacional. Por esse motivo, não celebram tratados, não sendo, portanto, considerados sujeitos de direito internacional.

ESTADOS: para que sejam sujeitos de direito internacional, devem reunir **quatro elementos constitutivos** em sua formação: população permanente; território determinado, governo e soberania.

RECONHECIMENTO DE UM ESTADO: é o surgimento de um novo sujeito de direito internacional, atestado pelos demais Estados por meio de um **ato discricionário**, **unilateral**, **irrevogável** e **incondicional**.

RECONHECIMENTO DE GOVERNO: é todo governo de um Estado que **exerce a sua autoridade como a única no Estado**. Tem as seguintes FORMALIDADES: efetividade (controle da máquina e obediência civil), cumprimento das obrigações internacionais, Constituição própria e ser democrático.

EFEITOS DO RECONHECIMENTO DE UM GOVERNO: estabelecimento de relações diplomáticas; imunidade de jurisdição; capacidade para demandar em tribunal estrangeiro; admissão da validade das leis e dos atos governamentais pelos seus nacionais e estrangeiros.

3.3 CHEFE DE ESTADO *VERSUS* CHEFE DE GOVERNO

São funções diferentes, mas que podem estar sendo realizadas pelo mesmo cargo e pela mesma pessoa; porém, em muitos países, **são exercidas por pessoas diferentes**, como reis, presidentes e primeiros-ministros nos parlamentarismos monárquicos ou republicanos.

No Brasil, as duas chefias de Estado e governo são, em regra, desempenhadas pelo Presidente da República, que, entre tantas funções, cabe privativamente a ele, como Chefe de Estado, manter relações com outros Estados, acreditar seus representantes diplomáticos e celebrar tratados internacionais *ad referendum* do Congresso Nacional (art. 84, VII e VIII, da CF/1988).

No nosso país, a divisão pode ser organizada da seguinte forma:

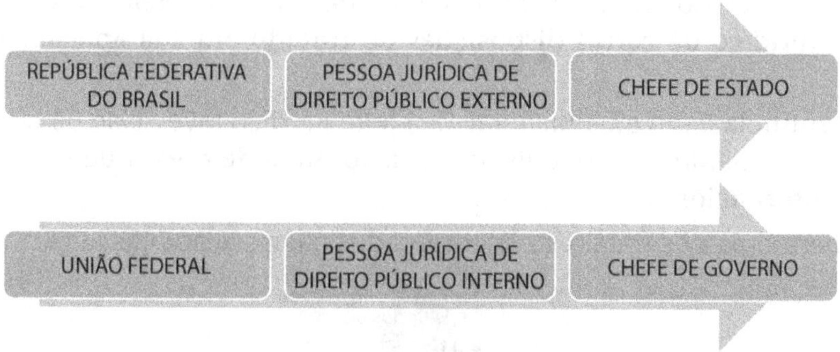

> **Atenção! O Chefe de Estado goza de imunidade plena,** que é uma restrição ao direito fundamental dos Estados soberanos, que se veem **impedidos de sujeitar representantes de outros Estados presentes em seu território ao seu ordenamento jurídico**.

ORGANIZAÇÃO INTERNACIONAIS, TAMBÉM CHAMADAS DE ORGANIZAÇÕES INTERNACIONAIS INTERGOVERNAMENTAIS: são pessoas jurídicas de direito público externo formadas pela reunião de dois ou mais Estados que têm uma finalidade em comum. Após serem constituídas, adquirem personalidade internacional, independente da de seus membros constituintes (ONU, OIT, FAO, UNESCO [educação, ciência e cultura], OTAN E FMI).

3.4 TRATADOS INTERNACIONAIS

Principal fonte jurídica de direito internacional privado, o tratado é um acordo internacional celebrado por escrito entre dois ou mais Estados ou outros sujeitos sob égide do Direito Internacional.

No Brasil, quem assina tratados, em regra, é o nosso Chefe de Estado, ou seja, o Presidente da República, mas também podem assinar e negociar tratados **o Ministro das Relações Exteriores, bem como os chamados PLENIPOTENCIÁRIOS** (pessoas escolhidas pelo Presidente com a confirmação do Ministro das Relações Exteriores) e **Chefes de Delegação Nacional**, ambos os quais necessitam de **CARTA DE PLENOS PODERES**.

> **Atenção!** Os tratados **são normas de direito externo até serem internalizados pelos ordenamentos jurídicos de cada nação**. O Brasil adotou a teoria da incorporação no art. 5º, §§ 2º, 3º e 4º, da CF/1988.

No Brasil, assinado o tratado, é enviado ao Congresso Nacional, devendo ser aprovado nas duas Casas. Aprovado, é emitido pelo **Presidente do Congresso Nacional um Decreto Legislativo autorizando o Presidente a ratificar o acordo e, uma vez ratificado por decreto presidencial, o tratado será promulgado e publicado, passando a valer no território nacional.**

Cuidado com os termos reserva e denúncia:

Reserva significa uma declaração unilateral, qualquer que seja a sua redação ou denominação, feita por um Estado ao assinar, ratificar, aceitar ou aprovar um tratado, ou a ele aderir, com o **objetivo de excluir ou modificar o efeito jurídico de certas disposições do tratado em sua aplicação** a esse Estado.

Denúncia é um ato unilateral, de efeito jurídico inverso ao da ratificação e da adesão, manifestando, o Estado, sua **vontade de deixar de ser parte no acordo internacional**.

Hierarquia dos tratados – incorporados à legislação brasileira:

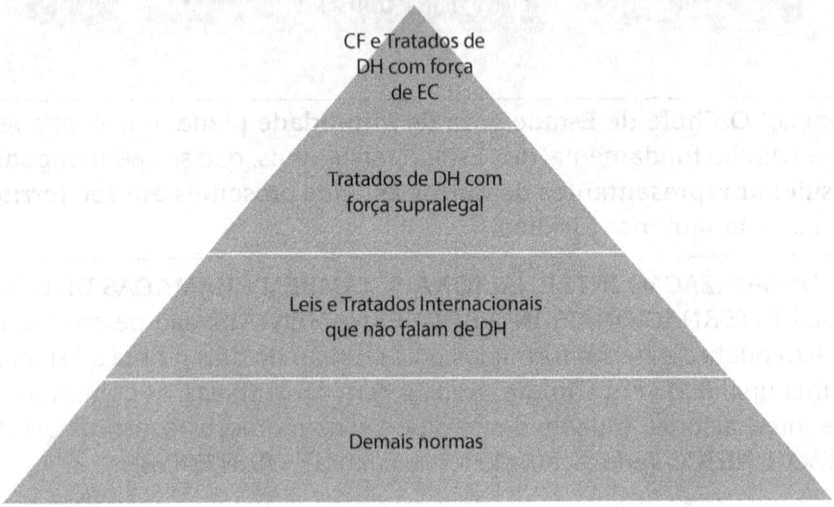

a) Tratados de Direitos Humanos com força de emenda constitucional são os tratados incorporados à legislação brasileira pelo processo legislativo estabelecido no art. 5º, § 3º, da CF/1988.
b) Tratados de Direitos Humanos com força supralegal são os tratados de Direitos Humanos incorporados à legislação brasileira pelo processo legislativo comum previsto pelo Congresso Nacional.

3.5 MISSÕES DIPLOMÁTICAS

AGENTES DIPLOMÁTICOS: são responsáveis pela representação do próprio Estado em território estrangeiro, perante governos estrangeiros.

MISSÃO DIPLOMÁTICA: é formada pelo conjunto de diplomatas que representam os Estados ou organizações intergovernamentais.

DIREITO DE LEGAÇÃO: consiste na prerrogativa dos Estados de enviar (ativa) e receber (passiva) agentes diplomáticos (embaixadores) de outros Estados.

OS EMBAIXADORES são a própria representação da nação no Estado estrangeiro ou no organismo internacional, sendo responsáveis pela representação política.

O **chefe da missão diplomática é chamado de embaixador ou núncio**. Também em **missões sem embaixadas, o chefe poderá ser chamado de enviado ou ministro ou encarregado de negócios**.

Embaixador é uma função ocupada, e não uma classe da carreira diplomática; o último nível da carreira diplomática é ministro de primeira classe.

As **embaixadas**, que são o **local** onde funciona a **missão diplomática** compreendendo o conjunto de suas instalações físicas, **são invioláveis segundo a Convenção de Viena**.

AGENTES CONSULARES: são funcionários públicos enviados pelo Estado para a proteção de seus interesses e de seus nacionais.

CONSULADOS são repartições públicas estabelecidas pelos Estados em portos ou cidades de outros Estados. São responsáveis pela representação **comercial, administrativa e a de caráter notarial.**

A nomeação do cônsul depende de aceitação prévia do nome indicado (feito mediante o *exequatur*, que é a autorização concedida pelo Estado receptor que admite o agente consular para o exercício de suas funções), competindo tal função a cada Estado individualmente, nos termos de sua legislação específica. Carta patente é o documento que representa a investidura do agente consular.

3.5.1 Imunidade

Em razão do desempenho das suas funções, os agentes diplomáticos gozam de privilégios e imunidades.

Esses privilégios e imunidades podem ser classificados em: **inviolabilidade, imunidade de jurisdição civil, administrativa e criminal e isenção fiscal**.

A inviolabilidade abrange o local da missão diplomática e as **residências particulares dos agentes diplomáticos**. Nesses locais, o Estado acreditado não pode exercer nenhum tipo de coação (invasão pela polícia), a não ser que haja autorização do chefe da missão. Do mesmo modo, não pode haver uma citação dentro da missão.

A inviolabilidade cessa se os locais da missão forem utilizados de modo incompatível com as suas funções. Cessa, ainda, em caso de emergência (incêndio). É inviolável também a correspondência.

A inviolabilidade também significa que os **agentes diplomáticos não podem ser presos**. O **Estado acreditado deverá proteger os imóveis da missão**, bem como a própria pessoa dos agentes diplomáticos.

Os atos da missão, praticados como representante do Estado acreditante (assinatura de tratado), não podem ser apreciados pelos tribunais do Estado acreditado.

Quanto às questões penais, o **agente diplomático goza de imunidade de jurisdição criminal**. É **absoluta e aplica-se a qualquer delito**. Ele tem ainda imunidade de jurisdição civil e administrativa. A imunidade de jurisdição não significa que ele esteja acima da lei, mas apenas que ele **deverá ser processado no Estado acreditante**.

Poderá haver renúncia à imunidade de jurisdição do agente diplomático ou de qualquer pessoa que dela se beneficie. De modo geral, sustenta-se que a imunidade penal **cessa em caso de flagrante delito que não esteja ligado ao exercício de suas funções**.

A imunidade de jurisdição civil, administrativa e penal não se aplicará quando:

a) uma **ação real sobre imóvel privado** situado no território do Estado acreditado, salvo se o agente diplomático o possuir por conta do Estado acreditado para os fins da missão.

b) uma **ação sucessória** na qual o agente diplomático figure, a título privado e não em nome do Estado, como executor testamentário, administrador, herdeiro ou legatário.

c) uma **ação referente a qualquer profissão liberal ou atividade comercial** exercida pelo agente diplomático no Estado acreditado fora de suas funções oficiais.

No tocante às imunidades, ainda temos o fato de que o agente diplomático não é obrigado a prestar depoimento como testemunha em processos judiciais que correm no país acreditado.

A execução relativa aos casos mencionados no parágrafo anterior poderá ser realizada desde que não afete a inviolabilidade da pessoa ou da residência do diplomata.

> **Atenção!** A imunidade de jurisdição de um agente diplomático no Estado acreditado **não o isenta da jurisdição do Estado acreditante**.

3.5.2 Da renúncia das imunidades

O Estado acreditante pode renunciar à imunidade de jurisdição dos seus agentes diplomáticos e das demais pessoas que gozam de imunidade, porém essa renúncia **será sempre expressa**. A renúncia à imunidade de jurisdição, no tocante às ações civis ou administrativas, **não implica renúncia à imunidade quanto às medidas de execução da sentença, para as quais nova renúncia é necessária**.

Ao iniciar uma ação judicial, o agente diplomático que goza de imunidade de jurisdição não poderá invocar a imunidade no tocante a uma reconvenção legada à ação principal.

Se um agente diplomático ou uma pessoa que goza de imunidade de jurisdição iniciar uma ação judicial, não lhe será permitido invocar a imunidade de jurisdição no tocante a uma reconvenção ligada à ação principal.

3.5.3 Da isenção de impostos ao representante diplomático

O agente diplomático gozará de isenção de todos os impostos e taxas, pessoais ou reais, nacionais, regionais ou municipais, salvo as seguintes exceções:

a) os impostos indiretos que estejam normalmente incluídos no preço das mercadorias ou dos serviços;

b) os impostos e taxas sobre bens imóveis privados situados no território do Estado acreditado, a não ser que o agente diplomático os possua em nome do Estado acreditante e para os fins da missão;

c) os direitos de sucessão percebidos pelo Estado acreditado;

d) os impostos e taxas sobre rendimentos privados que tenham a sua origem no Estado acreditado e os impostos sobre o capital referentes a investimentos em empresas comerciais no Estado acreditado;

e) os impostos e taxas que incidem sobre a remuneração relativa a serviços específicos;

f) os direitos de registro, de hipoteca, custas judiciais e imposto de selo relativos a bens imóveis.

#Ficaadica:

1) os locais da missão diplomática não podem ser violados;
2) o agente diplomático goza de isenção de impostos e taxas, havendo exceções a esse respeito;
3) os bens da embaixada são invioláveis e não podem ser objetos de penhora;
4) a correspondência e a comunicação oficial da missão diplomática são invioláveis;
5) a mala diplomática não poderá ser aberta ou retida.

4. DOMÍNIO PÚBLICO INTERNACIONAL

O mar territorial brasileiro compreende uma faixa de 12 milhas marítimas de largura, medidas a partir da linha de baixa-mar do litoral continental e insular. Nos locais em que a costa apresente recortes profundos e reentrâncias ou em que exista uma franja de ilhas ao longo da costa na sua proximidade imediata, será adotado o método das linhas de base retas para realizar a medida da extensão do mar territorial. A **soberania do Brasil estende-se** ao mar territorial, ao espaço aéreo sobrejacente, bem como ao seu leito e subsolo.

Na **zona contígua**, o Brasil poderá tomar as medidas de fiscalização necessárias para: evitar as infrações às leis e aos regulamentos aduaneiros, fiscais, de imigração ou sanitários, no seu território ou no seu mar territorial; e reprimir as infrações às leis e aos regulamentos, no seu território ou no seu mar territorial. Por exemplo: as autoridades policiais brasileiras poderão prender pessoas em área de zona contígua que tenham realizado um crime em território brasileiro e estejam fugindo.

Zona econômica exclusiva (ZEE) é uma faixa de 200 milhas marítimas contadas a partir da linha base, onde há o **direito exclusivo do BRASIL de investigação e exploração científica econômica**. O Brasil, no exercício de sua jurisdição, tem o direito exclusivo de regulamentar a investigação científica marinha, a proteção e preservação do meio marítimo, bem como a construção, a operação e o uso de todos os tipos de ilhas artificiais, instalações e estruturas. A investigação científica marinha na ZEE só poderá ser conduzida por outros Estados com o consentimento prévio do governo brasileiro, bem como a realização de exercícios ou manobras militares, em particular as que impliquem o uso de armas ou explosivas, porém é reconhecido a todos os Estados o gozo na ZEE das liberdades de navegação e sobrevoo e o uso do mar internacionalmente lícito, relacionado com as referidas liberdades, como as ligadas à operação de navios e aeronaves.

Plataforma continental corresponde ao leito e ao subsolo das áreas submarinas que se estendem além do mar territorial em toda a extensão do prolongamento natural de seu território terrestre, até o bordo exterior da margem continental, ou até uma distância de 200 milhas marítimas das linhas de base. O Brasil exerce direitos de soberania sobre a plataforma continental para efeitos de exploração dos recursos naturais. É reconhecido a todos os Estados o direito de colocar cabos e dutos na plataforma continental. O traçado da linha para a colocação de tais cabos e dutos na plataforma continental dependerá do consentimento do governo brasileiro.

Alto-mar é um conceito de direito do mar, definido como todas as partes do mar não incluídas no mar territorial e na zona econômica exclusiva de um Estado costeiro, nem nas águas arquipelágicas de um estado arquipélago. Em outras palavras, alto-mar é o conjunto das zonas marítimas que não se estão sob jurisdição de nenhum Estado. Nos termos do direito do mar, qualquer reivindicação de soberania sobre tais zonas, da parte de um estado, é ilegítima.

Rios internacionais são aqueles que correm em mais de um Estado, quer sejam limítrofes (formam fronteira entre dois Estados), quer de curso sucessivo (correm no território de um Estado em seguida ao de outro). A importância da navegação fluvial somou-se aos interesses econômicos da utilização dos recursos econômicos da utilização dos recursos naturais (geração de energia hidrelétrica, irrigação, etc.) para criar a necessidade de disciplina internacional para tais rios, de que são exemplos o Danúbio, na Europa, e a Bacia do Prata, na América do Sul. A disciplina de tais situações é realizada por meio de entendimentos ou tratados específicos para cada situação e, por vezes, até mesmo por atos unilaterais. Aplica-se nesta matéria um princípio básico que regula os rios internacionais: o da soberania dos Estados sobre os trechos que correm dentro de seus respectivos limites.

Espaço aéreo é a porção da atmosfera localizada sobre o território ou mar territorial de um Estado. O Direito Internacional Público reconhece a soberania exclusiva do Estado sobre o espaço aéreo sobrejacente. Tal espaço, diferentemente do mar territorial, não comporta direito de passagem inocente, razão pela qual, em princípio, uma aeronave estrangeira somente pode sobrevoar o território de determinado Estado com o consentimento deste.

5. NACIONALIDADE

Pode ser adquirida de dois modos: originária e derivada.

- **Originária:** adquirida com o nascimento;
- **Derivada** ou **secundária:** adquirida por vontade posterior.

A nacionalidade originária pode se dar por dois critérios:

a) ***Ius soli:*** é nacional aquele que nascer no solo do país (compreendendo extensões territoriais como navios de guerra e navios mercantes em alto-mar);

b) ***Ius sanguinis:*** é nacional aquele que for filho, ou seja, que tiver a filiação de nacional do país.

No Brasil, a regra é o *ius soli*: nasceu em solo brasileiro, será brasileiro. Contudo, há exceções, nas quais a Constituição adotou o *ius sanguinis*.

5.1 NACIONALIDADE ORIGINÁRIA OU PRIMÁRIA NO BRASIL

São brasileiros natos os casos previstos nas hipóteses do art. 12, I, *a*, *b* e *c*, da CF/1988:

a) os nascidos na República Federativa do Brasil, ainda que de pais estrangeiros, desde que estes não estejam a serviço de seu país;

ius soli **+ não ser filho de estrangeiros que estejam a serviço do seu país no Brasil. É a regra da nacionalidade no nosso país.**

Atenção para a exceção, pois necessitamos de um casal de estrangeiros, e um deles deve estar a serviço do seu país no Brasil para que seu filho seja da sua nacionalidade.

b) os nascidos no estrangeiro, de pai brasileiro ou de mãe brasileira, desde que qualquer deles esteja a serviço da República Federativa do Brasil;

ius sanguinis **+ o trabalho no exterior para o brasileiro.**

c) os nascidos no estrangeiro de pai brasileiro ou de mãe brasileira, desde que sejam registrados em repartição brasileira competente ou venham a residir na República Federativa do Brasil e optem, em qualquer tempo, depois de atingida a maioridade, pela nacionalidade brasileira;

1ª parte: ***ius sanguinis*** **+ registro no exterior na repartição pública competente (em regra consulados); 2ª parte: nascimento no exterior +** ***ius***

***sanguinis* + venha a residir no Brasil + maioridade + opção (manifestação de vontade) pela nacionalidade.**

> **Atenção** às mudanças do art. 12, I, *c*, da CF/1988 que ocorreram com a EC de revisão nº 3/1994 (tirou a possibilidade do registro em repartição competente no exterior) e a EC nº 54/2007, pois criaram uma situação para os nascidos entre as duas revisões, regulada no art. 95 do ADCT:
>
> > Os nascidos no estrangeiro entre 7 de junho de 1994 e a data da promulgação desta Emenda Constitucional, filhos de pai brasileiro ou mãe brasileira, poderão ser registrados em repartição diplomática ou consular brasileira competente ou em ofício de registro, se vierem a residir na República Federativa do Brasil.

5.2 NACIONALIDADE DERIVADA OU SECUNDÁRIA NO BRASIL

A nacionalidade derivada é aquela que se dá por meio da manifestação da vontade do estrangeiro que busca se tornar brasileiro. Alguns elementos podem ser utilizados como objeto de análise para a concessão da nacionalidade derivada, como **casamento com brasileiro(a), trabalho no Brasil ou para o Brasil e residência no Brasil**.

A Constituição brasileira destes critérios menciona somente a hipótese de residência como forma de adquirir nacionalidade derivada para estrangeiro, mas a Lei de Migração prevê outras possibilidades que levam em conta esses critérios.

São brasileiros naturalizados os casos previstos no art. 12, II, *a* e *b*, da CF/1988:

a) os que, na forma da lei, adquiram a nacionalidade brasileira, exigidas aos originários de países de língua portuguesa apenas residência por um ano ininterrupto e idoneidade moral;

1ª parte: poderão se naturalizar os estrangeiros que cumprirem os requisitos constantes na lei (Lei nº 13.445/2017 - arts. 64 a 72); 2ª parte: poderão se naturalizar os indivíduos originários de países de língua portuguesa que tenham residência ininterrupta de um ano no país e idoneidade moral.

b) **os estrangeiros de qualquer nacionalidade residentes** na República Federativa do Brasil **há mais de quinze anos ininterruptos e sem condenação penal**, desde que requeiram a nacionalidade brasileira.

Essa hipótese de naturalização também é chamada de naturalização extraordinária.

A naturalização no Brasil está regulada pela Lei de Migração (Lei nº 13.445/2017), a partir do art. 64 até o art. 72 da norma.

São tipos de naturalização no Brasil:

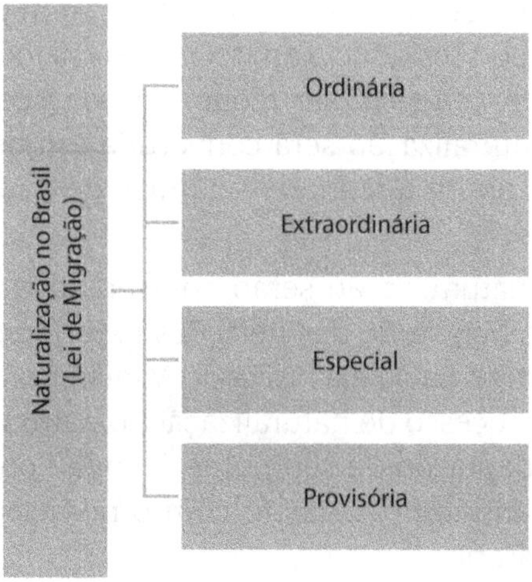

1) Naturalização ordinária

Para que o estrangeiro consiga se naturalizar, a lei exige o preenchimento das seguintes condições: capacidade civil no Brasil, residência em território nacional (pelo prazo mínimo de 4 [quatro] anos), comunicar-se em língua portuguesa e não possuir condenação penal ou estiver reabilitado (se foi condenado, já ter cumprido integralmente a pena).

O requisito da residência no Brasil será reduzido para o prazo de no mínimo um ano se o estrangeiro naturalizando preencher quaisquer das seguintes condições: tiver filho brasileiro; tiver cônjuge ou companheiro brasileiro e não estiver dele separado legalmente ou de fato no momento de concessão da naturalização; haver prestado ou poder prestar serviço relevante ao Brasil; e ter sido recomendado por sua capacidade profissional, científica ou artística.

2) Naturalização extraordinária

É uma naturalização concedida ao estrangeiro que comprovar ter fixado no Brasil residência há mais de 15 (quinze) anos ininterruptos e sem condenação penal. Esta forma de naturalização está prevista nos arts. 67 da Lei nº 13.445/2017 e 12. II, *b* da CF/1988.

3) Naturalização especial

Utiliza os mesmos critérios da naturalização ordinária, com a exceção do critério da residência no Brasil, pois ela troca esse critério por outros: ou que o naturalizando seja cônjuge ou companheiro, há mais de 5 (cinco) anos, de integrante do Serviço Exterior Brasileiro em atividade ou de pessoa a serviço do Estado brasileiro no exterior; ou que o naturalizando tenha sido empregado em missão diplomática ou em repartição consular do Brasil por mais de 10 (dez) anos ininterruptos.

4) Naturalização provisória

É a naturalização que poderá ser concedida ao migrante criança ou adolescente que tenha fixado residência em território nacional antes de completar 10 (dez) anos de idade, e deverá ser requerida por intermédio de seu representante legal. Esta naturalização será convertida em definitiva se o naturalizando expressamente assim o requerer no prazo de 2 (dois) anos após atingir a maioridade.

Os pedidos de naturalização serão apresentados pelos estrangeiros na Polícia Federal e/ou no Ministério das Relações Exteriores, mas a concessão da naturalização é de competência exclusiva do Ministério da Justiça e Segurança Pública. No curso do processo de naturalização, o naturalizando poderá requerer a tradução ou a adaptação de seu nome à língua portuguesa. O nome do naturalizando será mantido no cadastro com o nome traduzido ou adaptado associado ao nome anterior.

Atenção! O naturalizado terá o prazo de até 1 (um) ano, após a concessão da naturalização, para comparecer perante a Justiça Eleitoral para o devido cadastramento.

Os efeitos da naturalização ocorrem após a publicação no *Diário Oficial* do ato de naturalização.

5.2.1 Da perda da nacionalidade

O naturalizado perderá a nacionalidade em razão de condenação transitada em julgado por atividade nociva ao interesse nacional, conforme dispõe o inc. I do § 4º do art. 12 da CF/1988. Cuidado, pois o **risco de geração de situação de apatridia será levado em consideração antes da efetivação da perda da nacionalidade.**

Para os brasileiros natos, é possível a perda de nacionalidade se eles adquirirem outra nacionalidade derivada ou nata que seja incompatível com a nacionalidade brasileira (art. 12, § 4º, II, da CF/1988).

Contudo, é possível ao brasileiro readquirir a nacionalidade brasileira que tenha sido perdida em razão do previsto no inc. II do § 4º do art. 12 da CF/1988. Uma vez cessada a causa, poderá readquiri-la ou ter o ato que declarou a perda revogado, na forma definida pelo órgão competente do Poder Executivo.

5.2.2 Da quase nacionalidade

Aos portugueses com residência permanente no País, se houver reciprocidade em favor dos brasileiros, serão atribuídos os direitos inerentes ao brasileiro, salvo os casos previstos nesta Constituição. Essa situação trata-se da **quase nacionalidade ou, como a doutrina chama, brasileiros por equiparação**. A reciprocidade se evidencia no presente caso, vez que, com o Dec. nº 3.927/2001, promulgou-se o Tratado de Amizade, Cooperação e Consulta, entre a República Federativa do Brasil e a República Portuguesa, celebrado em Porto Seguro, em 22 de abril de 2000.

6. AS DISTINÇÕES CONSTITUCIONAIS ENTRE BRASILEIROS NATOS E NATURALIZADOS

Em regra, brasileiros natos e naturalizados devem ser tratados como iguais, podendo somente a Constituição Federal prever algumas distinções específicas entre os dois. Existem somente as seguintes diferenças entre brasileiros natos e naturalizados na Constituição:

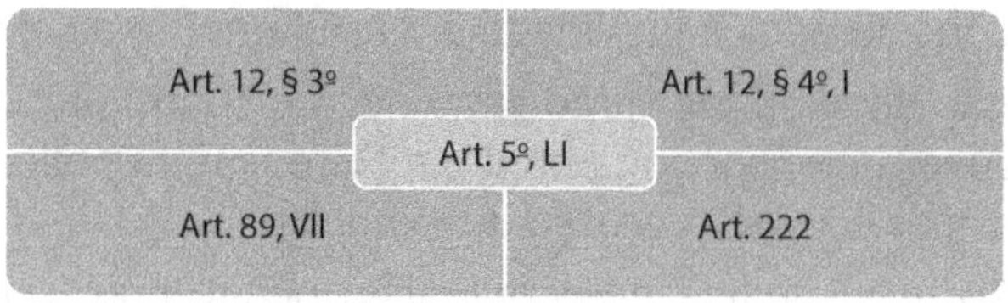

Cargos que são privativos de brasileiros natos:

I – de Presidente e Vice-Presidente da República;

II – de Presidente da Câmara dos Deputados;

III – de Presidente do Senado Federal;

IV – de Ministro do Supremo Tribunal Federal;

V – da carreira diplomática;

VI – de oficial das Forças Armadas;

VII – de Ministro de Estado da Defesa.

> **Atenção!** Se todos os ministros do STF devem ser brasileiros natos, temos uma hipótese não listada no § 3º do art. 12, que é o cargo de Presidente do CNJ, uma vez que só preside o CNJ ou o presidente ou o Vice do STF, por força do disposto no § 1º do art. 103-B da CF/1988.

7. DA RETIRADA OU SAÍDA COMPULSÓRIA DE ESTRANGEIROS

Deportação: medida decorrente de procedimento administrativo que consiste na retirada compulsória de pessoa que se encontre em situação migratória irregular em território nacional. Portanto, a deportação trata-se de uma irregularidade administrativa, ou seja, o estrangeiro entra com um visto de turista, mas excede o prazo de permanência, trabalhando sem a devida autorização.

Expulsão: consiste em medida administrativa de retirada compulsória de migrante ou visitante do território nacional, conjugada com o impedimento de reingresso por prazo determinado. A expulsão poderá ocorrer com a condenação em sentença transitada em julgado relativa à prática de: crime de genocídio, crime contra a humanidade, crime de guerra ou crime de agressão, nos termos definidos pelo Estatuto de Roma do Tribunal Penal Internacional, ou crime comum doloso, passível de pena privativa de liberdade, consideradas a gravidade e as possibilidades de ressocialização em território nacional.

Não podem ser expulsos os estrangeiros, se a medida configurar extradição inadmitida pela legislação brasileira; ou se o expulsando tiver filho brasileiro que esteja sob sua guarda ou dependência econômica ou socioafetiva ou tiver pessoa brasileira sob sua tutela; tiver cônjuge ou companheiro residente no Brasil, sem discriminação alguma, reconhecido judicial ou legalmente; tiver ingressado no Brasil até os 12 (doze) anos de idade, residindo desde então no País; for pessoa com mais de 70 (setenta) anos que resida no País há mais de 10 (dez) anos, considerados a gravidade e o fundamento da expulsão.

No processo de expulsão serão garantidos o contraditório e a ampla defesa. Se não houver defensor constituído, a Defensoria Pública da União será notificada da instauração de processo de expulsão.

Extradição: é a medida de cooperação penal internacional que pode ser requerida por via diplomática ou por autoridades centrais designadas para cuidarem da extradição. Nessa medida, o Estado brasileiro solicita ou recebe a solicitação de outro Estado para a entrega de pessoa sobre quem recaia condenação criminal definitiva ou para fins de instrução de processo penal em curso. A extradição é um processo que passa pela via diplomática e pelo controle de legalidade do STF.

Os brasileiros natos não podem ser extraditados pelo Brasil para outros Estados, bem como os brasileiros naturalizados que só poderão ser extraditados pelo Brasil em duas situações específicas: ou crime comum antes da naturalização ou tráfico de entorpecentes a qualquer tempo.

Não se concederá a extradição quando: o fato que motivar o pedido não for crime no Brasil ou no Estado requerente; o Brasil for competente, segundo suas leis, para julgar o crime imputado ao extraditando; a lei brasileira impuser ao crime pena de prisão inferior a 2 (dois) anos; o extraditando estiver respondendo a processo ou já houver sido condenado ou absolvido no Brasil pelo mesmo fato em que se fundar o pedido; a punibilidade estiver extinta pela prescrição, segundo a lei brasileira ou a do Estado requerente; o fato constituir crime político ou de opinião; o extraditando tiver de responder, no Estado requerente, perante tribunal ou juízo de exceção; ou o extraditando for beneficiário de refúgio ou de asilo territorial no Brasil.

Entre as condições para o Brasil realizar a extradição para outro país, estão o fato do crime ter sido cometido no território do Estado requerente ou serem aplicáveis ao extraditando as leis penais desse Estado e estar o extraditando respondendo a processo investigatório ou a processo penal ou ter sido condenado pelas autoridades judiciárias do Estado requerente a pena privativa de liberdade.

Repatriação: consiste em medida administrativa da devolução ao país de procedência ou de nacionalidade da pessoa em situação de impedimento de ingresso, identificada no momento da entrada no território nacional. Na repatriação, o impedimento de ingresso se dá no momento da entrada do estrangeiro no Brasil, e por esse motivo não será permitida a entrada dele, que deverá retornar a expensas da empresa transportadora para o país de origem da viagem.

Entrega de nacionais ou estrangeiros: é o **envio de um indivíduo para ser julgado pelo Tribunal Penal Internacional (TPI). Pode ocorrer com brasileiros natos, naturalizados ou estrangeiros**. A CF/1988 proíbe a extradição de brasileiros natos; porém, quanto à entrega, nada menciona. Além disso, é importante salientar que o Brasil integra o TPI, fazendo parte do órgão, conforme dispõe o art. 5º, § 4º, da CF/1988. A entrega é promovida pela autoridade brasileira e deve ter a concordância do acusado.

Lei nº 13.445/2017 – Lei de Migração – conceitos importantes:

Imigrante: pessoa nacional de outro país ou apátrida que trabalha ou reside e se estabelece temporária ou definitivamente no Brasil;

Emigrante: brasileiro que se estabelece temporária ou definitivamente no exterior;

Residente fronteiriço: pessoa nacional de país limítrofe ou apátrida que conserva a sua residência habitual em município fronteiriço de país vizinho;

Visitante: pessoa nacional de outro país ou apátrida que vem ao Brasil para estadas de curta duração, sem pretensão de se estabelecer temporária ou definitivamente no território nacional;

Apátrida: pessoa que não seja considerada nacional por nenhum Estado, segundo a sua legislação, nos termos da Convenção sobre o Estatuto dos Apátridas, de 1954, promulgada pelo Dec. nº 4.246, de 22 de maio de 2002, ou assim reconhecida pelo Estado brasileiro.

> **Atenção!**
> **Do Processo Simplificado de Naturalização do Apátrida (arts. 26 da Lei nº 13.445/2017 e 99 do Dec. nº 9.199/2017):**
> - Sendo reconhecida a condição de apátrida, na hipótese de o beneficiário optar pela naturalização, o Ministério da Justiça e Segurança Pública publicará, no prazo de 30 dias, **ato de instauração de processo simplificado de naturalização com os atos necessários à sua efetivação. O apátrida solicitante deve comprovar a residência no Brasil pelo prazo de dois anos e observar os demais critérios da naturalização ordinária prevista na Lei nº 13.445/2017.**

Alguns dos princípios e das diretrizes da política migratória do Brasil:

1) universalidade, indivisibilidade e interdependência dos direitos humanos;
2) não criminalização da migração;
3) acolhida humanitária;

4) garantia do direito à reunião familiar;
5) inclusão social, laboral e produtiva do migrante por meio de políticas públicas;
6) acesso igualitário e livre do migrante a serviços, programas e benefícios sociais, bens públicos, educação, assistência jurídica integral pública, trabalho, moradia, serviço bancário e seguridade social;
7) promoção do reconhecimento acadêmico e do exercício profissional no Brasil, nos termos da lei;
8) repúdio a práticas de expulsão ou de deportação coletivas.

Ao migrante é garantida, no território nacional, em condição de igualdade com os nacionais, a inviolabilidade do direito à vida, à liberdade, à igualdade, à segurança e à propriedade, bem como são assegurados os direitos fundamentais ligados a seguridade social, educação, acesso à justiça, entre outros dispostos na Constituição Federal.

Do visto:

É o documento que dá a seu titular expectativa de ingresso em território nacional. O visto, em regra, será concedido por embaixadas, consulados-gerais, consulados, vice-consulados e, quando habilitados pelo órgão competente do Poder Executivo, por escritórios comerciais e de representação do Brasil no exterior.

Dos tipos de visto:

I – de visita; (sem intenção de estabelecer residência)

II – temporário; (com o intuito de estabelecer residência por tempo determinado)

III – diplomático;

IV – oficial;

V – de cortesia.

8. DA ENTRADA E DA SAÍDA DO TERRITÓRIO NACIONAL

As funções de polícia marítima, aeroportuária e de fronteira serão realizadas pela Polícia Federal nos pontos de entrada e de saída do território nacional.

QUESTÕES

1. **(OAB – FGV – XVII EXAME DE ORDEM UNIFICADO)** Carlos, brasileiro naturalizado, tendo renunciado à sua anterior nacionalidade, casou-se com Tatiana, de nacionalidade alemã. Em razão do trabalho na iniciativa privada, Carlos foi transferido para o Chile, indo residir lá com sua mulher. Em 15/07/2011, em território chileno, nasceu a primeira filha do casal, Cláudia, que foi registrada na Repartição Consular do Brasil.

A teor das regras contidas na Constituição Brasileira de 1988, assinale qual a situação de Cláudia quanto à sua nacionalidade.

a) Cláudia não pode ser considerada brasileira nata, em virtude de a nacionalidade brasileira de seu pai ter sido adquirida de modo derivado e pelo fato de sua mãe ser estrangeira.

b) Cláudia é brasileira nata, pelo simples fato de o seu pai, brasileiro, ter se mudado por motivo de trabalho.

c) Cláudia somente será brasileira nata se vier a residir no Brasil e fizer a opção pela nacionalidade brasileira após atingir a maioridade.

d) Cláudia é brasileira nata, não constituindo óbice o fato de o seu pai ser brasileiro naturalizado e sua mãe, estrangeira.

2. (OAB - FGV - XXIV EXAME DE ORDEM UNIFICADO) Roger, suíço radicado no Brasil há muitos anos, faleceu em sua casa no Rio Grande do Sul, deixando duas filhas e um filho, todos maiores de idade. Suas filhas residem no Brasil, mas o filho se mudara para a Suíça antes mesmo do falecimento de Roger, lá residindo. Roger possuía diversos bens espalhados pelo sul do Brasil e uma propriedade no norte da Suíça.

Com referência à sucessão de Roger, assinale a afirmativa correta.

a) Se o inventário de Roger for processado no Brasil, sua sucessão deverá ser regulada pela lei suíça, que é a lei de nacionalidade de Roger.

b) A capacidade do filho de Roger para sucedê-lo será regulada pela lei suíça.

c) Se Roger tivesse deixado testamento, seria aplicada, quanto à sua forma, a lei da nacionalidade dele, independentemente de onde houvesse sido lavrado.

d) O inventário de Roger não poderá ser processado no Brasil, em razão de existirem bens no estrangeiro a partilhar.

3. (OAB - FGV - XII EXAME DE ORDEM UNIFICADO) Um agente diplomático comete um crime de homicídio no Estado acreditado.

A respeito desse caso, assinale a afirmativa correta.

a) Será julgado no Estado acreditado, pois deve cumprir as leis desse Estado.

b) Poderá ser julgado pelo Estado acreditado desde que o agente renuncie a imunidade de jurisdição.

c) Em nenhuma circunstância pode ser julgado pelo Estado acreditado.

d) Poderá ser julgado pelo Estado acreditado, desde que o Estado acreditante renuncie expressamente à imunidade de jurisdição.

4. (OAB - FGV - XXV EXAME DE ORDEM UNIFICADO) Paulo, brasileiro, celebra no Brasil um contrato de prestação de serviços de consultoria no Brasil a uma empresa pertencente a François, francês residente em Paris, para a realização de investimentos no mercado imobiliário brasileiro. O contrato possui uma cláusula indicando a aplicação da lei francesa.

Em ação proposta por Paulo no Brasil, surge uma questão envolvendo a capacidade de François para assumir e cumprir as obrigações previstas no contrato.

Com relação a essa questão, a Justiça brasileira deverá aplicar

a) a lei brasileira, porque o contrato foi celebrado no Brasil.

b) a lei francesa, porque François é residente da França.

c) a lei brasileira, país onde os serviços serão prestados.

d) a lei francesa, escolhida pelas partes mediante cláusula contratual expressa.

5. (OAB – FGV – XX EXAME DE ORDEM UNIFICADO) Em 2013, uma empresa de consultoria brasileira assina, na cidade de Londres, Reino Unido, contrato de prestação de serviços com uma empresa local. As contratantes elegem o foro da comarca do Rio de Janeiro para dirimir eventuais dúvidas, com a exclusão de qualquer outro. Dois anos depois, as partes se desentendem quanto aos critérios técnicos previstos no contrato e não conseguem chegar a uma solução amigável. A empresa de consultoria brasileira decide, então, ajuizar uma ação no Tribunal de Justiça do Estado do Rio de Janeiro para rescindir o contrato.

Com relação ao caso narrado acima, assinale a afirmativa correta.

a) O juiz brasileiro poderá conhecer e julgar a lide, mas deverá basear sua decisão na legislação brasileira, pois um juiz brasileiro não pode ser obrigado a aplicar leis estrangeiras.

b) O Poder Judiciário brasileiro não é competente para conhecer e julgar a lide, pois o foro para dirimir questões em matéria contratual é necessariamente o do local em que o contrato foi assinado.

c) O juiz brasileiro poderá conhecer e julgar a lide, mas deverá basear sua decisão na legislação do Reino Unido, pois os contratos se regem pela lei do local de sua assinatura.

d) O juiz brasileiro poderá conhecer e julgar a lide, mas deverá se basear na legislação brasileira, pois, a litígios envolvendo brasileiros e estrangeiros, aplica-se a *lex fori*.

GABARITO

1. D; 2. B; 3. D; 4. B; 5. C.

REFERÊNCIAS BIBLIOGRÁFICAS

BALLARINO, Tito; BALLARINO, Eleonora; PRETELLI, Ilaria. *Diritto internazionale privato italiano*. 8. ed. Milano: Cedam, 2016.

DOLINGER, Jacob. *Direito internacional privado*: parte geral. 6. ed. ampl. e atual. Rio de Janeiro: Renovar, 2001.

FERRER CORREIA, A. *Lições de direito internacional privado*. 8. reimp. Coimbra: Almedina, vol. I, 2015.

MALHEIROS, Emerson Penha. *Manual de direito internacional privado*. 2. ed. São Paulo: Atlas, 2012.

MAZZUOLI, Valerio de Oliveira. *Curso de direito internacional público*. 10. ed. São Paulo: RT, 2016.

MAZZUOLI, Valerio de Oliveira. *Curso de direito internacional público*. 2. ed. São Paulo: Forense, 2017.

NIBOYET, J.-P. *Principios de derecho internacional privado*. Trad. Andrés Rodríguez Ramón. Madrid: Editorial Reus, 1928.

RECHSTEINER, Beat Walter. *Direito internacional privado*: teoria e prática. 15. ed. rev. e atual. São Paulo: Saraiva, 2012.

REZEK, José Francisco. *Direito Internacional público*: curso elementar. 14. ed. São Paulo: Saraiva, 2013.

Direitos Humanos

Mateus Silveira

Especialista em Direito Ambiental Nacional e Internacional pela UFRGS. Mestrando em Direitos Humanos na Uniritter. Professor de Direito Constitucional e História Aplicada ao Direito na Faculdade Dom Alberto. Professor exclusivo do CEISC para exame da OAB e concursos. Professor Palestrante na FESDEP (Fundação Escola Superior da Defensoria Pública do RS) nas disciplinas de Direito Constitucional e Direitos Humanos. Advogado. Consultor jurídico de Direito Ambiental, Direitos Humanos e Direitos Fundamentais. Instagram e Facebook: @professormateussilveira; Canal no You Tube: Professor Mateus Silveira.

SUMÁRIO

1. CONCEITO

Conceituarmos direitos humanos é algo provocador, pois podemos apresentar diversos conceitos que se complementam, tais como o conjunto de direitos e garantias assegurados nas declarações e nos tratados internacionais de direitos humanos e o conjunto de direitos considerados indispensáveis para a vida humana pautada em liberdade, igualdade e fraternidade.

Um dos grandes elementos conceituais dos direitos humanos é o reconhecimento que essa disciplina estabelece as liberdades públicas individuais, ou seja, aquelas prerrogativas que têm o indivíduo em face do Estado.

2. CATEGORIAS E GERAÇÕES DE DIREITOS HUMANOS

1ª Geração ou Dimensão **Direito das Liberdades** **Direitos Civis e Políticos** **Direitos de Defesa ou Negativos**	Vida, Liberdades (religiosa, de locomoção, de manifestação etc.), Propriedade, Direitos Políticos etc.
2ª Geração ou Dimensão **Direito das Igualdades** **Direitos Sociais e Econômicos** **Direitos Positivos e/ou Prestacionais**	Educação, Saúde, Trabalho, Previdência Social, Assistência Social etc.
3ª Geração ou Dimensão **Direito da Fraternidade** **Direitos de Solidariedade e Coletivos** **Direitos Transindividuais e/ou Difusos**	Meio Ambiente, Paz, Proteção de Coletividades Vulneráveis etc.

3. A TUTELA INTERNACIONAL DA PESSOA HUMANA E SEUS TRÊS EIXOS DE PROTEÇÃO

DIREITO INTERNACIONAL DOS DIREITOS HUMANOS: proteção do ser humano em todos os aspectos, englobando direitos civis e políticos, direitos sociais, econômicos, culturais e os direitos transindividuais.

DIREITO INTERNACIONAL DOS REFUGIADOS: age na proteção do refugiado, desde a saída do seu local de residência, concessão do refúgio até seu eventual término.

DIREITO INTERNACIONAL HUMANITÁRIO: foca na proteção do ser humano na situação específica dos conflitos armados (internacionais ou não internacionais – guerras civis).

4. O DIREITO INTERNACIONAL HUMANITÁRIO

É também conhecido como o direito internacional da guerra, pois precede a própria formação do direito internacional dos direitos humanos. Surge a partir da iniciativa do suíço Henri Dunant, que, após presenciar o massacre e a desumana situação de feridos na Batalha de Solferino (1859), ocorrida em solo italiano, decide criar a Cruz Vermelha e iniciar uma campanha internacional para a proteção dos militares feridos e doentes.

As regras que regulam o direito humanitário estão previstas nas Convenções de Genebra realizadas para regularem o direito humanitário.

4.1 PRINCÍPIOS DE DIREITO INTERNACIONAL HUMANITÁRIO

Princípio da Humanidade: de acordo com esse princípio, a **dignidade humana deve ser preservada** por mais precária e gravosa que seja a situação;

Princípio da Necessidade: os **bens civis devem ser respeitados** e não podem ser alvo de ataques e retaliações;

Princípio da Proporcionalidade: as partes devem **utilizar de seus recursos bélicos de forma proporcional a superar e vencer a parte adversa**, rejeitando-se um malefício superior aos ganhos militares pretendidos.

4.2 COMITÊ INTERNACIONAL DA CRUZ VERMELHA (CICV)

A principal **entidade responsável pelo monitoramento do cumprimento do direito internacional humanitário pelos Estados é o CICV**, em realidade, uma organização independente e não governamental cujo status e prerrogativas são reconhecidos nas próprias Convenções de Genebra. O CICV visa defender e amparar as vítimas de guerras e catástrofes naturais, além de auxiliar no contato com familiares e na busca por desaparecidos.

Embora não prevejam um órgão internacional voltado para a aplicação de sanções, os tratados que compõem o direito internacional humanitário podem ser invocados perante a Corte Internacional de Justiça (CIJ) e o Tribunal Penal Internacional (TPI).

Desse modo, o desenvolvimento do direito internacional humanitário é considerado um dos **precedentes históricos para a internacionalização dos direitos humanos**.

5. O DIREITO INTERNACIONAL DOS REFUGIADOS

O direito internacional dos refugiados também decorre de um "Convenção de Genebra", que, a não ser pelo nome, não se identifica com aquelas relacionadas ao direito internacional humanitário.

O principal instrumento do direito internacional dos refugiados é a Convenção das Nações Unidas sobre o Estatuto dos Refugiados, adotada em 28-7-1951 e com vigência a partir de 22-4-1954.

Essa Convenção definia o que se compreendia como refugiado e ao mesmo tempo estipulava regras para a sua proteção e a concessão de asilo político pelos Estados-membros. Contudo, ela possuía uma grave limitação de tempo, pois somente se aplicava aos refugiados em relação a eventos ocorridos antes de 1º de janeiro de 1951. A esse condicionamento denominou-se "reserva temporal". Após um período de discussões internacionais, foi elaborado o Protocolo relativo ao Estatuto dos Refugiados, que entrou em vigor em outubro de 1967. Com esse protocolo, deixaram de existir limitações geográficas e temporais para o reconhecimento do *status* de refugiado a determinadas categorias de pessoas, buscando-se agora conferir efetiva proteção **a todos aqueles que se deslocam em razão de uma crise política**.

O **Alto Comissariado das Nações Unidas para os Refugiados (ACNUR)** foi criado em 1949 e é órgão integrante do Sistema da ONU responsável por garantir e assegurar aos refugiados a observância dos seus direitos e por monitorar e acompanhar os movimentos de refugiados no globo.

No Brasil, o direito dos refugiados foi regulamentado pela Lei nº 9.474/1997, que também criou o Comitê Nacional para os Refugiados (CONARE), órgão colegiado vinculado ao Ministério da Justiça.

Vamos estudar em conjunto para distinguirmos os institutos do refúgio e do asilo político.

5.1 REFÚGIO

As pessoas que poderão estar sujeitas à condição de refugiados são aquelas que estão fora de seu país de origem devido a fundados temores de perseguição relacionados a questões de raça, religião, nacionalidade, pertencimento a um determinado grupo social ou opinião política, como também devido à grave e generalizada violação de direitos humanos e conflitos armados.

O refúgio se aplica, de um modo coletivo, a todas as pessoas que se enquadrarem nas condições mencionadas anteriormente, sendo, possível, por esse motivo se estender a condição de refugiado para os ascendentes, descendentes e cônjuge da pessoa já refugiada. É possível também estender a condição para outros parentes do refugiado que se encontrem em território nacional, que não sejam os citados anteriormente, mas esses parentes deverão demonstrar dependência econômica do refugiado.

5.2 ASILO POLÍTICO

Constitui ato discricionário do Estado. Pode ser diplomático ou territorial, sendo concedido no Brasil para proteger a pessoa estrangeira que se encontre perseguida em um Estado por suas crenças, opiniões e filiação política ou por atos que possam ser considerados delitos políticos.

Asilo diplomático, quando solicitado no exterior em locais de missão diplomática, navios de guerra e acampamentos ou aeronaves militares brasileiras, consiste na proteção ofertada pelo Estado brasileiro e na condução do asilado estritamente até o território nacional, em consonância com o disposto na Convenção Internacional sobre Asilo Diplomático.

Asilo territorial, quando solicitado em qualquer ponto do território nacional, perante unidade da Polícia Federal ou representação regional do Ministério das Relações Exteriores. O ingresso irregular no território nacional não constituirá impedimento para a solicitação de asilo territorial.

Compete ao Presidente da República decidir sobre o pedido de asilo político e sobre a revogação de sua concessão, consultado o Ministro de Estado das Relações Exteriores.

6. OS DIREITOS HUMANOS ANTES DA ORGANIZAÇÃO DAS NAÇÕES UNIDAS

Os direitos humanos são fruto de uma afirmação histórica da proteção dos direitos das pessoas ao longo do tempo, contudo a doutrina baseada nas lições da Profa. Flávia Piovesan estabeleceu três elementos como os precedentes da internacionalização dos direitos humanos: o Direito Humanitário, a criação da Liga das Nações e o surgimento da Organização Internacional do Trabalho (OIT-1919).

6.1 A LIGA DAS NAÇÕES UNIDAS

Foi uma organização internacional criada em abril de 1919, quando a Conferência de Paz de Paris adotou seu pacto fundador, posteriormente inscrito em todos os tratados de paz. Ainda durante a Primeira Guerra Mundial, a ideia de criar um organismo destinado à preservação da paz e à resolução dos conflitos internacionais por meio da mediação e do arbitramento já havia sido defendida por alguns estadistas, especialmente o presidente dos Estados Unidos, Woodrow Wilson. Contudo, a recusa do Congresso norte-americano em ratificar o Tratado de Versalhes acabou impedindo que os Estados Unidos se tornassem membro do novo organismo.

Com fim da Primeira Guerra Mundial (1914-1918), os países vencedores se reuniram em Versalhes, no subúrbio de Paris, na França, em janeiro de 1919, para firmar um tratado de paz, o Tratado de Versalhes. Um dos pontos do tratado era a criação de um organismo internacional que tivesse como finalidade assegurar a paz num mundo traumatizado pelas dimensões do conflito que se encerrara. Em 15-11-1920, teve lugar em Genebra/Suíça a 1ª Assembleia Geral da Liga das Nações. Os objetivos da organização eram impedir as guerras e assegurar a paz, a partir de ações diplomáticas, de diálogos e negociações para a solução dos litígios. Porém, infelizmente, não se conseguiu impedir a 2ª Guerra.

Desse modo, diante do fracasso de não ter conseguido coibir a ocorrência da Segunda Guerra Mundial, em abril de 1946, o organismo se autodissolveu, transferindo as responsabilidades que ainda mantinha para a recém-criada Organização das Nações Unidas, a ONU.

7. A ORGANIZAÇÃO INTERNACIONAL DO TRABALHO

A Organização Internacional do Trabalho (OIT) foi criada em 1919 como parte do Tratado de Versalhes, que pôs fim à Primeira Guerra Mundial.

Sua constituição converteu-se na Parte XIII do Tratado de Versalhes (1919). Fundou-se sobre a convicção primordial de que a paz universal e permanente somente pode estar baseada na justiça social. É a única das agências do Sistema das Nações Unidas com uma estrutura tripartite, composta de representantes de governos e de organizações de empregadores e de trabalhadores. A OIT é responsável pela formulação e aplicação das normas internacionais do trabalho (convenções e recomendações).

As convenções, uma vez ratificadas por decisão soberana de um país, passam a fazer parte de seu ordenamento jurídico. **O Brasil está entre os membros fundadores da OIT, participando da Conferência Internacional do Trabalho desde sua primeira reunião**. Na primeira Conferência Internacional do Trabalho, realizada em 1919, a OIT adotou seis convenções. Em 1944, à luz dos efeitos da Grande Depressão e da Segunda Guerra Mundial, a OIT adotou a **Declaração da Filadélfia como anexo da sua Constituição. A Declaração antecipou e serviu de modelo para a Carta das Nações Unidas** e para a Declaração Universal dos Direitos Humanos (DUDH).

Em junho de 1998 (86ª sessão), foi adotada a Declaração da OIT sobre os Princípios e Direitos Fundamentais do Trabalho e seu Seguimento. O documento é uma reafirmação universal da obrigação de respeitar, promover e tornar realidade os princípios refletidos nas Convenções fundamentais da OIT, ainda que não tenham sido ratificadas pelos Estados-membros.

Atualmente a OIT estabeleceu um patamar mínimo de proteção dos trabalhadores e conseguiu identificar os sujeitos de proteção, tais como crianças, gestantes e idosos.

8. SISTEMA DOS DIREITOS HUMANOS

Os Direitos Humanos, após a criação da ONU e com a consequente internacionalização da proteção dos direitos das pessoas em todo o mundo, podem ser divididos e identificados por sistemas, Sistema Universal ou Global de Direitos Humanos ligado à ONU, Sistemas Regionais de Direitos Humanos (Europa, América e África) e Sistemas Nacionais de Proteção aos Direitos Humanos, que se efetivam com a constitucionalização das normas internacionais que protegem os direitos das pessoas.

É importante destacar que os Direitos Humanos estão regulados nos documentos internacionais, e, quando esses direitos presentes nesses documentos são colocados em constituições, há uma mudança de nomenclatura, passando-se a chamar direitos de fundamentais.

Quanto aos sistemas, temos: Sistema Universal, organizado em uma estrutura principal de quatro documentos: Carta da ONU (1945), Declaração Universal dos Direitos Humanos (1948) e Pactos Internacionais (1966); a Declaração Universal, somada com esses pactos, forma o que chamamos de Carta Internacional de Direitos Humanos (*International Bill of Rights*); Sistemas Regionais: são três – Europeu, Americano e Africano.

Para cada sistema regional, temos um documento de referência, Europeu – Convenção Europeia de Direitos Humanos (1950), Americano – Convenção Americana sobre DH (1969) e o Africano – Carta Africana de Direitos Humanos e carta dos povos (1981); e Sistema Nacional, formado, no caso do Brasil, pela Constituição Federal de 1988 e seu amplo rol de direitos e garantias fundamentais.

Sistemas de Direitos Humanos

Sistema Universal (ONU)	Sistemas Regionais	Sistema Nacional
1945 – Carta das Nações 1948 – Declaração Universal de Direitos Humanos (DUDH) 1966 – Pacto Internacional dos Direitos Civis e Políticos (PIDCP) 1966 – Pacto Internacional dos Direitos Econômicos, Sociais e Culturais (PIDESC)	Europeu – Convenção Europeia de Direitos Humanos (1950) – Americano – Carta da OEA (1948) e a Convenção Americana sobre Direitos Humanos (1969) – Africano – Carta Africana de Direitos Humanos e carta dos povos (1981)	Constituições Nacionais (Proteção de Direitos Fundamentais) – No Brasil, a proteção de direitos fundamentais constante na Constituição Federal de 1988

8.1 SISTEMA GLOBAL OU UNIVERSAL (SISTEMA ONU)

A ONU foi um nome concebido pelo então Presidente dos EUA, Franklin Roosevelt, utilizado pela primeira vez na Declaração das Nações Unidas de 12 de janeiro de 1942, quando os representantes de 26 países assumiram o compromisso de que seus governos continuariam a lutar contra as potências do Eixo. A Carta das Nações Unidas foi elaborada pelos representantes de 50 países presentes à Conferência sobre Organização Internacional, que se reuniu em São Francisco, de 25 de abril a 26 de junho de 1945.

A Polônia não teve representante na conferência, mas assinou a declaração posteriormente e se tornou o 51º país fundador das Nações Unidas. Entretanto, as Nações Unidas começaram a existir oficialmente em 24 de outubro de 1945, após a ratificação da Carta pela China, pelos Estados Unidos, pela França, pelo Reino Unido e pela ex-União Soviética, bem como pela maioria dos signatários. Por isso, no dia 24 de outubro é comemorado em todo o mundo o "Dia das Nações Unidas".

A ONU é fruto da incompetência do órgão anterior, denominado Sociedade das Nações (ou Liga das Nações). A ONU surge depois da Segunda Guerra Mundial, em 26-6-1945, após o término da Conferência de São Francisco. Os propósitos da ONU são basicamente manter a paz e a segurança internacionais. A ONU tem 51 países como membros fundadores, incluindo o Brasil., e atualmente 193 países-membros, sendo o Sudão Sul o último país a se integrar.

Trata-se de uma organização internacional intergovernamental, de vocação mundial, cujo objetivo inicial é evitar conflitos ou guerras mundiais e promover a paz. A criação da ONU com suas agências e órgãos especializados iniciou uma nova ordem mundial, criando novas condutas e padrões internacionais.

As Nações Unidas são formadas por uma estrutura básica organizada em seis órgãos centrais: Assembleia Geral, Conselho de Segurança, Conselho Econômico e Social, Secretariado, Conselho de Tutela e Corte Internacional de Justiça.

Destaco o Conselho de Segurança um dos órgãos centrais da ONU formado por 15 membros, sendo 5 permanentes e 10 temporários. Os membros permanentes são Estados Unidos, China, Rússia, França e Inglaterra, e os demais são eleitos pela Assembleia Geral para um mandato de dois anos. A grande função do Conselho de Segurança é ser o órgão responsável na ONU pela manutenção da paz e respeito aos princípios da organização.

A Corte Internacional de Justiça (CIJ) é um tribunal internacional, um órgão judicial ligado à ONU com competência para julgar conflitos internacionais que envolvam os países signatários das Nações Unidas e qualquer outro país que se submeta à jurisdição da Corte. A CIJ pode julgar, por exemplo, conflitos internacionais que envolvam a demarcação e estipulação de limites territoriais entre dois países.

As Nações Unidas são regidas por uma série de propósitos e princípios básicos aceitos por todos os países-membros da Organização. Eentre os propósitos básicos, estão manter a paz e a segurança internacionais e realizar a cooperação internacional para resolver os problemas mundiais de caráter econômico, social, cultural e humanitário, promovendo o respeito aos direitos humanos e às liberdades fundamentais.

8.1.1 Quanto aos membros da ONU (arts. 3º a 6º)

Segundo o art. 3º da Carta das Nações, chamam-se membros fundadores ou originais das Nações Unidas os países que assinaram a Declaração das Nações Unidas de 1º de janeiro de 1942 ou que tomaram parte da Conferência de São Francisco, tendo assinado e ratificado a Carta.

O Brasil é um dos membros fundadores da ONU. O direito de tornar-se membro das Nações Unidas cabe a todas as nações amantes da paz que aceitarem os compromissos da Carta e que, a critério da organização, estiverem aptas e dispostas a cumprir tais obrigações. Países que não fazem ainda parte da organização podem ingressar nas Nações Unidas por decisão da Assembleia Geral, mediante recomendação do Conselho de Segurança.

A suspensão de algum estado-membro pode ocorrer quando o Conselho de Segurança tomar medidas preventivas ou coercitivas contra ele, cabendo a expulsão sempre que houver uma violação persistente dos preceitos da Carta. O exercício dos direitos e privilégios de um membro que tenha sido suspenso pode ser restabelecido pelo Conselho de Segurança. Porém, desde 1945, nenhum país-membro da ONU foi suspenso ou expulso da organização.

8.2 DECLARAÇÃO UNIVERSAL DOS DIREITOS HUMANOS (1948)

A DUDH é o 1º documento universal elaborado pela ONU. É composta de um preâmbulo e trinta artigos.

Trata-se de uma recomendação do Conselho Econômico e Social da ONU, feita pela Comissão de Direitos Humanos à Assembleia Geral da ONU, que efetuou uma resolução recomendando o texto aos seus membros. No entanto, o seu alcance é de norma *jus cogens* (norma imperativa aceita por todas as nações). Segundo prevê o art. 53 da Convenção de Viena sobre o Direito dos Tratados, norma *jus cogens* é "uma norma aceita e reconhecida pela comunidade internacional dos Estados como um todo, como norma da qual nenhuma derrogação é permitida e que só pode ser modificada por norma ulterior de Direito Internacional geral da mesma natureza".

Foi adotada e proclamada pele **Res. nº 217-A** da III Assembleia Geral em 10-12-1948, demonstrando claramente que não se constitui em uma fonte jurídica de Direito Internacional advinda de um Acordo Internacional.

Ao final, é importante destacar a presença de normas de direitos humanos de 1ª e 2ª dimensões na Declaração Universal dos Direitos Humanos (DUDH).

8.3 PACTO INTERNACIONAL DOS DIREITOS CIVIS E POLÍTICOS

Pacto Internacional dos Direitos Civis Políticos - PIDCP (1966) - Res. nº 2.200-A da XXI Assembleia Geral da ONU, em 16-12-1966. Entrou em vigor em 23-3-1976. O Brasil o aderiu em 24-1-1992, tendo o Dec. nº 592, de 6 de julho de 1992, promulgado o pacto na íntegra.

O PIDCP disciplina a autodeterminação dos povos e a livre disposição de seus recursos naturais e riquezas; o compromisso dos Estados de implementar os direitos previstos; os direitos e deveres propriamente ditos; os mecanismos de supervisão, cujo destaque é o Comitê de Direitos Humanos; as regras de integração com os dispositivos da Carta da ONU e as normas referentes a ratificação e entrada em vigor. O PIDCP possui 53 artigos divididos em seis partes.

Destaco os **principais direitos constantes no Pacto:** direito à vida com a limitação da possibilidade de casos de aplicação da pena de morte; direito de não ser submetido a tortura nem a tratamento desumano ou degradante; direito a não ser submetido a escravidão e servidão; direito de não ser preso apenas por não cumprir obrigação contratual, proibindo qualquer tipo de prisão civil; direito a não ser condenado por atos ou omissões não definidos como crime e de não ser submetido a pena mais grave do que a aplicável na época da realização do delito, direitos esses que consagram o princípio da legalidade e da irretroatividade do direito penal nas situações que possam prejudicar o réu; direito de as pessoas terem reconhecida a sua personalidade jurídica em qualquer lugar; direito a vida privada, com ninguém podendo realizar ingerências arbitrárias ou ilegais em sua vida privada, na família, no domicílio ou na correspondência de uma pessoa, bem como a proibição de ofensas ilegais a honra e reputação de uma pessoa; e direito à liberdade de pensamento, consciência e religião.

Ainda no tocante ao PIDCP, no ano de 2009, o Brasil ratificou os dois protocolos facultativos ao Pacto internacional sobre Direitos Civis. O primeiro reconhece a competência do Comitê de Direitos Humanos da ONU para receber e apurar denúncias de violações de direitos humanos, destacando que esse órgão convencional foi criado desde o início do Pacto em 1966. O segundo protocolo tem como objetivo abolir a adoção da pena de morte e foi adotado pela ONU em 1989.

Portanto, o Brasil é signatário do Protocolo Facultativo ao PIDCP para abolir a pena de morte, porém esse protocolo, em seu art. 2º, I, estabeleceu que a proibição da pena de morte não aceitaria exceções, salvo a reserva formulada no momento da ratificação ou adesão que preveja a aplicação da pena em tempo de guerra em virtude de condenação por infração penal de natureza militar de gravidade extrema cometida em tempo de guerra; essa exceção prevista no tratado é a mesma que o Brasil segue no art. 5º, XLVII, *a*, da CF. O Brasil assinou a reserva no momento da ratificação do tratado e, assim, manteve a possibilidade de aplicação de pena de morte citada na Constituição Federal.

8.4 PACTO INTERNACIONAL DOS DIREITOS ECONÔMICOS, SOCIAIS E CULTURAIS

O **Pacto Internacional dos Direitos Econômicos, Sociais e Culturais (PIDESC)** foi adotado pela Res. nº 2.200-A da XXI Assembleia Geral da ONU. Internacionalmente entrou em vigor em 3-1-1976, e o Brasil o aderiu em 24-1-1992 com o Dec. nº 591/1992, promulgando o pacto na íntegra.

O pacto social é considerado um marco, por ter assegurado destaque aos direitos econômicos, sociais e culturais, vencendo a resistência de vários Estados e mesmo da doutrina, que viam os direitos sociais, em sentido amplo, como meras recomendações ou exortações.

O pacto, no art. 2º, item 1, obriga os países a uma **implementação progressiva** dos direitos sociais, de maneira que os direitos sejam estabelecidos "pouco a pouco" de acordo com as possibilidades financeiras de cada Estado. Desse modo, os direitos previstos no PIDESC são obrigatórios, bem como, após sua implementação, estão protegidos pela proibição do retrocesso.

O PIDESC possui 31 artigos divididos em 5 partes. Destaco os principais direitos protegidos pelo tratado: direito ao trabalho; proteção aos trabalhadores; direito de participação e organização sindical; direito à previdência social e ao seguro social; proteção a família, a mulher, crianças e adolescentes; direito à educação; direito à saúde; proteção à cultura; direito ao desenvolvimento da ciência.

Em maio de 2013, entrou em vigor o Protocolo Facultativo ao Pacto Internacional de Direitos Econômicos, Sociais e Culturais. Com esse protocolo, as vítimas de violações de direitos econômicos, sociais e culturais tutelados pelo pacto que não encontrarem soluções em seus próprios Estados podem dispor de um mecanismo para apresentar suas queixas e denúncias na ONU, no órgão convencional chamado de Comitê de Direitos Econômicos, Sociais e Culturais ligado ao PIDESC. Entretanto, o Brasil ainda não integra a lista de países que ratificaram esse protocolo, portanto o comitê não poderia receber nenhuma denúncia contra o Brasil, pois o protocolo ainda não foi assinado pelo nosso país.

9. SISTEMA AMERICANO DE DIREITOS HUMANOS

9.1 ORGANIZAÇÃO DOS ESTADOS AMERICANOS (OEA)

A Organização dos Estados Americanos é o mais antigo organismo regional do mundo. A sua origem remonta à Primeira Conferência Internacional Americana, realizada em Washington, D.C., de outubro de 1889 a abril de 1890. Essa reunião resultou na **criação da União Internacional das Repúblicas Americanas** e começou a se organizar uma rede de disposições e instituições, dando início ao que ficará conhecido como "Sistema Interamericano", o mais antigo sistema institucional internacional.

A **OEA foi fundada em 1948 com a assinatura, em Bogotá, Colômbia, da Carta da OEA, que entrou em vigor em dezembro de 1951**. Posteriormente, a Carta foi **emendada pelo Protocolo de Buenos Aires, assinado em 1967 e que entrou em vigor em fevereiro de 1970**; pelo Protocolo de Cartagena das Índias, assinado em 1985 e que entrou em vigor em 1988; pelo Protocolo de Manágua, assinado em 1993 e que entrou em vigor em janeiro de 1996; e pelo Protocolo de Washington, assinado em 1992 e que entrou em vigor em setembro de 1997.

A organização foi criada para alcançar nos estados-membros, como estipula o art. 1º da Carta, "uma ordem de paz e de justiça, para promover sua solidariedade, intensificar sua colaboração e defender sua soberania, sua integridade territorial e sua independência". Para atingir seus objetivos mais importantes, a OEA baseia-se em seus principais pilares, que são a democracia, os direitos humanos, a segurança e o desenvolvimento.

9.2 CONVENÇÃO AMERICANA SOBRE DIREITOS HUMANOS (PACTO DE SÃO JOSÉ DA COSTA RICA - PSJCR) - 1969

Adotada por ocasião da Conferência Especializada Interamericana sobre Direitos Humanos, em 22-11-1969.

O Brasil só aderiu à convenção em 9-7-1992 e a ratificou em 25-9-1992, tendo promulgado o Dec. nº 678/1992. O PSJCR entrou em vigor internacional em 18-7-1978. O Brasil, ao depositar a carta de adesão, fez ressalvas quanto à atuação da Comissão Interamericana de Direitos Humanos dentro do território brasileiro.

O texto do PSJCR possui uma série de "Deveres dos Estados e direitos protegidos". Há um destaque para os direitos civis e políticos, por influência do PIDCP, que, inclusive, deixou os direitos econômicos, sociais e culturais em segundo plano. Para fiscalizar a aplicação e o cumprimento do extenso rol de direitos, há os chamados "meios de proteção", ou seja, órgãos específicos para tal missão: a Comissão Interamericana de Direitos Humanos e Corte Interamericana de Direitos Humanos.

A Convenção Americana trata essencialmente dos direitos civis e políticos, sendo semelhante ao PIDCP de 1966. Pode ser analisada em duas partes: a primeira (arts. 1º a 32 da Convenção) estabelece direitos civis e políticos acolhidos no sistema interamericano; a segunda parte da Convenção Americana (arts. 33 a 73 da Convenção) trata dos meios de proteção desses direitos pelos seguintes órgãos competentes: Comissão Interamericana de Direitos Humanos (CIDH) e Corte Interamericana de Direitos Humanos (COIDH).

Vamos analisar alguns direitos e temas importantes a seguir para conseguirmos compreender melhor a importância dos direitos tutelados do Pacto de São José da Costa Rica, pois esse tema é um dos mais exigidos no Exame de Ordem na prova de Direitos Humanos.

Do direito à vida

Toda pessoa tem o direito de que se respeite sua vida. Esse direito deve ser protegido pela lei e, em geral, desde o momento da concepção. Ninguém pode ser privado da vida arbitrariamente.

Da pena de morte

Nos países em que não foi abolida a pena de morte, esta só poderá ser imposta pelos delitos mais graves, em cumprimento de sentença final de tribunal competente. A pena de morte não estenderá sua aplicação a delitos aos quais não se aplique atualmente. Não se pode restabelecer a pena de morte nos Estados que a tenham abolido. Em nenhum caso pode a pena de morte ser aplicada a delitos políticos, nem a delitos comuns conexos com delitos políticos. Não se deve impor a pena de morte a pessoa que, no momento da perpetração do delito, for menor de 18 anos ou maior de 70, nem aplicá-la a mulher em estado de gravidez.

Da proibição da escravidão e da servidão

A Convenção Americana não proibiu que pessoas reclusas trabalhem, só exige que o trabalho seja um que não ofenda a dignidade da pessoa humana. O pacto estabelece, inclusive, que não constituem trabalhos forçados ou obrigatórios os trabalhos ou serviços normalmente exigidos de pessoa reclusa em cumprimento de sentença ou resolução formal expedida pela autoridade judiciária competente.

Direito à liberdade pessoal

O pacto proibiu a prisão por dívidas e admitiu apenas uma exceção à proibição, ao estabelecer que a proibição não limitava os mandados de autoridade judiciária competente expedidos em virtude de inadimplemento de obrigação alimentar.

Atenção a essa proibição, que se configura em um dos fundamentos da interpretação do STF que levou à edição da Súm. Vinc. nº 25 do STF: "É ilícita a prisão civil de depositário infiel, qualquer que seja a modalidade de depósito".

Direito à propriedade privada

Toda pessoa tem direito ao uso e ao gozo de seus bens. A lei pode subordinar esse uso e gozo ao interesse social.

Direito de circulação e de residência

Toda pessoa que se encontre legalmente no território de um Estado tem o direito de nele livremente circular e de nele residir, em conformidade com as disposições legais.

Da expulsão ou retirada compulsória de pessoas de um país

Ninguém pode ser expulso do território do Estado do qual for nacional nem ser privado do direito de nele entrar, ou seja, a expulsão não se aplica aos nacionais do Estado expulsor. O estrangeiro que se encontre legalmente no território de um Estado-parte na presente Convenção só poderá dele ser expulso em decorrência de decisão adotada em conformidade com a lei. Em nenhum caso o estrangeiro pode ser expulso ou entregue a outro país, seja ou não de origem, onde seu direito à vida ou à liberdade pessoal esteja em risco de violação em virtude de sua raça, nacionalidade, religião, condição social ou de suas opiniões políticas. É proibida a expulsão coletiva de estrangeiros.

Tutela ao asilo político

Toda pessoa tem o direito de buscar e receber asilo em território estrangeiro, em caso de perseguição por delitos políticos ou comuns conexos com delitos políticos, de acordo com a legislação de cada Estado e com as convenções internacionais.

9.2.1 Meios de proteção

São competentes para conhecer de assuntos relacionados com o cumprimento dos compromissos assumidos pelos Estados-partes nessa convenção:

a) a Comissão Interamericana de Direitos Humanos, doravante denominada a Comissão;
b) a Corte Interamericana de Direitos Humanos, doravante denominada a Corte.

Da Comissão Interamericana de Direitos Humanos

A comissão é um órgão criado pela OEA, que, além das funções que já tinha desde a sua criação, recebeu funções pelo Pacto de São José da Costa Rica, entre elas a função principal de promover a observância e a defesa dos direitos humanos, bem como de realizar o juízo de admissibilidade dos casos que poderão chegar até a corte.

Quem tem competência para acessar a comissão?

Qualquer pessoa ou grupo de pessoas ou entidade não governamental legalmente reconhecida em um ou mais Estados-membros da Organização pode apresentar à comissão petições que contenham denúncias ou queixas de violação da Convenção Americana sobre Direitos Humanos por um Estado-parte.

A comissão e as medidas cautelares

Em situações de gravidade e urgência, a comissão poderá, por iniciativa própria ou a pedido da parte, **solicitar** que um Estado adote medidas cautelares para prevenir danos irreparáveis às pessoas que se encontrem sob sua jurisdição, independentemente de qualquer petição ou caso pendente.

A comissão realiza o juízo de admissibilidade dos casos que não consegue solucionar ou de modo conciliatório ou por meio de recomendações que sejam seguidas pelos Estados, enviando esses casos para o julgamento da Corte Interamericana de Direitos Humanos, desde que o país denunciado se submeta à jurisdição da corte.

9.3 CORTE INTERAMERICANA DE DIREITOS HUMANOS

A corte é o órgão judicial do Pacto de São José da Costa Rica que busca resolver os casos de ofensas realizadas por países aos direitos tutelados na convenção, podendo ser chamada de órgão convencional da Convenção Americana sobre Direitos Humanos, pois foi criada pelo pacto. Somente os Estados-partes e a comissão têm direito de submeter um caso à decisão da corte.

Da competência

A corte tem competência para conhecer de qualquer caso, relativo à interpretação e à aplicação das disposições da Convenção Americana, que lhe seja submetido, desde que os Estados-partes, no caso, tenham reconhecido ou reconheçam a competência da corte.

Em casos de extrema gravidade e urgência, e quando se fizer necessário evitar danos irreparáveis às pessoas, a corte, nos assuntos de que estiver conhecendo, poderá tomar as medidas provisórias que considerar pertinentes. Se se tratar de assuntos que ainda não estiverem submetidos ao seu conhecimento, poderá atuar a pedido da comissão.

Atenção! A comissão comparecerá a todos os casos perante a corte.

Da competência consultiva da corte

Os Estados-membros da organização poderão consultar a corte sobre a interpretação da Convenção Americana sobre Direitos Humanos ou de outros tratados concernentes à proteção dos direitos humanos nos Estados americanos.

Da decisão da corte

A sentença da corte deve ser fundamentada, e será definitiva e inapelável. Os Estados-partes da convenção comprometem-se a cumprir a decisão da corte em todo caso em que forem partes. E a parte da sentença que determinar indenização compensatória poderá ser executada no país respectivo pelo processo interno vigente para a execução de sentenças contra o Estado.

9.4 TRIBUNAL PENAL INTERNACIONAL (TPI)

Criado pelo Estatuto de Roma, o TPI iniciou suas atividades em julho de 2002, quando da 60ª ratificação ao estatuto. Esse tribunal atua subsidiariamente ao Poder Judicial dos Estados, processando e julgando acusados de crimes de genocídio, crimes contra a humanidade, crimes de guerra e crimes de agressão.

O TPI julga apenas indivíduos – diferentemente da Corte Internacional de Justiça, que examina litígios entre Estados. A existência do tribunal contribui para prevenir a ocorrência de violações dos direitos humanos, do direito internacional humanitário e de ameaças contra a paz e a segurança internacionais.

O Brasil depositou seu instrumento de ratificação ao Estatuto de Roma em 20 de julho de 2002. O tratado foi incorporado ao ordenamento jurídico brasileiro por meio do Dec. nº 4.388, de 25 de setembro de 2002. A Constituição Federal determina que o Brasil se submeta à jurisdição do TPI no art. 5º, § 4º, da CF.

O Estatuto de Roma estabelece que o tribunal será uma instituição permanente, com jurisdição sobre as pessoas responsáveis pelos crimes de maior gravidade com alcance internacional, de acordo com o presente estatuto, e será complementar às jurisdições penais nacionais. A competência e o funcionamento do tribunal reger-se-ão pelo estatuto.

A relação entre o tribunal e as Nações Unidas será estabelecida por meio de um acordo a ser aprovado pela Assembleia dos Estados-partes no presente estatuto e, em seguida, concluído pelo presidente do tribunal em nome deste, pois o TPI não é um órgão da ONU, mas sim um organismo internacional que mantém relações com a ONU.

A sede do Tribunal será em Haia, Países Baixos ("o Estado anfitrião"), mas, sempre que entender conveniente, o tribunal poderá funcionar em outro local.

Quanto ao regime jurídico e aos poderes do TPI, temos que o Tribunal terá personalidade jurídica internacional. Possuirá, igualmente, a capacidade jurídica necessária ao desempenho das suas funções e à prossecução dos seus objetivos. O TPI poderá exercer os seus poderes e funções no território de qualquer Estado-parte e, por acordo especial, no território de qualquer outro Estado.

A competência do tribunal restringir-se-á aos crimes mais graves, que afetam a comunidade internacional no seu conjunto. Segundo o Estatuto de Roma, o Tribunal terá competência para julgar os seguintes crimes:

a) O crime de genocídio;

b) Crimes contra a humanidade;

c) Crimes de guerra;

d) O crime de agressão.

10. DIREITOS HUMANOS NA CONSTITUIÇÃO FEDERAL

Os Direitos Humanos são princípios das relações internacionais da República Federativa do Brasil, estando prevista a sua prevalência no art. 4º, II, da CF.

No art. 5º, § 3º, da CF, temos a possibilidade de os tratados de direitos humanos serem incorporados à legislação brasileira com força de emenda constitucional, desde que tenham sido aprovados por votação em dois turnos, nas duas Casas do Congresso e pelo quórum mínimo de três quintos dos membros de cada Casa em cada uma das votações.

A Constituição Federal trouxe a possibilidade de se deslocar a competência de um processo que esteja na Justiça Estadual para a Justiça Federal quando o tema for a proteção de Direitos Humanos, estabelecendo o Incidente de Deslocamento de Competência (IDC), que ocorre por meio de uma solicitação do Procurador-Geral da República (PGR) ao Superior Tribunal de Justiça (STJ) nas hipóteses de grave violação de direitos humanos, com a finalidade de assegurar o cumprimento de obrigações decorrentes de tratados internacionais de direitos humanos dos quais o Brasil seja parte. O IDC poderá ser solicitado em qualquer fase do inquérito ou do processo penal.

10.1 PROTEÇÃO DE VULNERÁVEIS

Os direitos humanos estabelecem uma rede de proteção aos direitos coletivos de pessoas ou grupos de pessoas consideradas vulneráveis e que, por esse motivo, necessitam de proteções especiais. São estes os grupos de vulneráveis com maior incidência em questões do Exame de Ordem: índios, pessoas com deficiência, negros, idosos, crianças e mulheres (protegidas pela Lei Maria da Penha).

10.2 PROTEÇÃO DOS ÍNDIOS

A Constituição brasileira reconhece os índios, a sua organização social, costumes, línguas, crenças e tradições, bem como os direitos originários sobre as terras que tradicionalmente ocupam, terras essas que são de propriedade da União e da posse dos indígenas.

As terras que tradicionalmente os índios ocupam são as que eles habitam e utilizam para suas atividades produtivas, imprescindíveis à preservação dos recursos ambientais necessários a seu bem-estar e necessárias à sua reprodução física e cultural, segundo seus usos, costumes e tradições. Essas terras destinam-se à posse permanente e ao usufruto exclusivo das riquezas do solo, dos rios e dos lagos nelas existentes. É importante destacar que, mesmo as terras não sendo da propriedade dos indígenas, elas são inalienáveis e indisponíveis, e os direitos sobre elas, imprescritíveis.

O aproveitamento dos recursos hídricos, incluídos os potenciais energéticos, a pesquisa e a lavra das riquezas minerais em terras indígenas, só pode ser efetivado com autorização do Congresso Nacional, ouvidas as comunidades indígenas afetadas, ficando-lhes assegurada participação nos resultados da lavra. A necessidade de ouvir as comunidades indígenas nos casos citados anteriormente também está prevista nos arts. 15 e 16 da Convenção nº 169 da OIT (Dec. nº 5.051/2004).

10.3 PROTEÇÃO AOS IDOSOS

Os idosos são aquelas pessoas com 60 anos ou mais, conforme definiu o Estatuto do Idoso (Lei nº 10.741/2003).

Atenção às idades:

- A partir de 65 anos, para concessão do Benefício Assistencial previsto na Lei Orgânica da Assistência Social (LOAS) para os idosos que não possuam meios para prover sua subsistência, nem de tê-la provida por sua família, assegurando a eles o benefício mensal de 1 (um) salário mínimo;
- Aos maiores de 65 anos, fica assegurada a gratuidade dos transportes coletivos públicos urbanos e semiurbanos;
- Prioridade especial aos idosos com mais de 80 anos sobre os idosos com menos de 80 anos.

Prioridade especial aos idosos maiores de 80 anos		
Atendimento prioritário (art. 3º, § 1º, da Lei nº 10.741/2003).	Atendimento de saúde (art. 15 da Lei nº 10.741/2003).	Prioridade na tramitação dos processos judiciais e adminsitrativos (art. 71 da Lei nº 10.741/2003)

10.4 PROTEÇÃO DAS PESSOAS COM DEFICIÊNCIA

Uma das grandes novidades na proteção das pessoas com deficiência (PCD), com repercussão, inclusive, em normas do direito civil, é a presunção de capacidade plena para as PCDs, estabelecida tanto pela Convenção sobre o Direito das Pessoas com Deficiência quanto pela Lei nº 13.146/2015 (Estatuto da PCD). Desse modo, essas normas retiram qualquer menção à incapacidade civil da pessoa originada somente pelo fato de ela ter algum tipo de deficiência.

As normas que estabelecem políticas públicas para a educação brasileira de pessoas com deficiência, constantes nos arts. 28 e 30 da Lei nº 13.146/2015, devem ser implementadas nos ensinos fundamental e médio pelo Poder Público e pela iniciativa privada, sendo vedada pelas instituições particulares a cobrança de valores adicionais de qualquer natureza em suas mensalidades, anuidades e matrículas no cumprimento dessas determinações.

Até o presente momento, os tratados de direitos humanos incorporados com força de emenda constitucional, conforme prevê o art. 5º, § 3º, da CF, são os que regulam os direitos das pessoas com deficiência:

1) Convenção sobre os Direitos das Pessoas com Deficiência (Convenção de Nova York) e seu Protocolo Facultativo - Dec. nº 6.949/2009, que foi incorporado à legislação brasileira com "força de emenda constitucional"; mais

2) Tratado de Marraqueche (Dec. nº 9.522/2018), para facilitar o acesso a obras publicadas às pessoas cegas, com deficiência visual ou com outras dificuldades para ter acesso ao texto impresso.

10.5 DIREITOS DA IGUALDADE RACIAL

O Estatuto da Igualdade Racial é a Lei nº 12.288/2010, que prevê diversas normas direcionadas à proteção da população negra no Brasil. Estabelece o conceito de população negra, para efeitos da legislação, o conjunto de pessoas que se autodeclaram pretas e pardas, conforme o quesito cor ou raça usado pela Fundação Instituto Brasileiro de Geografia e Estatística (IBGE), ou que adotam autodefinição análoga.

As ações afirmativas, que são os programas e as medidas especiais adotados pelo Estado e pela iniciativa privada para a correção das desigualdades raciais e para a promoção da igualdade de oportunidades, podem ser exemplificadas pelas políticas de cotas e reservas de vagas para a população negra que existem para acesso ao ensino universitário, técnico e tecnológico federal, bem como para o serviço público quando da realização de concursos públicos.

Outro exemplo de ação afirmativa é a obrigatoriedade do estudo da história geral da África e da história da população negra no Brasil nos estabelecimentos de ensinos fundamental e médio, públicos e privados, que foi estabelecida pela Lei de Diretrizes e Bases da Educação Nacional e, em seguida, reiterada pelo Estatuto da Igualdade Racial como ação afirmativa nacional.

As ações afirmativas são instrumentos utilizados para a implementação da igualdade material (igualdade de oportunidades), inclusive já analisadas pelo STF, que as declarou totalmente constitucionais em duas oportunidades: ADPF nº 186 e ADC nº 41.

Já quanto aos remanescentes das comunidades dos quilombos que estejam ocupando suas terras, a Constituição Federal determinou o reconhecimento da propriedade definitiva, devendo o Estado emitir os títulos respectivos de propriedade. Essa propriedade reconhecida será registrada mediante outorga de título coletivo e pró-indiviso às comunidades com obrigatória inserção de cláusula de inalienabilidade, imprescritibilidade e de impenhorabilidade.

> **Atenção!** O STF, no julgamento da ADI nº 3239/DF, reconheceu a constitucionalidade do Dec. nº 4.887/2003, que regulamenta o procedimento para identificação, reconhecimento, delimitação, demarcação e titulação das terras ocupadas por remanescentes das comunidades dos quilombos de que trata o art. 68 do ADCT.

QUESTÕES

1. **(OAB – FGV – XXVIII EXAME DE ORDEM UNIFICADO)** Você foi procurada, como advogada, por um pequeno grupo de estudantes negros que cursa o terceiro ano do ensino médio em uma escola particular. Os estudantes

relatam que se sentem violados na sua cultura, porque os programas das disciplinas pertinentes não tratam de temas ligados à História da África e da população negra no Brasil. Indagam a você, como advogado(a), se a Escola não teria a obrigação de fazê-lo.

Nesse caso, com base no Estatuto da Igualdade Racial, assinale a opção que apresenta a resposta correta a ser dada aos alunos.

a) O estudo de temas ligados à história da população negra na África e no Brasil e da cultura afro-brasileira é importante no sentido ético, mas não há obrigação legal das escolas nesse sentido.

b) As escolas públicas devem promover o estudo da História da África e da história da população negra no Brasil, mas esse dever não se estende aos estabelecimentos privados de ensino que possuem autonomia na definição de seus currículos.

c) A adoção de conteúdos referentes à cultura afro-brasileira, bem como aqueles referentes à história da população negra no Brasil, depende de determinação dos Conselhos de Educação, seja o Conselho Nacional, sejam os respectivos Conselhos Estaduais.

d) As escolas de ensino fundamental e médio devem promover o estudo da História da África e da história da população negra no Brasil, bem como da cultura afro-brasileira, o que deve ocorrer no âmbito de todo o currículo escolar.

2. **(OAB – FGV – XXVII EXAME DE ORDEM UNIFICADO)** Maria e João são pais de uma criança deficiente que utiliza cadeira de rodas. O casal, de classe média, optou por matricular o filho em uma escola particular. No ato da matrícula, foi-lhes informado, pela administração da escola, que teriam de pagar um valor adicional, uma vez que haveria um trabalho extraordinário, por parte da escola, para garantir o acesso dessa criança com deficiência, em igualdade de condições, a jogos e a atividades recreativas, esportivas e de lazer, no sistema escolar.

Insatisfeitos com essa informação, Maria e João decidiram consultar você, como advogado(a), para saber se tal cobrança seria legalmente aceitável e se não haveria alguma proteção específica para pessoas com deficiência contra esse tipo de cobrança.

Diante disso, assinale a opção que apresenta a resposta correta a ser dada ao casal.

a) A cobrança é aceitável e justificada, mesmo que desagrade ao casal, porque, de fato, a criança cadeirante precisará de atenção especial e ajuda para sua mobilidade. Nada na legislação pátria impede tal cobrança. A solução seria a matrícula da criança em uma escola pública.

b) A cobrança do valor adicional na matrícula é moralmente reprovável, pois expressa um tipo de preconceito. Contudo, do ponto de vista estritamente legal, o caso se situa no campo da liberdade contratual das partes, não havendo vedação legal a tal cobrança.

c) A Lei Brasileira de Inclusão da Pessoa com Deficiência admite esse tipo de cobrança, uma vez que reconhece o trabalho adicional a ser feito nas escolas, contudo prevê que as famílias hipossuficientes sejam isentadas dessa cobrança, sendo devido à escola uma compensação tributária.

d) A escola particular deve adotar as medidas inclusivas previstas na lei, tais como garantir o acesso da criança com deficiência, em igualdade de condições, a jogos e a atividades recreativas, sendo vedada a cobrança de valores adicionais de qualquer natureza em suas anuidades, no cumprimento dessas medidas.

3. (OAB – FGV – XXV EXAME DE ORDEM UNIFICADO) Você foi procurado, como advogado(a), por representantes de um Centro de Defesa dos Direitos Humanos, que lhe informaram que o governador do estado, juntamente com o ministro da justiça do país, estavam articulando a expulsão coletiva de um grupo de haitianos, que vive legalmente na sua cidade.

Na iminência de tal situação e sabendo que o Brasil é signatário da Convenção Americana sobre os Direitos Humanos, assinale a opção que indica, em conformidade com essa convenção, o argumento jurídico a ser usado.

a) Um decreto do governador combinado a uma portaria do ministro da justiça constituem fundamento jurídico suficiente para a expulsão coletiva, segundo a Convenção acima citada. Portanto, a única solução é política, ou seja, fazer manifestações para demover as autoridades desse propósito.

b) A Convenção Americana sobre os Direitos Humanos é omissa quanto a esse ponto. Portanto, a única alternativa é buscar apoio em outros tratados internacionais, como a Convenção das Nações Unidas, relativa ao Estatuto dos Refugiados, também conhecida como Convenção de Genebra, de 1951.

c) A expulsão coletiva de estrangeiros é permitida, segundo a Convenção Americana sobre os Direitos Humanos, apenas no caso daqueles que tenham tido condenação penal com trânsito em julgado, o que não foi o caso dos haitianos visados pelos propósitos do governador e do ministro, uma vez que eles vivem legalmente na cidade.

d) A pessoa que se ache legalmente no território de um Estado tem direito de circular nele e de nele residir em conformidade com as disposições legais. Além disso, é proibida a expulsão coletiva de estrangeiros.

4. (OAB – FGV – XXI EXAME DE ORDEM UNIFICADO) Maria deu entrada em uma maternidade pública já em trabalho de parto. Contudo, a falta de pronto atendimento levou a óbito tanto Maria quanto o bebê. Você foi contratado(a) pela família de Maria para advogar neste caso de grave violação de Direitos Humanos. Após algumas rápidas pesquisas na Internet, o pai e a mãe de Maria pedem que o caso seja imediatamente encaminhado para julgamento na Corte Interamericana de Direitos Humanos.

Você, como advogado(a) da família, deve esclarecer que

a) é uma ótima ideia e vai peticionar para que o caso seja submetido à decisão da Corte, bem como tomar todas as providências para que o caso seja julgado o mais cedo possível.

b) apesar de ser uma boa ideia, é necessário aguardar que hajam sido interpostos e esgotados os recursos de jurisdição interna para que a família possa submeter o caso à decisão da Corte.

c) não é possível a família encaminhar o caso à Corte, pois somente os Estados Partes da Convenção Americana de Direitos Humanos e a Comissão Interamericana de Direitos Humanos têm direito de submeter um caso à decisão da Corte.

d) não é possível que o caso seja encaminhado para decisão da Corte porque, embora o Brasil seja signatário da Convenção Americana dos Direitos Humanos, o país não reconheceu a jurisdição da Corte.

5. (OAB - FGV - EXAME DE ORDEM UNIFICADO) Considere o seguinte caso: Em um Estado do norte do Brasil está havendo uma disputa que envolve a exploração de recursos naturais em terras indígenas. Esta disputa envolve diferentes comunidades indígenas e uma mineradora privada. Como advogado que atua na área dos Direitos Humanos, foi-lhe solicitado elaborar um parecer. Nesse caso, é imprescindível se ter em conta a Convenção 169 da OIT, que foi ratificada pelo Brasil, em 2002.

De acordo com o art. 2º desta Convenção, os governos deverão assumir a responsabilidade de desenvolver, com a participação dos povos interessados, uma ação coordenada e sistemática com vistas a proteger os direitos desses povos e a garantir o respeito pela sua integridade.

Levando-se em consideração esta Convenção e em relação ao que se refere aos recursos naturais eventualmente existentes em terras indígenas, assinale a afirmativa correta.

a) Os povos indígenas que ocupam terras onde haja a exploração de suas riquezas minerais e do subsolo têm direito ao recebimento de parte dos recursos auferidos, mas não possuem direito a participar da utilização, administração e conservação dos recursos mencionados.

b) Em caso de a propriedade dos minérios ou dos recursos do subsolo pertencer ao Estado, o governo deverá estabelecer ou manter consultas dos povos interessados, a fim de determinar se os interesses desses povos seriam prejudicados, antes de empreender ou autorizar qualquer programa de prospecção ou exploração dos recursos existentes.

c) A exploração de riquezas minerais e do subsolo em terras ocupadas por povos indígenas é aceitável e prescinde de consulta prévia desde que se cumpram os seguintes requisitos: preservação da identidade cultural dos povos ocupantes da terra, pagamento de royalties em função dos transtornos causados e autorização por meio de decreto legislativo.

d) Em nenhuma hipótese pode haver a exploração de riquezas minerais e do subsolo em terras ocupadas por populações indígenas.

GABARITO

1. D; 2. D; 3. D; 4. C; 5. B.

REFERÊNCIAS BIBLIOGRÁFICAS

CANÇADO TRINDADE, Antônio Augusto. *A proteção internacional dos direitos humanos e o Brasil (1948-1997)*: as primeiras cinco décadas. 2. ed. Brasília: Editora UnB, 2000.

COMPARATO, Fábio Konder. *A afirmação histórica dos direitos humanos*. 8. ed. São Paulo: Saraiva, 2013.

GODINHO, Fabiane de Oliveira. A *proteção internacional dos Direitos Humanos*. Belo Horizonte: Del Rey, 2006.

MAZZUOLI, Valerio de Oliveira. *Curso de Direitos Humanos*. 4. ed. rev., atual. e ampl. São Paulo: Método, 2017.

PIOVESAN, Flávia. *Direitos humanos e direito constitucional internacional*. 12. ed. rev., ampl. e atual. São Paulo: Saraiva, 2011.

PIOVESAN, Flávia. *Temas de direitos humanos*. 5. ed. São Paulo: Saraiva, 2012.

RAMOS, André de Carvalho. *Curso de Direitos Humanos*. São Paulo: Saraiva, 2014.

Direito Tributário

Guilherme Pedrozo da Silva

Especialista em Direito Tributário e MBA em Gestão de Tributos. Mestrando em Direito das Empresas e dos Negócios na Universidade do Vale do Rio dos Sinos – Unisinos. Professor no Centro de Ensino Integrado de Santa Cruz do Sul – CEISC. Advogado Consultivo e Contencioso em Direito Tributário. Perito Técnico do Poder Judiciário do Rio Grande do Sul. Coordenador do Comitê Tributário Municipal de Santa Cruz do Sul – RS. Coordenador da Comissão de Direito Tributário da Ordem dos Advogados do Brasil – Subseção de Santa Cruz do Sul – RS.

SUMÁRIO

1. CONCEITO DE TRIBUTO

Ao iniciarmos o estudo do direito tributário, compreende-se necessário estudar o conceito de tributo e suas repercussões em face da matéria que será objeto de análise na presente obra. Leciona o art. 3º do CTN que tributo é: "toda prestação pecuniária compulsória, em moeda ou cujo valor nela se possa exprimir, que não constitua sanção de ato ilícito, instituída em lei e cobrada mediante atividade administrativa plenamente vinculada."

Logo, compreende-se que tributo é toda prestação pecuniária compulsória, ou seja, obrigação disposta em norma (taxatividade/hipótese de incidência) que, uma vez criada pelo respectivo ente competente e ocorrendo o fato gerador – inobstante excepcionalmente existir dispensa prevista na Constituição Federal (imunidades) ou em norma infraconstitucional (isenções, convênios, benefícios) –, terá que ser paga obrigatoriamente. Diante disso, o pagamento de tributo é obrigatório, compulsório.

Outrossim, o pagamento do referido tributo previsto em norma deverá ser realizado, normalmente, em dinheiro (pecúnia). Entretanto, excepcionalmente, o próprio Código Tributário Nacional faculta a possibilidade de pagamento de tributo mediante a dação em pagamento de bem imóvel, desde que exista lei específica do respectivo ente competente para tanto. Assim, não esqueça que dação em pagamento de bem imóvel não será opção do contribuinte, bem como somente poderá ser realizada, observados os seguintes requisitos:

Da Dação de Pagamento em Bem Imóvel

Lei Específica

Do Ente Competente

Não Gera Direito Adquirido

Ainda, além do ponto anteriormente exposto, pergunta-se: poderão os entes competentes criar norma infraconstitucional que estabeleça novas formas de extinção do crédito tributário, por exemplo, dação em pagamento de bem móvel? Mediante análise legalista e constitucionalista, compreende-se que não, visto que a CF, no seu art. 146, é bastante clara ao afirmar que as normas gerais de direito tributário somente poderão ser realizadas pela União mediante lei complementar.

Entretanto, cabe ressaltar que o STF já compreendeu, mais precisamente mediante a ADI nº 2.405-MC, que os entes competentes poderão criar novas formas de extinção desde que observados os preceitos constitucionais. Igualmente diante deste contexto fático, compreendeu o mesmo Tribunal Superior (ADI nº 1.917-5/DF) que não poderão os entes públicos criar extinção do crédito tributário mediante dação em pagamento de bem móvel, visto que se estaria realizando fraude ao sistema licitatório, infringindo assim o art. 37, XXI, da CF.

Leciona ainda o art. 3º do CTN que nenhum tributo poderá ter caráter sancionatório, ou seja, ousar na roupagem de punição a qualquer pessoa (não pode ser sanção política). Por essa razão, compreende-se que, se alguém vende drogas, pratica o jogo do bicho ou realiza crime ambiental, para este jamais poderá ser criado um tributo como espécie de sanção ou punição pelo ato realizado. Entretanto, inobstante não ser possível a tributação da atividade ilícita, os frutos decorrentes dessa atividade poderão ser tributados por meio do famigerado princípio da pecúnia *non olet*.

Por fim, vale ressaltar que nenhum tributo será pago, sem lei anterior que o estabeleça, atendendo ao princípio máximo da legalidade estrita, na forma do art. 150, I, da CF, bem como o administrador público deverá analisar objetivamente o contido na norma (vinculação total) para tributar o contribuinte, não podendo, assim, realizar nenhum ato discricionário para a sua cobrança.

Depois de compreendermos o que é tributo, resta ainda afirmar quais são as espécies de tributo que os entes competentes poderão criar. Logo, diante desta análise, devemos compreender que tributo é um gênero em que se apresentam cinco espécies tributárias: impostos, taxas, contribuições de melhoria, contribuições especiais e empréstimos compulsórios. Tudo isto na forma dos arts. 145, 148 e 149 da CF.

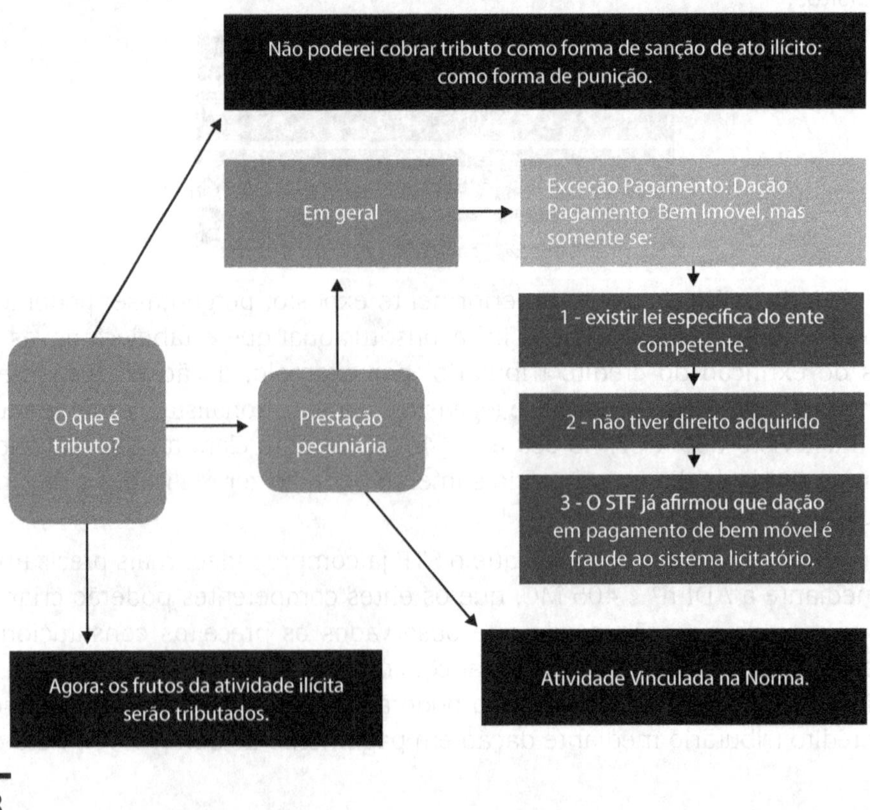

2. COMPETÊNCIA TRIBUTÁRIA

Mas, afinal de contas, quem poderá criar tributo? Lembre-se, inicialmente, que a Constituição Federal não criará nenhum tributo e/ou sequer fará sua exigência, mas tão somente a nossa Carta Mãe entregará poderes para que os respectivos entes competentes (União, Estados, Distrito Federal e Municípios) venham a criar/majorar as espécies de tributo.

Antes de citar quais tipos de tributos os entes poderão criar, importante dizer sobre as características da competência tributária. São elas:

Indelegável: nenhum ente poderá transferir a sua competência de criar e/ou majorar tributo para outro ente competente. Entretanto, muito embora indelegável (art. 7º do CTN) a competência tributária, a capacidade ativa tributária poderá ser delegada para outra pessoa jurídica de direito público. Mas do que se trata a capacidade ativa tributária? Exercer a capacidade ativa tributária não compreende o exercício da competência de criar e/ou majorar, mas sim o exercício administrativo de fiscalizar, executar as normas e arrecadar tributo em nome do ente competente. Leia-se os clássicos exemplos do ITR e IR retidos na fonte.

Facultativa: o ente competente, assim compreendido na forma do texto constitucional, somente criará o tributo de sua competência se assim desejar. Mas, e se o exercício da competência tributária não for realizado? Muito embora se defenda sua facultatividade, existem posições doutrinárias que inforam que o ente competente que abre mão de receitas de impostos terá como penalidade a vedação das transferências voluntárias na forma do art. 11, parágrafo único, da LC nº 101/2000.

Irrenunciável: nenhum ente poderá abrir mão e/ou renunciar a competência tributária para qualquer outro ente ou pessoa jurídica, seja pública, seja privada.

Inalterável: a competência tributária não poderá ser alterada mediante norma infraconstitucional.

Verificadas as características da competência tributária, temos de saber quais são os tributos que os entes (União, Estados, Distrito Federal e Municípios) poderão criar, conforme texto constitucional, a iniciar pela "mãe de todos": a União.

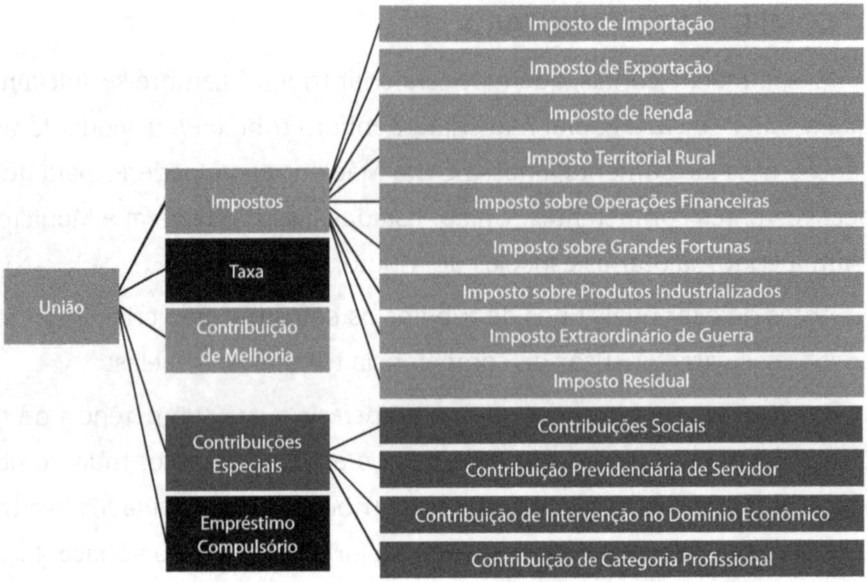

Após análise da competência da União, vejamos a competência do Distrito Federal. Vale dizer que, na forma dos arts. 147 e 155 da CF, o Distrito Federal terá competência cumulativa dos Estados e dos Municípios na forma demonstrada a seguir:

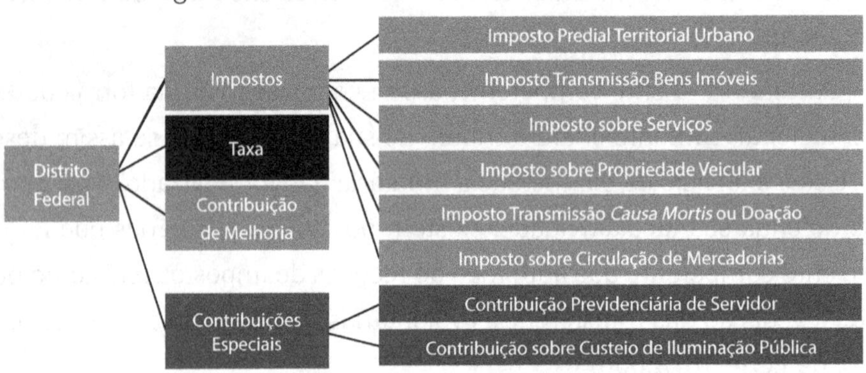

Já os Estados poderão criar os seguintes tributos na forma do art. 155 da CF:

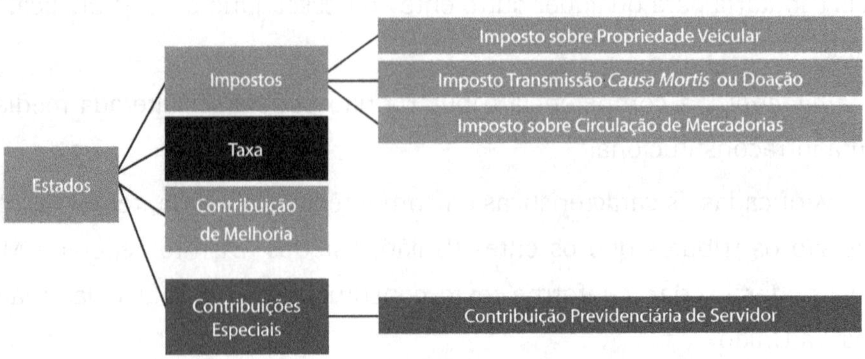

Por fim, os Municípios, na forma do art. 156 da CF, poderão criar os seguintes tributos:

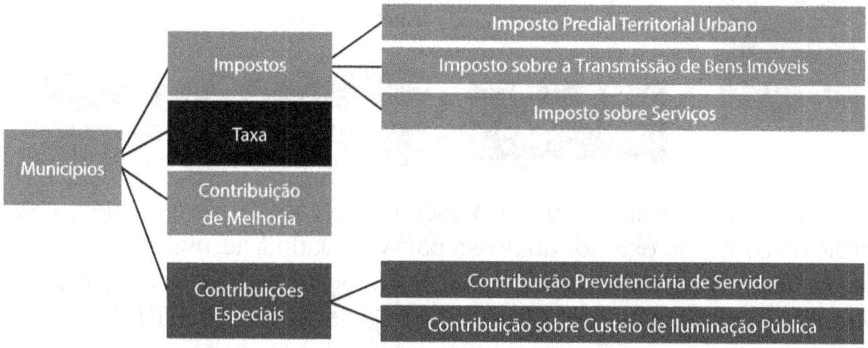

3. LIMITAÇÕES AO PODER DE TRIBUTAR

Para que o ente público, por intermédio dos seus poderes constituídos, exerça a sua competência tributária, será necessário balizar suas atividades com a observância das limitações ao exercício do poder de tributar dispostos na Constituição Federal. Assim, podemos considerar que a nossa Carta Magna pode ser uma espécie de filtro para o exercício da competência, servindo tais limitações, assim, precipuamente, para a defesa dos contribuintes de qualquer tipo de cobrança arbitrária, desleal e, portanto, inconstitucional.

Lembrando que tais limitações, uma vez desrespeitadas, gerarão a inconstitucionalidade do ato ou da lei realizada pelo ente público competente ou até mesmo incompetente. Ademais, vale ressaltar que tais limitações dividem-se entre princípios e imunidades.

3.1 PRINCÍPIO DA LEGALIDADE

Reza o art. 150, I, da CF que: sem prejuízo de outras garantias asseguradas ao contribuinte, é vedado à União, aos Estados, ao Distrito Federal e aos Municípios: I – exigir ou aumentar tributo sem lei que o estabeleça.

Logo, conforme exposto, nenhum tributo poderá ser criado ou majorado sem lei que o estabeleça. Portanto, em geral, somente o Poder Legislativo poderá criar ou majorar tributo, sempre mediante observação do devido processo legislativo.

E o Poder Executivo não poderá atuar na criação ou majoração de tributos? Obviamente que a Constituição Federal lhe reservou possibilidades, excepcionais é verdade, até como forma de controlar a economia e o mercado. Diante disso, podemos afirmar que houve mitigação ao princípio da legalidade.

1ª exceção ao princípio da legalidade

Poderá o Poder Executivo (União), mediante decreto, portaria ou resolução, alterar as alíquotas dos impostos (II, IE, IOF e IPI) descritos a seguir. O fundamento está no art. 153, § 1º, da CF. Veja que alterar, na acepção constitucional, significa promover qualquer movimentação nas alíquotas, seja majorar, seja reduzir ou restabelecer.

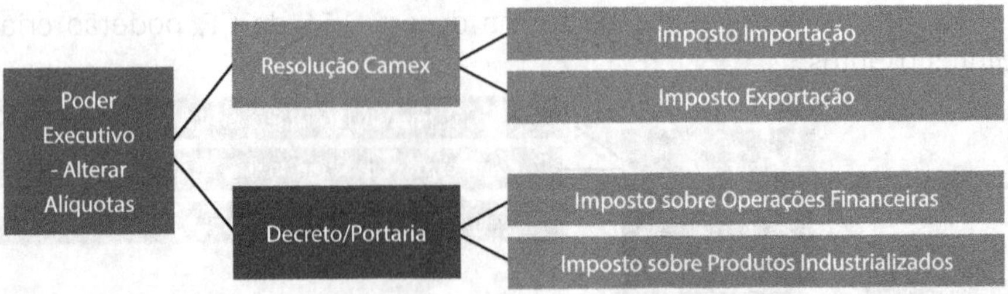

Importante ressaltar sobre a presente exceção, que é a Camex, órgão de controle do comércio exterior do nosso país vinculado à administração pública federal. Por essa razão, lhe é possibilitada tal alteração de alíquotas dos impostos de importação e exportação, conforme inclusive já decidido pelo STF (RE nº 570.680).

Ademais, outro fato que se pode questionar é o porquê de ser mitigado aqui o princípio da legalidade: justifica-se em razão de que tais impostos são extrafiscais, ou seja, servem para regular a economia do país.

2ª exceção ao princípio da legalidade

Poderá o Poder Executivo, igualmente, por meio de decreto ou convênio, reduzir ou restabelecer as alíquotas de CIDE e ICMS Combustível. Porém, cuidado! Aqui não se trata de majoração, mas tão somente redução ou restabelecimento das alíquotas anteriores. O fundamento está nos arts. 155, § 4º, IV, *c*, e 177, § 4º, I, *b*, todos da CF.

3ª exceção ao princípio da legalidade

Poderá o Poder Executivo, também por meio de decreto ou portaria, atualizar base de cálculo de tributo. Importante ressaltar: trata-se de mera atualização, recomposição da base, jamais podendo representar onerosidade ao contribuinte.

Assim, essa atualização deverá observar os limites estabelecidos pelos indexadores oficiais, ou seja, dentro de um máximo permitido, observando-se estes índices. Tudo o que for superior aos indexadores não poderá ser realizado pelo Poder Executivo, visto tratar-se de onerosidade, logo, podendo ser realizado tal ato apenas por meio de lei. O fundamento está no art. 97, § 2º, do CTN e na Súm. nº 160 do STJ.

4ª exceção ao princípio da legalidade

Poderá, igualmente, o Poder Executivo Federal, mediante medida provisória, criar ou majorar qualquer espécie tributária (conforme STF já se pronunciou - ADI nº 1.417 MC), inobstante a constituição apenas referir-se a imposto. Entretanto, para que assim o faça terá de atender a dois requisitos: que o tributo possa ser criado por lei ordinária e que seja convertido em lei no mesmo ano de sua edição. O fundamento está no art. 62, § 2º, da CF.

5ª exceção ao princípio da legalidade

Poderá, por fim, o Poder Executivo alterar o prazo para pagamento de tributo por meio de decreto ou portaria. Compreende-se pela desnecessidade de lei, visto que tal exigência não está disposta no art. 97 do CTN, ou seja, não existindo o requisito de lei para tal realização.

3.2 PRINCÍPIO DA ANTERIORIDADE

O presente princípio limitará a possibilidade e atividade dos entes competentes de cobrarem os tributos por eles respectivamente criados/majorados a qualquer momento. Logo, esse princípio servirá para informar ao contribuinte quando ele deverá e poderá ser cobrado dos respectivos tributos, uma vez realizados os fatos geradores dispostos na norma tributária.

Mas, desde já, lembre-se: como se trata de limitação ao exercício da competência tributária, ele será observado apenas quando da criação ou majoração de tributo, visto que, quando se tratar de medida desonerativa (mais favorável) ao contribuinte, tal norma terá aplicação imediata. Igualmente, para efeitos de Exame da Ordem, vale ressaltar que tal princípio trata-se de regra de eficácia, e não de vigência.

O princípio da anterioridade, com razão precípua da necessidade de evitar a surpresa aos contribuintes, é entendido conforme texto constitucional pela anterioridade do exercício e a anterioridade nonagesimal, e está situado no art. 150, III, *b* e *c*, da CF.

Diante disso, na forma do art. 150, III, *b*, da CF, todo tributo criado ou majorado somente poderá ser exigido no primeiro dia do exercício seguinte, ou seja, uma vez publicado, por exemplo, em 2018, somente poderá ser exigido no primeiro dia do ano de 2019.

Entretanto, considerando que até 2003 a Constituição Federal contemplava apenas o presente artigo como princípio da anterioridade, ainda restavam presentes muitas surpresas aos contribuintes, visto que os tributos eram criados ou majorados no dia 28 de dezembro e já eram exigidos no dia 1º de janeiro do ano seguinte, ou seja, após apenas alguns dias da publicação, sendo uma cobrança, portanto, praticamente imediata.

E, para evitar essas surpresas, houve um acréscimo no texto constitucional, vindo a criar o princípio da anterioridade nonagesimal. Assim, na forma do art. 150, III, *c*, da CF, todo tributo criado ou majorado somente poderá ser exigido após 90 dias da publicação, observando-se igualmente a anterioridade do exercício, justamente para evitar as surpresas anteriormente citadas.

Logo, diante das regras expostas, todos os tributos criados ou majorados deverão aguardar as duas anterioridades (requisitos cumulativos), ou seja, somente poderão ser exigidos no exercício (ano) seguinte ao de sua publicação, somados 90 dias da publicação.

Exceções ao princípio da anterioridade

Entretanto, como nem tudo são flores em qualquer área do direito, compreendeu por bem o constituinte reservar a alguns tributos uma possibilidade de exigência mitigada, justamente para enfrentar o mercado econômico (política econômica e social) ou a necessidade de exigência do tributo.

Logo, conforme positivado no parágrafo supraindicado, assim compreendeu o constituinte:

a) terão exigência imediata, ou seja, mesmo que majorados ou criados, poderão ser exigidos tão logo publicados: Imposto de Importação, Imposto de Exportação, Imposto sobre Operações Financeiras, Empréstimo Compulsório de Guerra Externa ou sua Iminência, Empréstimo Compulsório de Calamidade e Imposto Extraordinário de Guerra;

b) outrossim, terão exigência, respeitando apenas a anterioridade nonagesimal, ou seja, 90 dias após a sua publicação, sendo, portanto, possível a sua exigência no mesmo ano de sua publicação: Imposto sobre Produtos Industrializados, Contribuições Sociais e CIDE/ICMS Combustíveis; e

c) terão exigência, respeitando apenas a anterioridade do exercício, ou seja, podendo ser majorados em 28 de dezembro, publicados em 29 e já exigidos no dia 1º de janeiro: Imposto de Renda (alíquotas, base de cálculo) e base de cálculo (apenas) de IPVA e IPTU.

Observações importantes sobre anterioridade

Após análise das exceções dispostas no art. 150, § 1º, da CF, cabe ainda dizer que, conforme *Informativo* nº 757 do STF, revogação ou isenção de benefício fiscal, mesmo que parcial, deverá observar os dois princípios da anterioridade. Assim, se minha empresa goza de um benefício e este vem a ser revogado, o fisco deverá aguardar as duas anterioridades para exigir o tributo a que minha empresa tinha benefício.

Por fim, outra questão de grande valia sobre o princípio da anterioridade é de que a modificação de prazo para pagamento, mesmo que venha a antecipar a arrecadação/pagamento, não estará sujeita a anterioridade na forma da Súm. Vinc. nº 50 do STF: "Norma legal que altera o prazo de recolhimento de obrigação tributária não se sujeita ao princípio da anterioridade".

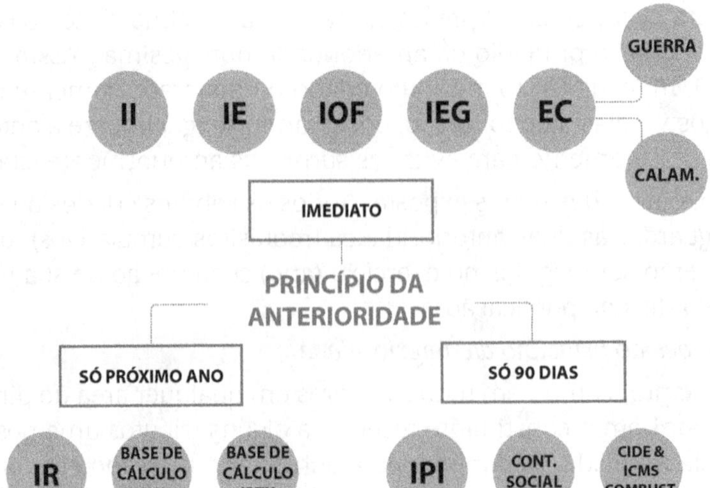

3.3 PRINCÍPIO DA CAPACIDADE CONTRIBUTIVA

Reza o art. 145, § 1º, da CF que os impostos serão cobrados de forma gradual, observando a disponibilidade e a possibilidade de quem irá satisfazer o crédito tributário. Para muitos, o presente princípio é o corolário do princípio da isonomia tributária.

3.4 PRINCÍPIO DA ISONOMIA

Reza o art. 150, II, da CF que: sem prejuízo de outras garantias asseguradas ao contribuinte, é vedado à União, aos Estados, ao Distrito Federal e aos Municípios:

> II - instituir tratamento desigual entre contribuintes que se encontrem em situação equivalente, proibida qualquer distinção em razão de ocupação profissional ou função por eles exercida, independentemente da denominação jurídica dos rendimentos, títulos ou direitos.

Diante do compreendido pelo inciso supracitado, todos terão tratamento igualitário perante a norma tributária, carecendo somente de um trato desigual aqueles que se apresentam em uma situação de desigualdade.

Tal princípio está intimamente ligado ao princípio da capacidade contributiva (art. 145, § 1º, da CF) e o da não discriminação (art. 152 da CF).

3.5 PRINCÍPIO DA IRRETROATIVIDADE

Reza o art. 150, III, *a*, da CF que: sem prejuízo de outras garantias asseguradas ao contribuinte, é vedado à União, aos Estados, ao Distrito Federal e aos Municípios:

> III - cobrar tributos:
>
> a) em relação a fatos geradores ocorridos antes do início da vigência da lei que os houver instituído ou aumentado;
>
> (...)

Em face do que disposto na presente alínea, a norma tributária não poderá retroagir, ou seja, não poderá atingir fatos geradores que ocorreram antes de sua vigência. Sendo assim, aplica-se a lei vigente, alíquota e base de cálculo que estiverem em vigor quando da ocorrência do fato gerador. Logo, conclui-se: a norma tributária, em geral, não poderá retroagir justamente para preservar o direito adquirido, o ato jurídico perfeito e a proporcionar para todos uma segurança jurídica.

E vale dizer, ainda, que a Constituição Federal não traz nenhuma mitigação ou exceção. Entretanto, o Código Tributário Nacional nos apresenta três exceções a este princípio.

1ª exceção ao princípio da irretroatividade

A nova norma que tenha caráter interpretativo da norma antiga e que venha a solucionar pontos obscuros/omissos da norma antiga, desde que não cause penalidade ao contribuinte, poderá retroagir. Assim, a lei nova de caráter interpretativo poderá retroagir, desde que não cause penalidade ao contribuinte. Tal fundamento encontra-se esculpido no art. 106, I, do CTN.

2ª exceção ao princípio da irretroatividade

Igualmente, a norma nova que venha a deixar de tratar ato como infração (extinguir multa) ou reduzir a infração (reduzir o percentual da multa) poderá retroagir para fatos geradores já ocorridos, desde que exista ato pendente de julgamento (seja judicial, seja administrativo). Vale ressaltar: trata-se de retroatividade mais benéfica somente e tão exclusivamente no campo das infrações (jamais no tocante às alíquotas ou base de cálculo). Tal fundamento encontra-se esculpido no art. 106, II, *a* e *c*, do CTN.

3ª exceção ao princípio da irretroatividade

Por fim, poderá retroagir norma nova que venha a instituir ou estabelecer novos critérios de fiscalização e/ou proporcionar ao crédito tributário nova classificação. Tal fundamento encontra-se esculpido no art. 144, § 1º, do CTN.

3.6 PRINCÍPIO DA VEDAÇÃO AO EFEITO DE CONFISCO

Reza o art. 150, IV, da CF que:

> sem prejuízo de outras garantias asseguradas ao contribuinte, é vedado à União, aos Estados, ao Distrito Federal e aos Municípios:
>
> (...)
>
> IV – utilizar tributo com efeito de confisco;
>
> (...).

Conforme exposto, nenhum ente público poderá estabelecer ou exigir tributo com caráter confiscatório, ou seja, que impeça o uso adequado da propriedade ou não possibilite o livre exercício da atividade privada.

Logo, o contribuinte não precisará vender seus bens em face da exigência de tributos que o impeçam de fazer o livre exercício do direito fundamental da propriedade. Importante ressaltar que o STF passou a aplicar o presente dispositivo para as multas, ou seja, nenhuma multa (penalidade) poderá ser exigida com o caráter confiscatório, como multa moratória (por atraso no pagamento) não poderá ter percentual superior a 20%.

Sobre a presente matéria, cai ao lanço ainda lembrar sobre as importantes e sempre lembradas súmulas do STF, que corriqueiramente são vistas nas provas de tributário, tais sejam, as de números 70, 323 e 547.

3.7 PRINCÍPIO DA LIBERDADE DE TRÁFEGO

Reza o art. 150, V, da CF que: sem prejuízo de outras garantias asseguradas ao contribuinte, é vedado à União, aos Estados, ao Distrito Federal e aos Municípios:

> V – estabelecer limitações ao tráfego de pessoas ou bens, por meio de tributos interestaduais ou intermunicipais, ressalvada a

> cobrança de pedágio pela utilização de vias conservadas pelo Poder Público.

Nenhum tributo poderá impedir o livre exercício do direito de ir e vir, salvo a própria mitigação exposta no inciso mencionado no que tange à cobrança de pedágios. Lembrando que, salvo melhor juízo, quem cobra pedágio não cobra tributo, mas sim tarifas/preço público em que o contribuinte pagará para permissionários e/ou concessionárias do serviço público somente mediante a utilização destes serviços.

3.8 PRINCÍPIO DA UNIFORMIDADE GEOGRÁFICA

Reza o art. 151, I e II, da CF que é vedado à União:

> I – instituir tributo que não seja uniforme em todo o território nacional ou que implique distinção ou preferência em relação a Estado, ao Distrito Federal ou a Município, em detrimento de outro, admitida a concessão de incentivos fiscais destinados a promover o equilíbrio do desenvolvimento socioeconômico entre as diferentes regiões do País;
>
> II – tributar a renda das obrigações da dívida pública dos Estados, do Distrito Federal e dos Municípios, bem como a remuneração e os proventos dos respectivos agentes públicos, em níveis superiores aos que fixar para suas obrigações e para seus agentes.

Tal princípio tem observância direta para a União. Assim, o presente ente federativo em razão do texto constitucional não poderá tratar os demais entes federativos e seus respectivos contribuintes de forma desigual. Exemplo: a incidência sobre o Imposto de Renda que será considerada no Rio Grande do Sul deverá igualmente ser observada no Rio de Janeiro, não podendo haver tratamento diferenciado. A justificativa para a presente norma cogente é: respeito à isonomia e ao pacto federativo.

Entretanto, o mesmo inc. I trabalha com uma mitigação em que faculta à União conceder tratamento diferenciado na tributação de sua competência a fim de proporcionar desenvolvimento socioeconômico de determinada região. Aqui se encontra o clássico exemplo da Zona Franca de Manaus.

Na forma do inc. II do artigo supraindicado, a União também não poderá conceder tratamento diferenciado para seus servidores, bem como as obrigações de dívidas públicas. Por exemplo, se um Magistrado Federal tem retenção de 27,5% de imposto de renda sobre seu ordenado, a mesma regra deverá valer para o Magistrado Estadual, não podendo, portanto, a União conceder tratamento diferenciado para o federal em face de este pertencer aos quadros federais.

3.9 PRINCÍPIO DA VEDAÇÃO DA ISENÇÃO HETERÔNOMA

Reza o art. 151, III, da CF que: é vedado a União: "III – instituir isenções de tributos da competência dos Estados, do Distrito Federal ou dos Municípios".

Na forma do presente inciso, a União não poderá intrometer-se no que tange a benefícios fiscais nos tributos que não são de sua competência. Assim, não caberá isenções heterônomas, ou seja, a União não poderá conceder isenção de tributos que são de competência dos demais entes.

3.10 IMUNIDADE TRIBUTÁRIA

Dentro do estudo das limitações ao poder de tributar, torna-se igualmente importante, em termos de Exame da Ordem, a análise das imunidades. Mas, afinal de contas, o que é uma imunidade? Imunidade é a dispensa constitucional de pagar tributo, ou seja, trata-se de hipóteses as quais a constituição "libera" o contribuinte do pagamento do crédito tributário. Ademais, vale ressaltar que se apresentam dois tipos de imunidades: as específicas e as genéricas.

Antes de adentrarmos as espécies de imunidades, cabe afirmar que elas são garantias constitucionais ao contribuinte, portanto, verdadeiras cláusulas pétreas, não se admitindo revogações ou extinções, bem como admitem todas as possibilidades de interpretação.

3.10.1 Imunidades específicas

São todas aquelas dispostas (estão espalhadas) no texto constitucional, dizem respeito a determinado caso concreto e poderão albergar qualquer espécie tributária. Aqui, exemplificando, apresentam-se os casos no texto constitucional: não incidir ISS em serviço destinado ao exterior, não incidir contribuição social para as entidades de assistência social sem fins lucrativos, entre outros.

3.10.2 Imunidades genéricas

Outrossim, também se apresentam na Carta Magna as imunidades genéricas dispostas todas no art. 150, VI, da CF, e apresentam dispensa constitucional ao dever de pagar tributo apenas no que tange aos impostos. São as seguintes espécies de imunidades genéricas:

Genérica - Art. 150, VI, a, *da CF - Imunidade recíproca*

Os entes públicos (União, Estados, Distrito Federal e Municípios) não poderão cobrar impostos entre si, sobre o seus respectivos patrimônios, rendas e serviços. Assim, exemplificando, a União não poderá cobrar IR sobre a renda auferida pelo Município, bem como o Estado não poderá cobrar IPVA dos automóveis da União.

Sobre a presente espécie de imunidade genérica, vale ressaltar que elas são extensivas às autarquias e às fundações públicas, na forma do art. 150, § 2º, da CF, desde que renda, patrimônio e serviços sejam destinados e/ou utilizados para o cumprimento da finalidade essencial das referidas entidades públicas citadas. Mas, para que estas autarquias e fundações públicas gozem de imunidade, elas precisam cumprir alguns requisitos dispostos no art. 150, §§ 2º e 3º, da CF.

Também cabe ressaltar a posição do STF (RE nº 601.392), muito embora omissa à Constituição Federal, de que as empresas públicas e sociedades de economia mista também terão direito a gozar dessa espécie de imunidade genérica, desde que explorem atividade pública em caráter de monopólio e não visem ao lucro. Nesse condão, foram deferidas as imunidades para os Correios (Agência, e não as Franquias), Infraero, Casa da Moeda, entre outros.

Genérica – Art. 150, VI, b, *da CF – Imunidade de templos de qualquer culto*

A presente imunidade, tão criticada contemporaneamente, visa proteger a liberdade religiosa, lembrando que a Constituição não objetivou ser aquela ou outra a religião a ser imunizada, visto que vivemos em um estado laico.

Portanto, podemos afirmar que gozarão dessa imunidade toda e qualquer religião que prestigie um Deus, que tenha por vocação difundir a cultura divina em qualquer localidade deste país. Entretanto, para que essas religiões gozem dessa espécie de imunidade genérica sobre seu patrimônio, sua renda e seus serviços, deverão aplicar (reverter) seu patrimônio, seus serviços ou sua renda auferida para o cumprimento da sua finalidade essencial na forma do art. 150, § 4º, da CF.

Logo, se a igreja ou templo faz um bingo para manter a "Casa do Senhor", ou seja, a renda auferida está sendo revertida para a finalidade essencial, o templo não terá que pagar impostos sobre tal valor recebido. O mesmo vale para a cobrança de dízimos, estacionamento para fiéis ou até mesmo cemitério em nome da instituição religiosa. Tudo isso se observado o disposto no art. 150, § 4º, da CF.

Genérica – Art. 150, VI, c, *da CF – Imunidade subjetiva*

A presente imunidade contempla algumas pessoas, ou seja, observando igualmente o art. 150, § 4º, do CTN, os partidos políticos e suas fundações, sindicato dos trabalhadores, instituições de educação e de assistência social sem fins lucrativos, terão direito a não pagar impostos sobre seus patrimônios, rendas e serviços, desde que observado o cumprimento da norma e a finalidade essencial.

Mas, diferentemente das demais espécies/pessoas que gozam das imunidades genéricas, a norma elenca a necessidade de observância e cumprimento dos requisitos previstos em lei. Qual seria a lei, artigo e seus requisitos? São aqueles dispostos no art. 14 do CTN. Assim, para essas pessoas gozarem dessa imunidade também deverão ater-se aos requisitos do artigo suprarreferido.

Vale ressaltar, nesse tipo de imunidade, que as entidades de assistência social sem fins lucrativos, na forma do art. 195, § 7º, da CF, também terão imunidade no que tange _às contribuições sociais, tratando-se aqui de clássico exemplo de imunidade específica.

E, caso essas pessoas venham a locar um imóvel seu e reverter os valores locatícios para o cumprimento da finalidade essencial, gozarão dessa imunidade? Sim, na forma da Súm. Vinc. nº 52 e Súm. nº 724 do STF, continuarão a gozar dessa imunidade genérica.

Genérica – Art. 150, VI, d e e, *da CF – Imunidade objetiva*

Por fim, a presente imunidade diz respeito à espécie de imunidade genérica no tocante a alguns objetos. Portanto, os livros, periódicos, jornais e papéis destinados a impressão, bem como CDs e DVDs confeccionados por artistas ou intérpretes brasileiros, não pagarão impostos.

Mas é importante salientar que a imunidade será apenas no tocante ao objeto, e não sobre eventual renda auferida com a venda do objeto ou imóvel pertencente à fábrica do jornal (do objeto).

Outrossim, para gozarem dessa imunidade, quais são os requisitos necessários que deverão ser observados pelos livros, jornais, revistas e periódicos? Eles deverão transmitir um conhecimento, bem como ter uma ideia materialmente formada, independentemente do conteúdo. Portanto, importante referir que, inclusive as revistas com apelo sexual, gozarão dessa imunidade.

E no tocante às revistas com finalidade de marketing que desejam prioritariamente vender produtos? Essas revistas não gozarão de imunidade. Já a lista telefônica gozará dessa imunidade? Sim, visto que ela tem caráter informativo.

Vale ressaltar, ainda, que inclusive o papel fotográfico destinado (Súm. nº 657 do STF) à impressão dos itens anteriormente expostos gozará de imunidade, ao contrário da tinta destinada à impressão, que não terá imunidade.

Por fim, mediante recente julgado (RE nº 330.817 e nº 595.676), cai ao lanço trazer que a presente imunidade se estende aos livros eletrônicos e a seus leitores digitais, decisão esta realizada pelo STF e reconhecida em sede de repercussão geral.

4. OBRIGAÇÃO E CRÉDITO TRIBUTÁRIO

Teremos a ocorrência da obrigação tributária toda vez que o contribuinte praticar um fato (fato gerador) descrito em uma lei (hipótese de incidência). Assim, a obrigação nada mais é do que o resultado da realização do fato gerador no mundo exterior. Sobre a obrigação tributária, leciona o art. 113 do CTN que a obrigação tributária é principal ou acessória. Assim, ao teor do referido artigo, conseguimos vislumbrar a existência de dois tipos de obrigação tributária: a principal e a acessória.

A obrigação principal é toda aquela obrigação do contribuinte para o pagamento do tributo ou da penalidade (multa). Já a obrigação acessória é toda aquela obrigação que não consiste em pagamento, mas sim no ato de fazer ou deixar de fazer. Portanto, são exemplos de obrigações acessórias o ato de fazer um *speed* contábil, um balanço, tirar ou não rasurar uma nota fiscal. Lembrando, ainda, que a obrigação acessória tem como objetivo colaborar para a fiscalização e o pagamento (realização) do crédito tributário.

Ainda, sobre o referido artigo, mais precisamente na forma do § 3º, uma vez o contribuinte não realizando ou cumprindo com sua obrigação acessória, surgirá uma obrigação principal (multa).

OBRIGAÇÃO TRIBUTÁRIA

4.1 ELISÃO FISCAL

Reza o art. 116, parágrafo único, do CTN:

> A autoridade administrativa poderá desconsiderar atos ou negócios jurídicos praticados com a finalidade de dissimular a ocorrência do fato gerador do tributo ou a natureza dos elementos constitutivos da obrigação tributária, observados os procedimentos a serem estabelecidos em lei ordinária.

O presente parágrafo único faz nascer a subjetividade ante a realização de planejamento tributário pelo contribuinte e sua validação ou não. Mas, como a presente obra não tem como objetivo doutrinar ou suscitar divergências, cabe ao signatário informar que, caso o enunciado da peça ou questão no Exame da Ordem deixe claro a existência de ato realizado com a tentativa de não pagar tributo, simular ou cometer fraude, poderá o fisco desconsiderar tal ato e cobrar os tributos devidos pela realização dos fatos geradores.

4.2 SUJEITOS ATIVO E PASSIVO DA RELAÇÃO TRIBUTÁRIA

Mas, afinal de contas, quem poderá cobrar e quem pagará a obrigação tributária? Serão, respectivamente, o sujeito ativo e o passivo da relação tributária.

O sujeito ativo, na forma do art. 119 do CTN, é toda pessoa jurídica de direito público que tem a competência constitucional para criar e/ou exigir o crédito tributário, observando a norma e a realização do fato gerador pelo contribuinte.

Já o sujeito passivo será aquele responsável pelo pagamento do crédito tributário e até mesmo da multa, uma vez realizado o fato gerador ou descumprida eventual obrigação acessória. Na forma do art. 121 do CTN, o sujeito passivo poderá ser tanto o contribuinte (aquele que realiza e tem vínculo direto com o fato gerador) quanto o responsável (não realiza o fato gerador, mas a norma legal lhe atribui o dever de pagar tributo).

4.3 CONVENÇÕES PARTICULARES E MODIFICAÇÃO DO SUJEITO PASSIVO

Reza o art. 123 do CTN:

> Salvo disposições de lei em contrário, as convenções particulares, relativas à responsabilidade pelo pagamento de tributos, não podem ser opostas à Fazenda Pública, para modificar a definição legal do sujeito passivo das obrigações tributárias correspondentes.

Logo, na forma do presente artigo, nenhum contrato, acordo ou instrumento particular poderá ser oposto/apresentado contra a Fazenda Pública a fim de modificar a responsabilidade pelo pagamento do crédito tributário. Assim, na realização locatícia, por exemplo, em que 99% dos contratos estabelecem a responsabilidade pelo pagamento do IPTU ao locatário, caso este não venha a satisfazer o crédito, o fisco exigirá o IPTU do proprietário, *in casu*, locador, cabendo a este último tão somente o direito de regresso civil contra o locatário inadimplente.

4.4 SOLIDARIEDADE

Reza o art. 124 do CTN que os sujeitos passivos poderão ser solidariamente obrigados, caso exista interesse comum na situação que constitua o fato gerador da obrigação principal. Lembrando, ainda, que tal solidariedade não comportará benefício de ordem, ou seja, quem pagará primeiro ou não.

Ademais, o tema mais recorrente sobre solidariedade é o que está disposto no art. 125 do CTN sobre os efeitos da solidariedade. Cito aqui o campeão de cobrança em prova, que é o inc. II. Ele leciona que eventual isenção concedida em razão de caráter pessoal não será estendida para os demais, mantendo-se o saldo devido pelos demais sujeitos passivos (logo, desconta-se a cota-parte do sujeito isento) de forma solidária.

4.5 CAPACIDADE TRIBUTÁRIA

Na forma do art. 126, I, do CTN, a capacidade tributária não dependerá da capacidade civil das pessoas naturais. Logo, mesmo que o sujeito passivo não tenha capacidade civil plena (por exemplo, seja menor de idade, portador de deficiência), ele terá que pagar tributo. Essa conclusão também será estendida para o falido que quebrou uma empresa e hoje realiza outra atividade capaz de gerar fato gerador, bem como para sociedades de fato ou irregulares que não estejam regularmente inscritas na Junta Comercial. Todos estes também terão que pagar tributo acaso venham a realizar fato gerador.

4.6 DOMICÍLIO TRIBUTÁRIO

Na forma do art. 127 do CTN, caberá ao contribuinte a determinação de seu domicílio fiscal tributário, ou seja, caberá ao contribuinte a escolha de onde receberá intimações e cobranças da autoridade fazendária.

Acaso o contribuinte não realize tal opção e sendo pessoa física, o domicílio tributário será no local de sua residência; se não houver informação da residência atual, poderá ser o local onde ele exerce habitualmente suas atividades.

Já, se o contribuinte for pessoa jurídica de direito privado e não houver escolhido o seu domicílio tributário, terá como domicílio fiscal o local onde está estabelecida a sua empresa e/ou será no local do estabelecimento onde tenha dado origem o fato gerador.

Por fim, cabe salientar que, se o contribuinte optou por endereço tributário que dificulte ou impossibilite o recolhimento/fiscalização de tributo, poderá a autoridade fazendária desconsiderar tal opção.

5. CONSTITUIÇÃO DO CRÉDITO TRIBUTÁRIO

Não basta a ocorrência do fato gerador para que o tributo possa ser constituído e, consequentemente, exigido do contribuinte. Para que possa ser cobrado, faz-se necessário que ocorra o lançamento. Logo, conclui-se que a constituição do crédito tributário ocorrerá por meio do ato administrativo de lançamento.

A primeira espécie de lançamento é a de ofício, regulada pelo art. 148 do CTN. Nessa hipótese de constituição do crédito, o fisco identifica a ocorrência do fato gerador, faz o cálculo do valor devido, emite a guia e notifica o contribuinte. Portanto, aqui teremos apenas a participação da autoridade fazendária, em nada informando o contribuinte para a constituição do crédito. São exemplos de lançamento de ofício: IPVA, IPTU, Taxas, Contribuição de Iluminação Pública.

A segunda espécie de lançamento é a por declaração regulada pelo art. 147 do CTN. Aqui o contribuinte apenas informará ao fisco que realizou o fato gerador, sendo de atribuição da autoridade fazendária a realização dos demais atos necessários, os quais ensejarão a cobrança do crédito tributário. Logo, será atribuição da autoridade o cálculo do valor do tributo e emissão da guia. São exemplos de lançamento por declaração: ITBI, ITCMD.

Por fim, a terceira espécie para constituição do crédito tributário é o lançamento por homologação. Na forma do art. 150 do CTN, será o contribuinte que declarará a existência do fato gerador, fará o cálculo do tributo devido, bem como emitirá a guia para pagamento antecipado. Trata-se da modalidade regra de constituição do crédito tributário. São exemplos desse lançamento por homologação: IR, IPI, ICMS, ISS, PIS, COFINS, entre outros.

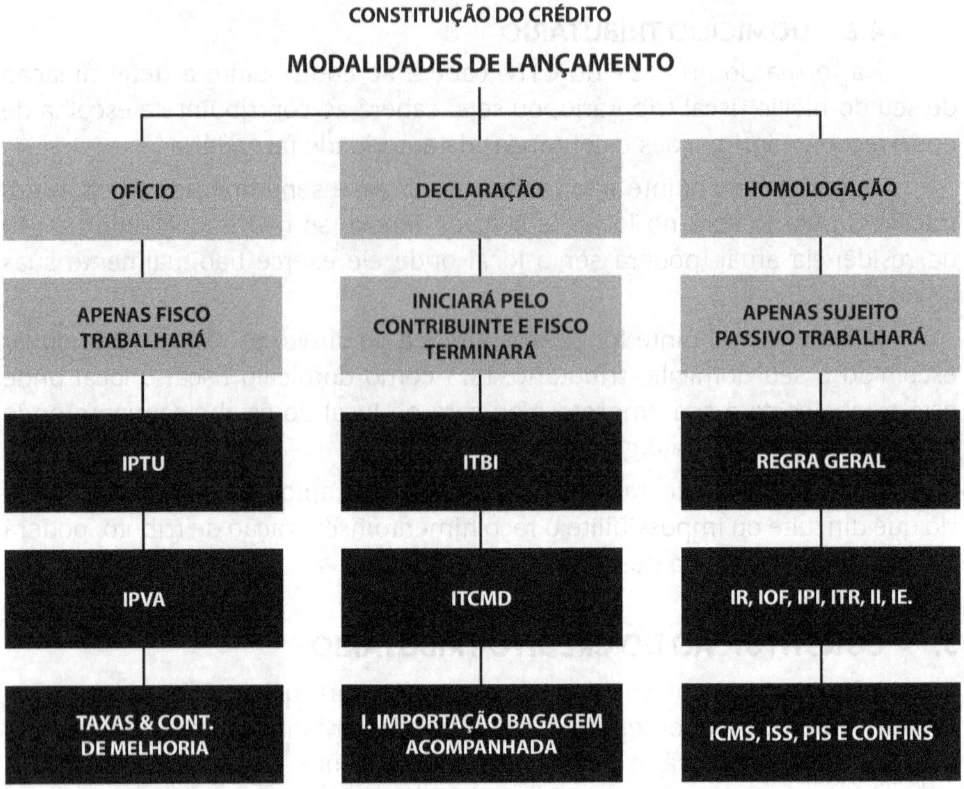

6. LEGISLAÇÃO TRIBUTÁRIA

Muito embora ignorada por grande parte dos "*oabzeiros* fiscais", tem relevante importância para a resolução de questões do Exame da Ordem em Direito Tributário. Outrossim, tal temática também enseja inúmeras dúvidas, o que tentarei dirimir por meio de um texto sistematizado.

A primeira grande questão recorrente é: qual tipo normativo poderá criar e/ou majorar tributo? Normalmente será mediante lei ordinária a criação ou majoração. Entretanto, existem quatro espécies tributárias que somente poderão ser criadas ou majoradas mediante lei complementar: Imposto Residual (art. 154, I, da CF), Contribuição Social Residual (art. 195, § 4º, da CF), Imposto sobre Grandes Fortunas (art. 153, VII, da CF) e Empréstimos Compulsórios (art. 148 da CF).

Para que sejam criados esses tributos, seja por meio de lei ordinária, seja por meio de lei complementar, o legislador terá que se ater a uma série de requisitos e imposições legais descritas em lei complementar. Portanto, usualmente, normas gerais de direito tributário somente poderão ser realizadas mediante lei complementar (CTN), na forma do art. 146 da CF.

E onde estão essas normas gerais de direito tributário? Estão no Código Tributário Nacional, visto que este foi recepcionado como lei complementar pela Constituição Federal de 1988.

Importante ainda referir que tal temática tem vínculo com o princípio da legalidade. Portanto, muito embora tenha citado anteriormente a possibilidade de criação ou majoração de tributo mediante lei ordinária, não podemos esquecer que medida provisória também assim poderá fazer, uma vez obedecidos os requisitos do art. 62, § 2º, da CF. Ademais, nunca é bom esquecer que medida provisória não poderá trabalhar em matéria reservada à lei complementar.

Já no que tange aos tratados internacionais, é importante referir que, na forma do art. 98 do CTN, eles mesmos poderão, inclusive, revogar e/ou modificar a legislação interna brasileira, desde que ratificados por nosso chefe de governo, suspendendo os efeitos da norma interna e fazendo prevalecer o tratado do exterior.

No que diz respeito à vigência da lei tributária, vige no direito brasileiro o princípio da territorialidade, ou seja, aplicar-se-á a norma tributária no respectivo local do ente competente. Compreende-se ainda que é exceção à territorialidade a renda auferida por brasileiro que, por exemplo, presta serviços nos Estados Unidos. Mesmo o fato gerador ocorrendo fora do nosso país, terá o prestador de pagar imposto de renda.

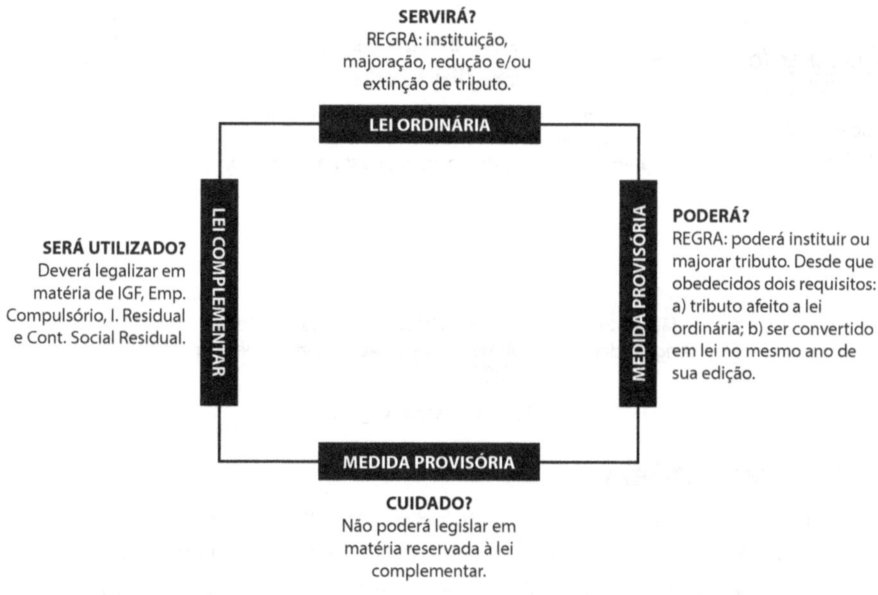

7. SUSPENSÃO DA EXIGIBILIDADE DO CRÉDITO TRIBUTÁRIO

Na forma do art. 151 do CTN, apresentam-se as hipóteses de suspensão da exigibilidade do crédito tributário. Quando da ocorrência de quaisquer das hipóteses (incisos) situadas no rol taxativo do referido artigo, o fisco estará impedido (temporariamente) de cobrar (exigir) o crédito tributário. Mas veja: trata-se de hipótese que impede a execução fiscal, mas não a constituição do crédito por meio do lançamento, sob a pena, inclusive, de ocorrer a decadência. Portanto, é correto afirmar igualmente que a suspensão da exigibilidade poderá ocorrer tanto antes como posteriormente ao lançamento.

Outrossim, é importante compreender que o contribuinte somente poderá utilizar-se das hipóteses de suspensão lecionadas no Código Tributário Nacional, bem como qualquer alteração somente poderá ser realizada mediante lei complementar, na forma do art. 146, III, da CF.

São formas de suspensão da exigibilidade do crédito tributário aquelas dispostas no art. 151 do CTN. Ademais, qualquer uma das hipóteses de suspensão suspenderá apenas a obrigação principal (de pagar), devendo o contribuinte continuar a efetuar o cumprimento das obrigações acessórias (de fazer ou não fazer). Tudo isso na forma do art. 151, parágrafo único, do CTN.

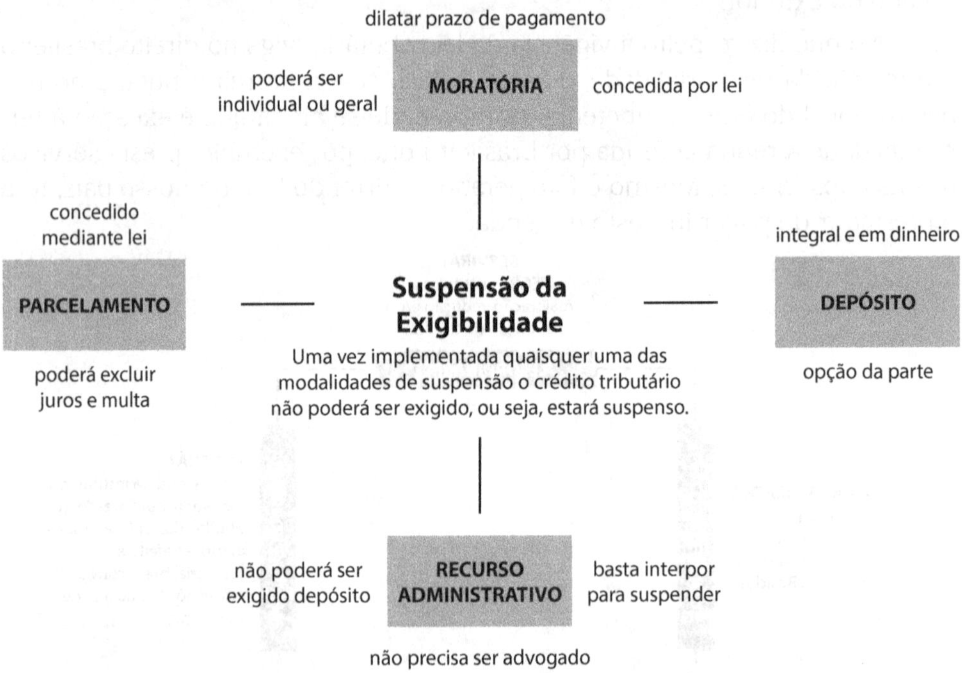

7.1 MORATÓRIA

Este instituto trata-se da concessão, mediante lei específica do ente competente, do aumento do prazo para pagamento do crédito tributário devido. Logo, caso o contribuinte albergue-se em lei que conceda moratória, terá prazo dilatado para o pagamento do tributo devido.

A moratória é utilizada, na maioria das vezes, como medida política a fim de colaborar com os contribuintes que passam por situações extremas e/ou de dificuldades, como aquelas que envolvem calamidade ou estragos realizados pela natureza.

O presente instituto poderá ser concedido de forma geral ou individual. Na ocorrência da moratória geral, ela abrangerá um número indeterminado de contribuintes, não dependendo do preenchimento de requisitos ou autorização da autoridade administrativa competente. Mas ressalta-se: faz-se necessária a existência de norma específica do ente competente.

Já a moratória em caráter individual será para contribuintes determinados, vindo, portanto, a lei específica do ente competente exigir alguns requisitos para que o contribuinte faça uso da norma protelatória. Outrossim, para receber tal benefício, a checagem de tais itens será realizada pela autoridade administrativa do ente competente, não gerando, portanto, direito adquirido.

Por fim, é importante colacionar que, normalmente, a moratória é concedida por lei do ente competente. Entretanto, mitigando tal informação, na forma do art. 152, I, *b*, do CTN, a União poderá conceder moratória de tributos que não são de sua competência (Estados, Distrito Federal e Municípios), desde que faça o mesmo com seus tributos.

7.2 DEPÓSITO

Este instituto será realizado, comumente, dentro dos processos judiciais, visto que a simples interposição de recurso administrativo já suspende a exigibilidade, não sendo, portanto, necessária e muito menos exigível a realização de depósito para suspender quando do processo administrativo, na forma da Súm. Vinc. nº 21 do STF. A presente forma de suspensão está disposta no art. 151, II, do CTN.

Igualmente essa segunda hipótese de suspensão quase sempre será faculdade da parte. Ao ver do presente autor, somente não será faculdade da parte quando da utilização da ação de consignação em pagamento, visto que, se conjugando a motivação da ação (quero pagar e não posso) com o art. 542, I, do CPC, compreende-se que, nesse caso apenas, o depósito será condição de ação.

É importante salientar que apenas o depósito integral e em dinheiro suspenderá a exigibilidade do crédito, bem como ele jamais poderá ser condição para ingresso de recurso administrativo ou de ajuizamento de ação judicial (com exceção da Consignação em Pagamento).

> Súm. nº 112 do STJ: O depósito somente suspende a exigibilidade do crédito tributário se for integral e em dinheiro.
>
> Súm. Vinc. nº 21 do STF: É inconstitucional a exigência de depósito ou arrolamento prévios de dinheiro ou bens para admissibilidade de recurso administrativo.
>
> Súm. Vinc. nº 28 do STF: É inconstitucional a exigência de depósito prévio como requisito de admissibilidade de ação judicial na qual se pretenda discutir a exigibilidade de crédito tributário.

7.3 RECURSO ADMINISTRATIVO/RECLAMAÇÃO

Tal hipótese será realizada toda vez que houver interposição de qualquer recurso administrativo de forma tempestiva pelo contribuinte. Lembrando mais uma vez aqui que não poderá ser exigido depósito recursal ou custas recursais para a realização dessa forma de suspensão, observando o teor das súmulas supraindicadas.

Ainda cai ao lanço afirmar que tal hipótese não é ato privativo de advogado, ou seja, poderá ser realizado por qualquer cidadão. Por fim, o seu fundamento encontra-se esculpido no art. 151, III, do CTN.

7.4 LIMINAR E TUTELA PROVISÓRIA

As presentes hipóteses de suspensão ocorrerão, respectivamente, em sede de mandado de segurança (liminar) e nas demais ações do processo comum subjetivo (tutela provisória).

Para ocorrência de quaisquer dessas formas, terá o contribuinte que solicitar, ou seja, fazer pedido expresso na inicial para a sua concessão, bem como o magistrado, ao analisar tal pedido, deverá analisar os requisitos para sua concessão.

Também para o deferimento da liminar em mandado de segurança (art. 7º, III, da Lei nº 12.016/2009) ou para o deferimento da tutela provisória de urgência (art. 300, § 1º, do CPC), poderá o magistrado solicitar a realização de caução para garantir indenização em caso de eventual dano à parte prejudicada.

Por fim, é importante lembrar que a concessão de tais medidas não impedirá a autoridade fazendária de efetuar o lançamento. O fundamento de tais hipóteses de suspensão da exigibilidade está no art. 151, IV e V, do CTN.

7.5 PARCELAMENTO

Esta última hipótese de suspensão é uma espécie de moratória, inobstante ser diversa ao instituto, visto que essa hipótese fracionará (parcelará) o pagamento da dívida tributária, sempre dependendo por obviedade de lei específica do ente competente. Tal concessão de suspensão não importará obrigatoriamente o corte de juros e multas.

8. EXTINÇÃO DO CRÉDITO TRIBUTÁRIO

Na forma do art. 156 do CTN, apresentam-se várias formas de extinção do crédito tributário, lembrando que tais modalidades contemplam um rol taxativo, podendo ser alterados apenas mediante lei complementar. Inobstante a essa previsão e a compreensão doutrinária sobre o rol ser taxativo, o STF, por intermédio da ADI (ADI nº 2.405-1/RS), já compreendeu ser possível a realização de novas formas de extinção (diversas daquelas previstas no art. 156 do CTN) pelo ente competente, desde que tais possibilidades não sejam contrárias às normas constitucionais.

Outrossim, cai ao lanço ainda ressaltar que tais formas de extinção, entre elas prescrição e decadência, somente poderão ser modificadas, alteradas nos termos de lei complementar, na forma do art. 146, III, *b*, da CF.

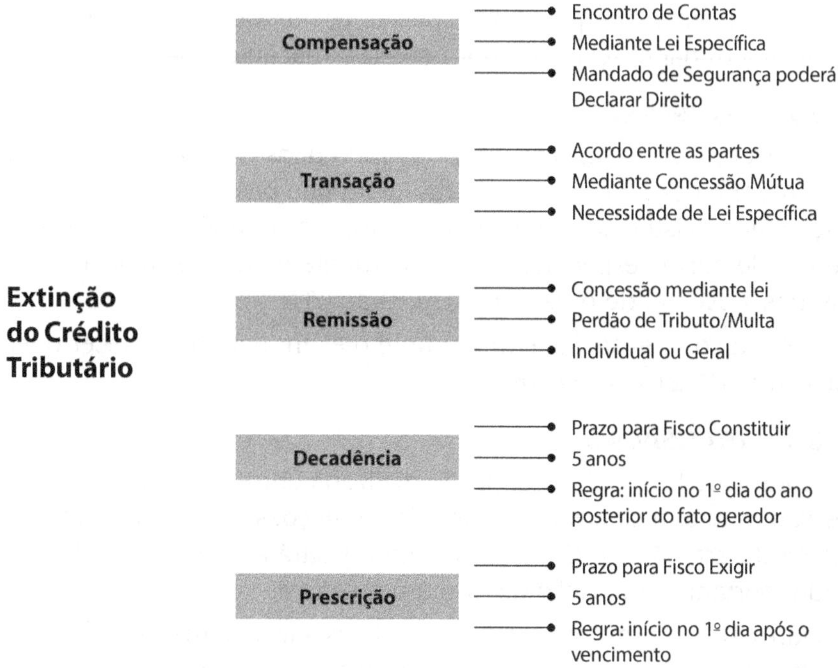

8.1 PAGAMENTO

Trata-se da forma mais aguardada de extinção do crédito tributário por parte dos entes públicos, quando o contribuinte, a fim de extinguir o tributo, fará o pagamento mediante entrega de dinheiro (pecúnia) ao ente público competente.

Importante referir ainda que, diferentemente do direito civil, na forma do art. 158 do CTN, o pagamento parcial de parcelas não poderá fazer presumir que as demais estão quitadas, assim como o pagamento, por exemplo, de IPTU do ano de 2018, não poderá fazer presumir que os anteriores estão quitados.

Caso o pagamento do tributo devido não seja feito no prazo legal, os efeitos moratórios serão automáticos, na forma do art. 161 do CTN.

Quanto ao prazo de pagamento, igualmente, caso não haja regra específica na legislação tributária do ente competente, o vencimento do crédito ocorrerá 30 dias depois da data em que se considera o sujeito passivo notificado do lançamento.

E se o pagamento for pago de forma errônea? Nascerá o direito de restituição (art. 165 do CTN) e o montante pago indevidamente será corrigido monetariamente e sofrerá acréscimo de juros. Lembre-se que, tratando-se de tributos federais (âmbito federal), a correção monetária e os juros de mora estão reunidos em único índice, ou seja, taxa SELIC (art. 39, § 4º, da Lei nº 9.250/1995).

Por fim, conforme o art. 162 do CTN, o pagamento poderá ser efetuado em moeda corrente, cheque ou vale postal. E, nos casos previstos em lei, em estampilha, em papel selado ou por processo mecânico.

8.2 COMPENSAÇÃO

Ocorrerá o direito a compensar quando duas pessoas forem ao mesmo tempo credor e devedor uma da outra. Agora não bastará para ocorrer a compensação ter a existência de crédito e débito, mas também faz-se necessária a existência de norma específica do ente competente que estipule as condições e garantias, observando o teor do art. 170 do CTN.

Sobre a compensação, é importante o examinando conhecer o teor das Súmulas nºˢ 212, 213, 460 e 461 do STJ.

8.3 TRANSAÇÃO

Trata-se de forma de negociação realizada entre as partes que, mediante concessão mútua, acabam por extinguir obrigações visando terminar litígios. Na forma do art. 171 do CTN, ela somente visará ao término de litígios, não cabendo, portanto, transação de forma preventiva.

Outrossim, a presente modalidade de extinção somente poderá ser realizada mediante lei específica do ente competente, em que tal norma delimitará as condições para a realização da transação. Veja que o Código Tributário Nacional não afirma a necessidade de o litígio ser judicial ou administrativo, cabendo assim, ao ver do signatário, a utilização do presente instituto tanto para litígios administrativos quanto para judiciais.

8.4 REMISSÃO

Trata-se da dispensa gratuita da dívida tributária. Na forma do art. 150, § 6º, da CF, a remissão somente poderá ser concedida mediante lei específica do ente competente.

A remissão, diferentemente da anistia, poderá perdoar tributo e multa. Além disso, por tratar-se de forma de extinção do crédito tributário, somente poderá ser aplicada referente a créditos já constituídos (lançados).

Por fim, teremos a remissão de forma individual ou geral, devendo utilizar-se dos parâmetros da moratória para realização.

8.5 DECADÊNCIA E PRESCRIÇÃO

Certamente trata-se dos institutos que envolvem a extinção do crédito tributário mais cobrado pela OAB. Logo, pode-se sinteticamente definir que o prazo para que a Administração Tributária, por meio da autoridade competente, promova o lançamento é decadencial. Já o prazo para que se ajuíze a ação de execução fiscal é prescricional. Assim operada a decadência, tem-se por extinto o direito de lançar. Verificada a prescrição, tem-se impossibilitado o manejo da execução fiscal.

Lembre-se que, diferentemente do direito civil, aqui no Direito Tributário o pagamento de débito prescrito gera direito a sua repetição, na medida em que, muito embora persista o direito material, a pretensão estará extinta em razão da ocorrência desta modalidade de extinção do crédito tributário.

Ademais, ressalta-se: o lançamento será exatamente o marco que separa, na linha do tempo, a prescrição da decadência.

Importante ainda dizer que a regra geral do termo inicial do prazo decadencial não será a data da ocorrência do fato gerador, mas sim o primeiro exercício financeiro subsequente àquele em que ocorreu o fato gerador (art. 173, I, do CTN). Entretanto, no caso do lançamento por homologação, o termo inicial será aquele da data do fato gerador (art. 150, § 4º, do CTN).

Vamos agora verificar as modalidades de decadência e prescrição.

Regra geral do prazo decadencial (art. 173, I, do CTN)

O direito de a Fazenda Pública constituir o crédito tributário extingue-se após cinco anos contados do primeiro dia do exercício seguinte (ano posterior) àquele em que o lançamento poderia ter sido efetuado. Logo, o início do prazo para constituição do crédito tributário, normalmente, não será do fato gerador, mas sim do primeiro dia do exercício seguinte àquele em que ocorreu a externalização da hipótese de incidência no mundo real.

Percebe-se nitidamente que a Administração Pública poderá ter mais de cinco anos para exercer o direito de constituir o crédito na prática, visto que, se um fato gerador ocorre em 2 de fevereiro de 2018, inicia-se a contagem apenas em 1º de janeiro de 2019.

Por fim, importante ressaltar que tal prazo aplica-se a:

a) tributos sujeitos a lançamento por ofício e declaração;
b) tributos sujeitos a lançamento por homologação quando lançados com dolo, fraude ou simulação ou que sequer tenham sido constituídos (lançados), observando-se, respectivamente, o teor do art. 150, § 4º, do CTN e da Súm. nº 555 do STJ.

Regra especial – Antecipação da contagem (art. 173, parágrafo único, do CTN)

Uma vez iniciada a constituição do crédito tributário e/ou realização de qualquer medida preparatória indispensável ao lançamento, considera-se tal ato modalidade de antecipação da contagem do prazo decadencial.

Assim, quando a Administração Pública adota medida preparatória para o lançamento, antes mesmo da sua constituição, considera-se que, a partir da data em que o sujeito passivo toma ciência do termo de fiscalização, inicia-se a contagem do prazo decadencial de cinco anos.

É importante dizer que: qualquer ato posterior cometido pela Administração Pública não inibirá a contagem do prazo decadencial já iniciado anteriormente pela fiscalização.

Regra especial – Anulação do lançamento por vício formal (art. 173, II, do CTN)

Vamos supor que o signatário receba uma notificação para pagar crédito tributário e acabe por realizar recurso administrativo, visto compreender que a autoridade que efetuou a constituição é incompetente para tanto. E, uma vez sendo provido o recurso administrativo e anulado o lançamento por vício formal, compreende-se que, contados da data em que se torna definitiva a decisão que houver anulado, por vício formal, o lançamento anteriormente efetuado, apresenta-se como consequência a devolução do prazo para que se constitua o crédito.

Logo, o fisco ganhará mais cinco anos para constituir o crédito tributário realizado anteriormente com vício formal. Lembre-se que, para ocorrer a devolução do prazo integral para constituição, o vício deve ser de forma e não de matéria.

Regra especial – Lançamento por homologação (art. 150, § 4º, do CTN)

Aqui, no lançamento por homologação, a regra é: único caso em que o prazo decadencial é contado exatamente da data da ocorrência do fato gerador.

Assim, se o contribuinte antecipou o pagamento dentro do prazo legal, mesmo que o valor recolhido tenha sido menor, compreende-se que a homologação ulterior deverá ocorrer dentro do prazo de cinco anos, contados da data do fato gerador.

Mas atenção aos casos de lançamento por homologação. Quando não houver lançamento ou ele for realizado com dolo, fraude ou simulação, o prazo decadencial passará para a regra geral (Súm. nº 555 do STJ e art. 173, I, do CTN), ou seja, primeiro dia do exercício subsequente.

Também nunca é demais ressaltar que a FGV ainda insiste em cobrar o prazo decadencial para a realização do lançamento das contribuições para o financiamento da seguridade social, visto que a própria lei fala em dez anos, desconsiderando assim posição tanto do STJ (fixada em 2007) quanto do STF (fixada em 2008) (Súm. Vinc. nº 8), os quais compreenderam que tal prazo é inconstitucional, sendo ele igual aos demais (cinco anos).

Por fim, é muito importante afirmar: e se o contribuinte declarou o crédito tributário, por exemplo, ICMS, mas não efetuou o pagamento do tributo? Aplica-se a Súm. nº 436 do STJ, compreendendo-se, portanto, o início do prazo prescricional, visto que o crédito já fora constituído pelo próprio contribuinte, não mais se tratando de decadência.

Prescrição

Já se opera a prescrição quando a Fazenda Pública não propõe, no prazo legalmente estipulado, a ação de execução fiscal para obter a satisfação coativa do crédito tributário. Conforme o art. 174 do CTN, o prazo de prescrição é de cinco anos, iniciando sua contagem da data da constituição definitiva do crédito tributário.

Mas o que é constituição em definitivo do crédito tributário? Será o primeiro dia após o vencimento do crédito tributário. Assim, se sou intimado a pagar um tributo no dia 31-3-2018, compreende-se que o prazo de cinco anos iniciar-se-á em 1º-4-2018.

8.6 CONVERSÃO DO DEPÓSITO EM RENDA

Tal modalidade de extinção ocorrerá quando da realização de depósito ou penhora de dinheiro em processo judicial e, obtendo o fisco vitória (decisão favorável de mérito ao fisco), o dinheiro irá para o ente competente. Tal ato é nominado de conversão de depósito em renda.

Lembrando ainda que tal conversão, segundo decisão de Tribunal Superior, também ocorrerá quando da extinção sem julgamento de mérito de processo e nele houver realização de depósito. Nesse caso, o dinheiro também irá para o fisco.

8.7 CONSIGNAÇÃO EM PAGAMENTO

A presente forma de extinção ocorrerá quando do ajuizamento de ação de consignação em pagamento pelo contribuinte nas possibilidades ofertadas no art. 164 do CTN. Lembrando que tal demanda judicial busca justamente a satisfação do crédito tributário não recebido pelo representante do ente competente. Assim, julgando-se procedente a presente ação, o dinheiro que fora depositado, na forma do art. 542, I, do CPC, será convertido em renda, vindo a extinguir o crédito tributário pela consignação.

8.8 DEMAIS FORMAS DE EXTINÇÃO

Por fim, informa-se que também serão formas de extinção do crédito tributário a decisão administrativa e judicial irreformável que anule e/ou desconstitua o crédito tributário, bem como a dação em pagamento de bem imóvel que já foi exposta no primeiro tópico da presente obra.

9. EXCLUSÃO DO CRÉDITO TRIBUTÁRIO

As formas de exclusão do crédito dispostas no art. 175 do CTN sempre serão realizadas mediante lei própria do ente competente, bem como impedirão que a autoridade fazendária venha a constituir o crédito. Assim, deverá ficar claro aos examinandos da OAB que a exclusão do crédito tributário ocorrerá sempre antes da constituição do crédito. Logo, ocorrendo qualquer uma das hipóteses, o contribuinte estará livre do cumprimento da obrigação principal.

Diante do referido no artigo supraindicado, serão formas de exclusão do crédito a isenção e a anistia. Reforçando-se, assim, que são institutos desonerativos, os quais impedem a ação do ente competente, mas que, em regra, não dispensarão a obrigação acessória.

Exclusão do Crédito Tributário

9.1 ISENÇÃO TRIBUTÁRIA

A isenção trata-se de um instituto desonerativo que visa dispensar, mediante lei infraconstitucional, o dever de pagar tributo. Veja que se trata de um instituto diferente da imunidade, visto que esta última se trata de dispensa constitucional do dever de pagar tributo. Ainda, sobre a isenção é importante ressaltar:

A isenção tributária e seus aspectos gerais encontram-se dispostos no art. 176 do CTN. Outrossim, conforme anteriormente exposto, a isenção, usualmente, poderá ser revogada a todo e qualquer tempo, com exceção da isenção onerosa, que é aquela realizada por condição e tempo, na forma do art. 178 do CTN. Tal isenção onerosa é aquela realizada na maioria das vezes quando uma empresa deseja instalar-se em determinado local (condição) e deseja por certo período (tempo) não pagar tributo. Essa, em razão da segurança jurídica, não poderá ser revogada a qualquer tempo.

> Art. 178. A isenção, salvo se concedida por prazo certo e em função de determinadas condições, pode ser revogada ou modificada por lei, a qualquer tempo, observado o disposto no inciso III do art. 104. [Redação dada pela LC nº 24/1975]
>
> Súm. nº 544 do STF: Isenções tributárias concedidas, sob condição onerosa, não podem ser livremente suprimidas.

Ainda, sobre isenções, cabe dizer que a sua concessão, em razão de tratar-se de um benefício para o contribuinte, não observará a anterioridade, bem como na forma do art. 177 do CTN, quase sempre, não se estenderá às taxas e às contribuições de melhoria, salvo previsão expressa em norma.

Importante referir que as isenções poderão ter caráter individual ou geral. A de caráter individual só alcançará determinadas pessoas que preencherem requisitos, mediante análise da autoridade administrativa competente.

Ainda, ela não gerará direito adquirido, justamente em face da necessidade da análise dos requisitos para sua concessão.

Por fim, cumpre mencionar questão recorrente em prova sobre isenção: trata-se das isenções de ICMS. Estas somente poderão ser realizadas mediante convênio, e não por meio de lei de determinado estado do país, na forma do art. 155, § 2º, XII, *g*, da CF, combinado com a LC nº 24/1975. Tudo isso a fim de evitar guerra fiscal entre os entes federativos.

9.2 ANISTIA

Também trata de medida desonerativa que, entretanto, visa retirar (perdoar) do contribuinte o aspecto de infrator. Logo, o legislador, mediante lei própria (específica do ente competente), poderá excluir e dispensar o contribuinte do pagamento da multa tributária.

> Art. 180. A anistia abrange exclusivamente as infrações cometidas anteriormente à vigência da lei que a concede, não se aplicando:
>
> I - aos atos qualificados em lei como crimes ou contravenções e aos que, mesmo sem essa qualificação, sejam praticados com dolo, fraude ou simulação pelo sujeito passivo ou por terceiro em benefício daquele;
>
> II - salvo disposição em contrário, às infrações resultantes de conluio entre duas ou mais pessoas naturais ou jurídicas.

Tal anistia poderá ser realizada, inclusive, sobre determinada parte de território e/ou região, sendo possível, portanto, a delimitação da extensão do referido instituto. E, por fim, o referido instituto político poderá ser concedido em caráter geral e individual, obedecendo aos mesmos critérios da isenção.

> Art. 182. A anistia, quando não concedida em caráter geral, é efetivada, em cada caso, por despacho da autoridade administrativa, em requerimento com a qual o interessado faça prova do preenchimento das condições e do cumprimento dos requisitos previstos em lei para sua concessão.
>
> Parágrafo único. O despacho referido neste artigo não gera direito adquirido, aplicando-se, quando cabível, o disposto no art. 155.

10. GARANTIAS E PRIVILÉGIOS DO CRÉDITO TRIBUTÁRIO

Reza o art. 184 do CTN: sem prejuízo dos privilégios especiais sobre determinados bens, que sejam previstos em lei, responde pelo pagamento do crédito tributário a totalidade dos bens e das rendas, de qualquer origem ou natureza, do sujeito passivo, seu espólio ou sua massa falida, inclusive os gravados por ônus real ou cláusula de inalienabilidade ou impenhorabilidade, seja qual for a data da constituição do ônus ou da cláusula, excetuados unicamente os bens e rendas que a lei declare absolutamente impenhoráveis.

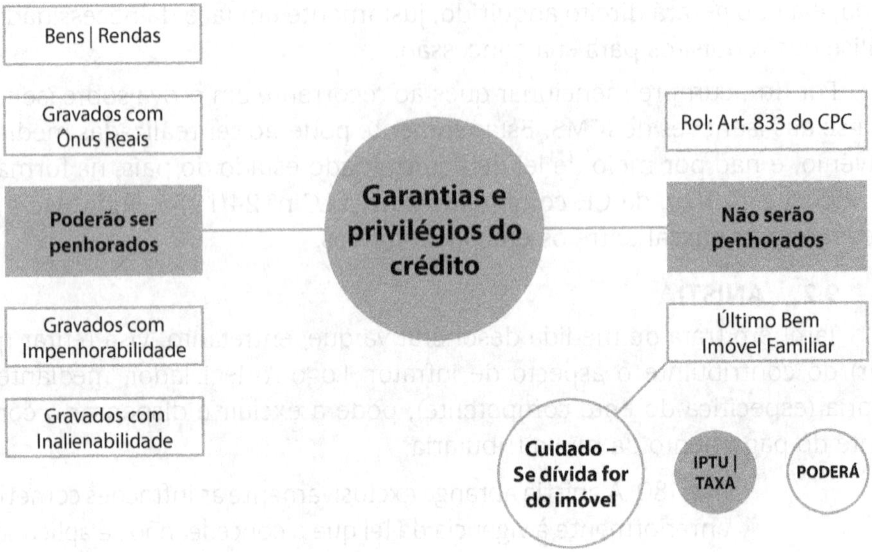

Na forma do artigo supracitado, o crédito tributário poderá servir-se, usualmente, de quaisquer bens do devedor para a satisfação do crédito, inclusive aqueles gravados com cláusula de inalienabilidade ou impenhorabilidade. Entretanto, os bens descritos no art. 833 do CPC e na Lei nº 8.009/1990 (único bem imóvel – família) serão impenhoráveis.

Mas tenham cuidado, visto que, na própria Lei nº 8.009/1990 (art. 3º), temos uma exceção à impenhorabilidade por dívida fiscal, visto que, quando o crédito tributário for oriundo do bem imóvel, ele poderá ser penhorado para pagamento desses débitos (ex.: IPTU, Taxa, Contribuição de Melhoria).

Ainda, quanto às disposições legais sobre a garantia, é importante referir o art. 185 do CTN: presume-se fraudulenta a alienação ou oneração de bens ou rendas, ou seu começo, por sujeito passivo em débito para com a Fazenda Pública, por crédito tributário regularmente inscrito como dívida ativa.

Reza o artigo anterior que haverá presunção de fraude toda vez que ocorrer alienação (venda) de bens com a finalidade de não pagar tributo. O lapso temporal para definição da referida fraude é a inscrição em dívida ativa, e não a citação em execução. Ainda, afirma o parágrafo único do referido artigo que apenas não será considerada fraude se o devedor, ao alienar eventuais bens de sua propriedade, conservar bens suficientes para a satisfação do crédito tributário por ele devido. Sobre o artigo, ainda é importante lecionar que não aplicamos para efeitos de execução fiscal a Súm. nº 375 do STJ, visto se tratar de norma especial.

Já sobre preferências do crédito tributário, leciona o art. 186 do CTN:

> Art. 186. O crédito tributário prefere a qualquer outro, seja qual for sua natureza ou o tempo de sua constituição, ressalvados os créditos decorrentes da legislação do trabalho ou do acidente de trabalho. [Redação dada pela LCP nº 118/2005]

Parágrafo único. Na falência: [Incluído pela LCP nº 118/2005]

I - o crédito tributário não prefere aos créditos extraconcursais ou às importâncias passíveis de restituição, nos termos da lei falimentar, nem aos créditos com garantia real, no limite do valor do bem gravado; [Incluído pela LCP nº 118/2005]

II - a lei poderá estabelecer limites e condições para a preferência dos créditos decorrentes da legislação do trabalho; e [Incluído pela LCP nº 118/2005]

III - a multa tributária prefere apenas aos créditos subordinados. [Incluído pela LCP nº 118/2005]

Logo, no entendimento do *caput* do artigo supracitado, o crédito tributário tem preferência, quase sempre, sobre qualquer outro, independentemente da natureza do crédito. Na forma do *caput* e da regra geral, o crédito tributário apenas perde na preferência para os créditos de natureza trabalhista e de acidente de trabalho.

Entretanto, conforme dispositivo do parágrafo único do referido artigo, combinado com o art. 83 da Lei nº 11.101/2005, tratando-se de processo de falência o crédito tributário será satisfeito em quarto lugar, desde que tenha ocorrido o fato gerador antes da falência (se for após a decretação da falência, será extraconcursal - art. 188 do CTN). Assim, na prática, o crédito tributário no processo de falência perderá para: extraconcursal, trabalho (limitado em 150 salários mínimos) e acidente de trabalho, crédito com garantia real no limite do valor do bem gravado.

Por fim, na forma do parágrafo único do art. 187, existindo o concurso de preferência no processo de falência, serão satisfeitos os créditos na seguinte ordem: União, Estados, Distrito Federal e os Municípios.

11. RESPONSABILIDADE TRIBUTÁRIA

Normalmente, todo tributo será satisfeito pela pessoa que realiza o fato gerador, ou seja, aquele que tem vínculo direto com a realização da hipótese descrita em norma legal. Entretanto, o art. 121 do CTN afirma que também poderá ser sujeito passivo da relação tributária, além do contribuinte, o responsável.

Mas, afinal de contas, quem é o responsável? Será aquele que não tem vínculo direto com a realização (fato) da hipótese prevista na norma, entretanto a lei lhe atribui responsabilidade/dever para satisfazer o crédito tributário. Logo, não será contribuinte, mas poderá ser obrigado a pagar tributo.

Outrossim, antes de iniciarmos os tipos de responsabilidade, é importante referir que o próprio Código Tributário Nacional afirma e entrega a possibilidade ao legislador ordinário de estabelecer hipóteses específicas de responsabilidade tributária, conforme leciona o art. 128.

Como a presente obra não tem o condão de exaurir nenhuma matéria exposta, vamos trabalhar especificamente a responsabilidade por transferência (terceiros, sucessão e pessoal), que está disciplinada entre os arts. 130 e 135 do CTN.

11.1 RESPONSABILIDADE DO ADQUIRENTE DE BEM IMÓVEL E MÓVEL

Reza o art. 130 do CTN que:

> Os créditos tributários relativos a impostos cujo fato gerador seja a propriedade, o domínio útil ou a posse de bens imóveis, e bem assim os relativos a taxas pela prestação de serviços referentes a tais bens, ou a contribuições de melhoria, sub-rogam-se na pessoa dos respectivos adquirentes, salvo quando conste do título a prova de sua quitação.
>
> Parágrafo único. No caso de arrematação em hasta pública, a sub-rogação ocorre sobre o respectivo preço.

O disposto no artigo supra se trata da responsabilidade dos adquirentes de bens imóveis. Portanto, todos os tributos devidos relativos ao bem imóvel que fora adquirido (impostos, taxas e contribuição de melhoria) serão transferidos ao adquirente do bem.

Entretanto, o adquirente apenas não poderá ser responsabilizado quando houver comprovação da negativa de débitos (possuir certidão negativa na data da compra) ou quando adquirir o bem em leilão judicial, visto que, nesse último caso, os valores das dívidas estarão sub-rogados pelo preço pago em hasta pública. Logo, se houver saldo pendente de pagamento pelo antigo devedor, mesmo com a realização da arrematação (compra), o adquirente não poderá ser exigido pelo saldo devido.

Por fim, sobre o exposto, cabe dizer que terá a mesma hipótese de responsabilidade o adquirente de bem móvel na forma do art. 131, I, do CTN. Outrossim, decidiu o STJ que as mesmas possibilidades de exclusão/negativa de "herança" dos débitos tributários do adquirente de bem imóvel aplicam-se ao adquirente de bem móvel.

11.2 RESPONSABILIDADE DOS SUCESSORES

Reza o art. 131, II e III, do CTN que será de responsabilidade do espólio e/ou dos meeiros e herdeiros eventuais débitos tributários devidos pelo *de cujus*. Portanto, na lavra dos referidos incisos, estaremos diante de uma responsabilidade por sucessão. Importante referir que o herdeiro e/ou meeiro somente poderão ser denominados responsáveis acaso venham a receber algum bem ou valor na partilha. Se, acaso, nada receberem, nenhum crédito tributário do *de cujus* lhe poderá ser exigido.

> Art. 131. São pessoalmente responsáveis:
>
> (...)

> II – o sucessor a qualquer título e o cônjuge meeiro, pelos tributos devidos pelo *de cujus* até a data da partilha ou adjudicação, limitada esta responsabilidade ao montante do quinhão do legado ou da meação;
>
> III – o espólio, pelos tributos devidos pelo *de cujus* até a data da abertura da sucessão.

Outrossim, a responsabilidade dos sucessores (herdeiro/meeiro) abrangerá tanto os valores dos tributos devidos quanto os montantes referentes às penalidades sofridas pelo *de cujus*.

11.3 RESPONSABILIDADE NAS OPERAÇÕES SOCIETÁRIAS

Reza o art. 132 do CTN que toda unidade resultante de operação societária passará a ser responsável pelos créditos tributários devidos pela empresa anterior. Diante disso, é correto afirmar que toda unidade resultante quando da ocorrência de uma fusão, incorporação, transformação e cisão passará a ser responsável pelos débitos tributários da empresa antiga.

> Art. 132. A pessoa jurídica de direito privado que resultar de fusão, transformação ou incorporação de outra ou em outra é responsável pelos tributos devidos até à data do ato pelas pessoas jurídicas de direito privado fusionadas, transformadas ou incorporadas.
>
> Parágrafo único. O disposto neste artigo aplica-se aos casos de extinção de pessoas jurídicas de direito privado, quando a exploração da respectiva atividade seja continuada por qualquer sócio remanescente, ou seu espólio, sob a mesma ou outra razão social, ou sob firma individual.

Logo, se a empresa A foi incorporada pela empresa B, passará a empresa B a ser responsável tributária pelos débitos fiscais da empresa A. De outro lado, se a empresa Y e W realizaram uma fusão, vindo a criar a empresa X, esta última será devedora dos tributos devidos pelas empresas Y e W.

O parágrafo único do referido art. 132 do CTN também trabalha com outra hipótese de responsabilidade. Ocorrerá aqui, quando da extinção de uma empresa, e esta for continuada por qualquer sócio antigo ou espólio, seja sob o mesmo, seja sob outro CNPJ, a nova empresa passará a ser responsável pelos débitos fiscais da empresa antiga.

Vale ressaltar ainda que tal responsabilidade abrangerá igualmente as multas moratórias e punitivas na forma da Súm. nº 554 do STJ.

> Súm. nº 554 do STJ. Na hipótese de sucessão empresarial, a responsabilidade da sucessora abrange não apenas os tributos devidos pela sucedida, mas também as multas moratórias ou punitivas referentes a fatos geradores ocorridos até a data da sucessão.

11.4 RESPONSABILIDADE DO ADQUIRENTE DE ESTABELECIMENTO COMERCIAL

Reza o art. 133 do CTN que será responsável tributário todo adquirente de estabelecimento ou fundo de comércio que der continuidade (sucessão) aos negócios do estabelecimento adquirido, sob o mesmo ou outro CNPJ, por eventuais débitos tributários devidos pelo antigo estabelecimento até a data do trespasse.

> Art. 133. A pessoa natural ou jurídica de direito privado que adquirir de outra, por qualquer título, fundo de comércio ou estabelecimento comercial, industrial ou profissional, e continuar a respectiva exploração, sob a mesma ou outra razão social ou sob firma ou nome individual, responde pelos tributos, relativos ao fundo ou estabelecimento adquirido, devidos até à data do ato:
>
> I - integralmente, se o alienante cessar a exploração do comércio, indústria ou atividade;
>
> II - subsidiariamente com o alienante, se este prosseguir na exploração ou iniciar dentro de seis meses a contar da data da alienação, nova atividade no mesmo ou em outro ramo de comércio, indústria ou profissão.
>
> § 1º O disposto no *caput* deste artigo não se aplica na hipótese de alienação judicial:
>
> I - em processo de falência;
>
> II - de filial ou unidade produtiva isolada, em processo de recuperação judicial.
>
> § 2º Não se aplica o disposto no § 1º deste artigo quando o adquirente for:
>
> I - sócio da sociedade falida ou em recuperação judicial, ou sociedade controlada pelo devedor falido ou em recuperação judicial;
>
> II - parente, em linha reta ou colateral até o 4º (quarto) grau, consanguíneo ou afim, do devedor falido ou em recuperação judicial ou de qualquer de seus sócios; ou
>
> III - identificado como agente do falido ou do devedor em recuperação judicial com o objetivo de fraudar a sucessão tributária.

Outrossim, a presente responsabilidade do adquirente poderá ser integral ou subsidiária. Será integral quando o vendedor do estabelecimento não continuar no mercado e/ou não retornar no prazo de até seis meses. Nesse caso, terá o adquirente responsabilidade integral e solitária do estabelecimento ou do fundo de comércio que adquiriu.

De outro lado, acaso o alienante (vendedor) continuar no mercado comercial e/ou retornar no prazo de até seis meses, a responsabilidade será subsidiária do adquirente, ou seja, primeiro a autoridade fazendária deverá tentar cobrar o vendedor e, se acaso não obter êxito, é que poderá cobrar do adquirente. Nesse caso, portanto, a responsabilidade do adquirente será subsidiária.

Ainda, é importante referir que o retorno ao mercado por parte do vendedor poderá ser tanto na mesma atividade que ele explorava antes da venda do estabelecimento quanto em qualquer outra.

Por fim, acaso uma pessoa física ou jurídica venha a adquirir o estabelecimento ou fundo de comércio em um procedimento de falência ou recuperação judicial, este estará desobrigado a ter de satisfazer os créditos tributários devidos pelo antigo proprietário. Tal desoneração somente não ocorrerá nesse caso, acaso o adquirente do estabelecimento ou fundo de comércio em um processo de falência ou recuperação judicial seja antigo sócio, parente ou "laranja" da empresa que venha a ser alienada.

11.5 RESPONSABILIDADE PESSOAL DO SÓCIO ADMINISTRADOR

Por fim, no tocante ao tema responsabilidade tributária, sempre torna-se importante e relevante tratar sobre o art. 135, III, do CTN. O referido artigo e inciso leciona sobre a responsabilidade pessoal do gerente, administrador e diretor.

> Art. 135. São pessoalmente responsáveis pelos créditos correspondentes a obrigações tributárias resultantes de atos praticados com excesso de poderes ou infração de lei, contrato social ou estatutos:
>
> (...)
>
> III – os diretores, gerentes ou representantes de pessoas jurídicas de direito privado.

E, para iniciar esse subitem, é importante questionar: poderá o sócio administrador, gerente, diretor ser responsabilizado pessoalmente por débitos tributários de suas respectivas empresas? A resposta é, normalmente, não.

Diante disso, na forma da Súm. nº 430 do STJ, o mero inadimplemento de tributo por parte da empresa não poderá gerar responsabilidade automática do sócio administrador. Logo, em geral, este não poderá ser chamado à responsabilidade pessoal.

De outro lado e excepcionalmente, existirão duas possibilidades básicas para que esse sócio administrador possa ser responsabilizado pessoalmente pelos débitos da empresa. Primeiramente, ele poderá ser responsabilizado pessoalmente quando ocorrer o caso do art. 135, III, do CTN, ou seja, houver comprovação que ele realizou ato com excesso de poderes, infração a lei, estatuto ou contrato social.

Assim, de primeiro momento e excepcionalmente, o sócio administrador somente poderá ser responsabilizado pessoalmente caso exista comprovação de que, por exemplo, ele realizou apropriação indébita previdenciária de INSS retido do seu funcionário indevidamente.

Ademais, também poderá ser responsabilizado pessoalmente o sócio administrador quando houver comprovação de dissolução irregular da empresa, isto é, simplesmente decidiram encerrar as atividades sem comunicar o novo endereço ou realizar a extinção adequada da empresa. Logo, na forma da Súm. nº 435 do STJ, poderá haver responsabilidade pessoal do sócio administrador quando ocorrer dissolução irregular da empresa.

Também se torna importante referir que, comumente, o ônus da prova, a fim de comprovar a responsabilidade pessoal do sócio administrador, será da Fazenda Pública. Somente não será – torna-se possível, inclusive, a presunção de legitimidade do débito – quando ocorrer a inscrição em dívida ativa do sócio administrador, visto que, acaso esse ato ocorra, a certidão gozará de presunção de veracidade na forma do art. 204 do CTN.

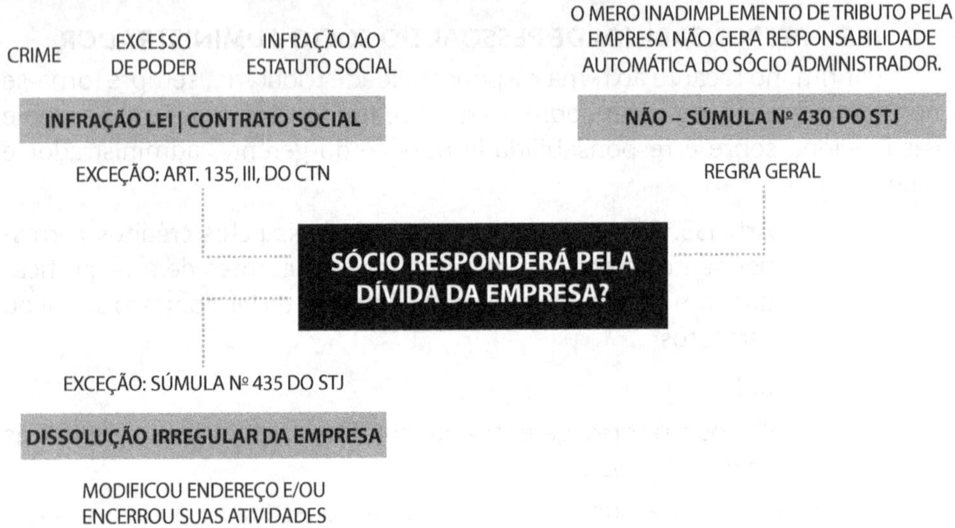

11.6 DENÚNCIA ESPONTÂNEA

É a verdadeira delação premiada do contribuinte que está em mora para com a autoridade fazendária, ou seja, é o mandamento legal que autoriza ao contribuinte que se autodelata para a autoridade fazendária ao não pagamento da multa tributária. Tal instituto encontra-se previsto no art. 138 do CTN.

> Art. 138. A responsabilidade é excluída pela denúncia espontânea da infração, acompanhada, se for o caso, do pagamento do tributo devido e dos juros de mora, ou do depósito da importância arbitrada pela autoridade administrativa, quando o montante do tributo dependa de apuração.
>
> Parágrafo único. Não se considera espontânea a denúncia apresentada após o início de qualquer procedimento administrativo ou medida de fiscalização, relacionados com a infração.

Diante do exposto, compreende-se o instituto da denúncia espontânea como aquela modalidade em que autoriza o contribuinte praticante de fato gerador de tributo que não realizou a declaração, e muito menos o pagamento, possa tardiamente realizar a sua autodelação, a fim de não ficar em débito com a autoridade fazendária. E esse contribuinte que se entrega para o fisco gozará do benefício de não ter de pagar multa tributária.

Mas atenção: O benefício da denúncia espontânea somente poderá ser utilizado pelo contribuinte quando a autoridade fazendária não tiver conhecimento sobre o fato gerador e sequer tiver realizado qualquer medida inicial fiscalizatória para tanto.

Assim, imagine que o Prof. Fofo de Ogum viaje anualmente para os Estados Unidos. Ocorre que, em sua última viagem, ele resolveu importar 20 aparelhos celulares da marca iPhone e 10 notebooks da marca Apple. Inobstante a importação ter se concretizado, o referido contribuinte nada pagou de tributos para realizar o desembaraço aduaneiro quando de sua chegada ao Brasil. Passados dez meses do fato, o Prof. Fofo de Ogum, boa pessoa que é, resolve satisfazer os créditos tributários devidos em decorrência dessa importação, considerando ainda que a autoridade fazendária não tem nenhum conhecimento sobre o fato. Logo, acaso utilize-se do benefício da denúncia espontânea, terá o direito de pagar os tributos devidos em decorrência da importação livre da multa tributária.

Por fim, outra questão importante sobre o referido instituto é que, acaso o tributo seja declarado e posteriormente (após o vencimento) venha a ser pago, não terá o contribuinte o direito da dispensa da multa. Tudo isso, visto que, nesse caso, o fisco já terá conhecimento do fato gerador em razão da constituição do crédito. Tal afirmação encontra-se respaldada pela Súm. nº 360 do STJ.

Mas tenha cuidado: mesmo o tributo que seja constituído pelo lançamento por homologação poderá gozar desse benefício. Somente não gozará se já fora declarado pelo contribuinte.

12. ADMINISTRAÇÃO TRIBUTÁRIA

Nada mais é do que a possibilidade objetiva do exercício do poder de polícia por parte da autoridade fazendária. Assim, a Fazenda Pública poderá fiscalizar e investigar o contribuinte com a finalidade de proporcionar melhorar arrecadação de tributo para o respectivo ente competente.

Vale ressaltar que o exercício dessa administração tributária deverá ser sempre balizado, observando-se os ditames legais, bem como a capacidade contributiva e econômica do sujeito passivo.

12.1 LIVROS, DOCUMENTOS E FISCALIZAÇÃO TRIBUTÁRIA

Inicialmente, nunca é demais relembrar que, inclusive as pessoas imunes, estarão obrigadas a cumprir os deveres obrigacionais perante a administração pública. Logo, na forma do art. 194, par. ún., do CTN, qualquer livro do contribuinte poderá ser fiscalizado, mesmo que ele venha a usufruir de imunidade ou isenção.

Reza o art. 195 do CTN que:

> Art. 195. Para os efeitos da legislação tributária, não têm aplicação quaisquer disposições legais excludentes ou limitativas do direito de examinar mercadorias, livros, arquivos, documentos, papéis e efeitos comerciais ou fiscais, dos comerciantes industriais ou produtores, ou da obrigação destes de exibi-los.

Assim, será de direito da administração pública ter acesso a quaisquer documentos do sujeito passivo.

E por quanto tempo o sujeito passivo terá de guardar esses livros? Na forma do art. 195, par. ún., do CTN, o contribuinte deverá guardar todos os documentos fiscais dentro do prazo prescricional. E lembre-se: cuidado ao observar apenas o prazo de 5 (cinco) anos, visto que, por vezes, o crédito poderá ter sofrido interrupção da prescrição, devendo, portanto, o contribuinte ter cuidado com a contagem desse prazo de 5 (cinco) anos.

Ademais, a administração pública, quando do exercício de sua fiscalização, na forma do art. 196 do CTN, deverá lavrar os termos necessários para que se documente o início do procedimento de fiscalização/investigação, de acordo com a legislação aplicável, que fixará prazo máximo para a conclusão daquelas.

E quem possuir documento fiscal de terceiro, deverá fornecer para a autoridade fazendária quando intimado? A regra é que sim, salvo quando a prestação de informações quanto a fatos sobre os quais o informante esteja legalmente obrigado a observar segredo em razão de cargo, ofício, função, ministério, atividade ou profissão.

O art. 197 do CTN dispõe:

> Art. 197. Mediante intimação escrita, são obrigados a prestar à autoridade administrativa todas as informações de que disponham com relação aos bens, negócios ou atividades de terceiros:
>
> I – os tabeliães, escrivães e demais serventuários de ofício;
>
> II – os bancos, casas bancárias, Caixas Econômicas e demais instituições financeiras;
>
> III – as empresas de administração de bens;
>
> IV – os corretores, leiloeiros e despachantes oficiais;
>
> V – os inventariantes;
>
> VI – os síndicos, comissários e liquidatários;
>
> VII – quaisquer outras entidades ou pessoas que a lei designe, em razão de seu cargo, ofício, função, ministério, atividade ou profissão.

Ainda sobre sigilo de documentos de terceiros, poderá ser questionado em prova: a autoridade fazendária poderá ter acesso a movimentações bancárias do sujeito passivo da obrigação tributária? O STF (RE nº 601.314) compreendeu que sim, desde que exista prévio processo administrativo em aberto e seja proporcionado ao contribuinte contraditório. Veja que, para isso, não será necessário mandado judicial.

12.2 ATIVIDADE COOPERADA - FISCALIZAÇÃO TRIBUTÁRIA

Por fim, na forma do art. 199 do CTN, as autoridades públicas poderão cooperar entre si, inclusive fazendo trocas de informações. Quando do exercício da fiscalização, ou seja, da atribuição do poder de polícia, a administração pública terá que entregar obrigatoriamente um termo de início de ação fiscal em que trará o motivo da fiscalização e o período que está sendo objeto de análise. Tudo isso a fim de garantir o devido processo legal.

12.3 CERTIDÕES

O contribuinte, com a finalidade de obter sua atual situação fiscal, poderá requisitar dos entes públicos a emissão de certidão. Logo, esse documento trará a atual posição do contribuinte perante aquele ente competente, ou seja, se ele deve ou não tributo para o titular da competência tributária.

12.3.1 Tipos de certidão

Assim, na forma do art. 205 do CTN, para determinados fatos, a lei poderá exigir a certidão em que demonstre a atual situação fiscal do contribuinte. Logo, a lei poderá exigir que a prova da quitação de determinado tributo, quando exigível, seja feita por certidão negativa, expedida à vista de requerimento do interessado, que contenha todas as informações necessárias à identificação de sua pessoa, domicílio fiscal e ramo de negócio ou atividade e indique o período a que se refere o pedido.

Assim, por exemplo, na forma do art. 192 do CTN, "nenhuma sentença de julgamento de partilha ou adjudicação será proferida sem prova da quitação de todos os tributos relativos aos bens do espólio, ou às suas rendas". E como será realizada tal prova? Por meio da certidão.

E qual certidão será expedida quando o contribuinte nada deva ao ente competente? Certidão negativa. Mas, se ele for devedor de tributos perante aquele ente? Será expedida certidão positiva.

Entretanto, na forma do art. 206 do CTN, se houver dívida do contribuinte perante o ente público e restar, com sua exigibilidade, suspensa a certidão de que conste a existência de créditos não vencidos, em curso de cobrança executiva em que tenha sido efetivada a penhora, ou cuja exigibilidade esteja suspensa, terá ela efeito de negativa, ou seja, como se o contribuinte nada devesse ao fisco.

12.3.2 Expedição de certidão com dolo/fraude/simulação

E, por fim, se o servidor público, a pedido ou mediante propina, emite certidão fraudulenta? Na forma do art. 208 do CTN, "a certidão negativa expedida com dolo ou fraude, que contenha erro contra a Fazenda Pública, responsabiliza pessoalmente o funcionário que a expedir, pelo crédito tributário e juros de mora acrescidos".

13. ESPÉCIES TRIBUTÁRIAS – IMPOSTOS FEDERAIS

Por se tratar de uma obra que não tem como objetivo esgotar e trazer maiores pormenores sobre cada conteúdo abordado, limitar-se-á o signatário a explicar a ocorrência do fato gerador de cada imposto, bem como algumas especificidades sobre cada espécie trabalhada.

Quando do estudo da competência tributária, vislumbrou-se, por meio de um esquema, quais serão os tipos de imposto que poderão ser criados pela União. Assim, toda vez que trabalharmos os impostos federais, estaremos falando da competência outorgada pela Constituição Federal à criação dos impostos previstos no art. 153.

> Art. 153. Compete à União instituir impostos sobre:
>
> I – importação de produtos estrangeiros;
>
> II – exportação, para o exterior, de produtos nacionais ou nacionalizados;
>
> III – renda e proventos de qualquer natureza;
>
> IV – produtos industrializados;
>
> V – operações de crédito, câmbio e seguro, ou relativas a títulos ou valores mobiliários;
>
> VI – propriedade territorial rural;
>
> VII – grandes fortunas, nos termos de lei complementar.

Logo, reza o art. 153, I, da CF que poderá a União criar imposto sobre a importação de produtos estrangeiros. Diante disso, mediante simples leitura do referido artigo, deve-se compreender que a simples introdução de produto estrangeiro em nosso país torna-se capaz de ser tributada.

Assim, toda vez que houver a inserção de produto estrangeiro em nosso país, poderá ocorrer o fato gerador do imposto de importação. O referido imposto também é trabalhado no Código Tributário Nacional a partir do art. 19, bem como no Dec.-lei nº 37/1966.

Outrossim, trata-se de tributo extrafiscal, visto que tem notável importância para regulação do mercado econômico. Tanto é verdade que poderá ter suas alíquotas alteradas mediante decreto e exigência de imediato.

Será sujeito passivo desse imposto o importador, arrematante de produto leiloado, bem como o destinatário de remessa postal advinda do exterior na forma do art. 22 do CTN e do art. 31 do Dec.-lei nº 37/1966. Também será considerado ocorrido o fato gerador no momento da declaração de importação. Tal imposto será lançado por homologação.

Por fim, cai ao lanço salientar que o imposto de importação pode ser visualizado com vários regimes de ocorrência. E, diante deles, existirão modalidades de importação que estarão dispensadas do pagamento do referido imposto, por exemplo, quando da entrada de bens em caráter provisório no país (exposição de quadros importados e que depois irão embora).

Imposto de Importação	
Fato gerador	Entrada, em definitivo, de produto estrangeiro
Legalidade	Regra, lei ordinária Alíquotas alteradas pelo Poder Executivo - art. 153, § 1º, da CF/1988
Anterioridade	Não respeitará as anterioridades - art. 150, § 1º, da CF/1988
Lançamento	Por homologação
Base de cálculo	Art. 20 do CTN: - Unidade de medida - alíquota específica - Preço normal - alíquota *ad valorem* - Preço da arrematação

Já o art. 153, II, da CF entrega à União a possibilidade de instituição do imposto de exportação. Assim, diferente do imposto que incidirá sobre a importação, pagará esse imposto todo aquele que exportar produto nacional ou nacionalizado para fora do nosso país. Atualmente, salvo engano, um dos maiores pagadores são os exportadores de armas.

Também se trata de tributo extrafiscal, visto que tem notável importância para regulação da economia. Tanto é verdade que poderá ter suas alíquotas alteradas mediante decreto e exigência de imediato, como ocorre no imposto de importação.

Sobre o referido imposto, é importante ressaltar as regras desonerativas quando da realização da exportação:

a) art. 156, § 3º, II, da CF – imunidade para ISSQN;
b) art. 155, § 2º, X, da CF – imunidade para ICMS;
c) art. 153, § 3º, III, da CF – imunidade para IPI.

Imposto de Exportação	
Fato gerador	Saída, em definitivo, de produto nacional ou nacionalizado
Legalidade	Regra, lei ordinária Alíquotas alteradas pelo Poder Executivo - art. 153, § 1º, da CF/1988
Anterioridade	Não respeitará as anterioridades - art. 150, § 1º, da CF/1988
Lançamento	Por homologação

Imposto de Exportação	
Base de cálculo	Art. 24 do CTN: – Unidade de medida – alíquota específica – Preço normal – alíquota *ad valorem*

Também a Constituição Federal entregou à União a competência de criar o imposto que incidirá sobre rendas e/ou proventos de qualquer natureza, o famoso imposto de renda, previsto no art. 153, III, da CF.

Assim, é correto afirmar que todo aquele que receber e/ou aferir renda ou proventos, resultando, portanto, em acréscimo, deverá efetuar o pagamento desse imposto. Logo, terá que satisfazer esse imposto todo titular de renda ou provento de qualquer natureza.

Será fato gerador a aquisição de disponibilidade econômica/jurídica de renda, seja aquela decorrente de capital (aplicações, bonificações), seja aquela do trabalho (salário, comissões), do lucro e/ou dos proventos de qualquer natureza (aposentadorias, doações).

O referido imposto tem previsão a partir do art. 43 do CTN, e terá como princípios básicos: a) generalidade: todos os contribuintes que pratiquem o fato deverão pagar; b) universalidade: quaisquer rendas e proventos serão fato gerador; e c) progressividade: terá alíquotas variadas, conforme a renda do contribuinte.

Por fim, sobre o imposto de renda, é importante lembrar que ele jamais incidirá quando do recebimento de verbas indenizatórias, visto que todo contribuinte que porventura venha a recebê-las estará apenas recompondo seu patrimônio e não o acrescendo. Assim não existirá, por exemplo, imposto de renda sobre indenização de dano moral (Súm. nº 498 do STJ).

Imposto de Renda	
Fato gerador	Disponibilidade jurídica ou econômica Acréscimo – Renda (trabalho = salário, comissões, hora extra) – Renda (capital = investimentos, locações) – Proventos (aposentadoria)
Legalidade	Regra, lei ordinária
Anterioridade	Não respeitará anterioridade nonagesimal – art. 150, § 1º, da CF/1988
Lançamento	Por homologação
Base de cálculo	Art. 44 do CTN: – Montante real – Montante presumido – Montante arbitrado

O quarto imposto que será de competência da União é aquele disposto no art. 153, IV, da CF, que será o Imposto sobre Produtos Industrializados. Tal imposto terá como fato gerador a industrialização (processo) e/ou transformação/beneficiamento/melhoramento de um bem (matéria-prima) que o torne próprio para uso.

Trata-se de imposto seletivo, ou seja, será cobrado na forma da essencialidade do produto (necessidade), bem como será não cumulativo. Também tem importância e caráter extrafiscal, visto que é importante ferramenta para administração das políticas públicas econômicas e de consumo.

Realizará o fato gerador desse imposto: a) importador; b) arrematante em leilão de produto industrializado; e c) o industriário. Mas, afinal de contas, o que é industrializar? Industrializar significa que o produto foi submetido a qualquer operação que modifique sua natureza, finalidade ou o aperfeiçoe para consumo.

Por fim, torna-se importante lembrar que o STF, por meio do RE nº 723.651, afirmou incidir o IPI quando da importação de veículo para uso próprio, mesmo que não desempenhe atividade empresarial o importador.

Imposto sobre Produto Industrializado	
Fato gerador	- Saída de produto industrializado de estabelecimento - Importação de produto industrializado - Arrematação de produto industrializado
Legalidade	Regra, lei ordinária Poder Executivo poderá alterar alíquotas, art. 153, § 1º, da CF/1988
Anterioridade	Não respeitará anterioridade do exercício - art. 150, § 1º, da CF/1988
Lançamento	Por homologação
Base de cálculo	Art. 47 do CTN: Quando o fato gerador for a importação de produto industrializado: o preço normal + imposto sobre a importação + das taxas + encargos cambiais - Quando o fato gerador for a saída de um produto industrializado do estabelecimento: o valor da operação - Quando o fato gerador for a arrematação em leilão: preço da arrematação

Já o art. 153, V, da CF leciona sobre a possibilidade de a União instituir o Imposto sobre Operações Financeiras (IOF). Esse imposto também tem caráter extrafiscal, e terá como fato gerador a ocorrência às operações de crédito, câmbio, seguro e títulos/valores mobiliários.

Poderá ser sujeito passivo desse imposto tanto quem realiza a operação quanto quem a contrata, cabendo à norma específica a atribuição da sujeição passiva.

Lembrando que esse imposto também incidirá quando o ouro for utilizado como forma de pagamento, ou seja, ativo financeiro. Assim, as "famosas barras de ouro", quando utilizadas como ativo financeiro, também farão incidir esse imposto.

Por fim, no tocante ao IOF, cai ao lanço lembrar-se da Súm. nº 664 do STF, que compreende não incidir IOF em saques de cadernetas de poupança, bem como da Súm. nº 185 do STJ, que entrega não ocorrer incidência de IOF quando da realização de depósitos judiciais.

Imposto sobre Operações Financeiras	
Fato gerador	- Operação de crédito - Operação de câmbio - Operação de seguro - Operação de ações - Ouro (ativo financeiro)
Legalidade	Regra, lei ordinária Poder Executivo poderá alterar alíquotas - art. 153, § 1º, da CF/1988
Anterioridade	Não respeitará as anterioridades - art. 150, § 1º, da CF/1988
Lançamento	Por homologação
Base de cálculo	Art. 64 do CTN: - Operação de crédito: valor do crédito, com juros - Operação de câmbio: valor negociado em moeda - Operação de seguro: valor do prêmio - Operação de ações: valor do negócio

O sexto e penúltimo imposto previsto no art. 153 da CF é aquele também de competência de União, previsto no inc. VI. Trata-se do Imposto sobre a Propriedade Territorial Rural ou, para muitos, ITR.

O ITR tem caráter extrafiscal e é importante instrumento de política agrária, a fim de fazer cumprir a função social da propriedade do imóvel rural. O imposto terá alíquota progressiva justamente a fim de desestimular propriedades improdutivas, o que certamente resultará em uma tributação mais gravosa àquelas menos produtivas.

Esse imposto não incidirá sobre pequenas glebas rurais na forma do art. 153, § 4º, da CF, desde que o proprietário explore sua terra de forma adequada e não tenha outro imóvel em seu nome. A definição de pequena gleba encontra-se esculpida na Lei nº 9.393/1996.

Será sujeito passivo do ITR o proprietário, titular de domínio útil (usufrutuário), possuidor (*ad usucapionem*), e incidirá somente sobre os imóveis por natureza, ou seja, sobre o solo rural uma vez a cada ano.

Por fim, sobre o ITR, ao examinado um grande recado: o imóvel situado em zona urbana, mas que tenha como destinação econômica a exploração rural, terá a incidência do ITR na forma do art. 15 do Dec.-lei nº 57/1966.

Imposto sobre a Propriedade Territorial Rural	
Fato gerador	- Propriedade - Titular de domínio útil (usufrutuário) - Posse com *animus domini* - Imóvel localizado fora da zona urbana - Imóvel localizado na zona urbana com exploração rural
Legalidade	Regra, lei ordinária
Anterioridade	Regra, respeitará as duas anterioridades
Lançamento	Por homologação
Base de cálculo	Art. 30 do CTN: - Valor da terra nua (não se consideram construções)

E, na forma do art. 153, VII, da CF, poderá a União, mediante lei complementar, criar o Imposto sobre Grandes Fortunas. O referido imposto ainda não foi criado, utilizando-se certamente o ente competente da facultatividade da competência tributária. Lembrando que, por se tratar de imposto cuja matéria está reservada à lei complementar, não poderá ser criado por medida provisória.

E, chegando ao final dos impostos federais, torna-se importante ainda ressaltar que será apenas e tão somente da União a possibilidade de criar impostos residuais (novos impostos/diferentes daqueles dispostos na Constituição Federal), obedecendo aos requisitos do art. 154, I, da CF.

14. ESPÉCIES TRIBUTÁRIAS - IMPOSTOS ESTADUAIS E DISTRITAIS

Os impostos estaduais estão previstos no art. 155 da CF. Logo, os Estados e o Distrito Federal terão competência para a criação dos impostos colacionados a seguir. Assim como nos impostos federais, dada a extensão da matéria e do objetivo da presente obra, limitar-se-á o signatário a explicitar o fato gerador, bem como algumas especificidades de cada imposto.

> Art. 155. Compete aos Estados e ao Distrito Federal instituir impostos sobre:
>
> I - transmissão *causa mortis* e doação, de quaisquer bens ou direitos;
>
> II - operações relativas à circulação de mercadorias e sobre prestações de serviços de transporte interestadual e intermunicipal e de comunicação, ainda que as operações e as prestações se iniciem no exterior;
>
> III - propriedade de veículos automotores.

Assim reza o art. 155, I, da CF que poderão os Estados e o Distrito Federal criar um imposto que deverá incidir sobre a transmissão *causa mortis* e doação de quaisquer bens ou direitos. Logo, será fato gerador do Imposto sobre Transmissão Causa Mortis e Doação (ITCD) toda transmissão de bens ou direitos que sejam advindos do evento *causa mortis* e/ou doação, desde que de forma graciosa.

Esse imposto terá finalidade fiscal, ou seja, de arrecadação, e será constituído mediante lançamento por declaração. Outro importante tema trata sobre a definição de qual ente será competente para cobrança do referido imposto. Logo, na forma do art. 155, § 1º, da CF, terá competência para receber o ITCD:

a) transmissão de bens imóveis → estado de localização do bem.
b) transmissão de bens móveis em caso de inventário → estado do inventário.
c) transmissão de bens móveis em caso de doação → estado do doador.

Será contribuinte do referido imposto, tratando-se de evento *causa mortis*, os herdeiros ou legatários. Já no caso de doação, o imposto poderá ser exigido tanto do doador quanto do donatário, na forma do art. 42 do CTN.

Ademais, as alíquotas serão fixadas pelo respectivo ente competente, obedecendo à máxima disposta na Res. nº 9/1992 do SF, que atualmente é de 8%. Sobre as alíquotas, ainda é importante referir que o STF compreendeu que elas poderão ser progressivas, ou seja, poderá existir mais de uma alíquota do ITCD a depender da capacidade contributiva de quem paga.

Imposto sobre Transmissão *Causa Mortis* e Doação	
Fato gerador	- Transmissão *causa mortis* de quaisquer bens/direitos - Transmissão por doação de quaisquer bens/direitos
Legalidade	Regra, lei ordinária
Anterioridade	Regra, respeitará as duas anterioridades
Lançamento	Por declaração
Base de cálculo	Art. 38 do CTN: - Valor dos bens/direitos transmitidos

Igualmente será de competência dos Estados e do Distrito Federal o imposto previsto no art. 155, II, da CF, ou seja, aquele que deverá incidir quando da ocorrência da circulação de mercadorias ou prestação de determinados serviços (ICMS). Ademais, o referido imposto está previsto na LC nº 87/1996 e nº 24/1975.

Será fato gerador do Imposto sobre Circulação de Mercadorias e Serviços (ICMS) toda vez que ocorrer circulação jurídica de mercadorias, ou seja, quando ocorrer a modificação de titularidade da propriedade de produtos por meio de uma atividade de mercancia na forma habitual. Diante disso, compreende-se impossível a incidência de ICMS quando, por exemplo, do transporte de mercadorias entre filial e matriz de uma empresa, na forma da Súm. nº 166 do STJ.

Também ocorrerá a incidência do ICMS quando da prestação de serviços de transporte intermunicipal e interestadual, bem como pela prestação dos serviços de comunicação. Aqui se salienta: para que ocorra a incidência do ICMS, os serviços de comunicação deverão ser contemplados com o pagamento pelo usuário, por exemplo, televisão a cabo, telefonia celular, entre outros.

Logo, é por demais importante o examinando definir o conceito de circulação e mercadoria:

a) conceito de circulação: ocorrerá mudança de titularidade jurídica do bem. O bem sai da titularidade de um sujeito e passa para outro;
b) conceito de mercadoria: coisa que constitua objeto de uma venda de forma habitual. Não são mercadorias as coisas que o empresário adquire para uso ou consumo próprio.

Na forma dos arts. 155, § 2º, I, da CF e 19 da LC nº 87/1996, o ICMS será um tributo não cumulativo e indireto. Logo, o imposto satisfeito na etapa anterior poderá compensar com o da etapa seguinte. Trata-se de um direito constitucional de compensação do imposto incidente na etapa anterior, que é creditado (abatido/compensado) na operação seguinte.

Ainda na CF, na forma do art. 155, § 2º, III, o ICMS poderá ser seletivo, ou seja, ter suas alíquotas cobradas de acordo com a essencialidade da mercadoria ou serviço prestado. Ressalta-se aqui: poderá e não deverá como ocorre no IPI.

Reza o art. 155, § 2º, IX, *a*, da CF que o importador de mercadorias, mesmo que não seja contribuinte habitual, terá que pagar ICMS quando da importação. Diante disso, torna-se inválida a Súm. nº 660 do STF, mantendo-se apenas a de nº 661.

Já no inc. X do § 2º do art. 155 da CF, haverá algumas imunidades no que tange ao ICMS. Por exemplo, não incidirá ICMS quando da exportação de mercadorias para o exterior, podendo, inclusive, o exportador creditar-se de eventual imposto que venha a sofrer ao final da cadeia tributária.

Serão sujeitos passivos do ICMS aquelas pessoas previstas no art. 4º da LC nº 87/1996, ou seja, as pessoas que pratiquem operações relativas à circulação de mercadorias, importadores de bens de qualquer natureza, prestadores de serviço de transporte interestadual/intermunicipal e prestadores de serviço de comunicação.

Por fim, no tocante ao ICMS, é importante referir que se trata do imposto mais complexo previsto em nossa Constituição Federal, bem como questão sempre lembrada pelo examinador é de que sua isenção jamais poderá ser realizada por meio de lei, mas tão somente por meio de convênio na forma do art. 155, § 2º, XII, *g*, da CF, combinado à LC nº 24/1975.

Imposto sobre Circulação de Mercadorias e Serviços	
Fato gerador	– Circulação de mercadoria a) Modificação da titularidade b) Realizar com modo habitual a atividade – Serviço de transporte intermunicipal e interestadual – Serviço de comunicação
Legalidade	Regra, lei ordinária
Anterioridade	Regra, respeitará as duas anterioridades
Lançamento	Por homologação
Base de cálculo	Art. 8º da LC nº 87/1996 – quando substituição Art. 13º da LC nº 87/1996 – quando contribuinte

E o último imposto de competência dos Estados e do Distrito Federal será aquele previsto no art. 155, III, da CF, que terá como fato gerador a propriedade de veículo automotor.

Logo, será contribuinte do presente imposto todo proprietário e possuidor com *animus domini* de veículo automotor terrestre. Aproveitando-se de entendimento do STF, não haverá a incidência desse imposto sobre embarcações e aeronaves.

Cai ao lanço ainda afirmar que o Código Tributário Nacional não traz as normas gerais do referido imposto, diferentemente da maioria. Logo, caberá aos Estados e ao Distrito Federal legislar sobre os mesmos na forma do art. 24, § 3º, da CF.

Por fim, no tocante ao Imposto sobre Propriedade de Veículo Automotor (IPVA), três questões são sempre bem lembradas pelo examinador:

a) poderá o referido imposto ter alíquotas diferenciadas em razão do tipo e da utilização do veículo na forma do art. 155, § 6º, II, da CF;
b) o STF compreende que não poderão existir alíquotas diferenciadas no que tange à procedência dos veículos, ou seja, não posso diferenciar para a cobrança do IPVA a nacionalidade do veículo; e
c) a base de cálculo do IPVA obedecerá apenas à anterioridade do exercício, mesmo que majorada. Assim, poderá o ente competente majorar a base de cálculo em 27 de dezembro e já exigir em 1º de janeiro.

Imposto sobre Propriedade de Veículo Automotor	
Fato gerador	– Propriedade de veículos automotores Obs.: Não incidirá sobre aeronaves e embarcações
Legalidade	Regra, lei ordinária
Anterioridade	Regra, respeitará as duas anterioridades Majoração base de cálculo – só anterioridade exercício
Lançamento	Por ofício
Base de cálculo	Valor venal do bem

15. ESPÉCIES TRIBUTÁRIAS - IMPOSTOS MUNICIPAIS

Antes de adentrarmos o estudo dos impostos municipais, é importante referir que o Distrito Federal também será competente para criá-los na forma do art. 147 da CF. Ademais, conforme já exposto quando do estudo dos impostos estaduais e federais, limitar-se-á o presente estudo na identificação do fato gerador de cada imposto, bem como algumas de suas especificidades. Reza o art. 156 da CF:

> Art. 156. Compete aos Municípios instituir impostos sobre:
>
> I - propriedade predial e territorial urbana;
>
> II - transmissão *inter vivos*, a qualquer título, por ato oneroso, de bens imóveis, por natureza ou acessão física, e de direitos reais sobre imóveis, exceto os de garantia, bem como cessão de direitos a sua aquisição;
>
> III - serviços de qualquer natureza, não compreendidos no art. 155, II, definidos em lei complementar.

Logo, na forma do art. 156, I, da CF, caberão aos Municípios e ao Distrito Federal a criação de impostos sobre a propriedade de imóvel urbano. Assim, todo aquele proprietário, titular de domínio útil ou possuidor com *animus domini*, terá que satisfazer esse imposto municipal que incidirá sobre a propriedade de imóvel situado em zona urbana.

A zona urbana encontra-se definida no art. 32 do CTN. Assim, será urbana aquela área definida em lei municipal que comporte melhoramentos urbanos (por exemplo, calçamento, abastecimento de água, iluminação pública). Para que o imóvel seja considerado urbano, faz-se necessária a presença de pelo menos dois dos cincos melhoramentos previstos no artigo suprarreferido e no seu § 1º.

Outrossim, também poderá ser fato gerador do IPTU os imóveis situados em áreas de expansão urbana na forma do art. 32, § 2º, do CTN. Logo, para esses casos, mesmo que não existam quaisquer tipos dos melhoramentos supracitados, poderá ser exigido o imposto do proprietário do imóvel.

O Imposto sobre Propriedade Predial e Territorial Urbana (IPTU) poderá ter alíquotas progressivas por conta da função social e em razão do valor venal. Quando ele tem alíquota progressiva no que tange à função social, será considerado extrafiscal.

Será sujeito passivo o proprietário, titular do domínio útil (usufrutuário), e o possuidor com *animus de domini* (aquisição do domínio pela propriedade). Lembrando ainda que o locatário jamais poderá ser sujeito passivo.

Por fim, apenas para relembrar: caso o imóvel esteja situado em zona urbana, mas tenha por finalidade o uso rural, incidirá o ITR, e não o IPTU, na forma do art. 15 do Dec. nº 57/1966.

Imposto sobre Propriedade Predial e Territorial Urbana	
Fato gerador	- Propriedade - Titular de domínio útil (usufrutuário) - Posse com *animus domini* De imóvel localizado na zona urbana a) dois dos cinco melhoramentos (art. 32, § 1º, do CTN) b) Lei municipal → zona de expansão (art. 32, § 2º, do CTN)
Legalidade	Regra, lei ordinária
Anterioridade	Regra, respeitará as duas anterioridades Majoração da base de cálculo, só próximo exercício
Lançamento	Por ofício
Base de cálculo	Art. 33 do CTN: - Valor venal do imóvel

Já na forma do art. 156, II, da CF, poderão os Municípios e o Distrito Federal criar um imposto que incidirá sobre a transmissão onerosa de bens imóveis, ou seja, poderão criar o Imposto sobre Transmissão de Bem Imóvel (ITBI). Assim, diferentemente do ITCD, que somente terá como fato gerador a transmissão causa *mortis* ou doação, para fins de ITBI apenas incidirá quando ocorrer a transmissão onerosa (compra e venda) de bem imóvel.

Também teremos a incidência de ITBI quando houver a transmissão onerosa de direitos reais sobre os bens imóveis, exceto os de garantia. Logo, incidirá ITBI na realização de servidão, usufruto, entre outros.

Será sujeito passivo qualquer uma das partes da operação tributária de transmissão do bem imóvel, ou seja, poderá ser tanto o transmitente quanto o adquirente. Caberão aos entes competentes determinar a sujeição passiva que normalmente será do adquirente.

Esse imposto será satisfeito para o ente competente onde está situado o imóvel, e terá como fato gerador a transmissão do bem. Logo, mero contrato de compra e venda (de gaveta) não fará ocorrer o fato gerador desse imposto.

As alíquotas do ITBI serão proporcionais (há quem diga que, em razão do ITCD e do julgamento do STF, já poderão ser progressivas), e terão como base de cálculo o valor venal do bem imóvel transmitido, cujo montante será atribuído pela Fazenda Municipal do ente competente.

Por fim, na forma do art. 156, § 2º, I, da CF, esse imposto não incidirá sobre transmissão de bens incorporados ao patrimônio de pessoa jurídica em realização de capital, nem sobre transmissão de bens ou direitos decorrentes de fusão, incorporação, cisão e extinção, salvo se a pessoa jurídica tiver a empresa com finalidade de locação, compra e venda de imóveis.

Imposto sobre Transmissão de Bem Imóvel	
Fato gerador	- Transmissão onerosa de bem imóvel - Cessão de direitos onerosa de bem imóvel - Obs.: seja imóvel urbano, seja rural

Imposto sobre Transmissão de Bem Imóvel	
Legalidade	Regra, lei ordinária
Anterioridade	Regra, respeitará as duas anterioridades
Lançamento	Por declaração
Base de cálculo	Art. 38 do CTN: - Valor venal do imóvel Obs.: arrematação em hasta pública (preço arrematação)

E o último imposto de competência dos Municípios e do Distrito Federal é aquele previsto no art. 156, III, da CF. Trata-se do imposto que incidirá sobre a prestação de serviços de qualquer natureza. Ademais, as normas gerais deste estão posicionadas na LC nº 116/2003.

Portanto, será correto afirmar que ocorrerá o fato gerador quando da prestação de serviço, por empresa ou profissional autônomo, com ou sem estabelecimento fixo, de serviços constantes na lista anexa à LC nº 116/2003. Mas tenha cuidado: haverá alguns tipos de serviço tributados pelo ICMS (transporte interestadual/intermunicipal e de comunicação).

De outro lado, não estarão englobados pela incidência do Imposto sobre Serviços de Qualquer Natureza (ISSQN) aqueles feitos a si próprio, os decorrentes de vínculo empregatício, os serviços realizados pelos sócios e administradores, os serviços de transporte interestadual e intermunicipal e de comunicação (ICMS) e aqueles destinados para o exterior.

Logo, a primeira grande conclusão sobre esse imposto é de que ele somente poderá fazer incidir sobre os serviços descritos na lista anexa e desde que previstos na norma do ente competente.

A alíquota desse imposto será de no máximo 5% e no mínimo 2%, na forma do art. 8º da LC nº 116/2003. Outrossim, usualmente, ele deverá ser recolhido para o ente competente onde está domiciliado o prestador do serviço, na forma do art. 3º da referida LC. E, por fim, terá com base de cálculo o valor do preço do serviço.

Imposto sobre Serviços de Qualquer Natureza	
Fato gerador	- Prestação de serviço (obrigação de fazer) - Serviço esteja no rol da lista anexa à LC nº 116/2003 - O município tenha recepcionado o serviço em sua lei
Legalidade	Regra, lei ordinária
Anterioridade	Regra, respeitará as duas anterioridades
Lançamento	Por homologação
Base de cálculo	Art. 7º da LC nº 116/2003 - Preço do serviço Obs.: Dec.-lei nº 406/1968 - autônomos - art. 9º

16. ESPÉCIES TRIBUTÁRIAS - TAXAS

As taxas são uma das cinco espécies de tributos existentes em nosso ordenamento jurídico. Na forma do art. 145, II, da CF, a competência é comum, ou seja, todos os entes poderão criar mediante a edição de lei ordinária. Por fim, vale ressaltar que tal tributo é vinculado à prestação de um serviço público.

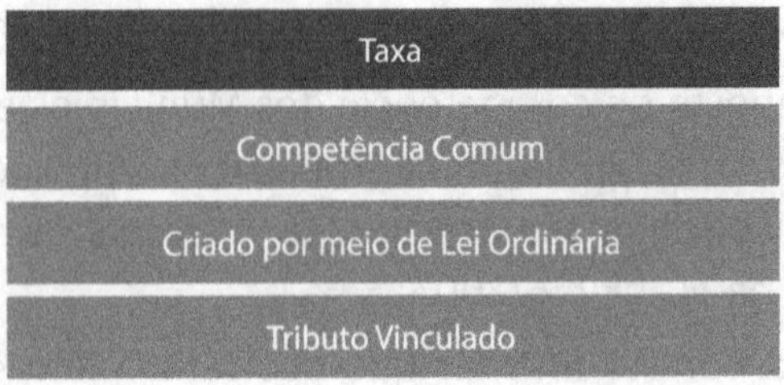

Observando ainda o referido artigo da Constituição Federal, que dá competência aos entes para criação de taxas, verifica-se a existência de duas espécies de taxas:

1ª) Em decorrência do exercício do poder de polícia;

2ª) Pela utilização efetiva ou potencial de serviço público específico e divisível.

A primeira espécie de taxa é aquela que decorre do serviço de fiscalização a fim de regular as atividades exercidas pelos contribuintes/pessoas, visando não prejudicar, por exemplo, a coletividade. Aqui elencamos como exemplo o alvará sanitário. Também cabe ressaltar que, conforme o STF, basta a existência de um órgão fiscalizatório, e que ele esteja em funcionamento, para que se torne possível a cobrança da referida taxa (art. 78 do CTN).

> Art. 78. Considera-se poder de polícia a atividade da administração pública que, limitando ou disciplinando direito, interesse ou liberdade, regula a prática de ato ou abstenção de fato, em razão de interesse público concernente à segurança, à higiene, à ordem, aos costumes, à disciplina da produção e do mercado, ao exercício de atividades econômicas dependentes de concessão ou autorização do Poder Público, à tranquilidade pública ou ao respeito à propriedade e aos direitos individuais ou coletivos. [Redação dada pelo Ato Complementar nº 31/1966]
>
> Parágrafo único. Considera-se regular o exercício do poder de polícia quando desempenhado pelo órgão competente nos limites da lei aplicável, com observância do processo legal e, tratando-se de atividade que a lei tenha como discricionária, sem abuso ou desvio de poder.

E a segunda espécie de taxa é aquela que decorre da utilização efetiva ou disponibilização de serviço público, desde que este seja específico e divisível. Específico aqui significa que o contribuinte sabe qual serviço público está utilizando, e divisível quer dizer que o ente público consegue visualizar e individualizar quem faz utilização do seu serviço público. É o famoso "eu te vejo", "tu me vês".

Assim, considerando os atributos inerentes a essa segunda espécie de taxa, é que foi declarada inconstitucional a Taxa de Iluminação Pública (TIP), visto que o ente público não consegue visualizar quem se utiliza da iluminação situada em logradouros públicos na forma da Súm. Vinc. nº 41 do STF.

Ademais, utilizando-se do mesmo fundamento, colaciona-se que jamais poderá ser cobrada taxa de segurança pública e limpeza de logradouros públicos, justamente pelo fato de não estarem presentes os requisitos da divisibilidade e especificidade, além de serem serviços *ut universali*.

Mas daí poderá questionar-se: e o serviço de recolhimento domiciliar (coleta) de lixo em imóveis, pode ser cobrado mediante taxa? A resposta é altamente positiva, justamente pelo fato de que o contribuinte sabe o serviço que recebe, bem como o ente público consegue individualizar quem se utiliza do referido serviço. E acrescento que tal taxa poderá ser cobrada mesmo se o serviço não for utilizado, visto que o referido tributo poderá ser cobrado em face da disponibilização do serviço pelo ente competente. Tudo isso se bem observada a Súm. Vinc. nº 19 do STF.

Passada a análise do art. 145, II, da CF, faz-se necessário analisar o § 2º do referido artigo, que leciona que as taxas não poderão ter base de cálculo própria de impostos.

Considerando o referido parágrafo, vários questionamentos foram realizados sobre a possibilidade de cobrança da taxa de recolhimento individual de lixo (coleta domiciliar), com base de cálculo considerando, por exemplo, a metragem do imóvel. Assim, novamente, exigiu-se posicionamento do STF, que veio a editar, inclusive, súmula vinculante sobre o assunto. E o Supremo Tribunal decidiu que as taxas não poderão ter bases de cálculo idênticas, mas sim poderão ter um ou outro requisito (desde que não tenham identidade = igual = *ipsis litteris*) da base de cálculo dos impostos. Isso tudo na forma da Súm. Vinc. nº 29 do STF.

Por fim, vale ressaltar que as custas judiciais são espécies de taxa, podendo, assim, serem criadas somente mediante lei ordinária do ente competente. Ademais, sofrem limitações em sua cobrança, na forma da Súm. nº 667 do STF, e deverão observar todos os demais princípios e limitações impostas ao poder de tributar.

17. ESPÉCIES TRIBUTÁRIAS – CONTRIBUIÇÃO DE MELHORIA

Conforme analisado no item anterior, a taxa é uma espécie de tributo e estará vinculada à realização de um serviço por parte da administração pública. Já a contribuição de melhoria também se trata de uma espécie de tributo, com competência comum, e de outro lado estará vinculada diretamente à realização de obra pública e de que dela decorra valorização imobiliária.

CF:

> Art. 145. A União, os Estados, o Distrito Federal e os Municípios poderão instituir os seguintes tributos:
>
> (...)
>
> III - contribuição de melhoria, decorrente de obras públicas.

CTN:

> Art. 81. A contribuição de melhoria cobrada pela União, pelos Estados, pelo Distrito Federal ou pelos Municípios, no âmbito de suas respectivas atribuições, é instituída para fazer face ao custo de obras públicas de que decorra valorização imobiliária, tendo como limite total a despesa realizada e como limite individual o acréscimo de valor que da obra resultar para cada imóvel beneficiado.

Logo, considerando a legislação exposta, tanto na Constituição Federal quanto no Código Tributário Nacional, podemos compreender que todos os entes poderão criar a contribuição de melhoria, mediante lei ordinária, desde que realizem obra pública e que dela decorra valorização imobiliária no imóvel do contribuinte. Portanto, trata-se de condição cumulativa.

Outrossim, para a cobrança do referido tributo deverão ser observadas dois requisitos igualmente expostos no art. 81 do CTN:

a) limite Individual: o fisco não poderá cobrar mais do que valorizou individualmente o imóvel do contribuinte.
b) limite geral: a soma da cobrança (total dos custos) que envolve os contribuintes beneficiados não poderá ser superior ao custo total gasto para realização da obra que deu origem ao tributo.

Por fim, a título ilustrativo e exemplificativo, cabe ressaltar que a contribuição de melhoria poderá ser cobrada quando da realização do primeiro asfalto, mas não quando ele for retificado, ou seja, quando for feito mero recapeamento.

18. ESPÉCIES TRIBUTÁRIAS - CONTRIBUIÇÕES ESPECIAIS

As contribuições especiais serão de competência, em sua grande maioria, da União. Ademais, conforme texto constitucional (arts. 149 e 149-A da CF), teremos quatro espécies de contribuições especiais: sociais, de intervenção no domínio econômico, de categoria profissional e de iluminação pública.

Características gerais das contribuições especiais

Faz-se necessário estabelecer e afirmar algumas características básicas antes de iniciarmos o estudo de cada modalidade de contribuição especial.

a) Elas poderão ter o mesmo fato gerador e base de cálculo de impostos.
b) Elas terão arrecadação afetada (destinada) para despesa específica.

Assim, mais precisamente sobre o item "b", cai ao lanço afirmar que, diferentemente dos impostos que irão para um caixa geral, as contribuições (todas) terão finalidade e destino especial para determinado órgão/caixa.

Contribuição social geral

A presente contribuição trata-se de uma subespécie das contribuições sociais. Vale dizer que a presente contribuição somente poderá ser criada pela União e servirá para financiar basicamente os direitos sociais previstos no art. 6º da CF. Temos como exemplo da presente contribuição aquele referente ao salário-educação na forma do art. 212, § 5º, da CF.

Igualmente, pronunciou-se o STF que as contribuições sociais para manutenção ao sistema S (SESC, SENAI, SENAT), na forma do art. 240 da CF, são constitucionais e servem basicamente para formação do trabalhador.

Vale ressaltar que essas contribuições sociais gerais respeitam os dois princípios da anterioridade.

Contribuição de seguridade social

Tem previsão geral no art. 149 da CF. Entretanto, objetivamente, estão expressas e identificadas no arts. 194 e 195 da nossa Carta Mãe. Serão criadas (regra) pela União por meio de edição de lei ordinária (regra).

Entretanto, desde já tenha cuidado: uma nova contribuição social residual, ou seja, que não existe ainda, somente poderá ser criada pela mesma União, mediante lei complementar, na forma do art. 195, § 4º, da CF. Vale ressaltar, ainda, que tal contribuição residual obedecerá aos requisitos do art. 154, I, da CF, ou seja: não poderá ser cumulativa e deverá ter fato gerador/ base de cálculo diversa das demais contribuições.

Portanto, considerando que essa nova contribuição social residual somente poderá ser criada por lei complementar, é correto afirmar que ela jamais poderá ser criada por medida provisória, na forma do art. 62, § 1º, III, da CF.

Outrossim, os mais diversos tipos de contribuição de seguridade social serão realizados para custear: previdência, assistência social e saúde. Aqui teremos os clássicos exemplos das famosas contribuições chamadas de PIS/ PASEP e COFINS.

Além da PIS/COFINS, o art. 195 da CF elenca uma série de contribuições, inclusive aquela paga pelos trabalhadores quando do recebimento de seus salários. E sobre essa última contribuição social que incidirá nos rendimentos percebidos pelo trabalhador, sendo importante observar o disposto na parte final do art. 195, II, da CF, quando o trabalhador segurado aposentado/ pensionista pelo regime geral terá imunidade sobre essa contribuição, ou seja, não precisará mais pagá-la em razão dos valores percebidos a título de pensão ou aposentadoria recebidos pelo Regime Geral de Previdência Social.

Mas vale dizer ainda: se ele laborar em outro local, mesmo aposentado/pensionista, terá que recolher contribuição sobre os vencimentos recebidos referentes ao seu labor.

Outra questão que costuma aparecer sempre em prova é que, na forma do art. 195, § 6º, da CF, as contribuições sociais que servem para financiar a saúde, a seguridade e a assistência, mesmo que majoradas, deverão aguardar apenas 90 dias após a publicação da norma para que possam ser exigidas. Logo, se majorar alíquota de Contribuição Social sobre o Lucro Líquido (CSLL) ou criar uma nova contribuição social residual, a União terá que aguardar apenas a anterioridade nonagesimal, na forma do art. 150, III, *c*, da CF, para exigir as referidas exemplificativas exações tributárias.

São exemplos de contribuições para financiar a seguridade social, e terão como base de cálculo, por exemplo:

- Folha de pagamento salarial: contribuição patronal.
- Faturamento e receita: PIS, PASEP, COFINS.
- Salário empregado: INSS.
- Lucro: CSLL.
- Receita de prognósticos: lotérica.
- PIS e COFINS para importação.

Contribuição social para regime próprio de Previdência Social para servidor público

A presente contribuição social servirá para financiar/custear o regime próprio de Previdência Social dos servidores públicos dos respectivos entes competentes. Portanto, é correto afirmar que a presente espécie de contribuição terá competência comum (todos os entes poderão cobrar). Assim, todos os entes poderão criar essa contribuição a fim de financiar a previdência de seus respectivos servidores. Entretanto, cuidado: para elas, aplicam-se as duas anterioridades.

Outrossim, outro fato importante sobre a presente contribuição é que, na forma do art. 40, § 18, da CF, o servidor público aposentado pelo regime próprio, ou seja, albergado pela presente contribuição, estará imune somente até o teto do regime geral, em razão do princípio da isonomia (art. 195, II, da CF).

Contribuição de intervenção sobre o domínio econômico

A presente contribuição tem previsão inicial no art. 149 da CF e somente poderá ser criada e/ou majorada pela União mediante lei ordinária. A contribuição mais famosa que se apresenta aqui é aquela que visa intervir no comércio e na importação de combustível, ou seja, a famosa CIDE Combustível.

Sobre a presente contribuição, é importante ressaltar que ela poderá ser reduzida ou restabelecida por decreto e somente respeitará a anterioridade nonagesimal quando for restabelecida observando o disposto no art. 177, § 4º, I, *b*, da CF.

Contribuição de interesse de categoria profissional

Essa contribuição também tem previsão inicial no art. 149 da CF. É exemplo famoso: contribuição dos conselhos profissionais. Vale ressaltar que somente a União poderá criar, mediante lei ordinária.

Importante lembrar aqui que a contribuição confederativa não é tributo, portanto, somente poderá ser cobrada dos filiados aos sindicatos.

Por fim, no tocante à contribuição paga para a Ordem dos Advogados do Brasil, ela também não se trata de tributo, visto que, conforme o STF, o órgão representativo dos advogados tem regime jurídico *sui generis*. Portanto, caso o advogado venha a atrasar ou não satisfazer sua contribuição, o presente conselho não poderá utilizar-se da Execução Fiscal para cobrar o valor devido.

Contribuição para custeio da iluminação pública

Em razão da repercussão sobre a inconstitucionalidade da possibilidade dos entes criarem taxa de serviço de iluminação pública, por intermédio de emenda constitucional houve a inserção do art. 149-A da CF, vindo a criar a contribuição de iluminação pública.

A presente contribuição tem como entes competentes os Municípios e o Distrito Federal, e estes exercerão sua competência mediante a edição de lei ordinária. Ademais, tal contribuição respeita as duas anterioridades e poderá ser exigida na fatura de energia elétrica de cada contribuinte.

Importante ainda dizer que, segundo o STF, poderão os entes cobrar a contribuição inclusive daqueles contribuintes que sequer tenham energia elétrica em seus lares, bem como terão valores progressivos conforme o consumo do respectivo sujeito passivo.

19. ESPÉCIES TRIBUTÁRIAS - EMPRÉSTIMO COMPULSÓRIO

A presente espécie tributária tem competência privativa da União, e o respectivo ente somente poderá realizar a criação desta mediante lei complementar. Reza o art. 148 da CF:

> Art. 148. A União, mediante lei complementar, poderá instituir empréstimos compulsórios:
>
> I - para atender a despesas extraordinárias, decorrentes de calamidade pública, de guerra externa ou sua iminência;
>
> II - no caso de investimento público de caráter urgente e de relevante interesse nacional, observado o disposto no art. 150, III, *b*.
>
> Parágrafo único. A aplicação dos recursos provenientes de empréstimo compulsório será vinculada à despesa que fundamentou sua instituição.

Na forma do artigo suprademonstrado, teremos três hipóteses que justificam a criação desse empréstimo aos contribuintes: guerra externa ou sua iminência, calamidade e investimento público de caráter urgente e relevante interesse nacional.

Lembre-se, ainda, que, na forma do art. 150, § 1º, da CF, os empréstimos compulsórios para guerra externa ou sua iminência, bem como os de calamidade, uma vez criados, terão exigência imediata. Entretanto, o empréstimo de investimento público deverá respeitar as duas anterioridades (exercício e nonagesimal) para que possa ser exigido.

Por fim, é importante ressaltar sobre a presente espécie tributária, que se trata de tributo vinculado, ou seja, a arrecadação deverá ir diretamente para o caixa/objetivo que gerou sua criação, bem como será temporário e restituível. Tal restituição, conforme o STF, deverá ser em dinheiro, observando a regra do art. 3º do CTN, e não em títulos de dívida pública.

20. EXECUÇÃO FISCAL

Os entes públicos, os quais recebem a delegação de criação e/ou majoração de tributos por meio do texto constitucional, não dependerão do Poder Judiciário para que possam constituir os seus créditos tributários. Assim, atendendo aos interesses da coletividade, os entes públicos buscaram, por meio do recolhimento de tributos, a manutenção do mínimo necessário para o bem-estar da coletividade. Entretanto, caso esses tributos não forem satisfeitos/pagos, as fazendas públicas deverão buscar o pagamento deles por meio da Execução Fiscal.

Assim, a Execução Fiscal é o rito processual disponível para que os entes públicos possam buscar a satisfação dos débitos tributários (e também os não tributários) não satisfeitos administrativamente pelos contribuintes. Ademais, tal rito apresenta regulação própria (Lei nº 6.830/1980) e utilizará subsidiariamente, naquilo que não contrariar a lei especial, o conteúdo normativo disposto em nosso Código de Processo de Civil.

Na forma do art. 4º da Lei nº 6.830/1980, a Execução Fiscal será promovida contra o contribuinte/devedor, o espólio, a massa falida, o responsável ou, até mesmo, os sucessores.

20.1 ASPECTOS PROCEDIMENTAIS

Cai ao lanço ainda salientar que, para termos Execução Fiscal, faz-se necessária a existência de um título executivo extrajudicial. E qual seria esse título executivo extrajudicial? É o que chamamos de Certidão de Dívida Ativa (CDA). Portanto, jamais poderá o ente público promover uma ação de Execução Fiscal sem CDA.

Antes de adentrarmos o tema CDA, é sempre importante referir que o foro competente para ajuizamento da Execução Fiscal será o do domicilio do réu, in casu, do executado na forma do art. 46, § 5º, do CPC. De igual sorte, também é inteligente ressaltar que as Execuções Fiscais promovidas pela União, Autarquias Federais, serão ajuizadas na Justiça Federal, bem como aquelas Execuções Fiscais ajuizadas pelos Estados e Municípios serão apresentadas na Justiça Estadual/Comum.

Mas, afinal de contas, quais são os requisitos para termos uma CDA. Leciona o art. 2º, §§ 5º e 6º, da Lei nº 6.830/1980:

> Art. 2º (...)
>
> § 5º O Termo de Inscrição de Dívida Ativa deverá conter:
>
> I - o nome do devedor, dos corresponsáveis e, sempre que conhecido, o domicílio ou residência de um e de outros;
>
> II - o valor originário da dívida, bem como o termo inicial e a forma de calcular os juros de mora e demais encargos previstos em lei ou contrato;
>
> III - a origem, a natureza e o fundamento legal ou contratual da dívida;
>
> IV - a indicação, se for o caso, de estar a dívida sujeita à atualização monetária, bem como o respectivo fundamento legal e o termo inicial para o cálculo;
>
> V - a data e o número da inscrição, no Registro de Dívida Ativa; e
>
> VI - o número do processo administrativo ou do auto de infração, se neles estiver apurado o valor da dívida.
>
> § 6º A Certidão de Dívida Ativa conterá os mesmos elementos do Termo de Inscrição e será autenticada pela autoridade competente.

Assim, para que se torne perfeita uma CDA, ela deverá atentar-se aos requisitos expostos anteriormente. Ademais, cai ao lanço ainda informar que, inobstante a presença dos requisitos positivos, as provas de concurso público e do Exame de Ordem têm cobrado os requisitos negativos, ou seja, o que não se faz necessário ter em uma CDA.

Também, na forma do art. 203 do CTN, a omissão de quaisquer dos requisitos previstos anteriormente, ou o erro a eles relativo, é causa de nulidade da inscrição e do processo de cobrança dela decorrente.

Uma vez dito sobre os requisitos da CDA e a possibilidade de ela ser nula, uma outra pergunta pode ser realizada: ela poderá ser substituída após o ajuizamento da Execução Fiscal? A resposta é positiva, salvo se for para alteração do sujeito passivo, esta jamais poderá ocorrer.

Logo, igualmente na forma do art. 203 do CTN, parte final: "(...) a nulidade poderá ser sanada até a decisão de primeira instância, mediante substituição da certidão nula, devolvido ao sujeito passivo, acusado ou interessado o prazo para defesa, que somente poderá versar sobre a parte modificada".

Mas onde está a informação de que a alteração do sujeito passivo não poderá ser realizada, seja a fase que estiver o processo? Vide o conteúdo da

Súm. nº 392 do STJ: "A Fazenda Pública pode substituir a Certidão de Dívida Ativa (CDA) até a prolação da sentença de embargos, quando se tratar de correção de erro material ou formal, vedada a modificação do sujeito passivo da execução".

Uma vez analisada a CDA, e pronto o título executivo a fim de instruir a Execução Fiscal, o representante do ente público terá de elaborar uma petição inicial. Será, portanto, por meio dessa petição inicial que o fisco ensejará a cobrança da dívida fiscal. Tal petição, na forma do art. 6º da Lei nº 6.830/1980, terá que conter os seguintes requisitos:

> Art. 6º A petição inicial indicará apenas:
>
> I - o Juiz a quem é dirigida;
>
> II - o pedido; e
>
> III - o requerimento para a citação.
>
> § 1º A petição inicial será instruída com a Certidão da Dívida Ativa, que dela fará parte integrante, como se estivesse transcrita.
>
> § 2º A petição inicial e a Certidão de Dívida Ativa poderão constituir um único documento, preparado inclusive por processo eletrônico.
>
> § 3º A produção de provas pela Fazenda Pública independe de requerimento na petição inicial.
>
> § 4º O valor da causa será o da dívida constante da certidão, com os encargos legais.

Uma vez regulados os requisitos necessários para elaboração da petição inicial de Execução Fiscal, alguns questionamentos foram realizados perante o STJ. E esse tribunal, em razão das inúmeras teses suscitadas, passou a compreender que os requisitos que deverão ser cumpridos pelos representantes dos entes são aqueles dispostos no art. 6º da Lei nº 6.830/1980.

Assim, na forma da Súm. nº 558 do STJ, a petição inicial não poderá ser indeferida sob o argumento da falta de indicação do CPF e/ou RG ou CNPJ da parte executada. Logo, se na petição inicial não for indicado CPF ou CNPJ, a execução fiscal terá prosseguimento.

Igualmente, compreendeu o STJ, por meio da Súm. nº 559, que nas ações de execução fiscal é desnecessária a instrução da petição inicial com o demonstrativo do débito, por se tratar de requisito não previsto no art. 6º da Lei nº 6830/1980. Desta feita, caso o procurador não venha a anexar na petição inicial cópia do demonstrativo (evolução do cálculo/débito), a Execução Fiscal prosseguirá normalmente.

20.2 ASPECTOS PROCESSUAIS

Uma vez realizada a petição inicial e distribuído o processo de Execução Fiscal no foro competente, teremos início ao pleito de cobrança na esfera judicial. Tombado o feito, será concluso ao juízo a fim de que profira despacho inicial, mandando citar a parte para pagar ou oferecer bens à penhora no prazo de 5 (cinco) dias, na forma do art. 8º da Lei nº 6.830/1980.

A citação do executado (devedor) ocorrerá, em geral, mediante carta com aviso de recebimento (AR), na forma do art. 8º, I, da Lei nº 6.830/1980. Caso não exista sucesso no tocante à citação por AR, o exequente (credor) poderá requerer que a citação seja feita mediante mandado por meio de Oficial de Justiça.

E, não sendo possível a citação por AR e/ou mandado, poderá a parte credora, enfim, requerer a citação mediante publicação em edital, mas não se esquecendo de que a citação por edital somente poderá ocorrer se exauridas as tentativas por AR e/ou mandado. Esse é o entendimento da Súm. nº 414 do STJ, que assim leciona: "A citação por edital na execução fiscal é cabível quando frustradas as demais modalidades".

Citada a parte executada, e não sendo realizado o pagamento (o que levaria ao fim a execução fiscal), bem como, caso não forem oferecidos bens à penhora, a parte exequente demandará a fim de tentar obter bens que venham a garantir o pagamento da dívida tributária, ou seja, tentará a penhora/constrição de bens do executado. Tudo isso na forma do art. 10 da Lei nº 6.830/1980.

Mais quais bens poderão ser objeto de penhora? Na forma do art. 11 da Lei nº 6.830/1980, poderão ser objeto de penhora os seguintes bens e na ordem disposta no citado artigo.

Uma vez realizada a penhora/constrição de bens e/ou rendas do executado, poderá o executado buscar a substituição desses bens? A resposta está no art. 15 da Lei nº 6.830/1980.

Art. 15. Em qualquer fase do processo, será deferida pelo Juiz:

> I – ao executado, a substituição da penhora por depósito em dinheiro, fiança bancária ou seguro garantia; e [Redação dada pela Lei nº 13.043, de 2014]
>
> II – à Fazenda Pública, a substituição dos bens penhorados por outros, independentemente da ordem enumerada no artigo 11, bem como o reforço da penhora insuficiente.

Logo, conforme o artigo supramencionado, a substituição dos bens/rendas que foram penhorados em uma execução fiscal somente poderá ocorrer a pedido do executado, quando a substituição do bem envolver depósito, fiança ou seguro garantia. Tal opção legal certamente ocorreu em razão da liquidez das garantias elencadas no inc. I.

Seguindo a linha do tempo do processo, uma vez realizada a penhora ou o contribuinte vindo a oferecer bem/dinheiro/fiança/seguro para garantir a execução fiscal, nasce o direito de o executado elaborar sua defesa, que, em geral, será por meio dos Embargos à Execução Fiscal, na forma do art. 16 da Lei nº 6.830/1980.

Tal procedimento ocorrerá em autos apartados da Execução Fiscal, e por isso, inclusive, alguns o chamam de ação autônoma. Logo, sua finalidade é, de fato, proteger o contribuinte e os seus direitos.

Tais Embargos à Execução Fiscal, na forma do art. 16, § 1º, da Lei nº 6.830/1980, somente poderão ser opostos quando da presença de garantia do juízo, bem como observado o prazo de 30 (trinta) dias, estes com início:

- da intimação da penhora;
- do depósito;
- da juntada da prova de fiança bancária ou seguro garantia.

Logo, jamais erre no momento da prova: a garantia do juízo é requisito para admitir os Embargos à Execução Fiscal, assim como o prazo de 30 (trinta) dias. Ademais, caberá Embargos de qualquer espécie tributária.

Tenha atenção, igualmente, visto que não basta a garantia do juízo para embargar, sendo necessária a observância do prazo de 30 (trinta) dias. Se estiver fora do prazo, não poderão ser opostos os embargos.

Ademais, caso o contribuinte deseje acelerar os embargos, nada impede que, caso tenha penhora nos autos, mesmo sem intimação, ele ofereça os embargos à execução.

Inobstante o tema aqui tratado seja Execução Fiscal, uma última informação sobre os embargos torna-se interessante de ser apresentada. A mera propositura dos embargos suspenderá a Execução Fiscal? Não. Logo, caso inexista suspensão da execução, inclusive o bem dado em garantia, poderá ser vendido.

Diante disso, para que as partes não sofram prejuízo em razão do trâmite da execução fiscal, terá a parte executada de obter a concessão do efeito suspensivo. Tal efeito será concedido mediante o depósito integral em dinheiro (exceção) ou o requerimento do efeito suspensivo, uma vez atendidos os requisitos do art. 919, § 1º, do CPC.

Retornando ao propósito do presente capítulo, uma vez encontrados bens suscetíveis a penhora, estes serão levados a hasta pública, na forma do art. 23 da Lei nº 6.830/1980, lembrando sempre que a Fazenda Pública poderá adjudicá-los antes e depois do leilão.

Realizado o leilão e obtendo-se a quantia em espécie (dinheiro) suficiente para quitar o crédito tributário devido, a conversão em renda do valor obtido ocorrerá e, consequentemente, será extinta a execução fiscal.

Mas, caso inexistam bens e/ou valores suscetíveis a penhora dentro de uma Execução Fiscal, o que ocorrerá? Na forma do art. 40 da Lei nº 6.830/1980, o processo será suspenso pelo prazo de 1 (um) ano (arquivado administrativamente).

Caso dentro desse período de 1 (um) ano o exequente permaneça sem encontrar quaisquer bens ou rendas em nome do executado, o magistrado ordenará o arquivamento dos autos, com o início da contagem do prazo prescricional intercorrente.

E, ultrapassado o prazo de 5 (cinco) anos sem nada o fisco encontrar em nome do executado, será declarado extinto o crédito tributário em razão da prescrição intercorrente e extinta a Execução Fiscal.

Da mesma sorte, compreende o STJ, por meio da Súm. nº 314: "Em execução fiscal, não localizados bens penhoráveis, suspende-se o processo por um ano, findo o qual se inicia o prazo da prescrição quinquenal intercorrente".

Diante do exposto, a execução fiscal não perdurará para sempre, sendo possível sua extinção, seja pela quitação do crédito tributário, seja pela prescrição intercorrente.

QUESTÕES

1. **(OAB - FGV - XI EXAME DE ORDEM UNIFICADO)** Assinale a alternativa que indica os impostos cujas alíquotas podem ser majoradas por ato do Poder Executivo, observados os parâmetros legais.
   a) Imposto de Renda (IR), Imposto sobre Operações Financeiras (IOF) e Imposto sobre a Propriedade Territorial Rural (ITR).
   b) Imposto sobre a Importação (II), Imposto sobre a Exportação (IE) e Imposto sobre Grandes Fortunas (IGF).
   c) Imposto de Renda (IR) Imposto sobre a Propriedade Territorial Rural (ITR) e Imposto sobre Grandes Fortunas (IGF).
   d) Imposto sobre Produtos Industrializados (IPI), Imposto sobre Operações Financeiras (IOF) e Imposto sobre a Importação (II).

2. **(OAB - FGV - XVIII EXAME DE ORDEM UNIFICADO)** A Presidência da República, por meio do Decreto 123, de 1º de janeiro de 2015, aprovou novas alíquotas para o Imposto sobre Produtos Industrializados (IPI), dentro das balizas fiadas na lei tributária, a saber: Cigarro - alíquota de 100%; Vestuário - alíquota de 10% e Macarrão - alíquota zero. Sobre a hipótese, é possível afirmar que:
   a) o referido decreto é inconstitucional, uma vez que viola o princípio da legalidade.
   b) o referido decreto é inconstitucional, uma vez que viola o princípio do não confisco.
   c) as alíquotas são diferenciadas em razão da progressividade do IPI.
   d) as alíquotas são diferenciadas em razão do princípio da seletividade do IPI.

3. **(OAB - FGV - XXIII EXAME DE ORDEM UNIFICADO)** O reitor de uma faculdade privada sem fins lucrativos (cujas receitas, inclusive seus eventuais superávits, são integralmente reinvestidas no estabelecimento de ensino)

deseja saber se está correta a cobrança de impostos efetuada pelo fisco, que negou a pretendida imunidade tributária, sob o argumento de que a instituição de ensino privada auferia lucros. Na hipótese, sobre a atuação do fisco, assinale a afirmativa correta.

a) O fisco agiu corretamente, pois a imunidade tributária apenas alcança instituições de ensino que não sejam superavitárias.

b) O fisco agiu corretamente, pois a imunidade tributária apenas alcança instituições públicas de ensino.

c) O fisco não agiu corretamente, pois não há impedimento à distribuição de lucro pelo estabelecimento de ensino imune.

d) O fisco não agiu corretamente, pois, para que seja concedida tal imunidade, a instituição não precisa ser deficitária, desde que o superávit seja revertido para suas finalidades.

4. (OAB - FGV - XXII EXAME DE ORDEM UNIFICADO) O Município X instituiu taxa a ser cobrada, exclusivamente, sobre o serviço público de coleta, remoção e tratamento de lixo e resíduos provenientes de imóveis. A igreja ABC, com sede no Município X, foi notificada da cobrança da referida taxa. Sobre a hipótese apresentada, assinale a afirmativa correta.

a) As Igrejas são imunes; portanto, não devem pagar a taxa instituída pelo Município X.

b) A taxa é inconstitucional, pois não é específica e divisível.

c) A taxa é inconstitucional, uma vez que os Municípios não são competentes para a instituição de taxas de serviço público.

d) A taxa é constitucional e as Igrejas não são imunes.

5. (OAB - FGV - III EXAME DE ORDEM UNIFICADO) Na denúncia espontânea, o sujeito passivo tem direito à exclusão:

a) da multa e dos juros.

b) da multa e da correção monetária.

c) apenas dos juros.

d) apenas da multa.

6. (OAB - FGV - XXX EXAME DE ORDEM UNIFICADO) A sociedade empresária ABC Ltda. foi autuada pelo Fisco do Estado Z apenas pelo descumprimento de uma determinada obrigação tributária acessória, referente à fiscalização do ICMS prevista em lei estadual (mas sem deixar de recolher o tributo devido). Inconformada, realiza a impugnação administrativa por meio do auto de infração. Antes que sobreviesse a decisão administrativa da impugnação, outra lei estadual extingue a previsão da obrigação acessória que havia sido descumprida. Diante desse cenário, assinale a afirmativa correta.

a) A lei estadual não é instrumento normativo hábil para extinguir a previsão dessa obrigação tributária acessória referente ao ICMS, em virtude do caráter nacional desse tributo.

b) O julgamento administrativo, nesse caso, deverá levar em consideração apenas a legislação tributária vigente na época do fato gerador.

c) Não é possível a extinção dos efeitos da infração a essa obrigação tributária acessória após a lavratura do respectivo auto de infração.

d) A superveniência da extinção da previsão dessa obrigação acessória, desde que não tenha havido fraude, nem ausência de pagamento de tributo, constitui hipótese de aplicação da legislação tributária a ato pretérito.

7. (OAB – FGV – XXVI EXAME DE ORDEM UNIFICADO) José, preocupado com o meio ambiente, faz uso de um processo caseiro de transformação do lixo orgânico em adubo, bem como separa o lixo inorgânico, destinando-o à reciclagem. Por isso, sempre que os caminhões que prestam o serviço público de coleta de lixo passam por sua casa, não encontram lixo a ser recolhido. José, então, se insurge contra a cobrança da taxa municipal de coleta de lixo proveniente de imóveis, alegando que, como não faz uso do serviço, a cobrança em relação a ele é indevida. Acerca desse cenário, assinale a afirmativa correta.

a) Por ser a taxa de um tributo contraprestacional, a não utilização do serviço pelo contribuinte retira seu fundamento de validade.

b) A coleta de lixo domiciliar nessas condições não configura a prestação de um serviço público específico e divisível, sendo inconstitucional.

c) Por se tratar de serviço público prestado à coletividade em geral, no interesse da saúde pública, seu custeio deve ocorrer por meio dos recursos genéricos auferidos com a cobrança de impostos.

d) A cobrança é devida, pois o serviço está sendo potencialmente colocado à disposição do contribuinte.

8. (OAB – FGV – XXVI EXAME DE ORDEM UNIFICADO) Em execução fiscal ajuizada pela União, a contribuinte ABC ofereceu seguro-garantia para garantir a execução, correspondente ao valor da dívida, acrescido de juros, multa de mora e encargos indicados na Certidão de Dívida Ativa. Por meio de publicação no órgão oficial, a União foi instada a se manifestar quanto à garantia oferecida pela executada, deixando de se manifestar no prazo que lhe foi assinalado. Diante disso, assinale a afirmativa correta.

a) Não é possível o oferecimento de seguro-garantia para garantir a execução fiscal. No entanto, a intimação da União por meio de publicação no órgão da imprensa oficial foi regular.

b) É possível o oferecimento de seguro-garantia para garantir a execução fiscal, tendo sido regular a intimação da União por meio de publicação no órgão da imprensa oficial.

c) Não é possível o oferecimento de seguro-garantia para garantir a execução fiscal, nem a intimação da União por meio de publicação no órgão oficial, pois qualquer intimação ao representante judicial da Fazenda Pública deve ser feita por carta registrada com aviso de recebimento.

d) É possível o oferecimento de seguro-garantia para garantir a execução fiscal, porém, na execução fiscal, qualquer intimação ao representante judicial da Fazenda Pública será feita pessoalmente.

9. (OAB – FGV – XXV EXAME DE ORDEM UNIFICADO) Devido à crise que vem atingindo o Estado Y, seu governador, após examinar as principais reclamações dos contribuintes, decidiu estabelecer medidas que facilitassem o pagamento do Imposto sobre a Propriedade de Veículos Automotores (IPVA). Por meio de despacho administrativo, autorizado por lei, perdoou débitos de IPVA iguais ou inferiores a R$ 300,00 (trezentos reais) na época da publicação. Além disso, sancionou lei prorrogando o prazo para pagamento dos débitos de IPVA já vencidos. Com base no caso apresentado, assinale a opção que indica os institutos tributários utilizados pelo governo, respectivamente.

a) Remissão e isenção.

b) Moratória e anistia.

c) Remissão e moratória.

d) Isenção e moratória.

10. (OAB – FGV – XXV EXAME DE ORDEM UNIFICADO) João, no final de janeiro de 2016, foi citado em execução fiscal, proposta no início do mesmo mês, para pagamento de valores do Imposto sobre a Propriedade Predial e Territorial Urbana (IPTU) referente aos anos de 2009 e 2010. Sabe-se que o IPTU em referência aos dois exercícios foi lançado e notificado ao sujeito passivo, respectivamente, em janeiro de 2009 e em janeiro de 2010. Após a ciência dos lançamentos, João não tomou qualquer providência em relação aos débitos. O município não adotou qualquer medida judicial entre a notificação dos lançamentos ao sujeito passivo e o ajuizamento da execução fiscal. Com base na hipótese apresentada, assinale a opção que indica o argumento apto a afastar a exigência fiscal.

a) O crédito tributário está extinto em virtude de decadência.

b) O crédito tributário está extinto em virtude de parcelamento.

c) A exigibilidade do crédito tributário está suspensa em virtude de compensação.

d) O crédito tributário está extinto em virtude de prescrição.

GABARITO

1. D; 2. D; 3. D; 4. D; 5. D; 6. D; 7. D; 8. D; 9. C; 10. D

Direito Administrativo

Felipe Dalenogare Alves

Doutorando e Mestre em Direito pela Universidade de Santa Cruz do Sul – UNISC. Professor na Pós-Graduação, OAB 1ª e 2ª Fases e Concursos do Centro de Ensino Integrado Santa Cruz – CEISC. Professor em Cursos de Pós-Graduação em Instituições de Ensino Superior brasileiras. Especialista em Direito Público pela Universidade Cândido Mendes – UCAM; em Direito Administrativo pela Faculdade Dom Alberto; em Gestão Pública Municipal pela Universidade Federal de Santa Maria – UFSM; em Educação em Direitos Humanos pela Universidade Federal do Rio Grande – FURG; e em Direito Militar pela Faculdade Futura. MBA Executivo em Coaching.

Franciele Letícia Kühl

Mestre em Direito na linha de Políticas Públicas pela Universidade de Santa Cruz do Sul – UNISC. Especialista em Direito Processual Civil. Professora no curso de Direito da Faculdade Dom Alberto e nos cursos preparatórios para OAB e Concursos Públicos no CEISC. Pesquisadora e consultora em políticas públicas. Escritora e palestrante.

SUMÁRIO

1. CONCEITO E FONTES DO DIREITO ADMINISTRATIVO

Pode-se conceituar o Direito Administrativo como o ramo do direito público que abrange as normas (regras e princípios) que regulam o exercício da função administrativa (seja típica, seja atípica), abarcando as entidades, os órgãos, os agentes e as atividades desenvolvidas pela Administração Pública na busca do interesse público.

No direito administrativo, há uma influência muito grande das fontes informais (aquelas produzidas fora do ambiente formal, oriundas da produção social e administrativa), não apenas restringindo-se às formais (aquelas produzidas pelo Estado, por intermédio dos processos formais de produção do direito). Desse modo, é possível incluir entre as fontes do direito administrativo *a norma*, *a jurisprudência*, *a doutrina*, *os costumes* e a *práxis administrativa*.

2. FUNÇÕES DO ESTADO E ORGANIZAÇÃO DA ADMINISTRAÇÃO PÚBLICA

2.1 FUNÇÃO

É quando alguém exerce uma atividade representando interesses de terceiros. Assim, a divisão dos poderes não gera absoluta divisão das funções, mas a distribuição de três funções estatais precípuas, podendo se dividir em: *a) típica:* função para a qual o poder foi criado; *b) atípica:* função estranha àquela para a qual o poder foi criado. Assim, teremos:

PODER	FUNÇÃO TÍPICA: para qual foi criado	FUNÇÃO ATÍPICA: função estranha àquela para que foi criado
Poder Executivo	Função administrativa, conversão da lei em ato concreto.	Quando o Presidente da República adota medidas provisórias ou quando o Executivo julga defesas e recursos administrativos.

PODER	FUNÇÃO TÍPICA: para qual foi criado	FUNÇÃO ATÍPICA: função estranha àquela para que foi criado
Poder Legislativo	Elaboração das leis, função normativa. Produz normas gerais, não concretas e inovações primárias no mundo jurídico.	Quando administra seus órgãos, provendo cargos, concedendo férias, licenças etc.
Poder Judiciário	Aplicação coativa da lei. Estabelece regras concretas (julga em concreto, não produz inovações primárias, função indireta (deve ser provocado) e propicia situação de intangibilidade jurídica (coisa julgada).	Quando legisla sobre seu regimento interno (tribunais), ou administra seus servidores, inclusive fazendo concurso público para ingresso destes.

Função administrativa é toda atividade desenvolvida pela Administração representando os interesses da coletividade. Esta função decorre do fato de o Brasil ser uma república. *República = coisa pública*. Ou seja, toda atividade desenvolvida tem que privilegiar a coisa pública, sendo exercida tipicamente pelo Poder Executivo e atipicamente pelos demais.

2.2 ADMINISTRAÇÃO PÚBLICA

É a atividade desenvolvida pelo Estado ou seus delegados, sob o regime de Direito Público, destinada a atender de modo direto e imediato necessidades concretas da coletividade. É todo o aparelhamento do Estado para a prestação dos serviços públicos, para a gestão dos bens públicos e dos interesses da comunidade.

2.3 DESCONCENTRAÇÃO E DESCENTRALIZAÇÃO

A função administrativa pode ser desenvolvida de duas formas:

a) *centralizada:* forma pela qual o serviço é prestado pela Administração Direta;

b) *descentralizada:* forma em que a prestação é deslocada para outras pessoas jurídicas.

Desse modo, a DESCONCENTRAÇÃO é a distribuição do serviço dentro da mesma pessoa jurídica, no mesmo núcleo, razão pela qual será uma transferência com hierarquia.

Espécies de desconcentração:	
a) Desconcentração territorial ou geográfica	• As competências são divididas em razão da delimitação das regiões onde cada órgão poderá atuar.
b) Desconcentração material ou temática	• As competências são divididas em razão da especialização de cada órgão em determinado assunto.
c) Desconcentração hierárquica ou funcional	• As competências são divididas utilizando-se o critério de relação de subordinação entre os diversos órgãos.

Por sua vez, a DESCENTRALIZAÇÃO consiste na Administração Direta deslocar, distribuir ou transferir a prestação do serviço para a Administração Indireta ou para o particular. Note-se que a nova pessoa jurídica não ficará subordinada à Administração Direta, pois não há relação de hierarquia, mas esta manterá o controle e fiscalização sobre o serviço descentralizado (vinculação).

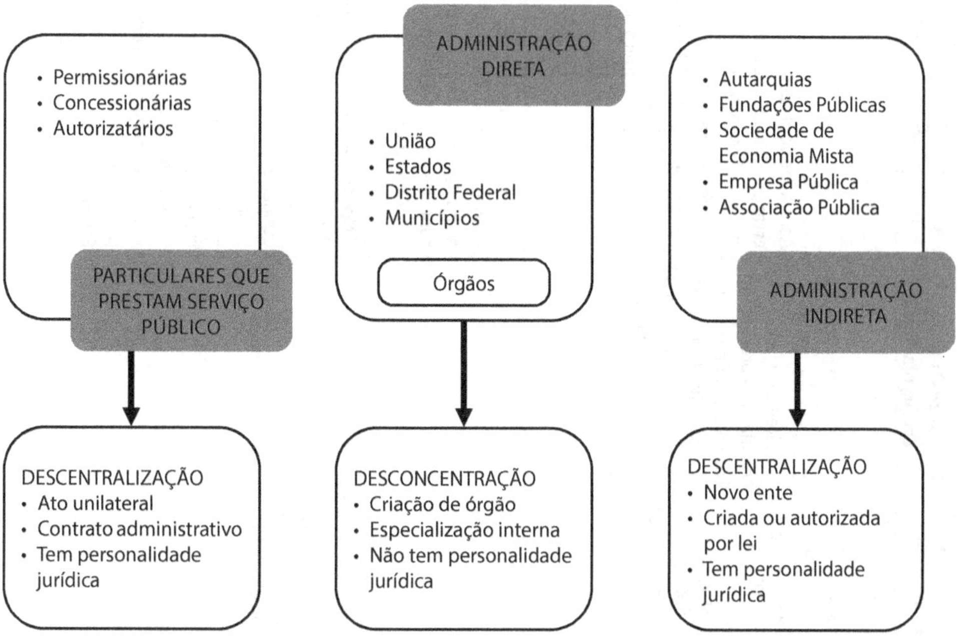

2.4 ADMINISTRAÇÃO DIRETA

A Administração Direta se constitui dos serviços integrados na estrutura administrativa da Presidência da República e dos Ministérios (Estados, Municípios e suas secretarias).

2.4.1 Órgãos públicos

São divisões das entidades Estatais (União, Estados e Municípios) ou das entidades da Administração Indireta (Autarquias, Fundações, Empresas Públicas ou Sociedade de Economia Mista), sendo considerados também centros especializados de competência (Exemplo: Ministério do Trabalho e Ministério da Fazenda na União. Pró-reitoria de Pós-Graduação em uma Universidade Federal). Não têm personalidade jurídica própria, ou seja, os atos que praticam são atribuídos ou imputados à entidade estatal a que pertencem. Podem, porém, ter representação própria, por seus procuradores, bem como ingressar em juízo, estritamente na defesa de suas prerrogativas, contra outros órgãos públicos.

2.5 ADMINISTRAÇÃO INDIRETA

A Administração Indireta compreende as seguintes categorias de entidades, dotadas de personalidade jurídica própria:

	Autarquia	Fundação	Empresa Pública	Sociedade de Economia Mista	Consórcios Públicos
Definição	É uma pessoa jurídica de direito público, dotada de capital exclusivamente público, com capacidade administrativa e criada para a prestação de serviço público (não tem capacidade política; não podem editar leis).	É uma pessoa jurídica composta por um patrimônio personalizado, destinado pelo seu fundador para uma finalidade específica. Pode ser Fundação Pública de direito público ou de direito privado (ambas integram a Administração indireta).	É uma pessoa jurídica de direito privado composta por capital exclusivamente público, criada para a prestação de serviços públicos ou exploração de atividade econômica sob qualquer modalidade empresarial.	É uma pessoa jurídica de direito privado criada para prestação de serviço público ou exploração de atividade econômica, com capital misto e na forma de S.A.	Acordo de vontades firmado entre entidades estatais para a realização de objetivos de interesses comuns, instituindo uma nova pessoa jurídica, com personalidade jurídica própria, que se constituirá em associação pública (sob regime de direito público) ou pessoa jurídica de direito privado.
Características	- Autoadministração - Capacidade financeira - Patrimônio próprio.	- Autoadministração - Capacidade financeira - Patrimônio próprio.	- Autoadministração - Capacidade financeira - Patrimônio próprio.		É possível aos consórcios: - Firmar convênios, contratos, acordos de qualquer natureza, receber auxílios, contribuições e subvenções sociais ou econômicas de outras entidades e órgãos do governo; - Nos termos do contrato de consórcio de direito público, promover desapropriações e instituir servidões nos termos de declaração de utilidade ou necessidade pública, ou interesse social, realizada pelo Poder Público. - Ser contratado pela administração direta ou indireta dos entes da Federação consorciados, dispensada a licitação. - A União somente participará de consórcios públicos em que também façam parte todos os Estados em cujos territórios estejam situados os Municípios consorciados.

<table>
<tr><th></th><th>Autarquia</th><th>Fundação</th><th>Empresa Pública</th><th>Sociedade de Economia Mista</th><th>Consórcios Públicos</th></tr>
<tr><td>Controle</td><td>Não há hierarquia e subordinação, só controle de finalidade (vinculação).</td><td>Não há hierarquia e subordinação, só controle de finalidade (vinculação).</td><td colspan="2">Não há hierarquia e subordinação, só controle de finalidade (vinculação).
Sofre controle do Tribunal de Contas.</td><td>Não há hierarquia e subordinação, só controle de finalidade (vinculação).
Sofre controle do Tribunal de Contas.</td></tr>
<tr><td>Criação e extinção</td><td>Lei específica para criar (LO).</td><td>Lei específica (LO) cria a fundação pública (autárquica) e se privada autoriza sua criação (LO), que se efetivará com o registro do ato constitutivo.
LC define a área de atuação.</td><td colspan="2">Lei específica (LO) autoriza sua criação, que se efetiva com registro do ato constitutivo.</td><td>Os procedimentos de criação são a assinatura do protocolo de intenções; a ratificação do protocolo pelas casas legislativas; a celebração do contrato de consórcio; a personificação do consórcio; a celebração do contrato de rateio e a celebração do contrato de programa.
A alteração ou a extinção de contrato de consórcio público dependerá de instrumento aprovado pela assembleia-geral, ratificado mediante lei por todos os entes consorciados.</td></tr>
<tr><td>Imunidade tributária</td><td>Possui (art. 150, § 2º, da CF/1988)</td><td>F. Pub. – possui, (art. 150, § 2º, da CF/1988)
F. Priv. – possui estritamente sobre os bens, rendas e serviços necessários à prestação do serviço público (art. 150, VI, a, c/c § 2º da CF/1988) e jurisprudência do STF.</td><td colspan="2">Se exploradora de atividade econômica, não possui (arts. 173, § 2º, e 150, § 3º, da CF/1988).
Se prestadora de serviço público, possui especificamente sobre os bens, rendas e serviços necessários ao serviço público, conforme jurisprudência do STF.</td><td>Consórcio Público de Direito Público (Autarquia Interfederativa): goza dos mesmos privilégios das autarquias.
Consórcio Público de Direito Privado (Fundação Pública de Direito Privado Interfederativa: goza dos mesmos privilégios das fundações de direito privado.</td></tr>
</table>

	Autarquia	Fundação	Empresa Pública	Sociedade de Economia Mista	Consórcios Públicos
Responsabilidade do Estado	Subsidiária	Subsidiária	– Se presta serviço público, responsabilidade objetivamente pelos danos causados. – Se explora atividade econômica, responsabilidade subjetivamente. O Estado responde subsidiariamente.		Subsidiária e proporcional ao pactuado no contrato de rateio. Até que haja decisão que indique os responsáveis por cada obrigação, os entes consorciados responderão solidariamente pelas obrigações remanescentes, garantindo o direito de regresso em face dos entes beneficiados ou dos que deram causa à obrigação.
Regime de pessoal	Estatutário	F. Pub.: Estatutário F. Priv.: Celetista	Celetista		Cons. Dir. Pub.: Celetista. Cons. Dir. Priv.: Celetista.
Bens	Públicos	F. Pub.: Públicos F. Priv.: Privados, com prerrogativas de públicos (os necessários à prestação do serviço)	– Se presta serviço público, os bens são privados, com algumas prerrogativas de públicos (os necessários à prestação do serviço). – Se explora atividade econômica, os bens são privados.		Cons. Dir. Pub.: Públicos Cons. Dir. Priv.: Privados, com prerrogativas de públicos.
Prerrogativas em juízo	Possui (todas as prerrogativas da Administração Direta)	F. Pub.: Possui (todas as prerrogativas da Administração Direta) F. Priv.: Não possui.	Se federal, possui foro na Justiça Federal.	Não possui.	Cons. Dir. Pub.: Mesmas prerrogativas da autarquia. Cons. Dir. Priv.: Não há.

2.6 AGÊNCIAS REGULADORAS

São autarquias de regime especial, responsáveis pela regulamentação, o controle e a fiscalização de serviços públicos transferidos ao setor privado. Exemplos: Agência Nacional de Energia Elétrica (ANEEL); Agência Nacional das Telecomunicações (ANATEL); Agência Nacional de Petróleo (ANP); Agência Nacional de Vigilância Sanitária (ANVISA); Agência Nacional de Aviação Civil (ANAC); e Agência Nacional de Saúde Suplementar (ANS).

2.6.1 Características

- Têm poderes especiais ante a maior autonomia que detêm e a forma de provimento de seus cargos diretivos (por mandato certo e afastada a possibilidade de exoneração *ad nutum*, ou seja, a qualquer momento). Não são, porém, independentes.
- Estão sujeitas ao mesmo tratamento das autarquias, e passíveis de idênticos mecanismos de controle externo e interno.
- Os dirigentes das agências reguladoras são nomeados pelo Presidente da República após prévia aprovação pelo Senado Federal. Estes dirigentes gozam de *mandatos com prazo fixo* e só deixam o cargo mediante renúncia, condenação judicial ou após processo administrativo (a lei de criação da Agência poderá prever outras condições para a perda do mandato). Não se admite a exoneração *ad nutum* que, em regra, costuma ser inerente aos cargos em comissão. Encerrado o mandato, os dirigentes estão sujeitos à "quarentena", período no qual ficam impossibilitados por seis meses de trabalharem no mesmo ramo de atividade na iniciativa privada. A quarentena é remunerada.
- Ainda que discricionária, a escolha para os dirigentes e os membros do conselho deve atentar para o caráter técnico do cargo a ser ocupado, uma vez que as Agências Reguladoras se caracterizam por um alto grau de especialização técnica no setor regulado, que, obviamente, para o seu correto exercício, exige uma formação especial dos ocupantes de seus cargos. Isso porque serão brasileiros, de reputação ilibada, formação universitária e elevado conceito no campo de especialidade dos cargos para os quais serão nomeados, devendo ser escolhidos pelo Presidente da República e por ele nomeados, após aprovação pelo Senado Federal.

2.7 AGÊNCIAS EXECUTIVAS

Autarquias e fundações que, por iniciativa da Administração Direta, são qualificadas como "Agências Executivas", vindo a celebrar contrato de gestão visando à melhoria dos serviços que prestam em troca de uma maior autonomia gerencial, orçamentária e financeira. Trata-se apenas de uma qualificação dada a uma autarquia ou fundação, já existente, que tenha um contrato de gestão com seu órgão supervisor, no caso um ministério, cumprindo metas de desempenho, redução de custos e eficiência. Exemplos: Instituto Nacional de

Metrologia, Normatização e Qualidade Industrial (INMETRO), a Agência Nacional do Desenvolvimento do Amazonas (ADA) e Agência Nacional do Desenvolvimento do Nordeste (ADENE).

2.8 ENTIDADES PARAESTATAIS

Entidades da sociedade civil, sem fins lucrativos, que desempenham atividades de interesse social mediante vínculo formal de parceria com o Estado.

Características:

São entidades privadas, sem fins lucrativos, instituídas sob forma de fundações (privadas) ou associações civis, recebendo qualificação jurídica diferenciada, como "públicas não estatais".

Desse modo:

- são criadas pela iniciativa privada;
- não possuem finalidade lucrativa;
- não integram a Administração Pública;
- prestam atividades privadas de relevância social;
- possuem vínculo legal ou negocial com o Estado;
- recebem benefícios públicos;
- seus dirigentes respondem como agente público para fins de improbidade administrativa.

As entidades paraestatais possuem diferentes qualificações jurídicas, podendo, inclusive, variar de um ente da federação para outro. Dessa forma, estudaremos as Organizações Sociais (OS), as Organizações da Sociedade Civil de Interesse Público (OSCIP), as Organizações da Sociedade Civil sob regime de parcerias voluntárias (OSCPV) e os Serviços Sociais Autônomos (Sistema S).

2.8.1 Organizações Sociais (OS)

Não integram a Administração Pública, mas a iniciativa privada, e atuam ao lado do Estado, cooperando com ele e estabelecendo parcerias com o Poder Público. São pessoas jurídicas de direito privado *sem fins lucrativos* criadas por particulares para a execução de serviços públicos não exclusivos do Estado, previstos em lei. A Lei nº 9.637/1998 autorizou que fossem repassados serviços de: ensino, pesquisa científica, desenvolvimento tecnológico, proteção e preservação do meio ambiente, cultura e saúde.

O instrumento para o repasse é *contrato de gestão* – art. 37, § 8º (é um contrato diferente já que o contrato de gestão se celebra entre a Administração direta e a indireta), dispensa licitação como acontece em todos os outros casos de transferência de serviço público (o art. 24, XXIV, da Lei nº 8.666/1993 possibilita a dispensa de licitação para a celebração de contratos de prestação de serviços com as organizações sociais, qualificadas no âmbito das respectivas esferas de governo, *para atividades contempladas no contrato de gestão*).

Podem receber: dotações orçamentárias, bens públicos por meio de uma permissão de uso, servidores públicos em regime de cessão.

São *requisitos específicos* para que as entidades privadas se habilitem à qualificação como organização social:

I – comprovar o registro de seu ato constitutivo, dispondo sobre:

a) natureza social de seus objetivos relativos à respectiva área de atuação;
b) finalidade não lucrativa, com a obrigatoriedade de investimento de seus excedentes financeiros no desenvolvimento das próprias atividades;
c) previsão expressa de a entidade ter, como órgãos de deliberação superior e de direção, um conselho de administração e uma diretoria definidos nos termos do estatuto, assegurado àquele composição e atribuições normativas e de controle básicas previstas nesta Lei;
d) previsão de participação, no órgão colegiado de deliberação superior, de representantes do Poder Público e de membros da comunidade de notória capacidade profissional e idoneidade moral;
e) composição e atribuições da diretoria;
f) obrigatoriedade de publicação anual, no *Diário Oficial da União*, dos relatórios financeiros e do relatório de execução do contrato de gestão;
g) no caso de associação civil, a aceitação de novos associados, na forma do estatuto;
h) proibição de distribuição de bens ou de parcela do patrimônio líquido em qualquer hipótese, inclusive em razão de desligamento, retirada ou falecimento de associado ou membro da entidade;
i) previsão de incorporação integral do patrimônio, dos legados ou das doações que lhe foram destinadas, bem como dos excedentes financeiros decorrentes de suas atividades, em caso de extinção ou desqualificação, ao patrimônio de outra organização social qualificada no âmbito da União, da mesma área de atuação, ou ao patrimônio da União, dos Estados, do Distrito Federal ou dos Municípios, na proporção dos recursos e bens por estes alocados.

II – haver aprovação, quanto à conveniência e oportunidade de sua qualificação como organização social, do Ministro ou titular de órgão supervisor ou regulador da área de atividade correspondente ao seu objeto social e do Ministro de Estado da Administração Federal e Reforma do Estado.

O Poder Executivo poderá proceder à *desqualificação* da entidade como organização social, quando constatado o descumprimento das disposições contidas no contrato de gestão.

Observações:

1. A desqualificação será precedida de processo administrativo, assegurado o direito de ampla defesa, respondendo os dirigentes da organização

> social, individual e solidariamente, pelos danos ou prejuízos decorrentes de sua ação ou omissão.
>
> 2. A desqualificação importará reversão dos bens permitidos e dos valores entregues à utilização da organização social, sem prejuízo de outras sanções cabíveis.

2.8.2 Organizações da Sociedade Civil de Interesse Público (OSCIP)

OSCIP é um título fornecido pelo Ministério da Justiça, cuja finalidade é facilitar o aparecimento de parcerias e convênios com todos os níveis de governo e órgãos públicos (federal, estadual e municipal) e permite que doações realizadas por empresas possam ser descontadas no imposto de renda.

OSCIPs são organizações criadas por iniciativa privada, que obtêm um certificado emitido pelo Poder Público federal ao comprovar o cumprimento de certos requisitos, especialmente aqueles derivados de normas de transparência administrativas. Em contrapartida, podem celebrar com o Poder Público os chamados *termos de parceria*, que são uma alternativa interessante aos convênios para ter maior agilidade e razoabilidade em prestar contas.

Podem qualificar-se como OSCIP as pessoas jurídicas de direito privado, sem fins lucrativos, que tenham sido constituídas e se encontrem em funcionamento regular há, *no mínimo, 3 (três) anos*, desde que os respectivos objetivos sociais e normas estatutárias atendam aos requisitos instituídos na Lei nº 9.790/1999.

Não são passíveis de qualificação como OSCIP, ainda que se dediquem de qualquer forma às atividades descritas anteriormente:

a) as sociedades comerciais;
b) os sindicatos, as associações de classe ou de representação de categoria profissional;
c) as instituições religiosas ou voltadas para a disseminação de credos, cultos, práticas e visões devocionais e confessionais;
d) as organizações partidárias e assemelhadas, inclusive suas fundações;
e) as entidades de benefício mútuo destinadas a proporcionar bens ou serviços a um círculo restrito de associados ou sócios;
f) as entidades e empresas que comercializam planos de saúde e assemelhados;
g) as instituições hospitalares privadas não gratuitas e suas mantenedoras;
h) as escolas privadas dedicadas ao ensino formal não gratuito e suas mantenedoras;
i) as organizações sociais;
j) as cooperativas;
l) as fundações públicas;

m) as fundações, sociedades civis ou associações de direito privado criadas por órgão público ou por fundações públicas;

n) as organizações creditícias que tenham qualquer tipo de vinculação com o sistema financeiro nacional.

A qualificação como OSCIP, observado em qualquer caso o princípio da universalização dos serviços, no respectivo âmbito de atuação dessas OSCIP, somente será conferida às pessoas jurídicas de direito privado, *sem fins lucrativos*, cujos objetivos sociais tenham pelo menos uma das seguintes finalidades:

1. promoção da assistência social;
2. promoção da cultura, defesa e conservação do patrimônio histórico e artístico;
3. promoção gratuita da educação, observando-se a forma complementar de participação das organizações de que trata esta Lei;
4. promoção gratuita da saúde, observando-se a forma complementar de participação das organizações de que trata esta Lei;
5. promoção da segurança alimentar e nutricional;
6. defesa, preservação e conservação do meio ambiente e promoção do desenvolvimento sustentável;
7. promoção do voluntariado;
8. promoção do desenvolvimento econômico e social e combate à pobreza;
9. experimentação, não lucrativa, de novos modelos socioprodutivos e de sistemas alternativos de produção, comércio, emprego e crédito;
10. promoção de direitos estabelecidos, construção de novos direitos e assessoria jurídica gratuita de interesse suplementar;
11. promoção da ética, da paz, da cidadania, dos direitos humanos, da democracia e de outros valores universais;
12. estudos e pesquisas, desenvolvimento de tecnologias alternativas, produção e divulgação de informações e conhecimentos técnicos e científicos que digam respeito às atividades mencionadas anteriormente;
13. estudos e pesquisas para o desenvolvimento, a disponibilização e a implementação de tecnologias voltadas à mobilidade de pessoas, por qualquer meio de transporte.

As OSCIPs *não se submetem às regras de concurso público*, nos termos do art. 37, II, da CF/1988. Sendo assim, como as ideias de "mútua colaboração" e a ausência de "contraposição de interesses" são inerentes a tais ajustes, o "termo de parceria" tem sido considerado pela doutrina e pela jurisprudência como *espécie de convênio* e não como contrato, tendo em vista a comunhão de interesses do Poder Público e das entidades privadas na consecução de tais atividades.

Havendo mais de uma OSCIP interessada em celebrar termo de parceria, apesar de desnecessária a licitação formal, nos termos da Lei nº 8.666/1993, deverá ser realizado procedimento licitatório simplificado a fim de garantir a observância dos princípios da Administração Pública, como forma de restringir a subjetividade na escolha da OSCIP a formalizar o "termo de parceria".

2.8.3 Organizações da Sociedade Civil sob regime de parcerias voluntárias (OSCPV)

Este regime, instituído pela Lei nº 13.019/2014, constitui-se nas denominadas parcerias entre a Administração Pública e as organizações da sociedade civil em regime de mútua cooperação, para a consecução de finalidades de interesse público e recíproco, mediante a execução de atividades ou de projetos previamente estabelecidos em planos de trabalho inseridos em termos de colaboração e de fomento ou em acordos de cooperação.

São consideradas organizações da sociedade civil para a celebração das parcerias voluntárias, as seguintes espécies:

a) entidade privada sem fins lucrativos que não distribua entre os seus sócios ou associados, conselheiros, diretores, empregados, doadores ou terceiros eventuais resultados, sobras, excedentes operacionais, brutos ou líquidos, dividendos, isenções de qualquer natureza, participações ou parcelas do seu patrimônio, auferidos mediante o exercício de suas atividades, e que os aplique integralmente na consecução do respectivo objeto social, de forma imediata ou por meio da constituição de fundo patrimonial ou fundo de reserva;

b) as sociedades cooperativas previstas na Lei nº 9.867/1999; as integradas por pessoas em situação de risco ou vulnerabilidade pessoal ou social; as alcançadas por programas e ações de combate à pobreza e de geração de trabalho e renda; as voltadas para fomento, educação e capacitação de trabalhadores rurais ou capacitação de agentes de assistência técnica e extensão rural; e as capacitadas para execução de atividades ou de projetos de interesse público e de cunho social.

c) as organizações religiosas que se dediquem a atividades ou a projetos de interesse público e de cunho social distintas das destinadas a fins exclusivamente religiosos.

Assim, a instrumentalização da parceria se dá por intermédio do *termo de colaboração* (adotado pela Administração Pública para consecução de planos de trabalho de sua iniciativa, que envolvam a transferência de recursos financeiros) ou do *termo de fomento* (adotado pela Administração Pública para consecução de planos de trabalho propostos por organizações da sociedade civil que envolvam a transferência de recursos financeiros).

2.8.4 Serviços Sociais Autônomos (Sistema S)

Rótulo atribuído a todas as pessoas jurídicas de direito privado, integrantes da iniciativa privada que foram criadas para desenvolver atividades de auxílio a determinadas categorias profissionais que não tenham finalidade lucrativa.

Assim, é pessoa jurídica criada ou prevista por lei como entidade privada de serviço social e de formação profissional vinculada ao sistema sindical e sujeita ao disposto no art. 240 da CF/1988. Ex.: SESI, SENAC, SESC (a finalidade é fomentar o desenvolvimento de certas categorias privadas e, por isso, interessa à Administração ajudar). Podem receber incentivos com dotações orçamentárias e titularizam contribuições parafiscais.

Características:

1. *Entidades civis de direito privado, criadas ou autorizadas* por lei. Geralmente, seu regulamento é estabelecido por decreto (fora da estrutura da Administração Pública).
2. Adquirem personalidade jurídica com a inscrição do seu ato constitutivo no Registro Civil de Pessoas Jurídicas (geralmente, sob forma de associação ou fundação).

> **Observação:** Não há regra que determine a forma jurídica do SSA. Podem assumir o formato de fundação ou associação ou formato jurídico especial, insuscetível de perfeito enquadramento nas categorias previstas no Código Civil.

3. Regidos pelo Direito Privado com a incidência das normas de Direito Público previstas na lei autorizativa.
4. Criados por entidade civil: corporação representativa de setor da economia, mediante autorização legal.
5. Vinculam-se ao órgão da administração direta relacionado com suas atividades para fins de controle finalístico e prestação de contas dos recursos públicos recebidos para sua manutenção. A vinculação com o Poder Público é diferenciada das entidades da administração indireta.
6. *Não estão* sujeitos a realização de *concurso público* (RE nº 789874), tampouco estão sujeitos às normas de licitações e contratos previstas na Lei nº 8.666/1993 (MS nº 33442). Leis mais recentes de SSAs estabelecem a exigência de regulamento próprio de compras.
7. Mantidos por contribuições parafiscais, conforme previsão da lei autorizativa. Tributos advindos do setor privado (as empresas), os quais incidem sobre a folha de salários das empresas pertencentes à categoria correspondente e se destinam a financiar atividades que visem ao aperfeiçoamento profissional e à melhoria do bem-estar social dos trabalhadores.

8. Prestam serviços de formação profissional diretamente aos trabalhadores do setor tributado.
9. Patrimônio constituído por doações e legados.

> **Observação:** Em caso de extinção, o patrimônio deve ser revertido para as entidades instituidoras, na forma estabelecida no estatuto.

10. Não se submetem a regras do regime administrativo, apenas ao controle da aplicação dos recursos de origem pública, por força do art. 70 da CF (*sofre controle da CGU e do TCU*).
11. Possuem representação jurídica própria (não é representada pela AGU).
12. Não estão obrigados à observância dos princípios constitucionais da Administração Pública (mas seus agentes *respondem por improbidade administrativa* e *ilícitos penais*, equiparados a agentes públicos).
13. Observam a legislação privada, inclusive no que se refere ao regime de pessoal (*regime celetista*), ao processo de compras de bens e serviços e de contabilidade e finanças com as derrogações impostas na lei autorizativa, quando houver.
14. Possuem imunidade tributária, quando enquadrados nos casos contemplados no art. 150, VI, *c*, da CF.
15. Têm estrutura e cargos estabelecidos na forma do estatuto social.
16. Não possuem privilégios processuais (AgIn nº 841548/PR) e a competência para apreciar questões judiciais é da justiça estadual (Súm. nº 516 do STF: "O Serviço Social da Indústria – SESI – está sujeito à jurisdição da Justiça Estadual").

3. PRINCÍPIOS DA ADMINISTRAÇÃO PÚBLICA

Os princípios, juntamente com as regras, integram a norma jurídica e regem a Administração Pública em toda sua atuação. Desse modo, integram o conceito de juridicidade, conceito mais amplo que o de legalidade. Em síntese, podemos apresentar os seguintes princípios:

a) *Supremacia do interesse público:* é o princípio que determina privilégios jurídicos e um patamar de superioridade do interesse público sobre o particular.

b) *Indisponibilidade do interesse público:* limita a supremacia, o interesse público não pode ser livremente disposto pelo administrador que, necessariamente, deve atuar nos limites da lei.

c) *Princípio da legalidade:* segundo ele, todos os atos da Administração têm de estar em conformidade com os princípios legais.

Este princípio observa não só as leis, mas também os regulamentos que contêm as normas administrativas contidas em grande parte do texto constitucional. Quando a Administração Pública se afasta destes comandos, pratica atos ilegais, produzindo, por consequência, atos nulos e respondendo por sanções por ela impostas (Poder Disciplinar). Um administrador de empresa particular pratica tudo aquilo que a lei não proíbe. Já o administrador público, por ser obrigado ao estrito cumprimento da lei e dos regulamentos, só pode praticar o que a lei permite. É a lei que distribui competências aos administradores.

d) *Princípio da impessoalidade:* no art. 37 da CF/1988, o constituinte fala também da impessoalidade. No campo do Direito Administrativo esta palavra foi novidade. O legislador não colocou a palavra finalidade. Assim, traduz-se a ideia de que a Administração Pública tem de tratar a todos os administrados sem discriminações, benéficas ou negativas. Dessa forma, não se admite, por força de princípio constitucional, nem favoritismos, nem perseguições, sejam políticas, ideológicas ou eleitorais.

e) *Princípio da moralidade:* este princípio está diretamente relacionado com os próprios atos dos cidadãos comuns em seu convívio com a comunidade, ligando-se à moral e à ética administrativa, estando esta última sempre presente na vida do administrador público, sendo mais rigorosa do que a ética comum. Por exemplo, *comete ato imoral o Prefeito Municipal que empregar a sua verba de representação em negócios alheios à sua condição de Administrador Público*, pois é sabido que o administrador público tem que ser honesto, ter probidade e que todo ato administrativo, além de ser legal, tem que ser moral, sob pena de nulidade.

f) *Princípio da publicidade:* é a divulgação oficial do ato da Administração para a ciência do público em geral, com efeito de iniciar a sua atuação externa, ou seja, de gerar efeitos jurídicos, os quais podem ser de direitos e de obrigações. Como regra geral, embora os processos administrativos devam ser públicos, a publicidade se restringe somente aos seus atos intermediários, ou seja, a determinadas fases processuais. A publicidade dos atos administrativos pode sofrer *as seguintes exceções*: segurança do Estado ou da sociedade e quando a intimidade ou o interesse público assim o determinar.

g) *Princípio da eficiência:* visa racionalizar a máquina administrativa e o aperfeiçoamento na prestação do serviço público. Atuar com eficiência é atuar de modo adequado ante os meios que possui e os resultados obtidos (meio e resultados eficientes); fazer o melhor (com menos e com o mais barato).

h) *Princípios da segurança jurídica:* garantia de previsibilidade no emprego do poder.

i) *Princípio do devido processo legal:* submissão estrita às exigências formais de obediências a rigorosas sequências dos atos que devam ser praticados pelo Estado constitucionalmente inafastáveis sempre que atinjam a liberdade ou os bens de uma pessoa.

j) Princípio da razoabilidade: adequar a medida para atender o resultado pretendido; necessidade da medida; proporcionalidade entre os inconvenientes resultantes da medida e o resultado a ser alcançado.

k) Princípio da proporcionalidade: justo equilíbrio entre os sacrifícios e os benefícios resultantes da ação do Estado.

l) Princípio da economicidade: relacionado com o aspecto financeiro da Administração Pública.

m) Princípio da autotutela: dever da Administração Pública controlar seus próprios atos quanto à legalidade e à adequação ao interesse público.

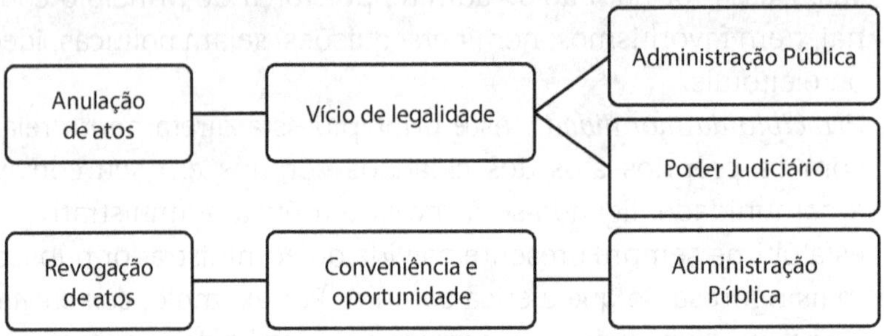

Por fim, ressalta-se que, no âmbito do direito administrativo, ainda são muito comuns os princípios setoriais, ou seja, aqueles aplicados no âmbito de cada subárea, como os aplicáveis às licitações e contratos, aos serviços públicos, ao processo administrativo etc.

4. AGENTES PÚBLICOS

4.1 ESPÉCIES DE AGENTES PÚBLICOS

São todas as pessoas, vinculadas ou não ao Estado, que prestam serviço ao mesmo, de forma permanente ou ocasional, ainda que sem remuneração. Dividem-se em:

a) *agentes políticos:* são os que ocupam os cargos principais na estrutura constitucional, em situação de representar a vontade política do Estado (ex.: Presidente da República, deputados, juízes);

b) *agentes administrativos:* são os servidores públicos em geral, podem ser: civil ou militares, bem como temporários:

1. *servidores públicos:* titularizam cargo e, portanto, estão submetidos ao regime estatutário, são os agentes da administração direta, autárquica e fundacional pública. Exige concurso público;
2. *empregados públicos*: titularizam emprego, sujeitos ao regime celetista, são os agentes das empresas públicas, sociedades de economia mista e fundações privadas. Exige concurso público;

3. *agentes temporários*: são os agentes previstos no art. 37, IX, da CF/1988 – para determinado tempo, dispensa concurso público e cabe nas hipóteses de excepcional interesse. Embora não sejam celetistas, o STF entende que lhes cabem alguns direitos sociais, a exemplo do mandamento contido no art. 40, § 13, da CF/1988, o qual refere que ao servidor ocupante, exclusivamente, de cargo em comissão declarado em lei de livre nomeação e exoneração, bem como de outro cargo temporário ou de emprego público, aplica-se o regime geral de previdência social;

c) *agentes por colaboração:* são particulares que colaboram como Poder Público voluntária ou compulsoriamente, ou também por delegação. Equiparam-se a agentes públicos para fins penais e para responsabilidade por atos de improbidade;
d) *agente público de fato:* aquele que desempenha atividade pública com base na presunção de legitimidade de sua situação funcional. Os atos praticados por agentes de fato podem ser convalidados (gerando efeitos a terceiros), a fim de se evitarem prejuízos para a Administração ou a terceiros de boa-fé. Exemplo: Servidor aprovado em concurso público, colocado em exercício de suas atividades funcionais, e que, tempos depois, percebe-se que não foi, formalmente, nomeado e nem assinou o termo de posse. Ainda que ilegítima a investidura, o agente de fato tem direito à percepção de sua remuneração porque agiu de boa-fé e as verbas recebidas têm caráter alimentar, sob pena de enriquecimento sem causa da Administração Pública.

4.2 CARGO PÚBLICO

Conjunto de atribuições e responsabilidades cometidas a um servidor (acessíveis a todos os brasileiros que preencham os requisitos previstos em lei). É criado e extinto por lei (art. 48, X, da CF/1988).

Exceção: É possível a extinção de cargos públicos por decreto apenas se estiverem vagos (art. 84, VI, *b*, da CF/1988).

4.2.1 Classificação dos cargos

a) *Cargo em comissão:* aquele ocupado transitoriamente com base no critério de confiança, destinado exclusivamente, juntamente com as funções de confiança, àqueles de direção, chefia e assessoramento.
b) *Cargo efetivo:* preenchido em caráter definitivo, sem transitoriedade. O seu preenchimento se dá, em regra, por concurso público.
c) *Vitalício:* também preenchidos em caráter definitivo, sendo que seu ocupante só pode ser desligado por processo judicial ou por processo administrativo, assegurada à ampla defesa. Exemplo: magistratura, MP.

d) *De carreira:* aquele que faz parte de um conjunto de cargos com a mesma denominação, escalonados em razão das atribuições e da responsabilidade.

e) *Isolado:* não integra carreira nenhuma.

4.3 FUNÇÃO PÚBLICA

A expressão função pública compreende: atribuição, encargo, poderes, deveres e direitos atribuídos aos órgãos, aos cargos e também aos agentes públicos.

> **Observação:** *Os cargos são ocupados e as funções exercidas.* Todo cargo implica a existência de função, porém nem toda função implica cargo. Exemplo: os contratados temporariamente exercem função, mas não têm cargo.

4.4 EMPREGO PÚBLICO

Diz respeito à possibilidade do exercício da função pública por contrato de trabalho regido pela CLT (Consolidação das Leis Trabalhistas), ou seja, ocupa emprego público quem por meio de contratação, sob regência da CLT, exerce a função pública. Difere-se o emprego público, portanto, do cargo público, pelo fato de ter o primeiro vínculo contratual regulamentado pela CLT e o segundo ter um vínculo estatutário regido pelo Estatuto dos Servidores Públicos.

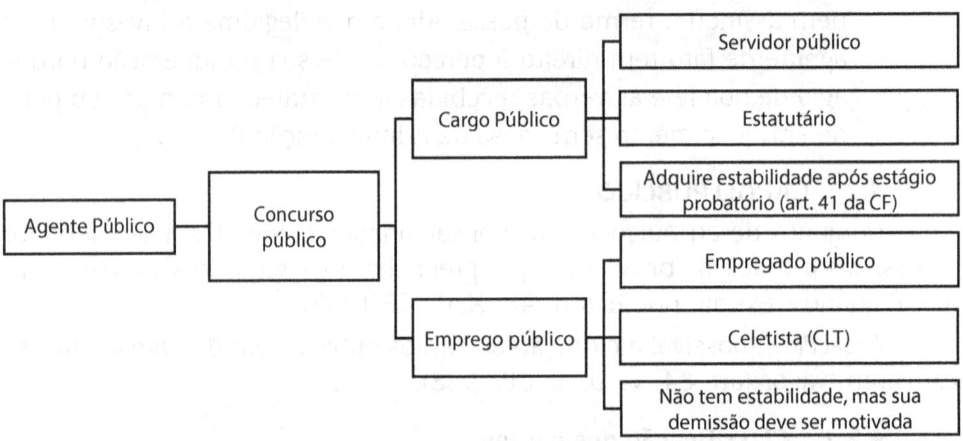

4.5 PROVIMENTO

Ato que designa uma pessoa para titularizar um cargo público. Pode acontecer das seguintes maneiras:

a) *inicial:* aquele que independe de relações anteriores do indivíduo com a Administração Pública. Dá-se, em regra, por concurso público, com a exceção do cargo em comissão e a contratação por tempo determinado. É ato complexo, por passar por várias etapas: concurso, nomeação, posse. Só se aperfeiçoa com o efetivo exercício de suas funções, após transpor várias etapas. Os requisitos para investidura a serem comprovados na posse (rol não exaustivo) são:

- nacionalidade brasileira;
- quitação das obrigações militares e eleitorais;
- idade mínima de 18 anos;
- aptidão física e mental;
- gozo dos direitos políticos;
- demais condições do cargo (previstas em lei).

b) *derivado:* aquele que se verifica quando ocorre a titularização de um cargo por um indivíduo que já se encontra na estrutura da Administração, não depende de concurso público, é possível concurso interno.

Modalidades de provimento derivado:

a) *readaptação* – passagem de um cargo para outro, sem elevação funcional, compatível com a limitação sofrida pela pessoa. Características: retorno do doente; servidor estável; a pedido ou de ofício; cargo compatível; falta de vaga – excedente;

b) *reintegração* – é a recondução do servidor ao mesmo cargo de que fora demitido, com o pagamento integral dos vencimentos e vantagens do tempo em que esteve afastado, uma vez reconhecida a ilegalidade da demissão em decisão judicial;

c) recondução – o servidor estável retorna ao cargo anteriormente ocupado em decorrência de inabilitação em estágio probatório relativo a outro cargo ou de reintegração do anterior ocupante – art. 29 da Lei nº 8.112/1990;

d) reversão – é o retorno à atividade de servidor aposentado por invalidez, quando junta médica oficial declarar insubsistentes os motivos da aposentadoria ou no interesse da administração, desde que tenha solicitado a reversão, a aposentadoria tenha sido voluntária, se trate de estável quando na atividade, a aposentadoria tenha ocorrido nos cinco anos anteriores à solicitação e haja cargo vago;

e) aproveitamento – é o retorno obrigatório à atividade do servidor em disponibilidade, em cargo de atribuições e remuneração compatíveis com o anteriormente ocupado – art. 30 da mesma lei;

f) readmissão – a reintegração decorrente de ato administrativo – o retorno do servidor ao serviço público quando anulada administrativamente sua desinvestidura (ex.: resultante de um processo de revisão administrativa).

4.6 DISPONIBILIDADE, DESINVESTIDURA E VACÂNCIA

1. *Disponibilidade:* servidor estável, tendo o cargo declarado extinto ou desnecessário, ficará aguardando seu aproveitamento com remuneração proporcional ao tempo de serviço.

> **Observação:** A disponibilidade não tem por finalidade sancionar disciplinarmente servidores públicos.

2. *Desinvestidura:* de cargo ou emprego, podendo ser:
   a) demissão: é a punição por falta grave;
   b) exoneração: pode ser:
      I – a pedido do interessado;
      II – de ofício nos cargos em comissão;
      III – motivada (ex.: durante o estágio probatório, insuficiência de desempenho);
   c) dispensa: ocorre em relação ao admitido pelo regime da CLT quando não há justa causa.
3. *Vacância:* abertura de um cargo antes preenchido. Ocorre na hipótese de:
   a) exoneração;
   b) demissão;
   c) promoção;
   d) readaptação;
   e) aposentadoria;
   f) posse em outro cargo inacumulável;
   g) falecimento.

4.7 ACESSIBILIDADE AOS CARGOS E EMPREGOS PÚBLICOS

Os cargos, empregos e funções públicas são acessíveis aos brasileiros que preencham os requisitos estabelecidos em lei, assim como aos estrangeiros, também na forma da lei. A lei pode estabelecer requisitos diferenciados como idade, altura, peso, a depender da natureza e complexidade do cargo ou emprego, sempre atendendo critérios de razoabilidade e proporcionalidade.

4.8 FORMAS DE INGRESSO

a) *Concurso público:* é a regra geral para a investidura em cargo ou emprego público. O concurso deverá ser: de provas ou de provas e títulos, de acordo com a natureza e a complexidade do cargo ou emprego. Possui validade de até dois anos, prorrogável por igual período (a previsão deve constar no edital).
b) *Cargo em comissão:* livre nomeação, livre exoneração.
c) *Contratação temporária:* está prevista no art. 37, IX – só é possível para fazer frente a uma excepcional situação de emergência. Ex.: pessoal para combate à dengue.

4.9 ESTABILIDADE

Garantia oferecida ao servidor que lhe assegura a permanência no serviço público atendidas as exigências estabelecidas pela Constituição. Não se confunde com a vitaliciedade, que é a garantia de permanência em cargos determinados, previstos na Constituição, é um acréscimo à estabilidade (ex.: MP, Magistratura, se adquire após os dois anos de estágio probatório).

4.9.1 Requisitos para se adquirir a estabilidade

São requisitos para a aquisição da estabilidade:

a) nomeação em caráter efetivo;
b) que o indivíduo tenha ultrapassado o estágio probatório, *que é de três anos*, em que se comprove: disciplina; eficiência; responsabilidade; produtividade; assiduidade;
c) aprovação em prova de conhecimentos ou desempenho.

4.9.2 Perda da estabilidade

a) Em virtude de sentença judicial transitada em julgado;
b) mediante processo administrativo em que lhe seja assegurada a ampla defesa;
c) mediante procedimento de avaliação periódica de desempenho, na forma da lei complementar, assegurada a ampla defesa;
d) por excesso de quadros, para atender os limites com despesa de pessoal previstos na Lei de Responsabilidade Fiscal.

4.10 ACUMULAÇÃO DE CARGOS/EMPREGOS PÚBLICOS

Está prevista no art. 37, XVI e XVIII, da CF/1988. A regra geral proíbe a acumulação remunerada de cargos, exceto:

a) quando houver compatibilidade de horários;
b) que acumulação não ultrapasse os subsídios recebidos pelos Ministros do STF;
c) que recaia em uma das seguintes hipóteses:

I – dois cargos de professor;
II – professor com outro técnico científico;
III – dois cargos de profissionais da saúde com profissões regulamentadas.

Há outras situações previstas na legislação específica, ex.: juiz e professor.

Mandato eletivo: ao servidor público da administração direta, autárquica e fundacional, no exercício de mandato eletivo, aplicam-se as seguintes regras:

a) mandato eletivo federal, estadual e distrital: ficará afastado do cargo, emprego ou função;
b) prefeito: afastado do cargo, emprego ou função, sendo-lhe facultado optar pela remuneração;

c) vereador: havendo compatibilidade de horário, perceberá as vantagens de seu cargo, emprego ou função sem prejuízo da remuneração do cargo eletivo, não sendo compatível aplica-se o artigo anterior.

O afastamento é computado com tempo serviço, com todos os efeitos, exceto promoção por merecimento.

4.11 SISTEMA REMUNERATÓRIO

Sistema de remuneração ou vencimento	– compreende uma remuneração fixa (vencimento básico) e outra variável (vantagens).
Sistema de subsídio	– constitui em uma parcela única, sem a percepção de outras vantagens. Obrigatório para agentes políticos, facultativo para agentes de carreira.
Sistema de proventos	– valores decorrentes da aposentadoria.

4.12 TETO CONSTITUCIONAL

a) teto geral: nenhum agente público no Brasil poderá ter remuneração que exceda o subsídio mensal, em espécie, dos Ministros do STF;

b) tetos específicos: cada ente da federação possui regras próprias sobre o teto:

b.1) União: há apenas o teto geral do subsídio de ministro do STF;

b.2) Estados e Distrito Federal: há tetos especiais para cada poder:

b.2.1) Poder Executivo: o subsídio mensal do Governador;

b.2.2) Poder Legislativo: o subsídio dos deputados estaduais ou distritais;

b.2.3) Poder Judiciário, Ministério Público, *Procuradores e Defensores Públicos:* o subsídio dos desembargadores;

b.3) Municípios: o teto é o subsídio do prefeito, exceto o de Procurador Municipal, cujo teto é o de desembargador do Tribunal de Justiça.

Observações:

1. As verbas de caráter indenizatório, previstas em lei, não se submetem ao teto remuneratório, na forma do art. 37, § 11, da CF/1988.
2. Conforme entendimento do STF, "nos casos autorizados, constitucionalmente, de acumulação de cargos, empregos e funções, a incidência do art. 37, XI, da CF, pressupõe consideração de cada um dos vínculos formalizados, afastada a observância do teto remuneratório quanto ao somatório dos ganhos do agente público" (RE nº 602043 e RE nº 612975).
3. O texto abrange tanto regime remuneratório quanto o regime de subsídios. Aplica-se aos servidores públicos ocupantes de cargos, funções e empregos públicos. Significa dizer que alcança os servidores da Administração Direta e Indireta. Todavia, quanto às empresas públicas, à sociedade de economia mista e às subsidiárias, aplica-se o teto somente se receberem recurso da União, dos Estados, do Distrito Federal e dos Municípios para o pagamento de despesas de pessoal ou de custeio em geral (de acordo com o art. 37, § 9º, da CF).

4.13 REGIME PREVIDENCIÁRIO

Tanto a aposentadoria quanto a pensão possuem natureza de benefício previdenciário e contributivo, de acordo com a CF, em seu art. 40.

Existem dois tipos de regime previdenciário: alguns agentes (ocupantes de cargo em comissão e temporários) estão sujeitos ao Regime Geral de Previdência Social – RGPS (arts. 201 e ss. da CF) disciplinado pela Lei nº 8.212/1991, já os servidores públicos (ocupantes de cargos efetivos) estão sujeitos ao Regimento Previdenciário Próprio do Servidor – RPPS (art. 40 da CF).

Independentemente de o regime aplicado ser o RGPS ou RPPS, todos possuem direito a aposentadoria por invalidez e voluntária. O que varia é o valor do provento e os requisitos exigidos para o recebimento do benefício. Para o RPPS, há três formas de aposentadoria:

a) Compulsória: aos 75 anos de idade, inclusive para empregados públicos de consórcio público, empresa pública, sociedade de economia mista e das suas subsidiárias, segundo o art. 201, § 16, da CF.
b) Por invalidez: quando insuscetível de readaptação, hipótese em que será obrigatória a realização de avaliações periódicas para verificação da continuidade das condições que ensejaram a concessão da aposentadoria, na forma de lei do respectivo ente federativo, segundo art. 40, § 1º, I, da CF.
c) Voluntária: quando o agente atinge os requisitos necessários para se aposentar. Observe que a CF prevê cinco anos de tempo a menos para a aposentadoria voluntária de professores que comprovem tempo de efetivo exercício das funções de magistério na educação infantil e nos ensinos fundamental e médio, segundo o artigo 40, § 1º, inciso III e § 5º da CF.

5. PROCESSO ADMINISTRATIVO

É a sequência da documentação e das providências necessárias para a obtenção de determinado ato final, podendo ser instaurado de ofício pela Administração ou a requerimento do interessado (há contraditório). Por sua vez, procedimento administrativo é o modo pelo qual o processo anda, ou a maneira que se desencadearem os seus atos – é o rito.

5.1 PRINCÍPIOS DO PROCESSO ADMINISTRATIVO

a) Legalidade objetiva: apoia-se em norma legal específica (o STJ tem entendimento de que, em nome do princípio da segurança jurídica, na ausência de lei local sobre processo administrativo, Estados e Municípios devem aplicar a Lei nº 9.784/1999).

b) Oficialidade: significa que pode ser impulsionado pela administração. Esse princípio também impõe que, mesmo sendo impulsionada, a desistência ou renúncia do interessado não prejudica o prosseguimento do processo, se a Administração considerar que o interesse público assim o exige (art. 51, § 2º, da Lei nº 9.784/1999).

c) *Informalismo:* prepondera o denominado formalismo moderado, podendo haver a convalidação dos procedimentos, atos e processo realizados com vício de forma, desde que não haja prejuízo à administração e a terceiros.

d) *Verdade real:* a verdade deve ser materializada no processo, não havendo de se falar em "verdade sabida".

e) *Ampla defesa:* são permitidos todos os meios defensivos previstos na lei (defesa prévia, solicitação de produção de provas, acompanhamento e considerações a respeito, alegações finais – memoriais, interposição de recurso, defesa técnica – não são obrigatórias – Súm. Vinc. nº 5).

f) *Contraditório:* acesso a todas as provas produzidas, podendo-se acompanhar, apresentar quesitos, produzir contraprova etc. (informação geral, oitiva e audiência das partes, motivação).

g) *Publicidade:* todos os atos e procedimentos do processo administrativo são públicos, podendo haver restrição legal nos casos constitucionalmente previstos, a exemplo de quando importar segurança do Estado, da sociedade ou privacidade.

h) *Motivação:* a instauração do processo deve conter a exposição dos fatos e fundamentos jurídicos para tal.

i) *Razoabilidade:* todas as ações no curso do processo devem se pautar em critérios de razoabilidade. No direito administrativo, principalmente para fins de concurso público, defendemos um conceito de razoabilidade associado à necessidade da medida, ou seja, "a medida é necessária?".

j) *Proporcionalidade:* este princípio, interligado ao princípio da razoabilidade está correlacionado à seguinte pergunta: "Sendo razoável a medida, qual sua extensão?".

k) *Razoável duração do processo:* princípio aplicável também no âmbito do processo administrativo, impõe o dever à administração de materializar os meios necessários à rápida resposta aos processos administrativos.

5.2 COMPETÊNCIA PARA OS ATOS DO PROCESSO

A competência é irrenunciável e se exerce pelos órgãos administrativos a que foi atribuída como própria, salvo os casos de delegação e avocação legalmente admitidos. Um órgão administrativo e seu titular poderão, se não houver impedimento legal, delegar parte da sua competência a outros órgãos ou titulares, ainda que estes não lhe sejam hierarquicamente subordinados, quando for conveniente, em razão de circunstâncias de índole técnica, social, econômica, jurídica ou territorial (inclusive os órgãos colegiados, os quais poderão aplicar a delegação de competência aos respectivos presidentes). Essa delegação deve ser, sempre, publicada e poderá ser revogada a qualquer tempo (também devidamente publicada).

Não podem ser objeto de delegação:

a) a edição de atos de caráter normativo;
b) a decisão de recursos administrativos;
c) as matérias de competência exclusiva do órgão ou autoridade.

5.3 IMPEDIMENTOS E SUSPEIÇÕES

A autoridade ou servidor que incorrer em impedimento deve comunicar o fato à autoridade competente, abstendo-se de atuar, sendo que a omissão do dever de comunicar o impedimento constitui falta grave, para efeitos disciplinares. É impedido de atuar em processo administrativo o servidor ou autoridade que:

a) tenha interesse direto ou indireto na matéria;
b) tenha participado ou venha a participar como perito, testemunha ou representante, ou se tais situações ocorrem quanto ao cônjuge, companheiro ou parente e afins até o terceiro grau; e
c) esteja litigando judicial ou administrativamente com o interessado ou respectivo cônjuge ou companheiro.

Pode ser arguida a suspeição de autoridade ou servidor que tenha amizade íntima ou inimizade notória com algum dos interessados ou com os respectivos cônjuges, companheiros, parentes e afins até o terceiro grau.

> **Observação:** O indeferimento de alegação de suspeição poderá ser objeto de recurso, sem efeito suspensivo.

5.4 FASES DO PROCESSO ADMINISTRATIVO

Cada fase do processo administrativo representa um conjunto de atos e procedimentos, sendo que a nomenclatura é variável na doutrina e depende da lei do processo administrativo de cada ente.

a) Instauração: ato da própria administração ou por requerimento de interessado.
b) Instrução: produção probatória.
c) Defesa: composta pela possibilidade do amplo exercício do direito de defesa por parte do interessado.
d) Relatório: apreciada a defesa, a comissão elaborará relatório minucioso, em que resumirá as peças principais dos autos e mencionará as provas em que se baseou para formar a sua convicção (nos processos administrativos que visam imputação de responsabilidade, o relatório sempre será conclusivo quanto à inocência ou culpabilidade do agente).
e) Decisão (encontra-se vinculada ao relatório, exceto se este for contrário à prova dos autos ou contiver ilegalidade).

f) Pedido de reconsideração: se tiver novos argumentos, dirigido à autoridade que tomou a decisão administrativa. Poderá haver agravamento da sanção, caso esteja em desconformidade com a lei, em nome do princípio da autotutela (*reformatio in pejus*).

g) Recurso administrativo: para autoridade hierarquicamente superior, todos têm efeitos devolutivo, podendo ter ou não efeito suspensivo – se houver disposição legal e, salvo disposição contrária, tramita até a terceira instância administrativa. Poderá haver agravamento da sanção, caso esteja em desconformidade com a lei, em nome do princípio da autotutela (*reformatio in pejus*). Deve-se observar, entretanto, que de acordo com a Súm. nº 19 do STF será inadmissível segunda punição de servidor público, se baseada no mesmo processo em que se fundou a primeira, assim, após decisão definitiva por parte da administração, não poderá haver agravamento da punição.

h) Revisão (os processos administrativos *de que resultem sanções* poderão ser revistos, a qualquer tempo, a pedido ou de ofício, quando surgirem fatos novos ou circunstâncias relevantes suscetíveis de justificar a inadequação da sanção aplicada – da revisão do processo não poderá resultar agravamento da sanção – proibição da *reformatio in pejus* na REVISÃO).

5.5 DA SINDICÂNCIA E DO PROCESSO ADMINISTRATIVO DISCIPLINAR EM ESPÉCIE

A autoridade que tiver ciência de irregularidade no serviço público é obrigada a promover a sua apuração imediata, mediante sindicância ou processo administrativo disciplinar. O STJ, na Súm. nº 611, firmou o entendimento de que "desde que devidamente motivada e com amparo em investigação ou sindicância, é permitida a instauração de processo administrativo disciplinar com base em denúncia anônima, em face do poder-dever de autotutela imposto à Administração".

Se o fato narrado não configurar evidente infração disciplinar ou ilícito penal, a denúncia será arquivada por falta de objeto. O PAD segue o previsto no respectivo estatuto do servidor público, podendo incidir, subsidiariamente, a lei do processo administrativo do respectivo ente.

5.5.1 Sindicância

Apuração prévia (o prazo para conclusão não excederá 30 dias, podendo ser prorrogado por igual período, a critério da autoridade superior), podendo ser usada para infrações leves, sendo que dela pode resultar:

a) arquivamento do processo;

b) aplicação de penalidade de advertência ou suspensão de até 30 dias; ou

c) instauração de processo disciplinar.

5.5.2 Processo Administrativo Disciplinar

É o instrumento destinado a apurar responsabilidade de servidor por infração praticada no exercício de suas atribuições ou que tenha relação com as atribuições do cargo em que se encontre investido (obrigatório nos casos de eventual imposição de suspensão por mais de 30 dias, demissão, cassação de aposentadoria ou disponibilidade, ou destituição de cargo em comissão).

É conduzido por comissão, independente e imparcial, composta de *três servidores estáveis* designados pela autoridade competente, que indicará, entre eles, o seu presidente, que deverá ser ocupante de cargo efetivo superior ou de mesmo nível, ou ter nível de escolaridade igual ou superior ao do indiciado (não podendo participar da comissão sindicância ou de inquérito, cônjuge, companheiro ou parente do acusado, consanguíneo ou afim, em linha reta ou colateral, até o 3º grau).

A comissão terá como secretário servidor designado pelo seu presidente, podendo a indicação recair em um de seus membros. O prazo para a conclusão do PAD não excederá 60 dias, contados da data de publicação do ato que constituir a comissão, admitida a sua prorrogação por igual prazo, quando as circunstâncias o exigirem.

Como medida cautelar e a fim de que o servidor não venha a influir na apuração da irregularidade, a autoridade instauradora do PAD poderá determinar o seu afastamento do exercício do cargo, pelo prazo de até 60 dias (prorrogável uma única vez por igual período), sem prejuízo da remuneração.

5.5.2.1 Fases do processo administrativo disciplinar

a) *Instauração*, com a publicação do ato que constituir a comissão.

b) *Inquérito administrativo*, que compreende instrução, defesa e relatório:

1. Os autos da sindicância integrarão o processo disciplinar, como peça informativa da instrução (na hipótese de o relatório da sindicância concluir que a infração está capitulada como ilícito penal, a autoridade competente encaminhará cópia dos autos ao Ministério Público, independentemente da imediata instauração do PAD).
2. Na fase do inquérito, a comissão promoverá a tomada de depoimentos (testemunhas e acusado), acareações (em caso de depoimentos divergentes), investigações e diligências cabíveis, objetivando a coleta de prova, recorrendo, quando necessário, a técnicos e peritos, de modo a permitir a completa elucidação dos fatos (é assegurado ao servidor o direito de acompanhar o PAD pessoalmente ou por intermédio de procurador, arrolar e reinquirir testemunhas, produzir provas e contraprovas e formular quesitos, quando se tratar de prova pericial – que poderão ser denegadas se consideradas impertinentes ou protelatórias ou dispensáveis – no caso de perícias).

3. Tipificada a infração disciplinar, será formulado o indiciamento do servidor, com a especificação dos fatos a ele imputados e das respectivas provas, sendo-lhe facultado apresentar defesa escrita e vistas do processo em um prazo de 10 dias (havendo dois ou mais indiciados, o prazo será comum e de 20 dias – podendo ser prorrogado pelo dobro, para diligências reputadas indispensáveis).
4. Apreciada a defesa, a comissão elaborará relatório minucioso (sempre conclusivo quanto à inocência ou à responsabilidade do servidor), em que resumirá as peças principais dos autos e mencionará as provas em que se baseou para formar a sua convicção (reconhecida a responsabilidade do servidor, a comissão indicará o dispositivo legal ou regulamentar transgredido, bem como as circunstâncias agravantes ou atenuantes).

c) *Julgamento:*

O processo disciplinar, com o relatório da comissão, será remetido à autoridade que determinou a sua instauração, para julgamento. No prazo de 20 dias, contados do recebimento do processo, a autoridade julgadora proferirá a sua decisão (*prazo impróprio*). Se a penalidade a ser aplicada exceder a alçada da autoridade instauradora do processo, este será encaminhado à autoridade competente, que decidirá em igual prazo (havendo mais de um indiciado e diversidade de sanções, o julgamento caberá à autoridade competente para a imposição da pena mais grave).

Reconhecida pela comissão a inocência do servidor, a autoridade instauradora do processo determinará o seu arquivamento, salvo se flagrantemente contrária à prova dos autos. O julgamento acatará o relatório da comissão, salvo quando contrário às provas dos autos (quando o relatório da comissão contrariar as provas dos autos, a autoridade julgadora poderá, motivadamente, agravar – *reformatio in pejus* – a penalidade proposta, abrandá-la ou isentar o servidor de responsabilidade).

ESQUEMA:

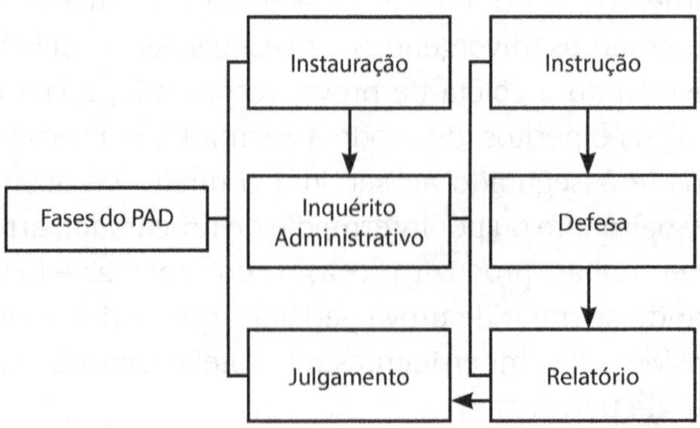

5.6 SANÇÕES DISCIPLINARES

Advertência	Suspensão	Demissão
• A advertência será aplicada por escrito, nos casos de violação de proibição constante do art. 117, I a VIII e XIX, da Lei 8.112/90, e de inobservância de dever funcional previsto em lei, regulamentação ou norma interna, que não justifique imposição de penalidade mais grave. "Art. 117. Ao servidor é proibido: I - ausentar-se do serviço durante o expediente, sem prévia autorização do chefe imediato; II - retirar, sem prévia anuência da autoridade competente, qualquer documento ou objeto da repartição; III - recusar fé a documentos públicos; IV - opor resistência injustificada ao andamento de documento e processo ou execução de serviço; V - promover manifestação de apreço ou desapreço no recinto da repartição; VI - cometer a pessoa estranha à repartição, fora dos casos previstos em lei, o desempenho de atribuição que seja de sua responsabilidade ou de seu subordinado; VII - coagir ou aliciar subordinados no sentido de filiarem-se a associação profissional ou sindical, ou a partido político; VIII - manter sob sua chefia imediata, em cargo ou função de confiança, cônjuge, companheiro ou parente até o segundo grau civil; XIX - recusar-se a atualizar seus dados cadastrais quando solicitado."	A suspensão será aplicada em caso de reincidência das faltas punidas com advertência e de violação das demais proibições que não tipifiquem infração sujeita a penalidade de demissão, *não podendo exceder de 90 (noventa) dias*. Será punido com suspensão de até 15 (quinze) dias o servidor que, injustificadamente, recusar-se a ser submetido a inspeção médica determinada pela autoridade competente, cessando os efeitos da penalidade uma vez cumprida a determinação. As penalidades de advertência e de suspensão terão seus registros cancelados, após o decurso de três e cinco anos de efetivo exercício, respectivamente, se o servidor não houver, nesse período, praticado nova infração disciplinar (não há efeitos retroativos).	FALTAS GRAVES (art. 132, da Lei 8.112/90): I - crime contra a administração pública; II - abandono de cargo; III - inassiduidade habitual; IV - improbidade administrativa; V - incontinência pública e conduta escandalosa, na repartição; VI - insubordinação grave em serviço; VII - ofensa física, em serviço, a servidor ou a particular, salvo em legítima defesa própria ou de outrem; VIII - aplicação irregular de dinheiros públicos; IX - revelação de segredo do qual se apropriou em razão do cargo; X - lesão aos cofres públicos e dilapidação do patrimônio nacional; XI - corrupção; XII - acumulação ilegal de cargos, empregos ou funções públicas; XIII - transgressão dos incisos IX a XVI do art. 117 da Lei nº 8.112: "Art. 117. Ao servidor é proibido: (...) IX - valer-se do cargo para lograr proveito pessoal ou de outrem, em detrimento da dignidade da função pública; X - participar de gerência ou administração de sociedade privada, personificada ou não personificada, exercer o comércio, exceto na qualidade de acionista, cotista ou comanditário; XI - atuar, como procurador ou intermediário, junto a repartições públicas, salvo quando se tratar de benefícios previdenciários ou assistenciais de parentes até o segundo grau, e de cônjuge ou companheiro; XII - receber propina, comissão, presente ou vantagem de qualquer espécie, em razão de suas atribuições; XIII - aceitar comissão, emprego ou pensão de estado estrangeiro; XIV - praticar usura sob qualquer de suas formas; XV - proceder de forma desidiosa; XVI - utilizar pessoal ou recursos materiais da repartição em serviços ou atividades particulares; (...)."

CASSAÇÃO DE APOSENTADORIA	CASSAÇÃO DE DISPONIBILIDADE	MULTA
• Será cassada a aposentadoria ou a disponibilidade do inativo que houver praticado, na atividade, falta punível com a demissão. • Aposentado por invalidez (doença grave, contagiosa, incurável) que exerce atividade remunerada.	• Será cassada a aposentadoria ou a disponibilidade do inativo que houver praticado, na atividade, falta punível com a demissão. • Quando não entra em exercício no prazo legal.	Quando houver conveniência para o serviço, *a penalidade de suspensão* poderá ser convertida em multa, na base de 50% por dia de vencimento ou remuneração, ficando o servidor obrigado a permanecer em serviço.

SOMENTE O PRESIDENTE DA REPÚBLICA APLICA (competência privativa):
• Demissão. • Cassação de aposentadoria. • Cassação de disponibilidade.

A apuração de conduta funcional poderá ocorrer na esfera penal, civil e administrativa (independentes entre si). Porém, se na esfera penal o servidor for absolvido por negativa de autoria ou inexistência do fato, esta decisão vincula as demais esferas, na forma do art. 126 da Lei nº 8.112/1990.

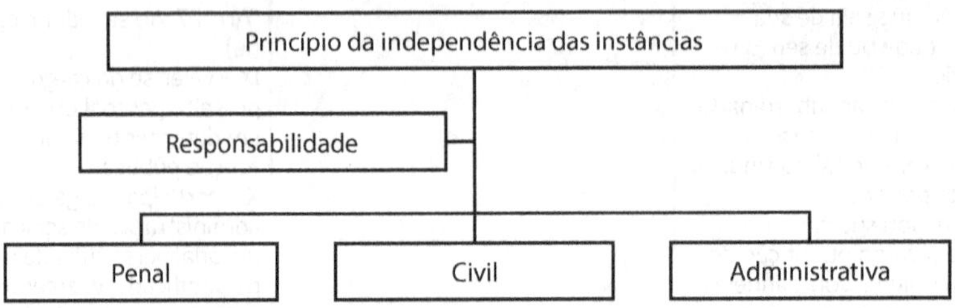

6. RESPONSABILIDADE CIVIL DO ESTADO

É a obrigação imposta ao Poder Público de compor os danos ocasionados a terceiros, por atos praticados pelos seus agentes, no exercício das suas atribuições, conforme o art. 37, § 6º, da CF/1988. Resume-se na composição de danos, não se fala em responsabilidade penal. Neste caso, reputam-se agentes públicos: agentes políticos, servidores públicos e particulares em colaboração com o Estado. A pessoa jurídica, de direito público ou privado, responde pelos danos. O prejudicado deve acionar a pessoa jurídica e não a pessoa física.

6.1 RESPONSABILIDADE SUBJETIVA

A culpa pode recair sobre o agente ou sobre o serviço: quando a Administração não faz o que deveria (omissão).

Assim, diante de uma omissão do Estado a responsabilidade deixa de ser objetiva e passa a ser subjetiva. O particular lesado deverá demonstrar o dolo ou a culpa da Administração, em qualquer de suas modalidades: negligência, imprudência e imperícia.

Portanto, quando a conduta estatal for omissiva, será preciso distinguir se a omissão constitui ou não fato gerador da responsabilidade civil do Estado. Nem toda conduta omissiva retrata um desleixo do Estado em cumprir um dever legal. Diante disso, a responsabilidade civil do Estado, no caso de conduta omissiva, só ocorrerá quando presentes os elementos que caracterizam a culpa.

Observar as recentes decisões do STF, acerca do sistema penitenciário (negligência estatal – morte de detentos dentro dos estabelecimentos ou más condições que atentem contra a dignidade humana) em que se reconheceu a responsabilidade objetiva, uma vez que o Estado está na condição de garantidor da integridade física daquele sob sua custódia. O STF também é firme de categorizar a responsabilidade civil do Estado por erro médico como responsabilidade subjetiva.

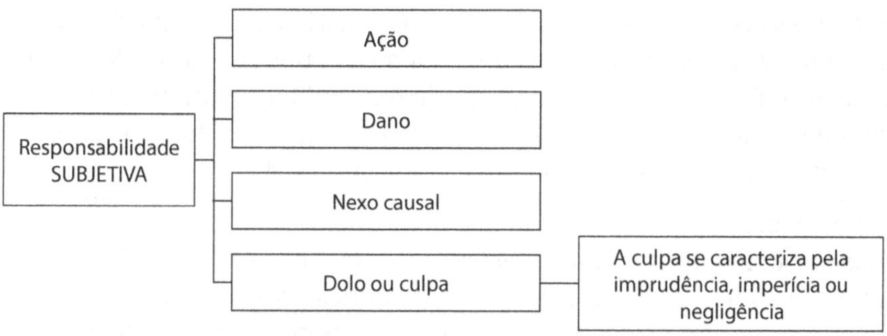

6.2 RESPONSABILIDADE OBJETIVA

A Administração responde com base no conceito de nexo de causalidade, que consiste na relação de causa e efeito existente entre o fato ocorrido e as consequências dele resultantes. Ex.: morte do preso em penitenciária, colisão de veículos devido à falha no semáforo.

Requisitos: conduta estatal, dano e nexo de causalidade entre a conduta e o dano. Note que não se exige a comprovação do elemento subjetivo do agente que age em nome do Estado. Portanto, não há se falar em culpa ou dolo no dano causado. Assim, independe da comprovação de dolo ou culpa, bastando demonstrar que os danos foram causados (nexo de causalidade) por uma conduta da Administração Pública.

A responsabilidade objetiva se divide em:

1. *risco integral:* o Estado responde sempre, integralmente, quando ocorrer danos a terceiros, não se admite a invocação pelo Estado das causas excludentes da responsabilidade;

2. *risco administrativo:* o Estado não responde sempre por danos ocasionados a terceiros, podem ser invocados excludentes da responsabilidade em defesa do Estado.

Assim, o Estado responde pelos danos que seus agentes, nessa qualidade, causarem a terceiros, desde que exista nexo causal. Hoje, adotamos a responsabilidade objetiva na modalidade do risco administrativo, pois se admite *excludentes* de responsabilidade que são:

a) Fatos imprevisíveis: caso fortuito e força maior;
b) culpa exclusiva da vítima;
c) culpa de terceiro.

Nos casos de pessoas jurídicas prestadoras de serviços públicos (tanto de direito público quanto privado), a teoria da responsabilidade objetiva é aplicável tanto perante usuários como não usuários, inclusive quanto às concessionárias prestadoras de serviço público. De acordo com a jurisprudência atual e consolidada do STF, não se pode interpretar restritivamente o alcance do art. 37, § 6º, da CF/1988, sobretudo porque a Constituição, interpretada à luz do princípio da isonomia, não permite que se faça qualquer distinção entre os chamados "terceiros", ou seja, entre usuários e não usuários do serviço público, haja vista que todos eles, de igual modo, podem sofrer dano em razão da ação administrativa do Estado, seja ela realizada diretamente, seja por meio de pessoa jurídica de direito privado. A jurisprudência adota, portanto, na matéria, a teoria do risco administrativo (RE nº 591.874).

Observações:

1. *Responsabilidade por danos nucleares:* o art. 21, XXIII, *c*, da CF estabelece que a responsabilidade civil por danos nucleares independe da existência de culpa. As usinas que operam com reator nuclear deverão ter sua localização definida em lei federal, sem o que não poderão ser instaladas. A doutrina classifica a responsabilização por esta espécie de dano como objetiva pela teoria do risco integral.
2. *Responsabilidade por danos decorrentes de atentados terroristas ou atos de guerra:* de acordo com o previsto na Lei nº 10.744/2003 e no Dec. nº 5.035/2004, a União assumirá despesas de responsabilidade civil perante terceiros na hipótese da ocorrência de danos a bens e pessoas, passageiros ou não, provocados por atentados terroristas, atos de guerra ou eventos correlatos, ocorridos no Brasil ou no exterior, contra aeronaves de matrícula brasileira e operadas por empresas brasileiras de transporte aéreo público, excluídas as empresas de táxi aéreo. A doutrina classifica a responsabilização por esta espécie de dano como objetiva pela teoria do risco integral.
3. *Responsabilidade por danos ambientais:* no que tange aos danos ambientais, todos os poluidores respondem objetivamente pela teoria do risco integral, independentemente de ser o Estado o poluidor ou não, conforme o previsto no art. 14, § 1º, da Lei nº 6.938/1981. O entendimento já

> é pacífico no STJ (REsp nº 1175907/MG) de que a responsabilização por esta espécie de dano é objetiva pela teoria do risco integral.

6.3 RESPONSABILIDADE SUBSIDIÁRIA DO ESTADO

O Estado poderá ser responsabilizado pelos prejuízos causados a terceiros pelas concessionárias e permissionárias de serviço público de forma subsidiária, ou seja, este responderá pelos prejuízos após o exaurimento do patrimônio daquelas, pois essas pessoas jurídicas executam o contrato de prestação de serviço por sua conta e risco.

Assim, uma empresa privada prestadora de serviço público está sujeita à responsabilização objetiva (independente de dolo ou culpa) pelos danos advindos de suas atividades, conforme arts. 37, § 6º, da CF e 25 da Lei nº 8.987/1995. Em razão de tal fato, deve a empresa responder pelos danos causados, sendo o Estado, subsidiariamente, responsabilizado.

6.4 RESPONSABILIDADE DO ESTADO POR ATOS LÍCITOS

A Constituição, ao prever a responsabilidade civil do Estado pelos danos que os seus agentes houverem causado, não exige a ilicitude da conduta, tampouco a culpa estatal. Não é, contudo, qualquer dano causado pelo exercício regular das funções públicas que deve ser indenizado: apenas os danos anormais, específicos e extraordinários, isto é, aqueles que excedam o limite do razoável ensejam reparação correspondente.

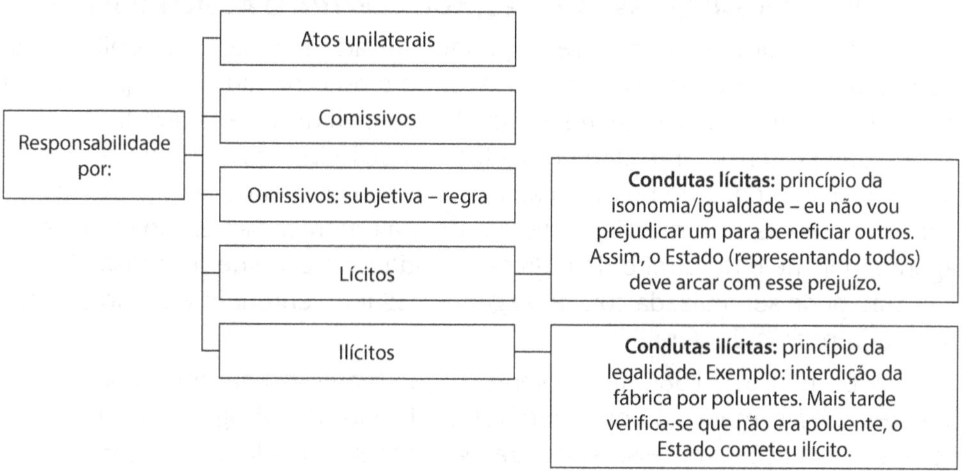

6.5 RESPONSABILIDADE DO ESTADO POR ATOS LEGISLATIVOS

Em relação aos atos legislativos a regra é impossibilidade de responsabilidade, pois o Poder Legislativo atua no exercício da soberania, podendo alterar, revogar, criar ou extinguir situações, sem qualquer limitação que não decorra da Constituição Federal. Ainda, o Legislativo edita normas gerais e abstratas dirigidas a toda a coletividade.

Grande questão: há a possibilidade de responsabilidade de servidor público, nomeado para cargo público, com base em lei de cotas que, posteriormente, foi declarada inconstitucional (o chefe do Executivo havia vetado a lei por flagrante inconstitucionalidade e o Legislativo derrubou o veto), ocasionando a exoneração?

6.6 RESPONSABILIDADE DO ESTADO POR ATOS JUDICIAIS

Em relação aos atos praticados pelo Poder Judiciário, também há divergência doutrinária. Há quem defenda que os juízes têm de agir com independência no exercício das suas funções, sem temor de que suas decisões possam ensejar a responsabilidade do Estado.

Assim, a responsabilidade objetiva do Estado não se aplica aos atos de juízes, salvo nos casos expressamente previstos na lei.

Ex.: "Art. 5º (...) LXXV – o Estado indenizará o condenado por erro judiciário, assim como o que ficar preso além do tempo fixado na sentença".

Desse modo, segundo jurisprudência majoritária, a regra é a impossibilidade de responsabilidade civil do Estado por atos judiciais.

6.7 PRAZO PRESCRICIONAL DA AÇÃO DE INDENIZAÇÃO CONTRA O ESTADO

A ação de reparação de danos para se obter indenização do Estado deverá ser proposta dentro do prazo de cinco anos, contado a partir do fato danoso.

6.8 AÇÃO REGRESSIVA DO ESTADO CONTRA O AGENTE PÚBLICO

Quando uma pessoa sofre um dano causado pelo agente público, seja de pessoa jurídica de direito público, seja de direito privado, mas prestadora de serviço pública, a ação de responsabilidade civil deve ser ajuizada contra o ente a que pertence. Transitada em julgada a ação indenizatória de responsabilidade civil, o ente, de posse da sentença que o condenou ao pagamento de danos (materiais e/ou morais), deverá buscar a reparação ao erário em face do agente, por meio do direito de regresso. Cuidado: a ação de responsabilidade civil não pode ser ajuizada contra o agente, segundo entendimento do STF em tese de repercussão geral.

A Lei nº 4.619/1965 dispõe sobre a ação regressiva da União contra seus agentes. Desse modo, os procuradores da União são obrigados a propor as competentes ações regressivas contra os agentes de qualquer categoria declarados culpados por haverem causado a terceiros lesões de direito que a Fazenda Nacional seja condenada judicialmente a reparar.

O prazo para ajuizamento da ação regressiva será de 60 dias a partir da data em que transitar em julgado a condenação imposta à Fazenda. Deve-se considerar, ainda, que, de acordo com a lei, a não obediência, por ação ou omissão, ao disposto na referida lei, apurada em processo regular, constitui falta de exação no cumprimento do dever.

A competência para iniciar a ação regressiva cabe ao Procurador lotado no Estado em que haja corrido o processo judicial cuja decisão contra a Fazenda haja transitado em julgado. Vale lembrar, ainda, que a cessação, por qualquer forma, do exercício da função pública, não exclui o funcionário, ou pessoa nela investida, da responsabilidade perante a Fazenda.

A liquidação do que for devido pelo agente estável à Fazenda Nacional poderá ser feita mediante desconto em folha de pagamento, o qual não excederá de uma quinta parte da importância de seu vencimento ou remuneração.

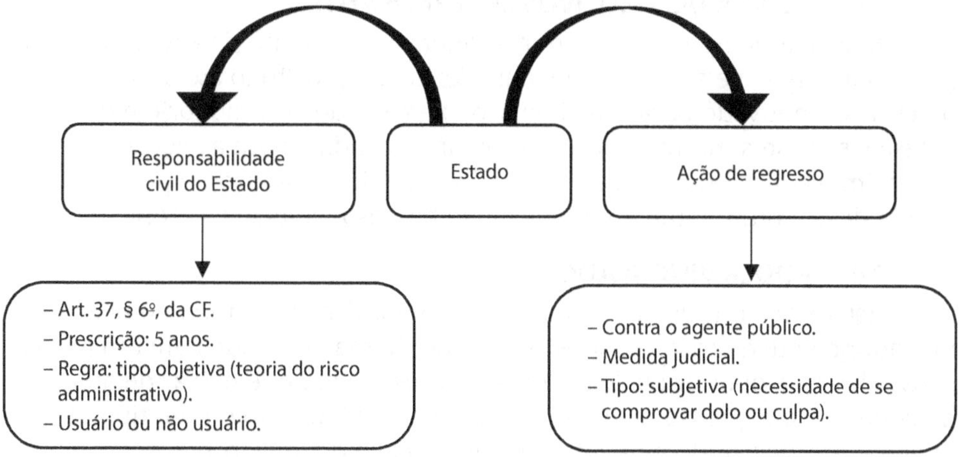

7. PODERES DA ADMINISTRAÇÃO

Os poderes surgem como instrumentos por meio dos quais o Poder Público vai perseguir seu interesse público.

7.1 Características

a) É um dever, é obrigatório;

b) é irrenunciável;

c) cabe responsabilização que pode ser: I – quando o administrador se utiliza dos poderes além dos limites permitidos por lei (ação) ou II – quando ele não utiliza os poderes quando deveria ter utilizado (omissão).

Legislação: Lei nº 13.869/2019 (Abuso de Poder) e Lei nº 8.429/1992 (Improbidade Administrativa).

d) deve obedecer aos limites das regras de competência, sob pena de inconstitucionalidade.

7.2 ABUSO DE PODER

É o fenômeno que se verifica sempre que uma autoridade ou um agente público, embora competente para a prática de um ato, ultrapasse os limites das suas atribuições ou se desvie das finalidades anteriormente previstas.

Duas situações (modalidades):

a) ultrapassa seus limites = excesso de poder;

b) desvia a finalidade anteriormente prevista = desvio de poder.

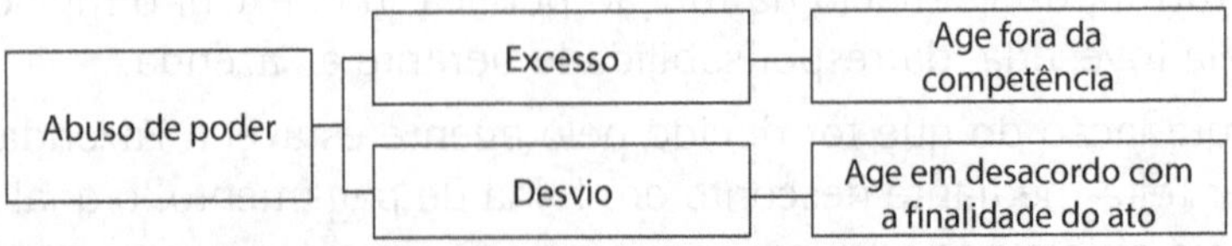

7.3 TEORIA DOS MOTIVOS DETERMINANTES

É aquela que prende o administrador no momento da execução do ato aos motivos que ele alegou no instante de sua edição. Todo ato administrativo precisa ser motivado para possibilitar o exercício do contraditório e da ampla defesa e são estes motivos que determinam e condicionam a execução do ato. Se o administrador deles se afasta, há ilegalidade, há abuso de poder, mas se ele obedece a outro interesse público não há desobediência à teoria.

7.4 PODER VINCULADO

Estabelece um único comportamento possível a ser tomado pelo administrador diante de casos concretos, sem nenhuma liberdade para um juízo de conveniência e oportunidade (juízo de valores). O ato que deixar de atender a qualquer dado expresso na lei será nulo, por desvinculado do seu tipo padrão, podendo ser declarado pela Administração ou pelo Judiciário.

7.5 PODER DISCRICIONÁRIO

Neste poder o administrador também está subordinado à lei, diferencia do vinculado porque ele tem liberdade para atuar de acordo com um juízo de conveniência e oportunidade, de tal forma que, havendo duas alternativas, o administrador pode optar qual delas, no seu entendimento, preserva melhor o interesse público.

Discricionariedade é diferente de arbitrariedade: discricionariedade é a liberdade para atuar, para agir dentro dos limites da lei e arbitrariedade é a atuação do administrador além (fora) dos limites da lei. Ato arbitrário é sempre ilegítimo e inválido.

É amplamente possível o controle jurisdicional dos atos discricionários, no que tange à sua juridicidade, não havendo possibilidade, porém, de controle de mérito (conveniência e oportunidade). Além disso, há de se dizer que nem a Lei e nem a Constituição exigem o esgotamento da via administrativa como condição de acesso ao Judiciário. Ao contrário, a Constituição consagra, no art. 5º, XXXV, a inafastabilidade do controle jurisdicional, tanto para os atos administrativos vinculados quanto para os discricionários.

7.6 PODER HIERÁRQUICO

É o poder conferido ao administrador para distribuir e escalonar as funções dos seus órgãos, ordenar e reaver a atuação de seus agentes, estabelecendo uma relação de hierarquia, de subordinação.

7.7 PODER DISCIPLINAR

É o poder conferido à Administração que lhe permite punir apenas a prática de infrações funcionais dos servidores ou particulares com vínculo especial (legal ou contratual) com a Administração, a exemplo dos alunos de universidades públicas e particulares contratados pelo Poder Público (contratado pela Lei nº 8.666/1993, por exemplo).

7.8 PODER REGULAMENTAR

É o poder conferido ao administrador para a edição de decretos e regulamentos para oferecer fiel execução à lei.

7.9 PODER DE POLÍCIA

É o poder atribuído ao administrador que lhe permite condicionar, restringir, frenar o exercício de atividade e direitos pelos particulares em nome do interesse da coletividade. O *poder de polícia* possui conceito legislativo no art. 78 do CTN e, ainda, dois sentidos:

Sentido amplo: em que dispõe ser o poder de polícia toda a atividade estatal que condiciona a liberdade e a propriedade, com a finalidade de adequá-las aos interesses coletivos. Nesse sentido abrange as atividades administrativas e também a edição de leis pelo Poder Legislativo.

Conceito restrito: o poder de polícia não inclui atividades legislativa, mas apenas as atividades administrativas de regulamentação e de execução das leis que estabelecem normas primárias de polícia.

É importante destacar que o poder de polícia *só pode ser delegado a pessoas jurídicas de direito público* (a exemplo de uma autarquia ou uma associação pública, criadas para este fim, dotadas do *ius imperii* estatal), e não às pessoas jurídicas de direito privado. Nesse sentido já decidiu o STF (ADIn nº 1.717-6). Às pessoas jurídicas de direito privado, admite-se a delegação de atos meramente preparatórios ao exercício do poder de polícia (atos materiais), mas não as funções de legislação e aplicação de sanção (poder decisório). Dentre os *atributos* do Poder de Polícia destacam-se:

- *Autoexecutoriedade:* (exigibilidade – meios indiretos de coação) e (executoriedade – meios diretos de coação). Executado pela própria administração pública, sem necessidade de ordem judicial.
- *Discricionariedade:* o exercício da discricionariedade se dá no campo de se normatizar ou não determinada atividade, após instituído, não há possibilidade do Poder Público verificar se vai ou não exercê-lo.
- *Imperatividade:* é imposto ao particular, ainda que com ele não concorde ou aceite, visa o bem comum.
- *Coercibilidade:* a Administração Pública poderá se utilizar dos meios coercitivos previstos em lei, a fim de compelir o particular à sujeição ao poder de polícia.

> **Observações:**
>
> 1. A Lei nº 9.873/1999, em seu art. 1º, estabelece o prazo prescricional *de cinco anos* de ação punitiva pela Administração Pública Federal, direta ou indireta, no exercício do poder de polícia. Porém, caso o fato objeto da ação punitiva da administração também constitua crime, devem ser aplicados os prazos de prescrição prescritos na lei penal (art. 1º, § 2º, da Lei nº 9.873/1999). Ainda, necessário destacar que interrompem a prescrição: a) notificações ou citação do acusado ou indiciado, inclusive por edital; b) qualquer ato inequívoco que importe em apuração do fato; c) decisão condenatória recorrível.
> 2. O ato administrativo decorrente do exercício do poder de polícia, em regra, goza do atributo da imperatividade ou coercibilidade, por meio do qual a Administração pode impor unilateralmente obrigações válidas (sem necessidade de recorrer ao Poder Judiciário). Para tanto, é necessário que a atuação estatal esteja prevista em lei. Os principais exemplos são as demolições de construções em área de risco ou àquelas que possam trazer iminente perigo à coletividade.

8. ATOS ADMINISTRATIVOS

É uma espécie de ato jurídico, é toda manifestação unilateral de vontade da Administração que, agindo nesta qualidade, tenha por fim imediato adquirir, resguardar, transferir, modificar, extinguir e declarar direitos ou impor obrigações a ela mesma e aos particulares.

8.1 REQUISITOS DE VALIDADE OU ELEMENTOS DO ATO ADMINISTRATIVO

a) *Competência:* prerrogativa para a edição de um ato, esfera de atuação (é irrenunciável, mas pode ser delegada, quando não se tratar de competência exclusiva, à edição de atos normativos e inerentes às decisões recursais);

b) *Forma:* somente a prescrita em lei, maneira de exteriorização dos atos administrativos, que em regra são escritos, mas podem ser manifestados das mais distintas formas;

c) *Motivo:* razões fáticas e jurídicas que justificam a edição do ato;

d) *Objeto:* é ato em si mesmo considerado, é o que o ato decide, opina, certifica;

e) *Finalidade:* única, visa sempre o interesse público.

8.2 CARACTERÍSTICAS OU ATRIBUTOS DO ATO ADMINISTRATIVO

a) *Presunção de legitimidade (legalidade e veracidade):* o ônus da prova cabe a quem alega a ilegalidade (presunção *juris tantum*).

b) *Autoexecutoriedade:* este atributo permite que a própria administração pública dê execução aos seus atos, sem necessitar de ordem ou decisão judicial. Não é absolta, uma vez que não está presente em todos os atos administrativos.

c) *Imperatividade:* os atos administrativos, como regra, poderão ser impostos ao particular, ainda que contra sua vontade.
d) *Coercibilidade:* está interligado à imperatividade, permitindo que a Administração se utilize dos meios coercitivos previstos em lei para que possa impor o interesse público.
e) *Tipicidade:* o ato administrativo deve corresponder a figuras previamente definidas pela lei como aptas a produzir determinados efeitos.

8.3 CLASSIFICAÇÃO

Quanto aos destinatários:

a) *gerais:* atingem a coletividade como um todo (ex.: decreto normativo);
b) *individuais:* trabalham com uma situação concreta, tem destinatários certos (ex.: decreto expropriatório, licença para edificação, permissão de uso).

Quanto ao grau de liberdade:

a) *vinculado:* é aquele que estabelece um único comportamento possível de ser adotado pela Administração diante de um caso concreto, não há margem de liberdade do administrador (ex.: aposentadoria compulsória);
b) *discricionário:* prevê mais de um comportamento possível a ser tomado pelo administrador em um caso concreto, há margem de liberdade para que ele possa atuar com base em um juízo de conveniência e oportunidade, porém sempre dentro dos limites da lei (ex.: permissão de uso para colocação de mesas e cadeiras nas calçadas públicas).

Quanto ao objeto:

a) *ato de império:* aqueles que a Administração pratica usando da sua supremacia sobre o administrado, impondo obrigações de ordem unilateral (ex.: desapropriação);
b) *ato de gestão:* aqueles praticados pela Administração sem valer-se da sua supremacia sobre os destinatários. São fundamentalmente regidos pelo direito privado, a administração se afasta de suas prerrogativas colocando-se em pé de igualdade com os particulares (ex.: contrato de locação).

Quanto à formação:

a) *simples:* são os que decorrem da declaração de vontade de um único órgão, seja ele singular, seja ele colegiado. Ex.: a nomeação de um Ministro de Estado pelo Presidente da República; a deliberação de um Conselho.

b) *compostos:* são formados pela manifestação de dois órgãos: um define o conteúdo do ato e o outro verifica a sua legitimidade. Ex.: parecer elaborado por agente público que depende do visto da autoridade superior para produzir efeitos e obtenção de patente de produto farmacêutico no INPI, que só se torna exequível após anuência da ANVISA.

c) *complexos:* são elaborados pela manifestação autônoma de órgãos diversos em uma única fase ou mais. Nesse caso, os órgãos concorrem para a formação de um único ato, monofásico, bifásico. Ex.: edição de portaria interministerial, aposentaria de servidor público, nomeação de Ministros do STF.

8.4 ESPÉCIES DE ATOS ADMINISTRATIVOS

a) *Atos normativos:* contêm comando geral visando à correta aplicação da lei. Detalha melhor o que a lei previamente estabeleceu. Ex.: decretos, regulamentos, regimentos, resoluções, deliberações.

b) *Atos ordinatórios:* visam disciplinar o funcionamento da Administração e a conduta funcional dos seus agentes (fundamento no poder hierárquico). Ex.: instruções, circulares, avisos, portarias, ofícios, despachos administrativos.

c) *Atos negociais:* contêm uma declaração de vontade da Administração para concretizar negócios com particulares, nas condições previamente impostas pela Administração Pública. Ex.: licenças, autorizações, permissões, aprovações, vistos, homologações, dispensas, renúncias.

d) *Atos enunciativos:* são todos aqueles em que a Administração se limita a certificar ou atestar um fato, ou então a emitir uma opinião a respeito de um determinado tema. Ex.: certidões, atestados, pareceres.

e) *Atos punitivos:* são aqueles que contêm uma sanção imposta pelo Poder Público em razão da prática de uma infração com sanção decorrente de lei, imposta de forma unilateral. Ex.: demissão de servidor público; declaração de inidoneidade de empresa licitante.

8.5 EXTINÇÃO DE ATO ADMINISTRATIVO

<table>
<tr><th>Espécies</th><th>Objeto</th><th>Titular</th><th>Efeitos</th></tr>
<tr><td rowspan="2">Anulação</td><td>Ilegalidade do ato</td><td>– Administração
– Judiciário (art. 5º, XXXV).</td><td>Ex tunc
(já nasceu ilegal).</td></tr>
<tr><td colspan="3">Não podem ser anulados:
– ultrapassado o prazo legal;
– se houver a consolidação dos efeitos produzidos;
– teoria do fato consumado (manter a situação fática em razão do interesse público);
– se houver possibilidade de convalidação.</td></tr>
</table>

<table>
<tr><th>Espécies</th><th>Objeto</th><th>Titular</th><th>Efeitos</th></tr>
<tr><td rowspan="3">Revogação</td><td>Razões de conveniência e oportunidade (o ato é válido, porém, não mais conveniente).</td><td>- Administração</td><td>Ex nunc (os efeitos gerados até o momento são válidos).</td></tr>
<tr><td colspan="3">Não podem ser revogados:
- atos que geram direito adquirido;
- atos já exauridos;
- atos vinculados;
- atos enunciativos;
- atos preclusos no curso de procedimento administrativo.</td></tr>
<tr><td colspan="3">Observação: É possível a indenização a particulares prejudicados pela revogação, desde que a extinção tenha ocorrido antes do prazo fixado para a permanência do ato administrativo. Já a revogação de atos precários ou de vigência indeterminada não gera o dever de indenizar.</td></tr>
<tr><td>Cassação</td><td colspan="3">Ocorre quando o administrado deixa de preencher condição necessária para a permanência da vantagem.</td></tr>
<tr><td>Caducidade</td><td colspan="3">Também denominado de decaimento, ocorre como consequência da sobrevinda norma legal proibindo situação que o ato autorizava.</td></tr>
<tr><td>Contraposição</td><td colspan="3">Ocorre em razão da expedição de um segundo ato, fundado em competência diversa, cujos efeitos são contrapostos ao do ato inicial, razão pela qual ocorre sua extinção.</td></tr>
</table>

8.6 DELEGAÇÃO, AVOCAÇÃO, CONVALIDAÇÃO E CONVERSÃO

a) *Delegação:* um órgão administrativo e seu titular poderão, se não houver impedimento legal, delegar parte da sua competência a outros órgãos ou titulares, ainda que estes não lhe sejam hierarquicamente subordinados, quando for conveniente, em razão de circunstâncias de índole técnica, social, econômica, jurídica ou territorial (inclusive os órgãos colegiados, os quais poderão aplicar a delegação de competência aos respectivos presidentes). Essa delegação dever ser sempre publicada e poderá ser revogada a qualquer tempo (também devidamente publicada). Os seguintes atos são insuscetíveis de delegação:
   1. atos de competência exclusiva;
   2. atos de caráter normativo; e
   3. atos que decidam recursos administrativos.

b) *Avocação:* ocorre quando uma autoridade ou órgão chama para si a competência para a realização de determinado ato administrativo. Decorre do poder hierárquico, podendo ser vertical ou horizontal.

c) *Convalidação:* transformação de ato anulável em válido. Só pode recair sobre os elementos competência e a forma. São espécies de convalidação:
   1. *ratificação:* a convalidação é realizada pela mesma autoridade que praticou o ato;

2. *confirmação:* a convalidação é realizada por outra autoridade;
3. *saneamento:* a convalidação é realizada pelo particular.

Os seguintes atos são insuscetíveis de convalidação:

1. atos que possuam vícios no objeto, motivo e finalidade;
2. o defeito tenha sido impugnado administrativamente ou judicialmente;
3. apresentam defeitos na competência e forma, se insanáveis;
4. apresentam vícios estabilizados em razão da prescrição ou decadência;
5. aqueles que de forma ilegítima prejudicar terceiros;
6. aqueles que vieram a causar lesão ao interesse público;
7. aqueles cujo defeito seja grave e manifesto (teoria de evidência);
8. aqueles cuja causa do vício seja imputada à parte que será beneficiada com invalidação.

d) *Conversão:* é a transformação de um ato imprestável para uma determinada finalidade, mas aproveitável em outra, para a qual apresenta os requisitos necessários (ex.: transformar uma concessão, a princípio nula porque não havia lei que a previsse, em uma permissão que atingiria os mesmos fins da concessão).

9. LICITAÇÕES E CONTRATOS

9.1 LICITAÇÃO

É um procedimento destinado à seleção da melhor proposta dentre as apresentadas por aqueles que desejam contratar com a Administração Pública. É obrigatória para: administração direta; fundos especiais; autarquias; fundações públicas; as empresas públicas; sociedades de economia mista e demais entidades controladas direta ou indiretamente pelo Poder Público.

9.1.1 Competência legislativa

a) Compete à União, privativamente, legislar sobre normas gerais (nacionais) que versem sobre a matéria.
b) Compete à União, aos Estados, ao Distrito Federal e aos Municípios legislar de forma autônoma e suplementar sobre a matéria, adequando-se à realidade socioeconômica, sem, no entanto, desrespeitar a norma geral.

9.1.2 Princípios da licitação

A licitação deve seguir princípios específicos:

a) vinculação ao instrumento convocatório;
b) julgamento objetivo (a Administração deve estipular o critério de julgamento das propostas, no edital);
c) competitividade (é vedada cláusula que estabelece preferência ou distinção em razão da sede da empresa, na forma do art. 3º, § 1º, I, pois viola o art. 20, parágrafo único, todos da Lei nº 8.666/1993, que

veda que seja utilizada a sede como impedimento à participação em licitação);

d) isonomia;
e) procedimento formal;
f) vantajosidade; e
g) promoção do desenvolvimento nacional sustentável.

9.1.3 Compras, obras, serviços e alienações

Compra: toda aquisição remunerada de bens para fornecimento de uma só vez ou parceladamente.

Obra: toda construção, reforma, fabricação, recuperação ou ampliação, realizada por execução direta ou indireta.

Serviço: toda atividade destinada a obter determinada utilidade de interesse para a Administração, tais como: demolição, conserto, instalação, montagem, operação, conservação, reparação, adaptação, manutenção, transporte, locação de bens, publicidade, seguro ou trabalhos técnico-profissionais.

Alienação: é toda transferência de domínio de bens a terceiros.

9.1.4 Projetos básico e executivo

a) Projeto básico: abrange a viabilidade técnica, o impacto ambiental, os custos, os métodos e o prazo de execução.
b) Projeto de executivo: abrange a execução completa da obra, de acordo com as normas técnicas.

O projeto básico e a obra não podem ser licitados em conjunto, pois significaria que, indiretamente, a obra está sendo licitada sem projeto básico, o que viola a previsão constante do art. 7º, § 2º, I, da Lei nº 8.666/1993. Ainda, a Lei nº 8.666/1993 veda a elaboração de projeto básico e a realização da obra pelo mesmo licitante, nos termos do art. 9º, I. O que se admite é a realização de projeto executivo e a obra pelo mesmo licitante, conforme art. 9º, § 2º.

É possível a contratação direta de profissional com base em inexigibilidade de licitação, desde que o serviço técnico (elaboração do projeto básico) seja de natureza singular e o profissional seja de notória especialização, conforme o art. 25, II, c/c o art. 13, I, ambos da Lei nº 8.666/1993.

9.1.5 Modalidades

a) Concorrência: usada para contratos de vulto, de acordo com valores estabelecidos na lei (modalidade de licitação entre quaisquer interessados que, na fase inicial de habilitação preliminar, comprovem possuir os requisitos mínimos de qualificação exigidos no edital para execução de seu objeto). Não há limite de valor. A concorrência é obrigatória para obras e serviços de engenharia acima de R$ 3.300.000,00 (três milhões e trezentos mil reais), e compras e serviços não se enquadram como obra e serviço de engenharia acima de R$ 1.430.000,00 (um milhão quatrocentos e trinta mil reais). Cuidado: esses valores não estão previstos na Lei nº 8.666/1993, pois foram alterados segundo o Dec. nº 9.412/2018.

b) Tomada de preços: é usada para contratos de valor médio, com participação de interessados já cadastrados ou que se cadastrem até o terceiro dia anterior à data do recebimento das propostas *(observada a necessária qualificação)*. Nos casos em que couber tomada de preços, a Administração poderá utilizar a concorrência. Valor máximo (teto) para obras e serviços de engenharia: até R$ 3.300.000,00. Valor máximo (teto) para bens e serviços comuns: até R$ 1.430.000,00.

c) Convite: é a licitação adequada para valores menores, com a convocação de três interessados, no mínimo, cadastrados ou não, podendo também participar os cadastrados que manifestarem seu interesse 24 horas antes da apresentação das propostas. Nos casos em que couber convite, a administração poderá realizar a tomada de preços e a concorrência. Valor máximo (teto) para obras e serviços de engenharia: até R$ 330.000,00. Valor máximo (teto) para bens e serviços comuns: até R$ 176.000,00.

d) Concurso: é a licitação para a escolha de trabalho técnico, científico ou artístico, com a instituição de prêmios ou remuneração aos vencedores. Não há limite de valor.

e) Leilão: serve para a venda de bens móveis inservíveis e de produtos apreendidos ou penhorados, bem como de imóveis oriundos de procedimentos judiciais ou de dação em pagamento em que seja útil a alienação. Não há limite de valor.

f) Pregão: criada pela Lei nº 10.520/2002, destina-se à aquisição e contratação de bens e serviços comuns, podendo se realizar por intermédio dos recursos da tecnologia da informação. Não há limite de valor.

9.1.6 Tipos de licitação (critérios para julgamento das propostas)

a) Menor preço (por item e global);
b) melhor técnica;
c) técnica e preço;
d) maior lance ou a maior oferta – para o leilão.

No caso de *empate* tem preferência os bens e serviços produzidos no país e, sucessivamente, os demais critérios previstos na Lei, até chegar-se à decisão por sorteio.

9.1.7 Formas de licitação

a) Presencial;
b) eletrônica (utilizando-se recursos de tecnologia da informação).

9.1.8 Fases da licitação

a) Fase interna (preparatória à licitação);
b) fase externa, inicia-se com a publicação do edital (lei interna da licitação);
c) habilitação dos concorrentes – licitantes apresentam a documentação necessária à qualificação jurídica, técnica e econômico-financeira, além da regularidade fiscal e trabalhista, além da declaração de que não emprega menores, exceto na condição de aprendiz;

d) exame e classificação das propostas;
e) homologação – ratificação da legalidade do procedimento até então realizado;
f) adjudicação – entrega do objeto da licitação.

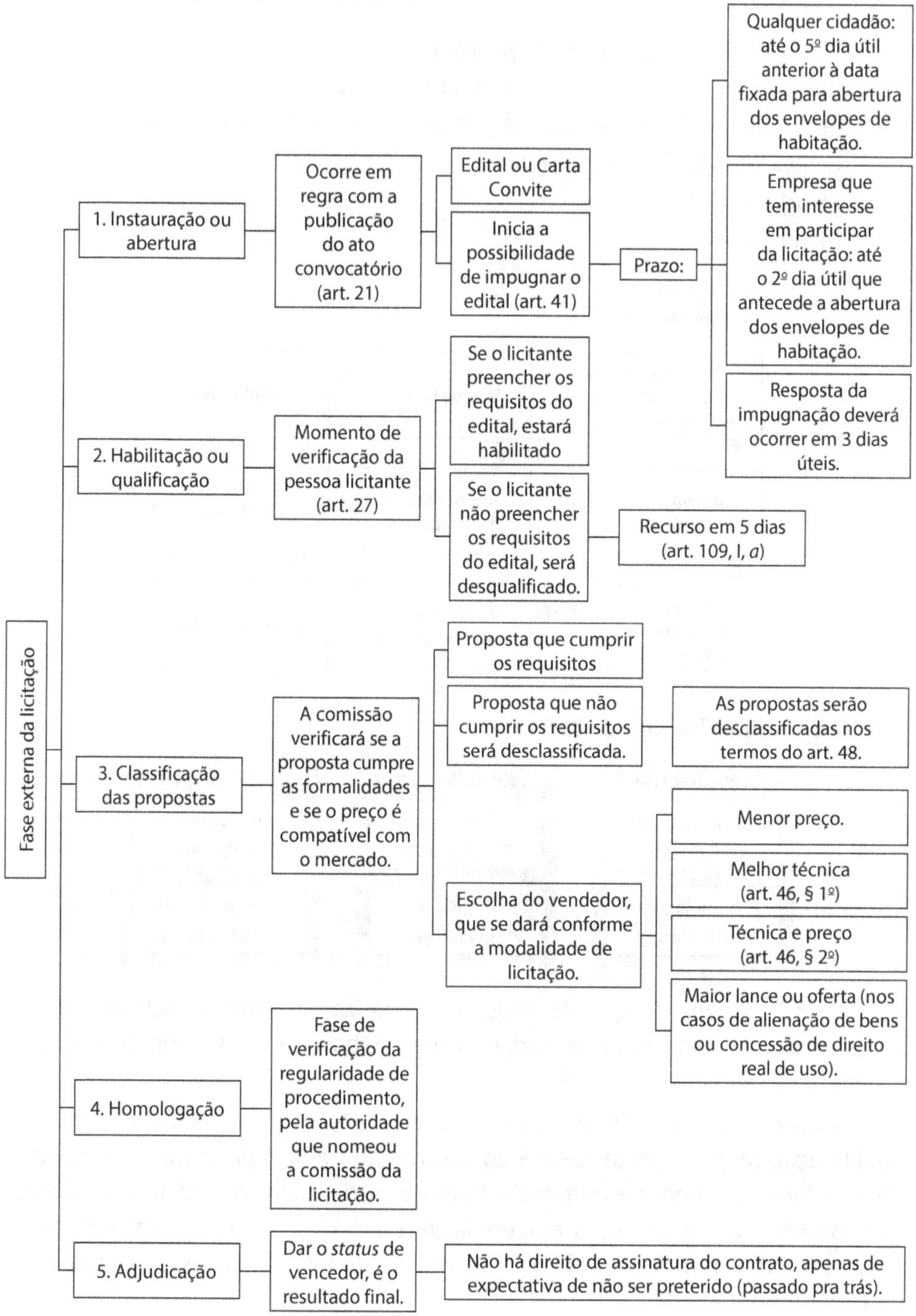

No pregão, previsto na Lei nº 10.520/2002, há a chamada inversão de fases, se desenvolvendo da seguinte forma:

a) fase interna (preparatória à licitação);
b) fase externa, inicia-se com a publicação do edital (lei interna da licitação);
c) *exame e classificação das propostas;*
d) lances (lances sucessivos e decrescentes);
e) aceitação das propostas (é possível a solicitação de amostras);
f) *habilitação dos concorrentes;*
g) *adjudicação;*
h) *homologação.*

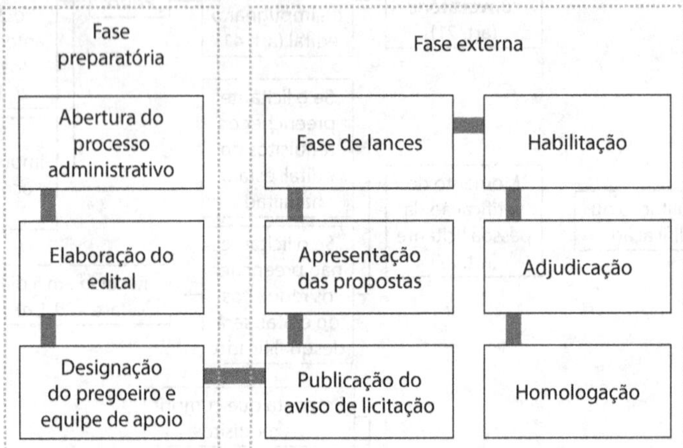

Veja o quadro comparativo:

Lei nº 8.666/1993	Lei nº 13.303/2016	Lei nº 10.520/2002
1º Habilitação 2º Proposta	1º Proposta 2º Habilitação	1º Proposta 2º Habilitação
1º Homologação 2º Adjucicação	1º Adjucicação 2º Homologação	1º Adjucicação 2º Homologação

Nas licitações de grande vulto deve realizar-se uma audiência pública, antes do edital, para que a sociedade possa debater a conveniência e a oportunidade da licitação – art. 39.

Conforme o art. 30 da Lei nº 8.666/1993, a documentação relativa à qualificação técnica limitar-se-á à comprovação de aptidão para desempenho de atividade pertinente e compatível em características, quantidades e prazos com o objeto da licitação. A exigência de experiência prévia com serviços e valores muito superiores ao do objeto ora licitado viola, além da lei, o princípio da proporcionalidade.

A adjudicação possui o efeito de atribuir o objeto da licitação ao vencedor, conferindo-lhe preferência ao contrato, mas o momento e conveniência da assinatura do contrato ficam ainda na dependência da vontade discricionária da Administração. Havendo relevante motivo de interesse público, justo e fundamentado, pode o contrato não se concretizar (o vencedor só tem expectativa de direito quanto ao contrato, tem o direito de não ser preterido ante outro).

9.1.9 Anulação e revogação de licitação

A autoridade competente para a aprovação do procedimento somente poderá revogar a licitação por razões de interesse público decorrente de fato superveniente devidamente comprovado, pertinente e suficiente para justificar tal conduta, devendo anulá-la por ilegalidade, de ofício ou por provocação de terceiros, mediante parecer escrito e devidamente fundamentado, o que ensejará a nulidade do contrato, desde que garantida a ampla defesa e o contraditório ao contratado (por surtir efeitos na esfera jurídica do contratante, deve ser assegurada ampla defesa e o contraditório na anulação do contrato decorrente de vício no procedimento licitatório, como decorrência da garantia constitucional prevista no art. 5º, LV, da CRFB/1988 e na forma do art. 49, § 3º, da Lei nº 8.666/1993).

> **Observação:** A revogação deve atentar aos princípios da Administração Pública, principalmente impessoalidade e moralidade. Ademais, há de se dizer que se tratando de revogação ilícita de procedimento licitatório, os licitantes devem ser indenizados pelos prejuízos efetivamente comprovados, na forma do art. 37, § 6º, da CF/1988.

9.1.10 Licitação dispensada, dispensável e inexigível

a) *Licitação dispensada:* ainda que a administração deseje fazer licitação, não poderá por expressa previsão legal. Hipóteses do art. 17 da Lei nº 8.666/1993 (rol taxativo).

b) *Licitação dispensável:* a competição, embora possível, poderá não se realizar por expressa disposição legal. Cabe análise discricionária do administrador. Hipóteses do art. 24 da Lei nº 8.666/1993 (rol taxativo).

c) *Licitação inexigível:* a competição não é possível: art. 25 (rol exemplificativo). Alguns exemplos: fornecedor exclusivo; serviços técnicos especializados; artistas consagrados.

9.1.11 Sistema de registro de preços

Como ressalta Rafael Oliveira, trata-se de um procedimento administrativo por meio do qual a Administração Pública seleciona as propostas mais vantajosas, mediante concorrência ou pregão, que ficarão registradas perante a autoridade estatal para futuras e eventuais contratações (não é uma modalidade de licitação).

Principal objetivo: racionalizar as contratações e efetivar o princípio da economicidade.

Previsão legal: art. 15, II, da Lei nº 8.666/1993.

Qualquer cidadão é parte legítima para impugnar preço constante do quadro geral em razão de sua incompatibilidade com o preço vigente no mercado (art. 15, § 6º, da Lei nº 8.666/1993).

Embora a ata de registro de preços tenha validade máxima de um ano (art. 15, § 3º, III, da Lei nº 8.666/1993), o contrato que vier a ser celebrado em decorrência desta ata tem prazos autônomos. Deve ser celebrado dentro da validade, mas a partir daí, sua duração é regida pelas disposições do art. 57 da Lei de Licitações.

9.1.12 Tratamento diferenciado para micro e pequenas empresas

A Constituição Federal de 1988, no art. 146, III, *d*, prevê que Lei complementar definirá as microempresas e empresas de pequeno porte. No art. 170, IX, o constituinte previu tratamento favorecido para as empresas de pequeno porte constituídas sob as leis brasileiras e que tenham sua sede e administração no País.

O art. 179, por sua vez, estabelece que a União, os Estados, o Distrito Federal e os Municípios dispensarão às microempresas e às empresas de pequeno porte, assim definidas em lei, tratamento jurídico diferenciado, visando a incentivá-las pela simplificação de suas obrigações administrativas, tributárias, previdenciárias e creditícias, ou pela eliminação ou redução destas por meio de lei.

Desse modo, a LC nº 123/2006 estabelece o Estatuto das Microempresas (ME) e Empresas de Pequeno Porte (EPP), tratando também do Microempreendedor Individual (MEI).

O § 4º do art. 18-E da referida lei estabelece que é vedado impor restrições ao MEI relativamente ao exercício de profissão ou participação em licitações, em função da sua natureza jurídica, inclusive por ocasião da contratação de prestação de serviços de hidráulica, eletricidade, pintura, alvenaria, carpintaria e de manutenção ou reparo de veículos.

Além disso, a partir do art. 42 da LC nº 123/2006, o legislador estabelece uma série de normas sobre licitações e contratos aplicáveis às ME e EPP, entre as quais a de que nas licitações públicas a comprovação de regularidade fiscal e trabalhista das ME e das EPP somente será exigida para efeito de assinatura do contrato (art. 42). Porém, as ME e EPP, por ocasião da participação em certames licitatórios, deverão apresentar toda a documentação exigida para efeito de comprovação de regularidade fiscal e trabalhista, mesmo que esta apresente alguma restrição (art. 43).

Assim, havendo alguma restrição na comprovação da regularidade fiscal e trabalhista, será assegurado o prazo de cinco dias úteis, cujo termo inicial corresponderá ao momento em que o proponente for declarado vencedor do certame, prorrogável por igual período, a critério da Administração Pública, para regularização da documentação, para pagamento ou parcelamento do débito e para emissão de eventuais certidões negativas ou positivas com efeito de certidão negativa (art. 43, § 1º). A lei, no § 2º do mesmo art. 43, estabelece, entretanto, que a não regularização da documentação, no prazo previsto no § 1º deste artigo, implicará decadência do direito à contratação, sem prejuízo das sanções previstas no art. 81 da Lei nº 8.666/1993, sendo facultado à Administração convocar os licitantes remanescentes, na ordem de classificação, para a assinatura do contrato, ou revogar a licitação.

Outro ponto importante em matéria de licitações e contratos às ME e EPP é a previsão de preferência à contração destas como critério de desempate (art. 44).

Entende-se por empate aquelas situações em que as propostas apresentadas pelas microempresas e empresas de pequeno porte sejam iguais ou até 10% superiores à proposta mais bem classificada (na modalidade de pregão, o intervalo percentual estabelecido é de até 5% superior ao melhor preço e a ME ou EPP mais bem classificada será convocada para apresentar nova proposta no prazo máximo de 5 minutos após o encerramento dos lances, sob pena de preclusão) (art. 44, §§ 1º e 2º).

Observações:

1. Ocorrendo empate, deve-se proceder do seguinte modo (desde que a melhor oferta inicial não tenha sido apresentada por ME ou EPP): I – a ME ou EPP mais bem classificada poderá apresentar proposta de preço inferior àquela considerada vencedora do certame, situação em que será adjudicado em seu favor o objeto licitado; II – não ocorrendo a contratação ME ou EPP, na forma do inc. I do *caput* deste artigo, serão convocadas as remanescentes que porventura se enquadrem nos valores de 10 ou 5% expressos acima, na ordem classificatória, para o exercício do mesmo direito; III – no caso de equivalência dos valores apresentados pelas ME ou EPP que se encontrem nos intervalos nestes percentuais, será realizado sorteio entre elas para que se identifique aquela que primeiro poderá apresentar melhor oferta.

2. Art. 47:

> Nas contratações públicas da administração direta e indireta, autárquica e fundacional, federal, estadual e municipal, deverá ser concedido tratamento diferenciado e simplificado para as microempresas e empresas de pequeno porte objetivando a promoção do desenvolvimento econômico e social no âmbito municipal e regional, a ampliação da eficiência das políticas públicas e o incentivo à inovação tecnológica.

Pode, inclusive, justificadamente, estabelecer a prioridade de contratação para as ME e EPP sediadas local ou regionalmente, até o limite de 10% do melhor preço válido.

Assim, a administração pública deverá realizar processo licitatório destinado exclusivamente à participação de ME e EPP nos itens de contratação cujo valor seja de até R$ 80.000,00 (oitenta mil reais); poderá, em relação aos processos licitatórios destinados à aquisição de obras e serviços, exigir dos licitantes a subcontratação de ME e EPP; e deverá estabelecer, em certames para aquisição de bens de natureza divisível, cota de até 25% do objeto para a contratação de ME e EPP (art. 48).
As medidas supracitadas não se aplicam quando: I – não houver um mínimo de três fornecedores competitivos enquadrados como microempresas ou empresas de pequeno porte sediados local ou regionalmente e capazes de cumprir as exigências estabelecidas no instrumento convocatório; II – o tratamento diferenciado e simplificado para as microempresas e empresas de pequeno porte não for vantajoso para a administração pública ou representar prejuízo ao conjunto ou complexo do objeto a ser contratado; III – a licitação for dispensável ou inexigível, nos termos dos arts. 24 e 25 da Lei nº 8.666/1993, excetuando-se as dispensas tratadas pelos incisos I e II do art. 24 da mesma Lei, nas quais a compra deverá ser feita preferencialmente de microempresas e empresas de pequeno porte, aplicando-se o disposto no inc. I do art. 48 da LC nº 123/2006.
3. No que diz respeito às compras públicas, enquanto não sobrevier legislação estadual, municipal ou regulamento específico de cada órgão mais favorável à microempresa e empresa de pequeno porte, aplica-se a legislação federal.

9.1.13 Licitações no âmbito das empresas estatais (Lei nº 13.303/2016)

O Título II da Lei nº 13.303/2016 trata das disposições aplicáveis às empresas públicas, às sociedades de economia mista e às suas subsidiárias que explorem atividade econômica de produção ou comercialização de bens ou de prestação de serviços, ainda que a atividade econômica esteja sujeita ao regime de monopólio da união ou seja de prestação de serviços públicos.

Os contratos com terceiros destinados à prestação de serviços às empresas públicas e às sociedades de economia mista, inclusive de engenharia e de publicidade, à aquisição e à locação de bens, à alienação de bens e ativos integrantes do respectivo patrimônio ou à execução de obras a serem integradas a esse patrimônio, bem como à implementação de ônus real sobre tais bens, serão precedidos de licitação nos termos dessa Lei, exceto os casos de dispensa e inexigibilidade de licitação nela previstos.

Por fim, destaca-se que aplicam-se às licitações e contratos regidos por essa lei as normas de direito penal contidas nos arts. 89 a 99 da Lei nº 8.666/1993, ressaltando-se que esta lei, por ser norma geral, possui aplicabilidade subsidiária à Lei nº 13.303/2016 àquilo que não a contrariar.

9.2 CONTRATOS ADMINISTRATIVOS

Contrato é a convenção estabelecida entre duas ou mais pessoas para constituir, regular ou extinguir entre elas uma relação jurídica patrimonial. Por sua vez, contratos administrativos são os ajustes celebrados entre a Administração Pública (contratante) e o particular (contratado), regidos predominantemente pelo direito público, para a execução de atividades de interesse público. A validade do contrato exige: acordo de vontades, agente capaz, objeto lícito e forma prescrita ou não proibida em lei. Há, porém, a previsão de contratação verbal exclusivamente para pequenas compras, de pronto pagamento (valor de até R$ 8.800,00) – art. 60, parágrafo único, da Lei nº 8.666/1993.

Características do contrato:

a) participação do Poder Público, como parte predominante, e pela finalidade de atender a interesses públicos;
b) tem natureza personalíssima – só pode ser executado pela pessoa que contratou (sendo possível a subcontratação de acordo com os limites estabelecidos pela Administração);
c) na maioria das vezes se formaliza por termo de contrato escrito e, em casos excepcionais, por ordens de serviços;
d) licitação prévia, em regra, sob pena de nulidade;
e) publicidade;
f) prazo determinado (vedado prazo indeterminado);
g) prorrogabilidade – exige termo aditivo, desde que tenha havido previsão no ato convocatório e no plano plurianual;
h) cláusulas exorbitantes – são aquelas que exorbitam, que excedem, que ultrapassam o padrão comum dos contratos em geral, para consignar uma vantagem para a Administração Pública, referem-se a certas prerrogativas da Administração que a colocam numa situação de superioridade em relação ao particular contratado, são:
   I – modificação unilateral: deve ser feita por termo de aditamento;
   II – rescisão unilateral: sem culpa do contratado, cabe indenização;
   III – fiscalização;
   IV – aplicação de sanções: multas, advertências, suspensão de participações em licitações e contratos, para atraso e inexecução do contrato;
   V – ocupação provisória de móveis e imóveis: quando houver faltas contratuais e o serviço for essencial;
   VI – inaplicabilidade da exceção de contrato não cumprido: *exceptio non adimpleti contractus*: particular não pode interromper a obra sob alegação de não estar recebendo os pagamentos devidos, salvo se atrasarem mais de 90 dias, exceto caso de calamidade pública, grave perturbação da ordem interna ou guerra – art. 78, XV.

9.2.1 Teoria da imprevisão, fato do príncipe e fato da administração

a) *Teoria da imprevisão:* aplica-se quando há necessidade de revisão de uma cláusula contratual por força de fatos supervenientes e imprevistos durante a sua execução – fato superveniente e imprevisível (ex.: força maior e caso fortuito).

b) *Fato do príncipe:* determinação estatal superveniente e imprevisível que onera o contrato, repercutindo indiretamente sobre ele.

c) *Fato da administração:* provém de uma atuação estatal que incide diretamente sobre o contrato, impedindo a sua execução nas condições inicialmente estabelecidas.

Tanto o fato do príncipe como o fato da administração provêm de uma determinação estatal. A diferença é que o primeiro incide sobre toda a sociedade (ex.: imposto) e o segundo sobre um fato diretamente (ex.: não desapropriação).

9.2.2 Alterações contratuais unilaterais e consensuais

O particular é obrigado a aceitar a alteração contratual promovida *unilateralmente* pela Administração, devidamente justificada, quando houver modificação do projeto ou das especificações, para melhor adequação técnica aos seus objetivos ou quando necessária a modificação do valor contratual em decorrência de acréscimo ou diminuição quantitativa de seu objeto, nos limites permitidos, que se fizerem nas obras, serviços ou compras, até 25% do valor inicial atualizado do contrato, e, no caso particular de reforma de edifício ou de equipamento, até o limite de 50% para os seus acréscimos (art. 65, § 1º, da Lei nº 8.666/1993).

Poderá haver alteração *consensual* do contrato: a) quando conveniente a substituição da garantia de execução; b) quando necessária a modificação do regime de execução da obra ou serviço, bem como do modo de fornecimento, em face de verificação técnica da inaplicabilidade dos termos contratuais originários; c) quando necessária a modificação da forma de pagamento, por imposição de circunstâncias supervenientes, mantido o valor inicial atualizado, vedada a antecipação do pagamento, com relação ao cronograma financeiro fixado, sem a correspondente contraprestação de fornecimento de bens ou execução de obra ou serviço; d) para restabelecer a relação que as partes pactuaram inicialmente entre os encargos do contratado e a retribuição da administração para a justa remuneração da obra, serviço ou fornecimento, objetivando a manutenção do equilíbrio econômico-financeiro inicial do contrato, na hipótese de sobrevirem fatos imprevisíveis, ou previsíveis porém de consequências incalculáveis, retardadores ou impeditivos da execução do ajustado, ou, ainda, em caso de força maior, caso fortuito ou fato do príncipe, configurando álea econômica extraordinária e extracontratual. Mantêm-se os limites anteriores (aplicáveis aos casos de alterações unilaterais), exceto no caso de supressões.

9.2.3 Formas de extinção do contrato

a) Administrativa – promovida por ato unilateral da Administração;
b) rescisão amigável;
c) judicial;
d) de pleno direito – acontece independentemente da manifestação de vontade das partes, por fato superveniente que impede a manifestação (ex.: falecimento do contratado, dissolução da sociedade, perecimento do objeto).

9.2.4 Sanções administrativas e penais

a) Advertência (infrações leves);
b) multa – na forma prevista no instrumento convocatório ou no contrato (infrações médias);
c) suspensão temporária de participação em licitações e impedimento de contratar com a Administração por até dois anos (infrações graves);
d) declaração de inidoneidade (infrações gravíssimas); e
e) pela Lei nº 10.520/2002, impedimento de licitar e contratar com a União, Estados, Distrito Federal ou Municípios e (com descredenciamento do SICAF), pelo prazo de até cinco anos (nos casos em que a licitante não celebrar o contrato, deixar de entregar ou apresentar documentação falsa exigida para o certame, ensejar o retardamento da execução de seu objeto, não mantiver a proposta, falhar ou fraudar na execução do contrato, comportar-se de modo inidôneo ou cometer fraude fiscal).

As sanções penais estão previstas nos arts. 89 a 99 da Lei nº 8.666/1993.

9.2.5 Responsabilidade pelos encargos trabalhistas e previdenciários

a) Encargos previdenciários: a legislação impõe a responsabilidade solidária entre a administração pública e o contratado.

b) Encargos trabalhistas: nos termos do art. 71, § 1º, da Lei nº 8.666/1993: "A inadimplência do contratado, com referência aos encargos trabalhistas, fiscais e comerciais não transfere à Administração Pública a responsabilidade por seu pagamento". Assim, em 30-3-2017, o STF julgou o RE nº 760931, fixando a seguinte tese de repercussão geral:

> O inadimplemento dos encargos trabalhistas dos empregados do contratado não transfere automaticamente ao Poder Público contratante a responsabilidade pelo seu pagamento, *seja em caráter solidário ou subsidiário*, nos termos do art. 71, § 1º, da Lei nº 8.666/1993.

9.3 REGIME DIFERENCIADO DE CONTRATAÇÕES (RDC)

O RDC está previsto na Lei nº 12.462/2011 e, inicialmente, teve como objetivo a realização de contratações para os Jogos Olímpicos e Paraolímpicos de 2016, da Copa das Confederações da Fifa 2013 e da Copa do Mundo Fifa 2014, além das obras de infraestrutura e de contratação de serviços para os aeroportos das capitais dos Estados da Federação distantes até 350 km das cidades sedes de ambas as competições.

Tem por objetivos ampliar a eficiência nas contratações públicas e a competitividade entre os licitantes, promover a troca de experiências e tecnologias em busca da melhor relação entre custos e benefícios para o setor público, incentivar a inovação tecnológica e assegurar tratamento isonômico entre os licitantes e a seleção da proposta mais vantajosa para a Administração Pública.

Posteriormente, principalmente a partir de 2012, incluíram-se como objeto de RDC inúmeras outras situações, como:

- as ações integrantes do Programa de Aceleração do Crescimento (PAC);
- as obras e serviços de engenharia no âmbito do Sistema Único de Saúde (SUS);
- as obras e serviços de engenharia para construção, ampliação e reforma de estabelecimentos penais e unidades de atendimento socioeducativo;
- as obras e serviços de engenharia para construção, ampliação e reforma e administração de estabelecimentos penais e de unidades de atendimento socioeducativo;
- as ações no âmbito da segurança pública;
- as obras e serviços de engenharia, relacionadas a melhorias na mobilidade urbana ou ampliação de infraestrutura logística;
- os contratos firmados pela Administração Pública para locação de bens móveis e imóveis, nos quais o locador realiza prévia aquisição, construção ou reforma substancial, com ou sem aparelhamento de bens, por si mesmo ou por terceiros, do bem especificado pela administração; e
- as ações em órgãos e entidades dedicados à ciência, à tecnologia e à inovação.

Importante destacar que, além das hipóteses previstas acima, o RDC também é aplicável às licitações e aos contratos necessários à realização de obras e serviços de engenharia no âmbito dos sistemas públicos de ensino e de pesquisa, ciência e tecnologia.

A opção pelo RDC deverá constar de forma expressa do instrumento convocatório e resultará no afastamento das normas contidas na Lei nº 8.666/1993, exceto nos casos expressamente previstos da Lei nº 12.462/2011.

9.4 CONVÊNIOS

Acordo firmado por entidades públicas de qualquer espécie ou entre elas e particulares para realização de objetivos de caráter comum (diferente do contrato administrativo em que o objetivo não é comum). Ex.: convênio entre a polícia rodoviária federal e a militar, em ações conjuntas para melhoria da segurança pública; ou entre o Município e uma Cooperativa de Catadores de Material Reciclável, para estímulo à capacitação e fortalecimento institucional da cooperativa.

Não há partes na relação convenial, mas partícipes. O art. 116 da Lei de Licitações (Lei nº 8.666/1993) especifica algumas regras para a celebração de convênios, dispondo sua aplicação no que couber.

O art. 241 da Constituição dispõe que a União, os Estados, o Distrito Federal e os Municípios disciplinarão por meio de lei os consórcios públicos e os convênios de cooperação entre os entes federados, autorizando a gestão associada de serviços públicos, bem como a transferência total ou parcial de encargos, serviços, pessoal e bens essenciais à continuidade dos serviços transferidos.

10. SERVIÇOS PÚBLICOS

10.1 DEFINIÇÃO

É aquele prestado pela Administração (diretamente) ou por seus delegados (indiretamente) sob normas e controles estatais para a satisfação, visando ao atingimento dos interesses da coletividade. A titularidade está sempre nas mãos da Administração. O fundamento constitucional está no art. 175, o qual prevê que incumbe ao Poder Público, na forma da lei, diretamente ou sob regime de concessão ou permissão, sempre mediante licitação, a prestação de serviços públicos.

10.2 FORMAS DE PRESTAÇÃO

a) *Direta ou centralizada:* quando estiver sendo prestado pela Administração direta do Estado.
b) *Indireta ou descentralizada:* ocorre quando não estiver sendo prestada pela Administração direta do Estado, esta o transferiu, descentralizou a sua prestação para a Administração indireta ou terceiros fora da Administração. A descentralização ocorre por *outorga*, quando ocorre a transferência para terceiros (administração indireta) da titularidade e da execução do serviço público ou *delegação*, quando transfere para terceiros (concessionárias e permissionárias) só a execução.

10.3 PRINCÍPIOS DOS SERVIÇOS PÚBLICOS

a) continuidade;
b) cortesia;

c) eficiência (efetividade);
d) segurança;
e) atualidade;
f) regularidade;
g) modicidade;
h) generalidade;
i) transparência.

10.4 CLASSIFICAÇÃO (MODALIDADES)

a) *Próprios:* são aqueles que se relacionam intimamente com as atribuições do Poder Público e para a execução dos quais a Administração usa da sua supremacia sobre os administrados. Por esta razão, são prestados por órgãos ou entidades públicas (execução direta) ou indiretamente, por meio de concessionário ou permissionário. Como exemplo, podem-se destacar os serviços públicos inerentes à soberania do Estado, como a defesa nacional ou a polícia judiciária, a concessão de serviço de transporte coletivo urbano.

b) *Impróprios:* são os que, embora atendendo também a uma necessidade coletiva, não são assumidos nem executados pelo Estado, seja direta, seja indiretamente, mas apenas por ele autorizados, regulamentados e fiscalizados, a exemplo do serviço de despachante.

c) *Gerais – uti universi:* são os prestados à sociedade em geral, como a defesa do território.

d) *Específicos – uti singuli – individualizáveis*: são também serviços prestados a todos, mas com possibilidade de identificação dos beneficiados. Podem ser:

1. *compulsório*: são os serviços que não podem ser recusados pelo destinatário, se remunerados será por taxa. O não pagamento do serviço não autoriza a supressão do mesmo, sendo somente autorizada a cobrança executiva;
2. *facultativo*: são os serviços que o usuário pode aceitar ou não, como o transporte coletivo, pagos por tarifa.

10.5 DIREITOS DOS USUÁRIOS DE SERVIÇOS PÚBLICOS

Em 27-6-2017, foi publicada a Lei nº 13.460/2017, que regulamenta o tema dos direitos dos usuários de serviços públicos da Administração Pública Direta e Indireta da União, dos Estados, do Distrito Federal e dos Municípios, conforme a previsão do art. 37, § 3º, I, da CF/1988:

> A lei disciplinará as formas de participação do usuário na administração pública direta e indireta, regulando especialmente:
>
> I – as reclamações relativas à prestação dos serviços públicos em geral, asseguradas a manutenção de serviços de atendimento ao

usuário e a avaliação periódica, externa e interna, da qualidade dos serviços.

A aplicação da Lei nº 13.460/2017 não afasta a necessidade de que a Administração Pública continue tendo que cumprir outros deveres previstos em normas regulamentadoras específicas, quando se tratar de serviço ou atividade sujeitos à regulação ou supervisão e no Código de Defesa do Consumidor, quando caracterizada relação de consumo.

A lei apresenta diretrizes e os direitos e deveres dos usuários, entre os quais o de apresentar manifestações perante a Administração Pública acerca da prestação de serviços públicos, as quais, em nenhuma hipótese, serão recusadas, sob pena de responsabilidade do agente público, e integrarão relatório de gestão a ser elaborado pelas ouvidorias.

Outro direito importante dos usuários é a sua participação no acompanhamento da prestação e na avaliação dos serviços públicos será feita por meio de conselhos de usuários. Esta participação será considerada serviço relevante e sem remuneração.

10.6 CONCESSÃO E PERMISSÃO DE SERVIÇOS PÚBLICOS

10.6.1 Concessão

É a delegação da prestação do serviço público feita pelo poder concedente mediante licitação na modalidade concorrência à pessoa jurídica ou consórcio de empresas que demonstre capacidade para seu desempenho, por sua conta e risco e por prazo determinado, regida pela Lei nº 8.987/1995. Tarifa é a fonte de rendas das concessionárias, não é tributo, o seu valor inicial é estabelecido na proposta.

O poder concedente é a União, o Estado, o Distrito Federal ou Município, em cuja competência se encontre o serviço público (a titularidade continua sendo sua, só transfere a execução). Importante destacar que se admite subconcessão desde que autorizada, consistente na contratação feita pela concessionária para aquisição de serviços ou bens diretamente relacionados com o objeto da concessão e os contratos de concessionárias com terceiros não envolvem o poder concedente.

O poder concedente pode fiscalizar os serviços, bem como intervir na concessão se necessário, sendo possível, também, estabelecer benefícios tarifários não contemplados no contrato de concessão, pois tal ação decorre da própria titularidade do serviço público. Como o contrato de concessão, é tão somente a execução do serviço público que se transfere para o concessionário, cabendo ao poder concedente regulamentar o serviço concedido (arts. 2º, II, e 29, I, ambos da Lei nº 8.987/1995). Quanto à política tarifária, também é importante frisar que o art. 9º, § 3º, da Lei nº 8.987/1995 elenca que, ressalvados os impostos sobre a renda, a criação, alteração ou extinção de quaisquer tributos ou encargos legais, após a apresentação da proposta, quando comprovado seu impacto, implicará a revisão da tarifa, para mais ou para menos, conforme o caso.

É possível o estabelecimento de concessão precedida da execução de obra, sendo que, neste caso, deve o concessionário primeiro construir, conservar, reformar, ampliar ou melhorar determinada obra pública, por sua própria conta e risco. Em seguida passa a explorar o serviço por prazo determinado, suficientemente longo, para que obtenha a remuneração a amortização de seu investimento.

São formas de extinção da concessão:

a) *advento do termo contratual:* quando termina o prazo contratual;

b) *encampação:* término do contrato antes do prazo, feito pelo Poder Público, de forma unilateral, por razões de interesse público. O concessionário faz jus a indenização;

c) *caducidade:* forma de extinção do contrato antes do prazo, pelo Poder Público, de forma unilateral, por descumprimento de cláusula contratual;

d) *rescisão:* forma de extinção do contrato, antes de encerrado o prazo, feita pelo concessionário por força do descumprimento de cláusulas contratuais pelo poder concedente. Deve ser por medida judicial e, enquanto não transitar em julgado a sentença, o serviço deverá continuar sendo prestado;

e) *anulação:* extinção do contrato antes do término do prazo, por razões de ilegalidade, podendo ocorrer pela própria administração ou pelo Poder Judiciário;

f) *falência ou extinção do concessionário:* deve-se observar, porém, que nos termos do contrato de concessão, o poder concedente autorizará a assunção do controle ou da administração temporária da concessionária por seus financiadores e garantidores com quem não mantenha vínculo societário direto, a fim de promover sua reestruturação financeira e assegurar a continuidade da prestação dos serviços.

10.6.2 Permissão

É a delegação, a título precário, mediante licitação, da prestação de serviços públicos feita pelo poder concedente a pessoa física ou jurídica, que demonstre capacidade de desempenho por sua conta e risco.

A permissão de serviço público será formalizada mediante contrato de adesão, que observará os termos da Lei nº 8.987/1995, das demais normas pertinentes e do edital de licitação, inclusive quanto à precariedade e à revogabilidade unilateral do contrato pelo poder concedente.

10.7 PARCERIA PÚBLICO-PRIVADA

A parceria público-privada possui uma denominação imprópria, pois na verdade trata-se de um contrato, de interesses divergentes, em que o setor privado busca a obtenção de lucro e vantagens na execução do serviço ou da obra pública.

São *modalidades* de parceria público-privada:

1. *a concessão patrocinada:* é a concessão de serviços públicos ou de obras públicas de que trata a Lei nº 8.987/1995, quando envolver, adicionalmente à tarifa cobrada dos usuários contraprestação pecuniária do parceiro público ao parceiro privado (art. 2º, § 1º, da Lei nº 11.079/2004); e
2. *concessão administrativa:* é o contrato de prestação de serviços de que a Administração Pública seja a usuária direta ou indireta, ainda que envolva execução de obra ou fornecimento e instalação de bens (art. 2º, § 2º, da Lei nº 11.079/2004).

Na parceria público-privada, modalidade de concessão especial, a responsabilidade é solidaria (*compartilhamento de riscos*), entre o Estado e o parceiro privado, ao contrário das concessões comuns, em que a responsabilidade é subsidiária.

A concessão especial de parceria público-privada é sempre precedida de licitação na modalidade concorrência, embora com algumas alterações específicas.

São *características* da parceria público-privada, entre outras:

a) é espécies de concessão;
b) possui prazo determinado;
c) valor contratual superior a dez milhões de reais;
d) licitação prévia (concorrência);
e) compartilhamento de riscos;
f) criação de uma sociedade de propósito específico;
g) não podem ser inferior a 5 anos nem superior a 35; e
h) é vedado aos contratos de parceria público-privado ter uma definição única no objeto, como prestação de serviço, obra ou fornecimento, devendo o contrato utilizar mais de um desses objetos.

As obrigações pecuniárias contraídas pela Administração Pública em razão da celebração das parceiras público-privadas poderão possuir *garantias*, entre as quais:

a) vinculação de receitas;
b) instituição ou utilização de fundos especiais previstos em lei;
c) contratação de seguro-garantia com as companhias seguradoras que não sejam controladas pelo Poder Público;
d) garantia prestada por organismos internacionais ou instituições financeiras que não sejam controladas pelo Poder Público;
e) garantias prestadas por fundo garantidor ou empresa estatal criada para essa finalidade;

f) outros mecanismos admitidos em lei.

Por sua vez, a administração oferecerá as seguintes contraprestações:

a) ordem bancária;

b) cessão de créditos não tributários;

c) outorga de direitos em face da Administração Pública;

d) outorga de direitos sobre bens públicos dominicais.

10.8 PROGRAMA DE PARCERIAS DE INVESTIMENTOS

A Lei nº 13.334/2016 criou o Programa de Parcerias de Investimentos (PPI), destinado à ampliação e ao fortalecimento da interação entre o Estado e a iniciativa privada por meio da celebração de contratos de parceria para a execução de empreendimentos públicos de infraestrutura e de outras medidas de desestatização.

Podem integrar o PPI os empreendimentos públicos de infraestrutura em execução ou a serem executados por meio de contratos de parceria celebrados pela administração pública direta e indireta da União, os empreendimentos públicos de infraestrutura que, por delegação ou com o fomento da União, sejam executados por meio de contratos de parceria celebrados pela Administração Pública direta ou indireta dos Estados, do Distrito Federal ou dos Municípios e as demais medidas do Programa Nacional de Desestatização a que se refere a Lei nº 9.491/1997.

Por fim, ressalta-se que os empreendimentos do PPI serão tratados como prioridade nacional por todos os agentes públicos de execução ou de controle, da União, dos Estados, do Distrito Federal e dos Municípios.

11. BENS PÚBLICOS

11.1 ESPÉCIES

a) *Bens de uso comum do povo:* são os bens que todos podem usar, como as ruas e praças (afetados).

b) *Bens de uso especial:* são destinados às instalações e aos serviços públicos, como os prédios das repartições ou escolas públicas (afetados).

c) *Bens dominicais:* são os que pertencem ao acervo do Poder Público, sem destinação especial (desafetados).

Há de se destacar que as terras devolutas são consideradas bens do patrimônio público as terras devolutas, isto é, terras que ninguém se apossou, nem foram utilizadas para algum fim público. Não tem localização e limites claros, por isso necessitam ser demarcadas e separadas das outras propriedades. Esta separação ou discriminação pode ser administrativa ou judicial – ação discriminatória – Lei nº 6.383/1976, sendo utilizada a via judicial se insuficiente à via administrativa. Após a discriminação elas deixam de ser devolutas e passam a ser simplesmente terras públicas. Pertencem à União e, por exclusão, aos Estados.

11.2 REGIME JURÍDICO DOS BENS PÚBLICOS

a) São inalienáveis, exceto:

1. os bens de uso comum do povo e os de uso especial são *inalienáveis*, em princípio, mas poderão tornar-se alienáveis se forem *desafetados*, ou seja, se for mudada destinação, de modo que passem a ser considerados dominicais. Pode dar-se por lei, por ato administrativo ou por um fato que torne a destinação inviável. Assim, a desafetação do bem é característica dos bens dominicais, podendo ocorrer de fato (a exemplo de um incêndio, terremoto, desmoronamento) ou de direito (mediante ato formal do Poder Público).
2. bens dominicais podem ser alienados, exigindo-se, em regra, autorização legislativa, avaliação prévia e licitação – art. 37, XXI. Se bens móveis dispensam a licitação.

b) Direitos do Poder Público sobre seus bens não prescrevem, um dos atributos dos bens públicos, qual seja sua espécie, é a sua imprescritibilidade, de modo que os bens públicos não se sujeitam à prescrição aquisitiva de direitos – impossibilidade de usucapião por particulares.

c) São impenhoráveis, não podendo ser penhorados, arrestados ou sequestrados. Assim, os bens públicos de uso comum, de uso especial ou dominicais são impenhoráveis, mesmo que não afetados a uma utilidade de interesse público.

d) Não podem ser objeto de penhor, hipoteca ou anticrese.

11.3 AQUISIÇÃO DE BENS PARA O PATRIMÔNIO PÚBLICO

a) Doação;
b) compra;
c) desapropriação;
d) confisco – arts. 91, II, do CP e 243 da CF;
e) permuta;
f) dação em pagamento;
g) direito hereditário;
h) usucapião (bens públicos não podem ser usucapidos, mas o Poder Público pode usucapir bens particulares).

11.4 ALIENAÇÃO DE BENS PÚBLICOS

Podem ser alienados pelas formas comuns do direito civil, como venda, doação, troca etc., respeitados os requisitos impostos pelo direito administrativo, a exemplo de *autorização legislativa* para órgãos da administração direta e entidades autárquicas e fundacionais, e, para todos, inclusive as entidades paraestatais, dependerá de *avaliação prévia* e de *licitação na modalidade de concorrência*, dispensada esta no caso de doação, permitida exclusivamente para outro órgão ou entidade da administração pública, de qualquer esfera de governo (art. 17, I, da Lei de Licitações). *Exceção: investidura* – numa obra pública, sobre um pedaço pequeno de terra, que não serve para nada, então, pode ser alienado, mediante avaliação, para o dono da terra limítrofe, por investidura.

QUADRO RESUMO:

<table>
<tr><th colspan="4">Bens imóveis da Administração Direta, autárquica e fundacional</th><th colspan="3">Bens imóveis das EP, SEM e Paraestatais</th><th colspan="3">Bens móveis</th></tr>
<tr><td>Interesse público</td><td>Avaliação prévia</td><td>Autorização legislativa</td><td>Licitação na modalidade concorrência</td><td>Interesse Público</td><td>Avaliação Prévia</td><td>Licitação na Modalidade Concorrência</td><td>Interesse Público</td><td>Avaliação Prévia</td><td>Licitação na Modalidade Concorrência</td></tr>
<tr><td colspan="10">Os bens imóveis adquiridos por dação em pagamento ou oriundos de processos judiciais poderão ser alienados mediante a licitação na modalidade leilão.</td></tr>
<tr><td colspan="10">Formas de alienação de bens públicos:
a) venda (art. 17 da Lei de Licitações);
b) doação a outro órgão ou entidade da administração pública (art. 17, I, b, da Lei de Licitações);
c) permuta (art. 17, I, c, da Lei de Licitações);
d) dação em pagamento (art. 356 do CC);
e) concessão de domínio (art. 17, § 2º, da Lei de Licitações);
f) investidura (art. 17, § 3º, da Lei de Licitações);
g) incorporação;
h) retrocessão (art. 519 do CC);
i) legitimação de posse (art. 1º da Lei nº 6.383/1976).</td></tr>
</table>

11.5 UTILIZAÇÃO ESPECIAL DE BENS PÚBLICOS POR PARTICULARES

Todos os bens podem, eventualmente, ser utilizados de forma especial por particulares, mediante:

a) *autorização de uso*: serve para auxiliar interesses particulares em eventos ocasionais ou temporários (ex.: uso de uma praça para uma festa comunitária). É ato unilateral, discricionário, de título precário, podendo ser revogado a qualquer tempo (a fixação de prazo certo implica desnaturação do caráter precário do vínculo, ensejando no particular a legítima expectativa de que sua exploração irá vigorar pelo prazo pré-determinado pela própria Administração. Sendo assim, a revogação do ato antes do esgotamento do prazo caracteriza conduta descrita como *venire contra factum proprium*, ensejando a devida indenização pelos prejuízos efetivamente comprovados à fixação de prazo certo implica desnaturação do caráter precário do vínculo). Independe de licitação e de lei autorizadora, podendo ocorrer em caráter gratuito ou oneroso;

b) *permissão de uso:* é semelhante à autorização, mas é dada no interesse público, tem grau menor de precariedade, depende, em regra, de licitação e cria para o permissionário um dever de utilização, sob pena de revogação (ex.: permissão de instalação de uma banca de jornal na via pública);

c) *concessão/cessão de uso:* é contrato entre a Administração e um particular, tendo por objeto uma utilidade pública de certa permanência (ex.: instalação de restaurante num zoológico municipal). Exige, em regra, licitação;

d) *concessão de direito real de uso:* aplica-se apenas a bens dominicais. É instituto de direito privado, de natureza contratual. Consiste na aquisição, pelo particular, de direito resolúvel do uso de um terreno público, de modo gratuito ou remunerado, para fins de interesse social de certo vulto, como urbanização ou cultivo. Exige autorização legislativa e licitação.

A Lei nº 13.311/2016 instituiu normas gerais para a ocupação e utilização de área pública urbana por equipamentos urbanos do tipo quiosque, *trailer*, feira e banca de venda de jornais e de revistas. Assim, o direito de utilização privada de área pública por equipamentos urbanos do tipo quiosque, *trailer*, feira e banca de venda de jornais e de revistas *poderá ser outorgado a qualquer interessado* que satisfaça os requisitos exigidos pelo Poder Público local.

É permitida a transferência da outorga, pelo prazo restante, a terceiros que atendam aos requisitos exigidos em legislação municipal. No caso de falecimento do titular ou de enfermidade física ou mental que o impeça de gerir seus próprios atos, a outorga será transferida, pelo prazo restante, nesta ordem (sendo que entre os parentes de mesma classe, preferir-se-ão os parentes de grau mais próximo): 1º) ao cônjuge ou companheiro e 2º) aos ascendentes e descendentes.

A outorga é extinta:

a) pelo advento do termo;
b) pelo descumprimento das obrigações assumidas;
c) por revogação do ato pelo Poder Público municipal, desde que demonstrado o interesse público de forma motivada.

12. INTERVENÇÃO DO ESTADO NA PROPRIEDADE

Fundamenta-se na supremacia do interesse público ou no poder sancionatório diante de infração a dispositivo constitucional ou legal por parte do particular.

12.1 MODALIDADES DE INTERVENÇÃO DO ESTADO NA PROPRIEDADE PRIVADA

12.1.1 Intervenção restritiva

O Estado impõe restrições e condicionamentos ao uso da propriedade, sem, no entanto, retirá-la de seu proprietário, entre as quais estão: servidão administrativa; requisição administrativa; ocupação temporária; limitações administrativas; e tombamento.

12.1.2 Intervenção supressiva

O Estado, valendo-se de sua supremacia, transfere compulsória e coercitivamente para si a propriedade de terceiro, em virtude de interesse público previsto em lei, entre as quais estão: desapropriação e expropriação.

12.2 SERVIDÃO ADMINISTRATIVA

É o direito real público, que autoriza o Estado a usar a propriedade imóvel para permitir a execução de obras e serviços de interesse coletivo. Trata-se de direito real público, porque é instituído em favor do Estado para atender a fatores de interesse público. Ex.: instalação de redes elétricas, implantação de oleodutos e gasodutos em áreas privadas para a execução de serviços públicos. A servidão administrativa incide sobre a propriedade imóvel (coisa imóvel corpórea) e é instituída mediante acordo ou ação judicial. A indenização ao proprietário é condicionada à ocorrência de dano e prévia.

12.3 REQUISIÇÃO ADMINISTRATIVA

É a modalidade de intervenção na propriedade privada pela qual o Estado utiliza bens móveis, imóveis e serviços particulares em situação de perigo público iminente. Ex.: utilização de hospitais particulares, de seus equipamentos, seus medicamentos e seu corpo de saúde, em hipóteses de inundações; utilização de ginásios particulares para abrigar vítimas de catástrofes e inundações etc. Incide sobre bens móveis, imóveis e serviços particulares. A finalidade é proteger a sociedade contra situações de perigo público iminente. A indenização pelo uso de bens e serviços alcançados pela requisição é condicionada à ocorrência de danos. E será sempre posterior (ulterior).

12.4 OCUPAÇÃO TEMPORÁRIA

É a forma de intervenção pela qual o Poder Público usa, transitoriamente, imóveis privados, como meio de apoio à execução de obras e serviços públicos. Ex.: utilização temporária de terrenos contíguos a estradas para estacionamento de máquinas de asfalto, equipamentos de serviços, pequenas barracas de operários. Em razão do art. 36 do Dec.-lei nº 3.365/1941, pode-se inferir que há dois tipos de ocupação temporária: ocupação temporária necessária para obras vinculadas a um processo de desapropriação e ocupação temporária para as demais obras e serviços públicos em geral. A questão da indenização deve levar em conta as duas modalidades. No caso da ocupação temporária vinculada a um processo de desapropriação, por força do art. 36

do Dec.-lei nº 3.365/1941, há a obrigação, por parte do Estado de indenizar, sendo vinculada à indenização da desapropriação. Na hipótese de ocupação temporária desvinculada de desapropriação, com fundamento nos arts. 58, V, ou 80, ambos da Lei nº 8.666/1993, em princípio não haverá indenização, exceto se o uso acarretar comprovado prejuízo ao proprietário.

12.5 LIMITAÇÕES ADMINISTRATIVAS

São determinações de caráter geral, por meio das quais, o Poder Público impõe a proprietários indeterminados obrigações de fazer, não fazer e obrigações permissivas, para condicionar a propriedade ao atendimento de sua função social. Ex.: impor ao proprietário limpeza de terreno; proibir a construção acima de determinado número de pavimentos (gabarito de prédios); permissão de vistoria de elevadores em edifícios e ingresso de agentes para fins de vigilância sanitária. As limitações administrativas têm caráter de definitividade. Sendo imposições de ordem geral, que exigem sacrifício coletivo, as limitações administrativas, como regra, não ensejam direito a indenização. Disso extrai-se, também, que devem atender ao princípio da isonomia, atingindo todos os proprietários em idêntica situação, não podendo haver tratamento desigual entre os particulares, sem critério legítimo de diferenciação. Havendo dano real e desproporcional, haverá o dever de indenizar. Ex.: lei municipal que passa a vedar a edificação a menos de 4 metros do passeio, em cada lado em terreno de esquina medindo 5 m x 5 m.

O Poder Público municipal pode estabelecer, por lei municipal, nos termos do art. 25 do Estatuto das Cidades (Lei nº 10.257/2001) o direito de preferência (preempção), por prazo não superior a cinco anos. Após o decurso desse prazo, é necessário se aguardar um ano para a renovação do direito de preempção (art. 25, § 1º, da Lei nº 10.257/2001). Ex.: determinado município pretende implementar, com base em seu plano diretor, um importante projeto de criação de espaços públicos de lazer ao longo dos próximos quatro anos e, para tanto, necessitará de áreas urbanas que atualmente constituem propriedade privada. O prefeito, então, encaminhará projeto de lei à Câmara de Vereadores estabelecendo direito de preferência em favor do Município caso os imóveis localizados na área venham a ser objeto de alienação onerosa entre particulares durante aquele prazo.

12.6 TOMBAMENTO

É a forma de intervenção na propriedade pela qual o Poder Público visa proteger o patrimônio cultural brasileiro, limitando o seu uso e até mesmo condicionando sua disposição por parte do proprietário. Incide sobre bens móveis ou imóveis que traduzem aspecto de relevância para a noção de patrimônio cultural brasileiro (art. 1º do Dec.-lei nº 25/1937). O tombamento deve ser instituído por meio de ato administrativo típico, porque mantém para o proprietário a possibilidade de discutir em juízo a sua validade. Entretanto há quem defenda a hipótese de o tombamento ser instituído por meio de lei de efeitos concretos. Em regra o tombamento não gera direito a indenização.

Havendo dano desproporcional, com real esvaziamento do direito de propriedade, poderá haver indenização. Entre os efeitos do tombamento, tem-se: 1. registro no ofício de registro de imóveis; 2. dever de conservar por parte do proprietário. Entretanto, se este não dispuser de recursos, deve comunicar o fato ao órgão que promoveu o tombamento, que deverá executar obras de reparação às suas expensas; 3. restrições para a vizinhança do prédio tombado – é vedada qualquer construção que reduza a visibilidade em relação ao prédio tombado; é vedado colocar cartazes ou anúncios.

12.7 DESAPROPRIAÇÃO

É modalidade supressiva de intervenção do Estado na propriedade privada. É o procedimento de direito público pelo qual o Poder Público, pelo qual o Estado transfere para si propriedade de terceiro, por razões de utilidade pública, necessidade pública ou interesse social.

a) *Natureza jurídica*: trata-se de um procedimento híbrido, eis que começa administrativamente e quase sempre desemboca na esfera judicial. Assim, possui duas fases: uma administrativa e outra judicial.
b) *Pressupostos:* 1. *utilidade pública:* quando a transferência do bem se afigura conveniente para a Administração. Ex.: desapropriação para construir um viaduto, ampliar uma via etc.; 2. *necessidade pública:* quando a transferência da propriedade para o Estado ocorre em situações de emergência, cuja solução exija a desapropriação. Ex.: possibilidade de desabamento de um prédio e consequente desapropriação de prédios vizinhos, para realização de obras emergenciais de infraestrutura; 3. *interesse social:* consiste nas hipóteses em que mais se realça a função social da propriedade. O interesse social, normalmente, pressupõe ação ou omissão por parte do proprietário, no sentido de promover desigualdades sociais ou afronta ao meio ambiente.
c) *Desapropriação de bens públicos:* pressupõe a direção vertical das entidades federativas. Assim, a União pode desapropriar bens do Estado, que pode desapropriar bens do Município. Embora não haja hierarquia entre os entes federativos, a doutrina admite a possibilidade de desapropriação pelos entes maiores pelo fundamento da preponderância do interesse, desde que haja autorização legislativa do ente expropriante. O mesmo raciocínio pode ser empregado para desapropriação de bens de entidades da Administração.
d) *Competências:*
   1. *Competência legislativa:* é da União federal, de acordo com o art. 22, II, da CF/1988.
   2. *Competência declaratória:* é a competência para declarar utilidade pública, necessidade pública ou interesse social do bem com vistas à futura desapropriação. É concorrente da União, dos Es-

tados, do Distrito Federal e dos Municípios (art. 2º do Dec.-lei nº 3.365/1941). *Exceções:* DNIT e ANEEL.

3. *Competência executória:* é a competência para promover a desapropriação. Vai desde a negociação com o proprietário até a finalização do processo judicial de desapropriação. É a mais abrangente de todas as competências, eis que amplia a legitimidade para as concessionárias e delegatários de serviços públicos, mediante autorização expressa, constante de lei ou contrato.

e) *Fases de uma desapropriação:*

1. *Fase declaratória:* é feita mediante declaração expropriatória. Define-se declaração expropriatória como a manifestação emitida pelas pessoas federativas no sentido de expressar a vontade para transferir determinado bem para seu patrimônio ou para o patrimônio de pessoa delegada, com o objetivo de executar atividade de interesse público, prevista em lei. Formaliza-se por meio de Decreto do chefe do Executivo.

   1.1 *Efeitos da declaração expropriatória*: a) permissão às autoridades competentes, no sentido de penetrar no prédio objeto da desapropriação, sendo possível o recurso à força policial; b) início de contagem do prazo de para ocorrência da caducidade do ato; c) indicação do estado do bem objeto da desapropriação, para fins de indenização. Assim, se o proprietário, após o decreto expropriatório promover benfeitorias necessárias, será, por elas, também indenizado. As úteis, somente serão indenizadas se feitas mediante autorização do Poder Público. Já as voluptuárias não serão indenizadas.

   1.2 *Caducidade da declaração expropriatória:* o decreto expropriatório caduca em cinco anos se o fundamento da desapropriação for utilidade pública. Caduca em dois anos se o fundamento da desapropriação for o interesse social. Em caso de caducidade nas desapropriações por utilidade pública, somente poderá ser exarado um novo decreto, após um ano, conforme o art. 10 do Dec.-lei nº 3.365/1941.

2. *Fase executória:* inicia-se administrativamente com tentativa de acordo entre o Estado e o proprietário. Quando se logra êxito, diz-se que a desapropriação foi amigável. A administração poderá se utilizar da mediação e da arbitragem para tentar a solução extrajudicial. Trata-se de negócio jurídico bilateral que deve ser formalizado por meio de escritura pública. Não obtida a negociação extrajudicial, passa-se à fase judicial, em que, diante da ausência de acordo, o Estado ajuíza ação de desapropriação em face do

proprietário. Nessa fase não se discutem os motivos da desapropriação. A discussão adstringe-se ao *quantum* indenizatório. Por isso mesmo, a contestação deve estar voltada para a discussão do valor da indenização. Caso o proprietário queira discutir os motivos ou fundamentos da desapropriação, deve fazê-lo logo após o decreto expropriatório, por meio de ação própria que a Dec.-lei nº 3.365/1941, art. 20, chamou de ação direta.

2.1 *Imissão provisória na posse:* admite-se, no curso da fase executória, a figura da imissão provisória na posse, que é a situação jurídica em que o expropriante passa a ter a posse provisória do bem antes da finalização da ação expropriatória. Dois são os pressupostos da imissão provisória na posse: urgência e depósito do valor de acordo com o que a lei estabelecer. Esse valor será arbitrado pelo juiz.

2.2 *Levantamento do depósito:* a lei permite que o proprietário levante o equivalente até 80% da importância depositada (art. 33, § 2º, do Dec.-lei nº 3.365/1941), sem transferir a propriedade ao expropriante ou até 100% do valor se realizar a transferência da propriedade (art. 34-A, § 2º, do Dec.-lei nº 3.365/1941). Em ambos os casos, o proprietário poderá continuar a discutir o valor da indenização em juízo.

f) *Indenização ao locatário:* assim como os proprietários, os locatários também possuem, na forma estabelecida pela Constituição Federal, o direito à justa indenização por todos os prejuízos que as desapropriações lhes causarem, visto que experimentam prejuízos distintos dos suportados pelo locador (proprietário). O proprietário é indenizado pela perda da propriedade (art. 5º, XXIV, da CF/1988), ao passo que o locatário, pela interrupção do negócio e, além da perda (comprovada), do estabelecimento empresarial (fundo de comércio). Assim, o STJ, com base em precedentes, firmou jurisprudência no sentido de que o inquilino comercial tem amplo direito de ser ressarcido, independentemente das relações jurídicas entre o Poder Público e o proprietário, inclusive por perdas e danos causados por aquele.

g) *Tredestinação:* após a efetivação de uma desapropriação, o ente expropriante deve empregar o bem à finalidade pública que desencadeou o processo de desapropriação. Não o fazendo, estar-se-á diante da tredestinação, que nada mais é do que a destinação do bem em desconformidade com o plano inicialmente previsto. A tredestinação, entretanto, distingue-se em lícita (na qual o bem é empregado em finalidade diversa da inicialmente pretendida, mas ainda afetada ao interesse público) e ilícita (na qual não se emprega o bem em uma utilização de interesse público). A tredestinação lícita, isto é, a alteração na destinação do bem, por conveniência da administração pública, resguardando, de modo integral, o interesse público, não é vedada pelo ordenamento.

h) *Retrocessão: a tredestinação lícita*, por manter o bem afetado a uma finalidade de interesse público não configura direito de retrocessão, isto é, o direito do particular expropriado de reaver o bem, em virtude da sua não utilização. O Dec.-lei nº 3.365/1941 dispõe, em seu art. 35, que os bens expropriados, uma vez incorporados à Fazenda Pública, não podem ser objeto de reivindicação. A jurisprudência e a doutrina majoritárias afirmam que somente é possível o exercício do direito de retrocessão quando é dado ao bem outra destinação que não seja de interesse público (*tredestinação ilícita*) ou que não lhe tenha dado destinação alguma (*adestinação*), nos termos do art. 519 do CC.

12.7.1 Desapropriação indireta

Desapropriação indireta é o apossamento de bem particular pelo Poder Público sem a observância dos requisitos da declaração e indenização prévia (processo legal de desapropriação). Costuma ser equiparada ao esbulho podendo ser obstada por meio de ação possessória. É fato administrativo.

Não se obtendo sucesso, após apossado o bem pelo Poder Público, só restará buscar as perdas e danos, conforme o previsto no art. 35 do Dec.-lei nº 3.365/1941. Os bens expropriados, uma vez incorporados à Fazenda Pública, não podem ser objeto de reivindicação, ainda que fundada em nulidade do processo de desapropriação. Qualquer ação, julgada procedente, resolver-se-á em perdas e danos. A desapropriação indireta somente se consuma quando o bem se incorporar definitivamente ao patrimônio do ente público. É a incorporação que ocasiona a transferência de propriedade.

Em termos *de prescrição ao ajuizamento da ação*, deve-se observar a Súm. nº 119 do STJ (editada antes do Código Civil de 2002), que prevê que a ação de desapropriação indireta prescreve em 20 anos. A súmula, porém, deve ser interpretada à luz do Código Civil de 2002, conforme firmado no REsp nº 1300442/SC, uma vez que o art. 1.238, parágrafo único, do CC prevê o prazo de 10 anos (prazo para aquisição do imóvel por usucapião pelo Poder Público).

12.8 EXPROPRIAÇÃO

É sanção pelo cometimento de ato ilícito, prevista no art. 243 da CF/1988, não confere direito indenizatório ao proprietário. Isso porque as propriedades rurais e urbanas de qualquer região do País onde forem localizadas culturas ilegais de plantas psicotrópicas ou a exploração de trabalho escravo na forma da lei serão expropriadas e destinadas à reforma agrária e a programas de habitação popular, sem qualquer indenização ao proprietário e sem prejuízo de outras sanções previstas em lei.

O STF, porém, em 14-12-2016, por ocasião do julgamento do RE nº 635.336, de relatoria do Min. Gilmar Mendes, decidiu que a expropriação prevista no art. 243 da CF pode ser afastada, desde que o proprietário comprove que não incorreu em culpa, ainda que *in vigilando* ou *in elegendo*. Com essa orientação, o Plenário negou provimento a recurso extraordinário em que se discutia a natureza jurídica da responsabilidade do proprietário de terras nas quais localizada cultura ilegal de plantas psicotrópicas.

Salientou-se que o instituto previsto no art. 243 da CF não é verdadeira espécie de desapropriação, mas uma penalidade imposta ao proprietário que praticou a atividade ilícita de cultivar plantas psicotrópicas, sem autorização prévia do órgão sanitário do Ministério da Saúde. Portanto, a expropriação é espécie de confisco constitucional e tem caráter sancionatório.

13. INTERVENÇÃO DO ESTADO NO DOMÍNIO ECONÔMICO

Trata-se de atuação típica do Estado Social (regulação da economia), uma vez que não mais se regula pela mão invisível do mercado. Constitui um fato político e jurídico. Assim, manifesta-se como todo o ato do Estado que objetive restringir, condicionar ou suprimir a iniciativa privada (fundada na valorização do trabalho humano e na livre-iniciativa) em determinada área, objetivando o desenvolvimento nacional, a justiça social, a livre competição e a redução das desigualdades sociais e regionais, assegurados os direitos e garantias individuais.

13.1 PRINCIPAIS MODALIDADES DE INTERVENÇÃO

a) Estímulo e fomento à iniciativa privada;

b) Pressão sobre a sociedade para imprimir determinado sentido às suas atividades;

c) Prestação de serviços que se ramificam em instituições jurídicas situadas fora de tratamento na área administrativa do Estado.

13.2 PRINCIPAIS FORMAS DE INTERVENÇÃO

a) Ofensiva: com a criação de empresas para atuarem em nome do Estado;

b) Defensiva: incluem-se expedientes como o do tabelamento dos preços;

c) Intermediária: encontramos as medidas reguladoras e controladoras.

13.3 PRINCIPAIS TIPOS DE INTERVENÇÃO

a) Direta: intervenção do Estado empresa (principalmente por intermédio das sociedades de economia mista e das empresas públicas, que visam, em última análise, evitar práticas de concorrência desleal entre o setor público e o setor privado.

> *Observação importante:* Quando essas entidades forem prestadoras de serviço público, sua liberdade operacional é irrestrita. Assim, no que diz respeito à vedação de concessão de privilégios às empresas públicas e sociedades de economia mista (§ 2º do art. 173 da CF/1988), *somente é aplicável às exploradoras de atividade econômica* e não às prestadoras de serviço público.

b) *Indireta:* se realiza por meio da legislação regulamentadora ou reguladora (como agente normativo e *regulador* da atividade econômica, o Estado exercerá, na forma da lei, as funções de *fiscalização, incentivo* e *planejamento*, sendo este determinante para o setor público e indicativo para o setor privado).

- *Regulação:* ato jurídico (disciplinada por normas da ciência jurídica), político (expressão de um poder institucional) e econômico (atua na atividade produtiva, de circulação, distribuição e consumo de bens e serviços).
- *Incentivo:* o Estado promotor da economia por intermédio de ações como proteção, estímulo, promoção, favorecimento e auxílio à iniciativa privada. Ex.: fomento (positivo ou negativo – econômico ou social).
- *Planejamento:* processo técnico de intervenção do Estado no domínio econômico com o escopo de organizar as atividades econômicas para obter resultados previamente colimados.
- *Fiscalização:* exercida por intermédio do poder de polícia (verificação se os agentes econômicos privados estão atuando em conformidade com as disposições normativas incidentes sobre as suas respectivas atividades). Ex.: a atuação do Conselho Administrativo de Defesa Econômica (CADE) como órgão administrativo encarregado de atuar contra o abuso do poder econômico – infrações à ordem econômica e concorrencial.

Entre os principais mecanismos de fiscalização à ordem econômica, encontra-se o Sistema Brasileiro de Defesa da Concorrência (SBDC), instituído pela Lei nº 12.529/2011, que visa, principalmente, a prevenção e repressão às infrações contra a ordem econômica. O SBDC é formado pelo Conselho Administrativo de Defesa Econômica (CADE) e pela Secretaria de Acompanhamento Econômico do Ministério da Fazenda.

O CADE é entidade judicante com jurisdição em todo o território nacional, que se constitui em *autarquia federal*, vinculada ao Ministério da Justiça, com sede e foro no Distrito Federal, e é constituído pelos seguintes órgãos: 1. Tribunal Administrativo de Defesa Econômica; 2. Superintendência-Geral; 3. Departamento de Estudos Econômicos.

O Tribunal Administrativo, órgão judicante, tem como membros um Presidente e seis Conselheiros escolhidos dentre cidadãos com mais de 30 anos de idade, de notório saber jurídico ou econômico e reputação ilibada, nomeados pelo Presidente da República, depois de aprovados pelo Senado Federal. O mandato do Presidente e dos Conselheiros é de quatro anos, não coincidentes, vedada a recondução, exigindo dedicação exclusiva, não se admitindo qualquer acumulação, salvo as constitucionalmente permitidas.

No caso de renúncia, morte, impedimento, falta ou perda de mandato do Presidente do Tribunal, assumirá o Conselheiro mais antigo no cargo ou o mais idoso, nessa ordem, até nova nomeação, sem prejuízo de suas atribuições. No caso de renúncia, morte ou perda de mandato de Conselheiro, proceder-se-á a nova nomeação, para completar o mandato do substituído.

A perda de mandato do Presidente ou dos Conselheiros do CADE só poderá ocorrer em virtude de decisão do Senado Federal, por provocação do Presidente da República, ou em razão de condenação penal irrecorrível por crime doloso, ou de processo disciplinar de conformidade com o que prevê as Leis nºs 8.112/1990 e 8.429/1992, e por infringência de quaisquer das vedações previstas no art. 8º da Lei nº 12.529/2011.

Também perderá o mandato, automaticamente, o membro do Tribunal que faltar a três reuniões ordinárias consecutivas, ou 20 intercaladas, ressalvados os afastamentos temporários autorizados pelo Plenário.

13.4 INFRAÇÕES DA ORDEM ECONÔMICA, PENAS E PRESCRIÇÃO

A Lei nº 12.529/2011 aplica-se às pessoas físicas ou jurídicas de direito público ou privado, bem como a quaisquer associações de entidades ou pessoas, constituídas de fato ou de direito, ainda que temporariamente, com ou sem personalidade jurídica, mesmo que exerçam atividade sob regime de monopólio legal (art. 31).

As diversas formas de infração da ordem econômica implicam a responsabilidade da empresa e a responsabilidade individual de seus dirigentes ou administradores, solidariamente (art. 32). Serão solidariamente responsáveis as empresas ou entidades integrantes de grupo econômico, de fato ou de direito, quando pelo menos uma delas praticar infração à ordem econômica (art. 33).

A personalidade jurídica do responsável por infração da ordem econômica poderá ser desconsiderada quando houver da parte deste abuso de direito, excesso de poder, infração da lei, fato ou ato ilícito ou violação dos estatutos ou contrato social (art. 34). A desconsideração também será efetivada quando houver falência, estado de insolvência, encerramento ou inatividade da pessoa jurídica provocados por má administração.

A repressão das infrações da ordem econômica não exclui a punição de outros ilícitos previstos em lei. Os atos que constituem infração à ordem econômica estão previstos no art. 36 da Lei nº 12.529/2011, constituindo um rol exemplificativo. As penas, por sua vez, estão no art. 37 do mesmo dispositivo.

Prescrevem em cinco anos as ações punitivas da administração pública federal, direta e indireta, objetivando apurar infrações da ordem econômica, contados da data da prática do ilícito ou, no caso de infração permanente ou continuada, do dia em que tiver cessada a prática do ilícito. *Interrompe* a prescrição qualquer ato administrativo ou judicial que tenha por objeto a apuração da infração contra a ordem econômica mencionada no *caput* deste artigo, bem como a notificação ou a intimação da investigada. *Suspende-se* a prescrição durante a vigência do compromisso de cessação ou do acordo em controle de concentrações.

Deve-se destacar ainda que incide a prescrição no procedimento administrativo paralisado por mais de três anos, pendente de julgamento ou despacho, cujos autos serão arquivados de ofício ou mediante requerimento da parte interessada, sem prejuízo da apuração da responsabilidade funcional decorrente da paralisação, se for o caso.

Por fim, destaca-se que quando o fato objeto da ação punitiva da administração também constituir crime, a prescrição reger-se-á pelo prazo previsto na lei penal.

14. CONTROLE DA ADMINISTRAÇÃO PÚBLICA

14.1 CONTROLE INTERNO

Aquele exercido dentro de um mesmo poder, automaticamente ou por meio de órgãos integrantes de sua própria estrutura. É o controle que a própria Administração realiza sobre suas atividades, por ser a forma mais comum de controle, é simplesmente denominado controle administrativo.

Deriva do poder-dever autotutela que a Administração tem sobre seus próprios atos e agentes. Perceba a redação da Súm. nº 473 do STF:

> A Administração pode anular seus próprios atos, quando eivados de vícios que os tornem ilegais, porque deles não se originam direitos; ou revogá-los, por motivo de conveniência ou oportunidade, respeitados os direitos adquiridos e ressalvada, em todos os casos, a apreciação judicial.

Ex.: o controle que a Controladoria-Geral exerce sobre o Poder Executivo. Possui fundamento constitucional no art. 74 da CF/1988.

14.2 CONTROLE EXTERNO

Diz-se externo quando exercido por um poder sobre atos administrativos praticados por outro poder. O controle legislativo, ou parlamentar é o exercido pelos órgãos legislativos ou por comissões parlamentares sobre determinados atos do Poder Executivo (CONTROLE POLÍTICO).

A fiscalização contábil, financeira, orçamentária, operacional e patrimonial da União e das entidades da administração direta e indireta, quanto à legalidade, legitimidade, economicidade, aplicação das subvenções e renúncia de receitas, será exercida pelo Congresso Nacional, mediante controle externo, auxiliado pelo Tribunal de Contas da União.

É possível o controle das sociedades de economia mista pelo Tribunal de Contas, nos termos do art. 71, II, da CF, já que se trata de uma sociedade instituída pelo Poder Público. O STF firmou entendimento no sentido de que as sociedades de economia mista sujeitam-se à fiscalização pelos Tribunais de Contas (STF, MS nº 25 092/DF, RE nº 356209 AgRg/GO, MS nº 26117/DF, entre outros).

O controle do Tribunal de Contas sobre licitações e contratos é matéria de observação, pois o Tribunal de Contas, em controle prévio de editais de licitação, não pode determinar a modificação de critérios, porque estaria substituindo a vontade do administrador em seu campo discricionário, em violação ao princípio da separação dos Poderes (art. 2º da CF). *Tal situação é excepcionada*, nos termos da jurisprudência do STF (RE nº 547063), *quando há fundado receio de irregularidade na licitação*, como ocorre, por exemplo, quando há critério de julgamento manifestamente irrazoável, com suspeita de direcionamento do resultado do certame.

Ainda, sobre o controle dos Tribunais de Contas em matéria de licitações e contratos, é importante que se diga que esses poderão solicitar (de forma motivada e casuística) edital já publicado para exame, conforme previsto no art. 113, § 2º, da Lei nº 8.666/1993. O TCU não tem, porém, competência para sustar contratos administrativos. De acordo com a norma do art. 71, § 1º, da CF/1988, a sustação da execução do contrato deve ser solicitada ao Congresso Nacional, que deverá deliberar em 90 dias. Somente após o prazo, sem manifestação do Congresso Nacional, é que o TCU poderá decidir a respeito.

14.3 CONTROLE SOCIAL

Aquele exercido pela própria sociedade, sobre a Administração Pública. Exemplos: 1. as contas do Município devem ficar, anualmente, 60 dias à disposição de qualquer contribuinte, para exame e apreciação, que poderá questionar-lhes a legitimidade, nos termos da lei; 2. qualquer cidadão é parte legítima para propor ação popular que vise a anular ato lesivo ao patrimônio público ou de entidade de que o Estado participe, à moralidade administrativa, ao meio ambiente e ao patrimônio histórico cultural; 3. qualquer cidadão, partido político, associação ou sindicato é parte legitima para, na forma da lei, denunciar irregularidades ou ilegalidades perante o Tribunal de Contas da União. Fundamento constitucional.

14.4 CONTROLE JUDICIAL

É o controle realizado pelo Poder Judiciário, diante do princípio da inafastabilidade de apreciação jurisdicional. Este controle recai apenas sobre a legalidade (juridicidade) dos atos administrativos, não podendo o Judiciário analisar as razões de conveniência e oportunidade, isto é, substituir o administrador, pois estaria invadindo o mérito administrativo. Portanto todos os atos administrativos, inclusive os discricionários estão sujeitos ao controle de legalidade/juridicidade.

15. IMPROBIDADE ADMINISTRATIVA E PRÁTICAS DE *COMPLIANCE*

15.1 PREVISÃO NORMATIVA

Lei nº 8.429/1992 (Lei de natureza civil – com matéria de direito administrativo – não tem natureza penal). *Em termos gerais:* improbidade = desonestidade. O ato de improbidade administrativa, em si, *não é crime* (ação de natureza civil pública).

Porém, se a conduta também for tipificada como crime ou infração administrativa, poderá haver a responsabilização também na esfera administrativa disciplinar, civil e penal.

15.2 MODALIDADES DE IMPROBIDADE

Rol exemplificativo, não exaustivo.

a) *Atos que ocasionaram enriquecimento ilícito* (art. 9º da Lei nº 8.429/1992) – exige o dolo;

b) *Atos que ocasionaram prejuízo ao erário* (art. 10 da Lei nº 8.429/1992) – exige dolo ou culpa;

c) *Atos contrários aos princípios da Administração* (art. 11 da Lei nº 8.429/1992) – exige dolo.

d) *Atos decorrentes de concessão ou aplicação indevida de benefício financeiro ou tributário* (art. 10-A da Lei nº 8.429/1992, inserido pela LC nº 157/2016) – exige o dolo.

15.3 SANÇÕES POR ATOS DE IMPROBIDADE

Poderão ser aplicadas cumulativamente e independem da efetiva ocorrência de dano ao patrimônio público.

> **Observação:** Basta a prática da conduta para que o agente seja responsabilizado por ato de improbidade, independente do resultado alcançado.

Exceção: quanto ao ressarcimento ao erário, que só será aplicado quando houver efetivo prejuízo ao patrimônio público.

Quando a conduta praticada for enquadrada em mais de uma modalidade de improbidade, as sanções poderão ser *aplicadas cumulativamente* e, na impossibilidade, será aplicada a *sanção mais grave* (princípio da subsunção).

Previsão constitucional (art. 37, § 4º): a) ressarcimento ao erário; b) suspensão dos direitos políticos; c) indisponibilidade dos bens; d) perda da função pública.

Previsão infraconstitucional (art. 12 da Lei nº 8.429/1992): a) ressarcimento ao erário; b) suspensão dos direitos políticos; c) indisponibilidade dos bens;

d) perda da função pública; e) a multa civil e a proibição de contratar com a Administração e receber benefícios e incentivos fiscais ou creditícios.

É importante destacar que, de acordo com o STJ, o *princípio da insignificância* não afasta a aplicação de sanção com base na Lei nº 8.429/1992 àquele que tenha praticado ato de improbidade. O sucessor daquele que causar lesão ao patrimônio público ou se enriquecer ilicitamente estará sujeito às previsões da Lei nº 8.429/1992, *no que couber, até o limite do valor da herança.*

QUADRO COMPARATIVO:

	Enriquecimento ilícito (art. 9º)	**Prejuízo ao Erário (art. 10)**	**Concessão ou aplicação indevida de benefício financeiro ou tributário (art. 10-A)**	**Afronta aos princípios da Adm. Púb. (art. 11)**
Ressarcimento integral	Se houver dano	Sim	Se houver dano	Se houver dano
Perda da função pública	Sim	Sim	Sim	Sim
Suspensão dos direitos políticos	De 8 a 10 anos	De 5 a 8 anos	De 5 a 8 anos	De 3 a 5 anos
Multa civil	Até 3x o valor do acréscimo	Até 2x o valor do dano	Até 3x o valor do benefício financeiro ou tributário	Até 100x o valor da remuneração
Proibição de contratar com a Administração	10 anos	5 anos	Não	3 anos
Perda dos bens ou valores acrescidos ilicitamente ao patrimônio	Sim	Se houver acréscimo	Não	Não

15.4 SUJEITO PASSIVO DA CONDUTA

É a Administração direta e indireta ou qualquer entidade em que o Poder Público tenha concorrido com pelo menos 50 % do patrimônio. Estão também sujeitos às penalidades os atos de improbidade praticados contra o patrimônio de entidade que receba subvenção, benefício ou incentivo, fiscal ou creditício, de órgão público bem como daquelas para cuja criação ou custeio o erário haja concorrido ou concorra com menos de 50 % do patrimônio ou da receita anual, limitando-se, nestes casos, a sanção patrimonial à repercussão do ilícito sobre a contribuição dos cofres públicos.

15.5 SUJEITO ATIVO DA CONDUTA

É qualquer agente público (ocupe cargo ou emprego, desempenhe função ou mandato) – atos de improbidade próprios; ou o particular que concorreu ou se beneficiou com a prática do ato – atos de improbidade impróprios ou por equiparação.

Magistrados e membros do MP: o STF, outrora, já decidiu que a Lei nº 8.429/1992 não se aplicava aos agentes políticos, inclusive aos magistrados e membros do MP, já que os agentes políticos praticam crime de responsabilidade, devendo ser responsabilizados pela Lei nº 1.079/1950 (Lei dos Crimes de Responsabilidade). Atualmente, parece ser pacífico o entendimento, capitaneado pelo STJ de que magistrados e membros do MP são agentes públicos para fins de aplicação da Lei de Improbidade Administrativa, cabendo contra eles a respectiva ação, na forma dos arts. 2º e 3º da Lei nº 8.429/1992 (REsp nº 1.249.531).

Prefeitos e vereadores: o STJ decidiu que os prefeitos podem ser processados por seus atos pela Lei nº 8.429/1992, eis que não se enquadram entre as autoridades submetidas à Lei nº 1.079/1950. O precedente do STF (Rcl nº 2.138) reforça a tese sobre o cabimento da ação de improbidade em face de agente político de qualquer esfera dos Poderes da União, Estados e Municípios, ressalvando-se apenas as hipóteses em que houver demanda ajuizada contra presidente da República ou ministros de Estado. Assim, não há óbices para a aplicação concomitante do Dec.-lei nº 201/1967 e a Lei nº 8.429/1992, pois, "o primeiro impõe a *prefeito e vereadores* um julgamento político, enquanto a segunda submete-os ao julgamento pela via judicial, pela prática do mesmo fato" (REsp nº 1.106.159). Aos prefeitos e vereadores será aplicada a Lei nº 8.429/1992, já que eles não foram albergados pela Lei nº 1.079/1950, por isso, são processados e julgados na justiça comum.

15.6 INDISPONIBILIDADE DE BENS

Não constitui sanção, mas medida de garantia destinada a assegurar o ressarcimento ao erário. De acordo com o STJ, se o agente estiver sendo acusado pela eventual prática de atos de improbidade administrativa, poderá ser decretada a indisponibilidade de seus bens. Para isso, deverá ser provado o *fumus boni iuris*, ou seja, que há fortes indícios de que essa pessoa realmente praticou atos de improbidade. Não é necessário provar, entretanto, o *periculum in mora*, ou seja, que a pessoa está se desfazendo de seu patrimônio para evitar o ressarcimento. O pressuposto cautelar do *periculum in mora* está implícito, já que o bloqueio de bens visa a "assegurar o integral ressarcimento do dano". O STJ tem decidido, também, que pode ser decretada a indisponibilidade sobre bens que o acusado possuía antes ou depois da suposta prática do ato de improbidade (inclusive aos bens adquiridos antes da vigência da LIA). Pode ocorrer tanto na ação principal (judicial) quanto no procedimento administrativo (por requerimento ao Ministério Público ou à Procuradoria da Pessoa Jurídica respectiva).

15.7 LEGITIMADOS À PROPOSITURA

A ação de improbidade *será proposta pelo MP ou pessoa jurídica interessada*. O MP, quando não for parte na ação, obrigatoriamente, (sob pena de nulidade) atuará como fiscal da lei (*custus legis*). A ação de improbidade poderá ser proposta independente da aprovação ou rejeição de contas públicas, seja pelo órgão de controle interno ou pelo Tribunal de Contas, logo, aquele que praticou o ato de improbidade poderá ser processado mesmo que as contas tenham sido aprovadas.

É *vedada*, nas ações de improbidade, qualquer *transação*, *acordo* ou *conciliação*.

15.8 PRESCRIÇÃO

A ação de improbidade deverá ser proposta dentro dos seguintes prazos prescricionais:

- até *5 anos*, contados do término do mandato, cargo em comissão ou função comissionada;
- no mesmo prazo prescricional previsto em lei específica para a aplicação da penalidade de demissão a bem do serviço público, nos casos de exercício de cargo efetivo ou emprego público (de acordo com a Lei nº 8.112/1990, esse prazo é de *5 anos* contados do conhecimento do fato).

> **Observações:**
> 1. As ações que visam ao ressarcimento ao erário por dano decorrente de ato de improbidade administrativa são imprescritíveis, conforme a jurisprudência do STF.
> 2. Por ser uma ação de natureza cível, aplica-se a prescrição intercorrente prevista para ações desta natureza.

15.9 PROCEDIMENTO ADMINISTRATIVO

Inicia-se de ofício pela Administração ou mediante representação, a qual será escrita ou reduzida a termo e assinada, conterá a qualificação do representante, as informações sobre o fato e sua autoria e a indicação das provas de que tenha conhecimento. A representação poderá ser rejeitada pela autoridade (por decisão fundamentada), se esta não contiver as formalidades estabelecidas na lei.

A rejeição pela autoridade administrativa não impede a representação ao Ministério Público. Deve ser comunicado imediatamente o Ministério Público e o respectivo Tribunal de Contas a respeito da instauração de procedimento administrativo para apurar ato de improbidade administrativa (ambos poderão, a requerimento da autoridade administrativa, designar representante para acompanhar o procedimento administrativo).

15.10 PROCEDIMENTO JUDICIAL

A ação principal terá o rito ordinário, será proposta pelo Ministério Público (ação civil pública de improbidade) ou pela pessoa jurídica interessada, dentro de 30 dias da efetivação da medida cautelar. Estando a inicial em devida forma, o juiz mandará autuá-la e ordenará a notificação do requerido, para oferecer manifestação por escrito, que poderá ser instruída com documentos e justificações, dentro do prazo de 15 dias (o STJ decidiu, no EDcl no REsp n.º 1.194.009, que a falta de notificação do acusado para apresentar defesa prévia nas ações submetidas ao rito da Lei de Improbidade Administrativa é causa de nulidade relativa).

Recebida a manifestação, o juiz, no prazo de 30 dias, em decisão fundamentada, rejeitará a ação, se convencido da inexistência do ato de improbidade, da improcedência da ação ou da inadequação da via eleita. Recebida a petição inicial, será o réu citado para apresentar contestação. Da decisão que receber a petição inicial caberá agravo de instrumento. Não há foro privilegiado para o julgamento da ação de improbidade, que tramita à justiça comum pelo rito ordinário.

Observação: O pacote anticrime, aprovado em 2019 pela Lei nº 13.964/2019, trouxe alterações ao art. 17, § 1º, da Lei nº 8.429/1992: "As ações de que trata este artigo admitem a celebração de acordo de não persecução cível, nos termos desta Lei". Segundo o § 10-A, "Havendo a possibilidade de solução consensual, poderão as partes requerer ao juiz a interrupção do prazo para a contestação, por prazo não superior a 90 (noventa) dias". Assim, a partir dessa alteração é possível haver acordos que não sejam de persecução cível, na ação de improbidade administrativa.

15.11 LEI ANTICORRUPÇÃO E PRÁTICAS DE *COMPLIANCE*

A Lei nº 12.846/2013 dispõe sobre a responsabilização administrativa e civil de pessoas jurídicas pela prática de atos contra a administração pública, nacional ou estrangeira.

Considera-se *administração pública estrangeira* os órgãos e entidades estatais ou representações diplomáticas de país estrangeiro, de qualquer nível ou esfera de governo, bem como as pessoas jurídicas controladas, direta ou indiretamente, pelo Poder Público de país estrangeiro, equiparam-se à administração pública estrangeira as organizações públicas internacionais.

Por sua vez, considera-se *agente público estrangeiro* quem, ainda que transitoriamente ou sem remuneração, exerça cargo, emprego ou função pública em órgãos, entidades estatais ou em representações diplomáticas de país estrangeiro, assim como em pessoas jurídicas controladas, direta ou indiretamente, pelo Poder Público de país estrangeiro ou em organizações públicas internacionais.

Já o âmbito de aplicação da lei anticorrupção se dá às sociedades empresárias e às sociedades simples, personificadas ou não, independentemente da forma de organização ou modelo societário adotado, bem como a quaisquer fundações, associações de entidades ou pessoas, ou sociedades estrangeiras, que tenham sede, filial ou representação no território brasileiro, constituídas de fato ou de direito, ainda que temporariamente.

A pessoa jurídica será representada no processo administrativo na forma do seu estatuto ou contrato social, sendo que as sociedades sem personalidade jurídica serão representadas pela pessoa a quem couber a administração de seus bens. Por sua vez, a pessoa jurídica estrangeira será representada pelo gerente, representante ou administrador de sua filial, agência ou sucursal aberta ou instalada no Brasil.

15.11.1 Responsabilidade da pessoa jurídica

As pessoas jurídicas serão responsabilizadas objetivamente, independentemente da responsabilização individual das pessoas naturais, nos âmbitos administrativo e civil, pelos atos lesivos previstos na lei anticorrupção praticados em seu interesse ou benefício, exclusivo ou não. Isso porque a responsabilização da pessoa jurídica não exclui a responsabilidade individual de seus dirigentes ou administradores (responsabilizados por atos ilícitos na medida da sua culpabilidade) ou de qualquer pessoa natural, autora, coautora ou partícipe do ato ilícito.

A responsabilidade da pessoa jurídica subsiste mesmo na hipótese de alteração contratual, transformação, incorporação, fusão ou cisão societária. Nas hipóteses de fusão e incorporação, porém, a responsabilidade da sucessora será restrita à obrigação de pagamento de multa e reparação integral do dano causado até o limite do patrimônio transferido, não lhe sendo aplicáveis as demais sanções previstas nesta Lei decorrentes de atos e fatos ocorridos antes da data da fusão ou incorporação, exceto no caso de simulação ou evidente intuito de fraude, devidamente comprovados.

As sociedades controladoras, controladas, coligadas ou, no âmbito do respectivo contrato, as consorciadas serão solidariamente responsáveis pela prática dos atos previstos na lei anticorrupção, restringindo-se tal responsabilidade à obrigação de pagamento de multa e reparação integral do dano causado.

15.11.2 Atos lesivos à Administração Pública nacional ou estrangeira

Constituem atos lesivos à Administração Pública, nacional ou estrangeira, para os fins da lei anticorrupção, todos aqueles praticados pelas pessoas jurídicas já mencionadas acima, que atentem contra o patrimônio público nacional ou estrangeiro, contra princípios da Administração Pública ou contra os compromissos internacionais assumidos pelo Brasil, em rol definido na lei.

15.11.3 Responsabilização administrativa

Na esfera administrativa, serão aplicadas às pessoas jurídicas consideradas responsáveis pelos atos lesivos as seguintes sanções:

1. *multa*, no valor de 0,1 % a 20 % do faturamento bruto do último exercício anterior ao da instauração do processo administrativo, excluídos os tributos, que nunca será inferior à vantagem auferida, quando for possível sua estimação. Caso não seja possível utilizar o critério do valor do faturamento bruto da pessoa jurídica, a multa será de R$ 6.000,00 a R$ 60.000.000,00;
2. *publicação extraordinária da decisão condenatória*, a qual ocorrerá na forma de extrato de sentença, a expensas da pessoa jurídica, em meios de comunicação de grande circulação na área da prática da infração e de atuação da pessoa jurídica ou, na sua falta, em publicação de circulação nacional, bem como por meio de afixação de edital, pelo prazo mínimo de 30 dias, no próprio estabelecimento ou no local de exercício da atividade, de modo visível ao público, e no sítio eletrônico na rede mundial de computadores.

As sanções supra serão aplicadas fundamentadamente, isolada ou cumulativamente, de acordo com as peculiaridades do caso concreto e com a gravidade e natureza das infrações, sendo precedidas da manifestação jurídica elaborada pela Advocacia Pública ou pelo órgão de assistência jurídica, ou equivalente, do ente público, sendo que sua aplicação não exclui, em qualquer hipótese, a obrigação da reparação integral do dano causado.

Por ocasião da aplicação das sanções, devem ser considerados critérios como:

a) a gravidade da infração;
b) a vantagem auferida ou pretendida pelo infrator;
c) a consumação ou não da infração;
d) o grau de lesão ou perigo de lesão;
e) o efeito negativo produzido pela infração;
f) a situação econômica do infrator;
g) a cooperação da pessoa jurídica para a apuração das infrações;
h) a existência de mecanismos e procedimentos internos de integridade (a serem estabelecidos em Regulamento do Poder Executivo Federal), auditoria e incentivo à denúncia de irregularidades e a aplicação efetiva de códigos de ética e de conduta no âmbito da pessoa jurídica; e
i) o valor dos contratos mantidos pela pessoa jurídica com o órgão ou entidade pública lesados.

15.11.4 Desconsideração da personalidade jurídica

A personalidade jurídica poderá ser desconsiderada sempre que utilizada com abuso do direito para facilitar, encobrir ou dissimular a prática dos atos ilícitos previstos na lei anticorrupção ou para provocar confusão patrimonial, sendo estendidos todos os efeitos das sanções aplicadas à pessoa jurídica aos seus administradores e sócios com poderes de administração, observados o contraditório e a ampla defesa.

15.11.5 Acordo de leniência

A autoridade máxima de cada órgão ou entidade pública poderá celebrar acordo de leniência com as pessoas jurídicas responsáveis pela prática dos atos previstos na lei anticorrupção que colaborem efetivamente com as investigações e o processo administrativo, sendo que dessa colaboração resulte a identificação dos demais envolvidos na infração, quando couber e a obtenção célere de informações e documentos que comprovem o ilícito sob apuração.

Observações importantes:

1. O acordo de leniência não exime a pessoa jurídica da obrigação de reparar integralmente o dano causado, não importando, porém, em reconhecimento da prática do ato ilícito investigado a proposta de acordo de leniência rejeitada.
2. A proposta de acordo de leniência somente se tornará pública após a efetivação do respectivo acordo, salvo no interesse das investigações e do processo administrativo e, em caso de descumprimento do acordo de leniência, a pessoa jurídica ficará impedida de celebrar novo acordo pelo prazo de três anos contados do conhecimento pela Administração Pública do referido descumprimento.
3. A Controladoria-Geral da União (CGU) é o órgão competente para celebrar os acordos de leniência no âmbito do Poder Executivo federal, bem como no caso de atos lesivos praticados contra a Administração Pública estrangeira.

Para a celebração do acordo de leniência, que estipulará as condições necessárias para assegurar a efetividade da colaboração e o resultado útil do processo deverão ser preenchidos *cumulativamente* os seguintes requisitos:

1º) a pessoa jurídica seja a primeira a se manifestar sobre seu interesse em cooperar para a apuração do ato ilícito;

2º) a pessoa jurídica cesse completamente seu envolvimento na infração investigada a partir da data de propositura do acordo;

3º) a pessoa jurídica admita sua participação no ilícito e coopere plena e permanentemente com as investigações e o processo administrativo, comparecendo, sob suas expensas, sempre que solicitada, a todos os atos processuais, até seu encerramento.

A celebração do acordo de leniência isentará a pessoa jurídica da sanção administrativa de publicação extraordinária da decisão condenatória e da sanção judicial de proibição de receber incentivos, subsídios, subvenções, doações ou empréstimos de órgãos ou entidades públicas e de instituições financeiras públicas ou controladas pelo poder público, pelo prazo mínimo de um e máximo de cinco anos, podendo, ainda, reduzir em até 2/3 o valor da multa aplicável.

A Administração Pública poderá também celebrar acordo de leniência com a pessoa jurídica responsável pela prática de ilícitos previstos na Lei nº 8.666/1993, com vistas à isenção ou atenuação das sanções administrativas estabelecidas em seus arts. 86 a 88.

Por fim, ressalta-se que os efeitos do acordo de leniência serão estendidos às pessoas jurídicas que integram o mesmo grupo econômico, de fato e de direito, desde que firmem o acordo em conjunto, respeitadas as condições nele estabelecidas.

15.11.5 Processo administrativo de responsabilização

No âmbito do Poder Executivo federal, a CGU terá competência concorrente para instaurar processos administrativos de responsabilização de pessoas jurídicas ou para avocar os processos instaurados com fundamento na lei anticorrupção, para exame de sua regularidade ou para corrigir-lhes o andamento.

Competem à CGU a apuração, o processo e o julgamento dos referidos atos ilícitos praticados contra a Administração Pública estrangeira, observado o disposto no art. 4 da Convenção sobre o Combate da Corrupção de Agentes Públicos Estrangeiros em Transações Comerciais Internacionais, promulgada pelo Dec. nº 3.678/2000.

Este dispositivo convencional estabelece que cada parte deverá tomar todas as medidas necessárias ao estabelecimento de sua jurisdição em relação à corrupção de um agente público estrangeiro, quando o delito é cometido integral ou parcialmente em seu território, sendo que a parte que tiver jurisdição para processar seus nacionais por delitos cometidos no exterior deverá tomar todas as medidas necessárias ao estabelecimento de sua jurisdição para fazê-lo em relação à corrupção de um agente público estrangeiro, segundo os mesmos princípios.

Agora, quando mais de uma parte tem jurisdição sobre um alegado delito descrito na referida Convenção, as partes envolvidas deverão, por solicitação de uma delas, deliberar sobre a determinação da jurisdição mais apropriada para a instauração de processo, sem desconsiderar a necessidade de cada parte verificar se a atual fundamentação de sua jurisdição é efetiva em relação ao combate à corrupção de agentes públicos estrangeiros, caso contrário, deverá tomar medidas corretivas a respeito.

15.11.6 Processo judicial de responsabilização

Nas ações de responsabilização judicial, será adotado o rito previsto na Lei nº 7.347/1985, Lei da Ação Civil Pública. Na esfera administrativa, a responsabilidade da pessoa jurídica não afasta a possibilidade de sua responsabilização na esfera judicial, em razão da prática de atos lesivos previstos na lei anticorrupção. A União, os Estados, o Distrito Federal e os Municípios, por meio das respectivas Advocacias Públicas ou órgãos de representação judicial, ou equivalentes e o Ministério Público poderão ajuizar ação com vistas à aplicação das seguintes sanções, que poderão ser aplicadas de forma isolada ou cumulativamente às pessoas jurídicas infratoras:

a) perdimento dos bens, direitos ou valores que representem vantagem ou proveito direta ou indiretamente obtidos da infração, ressalvado o direito do lesado ou de terceiro de boa-fé;
b) suspensão ou interdição parcial de suas atividades;
c) dissolução compulsória da pessoa jurídica, que será determinada quando comprovadamente ter sido a personalidade jurídica utilizada de forma habitual para facilitar ou promover a prática de atos ilícitos ou ter sido constituída para ocultar ou dissimular interesses ilícitos ou a identidade dos beneficiários dos atos praticados;
d) proibição de receber incentivos, subsídios, subvenções, doações ou empréstimos de órgãos ou entidades públicas e de instituições financeiras públicas ou controladas pelo Poder Público, pelo prazo mínimo de um e máximo de cinco anos.

Ainda se deve ressaltar que, nas ações ajuizadas pelo Ministério Público, poderão ser aplicadas as sanções administrativas já elencadas anteriormente, sem prejuízo destas sanções judiciais, desde que constatada a omissão das autoridades competentes para promover a responsabilização administrativa.

A condenação torna certa a obrigação de reparar, integralmente, o dano causado pelo ilícito, cujo valor será apurado em posterior liquidação, se não constar expressamente da sentença, ressaltando-se que a multa e o perdimento de bens, direitos ou valores aplicados com fundamento na lei anticorrupção serão destinados preferencialmente aos órgãos ou entidades públicas lesadas.

15.11.7 Decretação de indisponibilidade dos bens

O Ministério Público ou a Advocacia Pública ou órgão de representação judicial, ou equivalente, do ente público poderão requerer a indisponibilidade de bens, direitos ou valores necessários à garantia do pagamento da multa ou da reparação integral do dano causado, ressalvado o direito do terceiro de boa-fé.

15.11.8 Prescrição

Prescrevem em cinco anos as infrações previstas na lei anticorrupção, contados da data da ciência da infração ou, no caso de infração permanente ou continuada, do dia em que tiver cessado.

A celebração do acordo de leniência interrompe o prazo prescricional dos atos ilícitos previstos nesta Lei, bem como, tanto na esfera administrativa como na judicial, a prescrição será interrompida com a instauração de processo que tenha por objeto a apuração da infração.

15.11.9 Cadastro Nacional de Empresas Punidas

Fica criado no âmbito do Poder Executivo federal o Cadastro Nacional de Empresas Punidas (CNEP), que reunirá e dará publicidade às sanções aplicadas pelos órgãos ou entidades dos Poderes Executivo, Legislativo e Judiciário de todas as esferas de governo com base na lei anticorrupção, devendo conter entre outras informações os dados acerca das sanções aplicadas, como a razão social e número de inscrição da pessoa jurídica ou entidade no Cadastro Nacional da Pessoa Jurídica (CNPJ), o tipo de sanção, a data de aplicação e a data final da vigência do efeito limitador ou impeditivo da sanção, quando for o caso.

As autoridades competentes, para celebrarem acordos de leniência, também deverão prestar e manter atualizadas no CNEP, após a efetivação do respectivo acordo, as informações sobre o acordo de leniência celebrado, salvo se esse procedimento vier a causar prejuízo às investigações e ao processo administrativo. Caso a pessoa jurídica não cumpra os termos do acordo de leniência, além das informações já previstas, deverá ser incluída no CNEP referência ao respectivo descumprimento.

Importante destacar que os registros das sanções e acordos de leniência serão excluídos depois de decorrido o prazo previamente estabelecido no ato sancionador ou do cumprimento integral do acordo de leniência e da reparação do eventual dano causado, mediante solicitação do órgão ou entidade sancionadora.

15.11.10 Independência da apuração e responsabilização

O disposto na lei anticorrupção não exclui as competências do Conselho Administrativo de Defesa Econômica, do Ministério da Justiça e do Ministério da Fazenda para processar e julgar fato que constitua infração à ordem econômica.

A aplicação das sanções previstas na lei anticorrupção também não afeta os processos de responsabilização e aplicação de penalidades decorrentes de ato de improbidade administrativa nos termos da Lei nº 8.429/1992, e atos ilícitos alcançados pela Lei nº 8.666/1993, ou outras normas de licitações e contratos da administração pública, inclusive no tocante ao Regime Diferenciado de Contratações Públicas (RDC) instituído pela Lei nº 12.462/2011.

QUESTÕES

1. **(OAB - FGV - XXXI EXAME DE ORDEM)** Maria foi contratada, temporariamente, sem a realização de concurso público, para exercer o cargo de professora substituta em entidade autárquica federal, em decorrência do grande número de professores do quadro permanente em gozo de licença. A contratação foi objeto de prorrogação, de modo que Maria permaneceu em exercício por mais três anos, período durante o qual recebeu muitos elogios. Em razão disso, alunos, pais e colegas de trabalho levaram à direção da autarquia o pedido de criação de um cargo em comissão de professora, para

que Maria fosse nomeada para ocupá-lo e continuasse a ali lecionar. Avalie a situação hipotética apresentada e, na qualidade de advogado(a), assinale a afirmativa correta.

a) Não é possível a criação de um cargo em comissão de professora, visto que tais cargos destinam-se apenas às funções de direção, chefia e assessoramento.

b) É adequada a criação de um cargo em comissão para que Maria prolongue suas atividades como professora na entidade administrativa, diante do justificado interesse público.

c) Maria tem estabilidade porque exerceu a função de professora por mais de três anos consecutivos, tornando desnecessária a criação de um cargo em comissão para que ela continue como professora na entidade autárquica.

d) Não é necessária a criação de um cargo em comissão para que Maria permaneça exercendo a função de professora, porque a contratação temporária pode ser prorrogada por tempo indeterminado.

2. (OAB – FGV – XXXI EXAME DE ORDEM) **Otacílio, novo prefeito do Município Kappa, acredita que o controle interno é uma das principais ferramentas da função administrativa, razão pela qual determinou o levantamento de dados nos mais diversos setores da Administração local, a fim de apurar se os atos administrativos até então praticados continham vícios, bem como se ainda atendiam ao interesse público. Diante dos resultados de tal apuração, Otacílio deverá**

a) revogar os atos administrativos que contenham vícios insanáveis, ainda que com base em valores jurídicos abstratos.

b) convalidar os atos administrativos que apresentem vícios sanáveis, mesmo que acarretem lesão ao interesse público.

c) desconsiderar as circunstâncias jurídicas e administrativas que houvessem imposto, limitado ou condicionado a conduta do agente nas decisões sobre a regularidade de ato administrativo.

d) indicar, de modo expresso, as consequências jurídicas e administrativas da invalidação de ato administrativo.

3. (OAB – FGV – XXXI EXAME DE ORDEM) **O Município Beta concedeu a execução do serviço público de veículos leves sobre trilhos e, ao verificar que a concessionária não estava cumprindo adequadamente as obrigações determinadas no respectivo contrato, considerou tomar as providências cabíveis para a regularização das atividades em favor dos usuários. Nesse caso,**

a) impõe-se a encampação, mediante a retomada do serviço pelo Município Beta, sem o pagamento de indenização.

b) a hipótese é de caducidade a ser declarada pelo Município Beta, mediante decreto, que independe da verificação prévia da inadimplência da concessionária.

c) cabe a revogação do contrato administrativo pelo Município Beta, diante da discricionariedade e precariedade da concessão, formalizada por mero ato administrativo.

d) é possível a intervenção do Município Beta na concessão, com o fim de assegurar a adequada prestação dos serviços, por decreto do poder concedente, que conterá designação do interventor, o prazo, os objetivos e os limites da medida.

4. (OAB - FGV - XXXI EXAME DE ORDEM) Diante da necessidade de construção de uma barragem no Município Alfa, a ser efetuada em terreno rural de propriedade de certa sociedade de economia mista federal, o Poder Legislativo local fez editar uma lei para declarar a desapropriação por utilidade pública, após a autorização por decreto do Presidente da República, sendo certo que, diante do sucesso das tratativas entre os chefes do Executivo dos entes federativos em questão, foi realizado acordo na via administrativa para ultimar tal intervenção do Estado na propriedade. Diante dessa situação hipotética, assinale a afirmativa correta.

a) A autorização por decreto não pode viabilizar a desapropriação do bem em questão pelo Município Alfa, porque os bens federais não são expropriáveis.

b) A iniciativa do Poder Legislativo do Município Alfa para declarar a desapropriação é válida, cumprindo ao respectivo Executivo praticar os atos necessários para sua efetivação.

c) A intervenção na propriedade em tela não pode ser ultimada na via administrativa, mediante acordo entre os entes federativos envolvidos.

d) O Município Alfa não tem competência para declarar a desapropriação por utilidade pública de propriedades rurais.

5. (OAB - FGV - XXXI EXAME DE ORDEM) Rafael, funcionário da concessionária prestadora do serviço público de fornecimento de gás canalizado, realizava reparo na rede subterrânea, quando deixou a tampa do bueiro aberta, sem qualquer sinalização, causando a queda de Sônia, transeunte que caminhava pela calçada. Sônia, que trabalha como faxineira diarista, quebrou o fêmur da perna direita em razão do ocorrido e ficou internada no hospital por 60 dias, sem poder trabalhar. Após receber alta, Sônia procurou você, como advogado(a), para ajuizar ação indenizatória em face de hierarquia, e, pelo seu atributo da coercibilidade, o particular é obrigado a obedecer às ordens emanadas pelos agentes públicos, que estão em nível de superioridade hierárquica e podem usar meios indiretos de coerção para fazer valer a supremacia do interesse público sobre o privado.

a) da concessionária, com base em sua responsabilidade civil objetiva, para cuja configuração é desnecessária a comprovação de dolo ou culpa de Rafael.

b) do Estado, como poder concedente, com base em sua responsabilidade civil direta e subjetiva, para cuja configuração é prescindível a comprovação de dolo ou culpa de Rafael.

c) de Rafael, com base em sua responsabilidade civil direta e objetiva, para cuja configuração é desnecessária a comprovação de ter agido com dolo ou culpa, assegurado o direito de regresso contra a concessionária.

d) do Município, como poder concedente, com base em sua responsabilidade civil objetiva, para cuja configuração é imprescindível a comprovação de dolo ou culpa de Rafael.

6. (OAB – FGV – XXX EXAME DE ORDEM) Determinado Estado da Federação passa por grave problema devido à superlotação de sua população carcerária, tendo os órgãos de inteligência estatal verificado a possibilidade de rebelião e fuga dos apenados. Visando ao atendimento do princípio constitucional da dignidade da pessoa humana e tendo em vista a configurada situação de grave e iminente risco à segurança pública, o ente federativo instaurou processo administrativo e, em seguida, procedeu à contratação, mediante inexigibilidade de licitação, de certa sociedade empresária para a execução de obras de ampliação e reforma de seu principal estabelecimento penal. Diante das disposições da Lei nº 8.666/93, no que tange à obrigatoriedade de licitação, o Estado contratante agiu

a) corretamente, diante da impossibilidade fática de licitação decorrente do iminente risco de rebelião e grave perturbação da ordem pública.

b) corretamente, haja vista que, apesar de ser possível a licitação, seu demorado trâmite procedimental acarretaria risco à ordem social.

c) erradamente, eis que as circunstâncias do caso concreto autorizariam a dispensa de licitação, observados os trâmites legais.

d) erradamente, uma vez que a prévia licitação é obrigatória na espécie, diante das circunstâncias do caso concreto.

7. (OAB – FGV – XXIX EXAME DE ORDEM) O poder público, com fundamento na Lei nº 8.987/1995, pretende conceder à iniciativa privada uma rodovia que liga dois grandes centros urbanos. O edital, publicado em maio de 2018, previu a duplicação das pistas e a obrigação de o futuro concessionário desapropriar os terrenos necessários à ampliação. Por se tratar de projeto antigo, o poder concedente já havia declarado, em janeiro de 2011, a utilidade pública das áreas a serem desapropriadas no âmbito do futuro contrato de concessão. Com base na hipótese apresentada, assinale a afirmativa correta.

a) O ônus das desapropriações necessárias à duplicação da rodovia não pode ser do futuro concessionário, mas sim do poder concedente.

b) O poder concedente e o concessionário só poderão adentrar os terrenos necessários à ampliação da rodovia após a conclusão do processo de desapropriação.

c) O decreto que reconheceu a utilidade pública dos terrenos caducou, sendo necessária a expedição de nova declaração.

d) A declaração de utilidade pública pode ser emitida tanto pelo poder concedente quanto pelo concessionário.

8. **(OAB – FGV – XXVIII EXAME DE ORDEM)** O Governo do Estado Alfa, para impulsionar o potencial turístico de uma região cercada de belíssimas cachoeiras, pretende asfaltar uma pequena estrada que liga a cidade mais próxima ao local turístico. Com vistas à melhoria do serviço público e sem dinheiro em caixa para arcar com as despesas, o Estado decide publicar edital para a concessão da estrada, com fundamento na Lei nº 8.987/95, cabendo ao futuro concessionário a execução das obras. Com base na hipótese apresentada, assinale a afirmativa correta.

a) O edital poderá prever, em favor da concessionária, outras fontes de receita além daquela oriunda do pedágio; a renda adicional deve favorecer a modicidade tarifária, reduzindo a tarifa paga pelos usuários.

b) Um grande investidor (pessoa física) pode ser contratado pelo poder concedente, caso demonstre capacidade de realização das obras.

c) A concessão pode ser feita mediante licitação na modalidade tomada de preços, caso as obras necessárias estejam orçadas em até R$ 1.500.000,00 (um milhão e quinhentos mil reais).

d) O poder concedente não poderá exigir no edital garantias do concessionário de que realizará as obras a contento, dado que a essência do contrato de concessão é a delegação de serviço público.

9. **(OAB – FGV – XXVII EXAME DE ORDEM)** Desde 1980, Jorge é docente em determinada universidade federal, ocupando o cargo efetivo de professor titular na Faculdade de Direito. No início do ano 2000, foi designado para ocupar a chefia de patrimônio da mesma instituição de ensino, cargo comissionado que exerce cumulativamente com o de professor. Mesmo tendo cumprido os requisitos para a aposentadoria voluntária do cargo efetivo, decide permanecer em atividade, até atingir a idade-limite para a aposentadoria compulsória. Com base na situação narrada, assinale a afirmativa correta.

a) A aposentadoria compulsória, que ocorrerá aos 70 (setenta) anos de idade, só atingirá o cargo de professor. Neste caso, inexistindo impedimentos infraconstitucionais, Jorge poderá continuar exercendo a chefia de patrimônio.

b) A aposentadoria compulsória, que ocorrerá aos 75 (setenta e cinco) anos de idade, só atingirá o cargo de professor. Neste caso, inexistindo impedimentos infraconstitucionais, Jorge poderá continuar exercendo a chefia de patrimônio.

c) Não cabe ao Tribunal de Contas da União apreciar, para fins de registro, a legalidade da(s) aposentadoria(s) compulsória(s) concedida(s), tendo em vista que a atribuição constitucional somente diz respeito às aposentadorias voluntárias ou por invalidez permanente.

d) Cabe ao Tribunal de Contas da União apreciar, para fins de registro, a legalidade das admissões de pessoal, tanto as que envolvem provimento de cargo efetivo quanto as que dizem respeito a provimento de cargo em comissão.

10. **(OAB - FGV - XXVII EXAME DE ORDEM)** A União construiu uma usina nuclear para fins de geração de energia elétrica. A fim de minimizar os riscos de acidentes relacionados à utilização do urânio, foram empregados, no empreendimento, os mais modernos e seguros equipamentos. Do mesmo modo, o pessoal designado para trabalhar na usina recebeu todos os treinamentos exigidos nas legislações brasileira e internacional. Entretanto, em decorrência de uma intensa, imprevisível e excepcional chuva que caiu na região, parte da usina ficou alagada. Isso gerou superaquecimento nas instalações, fato que culminou na liberação de um pequeno volume de gases radioativos armazenados, causando náuseas e vômitos na população que mora próxima à usina. Com base na situação narrada, assinale a afirmativa correta.

a) A União não pode ser responsabilizada pelos danos causados à população, tendo em vista a ausência de culpa (responsabilidade subjetiva) por parte do Poder Público.

b) Em razão de as chuvas constituírem um evento imprevisível e excepcional, não se cogita a responsabilidade da União pelos danos causados à população.

c) A União pode ser responsabilizada pelas consequências advindas do vazamento de gases radioativos, independentemente de culpa, pois a responsabilidade é objetiva.

d) A União não pode ser responsabilizada pelos danos causados à população, dado competir aos Estados a exploração dos serviços e das instalações nucleares, cabendo a eles a responsabilidade pelos danos.

11. **(OAB - FGV - XXVI EXAME DE ORDEM)** Raul e Alberto inscreveram-se para participar de um concorrido concurso público. Como Raul estava mais preparado, combinaram que ele faria a prova rapidamente e, logo após, deixaria as respostas na lixeira do banheiro para que Alberto pudesse ter acesso a elas. A fraude só veio a ser descoberta após o ingresso de Raul e de Alberto no cargo, fato que ensejou o afastamento deles. Após rígida investigação policial e administrativa, não foi identificada, na época do certame, a participação de agentes públicos no esquema. Sobre os procedimentos de Raul e de Alberto, com base nas disposições da Lei de Improbidade Administrativa, assinale a afirmativa correta.

a) Eles enriqueceram ilicitamente graças aos salários recebidos e, por isso, devem responder por ato de improbidade administrativa.

b) Eles causaram prejuízo ao erário, consistente nos salários pagos indevidamente e, por isso, devem responder por ato de improbidade administrativa.

c) Eles frustraram a licitude de concurso público, atentando contra os princípios da Administração Pública, e, por isso, devem responder por ato de improbidade administrativa.

d) Eles não praticaram ato de improbidade administrativa, pois, no momento em que ocorreu a fraude no concurso público, não houve a participação de agentes públicos.

12. (OAB - FGV - XXVI EXAME DE ORDEM) Em uma movimentada rodovia concedida pela União a uma empresa privada, um veículo particular colidiu com outro, deixando diversos destroços espalhados pela faixa de rolamento. Um dos objetos deixados sobre a pista cortou o pneu de um terceiro automóvel, causando a colisão deste em uma mureta de proteção. Com base no fragmento acima, assinale a afirmativa correta.

a) A concessionária deve responder objetivamente pelos danos causados, com fundamento na teoria do risco administrativo.

b) Em nenhuma hipótese a concessionária poderá ser responsabilizada pelo evento danoso.

c) A concessionária responde pelos danos materiais causados ao terceiro veículo, com fundamento na teoria do risco integral, isto é, ficou comprovado que o dano foi causado por culpa exclusiva de terceiro ou por força maior.

d) O proprietário do terceiro automóvel só será reparado pelos danos materiais caso demonstre a culpa da concessionária, caracterizada, por exemplo, pela demora excessiva em promover a limpeza da rodovia.

13. (OAB - FGV - XXVI EXAME DE ORDEM) Marcos, servidor do Poder Executivo federal, entende que completou os requisitos para a aposentadoria voluntária, razão pela qual requereu, administrativamente, a concessão do benefício ao órgão competente. O pedido foi negado pela Administração. Não satisfeito com a decisão, Marcos interpôs recurso administrativo. Tendo o enunciado como parâmetro e considerando o disposto na Lei nº 9.784/99, assinale a afirmativa correta.

a) O recurso, salvo disposição legal diversa, tramitará por, no mínimo, três instâncias administrativas.

b) O recurso será dirigido à autoridade que proferiu a decisão, que, se não a reconsiderar, encaminhará o apelo à autoridade superior.

c) O recurso e todos os atos subsequentes praticados pela Administração no âmbito do processo administrativo, em regra, devem apresentar forma determinada.

d) Marcos somente poderá alegar questões de legalidade, como a incompetência da autoridade que proferiu a decisão, não lhe sendo permitido solicitar o reexame do mérito da questão apreciada.

14. (OAB - FGV - XXV EXAME DE ORDEM) Ricardo, servidor público federal, especializou-se no mercado imobiliário, tornando-se corretor de imóveis. Em razão do aumento da demanda, passou a atender seus clientes durante o horário de expediente, ausentando-se da repartição pública sem prévia autorização do chefe imediato. Instaurada sindicância, Ricardo foi punido com uma advertência. A despeito disso, ele passou a reincidir na mesma

falta que ensejou sua punição. Nova sindicância foi aberta. Com base na situação narrada, assinale a afirmativa correta.

a) A sindicância não pode resultar, em nenhuma hipótese, na aplicação da pena de suspensão; neste caso, deve ser instaurado processo administrativo disciplinar.

b) A reiteração da mesma falha não enseja a aplicação da pena de suspensão; neste caso, a única sanção possível é a advertência.

c) A sindicância pode dar ensejo à aplicação da pena de suspensão, desde que a sanção seja de até 30 (trinta) dias.

d) A pena de demissão independe da instauração de processo administrativo disciplinar, podendo ser aplicada após sindicância.

15. (OAB – FGV – XIX EXAME DE ORDEM) **A associação de moradores do Município F solicitou ao Poder Público municipal autorização para o fechamento da "rua de trás", por uma noite, para a realização de uma festa junina aberta ao público. O Município, entretanto, negou o pedido, ao fundamento de que aquela rua seria utilizada para sediar o encontro anual dos produtores de abóbora, a ser realizado no mesmo dia. Considerando que tal fundamentação não está correta, pois, antes da negativa do pedido da associação de moradores, o encontro dos produtores de abóbora havia sido transferido para o mês seguinte, conforme publicado na imprensa oficial, assinale a afirmativa correta.**

a) Mesmo diante do erro na fundamentação, o ato é válido, pois a autorização pleiteada é ato discricionário da Administração.

b) Independentemente do erro na fundamentação, o ato é inválido, pois a autorização pleiteada é ato vinculado, não podendo a Administração indeferi-lo.

c) Diante do erro na fundamentação, o ato é inválido, uma vez que, pela teoria dos motivos determinantes, a validade do ato está ligada aos motivos indicados como seu fundamento.

d) A despeito do erro na fundamentação, o ato é válido, pois a autorização pleiteada é ato vinculado, não tendo a associação de moradores demonstrado o preenchimento dos requisitos.

16. (OAB – FGV – XII EXAME DE ORDEM) **O Estado X concedeu a Fulano autorização para a prática de determinada atividade. Posteriormente, é editada lei vedando a realização daquela atividade.**

Diante do exposto, e considerando as formas de extinção dos atos administrativos, assinale a afirmativa correta.

a) Deve ser declarada a nulidade do ato em questão.

b) Deve ser declarada a caducidade do ato em questão.

c) O ato em questão deve ser cassado.

d) O ato em questão deve ser revogado.

17. (OAB - FGV - V EXAME DE ORDEM) A revogação representa uma das formas de extinção de um ato administrativo. Quanto a esse instituto, é correto afirmar que

a) pode se dar tanto em relação a atos viciados de ilegalidade ou não, desde que praticados dentro de uma competência discricionária.

b) produz efeitos retroativos, retirando o ato do mundo, de forma a nunca ter existido.

c) apenas pode se dar em relação aos atos válidos praticados dentro de uma competência discricionária, produzindo efeitos *ex nunc*.

d) pode se dar em relação aos atos vinculados ou discricionários, produzindo ora efeito *ex tunc*, ora efeito *ex nunc*.

18. (OAB - FGV - IV EXAME DE ORDEM) Em âmbito federal, o direito de a Administração Pública anular atos administrativos eivados de vício de ilegalidade, dos quais decorram efeitos favoráveis para destinatários de boa-fé

a) não se submete a prazo prescricional.

b) não se submete a prazo decadencial.

c) prescreve em 10 (dez) anos, contados da data em que praticado o ato.

d) decai em 5 (cinco) anos, contados da data em que praticado o ato.

19. (OAB - FGV - VI EXAME DE ORDEM) A decisão tomada por uma das Câmaras do Conselho de Contribuintes de determinada Administração Estadual é considerada ato

a) composto, pois resulta da manifestação de mais de um agente público.

b) complexo, pois depende da manifestação de aprovação, com o relator, de outros agentes.

c) qualificado, pois importa na constituição da vontade da Administração quanto a matéria específica.

d) simples, pois resulta da manifestação de vontade de um órgão dotado de personalidade administrativa.

GABARITO

1. A; 2. D; 3. D; 4. B; 5. A; 6. C; 7. C; 8. A; 9. B; 10. C; 11. D; 12. A; 13. B; 14. C; 15. A; 16. B; 17. C; 18. D; 19. E

REFERÊNCIAS BIBLIOGRÁFICAS

ALVES, Felipe Dalenogare. A legalidade do pregão como modalidade de licitação obrigatória à aquisição de bens e serviços na Administração Pública Federal. *Revista Eletrônica da Faculdade de Direito de Franca*. v. 3. n. 3, 2010.

ALVES, Felipe Dalenogare. *Direito administrativo:* teoria e prática. 2. ed. São Paulo: Rideel, 2019.

ARAGÃO, Alexandre Santos de. *Curso de direito administrativo*. 2. ed. Rio de Janeiro: Forense, 2013.

BARBIERI, André; FELIPPO, Gladstone. *Prática administrativa*. São Paulo: Saraiva, 2017.

BUCCI, Maria Paula Dallari. *Direito administrativo e políticas públicas*. São Paulo: Saraiva, 2002.

CARVALHO FILHO, José dos Santos. *Manual de direito administrativo*. 31. ed. São Paulo: Atlas, 2017.

COUTINHO, Alessandro Dantas; RODOR, Ronald Krüger. *Manual de direito administrativo*. Rio de Janeiro: Forense, 2015.

DI PIETRO, Maria Sylvia Zanella. *Direito administrativo*. 28. ed. São Paulo: Atlas, 2015.

DI PIETRO, Maria Sylvia Zanella. *Discricionariedade administrativa na Constituição de 1988*. São Paulo: Atlas, 2001.

FAGUNDES, M. Seabra. *O controle dos atos administrativos pelo Poder Judiciário*. 7. ed. atual. por G. Binenbojm. Rio de Janeiro: Forense, 2010.

GRANJEIRO, J. WILSON. *Manual de direito administrativo moderno*. 26. ed. Brasília: Vestcon, 2005.

JUSTEN FILHO, Marçal. *Curso de direito administrativo*. 11. ed. São Paulo: RT, 2015.

MAFFINI, Rafael. *Direito administrativo*. 3. ed. São Paulo: RT, 2009.

MARINELA, Fernanda. *Direito administrativo*. 6. ed. Niterói: Impetus, 2012.

MAZZA, Alexandre; ANDRADE, Flávia Cristina Moura de. *Prática de direito administrativo*. 2. ed. São Paulo: RT, 2011.

MEDAUAR, Odete. *O direito administrativo em evolução*. 2. ed. São Paulo: RT, 2003.

MEDAUAR, Odete. *Direito administrativo moderno*. 19. ed. São Paulo: RT, 2015.

MEIRELLES, Hely Lopes. *Direito administrativo brasileiro*. 36. ed. São Paulo: Malheiros, 2010.

MORAES, Antonio Carlos Flores de. *Administração* pública transparente e responsabilidade do político. Belo Horizonte: Fórum, 2007.

MOREIRA NETO, Diogo de Figueiredo. *Curso de direito administrativo*: parte introdutória, parte geral e parte especial. 16. ed. rev. e atual. Rio de Janeiro: Forense, 2014.

NOHARA, Irene Patrícia. *Direito administrativo*. 7. ed. rev., atual. e ampl. São Paulo: Atlas, 2017.

OLIVEIRA, Rafael Carvalho Rezende. *Curso de direito administrativo*. 3. ed. Rio de Janeiro: Método, 2015.

OLIVEIRA, Rafael Carvalho Rezende. *Licitações e contratos administrativos*: teoria e prática. 5. ed. São Paulo: Método, 2015.

SEABRA FAGUNDES, Miguel. Da ação popular. *Revista de Direito Administrativo*. Rio de Janeiro, v. 6, 1946. Disponível em: http://bibliotecadigital.fgv.br/ojs/index.php/rda/article/view/9569/8619. Acesso em: 13 dez. 2016.

SOUZA, Luiz Gustavo Oliveira de. *Passe na OAB 2ª fase*: questões e peças comentadas. 2. ed. São Paulo: Saraiva, 2012.

Direito Ambiental

Veridiana Maria Rehbein

Mestre em Direito. Professora na Universidade de Santa Cruz do Sul – UNISC e no Centro de Ensino Integrado Santa Cruz – CEISC. Advogada.

SUMÁRIO

1. INTRODUÇÃO

O despertar para a proteção ambiental teve o seu ápice no século XX, especialmente nos anos 1970, a partir da constatação de que diversos e graves problemas ambientais estavam sendo causados pelo desenvolvimento das atividades econômicas. Diferentemente do que se investiga e se defende científica e juridicamente hoje, a preocupação inicial foi exclusivamente antropocêntrica. Preocupou-se o homem com a impossibilidade de continuar extraindo riquezas do meio natural.

Somente em 1981, no Brasil, o meio ambiente foi reconhecido como bem jurídico autônomo pelo art. 3º, I, da Lei nº 6.938/1981, que o definiu como "o conjunto de condições, leis, influências e interações de ordem física, química e biológica, que permite, abriga e rege a vida em todas as suas formas". Conforme o conceito legal, o meio ambiente é mais do que os elementos corpóreos que o integram, pois compreende também as relações e interações entre todos eles.

A partir desse conceito, supera-se a proteção utilitarista até então vigente e refletida em diversas normas ambientais esparsas, anteriores à Lei nº 6.939/1981, em que a proteção jurídica incidia sobre específicos elementos naturais, tais com a fauna, a flora e os recursos minerais (MARQUESAN, STEIGLEDER E CAPPELLI, 2007, p. 16).

A Lei nº 6.938/1981 também ressaltou, em seu art. 2º, I, a natureza coletiva do meio ambiente e instituiu, como princípio da Política Nacional do Meio Ambiente, "a ação governamental na manutenção do equilíbrio ecológico, considerando o meio ambiente como um patrimônio público a ser necessariamente assegurado e protegido, tendo em vista o uso coletivo".

O denominado "uso coletivo" foi mais bem caracterizado em 1990, com a promulgação da Lei nº 8.078/1990, o Código de Proteção e Defesa do Consumidor. Desde então, os chamados direitos coletivos *lato sensu* se subdividem em difusos, coletivos e individuais homogêneos, conforme o art. 81: I – os interesses ou direitos difusos são os indivisíveis, de que sejam titulares pessoas indeterminadas ligadas por circunstâncias de fato; II – interesses ou direitos coletivos também são indivisíveis, mas seus titulares são ligados por uma relação jurídica base; III – interesses ou direitos individuais homogêneos são entendidos como aqueles decorrentes de origem comum (divisíveis, pois individuais).

Atualmente, o Direito Ambiental também regula a proteção dos ambientes artificiais ou construídos, como o meio ambiente urbano, o meio ambiente do trabalho e o meio ambiente cultural. Por essa razão, os editais do Conselho Federal da Ordem dos Advogados do Brasil (OAB) sobre o Exame de Ordem determinam que na prova objetiva devem constar questões sobre Direito Ambiental em sentido amplo, o que abrange também a legislação tipicamente urbanística, como o Estatuto da Cidade e as leis sobre saneamento básico e resíduos sólidos (entre outras).

> Certamente, a natureza é parte importante do meio ambiente, talvez a mais importante delas. Mas o meio ambiente não é só natureza. Meio ambiente é natureza mais atividade antrópica, mais modificação produzida pelo Ser Humano sobre o meio físico de onde retira o seu sustento (ANTUNES, 2020).

O direito fundamental ao meio ambiente trata-se, na realidade, da caracterização dos direitos de solidariedade, de titularidade coletiva, como direito de terceira dimensão, pelo fato de se "desprenderem, em princípio, da figura do homem-indivíduo como seu titular e caracterizando-se como direitos de titularidade coletiva" (SARLET, 2010).

2. DIREITO AMBIENTAL NA CONSTITUIÇÃO FEDERAL

Embora a proteção ambiental tenha um capítulo próprio na Constituição Federal de 1988, também está presente em inúmeros outros regramentos inseridos ao longo do texto, nos mais diversos títulos e capítulos. Entre eles, cabe destacar o art. 170, que, em seu inc. VI, determina que a ordem econômica brasileira, fundada na valorização do trabalho humano e na livre-iniciativa, tem entre os seus princípios a defesa do meio ambiente.

A Constituição Federal disciplina o meio ambiente no Título VIII, Capítulo VI, determinando em seu art. 225 que:

> todos têm direito ao meio ambiente ecologicamente equilibrado, bem de uso comum do povo e essencial à sadia qualidade de vida, impondo-se ao Poder Público e à coletividade o dever de defendê-lo e preservá-lo para as presentes e futuras gerações.
>
> Ao proclamar o meio ambiente como "bem de uso comum do povo" foi reconhecida a sua natureza de "direito público subjetivo", vale dizer, exigível e exercitável em face do próprio Estado, que tem também a missão de protegê-lo (MILARÉ, 2011, p. 176).

A parte final da citação supra é muito importante para a preparação para o Exame de Ordem. Muitas vezes a banca elabora questões sobre a responsabilidade do próprio Estado por danos causados ao meio ambiente.

Note-se também que, ao afirmar que a Constituição Federal é um bem de uso comum do povo e que todos têm o direito de usá-lo, resta claro estar-se diante de um bem que não é público, muito menos particular, eis que não se refere a uma pessoa (física ou jurídica, de direito privado ou público) individualmente considerada, mas sim a uma coletividade de pessoas. Importa não confundir, portanto, com o conceito de bem público de uso comum.

Embora a Constituição Federal não conceitue meio ambiente – e sim institua o direito subjetivo ao seu equilíbrio – da leitura dos parágrafos do art. 225, juntamente com o conceito legal de meio ambiente (art. 3º, I, da Lei nº 6.938/1981), afirma-se que ele deve ser compreendido de forma ampla, englobando não somente o meio ambiente natural, com fauna, flora e formações de relevo, mas também o meio ambiente cultural, com seu patrimônio histórico, artístico e paisagístico, além do meio ambiente urbano.

O direito ao ambiente ecologicamente equilibrado é direito subjetivo de ordem material e reconhecidamente um direito fundamental. O equilíbrio ambiental é crucial para que as personalidades possam ter o curso normal de desenvolvimento. Esse entendimento decorre da definição constitucional de que o meio ambiente ecologicamente equilibrado é um direito de todos e essencial à sadia qualidade de vida. Especialmente nas grandes cidades, os desarranjos emocionais e físicos provocados pela poluição (sonora, atmosférica, hídrica etc.) afetam toda a sociedade e o indivíduo em particular. Percebe-se, assim, a relação da proteção ambiental com o direito à saúde e com o princípio da dignidade da pessoa humana.

Os incisos do § 1º estabelecem deveres precípuos do Poder Público e constituem temas preferenciais nos questionamentos na prova do Exame de Ordem. Por essa razão é importante verificar a legislação ordinária que disciplina cada uma das matérias ali mencionadas.

O inc. I menciona a preservação dos processos ecológicos essenciais e tem na Lei nº 9.985/2000 um de seus regulamentos. Por processos ecológicos essenciais devemos entender o que é essencial ao equilíbrio ambiental e também à vida humana, como cadeias alimentares, ciclos das águas, produção de alimentos e de energia, entre outros.

O inc. II menciona a preservação do patrimônio genético e foi regulamentado também pela Lei nº 9.985/2000, além das Leis nºs 11.105/2005 e 13.123/2015. O patrimônio genético é definido pelo art. 2º, I, da Lei nº 13.123/2005 como "informação de origem genética de espécies vegetais, animais, microbianas ou espécies de outra natureza, incluindo substâncias oriundas do metabolismo destes seres vivos".

O inc. III do § 1º do art. 225 estabelece o dever do Poder Público de definir, em todas as unidades da Federação, espaços territoriais a serem especialmente protegidos. O Código Florestal dispõe sobre as áreas de preservação permanente (em perímetro rural ou urbano) e sobre as reservas legais (perímetro rural). Já a Lei nº 9.985/2000 criou o Sistema Nacional de Unidades de Conservação, prevendo 12 diferentes modalidades de espaços protegidos repartidos entre unidades de proteção integral e unidades de uso sustentável, além de modalidade especial chamada "Reserva da Biosfera". Uma vez instituída uma área ambientalmente protegida (como uma unidade de conservação, por exemplo), seja por decreto de executivo, seja por lei federal, a redução dos seus limites (alteração) ou a sua supressão somente serão permitidas por meio de lei específica.

O inc. IV, que trata do estudo prévio de impacto ambiental, também tem aspectos regulamentados pela Lei nº 11.105/2005, especialmente no que tange ao controle de atividades que envolvam organismos geneticamente modificados. O Conselho Nacional do Meio Ambiente (CONAMA), na Res. nº 237/1997, no art. 1º, define esses estudos ambientais como:

> todos e quaisquer estudos relativos aos aspectos relacionados à localização, instalação, operação e ampliação de uma atividade ou empreendimento, apresentado como subsídio para a análise da licença requerida, tais como: relatório ambiental, plano de recuperação de área degradada e análise preliminar de risco.

A LC nº 140/2011 também regulamentou o procedimento desse estudo. O EPIA é realizado para subsidiar o licenciamento ambiental de obras com grande potencial de degradação ambiental. Esse estudo dever ser público.

O inc. V menciona o necessário controle de substâncias que comportem risco para a vida, a qualidade de vida e o meio ambiente. É também regulamentado, consequentemente, pela Lei nº 11.105/2005 (que trata dos organismos geneticamente modificados), mas também pela Lei nº 7.802/1989, que disciplina a produção, comercialização e utilização de agrotóxicos.

O inc. VI determina que a educação ambiental se dê em todos os níveis de ensino. A Lei nº 9.795/1999 dispõe sobre a educação ambiental, institui a Política Nacional de Educação Ambiental e dá outras providências.

O inc. VII menciona a proteção da fauna e da flora e também foi regulamentado pela Lei nº 9.985/2000 (SNUC), além da Lei nº 12.651/2012 (Código Florestal) e da Lei nº 9.605/1998 (Crimes Ambientais). A Lei nº 11.794/2008 também regulamenta esse inciso do art. 1º, ao estabelecer procedimentos para o uso científico dos animais. O STF foi instado a analisar a constitucionalidade de leis estaduais que tratavam de práticas culturais e/ou esportivas com animais, manifestando-se pela sua inconstitucionalidade. Contudo, a EC nº 96/2017 modificou essa situação (ver o § 7º do art. 225).

O § 2º do art. 225 materializa o princípio do poluidor-pagador, ao determinar que aquele que explorar recursos minerais fica obrigado a recuperar o meio ambiente degradado.

O § 3º trata da tríplice responsabilização (penal, administrativa e civil).

No § 4º, o art. 225 protegeu de forma especial cinco macrorregiões, em decorrência das características de seus ecossistemas. Dessa forma, determinou que:

> a Floresta Amazônica Brasileira, a Mata Atlântica, a Serra do Mar, o Pantanal Mato-Grossense e a Zona Costeira são patrimônio nacional, e sua utilização far-se-á, na forma da lei, dentro de condi-

> ções que assegurem a preservação do meio ambiente, inclusive quanto ao uso dos recursos naturais.

O significado da expressão "patrimônio nacional" chegou a ser objeto de questionamento judicial, decidindo o STJ que "não há que confundir patrimônio nacional com bem da União. Aquela locução revela proclamação de defesa de interesses do Brasil diante de eventuais ingerências estrangeiras" (*Informativo de Jurisprudência* nº 402).

O § 5º dispõe que são indisponíveis as terras devolutas ou arrecadadas pelos Estados, por ações discriminatórias, necessárias à proteção dos ecossistemas naturais. São devolutas todas as terras existentes no território brasileiro que não se incorporaram legitimamente ao domínio particular, bem como as já incorporadas ao patrimônio público, porém não afetadas a qualquer uso público. As terras devolutas indispensáveis à preservação ambiental são bens da União, conforme determina o art. 20, II, da CF, e podem ser classificadas como bens públicos de uso especial.

O § 6º determina que as usinas que operem com reator nuclear deverão ter sua localização definida em lei federal, sem o que não poderão ser instaladas. A competência para legislar sobre atividades nucleares é privativa da União (arts. 20, IX, e 22, XXVI, da CF).

Mais recentemente, em 6-6-2017, foi publicada a EC nº 96, que incluiu o § 7º no art. 225, cujo objetivo foi o de relativizar o conceito de "práticas cruéis" e autorizar práticas como a "vaquejada", por exemplo. Dispõe o texto constitucional que:

> não se consideram cruéis as práticas desportivas que utilizem animais, desde que sejam manifestações culturais, conforme o § 1º do art. 215 desta Constituição Federal, registradas como bem de natureza imaterial integrante do patrimônio cultural brasileiro, devendo ser regulamentadas por lei específica que assegure o bem-estar dos animais envolvidos.

2.1 COMPETÊNCIAS EM MATÉRIA AMBIENTAL

O quadro de competências determinado pela Constituição Federal dá ênfase ao chamado federalismo cooperativo, "já que boa parte da matéria relativa à proteção do meio ambiente pode ser disciplinada a um só tempo pela União, pelos Estados, pelo Distrito Federal e pelos Municípios" (MILARÉ, 2011, p. 224).

Na preparação para o Exame de Ordem, é importante estudar a competência em matéria ambiental em conjunto com as normas disciplinadoras do direito urbanístico, pois os arts. 182 e ss. da CF e o Estatuto da Cidade (Lei nº 10.257/2001) estabelecem a atuação prioritária do Município no estabelecimento do ordenamento urbano (competência material).

A *competência material (administrativa)* é aquela que se dá pelo exercício do poder de polícia: atos de prevenção, repressão e fiscalizatórios. Segundo o art. 78 do CTN:

> considera-se poder de polícia atividade da administração pública que, limitando ou disciplinando direito, interesse ou liberdade, regula a prática de ato ou abstenção de fato, em razão de interesse público concernente à segurança, à higiene, à ordem, aos costumes, à disciplina da produção e do mercado, ao exercício de atividades econômicas dependentes de concessão ou autorização do Poder Público, à tranquilidade pública ou ao respeito à propriedade e aos direitos individuais ou coletivos.

A competência material pode ser exclusiva: aquela reservada a uma entidade com exclusão das demais ou comum: atribuída a todos os entes federados que a exercem sem excluir a do outro. Conforme o art. 23 da CF, *a competência material para a proteção ambiental é comum.*

Assim, a competência para proteção do meio ambiente é comum e a forma pela qual os vários entes cuidarão da matéria foi disciplinada em lei complementar.

Em 8-12-2011, foi publicada a LC nº 140, que tem como objetivo fixar as normas de cooperação para o exercício da competência material comum na defesa do meio ambiente nos termos do parágrafo único do art. 23 da Constituição, além de alterar o art. 10 da Política Nacional de Meio Ambiente – Lei nº 6.938/1981, adequando-o às novas disposições.

A atuação material na esfera ambiental trazia, na prática, diversos "conflitos de competência" entre os entes federativos que implicavam não só total ausência de segurança jurídica aos empreendedores, mas também, e principalmente, em risco ambiental claro e patente. Nesse contexto, a lei complementar estabeleceu, além do conceito legal de licenciamento ambiental (art. 2º, I, da LC nº 140/2011), os conceitos de atuação supletiva e atuação subsidiária (art. 2º, II e III, da LC nº 140/2011) e, ainda, os instrumentos de cooperação (art. 4º da LC nº 140/2011).

Os arts. 7º, 8º e 9º da LC nº 140/2011 dispõem sobre as ações administrativas da União, dos Estados e dos Municípios, respectivamente. O art. 10 da LC nº 140/2011 determina que são ações administrativas do Distrito Federal as previstas nos arts. 8º e 9º da LC nº 140/2011. A lista de ações é extensa e já foi objeto de questionamento no Exame da Ordem. Alguns incisos fazem referência a "âmbito nacional", "política nacional", "sistema nacional", "florestas públicas federais", biodiversidade brasileira, entre outros, nas ações da União, o que facilita o seu entendimento (o mesmo ocorre em relação aos Estados e Municípios). Os demais necessitam de leitura e memorização. São ações administrativas da União, entre outras:

• promover o licenciamento ambiental de empreendimentos e atividades: a) localizados ou desenvolvidos *conjuntamente no Brasil e em país limítrofe*; b) localizados ou desenvolvidos *no mar territorial, na plataforma continental ou na zona econômica exclusiva*; c) localizados ou desenvolvidos em *terras indígenas*; d) localizados ou desenvolvidos em *unidades de conservação instituídas pela União, exceto em Áreas de Proteção Ambiental (APAs)*; e) localizados ou desenvolvidos *em 2 (dois) ou mais Estados*; f) de *caráter militar*, excetuando-se do licenciamento ambiental, nos termos de ato do Poder Executivo, aqueles previstos no preparo e emprego das Forças Armadas, conforme disposto na LC nº 97/1999;	• aprovar o manejo e a supressão de vegetação, de florestas e formações sucessoras em: a) florestas públicas federais, terras devolutas federais ou unidades de conservação instituídas pela União, exceto em APAs; e b) atividades ou empreendimentos licenciados ou autorizados, ambientalmente, pela União; • controlar a introdução no País de espécies exóticas potencialmente invasoras que possam ameaçar os ecossistemas, *habitats* e espécies nativas; • aprovar a liberação de exemplares de espécie exótica da fauna e da flora em ecossistemas naturais frágeis ou protegidos; • controlar a apanha de espécimes da fauna silvestre, ovos e larvas; • proteger a fauna migratória e as espécies inseridas na relação prevista no art. 7º, XVI;
g) destinados a pesquisar, lavrar, produzir, beneficiar, transportar, armazenar e dispor *material radioativo*, em qualquer estágio, ou que utilizem energia nuclear em qualquer de suas formas e aplicações, mediante parecer da Comissão Nacional de Energia Nuclear (CNEN); ou h) que atendam *tipologia estabelecida por ato do Poder Executivo*, a partir de proposição da Comissão Tripartite Nacional, assegurada a participação de um membro do Conselho Nacional do Meio Ambiente (CONAMA), e considerados os critérios de porte, potencial poluidor e natureza da atividade ou empreendimento.	• gerir o patrimônio genético e o acesso ao conhecimento tradicional associado, respeitadas as atribuições setoriais; • exercer o controle ambiental sobre o transporte marítimo de produtos perigosos; e • exercer o controle ambiental sobre o transporte interestadual, fluvial ou terrestre, de produtos perigosos. Parágrafo único. O licenciamento dos empreendimentos cuja localização compreenda concomitantemente áreas das faixas terrestre e marítima da zona costeira será de atribuição da União exclusivamente nos casos previstos em tipologia estabelecida por ato do Poder Executivo, a partir de proposição da Comissão Tripartite Nacional, assegurada a participação de um membro do Conselho Nacional do Meio Ambiente (CONAMA) e considerados os critérios de porte, potencial poluidor e natureza da atividade ou empreendimento.

São ações administrativas dos Estados, entre outras:

• promover o licenciamento ambiental de atividades ou empreendimentos utilizadores de recursos ambientais, efetiva ou potencialmente poluidores ou capazes, sob qualquer forma, de causar degradação ambiental, ressalvado o disposto nos arts. 7º e 9º; • promover o licenciamento ambiental de atividades ou empreendimentos localizados ou desenvolvidos em unidades de conservação instituídas pelo Estado, *exceto em Áreas de Proteção Ambiental (APAs)*; • aprovar o manejo e a supressão de vegetação, de florestas e formações sucessoras em: a) florestas públicas estaduais ou unidades de conservação do Estado, exceto em Áreas de Proteção Ambiental (APAs); b) imóveis rurais, observadas as atribuições previstas no inc. XV do art. 7º; e c) atividades ou empreendimentos licenciados ou autorizados, ambientalmente, pelo Estado.	• elaborar a relação de espécies da fauna e da flora ameaçadas de extinção no respectivo território, mediante laudos e estudos técnico-científicos, fomentando as atividades que conservem essas espécies *in situ*; • controlar a apanha de espécimes da fauna silvestre, ovos e larvas destinadas à implantação de criadouros e à pesquisa científica, ressalvado o disposto no inc. XX do art. 7º; • aprovar o funcionamento de criadouros da fauna silvestre; • exercer o controle ambiental do transporte fluvial e terrestre de produtos perigosos, ressalvado o disposto no inc. XXV do art. 7º.

São ações administrativas dos Municípios, entre outras:

• exercer a gestão dos recursos ambientais no âmbito de suas atribuições; • observadas as atribuições dos demais entes federativos previstas nesta Lei Complementar, aprovar: a) a supressão e o manejo de vegetação, de florestas e formações sucessoras em florestas públicas municipais e unidades de conservação instituídas pelo Município, exceto em Áreas de Proteção Ambiental (APAs); e b) a supressão e o manejo de vegetação, de florestas e formações sucessoras em empreendimentos licenciados ou autorizados, ambientalmente, pelo Município.	• elaborar o Plano Diretor, observando os zoneamentos ambientais; • observadas as atribuições dos demais entes federativos previstas nesta Lei Complementar, promover o *licenciamento ambiental das atividades ou empreendimentos:* a) que causem ou possam causar impacto ambiental de âmbito local, conforme tipologia definida pelos respectivos Conselhos Estaduais de Meio Ambiente, considerados os critérios de porte, potencial poluidor e natureza da atividade; ou b) localizados em unidades de conservação instituídas pelo Município, exceto em Áreas de Proteção Ambiental (APAs).

Nas três esferas, o legislador atribuiu ao ente a competência para ações em unidades de conservação criadas pelo próprio ente, mas sempre excepcionando as APAs. A Área de Proteção Ambiental (APA) é uma espécie de unidade do grupo de uso sustentável e está conceituada no art. 15 da Lei nº 9.985/2000:

> A Área de Proteção Ambiental é uma área em geral extensa, com um certo grau de ocupação humana, dotada de atributos abióticos, bióticos, estéticos ou culturais especialmente importantes para a qualidade de vida e o bem-estar das populações humanas, e tem como objetivos básicos proteger a diversidade biológica, disciplinar o processo de ocupação e assegurar a sustentabilidade do uso dos recursos naturais.

Assim, para fins de licenciamento e autorização de supressão ou manejo de vegetação em APAs, valem as outras regras de distribuição de competência.

Ainda em relação à competência material, questão de extrema importância é a da fiscalização e da lavratura de auto de infração. Segundo o art. 17 da LC nº 140/2011, compete ao órgão responsável pelo licenciamento ou autorização, conforme o caso, de um empreendimento ou atividade lavrar auto de infração ambiental e instaurar processo administrativo para a apuração de infrações praticadas pelo empreendimento licenciado. Contudo, o § 3º determina que essa regra não impede o exercício pelos entes federativos da atribuição comum de fiscalização, prevalecendo o auto de infração ambiental lavrado por órgão que detenha a atribuição de licenciamento ou autorização a que se refere o *caput*. Assim, o exercício do poder de polícia no aspecto fiscalizatório permanece comum.

A *competência legislativa ambiental* é, em regra, concorrente (art. 24, da CF) e suplementar (art. 24, § 2º), mas também pode ser exclusiva (art. 25, §§ 1º e 2º) a privativa (art. 22). Na competência concorrente ocorre a prevalência da União na fixação de regras gerais, e aos Estados e Distrito Federal cabe suplementar essa legislação. Embora não exista um consenso doutrinário sobre o tipo da competência legislativa municipal (se exclusiva ou suplementar), o certo é que o art. 30 da CF também atribuiu aos Municípios competência para legislar sobre assuntos de interesse local e para suplementar a legislação estadual e federal no que couber.

O constituinte, ao disciplinar a competência em matéria ambiental, utilizou-se da expressão "meio ambiente", mas também mencionou de forma individualizada elementos que o integram.

> Por certo, são temas intimamente correlacionados e cujo tratamento deve ser feito em conjunto, sob pena de esvaziamento das competências constitucionais e insegurança jurídica, com a consequente fragilização ambiental. Parece-me, e esse tem sido o entendimento do STF, que as competências privativas se sobrepõem às competências concorrentes – quando os temas se tangencia-

> rem -, o que significa, na prática, o estabelecimento de um regime federal muito centralizado e centralizador (ANTUNES, 2020).

Dessa forma, compete à União legislar privativamente sobre alguns temas afeitos ao Direito Ambiental, conforme dispõe o art. 22 da CF (águas, energia, minas, atividades nucleares, entre outros).

Ainda sobre a competência legislativa, alguns temas foram apreciados pelo STF, e o entendimento do tribunal superior pode ser objeto de questionamento. Alguns entendimentos importam especialmente em razão das recentes e abundantes alterações na legislação ambiental que visam, segundo o governo federal, à simplificação e à desburocratização.

Em setembro de 2019, o STF julgou improcedente a ADI nº 4615/CE confirmando a constitucionalidade de norma estadual que estabelece procedimentos simplificados para o licenciamento de atividades e empreendimentos de pequeno potencial de impacto ambiental, conforme art. 12 da Res. COMAMA nº 237.

> Art. 12. O órgão ambiental competente definirá, se necessário, procedimentos específicos para as licenças ambientais, observadas a natureza, características e peculiaridades da atividade ou empreendimento e, ainda, a compatibilização do processo de licenciamento com as etapas de planejamento, implantação e operação.
>
> § 1º Poderão ser estabelecidos procedimentos simplificados para as atividades e empreendimentos de pequeno potencial de impacto ambiental, que deverão ser aprovados pelos respectivos Conselhos de Meio Ambiente.

Observe, contudo, que a autorização para a adoção de um procedimento simplificado não significa autorização para dispensa de licenciamento.

> A possibilidade de complementação da legislação federal para o atendimento de interesse regional (art. 24, § 2º, da CF) não permite que Estado-Membro dispense a exigência de licenciamento para atividades potencialmente poluidoras, como pretendido pelo art. 10 da Lei 2.713/2013 do Estado do Tocantins (ADI nº 5312/TO, j. out. 2018).

3. LIBERDADE ECONÔMICA E DIREITO AMBIENTAL

Em 20-9-2019, foi publicada a Lei nº 13.874, que entrou em vigor na data de sua publicação. Conhecida como a Lei da Liberdade Econômica, estabelece garantias de livre mercado e altera diversas leis, entre elas o Código Civil. A referida norma menciona aspectos de Direito Ambiental, e a análise dela nesse tópico, logo após a abordagem da proteção ambiental na Constituição Federal, foi intencional, uma vez que a sua interpretação deve-se dar, obviamente, em conformidade com o texto constitucional.

O já mencionado art. 170, que trata dos princípios da ordem econômica, inclui, entre eles, "a defesa do meio ambiente, inclusive mediante tratamento diferenciado conforme o impacto ambiental dos produtos e serviços e de seus processos de elaboração e prestação". Dessa forma, por força da Constituição Federal, a proteção ambiental é um direito fundamental e sua defesa pode ser efetivada mediante tratamento diferenciado.

Como mencionado no início deste capítulo, as questões de Direito Ambiental no Exame de Ordem abordam todas as suas dimensões, inclusive o direito urbanístico. O art. 1º, § 1º, da Lei nº 13.874/2019 determina que seu teor deve ser observado na aplicação e interpretação no direito urbanístico.

Embora a análise da repercussão da lei no Direito Ambiental seja ainda muito incipiente, doutrinadores com obras publicadas em 2020 ressaltam que o Direito Ambiental existe justamente em razão da necessidade de estabelecer limites à atuação econômica.

> É claramente inconstitucional que, em caso de dúvida relacionada à concessão de qualquer licença ambiental, a Administração privilegie, sem mais, a liberdade econômica em detrimento de outros valores tutelados pela legislação de proteção ao meio ambiente, em especial a Constituição Federal (ANTUNES, 2020).

Curt Trennepohl e Terence Trennepohl (2020) afirmam que, não obstante as dúvidas sobre possível ingerência da nova norma sobre o Direito Ambiental, "entendemos que a Lei da Liberdade Econômica não se aplica ao licenciamento ambiental, pois esse possui regras próprias, não abrangidas pela nova ordem".

Contudo, o art. 3º, embora carecedor de precisão, traz disposições importantes que podem ser questionadas na prova (especialmente em sua literalidade).

O inc. IX dispõe que, transcorrido o prazo fixado, o silêncio da autoridade competente importará aprovação tácita dos atos liberatórios da atividade econômica. Cogitou-se a possibilidade de o dispositivo autorizar a licença ambiental tácita. Contudo, descarta-se tal interpretação em razão do disposto na LC nº 140/2011, que, em seu art. 14, § 3º, determina que "o decurso dos prazos de licenciamento, sem a emissão da licença ambiental, não implica emissão tácita nem autoriza a prática de ato que dela dependa ou decorra, mas instaura a competência supletiva referida no art. 15".

O art. 3º, inc. XI, dispõe que é direito das pessoas (naturais ou jurídicas):

> XI – não ser exigida medida ou prestação compensatória ou mitigatória abusiva, em sede de estudos de impacto ou outras liberações de atividade econômica no direito urbanístico, entendida como aquela que:
>
> a) (VETADO);

> b) requeira medida que já era planejada para execução antes da solicitação pelo particular, sem que a atividade econômica altere a demanda para execução da referida medida;
>
> c) utilize-se do particular para realizar execuções que compensem impactos que existiriam independentemente do empreendimento ou da atividade econômica solicitada;
>
> d) requeira a execução ou prestação de qualquer tipo para áreas ou situação além daquelas diretamente impactadas pela atividade econômica; ou
>
> e) mostre-se sem razoabilidade ou desproporcional, inclusive utilizada como meio de coação ou intimidação; e

Antunes (2020) entende que os princípios descritos no inciso (não abusividade, razoabilidade e proporcionalidade) podem ser aplicados ao licenciamento ambiental.

4. PRINCÍPIOS AMBIENTAIS

Milaré, citando Celso Antônio Bandeira de Mello, afirma que:

> violar um princípio é muito mais grave que transgredir uma norma qualquer. A desatenção ao princípio implica ofensa não apenas a um específico mandamento obrigatório, mas a todo o sistema de comandos (MILARÉ, 2011, p. 1064).

A doutrina enumera diversos princípios, por vezes específicos de direito ambiental, em outros princípios gerais de direito aplicáveis ao Direito Ambiental. Destacam-se os seguintes princípios:

Princípio da solidariedade intergeracional: a Declaração sobre Meio Ambiente Humano (1972) estabeleceu em seu princípio 2 que o meio ambiente deve ser preservado em benefício das gerações atuais e futuras. O art. 225 da CF também destaca esse aspecto.

Princípios da prevenção e da precaução: importa destacar que os objetivos do Direito Ambiental são fundamentalmente preventivos. A degradação ambiental é de difícil, às vezes impossível, reparação. A prevenção trata de riscos e impactos já conhecidos pela ciência; já o princípio da precaução visa proteger o meio ambiente dos impactos desconhecidos. Assim, ao determinar que certas atividades necessitam de estudo prévio de impacto ambiental, o legislador já tinha conhecimento do potencial poluidor dessas atividades.

Princípio do poluidor-pagador: o princípio do poluidor-pagador está relacionado aos custos externos do processo produtivo, que atingem à coletividade. "Por este princípio, deve o poluidor responder pelos custos sociais da degradação causada por sua atividade impactante (as chamadas externalidades negativas)" (AMADO, 2019).

Princípio da função social e ambiental da propriedade: a função social da propriedade foi reconhecida expressamente pela Constituição de 1988, nos arts. 5º, XXIII, 170, III, e 186, II. Quando se diz que a propriedade tem uma função social está se afirmando que, ao proprietário, se garante os direitos inerentes ao uso e à disposição da coisa, desde que cumpra sua função social e ambiental. Nesses termos, ao estabelecer no art. 186, II, que a propriedade rural cumpre a sua função social quando atende, entre outros requisitos, à preservação do meio ambiente, a Constituição está impondo ao proprietário rural o dever de exercer o seu direito de propriedade em conformidade com a preservação da qualidade ambiental.

Princípio do usuário-pagador: esse princípio complementa o princípio do poluidor-pagador. Ele estabelece que o usuário deve pagar por sua utilização. "A ideia é de definição de valor econômico ao bem natural com o intuito de racionalizar o seu uso e evitar seu desperdício" (THOMÉ, 2018, p. 74).

5. RESPONSABILIDADE CIVIL POR DANO AO MEIO AMBIENTE

Segundo § 3º do art. 225 da CF, as condutas e atividades consideradas lesivas ao meio ambiente sujeitarão os infratores, pessoas físicas ou jurídicas, a sanções penais e administrativas, independentemente da obrigação de reparar os danos causados. A reparação dos danos se dá por meio da responsabilização civil. Para a devida compreensão das ações que podem configurar dano ao meio ambiente, impõe-se a retomada do conceito de meio ambiente, conforme art. 3º, I, da Lei nº 6.938/1981: meio ambiente é o conjunto de condições, leis, influências e interações de ordem física, química e biológica, que permite, abriga e rege a vida em todas as suas formas. O art. 3º não elencou os elementos corpóreos que compõem o meio ambiente e, assim o fazendo, considerou-o um bem incorpóreo e imaterial.

Entende-se, dessa forma, que o meio ambiente deve ser protegido em sentido amplo, como macrobem ambiental, em uma visão globalizada e integrada. Dessa forma, quando se fala na proteção da fauna, da flora, do ar, da água e do solo, por exemplo, não se busca exclusivamente a proteção desses elementos em si, mas deles como elementos indispensáveis à proteção do meio ambiente como bem imaterial.

Segundo o art. 3º, V, da Lei nº 6.938/1981, recursos ambientais são a atmosfera, as águas interiores, superficiais e subterrâneas, os estuários, o mar territorial, o solo, o subsolo, os elementos da biosfera, a fauna e a flora. Esses elementos podem ser chamados de microbens ambientais, sendo os elementos que integram o macrobem. O microbem ambiental pode ter o regime de sua propriedade variado (público ou privado).

Dano é a lesão a interesses juridicamente protegidos, e dano ambiental é a lesão ao direito fundamental que todos têm de gozar e aproveitar do meio ambiente equilibrado.

O dano ambiental pode ser *ecológico puro*, que é aquele que atinge aos componentes essenciais do ecossistema. Pode ser em sentido amplo (*lato sensu*) quando atinge a qualquer componente do meio ambiente, inclusive o cultural e construído; *ainda pode ser individual ambiental ou reflexo*, que é aquele que atinge interesses próprios do lesado (referentes ao microbem).

Quanto à reparabilidade, ela pode se dar de forma direta, quando o dano é individual (o interessado que sofreu o dano será diretamente indenizado), ou de forma indireta, quando diz respeito a interesses difusos e coletivos; nesses casos a indenização é revertida a um fundo de proteção de interesses difusos.

O dano também pode ser patrimonial, que possibilita a *restituição, recuperação ou indenização* do bem ambiental lesado; ou extrapatrimonial (moral) ambiental, que é todo prejuízo não patrimonial ocasionado à sociedade ou ao indivíduo e deve ser *compensado pecuniariamente*.

A *responsabilidade por danos causados ao meio ambiente é objetiva*, porque, segundo Milaré:

> a expansão das atividades econômicas da chamada sociedade de risco – marcada pelo consumo de massa e pela desenfreada utilização dos recursos naturais – haveria de exigir um tratamento da matéria com o viés de um novo Direito, e não pelos limites da ótica privada tradicional.

Também segundo o art. 927, parágrafo único, do CC, a responsabilidade será objetiva quando a atividade normalmente desenvolvida pelo autor do dano implicar, por sua natureza, risco para os direitos de outrem. Na responsabilidade do tipo objetiva, basta a prova da ocorrência do dano e do vínculo causal com o desenvolvimento – ou mera existência – de uma determinada atividade. Não se investiga culpabilidade, como negligência, imprudência ou imperícia. Segundo a Lei nº 6.938/1981, art. 14, § 1º, sem óbice da aplicação das penalidades previstas nesse artigo, é o poluidor obrigado, *independentemente da existência de culpa, a indenizar ou reparar os danos causados ao meio ambiente e a terceiros*, afetados por sua atividade.

Ainda conforme o art. 14, § 1º, a responsabilidade se dará independentemente de culpa, mesmo quando o dano é causado a terceiros (*reflexo ou ricochete*).

Sabe-se, contudo, que nem toda a utilização de recurso ambiental pode ser considerada dano ao meio ambiente. Dano é apenas a conduta antijurídica suscetível de reparação, aquela que ultrapassa os limites de segurança e acarreta perda do equilíbrio ambiental. O conceito de poluição, constante no art. 3º da Lei nº 6.938/1981, também é utilizado como parâmetro para identificação de um dano ao meio ambiente:

> (...)
>
> III – poluição, a degradação da qualidade ambiental resultante de atividades que direta ou indiretamente:

a) prejudiquem a saúde, a segurança e o bem-estar da população;

b) criem condições adversas às atividades sociais e econômicas;

c) afetem desfavoravelmente a biota;

d) afetem as condições estéticas ou sanitárias do meio ambiente;

e) lancem matérias ou energia em desacordo com os padrões ambientais estabelecidos;

(...)

O nexo de causalidade é de difícil identificação nos danos ambientais, seja pela concomitância de agentes poluidores, seja pela complexidade das causas ou pela distância entre o agente causador e o dano. Assim, após reconhecimento doutrinário e jurisprudencial, o STJ sumulou o tema da seguinte forma: "A inversão do ônus da prova aplica-se às ações de degradação ambiental" (Súm. nº 618, julgado *DJe* 30-10-2018).

Tema recorrente nas provas do Exame de Ordem em relação à responsabilidade civil por danos ao meio ambiente é a chamada obrigação *propter rem*, que significa "em razão da coisa", ou seja, o adquirente da área degradada, mesmo não sendo o poluidor, tem a obrigação de recuperá-la. Esse tema foi consolidado pelo STJ em 2018, através da Súm. nº 623: "As obrigações ambientais possuem natureza *propter rem*, sendo admissível cobrá-las do proprietário ou possuidor atual e/ou dos anteriores, à escolha do credor" (*DJe* 17-12-2018).

O sujeito responsável pela reparação do dano ambiental é o poluidor. Segundo a Lei nº 6.938/1981, *poluidor pode ser pessoa física ou jurídica, de direito público ou privado, responsável direta ou indiretamente, por atividade causadora de degradação ambiental*.

A responsabilidade civil ambiental é fundada na *teoria do risco integral*, segundo a qual basta o nexo de causalidade entre a existência da atividade e o dano ambiental, ainda que o fator desencadeante da produção do dano ambiental seja um elemento externo à atividade ou um fato da natureza

Da responsabilização objetiva, fundamentada na teoria do risco, decorrem algumas consequências: a) prescindibilidade de investigação de culpa; b) irrelevância da licitude da atividade; c) inaplicabilidade de algumas excludentes tradicionais e de cláusula de não indenizar; e d) responsabilidade solidária (art. 942 do CC).

Outro aspecto importante é a previsão, no art. 1º da Lei nº 7.347/1985 (Lei da Ação Civil Pública), que a responsabilidade civil nela disciplinada abrange também os danos morais *coletivos*

5.1 PRESCRIÇÃO NAS AÇÕES DE RESPONSABILIDADE CIVIL

Sobre a prescrição nas ações cíveis por dano ambiental, tem decidido o STJ que, quando o objeto da ação é a proteção ao meio ambiente, enquanto bem fundamental (essencial à sadia qualidade de vida), é imprescritível o pedido de reparação de danos. Já às pretensões indenizatórias que buscam a reparação de lesão individual causada de forma indireta pela poluição ou pela degradação ambiental, o prazo prescricional aplicável é o do Código Civil, pois o bem jurídico tutelado é eminentemente privado. Nesse caso, o prazo prescricional a ser observado é o trienal (art. 206, § 3º, V, do CC/2002).

Em **20-4-2020**, o STF julgou o RE nº 654833 (Repercussão geral - Tema nº 999) confirmando a imprescritibilidade da pretensão reparatória por dano causado ao meio ambiente. Até o fechamento da revisão desta obra, a referida decisão não havia transitado em julgado; dessa forma, deve o examinando observar a situação na data da publicação do edital.

6. SISTEMA NACIONAL DE UNIDADES DE CONSERVAÇÃO (E A COMPENSAÇÃO AMBIENTAL)

Nas provas elaboradas pela Fundação Getúlio Vargas, esse tema consta em diversas questões. Impõe-se, assim, o seu estudo com a devida atenção. O art. 225 da CF, em seu § 1º, III, informa que, para assegurar a efetividade do direito previsto no *caput*, incumbe ao Poder Público criar espaços territoriais a serem especialmente protegidos, *sendo a alteração e supressão permitidas somente por meio de lei.*

José Eduardo Ramos Rodrigues (2006), em obra específica sobre o Sistema Nacional de Unidades de Conservação (SNUC), destaca os ideários distintos que exerceram influência na criação da lei. Essa informação nos auxilia na compreensão das diversas espécies de unidades de conservação.

Os conservacionistas, cuja visão de proteção ambiental é derivada do ideário do Estado Social, defensores do modelo de Unidades de Conservação de Proteção Integral ou de Uso Indireto.	Os socioambientalistas, cuja visão de proteção ambiental é derivada do ideário do neoliberalismo, defensores do modelo de Unidades de Conservação de Uso Sustentável ou de Uso Direto.

Identifica-se facilmente a fusão desses dois ideários nos objetivos constantes no art. 4º da Lei nº 9.985/2000. De acordo com os princípios, as unidades de conservação dividem-se em dois grupos: Unidades de Proteção Integral e Unidades de Uso Sustentável.

Unidades de Proteção Integral	Unidades de Uso Sustentável
Estação Ecológica	Área de Proteção Ambiental
Reserva Biológica	Área de Relevante Interesse Ecológico
Parque Nacional	Floresta Nacional
Monumento Natural	Reserva Extrativista
Refúgio de Vida Silvestre	Reserva de Fauna
	Reserva de Desenvolvimento Sustentável
	Reserva Particular do Patrimônio Natural

Síntese de características das *UCs de proteção integral*:

Espécie	Objetivos
Estação Ecológica	A Estação Ecológica tem como objetivo a *preservação* da natureza e a realização de pesquisas científicas.
Reserva Biológica	A Reserva Biológica tem como objetivo a *preservação integral da biota e demais atributos naturais existentes em seus limites, sem interferência humana* direta ou modificações ambientais, excetuando-se as medidas de recuperação de seus ecossistemas alterados e as ações de manejo necessárias para recuperar e preservar o equilíbrio natural, a diversidade biológica e os processos ecológicos naturais.
Parque Nacional	*O Parque Nacional tem como objetivo básico a preservação de ecossistemas naturais de grande relevância ecológica e beleza cênica, possibilitando a realização de pesquisas científicas e o desenvolvimento de atividades de educação e interpretação ambiental, de recreação em contato com a natureza e de turismo ecológico.*
Monumento Natural	O Monumento Natural tem como objetivo básico *preservar* sítios naturais raros, singulares ou de grande beleza cênica.
Refúgio da Vida Silvestre	O Refúgio de Vida Silvestre tem como objetivo *proteger* ambientes naturais onde se asseguram condições para a existência ou reprodução de espécies ou comunidades da flora local e da fauna residente ou migratória.

Quanto à visitação	
É proibida a visitação pública, exceto quando com objetivo educacional.	Estação Ecológica Reserva Biológica
A visitação pública está sujeita às condições e às restrições estabelecidas no Plano de Manejo da unidade.	Monumento Natural Parque Nacional Refúgio da Vida Silvestre
Quanto à pesquisa científica	
A pesquisa científica depende de autorização prévia do órgão responsável pela administração da unidade.	Estação Ecológica Reserva Biológica Parque Nacional Refúgio da Vida Silvestre

Síntese de características das *UCs de uso sustentável:*

Espécie	Objetivos
Área de Proteção Ambiental	A Área de Proteção Ambiental é uma área em geral extensa, *com certo grau de ocupação humana*, dotada de atributos abióticos, bióticos, estéticos ou culturais especialmente importantes para a qualidade de vida e o bem-estar das populações humanas, e tem como objetivos básicos proteger a diversidade biológica, disciplinar o processo de ocupação e assegurar a sustentabilidade do uso dos recursos naturais.

Espécie	Objetivos
Área de Relevante Interesse Ecológico	A Área de Relevante Interesse Ecológico é uma área em geral de pequena extensão, *com pouca ou nenhuma ocupação humana*, com características naturais extraordinárias ou que abriga exemplares raros da biota regional, e tem como objetivo manter os ecossistemas naturais de importância regional ou local e regular o uso admissível dessas áreas, de modo a compatibilizá-lo com os objetivos de conservação da natureza.
Floresta Nacional	A Floresta Nacional é uma área com *cobertura florestal de espécies predominantemente nativas e tem como objetivo básico o uso múltiplo sustentável dos recursos florestais e a pesquisa científica, com ênfase em métodos para exploração* sustentável de florestas nativas.
Reserva Extrativista	A Reserva Extrativista é uma área *utilizada por populações extrativistas tradicionais, cuja subsistência baseia-se no extrativismo* e, complementarmente, na agricultura de subsistência e na criação de animais de pequeno porte, e tem como objetivos básicos proteger os meios de vida e a cultura dessas populações, e assegurar o uso sustentável dos recursos naturais da unidade.
Reserva de Fauna	A Reserva de Fauna é uma área natural com populações animais de espécies nativas, terrestres ou aquáticas, residentes ou migratórias, *adequadas para estudos técnico-científicos sobre o manejo econômico sustentável de recursos faunísticos.*
Reserva de Desenvolvimento Sustentável	A Reserva de Desenvolvimento Sustentável é uma área natural que *abriga populações tradicionais, cuja existência baseia-se em sistemas sustentáveis de exploração dos recursos naturais, desenvolvidos ao longo de gerações* e adaptados às condições ecológicas locais e que desempenham um papel fundamental na proteção da natureza e na manutenção da diversidade biológica.
Reserva Particular do Patrimônio Natural	A Reserva Particular do Patrimônio Natural *é uma área privada, gravada com perpetuidade, com o objetivo de conservar a diversidade biológica.*

Algumas disposições sobre a criação, implantação e gestão da UCs são comuns a todas às unidades. *A criação de uma unidade de conservação deve ser precedida de estudos técnicos e de consulta pública* que permitam identificar a localização, a dimensão e os limites mais adequados para a unidade.

Zona de amortecimento é o entorno de uma unidade de conservação, onde as atividades humanas estão sujeitas a normas e restrições específicas, com o propósito de minimizar os impactos negativos sobre a unidade. As unidades de conservação, *exceto Área de Proteção Ambiental e Reserva Particular do Patrimônio Natural*, devem possuir uma zona de amortecimento e, quando conveniente, corredores ecológicos.

A Lei do SNUC também estabeleceu regras para *compensação ambiental*, uma consequência da aplicação do princípio do usuário-pagador. "Como os recursos naturais são bens da coletividade, o seu uso há de garantir uma compensação financeira revertida para ela própria, desimportando ter havido ou não efetivo dano ao meio ambiente" (THOMÉ, 2018, p. 434).

Conforme o art. 36, nos casos de licenciamento ambiental de empreendimentos de significativo impacto ambiental, com fundamento em estudo de impacto ambiental e respectivo relatório (EIA/RIMA), o empreendedor é obrigado *a apoiar a implantação e manutenção de unidade de conservação do Grupo de Proteção Integral*, de acordo com o disposto no artigo e no regulamento desta Lei. O § 1º determina que o montante de recursos a ser destinado à unidade de conservação não pode ser inferior a meio por cento dos custos totais previstos para a implantação do empreendimento. Contudo, a Confederação Nacional da Indústria ingressou com Ação Direta de Inconstitucionalidade (ADIN nº 3.378-6/2008) do art. 36, entendendo o STF que a lei impugnada não ofendia o princípio da legalidade ou o da independência dos Poderes. Todavia, *os ministros entenderam inconstitucionais as expressões "não pode ser inferior a meio por cento dos custos totais previstos para a implantação do empreendimento" e o "percentual" constante no § 1º do art. 36*. Dessa forma, o valor da compensação deverá ser proporcional ao dano causado, podendo ser inferior ao percentual previsto em lei.

7. PROTEÇÃO DO BIOMA MATA ATLÂNTICA

Segundo Édis Milaré (2011, p. 996):

> acredita-se que quando os portugueses chegaram ao Brasil, há cerca de 500 anos, o país tinha 1.300.000 km² de Mata Atlântica, ou seja, 15% do território brasileiro era coberto pelas diferentes formações florestais do bioma. Hoje, a extensão da Mata Atlântica está reduzida a aproximadamente 100.000 km², o que quer dizer que esse recurso natural teve *93% de sua área original devastada*.

Esse índice revela a razão de uma proteção especial a esse bioma em nosso ordenamento jurídico.

O art. 225, § 4º, como já visto, considera a Mata Atlântica Patrimônio Nacional. Depois de anos com decretos e resoluções disciplinando de forma incompleta a matéria, foi promulgada a Lei nº 11.428/2006, posteriormente regulamentada pelo Dec. nº 6.660/2008.

Segundo o art. 6º da Lei, a proteção e a utilização do Bioma Mata Atlântica têm por objetivo geral o desenvolvimento sustentável e por objetivos específicos a salvaguarda da biodiversidade, da saúde humana, dos valores paisagísticos, estéticos e turísticos, do regime hídrico e da estabilidade social.

8. CÓDIGO FLORESTAL (RESERVA LEGAL E ÁREA DE PRESERVAÇÃO PERMANENTE)

A legislação florestal brasileira foi concebida e implementada em razão do elevado grau de desmatamento de nossas florestas. A Lei nº 12.651/2012 (Código Florestal) estabelece princípios gerais que devem ser observados pelos Estados em sua legislação. Contudo, a Lei nº 12.651/2012 não está voltada, tão somente, à proteção das florestas. Protege também as demais formas de vegetação, as terras propriamente ditas, os recursos hídricos e a diversidade biológica.

Dois temas disciplinados na Lei nº 12.651/2012 são questionados frequentemente pela banca examinadora: áreas de Preservação Permanente e áreas de Reserva Legal.

Áreas de Preservação Permanente são áreas protegidas, cobertas ou não por vegetação nativa, com a função ambiental de preservar os recursos hídricos, a paisagem, a estabilidade geológica e a biodiversidade, facilitar o fluxo gênico de fauna e flora, proteger o solo e assegurar o bem-estar das populações humanas.

Édis Milaré (2018) ressalta o aspecto legal "cobertas ou não por vegetação nativa", o que demonstra a intenção do legislador de dar proteção não exclusivamente às florestas e demais formas de vegetação natural, mas aos próprios locais ou às formações geográficas em que tais áreas estão inseridas funcionalmente.

As áreas de preservação permanente foram *instituídas por lei* (espaços frágeis especificados em lei), mas também podem ser *instituídas por ato do Poder Público* (art. 6º).

Conforme art. 4º, considera-se Área de Preservação Permanente, em *zonas rurais ou urbanas*, para os efeitos desta Lei:

> I - as faixas marginais de qualquer curso d'água natural perene e intermitente, excluídos os efêmeros, desde a borda da calha do leito regular, nas larguras especificadas em lei;
>
> II - as áreas no entorno dos lagos e lagoas naturais, em faixa com largura mínima especificada em lei;
>
> III - as áreas no entorno dos reservatórios d'água artificiais, decorrentes de barramento ou represamento de cursos d'água naturais, na faixa definida na licença ambiental do empreendimento;
>
> IV - as áreas no entorno das nascentes e dos olhos d'água perenes, qualquer que seja sua situação topográfica, no raio mínimo de 50 (cinquenta) metros;
>
> V - as encostas ou partes destas com declividade superior a 45°, equivalente a 100% (cem por cento) na linha de maior declive;

> VI - as restingas, como fixadoras de dunas ou estabilizadoras de mangues;
>
> VII - os manguezais, em toda a sua extensão;
>
> VIII - as bordas dos tabuleiros ou chapadas, até a linha de ruptura do relevo, em faixa nunca inferior a 100 (cem) metros em projeções horizontais;
>
> IX - no topo de morros, montes, montanhas e serras, com altura mínima de 100 (cem) metros e inclinação média maior que 25°, as áreas delimitadas a partir da curva de nível correspondente a 2/3 (dois terços) da altura mínima da elevação sempre em relação à base, sendo esta definida pelo plano horizontal determinado por planície ou espelho d'água adjacente ou, nos relevos ondulados, pela cota do ponto de sela mais próximo da elevação;
>
> X - as áreas em altitude superior a 1.800 (mil e oitocentos) metros, qualquer que seja a vegetação;
>
> XI - em veredas, a faixa marginal, em projeção horizontal, com largura mínima de 50 (cinquenta) metros, a partir do espaço permanentemente brejoso e encharcado (...).

Já a possibilidade de instituição de APP pelo Poder Público se dá em razão da destinação da área. Segundo o art. 6º, consideram-se, ainda, de preservação permanente, quando declaradas de interesse social por ato do Chefe do Poder Executivo, as áreas cobertas com florestas ou outras formas de vegetação destinadas a uma ou mais das seguintes finalidades:

> I - conter a erosão do solo e mitigar riscos de enchentes e deslizamentos de terra e de rocha;
>
> II - proteger as restingas ou veredas;
>
> III - proteger várzeas;
>
> IV - abrigar exemplares da fauna ou da flora ameaçados de extinção;
>
> V - proteger sítios de excepcional beleza ou de valor científico, cultural ou histórico;
>
> VI - formar faixas de proteção ao longo de rodovias e ferrovias;
>
> VII - assegurar condições de bem-estar público;
>
> VIII - auxiliar a defesa do território nacional, a critério das autoridades militares;
>
> IX - proteger áreas úmidas, especialmente as de importância internacional.

O art. 8º do Código Florestal prevê a possibilidade de intervenção ou supressão de vegetação nativa em APP, mediante autorização do órgão ambiental competente, nas hipóteses de utilidade pública, de interesse social ou de baixo impacto ambiental previstas nesta Lei.

Reserva Legal é área localizada no interior de uma *propriedade ou posse rural*, delimitada nos termos do art. 12, com a função de assegurar o uso econômico de modo sustentável dos recursos naturais do imóvel rural, auxiliar a conservação e a reabilitação dos processos ecológicos e promover a conservação da biodiversidade, bem como o abrigo e a proteção de fauna silvestre e da flora nativa. Trata-se, assim, de uma limitação ao direito de propriedade, caracterizado por um percentual mínimo em relação à totalidade da propriedade ou posse rural que deve permanecer com cobertura de vegetação nativa. Segundo o art. 17, na reserva legal admite-se a exploração econômica mediante o manejo sustentável previamente aprovado pelo órgão competente do SISNAMA. Os percentuais mínimos de Reserva legal estão no inc. I do art. 12 da Lei:

> I – localizado na Amazônia Legal:
>
> a) 80% (oitenta por cento), no imóvel situado em área de florestas;
>
> b) 35% (trinta e cinco por cento), no imóvel situado em área de cerrado;
>
> c) 20% (vinte por cento), no imóvel situado em área de campos gerais;
>
> II – localizado nas demais regiões do País: 20% (vinte por cento).

Outro tema importante, questionado recentemente, é o *Cadastro Ambiental Rural (CAR)*. O art. 29 determina que se trata de um registro público eletrônico de âmbito nacional, obrigatório para todos os imóveis rurais. A Lei nº 13.887/2019 alterou a redação do § 3º do art. 29, determinando que a inscrição no CAR é obrigatória e por prazo indeterminado para todas as propriedades e posses rurais. O § 4º do mesmo artigo, incluído pela Lei de 2019, determina que os proprietários e possuidores dos imóveis rurais que os inscreverem no CAR até 31 de dezembro de 2020 terão direito à adesão ao Programa de Regularização Ambiental (PRA).

A Lei nº 13.887/2019 promoveu outras importantes alterações na Lei nº 12.651/2012. O art. 59 que determina que a União, os Estados e o Distrito Federal deverão implementar os Programas de Regularização Ambiental (PRA); o § 2º do mesmo artigo determina que a inscrição no CAR é condição obrigatória para a adesão ao PRA, e que essa adesão deve ser requerida em até dois anos.

Em relação ao Programa de Regularização Ambiental, dispõe o art. 59, § 4º, que até a implantação do PRA e após a sua adesão "o proprietário ou possuidor não poderá ser autuado por infrações cometidas antes de 22 de julho de 2008, relativas à supressão irregular de vegetação em áreas de Preservação Permanente, de Reserva Legal e de uso restrito". Talvez esse seja o tema mais polêmico da Lei nº 12.651/2012. O STF apreciou o tema, denominado de "anistia" por ambientalistas, e concluiu da seguinte forma

> Um dos pontos mais discutidos sobre a lei foi a questão da "anistia" conferida aos proprietários que aderirem ao Programa de Regularização Ambiental (PRA). Segundo a lei, quem adere a programa não fica sujeito a sanções referentes a infrações cometidas antes do marco temporal de 22 de julho de 2008. O entendimento da Corte foi de que o caso não configura anistia, uma vez que os proprietários continuam sujeitos a punição na hipótese de descumprimento dos ajustes firmados nos termos de compromisso. A regra prevista na norma teria, na verdade, a finalidade de estimular a recuperação de áreas degradadas. O ponto recebeu interpretação conforme do STF a fim de afastar o risco de prescrição ou decadência da punibilidade no decurso do termo de compromisso assumido pelo proprietário.
>
> Disponível em: <http://www.stf.jus.br/portal/cms/verNoticiaDetalhe.asp?idConteudo=370937>. Acesso em: 30 jul. 2020.

9. INSTRUMENTOS DA POLÍTICA DE DESENVOLVIMENTO URBANO

A primeira política urbana nacional criada no Brasil foi com a Constituição de 1988. A problemática urbana está relacionada aos assentamentos humanos, aos processos demográficos, a estilos de vida, a valores culturais, à interação de indivíduos etc. Percebe-se, assim, que a política urbana trata do meio ambiente urbano. Encontra-se inserida na Constituição Federal dentro da ordem econômica, muito em decorrência da preocupação com a propriedade do solo e com o direito de acesso a ele.

Segundo o Código Civil (art. 1.228), o proprietário tem a faculdade de usar, gozar e dispor da coisa, e o direito de reavê-la do poder de quem quer que injustamente a possua ou detenha. Contudo:

> § 1º O direito de propriedade deve ser exercido em consonância com as suas finalidades econômicas e sociais e de modo que sejam preservados, de conformidade com o estabelecido em lei especial, a flora, a fauna, as belezas naturais, o equilíbrio ecológico e o patrimônio histórico e artístico, bem como evitada a poluição do ar e das águas.

O art. 182 da CF estabelece que a *política urbana será executada pelo município*, conforme diretrizes gerais fixadas em lei, e tem por objetivo ordenar o pleno desenvolvimento das funções sociais da cidade e garantir o bem-estar de seus habitantes. *O Plano Diretor é o instrumento básico dessa política*.

O § 4º do art. 182 estimula o cumprimento da função social da propriedade ao facultar ao Poder Público municipal a utilização de alguns instrumentos de intervenção de forma a *exigir do proprietário o adequado aproveitamento do solo urbano*. Esses instrumentos devem ser utilizados de forma sucessiva: São eles:

> I - parcelamento ou edificação compulsórios;
>
> II - imposto sobre a propriedade predial e territorial urbana progressivo no tempo;
>
> III - desapropriação com pagamento mediante títulos da dívida pública de emissão previamente aprovada pelo Senado Federal, com prazo de resgate de até dez anos, em parcelas anuais, iguais e sucessivas, assegurados o valor real da indenização e os juros legais.

Nos termos dessa disposição constitucional, pode-se dizer que a função social da propriedade urbana altera essencialmente o direito do proprietário de usar livremente dela, condicionando seu uso e sua fruição ao interesse social.

A Lei nº 10.257/2001, ao regulamentar os arts. 182 e 183 da CF, disciplina as medidas para indução do adequado aproveitamento do solo previstas no § 4º do art. 182 (arts. 5º a 8º). O art. 5º determina que lei municipal específica, *para área incluída no Plano Diretor*, poderá determinar o parcelamento, a edificação ou a utilização compulsórios do solo urbano não edificado, subutilizado ou não utilizado, *devendo fixar as condições e os prazos para implementação da referida obrigação*.

Não cumprida a obrigação, o IPTU sobre o imóvel terá sua alíquota majorada progressivamente durante cinco anos consecutivos, consoante o art. 7º. Lei específica fixará o valor da alíquota a ser aplicada a cada ano, limitada ao dobro do valor do ano anterior, sendo de 15% a alíquota máxima, que se mantém indefinidamente até o cumprimento da obrigação.

Decorridos cinco anos de cobrança do IPTU progressivo sem que o proprietário tenha promovido o adequado aproveitamento do solo urbano, o Município poderá proceder à desapropriação do imóvel, nos termos do art. 8º do Estatuto da Cidade.

O art. 4º do Estatuto da Cidade elenca os instrumentos da política urbana. O inc. VI inclui, entre esses instrumentos, o estudo prévio de impacto ambiental (EIA) e o estudo prévio de impacto de vizinhança (EIV). O Estudo de Impacto Ambiental, conforme disposto a seguir, que é seguido do Relatório de Impacto Ambiental (RIMA), é um estudo técnico exigido para o licenciamento de empreendimentos capazes de causar significativo impacto ambiental. Embora mencionados conjuntamente, são instrumentos distintos e autônomos. Os arts. 36 a 38 do Estatuto da Cidade disciplinam o Estudo de Impacto de Vizinhança (EIV).

Novamente o legislador ressaltou a necessidade de *lei municipal* definir previamente os empreendimentos e atividades privados ou públicos em área urbana que dependerão de elaboração de *estudo prévio de impacto de vizi-*

nhança (EIV). O estudo deve contemplar os efeitos positivos e negativos do empreendimento ou atividade quanto à qualidade de vida da população residente na área e suas proximidades, incluindo a análise, no mínimo, das seguintes questões: I – adensamento populacional; II – equipamentos urbanos e comunitários; III – uso e ocupação do solo; IV – valorização imobiliária; V – geração de tráfego e demanda por transporte público; VI – ventilação e iluminação; VII – paisagem urbana e patrimônio natural e cultural.

Segundo Milaré (2011, p. 674)

> a política nacional do meio ambiente consagra, entre os seus instrumentos, *a avaliação de impactos ambientais.* A avaliação de impacto ambiental é tomada em sentido amplo, genérico, de procedimento metodológico para localizar, identificar, prognosticar, ponderar e, em certos casos, valorar em medidas as alterações que podem ocorrer no meio ambiente.

Ainda sobre o Estatuto da Cidade, importa observar as modificações promovidas pela Lei nº 13.465/2017, especialmente no que se refere à usucapião coletiva:

> Art. 10. Os núcleos urbanos informais existentes sem oposição há mais de cinco anos e cuja área total dividida pelo número de possuidores seja inferior a duzentos e cinquenta metros quadrados por possuidor são suscetíveis de serem usucapidos coletivamente, desde que os possuidores não sejam proprietários de outro imóvel urbano ou rural. [Redação dada pela Lei nº 13.465, de 11-7-2017]

10. LICENCIAMENTO AMBIENTAL E ESTUDO PRÉVIO DE IMPACTO AMBIENTAL

A Lei nº 6.938/1981, alterada pela LC nº 140/2011, determina a necessidade de licenciamento ambiental para obras potencialmente poluidoras. Ao tratar do licenciamento ambiental, os doutrinadores discorrem, inicialmente, sobre a sua natureza jurídica, que mais se assemelha a uma autorização. A licença administrativa trata-se, em regra, de ato vinculado. Cumpridas todas as exigências legais, o Poder Público não pode se negar a conceder a licença administrativa. *Já o licenciamento ambiental tem caráter preventivo e se aproxima mais de uma autorização administrativa, pois são atos precários e discricionários.*

O art. 10 da Lei nº 6.938/1981, com redação que lhe foi dada pela LC nº 140/2011, determina que a construção, a instalação, a ampliação e o funcionamento de estabelecimentos e atividades utilizadores de recursos ambientais, *efetiva ou potencialmente poluidores ou capazes, sob qualquer forma, de causar degradação ambiental* dependerão de prévio licenciamento ambiental.

Segundo o art. 2º, I, da LC nº 140/2011, licenciamento ambiental é o procedimento administrativo destinado a licenciar atividades ou empreendimentos utilizadores de recursos ambientais, efetiva ou potencialmente poluidores ou capazes, sob qualquer forma, de causar degradação ambiental.

Segundo a Res. CONAMA nº 237/1997, é o procedimento administrativo pelo qual o órgão ambiental competente licencia a *localização, a instalação, a ampliação e a operação de empreendimentos e atividades utilizadoras de recursos ambientais*, consideradas efetiva ou potencialmente poluidoras ou daquelas que, sob qualquer forma, possam causar degradação ambiental, considerando as disposições legais e regulamentares e as normas técnicas aplicáveis ao caso. Segundo a mesma resolução (art. 1º, II), a licença ambiental é o ato administrativo pelo qual:

> o órgão ambiental competente, estabelece as condições, restrições e medidas de controle ambiental que deverão ser obedecidas pelo empreendedor, pessoa física ou jurídica, para localizar, instalar, ampliar e operar empreendimentos ou atividades utilizadoras dos recursos ambientais consideradas efetiva ou potencialmente poluidoras ou aquelas que, sob qualquer forma, possam causar degradação ambiental.

O licenciamento ambiental tem natureza de procedimento administrativo, configurado por formalidades e etapas que devem ser seguidas. Segundo o art. 10 da Res. nº 237/1997, o licenciamento contém oito fases que abrangem, em outros aspectos, os seguintes: a) definição pelo órgão ambiental de projetos, estudos e documentos necessários; b) análise dos documentos e estudos solicitados; c) solicitação de esclarecimentos e complementos; d) realização de audiência pública, quando couber; e) deferimento ou indeferimento da licença com base em parecer técnico e com a devida publicidade.

A Res. CONAMA nº 9/1987 regulamenta as audiências públicas ambientais, tema esse objeto de questionamento pela Fundação Getulio Vargas no Exame de Ordem XXVIII. Veja o que dispõe a referida resolução:

> Art. 2º Sempre que julgar necessário, ou quando for solicitado por entidade civil, pelo Ministério Público, ou por 50 (cinquenta) ou mais cidadãos, o Órgão de Meio Ambiente promoverá a realização de audiência pública.

Concluídas essas etapas, o órgão ambiental expedirá a licença ambiental com as respectivas condições e restrições ao empreendedor. Conforme art. 19 da Res. CONAMA nº 237:

> o órgão ambiental competente, mediante decisão motivada, poderá modificar os condicionantes e as medidas de controle e adequação, suspender ou cancelar uma licença expedida, quando ocorrer:
>
> I – violação ou inadequação de quaisquer condicionantes ou normas legais;

> II – omissão ou falsa descrição de informações relevantes que subsidiaram a expedição da licença;
>
> III – superveniência de graves riscos ambientais e de saúde.

Já a fase de emissão da licença desdobra-se em: a) licença prévia; b) licença de instalação; e c) licença de operação.

Conforme o art. 8º da Res. CONAMA nº 237, o Poder Público, no exercício de sua competência de controle, expedirá as seguintes licenças:

> I – Licença Prévia (LP) – concedida na fase preliminar do planejamento do empreendimento ou atividade aprovando sua localização e concepção, atestando a viabilidade ambiental e estabelecendo os requisitos básicos e condicionantes a serem atendidos nas próximas fases de sua implementação;
>
> II – Licença de Instalação (LI) – autoriza a instalação do empreendimento ou atividade de acordo com as especificações constantes dos planos, programas e projetos aprovados, incluindo as medidas de controle ambiental e demais condicionantes, da qual constituem motivo determinante;
>
> III – Licença de Operação (LO) – autoriza a operação da atividade ou empreendimento, após a verificação do efetivo cumprimento do que consta das licenças anteriores, com as medidas de controle ambiental e condicionantes determinados para a operação.

O art. 18 da Res. nº 237 também estabelece os respectivos prazos das licenças:

Fase do licenciamento	Prazos de validade
Licença prévia	No máximo 5 anos
Licença de instalação	No máximo 6 anos
Licença de operação	No mínimo 4 anos e no máximo 10

Lembre-se de que a Lei nº 10.650/2003 dispõe sobre o acesso público aos dados e informações existentes nos órgãos e entidades integrantes do SISNAMA, nos seguintes termos: os órgãos e entidades da Administração Pública, direta, indireta e fundacional, integrantes do SISNAMA, ficam obrigados a permitir o acesso público aos documentos, expedientes e processos administrativos que tratem de matéria ambiental e a fornecer todas as informações ambientais que estejam sob sua guarda, em meio escrito, visual, sonoro ou eletrônico.

Conforme visto, a *competência material em matéria ambiental* é comum a todos os entes da federação, de acordo com o art. 23, IV, da CF. A LC nº 140 também distribuiu a *competência para o licenciamento* entre os entes (conforme item 2.1, supra), que deve se limitar apenas ao ente federado competente. Veja também que o art. 7º, XXIV, *h*, menciona a competência da União para promover o licenciamento de empreendimentos e atividades que atendam tipologia estabelecida por ato do Poder Executivo, a partir de proposição da Comissão Tripartite Nacional.

O Dec. nº 8.437/2015 estabeleceu as tipologias de empreendimentos e atividades cujo licenciamento ambiental é de competência da União, independentemente da abrangência do impacto ou da localização: 1. rodovias federais; 2. ferrovias federais; 3. portos organizados ou terminais de uso privado e instalações portuárias com movimento superior a 15.000.000 ton./ano; 4. exploração de petróleo e gás e atividades diretamente relacionadas; 5. sistemas de geração e transmissão de energia elétrica (hidrelétricas com capacidade instalada igual ou superior a 300 *megawatt*, usinas termelétricas com capacidade instalada igual ou superior a 300 *megawatt* e usinas eólicas *offshore* e na zona de transição terra-mar).

Percebe-se assim que, embora sejam diversos os critérios de definição de competência, a ideia central de sua distribuição na LC nº 140/2011 ratifica o disposto na Res. CONAMA nº 237/1997 do, com ênfase no *critério da abrangência do impacto*.

10.1 ESTUDO DE IMPACTO AMBIENTAL

Segundo MILARÉ (2011):

> o Estudo de Impacto ambiental é hoje considerado um dos mais notáveis instrumentos de compatibilização do desenvolvimento econômico-social com a preservação da qualidade do meio ambiente, já que *deve ser elaborado antes da instalação da obra ou da atividade potencialmente causadora de significativa degradação*, nos termos do art. 225, § 1º, IV, da CF/1988.

O art. 3º da Res. CONAMA nº 237 determina que a licença ambiental para *empreendimentos e atividades consideradas efetiva ou potencialmente causadoras de significativa degradação do meio* dependerá de prévio estudo de impacto ambiental e respectivo relatório de impacto sobre o meio ambiente (EIA/RIMA), ao qual se dará publicidade, garantida a realização de audiências públicas, quando couber, de acordo com a regulamentação.

11. SANÇÕES PENAIS E ADMINISTRATIVAS

A Lei nº 9.605/1998, embora seja conhecida como "lei dos crimes ambientais", dispõe sobre as sanções penais e administrativas derivadas de condutas e atividades lesivas ao meio ambiente.

Os artigos iniciais ressaltam a responsabilidade da pessoa jurídica sem prejuízo à responsabilização das pessoas físicas.

A responsabilidade penal da pessoa jurídica é, ainda hoje, tema extremamente controvertido.

> Há quem entenda que a adoção da responsabilidade da pessoa jurídica ofenderia a Constituição Federal, o princípio da legalida-

> de, o princípio do devido processo legal, o princípio da individualização e o princípio da proporcionalidade da pena (SIRVINSKAS, 2011).

Contudo, na jurisprudência não se discute mais o cabimento da responsabilização da pessoa jurídica, e *atualmente vigora o entendimento pela desnecessidade de dupla imputação*:

> Processo penal. Recurso em mandado de segurança. Crime ambiental.
>
> Art. 56, *caput*, da Lei nº 9.605/1998. Responsabilidade penal da pessoa jurídica. Dupla imputação. Pessoa física e pessoa jurídica. Desnecessidade. Trancamento da ação penal. Excepcionalidade.
>
> Requisitos do art. 41 do CPP não preenchidos. Denúncia inepta. Liame entre o fato delituoso e a empresa denunciada. Não demonstração.
>
> Recurso provido. 1. Após o julgamento do RE nº 548.181 pela Suprema Corte, a jurisprudência desta Corte consolidou-se no sentido de que é possível a responsabilização penal da pessoa jurídica por crimes ambientais independentemente da responsabilização concomitante da pessoa física que a represente (STJ, RMS nº 56073/ES, j. 25-9-2018).

No que se refere à Lei nº 9.605/1998, um dos assuntos assíduos no Exame de Ordem é aquele sobre a desconsideração da pessoa jurídica. Determina o art. 4º da Lei nº 9.605/1998 que "poderá ser desconsiderada a pessoa jurídica sempre que sua personalidade for obstáculo ao ressarcimento de prejuízos causados à qualidade do meio ambiente". Percebe-se, portanto, que o legislador optou pela aplicação da teoria menor da desconsideração da personalidade jurídica.

Não custa lembrar que o Direito Ambiental adota, amplamente, a teoria da desconsideração da personalidade jurídica (*in casu*, v. g., os arts. 4º da Lei nº 9.605/1998 e 81 e 82 da Lei nº 11.101/2005). Sua incidência, assim, na ação civil pública, vem a se impor, em certas situações, com absoluto rigor. O intuito é viabilizar a plena satisfação de obrigações derivadas de responsabilidade ambiental, notadamente em casos de insolvência da empresa degradadora. No que tange à aplicação do art. 4º da Lei nº 9.605/1998 (= lei especial), basta tão somente que a personalidade da pessoa jurídica seja "obstáculo ao ressarcimento de prejuízos causados à qualidade do meio ambiente", dispensado, por força do princípio da reparação *in integrum* e do princípio poluidor-pagador, o requisito do "abuso", *caracterizado tanto pelo "desvio de finalidade", como pela "confusão patrimonial"*, ambos próprios do regime comum do art. 50 do CC (= lei geral) (REsp nº 1339046/SC, j. 5-3-2013).

O Capítulo VI da Lei nº 9.605/1998 trata "da infração administrativa". A *responsabilidade administrativa ambiental* é exercida em conformidade com o poder de polícia ambiental. O art. 70 afirma que "considera-se infração administrativa ambiental toda ação ou omissão que viole as regras jurídicas de uso, gozo, promoção, proteção e recuperação do meio ambiente". Tais dispositivos foram regulamentados pelo Dec. nº 6.514/2008, que revogou expressamente o Dec. nº 3.179/1999.

Não há um consenso doutrinário sobre a natureza jurídica da responsabilidade administrativa ambiental. Alguns doutrinadores entendem que ela é exclusivamente subjetiva, outros compreendem que algumas infrações admitem a aplicação de sanção independentemente de prova de culpabilidade. Contudo, é possível afirmar que, diferentemente da responsabilidade civil, não há a necessidade de configuração de dano, basta que a conduta esteja tipificada nas normas de proteção ambiental para que reste configurada a infração e que ocorra a responsabilização. "A sanção administrativa incidirá, portanto, apenas nos casos de exato enquadramento legal da conduta imputada ao agente, em respeito ao princípio da legalidade estrita" (THOMÉ, 2018, p. 611).

Ainda em relação à responsabilidade penal ambiental, o legislador utilizou-se, na Lei nº 9.605/1998, da técnica denominada "*norma penal em branco*", que se caracteriza pela necessidade de complementação por outra norma jurídica para que possam ser aplicadas. Um exemplo clássico de norma penal em branco é aquela constante no art. 29, § 4º, I, da Lei:

> Art. 29. Matar, perseguir, caçar, apanhar, utilizar espécimes da fauna silvestre, nativos ou em rota migratória, sem a devida permissão, licença ou autorização da autoridade competente, ou em desacordo com a obtida.
>
> (...)
>
> § 4º A pena é aumentada de metade, se o crime é praticado:
>
> I – *contra espécie rara ou considerada ameaçada de extinção*, ainda que somente no local da infração; (...) (grifos nossos)

Nesse caso, a lei exige que se recorra às listas dos órgãos ambientais que classificam os animais ameaçados de extinção.

A Lei nº 9.605/1998 também tipificou os denominados *crimes de perigo*. Veja este entendimento fixado em *Informativo de Jurisprudência* do STJ (nº 613/2017):

> O crime previsto no art. 56, *caput* da Lei nº 9.605/1998 é de perigo abstrato, sendo dispensável a produção de prova pericial para atestar a nocividade ou a periculosidade dos produtos transportados, bastando que estes estejam elencados na Resolução nº 420/2004 da ANTT.

Registrou a 6ª T., na oportunidade, que a conduta ilícita prevista no dispositivo é norma penal em branco integrada pelo Regulamento para o Transporte Rodoviário de Produtos Perigosos (Dec. nº 96.044/1988) e pela Res.

nº 420/2004 da Agência Nacional de Transportes Terrestres (ANTT), que qualificam substâncias cujo transporte é perigoso.

> No que se refere ao art. 56, *caput*, da Lei nº 9.605/1998, o legislador foi claro em não exigir a geração concreta de risco na conduta ali positivada. Poderia fazê-lo, mas preferiu contentar-se com a deliberada criação de um risco para o meio ambiente ou mesmo a um número indeterminado de pessoas por quem transporta produto ou substância tóxica, perigosa ou nociva à saúde humana ou ao meio ambiente, em desacordo com as exigências estabelecidas em leis ou nos seus regulamentos. Em outras palavras, o conceito de nocividade no crime ambiental examinado se esgota na própria capitulação normativa do produto ou substância como tóxica, perigosa ou nociva ao ecossistema.

Ainda sobre os crimes ambientais, importa apreciar a questão da competência para julgamento. Entende o STJ que a preservação do meio ambiente é matéria de competência comum da União, dos Estados, do Distrito Federal e dos Municípios, nos termos do art. 23, VI e VII, da CF. Por essa razão, a sua orientação é no sentido de que, em crimes ambientais, *a competência em regra é da jurisdição estadual, ressalvada a hipótese de configuração de lesão aos interesses, bens ou serviços da União, de suas entidades autárquicas ou empresas públicas*.

Assim, apenas quando presente interesse da União é que a competência será da Justiça Federal, como no julgamento pelo STF do recurso extraordinário com reconhecimento de Repercussão Geral (nº 835.558):

> Compete à Justiça Federal processar e julgar o crime ambiental de caráter transnacional que envolva animais silvestres, ameaçados de extinção e espécimes exóticas ou protegidas por compromissos internacionais assumidos pelo Brasil.

Importante tema atinente à Lei dos Crimes Ambientais, é a alteração promovida pela Lei nº 14.064/2020. O art. 32 da Lei nº 9.605/1998 passou a vigorar acrescido do seguinte § 1º-A:

> Art. 32. Praticar ato de abuso, maus-tratos, ferir ou mutilar animais silvestres, domésticos ou domesticados, nativos ou exóticos:
>
> Pena – detenção, de três meses a um ano, e multa.
>
> § 1º Incorre nas mesmas penas quem realiza experiência dolorosa ou cruel em animal vivo, ainda que para fins didáticos ou científicos, quando existirem recursos alternativos.
>
> **§ 1º-A. Quando se tratar de cão ou gato, a pena para as condutas descritas no caput deste artigo será de reclusão, de 2 (dois) a 5 (cinco) anos, multa e proibição da guarda. (Incluído pela Lei nº 14.064, de 2020)**
>
> § 2º A pena é aumentada de um sexto a um terço, se ocorre morte do animal.

12. SANEAMENTO BÁSICO

Segundo Milaré (2018), somente em 2007 uma das mais relevantes políticas de âmbito nacional teve a sua "certidão de nascimento" estampada na Lei nº 11.445/2007. Em 15-7-2020, foi publicada a Lei nº 14.026, que atualizou o marco legal do saneamento e alterou substancialmente a Lei nº 11.445/2007.

Segundo a nova redação do art. 3º, I, saneamento básico é o conjunto de serviços públicos, infraestruturas e instalações operacionais de: a) abastecimento de água potável; b) esgotamento sanitário; c) limpeza urbana e manejo de resíduos sólidos; e d) drenagem e manejo das águas pluviais urbanas.

Tema já questionado em prova, constante no art. 29, § 2º, também teve a sua redação alterada, dispondo que "poderão ser adotados subsídios tarifários e não tarifários para os usuários que não tenham capacidade de pagamento suficiente para cobrir o custo integral dos serviços".

Também no art. 29 tem recebido destaque o § 3º, que determina que as novas edificações condominiais deverão adotar padrões de sustentabilidade ambiental que incluam a medição individualizada do consumo hídrico por unidade imobiliária.

Foi atribuída à Agência Nacional da Águas (ANA) a competência para regular a prestação do serviço de saneamento básico (art. 25-A).

Observe alguns incisos incluídos no art. 49, que elenca os objetivos da Política Federal de Saneamento Básico:

> XI – incentivar a adoção de equipamentos sanitários que contribuam para a redução do consumo de água;
>
> XIV – promover a regionalização dos serviços, com vistas à geração de ganhos de escala, por meio do apoio à formação dos blocos de referência e à obtenção da sustentabilidade econômica financeira do bloco;
>
> XV – promover a concorrência na prestação dos serviços; e
>
> XVI – priorizar, apoiar e incentivar planos, programas e projetos que visem à implantação e à ampliação dos serviços e das ações de saneamento integrado, nos termos desta Lei.

13. AGROTÓXICOS

Segundo Amado (2019):

> Os tóxicos de uso agrícola, legalmente intitulados de agrotóxicos, são substâncias que agem para combater as pragas que afetam a agricultura ou pecuária. São também conhecidos como defensores agrícolas, praguicidas ou pesticidas.

O art. 225, § 1º, V, da CF determina que incumbe ao Poder Público o controle da produção, comercialização e utilização de técnicas, métodos e substâncias nocivas à vida, à qualidade de vida e ao meio ambiente. No ordenamento infraconstitucional, o controle público mencionado encontrou ressonância na Lei nº 7.802/1989, alterada pela Lei nº 9.974/2000, que dispõe sobre a pesquisa, a experimentação, a produção, a embalagem e rotulagem, o transporte, o armazenamento, a comercialização, a propaganda comercial, a utilização, a importação, a exportação, o destino final dos resíduos e embalagens, o registro, a classificação, o controle, a inspeção e a fiscalização de agrotóxicos, seus componentes e afins. O Dec. nº 4.074/2002 regulamentou a Lei nº 7.802/1989.

Segundo a LC nº 140/2011, é competência material entre todos os entes federativos controlar a produção, a comercialização e o emprego de técnicas, métodos e substâncias que comportem risco para a vida, a qualidade de vida e o meio ambiente.

Segundo o art. 3º da Lei, os agrotóxicos, seus componentes e afins, de acordo com definição do art. 2º desta Lei, só poderão ser produzidos, exportados, importados, comercializados e utilizados, se previamente registrados em órgão federal, de acordo com as diretrizes e exigências dos órgãos federais responsáveis pelos setores da saúde, do meio ambiente e da agricultura.

14. POLÍTICA NACIONAL DE RECURSOS HÍDRICOS

A Constituição Federal e a Lei nº 6.938/1981 mencionam as águas como bens ambientais. Muito embora já compreendido que o meio ambiente ecologicamente equilibrado é bem de uso comum do povo, a União, os Estados e os Municípios são os gestores dos recursos naturais elencados na Constituição. Segundo o art. 20 da CF/1988, *são bens da União*:

> (...)
>
> III – os lagos, rios e quaisquer correntes de água em terrenos de seu domínio, ou que banhem mais de um Estado, sirvam de limites com outros países, ou se estendam a território estrangeiro ou dele provenham, bem como os terrenos marginais e as praias fluviais;
>
> (...)

Já o art. 26 menciona os *bens dos Estados*:

> (...)
>
> I – as águas superficiais ou subterrâneas, fluentes, emergentes e em depósito, ressalvadas, neste caso, na forma da lei, as decorrentes de obras da União;
>
> (...)

Dessa forma, em que pese tenhamos um imenso potencial hídrico no Brasil, a água não deve ser vista como bem infinito. A Lei Federal nº 9.433/1997 institui a Política Nacional de Recursos Hídricos (PNRH), criando o Sistema

Nacional de Gerenciamento de Recursos Hídricos (SNRH), regulamentando, assim, o inc. XIX do art. 21 da CF/1988.

A Política Nacional de Recursos Hídricos baseia-se nos seguintes fundamentos constantes do seu art. 1º: a água é um bem de domínio público; a água é um recurso natural limitado, dotado de valor econômico; em situações de escassez, o uso prioritário dos recursos hídricos é o consumo humano e a dessedentação de animais; a gestão dos recursos hídricos deve sempre proporcionar o uso múltiplo das águas; a bacia hidrográfica é a unidade territorial para implementação da Política Nacional de Recursos Hídricos e atuação do Sistema Nacional de Gerenciamento de Recursos Hídricos; e a gestão dos recursos hídricos deve ser descentralizada e contar com a participação do Poder Público, dos usuários e das comunidades (SOUZA, 2019).

Com base nos fundamentos expostos, são princípios da Lei:

Adoção da bacia hidrográfica como unidade de planejamento;
Usos múltiplos da água;
Reconhecimento da água como bem finito e vulnerável; e
Gestão descentralizada e participativa.

15. POLÍTICA NACIONAL DE RESÍDUOS SÓLIDOS

Após duas décadas em análise no Congresso Nacional, foi aprovada, em 2-8-2010, a Lei nº 12.305/2010, que instituiu a Política Nacional de Resíduos Sólidos (PNRS), regulamentada pelo Dec. Fed. nº 7.404/2010.

Com a publicação da Lei nº 12.305/2010, foi estabelecida e estruturada uma política de gestão e gerenciamento dos resíduos para todo o país. O art. 1º, § 1º, estabelece que estão sujeitas à observância desta Lei as pessoas físicas ou jurídicas, de direito público ou privado, responsáveis, direta ou indiretamente, pela geração de resíduos sólidos e as que desenvolvam ações relacionadas à gestão integrada ou ao gerenciamento de resíduos sólidos.

A Política Nacional de Resíduos Sólidos consagra-se como um conjunto de princípios, diretrizes, objetivos, instrumentos, metas e ações adotados pelo Governo Federal, isoladamente ou em regime de cooperação com os Estados, o Distrito Federal, os Municípios ou os particulares, e possui como objeto a gestão integrada e o gerenciamento ambientalmente adequado dos resíduos sólidos. Entre os seus principais dispositivos, destacam-se: a proibição de lixões (áreas de depósito de lixo a céu aberto); a inclusão social das organizações de catadores; a consagração da responsabilidade compartilhada pelo ciclo de vida dos produtos; o instrumento da logística reversa; a participação do consumidor; entre outros (SILVA e OLIVEIRA, 2019).

A Lei nº 12.305/2010 também foi alterada em 2020 pela Lei nº 14.026/2020 (que atualiza o marco legal do saneamento básico). Uma das alterações refere-se ao Plano Municipal de Gestão Integrada de Resíduos Sólidos, que, conforme art. 19, inc. XIX, deve ser revisado com periodicidade máxima de 10 anos.

QUESTÕES

1. (OAB – FGV – V EXAME DE ORDEM) João adquiriu em maio de 2000 um imóvel em área rural, banhado pelo Rio Formoso. Em 2010, foi citado para responder a uma ação civil pública proposta pelo Município de Belas Veredas, que o responsabiliza civilmente por ter cometido corte raso na mata ciliar da propriedade. João alega que o desmatamento foi cometido pelo antigo proprietário da fazenda, que já praticava o plantio de milho no local. Em razão do exposto, é correto afirmar que

a) por dano ambiental é objetiva, mas, como não há nexo de causalidade entre a ação do novo proprietário e o corte raso na área, verifica-se a excludente de responsabilidade, e João não será obrigado a reparar o dano.

b) a responsabilidade civil por dano ambiental difuso prescreve em cinco anos por força da Lei nº 9.873/1999. Logo, João não será obrigado a reparar o dano.

c) João será obrigado a recuperar a área, mas, como não poderá mais utilizá-la para o plantio do milho, terá direito a indenização, a ser paga pelo Poder Público, por força do princípio do protetor-recebedor.

d) a manutenção de área de mata ciliar é obrigação *propter rem*; sendo obrigação de conservação, é automaticamente transferida do alienante ao adquirente. Logo, João terá que reparar a área.

2. (OAB – FGV – VI EXAME DE ORDEM) Com relação ao Sistema Nacional de Unidades de Conservação, assinale a alternativa correta.

a) As unidades de conservação do grupo de proteção integral são incompatíveis com as atividades humanas; logo, não se admite seu uso econômico direto ou indireto, não podendo o Poder Público cobrar ingressos para a sua visitação.

b) A ampliação dos limites de uma unidade de conservação, sem modificação dos seus limites originais, exceto pelo acréscimo proposto, pode ser feita por instrumento normativo do mesmo nível hierárquico do que criou a unidade. O Poder Público está dispensado de promover consulta pública e estudos técnicos novos, bastando a reanálise dos documentos que fundamentaram a criação da unidade de conservação.

c) O parque nacional é uma unidade de conservação do grupo de proteção integral, de posse e domínios públicos. É destinado à preservação ambiental e ao lazer e à educação ambiental da população; logo, não se admite seu uso econômico direto ou indireto, não podendo o Poder Público cobrar ingressos para a sua visitação.

d) As unidades de conservação do grupo de Uso Sustentável podem ser transformadas total ou parcialmente em unidades do grupo de Proteção Integral, por instrumento normativo do mesmo nível hierárquico do que criou a unidade, desde que respeitados os procedimentos de consulta pública e estudos técnicos.

3. **(OAB - FGV - XVIII EXAME DE ORDEM)** João acaba de adquirir dois imóveis, sendo um localizado em área urbana e outro, em área rural. Por ocasião da aquisição de ambos os imóveis, João foi alertado pelos alienantes de que os imóveis contemplavam Áreas de Preservação Permanente (APP) e de que, por tal razão, ele deveria buscar uma orientação mais especializada, caso desejasse nelas intervir. Considerando a disciplina legal das Áreas de Preservação Permanente (APP), bem como as possíveis preocupações gerais de João, assinale a afirmativa correta.

   a) As APPs não são passíveis de intervenção e utilização, salvo decisão administrativa em sentido contrário de órgão estadual integrante do Sistema Nacional de Meio Ambiente – SISNAMA, uma vez que não há preceitos legais abstratamente prevendo exceções à sua preservação absoluta e integral.

   b) As hipóteses legais de APP, com o advento do denominado "Novo Código Florestal" - Lei nº 12.651/2012 -, foram abolidas em âmbito federal, subsistindo apenas nos casos em que os Estados e Municípios assim as exijam legalmente.

   c) As APPs são espaços territoriais especialmente protegidos, comportando exceções legais para fins de intervenção, sendo certo que os Estados e os Municípios podem prever outras hipóteses de APP além daquelas dispostas em normas gerais, inclusive em suas Constituições Estaduais e Leis Orgânicas, sendo que a supressão irregular da vegetação nela situada gera a obrigação do proprietário, possuidor ou ocupante a qualquer título de promover a sua recomposição, obrigação esta de natureza *propter rem*.

   d) As APPs, assim como as reservas legais, não se aplicam às áreas urbanas, sendo certo que a Lei Federal nº 12.651/2012 ("Novo Código Florestal"), apesar de ter trazido significativas mudanças no seu regime, garantiu as APPs para os imóveis rurais com mais de 100 hectares.

4. **(OAB - FGV - IX EXAME DE ORDEM)** A Lei Complementar nº 140 de 2011 fixou normas para a cooperação entre os entes da federação nas ações administrativas decorrentes do exercício da competência comum relativas ao meio ambiente. Sobre esse tema, assinale a afirmativa correta.

   a) Compete à União aprovar o manejo e a supressão de vegetação, de florestas e formações sucessoras em Áreas de Preservação Ambientais – APAs.

   b) Compete aos Estados e ao Distrito Federal controlar a introdução no País de espécies exóticas potencialmente invasoras que possam ameaçar os ecossistemas, habitáts e espécies nativas.

   c) Compete aos municípios gerir o patrimônio genético e o acesso ao conhecimento tradicional associado, respeitadas as atribuições setoriais.

   d) Compete à União aprovar a liberação de exemplares de espécie exótica da fauna e da flora em ecossistemas naturais frágeis ou protegidos.

5. **(OAB - FGV - XXVIII EXAME DE ORDEM)** A sociedade empresária Foice Ltda. dá início à construção de galpão de armazenamento de ferro-velho. Com isso, dá início a Estudo de Impacto Ambiental - EIA. No curso do EIA, verificou-se que a construção atingiria área verde da Comunidade de Flores, de modo que 60 (sessenta) cidadãos da referida Comunidade solicitaram à autoridade competente que fosse realizada, no âmbito do EIA, audiência pública. Sobre a situação, assinale a afirmativa correta.

a) A audiência pública não é necessária, uma vez que apenas deve ser instalada quando houver solicitação do Ministério Público.

b) A audiência pública não é necessária, uma vez que apenas deve ser instalada quando houver solicitação de associação civil legalmente constituída há pelo menos 1 (um) ano.

c) A audiência pública é necessária, e, caso não realizada, a eventual licença ambiental concedida não terá validade.

d) A audiência pública é necessária, salvo quando celebrado Termo de Ajustamento de Conduta com o Ministério Público.

6. **(OAB - FGV - XXIX EXAME DE ORDEM)** Em decorrência de grave dano ambiental em uma Unidade de Conservação, devido ao rompimento de barragem de contenção de sedimentos minerais, a Defensoria Pública estadual ingressa com Ação Civil Pública em face do causador do dano. Sobre a hipótese, assinale a afirmativa correta.

a) A Ação Civil Pública não deve prosseguir, uma vez que a Defensoria Pública não é legitimada a propor a referida ação judicial.

b) A Defensoria Pública pode pedir a recomposição do meio ambiente cumulativamente ao pedido de indenizar, sem que isso configure bis in idem.

c) Tendo em vista que a conduta configura crime ambiental, a ação penal deve anteceder a Ação Civil Pública, vinculando o resultado desta.

d) A Ação Civil Pública não deve prosseguir, uma vez que apenas o IBAMA possui competência para propor Ação Civil Pública quando o dano ambiental é causado em Unidade de Conservação.

7. **(OAB - FGV - XXX EXAME DE ORDEM)** Pedro, proprietário de fazenda com grande diversidade florestal, decide preservar os recursos ambientais nela existentes, limitando, de forma perpétua, o uso de parcela de sua propriedade por parte de outros possuidores a qualquer título, o que realiza por meio de instrumento particular, averbado na matrícula do imóvel no registro de imóveis competente. Assinale a opção que indica o instrumento jurídico a que se refere o caso descrito.

a) Zoneamento Ambiental.

b) Servidão Ambiental.

c) Área Ambiental Restrita.

d) Área de Relevante Interesse Ecológico.

8. **(OAB – FGV – XXX EXAME DE ORDEM)** Renato, proprietário de terra rural inserida no Município X, pretende promover a queimada da vegetação existente para o cultivo de cana-de-açúcar. Assim, consulta seu advogado, indagando sobre a possibilidade da realização da queimada. Sobre o caso narrado, assinale a afirmativa correta.

   a) A queimada poderá ser autorizada pelo órgão estadual ambiental competente do SISNAMA, caso as peculiaridades dos locais justifiquem o emprego do fogo em práticas agropastoris ou florestais.

   b) A queimada poderá ser autorizada pelo órgão municipal ambiental competente, após audiência pública realizada pelo Município X no âmbito do SISNAMA.

   c) A queimada não pode ser realizada, constituindo, ainda, ato tipificado como crime ambiental caso a área esteja inserida em Unidade de Conservação.

   d) A queimada não dependerá de autorização, caso Renato comprove a manutenção da área mínima de cobertura de vegetação nativa, a título de reserva legal.

9. **(OAB – FGV – XXXI EXAME DE ORDEM)** Seguindo plano de expansão de seu parque industrial para a produção de bebidas, o conselho de administração da sociedade empresária Frescor S.A. autoriza a destruição de parte de floresta inserida em Área de Preservação Permanente, medida que se consuma na implantação de nova fábrica. Sobre responsabilidade ambiental, tendo como referência a hipótese narrada, assinale a afirmativa correta.

   a) Frescor S.A. responde civil e administrativamente, sendo excluída a responsabilidade penal por ter a decisão sido tomada por órgão colegiado da sociedade.

   b) Frescor S.A. responde civil e administrativamente, uma vez que não há tipificação criminal para casos de destruição de Área de Preservação Permanente, mas apenas de Unidades de Conservação.

   c) Frescor S.A. responde civil, administrativa e penalmente, sendo a ação penal pública, condicionada à prévia apuração pela autoridade ambiental competente.

   d) Frescor S.A. responde civil, administrativa e penalmente, sendo agravante da pena a intenção de obtenção de vantagem pecuniária.

10. **(OAB – FGV – XXXI EXAME DE ORDEM)** Efeito Estufa Ltda., sociedade empresária que atua no processamento de alimentos, pretende instalar nova unidade produtiva na área urbana do Município de Ar Puro, inserida no Estado Y. Para esse fim, verificou que a autoridade competente para realizar o licenciamento ambiental será a do próprio Município de Ar Puro. Sobre o caso, assinale a opção que indica quem deve realizar o estudo de impacto ambiental.

    a) O Município de Ar Puro.

    b) O Estado Y.

c) O IBAMA.

d) Profissionais legalmente habilitados, às expensas do empreendedor.

GABARITO

1. D; 2. D; 3. C; 4. D; 5. C; 6. B; 7. B; 8. A; 9. D; 10. D

REFERÊNCIAS BIBLIOGRÁFICAS

AMADO, Frederico. Agrotóxicos e afins. In: TRENNEPOHL, Terence; FARIAS, Talden (coord.). *Direito ambiental brasileiro.* 15. ed. São Paulo: RT, 2019. Disponível em: https://proview.thomsonreuters.com/launchapp/title/rt/monografias/169436284/v1/page/RB-7.1 Acesso em: 9 maio 2019.

AMADO, Frederico. *Curso de direito e prática ambiental.* Salvador: JusPodivm, 2018.

ANTUNES, Paulo de Bessa. Direito Ambiental. Grupo GEN, 2020 [VitalSource Bookshelf].

MARQUESAN, Ana Maria Moreira; STEIGLEDER, Anelise Monteiro; CAPPELLI, Silvia. *Direito ambiental.* Porto Alegre: Verbo Jurídico, 2007.

MILARÉ, Édis. *Direito do ambiente.* 7. ed. São Paulo: RT, 2011.

MILARÉ, Édis. *Direito do ambiente.* 10. ed. São Paulo: RT, 2015.

MILARÉ, Édis. *Direito do ambiente.* 11. ed. São Paulo: RT, 2018

RODRIGUES, José Eduardo Ramos. *Sistema nacional de unidades de conservação.* São Paulo: RT, 2006.

SARLET, Ingo Wolfgang (org.). *Estado socioambiental e direitos fundamentais.* Porto Alegre: Livraria do Advogado, 2010.

SILVA, Telma Bartholomeu; OLIVEIRA, Fabiano Melo Gonçalves de. Política nacional de resíduos sólidos. In: TRENNEPOHL, Terence; FARIAS, Talden (coord.). *Direito ambiental brasileiro.* 15. ed. São Paulo: RT, 2019. Disponível em: https://proview.thomsonreuters.com/launchapp/title/rt/monografias/169436284/v1/page/RB-7.1. Acesso em: 9 maio 2019.

SIRVINSKAS, Luís Paulo. *Tutela penal do meio ambiente.* São Paulo: Saraiva, 2011.

SOUZA, Luciana Cordeiro de. Política Nacional de Recursos Hídricos. In: TRENNEPOHL, Terence; FARIAS, Talden (coord.). *Direito ambiental brasileiro.* 15. ed. São Paulo: RT, 2019. Disponível em: https://proview.thomsonreuters.com/launchapp/title/rt/monografias/169436284/v1/page/RB-7.1. Acesso em: 9 maio 2019.

THOMÉ, Romeu. *Manual de direito ambiental.* Salvador: JusPodivm, 2018.

TRENNEPOHL, Curt; TRENNEPOHL, Terence. *Licenciamento ambiental.* São Paulo: RT, 2016.

TRENNEPOHL, Curt; TRENNEPOHL, Terence. *Licenciamento ambiental.* São Paulo: RT, 2020. Disponível em: https://proview.thomsonreuters.com/launchapp/title/rt/monografias/108562438/v8/page/1. Acesso em: 9 maio 2019.

Direito Civil – Parte Geral

Maitê Damé Teixeira Lemos

Doutora e Mestre em Direito pelo Programa de Pós-Graduação em Direito – Mestrado e Doutorado – da Universidade de Santa Cruz do Sul. Professora da Graduação e Pós-Graduação *Lato sensu* na Universidade de Santa Cruz do Sul. Professora de Direito Civil – parte geral, família e sucessões – nos cursos preparatórios para a OAB no Centro de Ensino Integrado de Santa Cruz do Sul – CEISC. Advogada.

SUMÁRIO

1. DIVISÃO DA PARTE GERAL

O Código Civil divide a parte geral em três partes. A **teoria das pessoas**, que trabalha com os sujeitos de direitos (pessoas naturais e jurídicas); a **teoria dos bens**, que se destina a estudar os objetos de direitos; e a **teoria dos fatos**, que são os eventos que criam, modificam, conservam, transferem ou extinguem direitos (negócios jurídicos, atos jurídicos – lícitos e ilícitos, prescrição e decadência, prova).

2. PESSOAS NATURAIS

Somente as pessoas podem ser sujeitos de Direito, sejam elas naturais, sejam elas jurídicas. Animais e coisas são objetos do Direito, mas não podem ser sujeitos dele.

A questão, agora, é saber a partir de quando a pessoa pode ser considerada sujeito de Direito (art. 1º do CC), ou seja, basta que uma pessoa nasça com vida para que seja assim considerada e, dessa forma, adquira personalidade.

2.1 PERSONALIDADE/AQUISIÇÃO DA PERSONALIDADE JURÍDICA

Personalidade jurídica é a viabilidade de o indivíduo possuir direitos, podendo praticar atos e negócios jurídicos, assumindo obrigações.

O art. 2º do CC afirma que a personalidade civil começa com o nascimento com vida, mas traz a ressalva de que a lei protege os direitos do nascituro desde a concepção.

Dessa maneira, o ***marco inicial*** da personalidade é o nascimento com vida: foi retirado do útero materno e respirou = nasceu com vida.

Ao nascituro são reconhecidos certos direitos, desde que reconhecida sua personalidade e, posteriormente, sua capacidade. Mas o art. 2º do CC também protege os direitos do natimorto, ou seja, aquele que não chegou a nascer com vida (não chegou a respirar). Nesse aspecto, o judiciário já tem reconhecido direito a receber indenização do seguro DPVAT, por exemplo, ao nascituro (mãe que sofre aborto em razão de acidente de trânsito).

2.2 CAPACIDADE DE FATO E CAPACIDADE DE DIREITO

Adquirida a personalidade jurídica, toda pessoa passa a ser capaz de direitos e obrigações (***capacidade de direito***), mas nem todos podem exercer seus direitos pessoalmente, em razão de determinada incapacidade orgânica (idade) ou psicológica (viciados em tóxicos, p. ex.). Falta a estes a ***capacidade de fato*** (de exercício).

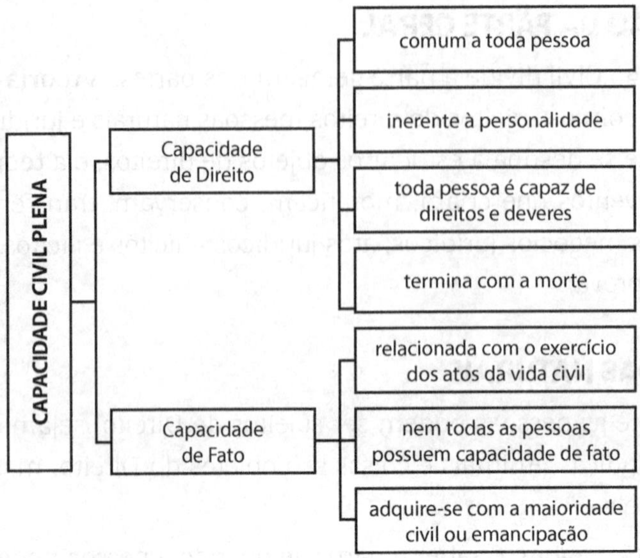

2.3 INCAPACIDADES

As pessoas que **não possuem a capacidade de fato** têm capacidade limitada e são chamadas de **incapazes.** A lei divide em incapacidade absoluta e relativa.

2.3.1 Incapacidade absoluta

A incapacidade absoluta impede que a pessoa exerça por si só o direito, estando prevista no art. 3º do CC, que determina serem "absolutamente incapazes de exercer pessoalmente os atos da vida civil os menores de 16 (dezesseis) anos".

Dessa forma, o ato só poderá ser praticado pelo representante legal do absolutamente incapaz (pais ou tutores). Significa dizer que possuem capacidade de direito, mas não possuem a capacidade de fato ou exercício.

Nestes casos, o ato jurídico é praticado por outra pessoa (o representante legal), em nome do incapaz. Trata-se da **REPRESENTAÇÃO**. A inobservância dessa regra gera a ***nulidade do ato***, nos termos do art. 166, I, do CC.

O Estatuto da Pessoa com Deficiência (Lei nº 13.146/2015) alterou a teoria das incapacidades. Atualmente, não há outra hipótese de incapacidade absoluta que não seja em razão da idade (menor de 16 anos).

2.3.2 Incapacidade relativa

As situações de incapacidade absoluta estão previstas no art. 4º do CC e dizem respeito à prática de certos atos ou à maneira de exercê-los. São relativamente incapazes: os maiores de 16 e menores de 18 anos; os ébrios habituais e os viciados em tóxico; aqueles que, por causa transitória ou permanente, não puderem exprimir sua vontade; e os pródigos.

A incapacidade relativa permite que o incapaz realize o ato, desde que esteja assistido pelo representante legal. Nesses casos, o próprio indivíduo, relativamente incapaz, pratica o ato, sendo assistido pelo representante legal. Trata-se da **ASSISTÊNCIA**.

Caso seja praticado o ato pelo relativamente incapaz, sem a assistência, este poderá ser ***anulado*** (art. 171, I, do CC), desde que a ação seja proposta no prazo de quatro anos a contar do momento em que cessar a incapacidade (art. 178 do CC).

Maiores de 16 anos e menores de 18 anos. Aqueles indivíduos que estejam entre os 16 e os 18 anos de vida podem praticar atos da vida civil, mas assistidos pelos representantes legais, sob pena de ser anulado o ato. Caso o relativamente incapaz pratique um ato ocultando sua idade, não poderá invocar a idade para eximir-se de obrigação, pois o Código não protege a má-fé (art. 180 do CC).

Mas essa incapacidade, por se tratar de exceção pessoal, só pode ser arguida pelo próprio incapaz ou pelo representante legal, nos termos do art. 105 do CC. Deve-se observar, também, que esse ato pode ser convalidado, conforme previsão do art. 172 do CC.

Contudo, existem atos que podem ser praticados pelo relativamente incapaz, mesmo sem a assistência do seu representante legal, como p. ex., ser testemunha (art. 228, I), aceitar mandato (art. 666), fazer testamento (art. 1.860, par. ún.), casar (art. 1.517 do CC – necessita de autorização dos genitores).

Havendo conflito de interesses entre o pai/representante legal e o relativamente incapaz, o juiz deverá nomear curador especial (art. 1.692 do CC).

Ébrios habituais e viciados em tóxicos; aqueles que, por causa transitória ou permanente, não puderem exprimir a vontade; pródigos.

Ébrios habituais e viciados em álcool = uso habitual.

Aqueles que por causa transitória ou permanente não puderem exprimir a vontade = qualquer situação que impeça a manifestação da vontade. Ex.: os portadores de mal de Alzheimer.

Pródigo é aquele que dissipa seu patrimônio desvairadamente, aquele que gasta imoderadamente, colocando seus bens em risco. A justificativa da interdição do pródigo é o fato de que está permanentemente em risco de se submeter à miséria, colocando todo seu patrimônio fora. Sua interdição refere-se tão somente quanto a atos de disposição e oneração do patrimônio. Pode administrar seu patrimônio, mas não poderá praticar atos que venham a desfalcá-lo. Os demais atos (votar, ser jurado, testemunha etc.) poderá praticar.

Para os ***casos de incapacidade relativa deverá haver um processo de interdição***, com a instituição da curatela, analisando se é caso de incapacidade ou não e a determinação dos atos que o relativamente incapaz não poderá praticar. Neste caso, o processo de interdição e curatela está disposto no CPC/2015, em seus arts. 747 e ss. Especificamente, o art. 753, § 2º, do CPC/2015 dispõe que a perícia a ser realizada no processo de interdição definirá a extensão desta, ou seja, para quais atos o interditado estará impedido.

2.4 CESSAÇÃO DA INCAPACIDADE

A incapacidade cessa quando desaparecem os motivos que a determinam. Quando a causa da incapacidade é a idade, desaparece pela maioridade ou pela emancipação.

Nos termos do art. 5º do CC, a incapacidade cessa aos 18 anos, quando a pessoa passa a estar habilitada para praticar todos os atos da vida civil. Com a **maioridade**, os jovens passam a responder civilmente pelos danos causados a terceiros, ficando autorizados a praticar todos os atos da vida civil, sem a necessidade de assistência de seu representante legal.

Mas a capacidade plena também pode ser antecipada, em razão da autorização dos representantes legais do menor ou do juiz ou, ainda, pela ocorrência de fato que a lei atribui força para tanto. Trata-se dos casos de **emancipação**, nos quais haverá a aquisição da capacidade civil antes da idade legal, conforme o art. 5º, par. ún.:

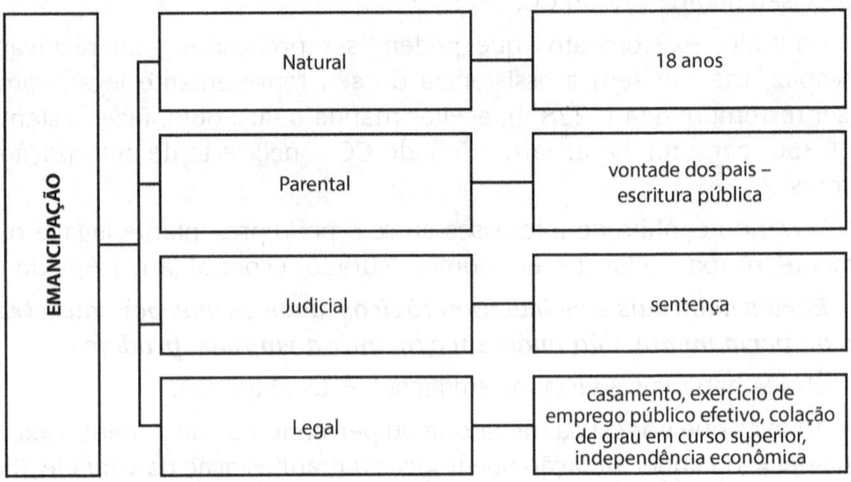

Deve-se observar que se trata de aquisição de capacidade para fins ***civis***. Mas o indivíduo não deixa de ser menor, ou seja, segue sendo aplicado o Estatuto da Criança e do Adolescente.

2.5 TUTELA E CURATELA

A tutela, assim como a curatela, faz parte do chamado "direito assistencial", no estudo das relações familiares. A base de sustentação destes dois institutos é a solidariedade familiar.

Apesar de às vezes serem tratados como sinônimos, tutela e curatela são institutos jurídicos diferentes e autônomos, mas que possuem uma finalidade comum: ***proporcionar a representação legal e a administração de sujeitos incapazes de praticar atos jurídicos.***

A diferença fundamental entre ambas é a de que, enquanto a **TUTELA** refere-se à menoridade legal (indivíduos menores de 18 anos não emancipados, não sujeitos ao poder familiar), a **CURATELA** destina-se àquelas pessoas que são incapazes de gerir sua vida, pessoas estas devidamente interditadas. Conceitos baseados nas alterações trazidas pelo CPC/2015 e pelo Estatuto da Pessoa Portadora de Deficiência, Lei nº 13.146/2015.

2.5.1 Tutela – arts. 1.728 e ss. do CC e arts. 759 e ss. do CPC/2015

A tutela é a representação legal de indivíduo menor de idade, seja absolutamente, seja relativamente incapaz, em razão da falta de seus pais (falecimento, ausência ou perda do poder familiar). Art. 1.728 do CC.

A nomeação dos tutores, nos termos do art. 1.729 do CC, pode ser feita pelos pais, por testamento ou outro documento público (***tutela testamentária***). Se o testamento contiver a nomeação de mais de um tutor, entende-se haver uma ordem de preferência, de forma que a tutela será deferida àquela pessoa primeiro nomeada, sendo que os demais serão substitutos. Art. 1.733, § 1º, do CC.

Se, contudo, os pais não tiverem feito a nomeação, o art. 1.731 estabelece que esta será dirigida aos chamados tutores legais, apresentando a ordem de preferência na indicação destes: ascendentes ou colaterais até o 3º grau (***tutela legal***).

Não havendo a possibilidade de ser nomeado nenhum dos parentes do menor de idade indicados pelo art. 1.731 (ou porque não existem ou porque são inidôneos), o juiz, nos termos do art. 1.732 do CC, nomeará pessoa idônea e residente no domicílio do menor de idade para exercer a tutela (***tutela dativa***).

Não é qualquer pessoa que pode exercer a tutela. Assim, em razão da grande responsabilidade a ser assumida, além da capacidade civil (maioridade), também é exigida capacidade especial, de forma que o art. 1.735 do CC estabelece os casos daqueles que não poderão ser tutores, sendo, portanto, excluídos da tutela: aqueles que não tiverem a livre administração de seus bens; aqueles que, no momento de lhes ser deferida a tutela, se acharem constituídos em obrigação para com o menor, ou tiverem que fazer valer direitos contra este, e aqueles cujos pais, filhos ou cônjuges tiverem demanda contra o menor; os inimigos do menor, ou de seus pais, ou que tiverem sido por estes expressamente excluídos da tutela; os condenados por crime de furto, roubo, estelionato, falsidade, contra a família ou os costumes, tenham ou não cumprido pena; as pessoas de mau procedimento, ou falhas em probidade, e as culpadas de abuso em tutorias anteriores; aqueles que exercerem função pública incompatível com a boa administração da tutela.

Em se tratando de um múnus público, em geral, a tutela não pode ser recusada, especialmente nos casos do art. 1.731, quando há parentesco com o tutelado. Contudo, toda regra admite exceções e, neste caso, o art. 1.736 traz elencadas sete situações que podem, em razão da natureza, atrapalhar o exercício da tutela: mulheres casadas; maiores de 60 anos; aqueles que tiverem sob sua autoridade mais de três filhos; os impossibilitados por enfermidade;

aqueles que habitarem longe do lugar onde se haja de exercer a tutela; aqueles que já exercerem tutela ou curatela; militares em serviço.

O exercício da tutela importa em uma responsabilidade grande por parte do tutor, que ultrapassa os atos de mera administração de bens. O tutor assume toda a responsabilidade com relação a educação, alimentação e criação do tutelado. Nesse sentido, os arts. 1.740 e 1.747 estabelecem os atos que o tutor pode praticar, com relação ao tutelado, independentemente de autorização judicial: dirigir-lhe a educação, defendê-lo e prestar-lhe alimentos, conforme os seus haveres e condição; reclamar do juiz que providencie, como houver por bem, quando o menor haja mister correção; adimplir os demais deveres que normalmente cabem aos pais, ouvida a opinião do menor, se este já contar 12 anos de idade; representar o menor, até os 16 anos, nos atos da vida civil, e assisti-lo, após essa idade, nos atos em que for parte; receber as rendas e pensões do menor, e as quantias a ele devidas; fazer-lhe as despesas de subsistência e educação, bem como as de administração, conservação e melhoramentos de seus bens; alienar os bens do menor destinados a venda; promover-lhe, mediante preço conveniente, o arrendamento de bens de raiz.

Deve-se atentar, contudo, para o fato de que o tutor não é pai. É certo que o tutelado deve obediência ao tutor, mas este último não tem a possibilidade de disciplinar o menor de idade. Neste caso, há a necessidade de atuação judicial, pois o tutor não exerce o poder familiar.

O tutor também não tem a obrigação de sustentar o menor. Seu sustento sairá de parte de seus bens, devendo o juiz fixar as quantias que lhe pareçam suficientes e necessárias. Art. 1.746 do CC.

Existem outros atos que exigem, para sua concretização, a atuação/interferência do juiz. São aqueles que, normalmente, envolvem o patrimônio do tutelado: pagar as dívidas do menor; aceitar por ele heranças, legados ou doações, ainda que com encargos; transigir; vender-lhe os bens móveis, cuja conservação não convier, e os imóveis nos casos em que for permitido; propor em juízo as ações, ou nelas assistir o menor, e promover todas as diligências a bem deste, assim como defendê-lo nos pleitos contra ele movidos. O parágrafo único determina que, no caso de falta de autorização, a eficácia de ato do tutor depende da aprovação ulterior do juiz.

O tutor assume uma grande responsabilidade no exercício da tutela. Em razão disso, há um rigor na fiscalização de suas atividades, nos termos do art. 1.752 do CC e, mais do que isto, há a exigência de prestação de contas do exercício da tutela. Esta prestação de contas não poderá ser dispensada sequer pelos pais que eventualmente tenham instituído a tutela (art. 1.755 do CC). Anualmente o tutor deve submeter ao juiz o balanço (art. 1.756 do CC) e, a cada dois anos ou sempre que o juiz entender necessário, deve ser feita a prestação de contas (art. 1.757 do CC).

A tutela terminará com o fim da incapacidade, ou seja, nos termos do art. 1.763, com a maioridade, a emancipação, o reconhecimento de paternidade ou a adoção.

2.5.2 Curatela – arts. 1.767 e ss. do CC e arts. 747 e ss. do CPC/2015

A curatela visa à proteção de uma pessoa maior, mas que padeça de alguma incapacidade ou de alguma circunstância que impeça a sua livre e consciente manifestação de vontade.

Em razão do Estatuto da Pessoa com Deficiência – Lei nº 13.146/2015 –, a curatela só incide para os maiores relativamente incapazes, que são os ébrios habituais (alcoólatras), viciados em tóxicos, pessoas que, por causa transitória ou definitiva, não puderem exprimir sua vontade e os pródigos.

Para ser curador de alguém, é necessário que a pessoa tenha capacidade para os atos da vida civil. Assim, em tese, qualquer cidadão pode ser curador de outrem. Contudo, não é admissível que qualquer indivíduo, aleatoriamente, seja nomeado curador. Há uma previsão de ordem legal no art. 1.775 do CC: cônjuge ou companheiro, pai ou mãe, descendente mais apto, indivíduo nomeado pelo juiz. Pode, ainda, haver a nomeação de dois curadores, nos termos do art. 1.775-A do CC, nos casos de pessoa com deficiência.

Estão sujeitas à curatela as pessoas que não possuem capacidade civil, com exceção dos menores de idade, que estão sujeitos à tutela. Nestes termos, o art. 1.767 do CC dispõe que estão sujeitos à curatela: aqueles que, por causa transitória ou permanente, não puderem exprimir sua vontade; os ébrios habituais e os viciados em tóxico; os pródigos.

A curatela será deferida durante o curso do processo de interdição (arts. 747 e ss. do CPC/2015), que terá natureza declaratória, com eficácia *ex tunc*, de forma que o magistrado apenas declarará uma situação já existente.

O art. 1.783 do CC estabelece que, quando o curador for o cônjuge e o regime de bens do casamento for o da comunhão universal de bens, não haverá a obrigatoriedade de prestação de contas, salvo por determinação judicial.

Dessa forma, o curador deve periodicamente prestar contas ou todas as vezes em que for instado a tal mister, assim como o tutor.

Ao contrário da tutela que é temporária, a curatela tem um ânimo definitivo. Todavia, ocorrerá o término da curatela por impossibilidade material da continuidade por parte do curador (por exemplo, se estiver doente) ou na hipótese de negligência, prevaricação ou incapacidade superveniente (aplicação analógica do art. 1.766 do CC).

Também cessa a curatela pelo falecimento do curador ou do curatelado.

Para que alguém seja posto sob curatela, precisa passar por um processo de interdição, cujo procedimento está previsto nos arts. 747 e ss. do CPC/2015.

A interdição pode ser promovida, nos termos do art. 747 do CPC: pelo cônjuge ou companheiro; pelos parentes ou tutores; pelo representante da entidade em que se encontra abrigado o interditando; e pelo Ministério Público.

Na inicial deve estar especificado o motivo e os fatos que demonstrem a incapacidade do interditando para administrar seus bens (art. 749 do CPC/2015). Havendo necessidade, o juiz pode nomear curador provisório (art. 749, par. ún., do CPC/2015), contudo, deverá haver laudo médico para provar as alegações do autor (art. 750 do CPC/2015).

O juiz ouvirá o interditando em audiência ou, na impossibilidade de deslocamento, no local onde se encontrar (art. 751, § 1º, do CPC/2015), utilizando-se dos meios tecnológicos necessários para a entrevista.

O interditando pode (e deve) defender-se, no prazo de 15 dias (art. 752 do CPC/2015).

Haverá intervenção do Ministério Público como fiscal da lei (art. 752, § 1º, do CPC/2015).

Após este prazo de defesa, haverá a produção de prova, com perícia no interditando (art. 753 do CPC/2015). O laudo deve indicar os atos para os quais há incapacidade. Trata-se, portanto, de uma interdição relativa, já que os interditandos são sempre relativamente incapazes.

Uma vez que se tenha o laudo e todas as provas, o juiz sentenciará. Na sentença, o juiz obedecerá a alguns requisitos previstos no art. 755 do CPC: nomeará curador, que poderá ser o requerente da interdição, e fixará os limites da curatela, segundo o estado e o desenvolvimento mental do interdito; considerará as características pessoais do interdito, observando suas potencialidades, habilidades, vontades e preferências. A sentença de interdição deve ser inscrita no Cartório de Registro Civil das pessoas naturais e publicada mediante edital.

Se o interdito se recuperar, poderá levantar a interdição e a curatela, nos termos do art. 756 do CPC/2015.

O art. 1.783-A prevê a ***tomada de decisão apoiada***, que é um processo pelo qual a pessoa com deficiência elege pelo menos duas pessoas idôneas, com as quais mantenha vínculos e que gozem de sua confiança, para prestar-lhe apoio na tomada de decisão sobre atos da vida civil, fornecendo-lhes os elementos e informações necessárias para que possa exercer sua capacidade. A tomada de decisão apoiada visa ao auxílio da pessoa com deficiência para a celebração de atos mais complexos – casos dos contratos. Trata-se de um processo judicial no qual a pessoa com deficiência elege duas pessoas, de sua confiança, para lhe auxiliar nos atos da vida civil. Com a nomeação dos apoiadores, toda decisão tomada por pessoa portadora de deficiência será válida e produzirá efeitos, nos limites do apoio acordado (art. 1.783-A, § 4º, do CC).

Esse pedido é feito judicialmente, por meio de um termo firmado entre os apoiadores e a pessoa a ser apoiada, definindo os limites do apoio e compromissos dos apoiadores, prazo de vigência do acordo e direitos da pessoa apoiada. O juiz, antes de manifestar-se, deve ser assistido por equipe multidisciplinar, com oitiva do Ministério Público e depoimento pessoal da pessoa apoiada e apoiadores. Toda decisão tomada por pessoa apoiada terá validade e efeitos sobre terceiros, sem restrições, desde que esteja inserida nos limites do apoio acordado, podendo ser exigida a assinatura dos apoiadores nas relações negociais. Havendo divergência entre a opinião do apoiado e apoiadores, o juiz, após oitiva do Ministério Público, deverá decidir. A destituição do apoiador ocorrerá por decisão do juiz, após a oitiva do Ministério Público, caso ele atue com negligência, exerça pressão indevida ou não adimple as obrigações assumidas. Neste caso, o juiz poderá, caso seja do interesse do apoiado, nomear outra pessoa para prestação de apoio. O apoiador pode, também, pedir sua exclusão da função, devendo o juiz decidir. O apoiador deve prestar contas da sua atuação, aplicando-se, no que couber, as disposições referentes à prestação de contas na curatela.

2.6 PERSONALIDADE/EXTINÇÃO DA PERSONALIDADE/MORTE

O art. 6º do CC define que a extinção da personalidade natural se dá com a morte, presumindo-se esta quanto aos ausentes, quando autorizada a abertura da sucessão definitiva. O art. 7º do CC, por sua vez, estabelece os casos de declaração da morte sem decretação da ausência: se for extremamente provável a morte de quem estava em perigo de vida; se alguém, desaparecido em campanha ou feito prisioneiro, não for encontrado até dois anos após o término da guerra. Essa declaração de morte presumida somente poderá ser requerida depois de esgotadas as buscas e averiguações, devendo a sentença fixar a data provável do falecimento.

O art. 8º do CC, por sua vez, prevê situações em que duas pessoas faleçam ao mesmo tempo, sem que se possa precisar qual delas precedeu a outra. A disposição traz a expressão "na mesma ocasião". Esta expressão tem conotação temporal e não de lugar.

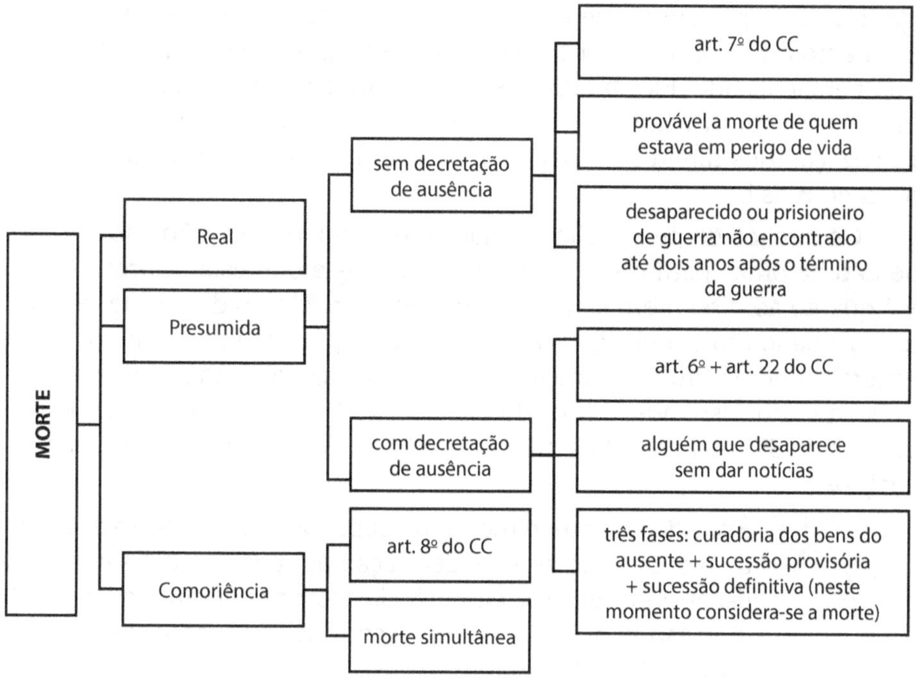

2.7 DIREITOS DA PERSONALIDADE

Os direitos da personalidade, também chamados de liberdades públicas, têm proteção especial por parte do Estado, podendo-se destacar a vida, liberdade, nome, próprio corpo, imagem e honra. O Código Civil destinou um capítulo especial para a proteção dos direitos da personalidade – arts. 11 a 21 do CC, embora não seja um rol exaustivo (Enunciado 274 das Jornadas de Direito Civil).

Os direitos da personalidade são próprios dos seres humanos. Contudo, como já discutido, também protege o nascituro que, embora não tenha personalidade jurídica, detém proteção, desde a concepção, dos seus direitos da personalidade (art. 2º do CC).

Não se pode excluir, contudo, as pessoas jurídicas desta proteção, pois, nos termos do art. 52 do CC, aplica-se "às pessoas jurídicas, no que couber, a proteção dos direitos da personalidade". Dessa forma, as pessoas jurídicas também têm a faculdade de exigir respeito e proteção quanto à sua imagem (intimidade, vida privada e honra, não é possível em razão das particularidades de tais direitos), podendo ser requerida indenização pela violação a tal direito. Este entendimento consubstancia-se na redação da ***Súm. nº 227 do STJ, que diz: "A pessoa jurídica pode sofrer dano moral."***.

Os direitos da personalidade são ligados à pessoa humana, representando seus direitos íntimos e fundamentais. São qualidades que se agregam ao homem e, portanto, intransmissíveis e irrenunciáveis, não podendo sofrer limitação voluntária. Apesar dessa característica, deve-se ressaltar que os direitos da personalidade podem ser restringidos, dependendo da situação. Significa dizer, portanto, que em cada caso concreto deverá ser feito um sopesamento a fim de verificar se é ou não necessária a relativização do direito da personalidade. Ex.: **biografias não autorizadas**. Podem ser publicadas, embora sem autorização, referente a pessoas públicas. Trata-se de decisão de relativização dos direitos da personalidade em razão da vedação da censura prévia no Brasil.

Os direitos da personalidade não se extinguem pelo não uso, de forma que não há prazo para o seu exercício. Salienta-se que esta imprescritibilidade é quanto ao direito em si, não quanto ao exercício do direito de reparação quanto a dano moral pela violação do direito da personalidade (honra, p. ex.). O exercício do direito à reparação de danos se sujeita a prazos prescricionais – três anos, no caso, nos termos do art. 206, § 3º, V, do CC. Contudo, existem decisões do STJ que reconhecem a imprescritibilidade do pleito de reparação de danos:

> É pacífico o entendimento no Superior Tribunal de Justiça segundo o qual as ações de indenização por danos morais e materiais decorrentes de atos de violência ocorridos durante o Regime Militar são consideradas imprescritíveis, independentemente dos legitimados *ad causam*.

> Como é cediço, a prescritibilidade é a regra, só havendo falar em imprescritibilidade em hipóteses excepcionalíssimas, como no tocante às ações referentes ao estado das pessoas. Somente alguns direitos subjetivos, observada sua envergadura e especial proteção, não estão sujeitos a prazos prescricionais, como na hipótese de ações declaratórias de nulidades absolutas, pretensões relativas a direitos da personalidade e ao patrimônio público. (4ª T., EDcl no AgRg no REsp. nº 1229068/RJ, rel. Min. Luis Felipe Salomão, j. 6-10-2015, *DJe* 16-10-2015)

2.7.1 Proteção dos direitos da personalidade

A proteção dos direitos de personalidade visa resguardar a dignidade humana por meio de medidas judiciais, podendo essa proteção ser: preventiva ou tutela inibitória; repressiva ou tutela reparatória.

PREVENTIVA ou TUTELA INIBITÓRIA – objetiva suspender atos que ameacem ofender a integridade do indivíduo.

REPRESSIVA ou TUTELA REPARATÓRIA – ação indenizatória que visa a uma reparação patrimonial pelo dano causado. A reparação pode ser por DANO MORAL, quando a agressão for contra um direito da personalidade e não houver conteúdo econômico dessa lesão, ou por DANO MATERIAL, quando houver perda ou prejuízo por lesão a bem patrimonial. Esses danos podem ser ***danos emergentes*** (o que a pessoa perdeu) e ***lucros cessantes*** (o que a pessoa deixou de ganhar). A jurisprudência do STJ vem admitindo a possibilidade cumulação de danos materiais, morais e, ainda, ***danos estéticos***, conforme Súm. nº 387 do STJ: "É lícita a cumulação das indenizações de dano estético e dano moral".

2.7.2 Direito à vida

Sem a vida, não há nenhum outro direito à pessoa natural. Esse direito é protegido desde a concepção, de forma que é vedado o aborto. O direito à vida compreende tanto o manter-se vivo quanto o viver de forma digna. Dessa forma, alimentos transgênicos estão relacionados ao direito à vida, pois violam o direito à saúde (diretamente relacionado com a vida). Proibição do aborto, salvo nos casos previstos na lei, por exemplo, para salvar a vida da mãe; aborto de feto anencefálico – feto que, comprovadamente, não possui atividade cerebral – decisão do STF na ADPF nº 54 (2012).

2.7.3 Direito ao próprio corpo – integridade física

Os arts. 13 a 15 do CC tratam do direito ao próprio corpo. Prevê o art. 13 do CC a proteção à integridade física do indivíduo, proibindo, salvo por exigência médica, atos que importem em diminuição permanente da integridade física. Esse artigo refere-se a possíveis mutilações a que os indivíduos possam se submeter. Autoriza, contudo, a realização de um transplante. Mas a doação só é permitida de partes duplas do corpo (rins) ou regeneráveis (fígado) ou tecidos (medula, pele), desde que não prejudique nem mutile o doador.

O parágrafo único do art. 13 do CC permite, contudo, a realização de transplantes de partes do corpo humano, conforme disposição em lei especial. A lei que rege os transplantes é a Lei nº 9.434/1997, com as alterações da Lei nº 10.211/2001. Referidas leis permitem a retirada de partes do corpo (tecidos, órgãos e partes do corpo vivo), desde que gratuitamente e que não representem risco para a sua integridade física e mental.

Não se enquadra, nesta situação, conforme diversas decisões judiciais, os casos de transexualidade. Muito se discutiu sobre a cirurgia de adequação sexual, se seria mutiladora ou não. Restou pacificado pela jurisprudência que não se trata de mutilação, mas sim de uma adequação da realidade biológica à realidade psicológica, já que o contrário não é possível, eis que o transexual não se aceita. O Conselho Federal de Medicina, por meio de resolução, considera lícita a intervenção cirúrgica. Deve-se observar, contudo, a esse respeito, que o STF, na ADIn nº 4.275, decidiu que o transgênero não necessita submeter-se a cirurgia para que possa realizar a alteração do prenome e do sexo no Registro Civil.

O corpo é a expressão da individualidade da pessoa, sendo, em razão disso, inalienável, tanto em vida quanto após a morte. O art. 14, por sua vez, dispõe sobre a disposição post mortem do próprio corpo, prevendo ser válida a disposição gratuita do corpo com finalidade científica ou altruística. Para tanto, é preciso que seja diagnosticada a morte encefálica. Assim, se o indivíduo pretende ser doador, deverá deixar declaração escrita. Se nada dispuser a respeito, a família deverá anuir expressamente para que seja feita a doação.

Segundo o art. 15 do CC, ninguém pode ser obrigado a submeter-se a tratamento médico ou cirúrgico que importe risco de vida. Não significa que tratamentos de risco sejam vedados, mas o indivíduo deve estar ciente, antes de se submeter a tal tratamento, dos riscos dele provenientes. Cabe, portanto, ao médico informar ao paciente, devendo registrar tal fato por escrito, para evitar responsabilidades futuras. O doente pode, portanto, negar-se a tratamento de risco.

Caso esteja impossibilitado de decidir, caberá a seu representante legal. A autorização, caso o paciente não tenha condições de fornecê-la, deve ser requerida a qualquer parente maior, em linha reta ou colateral até 2º grau (irmão) ou cônjuge.

Se, contudo, não houver tempo hábil para consultar o paciente ou o representante legal, o médico tem o dever de realizar o tratamento (ex.: emergência de parada cardíaca).

2.7.4 Direito ao nome

A proteção ao nome é prevista nos arts. 16 a 19 do CC. O art. 16 prevê que toda pessoa tem direito ao nome, nele compreendidos o prenome e o sobrenome. Nome é a designação jurídica pela qual a pessoa é conhecida no mundo. Assim, envolve o sentido completo do termo a nome + sobrenome. Esse elemento serve para individualizar a pessoa, tanto durante a vida quanto durante a morte, passando a integrar a personalidade do indivíduo (tanto que é protegido o nome na qualidade de direito da personalidade).

O nome é um código identificador de cada pessoa. É uma designação pela qual a pessoa identifica-se na família e na sociedade. É uma característica marcante da personalidade, sendo inalienável e imprescritível da individualidade da pessoa. Dessa forma, todo ser humano deve portar um nome. No Brasil, os pais podem escolher livremente o prenome dos filhos, desde que não o exponham ao ridículo (art. 55 da Lei dos Registros Públicos).

O nome, na qualidade de característica pessoal e individual de cada pessoa, em geral, é imutável. Contudo, é admissível sua alteração em alguns casos, quando houver motivo relevante: erro gráfico, exposição do portador ao ridículo. Também há a possibilidade de alteração em razão da situação de ***transgênero*** (independentemente de cirurgia de adequação sexual), quando o registro civil passa a não corresponder com a realidade física, não correspondendo, portanto, à verdade. Nesse sentido, essa alteração tem sido autorizada, tanto do registro do nome quanto do sexo. A mudança do prenome pode se originar, ainda, de ***adoção***. Segundo o Estatuto da Criança e do Adolescente, no seu art. 47, § 5º, a sentença que define a adoção poderá autorizar, a requerimento do adotante, a alteração do prenome do adotado.

É possível, também, acrescentar os apelidos notórios, sem que prejudique o prenome.

O acréscimo de outros nomes (sobrenomes) poderá ocorrer também em casos de ***casamento*** (art. 1.565, § 1º, do CC prevê que qualquer dos nubentes poderá assumir o sobrenome do outro). No caso da ***união estável***, a inclusão do nome do outro só é autorizada quando um deles tiver impedimento para casar, nos termos do art. 57, § 2º, da Lei 6.015/1973 (Lei de Registros Públicos).

Também o ***reconhecimento de paternidade*** é motivo para a alteração do nome do indivíduo, a fim de acrescentar o patronímico paterno.

O nome tem uma importância tanto pública quanto individual e, em razão disto, tem proteção prevista na legislação civil, havendo a proibição de sua utilização em publicações que exponham o portador ao desprezo público (art. 17 do CC), e a vedação de utilização do nome alheio, sem autorização do portador, em propagandas comerciais (art. 18 do CC). Havendo violação ao direito ao nome, é cabível a reparação por danos.

Os responsáveis pelo ressarcimento serão tanto o autor da publicação quanto o veículo de divulgação. É o que prevê a Súm. nº 221 do STJ: "São civilmente responsáveis pelo ressarcimento de dano, decorrente de publicação pela imprensa, tanto o autor do escrito quanto o proprietário do veículo de divulgação".

Além disso, também não se pode esquecer que há a utilização dos chamados ***pseudônimos***, ou seja, nomes figurativos ou codinomes, nomes fictícios que servem para identificar o autor do escrito, normalmente artistas. Esses pseudônimos, quando usados licitamente, gozam da mesma proteção que se dá ao nome (art. 19 do CC). Assim, o mau uso do pseudônimo de alguém também gera o dever de indenizar.

2.7.5 Proteção à palavra e à imagem

O art. 20 do CC faz a previsão da proteção à palavra e à imagem. Trata-se da tutela da voz, também protegida pelo art. 5º, XXVIII, a, da CF. O STF julgou a ADIn nº 4.815, que dá ao art. 20 do CC interpretação conforme a Constituição. Nesta ação, foi autorizada a publicação das "biografias não autorizadas", ou seja, a possibilidade de publicação de obras biográficas literárias ou audiovisuais, independentemente do consentimento do biografado. O Presidente do STF à época (Ricardo Lewandowski) afirmou que "não é possível que haja censura ou se exija autorização prévia para a produção e publicação de biografias", de forma que "a censura prévia está afastada, com plena liberdade de expressão artística, científica, histórica e literária, desde que não se ofendam os direitos constitucionais dos biografados". Trata-se de uma forma de limitação dos direitos da personalidade, que acaba ocorrendo por meio da ponderação ou aplicação do princípio da proporcionalidade. Contudo, se a publicação causar dano, poderá haver a busca pela reparação civil desses danos.

3. PESSOAS JURÍDICAS

As pessoas jurídicas são o resultado da associação humana, ou seja, a criação da pessoa jurídica se dá por um ser humano, mas não há confusão entre a pessoa jurídica e a pessoa física. A existência e o patrimônio são distintos. Em razão disso, o direito passou a reger essas entidades e conceder personalidade jurídica, de forma a viabilizar sua atuação funcional e realização de seus objetivos.

3.1 SURGIMENTO DA PESSOA JURÍDICA - INÍCIO DA PERSONALIDADE

A pessoa jurídica, por sua vez, surge por obra humana (atos bilaterais - criação por contrato ou unilaterais - criação por testamento) e com a inscrição dos atos constitutivos no registro competente (art. 45 do CC). Dessa forma, o registro da pessoa jurídica tem caráter constitutivo, atribuindo-lhe personalidade. Referido registro deverá ser feito no registro civil das pessoas jurídicas ou na junta comercial (para as sociedades mercantis).

A pessoa jurídica só surge no momento do seu registro. Antes disso, não se fala em pessoa jurídica na qualidade de sujeito de direito. Assim, ***antes de realizado o registro civil*** da pessoa jurídica, só se pode falar em ***sociedade irregular ou de fato***, que é a pessoa jurídica desprovida de personalidade jurídica, mas com capacidade para se obrigar perante terceiros. A disciplina desse tipo societário é trazida pelo livro referente ao Direito de Empresa, no Código Civil, no art. 986.

3.2 EXTINÇÃO DAS PESSOAS JURÍDICAS – FIM DA PERSONALIDADE

A dissolução da pessoa jurídica poderá ocorrer de forma convencional, administrativa ou judicial (art. 51 do CC).

Convencional: os integrantes da pessoa jurídica deliberam e resolvem colocar fim nas suas atividades. Deve respeitar o estatuto social ou contrato social.

Administrativa: há a dissolução administrativa quando houver a cassação da autorização de funcionamento que possa ser exigida para determinadas sociedades funcionarem.

Judicial: o juiz, por sentença, determina sua extinção, a requerimento de qualquer dos sócios.

A "morte" da pessoa jurídica só ocorre com a ***liquidação***. Havendo dissolução da sociedade, o patrimônio que sobrar após a liquidação, pagamento de eventuais débitos etc., deverá ser partilhado entre os sócios, conforme a participação de cada um, exceto no caso das associações, conforme determina o art. 61 do CC. Após a liquidação, poderá haver o ***cancelamento do registro*** da pessoa jurídica (correspondendo ao registro do óbito na pessoa natural).

3.3 CLASSIFICAÇÃO OU CATEGORIAS DAS PESSOAS JURÍDICAS

O art. 40 do CC afirma existirem pessoas jurídicas de direito público (interno ou externo) e de direito privado.

São pessoas jurídicas de direito público interno a União, Estados, Distrito Federal, Territórios, Municípios, autarquias e demais entidades de caráter público.

São pessoas jurídicas de direito público externo as organizações internacionais (ONU, OIT etc.), a Santa Sé ou outras entidades congêneres.

As pessoas jurídicas de direito privado são as associações, as sociedades, as fundações, as organizações religiosas, os partidos políticos e as empresas individuais de responsabilidade limitada. Para fins de estudo do direito civil, interessam, de forma mais aprofundada, apenas as associações e as fundações, pois as demais pessoas jurídicas de direito privado são estudadas por outros ramos do Direito (constitucional, administrativo e empresarial).

a) Associações

Nos termos do art. 53 do CC, as associações são entidades formadas pela união de indivíduos, que têm como objetivo **fim não econômico**. Não são, portanto, empresas. **Não visam ao lucro.** Podem ter lucro, mas não podem ter fins lucrativos. Seus lucros devem ser revertidos para a própria associação. O que não há, neste caso, é a partilha de dividendos advindos da sociedade. A receita obtida serve para reverter em benefício da própria associação, visando à melhoria das atividades.

Não existem direitos e obrigações recíprocos entre a associação e os associados (art. 53, par. ún., do CC). Dessa forma, o associado constitui-se de uma individualidade, com seu patrimônio, direitos e obrigações próprios, e a associação, outra individualidade, com seus bens, obrigações e direitos, sem que haja reciprocidade.

Sua criação se dá por meio de estatuto, nos termos do art. 54 do CC, que faz a previsão do que é necessário conter no estatuto das associações. A aquisição da personalidade pela associação só ocorre quando, depois de elaborado o ***estatuto***, este for ***registrado***. O art. 55 do CC afirma que os associados devem ter iguais direitos, mas o estatuto poderá instituir categorias com vantagens especiais como as categorias de "sócio", "sócio-proprietário", "sócio torcedor", enfim. O art. 56 do CC determina que, salvo disposição expressa no estatuto, a qualidade de associado é intransmissível. A exclusão só pode ocorrer nos termos previstos no estatuto, sendo assegurado o contraditório e a ampla defesa (art. 57 do CC). A Assembleia Geral é o órgão máximo da associação, ainda que, no geral, o estatuto autorize a composição de um Conselho Administrativo (Diretoria) e do Conselho Fiscal. Compete à Assembleia Geral destituir os administradores e alterar o estatuto (art. 59 do CC). A Assembleia com esse fim deve ser convocada especialmente para tanto, conforme o quórum estabelecido no estatuto. Há a garantia de convocação da Assembleia Geral por um quinto dos associados (art. 60 do CC), não podendo o estatuto estabelecer quórum maior.

Ninguém é obrigado a manter-se preso à associação, de forma que o associado pode, a qualquer tempo, desligar-se da corporação. Nestes termos, o art. 5º, XX, da CF. Mas o direito de retirada não exime o associado das obrigações assumidas.

No caso de dissolução da sociedade, o patrimônio líquido deverá ser transferido para outra entidade sem fins lucrativos, estabelecida no estatuto (art. 61). Caso não haja previsão no estatuto, caberá aos associados deliberarem a respeito de uma entidade, de fins semelhantes ou idênticos, para a qual será destinado o patrimônio.

b) Sociedades

As sociedades podem ser conceituadas como uma agregação de pessoas com mesmos objetivos e fins econômicos – pretende ganhar dinheiro. O objetivo da sociedade é exercer uma atividade econômica e partilhar os lucros. O conteúdo relativo às sociedades será aprofundado no capítulo referente ao Direito Empresarial.

c) Fundações

As fundações são patrimônios personalizados, pois não são compostas, não resultam da união de pessoas, mas sim da afetação de um patrimônio e determinação de uma finalidade, por meio de escritura pública ou testamento (art. 62 do CC). A finalidade da fundação está determinada na lei, não podendo ser criadas fundações para fins diferentes daqueles previstos no parágrafo único do art. 62 do CC.

Para a criação da fundação, o instituidor determina que seu patrimônio (e os frutos dele) seja empregado na concretização dos fins por ele escolhidos (dentre o rol do parágrafo único do art. 62 do CC). O instituidor, por testamento ou escritura pública, afeta seu patrimônio definindo o fim para o qual se destina.

Para a criação de uma fundação, devem ser seguidas algumas etapas:

1) *Afetação de bens livres por meio de ato de dotação patrimonial*: deve ser destacada uma parcela do patrimônio pessoal do instituidor, composta por bens móveis e/ou imóveis.
2) *Instituição por escritura pública ou testamento*: não é possível por escrito particular, apenas nestas formas.
3) *Elaboração dos estatutos*: o próprio instituidor pode elaborar o estatuto da fundação (forma direta) ou determinar que alguém o faça.
4) *Aprovação dos estatutos*: o Ministério Público tem o dever de aprovar os estatutos da fundação, com recurso ao juiz, em caso de discordância.
5) *Realização do registro civil*: deve ser feito o registro dos atos constitutivos no Cartório do Registro Civil das Pessoas Jurídicas.

Caso os bens destinados forem insuficientes para constituir a fundação, se nada dispor o instituidor, serão incorporados em outra fundação que tenha fim igual ou semelhante (art. 63 do CC).

Com relação ao estatuto social da fundação, poderá ser alterado, desde que o art. 67 do CC seja observado. Não havendo aprovação unânime, o art. 68 do CC prevê que os administradores da fundação deverão submeter o estatuto ao Ministério Público, sendo dada vista à parte vencida para impugnação. Caso houver desvirtuamento da finalidade da função ou, caso o prazo da existência tenha se expirado, define o art. 69 do CC que o Ministério Público promoverá a extinção da fundação e seu patrimônio será incorporado em outra com fim semelhante ou igual, designada pelo juiz, salvo se houver disposição contrária no ato constitutivo.

A extinção da fundação também faz cessar a personalidade jurídica desta, necessitando a liquidação do passivo e do ativo, quando, só então, o restante do patrimônio poderá ser destinado a outra fundação com fim igual ou semelhante.

d) Organizações religiosas

Organizações religiosas são os agrupamentos de pessoas, cujo propósito é o culto da fé, possuindo doutrina e rituais próprios. Enquadram-se igrejas, seitas, confrarias ou irmandades. Visam à manifestação da espiritualidade humana. É livre a criação de organizações religiosas, por força do art. 44, § 1º, do CC, bem como do art. 19, I, da CF.

e) Partidos políticos

É livre a criação, fusão, incorporação e extinção de partidos políticos, tendo como limitações a soberania nacional, o regime democrático, o pluripartidarismo e os direitos fundamentais da pessoa humana. O art. 17 do CF prevê, ainda, alguns preceitos que devem ser observados na criação dos partidos políticos, já que, nestes casos, além do registro de criação no Registro Público das Pessoas Jurídicas, deve haver, ainda, registro perante a Justiça Eleitoral, no TSE (art. 17, § 2º, da CF).

f) Empresas individuais de responsabilidade limitada

São pessoas jurídicas constituídas por apenas uma pessoa. Essa modalidade de pessoa jurídica possui responsabilidade limitada ao capital integralizado (art. 980-A do CC).

3.4 DESCONSIDERAÇÃO DA PERSONALIDADE JURÍDICA

A pessoa física e a jurídica são separadas. Possuem patrimônios e responsabilidades separados. Contudo, pode haver casos de ***desvio de finalidade*** (atividades realizadas por meio da pessoa jurídica não são relacionadas com a atividade-fim dela, visando beneficiar seus integrantes), ou de ***confusão patrimonial*** (não se consegue distinguir o patrimônio particular do patrimônio da pessoa jurídica).

Para essas situações, ou seja, para os casos de desvio de finalidade e confusão patrimonial, o sistema jurídico, em razão da potencial lesividade das ações, criou a possibilidade da ***desconsideração da personalidade jurídica*** (art. 50 do CC). Deve-se observar que a Lei nº 13.874/2019 trouxe alterações e inclusão de parágrafos ao art. 50 do CC, passando a oferecer, de certa forma, conceitos para desvio de finalidade (§ 1º – desvio de finalidade é a utilização da pessoa jurídica com o propósito de lesar credores e para a prática de atos ilícitos de qualquer natureza) e para confusão patrimonial (§ 2º – confusão patrimonial é a ausência de separação de fato entre os patrimônios, caracterizada por cumprimento repetitivo pela sociedade de obrigações do sócio ou do administrador ou vice-versa; transferência de ativos ou de passivos sem efetivas contraprestações, exceto os de valor proporcionalmente insignificante; outros atos de descumprimento da autonomia patrimonial).

O objetivo da desconsideração da personalidade jurídica é evitar a fraude por meio da pessoa jurídica. Uma vez deferido o pedido, desconsidera-se a personalidade jurídica da empresa, para atingir o patrimônio pessoal dos sócios ou vice-versa.

Não se trata de declarar nula a personalidade, mas sim de tornar a personalidade jurídica ineficaz em certos casos.

Essa desconsideração também se aplica de maneira ***inversa ou invertida***, que serve para os casos em que se busca responsabilizar a pessoa jurídica por obrigações de seus sócios, nas situações em que ele abusa da pessoa jurídica, transferindo bens, visando ocultá-los. Assim, essa desconsideração inversa visa coibir a fraude do desvio de bens, quando o sócio desvia patrimônio particular para a empresa na qual detém o controle absoluto. Dessa forma, seus credores pessoais não podem executar tais bens por dívidas da pessoa física. Os casos mais típicos de desconsideração inversa são os de família (alimentos e partilha de bens do casal). Se um dos cônjuges adquire bens de maior valor e os registra em nome da pessoa jurídica, estes bens não são partilhados.

De se observar que a desconsideração da personalidade jurídica deve ser feita por incidente, nos termos do art. 133 do CPC.

4. DOMICÍLIO

Tem a ver com morada, residência, local onde se localiza. Pode ser civil (local de residência) ou político (local de votação). Os arts. 70 a 78 tratam do domicílio, tanto da pessoa natural quanto da pessoa jurídica.

Domicílio é o lugar onde a pessoa natural estabelece sua residência com ânimo definitivo, bem como o centro de suas atividades. Como o Direito vive de obrigações, para que se possa dar cumprimento às obrigações, é necessário que as pessoas tenham um local no qual possam ser encontradas. Trata-se do domicílio civil das pessoas naturais.

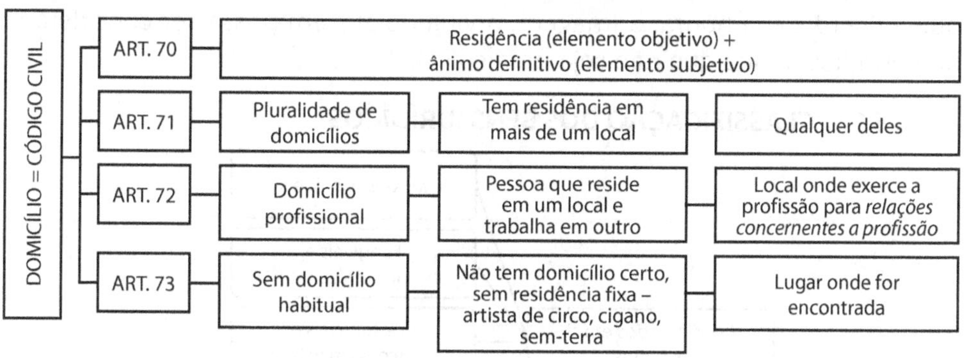

O ***domicílio da pessoa jurídica*** de direito privado é a sua sede, que está indicada no ato constitutivo. Trata-se do domicílio especial da pessoa jurídica (art. 75 do CC). Não havendo tal fixação, será domicílio da pessoa jurídica onde funcionarem as diretorias ou administrações. Caso a pessoa jurídica possua filiais em diferentes localidades, cada uma delas será o domicílio da pessoa jurídica, para os atos nela praticados (art. 75, IV e § 1º, do CC). Nesse sentido, o STF sumulou a questão do domicílio da pessoa jurídica (Súm. nº 363): "A pessoa jurídica de direito privado pode ser demandada no domicílio da agência ou do estabelecimento em que se praticou o ato". Se a administração for no exterior, o domicílio será o lugar do estabelecimento situado no Brasil (§ 2º).

4.1 ESPÉCIES DE DOMICÍLIO

O domicílio é classificado em voluntário e necessário.

O domicílio ***voluntário*** (aquele que depende da vontade exclusiva do interessado) divide-se em: geral e de eleição. O ***domicílio geral*** é aquele relativamente aos atos praticados pela pessoa em geral. O ***domicílio de eleição*** é o derivado de contrato (art. 78 do CC) – foro de eleição escolhido pelas partes para propor ações relativas a obrigações (art. 62 do CPC/2015).

O domicílio ***necessário*** divide-se em: de origem e legal. O primeiro domicílio das pessoas – ***domicílio de origem*** – é o de seus pais, à época do seu nascimento. O ***domicílio necessário ou legal*** é o decorrente de determinação normativa, por exemplo, o domicílio do servidor público (art. 76 do CC).

Por fim, há o ***domicílio do agente diplomático do Brasil***. Havendo citação do agente diplomático no exterior, se alegar a extraterritorialidade, deverá indicar seu domicílio no Brasil. Em não indicando, poderá ser acionado tanto no Distrito Federal quanto no último lugar onde teve domicílio no Brasil.

5. BENS JURÍDICOS

Bem é tudo aquilo que possa corresponder às solicitações de nossos desejos. Assim, na relação jurídica, o bem é o objeto sobre o qual desenvolve-se o poder de fruição da pessoa. Os bens, por sua vez, são tanto os objetos corpóreos e materiais (coisas) quanto os ideais e imateriais, de forma a justificar que a liberdade, a honra, a imagem, a vida de alguém possa ser considerada bem jurídico (ainda que não seja uma coisa).

5.1 CLASSIFICAÇÃO DOS BENS JURÍDICOS

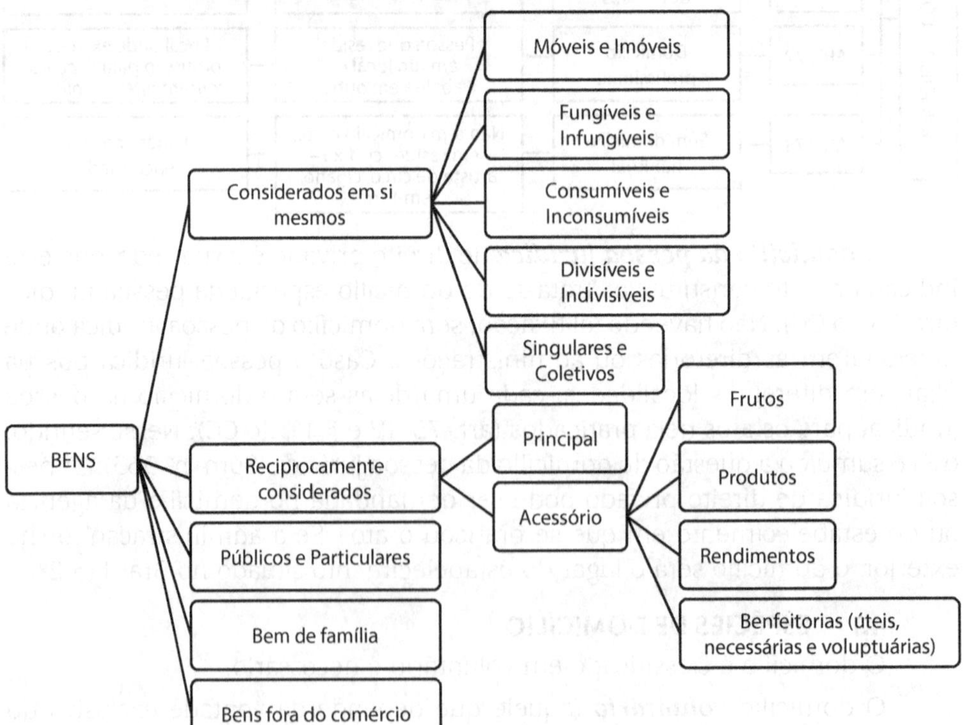

5.1.1 Dos bens considerados em si mesmos – arts. 79 a 91 do CC

a) CORPÓREOS E INCORPÓREOS

Embora esta classificação não esteja prevista, é de grande utilidade. Dessa forma, existem bens com existência material (corpóreos), quando são perceptíveis aos nossos sentidos – bens móveis (livros, joias) e imóveis (terrenos, casas). Existem outros bens – os incorpóreos – que são bens abstratos, não tangíveis, de forma que possuem apenas existência jurídica, mas não corpórea (física) – ex.: os direitos sobre o produto do intelecto (direitos autorais), que possuem valor econômico, mas não são palpáveis.

A diferença mais marcante entre eles, na qualidade de relações jurídicas, é que, no caso dos primeiros – corpóreos –, a transmissão se dá por compra e venda e, no caso dos segundos – incorpóreos –, por meio da cessão.

b) BENS MÓVEIS E IMÓVEIS

BENS IMÓVEIS são aqueles que não podem ser transportados de um lugar para outro, sem que sua substância se altere. Ex.: terreno urbano. Há a necessidade de uma solenidade para sua transmissão/tradição (contrato), que se perfectibiliza com o registro.

BENS MÓVEIS são passíveis de deslocamento, quebra, fratura. Ex.: livros, computador. Há, ainda, os bens que possuem movimento próprio. Neste caso, ainda que se enquadrem na classificação de bens móveis, são chamados de **semoventes** (animais – bovinos, equinos, ovinos, caprinos etc.). Não há necessidade de solenidade para sua transferência, bastando a tradição.

Os **BENS IMÓVEIS** classificam-se em:

- **Imóveis por sua própria natureza – art. 79 do CC, 1ª parte + art.** 1.229 **do CC**

A rigor, apenas o solo, com sua superfície, subsolo e espaço aéreo, é imóvel por natureza, pois o que a ele adere será imóvel, mas por acessão.

- **Imóveis por acessão natural, artificial ou industrial** – art. 79, 2ª parte, do CC

Acessão significa aderência a outra coisa.

Trata-se da hipótese em que árvores e todas as adjacências naturais que se integrarem ao solo, como pedras, fontes, cursos de água, correm naturalmente.

Deve-se considerar, contudo, que, quando as árvores são plantadas para corte (acácia e eucalipto, por exemplo), são consideradas móveis por antecipação e independem, para alienação, de outorga uxória ou marital.

Há também a possibilidade de formação de ilhas, quando a natureza faz acréscimos ao solo, de forma que insto se incorpora ao patrimônio do proprietário (art. 1.248 do CC), de forma que predomina a ideia de que o acessório segue o principal.

Além disso, o homem pode fazer com que móveis (materiais de construção, sementes) se integrem ao solo, dando origem às acessões artificiais ou industriais. São acessões artificiais porque dependem do trabalho humano. Ainda assim, integram o patrimônio do proprietário, pois presume-se que toda plantação existente sobre o terreno foi feita pelo proprietário (art. 1.253 do CC).

O art. 81 ainda faz a previsão de que as edificações, ainda que separadas do solo, mas considerando sua unidade, se forem removidas para outro local, conservam o caráter de imóveis (ex.: chalé/casa pré-fabricada, que pode ser transportada de um terreno para outro).

- **Imóveis por determinação legal** - art. 80 do CC

Os direitos reais sobre imóveis (garantia, penhor, hipoteca, servidão, usufruto etc.) e as ações que os asseguram, assim como o direito à sucessão aberta, são considerados bens imóveis por determinação legal.

Em ambas as situações, previstas no art. 80, trata-se de bens imateriais (direitos, apenas), que a lei atribui condição de imóveis em razão de terem um caráter especial.

Dessa maneira, quando se trata de direitos reais, se houver qualquer transação quanto a usufruto, p. ex., exige-se o registro competente - art. 1.227 do CC, assim como a autorização do cônjuge (art. 1.647, I, do CC).

Quanto ao direito à sucessão aberta, ainda que os bens deixados pelo de cujus sejam todos móveis (carros, tratores, caminhões, p.ex.), a sucessão em si é considerada bem imóvel. Isto porque, em primeiro lugar, o direito à sucessão é a ela como um todo e não quanto a determinado (ou determinados) bem. Somente depois de realizada a partilha é que se fala em bens individualizados. Antes dela, a herança é um todo unitário. Nesse sentido, renúncia à herança ou cessão de direitos hereditários deve ser feita por meio de escritura pública, não admitindo a forma particular.

Classificação dos **BENS MÓVEIS**:

Os arts. 82 a 84 do CC trazem a referência sobre os bens móveis.

- **Móveis por sua própria natureza** - art. 82 do CC

Aqueles que podem ser transportados, por meio da força alheia, de um lugar para outro sem que se altere sua substância - livro, carteira, bolsa etc.

Aqui, inclui-se a casa pré-fabricada antes de ser incorporada a algum terreno (enquanto esteja à venda). Após ser assentada sobre o terreno, passará a ser imóvel.

Também são considerados móveis os materiais de construção, enquanto não forem empregados na construção, enquanto estiverem à venda. Contudo, ainda que retirados da construção, se houver a pretensão de reempregá-los, serão considerados imóveis - ex.: retirada de telhas para reforma das tesouras/madeiramento interno do telhado.

- **Semoventes** - art. 82 do CC

Aqueles que se movimentam de forma própria - animais.

- **Móveis por antecipação**

São aqueles que, embora incorporados ao solo, não são considerados imóveis por se destinarem à retirada, por exemplo, o caso das árvores destinadas a corte (mato de acácia e eucalipto).

- **Móveis por determinação legal** - art. 83 do CC

São bens imateriais que acabam por adquirir essa qualidade jurídica em razão da lei. Podem ser cedidos independentemente de outorga uxória ou marital.

Neste caso incluem-se fundo de comércio, quotas e ações de sociedades, direitos do autor, créditos em geral.

c) BENS FUNGÍVEIS E INFUNGÍVEIS

Esta classificação está prevista no art. 85 do CC.

BENS FUNGÍVEIS são os que podem ser substituídos por outros de mesma espécie, qualidade e quantidade. É uma classificação de bens móveis. Ex.: sofá, carteira, soja, dinheiro, gêneros alimentícios.

BENS INFUNGÍVEIS são aqueles que, em razão de sua natureza, são insubstituíveis. Ex.: quadro de um pintor famoso, escultura famosa etc.

Normalmente a fungibilidade resulta da natureza do bem, que pode ser substituído por outra de mesma espécie, quantidade e qualidade. Mas isto não é regra. A fungibilidade também pode advir da vontade das partes, que poderão tornar um bem fungível em infungível.

Ex.: o dinheiro é um bem fungível, mas pode se tornar infungível para um colecionador.

Ex.: um boi é fungível, mas, emprestado ao vizinho para a lavoura, passa a ser infungível, devendo ser devolvido, sem ser substituído por outro.

A importância da diferenciação entre bens fungíveis e infungíveis ocorre em razão dos contratos de mútuo e comodato. O mútuo é o contrato para empréstimo de bens fungíveis. O comodato, por sua vez, de bens infungíveis.

Empréstimo de dinheiro - mútuo - art. 586 do CC - mútuo para a construção da casa própria, p. ex. - Caixa Federal.

Empréstimo de aparelho de celular - comodato - art. 579 do CC.

d) BENS CONSUMÍVEIS E INCONSUMÍVEIS

O art. 86 traz a diferenciação dos bens consumíveis e dos inconsumíveis.

BENS CONSUMÍVEIS são aqueles bens móveis cujo uso importa na destruição imediata da coisa. É destruído no primeiro uso. Ex.: alimentos.

BENS INCONSUMÍVEIS são aqueles que suportam o uso continuado, sem prejuízo do perecimento natural e progressivo. Ex.: automóvel, roupa (há o desgaste natural, mas não a destruição no primeiro uso).

Interessante é a situação dos livros. Se estiverem nas prateleiras de uma livraria - para serem vendidos -, serão bens consumíveis. Já, se estiverem nas prateleiras de uma biblioteca - apenas para serem usados, lidos e devolvidos -, serão inconsumíveis.

Existem determinados direitos que não podem recair sobre bens consumíveis. É o caso do usufruto (direito de uso), pois, neste caso, com o uso, haveria o perecimento do objeto e o próprio usufruto desapareceria.

e) BENS DIVISÍVEIS E INDIVISÍVEIS

BENS DIVISÍVEIS são aqueles que podem ser fracionados, sem alteração na sua substância, diminuição de valor ou prejuízo do uso, nos termos do art. 87 do CC. Podem, portanto, ser partidos em porções reais e distintas, formando, cada uma delas, um todo perfeito.

BENS INDIVISÍVEIS são aqueles que não podem ser fracionados, sob pena de se perder sua substância e ter seu uso alterado. Ex.: relógio. Se for desmanchado, suas partes existirão, mas não mais como um relógio.

Assim, podem ser indivisíveis:

- ***por sua natureza***: os que não podem fracionar sem alteração na sua substância, diminuição de valor ou prejuízo do uso. Ex.: o animal, o relógio, um quadro, um brilhante.
- ***por determinação legal***: a lei impede o fracionamento - servidões prediais (art. 1.386 do CC), hipoteca (art. 1.421), direito dos coerdeiros quanto à propriedade e posse da herança, até a partilha (art. 1.791).
- ***por vontade das partes***: o acordo entre as partes torna indivisa a coisa, por prazo não maior que cinco anos, suscetível de prorrogação posterior (art. 1.320, § 1º, do CC).

Se o bem for divisível, o proprietário pode alienar a terceiro, sem dar preferência aos demais comunheiros. Se, contudo, o bem for indivisível, deverá dar preferência aos comunheiros.

Ex.: área de terras em condomínio - deve dar preferência aos demais.

Ex.: apartamento em um edifício - não precisa dar preferência aos demais.

f) BENS SINGULARES E COLETIVOS

BENS SINGULARES são coisas consideradas em sua individualidade, representadas por uma unidade autônoma e, por isto, distinta das outras. Podem ser simples, quando os componentes (partes) estão ligados naturalmente (cavalo, árvore), ou compostas, quando as partes são ligadas em razão da ação humana (avião, relógio). Art. 89 do CC

BENS COLETIVOS são os compostos de várias coisas singulares, mas considerados em conjunto, como um todo homogêneo. Ex.: floresta, biblioteca. Compreende a **universalidade de fato**, quando o agrupamento se dá pela vontade da pessoa (rebanho ou biblioteca) - art. 90 do CC - e a **universali-**

dade de direito, quando o agrupamento se dá pela lei (herança, massa falida) – art. 91.

5.1.2 Dos bens reciprocamente considerados

Leva em conta o liame jurídico entre o bem jurídico principal e o acessório.

Art. 92 do CC.

a) Bem principal

É o que possui autonomia estrutural, que existe por si próprio, de forma autônoma. Ex.: solo.

b) Bens acessórios

Pressupõe a existência do principal. Não existe por si próprio. Ex.: árvore (só existe se houver o solo onde foi plantada).

A regra é o que a natureza do principal é a mesma do acessório. Ex.: se o principal é imóvel (solo), o acessório também será (árvore). O acessório sempre segue o principal em seu destino. Ex.: se for extinta a obrigação principal, a cláusula penal (acessória) também o será. O proprietário do principal também o é do acessório.

Os bens acessórios classificam-se em: frutos, produtos, rendimentos e benfeitorias.

FRUTOS – são utilidades que a coisa principal produz periodicamente, cuja percepção (uso) não diminui a sua substância. Nascem e renascem da coisa, sem acarretar-lhe a destruição no todo ou em parte. Ex.: soja, maçã, terneiro, juros, aluguel. Se o uso/percepção inutilizar a coisa principal, não há que se falar em frutos. Caracterizam-se pela a) periodicidade; b) inalterabilidade da substância da coisa principal; c) separabilidade desta.

A percepção dos frutos é importante, especialmente, quanto aos direitos reais, pois o possuidor de boa-fé (aquele que detém a posse de algo de boa-fé) tem direito aos frutos colhidos e percebidos, devendo restituir os pendentes ao tempo em que cessar a boa-fé.

Os frutos podem ser: **naturais**, gerados pelo bem principal, sem a necessidade da intervenção humana direta, e decorrem do desenvolvimento orgânico vegetal ou animal, ex.: laranja, soja, crias de um rebanho; **industriais** são decorrentes da atividade humana, surgem em razão da atuação ou indústria do homem sobre a natureza, ex.: produção de uma fábrica; **civis**, rendimentos produzidos pela coisa em virtude de sua utilização por outra pessoa que não seja o proprietário, ex.: juros ou aluguel.

PRODUTOS – são utilidades que se retiram da coisa, diminuindo-lhe a quantidade, porque não se reproduzem periodicamente. Ex.: pedras e metais que são extraídos das pedreiras e minas. O que diferencia frutos e produtos é a alterabilidade da substância principal.

RENDIMENTOS – trata-se dos frutos civis. Ex.: aluguéis e juros.

PERTENÇAS - são coisas acessórias que se destinam a conservar ou facilitar o uso das coisas principais, sem que delas sejam parte integrante. Ex.: máquinas utilizadas na fábrica, implementos agrícolas, aparelhos de ar condicionado. Art. 93 do CC.

BENFEITORIAS - são obras artificiais, realizadas pelo homem, na estrutura da coisa principal - já existente - com o propósito de conservá-la, melhorá-la ou embelezá-la. Ex.: cercas, açudes, galpões etc. Art. 96 do CC.

São **necessárias** as benfeitorias realizadas para evitar um estrago iminente ou deterioração da coisa principal (reparos realizados na viga; troca do telhado). São **úteis** aquelas realizadas com o objetivo de facilitar a utilização da coisa (abertura de uma nova entrada para servir de garagem para a casa). São **voluptuárias** aquelas feitas para o mero prazer, sem aumento da utilidade da coisa (decoração do jardim). Art. 96, do CC.

O problema das benfeitorias é que sua natureza não é de fácil percepção. Uma piscina pode ser uma benfeitoria voluptuária em uma mansão; útil em uma escola ou necessária em uma escola de natação.

O possuidor de boa-fé pode levantar as benfeitorias voluptuárias (se houver condições, sem diminuir a coisa principal), e de ser indenizado pelas úteis e necessárias. Arts. 1.219 e 1.220 do CC.

5.1.3 Dos bens públicos e particulares

Referem-se à titularidade do domínio.

São **PARTICULARES** os bens que são da iniciativa privada, cuja disciplina interessa ao direito civil.

São **PÚBLICOS** os pertencentes à União, aos Estados ou aos Municípios (art. 98 do CC).

- Bens de uso comum do povo: bens públicos cuja utilização não se submete a qualquer tipo de discriminação. São inalienáveis. O povo só tem direito de usar, mas não tem seu domínio. Ex.: praias, ruas, estradas, praças.
- Bens de uso especial: bens públicos cuja fruição, por título especial, e na forma da lei é atribuída à determinada pessoa. Normalmente destinam-se à prestação/execução de serviços públicos (repartições públicas, secretarias, escolas etc.). São utilizados exclusivamente pelo Poder Público.
- Bens dominicais: constituem-se do patrimônio das pessoas jurídicas de direito público, como objeto de direito pessoal ou real de cada entidade. O Poder Público é o proprietário. Ex.: terras devolutas, estradas de ferro, fazendas pertencentes ao Estado etc. Caso não estejam afetados à finalidade pública, poderão ser alienados (compra e venda, por exemplo).

5.1.4 Do bem de família

O direito à moradia é um direito fundamental social, garantido constitucionalmente pelo art. 6º da CF. A instituição de bem de família visa protege-la, assegurando o seu direito à moradia. Depois de instituído, o bem torna-se impenhorável por dívidas posteriores a sua constituição, salvo as relativas aos impostos devidos pelo próprio prédio (IPTU e ITR, p. ex.).

Existem duas espécies de bem de família: ***voluntário*** (decorre da vontade do instituidor, devendo obedecer a certos requisitos) e o ***legal*** (independe da vontade do instituidor, de forma que a lei torna impenhorável o imóvel simplesmente pelo fato de o devedor residir nele).

a) Convencional/voluntário

A instituição do bem de família voluntário pode ser feita pelo proprietário ou pela entidade familiar (art. 1.711 do CC). Uma vez que seja instituído um imóvel como bem de família, este não responde mais por dívidas futuras, mas pelas pretéritas, pois a impenhorabilidade não possui efeito retroativo (1.715 do CC).

O bem de família poderá ser instituído pelos cônjuges, companheiros, integrante-chefe da família monoparental ou por terceiro, por ato *inter vivos* ou *causa mortis* (testamento), desde que ambos os cônjuges beneficiados ou membros da família contemplada aceitem expressamente a liberalidade (art. 1.711, par. ún.). Deve haver o assento no Registro de imóveis (art. 1.714), para que tenha oponibilidade *erga omnes*.

O bem de família pode ser constituído de prédio urbano ou rural, bem como suas pertenças (mobília), que a família destina para ser o abrigo ou domicílio familiar (art. 1.712).

Existem limites à instituição do bem de família: só pode usar um terço do patrimônio líquido do instituidor, existente ao tempo da instituição. Dessa forma, o proprietário, para poder instituir o bem de família, deve ter, no mínimo, três imóveis (art. 1.711). Trata-se de uma medida legal protetiva dos credores, ante a possibilidade de má-fé do instituidor. Além disto, apenas pessoas mais abastadas podem se utilizar deste instrumento, tornando-o de pouco uso.

Essa isenção dura enquanto viverem os cônjuges (ou companheiros) ou enquanto os filhos forem menores de idade. Somente depois de finda a cláusula é que o bem ficará sujeito ao pagamento dos credores e o prédio será levado a inventário. Ademais, deve ser lembrado que o bem não fica isento de responsabilidade quanto aos débitos de condomínio e IPTU, por exemplo.

REQUISITOS:

- institui-se por Escritura Pública.
- não ultrapassar um terço do patrimônio.
- constitui-se por registro no Cartório de Registro de Imóveis.
- se na família existirem menores ou incapazes (interditos), não pode ser eliminada a cláusula que institui o bem de família, salvo se houver sub-rogação (art. 1.719).

Só pode haver alienação do prédio no qual foi instituído o bem de família se houver a concordância do interessado (instituidor ou filhos menores) e ouvido o Ministério Público (art. 1.717). No caso de falecerem os cônjuges e deixarem filhos menores, o tutor é que será responsável por gerir o bem de família. Se houver necessidade de vendê-lo, poderá fazê-lo desde que com autorização judicial e ouvido o Ministério Público.

Se restar comprovada a impossibilidade de manter o bem de família, por exemplo, para pagar despesas com UTI, poderá haver requerimento ao juiz que extinga o bem de família, ouvido o Ministério Público e o interessado (instituidor ou filhos menores). Neste caso, poderá haver a sub-rogação de outro bem no lugar, quando ficará gravado como bem de família ou o produto da venda será depositado judicialmente, sendo o valor liberado para o pagamento da UTI, por exemplo (art. 1.719).

A administração do bem de família caberá a ambos os cônjuges, em igualdade de condições (art. 1.720). Se eles falecerem, a administração passa ao filho mais velho ou ao seu tutor, se menor.

A cláusula de bem de família só poderá ser levantada por mandado judicial.

Só haverá a partilha quando for eliminada a cláusula que o institui, pela morte dos cônjuges e maioridade de todos os filhos, por exemplo.

b) Legal

A Lei nº 8.009/1990 institui o bem de família legal, impedindo a penhora do único bem imóvel rural ou urbano daquela, destinado à moradia permanente, excluindo casas na praia ou casas de campo. Tais bens não responderão pelos débitos contraídos pela entidade familiar. Contudo, se o devedor oferecer este bem à penhora, não poderá, depois, pleitear a exclusão.

O bem de família legal não responde por qualquer tipo de dívida (civil, comercial, fiscal, previdenciária ou qualquer natureza), conforme dispõe o art. 1º da Lei nº 8.009/1990, podendo ser oposta a impenhorabilidade em qualquer tempo ou grau de jurisdição. A Lei nº 13.144/2015 alterou o art. 3º, III, da Lei nº 8.009/1990, de forma que pode ocorrer a penhora do bem de família para pagamento de débito alimentar, resguardado o direito do coproprietário (art. 843 do CPC). Com relação ao bem de família do fiador, o art. 3º, VII, da Lei nº 8.009/19090 e a Súm. nº 549 do STJ estabelecem como legítima a penhora deste imóvel, em casos de obrigação decorrente de fiança concedida em contrato de locação. Contudo, em 2018, o STF, em julgamento, afastou a penhora de bem de família do fiador na locação comercial.

Para que essa impenhorabilidade seja reconhecida, o único imóvel do devedor deve estar sendo habitado por ele e sua família. PODE ESTAR LOCADO, mas a renda deve reverter para a subsistência da família. Neste sentido, é a Súm. nº 486 do STJ: "É impenhorável o único imóvel residencial do devedor que esteja locado a terceiros, desde que a renda obtida com a locação seja revertida para a subsistência ou a moradia da sua família".

O fato de o devedor possuir mais bens não impede que seja declarada a impenhorabilidade sobre o imóvel de residência da família.

6. FATOS JURÍDICOS

As relações jurídicas baseiam-se em fatos, atos e negócios jurídicos. Sendo assim, necessária, para que se compreenda o direito civil como um todo, a compreensão e diferenciação desses conceitos.

Fato é um acontecimento. É qualquer ocorrência que interesse ou não ao direito. Existem fatos que não importam ao meio jurídico. Só se considera fato jurídico aquele acontecimento que produz efeitos jurídicos. Considera-se ***fato jurídico em sentido amplo*** todo acontecimento, natural ou humano, que gere efeitos constitutivos, modificativos ou extintivos de obrigações no âmbito do direito. Estes são relevantes para o campo do direito. Então, o fato, para ser jurídico, deve passar por um juízo de valoração, ou seja, deve provocar a aquisição, perda ou modificação de um direito.

Fato jurídico em sentido estrito é o acontecimento da ***natureza*** ou natural que gere efeitos jurídicos. Nem todos os fatos naturais serão considerados fatos jurídicos em sentido estrito. Apenas os que gerarem efeitos jurídicos.

Os fatos jurídicos em sentido estrito podem ser:

a) ***Ordinários***: fatos de ocorrência comum: nascimento, morte, decurso do tempo.

b) ***Extraordinários***: são imprevisíveis: terremoto, enchente.

Considera-se ***ato jurídico*** o acontecimento (fato) que dependa da ação humana. O principal ato jurídico que importa para o estudo do direito civil é aquele derivado da relação negocial: o ***negócio jurídico.***

7. NEGÓCIO JURÍDICO

O negócio jurídico envolve uma declaração de vontade que objetiva a produção de certos efeitos jurídicos admitidos pela lei. Essa declaração de vontade baseia-se na autonomia privada, na função social e na boa-fé objetiva.

Muitas vezes, o contrato necessita de interpretação em razão de uma redação obscura e ambígua. Interpretar é dar sentido para a declaração de vontade, ou seja, busca-se a real vontade das partes (art. 112 do CC). Significa dizer que a noção de que a manifestação da vontade é o elemento mais importante na interpretação dos negócios jurídicos, inclusive, sendo superior à forma. Leva-se em conta, então, a boa-fé objetiva na interpretação de qualquer negócio jurídico (art. 113 do CC). Deve-se presumir que os contratantes agiram de boa-fé. A má-fé deve ser provada. Além disto, prescreve o art. 114 do CC que os negócios benéficos e a renúncia devem ser interpretados estritamente. Benéficos ou gratuitos são os que envolvem uma liberalidade: doação, por exemplo.

7.1 PLANOS DE EXISTÊNCIA, VALIDADE E EFICÁCIA DO NEGÓCIO JURÍDICO

O negócio jurídico deve ser analisado sob três planos: existência, validade e eficácia (tricotomia existência-validade-eficácia ou "escala/escada ponteana").

a) ***Existência:*** o negócio jurídico, para ser considerado como tal, deve cumprir certos requisitos mínimos. Os ***elementos*** estruturais estão presentes. São o suporte fático do negócio jurídico. Existem apenas substantivos, sem qualquer qualificação. Esses substantivos são: partes (ou agentes), vontade, objeto e forma. Na falta de algum desses elementos estruturais ou pressupostos, o negócio é inexistente.

b) ***Validade:*** o fato de existir não significa que seja considerado perfeito, ou seja, com condições legais para produzir efeitos. Uma vez que o negócio seja existente, deve-se analisar se está perfeito ou se contém algum vício ou defeito inviabilizante. Os ***requisitos*** devem estar presentes. Na escala da validade, os substantivos são qualificados, ou seja, ganham adjetivos: partes ou agentes capazes; vontade livre e não viciada; objeto lícito, possível, determinado ou determinável; forma prescrita ou não defesa em lei (art. 104 do CC).

c) ***Eficácia:*** o fato de existir e ser válido não significa que esteja apto a produzir efeitos imediatos, pois a produção destes pode estar limitada por elementos acidentais. O negócio pode produzir efeitos só a partir do momento em que for implementada uma condição. São os efeitos gerados entre as partes e em relação a terceiros.

Para que um negócio jurídico seja válido, precisa existir. Para que produza efeitos, precisa ser válido. Contudo, nem sempre isto ocorre, pois pode acontecer de um negócio ser existente, inválido e eficaz. Então, antes de se analisar cada um dos planos, deve-se destacar que um negócio jurídico pode ser:

a) existente, válido e eficaz. Ex.: casamento – capazes, sem impedimentos, realizado por autoridade competente.

b) existente, válido e ineficaz. Ex.: testamento de pessoa capaz, formalmente legal, antes da morte do testador. Ex.: contrato celebrado sob condição suspensiva e que não esteja, ainda, gerando efeitos jurídicos e práticos.

c) existente, inválido e eficaz. Ex.: casamento putativo – negócio jurídico anulável, antes da decretação da anulabilidade. Da celebração até a anulação produz todos os efeitos.

d) existente, inválido e ineficaz. Ex.: doação feita pessoalmente por pessoas absolutamente incapazes (menores de 16 anos).

e) existente e eficaz. Ex.: nascimento com vida, pintura, dano causado a bem alheio.
f) inexistente. Neste caso, não se analisa os demais planos, pois todos dependem da existência do negócio jurídico. Ex.: casamento celebrado sem a manifestação da vontade.

7.1.1 Plano da existência do negócio jurídico

O negócio jurídico, para que seja válido e eficaz, precisa existir. Para tanto, alguns requisitos (ou elementos essenciais ou elementos constitutivos) precisam estar presentes. Se não estiverem, o negócio não existe e, portanto, sequer se questiona ser válido e eficaz.

Mas quais seriam, então, os elementos constitutivos ou essenciais dos negócios jurídicos? Sãos os seguintes: a) agente emissor da vontade; b) manifestação (ou declaração) da vontade; c) objeto; d) forma.

a) Agente emissor da vontade

Para que exista um negócio jurídico, deve haver um agente, ou seja, um sujeito. Sem ele, não há ato, mas tão somente um fato jurídico em sentido estrito. A participação do sujeito é indispensável para a configuração/existência do negócio jurídico.

b) Manifestação (ou declaração) da vontade

A vontade é pressuposto do negócio jurídico. Essa vontade deve ser exteriorizada para que o negócio exista.

A vontade é um elemento subjetivo, que se configura por meio de uma declaração.

Princípio da autonomia da vontade. Em razão deste princípio, as pessoas têm liberdade de celebrar negócios jurídicos de acordo com a lei. Contudo, esse princípio tem limitações em razão da **supremacia da ordem pública**, ou seja, situações em que, em nome da ordem pública e do interesse social, o Estado interfere na manifestação da vontade da pessoa, especialmente para evitar que o indivíduo seja economicamente oprimido pelo mais forte.

Princípio da obrigatoriedade dos contratos (pacta sunt servanda). Segundo este princípio, uma vez manifestada a vontade, esta torna-se de obrigatório cumprimento e faz lei entre as partes. Trata-se de uma forma de estabelecer segurança aos negócios. A este princípio (pacta sunt servanda) opõe-se o princípio da **revisão dos contratos** ou da **onerosidade excessiva**, que se baseiam na cláusula **rebus sic stantibus** e na teoria da imprevisão. Estes princípios autorizam o Judiciário a revisar contratos em casos extraordinários e em razão da ocorrência de fatos imprevisíveis.

A manifestação da vontade pode ser: expressa, tácita ou presumida.

a) **Expressa.** A manifestação expressa é a manifestada por meio da palavra falada ou escrita ou, ainda, de gestos, sinais ou mímicas. Significa dizer que é manifestada de forma expressa, possibilitando o conhecimento imediato da intenção do agente. Ex.: contratos verbais ou expressos, emissão de título de crédito etc.

b) **Tácita.** Verifica-se pelo comportamento do agente, ou seja, deduz-se da conduta do indivíduo sua intenção. Ex.: aceitação da herança mediante uma cessão de direitos hereditários. Contudo, nos contratos, a manifestação tácita só é admitida quando a lei não exigir forma expressa.

c) **Presumida.** É estabelecida pela lei. Quando a lei deduz a manifestação por meio de certos comportamentos do agente. Ex.: aceitação presumida da herança (a lei determina que, caso o herdeiro não se manifeste dentro de certo tempo – 30 dias –, entender-se-á pela aceitação da herança).

As declarações de vontade devem ser **receptícias**, ou seja, as que se dirigem a uma pessoa determinada, com o objetivo de levar ao conhecimento do agente a intenção do declarante, sob pena de ineficácia. Só tem eficácia se o outro tiver conhecimento. Ex.: revogação de mandato. Declarações **não receptícias** são as que se efetivam independentemente do conhecimento do destinatário. Ex.: promessa de recompensa, revogação do testamento etc.

Silêncio como manifestação da vontade. Em geral, quem cala não diz coisa nenhuma. O silêncio nada significa, por ausência de manifestação da vontade. Excepcionalmente, admite-se o silêncio como manifestação da vontade (art. 111 do CC): "O silêncio importa anuência, quando as circunstâncias ou os usos o autorizarem, e não for necessária a declaração de vontade expressa". Assim, admite-se o silêncio como manifestação da vontade quando a lei autorizar. Ex.: doação, quando o doador fixa prazo para o donatário se manifestar. Caso não se manifeste dentro do prazo, entende-se pela aceitação (art. 539 do CC).

Reserva mental. Situações em que um dos declarantes oculta sua verdadeira intenção, ou seja, quando não quer um efeito jurídico que declara querer. Trata-se de uma enganação ao outro contratante. Se o outro declarante, no entanto, não souber da reserva, o ato subsiste e produz efeitos que o declarante não desejava.

Art. 110 do CC: "A manifestação de vontade subsiste ainda que o seu autor haja feito a reserva mental de não querer o que manifestou, salvo se dela o destinatário tinha conhecimento". A reserva mental desconhecida do outro contratante não importa para o direito, pois a vontade produzirá todos os efeitos. Ex.: promessa de emprestar dinheiro a amigo que pretende se matar em razão de dívidas.

c) Objeto

Todo negócio pressupõe a existência de um objeto.

Se o contrato é de mútuo, o objeto deve ser coisa fungível (coisa que pode ser substituída por outra). Se for contrato de comodato, a coisa deve ser infungível (não pode ser substituída). Para a constituição de uma hipoteca, deve ser um imóvel a garantia.

d) Forma

Forma é o meio pelo qual a declaração de vontade é exteriorizada, ou seja, se oral, escrita, silêncio, sinais etc. A vontade sempre deve ser manifestada de alguma forma.

Não se deve confundir a forma (elemento existencial) com a forma legalmente prescrita (pressuposto de validade). Ex.: João compra 30 ha de terras de Pedro. Paga a quantia e recebe de Pedro um recibo. Não fazem escritura pública de compra e venda. Neste caso, apesar de não ser válido o negócio jurídico por não se revestir da formalidade legal, é necessário reconhecer que o ato negocial de compra e venda existiu, pois Pedro, inclusive, passou recibo. Neste caso temos os elementos existenciais: manifestação da vontade (vender e comprar), agentes (sujeitos de direitos), objeto (bem imóvel) e forma (escrita).

7.1.2 Plano da validade do negócio jurídico

Uma vez que o plano da existência esteja completo, deve-se verificar o plano da validade. Os pressupostos de validade (ou a inexistência deles) conduzem às causas de nulidade e anulabilidade.

O art. 104 do CC prevê os requisitos ou pressupostos de validade dos negócios jurídicos: agente capaz; objeto lícito, possível, determinado ou determinável; forma prescrita ou não defesa em lei.

Gagliano e Pamplona Filho[1] adicionam um quarto pressuposto, que é a manifestação de vontade livre e de boa-fé. Além disto, defendem que o agente emissor da vontade deve ser capaz e legitimado para o negócio. Afirmam que, sabendo-se os elementos constitutivos do negócio jurídico, basta qualificá-los para que se reconheçam os pressupostos de validade. Pois bem, passa-se à análise de cada um deles.

a) Manifestação da vontade livre e de boa-fé

A manifestação da vontade deve ser livre e de boa-fé (não impregnada de malícia). Os vícios do negócio jurídico atacam a liberdade de manifestação da vontade ou a boa-fé, de forma que o ordenamento jurídico tende a reagir, anulando ou declarando nulos tais negócios.

b) Agente emissor da vontade capaz e legitimado para o negócio

O agente emissor da vontade deve ser ***capaz*** (pessoa física/natural plenamente capaz para prática dos atos da vida civil) e detentor de legitimidade para o negócio.

Os absolutamente incapazes devem ser representados e os relativamente incapazes, assistidos. Contudo, há negócios que o relativamente incapaz

1 GAGLIANO, Pablo Stolze; PAMPLONA FILHO, Rodolfo. *Novo curso de direito civil*: parte geral. 18. ed. São Paulo: Saraiva, 2016, vol. 1, p. 406.

pode celebrar: fazer testamento, aceitar mandato e ser testemunha. O negócio celebrado pelo absolutamente incapaz sem a devida representação é nulo (art. 166, I, do CC). O negócio celebrado pelo relativamente incapaz sem a devida assistência é anulável (art. 171, I, do CC).

Além da capacidade, o agente deve ser ***legitimado***. Assim, embora plenamente capaz, não podem dois irmãos contraírem matrimônio entre si. Também não podem suceder aquele que tiver sido excluído da sucessão. A pessoa maior e casada também não pode vender imóvel sem a outorga conjugal. Tudo isto indica a falta de legitimidade destas pessoas.

c) Objeto lícito, possível, determinado ou determinável

Objeto lícito é aquele que não é proibido pelo direito e pela moral. Ex.: contrato de prestação de serviços advocatícios. É ilícito, contudo, um contrato de prestação de serviços para o cometimento de um crime. Também é ilícito o contrato de prestação de serviços sexuais, com a cobrança judicial pelo inadimplemento da prestação pecuniária, em razão da imoralidade do objeto. Também é ilícita a compra e venda de uma praça (bem de uso comum do povo).

Objeto fisicamente possível é aquele naturalmente possível de se realizar. Significa dizer que o objeto é impossível quando o contrato visa a compra e venda de um imóvel na lua.

Objeto determinável ou determinado, ou seja, deve haver a descrição mínima do objeto, individualizações que permitam caracterizar o objeto. Ex.: compra e venda do bem x (determinado) ou compra e venda de x soja (determinável).

d) Forma adequada

Por fim, o negócio deve ser revestido da forma prescrita ou não proibida pela lei. Em geral, os negócios não dependem de forma especial, de maneira que o direito brasileiro adota a liberdade das formas (art. 107 do CC). Contudo, existem situações em que a lei prevê certas formalidades e, para a validade do negócio, estas deverão ser obedecidas.

7.1.3 Plano da eficácia do negócio jurídico

Analisados os planos da existência e da validade, necessário se faz considerar sobre a eficácia do negócio jurídico, ou seja, a capacidade dos negócios jurídicos gerarem efeitos. A produção de efeitos pode ser imediata ou depender dos chamados "elementos acidentais do negócio jurídico", que são: condição, termo e modo ou encargo. Nestas situações, a produção de efeitos do negócio só se perfectibiliza com a ocorrência do elemento acidental.

a) Condição

É um elemento acidental que consiste em um evento futuro e incerto, por meio do qual, subordina-se ou resolve a produção de efeitos jurídicos. A condição é caracterizada pela incerteza e futuridade. Art. 121 do CC.

As condições podem ser suspensivas ou resolutivas.

Condição suspensiva: Subordina o início da produção de efeitos à ocorrência de fato futuro e incerto (art. 125 do CC). Enquanto estes fatos não se verificarem, não produz efeitos o negócio jurídico.

Condição resolutiva: Neste caso, enquanto não se realizar a condição, vigorará o negócio jurídico. Assim que se operar a condição, ocorrerá a conclusão do negócio, extinguindo-se o direito (art. 127 do CC).

As condições devem ser **lícitas**, pois as ilícitas invalidam o negócio jurídico, eivando-o de nulidade absoluta (arts. 123, II, e 166, VII, do CC).

b) Termo

O termo é caracterizado pela ocorrência de acontecimento futuro, porém, certo. As características são, então, a certeza e a futuridade.

O termo pode ser inicial (data de início da produção de efeitos) ou final (data de término da produção de efeitos).

Mesmo quando se tem termo inicial, apesar da exigibilidade do negócio ser só a partir da data acordada, já há a aquisição de direitos (art. 131 do CC). A exigibilidade está suspensa até a ocorrência do termo inicial, mas os direitos e deveres decorrentes do ato são adquiridos de imediato.

Quando no negócio jurídico não houver a fixação de prazo, entende-se exigível de imediato (art. 134 do CC).

c) Modo ou encargo

O encargo é uma determinação acessória ao negócio jurídico principal, que impõe um dever ou ônus ao beneficiário, que deverá cumpri-lo em prol de uma liberalidade maior. Trata-se de uma espécie de restrição imposta ao beneficiário no momento da liberalidade, ou um "*peso* atrelado *a uma vantagem*".[2] Ex.: doação de um terreno com o encargo de cuidar do doador.

O encargo não suspende a aquisição ou o exercício do direito, salvo se o encargo for condição suspensiva (art. 136 do CC).

Identifica-se o encargo pelas expressões "com a obrigação de", "com o encargo de", "para que".

Se o encargo não for cumprido, não há a invalidação do negócio jurídico. O que ocorre é que poderá ser cobrado judicialmente este encargo ou, então, poderá ser revogado o negócio, como no caso da doação (art. 562 do CC) ou do legado (art. 1.938 do CC).

7.2 REPRESENTAÇÃO

A manifestação da vontade pode se dar por si próprio ou por representante. O Código Civil disciplina a representação nos arts. 115 a 120. Assim, a manifestação da vontade por meio da representação produz todos os efeitos.

---

2 GAGLIANO, Pablo Stolze; PAMPLONA FILHO, Rodolfo. *Novo curso de direito civil*: parte geral. 18. ed. São Paulo: Saraiva, 2016, vol. 1, p. 493.

Se o negócio jurídico é praticado por representação, quem o pratica é o representante, que o faz em nome do representado.

Assim, representação é a atuação jurídica em nome de outra pessoa, que pode ocorrer em razão da vontade ou da lei.

7.2.1 Espécies de representação

A representação pode ser legal (pais, tutores, curadores, administradores, síndicos) ou convencional/voluntária (em razão de mandato).

a) **Legal:** trata-se de um múnus. O representante exerce uma atividade obrigatória, determinada pela lei. Institui-se em razão da necessidade de se atribuir a alguém a função de cuidar dos interesses de pessoas incapazes. Supre a falta de capacidade do representado. Tem caráter personalíssimo. Não pode ser delegado seu exercício. Não pode ser revogada pelo representado. Também pode ocorrer em caso de pessoas capazes: sindicatos, para a celebração de acordos coletivos; síndico de condomínio; inventariante etc.

b) **Voluntária:** trata-se de uma espécie de cooperação, em que alguém nomeia outrem como seu representante, a fim de atuar em seu nome. Perfectibiliza-se por meio de acordo de vontades, representado pela procuração, que é instrumento do mandato – art. 653. Por meio dela, uma pessoa investe outra de poderes para agir em seu nome. Pode ser revogada a qualquer tempo pelo representado. A procuração deve ser feita por instrumento público ou particular, assinado pelo mandante (art. 654).

7.2.2 Espécies de representantes

O representante deve ter capacidade de fato para praticar atos em nome do representado. O maior de 16 anos pode ser mandatário, mas o mandante só pode reclamar contra menor na medida do seu enriquecimento (art. 666 do CC).

Representante legal é o que decorre da lei. Pais que administram os interesses dos filhos menores de idade, por exemplo (art. 115 do CC).

Representante judicial é o nomeado pelo juiz para representar no processo. Ex.: inventariante.

Representante convencional é o que recebe mandato, com poderes para atuar em nome de outrem. Ex.: advogado, procurador para compra e venda etc.

7.2.3 Regras da representação

O mandato leva à substituição de uma pessoa por outra na realização de negócios jurídicos. Nestes casos, o que for assumido pelo representante deve ser cumprido pelo representado (arts. 116 e 675 do CC). Ex.: se João outorgou procuração para Carlos vender o imóvel "X" e este o fez, João deverá cumprir com o contrato de compra e venda. Pode ocorrer, contudo, que, se o mandatário não observar as instruções do mandante (quanto ao preço, por exemplo), o mandante terá direito à ação cobrando as perdas e danos. Assim, o representante deve provar às pessoas com quem contrata sua qualidade e extensão de seus poderes, sob pena de responder pelos atos que praticar excedendo tais poderes (art. 118 do CC).

a) Os efeitos do negócio jurídico praticado pelo representante se produzem entre o representado e a outra parte.
b) O representante é estranho ao negócio jurídico.
c) O representante deve assumir obrigações dentro dos limites permitidos pelo mandato.
d) Quem deve cumprir com as obrigações é o representado (salvo se o representante assumiu responsabilidades não autorizadas pelo mandato).
e) Se o representante praticou negócio em conflito de interesses com o representado e o terceiro com quem negociou sabia de tal fato, há prazo de 180 dias para anulação do negócio (art. 119, par. ún. do CC). Se, contudo, estiver de boa-fé o terceiro, não haverá anulação.

7.2.4 Autocontratação

Podem ocorrer situações em que o representante seja a outra parte no negócio jurídico. Isto se chama autocontratação. Para que isto seja lícito e possível, deverá haver a previsão no mandato desta cláusula (mandato em causa própria). Ex.: "podendo alienar tal bem a terceiro ou a si próprio".

Neste sentido, o art. 117 do CC determina que a autocontratação deve estar prevista no instrumento de mandato.

7.3 DEFEITOS DO NEGÓCIO JURÍDICO

A manifestação da vontade, nos negócios jurídicos, deve ser livre e de boa-fé. Os negócios jurídicos podem, contudo, sofrer com vícios de consentimento, ou seja, aqueles que impedem que a vontade seja manifestada de forma pura e de boa-fé. Estes vícios atingem o segundo degrau da "escala/escada ponteana", ou seja, o plano da validade, pois maculam a manifestação da vontade. E, ainda, com vícios sociais, que são a simulação e a fraude contra credores.

Vícios de consentimento: erro, dolo, coação, lesão, estado de perigo.

Vícios sociais: simulação e fraude contra credores.

a) Erro ou ignorância

O erro é uma falsa representação da realidade. Trata-se de um engano fático, ou uma falsa noção sobre a pessoa, objeto do negócio ou a um direito. Significa dizer que o agente atua de modo que não seria sua vontade, se conhecesse a verdade. Ex.: homem que reconhece o filho da esposa, acreditando ser seu (se soubesse que o filho não era seu, não o reconheceria).

Para que o erro seja passível de anulação, deve ser **essencial** (substancial, que incide sobre a essência do ato praticado) e **escusável** (perdoável) (art. 138 do CC).

Neste aspecto, o art. 139 do CC enumera as hipóteses de erro substancial. Tanto no erro quanto na ignorância, a pessoa engana-se sozinha, de forma que o erro pode incidir, então, sobre:

a) A ***natureza do negócio*** = art. 139, I, do CC. Ocorre quando se troca a natureza do negócio, modificando-se uma causa jurídica por outra. Ex.: comodato com doação.

b) A ***identidade da pessoa*** = art. 139, II, do CC. O que diz respeito à qualidade ou às características de determinada pessoa. Ex.: erro essencial sobre a pessoa do outro cônjuge (arts. 1.556 e 1.557 do CC).

c) A ***identidade do objeto*** = art. 139, I, do CC. Quando se declara querer comprar o cavalo "X" e acaba levando o cavalo "y", sem querer.

d) A **essência do objeto** = art. 139, I, do CC. Erro sobre as propriedades essenciais do objeto. Erro quanto à qualidade. Ex.: compra um anel, imaginando ser de ouro, não sabendo que se trata de cobre. Ex.: comprar bijuteria em vez de ouro. Ex.: comprar um modelo intermediário achando tratar-se de um luxuoso.

Admite-se, ainda, o **erro de direito**, desde que não traduza oposição ou recusa à aplicação da lei, o que não se confunde com ignorância da lei. Ex.: alguém que contratou a compra de um imóvel para construção de sua residência, sem saber que foi, recentemente, proibida por lei a construção residencial naquela região. Neste caso, deve-se admitir o erro de direito e permitir a anulação do contrato.

O **prazo** para buscar a anulação do negócio jurídico eivado de erro é de quatros anos, a contar da celebração do negócio, nos termos do art. 178, II, do CC.

b) Dolo

O dolo é erro provocado por terceiro e não pelo sujeito enganado. Trata-se de um artifício malicioso pelo qual uma das partes, visando prejudicar o outro, induz-lhe a celebração de negócio jurídico que não praticaria se soubesse do artifício.

O dolo deve ser provado por quem alega, independendo de prova de efetivo prejuízo para sua caracterização, ou seja, basta que indivíduo tenha sido induzido a efetuar negócio jurídico.

O **dolo de terceiro** também tem o condão de anular o negócio jurídico (art. 148 do CC). Neste sentido, se o terceiro, a quem beneficia o negócio jurídico, tinha conhecimento, haverá dolo essencial e anulará o negócio. Não havendo conhecimento, o dolo é acidental, respondendo, então, o terceiro por perdas e danos da parte a quem ludibriou.

O art. 149 do CC trata do ***dolo do representante da parte***, de forma que o dolo do ***representante legal*** obriga o representado a responder civilmente até a importância do proveito que teve. Se o dolo for do ***representante convencional***, caberá a ambos (representante e representado) a obrigatoriedade de devolver aquilo que indevidamente receberam e, ainda, responderão solidariamente por perdas e danos. Se o representante atuou extrapolando os poderes do mandato, neste caso, a responsabilidade será apenas sua.

Quanto à conduta das partes, o dolo pode ser:

- **Dolo positivo (ou comissivo)** – dolo praticado por ação. Ex.: publicidade enganosa por ação. Vendo carro completo: ar-condicionado, direção hidráulica, pneus zero. Após a aquisição, o comprador verifica que não tem ar-condicionado e os pneus estão carecas.
- **Dolo negativo (ou omissivo)** – praticado por omissão. Ex.: venda de apartamento decorado, em que não se revela ao comprador que os móveis são feitos sob medida, induzindo-o a erro. Art. 147 do CC. O prejudicado deve provar que se soubesse não celebraria o negócio.
- **Dolo recíproco (ou bilateral)** – ambas as partes agem dolosamente, um tentando prejudicar o outro. Em geral, há compensação dos dolos, não havendo a anulação do negócio jurídico. Art.150 do CC.

c) Coação

A coação é uma pressão física ou moral exercida sobre o negociante, obrigando-o a assumir uma obrigação que não quer. Segundo o art. 151 do CC, para que a coação seja capaz de invalidar o negócio jurídico, deverá ser relevante, fundada em temor de dano iminente e considerável ao paciente, seus familiares ou seus bens.

A análise da coação deve ocorrer caso a caso, pois idade, sexo e condição do paciente influenciam na configuração ou não deste defeito do negócio jurídico. Art. 152 do CC.

O prazo para pleitear a anulação é de quatro anos, a contar de quando cessar a coação (art. 178, I, do CC).

O art. 154 do CC prevê que a coação praticada por terceiro também gera a anulabilidade do negócio jurídico, se o beneficiado pela coação dela tinha conhecimento. Permanece válido, se o beneficiado não tinha conhecimento da coação (art. 155 do CC).

O art. 153 do CC, por sua vez, prevê situações que não configuram coação. Assim, não constitui coação:

a) A ameaça relacionada com o exercício regular de um direito reconhecido. Ex.: ameaça de protesto de um título em cartório.
b) Mero temor reverencial ou receio de desagradar de pessoa queria ou a quem se deve obediência. Ex.: casar-se com alguém com medo de desapontar seu pai.

d) Estado de perigo

Configura-se o estado de perigo quando alguém, **premido da necessidade de salvar-se**, ou a pessoa de sua família, de **grave dano conhecido pela outra parte**, assume obrigação excessivamente onerosa (art. 156). Nestes casos, o negociante, temeroso por sua vida ou de alguém próximo a si, efetua o negócio, mediante uma prestação exorbitante. Está presente, neste caso, a onerosidade excessiva (elemento objetivo). Para que esteja presente o defeito, a outra parte deve ter conhecimento da situação de risco que atinge o primeiro (elemento subjetivo).

Trata-se de ato anulável (art. 171, II + art. 178, II, do CC), que pode ser pleiteado em quatro anos, a contar da celebração.

e) Lesão

A lesão está prevista no art. 157 e pode ser conceituada como o prejuízo resultante da **desproporção entre as prestações** de um contrato celebrado em razão da **premente necessidade** (necessitar ou precisar de algo) **ou inexperiência de uma das partes**.

Segundo o § 2º do art. 157, não haverá anulação do negócio se as partes fizerem acerto e houver um aumento da prestação ou diminuição do preço, conforme o caso de onerosidade excessiva.

f) Fraude contra credores

É um vício social que se configura na:

> atuação maliciosa do devedor, em estado de insolvência ou na iminência de assim tornar-se, ou dispõe de maneira gratuita ou onerosa o seu patrimônio, para afastar a possibilidade de responderem os seus bens por obrigações assumidas em momento anterior à transmissão.[3]

Configura-se, assim, o vício social que pode levar à anulação do negócio jurídico (art. 158 do CC), desde que proposta ação anulatória, pelo credor, no prazo de quatro anos, a contar da celebração do negócio fraudulento (art. 178, II, do CC). Essa ação é denominada ação revocatória ou ação pauliana. Somente os credores que já o eram no momento da disposição fraudulenta terão legitimidade para propor a ação pauliana (art. 158, § 2º, do CC). No polo passivo, devem figurar o devedor fraudulento e o terceiro que haja atuado de má-fé (art. 161 do CC).

3 TARTUCE, Flávio. *Direito civil*: lei de introdução e parte geral. 12. ed. Rio de Janeiro: Forense, 2016, vol. 1, p. 406.

Os fundamentos da ação pauliana são:

a) Negócios de transmissão gratuita de bens – art. 158 do CC (doação);
b) Remissão de dívidas – art. 158 do CC (devedor insolvente perdoa dívida de terceiro);
c) Contratos onerosos do devedor insolvente:
    1) Quando a insolvência for notória.
    2) Quando houver motivo para ser conhecida do outro contratante (a pessoa que adquire o bem do devedor é um parente próximo, que deveria presumir o seu estado de insolvência).
d) Antecipação de pagamento feita a um dos credores em detrimento dos demais – art. 162 do CC (neste caso, a ação é proposta também contra o beneficiário do pagamento da dívida não vencida, que deverá repor aquilo que recebeu);
e) Outorga de garantia de dívida dada a um dos credores, em detrimento dos demais – art. 163 do CC (presunção de fraude. Caso da constituição de hipoteca sobre bem do devedor insolvente, em benefício de um dos credores).

Anulado o negócio fraudulento, a vantagem resultante reverterá em proveito do acervo sobre que se tenha de efetuar o concurso de credores (art. 165 do CC).

Na fraude contra credores, há um elemento objetivo, ou seja, a atuação prejudicial do devedor e de terceiro, bem como um elemento subjetivo, que se configura pela vontade e pela intenção de prejudicar os credores.

g) Simulação

É uma declaração enganosa que visa produzir efeito diverso daquele indicado. Há um desacordo entre a vontade declarada e a vontade real, e as duas partes negociantes estão mancomunadas e objetivam iludir a terceiros.

A simulação ***gera a nulidade*** do negócio praticado (é o único defeito do negócio que conduz à nulidade. Os demais são situações anuláveis). É o que prevê o art. 167 do CC.

A simulação pode ocorrer em três hipóteses, previstas no art. 167, § 1º, do CC. Trata-se de rol exemplificativo, podendo ocorrer outros casos de simulação sempre que houver uma disparidade entre a vontade manifestada e a oculta.

a) De negócios jurídicos que visem conferir ou transmitir direitos a pessoas diversas daquelas às quais realmente se conferem, ou transmitem (**simulação subjetiva**);
b) De negócios jurídicos que contiverem declaração, confissão, condição ou cláusula não verdadeira (**simulação objetiva**);

c) De negócios jurídicos cujos instrumentos particulares forem antedatados, ou pós-datados (**simulação objetiva**).

7.4 INVALIDADE DO NEGÓCIO JURÍDICO

A expressão invalidade é utilizada para definir o negócio que possui algum vício. A invalidade está no segundo degrau da "escala/escada ponteana." O negócio, que possui todos os requisitos de existência devidamente qualificados, é válido. Havendo algum vício, conduz à invalidade absoluta (nulidade) ou relativa (anulabilidade).

7.4.1 Nulidade

O art. 166 do CC estabelece as hipóteses de nulidade:

a) Negócio celebrado por absolutamente incapaz, sem representação (art. 3º do CC);
b) Objeto ilícito, impossível, indeterminado ou indeterminável;
c) Motivo determinante do negócio for ilícito (intenção das partes). O objeto em si não é ilícito, mas houve conluio entre as partes para alcançar fim ilegítimo ou criminoso (ex.: venda de automóvel para utilizar num sequestro; aluguel de casa para abertura de uma casa de prostituição – a venda e o aluguel não são ilícitos, mas o motivo determinante dela, sim);
d) Quando o negócio não obedecer à forma prevista na lei ou alguma solenidade exigida não for obedecida (incs. IV e V). Ex.: compra e venda de imóvel de valor superior a 30 salários mínimos celebrado por escritura particular (art. 108 do CC);
e) Negócio que tiver como objetivo fraudar a lei imperativa. Ex.: retrovenda cujo objetivo é dar aparência de legalidade a um contrato de mútuo em que foram cobrados juros abusivos;

> Trata-se de manobra engendrada pelo fraudador para violar dispositivo expresso de lei, objetivando esquivar-se de obrigação legal ou obter proveito ilícito. As legislações fiscal e trabalhista costumeiramente são atingidas por esta espécie de fraude, realizada sob diferentes formas.[4]

f) Quando a lei expressamente o declarar nulo ou proibir a prática, sem cominar sanção. Ex.: vedação de doação de todos os bens sem reserva de mínimo para sobrevivência do doador (art. 548 do CC). Ex.: é nulo o contrato que tenha por objeto herança de pessoa viva.

Além dessas hipóteses, também é nulo o negócio simulado, subsistindo, apenas o que se dissimulou (art. 167 do CC).

---

4 GAGLIANO, Pablo Stolze; PAMPLONA FILHO, Rodolfo. *Novo curso de direito civil*: parte geral. 18. ed. São Paulo: Saraiva, 2016, vol. 1, p. 463.

Procedimento da nulidade. Para a declaração da nulidade, é necessária a proposição de ação declaratória de nulidade. Esta ação é imprescritível, por envolver preceitos de ordem pública (art. 169 do CC).

As nulidades devem ser pronunciadas pelo juiz, quando conhecer do negócio ou de seus efeitos – declaradas de ofício (art. 168, par. ún.).

O art. 169 do CC prevê que a nulidade não pode ser confirmada pelas partes nem convalescida em razão do decurso do tempo (imprescritibilidade da ação declaratória de nulidade).

Em regra, a nulidade liquida totalmente o negócio jurídico. Contudo, prevê o art. 170 do CC que, se o negócio jurídico nulo contiver requisitos de outro, subsistirá este quando o fim a que visavam as partes permitir supor que o teriam querido se soubessem da nulidade. Assim, poderá o juiz fazer a conversão a este novo negócio, sem decretar a nulidade. Ex.: compra e venda de imóvel de valor superior a 30 salários mínimos, celebrado por escritura particular. É nulo o negócio, contudo, pode ser convertido em compromisso de compra e venda (que pode ser feito por escrito particular). Para que isto ocorra, o negócio nulo deve conter todos os requisitos daquele a ser convertido.

A sentença que declara a nulidade tem efeitos erga omnes (contra todos). Os efeitos declaratórios têm efeitos **ex tunc**, ou seja, retroagem ao momento da celebração do negócio. Contudo, os interesses de terceiros de boa-fé devem ser preservados.

7.4.2 Anulabilidade

A nulidade relativa ou anulabilidade envolve preceitos de ordem privada, de interesse das partes. As hipóteses de anulabilidade constam no art. 171 do CC:

a) Negócio celebrado por relativamente incapaz, sem a devida assistência (art. 4º do CC);
b) Existência de vício no negócio jurídico: erro, dolo, coação moral ou psicológica, lesão, estado de perigo ou fraude a credores;
c) Casos especificados pela lei como de anulabilidade. Ex.: venda de imóvel exige outorga conjugal (arts. 1.647 e 1.649). Se não houver tal outorga, o negócio jurídico celebrado é anulável.

Procedimento da anulabilidade. Para que um negócio seja anulado, deve haver a propositura de ação anulatória. Esta ação tem natureza constitutiva negativa, o que significa dizer que possui prazos decadenciais, os quais estão previstos nos arts. 178 (prazo decadencial de quatro anos, a contar, no caso da coação, do dia em que ela cessar; no de erro, dolo, fraude contra credores, estado de perigo ou lesão, do dia em que se realizou o negócio jurídico; no de atos de incapazes, do dia em que cessar a incapacidade) e 179 do CC (se a lei dispuser que determinado ato é anulável, sem estabelecer prazo para pleitear-se a anulação, será este de dois anos, a contar da data da conclusão do ato). Estes prazos, previstos nos arts. 178 e 179, valem para as partes celebrantes. Quanto à terceiros interessados (ou prejudicados) com o negócio celebrado, a contagem do prazo inicia-se da sua ciência.

Efeitos da anulabilidade. A anulabilidade não pode ser reconhecida de ofício pelo juiz. Deve ser alegada pelo interessado, por meio da ação de anulação (arts. 177 e 178 do CC). Também não cabe ao Ministério Público propor a ação.

O art. 172 do CC prevê que o negócio jurídico anulável pode ser confirmado (convalidado) pelas partes, salvo o direito de terceiro. Trata-se da valorização da boa-fé. A convalidação deve conter uma confirmação expressa do negócio jurídico, com manifestação expressa da vontade (art. 173 do CC). Se o negócio já tiver sido cumprido em parte pelo devedor, mesmo ciente do vício, há a dispensa da convalidação expressa (art. 174 do CC). Neste caso, trata-se de uma convalidação tácita. O art. 175 do CC prevê que, uma vez tendo sido confirmado o negócio, não há mais como revogar o negócio, não cabendo nenhum requerimento de anulação posterior.

O art. 176 do CC prevê que: "Quando a anulabilidade do ato resultar da falta de autorização de terceiro, será validado se este a der posteriormente". Assim, o negócio celebrado por menor púbere (16 a 18 anos) pode ser validado se houver autorização do pai ou tutor posteriormente.

O menor púbere (16 a 18 anos) não pode se valer da própria torpeza, beneficiando-se de ato malicioso. Assim, não cabe a alegação da idade para eximir-se da obrigação, quando, na celebração do negócio, omitiu a informação de ser relativamente incapaz. Neste caso, reputa-se válido o negócio (art. 180 do CC).

Além disto, o art. 181 do CC prevê que: "Ninguém pode reclamar o que, por uma obrigação anulada, pagou a um incapaz, se não provar que reverteu em proveito dele a importância paga". Em razão da vedação do enriquecimento sem causa, permite-se que, havendo prova de que o menor se beneficiou, a pessoa reveja o dinheiro pago.

A sentença anulatória produz efeitos *inter partes*. Os efeitos são *ex nunc* (não retroagem), ou seja, só produzem efeitos à sentença a partir do seu trânsito em julgado (art. 177 do CC). Contudo, há o desfazimento do negócio, voltando ao estado anterior. Ex.: casamento anulável (volta ao status de solteiro).

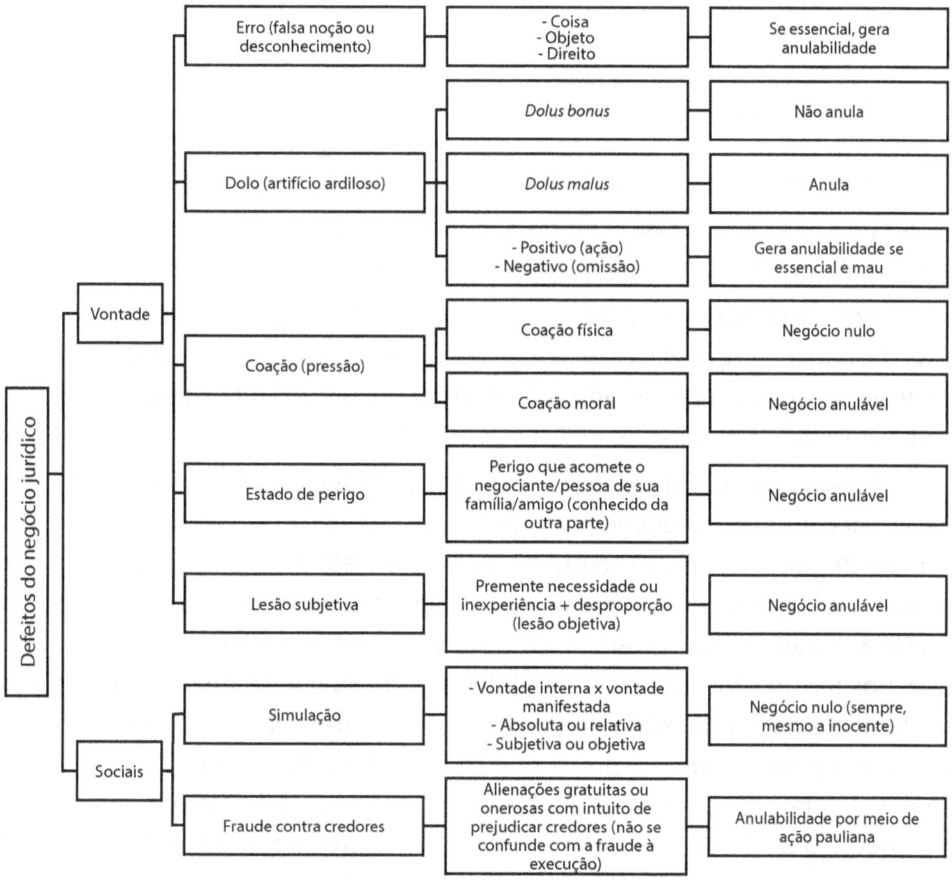

7.5 MEIOS DE PROVA PREVISTOS NO CÓDIGO CIVIL

O art. 212 do CC prevê as formas de provas (salvo casos em que a lei prever forma especial): confissão, documento, testemunha, presunção e perícia. Esse rol é exemplificativo, pois, existindo outras formas, elas não serão excluídas. O CPC/2015 dispõe sobre a possibilidade de serem empregados todos os meios legais e moralmente legítimos, mesmo não previstos na lei, como forma de provar seu direito (art. 369 do CPC/2015). Sendo assim, cabe, por exemplo, provas obtidas por meios eletrônicos (conversas de WhatsApp, perfil de Facebook, prints da internet).

Confissão. É ato pelo qual a parte, espontaneamente ou não, judicial ou extrajudicialmente, admite a verdade de um fato contrário ao seu interesse e favorável ao adversário. Não tem eficácia se provém de alguém que não tem capacidade de dispor do direito a que se referem os fatos confessados (arts. 213 do CC e 392, § 1º, do CPC/2015) ou feita por absolutamente incapaz. Não serve de prova a confissão de fatos relativos a direitos indisponíveis. Ex.: art. 1.600. Não basta o adultério da mulher, ainda que confessado, para ilidir a presunção legal da paternidade. A confissão é irrevogável e irretratável.

Contudo, poderá ser anulada se for produzida com base em erro ou coação (arts. 214 do CC e 393 do CPC/2015).

Documentos. Representam um fato, destinando-se a conservá-lo para prová-lo no futuro. Os documentos podem ser: públicos e particulares. O art. 215 do CC dispõe que a escritura pública é documento dotado de fé pública. Assim, não cabe provar com testemunhas, alegações contrárias à escritura, pois ela é documento fidedigno, em razão da fé pública do tabelião.

Testemunhas. São pessoas chamadas a depor sobre determinados fatos, visando à comprovação ou à elucidação deles. Em regra, qualquer pessoa pode ser testemunha. Contudo, não podem ser testemunhas as pessoas indicadas nos arts. 228 do CC e 447 do CPC/2015.

Presunção. É a dedução de um fato conhecido para demonstrar outro desconhecido. As presunções podem ser: **legais** (decorrentes da lei. Ex.: presunção de paternidade) ou **comuns** (que se baseiam no que ordinariamente ocorre, na experiência da vida. Ex.: presume-se que as dívidas do marido sejam contraídas em benefício da família). Neste aspecto, deve-se destacar que, nos termos dos arts. 231 e 232 do CC, aquele que se nega a submeter-se a exame médico necessário não poderá aproveitar-se de sua recusa, de forma que o juiz poderá suprir a prova que se pretendia obter com o exame a que se negou a fazer. Ex.: DNA x investigação de paternidade. No mesmo sentido é a previsão da Súm. nº 301 do STJ: "Em ação investigatória, a recusa do suposto pai a submeter-se ao exame de DNA induz presunção juris tantum de paternidade". As presunções podem ser: **absolutas** (que não admitem prova em contrário. Ex.: vulnerabilidade do consumidor) ou **relativas** (que admitem prova em contrário. Ex.: presunção de paternidade).

Perícia. É o exame ou vistoria. Exame é a apreciação de alguma coisa, por peritos, para auxiliar o juiz a formar sua convicção. Ex.: exame grafotécnico, exame de sangue. Vistoria é uma perícia restrita à inspeção ocular. É diligência frequente nas ações imobiliárias, possessórias ou demarcatórias. Também é prova pericial a avaliação, ou seja, atribuição de valor de mercado a algum bem.

8. ATO LÍCITO

São considerados lícitos os atos previstos/permitidos em lei, ou mesmo aqueles não vedados no ordenamento jurídico. É importante estabelecer, nesse ínterim, que os negócios não eivados de vícios são considerados válidos, especialmente porque a lei estabelece a possibilidade de celebração de atos e negócios permitidos e não proibidos. Art. 185 do CC.

9. ATO ILÍCITO

Nem todo ato jurídico é lícito, pois é possível que a pessoa atue em contrariedade ao direito, violando normas jurídicas e causando prejuízo a alguém. Nestas situações, tem-se os atos ilícitos. Assim, ato ilícito é todo ato praticado com infração ao dever legal de não lesar a outra pessoa.

São elementos componentes do ato ilícito:

a) Ação humana (positiva ou negativa);
b) Contrariedade ao direito ou ilicitude (violação de dever jurídico preexistente);
c) Prejuízo (material ou moral).

O ato ilícito é um só, mas pode atingir várias esferas do direito: civil, administrativo e penal. Ex.: um homem atravessa o sinal vermelho, bate o carro em outra pessoa, causando prejuízos financeiros (danos ao veículo) e danos físicos na pessoa que está no outro carro. Neste caso, as três esferas foram violadas. Haverá multa de trânsito, por passar o sinal vermelho; indenização por danos materiais, por ter estragado o carro; e privação da liberdade, em razão do crime cometido.

O ato ilícito é, portanto, um ato consciente e voluntário do ser humano que desobedece dever jurídico. O art. 186 do CC prevê que comete ato ilícito aquele que, por ação ou omissão voluntária, negligência ou imprudência, violar direito e causar dano a outrem, ainda que exclusivamente moral.

Sendo assim, havendo o dano, causado pelo ato ilícito, haverá a responsabilidade (arts. 927 e ss. do CC). Mas, para que exista a responsabilidade, deve haver a presença de três elementos:

a) Fato lesivo voluntário, causado pelo agente, por ação ou omissão voluntária, negligência ou imprudência;
b) Ocorrência de um dano patrimonial ou moral;
c) Nexo de causalidade entre o dano e o comportamento do agente.

10. PRESCRIÇÃO E DECADÊNCIA

O exercício de um direito não pode ficar pendente, indefinidamente, no tempo. O titular do direito deve exercê-lo dentro do prazo.

Sendo assim, com base na certeza e na segurança da ordem jurídica, surge a matéria da prescrição e da decadência, pois não é razoável que sejam estabelecidas relações jurídicas perpétuas capazes de obrigar, sem limitação temporal.

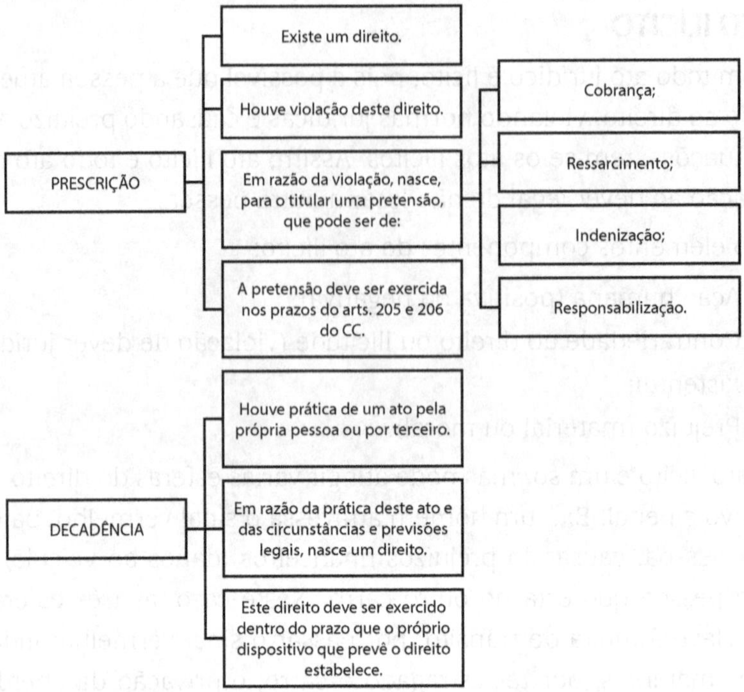

10.1 PRESCRIÇÃO

É a perda da **pretensão** de reparação do direito violado (reparação do dano, cobrança da dívida, ressarcimento de despesas etc.), em razão da inércia do titular, dentro do prazo previsto pela lei. Neste aspecto, o art. 189 do CC determina que, violado o direito, nasce a pretensão, para o titular, que se extingue, pela prescrição, nos prazos dos arts. 205 e 206 do CC. Assim, se o titular permanecer inerte, a pena será a perda da pretensão judicial de cobrança que teria. Na prescrição, o que ocorre é a extinção da pretensão, que se origina na violação de um direito.

Pretensões imprescritíveis - Apesar de a prescrição ser a regra, existem pretensões que são imprescritíveis (exceção), por exemplo, as que protegem os direitos da personalidade, ou o estado das pessoas.

Disposições gerais sobre prescrição - A prescrição é a perda ou extinção da pretensão, por se relacionar com um direito subjetivo. O prazo de prescrição inicia sua contagem do surgimento da pretensão - violação do direito subjetivo.

Renúncia da prescrição - Art. 191 - não cabe renúncia prévia da prescrição. Só é cabível quando esta já estiver consumada. Assim, são dois os requisitos para a validade da renúncia à prescrição: a) que já tenha sido consumada; b) que não prejudique terceiros (credores que poderão ser prejudicados com a renúncia da prescrição). A renúncia pode ser: a) Expressa - manifestação taxativa, inequívoca, escrita ou verbal, por parte do devedor, de que não pretende se utilizar da prescrição. b) Tácita - art. 191 do CC - é a que se presume de fatos do interessado, incompatíveis com a prescrição. Ex.: uma vez consumada a prescrição, ato de reconhecimento da dívida por parte do devedor, como o pagamento parcial desta ou composição visando à solução futura do débito. Sendo assim, mesmo havendo dívida prescrita, não há óbice ao fato de o devedor quitá-la. Contudo, o art. 882 do CC determina que não cabe repetição do indébito quando feito pagamento para quitar débito prescrito.

Prazos de prescrição não podem ser alterados por acordo entre as partes - Art. 192 - os prazos prescricionais não podem ser alterados por acordo entre as partes.

Prescrição pode ser alegada em qualquer grau de jurisdição - Art. 193 - a parte a quem aproveite a prescrição pode ser alegada em qualquer fase ou estado da causa, em primeira ou segunda instância, ou seja, em qualquer fase do processo de conhecimento (mesmo que não tenha sido alegada em contestação).

Prescrição pode ser alegada pela parte a quem aproveita - Art. 193 - a alegação da prescrição não cabe apenas ao devedor, mas a quem possa interessar seu reconhecimento. Também pode alegar a prescrição o representante do Ministério Público.

Prescrição pode ser suprida de ofício pelo juiz - o juiz pode, de ofício, reconhecer a prescrição, até mesmo em razão da celeridade processual.

Cabe ação contra os representantes que deram causa à prescrição - Art. 195 - segundo o art. 195 do CC, os relativamente incapazes e as pessoas jurídicas têm ação contra os seus assistentes ou representantes legais, que derem causa à prescrição, ou não a alegarem oportunamente. Cabe, portanto, indenização pelos prejuízos sofridos. Ex.: tutelado tem direito a receber indenização do tutor que tiver lhe causado prejuízo em razão da prescrição.

Prescrição iniciada contra uma pessoa continua a correr contra o sucessor - Art. 196 - uma vez que se inicie a correr a prescrição, segue a contagem contra o herdeiro, de forma que o sucessor terá apenas o prazo faltante para exercer a pretensão, quando do óbito do autor da herança. Tanto o prazo contra como o a favor do sucessor não iniciam nova contagem (prosseguem, mesmo com o óbito).

Causas que impedem ou suspendem a prescrição - os arts. 197 a 201 do CC tratam das causas que impedem ou suspendem a prescrição, de acordo com o momento em que surgem.

Quando se fala em suspensão da prescrição, trata-se de situações em que o prazo iniciou a contagem e, por algum fato previsto em lei, há a suspensão. Cessada a causa de suspensão, o prazo volta a correr de onde tinha parado, ou seja, apenas pelo tempo restante.

Segundo os arts. 197, 198 e 199 do CC, não corre a prescrição: entre os cônjuges, na constância da sociedade conjugal; entre ascendentes e descendentes, durante o poder familiar; entre tutelados ou curatelados e seus tutores ou curadores, durante a tutela ou curatela; contra os absolutamente incapazes;

contra os ausentes do País em serviço público da União, dos Estados ou dos Municípios; contra os que se acharem servindo nas Forças Armadas, em tempo de guerra; pendendo condição suspensiva; não estando vencido o prazo; pendendo ação de evicção.

Quanto à situação dos arts. 197, II, e 198, I, do CC, deve-se destacar a questão dos alimentos. Em se tratando de suspensão ou impedimento de início da contagem do prazo prescricional, deve-se considerar que, no caso de alguém com 17 anos, não corre prescrição, podendo este cobrar todo o débito alimentar. Contudo, mesmo que complete 18 anos, só a partir dali é que começa a correr o prazo prescricional de dois anos. Significa dizer que até os 20 anos cabe cobrar todo o período devido.

No caso de reparação civil, só inicia a contagem do prazo quando houver sentença penal condenatória definitiva (art. 200 do CC).

A prescrição é benefício pessoal e só aproveita as pessoas mencionadas, mesmo em caso de solidariedade. Para que a suspensão da prescrição que favoreça um dos credores solidários beneficie aos demais, a obrigação deve ser indivisível (art. 201 do CC).

Causas que interrompem a prescrição – a interrupção depende de um comportamento ativo do credor. Diferentemente da suspensão, que decorre de fatos previstos em lei, a interrupção demanda um ato de exercício ou proteção do direito. Nestes casos, extingue o tempo já decorrido, que volta a correr por inteiro (diferente da suspensão, quando o prazo volta a fluir pelo tempo restante).

O efeito da interrupção é instantâneo, pois, segundo o art. 202, par. ún., do CC, a prescrição interrompida começa a correr da data do ato que a interrompeu.

Contudo, a interrupção só pode ocorrer uma vez (art. 202 do CC). As causas que interrompem a prescrição são: despacho do juiz, mesmo incompetente, que ordenar a citação, se o interessado a promover no prazo e na forma da lei processual; por protesto, nas condições do inciso antecedente; por protesto cambial; pela apresentação do título de crédito em juízo de inventário ou em concurso de credores; por qualquer ato judicial que constitua em mora o devedor (notificação extrajudicial, feita pelo Cartório de Títulos e Documentos, não é capaz de interromper a prescrição); por qualquer ato inequívoco, ainda que extrajudicial, que importe reconhecimento do direito pelo devedor (pagamento parcial da dívida, envio de carta reconhecendo a dívida etc.).

A prescrição pode ser interrompida por qualquer interessado (art. 203 do CC).

Os efeitos da prescrição são pessoais. O efeito da interrupção da prescrição por um credor não aproveita aos demais, assim como aquela promovida contra um devedor ou seu herdeiro, não prejudica aos demais coobrigados (art. 204 do, CC). Esta regra, contudo, admite exceção: a interrupção por um dos credores solidários aproveita aos demais.

Prazos prescricionais

Podem ser:

a) **Ordinários**: quando não houver prazo especial, o prazo prescricional é de dez anos, tanto para ações reais quanto para pessoais (art. 205 do CC).

b) **Especiais**: são prazos mais exíguos, previstos especificamente no art. 206 do CC, e podem ser de um, dois, três, quatro ou cinco anos.

- um ano: pretensão dos hospedeiros ou fornecedores de víveres destinados a consumo no próprio estabelecimento, para o pagamento da hospedagem ou dos alimentos; pretensão do segurado contra o segurador, ou a deste contra aquele; pretensão dos tabeliães, auxiliares da justiça, serventuários judiciais, árbitros e peritos, pela percepção de emolumentos, custas e honorários; pretensão contra os peritos, pela avaliação dos bens que entraram para a formação do capital de sociedade anônima, contado da publicação da ata da assembleia que aprovar o laudo; pretensão dos credores não pagos contra os sócios ou acionistas e os liquidantes, contado o prazo da publicação da ata de encerramento da liquidação da sociedade.
- dois anos: pretensão de cobrança de alimentos vencidos (a partir da data do vencimento).
- três anos: pretensão relativa a aluguéis de prédios urbanos ou rústicos; para receber prestações vencidas de rendas temporárias ou vitalícias; para haver juros, dividendos ou quaisquer prestações acessórias, pagáveis, em períodos não maiores de um ano, com capitalização ou sem ela; de ressarcimento de enriquecimento sem causa; reparação civil; restituição dos lucros ou dividendos recebidos de má-fé, correndo o prazo da data em que foi deliberada a distribuição; pretensão contra fundadores, administradores, fiscais, sócios e liquidantes, por violação da lei ou do estatuto; pagamento de título de crédito, a contar do vencimento, ressalvadas as disposições de lei especial; do beneficiário contra o segurador, e a do terceiro prejudicado, no caso de seguro de responsabilidade civil obrigatório.
- quatro anos: pretensão relativa à tutela, a contar da data da aprovação das contas.
- cinco anos: pretensão de cobrança de dívidas líquidas constantes de instrumento público ou particular; pretensão dos profissionais liberais em geral, procuradores judiciais, curadores e professores pelos seus honorários, contado o prazo da conclusão dos serviços,

da cessação dos respectivos contratos ou mandato; vencedor para haver do vencido o que despendeu em juízo.

10.2 DECADÊNCIA

É a perda do direito potestativo pela inércia de seu titular no período determinado pela lei. O objeto são os direitos potestativos de qualquer espécie, disponíveis ou indisponíveis, direitos que conferem ao titular o poder de influir ou determinar mudanças na esfera jurídica de outrem, por ato unilateral, sem que haja dever correspondente, apenas uma sujeição.

Na decadência, o prazo começa a correr no momento em que o direito nasce. O prazo prescricional, por sua vez, inicia no momento em que há a violação do direito.

A decadência pode resultar de lei, do testamento ou do contrato. A prescrição deriva apenas da lei.

Os prazos de prescrição são taxativos (apenas as hipóteses dos arts. 205 e 206 do CC). Os demais prazos são decadenciais.

Na decadência, há a perda de um direito previsto em lei, que estabelece que determinado ato deva ser exercido dentro de um prazo certo. Em não o sendo, não mais poderá efetivar-se, pois seu titular decaiu do direito. A decadência é o não exercício de um direito potestativo dentro do prazo. Ex.: direito de pleitear a anulação de um negócio jurídico (prazo de 180 dias a contar da celebração).

A decadência pode ser legal ou convencional. No caso da decadência convencional, estabelece o art. 211 do CC que a parte a quem aproveita pode alegá-la em qualquer grau de jurisdição, mas o juiz não pode suprir a alegação. O juiz deve, de ofício, reconhecer a decadência, quando for legal (art. 210 do CC).

Em princípio, os prazos decadenciais são fatais e peremptórios, o que significa dizer que não se aplica à decadência as situações de interrupção e suspensão da prescrição (art. 207 do CC) (salvo disposição em contrário).

Aplicam-se à decadência as situações dos arts. 195 e 198, I, do CC (art. 208 do CC), que dizem respeito a incapazes. Assim, não flui o prazo de decadência contra absolutamente incapazes, sendo uma exceção ao disposto no art. 207.

Segundo o art. 209 do CC, a decadência legal é irrenunciável. Isto ocorre em razão do interesse geral. Contudo, os prazos decadenciais convencionais podem ser renunciados.

10.2.1 Prazos de decadência

Os prazos decadenciais estão previstos em locais esparsos na legislação. Têm-se alguns exemplos:

- 30 dias: para o comprador propor ação em que pretenda rescindir o contrato e reaver o preço pago pela coisa móvel (art. 445 do CC).

- 60 dias: para o exercício do direito de preferência, caso inexista prazo estipulado, na coisa imóvel, contado da data em que o comprador tiver notificado o vendedor (art. 516 do CC).
- 180 dias: para o exercício do direito de preferência do condômino a quem não tenha sido dado tal direito e o imóvel tenha sido vendido a terceiro.
- 1 ano: para revogação da doação por ingratidão ou diante da inexecução do encargo.
- 1 ano e 1 dia: para desfazer janela, sacada, terraço ou goteira sobre o seu prédio, em face do vizinho. Prazo conta-se da conclusão da obra (art. 1.302 do CC).
- 3 anos: anulação de casamento celebrado com erro essencial quanto à pessoa do outro, contado da data da celebração.
- 4 anos: para anular negócio jurídico celebrado com vício do consentimento.
- 5 anos: para impugnar a validade de testamento, contado da data do seu registro.

QUESTÕES

1. **(OAB – FGV – XXVII EXAME DE ORDEM)** Arnaldo foi procurado por sua irmã Zulmira, que lhe ofereceu R$ 1 milhão para adquirir o apartamento que ele possui na orla da praia. Receoso, no entanto, que João, o locatário que atualmente ocupa o imóvel e por quem Arnaldo nutre profunda antipatia, viesse a cobrir a oferta, exercendo seu direito de preferência, propôs a Zulmira que constasse da escritura o valor de R$ 2 milhões, ainda que a totalidade do preço não fosse totalmente paga.

   Realizado nesses termos, o negócio

   a) pode ser anulado no prazo decadencial de dois anos, em virtude de dolo.

   b) é viciado por erro, que somente pode ser alegado por João.

   c) é nulo em virtude de simulação, o que pode ser suscitado por qualquer interessado.

   d) é ineficaz, em razão de fraude contra credores, inoponíveis seus efeitos perante João.

2. **(OAB – FGV – XXV – EXAME DE ORDEM)** Arlindo, proprietário da vaca Malhada, vendeu-a a seu vizinho, Lauro. Celebraram, em 10 de janeiro de 2018, um contrato de compra e venda, pelo qual Arlindo deveria receber do comprador a quantia de R$ 2.500,00, no momento da entrega do animal, agendada para um mês após a celebração do contrato.

   Nesse interregno, contudo, para surpresa de Arlindo, Malhada pariu dois bezerros.

   Sobre os fatos narrados, assinale a afirmativa correta.

   a) Os bezerros pertencem a Arlindo.

b) Os bezerros pertencem a Lauro.

c) Um bezerro pertence a Arlindo e o outro, a Lauro.

d) Deverá ser feito um sorteio para definir a quem pertencem os bezerros.

3. (OAB – FGV – XXX EXAME DE ORDEM) Alberto, adolescente, obteve autorização de seus pais para casar-se aos dezesseis anos de idade com sua namorada Gabriela. O casal viveu feliz nos primeiros meses de casamento, mas, após certo tempo de convivência, começaram a ter constantes desavenças. Assim, a despeito dos esforços de ambos para que o relacionamento progredisse, os dois se divorciaram pouco mais de um ano após o casamento. Muito frustrado, Alberto decidiu reunir algumas economias e adquiriu um pacote turístico para viajar pelo mundo e tentar esquecer o ocorrido. Considerando que Alberto tinha dezessete anos quando celebrou o contrato com a agência de turismo e que o fez sem qualquer participação de seus pais, o contrato é

a) válido, pois Alberto é plenamente capaz.

b) nulo, pois Alberto é absolutamente incapaz.

c) anulável, pois Alberto é relativamente incapaz.

d) ineficaz, pois Alberto não pediu a anuência de Gabriela.

4. (OAB – FGV – XXXI EXAME DE ORDEM) Márcia, adolescente com 17 anos de idade, sempre demonstrou uma maturidade muito superior à sua faixa etária. Seu maior objetivo profissional é o de tornar-se professora de História e, por isso, decidiu criar um canal em uma plataforma on-line, na qual publica vídeos com aulas por ela própria elaboradas sobre conteúdos históricos. O canal tornou-se um sucesso, atraindo multidões de jovens seguidores e despertando o interesse de vários patrocinadores, que começaram a procurar a jovem, propondo contratos de publicidade. Embora ainda não tenha obtido nenhum lucro com o canal, Márcia está animada com a perspectiva de conseguir custear seus estudos na Faculdade de História se conseguir firmar alguns desses contratos. Para facilitar as atividades da jovem, seus pais decidiram emancipá-la, o que permitirá que celebre negócios com futuros patrocinadores com mais agilidade. Sobre o ato de emancipação de Márcia por seus pais, assinale a afirmativa correta.

a) Depende de homologação judicial, tendo em vista o alto grau de exposição que a adolescente tem na internet.

b) Não tem requisitos formais específicos, podendo ser concedida por instrumento particular.

c) Deve, necessariamente, ser levado a registro no cartório competente do Registro Civil de Pessoas Naturais.

d) É nulo, pois ela apenas poderia ser emancipada caso já contasse com economia própria, o que ainda não aconteceu.

5. (OAB – FGV – XXXI EXAME DE ORDEM) João, único herdeiro de seu avô Leonardo, recebeu, por ocasião da abertura da sucessão deste último, todos os seus bens, inclusive uma casa repleta de antiguidades. Necessitando de dinheiro para quitar suas dívidas, uma das primeiras providências de João foi alienar uma pintura antiga que sempre estivera exposta na sala da casa, por um valor módico, ao primeiro comprador que encontrou. João, semanas depois, leu nos jornais a notícia de que reaparecera no mercado de arte uma pintura valiosíssima de um célebre artista plástico. Sua surpresa foi enorme ao descobrir que se tratava da pintura que ele alienara, com valor milhares de vezes maior do que o por ela cobrado. Por isso, pretende pleitear a invalidação da alienação. A respeito do caso narrado, assinale a afirmativa correta.

a) O negócio jurídico de alienação da pintura celebrado por João está viciado por lesão e chegou a produzir seus efeitos regulares, no momento de sua celebração.

b) O direito de João a obter a invalidação do negócio jurídico, por erro, de alienação da pintura, não se sujeita a nenhum prazo prescricional.

c) A validade do negócio jurídico de alienação da pintura subordina-se necessariamente à prova de que o comprador desejava se aproveitar de sua necessidade de obter dinheiro rapidamente.

d) Se o comprador da pintura oferecer suplemento do preço pago de acordo com o valor de mercado da obra, João poderá optar entre aceitar a oferta ou invalidar o negócio.

GABARITO

1. c; 2. a; 3. a; 4. c; 5. a

REFERÊNCIAS BIBLIOGRÁFICAS

DONIZETTI, Elpídio; QUINTELLA, Felipe. *Curso didático de direito civil.* 6. ed. São Paulo: Atlas, 2017.

GAGLIANO, Pablo Stolze; PAMPLONA FILHO, Rodolfo. *Novo curso de direito civil:* parte geral. 18. ed. São Paulo: Saraiva, 2016. vol. 1.

TARTUCE, Flávio. *Direito civil*: lei de introdução e parte geral. 12. ed. São Paulo: Saraiva, 2016. vol. 1.

Direito Civil – Direito das obrigações

Veridiana Maria Rehbein

Mestre em Direito. Professora na Universidade de Santa Cruz do Sul – UNISC e no Centro de Ensino Integrado Santa Cruz – CEISC. Advogada.

SUMÁRIO

1. NOTAS INTRODUTÓRIAS

O homem é um ser social, isso significa dizer que as vidas humanas estão inter-relacionadas e que a qualidade de vida do sujeito depende da qualidade dessas relações. Os relacionamentos se dão em distintos campos: familiar, social, profissional, educacional, entre outros. Para um bom convívio, são estabelecidas regras para essas relações; essas regras criam direitos e **obrigações**.

> Na medida em que se aperfeiçoaram ou se aculturaram as civilizações, mais se desenvolveram as regras de condutas sociais. Evoluem as liberdades na atuação do ser humano na proporção da capacidade de convivência social, que se concretiza, evidentemente, pelo grau de respeito aos direitos e deveres entre os cidadãos. Um estágio elevado de garantia dos direitos depende de um alto grau de respeito aos deveres ou obrigações. (RIZZARDO, 2018)

Identifica-se, dessa forma, a importância do Direito das Obrigações. O Direito, como um todo, se desenvolve e se torna mais complexo à medida que as formas de viver vão se modificando. Não é diferente com o Direito Obrigacional. Importa ao Direito das Obrigações aquelas de cunho econômico que podem ser exigidas ou reclamadas.

2. TEORIA GERAL DAS OBRIGAÇÕES

Segundo Álvaro Villaça de Azevedo (2000):

> obrigação é a relação jurídica transitória, de natureza econômica, pela qual o devedor fica vinculado ao credor, devendo cumprir determinada prestação positiva ou negativa, cujo inadimplemento enseja a este executar o patrimônio daquele para a satisfação de seu interesse.

A disciplina do Direito das Obrigações não é utilizada apenas isoladamente, para resolução de questões específicas. A compreensão do seu conteúdo é imprescindível para a solução de problemas de Direito Contratual, Responsabilidade Civil e Direito Empresarial, por exemplo.

2.1 ELEMENTOS SUBJETIVOS DA OBRIGAÇÃO

Elementos subjetivos são os sujeitos ou pessoas envolvidas na relação jurídica obrigacional.

Sujeito ativo: é o beneficiário da obrigação a quem a prestação é devida. É o credor aquele que tem o direito de exigir o cumprimento da obrigação.

Sujeito passivo: é aquele que deve cumprir a obrigação, pois assume o dever. É o devedor.

> **Atenção!** Na maioria das obrigações há um sinalagma, quando as partes assumem obrigações recíprocas (são, ao mesmo tempo, credoras e devedoras entre si). Inicie a resolução da questão identificando os sujeitos a partir do enunciado.

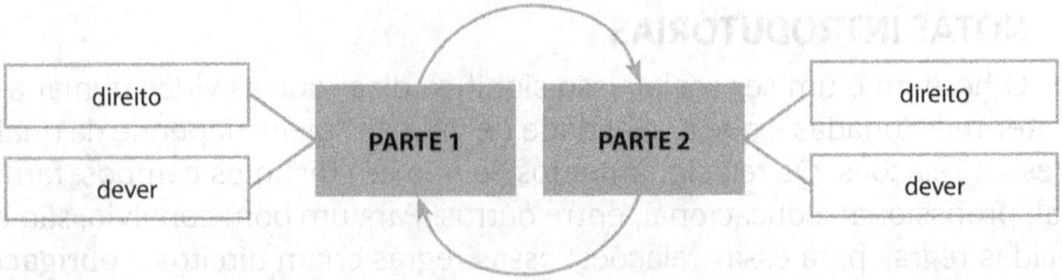

2.2 ELEMENTOS OBJETIVOS DA OBRIGAÇÃO

Tartuce (2019) divide o objeto da obrigação em imediato e mediato. O objeto imediato da obrigação, perceptível de plano, é a prestação (atividade), que pode ser positiva (dar ou fazer) ou negativa (não fazer). Já o objeto mediato é a coisa ou tarefa (bem da vida).

2.3 RESPONSABILIDADE PATRIMONIAL

Nos termos do art. 391 do CC, o patrimônio do devedor responde por suas obrigações. Todo o patrimônio, excluídos apenas os bens impenhoráveis (observar art. 833 do CPC e a Lei nº 8.009/1990). Observe que a responsabilidade é patrimonial, mesmo nas obrigações personalíssimas, como na contratação de um artista para pintar um quadro, **porque ele não pode ser forçado a cumprir o contratado** e, em caso de inadimplemento absoluto, a obrigação se resolverá em perdas e danos.

> **Atenção!** Tanto o Código de Processo Civil quanto o Código de Defesa do Consumidor autorizam ao juiz determinar providências que assegurem a obtenção de tutela pelo resultado prático equivalente. Ou seja, ao recorrer à tutela jurisdicional, o credor pode insistir na realização da obrigação de fazer, não precisando, de imediato, pedir a conversão em perdas e danos.

Para ser válida a obrigação, além de economicamente apreciável, deve atender aos requisitos do art. 104 do CC: agente capaz, objeto lícito, possível, determinado ou determinável, forma prescrita ou não defesa em lei.

2.4 FONTES DAS OBRIGAÇÕES

Segundo Tartuce (2019) são fontes de obrigações: os contratos, os atos ilícitos, os atos unilaterais (inclusive o enriquecimento sem causa) e os títulos de crédito.

2.5 OBRIGAÇÃO NATURAL

Obrigações naturais são aquelas não exigíveis, apesar de pagáveis.

> A obrigação natural é, portanto, um *debitum* em que não se pode exigir, judicialmente, a responsabilização patrimonial (*obligatio*) do devedor, mas que, sendo cumprido, não caracteriza pagamento indevido (GAGLIANO e PAMPLONA FILHO, 2020, p. 129).

Observe os exemplos:

> Art. 814. As dívidas de jogo ou de aposta não obrigam a pagamento; mas não se pode recobrar a quantia, que voluntariamente se pagou, salvo se foi ganha por dolo, ou se o perdente é menor ou interdito.
>
> (...)
>
> Art. 882. Não se pode repetir o que se pagou para solver dívida prescrita, ou cumprir obrigação judicialmente inexigível.

3. CLASSIFICAÇÃO DAS OBRIGAÇÕES

O Código Civil classifica as obrigações em de dar, de fazer, de não fazer e, ainda, em alternativas, divisíveis/indivisíveis e solidárias.

Quanto ao objeto imediato (prestação), a obrigação pode ser positiva (dar ou fazer) ou negativa (não fazer).

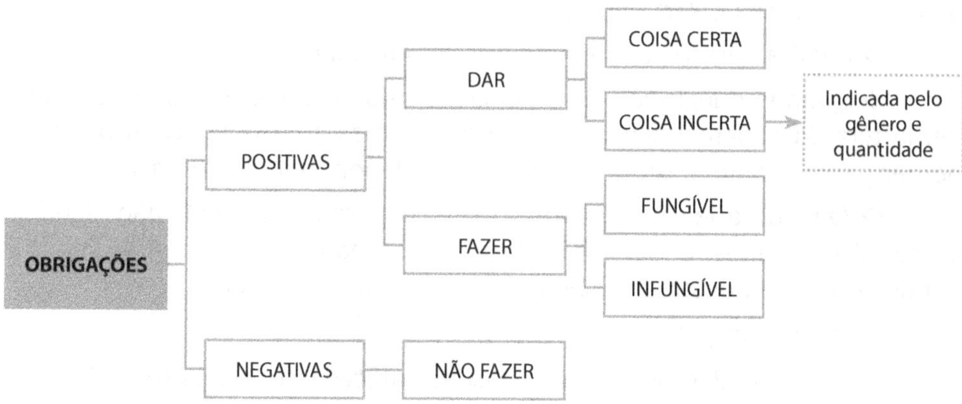

3.1 OBRIGAÇÃO DE DAR

A obrigação positiva de dar configura-se quando o sujeito (devedor) se obriga a entregar alguma coisa certa ou incerta a outra pessoa (credor).

3.1.1 Obrigação de dar coisa certa

Coisa certa é aquela individualizada, que pode ser móvel ou imóvel, cujas características foram acertadas pelas partes. Assim, "são classificadas como de dar coisa certa as obrigações cuja prestação consiste na entrega ou restituição de uma coisa determinada" (DONIZETTI e QUINTELLA, 2017, p. 246)

Sendo a obrigação de dar ou restituir coisa certa, o credor não é obrigado a aceitar coisa diversa da que lhe é devida, ainda que mais valiosa (art. 313).

De acordo com o art. 233, a obrigação de dar coisa certa abrange os acessórios, salvo se o contrário resultar do negócio ou das circunstâncias do caso. Observe, contudo, o art. 94 do CC, que determina que, ao menos em regra, as pertenças não integram o negócio relativo ao bem que sirvam.

Dessa forma, obrigando-se o devedor a transferir a propriedade da casa, estarão incluídas, em regra, as benfeitorias realizadas.

Atenção! Aplica-se às obrigações de dar coisa certa o princípio jurídico de que o acessório segue o principal.

A perda da coisa que deveria ser entregue desencadeará diferentes consequências, caso ela tenha se perdido com ou sem culpa do devedor. Observe alguns aspectos preliminares indispensáveis à compreensão das consequências da perda da coisa:

→ A constituição da obrigação de dar não é suficiente para a transmissão do domínio (não é o direito obrigacional que transfere a propriedade). O domínio da coisa móvel se transmite pela tradição (entrega física) e da coisa imóvel pela escritura pública (em regra, ver art. 108) e o registro no Cartório de Registro de Imóveis do referido título;

→ A coisa pertence, até a tradição, ao devedor, ou seja, aquele que tem o dever de entregá-la (art. 237, 1ª parte);

→ A coisa perece para o dono (*res perit domino*);

→ Quando o legislador menciona a perda da coisa, está se referindo à perda total (desaparecimento ou destruição), mas a coisa também pode ser perder parcialmente, neste caso o legislador denominou deterioração:

→ Quando a lei menciona o direito a "perdas e danos", não significa presunção de danos; o juiz não pode arbitrar uma indenização. A vítima dos danos deverá demonstrá-los e pedir a indenização equivalente.

Observe o artigo:

> Art. 234. Se, no caso do artigo antecedente, a coisa se perder, sem culpa do devedor, antes da tradição, ou pendente a condição suspensiva, fica resolvida a obrigação para ambas as partes; se a perda resultar de culpa do devedor, responderá este pelo equivalente e mais perdas e danos.

Dessa forma, a coisa, se perdendo, sem culpa do devedor (aquele que se obrigou a entregá-la), ocorre a impossibilidade de cumprimento e a obrigação se resolve.

Atenção! Por resolução da obrigação, entende-se que ela se extingue sem que se caracterize inexecução culposa e, dessa forma, caso o credor já tenha pagado o preço (total ou parcialmente), deve ser restituído.

Entende-se por "sem culpa do devedor" quando este não deu causa ou sequer contribuiu para a perda da coisa, que se deu, especialmente, por caso fortuito ou de força maior.

Observe, contudo, que em algumas circunstâncias o devedor responderá pela perda da coisa, mesmo que por caso fortuito ou de força maior:

→ Art. 399: devedor em mora, se a coisa se perder durante o atraso, a não ser que prove isenção de culpa pela mora, ou que o dano sobreviria ainda quando a obrigação fosse oportunamente desempenhada.

→ Art. 393: havendo a previsão no contrato quanto à responsabilização por tais eventos.

Quando o devedor for o responsável pela perda da coisa (culpa sua), responderá pelo equivalente mais perdas e danos. "Equivalente" é o valor da obrigação, é o equivalente em dinheiro; em regra, é o valor que deve ser restituído, caso o credor da coisa já tenha feito o pagamento por ela.

Ainda sobre a obrigação de dar coisa certa, observe o examinando os arts. 238 e ss., que tratam da obrigação de restituir. Dispõe o art. 238 que, se a obrigação for de restituir coisa certa, e essa se perder sem culpa do devedor, antes da tradição, sofrerá o credor a perda, e a obrigação se resolverá, ressalvados os seus direitos até o dia da perda.

Atenção! Nas obrigações de restituir, o proprietário da coisa não é o devedor, mas o credor, que anseia pela devolução da coisa em contratos como **locação, comodato, mútuo e depósito**.

Veja que quem perde, neste caso, é o credor, que é o dono da coisa. Imagine a seguinte situação: o locatário tem o dever de restituir o bem locado, mas, antes disso, ele é completamente destruído por evento da natureza inevitável (força maior). Quem perde a coisa, neste caso, é o proprietário/locador, mas o locatário fica obrigado pelos respectivos aluguéis até a data em que a coisa se perdeu.

Já o art. 239 trata da perda da coisa por culpa do devedor nas obrigações de restituir. Neste caso, a expressão "responder pelo equivalente" tem uma aplicação bem mais apropriada. Se o locatário destruir a coisa locada (por sua culpa), terá que pagar ao locador o valor da coisa (equivalente) e mais perdas e danos (se demonstradas).

Atenção! Na obrigação de restituir, se o devedor perder a coisa por culpa sua, deverá pagar o equivalente (indenizar) o credor da coisa.

Por fim (quanto à obrigação de restituir), se a coisa se deteriorar sem culpa do devedor, o credor deverá recebê-la no estado em que se encontra (art. 240).

Atenção! Muito cuidado com o contrato de mútuo, que possui regras próprias.

O art. 587 do CC determina que o mútuo transfere o domínio da coisa emprestada ao mutuário, ou seja, o dono da coisa, que sofrerá os efeitos da perda, é o mutuário.

> Art. 586. O mútuo é o empréstimo de coisas fungíveis. O mutuário é obrigado a restituir ao mutuante o que dele recebeu em coisa do mesmo gênero, qualidade e quantidade.
>
> Art. 587. Este empréstimo transfere o domínio da coisa emprestada ao mutuário, por cuja conta correm todos os riscos dela desde a tradição.

O art. 235 trata da deterioração ou desvalorização da coisa. Neste caso, o credor tem a alternativa de ficar com a coisa deteriorada, abatido o valor correspondente à depreciação.

> Art. 235. Deteriorada a coisa, não sendo o devedor culpado, poderá o credor resolver a obrigação, ou aceitar a coisa, abatido de seu preço o valor que perdeu.

E, quando a coisa se deteriorar por culpa do devedor, o credor ainda terá direito a perdas e danos.

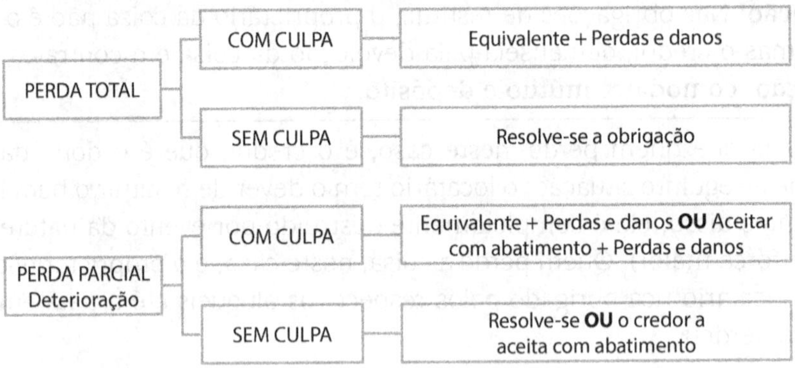

Ainda sobre a obrigação de dar coisa certa, dispõe o art. 237 que até a tradição pertence ao devedor a coisa, com os seus melhoramentos e acrescidos, pelos quais poderá exigir aumento no preço e, se o credor não concordar com o aumento do preço, poderá o devedor resolver a obrigação.

> Parece claro que deve incidir neste exame as exigências de boa-fé, de modo que não seja legítimo ao dono da coisa, para evitar sua entrega, ou exigir aumento do preço, provoque voluntariamente melhoramentos ou acréscimos, em flagrante comportamento contraditório (*venire contra factum proprium*). De outro lado, porém, pode o devedor da coisa obrigar-se a introduzir tais acréscimos, seja por exigência legal ou de terceiros (para evitar ruína ou promover reparações), tal como ocorre no caso de benfeitorias necessárias e, por vezes, de benfeitorias úteis. E, nesses termos, pode exigir o acréscimo do preço, tal como ocorre quando os melhoramentos e acrescidos decorram de fato natural (MIRAGEM, 2018, p. 170).

Segundo Tartuce (2019, p. 52), como melhoramentos devem ser entendidos os frutos, "bens acessórios que são retirados do principal sem lhe diminuir a quantidade". Quanto a esses bens, a regra específica no parágrafo único do art. 237: "Os frutos percebidos são do devedor, cabendo ao credor os pendentes".

3.1.2 Obrigação de dar coisa incerta

É aquela cuja prestação consiste em entregar um bem que foi determinado apenas pelo gênero e pela quantidade. É o chamado bem indeterminado, mas passível de determinação (determinável). Ex.: "A" obriga-se a entregar a "B" 10 kg de tomates do tipo italiano.

O art. 244 determina que, nas obrigações de dar coisa incerta (coisas determinadas pelo gênero e pela quantidade), a escolha pertence ao devedor, se o contrário não resultar do título da obrigação; mas não poderá dar a coisa pior, nem será obrigado a prestar a melhor.

Após a escolha feita pelo devedor (concentração ou individualização), e tendo sido cientificado o credor, a obrigação genérica é convertida em obrigação específica (art. 245).

Por fim, determina o art. 246 que, antes da escolha, não poderá o devedor alegar perda ou deterioração da coisa, ainda que por força maior ou caso fortuito (porque ele continuará obrigado a entregar o gênero e a quantidade).

Atenção! O gênero nunca perece.

3.2 OBRIGAÇÃO DE FAZER

É aquela cuja prestação consiste no cumprimento de uma tarefa ou atribuição por parte do devedor. A obrigação de fazer divide-se em obrigação de fazer fungível, que pode ser cumprida por outra pessoa; e obrigação de fazer infungível, que é personalíssima.

O art. 247 trata da obrigação de fazer infungível, e determina que o devedor que se recusar a cumpri-la incorre na obrigação de indenizar perdas e danos. Lembre-se, contudo, do art. 497 do CPC – o juiz pode determinar providências que assegurem a obtenção de tutela pelo resultado prático equivalente.

Assim como na obrigação de dar, se a obrigação se tornar impossível sem culpa do devedor, resolver-se-á; com culpa, responderá o devedor também por perdas e danos.

Se o fato puder ser executado por terceiro, será livre ao credor mandá-lo executar à custa do devedor, havendo recusa ou mora deste, sem prejuízo da indenização cabível (art. 249).

3.3 OBRIGAÇÃO DE NÃO FAZER

É uma obrigação negativa cujo objeto é a abstenção de uma conduta. O inadimplemento ocorrerá quando o devedor executar o ato.

As obrigações de não fazer se dividem em irreversíveis ou instantâneas. Em decorrência da irreversibilidade, restará ao credor apenas exigir perdas e danos. No caso das obrigações reversíveis ou permanentes, o credor poderá exigir o desfazimento do ato (como a demolição de uma obra, por exemplo), que pode ser executado pelo próprio devedor ou por terceiro, mais perdas e danos.

O parágrafo único do art. 251, por fim, autoriza o próprio credor a desfazer ou mandar desfazer, independentemente de autorização judicial, em caso de urgência.

3.4 OBRIGAÇÕES ALTERNATIVAS

Trata-se não de uma "nova espécie" de obrigação, mas de uma classificação quanto aos elementos da obrigação (classificação especial).

Em relação aos seus elementos, as obrigações podem ser simples: um objeto, um credor e um devedor. No entanto, também podem ser compostas, com multiplicidade de objetos e/ou de sujeitos.

Em relação ao objeto, as obrigações podem assumir a condição de cumulativas ou conjuntivas, quando o devedor deve cumprir todas as prestações previstas, sob pena de inadimplemento. Embora o Código Civil não discipline especificamente as obrigações cumulativas, elas são comuns na prática. Por exemplo, o locatário tem a obrigação de pagar o aluguel e os encargos e também de usar o imóvel da forma convencionada (mais de uma obrigação).

Já as obrigações compostas alternativas são disciplinadas nos arts. 252 a 256 do Código.

São alternativas as obrigações em que há pluralidade de prestações possíveis, embora apenas uma seja devida. É normalmente identificada pela conjunção "ou". Tartuce (2019, p. 74) menciona como exemplo o contrato estimatório, no qual o consignatário recebe o bem para vendê-lo e entregar o dinheiro ao consignante *ou* devolver o próprio bem ao final do prazo.

> **Atenção!** A obrigação alternativa não se confunde com a obrigação de dar coisa incerta. Na primeira, existem duas ou mais possibilidades de prestações. Na segunda, há apenas uma prestação com objeto ainda não determinado.

Segundo o art. 252, a escolha cabe ao devedor, caso não tenha sido estipulado de forma diferente. O § 1º determina que não pode o devedor obrigar o credor a receber parte em uma prestação e parte em outra. O § 2º disciplina o caso de prestações periódicas aqueles contratos denominados de trato sucessivo ou continuado. Neste caso, a opção poderá ser exercida em cada período.

> Logo, se todo o dia primeiro Silvio deve entregar a Caio dez quilogramas de tomates, ou dois quilos de queijo, ou quatro litros de leite, poderá a cada mês exercer uma escolha, sempre independente da anterior (DONIZZETTI e QUINTELLA, 2017, p. 287).

Mas, no exemplo do autor, não pode o devedor, no dia do vencimento, entregar parte da obrigação em tomates e parte em queijo.

Conforme o § 3º, cabendo a escolha a vários sujeitos, se não houver acordo sobre a prestação a ser executada, mesmo após o prazo estipulado pelo juiz, no processo, caberá ao julgador escolher. Também caberá ao juiz da causa decidir, no caso em que a escolha for atribuída a um terceiro e este não a exercer e também não houver acordo entre as partes (§ 4º).

Se uma das prestações não puder ser cumprida, a obrigação torna-se simples, e o devedor terá que prestar a outra (art. 253). Mas, se todas as prestações se tornarem impossíveis sem culpa do devedor, resolve-se a obrigação (art. 256).

Se todas as prestações se tornarem impossíveis por culpa do devedor, e a escolha a ele cabia, deverá o obrigado entregar ao credor o equivalente da prestação que, por último, se impossibilitou, além das perdas e dos danos (art. 254). Caso a escolha seja do credor, e apenas umas das prestações se tornou impossível por culpa do devedor, ele pode optar entre a prestação subsistente ou o equivalente da que se impossibilitou e mais perdas e danos, independentemente de sua escolha (art. 255, 1ª parte).

> **Atenção!** A obrigação alternativa não se confunde com a obrigação facultativa, na qual há apenas uma prestação e uma faculdade a ser cumprida pelo devedor.

3.5 OBRIGAÇÕES DIVISÍVEIS E INDIVISÍVEIS

A indivisibilidade do objeto obrigacional é tema muito importante, devendo ser compreendida, especialmente, no caso de pluralidade de credores e/ou devedores. Também deve ser diferenciada da responsabilidade solidária. O art. 257 já introduz o tema mencionando a pluralidade de devedores ou de credores.

Assim, sendo a obrigação divisível (como aquela em dinheiro, por exemplo), presume-se dividida em tantas obrigações, iguais e distintas, quantos os credores ou devedores. Ex.: João e Antônio assumem a obrigação de entregar R$ 10.000,00 à Maria. Como nada dispuseram sobre solidariedade (que decorre da lei ou do contrato), presume-se que cada um deve pagar R$ 5.000,00 à Maria.

> **Atenção!** Jamais presuma solidariedade, pois ela decorre da lei ou do contrato. Só haverá obrigação solidária se, no enunciado da questão, constar expressamente. Se o objeto da prestação é divisível, havendo mais de um devedor, presume-se a divisão em partes iguais.

Assim, obrigação divisível é aquela que pode ser cumprida de forma fracionada; e obrigação indivisível é aquela que não admite o fracionamento.

Se, diferentemente da obrigação em dinheiro, como no exemplo supra, a obrigação fosse de entregar um determinado animal, surge a presunção de que todos os devedores são responsáveis pela dívida de forma integral, nos termos do art. 259. Cada um "deve" o animal por inteiro.

Atenção! A diferença entre a obrigação indivisível e a obrigação solidária é que na primeira a coisa não pode ser fracionada em razão de sua natureza, ao passo que, na segunda, a unidade decorre da lei ou do contrato.

Imaginem-se três devedores (A, B e C) que devem entregar determinado animal, cujo valor é R$ 30.000,00. Se "A" entregar o animal poderá exigir, em sub-rogação (art. 346, III, do CC), R$ 10.000,00 de cada um dos outros devedores.

Se a pluralidade for de credores, o art. 260 introduz regras específicas:

> Art. 260. Se a pluralidade for dos credores, poderá cada um destes exigir a dívida inteira; mas o devedor ou devedores se desobrigarão, pagando:
>
> I – a todos conjuntamente;
>
> II – a um, dando este caução de ratificação dos outros credores.

Essa garantia (caução de ratificação) é um documento datado e assinado por todos os credores, preferencialmente registrado em cartório de títulos e documentos (TARTUCE, 2019, p. 102).

Ainda sobre a pluralidade de credores, quando apenas um deles receber a prestação indivisível, os demais poderão pleitear a parte a que tem direito, em dinheiro (art. 261).

Se um dos credores perdoar (remitir a dívida), permanecerá o direito dos demais de exigir a coisa, desde que paguem ao devedor a parte correspondente ao credor que remitiu (art. 262).

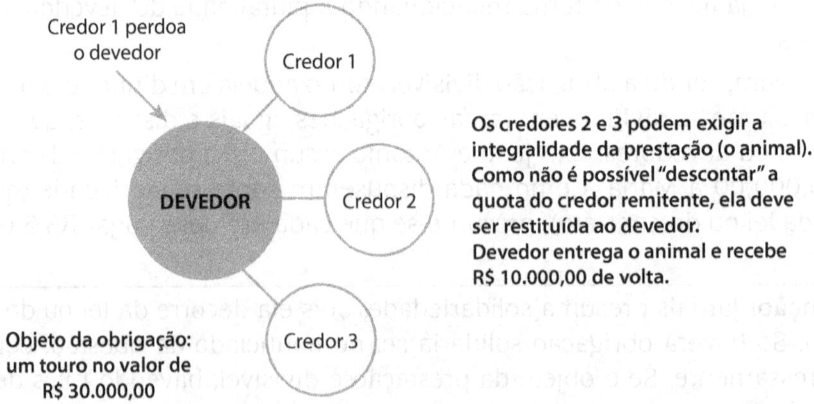

Segundo Tartuce (2019, p. 104) no art. 263 está a principal diferença entre a obrigação indivisível e a obrigação solidária. A obrigação indivisível perde o seu caráter (indivisibilidade) se convertida em obrigação de pagar perdas e danos, que é uma obrigação de dar divisível, já a obrigação solidária não perde a sua natureza, mesmo se convertida em perdas e danos.

> Art. 263. Perde a qualidade de indivisível a obrigação que se resolver em perdas e danos.
>
> § 1º Se, para efeito do disposto neste artigo, houver culpa de todos os devedores, responderão todos por partes iguais.
>
> § 2º Se for de um só a culpa, ficarão exonerados os outros, respondendo só esse pelas perdas e danos.

Ex.: se dois devedores devem um animal no valor de R$ 10.000,00, caso o animal morra, cada devedor obriga-se a pagar R$ 5.000,00.

Há alguma discordância entre os doutrinadores se o valor da coisa que se perde deve ser dividido em partes iguais entre todos os devedores ou se apenas o culpado responde, pois o texto do artigo não distinguiu, com precisão, a responsabilidade pelo "equivalente" da responsabilidade por "perdas e danos". Assim, transcreve-se a seguir o entendimento de Gagliano e Pamplona Filho, que entendem que todos respondem pelo valor da prestação, e apenas o culpado (ou os culpados) pelas perdas e danos.

> Assim, imaginada uma obrigação indivisível com pluralidade de devedores, se o animal perecer por culpa de todos eles, responderão por partes iguais pelas perdas e danos devidas ao credor. Se, todavia, a culpa for de apenas um, somente este será civilmente responsabilizado. As perdas e danos, no caso, correspondem à indenização devida pelo prejuízo causado ao credor em virtude da morte do animal.
>
> **Vale lembrar que, pelo valor da prestação em si, todos responderão proporcionalmente** (GAGLIANO e PAMPLONA FILHO, 2020, p. 117). (grifos nossos)

3.6 OBRIGAÇÕES SOLIDÁRIAS

Um dos temas mais questionados em Direito das Obrigações é a obrigação solidária.

O art. 264 traz o aspecto mais importante da solidariedade: os credores têm o direito e os devedores respondem (cada um deles) pela **dívida toda**.

A solidariedade não se presume, resulta da lei ou da vontade das partes (art. 265).

Segundo o art. 266, a solidariedade pode ser: pura e simples (que não contém condição, termo ou encargo); condicional (cujos efeitos estão subordinados a um evento futuro e incerto); e a termo (quando a solidariedade está subordinada a um evento futuro e certo).

3.6.1 Da obrigação solidária ativa

Caracteriza a solidariedade ativa a pluralidade de credores, cada um deles podendo exigir o cumprimento da obrigação por inteiro. Antes da propositura da ação judicial, o devedor comum pode pagar a qualquer um dos credores solidários (art. 268). Após a propositura da ação, o devedor deverá pagar ao autor.

> Trata-se de norma que mitiga a liberdade do devedor, pois só poderá obter liberação pagando ao autor da ação, sob pena de ter que pagar a prestação integral duas vezes caso cumpra perante credor diferente do qual lhe acionou (FARIAS, BRAGA NETTO e ROSENVALD, 2019, p. 747).

O pagamento parcial feito a um dos credores solidários extingue a dívida até o montante do que foi pago (art. 269).

Dessa forma:

> se o devedor pagou menos do que devia, continuará obrigado ao pagamento do restante da dívida, abatida, por óbvio, a parte que já quitou, mantida a solidariedade quanto ao saldo devedor (GAGLIANO e PAMPLONA FILHO, 2020, p. 98).

Se um dos credores falecer, o direito se transmite aos seus herdeiros, cessando a solidariedade em relação aos sucessores, uma vez que cada qual somente poderá exigir a quota do crédito correspondente ao seu quinhão de herança (art. 270). Ex.: Caso a dívida total seja de R$ 30.000,00, e a quota do credor que faleceu seja de R$ 10.000,00, cada um dos seus dois herdeiros poderá exigir do devedor ou devedores R$ 5.000,00.

Conforme art. 271, convertendo-se a obrigação em perdas e danos, subsiste a solidariedade (diferentemente do que ocorre nas obrigações indivisíveis).

No caso de remissão (perdão) de dívida de forma integral por parte de um dos credores solidários, este responderá perante os outros pela fração que lhe cabia (art. 272).

3.6.2 Da obrigação solidária passiva

Na solidariedade passiva, há pluralidade de devedores, e o credor tem o direito de exigir, total ou parcialmente, de um ou de alguns devedores a dívida comum (art. 275). Se o pagamento ocorrer de forma parcial, todos os devedores continuam obrigados solidariamente pelo resto do valor devido.

> **Atenção!** Há uma opção de o credor cobrar um, vários ou todos os devedores. O litisconsórcio passivo não é obrigatório.

O fato de o credor cobrar de apenas um dos devedores solidários não significa que ele esteja renunciando à solidariedade.

No caso de falecimento de um dos devedores solidários, cessa a solidariedade em relação aos sucessores, eis que cada um dos herdeiros só será responsável pela sua quota e até o limite da herança e dos respectivos quinhões – salvo se a obrigação for indivisível (art. 276). Contudo, todos reunidos serão considerados um devedor solidário em relação aos demais devedores.

> Acionamento coletivo dos herdeiros: somente reunidos, os herdeiros podem ser compelidos a pagar toda a dívida, pois ocupam a posição do devedor falecido. Demandados conjuntamente, geram um litisconsórcio passivo necessário e unitário, pois serão vistos como se fosse um único codevedor em relação aos demais devedores (GAGLIANO e PAMPLONA FILHO, 2020, p. 103).

O pagamento parcial feito por um dos devedores e a remissão por ele obtida não aproveitam aos outros devedores, senão até a concorrência da quantia paga ou relevada (art. 277). Dessa forma, o valor pago ou remitido deve ser descontado do montante devido, mas os demais devedores permanecem devendo solidariamente.

> **Atenção!** O devedor remitido (perdoado) fica inteiramente liberado do vínculo obrigacional, inclusive no que tange ao rateio da quota do eventual codevedor insolvente, nos termos do art. 284.

Impossibilitando-se a prestação por culpa de um dos devedores solidários, subsiste para todos o encargo de pagar o equivalente; mas pelas perdas e danos só responde o culpado (art. 279).

O CC/2002 continua admitindo a renúncia à solidariedade de forma parcial (beneficiando apenas um devedor) ou total (beneficiando todos os devedores). Ressalte-se que renúncia ou exoneração da solidariedade não é o mesmo que remissão da dívida (que desobriga o devedor).

> Com o fim de demonstrar o teor do enunciado, se A é o credor de uma dívida de R$ 30.000,00, havendo três devedores solidários B, C e D, e renuncia à solidariedade em relação a B, este será exonerado da solidariedade, mas continua sendo responsável por R$ 10.000,00. Quanto aos demais devedores, por óbvio, continuam respondendo solidariamente pela dívida (TARTUCE, 2019, p. 95).

Os que se beneficiarem da renúncia continuam respondendo por sua quota-parte e pela quota-parte do insolvente (art. 284).

O art. 283, ao admitir a ação de regresso por parte do devedor que paga a dívida contra os demais, trata da possível insolvência de um ou mais devedores. A quota-parte do insolvente deverá ser dividida entre todos os devedores solventes (exceto os remitidos).

4. DA EXTINÇÃO DAS OBRIGAÇÕES

A forma tradicional de extinção da obrigação é o seu adimplemento: cumprimento ou pagamento pelo devedor.

Para essa análise, deve-se observar quem deve pagar (*solvens*) e a quem se deve pagar (*accipiens*). O *solvens*, em regra, é o devedor, contudo outras pessoas também têm o direito de pagar.

Conforme o art. 304, qualquer interessado na extinção da dívida pode pagá-la. Interessados são aqueles que têm interesse patrimonial no pagamento, ou seja, que podem sofrer consequências patrimoniais pelo não pagamento. Ocorrendo o pagamento pelo interessado, essa pessoa se sub-roga nos direitos do credor.

> **Atenção! Esse é um dos assuntos mais questionados no exame de ordem.** O terceiro interessado pode pagar e, consequentemente, pode consignar em pagamento (meio conducente à exoneração). Ao efetuar o pagamento ele se sub-roga nos direitos do credor (art. 346, III). **#ficaadica**

Conforme o parágrafo único dos arts. 304 e 305, o terceiro não interessado também pode efetuar o pagamento, mas não se sub-roga nos direitos do credor (tem apenas o direito de reembolso, caso tenha feito o pagamento em seu próprio nome). Caso o terceiro não interessado efetue o pagamento em nome do devedor, não terá direito a nada, pois é como se fizesse uma doação, um ato de liberalidade.

> **Atenção!** Terceiro não interessado é aquele que não sofrerá consequências patrimoniais caso o devedor não pague.

O pagamento deve ser feito ao credor (*accipiens*), mas também pode ser feito a um representante, com poderes para recebê-lo, assim como aos sucessores do credor.

O pagamento feito de boa-fé ao credor putativo (aparente) é válido, ainda que provado (posteriormente) que ele não era o credor.

Ex.: um locatário efetua sempre o pagamento do aluguel na imobiliária X, pois ela era representante do locador credor. Contudo, o locador rompe o contrato de mandato com essa imobiliária e contrata a imobiliária Y. O locatário não é avisado e continua fazendo os pagamentos na imobiliária anterior, sendo notificado da troca apenas seis meses após o rompimento do contrato de mandato. O pagamento desses seis meses deve ser reputado válido.

Não vale o pagamento (não é eficaz) feito cientemente ao credor incapaz de quitar, se o devedor não provar que em benefício dele efetivamente reverteu (art. 310).

Excepcionalmente, não será conveniente que o pagamento seja feito diretamente ao credor. Por vezes o patrimônio do credor fica afetado para satisfação dos seus débitos.

> Os credores do credor podem penhorar os seus créditos, cientificando o devedor a não mais pagar ao seu credor, sob pena de arcar com novo pagamento (art. 312 do CC c/c art. 855, *caput* e inc. I, do CPC/15) (FARIAS, BRAGA NETTO e ROSENVALD, 2019, p. 794).

Nestes casos, deve o devedor utilizar-se da consignação em pagamento.

Conforme já visto, o credor não é obrigado a receber prestação diversa da que lhe é devida, ainda que mais valiosa (art. 313).

O art. 317 trata da possibilidade de revisão dos contratos quando, por fato superveniente e imprevisível, a prestação se tornar excessivamente onerosa. Neste caso, poderá a parte pedir que o juiz revise o contrato, assegurando o valor real da prestação.

O devedor que paga tem direito à quitação regular (art. 319).

Quanto ao lugar do pagamento, dispõe o art. 327 que será no domicílio do devedor, salvo se as partes convencionarem diversamente, ou se o contrário resultar da lei, da natureza da obrigação ou das circunstâncias. É a chamada obrigação *quesível* ou *quérable*. Quando ficar estipulado que o pagamento deve se dar no domicílio do credor, a obrigação será *portável* ou *portable*.

Designados dois ou mais lugares, caberá ao credor escolher entre eles (art. 327, par. ún.).

O vencimento é o momento em que a obrigação deve ser satisfeita, facultando-se ao credor cobrá-la. Esse vencimento, tempo ou data de pagamento, pode ser fixado pelas partes no contrato. A obrigação, sob o prisma do tempo do pagamento, pode ser *instantânea* ou *de execução imediata* (pagamento à vista), *de execução diferida* (pagamento deve ocorrer de uma vez só, no futuro) ou *de execução periódica* (pagamento de trato sucessivo no tempo).

Conforme art. 333, o credor terá o direito de cobrar a dívida antes de vencido o prazo estipulado no contrato, nas seguintes situações: I – no caso de falência do devedor, ou de concurso de credores; **(habilitando o crédito antecipadamente)**; II – se os bens, hipotecados ou empenhados, forem penhorados em execução por outro credor; III – se cessarem, ou se se tornarem insuficientes, as garantias do débito, fidejussórias, ou reais, e o devedor, intimado, se negar a reforçá-las. O parágrafo único determina que, no caso de solidariedade passiva, não se reputará vencido o débito quanto aos outros devedores solventes.

Ao lado do pagamento direto (forma normal de extinção do vínculo obrigacional), existem também outras situações que extinguem a obrigação.

São modos equivalentes de cumprimento das obrigações: a) o pagamento em consignação; b) o pagamento com sub-rogação; c) a imputação do pagamento; d) a dação em pagamento; e) a novação; f) a compensação; g) a confusão; e h) a remissão.

4.1 DO PAGAMENTO EM CONSIGNAÇÃO

O pagamento em consignação é o depósito feito pelo devedor, da coisa devida, para liberar-se de uma obrigação assumida em face de um credor determinado. Considera-se pagamento e extingue a obrigação (art. 334).

> **Atenção!** O devedor, além do dever, tem o direito de cumprir a obrigação.

O depósito afasta a incidência das consequências do inadimplemento. A consignação tem lugar quando (art. 335): I – o credor não puder, ou, sem justa causa, recusar receber o pagamento, ou dar quitação na devida forma; II – o credor não for, nem mandar receber a coisa no lugar, tempo e condição devidos; III – o credor for incapaz de receber, for desconhecido, declarado ausente, ou residir em lugar incerto ou de acesso perigoso ou difícil; IV – se ocorrer dúvida sobre quem deva legitimamente receber o objeto do pagamento; V – se pender litígio sobre o objeto do pagamento.

Relativamente ao depósito em dinheiro, algumas regras devem ser observadas. Para que a consignação em pagamento seja válida e eficaz, com força de adimplemento, o devedor terá que observar todos os requisitos do pagamento direto, inclusive quanto ao tempo e ao lugar (art. 336 do CC).

Sobre o pagamento em consignação:

→ A consignação pode ter como objeto bens móveis e imóveis, estando relacionada com uma obrigação de dar;

→ Não pode ter por objeto obrigação de fazer ou não fazer;

→ As partes são denominadas consignante e consignatário.

4.2 DO PAGAMENTO COM SUB-ROGAÇÃO

O Código Civil trata da sub-rogação pessoal, que é a substituição de uma pessoa por outra, que terá os mesmos direitos e ações daquela. Nosso legislador tratou da sub-rogação pessoal ativa, que é a substituição da pessoa em relação aos direitos relacionados ao crédito.

> **Atenção!** Assume a posição de credor (se sub-roga) aquele que cumpriu a obrigação alheia.

Na sub-rogação pessoal ativa, efetivado o pagamento por terceiro, o credor ficará satisfeito (ele recebe o pagamento), não podendo mais requerer o cumprimento da obrigação. No entanto, como o devedor originário não pagou a obrigação, continuará obrigado perante o terceiro que efetivou o pagamento.

Diz-se que a sub-rogação é legal nos seguintes casos (art. 346): I – do credor que paga a dívida do devedor comum; II – do adquirente do imóvel hipotecado, que paga a credor hipotecário, bem como do terceiro que efetiva o pagamento para não ser privado de direito sobre imóvel; III – do terceiro interessado, que paga a dívida pela qual era ou podia ser obrigado, no todo ou em parte.

O principal efeito da sub-rogação é que ela abrange todas as obrigações acessórias. Transfere ao novo credor todos os direitos, ações, privilégios e garantias do primitivo, em relação à dívida, contra o devedor principal e os fiadores (art. 349).

Segundo o art. 347, a sub-rogação é convencional quando: I – o credor recebe o pagamento de terceiro e expressamente lhe transfere todos os seus direitos; II – terceira pessoa empresta ao devedor a quantia precisa para solver a dívida, sob a condição expressa de ficar o mutuante sub-rogado nos direitos do credor satisfeito.

4.3 IMPUTAÇÃO DO PAGAMENTO

Ocorre a imputação do pagamento quando o devedor indica a qual dos débitos oferece o pagamento (quando obrigado a mais de um débito em relação ao mesmo credor).

Juridicamente, imputar significa indicar, apontar. Nada impede que uma pessoa contraia com outrem várias obrigações. Neste caso, sendo os débitos da mesma natureza, quando o devedor efetua o pagamento tem o direito de indicar a qual deles está imputando (oferecendo) esse pagamento, se todos forem líquidos e vencidos.

Caso a escolha não seja feita pelo devedor e ele também não aceite a quitação conforme a escolha do credor (art. 353), a imputação será feita pela norma jurídica, conforme as regras de imputação legal (arts. 354 e 355).

> Art. 354. Havendo capital e juros, o pagamento imputar-se-á primeiro nos juros vencidos, e depois no capital, salvo estipulação em contrário, ou se o credor passar a quitação por conta do capital.
>
> Art. 355. Se o devedor não fizer a indicação do art. 352, e a quitação for omissa quanto à imputação, esta se fará nas dívidas líquidas e vencidas em primeiro lugar. Se as dívidas forem todas líquidas e vencidas ao mesmo tempo, a imputação far-se-á na mais onerosa.

4.4 DAÇÃO EM PAGAMENTO

Consiste na realização de uma prestação diferente da que é devida no instrumento obrigacional, com o fim de extinguir imediatamente a obrigação. Trata-se de forma de extinção obrigacional com pagamento. Só é possível se o credor consentir em receber prestação diversa (art. 356).

A obrigação originária **não precisa ser, necessariamente, pecuniária**. Pouco importa se fora inicialmente pactuada obrigação de dar, de fazer ou de não fazer.

As obrigações também podem ser extintas sem que ocorra o pagamento. São formas de extinção das obrigações sem pagamento a novação, a compensação, a confusão e a remissão.

4.4.1 Novação

Dá-se novação quando, por meio de uma estipulação negocial, as partes criam uma nova obrigação, com a finalidade de substituir e extinguir a obrigação anterior. Trata-se de forma de extinção da obrigação sem o seu cumprimento.

Tem natureza jurídica negocial. Um importante requisito da novação é o "ânimo de novar", ou seja, que as partes tenham de fato o propósito de novar. Por isso, não haverá necessariamente novação se as partes acordarem a substituição do objeto da obrigação, sem que haja prova do ânimo de novar.

A novação pode ser objetiva, subjetiva ou mista.

Segundo o art. 360, inc. I, a novação é objetiva quando o devedor contrai com o credor nova dívida para extinguir e substituir a anterior.

> **Atenção!** Cuidado para não confundir a novação objetiva com a dação em pagamento. Nesta, a obrigação originária permanece a mesma, havendo apenas a modificação do seu objeto, com a devida anuência do credor. Diferentemente, na novação objetiva, a primeira obrigação é extinta e substituída pela nova.

Conforme o art. 360, incs. II e III, ocorre novação subjetiva quando novo devedor sucede ao antigo (novação subjetiva passiva), ficando este quite com o credor e quando, em virtude de obrigação nova, outro credor é substituído ao antigo (novação subjetiva ativa), ficando o devedor quite com este.

Por fim, é possível ocorrer a chamada novação mista, incidente quando, além da alteração de sujeito (credor ou devedor), muda-se o conteúdo ou objeto da relação obrigacional.

4.4.2 Compensação

A compensação é regulada pelos arts. 368 a 380. É o fenômeno por meio do qual se extinguem obrigações pelo fato de o credor de uma delas ter se tornado devedor da outra, e vice-versa.

Assim, a compensação é uma forma de extinção de obrigações, em que seus titulares são, reciprocamente, credores e devedores (art. 368).

Exemplo: Se "A" tem uma dívida de R$ 1.000,00 com "B" e "B" também tem uma dívida de R$ 1.000,00 com "A", tais obrigações se compensam. Da mesma forma, se "A" tem uma dívida de R$ 1.000,00 com "B" e "B" tem uma dívida de R$ 1.500,00 com "A", pode haver a extinção da obrigação de "B" até o limite de R$ 1.000,00.

O art. 369 trata da compensação legal: a compensação efetua-se entre dívidas líquidas, vencidas e de coisas fungíveis.

4.4.3 Confusão

Extingue-se a obrigação, desde que na mesma pessoa se confundam as qualidades de credor e devedor.

> Art. 381. Extingue-se a obrigação, desde que na mesma pessoa se confundam as qualidades de credor e devedor.
>
> Art. 382. A confusão pode verificar-se a respeito de toda a dívida, ou só de parte dela.

4.4.4 Remissão

É o perdão de uma dívida, constituindo um direito exclusivo do credor de exonerar o devedor.

A remissão é modo extintivo não satisfatório da obrigação, pois o credor consente em dispensar o devedor de solver (não há o cumprimento da obrigação). Consiste na liberação do devedor pelo credor, exonerando-se aquele do cumprimento da obrigação de pagar o título. A remissão pode ser total ou parcial.

A remissão precisa ser aceita pelo devedor (art. 385), constituindo negócio jurídico bilateral.

A remissão não pode prejudicar terceiros. A remissão feita em prejuízo de credores (quando um devedor insolvente renuncia a um crédito) configura fraude contra credores, conforme o art. 158.

> Art. 158. Os negócios de transmissão gratuita de bens ou remissão de dívida, se os praticar o devedor já insolvente, ou por eles reduzido à insolvência, ainda quando o ignore, poderão ser anulados pelos credores quirografários, como lesivos dos seus direitos.

A remissão pode ser expressa ou tácita. Expressa é a realizada por documento público ou particular, com a intenção manifesta de perdoar o débito. Será tácita ou implícita quando decorrer de uma atitude do credor, incompatível com a conservação de sua qualidade creditória. As hipóteses de remissão tácita são as previstas em lei, nos arts. 386 e 387: pela devolução do título da obrigação pelo credor e pela restituição voluntária do objeto empenhado (renúncia do credor à garantia).

5. DO INADIMPLEMENTO OBRIGACIONAL

Conforme visto, quando a obrigação não é satisfeita, surge a responsabilidade contratual, disciplinada nos arts. 389 a 391. Como consequência, há a obrigação de indenizar perdas e danos, conforme os arts. 402 a 404. O inadimplemento obrigacional pode ser total ou parcial.

Há inadimplemento relativo ou parcial (mora ou atraso) quando ocorre o descumprimento parcial da obrigação (que ainda pode ser cumprida). Há inadimplemento absoluto ou total quando a obrigação não pode mais ser cumprida, tornando-se inútil ao credor.

> **Atenção!** O critério para distinguir a mora do inadimplemento absoluto é a utilidade da obrigação para o credor.

Além do descumprimento parcial (mora) e do inadimplemento absoluto, a doutrina mais atual menciona a chamada "violação positiva do contrato", que, ao contrário de uma "não realização", ocorre quando a prestação foi realizada, mas de forma inexata ou defeituosa. Em 28-11-2018, o TJRS, ao julgar a apelação cível nº 70078883535, mencionou que "em matéria de responsabilidade contratual, que compreende as hipóteses de **mora, violação positiva do contrato, inadimplemento contratual e vícios ocultos** [...]". (grifos nossos)

Identifica-se, dessa forma, o reconhecimento de outra forma de inadimplemento obrigacional.

Os tribunais também têm utilizado o fundamento da "violação positiva do contrato" para o descumprimento dos chamados deveres anexos do contrato: boa-fé objetiva, informação, colaboração, respeito, lealdade, entre outros.

> **Atenção!** Violação positiva do contrato é o cumprimento imperfeito da obrigação.

Para Tartuce (2019, p. 218) a "violação positiva do contrato" já estaria contemplada no conceito de mora, pois o art. 394 menciona o descumprimento em relação ao lugar e a forma da prestação, e não apenas em relação ao prazo.

5.1 DO INADIMPLEMENTO RELATIVO (MORA)

Inicialmente, registre-se que o inadimplemento pode ocorrer em qualquer tipo de obrigação, e não apenas em relação às dívidas em dinheiro.

Tanto o credor como o devedor podem incorrer em mora. Assim aparece no art. 394: "Considera-se em mora o devedor que não efetuar o pagamento e o credor que o não quiser recebê-lo no tempo, lugar e forma que a lei ou a convenção estabelecer".

Mora do devedor	*Solvendi* ou *debitoris*
Mora do credor	*Accipiendi* ou *creditoris*

Conforme Rizzardo (2018), a mora relaciona-se ao retardamento, ao atraso. Configura-se na "situação do devedor que está em atraso no cumprimento daquilo que se comprometeu". É a situação de quem não satisfez a obrigação no tempo, modo e lugar convencionados, ou seja, o descumprimento do que foi acordado.

Segundo o art. 395 do CC, a mora acarreta a responsabilização do sujeito passivo da obrigação por todos os prejuízos causados ao credor, mais juros, atualização monetária e honorários advocatícios. Dependendo da espécie de obrigação, a mora pode acarretar diferentes prejuízos.

> No pagamento de dívida em dinheiro, por exemplo, os juros e a correção monetária reequilibram o patrimônio do credor. Situações poderão ocorrer, contudo, em que um *plus* poderá ser devido. Cada caso merece a devida análise. Nunca, contudo, a mora do devedor deve servir de veículo de enriquecimento indevido por parte do credor (VENOSA, 2019).

O parágrafo único do art. 395 esclarece, conforme já mencionado, a diferença entre mora e inadimplemento absoluto, configurado este último quando a prestação se torna inútil ao credor.

O art. 396 gerou um entendimento muito importante para fins de exame de ordem e concursos públicos.

> Art. 396. Não havendo fato ou omissão imputável ao devedor, não incorre este em mora.

Observe que o legislador não mencionou "culpabilidade", e sim "fato imputável ao devedor", que se refere muito mais a nexo de causalidade do que à culpabilidade. **Contudo, prevalece na doutrina o entendimento de que a mora pressupõe culpa do devedor**.

Segundo Rizzardo (2018), para o reconhecimento da mora,

> além de vencido o termo ou a data para o cumprimento, é imprescindível a ocorrência de culpa, ou seja, que o devedor incorreu a ela por ato de vontade ou por negligência, imprudência ou imperícia.

Assim, o primeiro requisito é que a obrigação seja exigível. Dessa forma, se a obrigação é líquida e certa, com vencimento determinado, o simples advento desta data (vencimento), é o suficiente para a constituição do devedor em mora. É a chamada mora automática ou *ex re*.

> Art. 397. O inadimplemento da obrigação, positiva e líquida, no seu termo, constitui de pleno direito em mora o devedor.

Quando não houver tempo certo fixado para o adimplemento, ou se a obrigação não for positiva e líquida, é preciso que o credor providencie sua interpelação, notificação (judicial ou extrajudicial), protesto ou citação em ação judicial (art. 240 do CPC). Denomina-se, neste caso, de mora *ex persona*.

> Art. 397. (...)
>
> Parágrafo único. Não havendo termo, a mora se constitui mediante interpelação judicial ou extrajudicial.

Nas obrigações negativas, a constituição em mora do devedor ocorre desde o dia em que praticou o ato de que prometera abster-se (art. 390).

Em que pese o art. 240 do CPC determinar que a citação válida constitui em mora o devedor, algumas normas exigem a notificação prévia ao ajuizamento da ação, como no caso da denúncia da locação por prazo indeterminado, conforme art. 6º da Lei nº 8.245/1991. Da mesma forma, entende o STJ que, para o ajuizamento das ações de busca e apreensão por inadimplemento de obrigação em contrato de alienação fiduciária, há a necessidade de prévia constituição em mora do devedor.

> Conforme entendimento firmado no âmbito da Quarta Turma do STJ, "a demonstração da mora em **alienação fiduciária** ou *leasing* – para ensejar, respectivamente, o ajuizamento de ação de busca e apreensão ou de reintegração de posse – **pode ser feita mediante protesto, por carta registrada expedida por intermédio do cartório de títulos ou documentos, ou por simples carta registrada com aviso de recebimento** – em nenhuma hipótese, exige-se que a assinatura do aviso de recebimento seja do próprio

> destinatário" (REsp. nº 1.292.182/SC, rel. Min. LUIS FELIPE SALOMÃO, 4ª T., j. 29-9-2016, *DJe* de 16-11-2016). (grifos nosso)

O art. 398 indica que, nas obrigações decorrentes de atos ilícitos (responsabilidade extracontratual), considera-se o devedor em mora desde o momento em que praticou o ato.

Por fim, em relação à mora do devedor, o art. 399 determina que o devedor responde pela impossibilidade de cumprimento da obrigação, mesmo se essa impossibilidade resultar de caso fortuito ou de força maior, se a causa da impossibilidade ocorrer durante o atraso. A parte final do dispositivo, contudo, que implica maior dificuldade interpretativa.

> Art. 399. O devedor em mora responde pela impossibilidade da prestação, embora essa impossibilidade resulte de caso fortuito ou de força maior, se estes ocorrerem durante o atraso; salvo se provar isenção de culpa, ou que o dano sobreviria ainda quando a obrigação fosse oportunamente desempenhada.

Determinou o legislador que a responsabilidade do devedor é afastada (pela impossibilidade de cumprimento ocorrido durante a mora) se ele provar isenção total de culpa ou que a impossibilidade aconteceria mesmo se a obrigação tivesse sido cumprida.

A parte final, "que a impossibilidade aconteceria mesmo se a obrigação tivesse sido cumprida" é exemplificada pela doutrina, nos seguintes termos:

> Aqui, há um agravamento da situação do devedor. Terá ele o grande ônus de provar, se já estava em atraso, que a situação invencível ocorreria com ou sem mora. Imaginemos o caso de alguém que se comprometeu a entregar cabeças de gado. Não entregue no dia aprazado, posteriormente o gado vem a contrair uma epidemia. O devedor responderá perante o credor, salvo se provar que a epidemia ocorreria de qualquer modo, ainda que a tradição tivesse ocorrido no termo. (VENOSA, 2019).

Discussões adicionais geraram a expressão "se ele provar isenção total de culpa" pois, como o entendimento doutrinário prevalente é de que só há mora se houver culpa, chegou-se a cogitar a inutilidade da ressalva legal. Se o devedor está em mora, entende-se que agiu com culpa.

> Todavia, se o incumprimento no devido tempo foi consequência de força maior ou caso fortuito, afasta-se a indenização por perdas e danos, como quando o devedor deixa de atender porque adoeceu, ou em virtude de novas exigências impostas pelo credor, acarretando atraso na conclusão. Na elaboração de um produto, dando-se o atraso na sua conclusão, pela demora em chegarem as peças por causa da interrupção do trânsito em uma via, sendo a mesma a única alternativa para o transporte, também não inci-

> dem as perdas e danos caso um incêndio atingir, depois do prazo marcado, as instalações da fábrica do devedor (RIZZARDO, 2018).

5.2 DAS PERDAS E DANOS

O art. 402 determina que as perdas e danos abrangem os danos emergentes (o que efetivamente se perdeu) e os lucros cessantes (o que se deixou de lucrar.

As perdas e danos não poderão ser arbitradas, tampouco baseadas em lucro hipotético. Na modalidade "lucros cessantes", impõe-se a apuração com base naquilo que era razoável esperar como lucro se o dano não tivesse ocorrido.

6. CLÁUSULA PENAL E ARRAS

A cláusula penal é uma penalidade de natureza civil, imposta em razão da inexecução parcial ou total de uma obrigação assumida. Relaciona-se, portanto, ao tema inadimplemento contratual.

Trata-se de obrigação acessória que visa garantir o cumprimento da obrigação principal, bem como fixar, antecipadamente, o valor da indenização (perdas e danos) em caso de descumprimento.

Assim, no caso de mora ou inadimplemento parcial, é denominada cláusula penal moratória ou multa moratória, ao passo que, no caso de inadimplemento total, é denominada multa compensatória (art. 409). Apenas a multa compensatória tem a função de antecipar perdas e danos.

> A cláusula penal moratória não compensa o inadimplemento, nem substitui o adimplemento. Dessa forma, entendia o STJ que, além da cláusula penal moratória, poderia o credor cobrar perdas e danos, especialmente os chamados lucros cessantes (REsp. nº 1. 355.554/RJ).

Observe, no entanto, que em relação ao atraso na entrega do imóvel, em contratos dessa natureza, o STJ relativizou esse entendimento (tema repetitivo 970, julgado em 22-5-2019), fixando a seguinte tese:

> A cláusula penal moratória tem a finalidade de indenizar pelo adimplemento tardio da obrigação, e, em regra, estabelecida em valor equivalente ao locativo, afasta-se sua cumulação com lucros cessantes.

Já a multa compensatória é uma alternativa em benefício do credor, já que não poderá mais exigir a obrigação principal, que se tornou inútil (art. 410). A multa compensatória, em regra, não admite indenização suplementar. Admite-se o complemento excepcionalmente, caso prevista a possibilidade em contrato e demonstrados os prejuízos.

O limite da cláusula penal é o valor da obrigação principal, conforme determina o art. 412.

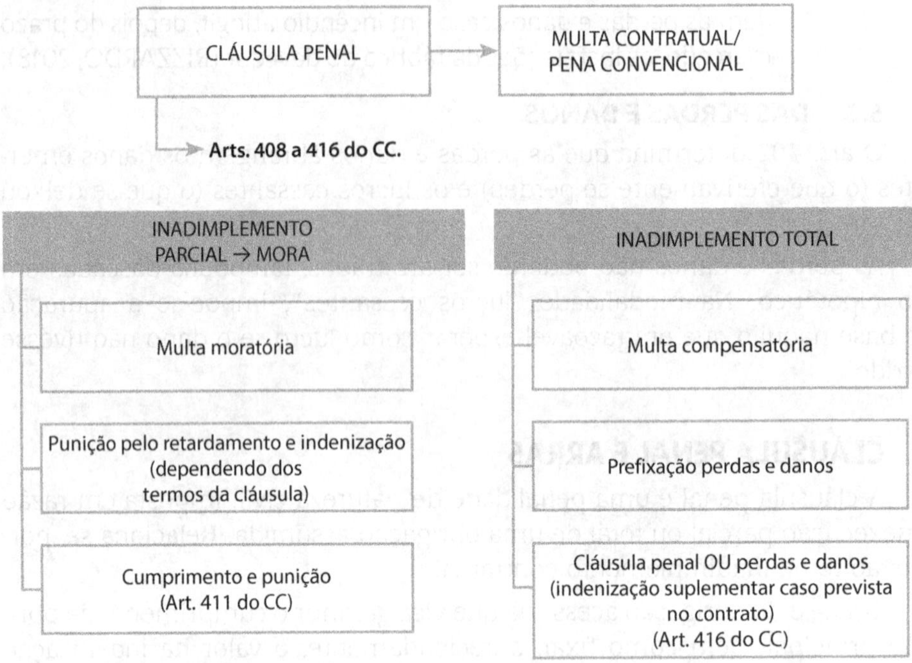

Os arts. 417 a 420 disciplinam as arras ou sinal, que correspondem ao valor dado em dinheiro ou o bem móvel entregue por uma parte à outra, quando do contrato preliminar, visando confirmar a realização do contrato definitivo.

De acordo com o art. 417, a primeira função do sinal é antecipar parte do pagamento; dessa forma, devem ser computadas na prestação devida (deduzidas do valor total da obrigação) se o negócio se concretizar. A outra função é antecipar perdas e danos.

Dessa forma, as arras podem ser:

Confirmatórias: quando no contrato não há cláusula de arrependimento.

Penitenciais: quando há no contrato cláusula de arrependimento.

Dispõe o art. 418 que, se a parte que deu as arras não executar o contrato, poderá a outra tê-lo por desfeito, retendo-as; se a inexecução for de quem recebeu as arras, poderá quem as deu haver o contrato por desfeito, e exigir sua devolução mais o equivalente, com atualização monetária segundo índices oficiais regularmente estabelecidos, juros e honorários de advogado.

No caso das arras confirmatórias, pode a parte inocente exigir perdas e danos, valendo as arras como a taxa mínima do prejuízo suportado. Pode também exigir a execução do contrato, com perdas e danos, valendo as arras como o mínimo de indenização (art. 419).

Em se tratando de arras penitenciais, quando há previsão de possibilidade de arrependimento, elas terão unicamente função indenizatória: quem as deu perdê-las-á em benefício da outra parte e quem as recebeu devolvê-las-á, mais o equivalente. Em ambos os casos, não haverá direito a indenização suplementar.

7. TRANSMISSÃO DAS OBRIGAÇÕES

O Direito Civil admite três formas de transmissão das obrigações: 1) a cessão de crédito; 2) a cessão de débito; e 3) a cessão de contrato, em que crédito e débito são cedidos ao mesmo tempo, pois é a posição do negociante, no contrato, que é cedida. O Código Civil disciplina a cessão de crédito e a assunção de dívida.

A cessão de crédito se consubstancia, ao mesmo tempo, na aquisição (pelo cessionário) e na perda (pelo cedente) do direito cedido, no que toca ao seu titular. Com a cessão, são transferidos todos os elementos da obrigação, inclusive acessórios e garantias. A cessão não depende de anuência do devedor, que não precisa consentir com a transmissão.

Determina o art. 286 que o credor pode ceder o seu crédito, se a isso não se opuser a natureza da obrigação, a lei ou o contrato com o devedor. Em regra, a cessão tem eficácia *inter partes*; para ter eficácia perante terceiros, deverão ser observadas as solenidades.

O art. 290 determina que a cessão não terá eficácia se o devedor dela não for notificado. Contudo, é entendimento consolidado no STJ que a ausência de notificação não isenta o devedor de cumprir a obrigação.

> Este Tribunal Superior possui orientação jurisprudencial no sentido de que a ausência de notificação do devedor acerca da cessão de crédito prevista no art. 290 do Código Civil não torna a dívida inexigível, tampouco impede o novo credor de praticar os atos necessários à preservação dos direitos cedidos (AgInt no AREsp nº 1311428/RS, j. 18-11-2019).

> **Atenção!** A ausência de notificação ao devedor, sobre a cessão de crédito, não torna a obrigação inexigível.

A cessão de débito ou assunção de dívida é negócio jurídico bilateral, pelo qual o devedor, com a concordância do credor, transfere a um terceiro a posição de sujeito passivo (devedor) da obrigação, com a finalidade de liberar e exonerar o primitivo devedor.

> **Atenção!** A assunção de dívida depende da concordância do credor.

Em regra, devem ser consideradas extintas todas as garantias especiais dadas ao credor, salvo consentimento do devedor primitivo.

A assunção de dívida pode se dar entre: a) o antigo e o novo devedor (delegação); b) o novo devedor e o credor (expromissão). Em qualquer caso, é imprescindível que o titular ativo do vínculo obrigacional, ou seja, o credor, consinta expressamente na assunção de dívida por terceiro.

QUESTÕES

1. **(FGV – OAB – XXIII EXAME DE ORDEM)** Cássio, mutuante, celebrou contrato de mútuo gratuito com Felipe, mutuário, cujo objeto era a quantia de R$ 5.000,00, em 1º de outubro de 2016, pelo prazo de seis meses. Foi combinado que a entrega do dinheiro seria feita no parque da cidade. No entanto, Felipe, após receber o dinheiro, foi furtado no caminho de casa. Em 1º de abril de 2017, Cássio telefonou para Felipe para combinar o pagamento da quantia emprestada, mas este respondeu que não seria possível, em razão da perda do bem por fato alheio à sua vontade.

   Acerca dos fatos narrados, assinale a afirmativa correta.

   a) Cássio tem direito à devolução do dinheiro, ainda que a perda da coisa não tenha sido por culpa do devedor, Felipe.

   b) Cássio tem direito à devolução do dinheiro e ao pagamento de juros, ainda que a perda da coisa não tenha sido por culpa do devedor, Felipe.

   c) Cássio tem direito somente à devolução de metade do dinheiro, pois a perda da coisa não foi por culpa do devedor, Felipe.

   d) Cássio não tem direito à devolução do dinheiro, pois a perda da coisa não foi por culpa do devedor, Felipe.

2. **(FGV – OAB – XXV EXAME DE ORDEM)** Arlindo, proprietário da vaca Malhada, vendeu-a a seu vizinho, Lauro. Celebraram, em 10 de janeiro de 2018, um contrato de compra e venda, pelo qual Arlindo deveria receber do comprador a quantia de R$ 2.500,00, no momento da entrega do animal, agendada para um mês após a celebração do contrato. Nesse interregno, contudo, para surpresa de Arlindo, Malhada pariu dois bezerros.

   Sobre os fatos narrados, assinale a afirmativa correta.

   a) Os bezerros pertencem a Arlindo.

   b) Os bezerros pertencem a Lauro.

   c) Um bezerro pertence a Arlindo e o outro, a Lauro.

   d) Deverá ser feito um sorteio para definir a quem pertencem os bezerros.

3. **(OAB – FGV – XXXI EXAME DE ORDEM)** Jacira mora em um apartamento alugado, sendo a locação garantida por fiança prestada por seu pai, José. Certa vez, Jacira conversava com sua irmã Laura acerca de suas dificuldades financeiras, e declarou que temia não ser capaz de pagar o próximo aluguel do imóvel. Compadecida da situação da irmã, Laura procurou o locador do imóvel e, na data de vencimento do aluguel, pagou, em nome próprio, o valor devido por Jacira, sem oposição desta. Nesse cenário, em relação ao débito do aluguel daquele mês, assinale a afirmativa correta.

   a) Laura, como terceira interessada, sub-rogou-se em todos os direitos que o locador tinha em face de Jacira, inclusive a garantia fidejussória.

   b) Laura, como terceira não interessada, tem apenas direito de regresso em face de Jacira.

c) Laura, como devedora solidária, sub-rogou-se nos direitos que o locador tinha em face de Jacira, mas não quanto à garantia fidejussória.

d) Laura, tendo realizado mera liberalidade, não tem qualquer direito em face de Jacira.

GABARITO

1. A; 2. A; 3. B.

REFERÊNCIAS BIBLIOGRÁFICAS

AZEVEDO, Álvaro Villaça. *Teoria Geral da Obrigações*. 8. ed. São Paulo: RT, 2000.

DONIZETTI, Elpídio; QUINTELLA, Felipe. *Curso Didático de Direito Civil*. 6. ed. rev. e atual. São Paulo: Atlas, 2017.

FARIAS, Cristiano Chaves de; BRAGA NETTO, Felipe; ROSENVALD, Nelson. *Manual de Direito Civil*: volume único. Salvador: JusPodvim, 2019.

GAGLIANO, Paulo Stolze; PAMPLONA FILHO, Rodolfo. *Curso de Direito Civil*: obrigações. São Paulo: Saraiva Educação, 2020.

MIRAGEM, Bruno. *Direito Civil*: direito das obrigações. 2. ed. São Paulo: Saraiva Educação, 2018.

NERY, Rosa Maria de Andrade; NERY JUNIOR, Nelson. *Código Civil comentado*. São Paulo: RT, 2019. Disponível em: https://proview.thomsonreuters.com/launchapp/title/rt/codigos/100083938/v13/page/RL-2.45. Acesso em: 2 jul. 2020.

RIZZARDO, Arnaldo. *Direitos e Obrigações*. 9. ed. São Paulo: Grupo GEN, 2018. Disponível em: https://grupogen.vitalsource.com/#/books/9788530980818/. Acesso em: 2 jul. 2020.

TARTUCE, Flávio. *Direito Civil*: direito das obrigações e responsabilidade civil. 14. ed. Rio de Janeiro: Forense, 2019, v. 2.

VENOSA, Sílvio de Salvo. 2018. *Direito Civil* – Obrigações e Responsabilidade Civil. 19. ed. Grupo GEN, 2019. [VitalSource Bookshelf]. Acesso em 21 dez. 2020. v. II.

Direito Civil – Responsabilidade civil

Veridiana Maria Rehbein

Mestre em Direito. Professora na Universidade de Santa Cruz do Sul – UNISC e no Centro de Ensino Integrado Santa Cruz – CEISC. Advogada.

SUMÁRIO

1. NOTAS INTRODUTÓRIAS

A responsabilidade civil está em constante evolução em razão de vincular-se, necessariamente, ao modo de viver de cada tempo histórico. Diferentes produtos, serviços, práticas e comportamentos são capazes de gerar danos em novas circunstâncias. Busca a responsabilização civil o equilíbrio das relações jurídicas e sociais, conferindo certeza à reparabilidade do dano injusto.

A responsabilidade civil se estabelece "a partir da relação entre um dever jurídico originário, decorrente de previsão normativa genérica ou específica, e um dever jurídico sucessivo, relativamente à consequência imputada ao agente que viola o primeiro dever" (MIRAGEM, 2015). Assim, a responsabilidade civil surge em face do descumprimento obrigacional, pela desobediência de uma regra estabelecida em um contrato, ou por deixar determinada pessoa de observar deveres jurídicos previstos em regras ou princípios.

A base da compreensão necessária para a solução das questões relativas à responsabilidade civil no Exame de Ordem é a diferenciação entre responsabilidade objetiva e subjetiva.

> Historicamente, os juristas fundamentam a reparação civil ou no dano ou na culpa. Aceitar o dano como fundamento da responsabilidade civil privilegia a reparação, porquanto basta que se cause um prejuízo para que surja o dever de repará-lo. Por sua vez, aceitar a culpa como fundamento da reparação civil importa limitar a imposição da responsabilidade e do consequente dever de indenizar ao sujeito que causou dano culposamente, o que priva de reparação o dano causado sem culpa, assim como o causado por culpa quando não se conseguir produzir prova dela (DONIZETTI e QUINTELLA 2017, p. 399).

Com a compreensão das diferentes espécies de responsabilidade civil, impõe-se a compreensão de seus elementos. Diferentemente de outros conteúdos, cujas respostas muitas vezes se encontram na literalidade da lei, a solução de um problema de responsabilidade civil exige contextualização e ponderação.

2. CONCEITO

Entende-se por responsabilidade civil o dever de reparação dos danos causados em decorrência da violação de um dever jurídico preexistente. Esse dever jurídico preexistente pode decorrer de um contrato ou da não observância de preceitos normativos gerais. Assim, o Direito brasileiro protege as pessoas que sofrem dano, impondo ao autor do ato que deu causa ao prejuízo, o dever de reparar. Dessa forma, respondem pelo dano: o seu causador; aquele que responde pelos atos do causador; o dono da coisa ou de animal que causa o dano e aqueles que desenvolvem atividades de risco (a quem a lei imputa o dever de reparar).

Nesse passo, é possível estabelecer a responsabilidade civil como consequência dos danos causados em decorrência de culpa (ato ilícito em sentido estrito, pressuposto da responsabilidade subjetiva) ou por determinação legal (fato da coisa, abuso de direito, risco da atividade) que corresponde à responsabilidade objetiva.

O objetivo da relação obrigacional de responsabilidade civil será sempre o dever de indenizar, aí entendido o dever de responder com seu patrimônio pela reparação da vítima do dano ao qual se lhe imputa responsável (MIRAGEM, 2015).

Assim, são os bens do responsável pela ofensa ou violação do direito de outrem que ficam sujeitos à reparação do dano causado (arts. 391 e 942).

3. ESPÉCIES DE RESPONSABILIDADE

O dano pode decorrer do descumprimento de um contrato, caso em que haverá a denominada responsabilidade civil contratual ou negocial, ou do descumprimento de um dever jurídico decorrente da lei, o que gera a responsabilidade civil extracontratual ou aquiliana. A responsabilidade também se subdivide em subjetiva e objetiva e direta e indireta.

Responsabilidade contratual: aquela decorrente de inexecução ou infração em contrato firmado pelas partes. Prevista no Código Civil como perdas e danos.	**Responsabilidade objetiva:** fundamenta-se no risco, com origem em determinação legal, independentemente de culpa do agente.	**Responsabilidade direta:** quando o fato é imputado ao agente por conduta própria; responsabilidade por ato próprio.
Responsabilidade extracontratual ou aquiliana: decorre de ato ilícito. Tem por fonte a inobservância da lei, pois não há relação jurídica anterior entre as partes.	**Responsabilidade subjetiva:** depende de demonstração de culpa do agente – art. 186.	**Responsabilidade indireta ou complexa:** incide sobre o agente por ato de terceiro (exemplo: art. 933 do CC).

4. PRESSUPOSTOS

Inexiste consenso doutrinário sobre a identificação precisa e/ou denominação dos elementos ou pressupostos da responsabilidade civil. No entanto, é inquestionável para qualquer teoria doutrinária que a responsabilidade civil não prescinde de **dano**, **nexo de causalidade** e **ato/fato/atividade** relacionada ao causador ou responsável. Doutrinadores contemporâneos, mais atentos à crescente incidência de atividades de risco e da consequente responsabilização objetiva, inserem o requisito culpa como elemento apenas da responsabilidade subjetiva.

Assim, são pressupostos da responsabilidade **subjetiva**: a) dano, que pode ser material ou moral (individual ou coletivo); estético e aquele decorrente da perda de uma chance (que não se enquadra necessariamente no conceito de dano moral ou material); b) ato Ilícito/lesivo; c) nexo de causalidade e; d) culpa.

São pressupostos da responsabilidade **objetiva**: a) dano, que pode ser material ou moral (individual ou coletivo); estético e aquele decorrente da perda de uma chance (que não se enquadra necessariamente no conceito de dano moral ou material); b) ato antijurídico; e c) nexo de causalidade.

Com base em tais pressupostos, pode-se definir como **ato ilícito**, em sentido amplo (antijurídico), aquele contrário à lei ou ao direito (causa dano injusto a outra pessoa); o **dano** é o prejuízo (moral, material, estético ou a perda de uma chance) experimentado pela vítima (ou por uma coletividade); **nexo de causalidade** é o vínculo lógico entre determinada conduta antijurídica do agente e o dano experimentado pela vítima; por fim, a **culpabilidade** é o desvio de um padrão de conduta, um comportamento que intencionalmente, ou por falta de cuidado, viola um dever jurídico (dolo, negligência, imprudência ou imperícia).

A responsabilização objetiva tem os mesmos pressupostos, exceto a culpabilidade. Diz-se que a responsabilida**de objetiva se dá independentemente de culpa.**

O art. 927 trata das duas espécies de responsabilidade civil:

Art. 927. Aquele que, por ato ilícito (arts. 186 e 187), causar dano a outrem, fica obrigado a repará-lo.	Subjetiva
Parágrafo único. Haverá obrigação de reparar o dano, independentemente de culpa, nos casos especificados em lei, ou quando a atividade normalmente desenvolvida pelo autor do dano implicar, por sua natureza, risco para os direitos de outrem.	Objetiva

O ato ilícito em sentido estrito, que irá fundamentar a responsabilidade subjetiva, encontra-se definido no art. 186 do CC:

> Art. 186. Aquele que, por ação ou omissão voluntária, negligência ou imprudência, violar direito e causar dano a outrem, ainda que exclusivamente moral, comete ato ilícito.

O art. 187 dispõe sobre o abuso de direito, que também configura ilicitude:

> Art. 187. Também comete ato ilícito o titular de um direito que, ao exercê-lo, excede manifestamente os limites impostos pelo seu fim econômico ou social, pela boa-fé ou pelos bons costumes.

O art. 188 afasta a ilicitude do ato em algumas circunstâncias. Alguns autores denominam "causas de justificação" outros excludentes de antijuridicidade:

> Art. 188. Não constituem atos ilícitos:
> I – os praticados em legítima defesa ou no exercício regular de um direito reconhecido;
> II – a deterioração ou destruição da coisa alheia, ou a lesão a pessoa, a fim de remover perigo iminente.
> Parágrafo único. No caso do inciso II, o ato será legítimo somente quando as circunstâncias o tornarem absolutamente necessário, não excedendo os limites do indispensável para a remoção do perigo.

> **#ficaadica:** Independentemente da excludente de ilicitude, o dano causado em estado de necessidade pode gerar o dever de indenizar (arts. 929 e 930).

5. CULPA (PRESSUPOSTO DA RESPONSABILIDADE SUBJETIVA)

Lembre-se de que, no Direito Civil, a culpa é utilizada em sentido amplo, ou seja, compreende o dolo e a culpa em sentido estrito. O conceito de culpa está, de modo objetivo, delineado pelo art. 186 do CC, mas sua compreensão é ampliada por entendimentos doutrinários e jurisprudenciais.

> Ao contrário do que ocorre na seara penal, no direito civil o vocábulo culpa é invariavelmente utilizado para exprimir uma ideia de culpa lata, considerada como qualquer comportamento que intencionalmente, ou por falta de cautela, viola um dever jurídico (FARIAS, BRAGA NETTO e ROSENVALD, 2019, p. 922).

O dolo é a violação intencional do dever jurídico com o objetivo de prejudicar outrem. Já a culpa em sentido estrito caracteriza-se pela: a) imprudência, que corresponde a um agir descuidado; b) negligência, que se caracteriza por uma omissão; e c) imperícia, que é a falta de conhecimento ou de qualificação de quem deveria tê-los.

6. RESPONSABILIDADE OBJETIVA

Trata-se da responsabilidade civil decorrente de determinação legal, seja pela natureza da atividade desenvolvida pelo agente, seja pelo risco inerente a ela. Aquela que se dá independentemente de culpa.

Na sociedade contemporânea, a grande diversidade e quantidade de produtos e serviços (na sua maioria com uso de tecnologia e decorrentes de conhecimentos das mais variadas áreas) traz consigo riscos decorrentes do progresso técnico-econômico.

> Eis aqui a justificativa das variadas hipóteses de responsabilidade objetiva, em que não se exige a demonstração de culpa para a imputação do dever de indenizar, uma vez que a causalidade se atribui, em termos abstratos, a determinada atividade, cujo responsável, por sua posição, será chamado a responder pelos danos que porventura dela decorrerem. (MIRAGEM, 2015, p. 38).

Quanto à natureza da atividade, veja que o art. 927, parágrafo único, do CC estabelece a responsabilidade objetiva em situações específicas: quando a lei determinar ou quando a atividade for de risco. Um exemplo de responsabilidade objetiva determinada em lei é o contrato de transporte de pessoas e coisas, em que a responsabilidade pela reparação civil ocorre independentemente de culpa do transportador.

Para facilitar a compreensão de atividades que, por sua natureza, implicam risco, surgiram as chamadas teorias do risco, sendo as principais:

Teorias do risco
Teoria do risco administrativo: responsabilidade objetiva do Estado. Ex.: art. 37, § 6º, da CF.
Teoria do risco criado: quando o agente cria o risco. Ex.: art. 938 do CC.
Teoria do risco da atividade: quando a atividade cria riscos a terceiros. Ex.: postos de combustíveis.
Teoria do risco-proveito: o risco decorre de uma atividade lucrativa. Ex.: Direito do Consumidor.
Teoria do risco integral: quando, em regra, não há excludentes do nexo de causalidade. Ex.: dano ambiental.

Ainda quanto ao risco da atividade, vemos o exemplo de transportador de produtos perigosos que, mesmo em caso de acidente causado por outrem, tem responsabilidade por danos ambientais eventualmente causados (individuais ou coletivos).

Lembre-se de que, na responsabilidade objetiva, não há a necessidade de comprovação de culpa e, quando se tratar de risco integral, nem o caso fortuito nem a força maior são capazes de afastá-la (como nos casos de danos ao meio ambiente e do seguro obrigatório de veículos automotores).

Exemplos de responsabilidade objetiva (independentemente de culpa):

Exemplos
• A responsabilidade civil nas relações de consumo é, em regra, objetiva, exceção importante é aquela dos profissionais liberais (art. 14, § 4º, do CDC);
• A responsabilidade civil decorrente de abuso de direito (art. 187) independe de culpa e fundamenta-se somente no critério objetivo-finalístico (Enunciado nº 37 da I Jornada de Direito Civil e entendimento prevalente da doutrina);
• Responsabilidade por fato de terceiro (art. 933);
• Responsabilidade pelo fato do animal (art. 936);
• Responsabilidade pela ruína de edifício ou construção (art. 937);
• Responsabilidade do habitante de prédio pelos danos provenientes das coisas que dele caírem ou forem lançadas em lugar indevido (art. 938).

7. DANOS

O dano recebe outras denominações, e o examinando precisa ficar atento, já que muitas vezes a lei menciona perdas e danos, prejuízos reparáveis ou lesão a interesses tutelados, por exemplo. Danos são os prejuízos experimentados pela vítima. Tradicionalmente reconhecia-se apenas o dano moral (extrapatrimonial) e o dano material (patrimonial).

Em que pese as inúmeras críticas doutrinárias à inclusão de novas modalidades de danos, o certo é que a jurisprudência consolidada os reconhece e a banca elabora questões sobre eles. Assim, atualmente, por força da Súm. nº 387 do STJ: *"É lícita a cumulação das indenizações de **dano estético** e dano moral"*, o direito brasileiro admite uma terceira categoria: a dos danos denominados estéticos.

Por fim e mais recentemente, a admissão da reparabilidade da **perda de uma chance** que, conforme Enunciado nº 444 da V Jornada de Direito Civil do CJF, "não se limita à categoria de danos extrapatrimoniais, pois, conforme as circunstâncias do caso concreto, a chance perdida pode apresentar também a natureza jurídica de dano patrimonial", ou seja, por não se enquadrar especificamente em danos materiais ou morais (nem estéticos), pode ser considerada uma quarta modalidade de dano.

Não há consenso na doutrina e na jurisprudência sobre o enquadramento do dano decorrente da perda de uma chance. Há julgados em que se reconhece o dano moral e, em outros, o dano material decorrente da perda da chance. Diante disso, deve o examinando ficar atento ao enunciado, observando que:

> basta, nesse sentido, notar que a chance, em si, pode ser considerada um **bem autônomo**, cuja violação pode dar lugar à indenização de seu equivalente econômico, a exemplo do que se defende no direito americano (STJ, REsp nº 1254141/PR).

Em relação ao público atingido (vítimas), o dano pode ser **individual** (experimentado pela pessoa, tanto moral quanto material) ou **coletivo**, que atinge uma coletividade de pessoas (como aquele causado ao meio ambiente, a direitos sociais, à categoria de consumidores, etc.).

7.1 DANOS MATERIAIS

O **dano material (ou patrimonial)** é aquele que atinge o patrimônio da vítima, que pode ser apreciado economicamente. É indispensável que o examinando observe que o bem jurídico atingido diretamente não é necessariamente um bem material, mas os efeitos podem refletir no patrimônio da vítima.

> Como adiante veremos, a violação de bens personalíssimos, como o bom nome, a reputação, a saúde, a imagem e a própria honra, pode refletir no patrimônio da vítima, gerando perda de receitas ou realização de despesas – o médico difamado perde a sua clientela –, o que para alguns autores configura o dano patrimonial indireto. (CAVALIERI FILHO, 2020).

Desdobra-se o dano material em **dano positivo ou emergente**, que corresponde ao prejuízo já sofrido, ou seja, à redução já experimentada no patrimônio da vítima (por exemplo, as despesas médicas ocorridas para tratamento de vítima de atropelamento); e em **danos negativos ou lucro cessante**, que corresponde aos valores que deixaram de ser auferidos pela vítima em razão do evento danoso. É o que ocorre, por exemplo, nos lucros que a vítima deixa de auferir, ou o negócio que deixa de realizar, ou mesmo a renda que deixa de ter em razão do ato ilícito (art. 402). Observe o examinando que o art. 402 traz a expressão "razoavelmente":

> Razoável é tudo aquilo que seja, ao mesmo tempo, **adequado**, **necessário** e **proporcional**; é aquilo que o bom senso diz que o credor lucraria, apurado segundo um juízo de probabilidade, de acordo com o normal desenrolar dos fatos. Não pode ser algo meramente hipotético, imaginário, porque tem que ter por base uma situação fática concreta. (CAVALIERI FILHO, 2020). (grifos no original)

Ainda que o art. 949 mencione os "lucros cessantes até o fim da convalescença", o lucro cessante por vezes decorre de um dano causado a um bem da vítima, aquele indispensável ao exercício do seu trabalho, como o veículo para o transportador, por exemplo.

Ressalte-se que, em regra, a indenização será fixada de acordo com a extensão do dano (art. 944).

7.2 DANOS MORAIS

Assim como inúmeros outros institutos da responsabilidade civil, também não há consenso sobre o conceito de dano moral. Para fins de Exame de Ordem, é importante o examinando observar sua amplitude, ou seja, todos aqueles que são extrapatrimoniais (que atingem bens tutelados que não têm valor de mercado).

Pode-se dizer que o entendimento que prevalece no Direito brasileiro é o de que o compreende como decorrente da lesão aos direitos de personalidade. Deve-se utilizar especialmente a expressão compensação, pois ela servirá como derivativo ou sucedâneo, e não como ressarcimento.

Lembre-se de que pessoa jurídica também pode sofrer dano moral:

Dano moral sofrido por pessoa jurídica	**Art. 52 do CC:** Aplica-se às pessoas jurídicas, no que couber, a proteção dos direitos da personalidade. **Súm. nº 227 do STJ:** A pessoa jurídica pode sofrer dano moral.	**Honra objetiva:** compreende sua reputação, seu bom nome e sua fama perante a sociedade e o meio profissional.

Cuidado! O STJ divulgou recentemente (IJ nº 665, de 13-3-2020) que o condomínio, por ser uma massa patrimonial, não possui honra objetiva apta a sofrer dano moral.

A jurisprudência consolidada dos Tribunais Superiores considera, em algumas situações, que não há necessidade de prova do dano moral, o denominado **dano moral presumido ou *in re ipsa***, aquele que decorre da gravidade do evento danoso. Como no caso de lesão física grave e nas situações a seguir, sumuladas pelo STJ:

Súm. nº 370. Caracteriza dano moral a apresentação antecipada de cheque pré-datado.
Súm. nº 385. Da anotação irregular em cadastro de proteção ao crédito, não cabe indenização por dano moral, quando preexistente legítima inscrição, ressalvado o direito ao cancelamento.
Súm. nº 388. A simples devolução indevida de cheque caracteriza dano moral.
Súm. nº 403. Independe de prova do prejuízo a indenização pela publicação não autorizada de imagem de pessoa com fins econômicos ou comerciais.

7.3 DANOS ESTÉTICOS

A mesma discussão que ainda existe sobre a real autonomia do dano decorrente da perda de uma chance perdurou por muito tempo sobre o chamado dano estético. Contudo, o STJ pacificou o tema a publicar a Súm. nº 387, afirmando que o dano estético é cumulável com o dano moral (se é cumulável, mostra-se autônomo em relação aos danos moral e material). Farias, Braga Netto e Rosenvald (2019) conceituam o dano estético como "a lesão que afeta de modo duradouro o corpo humano, transformando-o negativamente".

Segundo o STJ:

> configura dano estético aquele resultante de do trauma físico sofrido, em razão da modificação ou transformação da aparência, a permanência e o efeito danoso prolongado, alguma deformidade no corpo da vítima como marcas e cicatrizes que permanecerão ao longo de sua vida (AREsp nº 190899, j. 30-11-2012).

7.4 TEORIA DA PERDA DE UMA CHANCE

Em sua origem, desenvolvida pela doutrina francesa, a teoria era utilizada para defender a possibilidade de uma indenização quando, por ato ilícito, o ofensor retirava da vítima a oportunidade de obter um ganho. Situação clássica dessa modalidade, inúmeras vezes apreciada pelos tribunais, é a do advogado que perde o prazo para a interposição do recurso que poderia reverter a decisão desfavorável (poderia trazer um ganho ao cliente). Diversos julgados recentes corroboram a tese do STJ de que a probabilidade de êxito, caso o recurso tivesse sido interposto, precisa ser demonstrada para que ocorra a reparação.

> AGRAVO INTERNO NO AGRAVO EM RECURSO ESPECIAL. PERDA DE PRAZO POR ADVOGADO. TEORIA DA PERDA DE UMA CHANCE. DANOS MORAIS. REEXAME DE PROVAS. SÚMULA Nº 7/STJ. AGRAVO NÃO PROVIDO.

> 1. Nos casos "de responsabilidade de profissionais da advocacia por condutas pontadas como negligentes, e diante do aspecto relativo à incerteza da vantagem não experimentada, as demandas que invocam a teoria da 'perda de uma chance' devem ser solucionadas a partir de detida análise acerca das reais possibilidades de êxito do postulante, eventualmente perdidas em razão da desídia do causídico". Assim, "o fato de o advogado ter perdido o prazo para contestar ou interpor recurso (...) não enseja sua automática responsabilização civil com base na teoria da perda de uma chance, fazendo-se absolutamente necessária a ponderação acerca da probabilidade – que se supõe real – que a parte teria de se sagrar vitoriosa ou de ter a sua pretensão atendida" (REsp nº 993.936/RJ, rel. Min. LUIS FELIPE SALOMÃO, 4ª T., j. 27-3-2012, *DJe* 23-4-2012).
>
> 2. Não cabe, em recurso especial, reexaminar matéria fático-probatória (Súmula nº 7/STJ).
>
> 3. Agravo interno a que se nega provimento.
>
> (AgInt no AREsp nº 1492872 / PR, j. 10-3-2020).

Situação mais difícil, mas também reconhecida, é a omissão daquele que poderia ter evitado o prejuízo e não o fez. Veja o exemplo de uma omissão médica: a negativa de atendimento em caso de urgência, a não solicitação de exames indispensáveis ou mesmo a dispensa do doente que deveria ter sido internado são situações que podem agravar o quadro ou mesmo causar a morte do paciente. Da mesma forma do exemplo anterior, a conduta do profissional deve ter comprometido de forma séria e real (muito provável) a cura ou a melhora do quadro do paciente.

> [...] A teoria da perda de uma chance comporta duplo viés, ora justificando o dever de indenizar em decorrência da frustração da expectativa de se obter uma vantagem ou um ganho futuro, desde que séria e real a possibilidade de êxito (perda da chance clássica), ora amparando a pretensão ressarcitória pela conduta omissiva que, se praticada a contento, poderia evitar o prejuízo suportado pela vítima (perda da chance atípica). [...] (REsp nº 1677083 / SP, j. 14-11-2017).

O mesmo julgado é muito elucidativo a respeito do valor da indenização pela perda da chance. Observe o examinando que o valor nunca será igual ao valor do dano material ou do dano moral com causalidade direta (nesse ponto reside a importância de tratar a perda da chance como categoria autônoma).

> [...] 7. Na responsabilidade civil pela perda de uma chance, o valor da indenização não equivale ao prejuízo final, devendo ser obtido mediante valoração da chance perdida, como bem jurídico autônomo.

> 8. Ainda que estabelecidos os danos morais em R$ 50.000,00 (cinquenta mil reais) com base no sofrimento e na angústia do autor pela morte de sua esposa, não se mostra desarrazoada a quantia fixada a esse título, mesmo considerando que a indenização deve reparar apenas a chance perdida.
>
> 9. Recurso especial não provido.
>
> [...] (REsp nº 1677083 / SP, j. 14-11-2017).

8. NEXO DE CAUSALIDADE

Refere-se à vinculação ou ao liame jurídico que liga o fato, os danos experimentados e a responsabilidade do agente.

> Não basta ter ocorrido um ato conforme ou contrário a direito e ter alguém sofrido um dano: somente há responsabilidade civil se for provada a relação causal – nexo de causalidade – entre o ato e o dano (DONIZETTI e QUINTELLA, 2017, p. 413).

O nexo de causalidade é afastado (integral ou parcialmente) por ocasião de:

a) **culpa/fato exclusivo da vítima:** quando a vítima fora a causadora do fato ou dos danos;

b) **culpa/fato concorrente**: estabelece responsabilidade conjunta ou partida entre o agente e a vítima, eis que houve contribuição de ambos para a persecução do fato e danos experimentados, sendo apurada a responsabilidade de acordo com a contribuição de cada parte para o evento. Aqui não há o rompimento do nexo de causalidade, mas responsabilidade conjunta;

O art. 945 do CC trata da hipótese de concorrência de culpas: se a vítima tiver concorrido culposamente para o evento danoso, a sua indenização será fixada tendo-se em conta a gravidade de sua culpa em confronto com a do autor do dano. Observe-se, contudo, que, embora o artigo faça referência à "culpabilidade", o fato da vítima (concorrência de causas) também acarretará divisão de responsabilidade. Nesse sentido, veja o Enunciado nº 459 da V Jornada de Direito Civil:

> **#ficaadica:** "A conduta da vítima pode ser fator atenuante do nexo de causalidade na responsabilidade civil objetiva".

c) **culpa/fato de terceiro:** situações em que a culpa/fato decorre de terceiro (pessoa diversa foi a causadora do dano);

d) **caso fortuito ou força maior**: evento alheio às partes, decorrente de fato cujos efeitos era impossível evitar, afastando a responsabilidade pela reparação (salvo exceções).

A previsão do caso fortuito e de força maior como eventos que rompem o nexo de causalidade se dá nos termos do parágrafo único do art. 393 do CC, que estabelece que: "O caso fortuito ou de força maior verifica-se no fato necessário, cujos efeitos não era possível evitar ou impedir".

Em relação ao caso fortuito, é importante observar que, na responsabilidade objetiva, eventos inerentes à atividade configuram **caso fortuito interno e não afastam o dever de indenizar**.

> Diz-se, assim, caso fortuito interno, porque o risco representado pelo fato é inerente, interno à conduta ou à atividade do agente, de modo que deve responder quando dele decorra o dano. Distingue-se, nesse particular, do caso fortuito externo (ou força maior), em que o dano decorre de causa completamente estranha à conduta do agente (MIRAGEM, 2015, p. 247).

Veja o Enunciado nº 443 da V Jornada de Direito Civil:

> **Enunciado nº 443.** O caso fortuito e a força maior somente serão considerados como excludentes da responsabilidade civil quando o fato gerador do dano **não for conexo à atividade desenvolvida**.

Observe o entendimento sumulado do STJ:

> **Súm. nº 479.** As instituições financeiras respondem objetivamente pelos danos gerados por **fortuito interno** relativo a fraudes e delitos praticados por terceiros no âmbito de operações bancárias.

Como exemplo de fortuito externo (que afasta o dever de indenizar), a jurisprudência do STJ tem reconhecido que o roubo dentro de ônibus, por se tratar de fato de terceiro inteiramente independente ao transporte em si, afasta a responsabilidade da empresa transportadora por danos causados aos passageiros (IJ nº 627, junho de 2018).

Recebe a mesma interpretação o dano causado por pedra arremessada contra ônibus:

> nos moldes do entendimento uníssono desta Corte, com suporte na doutrina, o ato culposo de terceiro, conexo com a atividade do transportador e relacionado com os riscos próprios do negócio, caracteriza o fortuito interno, inapto a excluir a responsabilidade do transportador. Por sua vez, **o ato de terceiro que seja doloso ou alheio aos riscos próprios da atividade explorada, é fato estranho à atividade do transportador, caracterizando-se como fortuito externo, equiparável à força maior**, rompendo o nexo causal e excluindo a responsabilidade civil do fornecedor (STJ, EREsp nº 1318095 / MG, 2017).

Para a identificação do nexo de causalidade, são utilizadas algumas teorias. Também não há consenso doutrinário sobre sua nomenclatura e classificação. A jurisprudência menciona preponderantemente a ***teoria da causalidade***

adequada, mas a Fundação Getulio Vargas (FGV) já fundamentou respostas na teoria do ***dano direto e imediato*** (art. 403 do CC). Veja o conceito de ambas, conforme Tartuce (2017):

> ***Teoria da causalidade adequada*** – teoria desenvolvida por Von Kries, pela qual se deve identificar, na presença de uma possível causa, aquela que, de forma potencial, gerou o evento danoso. Na interpretação deste autor, por esta teoria, somente o fato relevante ou causa necessária para o evento danoso gera a responsabilidade civil, devendo a indenização ser adequada aos fatos que a envolvem.
>
> ***Teoria do dano direto e imediato ou teoria da interrupção do nexo causal*** – havendo violação do direito por parte do credor ou do terceiro, haverá interrupção do nexo causal com a consequente irresponsabilidade do suposto agente. Desse modo, somente devem ser reparados os danos que decorrem como efeitos necessários da conduta do agente.

Bruno Miragem e Flávio Tartuce afirmam que a doutrina brasileira se divide entre a teoria da causalidade adequada e a do dano direto e imediato, mas que, ao se analisar os fundamentos na aplicação das duas teorias, percebe-se que, em ambas, o julgador menciona a interrupção do nexo causal como fundamento da exclusão da responsabilidade.

> Nesse sentido, é didática a expressão "dano direto e imediato" para identificar que todas as causas que venham a se realizar depois da conduta do autor, e que venham a aumentar a extensão ou a gravidade do dano, quando não ligadas **imediatamente** a este autor, não serão de sua responsabilidade, senão daquele que deu causa à sua ocorrência (MIRAGEM, 2015).

Contudo, é possível notar uma diferença sutil entre as duas teorias: a teoria do dano direto e imediato é normalmente aplicada às situações que acarretam a exclusão total de responsabilidade em relação ao segundo dano (após a interrupção), ao passo que a teoria da causalidade adequada permite a análise de concausas (causas concomitantes). A banca avaliadora se utilizou desse critério na peça na prova da segunda fase no Exame XVI.

Além das teorias para identificação do nexo de causalidade, temos as chamadas **teorias das concausas,** que, segundo Tartuce (2017), mantêm relação direta com a causalidade adequada.

Concausalidade ordinária, conjunta ou comum: consiste em condutas coordenadas e dependentes de duas ou mais pessoas. O dano é causado conjuntamente e os ofensores respondem solidariamente (art. 942 do CC).
Concausalidade acumulativa: é aquela existente entre a conduta de duas ou mais pessoas que são independentes entre si. Neste caso, cada um deverá responder na proporção de suas culpas (art. 945 do CC).

Concausalidade alternativa ou disjuntiva: é aquela existente entre a conduta de duas ou mais pessoas, sendo apenas uma das condutas importante para a ocorrência do evento danoso (já utilizada como fundamento de gabarito no Exame de Ordem em relação à responsabilidade decorrente do art. 938 do CC).

9. INDENIZAÇÃO

Apurada a responsabilidade, o art. 944 do CC estabelece a fixação do valor da indenização com base na extensão dos danos. O parágrafo único do art. 944 prevê uma exceção: se houver excessiva desproporção entre a gravidade da culpa e o dano, poderá o juiz reduzir, equitativamente, a indenização.

De modo geral, a reparação, portanto, deve alcançar todos os prejuízos experimentados pela vítima. No caso da responsabilidade contratual, veja-se que o art. 404 do CC estabelece que as perdas e os danos correspondem a principal, lucros cessantes, honorários, juros e correção.

Porém, é possível verificar a previsão legal em situações específicas, como no caso do homicídio, em que há previsão de pagamento das despesas de funeral, médicas, luto e alimentos aos dependentes da vítima (art. 948). Em relação aos alimentos indenizatórios, importa atentar ao fato de que em famílias de baixa renda presume-se uma contribuição mútua entre pais e filhos, independentemente do desenvolvimento de atividade remunerada na data do óbito. Veja Súm. nº 491 do STF:

Súm. nº 491. É indenizável o acidente que cause a morte de filho menor, ainda que não exerça trabalho remunerado.

No caso de lesão ou outra ofensa à saúde, além das despesas de tratamento e dos lucros cessantes, o ofensor indenizará o ofendido por todos os outros prejuízos que este último prove haver sofrido (art. 949).

O art. 950 trata do pensionamento devido à vítima que ficou impossibilitada de exercer suas atividades ou sofreu uma redução dessa capacidade.

10. LEGITIMIDADE ATIVA PARA O PEDIDO DE REPARAÇÃO

Quanto à legitimidade ativa para a reparação civil, temos que a vítima é a titular do direito. Também poderão pleitear a reparação os sucessores, nos termos do art. 943 do CC.

Em relação ao art. 943, o STJ sumulou o entendimento que segue.

> Súm. nº 642 – O direito à indenização por danos morais transmite-se com o falecimento do titular, possuindo os herdeiros da vítima legitimidade ativa para ajuizar ou prosseguir a ação indenizatória. (SÚMULA 642, CORTE ESPECIAL, julgado em 2-12-2020, DJe 7-12-2020)

Tanto a pessoa física como a pessoa jurídica podem pleitear dano moral e/ou dano material, eis que consolidado entendimento de que a pessoa jurídica também sofre exposição moral (à honra objetiva).

Importa ressaltar que muitas vezes os familiares próximos sofrem danos em decorrência de ato antijurídico praticado diretamente a outra pessoa. Vejam-se os casos dos dependentes (a quem o morto prestava alimentos) que ficarão privados da verba de subsistência com a morte da vítima, assim como sofrerão danos de natureza extrapatrimonial. São os chamados danos reflexos ou por ricochete.

Mais recentemente, a jurisprudência passou a admitir o dano reflexo também nos casos em que a vítima direta permanece viva (litisconsórcio ativo). Trata-se de direito próprio pedido em nome próprio e não de direito alheio pedido em nome próprio.

Veja a tese consignada no Jurisprudência em Tese nº 125 do STJ:

> A legitimidade para pleitear a reparação por danos morais é, em regra, do próprio ofendido, no entanto, em certas situações, são colegitimadas também aquelas pessoas que, sendo muito próximas afetivamente à vítima, são atingidas indiretamente pelo evento danoso, reconhecendo-se, em tais casos, o chamado dano moral reflexo ou em ricochete.

11. LEGITIMIDADE PASSIVA NAS AÇÕES REPARATÓRIAS

São responsáveis pela reparação civil o agente causador do dano, bem como os responsáveis solidários ou subsidiários. O art. 942, parágrafo único, determina que são solidariamente responsáveis com os autores, os coautores e as pessoas designadas no art. 932.

Há também a responsabilidade pela reparação decorrente de contrato, como ocorre no caso de seguro. Observe as súmulas do STJ em relação a esse tema:

Súm. nº 529. No seguro de responsabilidade civil facultativo, não cabe o ajuizamento de ação pelo terceiro prejudicado direta e exclusivamente em face da **seguradora** do apontado causador do dano.
Súm. nº 537. Em ação de reparação de danos, a **seguradora** denunciada, se aceitar a denunciação ou contestar o pedido do autor, pode ser condenada, direta e solidariamente junto com o segurado, ao pagamento da indenização devida à vítima, nos limites contratados na apólice.

12. RESPONSABILIDADE POR FATO DE TERCEIRO

O Código Civil prevê hipóteses de responsabilidade civil decorrente de fato de terceiro. De modo expresso, o art. 932 estabelece a responsabilidade solidária (art. 942 do CC) nas seguintes hipóteses: I – dos pais, pelos filhos menores que estiverem sob sua autoridade e em sua companhia; II – do tutor e do curador, pelos pupilos e curatelados que se acharem nas mesmas condições; III – do empregador ou comitente, por seus empregados, serviçais e prepostos, no exercício do trabalho que lhes competir, ou em razão dele; IV – dos donos de hotéis, hospedarias, casas ou estabelecimentos onde se albergue por dinheiro, mesmo para fins de educação, pelos seus hóspedes, moradores e educandos; V – os que gratuitamente houverem participado nos produtos do crime, até a concorrente quantia.

O art. 933 determina que a responsabilidade das pessoas indicadas no art. 932 é objetiva. Ainda que a responsabilidade do terceiro responsável se dê independentemente de sua culpa, a responsabilização dependerá da prova de culpa do agente causador, caso a responsabilidade deste seja subjetiva.

> O novo Código Civil (art. 933), seguindo evolução doutrinária, considera a responsabilidade civil por ato de terceiro como sendo objetiva, aumentando sobejamente a garantia da vítima. Malgrado a responsabilização objetiva do empregador, essa só exsurgirá se, antes, for demonstrada a culpa do empregado ou preposto, à exceção, por evidência, da relação de consumo (REsp nº 1135988/SP, *DJe* 17-10-2013; *DJe* 5-3-2018).

A exceção decorre do fato de que a responsabilidade civil do fornecedor (pessoa jurídica), sob a égide do Código de Defesa do Consumidor, é, em regra, objetiva, independentemente de configuração de culpa do empregado ou funcionário.

O art. 934 ressalva o direito de regresso daquele que indenizou o dano causado por outro, salvo se o causador do dano for descendente seu, absoluta ou relativamente incapaz.

Lembre-se, contudo, que, embora a regra seja de que a responsabilidade por fato de terceiro é solidária (entre causador e responsável), o incapaz responde subsidiariamente, conforme art. 928 (se as pessoas por ele responsáveis não tiverem obrigação de fazê-lo ou não dispuserem de meios suficientes).

13. RESPONSABILIDADE DECORRENTE DE GUARDA OU PROPRIEDADE

Também denominada responsabilidade pelo fato das coisas, trata-se da responsabilidade gerada de danos causados por objetos, sem que concorra uma conduta direta (comissiva) de um agente.

> Destarte, tal como ocorre com a responsabilidade pelo fato de terceiro, também aqui não é muito correto falar em responsabilidade pelo fato da coisa. É o homem quem produz o vapor, capta a eletricidade, dirige a chama, mistura o gás etc. A coisa é mero instrumento do dano, sendo sua causa **a omissão humana, por falta de vigilância ou cuidado**. O fato da coisa nada mais é, portanto, que a imperfeição da ação do homem sobre a coisa – sen-

do, por isso, preferível dizer responsabilidade pela guarda da coisa. (CAVALIERI FILHO, 2020) (grifos no original).

Após muitos debates, consolidou-se o entendimento de que a responsabilidade pelo fato das coisas é objetiva.

Responsabilidade do dono ou detentor do animal	**Art. 936.** O dono, ou detentor, do animal ressarcirá o dano por este causado, se não provar culpa da vítima ou força maior.
Responsabilidade do dono de edifício e construção	**Art. 937.** O dono de edifício ou construção responde pelos danos que resultarem de sua ruína, se esta provier de falta de reparos, cuja necessidade fosse manifesta. **VI Jornada de Direito Civil – Enunciado nº 556.** A responsabilidade civil do dono do prédio ou construção por sua ruína, tratada pelo art. 937 do CC, é **objetiva**.
Responsabilidade do habitante de prédio	**Art. 938.** Aquele que habitar prédio, ou parte dele, responde pelo dano proveniente das coisas que dele caírem ou forem lançadas em lugar indevido. **VI Jornada de Direito Civil – Enunciado nº 557.** Nos termos do art. 938 do CC, se a coisa cair ou for lançada de condomínio edilício, não sendo possível identificar de qual unidade, responderá o condomínio, assegurado o direito de regresso.

14. RELAÇÃO ENTRE A RESPONSABILIDADE CIVIL E A CRIMINAL

O art. 935 do CC determina que a responsabilidade civil é independente da criminal, não se podendo questionar mais sobre a existência do fato, ou sobre quem seja o seu autor, quando essas questões se acharem decididas no juízo criminal

O Enunciado nº 45 da I Jornada de Direito Civil colaborou com a interpretação do artigo, ao inserir a expressão "categoricamente", ou seja, se a existência do fato e a autoria se acharem "categoricamente" decididas no juízo criminal, essa definição não será alterada no juízo cível. Embora os ilícitos civis sejam diferentes dos ilícitos criminais, uma vez decididos fato e autoria, independentemente das outras circunstâncias, não se poderá decidir de forma diferente no juízo cível.

Por isso, muito cuidado: **embora o artigo afirme a independência, trata-se, na verdade, de uma independência relativa**.

O CPP, ao tratar "da ação civil", complementa o art. 935, ao determinar que a ação para ressarcimento do dano poderá ser proposta no juízo cível, contra o autor do crime e, se for caso, contra o responsável civil (art. 64); e que, não obstante a sentença absolutória no juízo criminal, a ação civil poderá ser proposta quando não tiver sido, **categoricamente**, reconhecida a inexistência material do fato (art. 66).

Decisão do STJ constante em IJ nº 437, sobre a absolvição criminal do preposto do responsável civil anteriormente condenado em juízo cível, é bem elucidativa da questão.

Segundo o STJ:

> a absolvição no juízo criminal não exclui automaticamente a possibilidade de condenação no juízo cível, conforme está disposto no art. 64 do CPP. **Os critérios de apreciação da prova são diferentes: o Direito Penal exige integração de condições mais rigorosas e taxativas, uma vez que está adstrito ao princípio da presunção de inocência; já o Direito Civil é menos rigoroso, parte de pressupostos diversos, pois a culpa, mesmo levíssima, induz à responsabilidade e ao dever de indenizar**. Assim, pode haver ato ilícito gerador do dever de indenizar civilmente, sem que penalmente o agente tenha sido responsabilizado pelo fato (REsp nº 1.117.131-SC, rel. Min. Nancy Andrighi, j. 1º-6-2010).

Outra decisão publicada em IJ nº 517 do STJ (aqui transcrita parcialmente) também é esclarecedora:

> Dessa forma, tratou o legislador de estabelecer a existência de uma **autonomia relativa entre essas esferas**. Essa relativização da independência de jurisdições se justifica em virtude de o direito penal incorporar exigência probatória mais rígida para a solução das questões submetidas a seus ditames, sobretudo em decorrência do princípio da presunção de inocência. O direito civil, por sua vez, parte de pressupostos diversos. Neste, autoriza-se que, com o reconhecimento de culpa, ainda que levíssima, possa-se conduzir à responsabilização do agente e, consequentemente, ao dever de indenizar. O juízo cível é, portanto, menos rigoroso do que o criminal no que concerne aos pressupostos da condenação, o que explica a possibilidade de haver decisões aparentemente conflitantes em ambas as esferas. **Além disso, somente as questões decididas definitivamente no juízo criminal podem irradiar efeito vinculante no juízo cível**. (REsp nº 1.164.236-MG, j. 21-2-013)

Conclui-se, dessa forma, que materialidade e autoria efetivamente julgadas no processo criminal produzem coisa julgada em relação na ação indenizatória. Absolvição por falta de provas ou porque o caso não constitui crime, não atinge a esfera cível.

QUESTÕES

1. **(OAB – FGV – XXVII EXAME DE ORDEM)** Ao visitar a página de Internet de uma rede social, Samuel deparou-se com uma publicação, feita por Rafael, que dirigia uma série de ofensas graves contra ele. Imediatamente, Samuel entrou em contato com o provedor de aplicações responsável pela rede so-

cial, solicitando que o conteúdo fosse retirado, mas o provedor quedou-se inerte por três meses, sequer respondendo ao pedido. Decorrido esse tempo, o próprio Rafael optou por retirar, espontaneamente, a publicação. Samuel decidiu, então, ajuizar ação indenizatória por danos morais em face de Rafael e do provedor. Sobre a hipótese narrada, de acordo com a legislação civil brasileira, assinale a afirmativa correta.

a) Rafael e o provedor podem ser responsabilizados solidariamente pelos danos causados a Samuel enquanto o conteúdo não foi retirado.

b) O provedor não poderá ser obrigado a indenizar Samuel quanto ao fato de não ter retirado o conteúdo, tendo em vista não ter havido determinação judicial para que realizasse a retirada.

c) Rafael não responderá pelo dever de indenizar, pois a difusão do conteúdo lesivo se deu por fato exclusivo de terceiro, isto é, do provedor.

d) Rafael não responderá pelo dever de indenizar, pois o fato de Samuel não ter solicitado diretamente a ele a retirada da publicação configura fato exclusivo da vítima.

2. **(OAB – FGV – XVI EXAME DE ORDEM)** Daniel, morador do Condomínio Raio de Luz, após consultar a convenção do condomínio e constatar a permissão de animais de estimação, realizou um sonho antigo e adquiriu um cachorro da raça Beagle. Ocorre que o animal, muito travesso, precisou dos serviços de um adestrador, pois estava destruindo móveis e sapatos do dono. Assim, Daniel contratou Cleber, adestrador renomado, para um pacote de seis meses de sessões. Findo o período do treinamento, Daniel, satisfeito com o resultado, resolve levar o cachorro para se exercitar na área de lazer do condomínio e, encontrando-a vazia, solta a coleira e a guia para que o Beagle possa correr livremente. Minutos depois, a moradora Diana, com 80 (oitenta) anos de idade, chega à área de lazer com seu neto Theo. Ao perceber a presença da octogenária, o cachorro pula em suas pernas, Diana perde o equilíbrio, cai e fratura o fêmur. Diana pretende ser indenizada pelos danos materiais e compensada pelos danos estéticos. Com base no caso narrado, assinale a opção correta:

a) Há responsabilidade civil valorada pelo critério subjetivo e solidária de Daniel e Cleber, aquele por culpa na vigilância do animal e este por imperícia no adestramento do Beagle pelo fato de não evitarem que o cachorro avançasse em terceiros.

b) Há responsabilidade civil valorada pelo critério objetivo e extracontratual de Daniel, havendo obrigação de indenizar e compensar os danos causados, haja vista a ausência de prova de alguma das causas legais excludentes do nexo causal, quais sejam, força maior ou culpa exclusiva da vítima.

c) Não há responsabilidade civil de Daniel valorada pelo critério subjetivo, em razão da ocorrência de força maior, isto é, da chegada inesperada da moradora Diana, caracterizando a inevitabilidade do ocorrido, com rompimento do nexo de causalidade.

d) Há responsabilidade valorada pelo critério subjetivo e contratual apenas de Daniel em relação aos danos sofridos por Diana; subjetiva, em razão da evidente culpa na custódia do animal; e contratual, por serem ambos moradores do Condomínio Raio de Luz.

3. (OAB – FGV– XXV EXAME DE ORDEM) João, empresário individual, é titular de um estabelecimento comercial que funciona em loja alugada em um shopping center movimentado. No estabelecimento, trabalham o próprio João, como gerente, sua esposa, como caixa, e Márcia, uma funcionária contratada para atuar como vendedora. Certo dia, Miguel, um fornecedor de produtos da loja, quando da entrega de uma encomenda feita por João, foi recebido por Márcia e sentiu-se ofendido por comentários preconceituosos e discriminatórios realizados pela vendedora. Assim, Miguel ingressou com ação indenizatória por danos morais em face de João. A respeito do caso narrado, assinale a afirmativa correta.

a) João não deve responder pelo dano moral, uma vez que não foi causado direta e imediatamente por conduta sua.

b) João pode responder apenas pelo dano moral, caso reste comprovada sua culpa in vigilando em relação à conduta de Márcia.

c) João pode responder apenas por parte da compensação por danos morais diante da verificação de culpa concorrente de terceiro.

d) João deve responder pelos danos causados, não lhe assistindo alegar culpa exclusiva de terceiro.

4. (OAB – FGV – XXV EXAME DE ORDEM) Marcos caminhava na rua em frente ao Edifício Roma quando, da janela de um dos apartamentos da frente do edifício, caiu uma torradeira elétrica, que o atingiu quando passava. Marcos sofreu fratura do braço direito, que foi diretamente atingido pelo objeto, e permaneceu seis semanas com o membro imobilizado, impossibilitado de trabalhar, até se recuperar plenamente do acidente. À luz do caso narrado, assinale a afirmativa correta.

a) O condomínio do Edifício Roma poderá vir a ser responsabilizado pelos danos causados a Marcos, com base na teoria da causalidade alternativa.

b) Marcos apenas poderá cobrar indenização por danos materiais e morais do morador do apartamento do qual caiu o objeto, tendo que comprovar tal fato.

c) Marcos não poderá cobrar nenhuma indenização a título de danos materiais pelo acidente sofrido, pois não permaneceu com nenhuma incapacidade permanente.

d) Caso Marcos consiga identificar de qual janela caiu o objeto, o respectivo morador poderá alegar ausência de culpa ou dolo para se eximir de pagar qualquer indenização a ele.

5. (OAB – FGV – XXIX EXAME DE ORDEM) Márcia transitava pela via pública, tarde da noite, utilizando uma bicicleta que lhe fora emprestada por sua amiga Lúcia. Em certo momento, Márcia ouviu gritos oriundos de uma rua transversal e, ao se aproximar, verificou que um casal discutia violentamente. Ricardo, em estado de fúria e munido de uma faca, desferia uma série de ofensas à sua esposa Janaína e a ameaçava de agressão física. De modo a impedir a violência iminente, Márcia colidiu com a bicicleta contra Ricardo, o que foi suficiente para derrubá-lo e impedir a agressão, sem que ninguém saísse gravemente ferido. A bicicleta, porém, sofreu uma avaria significativa, de tal modo que o reparo seria mais caro do que adquirir uma nova, de modelo semelhante.

De acordo com o caso narrado, assinale a afirmativa correta.

a) Lúcia não poderá ser indenizada pelo dano material causado à bicicleta.

b) Márcia poderá ser obrigada a indenizar Lúcia pelo dano material causado à bicicleta, mas não terá qualquer direito de regresso.

c) Apenas Ricardo poderá ser obrigado a indenizar Lúcia pelo dano material causado à bicicleta.

d) Márcia poderá ser obrigada a indenizar Lúcia pelo dano material causado à bicicleta e terá direito de regresso em face de Janaína.

GABARITO

1. B; 2. B; 3. D; 4. A; 5. D

REFERÊNCIAS BIBLIOGRÁFICAS

CAVALIERI FILHO, Sergio. Programa de responsabilidade civil. São Paulo: Grupo GEN, 2020 [VitalSource Bookshelf].

DONIZETTI, Elpídio; QUINTELLA, Felipe. *Curso didático de direito civil*. 6. ed. rev. e atual. São Paulo: Atlas, 2017.

FARIAS, Cristiano Chaves de; BRAGA NETTO, Felipe; ROSENVALD, Nelson. Manual de Direito Civil. Salvador: JusPodivm, 2019.

MIRAGEM, Bruno. *Direito civil*: responsabilidade civil. São Paulo: Saraiva, 2015.

STOCO, Rui. *Tratado de responsabilidade civil*. São Paulo: RT, 2015.

TARTUCE, Flávio. *Direito civil:* direito das obrigações e responsabilidade civil. 13. ed. Rio de Janeiro: Forense [Grupo GEN], 2017. vol. 2.

TARTUCE, Flávio. *Manual de Direito Civil*. Rio de Janeiro: Forense; São Paulo: Método, 2018.

Direito Civil – Direito contratual

Patrícia Strauss

Doutoranda em Direito pela Universidade Federal do Rio Grande do Sul (UFRGS). Pós-Graduada em *Droit comparé et européen des contrats et de la consommation* pela Savoie Mont Blanc, França. Pós-Graduada em *Environmental Policy* pela Open University, Inglaterra. Mestre em Direito pela Universidade de Caxias do Sul (UCS). Graduada em Direito pela Universidade Federal de Santa Maria (UFSM). Presidente do Instituto Brasileiro de Direito da Maternidade. Parecerista e Professora de Direito Civil do CEISC e da Faculdade IMED, Porto Alegre. Advogada no Patrícia Strauss – Advocacia para Mães. Membro da International Association of Consumer Law, do Instituto Brasileiro de Política e Direito do Consumidor – Brasilcon. Membro associado da United Nations – UNCTAD Virtual Institute. Pesquisadora do grupo de pesquisa CNPq Mercosul, Direito do Consumidor e Globalização da UFRGS.

SUMÁRIO

O Direito Contratual, no Código Civil, é dividido em duas grandes partes: a chamada Parte Geral dos Contratos e a Parte Especial, que traz os contratos em espécie.

A Parte Geral do Direito Contratual é especialmente importante, já que é aplicada a toda a Parte Especial. Assim, na parte inicial trata-se princípios, formação de contratos, vícios redibitórios e evicção, institutos fundamentais para a compreensão do próprio Direito Contratual, e que será iniciado a partir de agora.

I – PARTE GERAL DOS CONTRATOS

1. PRINCÍPIOS

Há diversos princípios que embasam o Direito Contratual, como o Princípio da Função Social do Contrato, da Boafé Objetiva, do *Pacta sunt servanda* e do Consensualismo.

Art. 421 – Função Social do Contrato: é um princípio que limita a própria autonomia da vontade, já que impede que o contrato prevaleça se estiver em desacordo com o interesse social. Como exemplos de aplicações do princípio, temos os institutos do estado de perigo (art. 156 do CC) e lesão (art. 157 do CC).

Em 2019, houve uma alteração legislativa, e o art. 421 sofreu o acréscimo de um parágrafo, determinando que, como regra, não haja intervenção do Estado nos contratos entre iguais e que possível revisão seja feita em caráter excepcional.

Art. 422 – Princípio da Boa-Fé Objetiva: pode ser definido como uma regra geral de conduta em que as partes contratantes devem observar desde a fase preliminar dos contratos até o próprio cumprimento e execução. Possui como um de seus mais importantes corolários a aplicação da "proibição do comportamento contraditório".

Art. 482 – Princípio do Consensualismo: como regra, os contratos são perfeitos com a aceitação. Há, no entanto, contratos que são perfeitos com a tradição, que é o caso do contrato de comodato (art. 579 do CC), por exemplo.

2. PROIBIÇÃO DE *PACTA CORVINA*

O Código Civil veda a contratação sobre herança de pessoa vida. Tal proibição está no art. 426. Caso haja tal contratação, tal negócio jurídico seria nulo, por força dos arts. 166, II, e 166, VII (2ª parte).

3. FORMAÇÃO DOS CONTRATOS

Como regra, os contratos são perfeitos com a aceitação, envolvendo dois elementos: proposta e posterior aceitação. No entanto, o Código Civil dá muita importância para a proposta e, de acordo com o art. 427, preconiza que esta, desde que séria e consciente, vincula o proponente. A seguir, no art. 428, traz quais seriam os casos em que a proposta deixa de ser obrigatória.

Note que não há ainda contrato, já que não se está falando de aceitação, apenas em proposta. Segundo o art. 428, deixará de ser obrigatória a proposta quando:

Regra: proposta, desde que séria e consciente, obriga o proponente. (art. 427)

Exceção: deixa de ser obrigatória a proposta: (art. 428)

I – se, feita sem prazo a pessoa presente, não foi aceita na hora;

II – se, feita sem prazo para pessoa ausente, tiver transcorrido prazo suficiente para chegar a resposta ao conhecimento do proponente;

III – se, dado um prazo para pessoa ausente e, passado esse período, não foi respondida;

IV – houver retratação.

A retratação da proposta deve chegar ao aceitante antes ou simultaneamente que a proposta chegue até ele. Se a retratação da proposta chegar ao conhecimento do aceitante depois que a proposta tiver chegado até ele, não terá validade.

- Contrato entre presentes: pessoas frente a frente, por telefone ou outro meio de comunicação semelhante.
- Contrato entre ausentes: feito por carta, por exemplo.

Para que haja aceitação e, como consequência, contrato, é necessário que a proposta seja aceita integralmente. Aceitação da proposta feita com modificação ou adições é considerada nova proposta. Art. 431 do CC.

Lugar de celebração de um contrato, para o Código Civil, é onde ele foi proposto. Art. 435 do CC.

Quando está perfeito o contrato entre pessoas ausentes? Quando se expede a aceitação.

Leitura do art. 434, *caput*. Aplicação da teoria da expedição.

4. ESTIPULAÇÃO EM FAVOR DE TERCEIRO – ARTS. 436 A 438 DO CC

As partes envolvidas são estipulante e promitente. Uma das partes (promitente) prestará determinado benefício à outra pessoa, que não estaria no contrato (beneficiário).

Para que haja a estipulação em favor de terceiro, não é necessário o consentimento do beneficiário.

Observação: Promitente pode reservar-se o direito de trocar de beneficiário por ato *inter vivos* ou *causa mortis*.

5. PROMESSA DE FATO DE TERCEIRO – ARTS. 439 E 440 DO CC

São obrigações sucessivas. O devedor estabelece com o credor que ele (devedor) fará com que o terceiro (que não está no contrato original) cumpra uma obrigação, consoante o art. 439 do CC.

A obrigação do devedor não é de que o terceiro cumpra, mas sim que esse terceiro assuma a obrigação. Depois de assumida a obrigação, o devedor estaria desobrigado, conforme o art. 440 do CC.

6. VÍCIOS REDIBITÓRIOS – ARTS. 441 A 446 DO CC

São vícios ocultos que tornam o bem impróprio para o uso e/ou lhe diminuam o valor.

Requisitos:

- defeito oculto;
- vício grave que torne a coisa imprópria ao uso ou lhe diminua o valor;
- contrato oneroso;
- vício preexistente.

Ações cabíveis – Ações Edilícias:

A – Ação redibitória: redibir o contrato, voltar ao status quo ante. O contrato será desfeito com a devolução dos valores pagos, inclusive eventuais despesas de contrato.

B – Ação estimatória ou *quanti minoris*: o contrato é mantido, mas é solicitado um abatimento.

- Caso o vendedor aja de má-fé (sabia ou tinha condições de saber do defeito): além do que prevê a lei, também pagará perdas e danos ao comprador;
- Caso aja de boa-fé: ainda assim responderia pelas ações redibitórias ou estimatórias.

Prazos: estão disciplinados no art. 445 do CC.

7. EVICÇÃO – ARTS. 447 A 457 DO CC

Evicção é a perda total ou parcial de um bem, em regra, por meio de uma sentença judicial. Esta sentença judicial atribui a outra pessoa o bem. Funda-se no mesmo princípio da garantia em que se assenta a teoria dos vícios redibitórios.

Partes na evicção:

a) O alienante, que transferiu a coisa de forma onerosa;
b) O evicto (adquirente), que perdeu a coisa adquirida;
c) O evictor (autor da ação), que ganhou a ação judicial.

Requisitos da evicção:

1) Perda total ou parcial da propriedade;

2) A aquisição tenha sido realizada de forma onerosa;

3) Anterioridade do direito daquele que ganhou a ação judicial.

Direitos do evicto-

Lembrando que evicto é aquele que perdeu a coisa em virtude de sentença judicial: A responsabilidade decorre da lei. Mesmo que o contrato seja omisso, ele existirá de acordo com a lei.

A - Responsabilidade total: Art. 450 do CC

- Salvo estipulação em contrário, o evicto tem direito:

  a) Restituição integral do preço;

  b) Indenização dos frutos que tiver sido obrigado a restituir;

  c) Indenização pelas despesas dos contratos;

  d) Pelos prejuízos que diretamente resultarem da evicção;

  e) Custas judiciais e honorários do advogado.

B - Responsabilidade parcial: Art. 449 do CC

Podem as partes excluir a responsabilidade pela evicção? Sim, expressamente. Contudo, mesmo com a existência de tal cláusula, se a evicção se der, tem direito o evicto (aquele que perdeu a coisa) a recobrar o preço que pagou pela coisa evicta, com algumas condições:

a) Se não soube do risco da evicção; ou

b) Se informado, não assumiu o risco da evicção.

C - Isenção de responsabilidade pelo vendedor: Art. 457 do CC

Quando o comprador sabe que está adquirindo bem alheio ou litigioso, caso venha a perder, não poderá demandar contra quem lhe vendeu.

Obs.: Evicção parcial: Art. 455.

O que ocorre se houve evicção parcial e não total da coisa? Depende.

A - Perda considerável: Poderá o evicto (quem perdeu parcialmente o bem) optar:

1) entre a rescisão do contrato; e

2) a restituição da parte do preço do desfalque.

B - Perda não for considerável, pode apenas pleitear a indenização e não a rescisão do contrato.

8. CONTRATO PRELIMINAR - ARTS. 462 A 466 DO CC

Um exemplo de contrato preliminar é a promessa ou compromisso de compra e venda de bem imóvel. Nesse contrato, as partes estipulam que o comprador, por exemplo, pagará as parcelas convencionadas e o vendedor, ao final do pagamento de todas as prestações, se obrigará a passar o imóvel para o nome do comprador. Tanto o contrato preliminar (promessa de compra e venda de imóvel) quanto o definitivo (compra e venda de imóvel) devem ser registrados no registro de imóveis. É permitido que o contrato preliminar seja feito por instrumento particular.

O contrato preliminar, uma vez registrado, passa a ter direito real, de acordo com os arts. 1.417 e 1.418 do CC (Direito real do promitente comprador de imóvel).

9. CONTRATO COM PESSOA A DECLARAR – ARTS. 467 A 471 DO CC

Uma das partes pode reservar-se (desde que acordado no contrato) o direito de colocar outra pessoa em seu lugar na relação contratual. O prazo legal, dado pelo Código Civil (cinco dias, conforme art. 468), é em caso de inexistência de outro prazo no contrato.

Caso o terceiro que ingressar no contrato seja insolvente etc., o contrato vigorará entre as partes originais.

10. EXTINÇÃO DO CONTRATO – ARTS. 472 A 480 DO CC

A – Cláusula resolutiva: Pode ser expressa ou tácita – Art. 474 do CC

- Havendo no contrato uma condição resolutiva expressa (razão pela qual o contrato pode terminar), poderá ocorrer a extinção do negócio, com a volta ao status quo ante.
- A cláusula resolutiva expressa deverá constar no contrato. Prevê o art. 474 do novo Código Civil que "a cláusula resolutiva expressa opera de pleno direito; a tácita depende de interpelação judicial".

B – Resolução ou cumprimento – Art. 475 do CC

Se o contrato não foi cumprido, poderá importar na sua resolução. Obriga as partes a restituírem o que já foi entregue e obriga o inadimplente ao pagamento das perdas e danos. Aquele que deu causa à resolução do contrato, com culpa, responderá por perdas e danos.

Também é possível, caso o credor entenda, que seja solicitado o cumprimento (também cumulado com perdas e danos) do contrato e não o desfazimento, tratado anteriormente.

C – Resolução por onerosidade excessiva – Arts. 478 e 479 do CC

Evento extraordinário e imprevisível, que torna extremamente difícil o adimplemento do contrato. Ocorre em contratos de trato sucessivo (parcelas). Utilização da teoria da imprevisão (cláusula *rebus sic stantibus*).

Enunciados do CJF:

- Enunciado nº 175 – Art. 478: "A menção à imprevisibilidade e à extraordinariedade, insertas no art. 478 do Código Civil, deve ser interpretada não somente em relação ao fato que gere o desequilíbrio, mas também em relação às consequências que ele produz".
- Enunciado nº 176 – Art. 478: "Em atenção ao princípio da conservação dos negócios jurídicos, o art. 478 do Código Civil de 2002 deverá

conduzir, sempre que possível, à revisão judicial dos contratos e não à resolução contratual".

Vale lembrar que, antes da resolução (extinção do contrato), o art. 479 do CC possibilita a revisão do contrato (e não sua extinção), tendo em vista o princípio da conservação contratual.

D – Resilição – Não há inadimplemento, mas somente de manifestação de vontade, que pode ser bilateral ou unilateral

- Resilição bilateral ou distrato: As partes desfazem o contrato, desde que respeitem a mesma forma deste. Está previsto no art. 472 do CC.

E – Resilição unilateral – Há contratos que possibilitam dissolução pela simples declaração de vontade de uma das partes. Ocorre em situações excepcionais, como na locação, no mandato, no comodato e no depósito. Opera-se mediante denúncia notificada (notificação) à outra parte (art. 473 do CC).

II – CONTRATOS EM ESPÉCIE

1. DA COMPRA E VENDA

Conceito – art. 481

"Pelo contrato de compra e venda, um dos contratantes se obriga a transferir o domínio de certa coisa, e o outro, a pagar-lhe certo preço em dinheiro."

- Na compra e venda, os contratantes apenas se obrigam, ou seja, a partir da aceitação, o comprador se obriga a pagar o preço e o vendedor a entregar a coisa.

Natureza jurídica:

1) Contrato bilateral;
2) Consensual: aperfeiçoa-se com o acordo de vontade, independentemente da entrega da coisa. É o que diz o art. 482: "A compra e venda, quando pura, considerar-se-á obrigatória e perfeita, desde que as partes acordarem no objeto e no preço";
3) Oneroso;
4) Em regra: não solene.
   - Exceção: compra e venda de imóveis.

Elementos da compra e venda:

Coisa e preço.

- **Preço**: Deve sempre ser pago em dinheiro ou redutível a dinheiro (cheque, cartão etc.). Há vários modos que o preço pode ser estabelecido.

1) A fixação do preço pode ser dada à taxa de mercado ou bolsa, em certo e determinado dia e lugar;
2) Pode ser estabelecido que terceiro fixe o preço;

3) Pode ser fixado em função dos índices ou parâmetros.

Observação: Quando a fixação do preço ficar ao livre-arbítrio da outra parte: Nulo, segundo art. 489 do CC.

- **Coisa**: Pode ocorrer a venda de algo que já existe ou de bens que virão a existir (coisa futura), conforme art. 483 do CC.

- Limitações à compra e à venda.

A – Venda de ascendente a descendente

Diz o art. 496:

> É anulável a venda de ascendente a descendente, salvo se os outros descendentes e o cônjuge do alienante expressamente houverem consentido.
>
> Parágrafo único: Em ambos os casos, dispensa-se o consentimento do cônjuge se o regime de bens for o da separação obrigatória.

A anuência do cônjuge e outros descendentes deve ser expressa. Caso não tenha o consentimento, será passível de anulação. Os legitimados para a propositura da ação anulatória são os outros descendentes e o cônjuge do alienante. Entende o STJ que é necessária a prova do prejuízo dos demais herdeiros, para que se tenha a anulação.

O prazo para ajuizamento da ação anulatória é de dois anos, segundo o art. 179 do CC.

B – Venda de parte indivisa em condomínio

O condômino não pode alienar sua parte indivisa a terceira pessoa, se o outro condômino a quiser, tanto por tanto. O condômino que quiser pode exercer seu direito de preferência ou preempção, ajuizando ação no prazo decadencial de 180 dias, contados da data em que teve ciência da alienação. No momento do ajuizamento, deve o condômino efetuar a consignação do valor que deseja pagar.

C – Venda entre os cônjuges

É possível a venda entre cônjuges com relação aos bens excluídos da comunhão.

Enunciado nº 152 do CJF. É possível a venda entre cônjuges no regime da comunhão universal? Sim, pois há bens excluídos dessa comunhão, como os de uso pessoal, por exemplo.

Vendas especiais:

A – Venda *ad corpus* e venda *ad mensuram*

O art. 500 do CC apresenta regras para a compra e venda de bens imóveis:

> Se, na venda de um imóvel, se estipular o preço por medida de extensão, ou se determinar a respectiva área, e esta não corresponder, em qualquer dos casos, as dimensões dadas, o comprador

> terá o direito de exigir o complemento da área, e, não sendo isso possível, o de reclamar a resolução do contrato ou abatimento proporcional do preço.

No entanto, se em posterior medição vê-se que a área é menor, o comprador teria duas saídas:

1) Exigir complementação da área;
2) Se não for possível, então pode optar pela resolução do contrato ou abatimento do preço que pagou.

Obs.: O § 1º do mesmo artigo diz que:

> Presume-se que a referência às dimensões eram somente enunciativas, quando a diferença encontrada não exceder de um vigésimo da área total enunciada, ressalvado ao comprador o direito de provar que, em tais circunstâncias, não teria realizado o negócio.

Dessa forma, "1/20" equivale a 5%. Esta diferença seria muito pequena, não justificando o litígio.

Mas, e se em vez de falta, há excesso de área? Caberá ao comprador completar o valor correspondente ou devolver o excesso, consoante § 2º do mesmo artigo.

Já o § 3º trata de *ad corpus*. Neste tipo de venda, o vendedor aliena o imóvel como corpo certo e determinado; assim, o comprador não poderá exigir o complemento da área, pois comprou o bem pelo conjunto, não dando importância para a área. Diz o § 3º:

> Não haverá complemento de área, nem devolução de excesso, se o imóvel for vendido como coisa certa e discriminada, tendo sido apenas enunciativa a referência às suas dimensões, ainda que não conste, de modo expresso, ter sido a venda ad corpus.

A seguir, cláusulas especiais da compra e venda.

1.1 RETROVENDA - ARTS. 505 A 508 DO CC

A retrovenda somente é válida para bens imóveis. É uma cláusula, colocada no contrato de compra e venda, pela qual o vendedor reserva-se o direito de reaver o imóvel que vendeu, em um prazo máximo de até três anos, restituindo o preço, mais as despesas feitas pelo comprador.

Em qual prazo máximo o vendedor pode exercer esse direito? Três anos. Pode ser menos prazo, mas nunca mais.

Mas, e se o comprador não quiser mais devolver o imóvel? O vendedor pode depositar em juízo, solicitando o resgate do bem e depositando os valores a serem pagos.

Importa ressaltar que o direito de resgate é oponível contra terceiros e é transmissível a herdeiros.

1.2 PREEMPÇÃO OU PREFERÊNCIA: ARTS. 513 A 520 DO CC

Pode ser convencionado que o comprador seja obrigado a oferecer ao vendedor (antigo dono) caso queira vender o que comprou.

Se o comprador não avisar ao vendedor (antigo dono) que está revendendo a coisa, ele responderá por perdas e danos. Responderá solidariamente o adquirente se agir de má-fé.

2. TROCA OU PERMUTA

A troca é o contrato pelo qual as partes se obrigam a dar uma coisa por outra. Essa coisa não pode ser dinheiro, o que difere a compra e venda da permuta. Na compra e venda, o preço pago precisa ser dinheiro ou redutível a dinheiro.

3. CONTRATO ESTIMATÓRIO

É um contrato que também é chamado de consignação. O consignante entrega bens móveis à outra pessoa, chamado de consignatário, para que este os venda pelo preço ajustado. Ao ser vendido, o consignatário deve pagar o preço ao consignante. Caso não venda, deverá devolver o bem ao consignante.

Ex.: carro em uma revenda de carros.

4. CONTRATO DE DOAÇÃO

É o contrato em que o doador transfere bens ou vantagens para o donatário.

Natureza jurídica:

1) unilateral: só gera obrigações para uma das partes.
2) consensual: aperfeiçoa-se com a aceitação.
3) solene: a doação deve ser feita por escritura pública ou instrumento particular. Contudo, em bens móveis de pequeno valor, admite-se a doação verbal, desde que a doação ocorra imediatamente.
4) gratuito: somente uma das partes perde patrimônio.

Espécies de doação:

A – pura: quando há somente a doação, não havendo nenhum encargo ao beneficiário.

B – onerosa ou modal ou com encargo: aquela em que o doador impõe ao donatário uma incumbência ou a prestação de um serviço.

Caso o donatário não cumpra o encargo, é possível o ajuizamento de ação de revogação de doação (art. 555 do CC).

C – feita ao nascituro: é valida, desde que aceita pelo seu representante legal.

D – entre cônjuges (art. 544): "A doação de ascendentes a descendentes, ou de um cônjuge a outro, importa adiantamento do que lhes cabe por herança".

E – de ascendentes para descendentes: a doação de ascendentes a descendentes, ou de um cônjuge a outro, importa adiantamento do que lhes cabe por herança, segundo art. 544 do CC.

F – doação inoficiosa: é aquela que excede o limite que o doador poderia deixar em testamento. Importante salientar que a nulidade é somente do excesso, e não toda a doação. Havendo herdeiros necessários, o testador só poderá dispor da metade de seus bens, já que a outra metade pertence aos herdeiros necessários – art. 549 do CC.

G – doação com cláusula de reversão: pode-se estipular que, se o donatário morrer antes do doador, os bens doados retornarão ao patrimônio do doador, consoante o art. 547 do CC, lembrando que não prevalece a cláusula de reversão em favor de terceiro.

Restrições à doação:

1) Doação da parte inoficiosa: é nula a parte que exceder ao que poderia dispor em testamento, segundo o art. 549 do CC.
2) Doação de todos os bens do doador: é a chamada doação global, em que não podem ser doados todos os bens do doador, sem que fique algo para a sua subsistência. Caso isso aconteça, teremos nulidade.
3) Doação do cônjuge adúltero a seu cúmplice – art. 550 do CC: pode ser anulada a doação pelo cônjuge ou pelos herdeiros necessários. Prazo de dois anos depois de dissolvida a sociedade conjugal.

Revogação da doação:

Há duas razões pelas quais é possível a revogação da doação: ingratidão do donatário e por descumprimento de encargo, conforme art. 555 do CC.

Por ingratidão do donatário:

As hipóteses estão nos arts. 557 e 558 do CC.

A – Se o donatário atentou contra a vida do doador ou cometeu crime de homicídio doloso contra ele;

B – Ofensas físicas cometidas pelo donatário contra o doador;

C – Se o injuriou gravemente ou o caluniou;

D – Podendo o donatário auxiliar com alimentos ao doador, e não o faz.

- Quando o ofendido não for o doador, mas cônjuge, ascendente, descendente, ou irmão deste, ou descendente adotivo, também pode o doador pleitear a revogação da doação, de acordo com o art. 558 do CC.
- Qual é o prazo para que se peça a revogação por ingratidão? Dentro de um ano, a contar de quando chegue ao conhecimento do doador sobre o fato e que o donatário foi o autor.

- Quem pode ajuizar a ação de revogação da doação? É personalíssima, ou seja, somente o doador pode ajuizá-la. Contudo, se a ação foi iniciada, e o doador morreu, os herdeiros e sucessores podem prosseguir com a ação.
- Mas, e no caso de homicídio doloso? Se o doador morreu, como ajuizar? Nesse caso, é uma exceção: os herdeiros podem ajuizar a ação de revogação da doação.

De qualquer forma, só se admite a revogação da doação, por ingratidão, nas doações puras. Não se admite, portanto: nas doações puramente remuneratórias, nas oneradas com encargo já cumprido, nas que se fizerem em cumprimento de obrigação natural e nas feitas para determinado casamento.

5. DA LOCAÇÃO DE COISAS

O contrato de locação de coisas pode ser tanto de bem móvel quanto de imóvel.

Sendo bem imóvel:

- O CC não dispõe a respeito da locação de prédio urbano. A locação de imóveis urbanos rege-se pela Lei nº 8.245/1991 – a Lei do Inquilinato.
- Diz o art. 1º da Lei que continuam regidas pelo CC as locações de imóveis de propriedade da União, dos Estados, dos Municípios, de vagas autônomas de garagem ou de espaços para estacionamento de veículos; de espaços destinados à publicidade; de apart-hotéis, hotéis residências ou equiparados; e o arrendamento mercantil.

Sendo bem móvel:

- A locação de bem móvel é regida pelo CC (arts. 565 e ss., quando não há relação de consumo) ou pelo CDC, quando há relação de consumo (Lei nº 8.078/1990).

Para contratos, então regidos pelo CC, a locação de coisas é conceituada: "Na locação de coisas, uma das partes se obriga a ceder à outra, por tempo determinado ou não, o uso e gozo de coisa não fungível, mediante certa retribuição".

Elementos do contrato de locação: objeto, preço e consentimento.

A – Objeto: pode ser coisa móvel ou imóvel.

B – Preço: a figura do preço (aqui chamada de aluguel) é imprescindível, já que, se não houver preço a ser pago, não haverá contrato de locação, e sim de comodato.

C – Consentimento: pode ser expresso ou tácito.

Obrigações do locador:

A – Entregar ao locatário a coisa alugada;

B – Manter a coisa no mesmo estado em que foi locada;

C – Garantir o uso pacífico da coisa durante o tempo do contrato;

D - Responde ainda, o locador, por vícios ou defeitos da coisa, que sejam anteriores à locação.

A lei dá para o locatário a possibilidade de escolha em caso de deterioração da coisa alugada: rescinde o contrato (em caso de deterioração que possa impossibilitar o uso) ou pede redução proporcional do aluguel.

Obrigações do locatário:

Elas estão no art. 569 do CC:

A - Servir-se da coisa alugada para os usos convencionados e tratá-la como se sua fosse;

Nesse caso, além de ser hipótese de rescisão do contrato, pode o locador também exigir perdas e danos, conforme o art. 570 do CC.

B - Pagar pontualmente o aluguel nos prazos ajustados e, na falta de prazos, de acordo com o costume do lugar;

C - Levar ao conhecimento do locador as turbações de terceiros, que se pretendam fundadas em direito;

D - Restituir a coisa quando a locação terminar no estado em que recebeu, salvo as deteriorações naturais ao uso regular.

Coisa alienada durante a locação:

O adquirente não é obrigado a respeitar o contrato de locação se, nesse contrato, não houver cláusula atestando que o contrato continua em vigor em caso de alienação e não estiver registrado. Portanto, para que, após a venda da coisa, o contrato de locação continue a existir, é necessário que haja cláusula no contrato de locação a respeito, bem como esteja esse contrato registrado.

6. CONTRATO DE EMPRÉSTIMO

Duas são as espécies de empréstimos: contrato de comodato e contrato de mútuo.

6.1 CONTRATO DE COMODATO

Comodato é o empréstimo para uso, gratuito de coisas infungíveis. Pode ser bens móveis ou imóveis, mas precisa ser infungível. O contrato se perfectibiliza com a tradição da coisa.

Características do comodato:

A - Gratuidade do contrato: se fosse oneroso, seria o contrato de locação.

B - Infungibilidade do bem: restituição do mesmo objeto recebido como empréstimo.

C - Contrato real, já que o aperfeiçoamento do contrato se dá com a tradição (e não com a aceitação).

D - Contrato unilateral, já que, após a tradição, só há obrigações para uma das partes, que é o comodatário (restituir a coisa), e não há obrigações para o comodante.

E – Contrato não solene, já que não necessita forma especial para a sua celebração.

Obrigações do comodatário:

A – Conservar a coisa – art. 582:

- O comodatário deve conservar a coisa como se fosse sua. Deve responder pelas despesas de conservação.
- O comodatário jamais deve tentar cobrar do comodante as despesas comuns, feitas com o uso e gozo da coisa emprestada.

B – Uso da coisa de forma adequada:

- Responde por perdas e danos se usar o bem fora do que foi contratualmente previsto, além de também poder ser causa de resolução do contrato.

C – Restituir a coisa:

Deve ser restituída a coisa no prazo convencionado. Não havendo esse prazo, finda a razão pela qual ocorreu, o empréstimo deve ser restituído (empréstimo de livros para o Trabalho de Conclusão de Curso. Passado o evento, estes deverão ser devolvidos, por exemplo).

Extinção do comodato:

A – Pelo final do prazo dado ou, não havendo prazo, pela utilização da coisa de acordo com a finalidade para que foi emprestada.

B – Pela resolução por iniciativa do comodante, em caso de descumprimento do comodatário de suas obrigações.

C – Por sentença, a pedido do comodante, se provada a necessidade de restituição do bem antes do prazo acordado.

6.2 CONTRATO DE MÚTUO

O mútuo é o empréstimo de coisas fungíveis. O bem é emprestado para consumo. O mutuário se obriga a restituir ao mutante o que dele recebeu em coisa do mesmo gênero, qualidade e quantidade. É empréstimo para consumo, pois o mutuário não está obrigado a devolver o mesmo bem, do qual se torna dono.

Ex.: dinheiro.

Nesse tipo de empréstimo, o mutuante transfere o domínio do bem ao mutuário. Isso não acontece no comodato. Além disso, o mutuário se torna PROPRIETÁRIO da coisa, correndo por conta dele todos os riscos da tradição.

Características do mútuo:

É temporário, entendendo-se que, em algum momento, o que foi emprestado será devolvido. Mas, e se não houver prazo para a restituição do bem? O CC determina que:

A – Até a próxima colheita, se o mútuo for de produtos agrícolas.

B – De 30 dias, pelo menos, se o mútuo for de dinheiro.

C – Do espaço de tempo que declarar o mutuante, se for de qualquer outra coisa fungível.

Mútuo com fins econômicos:

Destinando-se o mútuo a fins econômicos, presumem-se devidos juros, os quais, sob pena de redução, não poderão exceder a taxa a que se refere o art. 406 do CC, permitindo-se a capitalização.

Obs.: mútuo para um menor.

O Código Civil protege o menor, dizendo que quem empresta para um menor não poderá reaver o que emprestou. Contudo, há várias exceções de quando o mutuante pode, portanto, reaver o que foi emprestado. São elas:

a) O representante do menor ratificar o empréstimo;
b) Se o menor, em caso de ausência do representante, se viu obrigado a contraí-lo para os seus alimentos habituais;
c) Se o menor tiver bens ganhos com o seu trabalho, caso em que a execução do credor não lhes poderá ultrapassar as forças;
d) Se o empréstimo reverteu em benefício do menor;
e) Se este obteve o empréstimo maliciosamente.

7. CONTRATO DE PRESTAÇÃO DE SERVIÇOS

O conceito está no art. 594 do CC, que diz: "Toda a espécie de serviço ou trabalho lícito, material ou imaterial, pode ser contratada mediante retribuição".

É importante salientar que o CC tem caráter residual, aplicando-se somente para aquelas relações que não estão disciplinadas pela CLT e pelo CDC.

Características:

A – Remuneração

É paga pela pessoa que contrata o prestador de serviços. Se as partes não estipularam ou não chegaram a um acordo sobre a remuneração, esta será fixada por arbitramento, segundo o costume do lugar, o tempo de serviço e a sua qualidade.

Quando se deve pagar a remuneração/retribuição? Deve ser paga, em regra, depois de prestado o serviço. Contudo, se convencionaram o contrário ou se o costume do lugar for o de pagar antes, paga-se então antes da prestação do serviço.

B – Prazo

O contrato de prestação de serviços jamais deve ultrapassar quatro anos – art. 598 do CC.

C – Fim do contrato

Quando o contrato terminar, o prestador de serviços tem direito a exigir de quem o contratou a declaração de que o contrato está findo. Tem esse direito também se for despedido sem justa causa ou se tiver algum outro motivo para deixar o trabalho.

Como acaba o contrato de prestação de serviços?

1) Morte de qualquer das partes;
2) Conclusão da obra;
3) Término do prazo;
4) Rescisão do contrato mediante aviso prévio;
5) Inadimplemento de qualquer das partes;
6) Impossibilidade da continuação do contrato, motivada por força maior.

Impossibilidade de substituição das partes (prestador e contratante):

Aquele que contratou os serviços não pode transferir a outra pessoa o direito aos serviços ajustados. O prestador de serviços também não pode trazer alguém em seu lugar para que cumpra com o seu dever, a menos que o contratante aceite.

8. CONTRATO DE EMPREITADA

As partes contratantes são o empreiteiro e dono da obra. Por meio de um contrato de empreitada, uma das partes – o empreiteiro – se compromete a executar determinada obra. Ele faz isso pessoalmente ou com o auxílio de terceiros em troca de remuneração a ser paga pelo outro contratante – o dono da obra.

Importa dizer que não há relação de subordinação. O empreiteiro fará a obra de acordo com as instruções dadas pelo contratante.

Atenção, não confunda:

Prestação de serviços	Empreitada
Objeto é apenas a atividade do prestador.	Objeto não é a atividade, mas a obra em si.
A execução do serviço é dirigida e fiscalizada por quem contratou o prestador de serviço. Há subordinação.	A direção compete ao próprio empreiteiro. Não há subordinação.
Patrão assume os riscos do negócio.	Empreiteiro é quem assume os riscos do negócio.

Espécies de empreitada:

A empreitada pode ser apenas de mão de obra, também chamada de empreitada de lavor, ou então de mão de obra e materiais, chamada de empreitada global.

Se a empreitada for de mão de obra e materiais, os prejuízos são sofridos pelo empreiteiro. Contudo, se o contratante estiver em mora, todos os riscos correm por conta do contratante da empreitada.

Obrigações do empreiteiro:

A - Entregar a coisa no tempo e na forma ajustados;

B - Pagar pelos materiais que recebeu, se por imperícia ou negligência forem inutilizados. Esse caso somente é aplicado na empreitada de mão de obra.

> **Observação:** Caso o preço dos materiais empregados pelo empreiteiro tenha reduzido, o dono da obra pode pedir a diferença, desde que ocorra uma diminuição no preço do material ou da mão de obra superior a 1/10 do total (10%).

C - Responde o empreiteiro pela solidez do seu trabalho. É uma regra do Código Civil e está disposta no art. 618 do CC:

> Art. 618: "Nos contratos de empreitada de edifícios ou outras construções consideráveis, o empreiteiro de materiais e execução responderá, durante o prazo irredutível de cinco anos, pela solidez e segurança do trabalho, assim em razão dos materiais, como do solo".

Obrigações do dono da obra:

A - Pagamento do preço.

B - Receber a coisa.

E se, injustificadamente, se recusar? Caracteriza-se mora, ficando ele responsável por todos os efeitos dela decorrentes, inclusive perecimento por caso fortuito. O empreiteiro pode requerer o depósito judicial da coisa.

> **Observação:** O contrato de empreitada não se extingue pela morte de qualquer das partes. Salvo na hipótese da obrigação, com relação ao empreiteiro, ser personalíssima.

9. CONTRATO DE DEPÓSITO

As partes contratantes são depositante e depositário. Sua principal finalidade é a guarda (e não uso) de coisa alheia.

Como regra, é um contrato gratuito, a não ser que haja convenção em contrário, seja resultante de atividade negocial ou se o depositário praticá-lo por profissão.

> **Observação:** Se o depósito for oneroso e a retribuição do depositário não constar de lei, nem resultar de ajuste, será determinada pelos usos do lugar, e, na falta destes, por arbitramento.

Há dois tipos de depósito: voluntário e necessário.

9.1 VOLUNTÁRIO: ARTS. 627 A 646 DO CC

É aquele livremente ajustado pelas partes. Por meio dele, o depositante confia ao depositário a guarda de uma coisa móvel. O depositário deve restituir a coisa, quando solicitado.

Como obrigações, o depositário deverá guardar a coisa, conservá-la e restituí-la, conforme o art. 629 do CC.

Já o depositante possui como obrigações reembolsar as despesas feitas pelo depositário na guarda da coisa e de indenizá-lo pelos prejuízos que do depósito advierem (se ocorrerem).

9.2 NECESSÁRIO: ARTS. 647 A 652 DO CC

É aquele em que o depositante é forçado, pelas circunstâncias, a efetuar o depósito com pessoas desconhecidas. Há duas espécies de depósito necessárias:

A – Depósito que se faz em desempenho de obrigação legal.

B – O que se efetua por ocasião de alguma calamidade, como inundação, incêndio etc.

10. CONTRATO DE MANDATO

A conceituação do contrato de mandato está no art. 653 do CC: "Opera-se o mandato quando alguém recebe de outrem poderes para, em seu nome, praticar atos ou administrar interesses. A procuração é o instrumento do mandato".

O mandatário representa o mandante dentro dos poderes a ele conferidos. Assim, os atos do mandatário vinculam o mandante, se dentro dos poderes outorgados.

Tipos de mandato:

A – Legais: quando a lei confere poderes aos representantes.

Ex.: pais, tutores, curadores.

B – Judiciais: são os representantes nomeados pelo juiz.

Ex.: inventariantes.

C – Convencionais: quando recebem procuração para agir em nome do mandante.

Ex.: advogado.

Em regra, o contrato de mandato é gratuito, eis que o art. 658 diz que a gratuidade é presumida, se não houver sido estipulada retribuição, exceto se o objeto de mandato corresponder ao daqueles que o mandatário trata por ofício ou profissão (ex.: mandato de advogado). Já se o mandato for oneroso, caberá ao mandatário a retribuição prevista em lei ou no contrato.

Pessoas que podem outorgar e receber mandato:

Toda pessoa capaz é apta para outorgar mandato mediante instrumento particular. Contudo, com relação ao mandatário, há a exceção do art. 666 do CC, que permite que o mandatário seja relativamente incapaz:

O maior de dezesseis anos e menor de dezoito anos não emancipado pode ser mandatário, mas o mandante não tem ação contra ele senão de conformidade com as regras gerais, aplicáveis às obrigações contraídas por menores.

Obrigações do mandatário:

A – Agir em nome do mandante e dentro dos poderes dados por ele;

B – Aplicar toda a sua diligência habitual na execução do contrato e indenizar qualquer prejuízo causado por culpa sua ou daquele a quem substabelecer.

Importa salientar que, se o procurador vier a substabelecer sem estar autorizado a fazer isso, responderá pelos prejuízos que o mandante sofrer por sua culpa ou daquele substabelecido.

C – Prestar contas de sua gerência ao mandante, transferindo qualquer vantagem proveniente do mandato, por qualquer título que seja.

D – Apresentar o instrumento de mandato às pessoas com quem negocia.

E – Concluir negócio já começado. Assim, se o mandante morreu, foi interditado etc., embora ciente desses fatos, o mandatário deve concluir o negócio, já que a lei entende que o mandante gostaria que tal negócio fosse concluído.

Obrigações do mandante:

A – Dever de cumprir as obrigações assumidas pelo mandatário dentro dos poderes conferidos no mandato.

B – Reembolsar as despesas efetuadas pelo mandatário, bem como pagar a remuneração ajustada (se for o caso de remuneração).

Da extinção do mandato:

Conforme o art. 682 do CC, o mandato será extinto nos seguintes casos:

A – Pela revogação ou pela renúncia: se a resilição partir do mandante, há revogação. Se partir do mandatário, há renúncia.

> **Observação:** Se o mandante for prejudicado pela renúncia, por ser inoportuna, deve ser indenizado pelo mandatário. Essa indenização somente não ocorrerá se este provar que não podia continuar no mandato sem prejuízo considerável.

B – Pela morte ou interdição de uma das partes.

C – Pela mudança de estado que inabilite o mandante a conferir poderes ou o mandatário a substabelecer.

D – Pelo término do prazo ou pela conclusão do negócio: quando a procuração é dada com data certa, cessa a procuração com o advento do termo.

Se outorgada para um negócio determinado e realizado o negócio, também cessará.

Obs.: Mandato judicial:

Conforme o art. 692: "O mandato judicial fica subordinado às normas que lhe dizem respeito, constantes da legislação processual, e, supletivamente, às estabelecidas neste Código".

Importa lembrar que o mandato judicial só pode ser exercido por quem possa atuar em juízo, isto é, pessoas habilitadas como advogado.

11. CONTRATO DE COMISSÃO

As partes são comitente (em favor de quem o comissário se obriga a realizar negócios) e comissário (obriga-se, perante terceiros, em seu próprio nome, figurando no contrato como parte).

No contrato de comissão, é comumente fixada uma percentagem sobre as vendas para o comissário. Não estipulada a remuneração devida ao comissário, será ela arbitrada segundo os usos do lugar.

Obrigações do comissário:

1) O comissário fica diretamente obrigado para com as pessoas com quem contratar, já que tais pessoas não têm ação contra o comitente, mas somente contra o comissário.
2) Deve agir conforme as ordens e instruções do comitente.
3) Responde por qualquer prejuízo que ocasionar ao comitente, salvo por motivo de força maior.

12. CONTRATOS DE AGÊNCIA E DISTRIBUIÇÃO

As partes são chamadas de agente e de proponente. Configura-se o contrato de agência quando uma pessoa assume, em caráter não eventual e sem vínculos de dependência, a obrigação de promover, à conta de outra, a realização de certos negócios, em zona determinada.

Exemplos de agentes: de seguros, de atividades artísticas, etc.

Configura-se a distribuição quando o agente tiver à sua disposição a coisa a ser negociada.

Direitos e obrigações do proponente:

A – Não pode constituir, ao mesmo tempo, mais de um agente, na mesma zona com idêntica incumbência.

B – Não pode assumir o encargo de tratar de negócios do mesmo gênero, à conta de outros proponentes.

Direitos e obrigações do agente ou distribuidor:

A – Deve agir com diligência, atendendo às instruções recebidas pelo proponente.

B - Tem direito à indenização se o proponente, sem justa causa, cessar o atendimento das propostas ou reduzi-lo tanto que se torne economicamente ruim a continuação do contrato.

Pagamento do agente ou distribuidor:

Agente ou distribuidor terá direito à remuneração correspondente aos negócios concluídos dentro de sua zona, ainda que sem a sua interferência. Todas as despesas com a agência ou a distribuição correm por conta do agente ou distribuidor.

13. CONTRATO DE CORRETAGEM

Por esse contrato, uma pessoa, não ligada à outra em virtude de mandato, de prestação de serviços ou por qualquer outra relação de dependência, obriga-se a obter para a segunda um ou mais negócios conforme as instruções recebidas. A função do corretor é aproximar as pessoas que estiverem interessadas no negócio.

Importa lembrar que a obrigação assumida pelo corretor é de resultado. Somente terá direito à comissão se houver a realização do negócio.

Direitos e deveres do corretor:

A Lei nº 6.530/1978 trata sobre a profissão de corretor. Contudo, as regras do CC também devem ser aplicadas, conforme o art. 729 do CC. São deveres:

A - Executar a mediação com diligência e prudência.

B -Prestar ao cliente todas as informações sobre o andamento dos negócios.

Remuneração do corretor:

Se não estiver fixada em lei, nem ajustada entre as partes, será arbitrada segundo a natureza do negócio e os usos locais.

Quando se deve a remuneração ao corretor?

A - No momento em que tenha conseguido o resultado previsto no contrato de corretagem.

B - Ou mesmo quando esse contrato não se efetive em razão de arrependimento das partes.

Se o negócio foi concluído diretamente entre parte e terceiro, sem intervenção do corretor, nenhuma remuneração será a ele devida. Contudo, se por escrito for ajustada a corretagem por exclusividade, terá o corretor direito à remuneração integral, ainda que realizado o negócio sem a sua mediação, salvo se comprovada sua inércia ou ociosidade.

14. CONTRATO DE TRANSPORTE

É aquele em que alguém se obriga a transportar, de um lugar para outro, coisas ou pessoas mediante uma retribuição.

Observação: O art. 736 diz que:

> Art. 736. Não se subordina às normas do contrato de transporte o feito gratuitamente, por amizade ou cortesia.
>
> Parágrafo único. Não se considera gratuito o transporte quando, embora feito sem remuneração, o transportador auferir vantagens indiretas.

O transporte pode ser de pessoas ou coisas.

A - Do transporte de pessoas:

Diz o art. 734 do CC: "O transportador responde pelos danos causados às pessoas transportadas e suas bagagens, salvo motivo de força maior, sendo nula qualquer cláusula excludente da responsabilidade".

Importa lembrar que a responsabilidade contratual do transportador por acidente com o passageiro não pode ser afastada por culpa de terceiro, contra o qual tem ação regressiva. Assim, em um acidente que cause danos ao passageiro, obriga o transportador a indenizá-lo. Não importa se a responsabilidade pelo dano foi de um terceiro, o transportador deve indenizar o passageiro e, se quiser, pode mover uma ação regressiva contra o terceiro.

Direitos e obrigações do transportador:

O transportador está sujeito aos horários e aos itinerários previstos, sob pena de responder por perdas e danos, salvo força maior. Também não pode recusar passageiros, salvo os casos previstos em regramentos, ou se as condições de higiene e saúde do interessado assim justificarem.

Se a viagem for interrompida por qualquer motivo alheio à vontade do transportador, ainda que decorrente de evento imprevisto, fica a transportadora obrigada a concluir o transporte em outro veículo da mesma categoria ou com a anuência do passageiro, por modalidade diversa, a sua custa, correndo também por sua conta as despesas de estadia e alimentação do usuário, durante a espera de novo transporte.

Observação: O transportador tem direito de retenção sobre a bagagem se tiver realizado o transporte e o passageiro não tiver pagado o valor da passagem.

Direitos e obrigações do transportado:

A pessoa transportada deve se submeter às normas estabelecidas pela transportadora. Além disso, também deve se abster de qualquer ato que cause incômodo ou prejuízo aos passageiros ou que impeça a execução normal dos serviços.

O passageiro também tem direito de rescindir o contrato de transporte antes de iniciada a viagem. É devida ao passageiro a restituição do valor da passagem, desde que feita a comunicação ao transportador em tempo de a passagem ser renegociada, podendo desistir da viagem, mesmo depois de iniciada. É devida ao passageiro a quantia do trecho não utilizado, desde que provado que outra pessoa haja sido transportada em seu lugar.

O passageiro que não tiver aparecido não terá reembolso da passagem, salvo se provar que outra pessoa viajou no seu lugar e, assim, a empresa lucrou.

B – Do transporte de coisas:

A coisa, entregue ao transportador, deve estar caracterizada por sua natureza, valor, peso e quantidade para que não se confunda com outras. O destinatário deve ser indicado, ao menos, com nome e endereço. Quando receber a coisa, o transportador deve emitir o chamado conhecimento de transporte.

Pode o transportador recusar o transporte da coisa? Sim, se a embalagem for inadequada, bem como possa colocar em risco a saúde das pessoas ou danificar o veículo e outros bens.

Obrigações do transportador de coisas:

O transportador deve conduzir a coisa até o seu destino e entregá-la no prazo. Também tem a responsabilidade limitada ao valor constante no conhecimento.

Obrigações de quem teve a coisa transportada:

Até a entrega da coisa, pode o remetente desistir do transporte e pedir a coisa de volta ou ordenar que seja entregue a outra pessoa. De qualquer forma, deve o remetente pagar os acrescidos, mais as perdas e danos que houver. Aquele que tiver recebido as mercadorias deve verificar se tudo está correto, sob pena de declinar dos direitos de reclamação.

15. CONTRATO DE SEGURO

As partes envolvidas no contrato de seguro são segurado e seguradora.

Considera-se contrato de seguro aquele pelo qual uma das partes, denominada segurador, se obriga a garantir interesse legítimo da outra, intitulada segurado, relativo à pessoa ou à coisa, contra riscos predeterminados.

No contrato de seguro, o segurado paga o prêmio – prestações – ao segurador, que assume o risco do segurado. Assim, a seguradora deve pagar ao segurado uma indenização caso ocorra o evento inesperado (sinistro).

Elementos do contrato de seguros:

São eles: segurador, segurado, risco, prêmio e apólice ou bilhete de seguro (instrumento de negócio).

A – Segurador: contratante que, assumindo os riscos, indenizará o segurado na hipótese de sinistro.

B – Segurado: quem paga o prêmio e, assim, transfere o risco para o segurador.

C – Risco: é o acontecimento futuro e incerto, sendo o próprio objeto do seguro.

Diz o art. 762 do CC: "Nulo será o contrato para garantia de risco proveniente de ato doloso do segurado, do beneficiário, ou de representante de um ou de outro".

D – Prêmio: é o que paga o seguro ao segurador.

> Art. 764 do CC: "Salvo disposição especial, o fato de se não ter verificado o risco, em previsão do qual se faz o seguro, não exime o segurado de pagar o prêmio".

E – Apólice ou bilhete de seguro: é o instrumento do contrato.

Princípio da boa-fé:

Segundo o art. 765 do CC: "O segurado e o segurador são obrigados a guardar na conclusão e na execução do contrato, a mais estrita boa-fé e veracidade, tanto a respeito do objeto como das circunstâncias e declarações a ele concernentes".

Caso não tenha havido boa-fé na relação contratual, o art. 766 do CC diz: "Se o segurado por si ou por seu representante, fizer declarações inexatas ou omitir circunstâncias que possam influir na aceitação da proposta ou na taxa do prêmio, perderá o direito à garantia, além de ficar obrigado ao prêmio vencido".

Obrigações do segurado:

A – Pagar o prêmio estipulado no contrato.

B – Não pode agravar intencionalmente o risco. Caso faça isso, perderá a garantia – art. 768 do CC.

C – Deve comunicar o segurador, logo que saiba, todo incidente que possa agravar consideravelmente o risco, sob pena de perder a garantia. Essa perda ocorrerá se o segurado sabia e não comunicou o segurador, ou seja, agiu de má-fé.

D – Comunicar o sinistro ao segurador, logo que saiba. Também deve tomar todas as providências para amenizar as consequências do sinistro.

Obrigações do segurador:

A – Pagar em dinheiro, se outra forma não foi convencionada (ex.: consertar o veículo), o prejuízo resultante do risco assumido e, conforme as circunstâncias, entregar outra coisa em seu lugar (ex.: dar um carro novo).

B – Os agentes autorizados do segurador (corretores de seguros) presumem-se seus representantes para todos os atos relativos aos contratos que agenciarem.

C – Se as partes não se opuserem, o contrato se renova pelo mesmo prazo. No entanto, essa renovação automática só pode ocorrer uma vez, conforme o art. 774 do CC.

Seguro de pessoa:

Nos seguros pessoais, a indenização paga deve ser a fixada na apólice de seguros, já que os bens cobertos pelo seguro não têm valor (inestimáveis).

Na falta de beneficiário estipulado, ou por qualquer motivo, não sendo possível que aquele beneficiário receba a indenização, o capital segurado será pago:

A – Metade ao cônjuge não separado judicialmente.

B – Metade aos herdeiros do segurado, obedecida a ordem de vocação hereditária.

Na falta de cônjuge/herdeiros, serão beneficiados aqueles que provarem que a morte do segurado os privou dos meios necessários à subsistência.

No seguro de vida/acidentes pessoais, para o caso de morte, o capital estipulado não está sujeito às dívidas do segurado, nem se considera herança para todos os efeitos do direito.

Súmulas do STJ:
Súm. nº 620: "A embriaguez do segurado não exime a seguradora do pagamento da indenização prevista em contrato de seguro de vida".
Súm. nº: 616 "A indenização securitária é devida quando ausente a comunicação prévia do segurado acerca do atraso no pagamento do prêmio, por constituir requisito essencial para a suspensão ou resolução do contrato de seguro".
Súm. nº: 610 "O suicídio não é coberto nos dois primeiros anos de vigência do contrato de seguro de vida, ressalvado o direito do beneficiário à devolução do montante da reserva técnica formada".
Súm. nº 609: "A recusa de cobertura securitária, sob a alegação de doença preexistente, é ilícita se não houve a exigência de exames médicos prévios à contratação ou a demonstração de má-fé do segurado".
Súm. nº 632: "Nos contratos de seguro regidos pelo Código Civil, a correção monetária sobre a indenização securitária incide a partir da contratação até o efetivo pagamento".

16. CONTRATO DE CONSTITUIÇÃO DE RENDA

Quem são as partes nesse contrato? Instituidor e rendeiro (também chamado de censuário).

Qual é o conceito do contrato de constituição de renda? Por esse contrato, uma pessoa (instituidor) entrega a outrem (rendeiro ou censuário) um capital, que pode consistir em bens móveis ou imóveis. O rendeiro ou censuário obriga-se a pagar ao instituidor ou terceiro indicado (beneficiário) por este uma prestação.

O objetivo do contrato de constituição de renda é o de proteger o instituidor, que, ainda que proprietário dos bens, não está seguro de como conseguir o suficiente para sua sobrevivência. Assim, concorda em transferir propriedade ao rendeiro, que, por sua vez, se compromete a lhe dar uma renda fixa durante certo tempo (prazo).

Em geral, esse prazo é até a morte do instituidor. Mas pode haver convenção em contrário.

A constituição de renda pode ser a título gratuito ou a título oneroso.

O que acontece se o rendeiro (também chamado de censuário) deixa de cumprir a obrigação estipulada? Pode o credor da renda (instituidor ou terceiro beneficiado) acionar o rendeiro para que:

a) pague as prestações atrasadas;
b) preste garantias futuras de que pagará o devido, sob pena de rescisão do contrato.

17. DO JOGO E DA APOSTA

17.1 JOGO

É o ajuste pelo qual duas ou mais pessoas se obrigam a pagar certa soma para a pessoa que vença na prática de determinado ato.

Perder ou ganhar depende da atuação e da participação efetiva de cada jogador. O vencedor fará jus a certa soma, previamente estipulada.

Exemplos: Joana e Maria apostam corrida. Quem ganhar será a campeã do "jogo".

17.2 APOSTA

O resultado não depende da participação das partes.

Exemplo: Joana e Maria apostam que, nos próximos 30 minutos, passarão cinco carros da cor branca em frente à casa delas, não havendo participação das duas. Resultado depende de um ato ou fato alheio e incerto.

Apesar da diferença em conceituação, o tratamento legal dado a ambos é o mesmo.

Importa salientar que as dívidas de jogo ou de aposta não obrigam ao pagamento.

Regra: Se foram pagas, quem pagou não pode querer de volta o pagamento.

Exceção: Pode-se solicitar de volta o pagamento se esse jogo ou aposta foi ganho com dolo ou se quem perdeu for menor ou interdito.

A dívida de jogo/aposta constitui obrigação natural: o ganhador não dispõe, no ordenamento jurídico, de ação para exigir seu pagamento.

18. CONTRATO DE FIANÇA

O conceito de fiança está no art. 818 do CC: "Pelo contrato de fiança, uma pessoa garante satisfazer ao credor uma obrigação assumida pelo devedor, caso este não a cumpra".

Características:

- Caráter acessório, já que depende da existência do contrato principal.
- Contrato solene. Diz o art. 819: "A fiança dar-se-á por escrito, e não admite interpretação extensiva".

- Unilateral, já que, uma vez celebrado, só gera obrigações do fiador para com o credor.
- Gratuito, já que fiador nada recebe em troca.

Como é um contrato acessório, em geral, se nula a obrigação principal, a fiança também será nulificada.

Pode o credor recusar o fiador? Sim, pode. Se não for pessoa idônea, domiciliada no município e não possua bens suficientes para garantir a obrigação.

Benefício de ordem:

Consiste em um privilégio, conferido ao fiador, de exigir que os bens do devedor principal sejam excutidos antes dos seus. O fiador que alegar o benefício de ordem deve nomear bens do devedor situados no mesmo município, livres e desembaraçados. Há alguns casos, no entanto, que o fiador não pode invocar tal benefício:

a) se o fiador renunciou expressamente ao benefício.

b) se o fiador se obrigou como principal pagador ou devedor solidário.

c) se o devedor for insolvente ou falido.

Benefício da divisão:

Segundo o art. 829 do CC: "A fiança conjuntamente prestada a um só débito por mais de uma pessoa importa o compromisso de solidariedade entre elas, se declaradamente não se reservarem o benefício de divisão".

Estipulado esse benefício, cada fiador responde unicamente pela parte que, em proporção, lhe couber no pagamento. Portanto, se houver especificação – benefício da divisão –, cada um paga somente o que afiançou.

Extinção da fiança:

A – A moratória concedida ao devedor, sem o consentimento do fiador:

Moratória é a concessão expressa de mais prazo ao devedor. Ele não quer ficar mais tempo como fiador, e a moratória permite isso, então pode solicitar a exoneração da fiança.

B – O ato do credor que impossibilite a sub-rogação nos seus direitos e preferências: o fiador, ao aceitar a fiança, pode pensar na possibilidade de se sub-rogar nos direitos do credor para com o devedor. Se, por ato do credor, essa possibilidade não ocorrer, o fiador se desonera da fiança.

C – Dação em pagamento: coloca fim ao contrato principal e, portanto, também ao de fiança.

D – Retardamento do credor na execução: quando oferecido o benefício de ordem, e o credor retarda muito em promover a execução.

19. TRANSAÇÃO

Contrato pelo qual as partes previnem ou terminam relações jurídicas controvertidas, por meio de concessões mútuas, conforme o art. 840 do CC:

"É lícito aos interessados prevenirem ou terminarem o litígio mediante concessões mútuas".

É o resultado de um acordo de vontades para evitar riscos de futura demanda ou para extinguir litígios judiciais já existentes.

20. COMPROMISSO E ARBITRAGEM

Arbitragem é o acordo de vontade em que as partes entregam para árbitros a solução dos conflitos, preferindo essas partes não se submeterem a uma decisão judicial.

Nos arts. 851 a 853 do CC, é regulado o compromisso que precede o juízo arbitral. A legislação sobre o instituto está na Lei nº 9.307/1996, que trata sobre a arbitragem nacional e internacional.

> **Observação:** Art. 852 do CC: "É vedado compromisso para solução de questões de estado, de direito pessoal de família e de outras que não tenham caráter estritamente patrimonial".

ATOS UNILATERAIS DE VONTADE:

1) **Promessa de recompensa:** obriga aquela pessoa que emitiu a declaração de vontade a cumprir a sua promessa. Não depende de aceitação para a formação, por isso é um ato unilateral de vontade. São elementos necessários: publicidade da promessa (torná-la pública); especificação da condição ou serviço a ser realizado; e indicação da recompensa.
2) **Gestão de negócios**: ocorre quando uma pessoa, sem autorização do interessado, acaba por intervir em negócio alheio, com o intuito de auxiliar a pessoa que não pode cuidar do negócio naquele momento.
3) **Pagamento indevido**: é espécie do qual enriquecimento sem causa é gênero. Para que ocorra a devolução dos valores, é necessário que o pagamento tenha sido comprovadamente feito com erro.
4) **Enriquecimento sem causa:** há vários tipos de enriquecimento sem causa: pagamento indevido, construção em imóvel alheio de boa-fé etc. Para a sua configuração, é necessário: a) enriquecimento de uma parte; b) empobrecimento do outro; c) relação de causalidade entre os dois fatos; d) ausência de razão (contrato, lei etc.); e) inexistência de outra ação para conseguir a devolução. Então, a ação cabível será a ação *in rem verso*.

Direito Civil – Direito das coisas

Patrícia Strauss

Doutoranda em Direito pela Universidade Federal do Rio Grande do Sul (UFRGS). Pós-Graduada em *Droit comparé et européen des contrats et de la consommation* pela Savoie Mont Blanc, França. Pós-Graduada em *Environmental Policy* pela Open University, Inglaterra. Mestre em Direito pela Universidade de Caxias do Sul (UCS). Graduada em Direito pela Universidade Federal de Santa Maria (UFSM). Presidente do Instituto Brasileiro de Direito da Maternidade. Parecerista e Professora de Direito Civil do CEISC e da Faculdade IMED, Porto Alegre. Advogada no Patrícia Strauss – Advocacia para Mães. Membro da International Association of Consumer Law, do Instituto Brasileiro de Política e Direito do Consumidor – Brasilcon. Membro associado da United Nations – UNCTAD Virtual Institute. Pesquisadora do grupo de pesquisa CNPq Mercosul, Direito do Consumidor e Globalização da UFRGS.

SUMÁRIO

1. DIREITOS DAS COISAS: DIREITOS REAIS E POSSE

Posse não se enquadra como um direito real. Posse pertence ao direito das coisas, mas não se enquadra nos direitos reais. É um ponto autônomo dentro do direito das coisas, a saber:

1 – Posse (arts. 1.196 até 1.224).

2 – Direitos reais (arts. 1.225 até 1.510-E).

2. DIFERENÇA ENTRE POSSE E DETENÇÃO

Conceito de detentor no CC/2002:

> Art. 1.198. Considera-se detentor aquele que, achando-se em relação de dependência para com outro, conserva a posse em nome deste e em cumprimento de ordens ou instruções suas.
>
> Parágrafo único. Aquele que começou a comportar-se do modo como prescreve este artigo, em relação ao bem e à outra pessoa, presume-se detentor, até que prove o contrário.

- Detentor é servo da posse, o chamado "fâmulo da posse". Não será possuidor, assim, aquele que conserva a posse em nome de outra pessoa. O possuidor exerce o poder de fato em razão de interesse próprio; o detentor, no interesse de outra pessoa. São exemplos de detentor: caseiro (caso de imóvel) e motorista (caso de bens móveis).

> **Atenção!** Ocupantes de um bem público (classificação de bens públicos se encontra no art. 99 do CC) são tidos, tanto pela doutrina quanto pela jurisprudência, como meros detentores de um bem.

Súm. nº 637 do STJ : "O ente público detém legitimidade e interesse para intervir, incidentalmente, na ação possessória entre particulares, podendo deduzir qualquer matéria defensiva, inclusive, se for o caso, o domínio".
Súm. nº 619 do STJ: "A ocupação indevida de bem público configura mera detenção, de natureza precária, insuscetível de retenção ou indenização por acessões e benfeitorias".

Obs.:

1) Classificação da posse

A – Posse justa e injusta

Posse justa é aquela que não é clandestina, violenta ou precária. A posse clandestina seria aquela adquirida às escondidas, na "calada da noite". Já a posse violenta seria aquela adquirida com emprego de violência, ao passo que a precária seria aquela ocorrida após o vencimento de um prazo dado para a restituição do bem.

Diz o art. 1.200: "É justa a posse que não for violenta, clandestina ou precária."

B - Posse de boa e de má-fé

A definição de posse de boa ou má-fé depende da posição do possuidor. Se sabe da existência do vício, sua posse é de má-fé. Se ignora o vício, sua posse é de boa-fé.

> Art. 1.201. É de boa-fé a posse, se o possuidor ignora o vício, ou o obstáculo que impede a aquisição da coisa.
>
> Parágrafo único. O possuidor com justo título tem por si a presunção de boa-fé, salvo prova em contrário, ou quando a lei expressamente não admite esta presunção.
>
> Art. 1.202. A posse de boa-fé só perde este caráter no caso e desde o momento em que as circunstâncias façam presumir que o possuidor não ignora que possui indevidamente.
>
> Art. 1.203. Salvo prova em contrário, entende-se manter a posse o mesmo caráter com que foi adquirida.

C - Posse *pro diviso* e posse *pro indiviso*

Se os compossuidores têm posse somente de partes ideais da coisa, diz-se que a posse é *pro indiviso*. Se cada um se localiza em partes determinadas do imóvel, estabelecendo uma divisão de fato, teremos a posse *pro diviso*.

> Art. 1.199. Se duas ou mais pessoas possuírem coisa indivisa, poderá cada uma exercer sobre ela atos possessórios, contanto que não excluam os dos outros compossuidores.

2) Aquisição da posse

Conceito de propriedade, segundo o art. 1.228 do CC. "O proprietário tem a faculdade de usar, gozar e dispor da coisa, e o direito de reavê-la do poder de quem quer que injustamente a possua ou detenha".

Conceito de posse segundo o art. 1.196 do CC: "Considera-se possuidor todo aquele que tem de fato o exercício, pleno ou não, de algum dos poderes inerentes à propriedade".

Aquisição de posse segundo o art. 1.204 do CC: "Adquire-se a posse desde o momento em que se torna possível o exercício, em nome próprio, de qualquer dos poderes inerentes à propriedade".

A - Sujeitos que adquirem posse (art. 1.205):

- Própria pessoa que a pretende ou por seu representante;
- Por terceiro sem mandato, dependendo de ratificação.

B - Sucessão na posse:

A posse pode ser adquirida por sucessão. O sucessor universal continua, de pleno direito, a posse do seu antecessor. Já o sucessor singular possui a opção de unir ou não a sua posse com a do antecessor.

> Art. 1.206. A posse transmite-se aos herdeiros ou legatários do possuidor com os mesmos caracteres.

> Art. 1.207. O sucessor universal continua de direito a posse do seu antecessor; e ao sucessor singular é facultado unir sua posse à do antecessor, para os efeitos legais.

3) Efeitos da posse

A – Ações possessórias: há três típicas ações possessórias, previstas no Código Civil. Serão utilizadas pelo possuidor na defesa de ameaça, incômodo ou até mesmo perda da posse.

Perda – esbulho – ação de reintegração de posse.

Incômodo – turbação – ação de manutenção de posse.

Ameaça – interdito proibitório.

> **Atenção!** A questão procedimental da defesa da posse é tratada no Código de Processo Civil. As ações possessórias são ações do rito especial, previstas nos arts. 554 e ss. do CPC. Também há artigos específicos que tratam sobre legitimação e competência sobre ações possessórias.

AÇÕES POSSESSÓRIAS:

1 – Reintegração de posse – esbulho – perda da posse

2 – Manutenção de posse – turbação – incômodo da posse

Já a turbação é um incômodo à posse. Pela prática da turbação, o possuidor se mantém na posse, mas está incomodado em sua posse.

3 – Interdito proibitório – ameaça à posse

É requisito da procedência do pedido do autor que prove o justo receio de vir a ser molestado .

> **Atenção!** Fungibilidade das possessórias: a propositura de uma ação possessória em vez de outra não obstará a que o juiz conheça do pedido, desde que preencha requisitos da ação correta.

Para o entendimento das ações possessórias, também é importante que seja verificado se a posse é de força-nova ou de força-velha:

- **Posse de força-nova e posse de força-velha:** posse perdida-molestada antes de um ano e um dia é chamada de posse de força-nova. Já a posse perdida-molestada após ano e dia, de posse de força-velha.
- **Juízo possessório e juízo petitório:** a ação possessória é o meio de tutela da posse perante uma ameaça, turbação ou esbulho. Já a ação petitória é o meio de tutela dos direitos reais, como o de propriedade. Está consagrada no CC a diferenciação entre eles:

> Art. 1.210. O possuidor tem direito a ser mantido na posse em caso de turbação, restituído no de esbulho, e segurado de violência iminente, se tiver justo receio de ser molestado.
>
> § 1º O possuidor turbado, ou esbulhado, poderá manter-se ou restituir-se por sua própria força, contanto que o faça logo; os atos

de defesa, ou de desforço, não podem ir além do indispensável à manutenção, ou restituição da posse.

§ 2º Não obsta à manutenção ou reintegração na posse a alegação de propriedade, ou de outro direito sobre a coisa.

B – Legítima defesa da posse

Art. 1.210, § 1º:

Art. 1.210. O possuidor tem direito a ser mantido na posse em caso de turbação, restituído no de esbulho, e segurado de violência iminente, se tiver justo receio de ser molestado.

§ 1º O possuidor turbado, ou esbulhado, poderá manter-se ou restituir-se por sua própria força, contanto que o faça logo; os atos de defesa, ou de desforço, não podem ir além do indispensável à manutenção, ou restituição da posse.

C – Frutos

Boa-fé – art. 1.214	Má-fé – art. 1.216
O possuidor de boa-fé tem direito, enquanto ela durar, aos frutos percebidos. Os frutos pendentes ao tempo em que cessar a boa-fé devem ser restituídos, depois de deduzidas as despesas da produção e custeio; devem ser também restituídos os frutos colhidos com antecipação.	O possuidor de má-fé responde por todos os frutos colhidos e percebidos, bem como pelos que, por culpa sua, deixou de perceber, desde o momento em que se constituiu de má-fé; tem direito às despesas da produção e custeio.

D – Perecimento ou deterioração

Boa-fé – art. 1.217	Má-fé: art. 1.218
O possuidor de boa-fé não responde pela perda ou deterioração da coisa, a que não der causa.	O possuidor de má-fé responde pela perda, ou deterioração da coisa, ainda que acidentais, salvo se provar que de igual modo se teriam dado, estando ela na posse do reivindicante.

E – Benfeitorias

Boa-fé – art. 1.219	Má-fé – art. 1.220
O possuidor de boa-fé tem direito à indenização das benfeitorias necessárias e úteis, bem como, quanto às voluptuárias, se não lhe forem pagas, a levantá-las, quando o puder sem detrimento da coisa, e poderá exercer o direito de retenção pelo valor das benfeitorias necessárias e úteis.	Ao possuidor de má-fé serão ressarcidas somente as benfeitorias necessárias; não lhe assiste o direito de retenção pela importância destas, nem o de levantar as voluptuárias.

4 – Perda de posse

Por fim, a perda da posse se dá quando cessa o poder sobre o bem, ainda que contra a vontade do possuidor, conforme dispõe o art. 1.223 do CC.

3. DIREITOS REAIS

Os direitos reais possuem rol no art. 1.225 do CC, sendo: propriedade, superfície, servidões, usufruto, uso, habitação, direito do promitente comprador do imóvel, penhor, hipoteca, anticrese, concessão de uso especial para fins de moradia, concessão de direito real de uso e a laje.

4. PROPRIEDADE

O direito de propriedade está previsto a partir do art. 1.228 do CC, como o exercício do direito pleno de usar, gozar, dispor e reaver a propriedade.

Tal direito não é absoluto, já que no § 1º do art. 1.228 há a limitação do direito de propriedade para que seja utilizado de acordo com sua função social, finalidade econômica e social.

Formas de aquisição da propriedade imóvel:

A usucapião, também denominada prescrição aquisitiva, é forma originária de aquisição da propriedade.

O bem adquirido por meio da usucapião é transmitido livre e desembaraçado de qualquer ônus.

Há requisitos necessários: posse mansa, pacífica e com ânimo de proprietário.

Formas da usucapião:

Há cinco espécies de usucapião, na parte de aquisição de propriedade, prevista no CC:

a) Extraordinária:

Regulada pelo art. 1.238, parágrafo único, do CC. Para caracterização da usucapião extraordinária, não é necessário justo título e boa-fé, sendo requerido somente o preenchimento dos requisitos gerais: posse mansa, pacífica, ininterrupta, com ânimo de proprietário e o tempo estabelecido em lei. Em regra, o tempo necessário de posse mansa, pacífica, ininterrupta e com ânimo de proprietário é de 15 anos, conforme o *caput* do art. 1.238. Contudo, se o imóvel for destinado à moradia ou se forem realizadas obras de caráter produtivo, o prazo diminui para dez anos, conforme o parágrafo único do artigo supracitado.

Importante destacar que na usucapião extraordinária de bem imóvel não há limite de área.

b) Ordinária:

A prescrição aquisitiva ordinária está regulada no art. 1.242, *caput* e parágrafo único, do CC.

Como regra, o prazo mínimo da posse mansa, pacífica, ininterrupta e com ânimo de proprietário é de dez anos, sendo necessário o justo título e boa-fé.

Contudo, o prazo pode ser diminuído para cinco anos se o bem for adquirido onerosamente, registrado no Registro de Imóveis e cancelada posteriormente a venda e nele estabelecido a moradia ou realizado investimento de caráter econômico ou social, conforme o parágrafo único do artigo supracitado. Também não há limite de área para a possibilidade da usucapião.

c) Especial rural:

A usucapião especial rural está regulada no art. 1.239 do CC.

O tempo necessário nessa modalidade é de cinco anos. Contudo, há critérios mais rigorosos se comparados às demais espécies: não pode ser proprietário de outro imóvel; o limite máximo de área para bens imóveis é de 50 hectares, bem como necessária a produção do trabalho e moradia.

Não é necessário o justo título e a boa-fé.

A usucapião especial rural também encontra respaldo no art. 183 da CF, visando tal dispositivo à efetivação da função social da propriedade.

d) Especial urbana:

A usucapião especial urbana está regulada no art. 1.240 do CC, sendo também de cinco anos o tempo necessário para aquisição da propriedade, não podendo o possuidor ser proprietário de outro imóvel. Deve também utilizá-lo como moradia, bem como a área total não deve ultrapassar 250 m². Por fim, não é necessário justo título e boa-fé.

e) Especial familiar:

A usucapião especial familiar está regulada no art. 1.240-A do CC, e caracteriza-se quando um dos ex-cônjuges ou ex-companheiro abandona o lar por no mínimo dois anos.

Contudo, para caracterizar a usucapião especial familiar também é necessário que aquele seja o único imóvel de propriedade do cônjuge que permanecer, sendo usado para sua moradia ou da família, assim como não exceder a área de até 250 m². Não é necessário justo título e boa-fé.

4.1 AQUISIÇÃO PELO REGISTRO DO TÍTULO

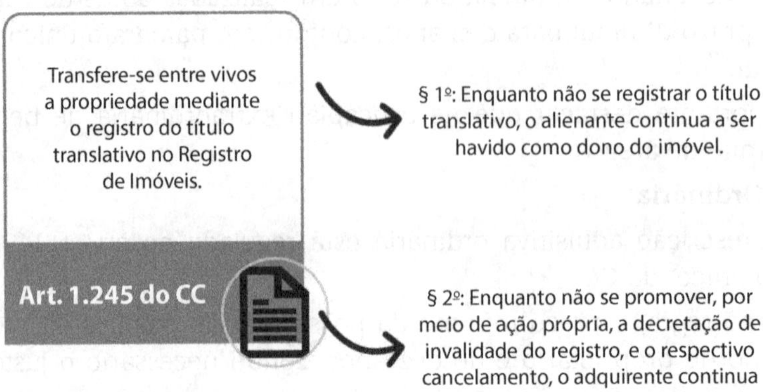

4.2 AQUISIÇÃO POR ACESSÃO

Conforme disposto no art. 1.248 do CC, a acessão pode dar-se:

A – por formação de ilhas:

Exemplo: As pessoas que estão na beira das correntes de água viram proprietários das ilhas (terrenos) que se formam.

> Art. 1.249: As ilhas que se formarem em correntes comuns ou particulares pertencem aos proprietários ribeirinhos fronteiros, observadas as regras seguintes:

I – as que se formarem no meio do rio consideram-se acréscimos sobrevindos aos terrenos ribeirinhos fronteiros de ambas as margens, na proporção de suas testadas, até a linha que dividir o álveo em duas partes iguais;

II – as que se formarem entre a referida linha e uma das margens consideram-se acréscimos aos terrenos ribeirinhos fronteiros desse mesmo lado;

III – as que se formarem pelo desdobramento de um novo braço do rio continuam a pertencer aos proprietários dos terrenos à custa dos quais se constituíram.

B – por aluvião:

Conforme o art. 1.250 do CC, os acréscimos formados, sucessiva e imperceptivelmente, por depósitos e aterros naturais ao longo das margens das correntes, ou pelo desvio das águas destas, pertencem aos donos dos terrenos marginais, sem indenização.

Exemplo: Partículas que se deslocam de uma propriedade para a outra. Ocorre em circunstâncias lentas.

> Parágrafo único. O terreno aluvial, que se formar em frente de prédios de proprietários diferentes, dividir-se-á entre eles, na proporção da testada de cada um sobre a antiga margem.

C – por avulsão:

Conforme dispõe o art. 1.251 do CC, quando, por força natural violenta, uma porção de terra se destacar de um prédio e se juntar a outro, o dono deste adquirirá a propriedade do acréscimo, se indenizar o dono do primeiro ou, sem indenização, se, em um ano, ninguém houver reclamado.

> Parágrafo único. Recusando-se ao pagamento de indenização, o dono do prédio a que se juntou a porção de terra deverá aquiescer a que se remova a parte acrescida.

- **Regra:** há indenização.
- **Exceção:** não há indenização se passar mais de um ano sem reclamação.

Aluvião: chega lentamente, sem perceber.	≠	Avulsão: acontece de forma natural, violenta.

D – por abandono de álveo:

Disposto no art. 1.252. O álveo abandonado de corrente pertence aos proprietários ribeirinhos das duas margens, sem que tenham indenização os donos dos terrenos por onde as águas abrirem novo curso, entendendo-se que os prédios marginais se estendem até o meio do álveo.

E – por plantações ou construções:

→ É uma presunção relativa do Código Civil.

Conforme exposto no art. 1.253 do CC: "Toda construção ou plantação existente em um terreno presume-se feita pelo proprietário e à sua custa, até que se prove o contrário".

Exemplo: Pessoa que planta/constrói em terreno próprio, mas com materiais alheios.

Entendimento do Código Civil:

Tanto o terreno como o trabalho possuem valor maior do que os materiais alheios; logo, entende-se que a pessoa que possui o terreno se torna proprietária da safra que foi plantada, mas, como utilizou materiais alheios, estes devem ser pagos a quem emprestou.

→ Trata-se de **boa-fé**.

Aquele que semeia, planta ou edifica em terreno seu com materiais alheios: vira proprietário, mas deverá indenizar o dono dos materiais alheios.

Quem semeia, planta ou edifica em terreno alheio, com materiais próprios: perde o que fez em proveito do proprietário, mas terá direito a indenização, se estava de boa-fé. Se a construção tiver um valor muito grande, maior que o valor do terreno, quem plantou ou edificou (se de boa-fé) adquire a propriedade do solo, por pagamento de indenização fixada judicialmente.

Formas de aquisição da propriedade móvel:

Assim como a propriedade imóvel possui formas de aquisição, a propriedade móvel também possui:

A – Usucapião:

Requisitos:

- Posse mansa/pacífica
- *Animus domini*

Conforme o art. 1.260 do CC: "Aquele que possuir coisa móvel como sua, contínua e incontestadamente durante três anos, com justo título e boa-fé, adquirir-lhe-á a propriedade".

- Equiparado a usucapião ordinário.
- Precisa de justo título e boa-fé.

Art. 1.261; Se a posse da coisa móvel se prolongar por cinco anos, produzirá usucapião, independentemente de título ou boa-fé.

- Equiparado a usucapião extraordinário.
- Não precisa de justo título e boa-fé.

B – Ocupação:

Conforme art. 1.263 do CC: "Quem se assenhorear de coisa sem dono para logo lhe adquire a propriedade, não sendo essa ocupação defesa por lei".

↓

Assenhorar da coisa: é um modo de aquisição da propriedade das coisas sem dono, ou porque nunca tiveram dono ou porque foram abandonadas.

O bem foi abandonado ou nunca foi de ninguém.

> **Observação:** Não confundir: se as coisas móveis forem perdidas, teremos então a descoberta. Se forem abandonadas (jogadas no lixo, por exemplo), teremos então a ocupação.

C – Achado do tesouro:

Art. 1.264. "O depósito antigo de coisas preciosas, oculto e de cujo dono não haja memória, será dividido por igual entre o proprietário do prédio e o que achar o tesouro casualmente.

Exemplo: dono do terreno + quem achou casualmente = 50% para cada um.

Art. 1.265 do CC →

- Se o dono do imóvel achar o tesouro, o mesmo será dele.
- Se um terceiro não autorizado invade o terreno e encontra tesouro, este pertencerá ao dono do imóvel.

D – Tradição:

A propriedade das coisas não se transfere pelos negócios jurídicos senão antes da tradição (art. 1.267 do CC).

> Parágrafo único. Subentende-se a tradição quando o transmitente continua a possuir pelo constituto possessório; quando cede ao adquirente o direito à restituição da coisa, que se encontra em poder de terceiro; ou quando o adquirente já está na posse da coisa, por ocasião do negócio jurídico.

A posse pode ser transmitida via contratual antes da venda e, depois da venda, pelo "constituto possessório", que tem por expresso na escritura. Assim, o novo proprietário, que ainda não teve a posse, por meio dessa cláusula, pode usar ações possessórias contra eventuais esbulhadores ou turbadores.

No constituto possessório, aquele que detém a posse direta não é mais proprietário da coisa, possuindo-a em nome de outrem. Subentende-se a tradição quando o transmitente continua a possuir pelo constituto possessório; quando cede ao adquirente o direito à restituição da coisa, que se encontra em poder de terceiro; ou quando o adquirente já está na posse da coisa, por ocasião do negócio jurídico.

E – Especificação:

> Art. 1.269 Aquele que, trabalhando em matéria-prima em parte alheia, obtiver espécie nova, desta será proprietário, se não se puder restituir à forma anterior.

Exemplo: por meio do trabalho de um sujeito, chamado de especificado, esse especificador emprega total ou parcialmente matéria-prima alheia.

Exemplo: artista utiliza um bloco de mármore para fazer uma escultura.

> Art. 1.270. Se toda a matéria for alheia, e não se puder reduzir à forma precedente, será do especificador de boa-fé a espécie nova.
>
> § 1º Sendo praticável a redução, ou quando impraticável, se a espécie nova se obteve de má-fé, pertencerá ao dono da matéria-prima.
>
> § 2º Em qualquer caso, inclusive o da pintura em relação à tela, da escultura, escritura e outro qualquer trabalho gráfico em relação

à matéria-prima, a espécie nova será do especificador, se o seu valor exceder consideravelmente o da matéria-prima.

Art. 1.271. Aos prejudicados, nas hipóteses dos arts. 1.269 e 1.270, se ressarcirá o dano que sofrerem, menos ao especificador de má-fé, no caso do § 1º do artigo antecedente, quando irredutível a especificação.

F – Da confusão, da comissão e da adjunção:

O Código Civil sempre tenta resolver o problema se as substâncias pertencerem a donos diversos e forem misturadas. O que fazer?

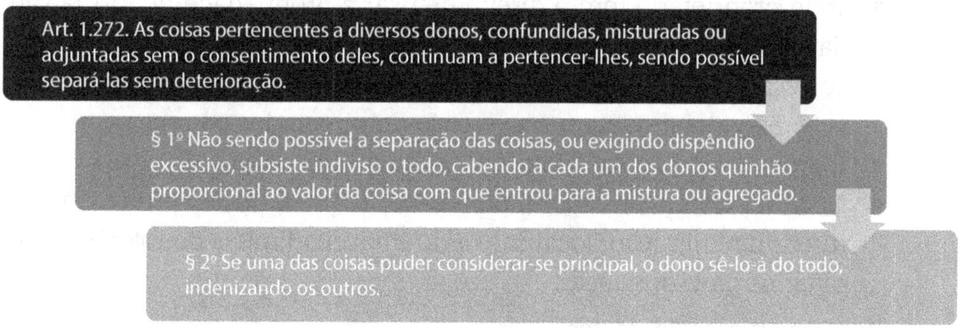

G – Da perda da propriedade:

Art. 1.275. Além das causas consideradas neste Código, perde-se a propriedade:

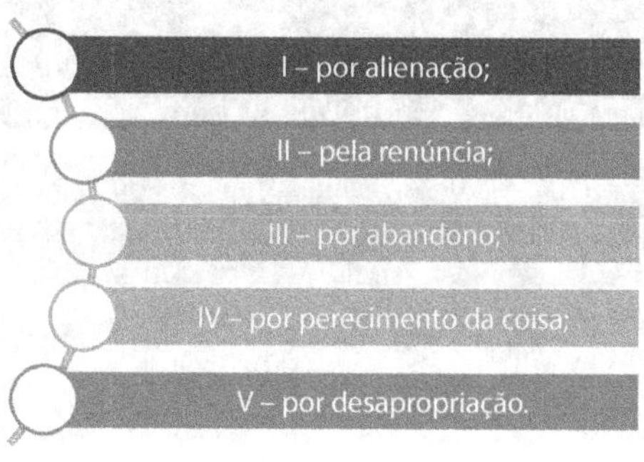

> **Observação:** Poucas são as presunções absolutas no Código Civil (*iuris et iure*), já que muitas são presunções relativas (*iuris tantum*). No entanto, ela se encontra no § 2º do art. 1276.

Art. 1.276. O imóvel urbano que o proprietário abandonar, com a intenção de não mais o conservar em seu patrimônio, e que se não encontrar na posse de outrem, poderá ser arrecadado, como bem vago, e passar, três anos depois, à propriedade do Município ou à do Distrito Federal, se se achar nas respectivas circunscrições.

§ 1º O imóvel situado na zona rural, abandonado nas mesmas circunstâncias, poderá ser arrecadado, como bem vago, e passar, três anos depois, à propriedade da União, onde quer que ele se localize.

§ 2º Presumir-se-á de modo absoluto a intenção a que se refere este artigo, quando, cessados os atos de posse, deixar o proprietário de satisfazer os ônus fiscais.

Dos direitos de vizinhança:

A – Do uso anormal da propriedade:

- Todo proprietário tem o direito de usar a propriedade de forma saudável e de acordo com a função social da propriedade. A tal direito, corresponde o dever de os vizinhos também usarem de forma saudável e não incomodarem o exercício do direito dos outros.
- É proibido, portanto, o uso nocivo da propriedade.
- Deve ser levado em conta, para saber o que é nocivo ou não, a "natureza da utilização, localização do imóvel e limites de tolerância ordinários da vizinhança".

B – Das árvores limítrofes:

Árvores entre dois ou mais imóveis: tais árvores pertencem, em comum, aos proprietários dos prédios confinantes em regime de condomínio necessário.

A árvore, cujo tronco estiver na linha divisória, presume-se pertencer em comum aos donos dos prédios confinantes (art. 1.282 do CC).

As raízes e os ramos de árvore, que ultrapassarem a estrema do prédio, poderão ser cortados, até o plano vertical divisório, pelo proprietário do terreno invadido (art. 1.283 do CC).

Os frutos caídos de árvore do terreno vizinho pertencem ao dono do solo onde caíram, se este for de propriedade particular (art. 1.284 do CC).

C – Da passagem forçada:

Art. 1.285 do CC. O dono do prédio que não tiver acesso a via pública, nascente ou porto, pode, mediante pagamento de indenização cabal, constranger o vizinho a lhe dar passagem, cujo rumo será judicialmente fixado, se necessário.

§ 1º Sofrerá o constrangimento o vizinho cujo imóvel mais natural e facilmente se prestar à passagem.

§ 2º Se ocorrer alienação parcial do prédio, de modo que uma das partes perca o acesso a via pública, nascente ou porto, o proprietário da outra deve tolerar a passagem.

§ 3º Aplica-se o disposto no parágrafo antecedente ainda quando, antes da alienação, existia passagem através de imóvel vizinho, não estando o proprietário deste constrangido, depois, a dar uma outra.

D – Da passagem de cabos e tubulações:

Dois artigos em especial tratam sobre o assunto. São eles:

> Art. 1.286. Mediante recebimento de indenização que atenda, também, à desvalorização da área remanescente, o proprietário é obrigado a tolerar a passagem, através de seu imóvel, de cabos, tubulações e outros condutos subterrâneos de serviços de utilidade pública, em proveito de proprietários vizinhos, quando de outro modo for impossível ou excessivamente onerosa.
>
> Parágrafo único. O proprietário prejudicado pode exigir que a instalação seja feita de modo menos gravoso ao prédio onerado, bem como, depois, seja removida, à sua custa, para outro local do imóvel.
>
> Art. 1.287. Se as instalações oferecerem grave risco, será facultado ao proprietário do prédio onerado exigir a realização de obras de segurança.

E – Das águas:

- Existe o Código de Águas, que também se aplica à matéria: Dec. nº 24.643/1934.

Alguns pontos importantes:

- O prédio inferior deve receber as águas que naturalmente correm do superior. Não pode também esse dono impedir o fluxo das águas que vêm do superior (ver art. 1.288 do CC).
- Quando não for água natural, e sim águas artificialmente levadas ao prédio superior e dele correrem para o inferior, o dono deste poderá

reclamar que se desviem, ou que seja indenizado o prejuízo que sofrer (art. 1.289 do CC).

- Art. 1.289, parágrafo único, do CC: "Da indenização será deduzido o valor do benefício obtido".

O Código Civil trata sobre obrigações dos proprietários ou possuidores que tenham água em suas propriedades. Assim o proprietário de nascente, ou do solo onde caem águas pluviais, satisfeitas as necessidades de seu consumo, não pode impedir, ou desviar o curso natural das águas remanescentes pelos prédios inferiores.

Além disso, o possuidor do imóvel superior não poderá poluir as águas indispensáveis às primeiras necessidades da vida dos possuidores dos imóveis inferiores; as demais, que poluir, deverá recuperar, ressarcindo os danos que estes sofrerem, se não for possível a recuperação ou o desvio do curso artificial das águas.

> Art 1.293. (...)
>
> § 1º Ao proprietário prejudicado, em tal caso, também assiste direito a ressarcimento pelos danos que de futuro lhe advenham da infiltração ou irrupção das águas, bem como da deterioração das obras destinadas a canalizá-las.

F – Dos limites entre prédios e do direito de tapagem:

Todo proprietário tem o direito de construir, para demarcar seu imóvel com cercas, muros, valas ou qualquer forma de separação, podendo, inclusive, solicitar que o confinante auxilie a fazer tudo isso, REPARTINDO AS DESPESAS, consoante o art. 1.297 do CC.

Além disso, os intervalos, os muros, as cercas e os tapumes divisórios, como sebes vivas, cercas de arame ou de madeira, valas ou banquetas, presumem-se, até prova em contrário, pertencer a ambos os proprietários confinantes, sendo estes obrigados, de conformidade com os costumes da localidade, a concorrer, em partes iguais, para as despesas de sua construção e conservação.

Importante salientar que as sebes vivas, as árvores, ou plantas quaisquer, que servem de marco divisório, só podem ser cortadas, ou arrancadas, de comum acordo entre proprietários.

G – Do direito de construir:

Todo proprietário tem o direito de erguer em seu terreno as construções que desejar, desde que sejam respeitados os direitos de vizinhança, as normas locais relativas à ocupação do solo e a função social da propriedade.

- O proprietário construirá de maneira que o seu prédio não despeje águas, diretamente, sobre o prédio vizinho (art. 1.300 do CC).
- É defeso abrir janelas, ou fazer eirado, terraço ou varanda, a menos de metro e meio do terreno vizinho (art. 1.301 do CC).

> § 1º As janelas cuja visão não incida sobre a linha divisória, bem como as perpendiculares, não poderão ser abertas a menos de setenta e cinco centímetros.
>
> § 2º As disposições deste artigo não abrangem as aberturas para luz ou ventilação, não maiores de dez centímetros de largura sobre vinte de comprimento e construídas a mais de dois metros de altura de cada piso.

Súm. nº 120 do STF: "Parede de tijolos de vidro translúcido pode ser levantada a menos de metro e meio do prédio vizinho, não importando servidão sobre ele".

Conforme prevê o art. 1.303 do CC, em zonas rurais somente será permitido levantar edificações a mais de 3 (três) metros do terreno vizinho.

Todo aquele que violar as proibições estabelecidas nesta Seção é obrigado a demolir as construções feitas, respondendo por perdas e danos.

Consoante o Art. 1.313, o proprietário ou ocupante do imóvel é obrigado a tolerar que o vizinho entre no prédio, mediante prévio aviso, para:

- I – dele temporariamente usar, quando indispensável à reparação, construção, reconstrução ou limpeza de sua casa ou do muro divisório;
- II – apoderar-se de coisas suas, inclusive animais que aí se encontrem casualmente.

O disposto neste artigo aplica-se aos casos de limpeza ou reparação de esgotos, goteiras, aparelhos higiênicos, poços e nascentes e ao aparo de cerca viva.

Propriedade fiduciária:

É propriedade resolúvel de coisa móvel infungível aquela que, como garantia, o devedor transfere ao credor, na forma do art. 1.361 do CC. Há necessidade de registro no órgão competente e, ocorrendo desdobramento da posse, o devedor torna-se possuidor direto da coisa.

Conforme o art. 1.362 do CC, o contrato deve conter: o prazo da dívida ou a estimativa; o prazo ou época do pagamento; a taxa de juros, se houver; a descrição da coisa com elementos indispensáveis à sua identificação.

O devedor possui obrigações após o vencimento da dívida de guardar a coisa com diligência e entregar ao credor se a dívida não for paga, conforme o art. 1.363 do CC.

Após o vencimento, o credor tem a obrigação de vender a coisa a terceiros a fim de saldar a dívida, devolvendo o saldo remanescente, se houver.

Ainda, na forma do art. 1.365 do CC, é nula a cláusula que autoriza o proprietário fiduciário a ficar com o bem se a dívida não for paga.

Contudo, com anuência do credor, o devedor pode solicitar tal situação (seria uma dação).

E, conforme o art. 1.366 do CC, se a venda do bem não for capaz de quitar a dívida e as despesas de cobrança, o devedor fica obrigado pelo restante.

Por fim, se um terceiro pagar a dívida, ocorrerá a sub-rogação de pleno direito do crédito e da propriedade fiduciária (TARTUCE, 2020, p. 460).

5. SUPERFÍCIE

É direito real sobre coisa alheia. É temporário e recai somente sobre bens imóveis.

Conforme o art. 1.369 do CC, é o direito de plantar ou construir em terreno de terceiro mediante escritura pública devidamente registrada no Registro de Imóveis.

O direito real de superfície pode ser concedido de maneira gratuita ou onerosa, sendo o superficiário responsável pelos tributos, conforme arts. 1.370 e 1.371 do CC, respectivamente.

O aludido direito real pode ser transferido a terceiros ou herdeiros; contudo, é vedado o pagamento de comissão ao proprietário, na forma do art. 1.372, *caput* e parágrafo único, do CC.

É autorizada a rescisão do contrato se houver destinação diversa do contratado, conforme disciplinado pelo art. 1.374 do CC.

Extinta a superfície,o o proprietário tem direito à propriedade plena do terreno, se nada tiver sido estipulado em contrato – art. 1.375 do CC. Isso significa que as obras e melhorias transferem-se ao proprietário sem qualquer direito a indenização.

6. SERVIDÕES

O direito real de servidão está disposto a partir do art. 1.378 do CC, e pode recair somente sobre bens imóveis. Constitui-se por meio de ato *inter vivos*, por declaração, *causa mortis*, por testamento ou usucapião, sendo necessários dez anos com justo título ou vinte anos sem justo título.

É necessário o registro na matrícula no Registro de Imóveis.

O responsável pelo prédio dominante deve realizar obras de conservação, e, se forem dois ou mais responsáveis, as despesas serão divididas.

Na forma do art. 1.383 do CC, o dono do prédio dominante não pode embaraçar a servidão. Ainda, é possível a troca da servidão, à custa do interessado, e desde que não diminua as vantagens do outro, conforme o art. 1.384 do CC.

A extinção do direito real de servidão se dá com o cancelamento da matrícula do imóvel, havendo também hipóteses de pedidos judiciais para cancelamento de servidão: pedido pelo dono do prédio serviente; renúncia da servidão; perda da utilidade; quando o dono do prédio serviente resgata a servidão, na forma do art. 1.388 do CC. Por fim, conforme o art. 1.389 do CC, há outros casos de extinção: reunião de dois prédios da mesma pessoa; supressão das obras por efeitos de contrato; e não uso por dez anos consecutivos.

7. USUFRUTO

O Direito real de usufruto está disposto no Código Civil, a partir do art. 1.390, e pode recair sobre bens móveis e imóveis, em todo ou em parte, sendo necessário o registro do usufruto, como ocorre com os demais direitos reais.

O usufruto, pode ser vitalício ou com prazo determinado. Tratando-se de pessoa jurídica, esse não será vitalício, bem como pode ser transferido a terceiros e adquirido por meio da usucapião.

Na forma do art. 1.393 do CC, o usufruto não pode ser vendido, mas pode ser cedido, de maneira temporária, onerosa ou gratuita.

O usufrutuário tem direito de possuir, usar, administrar e perceber os frutos.

Pode ser realizado o arrendamento do direito de ser usufrutuário, contudo, não é possível a mudança da destinação econômica do bem. Ainda, o usufrutuário não é obrigado a pagar por deteriorações consequentes do uso do bem, contudo, deve pagar os tributos e as despesas ordinárias, e ao nú-proprietário cabe o pagamento das despesas extraordinárias.

Na forma do art. 1.406, é dever do usufrutuário dar ciência ao nú-proprietário da inversão ou lesão à posse/propriedade.

Por fim, conforme o art. 1.410 do CC, a extinção do usufruto se dá mediante o cancelamento no Registro de Imóveis por renúncia ou morte do usufrutuário; término do prazo estipulado para duração; extinção da pessoa jurídica usufrutuária; cessação do motivo que deu causa; destruição do bem; consolidação; culpa do usufrutuário, quando aliena ou deixa arruinar o bem; não uso ou fruição da coisa.

8. USO

O direito real de uso está disposto nos arts. 1.412 e 1.413 do CC, e trata-se de usar a coisa e colheita dos frutos para necessidades pessoais e da família. Direito real que autoriza uma pessoa, de forma temporária, a retirar todas as utilidades de que necessita para atender a si e a sua família. É um direito personalíssimo.

Entre os direitos do usuário, destacam-se: fruir a utilidade da coisa, extrair frutos para atender as suas necessidades e de sua família, etc.

Já com relação aos deveres do usuário, tem a obrigação de conservar a coisa, não retirar rendimentos que extrapolem as utilidades necessárias, não dificultar ou impedir o exercício dos direitos do proprietário.

Como causas de extinção, temos: morte do usuário, termo final, perecimento do objeto, consolidação e renúncia.

9. HABITAÇÃO

O direito real de habitação está disposto nos arts. 1.414 e 1.415 do CC, e trata-se do direito de habitar gratuitamente casa alheia, sendo vedado o aluguel e empréstimo para terceiros. O direito real de habitação é um direito restrito ao uso do bem imóvel, somente para fins de moradia.

Pode ser instituído por meio de relacionamento afetivo, decisão judicial ou até mesmo voluntariamente.

> Art. 1.414. Quando o uso consistir no direito de habitar gratuitamente casa alheia, o titular deste direito não a pode alugar, nem emprestar, mas simplesmente ocupá-la com sua família.
>
> Art. 1.415. Se o direito real de habitação for conferido a mais de uma pessoa, qualquer delas que sozinha habite a casa não terá de pagar aluguel à outra, ou às outras, mas não as pode inibir de exercerem, querendo, o direito, que também lhes compete, de habitá-la.
>
> Art. 1.416. São aplicáveis à habitação, no que não for contrário à sua natureza, as disposições relativas ao usufruto.

10. DIREITO DO PROMITENTE COMPRADOR

Está disposto nos arts. 1.417 e 1.418 do CC, e é constituído por meio do contrato de promessa de compra e venda, por instrumento particular ou público, devidamente registrado.

A promessa de compra e venda, devidamente registrada, se torna direito real.

A promessa pode ser feita tanto por instrumento público quanto particular.

É tratada em dois artigos do CC:

> Art. 1.417. Mediante promessa de compra e venda, em que se não pactuou arrependimento, celebrada por instrumento público ou particular, e registrada no Cartório de Registro de Imóveis, adquire o promitente comprador direito real à aquisição do imóvel.
>
> Art. 1.418. O promitente comprador, titular de direito real, pode exigir do promitente vendedor, ou de terceiros, a quem os direitos deste forem cedidos, a outorga da escritura definitiva de compra e venda, conforme o disposto no instrumento preliminar; e, se houver recusa, requerer ao juiz a adjudicação do imóvel.

Se o promissário vendedor não transferir a propriedade do bem após o pagamento do promissário comprador, este último poderá ajuizar ação chamada de ação de adjudicação compulsória. É a ação cabível no que se refere ao atraso de o vendedor realizar a transferência definitiva após pagamento do preço em contrato ou escritura pública de promessa de compra e venda ou outro meio contratual preliminar.

> **Observação:** O direito do promitente comprador do imóvel só se torna direito real com o registro. No entanto, ainda que não registrada a promessa de compra e venda de imóvel e, em caso de inadimplemento, poderá a parte lesada ajuizar ação de adjudicação, conforme Súm. nº 239 do STJ: "O direito a adjudicação compulsória não se condiciona ao registro do compromisso de compra e venda no cartório de imóveis".

Há também o tratamento da promessa de compra e venda de imóvel, por meio dos arts. 15 a 17 do Dec. nº 58/1937:

> Art. 15. Os compromissários têm o direito de, antecipando ou ultimando o pagamento integral do preço, e estando quites com os impostos e taxas, exigir a outorga da escritura de compra e venda.
>
> Art. 16. Recusando-se os compromitentes a outorgar a escritura definitiva no caso do artigo 15, o compromissário poderá propor, para o cumprimento da obrigação, ação de adjudicação compulsória, que tomará o rito sumaríssimo. (Redação dada pela Lei nº 6.014/1973)
>
> § 1º A ação não será acolhida se a parte, que a intentou, não cumprir a sua prestação nem a oferecer nos casos e formas legais. (Redação dada pela Lei nº 6.014/1973)
>
> § 2º Julgada procedente a ação a sentença, uma vez transitada em julgado, adjudicará o imóvel ao compromissário, valendo como título para a transcrição. (Redação dada pela Lei nº 6.014/1973)
>
> § 3º Das sentenças proferidas nos casos deste artigo, caberá apelação. (Redação dada pela Lei nº 6.014/1973)
>
> § 4º Das sentenças proferidas nos casos deste artigo caberá o recurso de agravo de petição.
>
> § 5º Estando a propriedade hipotecada, cumprido o dispositivo do § 3º, do art. 1º, será o credor citado para, no caso deste artigo, autorizar o cancelamento parcial da inscrição, quanto aos lotes comprometidos.
>
> Art. 17. Pagas todas as prestações do preço, é lícito ao compromitente requerer a intimação judicial do compromissário para, no prazo de trinta dias, que correrá em cartório, receber a escritura de compra e venda.
>
> Parágrafo único. Não sendo assinada a escritura nesse prazo, depositar-se-á o lote comprometido por conta e risco do compro-

missário, respondendo este pelas despesas judiciais e custas do depósito.

Em caso de negativa do promitente vendedor na transferência do bem, o promitente comprador, que tem direito real, pode ajuizar ação de adjudicação compulsória para registrar o bem em seu nome.

11. DIREITOS REAIS DE GARANTIA: PENHOR, HIPOTECA E ANTICRESE

Capítulo I – Disposições gerais:

São direitos reais diferenciados, já que precisam de uma obrigação principal para existir. Dessa forma, são sempre acessórios ao contrato principal.

O art. 1.419 do CC determina a existência de vínculo real relacionada à obrigação principal.

TEMAS IMPORTANTES:

- Art. 1.421 do CC: o pagamento de uma ou mais parcelas não exonera a garantia, ainda que ela seja composta por vários bens.
- Art. 1.427 do CC: O terceiro que presta garantia real por dívida alheia não fica obrigado a substituí-la, ou reforçá-la, quando, sem culpa sua, se perca, deteriore, ou desvalorize.
- Art. 1.428 do CC: é nula a cláusula que prevê que o credor possa ficar com o bem em caso de não pagamento da dívida pelo devedor. Contudo, se o devedor quiser, a dívida pode ser paga com a entrega do bem (que tinha sido dado em garantia) ao credor.
- Art. 1.430 do CC: quando, executado o penhor ou a hipoteca, o produto não bastar para pagamento da dívida e despesas judiciais, continuará o devedor obrigado pessoalmente pelo restante.

Capítulo II – Penhor:

- Direito real sobre bens móveis. Ex.: penhor de joias como garantia de um empréstimo;
- Há duas grandes divisões relativas ao penhor: o chamado penhor comum e o penhor especial (que abrange as espécies de penhor elencadas no Código Civil, como penhor rural, industrial etc.)
- O chamado penhor comum necessita de registro no Cartório de Títulos e Documentos. Já o penhor especial precisa ser analisado, caso a caso, onde será realizado o registro.
- O penhor comum é estabelecido mediante a transferência da posse do bem ao credor. No entanto, há alguns tipos de penhor em que não haverá a transferência da posse do bem, ficando ele em poder do devedor. São eles: penhor rural, industrial, mercantil e de veículos; o bem permanece na posse do devedor, que tem o dever de guarda e conservação deste.

- Direitos do credor pignoratício (credor do penhor): direito à posse da coisa empenhada, ressarcimento de prejuízo que houver sofrido por defeito da coisa empenhada, promoção de venda antecipada do bem, mediante prévia autorização judicial, sempre que haja receio de que a coisa empenhada se perca ou deteriore, devendo o preço ser depositado etc.
- Obrigações do credor pignoratício: cuidar da coisa como depositário e ressarcir ao dono a perda ou a deterioração de que for culpado, defender a posse da coisa empenhada etc.
- Extinção do penhor: o penhor pode ser extinto com a extinção da obrigação, perecendo a coisa, renunciando o credor, confundido-se na mesma pessoa as qualidades de credor e de dono da coisa, com a adjudicação judicial, remissão ou venda da coisa empenhada.
- A extinção do penhor só produzirá efeito depois de averbado o cancelamento no registro.

> **IMPORTANTE!**
> Súm. nº 638 do STJ:
> É abusiva a cláusula contratual que restringe a responsabilidade de instituição financeira pelos danos decorrentes de roubo, furto ou extravio de bem entregue em garantia no âmbito de contrato de penhor civil.

PENHORES ESPECIAIS:

1 – Penhor rural: é subdividido em penhor agrícola e penhor pecuário. O penhor rural é constituído mediante instrumento público ou particular, e precisa ser registrado no Cartório de Registro de Imóveis do local onde se encontram as coisas empenhadas.

A – Penhor agrícola: máquinas e instrumentos de agricultura, colheitas pendentes, ou em via de formação, frutos acondicionados ou armazenados, lenha cortada e carvão vegetal, animais do serviço ordinário de estabelecimento agrícola.

B – Penhor pecuário: podem ser objeto de penhor os animais que integram a atividade pastoril, agrícola ou de lacticínios. O devedor não poderá alienar os animais empenhados sem prévio consentimento, por escrito, do credor.

2 – Penhor industrial e mercantil: podem ser objeto de penhor máquinas, aparelhos, materiais, instrumentos, instalados e em funcionamento, com os acessórios ou sem eles; animais utilizados na indústria; sal e bens destinados à exploração das salinas; produtos de suinocultura, animais destinados à industrialização de carnes e derivados; matérias-primas e produtos industrializados.

Constitui-se o penhor industrial, ou o mercantil, mediante instrumento público ou particular, registrado no Cartório de Registro de Imóveis da circunscrição onde estiverem situadas as coisas empenhadas.

3 – Penhor de direitos e títulos de crédito: podem ser objeto de penhor direitos, suscetíveis de cessão, sobre coisas móveis.

Constitui-se o penhor de direito mediante instrumento público ou particular, registrado no Registro de Títulos e Documentos. O titular de direito empenhado deverá entregar ao credor pignoratício os documentos comprobatórios desse direito, salvo se tiver interesse legítimo em conservá-los. O penhor de crédito não tem eficácia, senão quando notificado ao devedor; por notificado, tem-se o devedor que, em instrumento público ou particular, declarar-se ciente da existência do penhor.

4 - Penhor de veículos: podem ser objeto de penhor os veículos empregados em qualquer espécie de transporte ou condução. Constitui-se o penhor, a que se refere o artigo antecedente, mediante instrumento público ou particular, registrado no Cartório de Títulos e Documentos do domicílio do devedor, e anotado no certificado de propriedade. No penhor de veículos, o bem fica na posse do devedor.

5 - Penhor legal: a lei estabelece a existência de algumas situações em que haverá relação de penhor, mesmo sem haver o contrato. É o chamado penhor legal, ou seja, a lei determina situações em que ocorre a existência do penhor legal. Assim, são credores do penhor, independentemente de contrato: os hospedeiros, ou fornecedores de pousada ou alimento, sobre as bagagens, móveis, joias ou dinheiro que os seus consumidores ou fregueses tiverem consigo nas respectivas casas ou estabelecimentos, pelas despesas ou consumo que aí tiverem feito, o dono do prédio rústico ou urbano, sobre os bens móveis que o rendeiro ou inquilino tiver guarnecendo o mesmo prédio, pelos aluguéis ou rendas. Em cada um dos casos do art. 1.467, o credor poderá tomar em garantia um ou mais objetos até o valor da dívida.

Capítulo III - Hipoteca:

Recai sobre bens imóveis (como regra). Além disso, ao contrário do penhor comum, não há a transmissão da posse pelo devedor, ficando ele na posse do bem.

Há necessidade de registro no Registro de Imóveis do local do imóvel. Hipoteca não registrada é hipoteca não existente.

Os registros e eventuais averbações seguirão a ordem em que forem solicitadas (é o princípio da anterioridade ou prioridade registral). O número de ordem determina a prioridade, e essa prioridade determina a preferência entre as hipotecas.

Importante lembrar que o registro só terá validade enquanto a obrigação principal durar.

O prazo máximo que um bem pode ser hipotecado, relativo à hipoteca que deriva de um contrato, é de 30 anos (art. 1.485 do CC). É a chamada perempção da hipoteca convencional. Tal prazo é contato da data da instituição por negócio jurídico. A prorrogação se dá por simples averbação, requerida por ambas as partes. Após esse prazo, somente poderá a hipoteca continuar existindo mediante novo título e novo registro. Se a hipoteca não tiver prazo determinado, também será aplicado o art. 1.485.

> **Atenção!**
> Navios e aeronaves são bens móveis, mas podem ser hipotecados – art. 1.473, VI e VII, do CC. São regidos por legislações especiais.

TEMAS IMPORTANTES:

- Nula a cláusula que proíbe a alienação do bem pelo proprietário – art. 1.475 do CC. No entanto, caso ocorra a venda, pode resultar no vencimento antecipado da dívida.
- Art. 1.476 do CC – sobre o mesmo bem podem ser constituídas mais de uma hipoteca, a chamada sub-hipoteca. No entanto, o credor da primeira hipoteca tem prioridade e preferência.
- A hipoteca pode derivar de um contrato (convencional), mas também da lei (hipoteca legal). Esta última ocorre nos casos do art. 1.489 do CC: às pessoas de direito público interno (art. 41), sobre os imóveis pertencentes aos encarregados da cobrança, guarda ou administração dos respectivos fundos e rendas; aos filhos, sobre os imóveis do pai ou da mãe que passar a outras núpcias, antes de fazer o inventário do casal anterior; ao ofendido, ou aos seus herdeiros, sobre os imóveis do delinquente, para satisfação do dano causado pelo delito e pagamento das despesas judiciais; ao coerdeiro, para garantia do seu quinhão ou torna da partilha, sobre o imóvel adjudicado ao herdeiro reponente; e ao credor, sobre o imóvel arrematado, para garantia do pagamento do restante do preço da arrematação.
- Extinção da hipoteca: art. 1.499 – extinção da obrigação principal; pela perda da coisa; pela resolução da propriedade; pela renúncia do credor pela garantia; remição; pela arrematação ou adjudicação. Também se extingue a hipoteca com a averbação, no registro de imóveis do cancelamento do registro.

Capítulo IV – Anticrese:

- Arts. 1.506 e ss. do CC;
- Somente bens imóveis;
- Por meio de tal direito real de garantia, um imóvel é dado em garantia e entregue ao credor para que este último retire da coisa frutos para o pagamento da dívida. Com a exploração de frutos e rendimentos, ocorre o abatimento da dívida.
- Deve o credor apresentar balanço anual, exato e fiel da sua administração. O credor anticrético também pode arrendar o imóvel dado em garantia para terceiros.
- Liquidada a dívida, extingue-se a anticrese.

Título XI – Laje:

- Acrescido recentemente pela Lei nº 13.465/2017;
- Arts. 1.510-A e ss. do CC;
- Somente bens imóveis;

- O proprietário de uma construção-base poderá ceder a superfície superior ou inferior de sua construção a fim de que o titular da laje mantenha unidade distinta daquela que foi construída anteriormente;
- A laje contempla espaços verticais, mas não outras áreas edificadas;
- Necessidade de registro no Registro de Imóveis;
- O direito real de laje possui matrícula própria, podendo usar, gozar ou dispor;
- O titular do direito real de laje deve pagar encargos e tributos;
- O direito real de laje pode abranger tanto a parte superior quanto o subsolo do prédio-base;
- O proprietário do direito real de laje não tem direito à fração ideal do terreno;
- É expressamente vedado ao titular da laje prejudicar com obras novas ou com falta de reparação a segurança, a linha arquitetônica ou o arranjo estético do edifício, observadas as posturas previstas em legislação local;
- As despesas necessárias à conservação e à fruição das partes que sirvam a todo o edifício e ao pagamento de serviços de interesse comum serão partilhadas entre o proprietário da construção-base e o titular da laje, na proporção que venha a ser estipulada em contrato;
- Direito de preferência: em caso de alienação de qualquer das unidades sobrepostas, terão direito de preferência, em igualdade de condições com terceiros, os titulares da construção-base e da laje, nessa ordem, que serão cientificados por escrito para que se manifestem no prazo de 30 dias, salvo se o contrato dispuser de modo diverso;
- Extinção do direito real de laje: extingue-se a laje com a ruína do prédio, salvo se for no subsolo, se a construção-base não for reconstruída no prazo de cinco anos.

QUESTÕES

1. (OAB – FGV – XXXI EXAME DE ORDEM) Antônio, divorciado, proprietário de três imóveis devidamente registrados no RGI, de valores de mercado semelhantes, decidiu transferir onerosamente um de seus bens ao seu filho mais velho, Bruno, que mostrou interesse na aquisição por valor próximo ao de mercado. No entanto, ao consultar seus dois outros filhos (irmãos do pretendente comprador), um deles, Carlos, opôs-se à venda. Diante disso, bastante chateado com a atitude de Carlos, seu filho que não concordou com a compra e venda do imóvel, decidiu realizar uma doação a favor de Bruno. Em face do exposto, assinale a afirmativa correta.

a) A compra e venda de ascendente para descendente só pode ser impedida pelos demais descendentes e pelo cônjuge, se a oposição for unânime.

b) Não há, na ordem civil, qualquer impedimento à realização de contrato de compra e venda de pai para filho, motivo pelo qual a oposição feita por Carlos não poderia gerar a anulação do negócio.

c) Antônio não poderia, como reação à legítima oposição de Carlos, promover a doação do bem para um de seus filhos (Bruno), sendo tal contrato nulo de pleno direito.

d) É legítima a doação de ascendentes para descendente, independentemente da anuência dos demais, eis que o ato importa antecipação do que lhe cabe na herança.

2. (OAB – FGV – XXX EXAME DE ORDEM) Joana doou a Renata um livro raro de Direito Civil, que constava da coleção de sua falecida avó, Marta. Esta, na condição de testadora, havia destinado a biblioteca como legado, em testamento, para sua neta, Joana (legatária). Renata se ofereceu para visitar a biblioteca, circunstância na qual se encantou com a coleção de clássicos franceses. Renata, então, ofereceu-se para adquirir, ao preço de R$ 1.000,00 (mil reais), todos os livros da coleção, oportunidade em que foi informada, por Joana, acerca da existência de ação que corria na Vara de Sucessões, movida pelos herdeiros legítimos de Marta. A ação visava impugnar a validade do testamento e, por conseguinte, reconhecer a ineficácia do legado (da biblioteca) recebido por Joana. Mesmo assim, Renata decidiu adquirir a coleção pagando o respectivo preço.

Diante de tais situações, assinale a afirmativa correta.

a) Quanto aos livros adquiridos pelo contrato de compra e venda, Renata não pode demandar Joana pela evicção, pois sabia que a coisa era litigiosa.

b) Com relação ao livro recebido em doação, Joana responde pela evicção, especialmente porque, na data da avença, Renata não sabia da existência de litígio.

c) A informação prestada por Joana a Renata, acerca da existência de litígio sobre a biblioteca que recebeu em legado, deve ser interpretada como cláusula tácita de reforço da responsabilidade pela evicção.

d) O contrato gratuito firmado entre Renata e Joana classifica-se como contrato de natureza aleatória, pois Marta soube posteriormente do risco da perda do bem pela evicção.

3. (OAB – FGV – XXX EXAME DE ORDEM) Vilmar, produtor rural, possui contratos de compra e venda de safra com diversos pequenos proprietários. Com o intuito de adquirir novos insumos, Vilmar procurou Geraldo, no intuito de adquirir sua safra, cuja expectativa de colheita era de cinco toneladas de milho, que, naquele momento, estava sendo plantado em sua fazenda. Como era a primeira vez que Geraldo contratava com Vilmar, ele ficou em dúvida quanto à estipulação do preço do contrato. Considerando a natureza aleatória do contrato, bem como a dúvida das partes a respeito da estipulação do preço deste, assinale a afirmativa correta.

a) A estipulação do preço do contrato entre Vilmar e Geraldo pode ser deixada ao arbítrio exclusivo de uma das partes.

b) Se Vilmar contratar com Geraldo a compra da colheita de milho, mas, por conta de uma praga inesperada, para cujo evento o agricultor não tiver concorrido com culpa, e este não conseguir colher nenhuma espiga, Vilmar não deverá lhe pagar nada, pois não recebeu o objeto contratado.

c) Se Vilmar contratar com Geraldo a compra das cinco toneladas de milho, tendo sido plantado o exato número de sementes para cumprir tal quantidade, e se, apesar disso, somente forem colhidas três toneladas de milho, em virtude das poucas chuvas, Geraldo não receberá o valor total, em virtude da entrega em menor quantidade.

d) A estipulação do preço do contrato entre Vilmar e Geraldo poderá ser deixada ao arbítrio de terceiro, que, desde logo, prometerem designar.

4. (OAB - FGV - XXX EXAME DE ORDEM) Lucas, um grande industrial do ramo de couro, decidiu ajudar Pablo, seu amigo de infância, na abertura do seu primeiro negócio: uma pequena fábrica de sapatos. Lucas doou 50 prensas para a fábrica, mas Pablo achou pouco e passou a constantemente importunar o amigo com novas solicitações. Após sucessivos e infrutíferos pedidos de empréstimos de toda ordem, a relação entre os dois se desgasta a tal ponto que Pablo, totalmente fora de controle, atenta contra a vida de Lucas. Este, porém, sobrevive ao atentado e decide revogar a doação feita a Pablo. Ocorre que Pablo havia constituído penhor sobre as prensas, doadas por Lucas, para obter um empréstimo junto ao Banco XPTO, mas, para não interromper a produção, manteve as prensas em sua fábrica.

Diante do exposto, assinale a afirmativa correta.

a) Para a constituição válida do penhor, é necessário que as coisas empenhadas estejam em poder do credor. Como isso não ocorreu, o penhor realizado por Pablo é nulo.

b) Tendo em vista que o Banco XPTO figura como terceiro de má-fé, a realização do penhor é causa impeditiva da revogação da doação feita por Lucas.

c) Como causa superveniente da resolução da propriedade de Pablo, a revogação da doação operada por Lucas não interfere no direito de garantia dado ao Banco XPTO.

d) Em razão da tentativa de homicídio, a revogação da doação é automática, razão pela qual os direitos adquiridos pelo Banco XPTO resolvem-se junto com a propriedade de Pablo.

5. (OAB - FGV - XXIII EXAME DE ORDEM) **Cássio, mutuante, celebrou contrato de mútuo gratuito com Felipe, mutuário, cujo objeto era a quantia de R$ 5.000,00, em 1º de outubro de 2016, pelo prazo de seis meses. Foi combinado que a entrega do dinheiro seria feita no parque da cidade. No entanto, Felipe, após receber o dinheiro, foi furtado no caminho de casa. Em 1º de abril de 2017, Cássio telefonou para Felipe para combinar o pagamento da quantia emprestada, mas este respondeu que não seria possível, em razão da perda do bem por fato alheio à sua vontade. Acerca dos fatos narrados, assinale a afirmativa correta.**

a) Cássio tem direito à devolução do dinheiro, ainda que a perda da coisa não tenha sido por culpa do devedor, Felipe.

b) Cássio tem direito à devolução do dinheiro e ao pagamento de juros, ainda que a perda da coisa não tenha sido por culpa do devedor, Felipe.

c) Cássio tem direito somente à devolução de metade do dinheiro, pois a perda da coisa não foi por culpa do devedor, Felipe.

d) Cássio não tem direito à devolução do dinheiro, pois a perda da coisa não foi por culpa do devedor, Felipe.

6. **(OAB – FGV – XXIII EXAME DE ORDEM)** Juliana, por meio de contrato de compra e venda, adquiriu de Ricardo, profissional liberal, um carro seminovo (30.000km) da marca Y pelo preço de R$ 24.000,00. Ficou acertado que Ricardo faria a revisão de 30.000 km no veículo antes de entregá-lo para Juliana no dia 23 de janeiro de 2017. Ricardo, porém, não realizou a revisão e omitiu tal fato de Juliana, pois acreditava que não haveria qualquer problema, já que, aparentemente, o carro funcionava bem.

No dia 23 de fevereiro de 2017, Juliana sofreu acidente em razão de defeito no freio do carro, com a perda total do veículo. A perícia demostrou que a causa do acidente foi falha na conservação do bem, tendo em vista que as pastilhas do freio não tinham sido trocadas na revisão de 30.000km, o que era essencial para a manutenção do carro.

Considerando os fatos, assinale a afirmativa correta.

a) Ricardo não tem nenhuma responsabilidade pelo dano sofrido por Juliana (perda total do carro), tendo em vista que o carro estava aparentemente funcionando bem no momento da tradição.

b) Ricardo deverá ressarcir o valor das pastilhas de freio, nada tendo a ver com o acidente sofrido por Juliana.

c) Ricardo é responsável por todo o dano sofrido por Juliana, com a perda total do carro, tendo em vista que o perecimento do bem foi devido a vício oculto já existente ao tempo da tradição.

d) Ricardo deverá ressarcir o valor da revisão de 30.000 km do carro, tendo em vista que ela não foi realizada conforme previsto no contrato.

7. **(OAB – FGV – XXIII EXAME DE ORDEM)** Arnaldo institui usufruto de uma casa em favor das irmãs Bruna e Cláudia, que, no intuito de garantir uma fonte de renda, alugam o imóvel. Dois anos depois da constituição do usufruto, Cláudia falece, e Bruna, mesmo sem "cláusula de acrescer" expressamente estipulada, passa a receber integralmente os valores decorrentes da locação. Um ano após o falecimento de Cláudia, Arnaldo vem a falecer. Seus herdeiros pleiteiam judicialmente uma parcela dos valores integralmente recebidos por Bruna no intervalo entre o falecimento de Cláudia e de Arnaldo e, concomitantemente, a extinção do usufruto em função da morte de seu instituidor.

Diante do exposto, assinale a afirmativa correta.

a) Na ausência da chamada "cláusula de acrescer", parte do usufruto teria se extinguido com a morte de Cláudia, mas o usufruto como um todo não se extingue com a morte de Arnaldo.

b) Bruna tinha direito de receber a integralidade dos aluguéis independentemente de estipulação expressa, tendo em vista o grau de parentesco com Cláudia, mas o usufruto automaticamente se extingue com a morte de Arnaldo.

c) A morte de Arnaldo só extingue a parte do usufruto que caberia a Bruna, mas permanece em vigor no que tange à parte que cabe a Cláudia, legitimando os herdeiros desta a receberem metade dos valores decorrentes da locação, caso esta permaneça em vigor.

d) A morte de Cláudia extingue integralmente o usufruto, pois instituído em caráter simultâneo, razão pela qual os herdeiros de Arnaldo têm direito de receber a integralidade dos valores recebidos por Bruna, após o falecimento de sua irmã.

8. (OAB – FGV – XIX EXAME DE ORDEM) Eva celebrou com sua neta Adriana um negócio jurídico, por meio do qual doava sua casa de praia para a neta caso esta viesse a se casar antes da morte da doadora. O ato foi levado a registro no cartório do Registro de Imóveis da circunscrição do bem. Pouco tempo depois, Adriana tem notícia de que Eva não utilizava a casa de praia há muitos anos e que o imóvel estava completamente abandonado, deteriorando-se a cada dia. Adriana fica preocupada com o risco de ruína completa da casa, mas não tem, por enquanto, nenhuma perspectiva de casar-se.

De acordo com o caso narrado, assinale a afirmativa correta.

a) Adriana pode exigir que Eva autorize a realização de obras urgentes no imóvel, de modo a evitar a ruína da casa.

b) Adriana nada pode fazer para evitar a ruína da casa, pois, nos termos do contrato, é titular de mera expectativa de fato.

c) Adriana pode exigir que Eva lhe transfira desde logo a propriedade da casa, mas perderá esse direito se Eva vier a falecer sem que Adriana tenha se casado.

d) Adriana pode apressar-se para casar antes da morte de Eva, mas, se esta já tiver vendido a casa de praia para uma terceira pessoa ao tempo do casamento, a doação feita para Adriana não produzirá efeito.

9. (OAB – FGV – XXVIII EXAME DE ORDEM) Eduarda comprou um terreno não edificado, em um loteamento distante do centro, por R$ 50.000,00 (cinquenta mil reais). Como não tinha a intenção de construir de imediato, ela visitava o local esporadicamente. Em uma dessas ocasiões, Eduarda verificou que Laura, sem qualquer autorização, havia construído uma mansão com 10 quartos, sauna, piscina, cozinha gourmet etc., no seu terreno, em valor estimado em R$ 2.000.000,00 (dois milhões de reais). Laura, ao ser notificada por Eduarda, antes de qualquer prazo de usucapião, verificou a documentação e percebeu que cometera um erro: construíra sua mansão

no lote "A" da quadra "B", quando seu terreno, na verdade, é o lote "B" da quadra "A".

Diante do exposto, assinale a afirmativa correta.

a) Eduarda tem o direito de exigir judicialmente a demolição da mansão construída por Laura, independentemente de qualquer indenização.

b) Laura, apesar de ser possuidora de má-fé, tem direito de ser indenizada pelas benfeitorias necessárias realizadas no imóvel de Eduarda.

c) Laura, como é possuidora de boa-fé, adquire o terreno de Eduarda e a indeniza, uma vez que construiu uma mansão em imóvel inicialmente não edificado.

d) Eduarda, apesar de ser possuidora de boa-fé, adquire o imóvel construído por Laura, tendo em vista a incidência do princípio pelo qual a superfície adere ao solo.

10. (OAB – FGV – XXVIII EXAME DE ORDEM) Os negócios de Clésio vão de mal a pior, e, em razão disso, ele toma uma decisão difícil: tomar um empréstimo de R$ 50.000,00 (cinquenta mil reais) com Antônia, dando, como garantia de pagamento, o penhor do seu relógio de ouro e diamantes, avaliado em R$ 200.00,00 (duzentos mil reais). Antônia, por sua vez, exige que, no instrumento de constituição do penhor, conste uma cláusula prevendo que, em caso de não pagamento da dívida, o relógio passará a ser de sua propriedade. Clésio aceita a inserção da cláusula, mas consulta seus serviços, como advogado(a), para saber da validade de tal medida.

Sobre a cláusula proposta por Antônia, assinale a afirmativa correta.

a) É válida, tendo em vista o fato de que as partes podem, no exercício de sua autonomia privada, estipular esse tipo de acordo.

b) É nula, tendo em vista o fato de que o Código Civil brasileiro proíbe o pacto comissório.

c) É válida, uma vez que Clésio como proprietário do bem, não está impedido de realizar o negócio por um preço muito inferior ao de mercado, não se configurando a hipótese como pacto comissório.

d) É válida, ainda que os valores entre o bem dado em garantia e o empréstimo sejam díspares, nada impede sua inserção, eis que não há qualquer vedação ao pacto comissório no direito brasileiro.

GABARITO

1. D; 2. A; 3. D; 4. C; 5. A; 6. C; 7. A; 8. A; 9. C; 10. B

REFERÊNCIAS BIBLIOGRÁFICAS

BEVILÁQUA, Clóvis. Evolução da Theoria dos Contractos em nossos dias. *Revista de Direito Civil Contemporâneo*. v. 9. ano 3. p. 327-333. São Paulo: RT, out.-dez. 2016.

DINIZ, Maria Helena. *Curso de direito civil brasileiro*: direito das coisas. 32. ed. São Paulo: Saraiva, 2018.

DINIZ, Maria Helena. *Curso de direito civil brasileiro*: teoria das obrigações contratuais e extracontratuais. 13. ed. São Paulo: Saraiva, 2018. v. 3.

GONÇALVES, Carlos Roberto. *Direito civil brasileiro*: contratos e atos unilaterais, 17. ed. São Paulo: Saraiva, 2020.

GONÇALVES, Carlos Roberto. *Direito civil brasileiro*: direito das coisas. 13. ed. São Paulo: Saraiva, 2018.

MATOS, Eneas de Oliveira. Responsabilidade civil do transportador por ato de terceiro. In: NERY JUNIOR, Nelson; NERY, Rosa Maria de Andrade. (Org.). *Responsabilidade civil*: doutrinas essenciais. São Paulo: RT, 2010, v. 2, p. 1211-1228.

MONTEIRO, Washington de Barros. *Curso de direito civil*: direito das obrigações. São Paulo: Saraiva, 2013. 2ª parte, v. 5.

SIMÃO, José Fernando. Venda de ascendentes a descendentes: razão de ser da regra. *Revista de Direito Civil Contemporâneo*. São Paulo. v. 1. n. 1. p. 103-12. out.-dez., 2014.

TARTUCE, Flávio. *Direito civil*: direito das coisas. 12 ed. São Paulo: Forense, 2020.

TARTUCE, Flávio. *Direito civil*: teoria geral dos contratos e contratos em espécie. São Paulo: Forense, 2020.

Direito Civil – Família

Maitê Damé Teixeira Lemos

Doutora e Mestre em Direito pelo Programa de Pós-Graduação em Direito – Mestrado e Doutorado – da Universidade de Santa Cruz do Sul. Professora da Graduação e Pós-Graduação *Lato sensu* na Universidade de Santa Cruz do Sul. Professora de Direito Civil – parte geral, família e sucessões – nos cursos preparatórios para a OAB no Centro de Ensino Integrado de Santa Cruz do Sul – CEISC. Advogada.

SUMÁRIO

I – DIREITO DAS FAMÍLIAS – VISÃO CONSTITUCIONALIZADA

Em razão da importância e da indisponibilidade, entre outras características, o direito de família, embora ramo do direito privado, possui viés público, já que seus institutos são considerados de ordem pública. Há, inclusive, proteção pela Constituição Federal, em razão do especial interesse que o Estado tem na proteção da família como célula básica, de especial importância na sociedade e para que o próprio Estado se mantenha.

Existem diferentes formas de família: tradicional (matrimônio), informal (união estável), monoparental (um dos pais e sua prole), homoafetiva (casais homossexuais), mosaico (fruto de divórcios e novos casamentos = "os meus, os teus e os nossos filhos"), multiespécie (modelo de família constituída pelos donos e animais de estimação – membros não humanos) etc.

Apesar de ser ramo do direito privado, o direito de família deve ser interpretado de maneira constitucionalizada.

Devem-se observar os seguintes princípios: da ***dignidade da pessoa humana*** (art. 1º, III, da CF), por meio do qual há uma valorização da família como núcleo pelo qual há o desenvolvimento e a promoção da dignidade dos integrantes (exemplo de aplicação deste princípio é o abandono da discussão da culpa nos términos de matrimônios ou, ainda, as indenizações por abandono afetivo); ***solidariedade familiar*** (art. 3º, I, da CF), o que justifica o pagamento de alimentos em razão da necessidade (art. 1.694 do CC); ***igualdade entre os filhos***, independentemente da origem: biológica, afetiva ou adotiva, todos os direitos e deveres são os mesmos, sem distinções; ***igualdade entre cônjuges e companheiros*** (arts. 226, § 5º, da CF e 1.511 do CC), tanto o homem quanto a mulher podem adotar o sobrenome do outro com o matrimônio, podem pedir alimentos um ao outro etc.; ***igualdade na chefia familiar*** (arts. 1.566, III e IV, 1.631 e 1.634 do CC), não há hierarquia na condução da família, tanto o homem quanto a mulher são chefes da família e detentores (em igualdade de condições) do poder familiar; ***melhor interesse da criança*** (arts. 1.583 e ss. do CC 227 da CF), no estabelecimento da guarda, por exemplo, pela alteração da Lei nº 13.058/2014, haverá o compartilhamento, mesmo se os genitores estiverem em litígio, pois visa ao melhor interesse da criança, possibilitando que tenha convivência com ambos; ***afetividade***, com a possibilidade de reconhecimento de filiação afetiva, manutenção da filiação afetiva em detrimento da biológica etc.

II – DIREITO MATRIMONIAL

O casamento é a união de duas pessoas que objetivam a formação de uma família. Baseia-se na vinculação de afeto e recebe tutela e proteção do Estado.

1. ESPÉCIES DE CASAMENTO

São admitidas duas formas de casamento (art. 226, §§ 1º e 2º, da CF): o civil (art. 1.512 do CC) e o religioso com efeitos civis (arts. 1.515 e 1.516 do CC). Existem ainda outras modalidades especiais de casamento: o por procuração, o nuncupativo, o putativo, o consular, o de estrangeiros, o homossexual.

- **Civil:** realizado perante o oficial do Cartório do Registro Civil, pelo juiz de paz. É ato solene levado a efeito por um celebrante e na presença de testemunhas. Pode ser realizado nas dependências do cartório ou em outro local. É previsto pela Constituição nos art. 226, § 1º, e 1.512 do CC. A celebração é gratuita para as pessoas cuja pobreza for declarada, incluindo a habilitação, o registro e a primeira certidão de casamento (art. 1.512, parágrafo único, do CC).
- **Religioso com efeitos civis:** o casamento religioso com efeitos civis foi reconhecido, no Brasil, com a Constituição de 1934, que estabeleceu que o casamento religioso, celebrado perante um ministro de qualquer religião, produzirá os mesmos efeitos do casamento civil, desde que fosse procedida a habilitação. A CF/1988 também faz esta previsão (art. 226, § 2º), desde que preenchidos certos requisitos (arts. 1.515 e 1.516 do CC).
- Não é necessária a celebração do ato civil, basta que o matrimônio realizado pelo ministro de Deus (de qualquer religião, não só o casamento católico) seja registrado no Cartório de Registro Civil.
- Para tanto devem ser obedecidos os requisitos da habilitação (antes ou depois do ato religioso). Os efeitos civis são admitidos a partir do registro e a qualquer tempo, ***retroagindo à data da celebração da solenidade religiosa*** (art. 1.515 do CC).
- No caso de prévia habilitação, o prazo para registro é de 90 dias. Depois desse prazo, é possível o registro, desde que efetuada nova habilitação. Portanto, realizado o casamento religioso, poderá ser inscrito no registro civil, bastando que seja feita a devida habilitação na autoridade competente (art. 1.516 do CC).
- Se o casamento religioso for anulado, em tendo sido procedido o registro civil, tal não afeta a validade deste. Se, entre a celebração do casamento religioso e o registro, um dos cônjuges casar no civil com terceiro, há impedimento para efetuar o registro (art. 1.516, § 3º, do CC), pois haveria bigamia, neste caso.

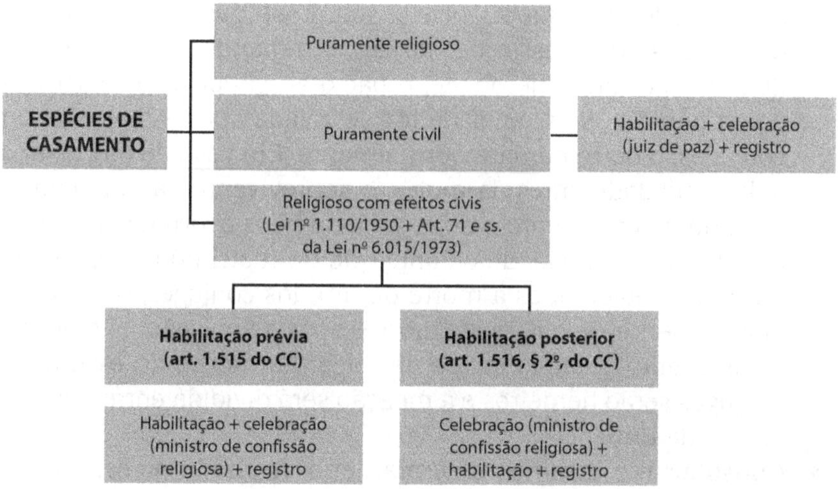

- **Por procuração:** art. 1.542 do CC. O instrumento procuratório deve ser público e com poderes especiais (constar expressamente que é para casar com Fulano de Tal). A procuração é válida por 90 dias. A revogação da procuração também é por instrumento público. Se a revogação não chegar ao conhecimento do mandatário e o casamento for celebrado, o mandante responderá por perdas e danos. Revogado o mandato, a lei determina que o casamento será anulável (art. 1.550, V, do CC). Há a possibilidade de o casamento ter validade na hipótese de, mesmo sendo revogado o mandato, ocorrer a coabitação entre os cônjuges. O contato sexual entre os cônjuges é que dá a validade ao casamento (não significa que o casamento se consuma na noite de núpcias, mas quer evitar que exista o uso malicioso desse expediente, conseguindo favores sexuais do cônjuge).
- **Nuncupativo:** ocorre quando um dos nubentes está em iminente risco de vida (arts. 1.540 a 1.542 do CC). Essa modalidade de casamento é realizada sem nenhum requisito legal (celebração sem juiz de paz, sem prévia habilitação), bastando a presença de seis testemunhas que não tenham parentesco (em linha reta ou colateral, até segundo grau) com os nubentes. Dentro de dezdias a contar da celebração, as testemunhas têm de confirmar o casamento perante a autoridade judicial, que, antes de mandar registrar o casamento, fará uma investigação. Não existe previsão de ouvir o cônjuge sobrevivente. Se o nubente que estava em risco de vida sobreviver, poderá ratificar o casamento, retroagindo os efeitos à data da celebração.
- **Putativo:** é o casamento que reputa verdadeiro, mas não o é. Trata-se de casamento nulo ou anulável contraído de boa-fé (art. 1.561 do CC). Neste caso, o casamento produz efeitos com relação ao cônjuge de boa-fé, no período entre a celebração e o trânsito em julgado da sentença que o desconstitui. Com relação aos filhos, todos os efeitos se operam. Havendo a boa-fé, sendo o casamento nulo ou anulável,

a sociedade conjugal dissolve-se, como se tivesse ocorrido a morte de um dos cônjuges (o de má-fé), partilhando-se os bens. No caso de ambos estarem de boa-fé, o pacto antenupcial deve ser observado na partilha. Se a nulidade for decretada após a morte de um dos cônjuges, o outro herdará normalmente. Em caso de morte: a) decretada a nulidade antes da morte, o sobrevivente não herdará, pois o término do casamento e do regime de bens ocorreu com a sentença que declarou a nulidade ou anulação do matrimônio; b) se a nulidade for decretada após a morte de um dos cônjuges, o outro herdará normalmente. Se o cônjuge morrer após a anulação, não herdará. Se o casamento putativo for de um bígamo, morrendo este, ambos os cônjuges serão herdeiros e a meação será dividida entre ambos (25% para cada um).

- **Consular:** é o casamento de brasileiro, realizado no estrangeiro, perante a autoridade consular brasileira, sujeitando-se, assim, às leis brasileiras, e não à legislação local. O registro deve ser procedido dentro do prazo de 180 dias a contar da volta de um ou de ambos os cônjuges ao Brasil, no cartório de seu domicílio ou, em não possuindo domicílio certo, no 1º Ofício da Capital do Estado em que passem a residir (art. 1.544 do CC). Se o registro não for feito dentro desse prazo, o casamento não produzirá os efeitos jurídicos pela lei brasileira. Ver art. 18 da LINDB. No mesmo sentido, o art. 32 da Lei dos Registros Públicos. Aplica-se apenas em casos de ambos os nubentes serem brasileiros e estarem casando no exterior. Se um dos nubentes não for brasileiro, a autoridade consular não possui competência para celebrar o casamento.
- **Casamento realizado no estrangeiro:** para que o casamento de brasileiros ou estrangeiros, realizado no exterior, tenha validade no Brasil, deve ocorrer o registro do matrimônio no Brasil. A certidão de casamento deve ser traduzida por tradutor juramentado e autenticada pelo agente consular brasileiro para, então, ser registrada. Nestes termos, ver art. 32 da Lei dos Registros Públicos.
- **Casamento de casais homoafetivos:** em razão da Res. No 175 do CNJ, é possível que casais homoafetivos celebrem casamento no Brasil – tanto por processo de habilitação como, também, por processo de conversão de união estável em casamento.

2. CAPACIDADE PARA O CASAMENTO

O art. 1.517 do CC prevê 16 anos como idade mínima para casar. Dos 16 aos 18 anos, os nubentes dependem da autorização dos pais – de ambos, salvo quando um deles não existir ou não puder emanar o consentimento. Se um não concordar, caberá suprimento judicial de consentimento e, neste caso, o regime de bens será o de separação obrigatória de bens (art. 1.641, III, do CC). Essa autorização pode ser revogada até o momento da celebração do casamento (art. 1.518 do CC), mas deve ser fundada em fato novo e grave. A negativa da licença para casar, por um dos pais, pode ser suprida pelo juiz (art. 1.519 do CC). No caso de indivíduo emancipado, não há a necessidade de autorização dos genitores.

De se observar que o art. 1.520 do CC foi alterado em março de 2019 pela Lei nº 13.811, passando a vedar, em qualquer hipótese, o casamento de menor de 16 anos.

3. HABILITAÇÃO PARA O CASAMENTO

A habilitação é um procedimento administrativo, processo que corre perante o Oficial do Registro Civil do domicílio dos nubentes com o fim de demonstrar que estes estão legalmente aptos para o matrimônio. O oficial, por meio da habilitação, verifica a concorrência dos pressupostos de existência e validade do ato matrimonial. Visa justamente ao exame da capacidade e da aptidão, a fim de conferir validade à celebração. A habilitação é feita em um só documento, contendo os dados dos nubentes e declarações constantes no art. 1.525 do CC.

As previsões quanto ao procedimento de habilitação estão dispostas no art. 67 da Lei dos Registros Públicos (Lei nº 6.015/1973). Apresentados os documentos ao oficial do Registro Civil, serão publicados editais de proclamas, que deverão ser publicados em jornal de circulação no local de domicílio de ambos os nubentes. Se ninguém opuser impedimento, o oficial certificará que os pretendentes estão habilitados para se casar (arts. 1.531 do CC, 67, §§ 1º e 3º, da Lei nº 6.015/1973) dentro de 90 dias (prazo da habilitação) (art. 1.532 do CC). Não se realizando o casamento nesse prazo, a habilitação deverá ser renovada.

Havendo oposição, o Oficial do Registro Civil cientificará os nubentes da nota de oposição, indicando os fundamentos, as provas e o nome de quem a ofereceu (art. 1.530 do CC). Os nubentes terão direito ao contraditório e à ampla defesa, tendo prazo razoável para fazer contraprova, bem como promover ações civis e criminais contra o oponente de má-fé (art. 67, § 5º, da Lei nº 6.015/1973). A decisão final será do juiz, com a oitiva dos interessados e do Ministério Público.

4. CELEBRAÇÃO DO CASAMENTO

Processada a habilitação, estão os nubentes em condições de casar, dentro do prazo de validade da habilitação. A celebração é pública e feita pelo juiz de paz. O procedimento de celebração inicia-se pelo requerimento dos nubentes indicando dia, hora e local onde deverá ser realizado o matrimônio (art. 1.533 do CC). Pode a cerimônia ocorrer no cartório ou em local diverso, desde que às portas abertas, para que seja público (art. 1.534, § 1º, do CC). Se for no cartório, exige-se a presença de duas testemunhas; sendo fora do cartório (ou quando um dos nubentes for analfabeto – art. 1.534, § 2º, do CC), serão quatro as testemunhas.

Uma vez que o juiz de paz pergunte aos nubentes se pretendem casar por livre e espontânea vontade, ouvindo deles o sim, declarará formalizado o casamento, nos termos da segunda parte do art. 1.535 do CC. Neste momento o casamento passa a produzir os efeitos. Se responderem não, manifestarem dúvida (ainda que de brincadeira), a celebração será suspensa (art. 1.538 do CC).

O registro do casamento deverá conter os dados constantes no art. 1.536 do CC.

5. PROVAS DO CASAMENTO

O casamento celebrado no Brasil prova-se pela certidão do registro (art. 1.543 do CC). Inexistindo o registro, é admitida qualquer outra espécie de prova (art. 1.543, parágrafo único, do CC), tanto documental como testemunhal.

6. IMPEDIMENTOS PARA O CASAMENTO

Impedimento é a falta de condições impostas por lei para que o casamento seja celebrado sem vícios passíveis de nulidade ou sem penalidade para os nubentes, o oficial do registro e o juiz. Trata-se de uma vedação da realização do casamento e, portanto, se realizado o matrimônio, será nulo.

Os impedimentos matrimoniais estão previstos no art. 1.521, que diz que "não podem casar": ascendentes com os descendentes, seja o parentesco natural, seja civil; afins em linha reta; adotante com quem foi cônjuge do adotado e o adotado com quem o foi do adotante; irmãos, unilaterais ou bilaterais, e demais colaterais, até o terceiro grau inclusive; adotado com o filho do adotante; pessoas casadas; cônjuge sobrevivente com o condenado por homicídio ou tentativa de homicídio contra o seu consorte.

Os impedimentos são de três ordens: em razão do parentesco (incs. I, II, III, IV e V), de vínculo (inc. VI) ou de prática de crime (inc. VII). Podem ser opostos, em declaração escrita, assinada e com provas, no processo de habilitação e até o momento da celebração, por qualquer pessoa capaz (art. 1.522).

A declaração de nulidade pode ser buscada pelos interessados ou pelo Ministério Público a qualquer tempo (art. 1.549 do CC).

7. CAUSAS SUSPENSIVAS DO CASAMENTO

As causas suspensivas são uma recomendação para a não realização do matrimônio. Ao contrário dos impedimentos, que são uma proibição e geram a nulidade, nas causas suspensivas, trata-se de uma proteção do Estado. Não impedem a celebração, mas impõem sanções de natureza econômica.

O art. 1.523 estabelece que “não devem casar”: viúvo ou a viúva que tiver filho do cônjuge falecido, enquanto não fizer inventário dos bens do casal e der partilha aos herdeiros; viúva, ou a mulher cujo casamento se desfez por ser nulo ou ter sido anulado, até dez meses depois do começo da viuvez, ou da dissolução da sociedade conjugal; divorciado, enquanto não houver sido homologada ou decidida a partilha dos bens do casal; tutor ou o curador e os seus descendentes, ascendentes, irmãos, cunhados ou sobrinhos, com a pessoa tutelada ou curatelada, enquanto não cessar a tutela ou curatela, e não estiverem saldadas as respectivas contas.

O casamento, nessas situações, não deve ser celebrado, mas pode. É, portanto, válido, mas com a imposição do regime de separação obrigatória de bens, nos termos do art. 1.641, I, do CC.

As causas suspensivas podem ser arguidas, no processo de habilitação, no prazo do edital de proclamas, pelos parentes em linha reta ou colateral até 2º grau (consanguíneos ou afins) (art. 1.524).

8. EXISTÊNCIA DO CASAMENTO E CASAMENTO INEXISTENTE

Considera-se **inexistente** o casamento quando faltam requisitos essenciais. No casamento, são requisitos: as partes (mesmo sexo ou sexos distintos, em razão da Resolução nº 175 do CNJ), manifestação da vontade e celebração perante a autoridade competente (juiz de paz). Faltando um destes requisitos, considera-se inexistente o casamento.

9. CASAMENTO NULO

O casamento que for celebrado com a violação dos impedimentos previstos no art. 1.521 do CC será eivado de nulidade (art. 1.548 do CC).

Ação para a nulidade do casamento: para a declaração de nulidade do casamento, é necessária ação judicial para tanto, proposta pelo interessado (art. 1.549 do CC) ou pelo Ministério Público, que poderá ingressar com a ação de nulidade. A ação é IMPRESCRITÍVEL. Legitimados = MP, primeiro cônjuge, cônjuge bígamo, colaterais sucessíveis e credores dos cônjuges. EFEITOS = *ex tunc* – art. 1.563 do CC, retroagindo até a data da celebração do casamento, sem que, contudo, prejudique a aquisição de direitos por terceiros de boa-fé.

10. CASAMENTO ANULÁVEL

O casamento é anulável quando celebrado em detrimento do interesse de pessoas que o legislador quer proteger por considerá-las hipossuficientes. O silêncio das partes permite que um ato jurídico defeituoso convalesça, o que equivale a uma ratificação tácita, ou melhor, a uma ratificação presumida. O art. 1.550 do CC prevê as hipóteses de anulação do casamento, que possuem prazos decadenciais para buscar a invalidação entre 180 dias e 4 anos, conforme previsões dos arts. 1.555 e 1.560 do CC.

ANULAÇÃO DO CASAMENTO

Hipótese	Prazo
Quem não completou a idade núbil - 16 anos	180 dias - ao fazer 16 anos (para o menor) e da celebração (para os pais) arts. 1.560, § 1º + 1.553 (confirmação)
Menor em idade núbil, sem autorização dos pais (16 a 18 anos)	180 dias - art. 1.555 - para o incapaz ao deixar de sê-lo e para os pais da celebração
Sob coação (art. 1.558)	4 anos - art. 1.560, IV
Por erro essencial quanto à pessoa do outro (arts. 1.556 + 1.557)	3 anos - art. 1.560, III
Pelo incapaz de consentir e manifestar de modo inequívoco sua vontade - alcoólatra e viciado em tóxico APENAS!	180 dias - art. 1.560, I
Por procuração cujo mandato tenha sido revogado	180 dias - art. 1.560, § 2º
Celebrado por autoridade relativamente incompetente	2 anos - arts. 1.560, II + 1.554

11. CONSEQUÊNCIAS DA NULIDADE OU DA ANULAÇÃO DO CASAMENTO

Até a nulidade/anulação, o casamento produz todos os efeitos se contraído de boa-fé (art. 1.561 do CC). Os efeitos da sentença transitada em julgado retroagem à data do casamento, como se ele nunca tivesse existido. Contudo, os direitos de terceiros de boa-fé são preservados, ou seja, as vendas feitas a terceiros permanecem inalteradas. Aos filhos, os efeitos aproveitam sempre. Havendo patrimônio, obedece ao regime de bens. Quando a nulidade/anulabilidade decorrer de culpa de um dos cônjuges, o culpado deverá devolver ao outro todas as vantagens e os benefícios que deste recebeu (art. 1.564, I, do CC). Também fica obrigado o cônjuge culpado a cumprir com as promessas feitas no contrato antenupcial, de maneira que, se fez promessa de fazer uma doação, a anulação não lhe retira o dever de cumprir com tal obrigação.

III - REGIME DE BENS

Maneira pela qual se estabelece, no casamento, as formas de contribuição de cada um para o lar, a titularidade e a administração dos bens comuns e particulares e em que medida esses bens respondem por obrigações de terceiros.

O art. 1.639 do CC prevê a liberdade dos pactos e a escolha do regime de bens, sendo o início da produção de efeitos do regime condicionado à celebração do casamento (art. 1.639, § 1º, do CC) e o término da produção de efeitos, o momento da separação de fato.

1. PACTO ANTENUPCIAL

Quando o regime de bens não for o legal dispositivo (CPB[1]), a escolha deste é feita por meio de um negócio jurídico solene: o pacto antenupcial, realizado mediante escritura pública, no Tabelionato de Notas (art. 1.653 do CC). A inobservância deste requisito induz a nulidade do instrumento. Salvo nos regimes legais obrigatórios (SOB) e dispositivo (CPB), os demais exigem a elaboração do pacto antenupcial.

Não havendo convenção, ou sendo esta nula ou ineficaz (pelo estabelecimento de cláusulas que não sejam possíveis), vigorará o regime da CPB (art. 1.640 do CC).

Após a celebração do casamento, o pacto antenupcial deverá ser registrado no Cartório de Registro de Imóveis, em livro especial, para ter validade contra terceiros (arts. 1.657 do CC e 167, I, nº 12, e II, nº 1, da Lei nº 6.015/1973). Se o nubente for empresário, o pacto deverá ser arquivado e averbado no Registro Público de Empresas Mercantis (art. 979 do CC).

2. OUTORGA CONJUGAL - OUTORGA UXÓRIA E OUTORGA MARITAL

Autorização conjugal é a manifestação do consentimento entre os cônjuges para que determinados atos possam ser praticados, sob pena de invalidade. Ex.: compra e venda de imóvel.

Essa autorização é exigida quando um dos cônjuges praticar ato que afeta o patrimônio do casal (alienar ou gravar de ônus real os bens imóveis, litigar em juízo acerca desses bens, prestar fiança ou aval etc.).

REGRA: necessidade da outorga.

EXCEÇÕES: a) No regime da separação convencional de bens (art. 1.647 do CC); b) No regime da participação final nos aquestos, quando o casal convencionar a livre disposição dos bens.

Caso o cônjuge não possa dar a autorização (por estar doente ou incapaz) ou não queira, o suprimento será dado pelo juiz – art. 1.648 do CC.

3. REGIME LEGAL OBRIGATÓRIO

Em razão de certas circunstâncias, os nubentes não podem escolher livremente o regime de bens: quando ocorrer alguma causa suspensiva, quando o nubente for maior de 70 anos, quando o nubente necessitar de suprimento judicial para casar (art. 1.641). Nesses casos o regime passa a ser obrigatório – separação de bens –, não se aplicando nem o regime legal dispositivo, nem outro escolhido via pacto antenupcial.

---

1 CPB – comunhão parcial de bens; CUB – comunhão universal de bens; PFA – participação final nos aquestos; SOB – separação obrigatória de bens; SCB – separação convencional de bens (também conhecido como SAB – separação absoluta de bens).

Neste caso, incide a Súm. nº 377 do STF, permitindo a comunicabilidade dos bens aquestados: "No regime de separação legal de bens, comunicam-se os adquiridos na constância do casamento".

De forma prática, essa súmula faz uma aproximação entre o regime da separação legal e o regime de comunhão parcial de bens. A separação fica adstrita aos bens adquiridos antes do casamento.

Conforme entendimento dos Tribunais Superiores, aplica-se o regime de separação obrigatória de bens às uniões estáveis de pessoas maiores de 70 anos.

4. MUTABILIDADE

Possibilidade de alterar o regime de bens escolhido para a celebração do casamento. Há a vedação de alteração nas hipóteses do art. 1.641 do CC, SALVO SE A CAUSA QUE DEU ORIGEM TIVER CESSADO! Enunciado nº 262 da III Jornada de Direito Civil: "A obrigatoriedade da separação de bens, nas hipóteses previstas no art. 1.641, I e III, do CC não impede a alteração do regime, desde que superada a causa que o impôs". Contudo, esse enunciado não abrange as hipóteses do art. 1.641, II, ou seja, quando os cônjuges tiverem mais de 70 anos quando da celebração do casamento. Neste caso, não poderá haver a modificação.

REQUISITOS: deverão estar presentes três requisitos, cumulativamente:

a) **autorização judicial:** deve ser feita petição conjunta, por advogado, ao juiz competente. O pedido só pode prosseguir se ambos os cônjuges forem autores, ou seja, ambos devem ter a intenção de alterar o regime de bens. A alteração só produz efeitos a partir do trânsito em julgado da decisão judicial, mas a eficácia perante terceiros depende do registro imobiliário. A eficácia da mudança pode ser *ex nunc* ou *ex tunc*, dependendo da vontade das partes, já que não existe qualquer óbice legal quanto a isso. Para isso, contudo, deve haver pedido expresso do casal, pois sem isso o efeito é a partir da sentença.

b) **motivação relevante:** a alteração não pode estar baseada apenas no desejo dos cônjuges. Entre os motivos relevantes, está a alteração do regime de comunhão parcial para o de separação de bens, em razão de os cônjuges passarem a ter vidas econômicas e profissionais próprias, sendo conveniente a existência de patrimônios próprios para garantirem obrigações que necessitam profissionalmente ou para incorporação em capital social de empresa.

c) **ressalva dos direitos de terceiros:** terceiros são os que estejam de boa-fé e possam ser atingidos em seus patrimônios ou créditos com a alteração do regime de bens. A regra é que a mudança de regime apenas valerá para o futuro, não prejudicando os atos jurídicos perfeitos.

A mudança só alcançará o passado se o regime adotado beneficiar os terceiros credores, pela ampliação das garantias patrimoniais.

Não é necessária a lavratura de pacto antenupcial para a mutação do regime de bens.

EFEITOS: entre cônjuges: *ex tunc* (retroagindo a data das núpcias); com relação a terceiros: *ex nunc*, visto que poderá prejudicar credores.

É exigida ampla publicidade para a autorização da mudança. Nesse sentido, o STJ, ao realizar a I Jornada de Direito Civil, aprovou o Enunciado nº 113:

> É admissível a alteração do regime de bens entre os cônjuges, quando então o pedido, devidamente motivado e assinado por ambos os cônjuges, será objeto de autorização judicial, com ressalva dos direitos de terceiros, inclusive dos entes públicos, após perquirição de inexistência de dívida de qualquer natureza, exigida ampla publicidade.

Mesmo os casamentos celebrados na vigência do Código de 1916 poderão ter a modificação do regime. O art. 2.039 do CC dispõe que a modificação não será possível, mas o STJ está autorizando a mudança, em razão da aplicação da lei mais benéfica.

5. ADMINISTRAÇÃO DOS BENS NO CASAMENTO

Independentemente do regime de bens escolhido para vigorar no casamento, existem atos que os cônjuges podem praticar sem depender da autorização do outro (art. 1.642 do CC).

O art. 1.643 do CC traz as permissões para que os cônjuges possam atuar de forma individual. Trata-se de situações necessárias à manutenção da vida doméstica, em que não haveria a necessidade de autorização expressa do outro para que tais despesas fossem assumidas. Com relação às dívidas contraídas para os fins do art. 1.643 do CC, contudo, a responsabilidade patrimonial é solidária (art. 1.644 do CC).

O art. 1.647 do CC traz os atos que nenhum dos cônjuges pode praticar sem autorização do outro, exceto no regime de separação absoluta, necessitando da outorga conjugal, já mencionada em item específico.

6. REGIME DA COMUNHÃO PARCIAL DE BENS

É o que ***advém da falta, ineficácia ou nulidade de pacto antenupcial ou por convenção dos nubentes***. Basicamente, afasta da comunhão os bens que os consortes possuíam ao casar ou que venham a adquirir por causa gratuita; e inclui na comunhão os bens adquiridos posteriormente à união, de maneira onerosa.

6.1 BENS QUE NÃO SE COMUNICAM

O art. 1.661 prevê que são incomunicáveis os bens cuja aquisição tiver por título causa anterior ao casamento.

Também são INCOMUNICÁVEIS, conforme o art. 1.659 do CC:

I - os bens que cada cônjuge possuir ao casar, e os que lhe sobrevierem, na constância do casamento, por doação ou sucessão, e os sub-rogados em seu lugar;

Aqueles bens que o consorte leva consigo para o casamento, que lhe pertencem antes da realização do ato nupcial, bem como os bens recebidos por doação ou herança, não se comunicam no regime da comunhão parcial de bens. No caso de doações ou testamento, caso o doador/testador pretendesse que o bem fosse de propriedade do casal, faria a doação em favor de ambos e não de apenas um deles. Da mesma maneira ocorre com os bens que forem adquiridos no lugar dos recebidos em doação, testamento ou daqueles que já eram de propriedade de um dos cônjuges antes do casamento. Isto se denomina sub-rogação, ou seja, os bens que forem colocados no lugar dos já existentes. Ex.: Carlos possuía um carro, no valor de R$ 20.000,00 antes de casar. Casa-se com Joana. Após o casamento, Carlos vende o carro por R$ 20.000,00 e compra outro de mesmo valor. Joana não terá direito sobre o carro, pois se trata de sub-rogação. Contudo, se Carlos comprar um carro no valor de R$ 50.000,00, Joana terá direito a receber sobre a diferença, ou seja, R$ 30.000,00 (trata-se de sub-rogação parcial).

II - os bens adquiridos com valores exclusivamente pertencentes a um dos cônjuges em sub-rogação dos bens particulares;

Se os bens possuídos por ocasião do ato nupcial não se comunicam, é óbvio que também não devem comunicar-se os adquiridos com o produto da venda dos primeiros. É uma sub-rogação real. Conforme já afirmado, se o bem sub-rogado é mais valioso, a diferença do valor, se não tiver sido coberta com recursos próprios e particulares do cônjuge, integrará o acervo comum. Ex.: carro de R$ 30.000 a carro de R$ 50.000 = a diferença (R$ 20.000,00) integrará o patrimônio comum.

III - as obrigações anteriores ao casamento;

A responsabilidade é pessoal de quem contraiu a obrigação. Dessa maneira, o cônjuge que arcou com responsabilidade anterior ao casamento, ainda que venha a se perfectibilizar após a celebração deste, deverá arcar exclusivamente com seus bens particulares. Ex.: dívida de cheque especial contraída antes do matrimônio. Só pertence àquele que contraiu a dívida. Seu patrimônio exclusivo é que arcará.

IV - as obrigações provenientes de atos ilícitos, salvo reversão em proveito do casal;

O cônjuge faltoso é responsável pelos atos ilícitos que praticar (com seu patrimônio particular), salvo se ambos os cônjuges vierem a tirar proveito de tal ato, quando então o patrimônio comum do casal responderá pelos prejuízos causados com o ilícito. Ex.: o marido pratica uma fraude tributária, sonegando a receita, para comprar uma casa na praia para que a família desfrute. Neste caso, haverá a comunicação da dívida. É nesse sentido a Súm. nº 251 do STJ: "A meação só responde pelo ato ilícito quando o credor, na execução fiscal, provar que o enriquecimento dele resultante aproveitou o casal".

V – os bens de uso pessoal, os livros e instrumentos de profissão;

Em razão do cunho nitidamente pessoal, não há comunicação desses bens. Assim, estão excluídos os bens pessoais: roupas, sapatos etc. Também se excluem da comunhão os livros utilizados para o exercício da profissão: livros profissionais do advogado, por exemplo; os instrumentos profissionais: violino de um concertista. Isto porque desses instrumentos dependem a sobrevivência do consorte. É possível, contudo, que, demonstrado o esforço comum, o valor do instrumento profissional seja partilhado, como o automóvel utilizado pelo taxista ou a cadeira, utilizada pelo dentista etc.

VI – os proventos do trabalho pessoal de cada cônjuge;

Significa dizer que cada cônjuge tem direito aos proventos relativos ao seu salário. Mas, se o valor do provento for utilizado para adquirir imóvel, será partilhado, pois ambos os cônjuges, no direito de família atual, contribuem com seus proventos para o sustento da família, de maneira que deve o bem proveniente ser partilhado. Neste aspecto, o STJ tem entendimento que haverá a comunicabilidade das verbas trabalhistas e do FGTS recebidos durante o matrimônio.

VII – as pensões, meios-soldos, montepios e outras rendas semelhantes.

Pensões: valor pago periodicamente e em virtude de lei, decisão judicial ou ato jurídico para assegurar a sobrevivência de alguém.

Meio-soldo: é a metade do soldo pago pelo Estado ao militar reformado.

Montepios – pensão devida a herdeiro de funcionário falecido.

Tenças – pensão alimentícia devida pelo Estado ou por outra pessoa de direito privado, para subsistência do beneficiário.

Art. 1.661 – Também são incomunicáveis os bens adquiridos por causa anterior ao casamento

Ex.: se a moça solteira vender um imóvel antes do casamento e só após vier a receber o valor devido, o dinheiro apurado com a venda não se comunica, pois existente em razão de causa anterior ao casamento.

6.2 BENS QUE SE COMUNICAM

São COMUNICÁVEIS, conforme o art. 1.660 do CC:

I – os bens adquiridos na constância do casamento por título oneroso, ainda que só em nome de um dos cônjuges;

Quanto há bens imóveis, basta verificar o Registro Imobiliário para identificar se a aquisição se deu antes ou após o casamento. Se se tratar de bem móvel, há presunção de que são de propriedade comum, adquiridos na constância da união, salvo se for possível provar por documento autêntico (fatura, nota fiscal) ou outro meio admitido em direito, que foram adquiridos em data anterior ao ato nupcial. Art. 1.662.

II - os bens adquiridos por fato eventual, com ou sem o concurso de trabalho ou despesa anterior;

Ex.: jogo, aposta, loteria, bingo. Tanto o prêmio em si quanto os bens advindos do valor recebido nessas loterias são comuns.

III - os bens adquiridos por doação, herança ou legado, em favor de ambos os cônjuges;

Herança ou testamento só se comunicam se forem em favor de ambos os cônjuges.

IV - as benfeitorias em bens particulares de cada cônjuge;

Tudo que for acrescido aos bens particulares dos cônjuges entra na divisão do patrimônio comum, desde que haja a presunção de que foram feitas com o produto do esforço comum, para evitar o enriquecimento indevido.

V - os frutos dos bens comuns, ou dos particulares de cada cônjuge, percebidos na constância do casamento, ou pendentes ao tempo de cessar a comunhão.

Isto porque são ganhos posteriores ao casamento, e esse regime visa à composição de um patrimônio comum após a união. Ex.: se um dos cônjuges for acionista de uma sociedade anônima na qual haja ganhos periódicos em razão dos lucros. O valor percebido integra o patrimônio comum. Ex.: os aluguéis, ainda que de imóvel particular de um dos cônjuges, também passam a integrar o patrimônio comum.

Os rendimentos resultantes da exploração dos direitos patrimoniais do autor.

Os direitos patrimoniais do autor não se comunicam, mas os rendimentos resultantes da exploração desses direitos, sim. Nesse sentido, ver o art. 28 da Lei nº 9.610/1998.

6.3 ADMINISTRAÇÃO DOS BENS

A administração do patrimônio comum cabe a qualquer dos cônjuges. Art. 1.663. Contudo, será necessária a anuência de ambos para prática de atos que impliquem, a título gratuito, cessão do uso ou gozo desses bens (art. 1.663, § 2º). Também é necessária a anuência para alienar ou gravar os bens imóveis (art. 1.647, I). A administração dos bens particulares competirá ao cônjuge proprietário, exceto se houver convenção contrária estabelecida no pacto antenupcial (art. 1.665), mas, para alienar imóvel, dependerá da anuência do outro (art. 1.647, I). O cônjuge que administra o patrimônio particular do outro age como seu representante, apenas.

6.4 DÍVIDAS

Cada consorte responde pelos próprios débitos anteriores ao casamento, pois se constituem patrimônios separados. Se o débito for subsequente ao casamento, contraído no exercício da administração do patrimônio comum, obriga aos bens comuns e aos particulares do cônjuge que o administra e ao do outro na proporção do proveito que houver auferido (art. 1.663, § 1º).

O débito contraído por qualquer dos consortes na administração dos bens particulares e em benefício destes não obriga os bens comuns (art. 1.666). Quando a dívida for para atender os encargos da família (contas de água, luz, alimentação), despesas de administração dos bens comuns (reparos) e decorrentes de imposição legal (impostos), os bens comuns responderão, para resguardar direitos dos credores (art. 1.664).

7. REGIME DA COMUNHÃO UNIVERSAL DE BENS

Importa na comunhão de todos os bens dos cônjuges, presentes e futuros, bem como de suas dívidas. Cada cônjuge passa a ter direito a metade ideal do patrimônio comum, de maneira que não poderão constituir sociedade entre si (art. 977). Não há propriedade sobre metade de cada bem, pois há uma indivisão. O que há é a propriedade sobre a metade ideal do patrimônio comum, ou seja, não se sabe quem é proprietário do que, pois ambos o são de todo o patrimônio. Assim, tudo o que entra para o acervo subordina-se à comunhão, de modo que se torna comum tudo o que cada consorte adquire, no momento da aquisição. Os cônjuges são meeiros em todos os bens do casal, mesmo que não tenham trazido nada ou nada adquirido na constância do casamento.

7.1 BENS EXCLUÍDOS DA COMUNHÃO UNIVERSAL

Mesmo que o regime da comunhão universal implique comunhão de todos os bens presentes e futuros, existem alguns que, em razão de sua natureza, ficam EXCLUÍDOS da comunhão (art. 1.668):

I – os bens doados ou herdados com a cláusula de incomunicabilidade e os sub-rogados em seu lugar;

Para que esta exclusão ocorra, deve haver o gravame da cláusula de incomunicabilidade. Ex.: se um imóvel doado com cláusula de incomunicabilidade for desapropriado, a indenização é paga ao donatário, sem que se comunique ao seu cônjuge.

II – os bens gravados de fideicomisso e o direito do herdeiro fideicomissário, antes de realizada a condição suspensiva;

O fideicomisso é um ato de disposição de vontade expressa em testamento, pelo qual uma pessoa pode deixar um bem imóvel para o sucessor do seu herdeiro. O herdeiro ou legatário que recebe em primeiro grau o imóvel denomina-se fiduciário, ficando ele com o encargo de transmitir a propriedade para aquele que será o proprietário final do bem, designado fideicomissário. O Código Civil de 2002, no seu art. 1.951, assim define o fideicomisso:

Pode o testador instituir herdeiros ou legatários, estabelecendo que, por ocasião de sua morte, a herança ou o legado se transmita ao fiduciário, resolvendo-se o direito deste, por sua morte, a certo tempo ou sob certa condição, em favor de outrem, que se qualifica de fideicomissário.

Ex.: José deixa em testamento, gravado com fideicomisso, um bem x para Carlos, seu filho, durante dez anos. Este será o fiduciário. José estabelece no testamento que, passados os dez anos, o bem passará para o patrimônio de Marcus, filho de Carlos. Este será o fideicomissário.

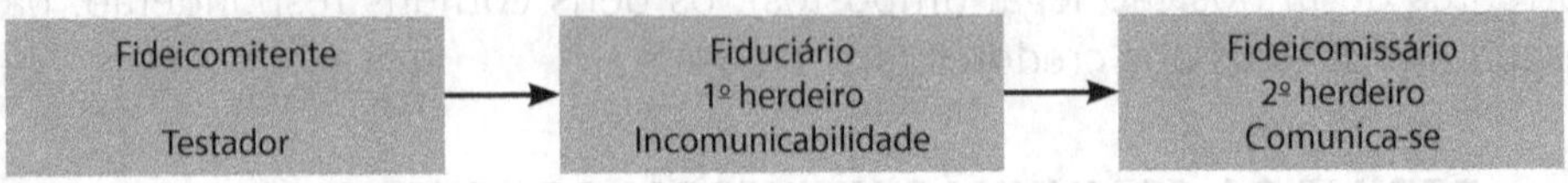

Neste caso, o bem não se comunica com o cônjuge do fiduciário. Os bens só passam a se comunicar a partir do momento em que se implementar a condição (apenas com o cônjuge do fideicomissário, se for o caso).

III - as dívidas anteriores ao casamento, salvo se provierem de despesas com seus aprestos, ou reverterem em proveito comum;

As dívidas anteriores ao matrimônio não se comunicam, e o devedor responde por elas com seu patrimônio particular ou com o que tiver trazido para a comunhão, ou seja, os bens do outro cônjuge não respondem por dívidas anteriores à união.

IV - as doações antenupciais feitas por um dos cônjuges ao outro com a cláusula de incomunicabilidade;

A fim de proteger o donatário, ainda que o doador seja o seu consorte.

V - Os bens referidos nos incs. V a VII do art. 1.659.

Contudo, estas incomunicabilidades não se estendem aos frutos percebidos ou vencidos durante a constância do casamento (art. 1.669 do CC).

7.2 ADMINISTRAÇÃO DOS BENS

A administração do patrimônio, na constância da sociedade conjugal, é comum. Essa administração segue as regras dos arts. 1.663, 1.665, 1.666 (art. 1.670). A administração dos bens excluídos da comunhão caberá ao proprietário, salvo estipulação em contrário.

7.3 DÍVIDAS

Pelas dívidas contraídas na gestão da administração dos bens, respondem os comuns e os particulares do cônjuge administrador. Os bens particulares do outro cônjuge só responderão se provado que ele obteve algum proveito.

8. REGIME DA PARTICIPAÇÃO FINAL NOS AQUESTOS

Esse regime tem maior aplicabilidade quando os cônjuges exercem atividades empresariais distintas, para que possam manusear com maior liberdade seus pertences. Ainda assim, é pouco procurado. Por este regime, cada cônjuge conserva como de seu domínio os haveres que trouxe para o casamento, e os conseguidos ao longo de sua duração, administrando-os e aproveitando os seus frutos. Mas, na época da dissolução do vínculo conjugal procede-se à divisão do acervo adquirido a título oneroso. A divisão dos bens, ao final, é feita somente daqueles adquiridos, de forma onerosa, e nos quais tenha havido a participação. Não se trata de uma meação, mas de uma participação no patrimônio.

Nesse regime, formam-se massas de bens particulares incomunicáveis durante o casamento (como se fosse uma separação total), mas que se tornam comuns no momento da dissolução do matrimônio (como se fosse uma comunhão parcial). Existem dois patrimônios: o inicial, que é o conjunto de bens que cada cônjuge adquire durante a vigência matrimonial; e o patrimônio final, que é o patrimônio verificável no momento da dissolução do casamento.

Cada cônjuge tem a expectativa da meação, sendo credor da metade do que o outro adquiriu a título oneroso durante o matrimônio, se houver dissolução da sociedade conjugal (art. 1.672). A participação ocorrerá sobre o patrimônio adquirido, de forma onerosa, pelo outro, mas por meio de um crédito e não pela constituição de condomínio sobre o patrimônio.

8.1 ADMINISTRAÇÃO DOS BENS

A administração do patrimônio inicial é exclusiva de cada cônjuge, que administrará os bens que possuía ao casar, os adquiridos por doação e herança e os obtidos onerosamente, durante a constância do casamento. Em princípio, nenhum dos cônjuges pode alienar ou gravar os bens sem a anuência do outro (art. 1.647, I). Contudo, pode ser estabelecida no pacto antenupcial a livre disposição dos bens imóveis, quando não será necessária nenhuma anuência do outro cônjuge para alienar ou gravar (art. 1.656).

8.2 DÍVIDAS

Pelas dívidas contraídas por um dos cônjuges antes do matrimônio responde seu patrimônio particular. Quanto aos débitos posteriores ao casamento, contraídos por um dos cônjuges, em princípio, o patrimônio particular deste é que responderá, salvo se comprovado o proveito comum, quando o patrimônio do outro consorte responderá na proporção do seu proveito (art. 1.677). No caso de um dos cônjuges pagar dívida do outro, com bens de seu patrimônio, o valor deverá ser atualizado e imputado na meação do devedor, na data da dissolução (art. 1.678). Quando as dívidas de um dos cônjuges forem superiores a sua meação, não obrigam o outro, ou a seus herdeiros (art. 1.686). Assim, se falecer o cônjuge devedor, seus credores só terão direito a sua meação e, se não for suficiente para saldar a dívida, não poderão cobrar do outro cônjuge ou dos herdeiros, pois estes só têm responsabilidade no exato teor do que lhes couber na herança. No caso de direito de terceiros, presume-se como sendo do cônjuge devedor os bens móveis (art. 1.680).

8.3 DISSOLUÇÃO

Com a dissolução da sociedade conjugal apura-se o montante dos aquestos (ganhos), excluindo-se da soma o patrimônio próprio dos cônjuges: bens anteriores ao casamento, os sub-rogados em seu lugar e os obtidos pelos cônjuges por herança, legado ou doação, bem como os débitos relativos a esses bens (art. 1.674). Incluem-se na partilha os frutos dos bens particulares. Os bens móveis, salvo prova em contrário, presumem-se adquiridos na constância do casamento (art. 1.674, parágrafo único). No caso de bens adquiridos com o esforço comum dos cônjuges, ambos terão direito a quota igual no condomínio (50% para cada cônjuge) (art. 1.679).

Ex.: se uma casa foi construída em conjunto (esforço comum), sobre o terreno de um deles, o cônjuge que contribuiu para a construção da casa terá direito apenas à indenização, pois o imóvel pertencerá ao dono do solo, pois se operou a acessão artificial.

Se houver doação feita por um cônjuge sem a autorização do outro, este poderá ser, ao final do matrimônio, indenizado em sua meação (art. 1.675). Pode haver a reivindicação desse bem. Contudo, também se pode optar por fazer integrar o monte partilhável o valor equivalente ao bem (art. 1.676).

No caso de separação ou divórcio, o montante a ser apurado com os aquestos será o da data que cessou a convivência (art. 1.683). Neste caso, utiliza-se da contabilidade para realizar a divisão, pois se levanta o acréscimo patrimonial de cada cônjuge no período da vigência do casamento. Faz-se o balanço, e aquele que tiver enriquecido menos terá direito à metade do saldo encontrado.

Pode ocorrer de que não seja possível a divisão dos bens em natureza. Neste caso, será calculado o valor da meação, para que este receba sua parte (art. 1.684). Ex.: um carro – não é possível sua divisão. Dessa forma, haverá a avaliação do bem para que o cônjuge não proprietário receba sua meação em dinheiro. No caso de não poder ser feita a reposição do direito a meação em dinheiro, em razão de poucos recursos do cônjuge proprietário, será feita avaliação e alienação judicial de tantos bens quantos bastem para o ressarcimento da meação (art. 1684, parágrafo único).

9. REGIME DE SEPARAÇÃO DE BENS

É aquele em que cada consorte conserva, com exclusividade, o domínio, a posse e a administração de seus bens presentes e futuros e a responsabilidade pelos débitos anteriores e posteriores ao matrimônio. Existem dois patrimônios bem separados: o do marido e o da mulher, sem qualquer comunicabilidade. Qualquer dos cônjuges pode alienar ou gravar seus bens sem anuência do outro (caso seja separação convencional). Poderá, também, qualquer dos cônjuges prestar fiança, aval, pleitear direitos acerca de bens ou direitos imobiliários, sem autorização do outro (art. 1.647).

O art. 1.647 do CC deve ser interpretado no sentido de que, quando trata da "separação absoluta", refere-se à separação convencional, e não à separação obrigatória. Isto porque na separação convencional os cônjuges podem, no pacto antenupcial, dispor daquilo que pretenderem e, no caso da separação obrigatória, não, pois incide a Súm. nº 377 do STF.

Ativo e passivo são separados, de maneira que nenhuma dívida se comunica, seja ela anterior, seja ela posterior ao matrimônio. Quanto às despesas da família, ambos os cônjuges possuem obrigação com elas, na proporção de seus bens ou de seus rendimentos, salvo se houver alguma estipulação em contrário no pacto antenupcial. Ex.: estabelecer que só ao marido compete o sustento da família.

O regime da separação de bens tanto pode provir de imposição legal (art. 1.641) quanto de convenção (art. 1.687).

Art. 1.641. É **obrigatório** o regime da separação de bens no casamento:

I – das pessoas que o contraírem com inobservância das causas suspensivas da celebração do casamento;

As causas suspensivas são as previstas no art. 1.523. Deve-se observar que em qualquer das causas, se comprovado que não há prejuízos, poderá ser requerido ao juiz que não imponha a separação de bens.

II – da pessoa maior de setenta anos;

Contudo, nessa hipótese, se houver existido união estável há mais de dez anos consecutivos ou tiver resultado filhos, não será aplicada a regra, podendo os nubentes escolher livremente o regime de bens. É nesse sentido o Enunciado nº 261 do CJF, na III Jornada de Direito Civil: "Art. 1.641: A obrigatoriedade do regime da separação de bens não se aplica a pessoa maior de sessenta anos, quando o casamento for precedido de união estável iniciada antes dessa idade".

Deve-se destacar que, para todos os outros casos de imposição do regime da separação obrigatória, a lei permite que seja requerida ao juiz a exclusão dessa pena (art. 1.523, parágrafo único). Mas essa chance não é concedida aos noivos maiores de 70 anos.

III – de todos os que dependerem, para casar, de suprimento judicial.

9.1 DÍVIDAS

Pelas dívidas contraídas antes ou depois do casamento não responde o patrimônio do outro cônjuge, só o patrimônio daquele que é devedor. Contudo, as dívidas que forem contraídas, ainda que sem a autorização do outro cônjuge, em proveito de ambos, ou seja, para o bem da família, se comunicarão ao outro cônjuge.

9.2 ADMINISTRAÇÃO

Cada consorte terá a administração e fruição do que lhe pertence, sem necessidade de anuência um do outro para alienar ou gravar seus bens (art. 1.687).

IV – UNIÃO ESTÁVEL

Considerando a decisão do STF na ADIN nº 4.277, o conceito de união estável se modificou, de forma que hoje considera-se união estável aquela relação entre duas pessoas (independentemente do sexo), cuja convivência seja pública (notoriedade da união), contínua (união deve ser contínua, sem interrupções, com ânimo de permanência e definitividade) e duradoura (embora não haja definição precisa de tempo, um período mais ou menos longo) e com o objetivo presente (imediato) de constituir família (arts. 1.723 do CC e 226, § 3º, da CF). Deve-se observar que a residência sob o mesmo teto não é requisito, ou seja, a coabitação não é elemento obrigatório para a configuração da união estável (Súm. nº 382 do STF): "A vida em comum sob o mesmo teto, 'more uxorio', não é indispensável à caracterização do concubinato".

Por ser ato-fato jurídico, a união estável não necessita de nenhuma manifestação de vontade para que produza seus efeitos jurídicos. Basta sua configuração fática. Assim, o CONTRATO DE NAMORO não tem efeitos (salvo eventual definição de regime de bens), pois não importa o que venha a dispor, se os requisitos da união estável restarem configurados, poderá haver o reconhecimento (espontâneo ou judicial), pois, por ser um ato-fato jurídico, não necessita da vontade das partes para a configuração.

Aplicam-se à união estável os mesmos impedimentos legais para o casamento. Contudo, o fato de um dos conviventes estar casado, mas separado de fato ou judicialmente, não obsta a configuração da união estável.

Deve-se observar que não há o reconhecimento de **uniões estáveis paralelas ou uniões plúrimas ou múltiplas**, ou seja, quando houver mais de uma união estável, ou duas famílias paralelas, considerando a comprovação do início de cada relação, somente a primeira configurará união estável.

O art. 1.727 do CC prevê que as uniões entre pessoas impedidas de casar configuram-se concubinato, salvo no caso da pessoa casada, mas separada de fato, quando é possível a configuração da união estável.

Na união estável, as partes podem estabelecer contrato escrito e, com isto, definir qualquer regime de bens. O art. 1.725 do CC estabelece que, em caso de não haver contrato escrito entre as partes, o regime de bens a vigorar será o da comunhão parcial. No caso de ser realizado o contrato escrito (seja particular, seja público), há a necessidade de registrar o contrato no registro de imóveis para que as cláusulas estabelecidas tenham validade contra terceiros. Se não for registrado o contrato, para efeitos contra terceiros, presume-se a comunhão parcial de bens, de modo que poderá haver a penhora de parte de um imóvel adquirido depois da união, para pagamento de dívida de um dos companheiros (mesmo que o regime estabelecido no contrato - e não registrado - seja o da separação de bens).

Qualquer dos companheiros, em caso de necessidade, pode exigir do outro alimentos (art. 1.694). Basta que seja comprovada, em ação pertinente, a necessidade. Essa ação pode ser tanto a que visa ao reconhecimento e à dissolução da união estável quanto a ação de alimentos propriamente dita.

O direito sucessório dos conviventes era tratado pelo art. 1.790 do CC, que acabou sendo declarado inconstitucional pelo STF em maio de 2017. Sendo assim, atualmente aplica-se à sucessão do companheiro a mesma regra da sucessão do cônjuge, estabelecida pelo art. 1.829 do CC.

O art. 1.726 dispõe que a união estável poderá ser convertida em casamento, mediante pedido dos companheiros ao juiz e assento no registro civil. O pedido deve ser feito por ambos os conviventes ou por procuradores com poderes para tanto. Feita prova da união estável, o juiz determinará o registro do casamento.

V - DISSOLUÇÃO DO VÍNCULO CONJUGAL

O divórcio é uma dissolução voluntária do casamento, com a extinção do vínculo conjugal. Decorre da simples vontade das partes, sem causa específica (já que não se presta para discutir as razões do fim do casamento), permitindo, após sua decretação, a constituição de novos vínculos matrimoniais.

1. MODELO DUAL OU NÃO?

Em razão da alteração trazida pela EC/1966 ao ordenamento jurídico brasileiro, que retirou a exigência de prazos de separação prévia para a realização do divórcio (art. 226, § 6º, da CF), há discussões se permanece vigente o modelo dual de dissolução do casamento no Brasil, ou seja, da separação e do divórcio. Deve-se observar, contudo, que a separação apenas coloca fim à sociedade conjugal, mas não extingue/dissolve o vínculo matrimonial, que apenas ocorrerá com o divórcio. Alguns entendem que, com a alteração introduzida pela EC nº 66/2010, houve a derrogação das disposições infraconstitucionais contrárias, ou seja, a parte do Código Civil que dispõe sobre a dissolução do casamento pela separação estaria derrogada. Outros, no entanto, entendem que a separação se mantém no sistema jurídico e que cabe às partes decidir o que pretendem: romper com a relação matrimonial (entrar com separação e respeitar o CC) ou com o vínculo conjugal (entrar com divórcio, nos termos da EC nº 66/2010). O fato é que, na prática, a escolha das partes é pelo divórcio, nos termos do art. 226, § 6º, da CF.

2. SEPARAÇÃO DE FATO

É o que realmente coloca um ponto-final ao casamento, podendo resultar de decisão conjunta do casal ou da iniciativa de um dos cônjuges. Todas as consequências dessa situação fática passam a correr da ruptura da união, ou seja, da separação de fato. Com o término do casamento pela separação de fato, as partes podem, inclusive, constituir novo relacionamento, por meio da união estável. A separação de fato faz cessar o dever de vida em comum, configurando requisito suficiente para o fim do regime de bens.

Se o casal estiver separado de fato há mais de dois anos, é permitida a conversão em divórcio direto, conforme o art. 1.580, § 2º, do CC.

3. SEPARAÇÃO JUDICIAL

Considerando que a EC nº 66 retirou da Constituição Federal a exigibilidade de prévia separação para que pudesse ser realizado o divórcio, esta separação está em desuso, embora sua previsão no Código Civil não tenha sido revogada.

A separação é o gênero do qual a separação consensual e a litigiosa são as espécies. É uma forma de dissolver a sociedade conjugal, romper com os deveres do casamento. É a dissolução da sociedade conjugal decretada e homologada pelo juiz, sem a extinção do vínculo matrimonial. Tem caráter pessoal, personalíssimo, não podendo o pai, por exemplo, buscar a separação, por meio de ação judicial, em nome da filha. Pode, contudo, nos termos do art. 1.576, parágrafo único, a ação ser feita por outra pessoa (curador, ascendente ou irmão), no caso de um dos cônjuges ser incapaz. Só cabe em caso de separação judicial, pois na extrajudicial os cônjuges devem estar em pessoa presentes na frente do Tabelião.

Sendo consensual, ocorre por acordo entre as partes (art. 1.574 do CC). Se não houver possibilidade de consenso para a separação do casal, o conflito deverá ser resolvido pelo juiz, por separação litigiosa (art. 1.572 do CC). Neste caso, um dos cônjuges assume a posição de autor e o outro de réu, e um busca imputar ao outro a culpa pelo término do relacionamento (art. 1.572 do CC – "(...) imputando ao outro qualquer ato que importe grave violação dos deveres do casamento (...)").

Uma vez que tenha havido a separação judicial (seja litigiosa, seja consensual), deve-se aguardar o prazo de um ano do trânsito em julgado e propor o divórcio por conversão, nos termos do art. 1.580 do CC.

O principal efeito da separação é a dissolução da sociedade conjugal e, por consequência, a extinção do regime de bens, determinando a partilha.

3.1 RECONCILIAÇÃO - ART. 1.577

Os separados judicialmente poderão a qualquer tempo requerer em juízo o restabelecimento da sociedade conjugal, pois ela foi apenas dissolvida, e não o casamento (o casamento só é dissolvido pelo divórcio). Bastará que façam uma petição ao juiz, que determinará a expedição de novo mandado para averbação no registro, restabelecendo o vínculo. No entanto, são ressalvados os direitos de terceiros. O regime de bens será o mesmo. Para que haja a mudança, só com petição nesse sentido (art. 1.639, § 2º). A reconciliação não dispõe de eficácia retroativa. Os bens adquiridos na constância da separação não se comunicam. Se tiver sido convertida a separação judicial em divórcio, não mais será possível o restabelecimento, sendo necessário novo casamento, inclusive com o processo de habilitação.

Obs.: o divórcio não permite reconciliação!

4. DIVÓRCIO

É o meio voluntário de dissolução do casamento. É forma de colocar um ponto-final ao casamento, viabilizando que as partes possam contrair novos vínculos, com outras pessoas. Além da previsão do Código Civil, possui fundamento constitucional (art. 226, § 6º, da CF) e processual (arts. 731 e ss. do CPC/2015). Em razão da EC nº 66/2010, pode ser requerido a qualquer tempo: no mesmo dia ou no dia seguinte ao casamento, sem necessidade de prévia separação.

4.1 PARTILHA DE BENS NO DIVÓRCIO

A partilha de bens é decorrência do divórcio judicial, mas não é pré-requisito para sua concessão (art. 1.581). Assim, a partilha poderá ocorrer por acordo das partes antes, durante ou após o trânsito em julgado do divórcio. É possível realizar divórcio sem prévia partilha de bens (a partilha pode ser feita, posteriormente, em ação autônoma).

4.2 DIVÓRCIO REALIZADO NO EXTERIOR

Se o divórcio for realizado no exterior, sendo litigioso, deverá passar pela homologação da sentença estrangeira pelo STJ. O divórcio consensual pode ser reconhecido no Brasil sem que seja necessário proceder à homologação, conforme previsões do art. 961, § 5º, do CPC e do Provimento nº 53 do CNJ. Mas essa determinação aplica-se apenas para divórcios consensuais simples. Havendo definição de guarda, partilha de bens e demais cláusulas, necessária a homologação do STJ.

4.3 CLÁUSULAS A SEREM ESTABELECIDAS NO DIVÓRCIO

O divórcio deverá trazer a previsão das cláusulas de **guarda dos filhos** (compartilhada ou unilateral); **partilha de bens** (pode ser igualitária ou beneficiar integralmente um dos cônjuges, devendo ser respeitada a liberdade destes. Pode haver o divórcio sem a prévia partilha, conforme o art. 1.581 do CC); **visitas** (art. 1.589 do CC); **alimentos** (devem ser fixados tanto em favor dos filhos quanto com relação ao casal, admitindo-se a dispensa dos alimentos entre ex-cônjuges); **nome do cônjuge** (art. 1.578 do CC).

4.4 A POSSIBILIDADE DE JULGAMENTOS PARCIAIS NO DIVÓRCIO – ART. 356 DO CPC/2015

O art. 356 do CPC/2015 estabelece a possibilidade de julgamento parcial de mérito nas ações, incluindo-se, aqui, as situações de divórcio. Assim, se a ação de divórcio é cumulada com guarda, alimentos, visitas, uso do nome etc., havendo o acordo sobre aquele, pode o juiz decretá-lo e manter o processo em tramitação apenas sobre as questões controversas. Neste sentido, cabe o julgamento parcial do mérito quando o pedido ou parte dele: a) mostrar-se incontroverso; b) estiver em condições de imediato julgamento (por desnecessidade de produção de provas ou revelia).

5. SEPARAÇÃO E DIVÓRCIO EXTRAJUDICIAIS – ART. 733 DO CPC/2015

A Lei nº 11.441/2007 introduziu a possibilidade de o divórcio ou a separação consensuais serem feitos por escritura pública, por meio do Tabelionato de Notas, desde que obedecidos os requisitos legais: consenso entre os cônjuges; inexistência de filhos incapazes ou nascituros (novo CPC) – cabe, neste caso, emancipar os filhos menores de idade para a realização do divórcio extrajudicial – o CPC/2015 retirou o termo menores, deixando os incapazes e incluindo os nascituros; assistência de advogado.

VI – PROTEÇÃO DA PESSOA DOS FILHOS – GUARDA

O rompimento da relação entre os pais não pode significar separação de pais e filhos. Assim, ao chegar ao fim a relação conjugal, deve ser apreciada a guarda dos filhos, estabelecendo com quem ficarão os menores. Contudo, ainda que a guarda seja estabelecida em favor de um dos pais, o outro tem o direito e o dever de visitar permanentemente o filho.

A questão da guarda está, atualmente, estabelecida pela Lei nº 13.058/2014, prevendo que a guarda será compartilhada entre os pais. Mas o Código Civil prevê duas modalidades de guardas: unilateral e compartilhada.

1. GUARDA UNILATERAL

É aquela em que um dos genitores detém a guarda física da criança ou do adolescente e o outro, o direito de visitas. Pela redação trazida pela Lei nº 13.058/2014, esta modalidade será aplicável apenas quando um dos genitores manifestar que não tem interesse em deter a guarda do filho (art. 1.584, § 2º, do CC).

Em situações excepcionais, o juiz pode deferir a guarda a terceiros, quando concluir que nenhum dos pais tem condições de ficar com o filho (art. 1.584, § 5º, do CC).

2. GUARDA COMPARTILHADA

A Lei nº 13.058/2014 alterou o sistema de guardas até então vigente no Brasil, estabelecendo a guarda compartilhada como obrigatória, estabelecendo-se mesmo em caso de litígio entre os genitores (art. 1.584, § 2º, do CC).

Ela estimula a coparentalidade e corresponsabilidade em relação ao filho, que tem direito de conviver e ser formado por ambos os pais, em igualdade de condições.

A guarda compartilhada impõe a definição da residência do filho na residência de um dos pais, até para que a criança tenha referência de um lar, mas terá a liberdade de frequentar a casa do outro quando e como quiser ou, até mesmo, viver de forma alternada em uma ou outra casa (art. 1.583, § 3º, do CC).

O ponto central da guarda compartilhada é a igualdade entre os genitores nas decisões que influenciem na vida do filho, de modo que evita que um dos genitores seja mero coadjuvante e só colabore financeiramente para o sustento do filho.

3. DIREITO DE VISITAS

O genitor que não ficar com a guarda terá direito de visitas, conforme convencionado entre as partes ou definido pelo juiz. Não deve haver grandes limitações, sob pena de prejudicar a própria criança. O direito de visitas não se restringe a visitar o filho na residência do guardião ou no local que este designe. Abrange o direito de ter o filho em sua companhia e o de fiscalizar sua manutenção e educação (art. 1.589 do CC). Ainda, esse direito não se restringe apenas ao pai não guardião, mas também aos familiares deste (avós, tios, primos), ou seja, a criança deve ter contato afetivo tanto com a família da mãe quanto a do pai - art. 1.589, parágrafo único.

4. SÍNDROME DA ALIENAÇÃO PARENTAL

A Lei nº 12.318/2010 foi criada para evitar a chamada alienação parental, quando um dos genitores induzia a criança a romper laços afetivos com o outro genitor. Situações como estas normalmente ocorrem com o rompimento de um relacionamento, quando, como forma de represália, os genitores passam a criar falsas memórias nas crianças.

A síndrome da alienação parental (SAP) é uma espécie de "programação" para que a criança rejeite e odeio o outro genitor, sem qualquer justificativa. O genitor "agressor" passa a ser visto como "verdade absoluta" pela criança e, o outro genitor, como "invasor".

O art. 2º da Lei nº 12.318/2010 estabelece algumas condutas consideradas como ato de alienação parental. Trata-se de rol exemplificativo: realizar campanha de desqualificação da conduta do genitor no exercício da paternidade ou maternidade; dificultar o exercício da autoridade parental; dificultar contato de criança ou adolescente com genitor; dificultar o exercício do direito regulamentado de convivência familiar; omitir deliberadamente a genitor informações pessoais relevantes sobre a criança ou adolescente, inclusive escolares, médicas e alterações de endereço; apresentar falsa denúncia contra genitor, contra familiares deste ou contra avós, para obstar ou dificultar a convivência deles com a criança ou adolescente; mudar o domicílio para local distante, sem justificativa, visando dificultar a convivência da criança ou do adolescente com o outro genitor, com familiares deste ou com avós.

Para resolver tais situações, cabe ao juiz, em verificando a ocorrência da alienação parental, alterar a guarda e o direito de visitas e, até mesmo impedi-lo. Como uma última solução (a mais drástica), é possível suspender o exercício do poder familiar.

VII - PARENTESCO

É a relação jurídica que se baseia no afeto, na consanguinidade ou derivada do casamento.

O parentesco pode ser (art. 1.593 do CC): natural ou biológico; civil (adoção ou inseminação, por exemplo); afetividade.

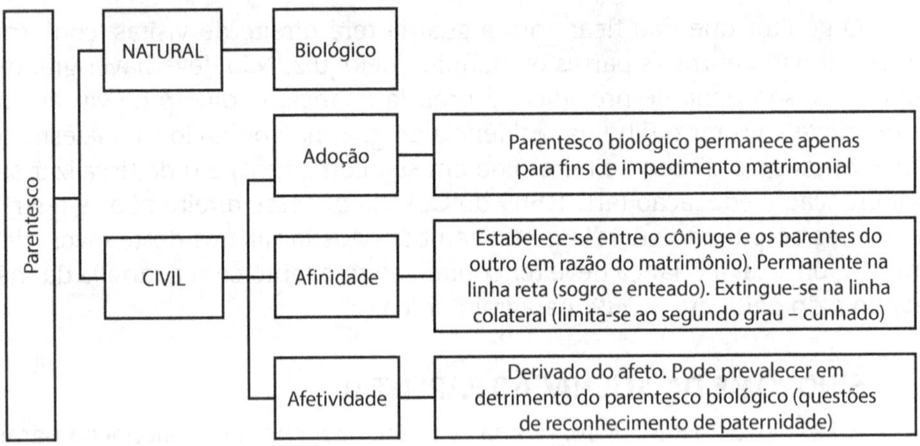

Parentesco natural: é o que decorre da consanguinidade dos parentes, ou seja, é o vínculo biológico que liga as pessoas.

Parentesco civil: é o decorrente da socioafetividade, do parentesco por adoção, tendo qualquer outra origem que não a biológica (fertilização *in vitro*, p. ex.).

Parentesco por adoção: o adotado assume integralmente a condição de filho do adotante, desligando-se dos vínculos com a família e os parentes biológicos (art. 1.626). Assim, todos os parentes dos adotantes serão do adotado.

Parentesco por afinidade: é o decorrente do casamento e da união estável, vinculando-se com os parentes do cônjuge ou companheiro. Este parentesco limita-se a ascendentes, descendentes e irmãos do cônjuge ou companheiro (art. 1.595, § 1º, do CC). O parentesco estabelece-se em linha reta (sogro, sogra, genro, nora, enteado), de forma infinita, que jamais se extingue, gerando impedimentos para o casamento (art. 1.521, II), e em linha colateral (cunhados), até o 2º grau, que se extingue com o fim do casamento (morte ou divórcio) (art. 1.595, § 2º, do CC).

O parentesco divide-se em linha reta e linha colateral ou transversal.

LINHA RETA é o previsto no art. 1.591 do CC, e estabelece-se quando a relação se dá entre uma pessoa e seus ascendentes e descendentes. Ex.: avô, pai, filho. Esse parentesco é infinito, não se limitando (enquanto existir um parente ascendente ou descendente vivo). Existe a linha reta ASCENDENTE e a DESCENDENTE.

LINHA COLATERAL ou ***TRANSVERSAL*** é o parentesco no qual os parentes se relacionam mediante um ancestral comum, sem descenderem uns dos outros, pressupondo um ancestral comum, de maneira que parentes colaterais não descendem uns dos outros. Ex.: irmãos (o pai é o ancestral comum). Este parentesco é finito e limita-se ao 4º grau colateral (para fins sucessórios), ao 3º grau colateral (para fins de casamento) e ao 2º grau colateral (para fins alimentares). O parentesco colateral entre irmãos pode ser bilateral ou unilateral, conforme provenham dos mesmos pais (irmãos germanos), ou tenham apenas o mesmo pai ou a mesma mãe.

GRAU é a unidade de parentesco em cada linha, contada a partir de uma pessoa e seu parente imediatamente próximo. O critério para a contagem dos graus é o número de gerações. Grau, portanto, é a distância que separa um parente do outro.

CONTAGEM EM LINHA RETA: toma-se como ponto de partida determinada pessoa e conta-se a distância geracional entre ela e o parente a que se quer chegar. Tantos serão os graus quantas forem as gerações (art. 1.594, 1ª parte).

CONTAGEM EM LINHA COLATERAL: inicia-se a partir de determinada pessoa, subindo-se até o ascendente comum da outra pessoa (o primeiro comum), daí descendo-se até esta, para poder constatar ou não a relação de parentesco, no limite legal de 4º grau. Não há parentes colaterais de 1º grau, pois uns não descendem dos outros.

VIII - FILIAÇÃO E RECONHECIMENTO DOS FILHOS

No direito brasileiro, a filiação é biológica ou não biológica, reforçando-se a ideia da necessidade de reconhecimento da paternidade/maternidade por afetividade.

Como é feita a comprovação da filiação? Ela é demonstrada pela certidão do registro de nascimento, efetuado no cartório civil.

Possibilidade do reconhecimento da ***multiparentalidade***, ou seja, do reconhecimento, no registro civil dos indivíduos, tanto da paternidade biológica quanto da socioafetiva.

1. PRESUNÇÃO LEGAL DE FILIAÇÃO

Independentemente da verdade biológica, a lei presume que a maternidade é sempre certa (em razão do parto), e o marido da mãe é o pai de seus filhos. Nesse sentido, a presunção é *pater is est quem nuptiae demonstrant* (pai é aquele que as núpcias demonstram).

O art. 1.597 estabelece casos de presunção de paternidade. Serve para casos em que o genitor não possa registrar (por já estar morto ou ausente do local de domicílio, p. ex.). Essa presunção, contudo, não é absoluta, sendo ilidida por meio de prova em contrário. Mas a ação para ilidir a presunção de paternidade só pode ser proposta pelo marido da mãe da criança. A prova é feita por DNA. Neste aspecto, deve-se atentar para o fato de que ação que contesta esta paternidade (1.601 do CC) é a **negatória de paternidade.** Esta ação só é cabível se proposta pelo pai (art. 1.601) e é imprescritível. Deve-se observar, contudo, a questão da paternidade socioafetiva nestes casos.

A prova da impotência do varão à época da concepção (impotência *generandi*) ilide a presunção de paternidade (art. 1.599), mas a confissão de adultério, não (1.600 + 1.602). O exame de DNA serve como forma de sanar quaisquer dúvidas quanto à paternidade.

No caso de inseminação artificial heteróloga, a presunção de filiação decorre exclusivamente da verdade afetiva, de modo que é reconhecida a filiação mesmo diante da certeza da inexistência de filiação biológica.

2. PATERNIDADE REGISTRAL

O registro de nascimento é meio de prova da filiação, não sendo, contudo, o único, já que a declaração manifestada perante o juiz, a escritura pública, o escrito particular e o testamento também comprovam a filiação (art. 1.609).

Todo aquele que se apresenta no cartório e registra um recém-nascido, declarando-se como pai, passa assim a o ser considerado para todos os fins legais. O registro só pode ser invalidado se houver erro ou falsidade (art. 1.604). Nestes casos, se o pai que registrou a criança, acreditando ser filho seu, descobrir que não é, deve ingressar com ação ***anulatória*** de paternidade.

3. INSEMINAÇÃO ARTIFICIAL

O art. 1.597 presume como tendo sido concebidos na constância do casamento os filhos havidos por técnicas de reprodução assistida: homóloga, mesmo que falecido o marido; havidos, a qualquer tempo, quando se tratar de embriões excedentários, decorrentes de concepção artificial homóloga; e os havidos por inseminação artificial heteróloga, desde que exista prévia autorização do marido.

HOMÓLOGA: é a concepção que decorre da manipulação de gametas masculinos e femininos do próprio casal. O filho será sempre do casal, pois biologicamente é filho.

HETERÓLOGA: é a concepção que utiliza esperma de um doador, mas com a concordância do marido. Trata-se de filiação afetiva, pois biologicamente não é filho do pai.

EMBRIÕES EXCEDENTÁRIOS: embrião excedentário é o fecundado *in vitro*, não aproveitado imediatamente pelo casal e armazenado em laboratório. Todos os embriões excedentários que venham a ser utilizados (a qualquer tempo) presumem-se tenham sido concebidos na constância do casamento (art. 1.597, IV – havidos, a qualquer tempo, quando se tratar de embriões excedentários, decorrentes de concepção artificial homóloga).

4. PROVA DA FILIAÇÃO

No direito brasileiro, a prova da filiação é feita pela certidão de nascimento registrada no Registro Civil (art. 1.603). Contudo, essa prova não é exclusiva, pois se admite a prova da posse do estado de filiação (art. 1.605). Também não é definitiva, pois admite eventual invalidação (art. 1.604).

A prova da filiação, acolhida em juízo, é o quanto basta para regularizar o registro de nascimento e a certificação da paternidade e maternidade. A ação de estado de filiação não prescreve nem decai em tempo algum.

Ação de prova de filiação ≠ ação de investigação de paternidade. A ação de prova de filiação (art. 1.606) busca comprovar a situação de fato (posse do estado de filho), cuja aparência resulta de presunção veemente ou de começo de prova escrita dos pais. É a regularização do registro de nascimento que deixou de ser feito por algum motivo. O pai sempre se comportou como tal. Não cabe o exame de DNA. Na investigação de paternidade, objetiva-se o reconhecimento compulsório do filho, por omissão ou recusa do investigado, tenha ou não havido convivência familiar.

5. RECONHECIMENTO DE FILHO

O reconhecimento é o ato que declara a filiação, estabelecendo, juridicamente, o parentesco entre pai, mãe e filho. Dessa maneira, o ato de reconhecimento é declaratório e não constitutivo.

O reconhecimento de estado de filiação é **direito personalíssimo, indisponível e imprescritível**, podendo ser exercido contra os pais ou seus herdeiros, sem quaisquer limitações. Sendo ato personalíssimo, não pode ser feito por avô ou filho, por exemplo.

O ato declaratório do reconhecimento pode decorrer da livre manifestação dos pais, quando será **voluntário**, ou de sentença proveniente de ação de investigação de paternidade ou maternidade, quando será **judicial**.

5.1 VOLUNTÁRIO

O reconhecimento voluntário é o meio legal pelo qual pai, mãe, ou ambos, revelam espontaneamente o vínculo que os liga ao filho, outorgando-lhe o *status* correspondente (art. 1.607).

Filho maior – art. 1.614 – necessidade de consentimento.

Filho menor – pode impugnar o reconhecimento nos quatro anos posteriores a sua maioridade ou emancipação.

Reconhecimento de filho falecido – art. 1.609, parágrafo único – só é permitido se o filho tiver deixado herdeiros, caso em que cabe a eles consentir com o ato de reconhecimento. Essa exigência existe para evitar que haja reconhecimento de filhos a fim de receber herança (caso de não haver descendentes, os ascendentes herdarão).

Reconhecimento = ato irretratável ou irrevogável, inclusive se feito em testamento (art. 1.610). Pode, contudo, ser anulado, se eivado de vício de vontade, como erro, coação, ou se não observar as formalidades legais (por meio da anulatória).

O reconhecimento será feito (art. 1.609 do CC – Lei nº 8.560/1992): ***I – no registro do nascimento.*** O pai comparece ao Registro Civil e presta declarações sobre a descendência do registrado, assinando o termo na presença de testemunhas. ***II – por escritura pública ou escrito particular, a ser arquivado em cartório.*** A escritura pública não precisa ser específica para esse fim, podendo ocorrer em uma escritura de compra e venda, quando a paternidade será declarada de modo incidente, assinada pelo declarante e pelas testemunhas. Pode também ocorrer por escritura particular, com firma reconhecida, devendo ser arquivada no cartório. ***III – por testamento, ainda que incidentalmente manifestado.*** O testamento pode ser cerrado, público ou particular ou especial (art. 1.886). Ainda que o testamento venha a ser anulado, o reconhecimento constante nele não perderá o efeito, a menos que o testador não tenha condições de manifestar sua vontade de forma inequívoca (ex.: se for demente). ***IV – por manifestação direta e expressa perante o juiz, ainda que o reconhecimento não haja sido o objeto único e principal do ato que o contém.*** Em qualquer ação judicial, havendo a manifestação, por parte do genitor, de que possui um filho, será declarada a paternidade de modo incidental.

5.2 JUDICIAL

Resulta de sentença proferida em ação intentada com o fim de ter o reconhecimento do filho (ação de reconhecimento da paternidade ou maternidade). Essa ação deve ser intentada pelo filho, por ser pessoal, mas os herdeiros poderão prosseguir nela, no caso do falecimento do titular do direito. A ação pode ser ajuizada contra o pai, contra a mãe, ou contra ambos. A contestação pode ser feita por qualquer pessoa que tenha interesse moral ou econômico na ação (art. 1.615) (ex.: cônjuge do réu, herdeiros etc.). A sentença tem eficácia absoluta, valendo contra todos. Deverá já haver a fixação dos alimentos provisionais ou definitivos. Deve ser averbada no registro competente.

5.3 OFICIOSO

Lei nº 8.560/1992, art. 2º. Se apenas a mãe comparecer ao Cartório de Registro Civil e esta indicar o nome do pai, o registrador deverá remeter ao juiz corregedor a certidão do registro e o nome do indicado pai, devidamente qualificado, para que oficiosamente se verifique a procedência da imputação da paternidade. A indicação falsa leva à mãe a incursionar no crime de falsidade ideológica. Se o suposto pai confirmar a paternidade, será lavrado termo de reconhecimento, remetendo-se a certidão ao oficial do registro, para que faça a averbação da paternidade. Se o suposto pai não se apresentar dentro de 30 dias da notificação judicial, ou se negar a paternidade, os autos serão remetidos ao Ministério Público para que intente ação de investigação de paternidade, mesmo sem a iniciativa do interessado direto. O Ministério Público age como substituto processual. Mas, se o interessado (investigado) quiser, poderá intentar a ação de investigação – art. 2º, § 6º, da Lei nº 8.560/1992.

6. AÇÕES DE INVESTIGAÇÃO DE PATERNIDADE

Por meio da ação investigatória de paternidade, busca-se a declaração de seu respectivo *status familiae*. Processa-se mediante ação ordinária proposta pelo filho contra o genitor ou seus herdeiros ou legatários. Caso o investigante faleça antes do fim da ação, seus herdeiros poderão prosseguir na ação, mas não poderão intentá-la em nome do investigante. Nesse sentido, o direito à investigação de paternidade é **personalíssimo**, na medida em que pode ser exercida somente pelo filho (podendo ser representado ou assistido, se menor de idade); é **indisponível**, já que não pode ser renunciado; é **imprescritível**, pois pode ser exercido a qualquer momento (Súm. nº 149 do STF).

Contudo, deve-se destacar que a Lei nº 8.560/1992, no art. 2º, §§ 4º e 5º, reconheceu a possibilidade de o Ministério Público propor a ação de investigação de paternidade.

Deve-se observar que a negativa do pai a submeter-se ao exame de DNA determina a presunção de paternidade, nos termos da Súm. nº 301 do STJ: "Em ação investigatória, a recusa do suposto pai a submeter-se ao exame de DNA induz presunção *juris tantum* de paternidade".

IX – ALIMENTOS

São as prestações mensais pagas entre parentes e ex-cônjuges que se prestam a viabilizar uma vida digna ao alimentando.

1. OBRIGAÇÃO DE PRESTAR ALIMENTOS

É um dever personalíssimo, devido pelo alimentante, em razão de vínculo de parentesco, conjugal ou convivencial, que o liga ao alimentado (art. 1.694 do CC).

Não se deve confundir a obrigação de prestar alimentos com os deveres familiares de sustento, assistência e socorro que tem o marido em relação à mulher e vice-versa e os pais para com os filhos menores, devido ao poder familiar, pois seus pressupostos são diferentes.

Dever familiar de sustento ≠ obrigação alimentar. Dever familiar de sustento é decorrência do poder familiar. Obrigação alimentar é fixada judicialmente. O dever familiar de sustento cessa com a maioridade, sem necessidade de qualquer declaração. Obrigação alimentar deve ser extinta judicialmente por ação de exoneração.

2. CARACTERÍSTICAS DA OBRIGAÇÃO ALIMENTAR

O direito a alimentos possui as seguintes características: ***direito personalíssimo***, ***suscetível de reclamação após o óbito do devedor, incessível, irrenunciável,*** (art. 1.707 do CC – possibilidade de renúncia de alimentos entre ex-cônjuges)

> Enunciado nº 263 do CJF/STJ: O art. 1.707 do Código Civil não impede que seja reconhecida válida e eficaz a renúncia manifestada por ocasião do divórcio (direto ou indireto) ou da dissolução da "união estável". A irrenunciabilidade do direito a alimentos só é admitida enquanto subsista vínculo de Direito de Família.

O direito a alimentos é também ***imprescritível***. Mesmo que não seja exercido, não prescreverá se, no futuro, forem pleiteados. Contudo, se fixados os alimentos, prescreve emdois anos a pretensão de cobrança das parcelas em atraso (art. 206, § 2º, do CC). Não corre prescrição contra absolutamente incapaz (art. 198, I, do CC), nem contra ascendente e descendente durante o poder familiar (art. 197, II, do CC).

Outras características do direito a alimentos: é ***impenhorável***, ***incompensável, intransacionável, atual, irrestituível*** (uma vez pagos, os alimentos não devem ser restituídos, mesmo que a ação do beneficiário seja julgada improcedente), ***variável*** (é possível a revisão dos alimentos para aumentar, diminuir ou exonerar. Art. 1.699 do CC), ***periódico*** e ***divisível*** (arts. 1.696 a 1.698 do CC – se o parente que deve os alimentos em primeiro lugar não tem condições de pagá-los, chamam-se os demais parentes). Ex.: obrigação avoenga. A obrigação alimentar é não solidária, ou seja, cada um colabora na proporção dos seus rendimentos.

3. PRESSUPOSTOS DE FIXAÇÃO

A fixação dos alimentos leva em conta o disposto no art. 1.694, § 1º, do CC: *necessidade do alimentando.* O alimentado deve estar precisando dos alimentos, pela impossibilidade de trabalhar e prover seu próprio sustento. *Possibilidade econômica do alimentante.* O alimentante deverá cumprir com o dever, sem que haja desfalque do necessário ao seu próprio sustento. *Proporcionalidade, na sua fixação, entre as necessidades do alimentário e os recursos econômico-financeiros do alimentante.*

4. SUJEITOS DA OBRIGAÇÃO ALIMENTÍCIA

A obrigação de prestar alimentos é recíproca, entre ascendentes, descendentes e colaterais de 2º grau (irmãos). O art. 1.697 do CC prevê que: "Na falta dos ascendentes cabe a obrigação aos descendentes, guardada a ordem de sucessão e, faltando estes, aos irmãos, assim germanos como unilaterais".

Assim, a ordem de exigência é a seguinte: pai/mãe → na falta destes → avós → na falta destes → bisavós → na ausência de ascendentes → descendentes → na ausência destes → colaterais em 2º grau (irmãos).

Nessa ordem não entra o cônjuge, pois o dever de alimentos é por força de outro fundamento legal, o dever de assistência do marido à mulher e vice-versa. Nestes casos, se o alimentado (cônjuge) passar a viver com outra pessoa, constituir nova família ou praticar atos desonrosos contra o alimentante, **exonerará** o devedor da obrigação de prestar alimentos. Mas precisa de ação judicial para que a exoneração se opere (art. 1.708 do CC). Mas a constituição de nova família por parte do alimentante não o exonera da obrigação alimentar prestada à ex-mulher (art. 1.709 do CC).

5. ALIMENTOS GRAVÍDICOS

São alimentos fixados à mulher para que possa atender a suas necessidades especiais. Esses alimentos serão fixados pelo juiz contra o suposto pai, havendo indícios da paternidade. A Lei nº 11.804/2008 é que disciplina essa matéria. O art. 2º da referida lei determina que o valor dos alimentos compreende aquelas despesas anteriores ao parto, a serem custeadas pelo futuro pai, "(...) inclusive as referentes a alimentação especial, assistência médica e psicológica, exames complementares, internações, parto, medicamentos e demais prescrições preventivas e terapêuticas indispensáveis, a juízo do médico, além de outras que o juiz considere pertinentes".

Esses alimentos, uma vez fixados, perdurarão até o nascimento da criança, quando serão **automaticamente** convertidos em alimentos para a criança, nos termos do art. 6º, parágrafo único, da Lei nº 11.804/2008: "Após o nascimento com vida, os alimentos gravídicos ficam convertidos em pensão alimentícia em favor do menor até que uma das partes solicite a sua revisão".

6. MAJORAÇÃO, MINORAÇÃO E EXONERAÇÃO

Havendo modificação do binômio necessidade *versus* possibilidade, é possível a alteração do *quantum* fixado a título de alimentos (art. 1.699 do CC).

A constituição de nova família por parte do alimentante não o exonera da obrigação alimentar, mas pode fazer com que seja modificado o valor fixado, embora esse fator não seja suficiente para a alteração. Para que possa ser autorizada a redução do valor, deve ter havido a modificação do binômio necessidade *versus* possibilidade.

Para a exoneração, o alimentante deve comprovar que não existe mais a necessidade por parte do alimentando, pelo fato de poder ele próprio prover seu sustento. Cessa a obrigação de prestar alimentos:

a) Pela morte do alimentando, devido a sua natureza pessoal; lembrando que a morte do devedor transfere a obrigação para seus herdeiros, nos limites da herança.
b) Pelo desaparecimento de um dos pressupostos do art. 1.695 – necessidade *versus* possibilidade.
c) Pelo casamento, pela união estável ou pelo procedimento indigno do credor de alimentos.

A extinção da obrigação alimentar não faz coisa julgada, pois, voltando a haver a necessidade, os alimentos podem, novamente, ser pleiteados.

7. AÇÃO DE ALIMENTOS

É o meio técnico de reclamar a prestação alimentícia, desde que se configurem os pressupostos jurídicos. A Lei nº 5.478/1968 estabelece o rito especial para a ação de alimentos, que deve ser célere. Para tanto, deve haver prova pré-constituída da existência da relação de parentesco (paternidade já reconhecida). Esta ação é imprescritível e deve ser proposta no local de domicílio do alimentando – art. 53, II, do CPC/2015.

A petição inicial deve conter os requisitos do art. 319 do CPC/2015, especialmente quanto ao valor da causa, que corresponde ao equivalente a 12 prestações pedidas pelo autor (art. 292, III, do CPC/2015). Uma vez recebida a inicial, o juiz deve, desde logo, fixar alimentos provisórios a serem pagos pelo devedor desde a citação – art. 4º da Lei nº 5.478/1968. A citação do réu é para comparecer à audiência de conciliação, quando, então, deverá apresentar a contestação. A sentença fixará os alimentos definitivos, baseando-se na necessidade de quem recebe e na possibilidade de quem presta os alimentos.

8. EXECUÇÃO DA OBRIGAÇÃO ALIMENTAR

Atualmente, em razão das previsões do CPC/2015, a prestação alimentar pode ser cobrada judicialmente por meio de:

a) ***Cumprimento de sentença*** – quando houver título executivo judicial;
b) ***Execução por processo autônomo*** – quando houver título executivo extrajudicial.

Em ambos os casos, pode ser utilizado o procedimento do rito de prisão ou de constrição de bens.

9. CUMPRIMENTO DE SENTENÇA QUE RECONHEÇA A EXIGIBILIDADE DE OBRIGAÇÃO DE PRESTAR ALIMENTOS – ARTS. 528 A 533 DO CPC/2015

Uma vez que exista sentença condenatória de obrigação de prestar alimentos, com trânsito em julgado ou decisão interlocutória que os estabeleça, poderá a parte exequente requerer ao juiz que intime pessoalmente o devedor para que, em três dias pague, prove o pagamento ou justifique a impossibilidade fazê-lo. Se o executado, neste prazo, não pagar, não provar o pagamento, nem justificar, o juiz determinará o protesto da decisão.

Somente situação excepcional (doença, por exemplo), ou seja, fato que gere a impossibilidade absoluta de pagar, justificará o inadimplemento (art. 528, § 2º, do CPC/2015).

Não havendo pagamento, ou se a justificativa não for aceita, o juiz, além de mandar protestar a decisão, determinará a prisão civil do executado pelo prazo de um a três meses (§ 3º). Havendo prisão, esta deverá ser cumprida em regime fechado e em separado dos presos comuns (§ 4º). Uma vez que a prestação seja paga, o juiz determinará a suspensão da ordem de prisão (§ 6º).

Lembrando que o débito que autoriza a prisão é o correspondente a até três meses de débito alimentar (anteriores ao ajuizamento da ação) e as vencíveis no curso do processo (§ 7º).

Pode, ainda, o credor escolher em cobrar o débito alimentar nos termos do cumprimento definitivo de sentença (arts. 523 a 527 do CPC/2015). Neste caso, não haverá incidência de prisão civil. A vantagem deste caminho é a incidência de multas. Cabe, nestas situações, a pena de penhora. Optando pelo cumprimento definitivo, o juiz determinará que o executado seja intimado para pagar o débito em 15 dias, acrescido de custas. Não havendo pagamento neste prazo, incide multa de 10% e honorários de 10%. Havendo pagamento parcial, a multa e os honorários incidirão apenas pelo que falta a pagar. Não havendo pagamento dentro do prazo, haverá expedição de mandado de penhora.

Vale lembrar que o cumprimento de sentença dispensa nova ação e nova citação. O executado receberá **intimação**.

10. EXECUÇÃO – PROCESSO AUTÔNOMO

Se os alimentos estiverem em atraso, o alimentado poderá executar o acordo de alimentos existente. Neste caso, a cobrança/execução deverá ocorrer em nova ação, em autos apartados. Nos casos de divórcio ou dissolução de união estável, realizáveis por meio de escritura pública, a cobrança/execução deverá ocorrer em autos apartados, podendo ser por expropriação ou prisão civil (conforme o caso).

Art. 911 do CPC/2015

O juiz citará o devedor para em três dias efetuar o pagamento, provar que o fez ou justificar a impossibilidade de fazê-lo. Se não houver pagamento, nem justificativa, ele determinará a prisão civil de um a três meses. Essa execução será com base nos três últimos meses (até três meses) de prestações vencidas. Incluem-se as vincendas. É bem célere. O cumprimento da pena não exime do pagamento dos alimentos, que seguem sendo devidos.

Arts. 913 e 824 do CPC/2015

Para a execução de alimentos vencidos há mais de três meses, deve-se utilizar o procedimento dos arts. 824 e ss. do CPC/2015 (execução por quantia certa), nos quais haverá, em vez da prisão, a penhora de bens. É bem mais moroso que o primeiro. Ordem de penhora = art. 835 do CPC/2015.

QUESTÕES

1. (OAB – FGV – XVIII EXAME DE ORDEM) Roberto e Ana casaram-se, em 2005, pelo regime da comunhão parcial de bens. Em 2008, Roberto ganhou na loteria e, com os recursos auferidos, adquiriu um imóvel no Recreio dos Bandeirantes. Em 2014, Roberto foi agraciado com uma casa em Santa Teresa, fruto da herança de sua tia. Em 2015, Roberto e Ana se separaram. Tendo em vista o regime de bens do casamento, assinale a afirmativa correta.

a) Os imóveis situados no Recreio dos Bandeirantes e em Santa Teresa são bens comuns e, por isso, deverão ser partilhados em virtude da separação do casal.

b) Apenas o imóvel situado no Recreio dos Bandeirantes deve ser partilhado, sendo o imóvel situado em Santa Teresa bem particular de Roberto.

c) Apenas o imóvel situado em Santa Teresa deve ser partilhado, sendo o imóvel situado no Recreio dos Bandeirantes excluído da comunhão, por ter sido adquirido com o produto de bem advindo de fato eventual.

d) Nenhum dos dois imóveis deverá ser partilhado, tendo em vista que ambos são bens particulares de Roberto.

2. (OAB – FGV – XIX EXAME DE ORDEM) Júlio, casado com Isabela durante 23 anos, com quem teve 3 filhos, durante audiência realizada em ação de divórcio cumulada com partilha de bens proposta por Isabela, reconhece, perante o Juízo de família, um filho havido de relacionamento extraconjugal. Posteriormente, arrependido, Júlio deseja revogar tal reconhecimento. Sobre os fatos narrados, assinale a afirmativa correta.

a) O reconhecimento de filho só é válido se for realizado por escritura pública ou testamento.

b) O reconhecimento de filho realizado por Júlio perante o Juízo de Família é ato irrevogável.

c) O reconhecimento de filho em Juízo só tem validade em ação própria com essa finalidade.

d) Júlio só poderia revogar o ato se este tivesse sido realizado por testamento.

3. **(OAB – FGV – XXX EXAME DE ORDEM)** Arnaldo, publicitário, é casado com Silvana, advogada, sob o regime de comunhão parcial de bens. Silvana sempre considerou diversificar sua atividade profissional e pensa em se tornar sócia de uma sociedade empresária do ramo de tecnologia. Para realizar esse investimento, pretende vender um apartamento adquirido antes de seu casamento com Arnaldo; este, mais conservador na área negocial, não concorda com a venda do bem para empreender. Sobre a situação descrita, assinale a afirmativa correta.
   a) Silvana não precisa de autorização de Arnaldo para alienar o apartamento, pois destina-se ao incremento da renda familiar.
   b) A autorização de Arnaldo para alienação por Silvana é necessária, por conta do regime da comunhão parcial de bens.
   c) Silvana não precisa de autorização de Arnaldo para alienar o apartamento, pois se trata de bem particular.
   d) A autorização de Arnaldo para alienação por Silvana é necessária e decorre do casamento, independentemente do regime de bens.

4. **(OAB – FGV – XXXI EXAME DE ORDEM)** Aldo e Mariane são casados sob o regime da comunhão parcial de bens, desde setembro de 2013. Em momento anterior ao casamento, Rubens, pai de Mariane, realizou a doação de um imóvel à filha. Desde então, a nova proprietária acumula os valores que lhe foram pagos pelos locatários do imóvel. No ano corrente, alguns desentendimentos fizeram com que Mariane pretendesse se divorciar de Aldo. Para tal finalidade, procurou um advogado, informando que a soma dos aluguéis que lhe foram pagos desde a doação do imóvel totalizava R$ 150.000,00 (cento e cinquenta mil reais), sendo que R$ 50.000,00 (cinquenta mil reais) foram auferidos antes do casamento e o restante, após. Mariane relatou, ainda, que atualmente o imóvel se encontra vazio, sem locatários. Sobre essa situação e diante de eventual divórcio, assinale a afirmativa correta.
   a) Quanto aos aluguéis, Aldo tem direito à meação sob o total dos valores.
   b) Tendo em vista que o imóvel locado por Mariane é seu bem particular, os aluguéis por ela auferidos não se comunicam com Aldo.
   c) Aldo tem direito à meação dos valores recebidos por Mariane, durante o casamento, a título de aluguel.
   d) Aldo faz jus à meação tanto sobre a propriedade do imóvel doado a Mariane por Rubens, quanto sobre os valores recebidos a título de aluguel desse imóvel na constância do casamento.

5. **(OAB – FGV – XXXI EXAME DE ORDEM)** Salomão, solteiro, sem filhos, 65 anos, é filho de Lígia e Célio, que faleceram recentemente e eram divorciados. Ele é irmão de Bernardo, 35 anos, médico bem-sucedido, filho único do segundo casamento de Lígia. Salomão, por circunstâncias sociais, não mantinha contato com Bernardo. Em razão de uma deficiência física, Salomão nunca exerceu atividade laborativa e sempre morou com o pai, Célio, até o falecimento deste. Com frequência, seu primo Marcos, comerciante e

grande amigo, o visita. Com base no caso apresentado, assinale a opção que indica quem tem obrigação de pagar alimento a Salomão.

a) Marcos é obrigado a pagar alimentos a Salomão, no caso de necessidade deste.

b) Por ser irmão unilateral, Bernardo não deve, em hipótese alguma, alimentos a Salomão.

c) Bernardo, no caso de necessidade de Salomão, deve arcar com alimentos.

d) Bernardo e Marcos deverão dividir alimentos, entre ambos, de forma igualitária.

GABARITO

1. B; 2. B; 3. B; 4. C; 5. C

REFERÊNCIAS BIBLIOGRÁFICAS

CAHALI, Yussef Said. *Separações conjugais e divórcio*. 12. ed. São Paulo: RT, 2011.

DIAS, Maria Berenice. *Manual de direito das famílias*. 12. ed. São Paulo: RT, 2017.

DONIZETTI, Elpídio; QUINTELLA, Felipe. *Curso didático de direito civil*. 6. ed. São Paulo: Atlas, 2017.

FARIAS, Cristiano Chaves de; ROSENVALD, Nelson. *Curso de direito civil*: famílias. São Paulo: Atlas, 2015. vol. 6.

GAGLIANO, Pablo Stolze; PAMPLONA FILHO, Rodolfo. *Novo curso de direito civil*. Direito de Família – as famílias em perspectiva constitucional. 9. ed. São Paulo: Saraiva, 2019.

LOBO, Paulo. *Direito civil:* famílias. 3. ed. São Paulo: Saraiva, 2010.

MADALENO, Rolf. *Curso de direito de família*. Rio de Janeiro: Forense, 2015.

RIZZARDO, Arnaldo. *Direito de família:* lei nº 10.406, de 10.01.2002. Rio de Janeiro: Forense, 2006.

TARTUCE, Flávio. *Direito civil:* direito de família. 11. ed. Rio de Janeiro: Forense, 2016.

Direito Civil – Sucessões

Maitê Damé Teixeira Lemos

Doutora e Mestre em Direito pelo Programa de Pós-Graduação em Direito – Mestrado e Doutorado – da Universidade de Santa Cruz do Sul. Professora da Graduação e Pós-Graduação *Lato sensu* na Universidade de Santa Cruz do Sul. Professora de Direito Civil – parte geral, família e sucessões – nos cursos preparatórios para a OAB no Centro de Ensino Integrado de Santa Cruz do Sul – CEISC. Advogada.

SUMÁRIO

I - SUCESSÃO EM GERAL

1. ABERTURA DA SUCESSÃO

A sucessão é aberta com o óbito. No exato momento da morte, há a abertura da sucessão e a transmissão da herança (bens, dívidas, créditos e obrigações) deixada pelo falecido aos herdeiros (princípio da *saisine*) – art. 1.784.

Em termos de morte civil, existem três modalidades: a) morte real; b) morte presumida sem declaração de ausência; c) morte presumida com declaração de ausência.

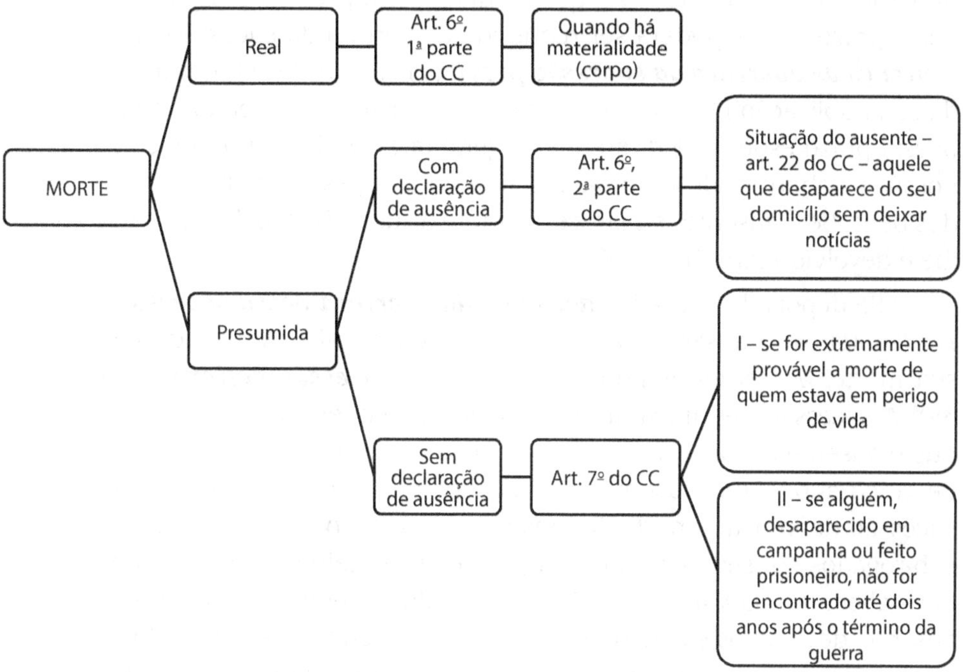

Sucessão do ausente

Considera-se ausente aquele que desaparece de seu domicílio sem dar notícias, sem deixar representante ou procurador para administrar-lhe o patrimônio, conforme art. 22 do CC. Considerando que há uma presunção da morte do ausente, podem os herdeiros dar abertura ao processo sucessório, embora, nos termos da 2ª parte do art. 6º do CC, a morte só possa ser considerada nos casos em que a lei autoriza a abertura da sucessão definitiva. A lei prevê três fases: curadoria dos bens do ausente, sucessão provisória e sucessão definitiva.

Na fase de curadoria dos bens do ausente, em ação que deve ser proposta pelo Ministério Público ou pelo interessado (qualquer sucessor), será nomeado um curador para guardar os bens do ausente (art. 744 do CPC/2015). Serão curadores: cônjuge ou companheiro; pais do ausente; descendentes; curador dativo (pessoa idônea e de confiança).

Uma vez que tenham sido ***arrecadados*** os bens do ausente, o art. 745 do CPC/2015 determina que seja ***publicado edital*** na internet, no site do Tribunal de Justiça e na plataforma de editais do CNJ, onde deverá permanecer por um ano. Não havendo site, a publicação deve ocorrer, de dois em dois meses, no órgão oficial e na imprensa da comarca.

Passado um ano da arrecadação dos bens do ausente e da nomeação do curador, a ***sucessão provisória*** poderá ser aberta pelos herdeiros. Se o ausente tiver deixado representante, o prazo para abertura da sucessão provisória é de três anos após a arrecadação (art. 26 do CC). O CPC/2015, contudo, traz a previsão, no § 1º do art. 745, que o edital fará a previsão de prazo e, no final deste prazo, é que poderá ser requerida a abertura da sucessão provisória. A ***sentença de abertura da sucessão provisória*** só produz efeitos após 180 dias da sua publicação na imprensa, ou seja, o trânsito em julgado desta sentença possui prazo especial e diferente do geral (art. 28 do CC). Após este prazo, é possível a abertura de eventual testamento e ingresso dos herdeiros na posse dos bens. Se o ausente reaparecer durante a sucessão provisória, o patrimônio lhe é devolvido (art. 36 do CC).

Se depois de passados ***dez anos da abertura dessa sucessão provisória*** (sentença) o ausente não tiver retornado ou não tenha sido confirmada sua morte, os herdeiros poderão requerer a ***sucessão definitiva*** (arts. 37 a 39). A sucessão definitiva também pode ser requerida se restar comprovado que o ausente conta com mais de 80 anos e que não há notícias dele há mais de cinco anos. Se o ausente retornar nos dez anos seguintes à abertura da sucessão definitiva, terá direito aos bens no estado em que se encontram, os sub-rogados em seu lugar ou o preço que os herdeiros tiverem recebido pelos bens alienados. O § 4º do art. 745 do CPC/2015 determina que, no retorno do ausente, deverão os sucessores provisórios ou definitivos ser citados para contestar. Se o ausente não retornar dentro do prazo de dez anos, os bens serão definitivamente dos herdeiros.

2. MOMENTO DA TRANSMISSÃO DA HERANÇA. COMORIÊNCIA – (ART. 8º DO CC)

Com a morte, como visto, transmite-se a herança, desde logo, aos herdeiros legítimos e testamentários (art. 1.784). Mas, para que possa ter legitimidade sucessória, o herdeiro deve estar vivo no momento da morte do autor da herança. Contudo, existem casos em que ambos falecem em condições que não há como se precisar qual faleceu primeiro. A isso se dá o nome de ***comoriência***, questão prevista no art. 8º do CC. A importância da comoriência é regular os casos em que se torna impossível reconhecer quem faleceu primeiro, para fins de transmissibilidade dos direitos hereditários. Sendo assim, se forem comorientes, um não herdará do outro.

3. TRANSMISSÃO DA HERANÇA. PRINCÍPIO DA *SAISINE*

O art. 1.784 do CC afirma que, havendo a morte, abre-se a sucessão e a herança transmite-se desde logo aos herdeiros. A disposição legal reafirma o ***direito/princípio da* saisine**. A sucessão se abre com a morte do autor da herança, de forma que o acervo patrimonial do falecido transmite-se aos herdeiros independentemente de qualquer formalidade (desde logo, portanto). Para que haja a transmissão, é preciso que: a) o herdeiro exista ao tempo da morte; b) que a esse tempo não seja incapaz de herdar – a capacidade sucessória é verificada no momento da morte.

A importância de saber o momento da morte é para que seja definida a lei que regula a sucessão e a capacidade (legitimidade) para suceder, nos termos do art. 1.787 do CC. Além disto, a sucessão abre-se no lugar do último domicílio do falecido, nos termos do art. 1.785 do CC (sugere-se ao leitor visitar o capítulo relativo à parte geral: "domicílio").

Deve-se destacar que a herança transfere-se como um ***todo unitário e indivisível***, independentemente que sejam vários herdeiros (art. 1.791 do CC), de modo que, no período compreendido entre a abertura da sucessão pelo falecimento do *de cujus* e o momento em que houver a partilha, a herança é indivisível. Uma vez aberta a sucessão, esta é considerada um bem imóvel, mesmo que nos bens deixados não existam imóveis (apenas móveis e automóveis, por exemplo – art. 80, II, do CC). Noção de imobilidade. Em razão disto, prevê o art. 1.793 do CC que apenas por escritura pública pode haver a transmissão da herança (escritura pública de cessão de direitos hereditários).

Em razão da indivisão (transmissão da herança como todo unitário e indivisível), o direito dos herdeiros será exercido em condomínio entre os coerdeiros. Aplica-se, assim, a regra do direito de preferência quando um herdeiro pretender ceder sua parte a terceiro, estranho a herança, deverá dar, primeiro, preferência aos demais coerdeiros (art. 1.794 do CC). Além disto, cada herdeiro pode alienar ou ceder, mas somente sua quota ideal, ou seja, pode transferir a terceiro seu quinhão, mas não pode ser transferida parte certa e determinada da herança. É nesse sentido a disposição do art. 1.793, § 2º, do CC: "É ineficaz a cessão, pelo coerdeiro, de seu direito hereditário sobre qualquer bem da herança considerado singularmente". A cessão realizada abrange apenas os direitos hereditários existentes no momento da cessão (art. 1.793, § 1º, do CC), de forma que cabe ao cedente eventual direito de acrescer (se algum herdeiro renunciar à herança, posteriormente a celebração da cessão, a parte do herdeiro renunciante acresce a dos herdeiros de mesma classe).

4. RESPONSABILIDADE DOS HERDEIROS

Enquanto não realizada a partilha, o espólio responde pelas dívidas do falecido (art. 597 do CPC/2015), tendo o espólio, representado pelo inventariante, capacidade para ser parte (art. 75, VII, do CPC/2015). O art. 1.792 prescreve que o herdeiro tem responsabilidade somente no limite das forças da herança, incumbindo-lhe a prova do excesso, salvo se houver inventário que a escuse, demonstrando o valor dos bens herdados.

5. ESPÉCIES DE SUCESSÃO

O art. 1.786 define que a sucessão dá-se por lei (sucessão legítima) ou por disposição de última vontade (sucessão testamentária). Poderá, ainda, ser simultânea a sucessão, quando o autor da herança dispuser parte por sucessão testamentária e houver herdeiros necessários.

6. ESPÉCIES DE SUCESSORES

Herdeiro ou sucessor é aquele que será beneficiado com o patrimônio deixado pelo falecido. O herdeiro pode ser legítimo (consta na ordem da vocação hereditária, art. 1.829 do CC) ou testamentário. Os herdeiros legítimos podem ser necessários (descendente, ascendente e cônjuge, nos termos do art. 1.845 do CC) ou facultativos (colaterais). O herdeiro testamentário ou instituído é o designado pelo testador por ato de última vontade como uma parte do acervo, sem individualização de bens. O herdeiro legatário é o contemplado em testamento, com coisa certa e determinada, singularizada, precisa.

7. RESERVA DE LEGÍTIMA

Os herdeiros necessários (art. 1.845 do CC) não podem ser privados da herança por disposição de última vontade. Sua existência impede que o testador disponha a totalidade de seus bens. A eles é reservada a legítima (metade da herança) (art. 1.846 do CC). A legítima corresponde à metade dos bens da herança deixada pelo falecido, após a retirada da meação (se houver), e pagas as dívidas e despesas de funeral. Nesse sentido, o art. 1.789 do CC afirma que, havendo herdeiros necessários, "o testador só pode testar a metade da herança". Não existindo herdeiros necessários (ascendente, descendente e cônjuge), o testador pode dispor de 100 % de seus bens.

O art. 1.847 traz a forma de cálculo da legítima, que é calculada sobre a meação do falecido, representada pelos bens existentes à época da abertura da sucessão. O cálculo da legítima é feito a partir do ativo da herança, ou seja, sobre a herança líquida, descontadas as dívidas e despesas de funeral. Devem, ainda, ser adicionados os bens sujeitos à colação.

Ex.:

Patrimônio de R$ 100.000,00

Regime de bens: comunhão universal

Cônjuge sobrevivente = meação → 50 % → R$ 50.000,00

Herança = 50 % → R$ 50.000,00

Dívidas do *de cujus* = R$ 10.000,00

Funeral = R$ 5.000,00

Total de despesas = R$ 15.000,00

50.000,00 - 15.000,00 = 35.000,00

Parte disponível = ½ → R$ 35.000,00 / 2 = 17.500,00

Sendo assim, havendo herdeiros necessários, a liberdade de dispor é de apenas 50% da herança (excluída meação). A outra metade constitui-se da legítima dos herdeiros. Deve ser respeitada a metade disponível aos herdeiros necessários – art. 1846 do CC. Não havendo herdeiros necessários, há liberdade plena de testar.

8. ABERTURA DO INVENTÁRIO - ART. 1.796

O art. 1.796 prevê que 30 dias após a abertura da sucessão deve-se instaurar o inventário. O CPC/2015 prescreve, no art. 611, o prazo de **dois meses**, a contar do óbito (abertura da sucessão), para a instauração do inventário (aplica-se o CPC).

9. ADMINISTRAÇÃO PROVISÓRIA DA HERANÇA

Como regra, a administração da herança compete ao inventariante. Contudo, do momento em que é aberta a sucessão até a nomeação e o compromisso do inventariante, a administração provisória fica a cargo do espólio, que é o administrador provisório (art. 613 do CPC/2015). O administrador provisório está na posse da herança e representa o espólio ativa e passivamente, devendo trazer ao acervo os frutos dos bens do espólio (art. 614 do CPC/2015). Mas quem será o administrador provisório? O art. 1.797 do CC traz o rol daqueles que podem ser administradores provisórios: cônjuge ou companheiro, se com o outro convivia ao tempo da abertura da sucessão; herdeiro que estiver na posse e administração dos bens, e, se houver mais de um nessas condições, o mais velho; testamenteiro; pessoa de confiança do juiz, na falta ou escusa das indicadas nos incisos antecedentes, ou quando tiverem de ser afastadas por motivo grave levado ao conhecimento daquele.

10. VOCAÇÃO HEREDITÁRIA. CAPACIDADE PARA SUCEDER - ART. 1.787

Trata-se da aptidão para tornar-se herdeiro e é avaliada no momento da abertura da sucessão (morte do autor da herança – princípio da *saisine*). O herdeiro, no momento da morte, deve ostentar essa condição. O art. 1.798 trata da legitimidade para suceder, na sucessão legítima, estabelecendo que aqueles que estiverem vivos ou concebidos no momento da abertura da sucessão serão legitimados a receber a herança. Há que se observar, contudo, o regramento da proteção ao nascituro, contida na parte geral, especialmente o que refere o art. 2º do CC.

O art. 1.799 do CC traz a previsão daqueles que são legitimados a suceder por testamento, além dos já existentes ou concebidos no momento da abertura da sucessão (***nascituro***): os filhos, ainda não concebidos, de pessoas indicadas pelo testador, desde que vivas ao abrir-se a sucessão (o § 4º do art. 1.800 do CC prevê que, se decorridos dois anos após a abertura da sucessão, não for concebido o herdeiro esperado, os bens reservados, salvo disposição em contrário do testador, caberão aos herdeiros legítimos); as pessoas jurídicas; as pessoas jurídicas, cuja organização for determinada pelo testador sob a forma de fundação (sobre as fundações, sugere-se a leitura do capítulo "pessoa jurídica").

O art. 1.801 do CC dispõe sobre as ***pessoas que não podem ser nomeadas herdeiras***, nem legatárias: a pessoa que, a rogo, escreveu o testamento, nem o seu cônjuge ou companheiro, ou os seus ascendentes e irmãos; as testemunhas do testamento; o concubino do testador casado, salvo se este, sem culpa sua, estiver separado de fato do cônjuge há mais de cinco anos; o tabelião, civil ou militar, ou o comandante ou escrivão, perante quem se fizer, assim como o que fizer ou aprovar o testamento. O art. 1.802 determina serem nulas as disposições que beneficiem as referidas pessoas, mesmo quando simuladas sob a forma de contrato oneroso, ou feitas mediante interposta pessoa.

11. ACEITAÇÃO DA HERANÇA

Com o falecimento, abre-se a sucessão e a transmissão opera-se desde logo. A aceitação revela a anuência do beneficiário em receber a herança, confirmando a transmissão ocorrida com a morte.

O art. 1.805 do CC estabelece as duas formas de aceitação: ***expressa*** (por escrito público ou particular) e ***tácita*** (resulta de qualquer ato que demonstre a intenção de aceitar a herança, atos compatíveis com caráter de herdeiro). A terceira forma está no art. 1.807 do CC, que prevê a aceitação ***presumida*** da herança, que ocorre quando algum interessado em saber se o herdeiro aceita ou não a herança faz requerimento ao juiz, após passados 20 dias da abertura da sucessão, para que lhe intime a dizer, em prazo não superior a 30 dias, se aceita ou não a herança. Nesse caso, o silêncio é interpretado como manifestação da vontade (aceitação presumida).

A aceitação pode ser, ainda, ***direta***, quando oriunda do próprio herdeiro, ou ***indireta***, quando alguém faz pelo herdeiro, como no caso do art. 1.809 do CC, que determina que, se este falecer antes de aceitar a herança, transmite-se aos seus sucessores o direito de aceita-la ou repudiá-la. Neste caso, desde que aceitem a segunda herança, poderão aceitar ou recusar a primeira.

Não pode haver aceitação da herança de forma parcial ou sob condição (art. 1.808 do CC).

O CC, em seu art. 1.812, define a irrevogabilidade da aceitação e de renúncia. Assim, realizada a aceitação (expressa ou tácita ou presumida), não haverá possibilidade de revogar tal ato, de modo que a aceitação gera efeitos imediatos e definitivos.

12. RENÚNCIA DA HERANÇA

A renúncia é ato solene pelo qual a pessoa, chamada à sucessão de outra, declara que não aceita recebê-la. Os efeitos da renúncia retroagem à data da abertura da sucessão. Não se presume, pois é negócio formal e não está sujeita a condição ou termo. Segundo o art. 1.806 do CC, deve ser feita por instrumento público ou termo nos autos, sendo, portanto, vedada a renúncia tácita.

O art. 1.808 do CC não admite condição ou termo na renúncia, ou seja, ela é essencial, pura e simples.

Não existe renúncia em favor de alguém. Se alguém renunciar em favor de outra pessoa, trata-se de transmissão (cessão de direitos).

Na renúncia, não há que se falar em direito de representação. Os descendentes do renunciante não podem representá-lo porque ele nada recebeu (art. 1.811 do CC). ***Renúncia e representação são incompatíveis!***

Muitas são as implicações do ato de renunciar, irradiando alguns efeitos, em especial, a exclusão do herdeiro renunciante de forma ampla e definitiva.

a) ***Exclusão, da sucessão, do herdeiro renunciante:*** o RENUNCIANTE é tratado como se jamais tivesse sido herdeiro **(retroage à data da abertura da sucessão, ou seja, desde o óbito)**. O renunciante é afastado da sucessão (arts. 1.810 e 1.811). NÃO CABE, PORTANTO, DIREITO DE REPRESENTAÇÃO.
b) **Direito de acrescer:** a parte do renunciante passa imediatamente à dos outros herdeiros da mesma classe, nos termos do **art. 1.810** do CC.
c) Se ele **for o único descendente** e renunciar, a renúncia não atinge os herdeiros da próxima classe (art. 1.810, 2ª parte). Com isto, se o renunciante for filho único e tiver filhos, estes serão os herdeiros (os netos do falecido). Nesse caso, os netos herdam em condição própria; caso estes não existam, são convocados os ascendentes, seguindo-se a ordem legal.
d) Renúncia e representação são **incompatíveis (art. 1.811)**: se o renunciante vier a falecer, os seus herdeiros não herdam. Inexiste direito de representação. Os descendentes do *de cujus* não podem representar o renunciante na sucessão do ascendente, salvo se ele for o único herdeiro de sua classe ou se todos os herdeiros de mesma classe renunciarem.
e) **Se todos** os herdeiros da mesma classe renunciarem, os filhos (netos do autor da herança) serão chamados a suceder por direito próprio, por cabeça (art. 1.811 do CC). Neste caso, mesmo que o falecido tiver deixado vários filhos, todos renunciantes, e cada um deles com quantidade diversa de filhos, cada neto do autor da herança receberá em

partes iguais, como se os seus pais jamais tivessem existido (serão, todos eles, herdeiros de mesma classe e, neste caso, não há diferença no percentual da herança). Se ele for o único descendente e renunciar, essa renúncia não atinge os netos, que herdam em condição própria; caso estes não existam, são convocados os ascendentes.

f) **SE A RENÚNCIA FOR LESIVA AOS CREDORES,** aplica-se o art. 1.813, de forma que o credor poderá aceitar a herança pelo renunciante. Satisfeito o débito, havendo saldo, este será devolvido ao monte, para repartir entre os demais herdeiros.

O art. 1.812 do CC prevê que são irrevogáveis os atos de aceitação ou de renúncia da herança. A renúncia é irrevogável, a não ser que se comprove que o renunciante obrou por um vício que aderiu a sua vontade. Nesse caso, se o ato de consentimento estiver viciado, é anulável.

13. EXCLUÍDOS DA SUCESSÃO - ARTS. 1.814 A 1.818 DO CC

A exclusão da sucessão demanda uma sentença judicial em ação de indignidade ou deserdação. Uma vez que o herdeiro seja excluído, seus efeitos serão personalíssimos, não atingindo, portanto, seus filhos. São, portanto, pessoais os efeitos da exclusão (art. 1.816 do CC). A exclusão pode se dar em razão da indignidade (exclusão do herdeiro legítimo ou testamentário) ou da deserdação (exclusão herdeiro necessário).

a) Indignidade - art. 1.814

O art. 1.814 do CC traz expressas as causas que importam na exclusão do herdeiro considerado indigno. Trata-se de situações taxativas, não se admitindo nenhum tipo de interpretação expansiva, e se dão em razão de: a) atentados contra a vida (dolo); b) atentados contra a honra; c) atentados contra a liberdade do *de cujus*. São excluídos da sucessão os herdeiros ou legatários que: houverem sido autores, coautores ou partícipes de homicídio doloso, ou tentativa deste, contra a pessoa de cuja sucessão se tratar, seu cônjuge, companheiro, ascendente ou descendente; houverem acusado caluniosamente em juízo o autor da herança ou incorrerem em crime contra a sua honra, ou de seu cônjuge ou companheiro; por violência ou meios fraudulentos inibirem ou obstarem o autor da herança de dispor livremente de seus bens por ato de última vontade.

O reconhecimento da indignidade pressupõe uma declaração judicial (art. 1.815 do CC), de forma que será proclamada por sentença, em regra, em ação promovida pelos interessados. Deve, portanto, haver uma **ação declaratória** intentada com o objetivo de excluir o herdeiro da herança, possibilitando o devido contraditório e a ampla defesa do herdeiro excluído. O legitimado para propor a ação declaratória é qualquer interessado na sucessão. O **prazo para a propositura da ação é de quatro anos** contados da abertura da sucessão (art. 1.815, § 1º, do CC). O Ministério Público, nos casos do inc. I do art. 1.814 do CC, tem legitimidade para propor ação visando à exclusão do herdeiro (art. 1.815, § 2º, do CC).

Os efeitos da sentença de exclusão são pessoais e retroagem à data da abertura da sucessão. Nos termos do art. 1.817, parágrafo único, do CC, o herdeiro excluído deve restituir os frutos e rendimentos que tenha obtido até a declaração de indignidade, mas tem direito a ser ressarcido das despesas com a conservação dos bens. Com a declaração de indignidade, se o excluído tiver filhos, estes serão os beneficiários da herança, mas aquele não terá direito à administração e ao usufruto dos bens (art. 1.816, parágrafo único, do CC).

O Código Civil admite expressamente a possibilidade de reabilitação do herdeiro pelo autor da herança, por meio de testamento ou outro ato autêntico (art. 1.818 do CC). Trata-se do perdão.

b) Deserdação

É uma causa de exclusão pela qual o autor da herança, por disposição de última vontade – testamento – exclui de sua sucessão, o herdeiro necessário que tenha praticado atos moralmente censuráveis e previstos na lei civil.

As causas de deserdação são as dos arts. 1.814 (mesmas da indignidade),1.962 e 1.963 do CC (ofensas físicas, injúrias graves, relações ilícitas com o cônjuge do autor da herança, desamparo, abandono ou falta de assistência).

O art. 1.964 do CC afirma que somente com a declaração expressa da causa é que a deserdação poderá ser ordenada via testamento.

O art. 1.816 do CC afirma que os efeitos da exclusão são pessoais. Apesar de não haver previsão expressa para a deserdação, aplica-se este mesmo dispositivo, tendo em vista que o objetivo da indignidade e da deserdação é o mesmo.

Conforme afirmado, para que haja a deserdação, além da declaração no testamento, nos termos do art. 1.964, deve ser proposta uma ação visando à confirmação da veracidade da causa alegada pelo testador. Sem esta comprovação, é ineficaz a deserdação. Tal ação deve ser proposta pelo herdeiro instituído ou pelo herdeiro que aproveitará a deserdação. A ação deve ser proposta dentro de **quatro anos** (parágrafo único), contados da **data da abertura do testamento**; passado esse prazo, é herdeiro naturalmente (art. 1.965 do CC).

14. HERANÇA JACENTE E HERANÇA VACANTE – ARTS. 1.819 A 1.823

A herança sempre deve ser entregue aos sucessores do falecido. Se ocorrer de o falecido não deixar descendentes, esta herança será recolhida pelo Município, pelo Distrito Federal ou pela União, dependendo de onde estejam localizados os bens. Contudo, para que isto ocorra, devem ser observados alguns procedimentos.

Quando se abre a sucessão e o de cujus não deixou herdeiros, nem testamento conhecido, diz-se que a herança é *jacente* (art. 1.819). Somente depois de realizadas as diligências legais e arrecadado o patrimônio, ainda não aparecerem herdeiros, é que a herança será declarada vacante, para o fim de ser incorporada ao patrimônio do Poder Público.

Se o autor da herança não tiver deixado herdeiros, o patrimônio não pode ficar "solto", de forma que deve haver medidas para proteção e arrecadação do patrimônio. Cabe, então, ao juiz da comarca em que tiver domicílio o finado tomar tais providências (arts. 738 e ss. do CPC/2015). A guarda e a administração dos bens ficarão a cargo de um curador, nos termos do art. 739 do CPC/2015. Cabe ao curador: representar a herança em juízo ou fora dele, com intervenção do Ministério Público; ter em boa guarda e conservação os bens arrecadados e promover a arrecadação de outros porventura existentes; executar as medidas conservatórias dos direitos da herança; apresentar mensalmente ao juiz balancete da receita e da despesa; prestar contas ao final de sua gestão (art. 739, § 1º, do CPC).

Durante a arrecadação, o juiz ou a autoridade policial que estiver cumprindo a diligência (art. 740, § 2º, do CPC/2015) fará a inquirição dos vizinhos do falecido, visando descobrir sua qualificação, a existência de outros bens e o paradeiro de seus sucessores.

A arrecadação será suspensa se aparecerem o cônjuge, o companheiro ou o herdeiro do falecido para reclamar os bens (art. 740, § 6º, do CPC/2015).

Finalizada a arrecadação, serão expedidos editais, nos termos do art. 741 do CPC/2015 – na internet, site do tribunal e na plataforma do CNJ, devendo permanecer por três meses. Em não havendo o site, a publicação deverá ocorrer na imprensa da comarca, por três vezes, com intervalos de um mês entre cada uma delas.

Havendo herdeiro habilitado, a arrecadação converte-se em inventário (art. 741, §§ 1º e 3º, do CPC/2015).

Não havendo herdeiro habilitado, após um ano da publicação do edital, a herança será declarada vacante (art. 743 do CPC/2015). Mas, se todos os chamados a suceder renunciarem, a herança, será, desde logo, declarada vacante (art. 1.823 do CC), sem que haja a fase de jacência.

Uma vez sendo declarada, por sentença, a vacância, o cônjuge, o companheiro ou os herdeiros só poderão reclamar o direito deles por meio de ação de petição de herança (art. 743, § 2º, do CPC/2015).

Após a declaração de vacância, podem os credores pedir o pagamento das dívidas reconhecidas, nos limites da força da herança (art. 1.821 do CC + art. 741, § 4º, do CPC/2015).

Mas essa declaração de vacância não faz com que os bens da herança se incorporem, desde logo, ao patrimônio do Município ou Distrito Federal (se localizados nos seus territórios) ou à União (se localizados em território federal). Para tanto, o art. 1.822 do CC prevê o prazo de cinco anos da abertura da sucessão.

O Código não deixa dúvida sobre a exclusão dos colaterais da sucessão se não habilitarem até a sentença de vacância – art. 1.822, parágrafo único. Os demais herdeiros têm o prazo de cinco anos.

15. PETIÇÃO DE HERANÇA – ARTS. 1.824 A 1.828 DO CC

Pode ocorrer, por qualquer razão, que algum herdeiro não seja relacionado no inventário e na partilha. Assim, sua condição jurídica de herdeiro não é reconhecida (filho a ser reconhecido de uma relação extraconjugal do *de cujus*). Nesse caso, para que ele possa ter seu direito reconhecido e, então, receber parcela que lhe cabia na universalidade, deverá ingressar com uma ação judicial. Esse é o caso da petição de herança.

EXEMPLOS:

1. Alguém que se aposse ilegalmente da herança ou de parte dela;
2. Herança que é recolhida por parentes mais afastados do falecido e o interessado é de grau mais próximo, de classe preferencial;
3. A herança é distribuída entre os herdeiros legítimos, e aparece testamento do *de cujus*, em que outra pessoa é nomeada herdeira;
4. O filho não reconhecido ingressa com ação de investigação de paternidade e, de forma cumulada, com a petição de herança.

Trata-se, pois, do meio jurídico pelo qual o herdeiro (excluído por qualquer razão – não se sabia da existência, por exemplo) pode se utilizar para garantir suas condições e o acesso aos bens deixados pelo falecido (art. 1.824 do CC). A ação visa, portanto, ao reconhecimento da qualidade de herdeiro e à satisfação quanto ao acervo hereditário, ou seja, contemplar o autor da ação com sua quota parte na herança. Necessita, contudo, de uma ação de estado, ou seja, de uma ação que objetive a declaração do parentesco.

Aquele que possua os bens, com o julgamento da petição de herança, deverá devolvê-los, com todos os acessórios. Responderá por perdas e danos e pelos frutos que tiver colhido, salvo direito de retenção, se estiver de boa-fé (art. 1.826 do CC).

A questão que se discute é se a alienação feita pelo herdeiro aparente é válida ou não. Neste aspecto, o art. 1.827 do CC determina que aquele pode demandar os bens da herança, mesmo em poder de terceiros, sem prejuízo da responsabilidade do possuidor originário pelo valor dos bens alienados, mas que são eficazes as alienações feitas, a título oneroso, pelo herdeiro aparente a terceiro de boa-fé.

O dispositivo regula a hipótese do bem não estar nas mãos do possuidor, mas de terceiros. Se a alienação tiver sido feita a título gratuito, os bens devem ser devolvidos ao herdeiro, de imediato. Contudo, se o negócio tiver sido realizado pelo terceiro adquirente e pelo herdeiro aparente a título oneroso, se o adquirente estiver de boa-fé, será válido o negócio.

O art. 1.828 prevê que o herdeiro aparente de boa-fé tem seus atos protegidos por lei em benefício de terceiros de boa-fé. São eficazes as alienações feitas, a título oneroso, pelo herdeiro aparente a terceiro de boa-fé. *Obs.: não a título gratuito, só a oneroso, art. 1.828 do CC.*

Muito embora a Súm. nº 149 do STF atribua o caráter de imprescritibilidade à ação de investigação de paternidade, a petição de herança está limitada ao prazo prescricional de dez anos (art. 205 do CC). Inicia-se o prazo prescricional com a data da abertura da sucessão. Lembrando que todas as suspensões e interrupções prescricionais aplicam-se nesse caso e que a prescrição não corre contra pessoas absolutamente incapazes – só começa a correr quando completar 16 anos, passando a ser relativamente incapaz.

II - SUCESSÃO LEGÍTIMA

A sucessão pode ser legítima e testamentária. Muito embora a primeira tenha caráter subsidiário por força do disposto no art. 1.788 do CC, é aquela que, na prática, tem universal ocorrência. Com isto, a existência de testamento não exclui a sucessão testamentária.

De resto, o chamamento dos sucessores é por classes, quando a mais próxima exclui a mais remota, nos termos dos arts. 1.833, 1.836, § 1º, e 1.840 do CC, em relação absoluta e preferencial, com as exceções apontadas (direito de representação, indignidade, deserdação, renúncia).

1. ORDEM DA VOCAÇÃO HEREDITÁRIA - ARTS. 1.829 A 1.850

Com o falecimento do *de cujus*, a herança transmite-se desde logo aos herdeiros, em razão do princípio da *saisine*. Mas esse chamamento ocorre por meio de uma sequência, denominada **ordem da vocação hereditária**. Há, portanto, uma relação preferencial, quando uns excluem os outros de classe subsequente (art. 1.829 do CC).

Verifica-se, pois, a existência de quatro classes de herdeiros: descendentes e o cônjuge (dependendo do regime de bens); ascendentes e o cônjuge (independentemente do regime); cônjuge (sozinho); colaterais até o 4º grau e companheiro.

Nesse sentido, o art. 1.833 do CC dispõe que, entre os descendentes, os em grau mais próximo excluem os mais remotos, salvo o direito de representação.

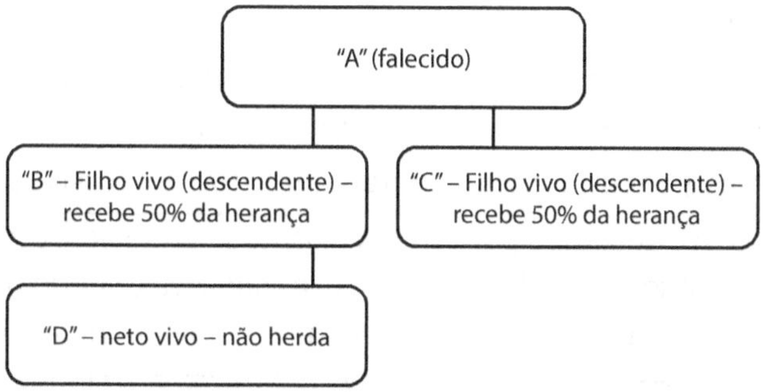

Desta forma, se "A", solteiro, falece, deixando filho e pai vivos, a sucessão regular-se-á da seguinte forma: o filho recebe toda a herança do pai e seu avô (pai do falecido) nada receberá, pois a classe mais próxima exclui a mais remota.

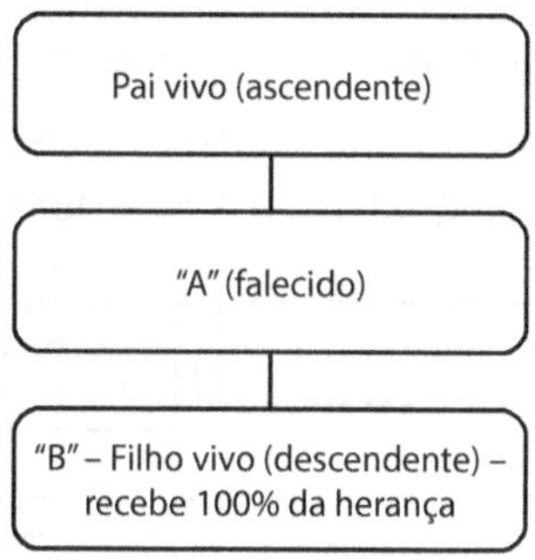

Os herdeiros parentes sucedem ou por direito próprio, ou por direito de representação, ou por direito de transmissão.

a) **Sucessão por direito próprio:** ocorre quando todos os herdeiros são do mesmo grau. A herança é dividida entre todos igualitariamente.

b) **Sucessão por estirpe – sucessão de graus diversos (situações em que houver representação):** quando concorrem, na mesma sucessão, descendentes que tenham com o *de cujus* graus de parentesco diferentes. A sucessão por estirpe dá-se na linha reta descendente, excepcionalmente, na linha transversal, mas jamais na linha reta ascendente.

c) **Sucessão por linha:** verificada no caso de haver ascendente da linha paterna e da linha materna, concorrendo à sucessão na herança conjuntamente, e em igualdade de condições. Obs.: cada linha recebe metade do patrimônio, independentemente de haver dois ascendentes em um lado e dois no outro.

a. Descendentes

Os filhos herdam por direito próprio, por cabeça ou *per capita,* recebendo quotas iguais, e os netos herdam por estirpe, a não ser que todos os filhos já faleceram. Nesse caso, os netos, por estarem no mesmo grau, herdam por cabeça ou direito próprio (sucessão avoenga).

b. Ascendentes

Na falta de descendentes, são chamados à sucessão os ascendentes. Não se admite o direito de representação na linha ascendente (art. 1.852).

§ 1º - mais próximo exclui o mais remoto, sem distinção de linhas

Falecendo "A", deixando pai e mãe vivos, cada um deles receberá a metade da herança. Se, contudo, "A" falece, deixando a mãe viva e sendo o pai pré-morto, mesmo que tenha avós paternos vivos, sua mãe recolherá toda a herança.

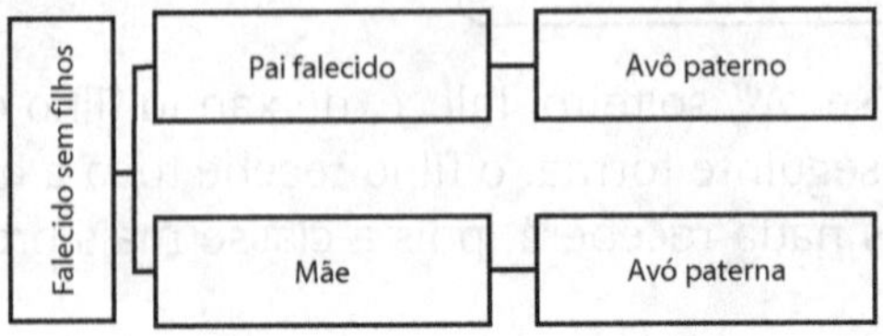

§ 2º - linhas paterna e materna (metade)

Se "A" falece, seus pais já são mortos, mas deixou os avós paternos e maternos vivos, cada um dos quatro avós receberá 25% da herança.

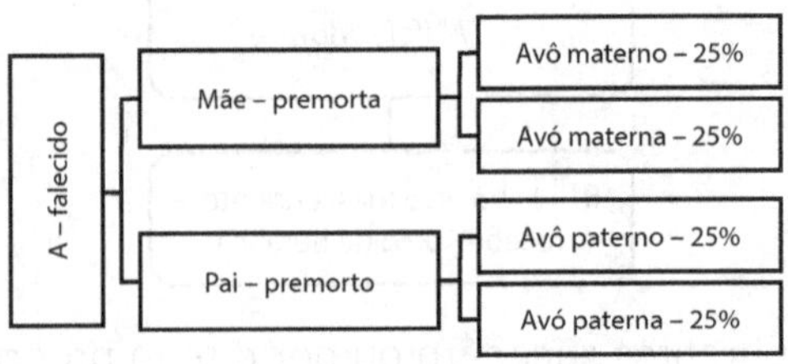

Mas, se os avós paternos forem vivos e apenas um dos avós maternos vivos, os paternos receberão 25% cada um e o avô/avó materno que for vivo, a outra metade.

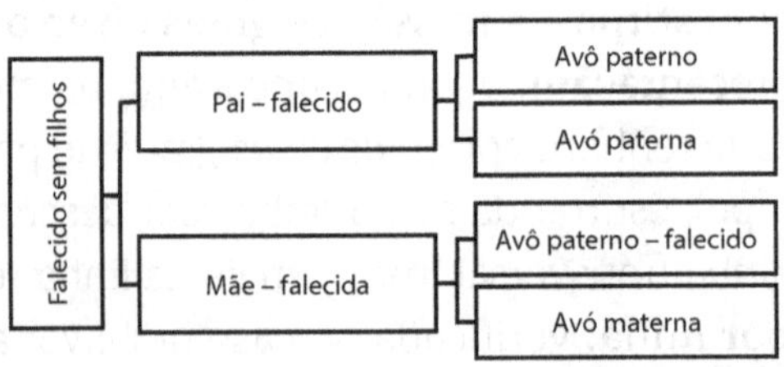

c. Cônjuge sobrevivente OU companheiro sobrevivente[1]

A ordem da vocação hereditária do art. 1.829 coloca o cônjuge sobrevivente como herdeiro concorrente com descendentes e ascendentes e, na falta destes, como herdeiro da totalidade da herança.

1 Em 10-5-2017, o STF reconheceu repercussão geral em que entende inconstitucional a diferenciação na sucessão do cônjuge e do companheiro.
*** Ver decisões do STF nºs RE 646721 e RE 878694
Em razão disto, a sucessão do companheiro passou a ser tratada da mesma maneira que a sucessão do cônjuge.

CONCORRÊNCIA COM DESCENDENTES: condicionada ao regime. A concorrência do cônjuge sobrevivente com os descendentes do *de cujus* vai depender do regime matrimonial de bens. Não haverá concorrência se o cônjuge sobrevivente tiver sido casado (com o falecido) pelo regime da comunhão universal de bens (art. 1.667) ou pelo regime da separação obrigatória (1.641), ou se, no regime da comunhão parcial (art. 1.658), o autor da herança não houver deixado bens particulares.

O art. 1.829, I, estabelece que a legítima defere-se aos descendentes, em concorrência com o cônjuge sobrevivente, salvo se casado este com o falecido no regime da comunhão universal, ou no da separação obrigatória de bens (art. 1.640, parágrafo único); ou se, no regime da comunhão parcial, o autor da herança não houver deixado bens particulares.

A regra é, então, que haja a concorrência do cônjuge sobrevivente com os descendentes do autor da herança. Existem, contudo, exceções.

a) Regime da comunhão universal de bens: 1ª exceção – cônjuge não herda

Neste regime de bens, todos os bens, presentes e futuros, dos cônjuges, assim como as dívidas, se comunicam. Neste caso, como o cônjuge sobrevivente é meeiro (tem direito à metade do patrimônio por direito), não há razão para concorrência.

b) Regime de separação obrigatória de bens: 2ª exceção – arts. 1.641 a 1.687

A segunda hipótese excetuada pelo legislador (art. 1.829, II) é aquela em que o regime adotado do casamento foi o da separação obrigatória de bens, por força da lei. Neste caso, aplica-se a Súm. nº 377 do STF, de forma que, ao final do casamento (por morte ou divórcio), haverá a comunicação do patrimônio adquirido de forma onerosa durante a união. Desta forma, o cônjuge sobrevivente terá direito à meação destes bens. Há discussão, quanto à aplicação da súmula, sobre a necessidade de prova do esforço comum ou não. Não há uniformidade jurisprudencial. Desta forma, o cônjuge sobrevivente receberá a metade dos bens comuns e, quanto aos particulares, não terá direito a nada.

c) Comunhão parcial: 3ª exceção – sem bens particulares

Sem bens particulares, não há concorrência (regra geral). O cônjuge sobrevivente não concorre com os descendentes, porque é meeiro, quando o autor da herança não houver deixado bens particulares (bens doados, havidos por inventário ou legado, ou adquiridos antes do casamento).

REGIMES EM QUE O CÔNJUGE SOBREVIVENTE HERDARÁ

a) Separação convencional de bens – há concorrência

No regime da separação convencional, há pacto antenupcial, e os cônjuges definem a incomunicabilidade do patrimônio, ou seja, cada um conserva o seu patrimônio particular. Contudo, apesar de haver uma separação absoluta dos bens, com o falecimento de um, o outro será herdeiro, em concorrência com os descendentes.

b) Comunhão parcial de bens com bens particulares: há concorrência

Se o autor da herança deixar bens particulares, o cônjuge sobrevivente concorre com os descendentes. Neste caso, havendo bens comuns, terá o cônjuge direito à meação (metade dos bens comuns) e herdará, concorrendo com os filhos, sobre bens particulares.

EXEMPLO:

Casal, com dois filhos comuns, deixa R$ 10.000,00 de bens particulares e R$ 100.000,00 de bens comuns.

- Cônjuge = 50% bens comuns + concorrência sobre bens particulares (1/3)
- Filhos = 25% dos bens comuns para cada um + 1/3 dos bens particulares – art. 1.832 do CC.

EXEMPLO:

Casal com quatro filhos comuns. Neste caso, o cônjuge sobrevivente recebe 50% dos bens comuns e herda ¼ dos bens particulares. Os outros 50% dos bens comuns e ¾ (75%) dos bens particulares serão divididos entre os quatro filhos. Isto se deve à previsão do art. 1.832, 2ª parte, do CC, que determina a reserva de ¼ da herança para o cônjuge sobrevivente.

c) Regime de participação final nos aquestos (art. 1.672 do CC)

Embora não expressamente previsto, nesse regime, ocorre a concorrência. A opção por este regime deve ser elaborada no pacto antenupcial. Neste caso, a partilha assemelha-se aos casos de comunhão parcial de bens:

- havendo bens particulares e aquestos = participação (espécie de meação) sobre os aquestos e concorrência sobre os particulares.
- havendo bens particulares e não havendo aquestos = concorrência sobre os particulares, sem participação.
- havendo apenas aquestos = apenas participação, sem concorrência.

O art. 1.832 estabelece a proporção da concorrência do cônjuge sobrevivente com os descendentes: caberá ao cônjuge quinhão igual ao dos que sucederem por cabeça, não podendo a sua quota ser inferior à quarta parte da herança, se for ascendente dos herdeiros com que concorrer.

Há duas situações diferentes: filiação comum e filiação exclusiva do autor da herança. Desta maneira, a concorrência ficará da seguinte forma:

FILHOS COMUNS = herdará em partes iguais (até 3 filhos) ou, se tiver mais de 3 filhos (4, por exemplo), o cônjuge sobrevivente herdará, no mínimo, ¼ da herança.

FILHOS EXCLUSIVOS DO AUTOR DA HERANÇA = o cônjuge sobrevivente herda em partes iguais (independentemente do número de filhos).

Se os **descendentes forem exclusivos do autor da herança**, não sendo descendentes comuns, o cônjuge sobrevivente não terá direito a ¼ da herança (bens particulares), cabendo-lhe, tão somente, quinhão igual ao que couber a cada um dos filhos. Isto também ocorre nos casos de filiação híbrida, ou seja, filhos comuns e exclusivos do autor da herança, ou seja, não lhe é reservada a quarta parte desta.

CONCORRÊNCIA COM ASCENDENTES: a art. 1.829, II, prevê a concorrência do cônjuge sobrevivente com os ascendentes do autor da herança, INDEPENDENTEMENTE DO REGIME DE BENS ESCOLHIDO:

a) com ascendente em 1º grau: 1/3.

b) metade: se houver um só ascendente ou maior for o grau.

CÔNJUGE COMO HERDEIRO DA TOTALIDADE DOS BENS

O cônjuge sobrevivente, na falta de descendentes e ascendentes, recolhe a totalidade da herança (e a meação): deve estar casado. Exige-se que a relação matrimonial não esteja rompida no momento da abertura da sucessão (art. 1.830 do CC).

O cônjuge é herdeiro **concorrente (necessário)** com descendente e ascendente; é **herdeiro exclusivo** (necessário), quando não há concorrência daqueles. O cônjuge exclui os colaterais da sucessão.

Sucessão ao cônjuge (repete o art. 1.603, III) é chamado à totalidade da herança, à totalidade do acervo, qualquer que tenha sido o regime de bens.

DIREITO REAL DE HABITAÇÃO

O art. 1.831 do CC estabelece o direito real de habitação para o cônjuge sobrevivente, independentemente do regime de bens, sobre o imóvel destinado à residência da família, desde que seja o único daquela natureza a inventariar.

Neste caso, mesmo que o bem seja deferido, pelo inventário, a outro herdeiro, caberá ao cônjuge o direito real de habitação, sendo, então, vedada a venda deste imóvel (desde que seja o único daquela natureza a inventariar).

d) Colaterais – até 4º grau – arts. 1.839 e 1.840 do CC

Os colaterais não são herdeiros necessários, mas sim facultativos, de forma que, para excluí-los da sucessão, basta que o autor da herança disponha do patrimônio por testamento. Desta forma, havendo sucessão do colateral, o patrimônio será deferido na seguinte ordem: 1º) os irmãos (parentes em 2º grau); 2º) tios e sobrinhos (parentes em 3º grau); 3º) primos e tios avós e sobrinhos-netos (parentes colaterais em 4º grau).

O art. 1.841 do CC determina que, se houver concorrência na herança de irmãos **bilaterais e unilaterais**, os irmãos bilaterais herdam o dobro do que os unilaterais.

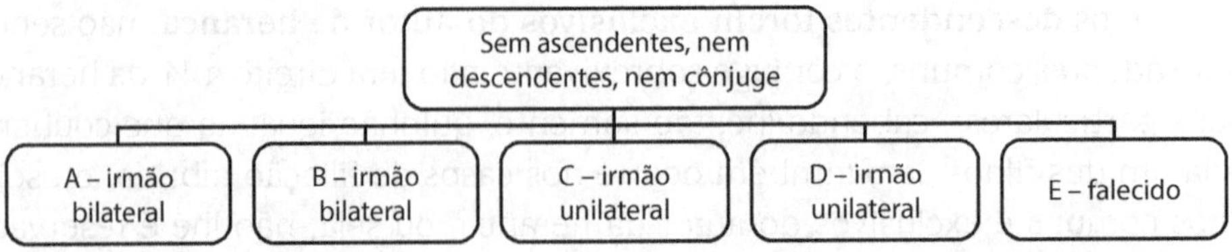

Deve-se estabelecer peso 2 aos irmãos bilaterais e peso 1 aos herdeiros unilaterais. Assim: 2 bilaterais (2 x 2 = 4) e 2 unilaterais (2 x 1 = 2). Por fim, somam-se os resultados (4 + 2 = 6). Neste caso, os herdeiros bilaterais receberão 2/6 e os unilaterais, 1/6.

Na sucessão colateral, há a **representação,** ainda que de forma excepcional, quando é permitido que os filhos de irmãos representem o pré-morto (art. 1.840 do CC). Neste caso, o sobrinho, representando o pai pré-morto (irmão do *de cujus*), herda por estirpe. **Apenas o(s) filho(s) de irmãos do morto pode(m) representar os pais** (os netos, não podem, conforme art. 1.840).

III - SUCESSÃO TESTAMENTÁRIA

Pela sucessão testamentária, o autor da herança dispõe do seu patrimônio, obedecendo à sua vontade. A liberdade de dispor por testamento será limitada, nos casos de haver herdeiros necessários (ver tópico relativo à liberdade de dispor), e plena, quando houver apenas herdeiros facultativos (art. 1.857 do CC).

O testamento é ato personalíssimo e essencialmente revogável (art. 1.858 do CC).

1. CAPACIDADE PARA TESTAR: ART. 1.860

A capacidade testamentária pode ser ativa (quem pode dispor) ou passiva (quem pode adquirir por testamento). A capacidade do agente é requisito de validade do testamento (art. 104 do CC). Além desses requisitos gerais, para o testamento ainda são exigidos os requisitos da inteligência e da vontade, de compreender e de querer, ou seja, a possibilidade de compreender o caráter e os efeitos do ato e querer praticá-los. Nesse sentido, o art. 1.860 dispõe que, além dos incapazes, não podem testar os que, no ato de fazê-lo, não tiverem pleno discernimento, podendo os maiores de 16 anos testar.

O dispositivo legal dispõe sobre os que não podem testar, por não terem discernimento, de forma que se subentende que todos os demais possuem capacidade para elaborar um testamento. Em face disto, são incapazes de testar:

a) **Em razão da idade:** os menores de 16 anos, por serem absolutamente incapazes, não podem testar. Não possuem maturidade e firmeza suficiente para dispor de seus bens. É nulo o testamento elaborado por menor de 16 anos.

Os relativamente incapazes (maiores de 16 anos) podem testar, mesmo sem a assistência do representante legal. Essa desnecessidade de assistência dos pais ou representantes legais para o feitio do testamento se dá em razão de que o ato é personalíssimo e só o maior de 16 anos mesmo poderá praticá-lo.

b) **Por falta de discernimento:** aquelas pessoas que não têm discernimento são amentais, ou seja, estão, momentaneamente, fora de seu juízo perfeito, em razão de uma patologia (arteriosclerose, pressão arterial excessiva etc.), embriaguez, uso de entorpecente etc. Trata-se de uma situação transitória.

c) **Incapacidade testamentária dos relativamente incapazes:** os relativamente incapazes são proibidos de testar, exceto os maiores de 16 anos, cujo parágrafo único do art. 1.860 prevê a possibilidade. Não podem testar, portanto, os ébrios habituais e os viciados em tóxicos, por não terem consciência dos atos praticados. O surdo-mudo só não testa se não conseguir expressar sua vontade. O surdo, mas não mudo, poderá testar, conforme art. 1.866.

d) **Hipóteses não geradoras da incapacidade:** exceto as hipóteses previstas no art. 1.860, todas as pessoas podem fazer testamento válido. A idade avançada, por exemplo, não é suficiente para negar a capacidade testamentária. O que determina a incapacidade testamentária é a falta de discernimento. Deve-se destacar que, em razão do Estatuto da Pessoa com Deficiência, houve alteração dos arts. 3º e 4º do CC. Sendo assim, os deficientes mentais não são mais incapazes, podendo, portanto, testar.

Observação:

- A capacidade deve ser verificada no momento da elaboração do testamento.
- Na dúvida, decide-se pela validade do ato, em respeito ao princípio do *in dubio pro capacitate.*
- Os Tribunais (STF, especialmente) entendem que, para a decretação da nulidade de testamento, deverá haver prova inequívoca da incapacidade do testador.

a. Momento em que se exige a capacidade – capacidade superveniente (art. 1.861)

A capacidade, o juízo perfeito deve existir na época da elaboração do testamento. Neste instante que deve ser aferida. Se no momento de realizar o testamento o testador tinha lucidez, o ato será válido, mesmo que perca o juízo após a lavratura deste. Se, contudo, no momento de realizar o testamento o testador estava embriagado, por exemplo, mesmo que no dia seguinte esteja curado, o testamento será nulo. Neste caso, somente testando novamente para que o ato não seja nulo (ver art. 169 do CC – o negócio jurídico nulo não é suscetível de confirmação).

b. Impugnação da validade do testamento (art. 1.859)

A validade do testamento só pode ser discutida/questionada após a morte do testador. Enquanto estiver vivo, não há o que se discutir, mesmo porque o testamento pode ser alterado. Assim, prevê o art. 1.859 que se extingue em cinco anos o prazo para impugnar a validade do testamento, contando da data do seu registro. O lapso quinquenal é contado da ação de registro, abertura e cumprimento do testamento (arts. 735 a 737 do CPC/2015). A ação de registro só pode ser proposta com o óbito. Por sua vez, o art. 1.909 afirma que são anuláveis as disposições testamentárias que sejam viciadas por erro, dolo ou coação, extinguindo-se em quatro anos o direito de anular a disposição a partir do momento em que o interessado tiver conhecimento do erro. Significa dizer, portanto, que, ainda que se trate de um testamento nulo (realizado sem a observância da forma legal ou que o testador deliberou mediante dolo), só pode ser anulado até quatro anos após a ciência do vício.

2. FORMAS ORDINÁRIAS DE TESTAMENTO

a. Testamento público – arts. 1.864 a 1.867 do CC

É aquele escrito pelo tabelião de notas, no tabelionato, nos termos das declarações prestadas pelo testador. O tabelião pode servir-se de notas, minuta ou apontamentos do testador para realizar a escritura, devendo, para sua validade, haver a presença de duas testemunhas durante todo o ato. Diz-se PÚBLICO não apenas por estar registrado no livro de notas, mas também porque é feito perante **duas testemunhas**. Logo, não é reservado, nem sigiloso, podendo qualquer pessoa dele tomar conhecimento.

O art. 1.864 do CC estabelece os requisitos do testamento público.

1. **Lavratura do ato notarial pelo tabelião.** O ato é privativo do notário (tabelião) ou seu substituto legal.
2. **Presença de testemunhas – (número = 2).** As testemunhas devem presenciar todo o ato e ter capacidade plena.
3. **Leitura do testamento.** Tão logo seja redigito o testamento, este deve ser lido pelo tabelião, na presença do testador e das testemunhas, ou pelo testador, na presença do tabelião e das testemunhas. Esse requisito é fundamental e serve para que se verifique a coincidência da vontade do testador e o que está expresso no testamento. Deve ser feito em ato contínuo, de forma que as testemunhas acompanhem todo o processo (declaração do testador, redação e leitura). No caso do cego (art. 1.867), a leitura deve ser feita duas vezes: uma pelo tabelião e a outra por uma das testemunhas (designada pelo testador). Não podem fazer testamento público o surdo e o surdo-mudo. Podem fazê-lo o analfabeto, o cego e o alfabetizado.

4. **Assinaturas.** Depois de lido o testamento, deve ser coletada a assinatura do testador, das testemunhas e do Tabelião.

Realizado o testamento público, deve-se, com o falecimento do testador, realizar o registro do testamento. Isto é feito mediante uma ação judicial pela qual o portador do traslado do testamento (ou de uma certidão) pede ao juiz que determine o seu cumprimento. Art. 736 do CPC/2015.

b. Testamento cerrado – arts. 1.868 a 1.875 do CC

É aquele pelo qual o testador elabora o termo (ou alguém a seu rogo e pelo testador assinado), com caráter sigiloso, que depende de instrumento de aprovação do tabelião, realizado na presença do testador e de duas testemunhas, seguindo-se do seu fechamento e costura do instrumento, sendo o documento entregue ao testador.

Só tem eficácia com a lavratura do auto de aprovação, pelo tabelião, na presença de duas testemunhas.

Art. 1.872 – O testador deverá saber ler, pois precisa ter meios de se certificar que, no caso de terceiro redigir o testamento a seu rogo, seguiu correta e fielmente as suas instruções. Neste caso, o testador pode não saber escrever, mas, necessariamente, deve saber ler.

Art. 1.873 – O surdo-mudo pode fazer testamento cerrado, desde que escreva e assine.

O art. 1.868 do CC estabelece os requisitos e as formalidades do testamento cerrado, que se compõe de algumas fases:

a) a elaboração do testamento. O Tabelião pode escrever e aprovar o testamento (art. 1.870). A assinatura do testamento é imprescindível. Entrega ao Tabelião, acompanhado de duas testemunhas. Requer a lavratura do auto de aprovação (art. 1.869).

b) entrega do testamento. O testamento deve ser entregue pessoalmente pelo testador ao tabelião, constituindo-se de ato personalíssimo, não admitindo a utilização de portador.

c) Participação das testemunhas. As testemunhas participam do ato de entrega do testamento, mas não precisam conhecer o conteúdo dele.

d) Lavratura do auto de aprovação pelo tabelião. Depois de aprovado, o auto de aprovação será lido pelo oficial e assinado pelas testemunhas, pelo testador e pelo tabelião. O auto de aprovação deve vir, conforme o art. 1.869 do CC, logo após a última palavra do testador. A solenidade de aprovação deve ser feita sem interrupções.

e) Cerramento. Trata-se da última fase do testamento cerrado. O tabelião dobra a cédula e a costura com cinco pontos de retrós e lança pingos de lacre sobre cada um deles. Se houver o rompimento do lacre pelo testador, não terá validade o testamento. Se for feito o rompimento contra a vontade do testador, deverão os interessados demonstrar ao juiz tal fato, para que não anule o ato.

O art. 1.875 do CC dispõe acerca da abertura, do registro e do cumprimento do testamento cerrado. Assim, falecendo o testador, deverá o testamento ser apresentado ao juiz, que o abrirá, o fará registrar e determinará seu cumprimento. Deve-se observar, portanto, que, quem abre a cédula testamentária devidamente cosida, é o juiz. Será extraída cópia autêntica do testamento para juntar ao inventário. Art. 735 do CPC/2015 = se não houver vício externo que o torne suspeito de nulidade ou falsidade, o juiz abrirá o testamento e mandará que o escrivão leia na presença do apresentante. Depois de ouvido o Ministério Público, estando tudo nos conformes, o juiz mandará registrar, arquivar e cumprir o testamento. Uma vez registrado o testamento, deverá o testamenteiro (indicado ou dativo) assinar o termo de testamentaria. Testamento dilacerado (1.972): ter-se-á como revogado. É o risco desta modalidade de testamento: uma deterioração ou um dilaceramento acidental.

c. Testamento particular – arts. 1.876 a 1.880

O testamento particular ou *hológrafo* é aquele no qual o testador elabora o ato de disposição de última vontade de próprio punho (ou digitado e impresso), sendo assinado pelo testador e lido para três testemunhas, que também o subscreverão. As testemunhas terão o dever de, com a morte do testador, confirmar a autenticidade do testamento.

O art. 1.876 apresenta os requisitos e as formalidades do testamento particular:

a) Deve ser escrito e assinado pelo testador;
b) As testemunhas devem ser inquiridas em juízo (confirmar o testamento);
c) Pode ser feito em idioma estrangeiro;
d) A lei permite que terceira pessoa redija, pois pode ser datilografado;
e) Se for escrito à mão, deverá ser feito pessoalmente pelo testador;
f) Uma testemunha pode confirmar;
g) Deve ser lido e assinado por três testemunhas.

O art. 1.877 do CC determina que, falecido o testador, o testamento deve ser publicado em juízo, sendo citados os herdeiros legítimos. Neste processo, as três testemunhas serão inquiridas pelo juízo e, havendo o reconhecimento da autenticidade, o juiz confirmará e determinará seu cumprimento.

Art. 737 do CPC/2015: com o falecimento do testador, deverá haver o requerimento de registro do testamento. Poderão requerê-lo o herdeiro, o legatário, o testamenteiro ou outra pessoa, detentora da cédula testamentária. O herdeiro que não tiver requerido a publicação do testamento deverá ser intimado (§ 1º). Uma vez que esteja tudo nos conformes, e ouvido o Ministério Público, o juiz confirmará o testamento.

d. Codicilos – arts. 1.881 a 1.885

Toda pessoa capaz de testar pode dispor em codicilo. É um ato de última vontade pelo qual o testador dispõe sobre questões mais pessoais ou sobre bens de pequeno valor.

O **objeto** do codicilo é inferior ao do testamento, sendo, portanto, limitado. Não pode instituir herdeiro ou legatário, efetuar deserdações, legar imóveis ou disposições patrimoniais de valor considerável.

Pode ser usado para:

a) destinar coisas de pouca monta, pouco valor;
b) poder-se-ão nomear ou substituir testamenteiros;
c) fazer disposições especiais sobre o seu enterro;
d) legar joias, móveis e roupas de pouco valor, de seu uso pessoal;
e) reconhecer filho havido fora do matrimônio;
f) indicação de divisas e limites;
g) liberalidade não pode ultrapassar 10% do acervo imobiliário.

Formas:

- é hológrafo; simplificado; sem formalidades;
- é válido datilografado, desde que datado e assinado pelo testador;
- não exige testemunhas;
- pode ser escrito por meios mecânicos (jurisprudência dominante);
- deve ser escrito pelo disponente ou por terceiro;
- não exclui a forma pública, embora indique a particular.

Execução:

As mesmas regras do testamento particular. Se público ou cerrado, seguem-se as normas de execução destes (art. 737, § 3º, do CPC/2015).

Art. 1.885. Se estiver fechado o codicilo, abrir-se-á do mesmo modo que o testamento cerrado: será aberto pelo juiz que fará registrar.

Consequências:

Art. 1.882. O codicilo pode ser autônomo, ou pode existir como parte integrante de um testamento.

- Não revoga testamento. Por este é revogável (1.884);
- É revogável por outro codicilo;
- Mais de um codicilo: Na dúvida, vale a última disposição;
- É válido exista ou não testamento;
- Sendo o codicilo parte integrante ou complementar do testamento, anulado ou revogado este, deixa de existir aquele.
- As regras da capacidade no testamento valem para o codicilo.

3. FORMAS ESPECIAIS DE TESTAMENTO

Além das formas ordinárias de testamento previstas (público, cerrado e particular), o Código Civil prevê formas especiais, as quais não podem ser livremente escolhidas pelas pessoas (como nas formas ordinárias), mas sim são determinadas por circunstâncias e situações excepcionais nas quais se encontra aquele que pretende manifestar sua vontade. Estes testamentos têm como características a redução das formalidades, em razão da presença destas circunstâncias ou situações excepcionais.

> Art. 1.886. São testamentos especiais:
>
> I – o marítimo;
>
> II – o aeronáutico;
>
> III – o militar.
>
> Art. 1.887. Não se admitem outros testamentos especiais além dos contemplados neste Código.

Tanto seu registro quanto seu cumprimento se darão de acordo com o art. 737, § 3º, do CPC/2015, obedecendo às regras do testamento particular.

a) Marítimo

É a declaração de última vontade, feita a bordo de navios, embarcações: em alto-mar. Pode ser feito pelos tripulantes ou pelos passageiros (art. 1.888). Justifica-se em caso de emergência e necessidade. Não prevalece se a embarcação estiver em local onde o testador poderia ter desembarcado e testado de forma ordinária (art. 1.892). Caducará se o testador não morrer em viagem, nem nos 90 dias subsequentes ao seu desembarque em terra, onde possa fazer, na forma ordinária, outro testamento (art. 1.891).

Requisitos:

- Viagem realizada em navio nacional (extensão do território nacional);
- Navio de guerra ou mercante (transporte de pessoas de um porto a outro);
- Testador esteja a bordo do navio;
- Cédula testamentária seja registrada no diário de bordo;
- Testamento fique sob a guarda do comandante.

Formas:

- Público ou cerrado;
- Exige apenas duas testemunhas;
- Será lavrado, em regra, pelo comandante;
- Se o testador não puder assinar, alguém assina *a rogo;*
- O registro do testamento será no diário de bordo: art. 1.888, parágrafo único.

b) Aeronáutico: arts. 1.888 e 1.889

É aquele feito por quem estiver em viagem, a bordo de aeronave militar ou comercial, perante pessoa designada pelo comandante. A garantia da entrega ao comandante é o registro no diário de bordo. A integridade do testamento fica sob a guarda daquele.

Formas e requisitos:

- Público ou cerrado, nos termos do art. 1.888 do CC;
- Requisitos: os mesmos do marítimo;
- O comandante não se envolve na elaboração do testamento, pois está conduzindo a aeronave.

Caducidade: efemeridade

Art. 1.891 – Caducará – Tem eficácia temporal e condicional:

a) Não morrer na viagem;

b) 90 dias subsequentes ao desembarque não testar da forma ordinária;

c) É nulo o testamento feito em portos – neste caso, poderia ser feito pela forma ordinária de testamento. Tem que ser em alto-mar (art. 1.892).

O prazo de caducidade: 90 dias após o último desembarque – no fim da viagem. Perde a eficácia. Se o testador ficar impedido de fazer pela forma ordinária (doença), valerá a disposição (prova).

c) Militar: art. 1.893

É o realizado pelo militar e outras pessoas a serviço das forças aéreas em campanha (médicos, enfermeiros, engenheiros etc.) que estejam participando de operações de guerra dentro ou fora do país. **Justifica-se pela excepcionalidade da situação.**

Requisitos:

- Que as forças aéreas estejam "em campanha" (dentro ou fora do país) – mesmo missão de paz;
- Que o testador esteja participando da guerra, em campanha, sem possibilidade de se afastar para realizar o testamento pela forma ordinária;
- Qualquer pessoa envolvida – civil ou militar;
- Que não haja, no local, um tabelionato onde o testador possa dispor de seus bens por meio de testamento público;
- Que a situação de perigo seja real.

Formas:

Podem ser três: público, cerrado ou nuncupativo.

- **Público:** o comandante da tropa ou diretor do hospital ou oficial de saúde funcionará como tabelião. Lavrado perante duas testemunhas ou por três, caso o testador não saiba assinar (uma delas assinará a rogo).
- **Cerrado:** o testador entregará o escrito, devidamente assinado, ao oficial de patente mais acima, que o datará, indicará o lugar em que lhe foi apresentado, assinando-o com as duas testemunhas, devolvendo-o ao apresentante.
- **Nuncupativo:** é feito de viva voz, perante duas testemunhas, por alguém que está empenhada em combate ou ferida, ou seja, a pessoa

está exposta a risco de vida e impossibilitada de usar a forma escrita. Se findar a guerra ou o testador convalescer, cessarão os motivos que autorizam essa forma de testamento.

As declarações são feitas a duas testemunhas, que devem escrevê-las e confirmar em juízo. **É exceção e possui risco pois, se o testador falecer, ficará nas mãos das testemunhas.**

Caducidade: art. 1.895

a) Noventa dias para fazer da forma ordinária. Caduca da mesma forma que o marítimo.
b) Não tem prazo de eficácia se apresentar as formalidades prescritas (art. 1.895): segurança e definitividade. Não caducará.

4. DISPOSIÇÕES TESTAMENTÁRIAS EM GERAL - ARTS. 1.897 A 1.911

As disposições testamentárias contemplarão unicamente pessoas naturais ou jurídicas. Inadmissível a contemplação de animais. São de natureza:

a) pessoal: nomeação de tutor, reconhecimento de filho etc.
b) patrimonial: referente aos bens.

a. Interpretação do testamento

Quando da interpretação das cláusulas testamentárias, deve-se atentar para buscar a verdadeira intenção do testador, ainda que não tenha se saído bem com as palavras escritas. É nesse sentido a determinação do art. 1.899 do CC.

b. Regras proibitivas

Nomeação a termo: art. 1.898

A herança se transmite imediatamente com o óbito. Aberta a sucessão, o herdeiro não tem o que aguardar. Reafirma o princípio da *saisine* – a herança transmite-se com a morte. Nesse caso, não há o prejuízo da nomeação em si, mas sim da designação do termo (inicial ou final).

Instituição de herdeiro sob condição captatória: art. 1.900, I

Não admite nenhuma espécie de pacto sucessório (vedação de contrato que tenha por objeto herança de pessoa viva - art. 426 do CC). Essa vedação é em razão de que a instituição de herdeiro deve ser por meio da plena liberdade e vontade do testador e, sendo possibilitada essa hipótese, poderia haver influência do captador sobre o testador.

Referência a pessoa incerta: art. 1.900, II

Não há como ser cumprido um ato de disposição de última vontade se o beneficiário não puder ser identificado. Quanto mais claro, melhor será. Contudo, não é preciso indicar o nome da pessoa, desde que existam características possíveis de identificar o beneficiário.

Beneficiar pessoa incerta, a ser identificada por terceiro: art. 1.900, III

Neste caso, não seria uma liberalidade do falecido, mas sim do terceiro indicado por ele.

Beneficiar ao herdeiro, ou a outrem, da prerrogativa de fixar o valor do legado: art. 1.900, IV

Semelhante à situação anterior, neste caso, o autor da herança indica o herdeiro, mas determina que outra pessoa fixe o valor do legado.

Beneficiar às pessoas indicadas nos arts. 1.801 e 1.802: art. 1.900, V

c. Regras permissivas

Nomeação pura e simples: art. 1.897

Não há nenhum encargo, condição ou contraprestação.

Nomeação sob condição: art. 1.897

Condição é acontecimento futuro e incerto do qual depende a eficácia do negócio jurídico (ver "elementos acidentais do negócio jurídico" no capítulo de parte geral).

Nomeação com a imposição de encargo: art. 1.897

A herança pode vir subordinada a um encargo que o beneficiário deverá cumprir, caso aceite a herança.

Disposição motivada: art. 1.897

É possível a nomeação de herdeiro por certo motivo. O testador, ao nomear alguém como seu beneficiário, não é obrigado a indicar o motivo, mas, caso queira, não pode haver a confusão com obrigação modal (de encargo), pois se trata de fatos passados.

Disposição com cláusulas de inalienabilidade: art. 1.911

O art. 1.911 dispõe sobre a possibilidade de o testador estabelecer ônus ou gravame sobre os bens que integram a herança. Essa cláusula de inalienabilidade que pode ser imposta traz como consequências a impenhorabilidade e a incomunicabilidade desses bens. Contudo, o art. 1.848 do CC restringe essas cláusulas para a legítima, determinando que, somente com justa causa, poderão ser estabelecidas.

5. ROMPIMENTO DO TESTAMENTO

O testamento rompe-se sempre que, ao dispor, o autor da herança não sabia da existência de herdeiros necessários, vindo a descobri-los após a elaboração do documento (causa superveniente).

a. Superveniência de descendente sucessível (art. 1.973)

A existência de qualquer filho quando da feitura do testamento afasta o rompimento, mesmo que, depois, surjam outros. Somente será causa de rompimento, quando, então o testamento não será cumprido, quando o autor da herança não souber da existência de descendente sucessível ao dispor por testamento.

b. Surgimento de herdeiros necessários ignorados, depois do testamento (art. 1.974)

Surgimento, depois de elaborado o testamento, de outros herdeiros necessários, que o testador não conhecia.

c. Subsistência do testamento, se conhecida a existência de herdeiros necessários (art. 1.975)

Se o testador dispõe somente de sua metade disponível, a exclusão dos herdeiros necessários não implica a ruptura do testamento. **Se o testador avançou na legítima do herdeiro necessário de que tinha conhecimento, o testamento não se rompe, mas reduz-se a liberalidade para o efeito de restaurar por inteiro a quota legalmente reservada**.

6. REVOGAÇÃO DO TESTAMENTO

Segundo o art. 1.970 do CC, a revogação do testamento pode se dar de forma **total** (declara-se, em novo testamento, a revogação do anterior, não fazendo nenhuma limitação ou reserva) ou **parcial** (limita-se ao tópico atingido – art. 1.970 do CC).

7. SUBSTITUIÇÕES TESTAMENTÁRIAS

O testador pode, além de estabelecer o beneficiário de seu testamento, instituir o substituto, ou seja, a pessoa que, na impossibilidade do herdeiro testamentário (ou legatário) de herdar (seja por já ser falecido, seja por não aceitar a herança, p.ex.), herdará em seu lugar (art. 1.947 do CC).

a. Substituição fideicomissária

Os arts. 1.951 e ss. do CC tratam das situações nas quais o testador estabelece um beneficiário, mas com a incumbência de, após a sua morte, ou em vida, transmitir o bem a outra pessoa, inclusive sob certa condição. Existem três figuras: a) fideicomitente – o instituidor, testador, doador; b) fiduciário (ou gravado) – que recebe o bem para, depois, efetuar a transmissão; e c) fideicomissário (ou substituto) – pessoa que recebe o bem quando da morte do fiduciário.

O testador fixa o tempo do fideicomisso: *vitalício* (até a morte do fiduciário); a *termo* (em tempo prefixado pelo testador) ou *condicional* (se depender de implementação de alguma condição resolutiva). Trata-se de uma vocação dupla, pois tanto o fiduciário quanto o fideicomissário se tornam titulares da herança: o fiduciário, enquanto estiver vivo ou não ocorrer a condição ou termo, e o fideicomissário, depois desses períodos.

Há direito de acrescer – art. 1.956 do CC: se o fideicomissário aceitar a herança ou o legado, terá direito a receber também aquilo que acresceu aos fiduciários.

8. REDUÇÃO DAS DISPOSIÇÕES TESTAMENTÁRIAS

A liberdade de testar é relativa pois, havendo herdeiros necessários, o testador só poderá dispor da metade da herança. Assim, para resguardar a legítima, a lei permite a redução das disposições testamentárias. Desta forma, toda vez que essas disposições ultrapassarem a quota disponível do testador, poderão ser reduzidas. Assim, deve-se apurar o valor total do patrimônio na data da abertura da sucessão, abatidas as dívidas e despesas de funeral, adicionando-se os bens sujeitos à colação (art. 1.847 do CC). A partir daí, o valor líquido é dividido em duas metades: uma delas a legítima e a outra, a parte disponível. Os valores que ultrapassarem a metade disponível devem ser reduzidos, proporcionalmente, nos termos do art. 1.967 do CC.

Em se verificando que as disposições testamentárias excederam a porção disponível, serão proporcionalmente reduzidas as quotas do herdeiro ou herdeiros instituídos, até onde bastem, e, não bastando, também os legados, na proporção de seu valor. Ex.: Se alguém que tem dois filhos faz uma disposição a favor de um no montante de 60%, a redução ocorre em 10%.

Redução de disposições testamentárias – Art. 1.966 do CC	Rompimento de testamento – Art. 1.973 do CC
Autor da herança testa	Autor da herança testa
Sabendo da existência de herdeiro necessário	Sem saber existência de herdeiro necessário
Autor da herança ultrapassa o limite da liberdade de dispor	Herdeiro necessário aparece após testamento
Autor da herança falece	Autor da herança falece
TESTAMENTO É CUMPRIDO = mas com redução das disposições ao limite da parte disponível	TESTAMENTO NÃO É CUMPRIDO = rompe-se
Sucessão será legítima – 50% e testamentária – 50%	Sucessão será exclusivamente legítima

IV – INVENTÁRIO E PARTILHA

1. INVENTÁRIO

Aberta a sucessão com o falecimento do autor da herança, seu patrimônio é, desde logo, transmitido aos herdeiros legítimos e testamentários, de acordo com o art. 1.784 do CC. Como a herança é transmitida "como um todo unitário", é preciso que seja feita a individualização de cada quota-parte dos herdeiros, a fim de terminar com o estado de comunhão. Nesse sentido, deve-se instaurar o processo de inventário, para que seja possível realizar a partilha dos bens e a individualização dos quinhões hereditários.

Inventário significa achar, encontrar. Utilizada juridicamente no sentido de enumerar e catalogar aquilo que "foi encontrado", que pertence, neste caso, ao falecido.

O procedimento de inventário é previsto nos arts. 610 e ss. do CPC/2015.

1. Inventário negativo

Mesmo que não existam bens, é possível que seja feito o processo de inventário. Serve, tão somente, para comprovar que aquele que faleceu não possui bens a inventariar.

Ex.: art. 1.523, I – causa suspensiva – viúvo que não deu partilha aos filhos não deve casar – regime da separação obrigatória de bens (art. 1.641, I). É possível que esta penalidade não seja imposta se restar comprovado que não haverá prejuízo aos filhos. A forma de fazer essa prova é o inventário negativo.

Será dada abertura ao inventário, feita a pesquisa de bens e a sentença judicial declarará a inexistência de bens a serem partilhados.

2. Inventário conjunto

Em situações excepcionais, é possível que seja realizado o inventário de duas pessoas ao mesmo tempo, no mesmo processo, visando à economia processual. HIPÓTESES: **Art. 672 do CPC/2015** – identidade de herdeiros, herança deixada pelos dois cônjuges ou companheiros ou dependência de uma das partilhas em relação à outra.

3. Dispensa de inventário

Dependendo dos bens que componham o acervo hereditário, o inventário pode ser dispensado – Lei nº 6.858/1980 – pagamento aos dependentes ou sucessores de valores não recebidos em vida pelos respectivos titulares – FGTS (Fundo de Garantia do Tempo de Serviço) e PIS/Pasep (Fundo de Participação) – art. 666 do CPC/2015.

Outros bens:

- bens que o *de cujus* tenha apenas a posse – não é necessário fazer inventário – aquisição originária da propriedade – usucapião.
- contas poupança – se o *de cujus* tiver um segundo titular na conta, este poderá sacar os valores, ainda que a jurisprudência tenha uma tendência a deferir só a metade destes.

Alvará judicial: sendo necessário o levantamento de importâncias em dinheiro ou venda de algum bem antes de completado o inventário, é possível que as partes façam requerimento em juízo de alvará judicial para tal fim. Normalmente a justificativa utilizada é o pagamento das custas de inventário, impostos, taxas etc.

4. Inventário judicial

É dividido em:

a) inventário judicial pelo rito tradicional – arts. 610 a 658 do CPC/2015;

b) inventário judicial pelo rito do arrolamento sumário – art. 659 do CPC/2015;

c) inventário judicial pelo procedimento do arrolamento comum – art. 664 do CPC/2015.

a. Inventário judicial pelo rito ou procedimento tradicional

Abertura do Inventário

O art. 611 do CPC/2015 prevê que o inventário deve ser aberto dentro de dois meses a contar do falecimento e terminar nos doze meses subsequentes, podendo o juiz prorrogar o prazo, de ofício ou a requerimento da parte. Caso esse prazo não seja cumprido, haverá sanção de natureza fiscal (aplicação de multa). Na prática, ao menos no RS, esses prazos não são obedecidos e não há nenhuma aplicação de multa em razão do descumprimento. Outros Estados, contudo, fazem a previsão de incidência de multa sobre a avaliação do patrimônio (em torno de 20%).

Legitimidade para requerer o inventário

Art. 615 do CPC/2015: quem estiver na posse e administração do espólio, deve dar abertura ao inventário. Esse, contudo, não necessariamente, será o inventariante, pois da abertura do inventário até a nomeação do inventariante haverá um administrador provisório. Podem, ainda, requerer o inventário: cônjuge ou companheiro; herdeiro; legatário; testamenteiro; cessionário; credor do herdeiro, do legatário ou do autor da herança; Ministério Público; Fazenda Pública; ou o administrador judicial da falência do herdeiro, legatário, autor da herança, cônjuge ou companheiro supérstite (art. 616 do CPC/2015).

A ação de abertura do inventário deve ser instruída com a certidão de óbito do *de cujus* e procuração para o advogado.

O requerimento de abertura do inventário será instruído com a certidão de óbito do *de cujus* (obrigatório – art. 615, parágrafo único, do CPC/2015) e procuração outorgada ao advogado que assina a petição. Poderá, ainda, conter:

- certidão de casamento do *de cujus*;
- cédula testamentária;
- certidões de nascimento, ou outro documento, dos herdeiros;
- certidões dos imóveis etc.

Foro competente

O foro competente para processamento do inventário é o foro do último domicílio do **de cujus**, mesmo que os herdeiros residam em localidade diversa (arts. 1.785 e 1.796 do CC e 48 do CPC/2015).

Administrador provisório

Até que seja nomeado inventariante e este preste compromisso, a administração da herança ficará a cargo do administrador provisório nomeado pelo juiz (art. 613 do CPC/2015). Este tem a função de representação do espólio, devendo trazer ao acervo frutos percebidos, tendo direito a ser reembolsado pelas despesas necessárias. Responde por danos a que der causa (art. 614 do CPC/2015).

Nomeação de inventariante

Ingressando os herdeiros com o processo do inventário, o juiz despachará e nomeará o inventariante, que prestará compromisso e as primeiras declarações no prazo de 20 dias (art. 620 do CPC/2015). A função do inventariante é administrar os bens do espólio, sendo seu representante legal até que a partilha seja efetivada.

A ordem **preferencial**[2] de pessoas que podem ser nomeadas inventariantes é trazida pelo art. 617 do CPC/2015: cônjuge ou companheiro sobrevivente, desde que esteja convivendo com o outro ao tempo da morte deste; herdeiro que se achar na posse e na administração do espólio, se não houver cônjuge ou companheiro sobrevivente ou se estes não puderem ser nomeados; qualquer herdeiro, quando nenhum deles estiver na posse e na administração do espólio; herdeiro menor, por seu representante legal; testamenteiro, se lhe tiver sido confiada a administração do espólio ou se toda a herança estiver distribuída em legados; cessionário do herdeiro ou do legatário; inventariante judicial, se houver; pessoa estranha idônea, quando não houver inventariante judicial.

Depois de escolhido o inventariante pelo juiz, deverá prestar compromisso em cinco dias, de bem e fielmente desempenhar o cargo (art. 617, parágrafo único, do CPC/2015).

> **Observação:** O compromisso de inventariante poderá ser assinado por procurador, desde que com poderes especiais para assinatura do termo de compromisso de inventariante (art. 105 do CPC/2015).

As atribuições do inventariante estão dispostas nos arts. 618 e 619 do CPC/2015, dos quais se destacam as principais: representar o espólio, administrar os bens, prestar as primeiras declarações e juntar aos autos documentos e certidões necessários.

O inventariante pode ser removido do encargo nos casos previstos no art. 622 do CPC/2015. Como o inventariante realiza um múnus público, pode ser removido a qualquer momento, se comprovada a prática de determinados fatos, descritos no art. 622, I, do CPC/2015: se não prestar, no prazo legal, as primeiras ou as últimas declarações; II – se não der ao inventário andamento regular, se suscitar dúvidas infundadas ou se praticar atos meramente protelatórios; III – se, por culpa sua, bens do espólio se deteriorarem, forem dilapidados ou sofrerem dano; IV – se não defender o espólio nas ações em que for citado, se deixar de cobrar dívidas ativas ou se não promover as medidas necessárias para evitar o perecimento de direitos; V – se não prestar contas

2 O STJ entendeu que esta ordem é preferencial e não absoluta (REsp. nº 402.891).

ou se as que prestar não forem julgadas boas; se sonegar, ocultar ou desviar bens do espólio.

Essa enumeração é exemplificativa, podendo haver casos outros em que o juiz entenda que é caso de remoção do inventariante. Contudo, a simples demora no término do inventário não justifica a remoção. Para que isto ocorra, deve a demora ter se dado por culpa do inventariante.

O procedimento para remoção do inventariante consta nos arts. 623 a 625 do CPC/2015.

Primeiras declarações

Com a nomeação, o inventariante deverá prestar as primeiras declarações no prazo de 20 dias. Essas primeiras declarações deverão conter os dados do art. 620 do CPC/2015.

> **Observação:** Em geral, quando se dá abertura ao inventário, se for consensual, já são prestadas as primeiras declarações, com a informação de todos os herdeiros (qualificação completa, endereço, parentesco etc.), juntada de todos os documentos, avaliação já apresentada e a forma da partilha.

As primeiras declarações devem ser prestadas por petição, firmada por procurador com poderes especiais, devendo, na procuração do advogado, constar expressamente poderes para prestar as primeiras declarações (art. 620, § 2º, do CPC/2015).

Citação dos interessados

Após as primeiras declarações, os interessados (cônjuge ou companheiro e herdeiros) deverão ser citados (pelo correio – § 1º), havendo a intimação do Ministério Público, se houver herdeiro incapaz, da Fazenda Pública e do testamenteiro, caso haja testamento (art. 626 do CPC/2015).

Essa citação é dispensada se todos os herdeiros já estiverem representados nos autos ou se comparecerem espontaneamente.

Fase de impugnações

Concluídas as citações, as partes poderão impugnar alguma declaração prestada pelo inventariante, no prazo de 15 dias, nos termos do art. 627 do CPC/2015.

Se a impugnação for julgada procedente, o juiz determinará que as declarações sejam retificadas.

Em caso de haver uma questão que demande produção de provas que não a documental, especialmente no que se refere ao art. 627, III, do CPC/2015 – contestar a qualidade de herdeiro –, o juiz deverá remeter o impugnante às vias ordinárias (dilação probatória) e suspender o inventário (art. 627, § 3º, do CPC/2015).

Avaliação dos bens inventariados

Em seguida, será feita a avaliação dos bens, com a remessa dos autos para a Fazenda Estadual, a fim de que estabeleça o valor dos bens e realize o cálculo do imposto de transmissão *causa mortis* (ITCD) - arts. 629 e 630 do CPC/2015.

Últimas declarações

Depois de aceita a avaliação dos bens ou resolvidas possíveis impugnações à avaliação, o inventariante deverá prestar as últimas declarações (art. 636 do CPC/2015), quando poderá descrever o patrimônio que, porventura, tenha sido esquecido (mesmo que por desconhecimento). As partes serão ouvidas sobre as últimas declarações, podendo alegar a sonegação de patrimônio pelo inventariante somente depois da última declaração feita por ele, de que não existem outros bens a inventariar (art. 621 do CPC/2015).

Pagamento dos impostos

Após as últimas declarações, é feito o cálculo do imposto, que deverá ser pago (art. 637 do CPC/2015).

Nessa fase, devem ser juntadas certidões negativas de débitos municipais, estaduais e federais. Para tanto, deverão estar quitados os IPTUs, ITRs e outros impostos incidentes sobre os bens do *de cujus*.

b. Inventário judicial pelo rito do arrolamento sumário

É uma forma simplificada de inventário-partilha, quando todos os herdeiros são maiores, capazes e a partilha é amigável.

Nesse caso, quando da abertura do inventário, já são juntados todos os documentos necessários, prova da quitação do imposto, partilha etc., e o juiz apenas homologa, nos termos do art. 2.015 do CC.

Como é um procedimento sumário, é desburocratizado e, nesse sentido, o art. 660 do CPC/2015 dispensa a lavratura de termos de quaisquer espécies.

c. Inventário judicial pelo rito ou procedimento do arrolamento comum

Esta modalidade está estabelecia no art. 664 do CPC/2015 e aplica-se aos casos em que o valor dos bens do espólio for inferior a 1.000 salários mínimos, quando haverá a dispensa de avaliação, sendo indicado o valor pelo inventariante nas suas declarações. Neste caso, não importa existência ou não de consenso, mas sim o valor do patrimônio.

5. Inventário administrativo

A lavratura da escritura pública de inventário trata de uma forma facultativa. Não há obrigatoriedade da partilha extrajudicial. Assim, se todos forem capazes e concordes, o inventário e a partilha poderão ser feitos no tabelionato de notas (art. 610, § 1º, do CPC/2015).

Requisitos/pressupostos

Todos capazes (capacidade de todos os interessados) e de acordo (ausência de litigiosidade). Não pode envolver incapazes, nem existir testamento. Objetiva desburocratizar e agilizar o procedimento judicial de inventário e partilha.

Se o testamento já foi anulado, pode ser elaborado o inventário extrajudicial, fazendo constar na escritura as informações da ação anulatória transitada em julgado.

Os herdeiros e meeiros são representados por advogado (indispensável, conforme art. 610, § 2º, do CPC/2015) e devem assinar a escritura.

Se por todos reconhecida a união estável do falecido, poderá o companheiro sobrevivente promover o inventário extrajudicial. Do contrário, via judicial e com reconhecimento.

A opção pela via extrajudicial poderá, inclusive, ser solicitada durante o trâmite do procedimento judicial do inventário (arrolamento), mediante suspensão ou desistência.

Na via judicial, existe a fixação da limitação em face da competência territorial: local do óbito/último domicílio do *de cujus*. No âmbito extrajudicial, a escolha do tabelião é liberalidade das partes, não se condicionando ao domicílio, à situação dos bens ou ao local do óbito.

6. Sonegados

Aberto o inventário, é dever do inventariante apresentar as primeiras e últimas declarações, com a indicação e caracterização dos bens a serem partilhados. Caso o inventariante ou herdeiro não descreva algum bem, intencionalmente, de forma a desfalcar o ativo do espólio, cometerá o delito civil de sonegação, sujeitando-se às penas dos arts. 1.992 e 1.993 do CC (remoção do cargo de inventariante e perda do direito sobre o bem sonegado).

A arguição da sonegação só pode ocorrer depois das últimas declarações no inventário, encerrada a descrição dos bens (com a declaração de que não há outros a descrever/inventariar) (art. 1.996 do CC).

7. Do pagamento das dívidas

O espólio responde pelas dívidas do falecido, mas, feita a partilha, cada herdeiro arcará com aquela, dentro do limite de seu quinhão (art. 796 do CPC/2015).

8. Colação

O que exceder a metade disponível, para cálculo das legítimas, deve ser conferido na parte indisponível. Assim, o herdeiro que tiver recebido bens do autor da herança em vida deverá, após a morte deste, apresentar tais bens, a fim de descontar o valor de sua quota hereditária. Apenas os descendentes estão sujeitos à colação (art. 2.002 do CC).

Art. 639, parágrafo único, do CPC/2015 – os bens a serem colacionados terão seu valor calculado pelo valor do tempo da abertura da sucessão (para óbitos ocorridos após a entrada em vigor desta lei).

Dispensa da colação

Quando, na doação, o doador tiver deixado, de forma expressa, que aquele bem sai de sua parte disponível, com a sua morte, o herdeiro ficará isento da colação (art. 2.005 do CC).

9. Partilha

Terminado o inventário, partilham-se os bens entre os herdeiros. É a forma de terminar com a comunhão e indivisibilidade dos bens. Se houver apenas um herdeiro, poderá adjudicá-los. A partilha pode ser feita por escritura pública, termo nos autos do inventário ou escrito particular homologado pelo juiz.

Procedimento: ver **arts. 647 a 658 do CPC/2015**

A partilha amigável pode ser formulada tanto no inventário como no arrolamento.

a) *Inter vivos:* por escritura pública ou testamento.

b) *Post mortem:* no curso do inventário ou do arrolamento, na forma do art. 2.015.

QUESTÕES

1. (OAB – FGV – XIX EXAME DE ORDEM) **Júlia, casada com José sob o regime da comunhão universal de bens e mãe de dois filhos, Ana e João, fez testamento no qual destinava metade da parte disponível de seus bens à constituição de uma fundação de amparo a mulheres vítimas de violência obstétrica. Aberta a sucessão, verificou-se que os bens destinados à constituição da fundação eram insuficientes para cumprir a finalidade pretendida por Júlia, que, por sua vez, nada estipulou em seu testamento caso se apresentasse a hipótese de insuficiência de bens. Diante da situação narrada, assinale a afirmativa correta.**

a) A disposição testamentária será nula e os bens serão distribuídos integralmente entre Ana e João.

b) O testamento será nulo e os bens serão integralmente divididos entre José, Ana e João.

c) Os bens de Júlia serão incorporados à outra fundação que tenha propósito igual ou semelhante ao amparo de mulheres vítimas de violência obstétrica.

d) Os bens destinados serão incorporados à outra fundação determinada pelos herdeiros necessários de Júlia, após a aprovação do Ministério Público.

2. (OAB – FGV – XXVIII EXAME DE ORDEM) **Matheus, sem filhos, casado com Jane, no regime de comunhão parcial de bens, falece após enfarto fulminante. De seu parentesco em linha reta são ainda vivos Carlos, seu pai, e Irene, sua avó materna.**

A partir da situação acima, assinale a opção que indica a sucessão de Matheus.

a) Serão herdeiros Carlos, Irene e Jane, a última em concorrência, atribuído quinhão de 1/3 do patrimônio para cada um deles.

b) Serão herdeiros Carlos e Jane, atribuído quinhão de 2/3 ao pai e de 1/3 à Jane, cônjuge concorrente.

c) Carlos será herdeiro sobre a totalidade dos bens, enquanto Jane apenas herda, em concorrência com este, os bens particulares do falecido.

d) Serão herdeiros Carlos e Jane, esta herdeira concorrente, atribuído quinhão de metade do patrimônio para cada um destes.

3. (OAB – FGV – XXIX EXAME DE ORDEM) Mariana e Maurílio são filhos biológicos de Aldo. Este, por sua vez, nunca escondeu ser mais próximo de seu filho Maurílio, com quem diariamente trabalhava. Quando do falecimento de Aldo, divorciado na época, seus filhos constataram a existência de testamento, que destinou todos os bens do falecido exclusivamente para Maurílio. Sobre a situação narrada, assinale a afirmativa correta.

a) O testamento de Aldo deverá ser integralmente cumprido, e, por tal razão, todos os bens do autor da herança serão transmitidos a Maurílio.

b) A disposição de última vontade é completamente nula, porque Mariana é herdeira necessária, devendo os bens ser divididos igualmente entre os dois irmãos.

c) Deverá haver redução da disposição testamentária, respeitando-se, assim, a legítima de Mariana, herdeira necessária, que corresponde a um quinhão de 50% da totalidade herança.

d) Deverá haver redução da disposição testamentária, respeitando a legítima de Mariana, herdeira necessária, que corresponde a um quinhão de 25% da totalidade da herança.

4. (OAB – FGV – XXX EXAME DE ORDEM) Juliana, Lorena e Júlia são filhas de Hermes, casado com Dóris. Recentemente, em razão de uma doença degenerativa, Hermes tornou-se paraplégico e começou a exigir cuidados maiores para a manutenção de sua saúde. Nesse cenário, Dóris e as filhas Juliana e Júlia se revezavam a fim de suprir as necessidades de Hermes, causadas pela enfermidade. Quanto a Lorena, esta deixou de visitar o pai após este perder o movimento das pernas, recusando-se a colaborar com a família, inclusive financeiramente. Diante desse contexto, Hermes procura você, como advogado(a), para saber quais medidas ele poderá tomar para que, após sua morte, seu patrimônio não seja transmitido a Lorena. Sobre o caso apresentado, assinale a afirmativa correta.

a) A pretensão de Hermes não poderá ser concretizada segundo o Direito brasileiro, visto que o descendente, herdeiro necessário, não poderá ser privado de sua legítima pelo ascendente, em nenhuma hipótese.

b) Não é necessário que Hermes realize qualquer disposição ainda em vida, pois o abandono pelos descendentes é causa legal de exclusão da sucessão do ascendente, por indignidade.

c) Existe a possibilidade de deserdar o herdeiro necessário por meio de testamento, mas apenas em razão de ofensa física, injúria grave e relações ilícitas com madrasta ou padrasto atribuídas ao descendente.

d) É possível que Hermes disponha sobre deserdação de Lorena em testamento, indicando, expressamente, o seu desamparo em momento de grave enfermidade como causa que justifica esse ato.

5. **(OAB – FGV – XXXI EXAME DE ORDEM)** Arnaldo faleceu e deixou os filhos Roberto e Álvaro. No inventário judicial de Arnaldo, Roberto, devedor contumaz na praça, renunciou à herança, em 05/11/2019, conforme declaração nos autos. Considerando que o falecido não deixou testamento e nem dívidas a serem pagas, o valor líquido do monte a ser partilhado era de R$ 100.000,00 (cem mil reais). Bruno é primo de Roberto e também seu credor no valor de R$ 30.000,00 (trinta mil reais). No dia 09/11/2019, Bruno tomou conhecimento da manifestação de renúncia supracitada e, no dia 29/11/2019, procurou um advogado para tomar as medidas cabíveis. Sobre esta situação, assinale a afirmativa correta.
   a) Em nenhuma hipótese Bruno poderá contestar a renúncia da herança feita por Roberto.
   b) Bruno poderá aceitar a herança em nome de Roberto, desde que o faça no prazo de quarenta dias seguintes ao conhecimento do fato.
   c) Bruno poderá, mediante autorização judicial, aceitar a herança em nome de Roberto, recebendo integralmente o quinhão do renunciante.
   d) Bruno poderá, mediante autorização judicial, aceitar a herança em nome de Roberto, no limite de seu crédito.

GABARITO

1. C; 2. D; 3. C; 4. D; 5. D

REFERÊNCIAS BIBLIOGRÁFICAS

DIAS, Maria Berenice. *Manual das sucessões.* 6. ed. São Paulo: RT, 2017.

DONIZETTI, Elpídio; QUINTELLA, Felipe. *Curso didático de direito civil.* 6. ed. São Paulo: Atlas, 2017.

FARIAS, Cristiano Chaves de; ROSENVALD, Nelson. *Curso de direito civil*: sucessões. São Paulo: Atlas, 2015. vol. 7.

GAGLIANO, Pablo Stolze; PAMPLONA FILHO, Rodolfo. *Novo curso de direito civil:* direito das sucessões. 4. ed. São Paulo: Saraiva, 2017. vol. 7.

GONÇALVES, Carlos Roberto. *Direito civil brasileiro*: direito das sucessões. 6. ed. São Paulo: Saraiva, 2012.

TARTUCE, Flávio. *Direito civil:* direito das sucessões. 10. ed. Rio de Janeiro: Forense, 2017. vol. 6.

Estatuto da Criança e do Adolescente (ECA)

Franciele Letícia Kühl

Mestre em Direito na linha de Políticas Públicas pela Universidade de Santa Cruz do Sul – UNISC. Especialista em Direito Processual Civil. Professora no curso de Direito da Faculdade Dom Alberto e nos cursos preparatórios para OAB e Concursos Públicos no CEISC. Pesquisadora e consultora em políticas públicas. Escritora e palestrante.

SUMÁRIO

1. CONHECIMENTO INTRODUTÓRIO

A Constituição Federal de 1988 foi o marco interruptivo entre a teoria da situação irregular – tratada pelo Código de Menores de 1927 e adotado explicitamente no Código de 1979 – e a teoria da proteção integral, que veio a ser posteriormente regulada pela Lei nº 8.069, de 13 de julho de 1990, denominada Estatuto da Criança e do Adolescente (ECA).

A teoria da proteção integral encontra amparo jurídico na Constituição Federal, no Estatuto da Criança e do Adolescente e nas Convenções Internacionais sobre os Direitos da Criança e dos Direito Humanos. Assentando-se basicamente em três princípios pilares: a criança e o adolescente como sujeitos de direitos, destinatários de absoluta prioridade e respeitando sua condição peculiar de desenvolvimento.

Desta forma, todos os atos relacionados ao atendimento das necessidades da criança e do adolescente devem atender o seu melhor interesse, e essa perspectiva deve ser seguida pelas famílias, pela sociedade e pelo Estado, que nas suas decisões e nos seus procedimentos cotidianos devem tomar uma série precauções e cuidados com a finalidade de proteger a criança e o adolescente, levando em conta, principalmente, a sua condição de pessoa em desenvolvimento.

2. FUNDAMENTOS CONSTITUCIONAIS ESPECÍFICOS

A proteção integral está amparada na Constituição Federal. O próprio art. 227 assevera que a toda criança e adolescente deve ser assegurado com absoluta prioridade:

> Art. 227. É dever da família, da sociedade e do Estado assegurar à criança, ao adolescente e ao jovem, com absoluta prioridade, o direito à vida, à saúde, à alimentação, à educação, ao lazer, à profissionalização, à cultura, à dignidade, ao respeito, à liberdade e à convivência familiar e comunitária, além de colocá-los a salvo de toda forma de negligência, discriminação, exploração, violência, crueldade e opressão.

Esses direitos são trabalhados dentro do Estatuto da Criança e do Adolescente, que estabelece de forma especificada o sistema de garantia de direitos, lembrando que todos os direitos de crianças e adolescentes devem ser garantidos tanto para filhos havidos ou não da relação do casamento quanto para os adotados. Todos os filhos possuem os mesmos direitos e qualificações, sendo proibidas designações discriminatórias relativas à filiação (art. 227, § 6º, da CF).

O Estado deverá promover programas de assistência integral à saúde e de prevenção e atendimento especializado para pessoas com deficiência física, sensorial ou mental, que contarão com a aplicação de percentual dos recursos públicos, assim como disporá sobre normas de construção dos logradouros e dos edifícios de uso público e de fabricação de veículos de transporte coletivo, adequados às pessoas com deficiência (art. 227, §§ 1º e 2º, da CF).

Por fim, estabelece, no art. 229, que os pais têm o dever de assistir, criar e educar os filhos menores, e os filhos maiores têm o dever de ajudar e amparar os pais na velhice, carência ou enfermidade.

3. DISPOSIÇÕES GERAIS: SISTEMA DE DIREITOS E GARANTIAS

Antes de falarmos sobre questões mais específicas de direito, é necessário estabelecermos a classificação de crianças e adolescentes, que será de acordo com a idade, segundo o art. 2º do ECA.

O critério estabelecido pelo legislador é objetivo: CRIANÇAS são aquelas de até 12 anos INCOMPLETOS, já os ADOLESCENTES, aqueles de 12 até 18 anos. Em outras palavras, criança é a pessoa até 11 anos completos; adolescente, a pessoa de 12 anos completos até 18 anos.

O ECA será aplicado, em geral, para crianças e adolescentes, todavia, há exceções que levarão à aplicação do ECA em idades superiores:

> **Atenção!** O ECA pode ter aplicação EXCEPCIONAL para pessoas até 21 anos de idade nos casos de ato infracional com medida socioeducativa de internação, se o adolescente atingir maioridade durante o seu cumprimento. Ocorrerá a liberação compulsória quando completar 21 anos (arts. 2º, parágrafo único, 120, § 2º, e 121, § 5º, do ECA.

3.1 CRIANÇA E ADOLESCENTE COMO SUJEITOS DE DIREITOS

De acordo com o art. 3º, a criança e o adolescente gozam de todos os direitos fundamentais inerentes à pessoa humana, sem prejuízo da proteção integral de que trata o estatuto, assegurando-lhes, por lei ou por outros meios, todas as oportunidades e facilidades, a fim de lhes facultar o desenvolvimento físico, mental, moral, espiritual e social, em condições de liberdade e de dignidade.

A Lei nº 13.257/2016 (Marco legal da 1ª Infância) inseriu o parágrafo único no art. 3º, reforçando que os direitos enunciados no ECA aplicam-se a todas as crianças e adolescentes, sem discriminação de nascimento, situação familiar, idade, sexo, raça, etnia ou cor, religião ou crença, deficiência, condição pessoal de desenvolvimento e aprendizagem, condição econômica, ambiente social, região e local de moradia ou outra condição que diferencie as pessoas, as famílias ou a comunidade em que vivem.

No mesmo sentido, o art. 5º reforça que é dever de todos prevenir que qualquer criança ou adolescente seja vítima de alguma forma de negligência, discriminação, exploração, violência, crueldade e opressão, devendo, nestes casos, ser punido na forma da lei qualquer atentado aos direitos fundamentais, seja por ação, seja por omissão.

3.2 DIREITO À PRIORIDADE ABSOLUTA

O princípio da prioridade absoluta está legalmente previsto no art. 4º do Estatuto, bem como no art. 227 da CF. Crianças e adolescentes precisam ser o foco principal, de acordo com o parágrafo único do art. 4º. A garantia de prioridade compreende:

> a) primazia de receber proteção e socorro em quaisquer circunstâncias;
>
> b) precedência de atendimento nos serviços públicos ou de relevância pública;
>
> c) preferência na formulação e na execução das políticas sociais públicas;
>
> d) destinação privilegiada de recursos públicos nas áreas relacionadas com a proteção à infância e à juventude.

E, quando houver necessidade de interpretação da Lei, deverão ser levado em conta os fins sociais que ela tem, a exigência do bem comum, os direitos e deveres individuais e coletivos, como a condição peculiar de pessoa em desenvolvimento (art. 6º do ECA).

4. DIREITO À VIDA E À SAÚDE

Em consonância com os princípios gerais de Direitos Humanos, adotados pelos pactos internacionais, os direitos fundamentais à vida e à saúde estão contemplados expressamente a partir do art. 7º.

Direito à vida é um direito fundamental previsto no art. 5º da CF, já o direito à saúde trata-se de um direito social, segundo o art. 6º da CF. A saúde é direito de todos e dever do Estado, sendo essa competência solidária entre União, Estados, Distrito Federal e Municípios (art. 196 da CF). Também está previsto no art. 227, *caput*, reforçado o dever do Estado de assegurá-lo no § 1º, do mesmo artigo:

> § 1º O Estado promoverá programas de assistência integral à saúde da criança, do adolescente e do jovem, admitida a participação de entidades não governamentais, mediante políticas específicas e obedecendo aos seguintes preceitos: (Redação dada Pela Emenda Constitucional nº 65, de 2010)
>
> I – aplicação de percentual dos recursos públicos destinados à saúde na assistência materno-infantil;

> II – criação de programas de prevenção e atendimento especializado para as pessoas portadoras de deficiência física, sensorial ou mental, bem como de integração social do adolescente e do jovem portador de deficiência, mediante o treinamento para o trabalho e a convivência, e a facilitação do acesso aos bens e serviços coletivos, com a eliminação de obstáculos arquitetônicos e de todas as formas de discriminação. (Redação dada Pela Emenda Constitucional nº 65, de 2010)

O legislador preocupou-se com o direito desde a sua concepção, estando assim assegurado às mulheres o acesso a programas e políticas de saúde e de planejamento reprodutivo. Com relação à gestante, o Estatuto possui preocupação específica com a nutrição, a qual deve ser adequada. Além disso, ela deve contar com atenção humanizada à gravidez, ao parto e ao puerpério, assim como com atendimento pré-natal, perinatal e pós-natal integral no âmbito do Sistema Único de Saúde (SUS). Inclusive, a partir da Lei da 1ª Infância, a gestante tem direito a ter garantida sua vinculação, no último trimestre da gestão, ao estabelecimento em que será realizado o parto, garantido o direito de opção da mulher (art. 8º, § 2º). Os hospitais e demais estabelecimentos de saúde devem manter o registro das atividades desenvolvidas em prontuários individualizados pelo prazo de 18 anos (art. 10, inc. I).

Em que pese o ECA trazer somente a partir de 2016 que a gestante e a parturiente (art. 8º, § 6º) têm direito a um acompanhante, de sua preferência, no parto, esse direito existe desde 2005, com a Lei nº 11.108/2005. Esse acompanhante não precisa ser o pai da criança, mas qualquer pessoa escolhida pela mulher.

As mães terão assegurado pelo Poder Público: assistência psicológica para prevenir o estado puerperal, amparo para entregar seus filhos para adoção e auxílio no caso de estarem em situação de privação de liberdade.

> **Atenção!** Em relação às mulheres que desejam entregar seus filhos para adoção, estas serão obrigatoriamente encaminhadas, sem constrangimento, à Justiça da Infância e da Juventude, de acordo com os arts. 13, § 1º, e19-A do ECA. Incorre em sanção administrativa o médico, enfermeiro, dirigente de estabelecimento de saúde ou funcionário de programa oficial ou comunitário, destinado à garantia do direito à convivência familiar, que deixar de proceder a esse encaminhamento (art. 258-B do ECA).

O Poder Público, com a Lei nº 13.257/2016, deverá garantir à mulher com filho na primeira infância que se encontre sob custódia em unidade de privação de liberdade ambiência que atenda às normas sanitárias e assistenciais do SUS para o acolhimento do filho, em articulação com o sistema de ensino competente, visando ao desenvolvimento integral da criança (art. 8º, §§ 2º, 4º, 5º e 10 do ECA).

Quanto às garantias de aleitamento materno, o art. 9º do ECA traz que o Poder Público, as instituições e os empregadores propiciarão condições adequadas ao aleitamento materno, inclusive aos filhos de mães submetidas a medida privativa de liberdade. Ainda, os serviços e as unidades de terapia intensiva neonatal deverão dispor de banco de leite humano ou unidade de coleta de leite humano (art. 9º, § 2º, do ECA).

Entre outras ampliações às garantias de direitos fundamentais, como o direito à saúde, trazidas pela Lei da 1ª Infância, cabe destacar os §§ 1º e 2º do art. 11, o qual reforça a garantia de atendimento, sem discriminação ou segregação, de crianças e adolescentes com deficiência e o dever de oferecer gratuitamente medicamentos, órteses, próteses e outras tecnologias assistivas relativas a tratamento, habilitação ou reabilitação para crianças e adolescentes. A vacinação de crianças, nos casos recomendados pelas autoridades sanitárias, é obrigatória (art. 14, § 1º). Nesse sentido também, a obrigação de promover assistência médica, odontológica e vacinação, de acordo com o art. 14, §§ 2º e 3º, do ECA.

Dos crimes previstos:

> Art. 228. Deixar o encarregado de serviço ou o dirigente de estabelecimento de atenção à saúde de gestante de manter registro das atividades desenvolvidas, na forma e prazo referidos no art. 10 desta Lei, bem como de fornecer à parturiente ou a seu responsável, por ocasião da alta médica, declaração de nascimento, onde constem as intercorrências do parto e do desenvolvimento do neonato:
>
> Pena – detenção de seis meses a dois anos.
>
> Parágrafo único. Se o crime é culposo:
>
> Pena – detenção de dois a seis meses, ou multa.
>
> Art. 229. Deixar o médico, enfermeiro ou dirigente de estabelecimento de atenção à saúde de gestante de identificar corretamente o neonato e a parturiente, por ocasião do parto, bem como deixar de proceder aos exames referidos no art. 10 desta Lei:
>
> Pena – detenção de seis meses a dois anos.
>
> Parágrafo único. Se o crime é culposo:
>
> Pena – detenção de dois a seis meses, ou multa.

5. DIREITO À LIBERDADE, AO RESPEITO E À DIGNIDADE

O Capítulo II do ECA traz em sua redação que as crianças e os adolescentes têm direito à liberdade, ao respeito e à dignidade como pessoas humanas em processo de desenvolvimento e como sujeitos de direitos civis, humanos e sociais garantidos na Constituição Federal e nas leis esparsas, assim como nos tratados internacionais.

Possuem, portanto, direito de ir e vir, de ter opinião, crença, brincar, praticar esportes, divertir-se, participar tanto da vida familiar e comunitária sem discriminação como da vida política, buscar refúgio, auxílio e orientação, sendo dever de todos (não só da família) zelar pela dignidade da criança ou do adolescente, sem colocá-lo em situação de tratamento desumano, violento, aterrorizante, vexatório ou constrangedor (art. 18).

São de suma importância os arts. 18-A e 18-B do ECA introduzidos pela Lei nº 13.010/2014 no que se refere à inovação legislativa para estabelecer o direito da criança e do adolescente de serem educados e cuidados sem o uso de castigos físicos ou de tratamento cruel ou degradante.

É dever dos pais, integrantes da família ampliada, responsáveis, agentes públicos ou qualquer pessoa encarregada de cuidar de crianças e adolescentes tratá-los, educá-los ou protegê-los de castigo físico ou tratamento cruel ou degradante, como forma de correção, disciplina, estando sujeitos às seguintes sanções:

a) encaminhamento a programa oficial ou comunitário de proteção à família;
b) encaminhamento a tratamento psicológico ou psiquiátrico;
c) encaminhamento a cursos ou programas de orientação;
d) obrigação de encaminhar a criança a tratamento especializado;
e) advertência.

ATENÇÃO! Compete ao Conselho Tutelar a aplicação das sanções previstas acima (art. 18-B). Nos casos em que houver suspeita ou confirmação de castigo físico, tratamento cruel ou degradante e de maus-tratos, o Conselho Tutelar deve ser comunicado obrigatoriamente, sem prejuízo das outras providências legais (art. 13).

Se um médico, professor ou responsável por estabelecimento de atenção à saúde e de ensino fundamental, pré-escola ou creche deixar de comunicar à autoridade competente quando tiver conhecimento ou suspeita de maus-tratos contra criança ou adolescente, será responsabilizado com multa (art. 245).

Dos crimes previstos:

> Art. 232. Submeter criança ou adolescente sob sua autoridade, guarda ou vigilância a vexame ou a constrangimento:
>
> Pena – detenção de seis meses a dois anos.

6. DIREITO À EDUCAÇÃO, CULTURA, AO ESPORTE E AO LAZER

A criança e o adolescente têm direito à educação, visando ao pleno desenvolvimento de sua pessoa, ao preparo para o exercício da cidadania e à qualificação para o trabalho. Na CF, o direito à educação está previsto nos arts. 227, *caput*, 6º, como direito social, e a partir do 205:

> A educação, direito de todos e dever do Estado e da família, será promovida e incentivada com a colaboração da sociedade, visando ao pleno desenvolvimento da pessoa, seu preparo para o exercício da cidadania e sua qualificação para o trabalho.

O art. 208 da CF merece atenção especial, pois ele trata do dever constitucional do Estado quanto à educação.

A educação não é competência exclusiva da iniciativa pública; pelo contrário, é livre o ensino pela iniciativa privada, desde que atendidas as condições estabelecidas nas leis.

O art. 211 da CF traz as competências dos entes federativos, conforme o nível de ensino:

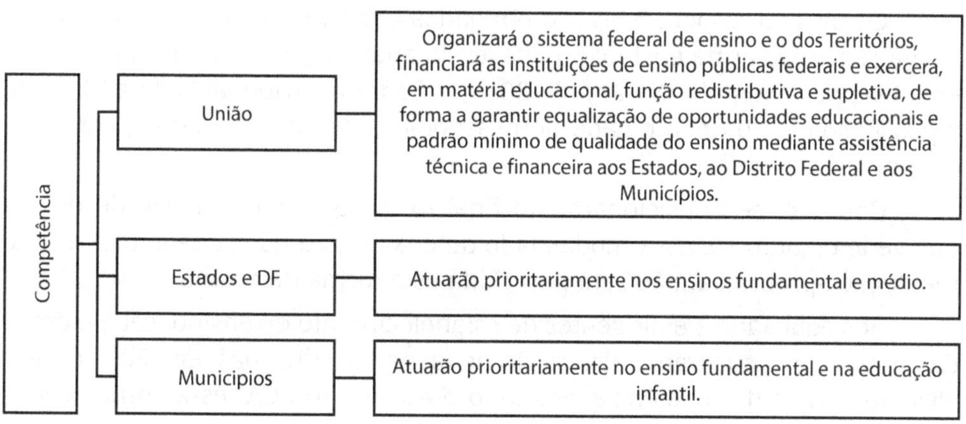

O art. 53, V, do ECA assegura o acesso à escola pública e gratuita próxima da residência, garantindo-se vagas no mesmo estabelecimento a irmãos que frequentem a mesma etapa ou ciclo de ensino da educação básica (segundo alteração advinda em junho de 2019).

O art. 54, por sua vez, elenca um rol de deveres do Estado, entre os quais:

> Art. 54. É dever do Estado assegurar à criança e ao adolescente:

I – ensino fundamental, obrigatório e gratuito, inclusive para os que a ele não tiveram acesso na idade própria;

II – progressiva extensão da obrigatoriedade e gratuidade ao ensino médio;

III – atendimento educacional especializado aos portadores de deficiência, preferencialmente na rede regular de ensino;

IV – atendimento em creche e pré-escola às crianças de zero a cinco anos de idade; (Redação dada pela Lei nº 13.306, de 2016)

V – acesso aos níveis mais elevados do ensino, da pesquisa e da criação artística, segundo a capacidade de cada um;

VI – oferta de ensino noturno regular, adequado às condições do adolescente trabalhador;

VII – atendimento no ensino fundamental, através de programas suplementares de material didático-escolar, transporte, alimentação e assistência à saúde.

O acesso gratuito ao ensino público é direito subjetivo. O não oferecimento pelo Poder Público ou, ainda, o oferecimento irregular importa da responsabilização da autoridade competente. No ensino fundamental o Poder Público possui o dever de recensear os educandos, o que significa listar, enumerar, fazer a chamada e zelar, com os pais ou responsáveis, pela frequência deles.

Os pais ou responsáveis são obrigados a matricular seus filhos ou pupilos na rede regular de ensino, não havendo autorização para o ensino regular em casa, por exemplo. No ano de 2019, o Supremo Tribunal Federal discutiu a possibilidade do denominado homeschooling, em RE nº 888815, com tese de repercussão geral.

Contudo, seu posicionamento final foi de que, na ausência de norma que vede ou autorize essa modalidade de ensino, até que se tenha lei regulamentação apropriada, não será permitida esta forma de ensino.

Aos educadores e dirigentes de estabelecimento de ensino, cabe o dever de comunicar maus-tratos, reiteração de faltas injustificadas, evasão escolar e elevados níveis de repetência. Segundo o art. 56 do ECA, essa comunicação deve ocorrer ao Conselho Tutelar.

Além disso, conforme art. 58, no processo educacional respeitar-se-ão os valores culturais, artísticos e históricos próprios do contexto social da criança e do adolescente, garantindo-se a estes a liberdade da criação e o acesso às fontes de cultura. E os municípios, com apoio dos Estados e da União, estimularão e facilitarão a destinação de recursos e espaços para programações culturais, esportivas e de lazer voltadas para a infância e a juventude, conforme art. 59 do ECA.

A Lei nº 13.840/2019 acrescentou ao Estatuto o art. 53-A, o qual trata sobre o dever das instituições de ensino, clubes e agremiações recreativas e de estabelecimentos congêneres assegurar medidas de conscientização, prevenção e enfrentamento ao uso ou dependência de drogas ilícitas.

7. DIREITO À PROFISSIONALIZAÇÃO E À PROTEÇÃO AO TRABALHO

O direito à profissionalização e ao trabalho protegido está assegurado somente para os adolescentes. Isto porque o trabalho infantil é proibido, mas o trabalho do adolescente é permitido, desde que atenda alguns critérios.

O art. 60 do ECA possui uma redação INCONSTITUCIONAL, trazendo em sua redação: "É proibido qualquer trabalho a menores de quatorze anos de idade, salvo na condição de aprendiz".

Essa redação nos faz pensar que é possível o trabalho antes dos 14 anos, se for na condição de aprendiz, mas esse NÃO é o entendimento correto. Com a leitura dos arts. 7º, XXXIII, e 227, § 3º, I, da CF, bem como do art. 403 da CLT, podemos perceber que a idade mínima é de 16 anos, salvo trabalho na condição de aprendiz a partir dos 14 anos de idade, NÃO PODENDO crianças e adolescentes até 14 anos incompletos TRABALHAR nem ter um contrato de aprendizagem.

O ECA traz em art. 62 que a aprendizagem é a formação técnico-profissional. Essa formação do adolescente deve seguir os seguintes princípios (art. 63):

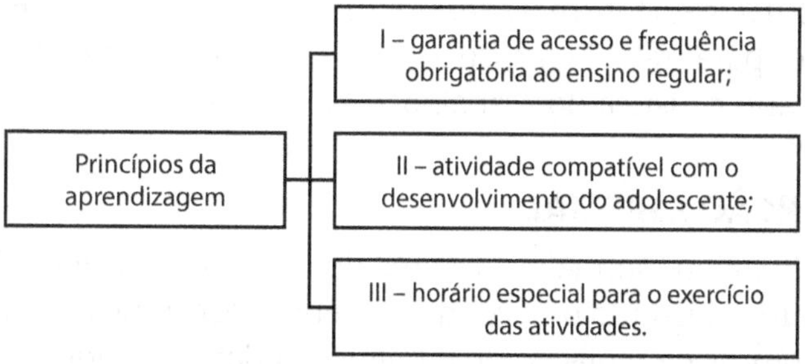

O art. 64 assegura bolsa de aprendizagem ao adolescente até 14 anos de idade, mas, como é inconstitucional o trabalho antes dos 16 anos, salvo na condição de aprendiz a partir dos 14 anos, a referida norma acaba perdendo aplicação prática. Já o art. 65 tem aplicação, pois ele assegura direitos trabalhistas e previdenciários ao aprendiz.

O adolescente com deficiência tem assegurado o trabalho protegido (art. 66), não sendo aplicado para ele o limite de idade para o contrato de aprendizagem, isto é, se no art. 428, *caput* e § 3º, da CLT diz que o contrato de aprendizado não pode ser realizado por prazo superior a dois anos e a idade limite é de 24 anos, esse prazo e essa idade não se aplicam ao contrato de aprendizagem da pessoa com deficiência.

Com o estudo da CF, do ECA e da CLT, podemos concluir que:

Criança ou adolescente até 14 anos de idade

- Proibida qualquer forma de trabalho ou contrato de aprendizagem.

Adolescente/jovem entre 14 e 24 anos de idade

- Permitido o contrato de aprendizagem.
- No caso de pessoa com deficiência: não se aplica o limite de idade.

Adolescente entre 16 e 17 anos de idade

- Proibição do trabalho:
- Noturno (entre 22 h e 5 h);
- Perigoso;
- Insalubre;
- Penoso;
- Realizado em locais que não permitam a frequência escolar;
- Realizado em locais que prejudiquem o desenvolvimento físico, psíquico, moral e social.
- Essas regras de proibição também se aplicam aos contratos de aprendizagem

Neste momento, você deve estar se perguntando: Mas e o trabalho artístico mirim e infantojuvenil? Bem, a própria CLT, no art. 406, traz a possibilidade de o Juiz da Infância e da Juventude autorizá-lo caso a apresentação tenha fim educativo, a peça em que participe não seja prejudicial à sua formação moral e que a ocupação seja indispensável para sua subsistência ou de sua família. Em 2018, o STF firmou entendimento, na ADI nº 5326/2015, de que as autorizações para trabalho artístico são de competência da Justiça Estadual, ou seja, não cabe à Justiça do Trabalho.

8. PREVENÇÃO ESPECIAL

No Título III, encontra-se o sistema de prevenção, atribuindo, individual, e coletivamente, ao Estado o dever de prevenir a ocorrência de ameaça, riscos iminentes e futuros de violação de direitos de crianças e adolescentes (art. 70 do ECA).

O ECA estipula medidas preventivas relativas a informação, cultura, lazer, esportes, diversões e espetáculos (arts. 74 a 80), a produtos e serviços (arts. 81 e 82) e a viagens de crianças e adolescentes (arts. 83 a 85).

É da União, dos Estados, do Distrito Federal e dos municípios, com integração dos órgãos do Poder Judiciário, Ministério Público, Defensoria Pública, Conselho Tutelar, Conselhos de Direitos da Criança e do Adolescente e entidades não governamentais que atuam na proteção e defesa de direitos, o dever de articular políticas públicas e executar ações destinadas a promoção de campanhas educativas, formação e capacitação de profissionais da saúde, educação e da assistência social.

8.1 DA INFORMAÇÃO, DA CULTURA, DO LAZER, DOS ESPORTES, DA DIVERSÃO E DOS ESPETÁCULOS

O Poder Público é responsável por regular as diversões e os espetáculos públicos, informando em lugar de visível e fácil acesso a natureza, o local, o horário e a faixa etária que poderá assistir a eles ou deles participar (art. 74 do ECA). A regulamentação é feita por portaria, devendo as crianças menores de 10 anos estar sempre acompanhadas dos pais ou responsáveis nos locais de apresentação ou exibição (art. 75, parágrafo único).

As emissoras de rádio e televisão devem respeitar horários recomendados para o público infantil: nada poderá ser apresentado ou anunciado sem o aviso prévio da classificação etária. Essa regra aplica-se a proprietários, diretores, gerentes e funcionários de empresas que explorem a venda ou aluguel de fitas, revistas, CDs, DVDs ou qualquer tipo de material, os quais cuidarão para que não haja venda ou locação em desacordo com a classificação atribuída pelo órgão competente.

> **ATENÇÃO!** Nos casos de revistas ou publicações com conteúdo impróprio ou inadequado, deverão ser comercializadas em embalagens lacradas, com advertência de seu conteúdo; todavia, se o conteúdo inadequado estiver na capa, a embalagem deverá ser opaca.

As revistas e outras publicações destinadas ao público infantojuvenil não poderão conter ilustrações, fotografias, legendas, crônicas ou anúncios de bebidas alcoólicas, tabaco, armas e munições, e deverão respeitar os valores éticos e sociais da pessoa e da família.

Os estabelecimentos que explorem comercialmente bilhar, sinuca ou similares e casas de jogos deverão cuidar para que não seja permitida a entrada de crianças e adolescentes, afixando orientação na entrada do local.

Quando essas regras para preservação do desenvolvimento adequado de crianças e adolescentes não forem observadas, sanções serão aplicadas. Neste caso, temos a aplicação dos seguintes artigos do Estatuto:

> Art. 252. Deixar o responsável por diversão ou espetáculo público de afixar, em lugar visível e de fácil acesso, à entrada do local de exibição, informação destacada sobre a natureza da diversão ou espetáculo e a faixa etária especificada no certificado de classificação:
>
> Pena – multa de três a vinte salários de referência, aplicando-se o dobro em caso de reincidência.
>
> Art. 253. Anunciar peças teatrais, filmes ou quaisquer representações ou espetáculos, sem indicar os limites de idade a que não se recomendem:

Pena – multa de três a vinte salários de referência, duplicada em caso de reincidência, aplicável, separadamente, à casa de espetáculo e aos órgãos de divulgação ou publicidade.

Art. 254. Transmitir, através de rádio ou televisão, espetáculo **em horário diverso do autorizado** ou sem aviso de sua classificação: (Expressão declarada inconstitucional pela ADI 2.404).

Pena – multa de vinte a cem salários de referência; duplicada em caso de reincidência a autoridade judiciária poderá determinar a suspensão da programação da emissora por até dois dias.

Art. 255. Exibir filme, trailer, peça, amostra ou congênere classificado pelo órgão competente como inadequado às crianças ou adolescentes admitidos ao espetáculo:

Pena – multa de vinte a cem salários de referência; na reincidência, a autoridade poderá determinar a suspensão do espetáculo ou o fechamento do estabelecimento por até quinze dias.

Art. 256. Vender ou locar a criança ou adolescente fita de programação em vídeo, em desacordo com a classificação atribuída pelo órgão competente:

Pena – multa de três a vinte salários de referência; em caso de reincidência, a autoridade judiciária poderá determinar o fechamento do estabelecimento por até quinze dias.

Art. 257. Descumprir obrigação constante dos arts. 78 e 79 desta Lei:

Pena – multa de três a vinte salários de referência, duplicando-se a pena em caso de reincidência, sem prejuízo de apreensão da revista ou publicação.

Art. 258. Deixar o responsável pelo estabelecimento ou o empresário de observar o que dispõe esta Lei sobre o acesso de criança ou adolescente aos locais de diversão, ou sobre sua participação no espetáculo:

Pena – multa de três a vinte salários de referência; em caso de reincidência, a autoridade judiciária poderá determinar o fechamento do estabelecimento por até quinze dias.

8.2 PRODUTOS E SERVIÇOS

É proibida a venda a crianças e adolescentes de armas, munições, explosivos, bebidas alcoólicas (inclusive a venda desses produtos para crianças e adolescentes é crime), produtos que possam causar dependência física ou psíquica, fogos de estampido e de artifício (exceto de reduzido potencial ofensivo), revistas e publicações inadequadas, bilhetes lotéricos e equivalentes, segundo o art. 81 do ECA. No que tange à proibição de venda de cigarros, veja o disposto no art. 1º da Lei nº 12.921/2013: "Fica proibida a fabricação, a importação, a comercialização, a distribuição e a propaganda, em todo o território nacional, de produtos de qualquer natureza, bem como embalagens, destinados ao público infantojuvenil, reproduzindo a forma de cigarros ou similares".

Quanto à hospedagem de crianças e adolescentes em hotéis, motéis, pensões e estabelecimentos congêneres:

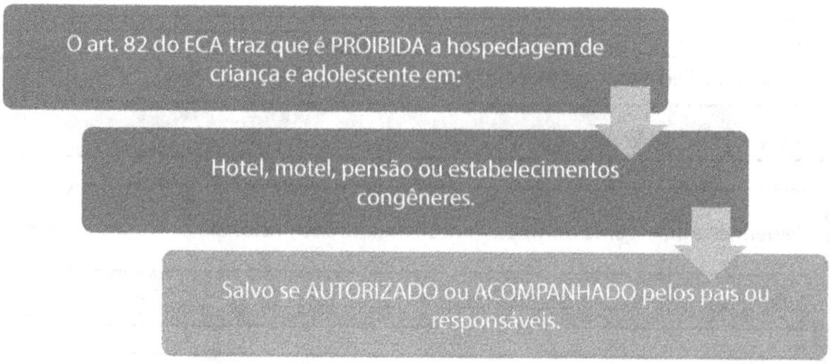

A infração a essa regra (de hospedagem) importa em sanção administrativa, conforme o art. 250 do ECA, com pena de multa, no caso de reincidência. Além da multa, o estabelecimento poderá ser fechado até 15 (quinze) dias e, se comprovada a reincidência em período inferior a 30 (trinta) dias, o estabelecimento será definitivamente fechado e terá sua licença cassada.

Dos crimes previstos:

> Art. 242. Vender, fornecer ainda que gratuitamente ou entregar, de qualquer forma, a criança ou adolescente arma, munição ou explosivo:
>
> Pena – reclusão, de 3 (três) a 6 (seis) anos. (Redação dada pela Lei nº 10.764, de 12-11-2003)
>
> Art. 243. Vender, fornecer, servir, ministrar ou entregar, ainda que gratuitamente, de qualquer forma, a criança ou a adolescente, bebida alcoólica ou, sem justa causa, outros produtos cujos componentes possam causar dependência física ou psíquica: (Redação dada pela Lei nº 13.106, de 2015)
>
> Pena – detenção de 2 (dois) a 4 (quatro) anos, e multa, se o fato não constitui crime mais grave. (Redação dada pela Lei nº 13.106, de 2015)
>
> Art. 244. Vender, fornecer ainda que gratuitamente ou entregar, de qualquer forma, a criança ou adolescente fogos de estampido ou de artifício, exceto aqueles que, pelo seu reduzido potencial, sejam incapazes de provocar qualquer dano físico em caso de utilização indevida:
>
> Pena – detenção de seis meses a dois anos, e multa.

8.3 AUTORIZAÇÃO PARA VIAJAR

A regra geral de viagem é que nenhuma criança ou adolescente até 16 anos de idade pode viajar para fora da comarca onde reside desacompanhado dos pais ou responsáveis sem expressa autorização judicial. Segundo as regras estabelecidas no EECA (arts. 83 a 85) e na Lei nº 13.726/2018, temos as seguintes regras:

Viagem de criança ou adolescente dentro da comarca, se na mesma unidade de Federação ou mesma região metropolitana:

- Pode viajar sozinho, sem autorização.

Viagem de adolescente de 16 e 17 anos em território nacional:

- Pode viajar sozinho, sem autorização.

Criança ou adolescente até 16 anos de idade no âmbito nacional, que sai da comarca, da unidade de Federação ou da mesma região metropolina:

- Pode viajar sozinho, desacompanhado, mas com autorização judicial;
- Acompanhado dos pais ou responsáveis;
- Acompanhado de ascendente ou colateral maior, até 3º grau, comprovado documentalmente o parentesco;
- De pessoa maior, expressamente autorizada por pai, mãe ou responsável;
- Sozinho, expressamente autorizado por qualquer dos genitores ou responsáveis legal, por meio de escritura pública ou de documento particular com firma reconhecida (incluindo o passaporte) (Res. nº 295/2019 do CNJ).

Viagem de criança ou adolescente para o exterior:

Acompanhado de ambos os pais ou responsáveis;
- Se na companhia de um dos pais, o outro deve autorizar expressamente em documento com firma reconhecida;
- Se na companhia de estrangeiro residente ou domiciliado no exterior, com autorização judicial;
- Se desacompanhado ou em companhia de terceiro maior e capaz, desde que com autorização dos pais, documento com firma reconhecida (Res. nº 131/2011 do CNJ);
- A autorização com firma reconhecida é dispensada se os pais estiverem no momento do embarque (art. 3º da Lei nº 13.726/2018).

> **ATENÇÃO!** Não é necessária a autorização de genitores suspensos ou destituídos do poder familiar, devendo o interessado comprovar a circunstância por meio de certidão de nascimento devidamente averbada.

Quando solicitado, a autoridade judiciária poderá conceder autorização válida até dois anos para viagem, por exemplo, nos casos de conflito de interesse dos pais, pai ou mãe desconhecido ou sem contato.

Nestes casos, dos arts. 83, 84 e 85, se uma empresa de ônibus ou avião, por exemplo, transportar uma criança acompanhada de ascendente, mas sem a documentação que comprove o parentesco, incorrerá em ilícito administrativo previsto no art. 251 do ECA, aplicando-se multa.

9. DIREITO FUNDAMENTAL À CONVIVÊNCIA FAMILIAR E COMUNITÁRIA

As concepções de convivência familiar e comunitária tiveram grandes mudanças com a promulgação da Constituição Federal de 1988. A Constituição Federal confere maior ênfase aos laços de consanguinidade e afetividade do que ao casamento. Além disso, adota-se a isonomia entre filhos havidos na constância do casamento e os havidos fora do casamento, sendo vedada qualquer discriminação, segundo o art. 227, § 6º, da CF.

9.1 PODER FAMILIAR

Pode ser considerado o direito/função/dever dos pais ou responsáveis em relação aos deveres pessoais e patrimoniais do filho não emancipado, devendo ser exercido com observância do princípio do melhor interesse deste. Segundo o art. 21 do ECA, o poder familiar será exercido em igualdade de condições, pelo pai e pela mãe, na forma do que dispuser a legislação civil, assegurado a qualquer deles o direito de, em caso de discordância, recorrer à autoridade judiciária competente para a solução da divergência.

São deveres impostos ao poder familiar tanto para família natural quanto para família extensa, ampliada ou substituta:

a) *Dever de sustento*: provisão de subsistência material.

b) *Dever de guarda*: direito do filho de conviver com os pais.

c) *Dever de educação*: abrange a educação formal, para instrução básica e familiar (de crenças e cultura).

O poder familiar só é extinto ou suspenso por decisão judicial, em procedimento que se garanta contraditório e dentro das possibilidades previstas na legislação civil, ou no descumprimento dos deveres impostos pelo art. 22. Assim, extingue-se nas hipóteses trabalhadas pelo CC:

> Art. 1.635. Extingue-se o poder familiar:
>
> I - pela morte dos pais ou do filho;
>
> II - pela emancipação, nos termos do art. 5º, parágrafo único;
>
> III - pela maioridade;
>
> IV - pela adoção;
>
> V - por decisão judicial, na forma do artigo 1.638.
>
> Art. 1.638. Perderá por ato judicial o poder familiar o pai ou a mãe que:
>
> I - castigar imoderadamente o filho;
>
> II - deixar o filho em abandono;

> III – praticar atos contrários à moral e aos bons costumes;
>
> IV – incidir, reiteradamente, nas faltas previstas no artigo antecedente;
>
> V – entregar de forma irregular o filho a terceiros para fins de adoção.
>
> Parágrafo único. Perderá também por ato judicial o poder familiar aquele que:
>
> I – praticar contra outrem igualmente titular do mesmo poder familiar:
>
> a) homicídio, feminicídio ou lesão corporal de natureza grave ou seguida de morte, quando se tratar de crime doloso envolvendo violência doméstica e familiar ou menosprezo ou discriminação à condição de mulher;
>
> b) estupro ou outro crime contra a dignidade sexual sujeito à pena de reclusão;
>
> II – praticar contra filho, filha ou outro descendente:
>
> a) homicídio, feminicídio ou lesão corporal de natureza grave ou seguida de morte, quando se tratar de crime doloso envolvendo violência doméstica e familiar ou menosprezo ou discriminação à condição de mulher;
>
> b) estupro, estupro de vulnerável ou outro crime contra a dignidade sexual sujeito à pena de reclusão.

É direito da criança e do adolescente permanecer no seio familiar, mas, excepcionalmente, ocorrerá a suspensão ou destituição do poder familiar. O ECA prevê o acolhimento institucional (que substituiu o termo "abrigamento") de criança e adolescente que tiveram seus direitos violados e necessitarem ser afastados temporariamente da convivência familiar.

> **ATENÇÃO!** O acolhimento familiar é medida excepcional. Antes dessa hipótese, é necessário avaliar a possibilidade de afastar o agressor do convívio familiar ou da colocação da criança ou adolescente em família extensa.

Com base no princípio do direito a convívio familiar e comunitário, a criança ou adolescente tem direito de realizar visitas periódicas às mães ou aos pais privados da liberdade, as quais serão promovidas pelo responsável ou pela instituição de acolhimento, independentemente de autorização judicial (art. 19, § 4º). Claro que, se o motivo que levou à privação de liberdade dos pais não tiver se dado em razão de violência praticada contra a criança, poderá até haver, nessas situações, a perda do poder familiar.

O acolhimento institucional é medida excepcional e aplicada com base em decisão judicial, salvo em caráter de urgência. No caso de uma criança ou adolescente encontrado em situação de violação de direitos, e não havendo outra medida cabível no momento senão o encaminhamento à instituição de acolhimento, a criança ou adolescente poderá ser imediatamente acolhido (mesmo sem a decisão do juiz), todavia o Juiz da Infância e da Juventude deverá ser comunicado pela entidade no prazo máximo de 24 horas sobre esse acolhimento, sob pena de responsabilidade (art. 93).

A permanência da criança e do adolescente em programa de acolhimento institucional não se prolongará por mais de 18 (dezoito meses), salvo comprovada necessidade que atenda ao seu superior interesse, devidamente fundamentada pela autoridade judiciária. É o que trata o art. 19 e parágrafos do ECA. Esse recolhimento passará por reavaliação no prazo de três meses; a manutenção ou a reintegração de criança ou adolescente à sua família terá preferência em relação a qualquer outra providência.

Das infrações administrativas:

> Art. 249. Descumprir, dolosa ou culposamente, os deveres inerentes ao **poder familiar** ou decorrente de tutela ou guarda, bem assim determinação da autoridade judiciária ou Conselho Tutelar: (Expressão substituída pela Lei nº 12.010, de 2009) Vigência
>
> Pena – multa de três a vinte salários de referência, aplicando-se o dobro em caso de reincidência.

9.2 ESPÉCIES DE FAMÍLIA

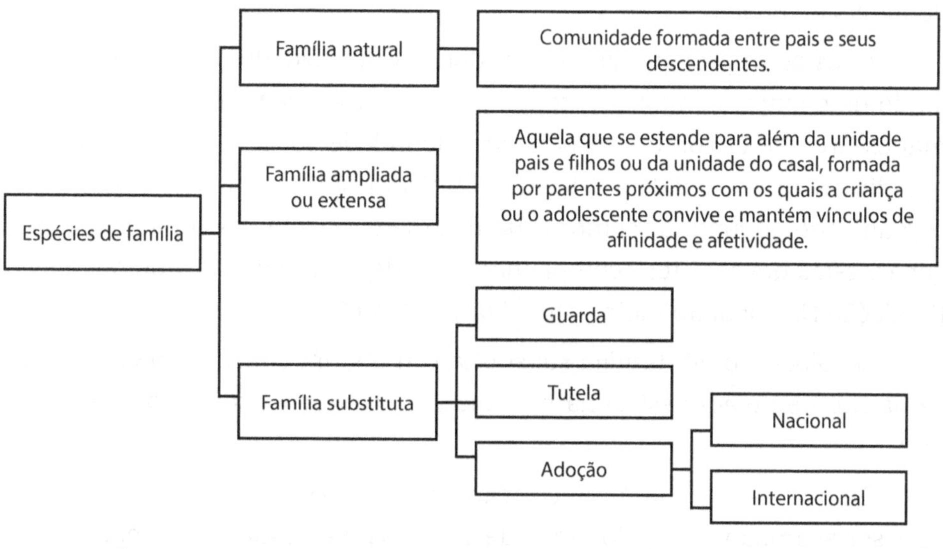

As alterações advindas das Leis nºs 13.257/2016 e 13.715/2018, que alteraram a redação de alguns artigos do ECA, asseguraram que a carência de recursos materiais (art. 23), ou a condenação criminal do pai ou da mãe, com cumprimento de pena privativa de liberdade, por si só não são motivos para destituição do poder família, exceto se for crime doloso contra o(a) próprio(a)

filho(a), descendente ou contra outrem igualmente titular do poder familiar (art. 23, § 2º). Na situação de pais condenados a restrição de liberdade por sentença irrecorrevível, cuja pena ultrapasse a dois anos de prisão, será suspenso o poder familiar (art. 1.637, parágrafo único, do CC).

9.3 FAMÍLIA SUBSTITUTA

A colocação em família substituta ocorre em três modalidades: guarda, tutela ou adoção, estando todas elas condicionadas a decisão judicial. Em todos os casos, analisar-se-á se a família substituta possui compatibilidade com a natureza da medida e se oferece ambiente familiar adequado, segundo os arts. 28 e 29 do ECA.

Considerando o profundo impacto que a colocação em família substituta causa, o Estatuto determina que, sempre que possível, a criança será previamente ouvida por equipe interprofissional, devendo sua manifestação ser levada em consideração. Já tratando-se de maior de 12 anos de idade, portanto, adolescente, será necessário o consentimento obrigatório, conforme art. 28, §§ 1º e 2º, do ECA. Além disso, deve ser apreciado o parentesco e a relação de afinidade ou de afetividade, a fim de preservar o melhor interesse. A regra é de que os grupos de irmãos não serão separados, salvo em situações excepcionais de solução diversa, plenamente justificadas, evitando o rompimento definitivo de qualquer modo.

O Estatuto procura ainda considerar a diversidade cultural, em se tratando de criança ou adolescente indígena ou proveniente de comunidade remanescente de quilombo, respeitando identidade social e cultural, costumes e tradições, prevalecendo a colocação familiar prioritariamente no seio de sua comunidade ou junto a membros da mesma etnia. No caso de crianças indígenas, estas deverão ter acompanhamento de antropólogos e de agentes da Fundação Nacional do Índio – Funai (art. 28, § 6º).

A colocação em família substituta estrangeira constitui medida excepcional, somente admissível na modalidade de adoção, segundo o art. 31 do ECA.

Se os pais desistirem de colocar a criança para a adoção, a família deverá ser acompanhada pelo prazo de 180 dias. São cadastrados para adoção recém-nascidos e crianças acolhidas não procuradas por suas famílias no prazo de 30 dias, contados a partir do dia do acolhimento.

Resumindo o procedimento de colocação da criança para adoção no caso da gestante que pretende entregar o filho à adoção:

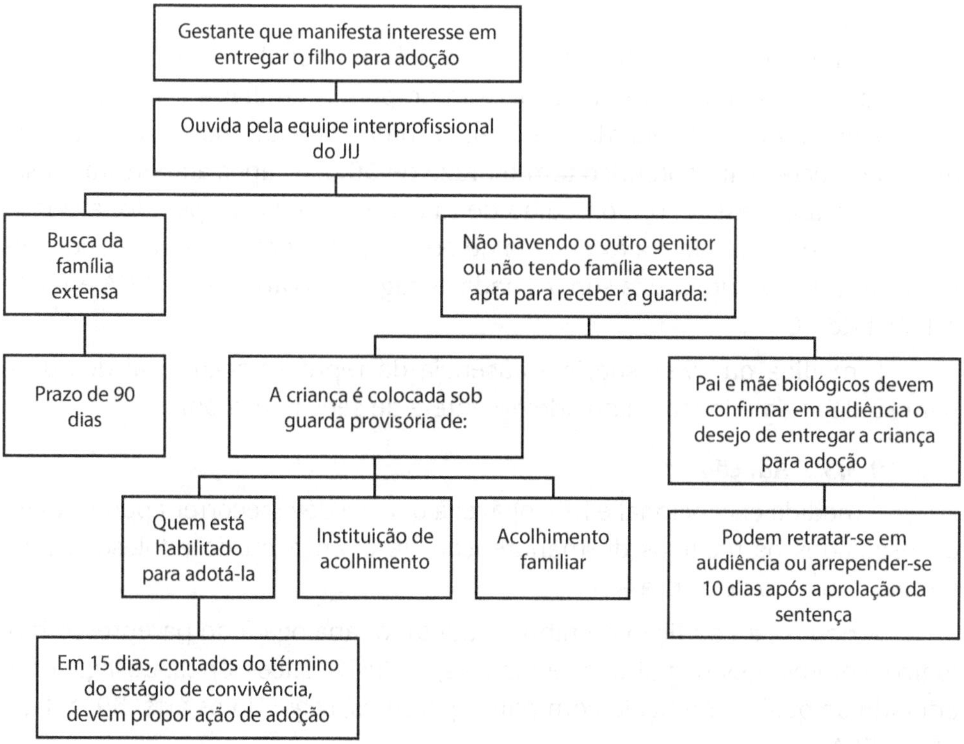

9.3.1 Guarda

Inicialmente cabe lembrar que a guarda é um dos deveres inerentes do poder familiar; assim, preferencialmente são os pais (da família de origem) que a detêm.

A guarda obriga a prestação de assistência material, moral e educacional a criança ou adolescente, conferindo a seu detentor o direito de opor-se a terceiros, inclusive aos pais. Ela destina-se a regularizar a posse da criança ou do adolescente, podendo ser concedida no final de uma ação judicial, liminar ou incidentalmente, salvo nos casos de adoção estrangeira, que não poderá ocorrer de forma liminar ou incidental, segundo o art. 33, § 1º, do ECA.

Em regra, a guarda será utilizada para casos de tutela e adoção, excepcionalmente para atender situações peculiares ou para suprir a falta dos pais ou responsáveis, podendo o direito de representação ser para apenas alguns atos determinados. Se a guarda estiver com a instituição de acolhimento, o guardião, para efeitos da lei, será o dirigente da entidade (art. 92, § 1º).

Ela confere à criança ou ao adolescente a condição de dependente para qualquer fim, inclusive para os previdenciários. Ela não impede o direito de visitas dos pais ou o dever deles de prestar alimentos. A guarda pode ser revogada a qualquer momento mediante ato judicial fundamentado, ouvido o Ministério Público, segundo o art. 35 do ECA.

9.3.2 Da tutela

A tutela pode ser deferida a pessoa até 18 anos de idade, pressupõe a prévia decretação da perda ou suspensão do poder familiar e implica, necessariamente, o dever de guarda (art. 36). O tutor nomeado por testamento ou qualquer documento autêntico tem o prazo de 30 dias, após a abertura da sucessão, para ingressar com o pedido de tutela, sendo, nesse pedido, avaliada a vontade do tutelando e a existência de outra pessoa em melhores condições para assumi-la. A tutela está subordinada às regras dos arts. 24 do ECA e 1.728 a 1.734 do CC.

É medida que visa suprir a ausência da representação legal dos pais, para cuidado da criança ou do adolescente e de seus patrimônios.

9.3.3 Adoção

É medida excepcional e irrevogável à qual se deve recorrer apenas quando esgotados os recursos de manutenção da criança ou do adolescente na família natural ou extensa.

Atribui-se a condição de filho ao adotado, análoga à do parentesco biológico, com os mesmos direitos e deveres, inclusive sucessórios, desligando o adotado de qualquer vínculo com pais e parentes, segundo os arts. 39, § 1º, e 40 do ECA.

É vedada a adoção por procuração. Ela ocorre somente pela via judicial, sendo observados os interesses do adotando. A criança ou adolescente deve contar com no máximo 18 anos de idade, salvo se já estiver sob a guarda ou tutela dos adotantes (art. 40).

Requisitos para adotar:

- Maiores de 18 anos idade podem adotar;
- A criança ou adolescente deve contar com no máximo 18 anos, salvo se já estiver sob guarda ou tutela do adotante;
- Diferença de 16 anos de idade entre adotante e adotado;
- Consentimento dos pais biológicos ou destituição do poder familiar;
- Somente por via judicial;
- Manifestação da criança (sempre que possível) e consentimento do adolescente maior de 12 anos;
- Aprovação em estágio de convivência (para formação de vínculos);
- Adoção NACIONAL: prazo máximo de 90 dias, podendo ser prorrogado por igual período (dispensado se houver vínculo, tutela ou guarda anterior, art. 46);
- Adoção INTERNACIONAL: prazo mínimo de 30 e máximo de 45 dias, podendo ser prorrogado por igual período. Estágio de convivência internacional deve ser cumprido em território nacional;
- Necessária prévia habilitação (é a regra, mas existem exceções);
- Idoneidade, motivos legítimos e desejo de filiação.

Segundo o art. 41, § 1º, do ECA, se um dos cônjuges ou concubinos adotar o filho do outro, mantêm-se os vínculos de filiação entre o adotado e o cônjuge ou concubino do adotante e os respectivos parentes.

Quem não pode adotar? Os ascendentes e os irmãos do adotando (art. 42, § 1º), o tutor ou curador, enquanto não derem conta de sua administração e saldarem o seu alcance (art. 44).

O que precisa para adoção conjunta? Para adoção conjunta, é indispensável que os adotantes sejam casados civilmente ou mantenham união estável, comprovando a estabilidade da família (art. 42, § 2º).

Os divorciados, os judicialmente separados e os ex-companheiros podem adotar conjuntamente, contanto que acordem sobre a guarda e o regime de visitas, desde que o estágio de convivência tenha sido iniciado na constância do período de convivência e que seja comprovada a existência de vínculos de afinidade e afetividade com aquele não detentor da guarda, que justifiquem a excepcionalidade da concessão (art. 42, § 4º).

E se o adotante falecer no curso do processo de adoção? A adoção poderá ser deferida ao adotante que, após inequívoca manifestação de vontade, vier a falecer no curso do procedimento, antes de prolatada a sentença (art. 42, § 6º).

> **ATENÇÃO!** Família significa núcleo doméstico, pouco importa se é formada por pessoas hétero ou homoafetivas. Ainda que não haja previsão expressa quanto à possibilidade de adoção por casais homoafetivos, o STF decidiu pelo reconhecimento da união estável homoafetiva (ADPF nº 132), e a jurisprudência admite a possibilidade de adoção.

O estágio de convivência será acompanhado por equipe interprofissional a serviço da Justiça da Infância e da Juventude e cumprido no território nacional, preferencialmente na comarca de residência da criança ou do adolescente, ou, a critério do juiz, em cidade limítrofe, respeitada, em qualquer hipótese, a competência do juízo da comarca de residência da criança.

Depois de trânsito em julgado da ação de adoção (nacional ou internacional), a decisão será inscrita no registro civil mediante mandado. Na inscrição constará o nome dos pais adotantes, bem como de seus ascendentes, e a nova inscrição cancelará o registro original do adotado. A sentença conferirá ao adotado o nome do adotante e, inclusive, será possível, a pedido de qualquer um deles, a modificação do prenome do adotado (art. 47). O prazo máximo para a conclusão do processo de adoção é de 120 dias (art. 47, § 10).

O adotado, após completar 18 anos de idade, tem direito de conhecer sua origem biológica, bem como ter acesso irrestrito ao processo de adoção. Se tiver menos de 18 anos, também poderá ter acesso ao processo, devendo, nesse caso, ser assegurada orientação e assistência jurídica e psicológica, conforme art. 48, parágrafo único, do ECA.

> **ATENÇÃO!** A morte dos adotantes não restabelece o poder familiar dos pais naturais, segundo art. 48, parágrafo único, do ECA.

Cabe à autoridade judiciária manter na comarca ou no foro regional o registro de crianças e adolescentes, bem como de pessoas aptas para adotar e serem adotadas. A inscrição será orientada pela equipe técnica da Justiça da Infância e da Juventude (art. 50 e parágrafos do ECA).

O Estatuto também prevê a criação e implementação de cadastros estaduais e, em nível nacional, de crianças e adolescentes e postulantes à adoção. Para casais estrangeiros, o cadastro será distinto, os quais somente serão consultados na ausência de casais nacionais habilitados (brasileiros residentes no exterior terão preferência aos estrangeiros).

Enquanto não se localizada pessoa ou casal interessado em sua adoção, a criança ou o adolescente, sempre que possível e recomendável, será colocado sob guarda de família cadastrada em programa de acolhimento familiar (art. 50, § 11, do ECA).

É possível pedido de adoção de quem não tenha prévio cadastro, desde que (art. 50, § 13):

Adoção sem prévia habilitação:

- Se se tratar de pedido de adoção unilateral.
- Se formulada por parente que mantenha vínculos de afinidade e afetividade.
- Oriunda de quem detém tutela ou guarda legal de criança maior de três anos ou adolescente, desde que o lapso de tempo de convivência comprove fixação de laços de afinidade e afetividade, e não seja verificada a ocorrência de má-fé ou qualquer situação prevista nos arts. 237 ou 328 do ECA.

Crianças com deficiência, doença crônica ou necessidades específicas de saúde têm prioridade no cadastro de adoção (art. 50, § 15).

Consultados os cadastros nacionais e não encontrados pretendentes à adoção, a criança ou adolescente será encaminhado à adoção internacional (art. 50, § 10). É considerada adoção internacional aquela em que os pretendentes possuem residência em país-parte da Convenção de Haia. Adoção será sempre preferencialmente nacional, possuindo os brasileiros residentes no exterior preferência aos estrangeiros. Somente não havendo brasileiros aptos para adotar a criança ou adolescente é que ela será colocada na adoção internacional.

A adoção internacional observará o procedimento previsto nos arts. 165 a 170 desta Lei. Os países devem ser ratificantes da Convenção de Haia, com as seguintes adaptações: a habilitação deve ocorrer na Autoridade Central em matéria de adoção do país onde reside, a qual deverá emitir relatório sobre aptidão e enviar para a Autoridade Centra Estadual, com cópia para a Autoridade Central Federal Brasileira; a Autoridade Central Estadual poderá exigir complementações, de posse do laudo de habilitação, e o interessado será autorizado a formalizar pedido de adoção perante o Juízo da Infância e da Juventude do local em que se encontra a criança ou adolescente (art. 52). Todo esse processo poderá ser intermediado por organismos credenciados, cadastrados pelo Departamento de Polícia Federal e aprovados pela Autoridade Central Federal

Brasileira, recomendando-se, neste ponto, a leitura dos §§ 3º ao 7º do art. 52 do Estatuto.

As autoridades do Brasil devem analisar o pedido e emitir, com validade de um ano, o laudo de habilitação para adoção. Após o trânsito em julgado da decisão que concede a adoção, é expedido o alvará de autorização de viagem do adotando.

A autoridade competente que deixar de providenciar e operacionalizar os cadastros de adoção incorrerá em infração administrativa, assim como se deixar de cadastrar crianças e adolescentes que estejam em condições de ser adotadas ou de pessoas e casais que estejam em condições de adotar.

Acolhimento institucional ou familiar	Apadrinhamento	Adoção
Medida de proteção excepcional e provisória. Utilizáveis como forma de transição para reintegração familiar ou, não sendo esta possível, para colocação em família substituta. A grande diferença do acolhimento institucional para o familiar é que o acolhimento é realizado, mediante guarda, por uma pessoa ou um casal previamente cadastrado, não em uma entidade. Essa família acolhedora não poderá estar no cadastro de adoção.	O apadrinhamento consiste em estabelecer e proporcionar à criança e ao adolescente vínculos externos à instituição para fins de convivência familiar e comunitária e colaboração com o seu desenvolvimento nos aspectos social, moral, físico, cognitivo, educacional e financeiro.	Colocação da criança ou adolescente em família substituta. Medida excepcional, quando verificada a impossibilidade da reintegração da criança ou adolescente na família natural ou da sua colocação na família extensa.

Dos crimes previstos:

> Art. 237. Subtrair criança ou adolescente ao poder de quem o tem sob sua guarda em virtude de lei ou ordem judicial, com o fim de colocação em lar substituto:
>
> Pena – reclusão de dois a seis anos, e multa.
>
> Art. 238. Prometer ou efetivar a entrega de filho ou pupilo a terceiro, mediante paga ou recompensa:
>
> Pena – reclusão de um a quatro anos, e multa.
>
> Parágrafo único. Incide nas mesmas penas quem oferece ou efetiva a paga ou recompensa.
>
> Art. 239. Promover ou auxiliar a efetivação de ato destinado ao envio de criança ou adolescente para o exterior com inobservância das formalidades legais ou com o fito de obter lucro:
>
> Pena – reclusão de quatro a seis anos, e multa.
>
> Parágrafo único. Se há emprego de violência, grave ameaça ou fraude: (Incluído pela Lei nº 10.764, de 12-11-2003)

Pena – reclusão, de 6 (seis) a 8 (oito) anos, além da pena correspondente à violência.

9.4 PERDA OU SUSPENSÃO DO PODER FAMILIAR

Os procedimentos são regulados pelo Estatuto, e apenas na falta de regulamentação específica é que serão aplicadas, de forma subsidiária, as normas gerais previstas na legislação processual pertinente (art. 152 do ECA). Procedimentos judiciais que envolvam criança e adolescente possuem prioridade absoluta na tramitação, assim como atos e diligências.

Os prazos do ECA são contados em dias corridos, ainda que subsidiariamente apliquem-se os prazos do Código de Processo Civil (que são contados em dias úteis).

Procedimento de perda ou suspensão do poder familiar pode ser iniciado pelo Ministério Público ou qualquer pessoa que tenha interesse, como um membro da entidade familiar. Ao receber a petição inicial, havendo motivo grave, poderá a autoridade judiciária, ouvido o Ministério Público, decretar a suspensão do poder familiar, liminar ou incidentalmente, até o julgamento definitivo da causa, ficando a criança ou adolescente confiado a pessoa idônea, mediante termo de responsabilidade (art. 157).

Ao receber a petição inicial, o juiz deve determinar a citação do requerido para apresentar resposta escrita, indicando as provas a serem produzidas e oferecendo desde logo o rol de testemunhas. O prazo para oferecimento da resposta escrita é de dez dias (art. 158). O requerido deve constituir advogado; porém, caso não possa fazer isso, poderá requerer em cartório a nomeação de um advogado dativo (art. 159). Se o requerido estiver preso, na hora da citação o oficial deve perguntar se deseja a nomeação de um defensor.

O prazo máximo para conclusão do procedimento será de 120 dias (art. 163), e caberá ao juiz, no caso de notória inviabilidade de manutenção do poder familiar, dirigir esforços para preparar a criança ou o adolescente com vistas à colocação em família substituta. A sentença que decretar a perda ou a suspensão do poder familiar será averbada à margem do registro de nascimento da criança ou do adolescente.

O procedimento tem prioridade na tramitação, e o prazo é contado em dias corridos, conforme estabelece o Estatuto (não em dias úteis, conforme o Código de Processo Civil). Todos os procedimentos regulados pelo ECA possuem isenção de custas e emolumentos.

O procedimento para colocação de criança ou adolescente em família substituta é instaurado por petição inicial ajuizada por quem tiver interesse. A inicial poderá conter pedido de guarda provisória e, nos pedidos de adoção, o requerimento para a determinação do estágio de convivência (art. 167 do ECA).

No caso de pais vivos e conhecidos, deverão ser citados para apresentar resposta na ação de destituição do poder familiar, sob pena de violação do princípio da ampla defesa e do contraditório.

10. CONSELHO TUTELAR

O Conselho Tutelar (art. 131 do ECA) é um órgão permanente e autônomo. O que significa isso? Autônomo significa que ele não é subordinado a nenhum dos poderes (nem ao prefeito, nem ao juiz ou ao Ministério Público), apesar de estar vinculado ao Poder Executivo, pois faz parte da estrutura administrativa do município, mas esse vínculo não significa hierarquização.

Além disso, essa autonomia dá ao Conselho Tutelar soberania em seus atos, vez que as decisões administrativas não são controladas pelo Poder Executivo, Legislativo ou Judiciário, exceto pelo controle externo do Poder Judiciário (controle natural para qualquer ato administrativo que viole a legalidade, abuso de poder, etc.). Quanto a sua característica de permanente, significa dizer que ele só pode ser extinto mediante lei, isto é, sua existência é por prazo indeterminado.

Também é órgão não jurisdicional, pois seus atos são administrativos; além disso, o Conselho Tutelar não faz parte da estrutura do Poder Judiciário. Seu papel é de zelador da proteção de crianças e adolescentes, e ele o faz por meio de atos administrativos.

É um órgão coletivo em que seus membros, os conselheiros tutelares, não atuam sozinhos, mas sim em grupo, sendo escolhidos pela comunidade por meio de eleições. Em cada município e região administrativa do Distrito Federal (art. 132) haverá, no mínimo, um Conselho Tutelar, composto por cinco membros, isto é, poderá haver mais de um Conselho Tutelar no município, desde que cada Conselho tenha cinco membros. Eles são escolhidos pela população local para um mandato de quatro anos, com eleições que ocorrem no primeiro domingo do mês de outubro do ano subsequente às eleições presidenciais.

Desde 2019, é permitida a recondução por novos processos de escolha, ou seja, eles podem ser reeleitos de forma seguida, para novos mandatos, sem um limite de reeleições. Antes de março de 2019, só poderiam se reeleger uma única vez. A posse dos eleitos ocorre no dia 10 de janeiro.

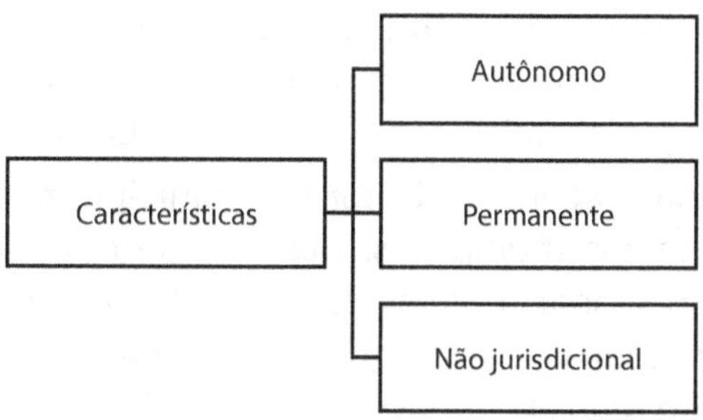

Cabe à Lei municipal ou distrital definir local, dia, horário de funcionamento do Conselho Tutelar, inclusive sobre a remuneração. Os conselheiros devem ter reconhecida idoneidade moral, idade superior a 21 anos e residir no município (art. 133). Apesar de a lei municipal determinar a maioria das regras referente ao mandato, o Estatuto garante (art. 134):

> I - cobertura previdenciária;
>
> II - gozo de férias anuais remuneradas, acrescidas de 1/3 (um terço) do valor da remuneração mensal;
>
> III - licença-maternidade;
>
> IV - licença-paternidade;
>
> V - gratificação natalina.
>
> Parágrafo único. Constará da lei orçamentária municipal e da do Distrito Federal previsão dos recursos necessários ao funcionamento do Conselho Tutelar e à remuneração e formação continuada dos conselheiros tutelares.

As principais atribuições do conselheiro são: atender crianças e adolescentes, bem como seus pais ou responsável; aconselhar, requisitar serviços públicos na área da saúde, educação, serviço social, previdência, trabalho e segurança; encaminhar ao Ministério Público notícia de violação de direitos; expedir notificações, assessorar o Poder Executivo local na elaboração de proposta orçamentária para planos e programas de atendimento; e representar ao Ministério Público para efeito das ações de perda ou suspensão do poder familiar.

São impedidos de servir no mesmo Conselho marido e mulher, ascendente e descendente, sogro e genro ou nora, irmãos, cunhados (durante cunhadio), tio e sobrinho, padrasto ou madrasta e enteada. O impedimento também se aplica à autoridade judiciária e ao representante do Ministério Público com atuação na Justiça da Infância e da Juventude, em exercício na comarca, foro regional ou distrital (art. 140).

11. POLÍTICAS DE ATENDIMENTO

As políticas de atendimento são um conjunto articulado de ações governamentais e não governamentais que têm como linha de ação desde as políticas básicas até os serviços especiais de prevenção, identificação e proteção dos direitos de crianças e adolescentes (art. 87 do ECA).

Os atendimentos ocorrem de forma municipalizada. Nos municípios, são criados os conselhos municipais, mas eles também são instituídos nos âmbitos estadual e nacional. Trata-se de órgão deliberativo e controlador das políticas públicas em todos os níveis que visa assegurar a participação popular. A função do membro (conselheiro) do Conselho Nacional e dos conselhos estaduais e municipais não é remunerada, pois se considera como de interesse público relevante.

O Conselho Municipal de Direitos da Criança e do Adolescente é responsável por manter os registros das inscrições das entidades de atendimento, assim como por reavaliar, a cada dois anos, os programas em execução, constituindo critérios para renovação da autorização de funcionamento.

Essas entidades são fiscalizadas pelo judiciário, pelo Ministério Público e pelos Conselhos Tutelares. A eficiência das entidades de atendimento é atestada por esses órgãos mencionados e pela Justiça da Infância e da Juventude, e somente poderão funcionar as entidades não governamentais depois de registradas no Conselho Municipal de Direitos da Criança e do Adolescente. Será negada inscrição a entidade que:

a) não ofereça instalações físicas em condições adequadas de habitabilidade, higiene, salubridade e segurança;
b) não apresente plano de trabalho compatível com os princípios desta Lei;
c) esteja irregularmente constituída;
d) tenha em seus quadros pessoas inidôneas;
e) não se adapte ou deixe de cumprir as resoluções e deliberações relativas à modalidade de atendimento prestado expedidas pelos Conselhos de Direitos da Criança e do Adolescente, em todos os níveis. (Incluída pela Lei nº 12.010, de 2009) Vigência

Em caso de descumprimento das obrigações, as entidades governamentais podem sofrer advertências, afastamento provisório ou definitivo de seus dirigentes, fechamento da unidade ou interdição do programa. Se for entidade não governamental, poderá haver, além da advertência, a suspensão total ou parcial do repasse de verbas públicas, interdição ou suspensão do programa e cassação do registro, segundos os arts. 96 e 97 do ECA.

Dos crimes previstos:

> Art. 246. Impedir o responsável ou funcionário de entidade de atendimento o exercício dos direitos constantes nos incisos II, III, VII, VIII e XI do art. 124 desta Lei:
>
> Pena – multa de três a vinte salários de referência, aplicando-se o dobro em caso de reincidência.

12. ACESSO À JUSTIÇA

Toda criança e adolescente tem garantido o acesso à Justiça, mas não só ao Poder Judiciário, como também à Defensoria Pública e ao Ministério Público (veja sobre suas competências no art. 201). Esse acesso à Justiça será gratuito, e essa gratuidade se dará por duas formas (art. 141):

1) Sempre que a criança ou adolescente necessitar: poderá ser por meio do defensor público ou por um advogado nomeado.
2) As ações judiciais de competência da Justiça da Infância e da Juventude são isentas de custas e emolumentos, independentemente da criança ou adolescente necessitar, salvo hipótese de litigância de má-fé.

As crianças e adolescentes, em razão da idade, não podem buscar pessoalmente seus direitos. Segundo o Código Civil, são absolutamente incapazes de exercer pessoalmente os atos da vida civil aqueles que possuem menos de 16 anos de idade (art. 3º do CC), sendo os maiores de 16 anos de idade considerados relativamente incapazes. O que isso significa?

Crianças e adolescentes até 16 anos de idade serão representadas judicialmente (pelos pais ou responsáveis: tutor, curador ou guardião), já os adolescentes de 16 e 17 anos serão assistidos (pelos pais ou responsáveis), sendo a capacidade civil atingida aos 18 anos de idade, momento em que a pessoa fica habilitada para a prática de todos os atos da vida civil (art. 5º do CC), diferentemente do que trata o art. 142 do ECA.

ATENÇÃO! O art. 142 foi regido conforme o Código Civil de 1916, por isso nele está prevista a maioridade com 21 anos de idade, mas ela deve ser atualizada para o novo Código Civil, portanto, a idade para maioridade é de 18 anos de idade.

Os atos judiciais, assim como os policiais e administrativos que envolvam criança e adolescente quando relativos a ato infracional, não podem ser divulgados. O art. 143 veda expressamente a divulgação, não podendo notícia alguma a respeito do fato identificar a criança ou adolescente, vedando-se o uso de fotografia, referência a nome, apelido, filiação, parentesco, residência e, inclusive, meras iniciais do nome e sobrenome; enfim, absolutamente nada poderá ser divulgado (que possa levar ao reconhecimento da criança ou adolescente) quando for situação que envolva ato infracional.

As cópias ou certidões que envolvam informações relativas a crianças e adolescentes em ato infracional só podem ser deferidas pela autoridade judiciária competente (Vara da Infância e da Juventude ou o juiz com essas atribuições), se for demostrado o interesse e a justificativa da finalidade da cópia ou da certidão, de acordo com o art. 144.

Os Estados e o Distrito Federal poderão criar varas especializadas e exclusivas da infância e da juventude (art. 145). A competência territorial da autoridade judicial, que é o juiz da infância e da juventude, e dos Conselhos Tutelares está determinada no art. 147:

a) Pelo domicílio dos pais ou responsável;
b) Pelo lugar onde se encontre a criança ou adolescente, à falta dos pais ou responsável.

Observações importantes sobre a competência estão nos parágrafos do art. 147:

> § 1º Nos casos de ato infracional, será competente a autoridade do lugar da ação ou omissão, observadas as regras de conexão, continência e prevenção.
>
> § 2º A execução das medidas poderá ser delegada à autoridade competente da residência dos pais ou responsável, ou do local onde sediar-se a entidade que abrigar a criança ou adolescente.
>
> § 3º Em caso de infração cometida através de transmissão simultânea de rádio ou televisão, que atinja mais de uma comarca, será competente, para aplicação da penalidade, a autoridade judiciária do local da sede estadual da emissora ou rede, tendo a sentença eficácia para todas as transmissoras ou retransmissoras do respectivo estado.

ATENÇÃO! Qualquer processo ou procedimento que envolva criança ou adolescente deverá ocorrer com intervenção do Ministério Público, sob pena de nulidade do feito, a qual deverá ser declarada de ofício pelo juiz ou a requerimento de qualquer interessado (art. 204).

Dos crimes previstos:

> Art. 247. Divulgar, total ou parcialmente, sem autorização devida, por qualquer meio de comunicação, nome, ato ou documento de procedimento policial, administrativo ou judicial relativo a criança ou adolescente a que se atribua ato infracional:
>
> Pena – multa de três a vinte salários de referência, aplicando-se o dobro em caso de reincidência.
>
> § 1º Incorre na mesma pena quem exibe, total ou parcialmente, fotografia de criança ou adolescente envolvido em ato infracional, ou qualquer ilustração que lhe diga respeito ou se refira a atos que lhe sejam atribuídos, de forma a permitir sua identificação, direta ou indiretamente.
>
> § 2º Se o fato for praticado por órgão de imprensa ou emissora de rádio ou televisão, além da pena prevista neste artigo, a autoridade judiciária poderá determinar a apreensão da publicação **ou a suspensão da programação da emissora até por dois dias, bem como da publicação do periódico até por dois números**. (Expressão declarada inconstitucional pela ADIN 869).

13. MEDIDAS DE PROTEÇÃO

O que são medidas de proteção? São medidas aplicadas às crianças e aos adolescentes sempre que seus direitos reconhecidos forem ameaçados ou violados (art. 98 do ECA):

I - por ação ou omissão da sociedade ou do Estado;

II - por falta, omissão ou abuso dos pais ou responsável;

III - em razão de sua conduta.

O rol de medidas de proteção está previsto no art. 101 do ECA, sendo aplicáveis isoladas ou cumulativamente, assim como as medidas socioeducativas, e podem ser substituídas a qualquer tempo pela autoridade competente. Na aplicação da medida, deve ser considerado o seu caráter pedagógico, bem como a observância do fortalecimento dos vínculos familiares e comunitários. Outros princípios que regem a aplicação de medidas de proteção estão nos incisos do parágrafo único do art. 100 do ECA, sendo importante a leitura dos princípios.

Medidas de proteção que podem ser aplicadas às crianças ou aos adolescentes:

I - Encaminhamento aos pais ou responsável, mediante termo de responsabilidade: sempre que a criança ou adolescente for encontrado longe destes. Veja que o acolhimento institucional é medida excepcional.

II - Orientação, apoio e acompanhamento temporários.

III - Matrícula e frequência obrigatórias em estabelecimentos oficiais de ensino fundamental: neste ponto, o papel importantíssimo da escola no acompanhamento de faltas e evasão escolar e, também, do Conselho Tutelar para verificação dos motivos que levam às faltas.

IV - Inclusão em serviços e programas oficiais ou comunitários de proteção, apoio e promoção da família, da criança e do adolescente.

V - Requisição de tratamento médico, psicológico ou psiquiátrico, em regime hospitalar ou ambulatorial.

VI - Inclusão em programa oficial ou comunitário de auxílio, orientação e tratamento a alcoólatras e toxicômanos.

VII - Acolhimento institucional.

VIII - Inclusão em programa de acolhimento familiar: tanto o acolhimento institucional quanto o familiar são medidas excepcionais e provisórias até a reintegração à família ou colocação em família substituta e não implicam privação de liberdade. Em qualquer uma dessas modalidades de acolhimento, ocorrerá no local mais próximo à residência dos pais ou responsável. As crianças e adolescentes só podem ser encaminhados para as instituições por meio de guia de acolhimento, a qual é expedida pela autoridade judiciária (o art. 101, § 3º, define o que deve conter nela). Feito o acolhimento institucional ou familiar, será elaborado um plano individual de atendimento, que fica sob a responsabilidade da equipe técnica do programa de atendimento (o art. 101, § 6º, traz o que deve constar no plano individual).

IX – Colocação em família substituta: afastamento do convívio familiar é competência do Poder Judiciário exclusivamente, e se dá por provocação do Ministério Público ou de qualquer pessoa que tenha interesse.

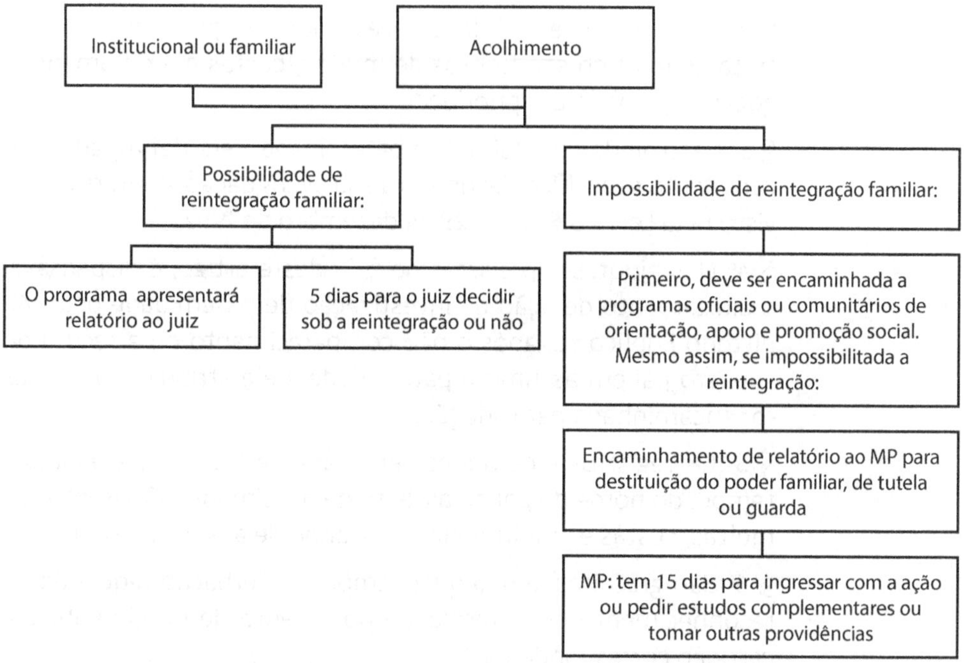

Os prazos processuais no ECA são contados em dias corridos, não se aplicando prazo em dobro para o Ministério Público ou a Fazenda Pública.

Ademais, alguns destaques no art. 101 são necessários: o § 2º traz a competência exclusiva da autoridade judiciária para afastar a criança ou adolescente do convívio familiar, sem que essa competência impeça medidas emergenciais de afastamento do agressor da residência, de acordo com o art. 130 do ECA:

> Art. 130. Verificada a hipótese de maus-tratos, opressão ou abuso sexual impostos pelos pais ou responsável, a autoridade judiciária poderá determinar, como medida cautelar, o afastamento do agressor da moradia comum.
>
> Parágrafo único. Da medida cautelar constará, ainda, a fixação provisória dos alimentos de que necessitem a criança ou o adolescente dependentes do agressor. (Incluído pela Lei nº 12.415, de 2011)

As medidas de proteção serão regularizadas no registro civil, e essa regularização é isenta de multas, custas e emolumentos, possuindo, ademais, absoluta prioridade:

> Art. 102. As medidas de proteção de que trata este Capítulo serão acompanhadas da regularização do registro civil.

§ 1º Verificada a inexistência de registro anterior, o assento de nascimento da criança ou adolescente será feito à vista dos elementos disponíveis, mediante requisição da autoridade judiciária.

§ 2º Os registros e certidões necessários à regularização de que trata este artigo são isentos de multas, custas e emolumentos, gozando de absoluta prioridade.

§ 3º Caso ainda não definida a paternidade, será deflagrado procedimento específico destinado à sua averiguação, conforme previsto pela Lei nº 8.560, de 29 de dezembro de 1992.

§ 4º Nas hipóteses previstas no § 3º deste artigo, é dispensável o ajuizamento de ação de investigação de paternidade pelo Ministério Público se, após o não comparecimento ou a recusa do suposto pai em assumir a paternidade a ele atribuída, a criança for encaminhada para adoção.

§ 5º Os registros e certidões necessários à inclusão, a qualquer tempo, do nome do pai no assento de nascimento são isentos de multas, custas e emolumentos, gozando de absoluta prioridade.

§ 6º São gratuitas, a qualquer tempo, a averbação requerida do reconhecimento de paternidade no assento de nascimento e a certidão correspondente.

14. MEDIDAS PERTINENTES AOS PAIS OU RESPONSÁVEIS

As medidas pertinentes aos pais ou responsáveis estão previstas nos arts. 129 e 130 do ECA, sendo aplicadas a eles quando não observam os direitos de crianças e adolescentes e oferecem risco ou violam esses direitos.

São medidas aplicadas aos pais ou responsáveis: encaminhamento a serviços e programas oficiais ou comunitários de proteção, apoio e promoção da família; inclusão em programa oficial ou comunitário de auxílio, orientação e tratamento a alcoólatras e toxicômanos; encaminhamento a tratamento psicológico ou psiquiátrico; encaminhamento a cursos ou programas de orientação; obrigação de matricular o filho ou pupilo e acompanhar sua frequência e aproveitamento escolar; obrigação de encaminhar a criança ou adolescente a tratamento especializado; advertência; perda da guarda; destituição da tutela; suspensão ou destituição do pátrio poder familiar.

15. ATO INFRACIONAL

Quando uma criança ou adolescente comete um ato análogo a crime ou contravenção penal (art. 103 do ECA), ela não será responsabilizada conforme o Código Penal ou a Lei de contravenções penais, isto porque crianças e adolescentes são inimputáveis de acordo com os arts. 228 da CF, 104 do ECA e 22 do CP.

Observe que, para efeitos da aplicação do ECA, no que tange aos atos infracionais, deve ser observada a idade do adolescente à data do fato, a chamada teoria da atividade ou do fato (art. 4º do CP), isto é, a imputabilidade do agente deve ser averiguada na data em que praticou o fato, pouco importando quando foi o resultado ou a descoberta da sua autoria (art. 104, parágrafo único, do ECA).

> **ATENÇÃO!** De acordo com o art. 105 do ECA, à criança que comete ato infracional não podem ser aplicadas medidas socioeducativas, apenas medidas de proteção! Somente aos adolescentes é possível aplicar medidas socioeducativas.

Um adolescente pode ser privado de sua liberdade (art. 106):

a) Em flagrante de ato infracional;

b) Por ordem escrita e fundamentada da autoridade judiciária competente.

> **ATENÇÃO!** A aplicação de medida de internação provisória não pode ultrapassar o prazo de 45 dias (art. 108), nem pode ser prorrogado esse prazo, de acordo com o entendimento firmado pelo Superior Tribunal de Justiça. A decisão que determinar a internação antes da sentença deverá ser fundada em indícios suficientes de autoria e materialidade; além do mais, deve ser demonstrada necessidade imperiosa da medida.

Segundo o art. 110, nenhum adolescente será privado de sua liberdade sem o devido processo legal, mas a autoridade ministerial ou judiciária pode aplicar medida em meio aberto sem o devido processo legal. São os casos de aplicação da remissão condicionada ao cumprimento de uma medida socioeducativa em meio aberto (advertência, obrigação de reparar o dano, prestação de serviço à comunidade ou liberdade assistida). Ainda que não haja processo legal, poderá o adolescente ser submetido ao cumprimento de uma dessas medidas, de acordo com os arts. 126 e 127 do ECA.

> **ATENÇÃO!** De acordo com o art. 127, a remissão não implica necessariamente o reconhecimento ou comprovação da responsabilidade, nem prevalece para efeito de antecedentes, podendo incluir eventualmente a aplicação de qualquer das medidas previstas em lei, exceto a colocação em regime de semiliberdade e a internação.

O art. 111 traz as garantias que devem ser asseguradas aos adolescentes quando houver suspeita do envolvimento destes em cometimento de ato infracional:

> I – pleno e formal conhecimento da atribuição de ato infracional, mediante citação ou meio equivalente;
>
> II – igualdade na relação processual, podendo confrontar-se com vítimas e testemunhas e produzir todas as provas necessárias à sua defesa;

III - defesa técnica por advogado;

IV - assistência judiciária gratuita e integral aos necessitados, na forma da lei;

V - direito de ser ouvido pessoalmente pela autoridade competente;

VI - direito de solicitar a presença de seus pais ou responsável em qualquer fase do procedimento.

Verificada a prática do ato infracional, a autoridade competente poderá aplicar alguma das seguintes medidas:

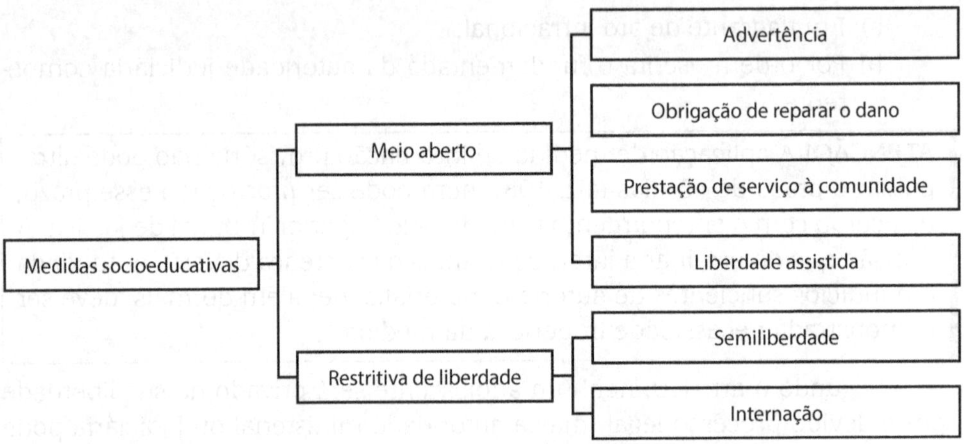

Para a aplicação de medidas socioeducativas aos adolescentes, devem ser levados em conta: capacidade de cumprimento, circunstâncias do fato e gravidade da infração. O trabalho forçado não pode ser admitido, e os adolescentes portadores de doença ou deficiência mental devem receber tratamento individual e especializado em local adequado às suas condições e capacidades (art. 112, § 3º).

Veja que o ECA não traz vinculação de conduta e à medida que deve ser aplicada, isso porque a autoridade competente avaliará em cada caso a melhor medida a ser aplicada, sendo possível cumular medidas de proteção e medidas socioeducativas.

Medida socioeducativas em espécie:

1) **Advertência:** consiste na admoestação verbal, a qual deve ser reduzida a termo. Admoestação significa conselho, reprimenda, repreensão (art. 115).

2) **Obrigação de reparar o dano:** se o ato infracional possui reflexos patrimoniais, a autoridade pode determinar que o adolescente restitua a coisa, promova o ressarcimento ou compense o prejuízo causado à vítima (art. 116). É claro que, se o adolescente não tiver condições de

arcar com o prejuízo, a medida deverá ser substituída por outra com a qual ele consiga cumprir.

3) **Prestação de serviço à comunidade:** consiste na prestação de serviço comunitário, por meio da realização de tarefas gratuitas de interesse geral. Essas tarefas não podem ultrapassar seis meses e devem ser realizadas em entidades assistenciais, hospitais, escolas e outros estabelecimentos congêneres (similares), bem como em programas comunitários ou governamentais. As tarefas atribuídas ao adolescente devem estar de acordo com a sua capacidade de exercê-las e ser cumpridas em jornada máxima de 8 horas semanais, podendo ser em sábados, domingo e feriados, ou em dias úteis mesmo, sem que prejudiquem a frequência escolar ou a jornada de trabalho, caso esteja trabalhando também (art. 117).
4) **Liberdade assistida:** nessa medida socioeducativa, a autoridade competente designará uma pessoa capacitada para acompanhar o caso, pessoa essa que poderá ser recomendada por entidade ou programa de atendimento a crianças e adolescentes, sendo seu dever acompanhar, auxiliar e orientar o adolescente. Essa medida é fixada por um prazo mínimo de seis meses, podendo ser prorrogada, revogada ou substituída por outra a qualquer tempo, mas, antes, deve ser ouvido o orientado, o Ministério Público e o Defensor (art. 118).
5) **Regime de semiliberdade:** essa medida socioeducativa pode ser determinada desde logo, ou então como forma de transição do adolescente para a medida em meio aberto. Ela possibilita a realização de atividades externas, independentemente de autorização judicial. São obrigatórias algumas atividades: escolarização e profissionalização. Ela não possui prazo determinado, mas, no que couber, serão aplicados os prazos relativos à medida de internação (art. 120).
6) **Internação:** essa medida socioeducativa corresponde à medida mais grave e está sujeita aos princípios da brevidade, da excepcionalidade e do respeito à condição peculiar de pessoa em desenvolvimento. Ela restringe a liberdade do adolescente, contudo é possível que a equipe técnica da entidade onde esteja cumprindo tal medida permita atividades externas, salvo se expressa determinação do juiz que não permita o adolescente sair da entidade. Essa medida não comporta prazo determinado, mas sua aplicação deve ser reavaliada a cada seis meses, não podendo em hipótese alguma ultrapassar prazo máximo de três anos. Se atingir o prazo máximo, o adolescente deve ser liberado, colocado em regime de semiliberdade ou em liberdade assistida (art. 121, § 4º), ressalvadas as hipóteses de medida aplicada por ato infracional praticado durante a execução da medida (art. 45,

§ 1º, da Lei nº 12.594/2012). A desinternação ocorre após autorização judicial, ouvido o Ministério Público (art. 121, § 6º).

> **ATENÇÃO!** Independentemente de quanto tempo o adolescente já tenha cumprido a medida socioeducativa de internação, ocorrerá a liberação compulsória dele ao complementar 21 anos de idade.

A medida de internação só pode ser aplicada nas seguintes hipóteses:

a) Ato infracional cometido mediante grave ameaça ou violência.

b) Reiteração no cometimento de outras infrações graves.

c) Descumprimento reiterado e injustificável da medida anteriormente imposta: por exemplo, João, em razão de determinada conduta, recebe a medida de semiliberdade, contudo, de forma injustificada, está descumprindo a medida. Nesse caso, ele poderá receber de sanção por descumprimento da outra medida a aplicação da medida de internação, caso em que essa sanção não poderá ultrapassar três meses, devendo ser decretada judicialmente após devido processo legal (art. 112, § 1º).

Local de cumprimento de medida de internação: deve ser cumprida em entidade exclusiva para adolescentes, local distinto do acolhimento institucional e obedecida, de forma rigorosa, a separação dos adolescentes por critérios de idade, compleição física e gravidade da infração.

Em nenhum caso o adolescente ficará incomunicável. Ele poderá receber visitas, as quais só ficarão suspensas no caso de a autoridade judiciária determinar a suspensão temporária delas, inclusive de pais ou responsáveis, se existirem motivos sérios e fundados de que as visitas têm prejudicado o interesse do adolescente.

Responsabilidade pela fiscalização de cumprimento de medida socioeducativa: segundo o art. 36 do Sinase: "A competência para jurisdicionar a execução das medidas socioeducativas segue o determinado pelo art. 146 da Lei nº 8.069, de 13 de julho de 1990 (Estatuto da Criança e do Adolescente)".

De acordo com o art. 146: "A autoridade a que se refere esta Lei é o Juiz da Infância e da Juventude, ou o juiz que exerce essa função, na forma da lei de organização judiciária local".

Se criança e adolescente são inimputáveis, assim, excluindo um dos elementos da culpabilidade, ato infracional não gera condenação criminal, portanto não gera reincidência, embora seja possível verificar os antecedentes do adolescente.

Algumas súmulas importantes:

> Súm. nº 338 do STJ: A prescrição penal é aplicável nas medidas socioeducativas.
>
> Súm. nº 265 do STJ: É necessária a oitiva do menor infrator antes de decretar-se a regressão da medida socioeducativa.

> Súm. nº 342 do STJ: No procedimento para aplicação de medida socioeducativa, é nula a desistência de outras provas em face da confissão do adolescente.
>
> Súm. nº 492 do STJ: O ato infracional análogo ao tráfico de drogas, por si só, não conduz obrigatoriamente à imposição de medida socioeducativa de internação do adolescente.
>
> Súm. nº 605 do STJ: A superveniência da maioridade penal não interfere na apuração de ato infracional nem na aplicabilidade de medida socioeducativa em curso, inclusive na liberdade assistida, enquanto não atingida a idade de 21 anos.

Vale lembrar que a Lei nº 12.594/2012 instituiu o Sistema Nacional de Atendimento Socioeducativo (Sinase), a qual regulamenta a execução das medidas socioeducativas aplicadas aos adolescentes infratores e, também, estabelece princípios orientadores da execução de medidas, bem como direitos individuais. O juízo da infância e da juventude é competente para executar medidas socioeducativas, sendo a execução dessas medidas realizada com base em um plano individual de atendimento (PIA).

> **ATENÇÃO!** Importante destacar que a gravidade do ato infracional, os antecedentes e o tempo de duração da medida não são fatores que, por si só, justifiquem a não substituição da medida por outras menos graves (art. 42, § 2º, do Sinase).

16. PROCEDIMENTOS PARA APURAÇÃO DE ATO INFRACIONAL

O adolescente poderá ter ingresso no sistema de justiça, com o ato infracional, de três maneiras:

1) Flagrante: o adolescente é apreendido enquanto praticava o ato infracional, ou logo depois de tê-lo praticado (arts. 106 e 172 do ECA), caso em que deve ser encaminhado, desde logo, à autoridade policial competente (art. 172).
2) Por ordem judicial: a autoridade judiciária competente determina a apreensão do adolescente (art. 106 do do ECA), caso em que deve ser encaminhado, desde logo, à autoridade judicial (art. 171).
3) Indícios de participação em crime envolvendo adultos: se identificado que adolescente tem coautoria com maior, é realizada remessa do relatório das investigações e documentos juntados ao Ministério Público (art. 177).

Quando ocorre a apreensão de um adolescente por ato infracional, imediatamente a autoridade judiciária competente e a família do apreendido precisam ser comunicadas. A autoridade policial deverá, ainda, lavrar o auto de apreensão, ouvir as testemunhas e o adolescente, apreender o produto ou instrumento da infração e requisitar exames ou perícias. Se não foi caso de flagrante, a autoridade policial substituirá o auto de apreensão pelo boletim de ocorrência (art. 173 do ECA).

Sempre que possível, se comparecer qualquer dos pais ou responsável, o adolescente será liberado sob termo de compromisso e responsabilidade de sua apresentação ao representante do Ministério Público no mesmo dia ou até o primeiro dia útil subsequente (art. 174 do ECA). Em caso de gravidade do ato e de sua repercussão social o adolescente permanecer apreendido, a autoridade policial deverá apresentá-lo ao Ministério Público ou a uma unidade de atendimento em até 24 h (art. 175 do ECA). Em caso de não comparecimento, o Ministério Público poderá requisitar concurso das polícias civil e militar (art. 179, parágrafo único, do ECA).

O art. 178 traz o seguinte:

> O adolescente a quem se atribua autoria de ato infracional não poderá ser conduzido ou transportado em compartimento fechado de veículo policial, em condições atentatórias à sua dignidade, ou que impliquem risco à sua integridade física ou mental, sob pena de responsabilidade.

Isso significa o quê? Que o transporte de um adolescente da delegacia para o Ministério Público, até a unidade de internação, ao fórum ou a outro local, deve ser feito em veículo apropriado, não em veículo usado para transportar adultos presos, como o famoso "camburão". O correto é levar o adolescente sentado no banco de trás, ainda que da viatura e algemado, se houver necessidade:

> Súm. Vinc. nº 11 do STF. Só é lícito o uso de algemas em casos de resistência e de fundado receio de fuga ou de perigo à integridade física própria ou alheia, por parte do preso ou de terceiros, justificada a excepcionalidade por escrito, sob pena de responsabilidade disciplinar, civil e penal do agente ou da autoridade e de nulidade da prisão ou do ato processual a que se refere, sem prejuízo da responsabilidade civil do Estado.

Feito isso, o Ministério Público poderá tomar três decisões (art. 180 do ECA):

1) Promover o arquivamento dos autos: quando o promotor de justiça não identificar a existência do fato, ou se o fato não constituir ato infracional, ou se não estiver comprovada a autoria ou participação do adolescente na prática do fato, o *parquet* promoverá pelo arquivamento, cabendo ao juiz homologar ou não. Se o juiz discordar do pedido do promotor de justiça, deverá remeter os autos ao Procurador-Geral de Justiça, para que ofereça representação, designe outro membro do Ministério Público para apresentar ou ratifique o pedido de arquivamento, estando, então, a autoridade obrigada a homologar (art. 181, § 2º, do ECA).

2) Conceder a remissão: a remissão é uma causa de exclusão do processo, ou seja, é um perdão judicial embasado na lei, para atos infracionais mais brandos, e volta-se para adolescentes primários (sem antecedentes). A remissão extrajudicial, na fase do procedimento, é apenas do Ministério Público. Não implica necessariamente o reconhecimento ou a comprovação da responsabilidade, nem prevalece para efeito de antecedentes, podendo incluir eventualmente a aplicação de qualquer das medidas previstas em lei, exceto a colocação em regime de semiliberdade e a internação (arts. 126 a 128 do ECA).
3) Representar à autoridade judiciária para aplicação de medida socioeducativa: diferentemente do processo penal, no ECA não existe a denúncia, mas sim a representação, sendo essa a peça judicial que dá início à ação socioeducativa. Ela conterá o resumo dos fatos, a classificação do ato infracional e o rol de testemunhas, não sendo necessária prova pré-constituída da autoria e materialidade (art. 182 do ECA).

O juiz também poderá conceder remissão durante a ação socioeducativa. Não ocorrendo, o advogado ou defensor nomeado terá o prazo de três dias para apresentar defesa prévia e rol de testemunhas. Na audiência, serão ouvidas as testemunhas, com debates orais (Ministério Público e defensor, cada um com o tempo de 20 minutos, prorrogáveis por mais 10 minutos), e, na sequência, a autoridade judiciária proferirá sentença (art. 186 do ECA). Se o adolescente, devidamente notificado, não comparecer injustificadamente à audiência de apresentação, a autoridade judiciária designará nova data, determinando sua condução coercitiva.

Se o adolescente não tiver defensor, ser-lhe-á nomeado pelo juiz, ressalvado o direito de, a todo tempo, constituir outro de sua preferência (art. 207, § 1º, do ECA).

Na sentença, o juiz poderá decidir de três formas:

1) Aplicar remissão: a remissão, como forma de extinção ou suspensão do processo, poderá ser aplicada em qualquer fase do procedimento (art. 188 do ECA).
2) Não aplicar nenhuma medida: o juiz poderá deixar de aplicar qualquer medida quando estiver provada a inexistência do fato, se não houver provas do fato ou da autoria/participação do adolescente, ou não constituir fato infracional (art. 189 do ECA).
3) Aplicar medida socioeducativa: verificada a prática de ato infracional, a autoridade competente poderá aplicar ao adolescente as medidas socioeducativas (art. 112 do ECA).

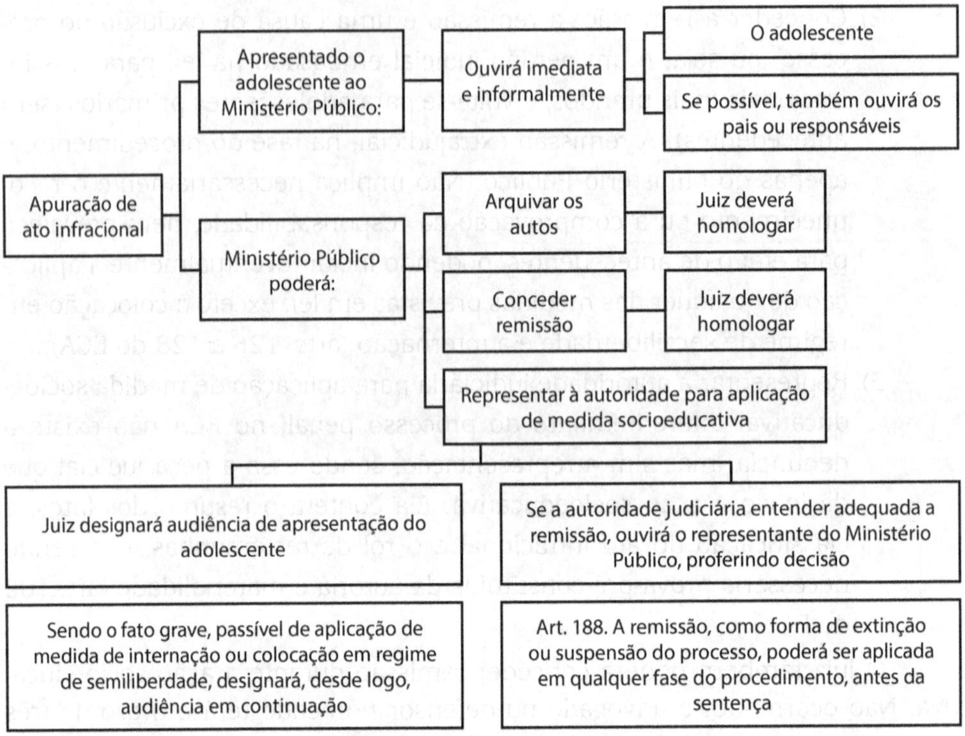

Se, durante o procedimento de verificação de ato infracional, o adolescente tiver que ser mantido em internação provisória, mas não houver local adequado no município, deverá ser transferido para localidade mais próxima. Sendo impossível a transferência, "o adolescente aguardará sua remoção em repartição policial, desde que em seção isolada dos adultos e com instalações apropriadas, não podendo ultrapassar o prazo máximo de cinco dias, sob pena de responsabilidade" (art. 185, § 2º).

Dos crimes previstos:

> Art. 230. Privar a criança ou o adolescente de sua liberdade, procedendo à sua apreensão sem estar em flagrante de ato infracional ou inexistindo ordem escrita da autoridade judiciária competente:
>
> Pena – detenção de seis meses a dois anos.
>
> Parágrafo único. Incide na mesma pena aquele que procede à apreensão sem observância das formalidades legais.
>
> Art. 231. Deixar a autoridade policial responsável pela apreensão de criança ou adolescente de fazer imediata comunicação à autoridade judiciária competente e à família do apreendido ou à pessoa por ele indicada:
>
> Pena – detenção de seis meses a dois anos.
>
> Art. 232. Submeter criança ou adolescente sob sua autoridade, guarda ou vigilância a vexame ou a constrangimento:

Pena – detenção de seis meses a dois anos.

Art. 234. Deixar a autoridade competente, sem justa causa, de ordenar a imediata liberação de criança ou adolescente, tão logo tenha conhecimento da ilegalidade da apreensão:

Pena – detenção de seis meses a dois anos.

Art. 235. Descumprir, injustificadamente, prazo fixado nesta Lei em benefício de adolescente privado de liberdade:

Pena – detenção de seis meses a dois anos.

Art. 236. Impedir ou embaraçar a ação de autoridade judiciária, membro do Conselho Tutelar ou representante do Ministério Público no exercício de função prevista nesta Lei:

Pena – detenção de seis meses a dois anos.

17. SISTEMA RECURSAL

Em regra, os procedimentos que acontecem na Justiça da Infância e da Juventude são os que versam sobre: ato infracional; pedido de adoção; interesses individuais, difusos ou coletivos; decorrentes de irregularidades de entidades de atendimento a crianças e adolescentes; nos casos de penalidades administrativas; casos encaminhados ao Conselho Tutelar; ou qualquer caso que poderia ser da Vara de Família, mas, como possui uma situação de risco junto, é atraído para a Vara da Infância e da Juventude.

O art. 198 do ECA determina que, nas ações relativas à Justiça da Infância e da Juventude, inclusive nas relativas à execução das medidas socioeducativas, adotar-se-á o sistema recursal do Código de Processo Civil com as seguintes adaptações: não haverá necessidade de preparo para interposição de recursos; prazos recursais são de dez dias, salvo embargos de declaração, que são cinco dias; terão preferência no julgamento; dispensam revisor; da sentença de adoção, de destituição de poder familiar ou ato infracional, só cabe efeito devolutivo, exceto: a) adoção internacional; b) perigo de dano irreparável ou de difícil reparação, ocasião em que será possível efeito suspensivo do processo.

Ainda, caberá apelação das decisões proferidas com base no art. 149 (que trata da competência da autoridade judiciária para disciplinar, autorizar mediante alvará a entrada e permanência de criança ou adolescente desacompanhado dos pais ou responsável em estádio, boates, bailes etc.).

18. CRIMES PRATICADOS CONTRA CRIANÇA E ADOLESCENTE

Os crimes contra crianças e adolescentes estão previstos nos arts. 228 a 244 do ECA, sem prejuízo do CP. Todos os crimes praticados contra crianças e adolescentes são de ação pública incondicionada (isto é, não há necessidade de representação pela vítima), tanto os crimes por ação quanto os por omissão. Aplicam-se aos crimes definidos pelo ECA as normas da Parte Geral do Código Penal; quanto ao processo, as normas do Código de Processo Penal.

Algumas observações importantes trazidas pela Lei nº 13.441/2017 quanto à infiltração de agentes de polícia na internet para investigação de crimes contra a dignidade sexual de criança e adolescentes (arts. 190-A e ss.):

a) Deverá ocorrer por meio de requerimento do Ministério Público ou representação do Delegado de Polícia, mediante requerimento discriminando as atividades que serão realizadas.
b) Se o pedido partir da autoridade policial, o Ministério Público deverá ser ouvido previamente.
c) Depende de autorização judicial.
d) O prazo é de 90 dias, podendo ser renovado no prazo máximo de 720 dias.
e) Durante a infiltração, deverão ser apresentados relatórios parciais a requerimento do Ministério Público ou do Juiz.
f) Será admitido somente em caráter subsidiário, quando não puder se fazer provas por outros meios.
g) Tramitará em sigilo.

Alguns crimes já foram estudados no decorrer do material, agora serão vistos outros, também estabelecidos pelo ECA:

- Produzir, reproduzir, dirigir, fotografar, filmar ou registrar, por qualquer meio, cena de sexo explícito ou pornográfica, envolvendo criança ou adolescente. Incorre na mesma pena: quem agencia, facilita, recruta ou contracena. Aumenta a pena de 1/3 se o agente comete o crime:
  a) No exercício de cargo ou função pública.
  b) Prevalecendo de relações domésticas até 3º grau, por adoção, tutor, curador ou guarda.
- Vender ou expor à venda fotografia, vídeo ou outro registro que contenha cena de sexo explícito ou pornográfica envolvendo criança ou adolescente.
- Oferecer, trocar, disponibilizar, transmitir, distribuir, publicar ou divulgar por qualquer meio, inclusive por meio de sistema de informática ou telemático, fotografia, vídeo ou outro registro que contenha cena de sexo explícito ou pornográfica envolvendo criança ou adolescente. Na mesma pena incorre quem:
  a) Assegura os meios de serviços para armazenamento.
  b) Assegura acesso por rede de computadores. Só são puníveis de responsabilização quando o responsável legal pela prestação do serviço, oficialmente notificado, deixa de desabilitar o acesso ao conteúdo ilícito.

- Adquirir, possuir ou armazenar, por qualquer meio, fotografia, vídeo ou outra forma de registro que contenha cena de sexo explícito ou pornográfica envolvendo criança ou adolescente. A pena é diminuída se for pequena quantidade de material. Não há crime se A FINALIDADE é comunicar às autoridades quando for:
  a) Agente público no exercício de sua função.
  b) Membro de entidade, legalmente constituída, sendo a sua finalidade processar e encaminhar notícias de crimes.
  c) Representante legal e funcionários responsáveis de provedor de acesso ou serviço por rede de computadores até o recebimento do material por Ministério Público, autoridade policial ou Poder Judiciário.
- Simular a participação de criança ou adolescente em cena de sexo explícito ou pornográfica por meio de adulteração, montagem ou modificação de fotografia, vídeo ou qualquer outra forma de representação visual. Incorre nas mesmas penas quem vende, expõe à venda, disponibiliza, distribui, publica ou divulga por qualquer meio, adquire, possui ou armazena o material produzido.
- Aliciar, assediar, instigar ou constranger, por qualquer meio de comunicação, criança, com o fim de com ela praticar ato libidinoso. Nas mesmas penas incorre quem:
  a) Facilita ou induz o acesso a material com cena de sexo explícito ou pornográfico.
  b) Pratica as condutas com o fim de induzir a criança a se exibir de forma pornográfica.
- Submeter criança ou adolescente à prostituição ou à exploração sexual: Pena – reclusão de quatro a dez anos e multa, além da perda de bens e valores utilizados na prática criminosa em favor do Fundo dos Direitos da Criança e do Adolescente da Unidade da Federação (Estado ou Distrito Federal) em que foi cometido o crime, ressalvado o direito de terceiro de boa-fé. Incorrem nas mesmas penas o proprietário, o gerente ou o responsável pelo local em que se verifique a submissão de criança ou adolescente às práticas referidas no *caput* deste artigo. Constitui efeito obrigatório da condenação a cassação da licença de localização e de funcionamento do estabelecimento.
- Corromper ou facilitar a corrupção de menor de 18 (dezoito) anos, com ele praticando infração penal ou induzindo-o a praticá-la. Incorre também quem pratica utilizando-se de quaisquer meios eletrônicos, inclusive salas de bate-papo da internet.

QUESTÕES

1. **(OAB - FGV - XXXI EXAME DE ORDEM)** O adolescente João, com 16 anos completos, foi apreendido em flagrante quando praticava ato infracional análogo ao crime de furto. Devidamente conduzido o processo, de forma hígida, ele foi sentenciado ao cumprimento de medida socioeducativa de 1 ano, em regime de semiliberdade. Sobre as medidas socioeducativas aplicadas a João, assinale a afirmativa correta.
   a) A medida de liberdade assistida será fixada pelo prazo máximo de 6 meses, sendo que, ao final de tal período, caso João não se revele suficientemente ressocializado, a medida será convolada em internação.
   b) A medida aplicada foi equivocada, pois deveria ter sido, necessariamente, determinada a internação de João.
   c) No regime de semiliberdade, João poderia sair da instituição para ocupações rotineiras de trabalho e estudo, sem necessidade de autorização judicial.
   d) A medida aplicada foi equivocada, pois não poderia, pelo fato análogo ao furto, ter a si aplicada medida diversa da liberdade assistida.

2. **(OAB - FGV - XXXI EXAME DE ORDEM)** Maria chega à maternidade já em trabalho de parto, sendo atendida emergencialmente. Felizmente, o parto ocorre sem problemas e Maria dá à luz, Fernanda. No mesmo dia do parto, a enfermeira Cláudia escuta a conversa entre Maria e uma amiga que a visitava, na qual Maria oferecia Fernanda a essa amiga em adoção, por não se sentir preparada para a maternidade. Preocupada com a conversa, Cláudia a relata ao médico obstetra de plantão, Paulo, o qual, por sua vez, noticia o ocorrido a Carlos, diretor-geral do hospital. Naquela noite, já recuperada, Maria e a mesma amiga vão embora da maternidade, sem que nada tenha ocorrido e nenhuma providência tenha sido tomada por qualquer dos personagens envolvidos - Cláudia, Paulo ou Carlos. Diante dos fatos acima, assinale a afirmativa correta.
   a) Não foi cometida qualquer infração, porque a adoção irregular não se consumou no âmbito da maternidade.
   b) Carlos cometeu infração administrativa, consubstanciada no não encaminhamento do caso à autoridade judiciária, porque somente o diretor do hospital pode fazê-lo.
   c) Carlos e Paulo não cometeram infração administrativa ao não encaminharem o caso à autoridade judiciária, porque não cabe ao corpo médico tal atribuição.
   d) Carlos, Paulo e Cláudia cometeram infração administrativa por não encaminharem o caso de que tinham conhecimento para a autoridade judiciária.

3. **(OAB - FGV - XXX EXAME DE ORDEM)** Roberta produziu, em seu computador, vídeo de animação em que se percebe a simulação de atos pornográficos entre crianças. O vídeo não mostra nenhuma imagem reconhecível, nenhuma pessoa identificável, mas apresenta, inequivocamente, figuras de

crianças, e bem jovens. Sobre o fato apresentado, sob a perspectiva do Estatuto da Criança e do Adolescente, assinale a afirmativa correta.

a) Não é ilícito penal: o crime ocorre quando se simula a atividade pornográfica com imagens reais de crianças.

b) É crime, pois o Estatuto da Criança e do Adolescente prevê a conduta típica de simular a participação de criança ou adolescente em cena pornográfica por meio de qualquer forma de representação visual.

c) É crime se houver a divulgação pública do filme, pois a mera produção de filme envolvendo simulacro de imagem de criança ou adolescente em situação pornográfica não é reprovada pelo Estatuto da Criança e do Adolescente.

d) Não é ilícito penal, pois a animação somente se afigura como simulação suficientemente apta a despertar a reprovabilidade criminal se reproduzir a imagem real de alguma criança diretamente identificável.

4. (OAB – FGV – XXX EXAME DE ORDEM) Pedro, 16 anos, foi apreendido em flagrante quando subtraía um aparelho de som de uma loja. Questionado sobre sua família, disse não ter absolutamente nenhum familiar conhecido. Encaminhado à autoridade competente, foi-lhe designado defensor dativo, diante da completa carência de pessoas que por ele pudessem responder. Após a prática dos atos iniciais, Pedro requereu ao juiz a substituição do seu defensor por um advogado conhecido, por não ter se sentido bem assistido tecnicamente, não confiando no representante originariamente designado. Com base nessa narrativa, assinale a afirmativa correta.

a) É direito do adolescente ter seu defensor substituído por outro de sua preferência, uma vez que não deposita confiança no que lhe foi designado.

b) A defesa técnica deve permanecer incumbida ao defensor atualmente designado, pois não é facultado ao adolescente optar por sua substituição.

c) O processo deve ser suspenso, adiando-se os atos até que seja solucionada a questão da representação do adolescente.

d) A substituição somente deverá ser realizada se evidenciada imperícia técnica, não podendo a mera preferência do adolescente ser motivo para a substituição.

5. (OAB – FGV – XXIX EXAME DE ORDEM) Júlio, após completar 17 anos de idade, deseja, contrariando seus pais adotivos, buscar informações sobre a sua origem biológica junto à Vara da Infância e da Juventude de seu domicílio. Lá chegando, a ele é informado que não poderia ter acesso ao seu processo, pois a adoção é irrevogável. Inconformado, Júlio procura um amigo, advogado, a fim de fazer uma consulta sobre seus direitos. De acordo com o Estatuto da Criança e do Adolescente, assinale a opção que apresenta a orientação jurídica correta para Júlio.

a) Ele poderá ter acesso ao processo, desde que receba orientação e assistência jurídica e psicológica.

b) Ele não poderá ter acesso ao processo até adquirir a maioridade.

c) Ele poderá ter acesso ao processo apenas se assistido por seus pais adotivos.

d) Ele não poderá ter acesso ao processo, pois a adoção é irrevogável.

6. **(OAB – FGV – XXIX EXAME DE ORDEM)** Gabriel, adolescente com 17 anos de idade, entrou armado em uma loja de conveniência na cidade de Belo Horizonte, Minas Gerais, exigindo que o operador de caixa entregasse todo o dinheiro que ali existisse. Um dos clientes da loja, policial civil em folga, reagiu ao assalto, atirando em Gabriel, mas não acertando. Assustado, Gabriel empreendeu fuga, correndo em direção a Betim, comarca limítrofe a Belo Horizonte e onde residem seus pais, lá sendo capturado por policiais que se encontravam em uma viatura. Sobre o caso, assinale a opção que indica quem será competente para as medidas judiciais necessárias, inclusive a eventual estipulação de medida socioeducativa, desconsiderando qualquer fator de conexão, continência ou prevenção.

a) O Juiz da Infância e da Juventude da comarca de Belo Horizonte, ou o juiz que exerce essa função, por ser a capital do estado.

b) O Juiz da Infância e da Juventude, ou o juiz que exerce essa função, da comarca de Belo Horizonte, por ser o foro onde ocorreu o ato infracional cometido por Gabriel.

c) O Juiz Criminal da comarca de Betim, por ser onde residem os pais do adolescente.

d) O Juiz da Infância e da Juventude, ou o juiz que exerce essa função, da comarca de Betim, por ser onde residem os pais do adolescente.

7. **(OAB – FGV – XXVIII EXAME DE ORDEM)** Carla, de 11 anos de idade, com os pais destituídos do poder familiar, cresce em entidade de acolhimento institucional faz dois anos, sem nenhum interessado em sua adoção habilitado nos cadastros nacional ou internacional. Sensibilizado com a situação da criança, um advogado, que já possui três filhos, sendo um adotado, deseja acompanhar o desenvolvimento de Carla, auxiliando-a nos estudos e, a fim de criar vínculos com sua família, levando-a para casa nos feriados e férias escolares. De acordo com o Estatuto da Criança e do Adolescente, de que forma o advogado conseguirá obter a convivência temporária externa de Carla com sua família?

a) Acolhimento familiar.

b) Guarda estatutária.

c) Tutela.

d) Apadrinhamento.

8. **(OAB – FGV – XXVIII EXAME DE ORDEM)** Bruno, com quase doze anos de idade, morador de Niterói, na Região Metropolitana do Rio de Janeiro, foi aprovado em um processo de seleção de jogadores de futebol, para a categoria de base de um grande clube, sediado no Rio de Janeiro, capital – cidade contígua à de sua residência. Os treinamentos na nova equipe implicam deslocamento de Niterói ao Rio de Janeiro todos os dias, ida e volta. Ocorre que os pais de Bruno trabalham em horário integral, e não poderão acompanhá-lo. Os pais, buscando orientação, consultam você, como advogado(a),

sobre qual seria a solução jurídica para que Bruno frequentasse os treinos, desacompanhado. Assinale a opção que apresenta sua orientação.

a) Bruno precisará de um alvará judicial, que pode ter validade de até dois anos, para poder se deslocar sozinho entre as comarcas.

b) Bruno pode, simplesmente, ir aos treinos sozinho, não sendo necessária qualquer autorização judicial para tanto.

c) Não é possível a frequência aos treinos desacompanhado, pois o adolescente não poderá se deslocar entre comarcas sem a companhia de, ao menos, um dos pais ou do responsável legal.

d) Bruno poderá ir aos treinos desacompanhado dos pais, mas será necessário obter autorização judicial ou a designação de um tutor, que poderá ser um representante do clube.

9. (OAB – FGV – XXVII EXAME DE ORDEM) Os irmãos João, 12 anos, Jair, 14 anos, e José, 16 anos, chegam do interior com os pais, em busca de melhores condições de vida para a família. Os três estão matriculados regularmente em estabelecimento de ensino e gostariam de trabalhar para ajudar na renda da casa. Sobre as condições em que os três irmãos conseguirão trabalhar formalmente, considerando os Direitos da Criança e do Adolescente, assinale a afirmativa correta.

a) João: não; Jair: contrato de aprendizagem; José: contrato de trabalho especial, salvo atividades noturnas, perigosas ou insalubres.

b) João: contrato de aprendizagem; Jair: contrato de trabalho especial, salvo atividades noturnas, perigosas ou insalubres; José: contrato de trabalho.

c) João: não; Jair e José: contrato especial de trabalho, salvo atividades noturnas, perigosas ou insalubres

d) João: contrato de aprendizagem; Jair: contrato de aprendizagem; José: contrato de aprendizagem.

10. (OAB – FGV – XXVII EXAME DE ORDEM) Joaquim, adolescente com 15 anos de idade, sofre repetidas agressões verbais por parte de seu pai, José, pessoa rude que nunca se conformou com o fato de Joaquim não se identificar com seu sexo biológico. Os atentados verbais chegaram ao ponto de lançar Joaquim em estado de depressão profunda, inclusive sendo essa clinicamente diagnosticada. Constatada a realidade dos fatos acima narrados, assinale a afirmativa correta.

a) Os fatos descritos revelam circunstância de mero desajuste de convívio familiar, não despertando relevância criminal ou de tutela de direitos individuais do adolescente, refugindo do alcance da Lei nº 8.069/1990 (ECA).

b) O juízo competente poderá determinar o afastamento de José da residência em que vive com Joaquim, como medida cautelar para evitar o agravamento do dano psicológico do adolescente, podendo, inclusive, fixar pensão alimentícia provisória para o suporte de Joaquim.

c) O juiz poderá afastar cautelarmente José da moradia comum com Joaquim, sem que isso implique juízo definitivo de valor sobre os fatos – razão pela qual não é viável a estipulação de alimentos ao adolescente, eis que irreversíveis.

d) A situação descrita não revela motivação legalmente reconhecida como suficiente a determinar o afastamento de José da moradia comum, recomendando somente o aconselhamento educacional do pai.

11. (OAB – FGV – XXVI EXAME DE ORDEM) Em cumprimento de mandado de busca e apreensão do Juízo Criminal, policiais encontraram fotografias de adolescentes vestidas, em posições sexuais, com foco nos órgãos genitais, armazenadas no computador de um artista inglês. O advogado do artista, em sua defesa, alega a ausência de cena pornográfica, uma vez que as adolescentes não estavam nuas, e que a finalidade do armazenamento seria para comunicar às autoridades competentes. Considerando o crime de posse de material pornográfico, previsto no art. 241-B do ECA, merecem prosperar os argumentos da defesa?

a) Sim, pois, para caracterização da pornografia, as adolescentes teriam que estar nuas.

b) Não, uma vez que bastava afirmar que as fotos são de adolescentes, e não de crianças.

c) Sim, uma vez que a finalidade do artista era apenas a de comunicar o fato às autoridades competentes.

d) Não, pois a finalidade pornográfica restou demonstrada, e o artista não faz jus a excludente de tipicidade.

GABARITO

1. C; 2. D; 3. B; 4. A; 5. A; 6. B; 7. D; 8. B; 9. A; 10. B; 11. D

Direito Processual Civil – Procedimento comum

Leonardo Rizzolo Fetter

Mestre em Direitos Sociais e Políticas Públicas. Especialista em Direito Processual. Advogado. Professor no Centro de Ensino Integrado de Santa Cruz do Sul – CEISC.

SUMÁRIO

1. CONSIDERAÇÕES INICIAIS

O Direito Processual Civil emerge, no mundo jurídico, com uma função bem específica – regular as formas, os meios e as maneiras do cidadão buscar seu direito material perante o Poder Judiciário.

Aparece, então, como forma de igualdade (já que fixa as mesmas normas para todos os cidadãos, indistintamente) e instrumental (instrumento para busca do reconhecimento do direito material pretendido).

Dessa forma e com esse objetivo, existem alguns conceitos básicos que devem ser entendidos e fixados.

1.1 JURISDIÇÃO

Objetivamente, é o poder-dever do Estado de compor/solucionar litígios, conflitos de interesse.

Diante das regras inerentes ao Estado Democrático de Direito, necessário identificar quem tem esse poder, essa responsabilidade (não se pode deixar que os cidadãos, pelas próprias mãos, busquem soluções para seus conflitos).

Então, como forma de organização, essa função jurisdicional delegada pelo Estado ao Poder Judiciário (e esse Poder não pode transferir para ninguém mais), é indelegável.

Diz-se, então, que o Poder Judiciário é investido em jurisdição.

O exercício da jurisdição (esse poder/dever de compor litígios) é inerte, ou seja, para ser exercido, existe a necessidade de provocação (o juiz não tem autonomia para agir por conta própria, isto é, de ofício, deve necessariamente ser provocado pela parte interessada, conforme o art. 2º do CPC).

É o chamado princípio da ação ou da demanda, ou princípio da iniciativa da parte.

Nesse sentido, surge um segundo conceito de suma importância.

1.2 AÇÃO

O cidadão, para tirar o Poder Judiciário da sua inércia, para provocar tal poder, tem uma forma específica: a ação judicial.

Ou seja, a ação é a forma de provocar o Poder Judiciário, de tirá-lo da sua inércia para que ele exerça o poder ao qual foi investido (a jurisdição – poder/dever de solucionar/compor litígios).

O chamado direito de ação é abstrato (e não concreto), ou seja, para entrar com uma ação, o autor não precisa ter o direito material garantido (perfeitamente possível, dessa forma, que uma ação seja julgada improcedente – pensar diferente se chegaria ao absurdo de dizer que o autor somente poderia entrar com a ação se fosse ganhar – ou seja, o direito de ação, para ser exercido, deveria ser concreto).

O sistema processual brasileiro definiu dois tipos de ação:

a) ação de conhecimento; e

b) ação de execução.

Apenas essas, então, são as ações possíveis de serem apresentadas com o objetivo de buscar a prestação jurisdicional.

Emerge, então, um terceiro conceito clássico e necessário.

1.3 RITO OU PROCEDIMENTO

Frise-se, já de início, que rito ou procedimento são sinônimos.

E, de forma bem objetiva e simples, o rito/procedimento nada mais é do que a forma (regras) estabelecida pela lei processual para o tramitar da ação perante o Poder Judiciário.

Ou seja, a lei define a soma de atos processuais que deverão acontecer entre o início (petição inicial) e o fim da ação (sentença).

Basicamente, temos a seguinte divisão quanto aos ritos ou procedimentos:

a) rito ou procedimento comum; e

b) ritos ou procedimentos especiais

E a forma de identificar o uso de um ou outro é relativamente singela; e aqui uma dica:

> ***DICA OLHOS DE TIGRE*** – Identificado o pedido (a pretensão que a parte vai levar ao Poder Judiciário), será possível identificar o rito pelo qual esse pedido vai tramitar perante o Poder Judiciário.

Mas qual a forma dessa identificação?

A mais singela será simplesmente verificar o índice do Código de Processo Civil, no qual consta (a partir do art. 539) o Capítulo dos Procedimentos Especiais. Ou seja: todos os pedidos que vão tramitar utilizando ou respeitando um rito/procedimento especial devem ter previsão expressa no Código (importante: *ou em lei especial* – ex.: Lei de Alimentos prevê procedimento especial para o pedido de alimentos).

E o procedimento comum? O uso deste também é definido pelo pedido, mas de uma forma ainda mais simples: para todos os pedidos que não tiverem previsão de uso do procedimento especial, será utilizado o procedimento comum (simples assim).

Para encerrar essas considerações iniciais, vale fazer referência a um último e indispensável conceito.

1.4 COMPETÊNCIA

Todo órgão do Poder Judiciário (juiz, desembargador, Ministro) tem jurisdição.

No entanto, o exercício dessa jurisdição é limitado pelas regras de competência, as quais limitam tal exercício.

Competência é, então, o limite de atuação dos órgãos jurisdicionais. Dentro de seu campo de atuação, é outorgado ao juiz poder para decidir sobre os conflitos.

A grande divisão diz respeito à competência ESTADUAL e FEDERAL.

Diante disso, para fixar a competência federal, basta verificar o art. 109 da CF. Ali ficou definido quais seriam as circunstâncias que acarretam a competência federal (da Justiça Federal).

Já a competência estadual (Justiça Estadual) é definida de forma residual; o que não for de competência federal, será de competência estadual.

IMPORTANTE! As regras de competência fixadas pelo Código de Processo Civil são territoriais, ou seja, definem o lugar onde deverá ser proposta a ação.

TAMBÉM IMPORTANTE: A competência do JEC, JEF e JEFP é definida, também, pelo valor da causa (no estado causas de valor, até 40 salários mínimos; nos juizados federais, causas de até 60 salários mínimos).

DICA OLHOS DE TIGRE – A incompetência é dividida em ABSOLUTA e RELATIVA.
Absoluta: pode ser reconhecida de ofício e em qualquer grau de jurisdição (art. 64, § 1º). A competência absoluta trata dos casos de interesses públicos.
Relativa: não pode ser reconhecida de ofício (art. 337, § 5º) e deve ser alegada em preliminar da contestação (art. 337, II), sob pena de prorrogação (art. 65). A competência relativa disciplina os casos de interesses privados.

O reconhecimento da incompetência (tanto relativa quanto absoluta) gera a remessa dos autos para o juízo competente (e não sua extinção) – art. 64, § 3º.

IMPORTANTE! O reconhecimento da incompetência no JEC acarreta a extinção do processo sem resolução do mérito (art. 51, III, da Lei nº 9.099/1995).

A modificação da competência poderá ocorrer *apenas na competência relativa*, não sendo possível na competência absoluta. Está disciplinada nos arts. 54 a 63 do CPC e tem as seguintes causas de modificação:

Conexão: está prevista no art. 55 do CPC e determina que duas ou mais ações podem se reunir para julgamento conjunto, quando o pedido e a causa de pedir lhes forem comuns.

Busca evitar que ações iguais tenham julgamentos diferentes.

Continência: está disciplinada no art. 56 do CPC e determina que, para haver a modificação de competência, é necessário que duas ou mais ações tenham identidade quanto às partes e a causa de pedir, e que o pedido de uma, por ser mais amplo, abranja o das demais.

Aqui também ocorre a reunião de duas ou mais ações, visando evitar decisões divergentes. As regras aplicadas à conexão também o são para a continência.

Prevenção: visa confirmar e manter a competência de um juiz respectivo quando houver mais de um juízo competente para o julgamento de uma mesma causa.

Conforme previsto no art. 59 do CPC, o que torna o juízo prevento é o registro ou a distribuição da petição inicial.

2. PRINCÍPIOS CONSTITUCIONAIS E PROCESSUAIS

2.1 PRINCÍPIO DO DEVIDO PROCESSO LEGAL

O direito ao processo é uma das garantias constitucionais, direito fundamental previsto no art. 5º, XXXV, da CF, portanto, é um princípio constitucional e processual.

O devido processo legal está relacionado com outros princípios, como contraditório, ampla defesa e duração razoável do processo. A finalidade do devido processo legal é não permitir o abuso de direito, ou seja, prezar por um processo justo e equânime.

2.2 PRINCÍPIO DA ISONOMIA

Trata-se de um princípio que visa dar tratamento igual às partes, objetivando um processo justo e equilibrado. Encontra-se presente no art. 5º, *caput*, da CF, bem como no art. 7º do CPC:

> Art. 7º É assegurada às partes paridade de tratamento em relação ao exercício de direitos e faculdades processuais, aos meios de defesa, aos ônus, aos deveres e à aplicação de sanções processuais, competindo ao juiz zelar pelo efetivo contraditório.

2.3 PRINCÍPIO DO JUIZ NATURAL OU DA IMPARCIALIDADE DO JUIZ

O princípio do juiz natural determina que as partes têm direito a um julgamento realizado por um juiz competente e imparcial (art. 5º, LIII e XXXVII, da CF).

O primeiro inciso dispõe que ninguém será processado nem sentenciado senão pela autoridade competente; o segundo, que não haverá juízo ou tribunal de exceção.

Requisitos para caracterização do juiz natural: a) o julgamento deve ser proferido por alguém investido de jurisdição; b) o órgão deve ser preexistente; c) a causa deve ser submetida ao juiz competente, de acordo com as regras postas pela Constituição Federal e por lei.

2.4 PRINCÍPIO DO CONTRADITÓRIO E DA AMPLA DEFESA

Objetivamente, é o direito de reação. Garante às partes a oportunidade de se manifestar em todos os atos do processo, tratamento paritário para dialogar com o juiz, sob pena de nulidade, não podendo, assim, o juiz julgar nenhuma ação sem que os litigantes tenham tido a oportunidade de se defender.

CF:

> Art. 5º (...)
>
> (...)
>
> LV – aos litigantes, em processo judicial ou administrativo, e aos acusados em geral são assegurados o contraditório e ampla defesa, com os meios e recursos a ela inerentes;
>
> (...)

Encontra amparo legal no arts. 7º, 9º e 10 do CPC.

Importante, aqui, chamar a atenção para o fato de que o juiz não pode proferir nenhuma decisão sem antes ter ouvido todas as partes, sendo vedada a *decisão surpresa*, mesmo quando se tratar de matéria que deva ser decidida de ofício (arts. 9º e 10 do CPC).

> ***DICA OLHOS DE TIGRE*** – *Exceção*: O art. 9º, parágrafo único, do CPC prevê as situações em que o juiz poderá decidir sem ouvir a outra parte.

> **Atenção!** Cabe ao Poder Judiciário fazer com que o devido processo legal e o contraditório sejam respeitados, na forma da parte final do art. 7º do CPC.

> Art. 7º É assegurada às partes paridade de tratamento em relação ao exercício de direitos e faculdades processuais, aos meios de defesa, aos ônus, aos deveres e à aplicação de sanções processuais, *competindo ao juiz zelar pelo efetivo contraditório*. (grifos nossos)
>
> Art. 139. O juiz dirigirá o processo conforme as disposições deste Código, incumbindo-lhe:
>
> I – *assegurar às partes igualdade de tratamento*; (grifos nossos)
>
> (...)

Vale recordar, a respeito, a possibilidade de ampliação do contraditório prevista no art. 139 do CPC:

> Art. 139. O juiz dirigirá o processo conforme as disposições deste Código, incumbindo-lhe:
>
> (...)
>
> VI – dilatar os prazos processuais e alterar a ordem de produção dos meios de prova, adequando-os às necessidades do conflito de modo a conferir maior efetividade à tutela do direito;
>
> (...)

2.5 PRINCÍPIO DA MOTIVAÇÃO DAS DECISÕES JUDICIAIS

Este princípio disciplina que todas as decisões judiciais devem obrigatoriamente ser fundamentadas, de acordo com os arts. 93, IX, da CF e 11 do CPC:

CF:

> Art. 93. (...)
>
> IX – todos os julgamentos dos órgãos do Poder Judiciário serão públicos, e fundamentadas todas as decisões, sob pena de nulidade, podendo a lei limitar a presença, em determinados atos, às próprias partes e a seus advogados, ou somente a estes, em casos nos quais a preservação do direito à intimidade do interessado no sigilo não prejudique o interesse público à informação.

CPC:

> Art. 11. Todos os julgamentos dos órgãos do Poder Judiciário serão públicos, e fundamentadas todas as decisões, sob pena de nulidade.

DICA OLHOS DE TIGRE – O art. 489, § 1º, do CPC prevê o que não poderá ser considerado fundamento de uma decisão judicial.

2.6 PRINCÍPIO DA BOA-FÉ PROCESSUAL

De acordo com este princípio, as partes do processo devem sempre se comportar com boa-fé, lealdade e urbanidade. Este princípio está intimamente ligado ao princípio da dignidade da pessoa humana, pois visa promovê-lo no ordenamento jurídico, no julgamento da causa (art. 5º do CPC).

A parte que agir com má-fé pode ser penalizada com multa. As práticas consideradas de má-fé estão previstas no art. 80 do CPC:

> Art. 79. Responde por perdas e danos aquele que litigar de má-fé como autor, réu ou interveniente.
>
> Art. 80. Considera-se litigante de má-fé aquele que:
>
> I – deduzir pretensão ou defesa contra texto expresso de lei ou fato incontroverso;
>
> II – alterar a verdade dos fatos;
>
> III – usar do processo para conseguir objetivo ilegal;
>
> IV – opuser resistência injustificada ao andamento do processo;
>
> V – proceder de modo temerário em qualquer incidente ou ato do processo;
>
> VI – provocar incidente manifestamente infundado;
>
> VII – interpuser recurso com intuito manifestamente protelatório.

Art. 81. De ofício ou a requerimento, o juiz condenará o litigante de má-fé a pagar multa, que deverá ser superior a um por cento e inferior a dez por cento do valor corrigido da causa, a indenizar a parte contrária pelos prejuízos que esta sofreu e a arcar com os honorários advocatícios e com todas as despesas que efetuou.

§ 1º Quando forem 2 (dois) ou mais os litigantes de má-fé, o juiz condenará cada um na proporção de seu respectivo interesse na causa ou solidariamente aqueles que se coligaram para lesar a parte contrária.

§ 2º Quando o valor da causa for irrisório ou inestimável, a multa poderá ser fixada em até 10 (dez) vezes o valor do salário mínimo.

§ 3º O valor da indenização será fixado pelo juiz ou, caso não seja possível mensurá-lo, liquidado por arbitramento ou pelo procedimento comum, nos próprios autos.

2.7 PRINCÍPIO DA DURAÇÃO RAZOÁVEL DO PROCESSO

O princípio da duração razoável do processo é também conhecido como princípio da celeridade processual. Não há na lei uma predeterminação de duração do processo, todavia não se pode tolerar a procrastinação injustificável do Judiciário e seus serviços.

Está previsto no art. 5º, LXXVIII, da CF (“a todos, no âmbito judicial e administrativo, são assegurados a razoável duração do processo e os meios que garantam a celeridade de sua tramitação”) e nos arts. 4º e 6º do CPC.

2.8 PRINCÍPIO DO DUPLO GRAU DE JURISDIÇÃO

Este princípio não se encontra expresso na Constituição Federal, mas diante de terem sido criados juízos e tribunais, cuja competência é julgar os recursos contra as decisões de primeiro grau, automaticamente estabeleceu-se o duplo grau de jurisdição, que busca reanalisar os atos judiciais que geram inconformismo na parte e estão substanciados por falhas, ilegalidades, provas, por meio do julgamento de um órgão superior.

2.9 PRINCÍPIO DA PROPORCIONALIDADE E RAZOABILIDADE

De acordo com o art. 8º do CPC, o juiz, ao aplicar as normas, deverá atender aos fins sociais e às exigências do bem comum, resguardando e promovendo a dignidade da pessoa humana e observando a proporcionalidade, a razoabilidade, a legalidade, a publicidade e a eficiência.

> ***DICA OLHOS DE TIGRE*** – O exemplo clássico de aplicação dos princípios da proporcionalidade e razoabilidade emerge com a fixação do *quantum* (valor) devido na obrigação alimentar.

2.10 PRINCÍPIO DA PUBLICIDADE DOS ATOS PROCESSUAIS

Está previsto nos arts. 5º, LX, 93, X, ambos da CF, e 11, *caput*, e 368, ambos do CPC. Impõe que sejam públicos os julgamentos dos órgãos do Poder Judiciário, justificando-se no fato de haver interesse público maior que somente das partes, pois visa à garantia da paz e da harmonia social.

> **IMPORTANTE!** Recordar a exceção a este princípio: processos que tramitam com segredo de justiça (art. 189 do CPC).

3. ACESSO À JUSTIÇA

3.1 CUSTAS E DESPESAS PROCESSUAIS

Foi definido, no art. 82 do CPC, que o autor, ao propor uma ação, deverá fazer o adiantamento das custas processuais (ou seja, a parte autora deverá fazer o recolhimento das custas para ter sua ação distribuída).

Objetivamente, o Estado cobra para prestar jurisdição.

A respeito, vale ressaltar duas situações:

a) o conceito de custas está inserido no art. 84 do CPC;
b) a sentença (ao final do processo – quando da sua extinção), condenará a parte vencida ao pagamento (para a parte vencedora) das custas e despesas que esta (parte vencedora) antecipou (art. 82, § 2º, do CPC).

3.2 JUSTIÇA GRATUITA

O próprio art. 82 prevê que, no caso de justiça gratuita, restará a parte isenta do pagamento de custas e despesas processuais.

Nesse sentido, o art. 98 do CPC garante à pessoa natural ou jurídica, tanto brasileira quanto estrangeira, que tenha insuficiência de recursos para o pagamento das custas, das despesas processuais e dos honorários advocatícios, o direito à justiça gratuita.

É concedido a qualquer das partes, podendo ser, inclusive, a um terceiro que interveio no processo, desde que cumpra os requisitos impostos na lei.

O pedido ao benefício poderá ser feito em várias fases do processo: na inicial, na contestação, em recursos ou até mesmo na petição que traz um terceiro ao processo.

> Art. 99. O pedido de gratuidade da justiça pode ser formulado na petição inicial, na contestação, na petição para ingresso de terceiro no processo ou em recurso.
>
> § 1º Se superveniente à primeira manifestação da parte na instância, o pedido poderá ser formulado por petição simples, nos autos do próprio processo, e não suspenderá seu curso.

> § 2º O juiz somente poderá indeferir o pedido se houver nos autos elementos que evidenciem a falta dos pressupostos legais para a concessão de gratuidade, devendo, antes de indeferir o pedido, determinar à parte a comprovação do preenchimento dos referidos pressupostos.
>
> § 3º Presume-se verdadeira a alegação de insuficiência deduzida exclusivamente por pessoa natural.
>
> § 4º A assistência do requerente por advogado particular não impede a concessão de gratuidade da justiça.
>
> § 5º Na hipótese do § 4º, o recurso que verse exclusivamente sobre valor de honorários de sucumbência fixados em favor do advogado de beneficiário estará sujeito a preparo, salvo se o próprio advogado demonstrar que tem direito à gratuidade.
>
> § 6º O direito à gratuidade da justiça é pessoal, não se estendendo a litisconsorte ou a sucessor do beneficiário, salvo requerimento e deferimento expressos.
>
> § 7º Requerida a concessão de gratuidade da justiça em recurso, o recorrente estará dispensado de comprovar o recolhimento do preparo, incumbindo ao relator, neste caso, apreciar o requerimento e, se indeferi-lo, fixar prazo para realização do recolhimento.

No caso da pessoa natural, basta a alegação de ser hipossuficiente, não podendo o juiz indeferir o benefício sem que esteja evidenciado no processo o contrário. Nesse caso, ainda, antes do indeferimento, a parte tem a oportunidade de provar o contrário (art. 99, §§ 2º e 3º, do CPC).

Diferentemente é a situação da pessoa jurídica, que para fazer jus à justiça gratuita deve provar ser financeiramente hipossuficiente.

3.3 HONORÁRIOS ADVOCATÍCIOS DE SUCUMBÊNCIA

A parte vencida no processo é denominada de sucumbente e deverá arcar com os ônus desta derrota (da sucumbência).

Entre os ônus, está o pagamento das custas (art. 82, § 2º, do CPC) para a parte vencedora (como já referido anteriormente).

E, por segundo, será também a parte vencida condenada a pagar os honorários advocatícios ao ADVOGADO da parte vencedora (conforme previsão expressa do art. 85 do CPC).

Tal condenação deverá ser fixada na forma estabelecida no art. 85, § 2º, do CPC.

3.4 DIREITOS DO ADVOGADO - ACESSO AOS AUTOS

O advogado pode ter vista de qualquer processo judicial em tramitação, mesmo sem procuração, desde que não esteja sob a proteção do segredo de justiça, caso em que é necessária a procuração (art. 107, I, do CPC).

> **IMPORTANTE!** Este mesmo direito é assegurado aos processos eletrônicos, conforme previsão do art. 107, § 5º, do CPC.

Tem o advogado direito à carga (levar consigo) dos autos do processo em tramitação, situação em que será necessário apresentar procuração (art. 107, II e III, do CPC).

> ***DICA OLHOS DE TIGRE*** – Para que o advogado faça carga dos processos que estão arquivados, não é necessária a procuração (art. 7º, XVI, da Lei nº 8.906/1994 – Estatuto da Advocacia e da OAB), salvo processos em segredo de justiça (art. 7º, § 1º, 1, da mesma lei antes citada).

3.5 SUSPEIÇÃO E IMPEDIMENTO

O magistrado, como órgão do Poder Judiciário, deve atuar com imparcialidade.

No entanto, existem circunstâncias que acarretam a sua parcialidade, as quais são definidas como suspeição e impedimento.

As causas que fundamentam o impedimento estão inseridas no art. 144, e as de suspeição, no art. 145, ambos do CPC.

> Art. 144. Há impedimento do juiz, sendo-lhe vedado exercer suas funções no processo:
>
> I – em que interveio como mandatário da parte, oficiou como perito, funcionou como membro do Ministério Público ou prestou depoimento como testemunha;
>
> II – de que conheceu em outro grau de jurisdição, tendo proferido decisão;
>
> III – quando nele estiver postulando, como defensor público, advogado ou membro do Ministério Público, seu cônjuge ou companheiro, ou qualquer parente, consanguíneo ou afim, em linha reta ou colateral, até o terceiro grau, inclusive;
>
> IV – quando for parte no processo ele próprio, seu cônjuge ou companheiro, ou parente, consanguíneo ou afim, em linha reta ou colateral, até o terceiro grau, inclusive;
>
> V – quando for sócio ou membro de direção ou de administração de pessoa jurídica parte no processo;
>
> VI – quando for herdeiro presuntivo, donatário ou empregador de qualquer das partes;
>
> VII – em que figure como parte instituição de ensino com a qual tenha relação de emprego ou decorrente de contrato de prestação de serviços;
>
> VIII – em que figure como parte cliente do escritório de advocacia de seu cônjuge, companheiro ou parente, consanguíneo ou afim,

> em linha reta ou colateral, até o terceiro grau, inclusive, mesmo que patrocinado por advogado de outro escritório;
>
> IX – quando promover ação contra a parte ou seu advogado.
>
> Art. 145. Há suspeição do juiz:
>
> I – amigo íntimo ou inimigo de qualquer das partes ou de seus advogados;
>
> II – que receber presentes de pessoas que tiverem interesse na causa antes ou depois de iniciado o processo, que aconselhar alguma das partes acerca do objeto da causa ou que subministrar meios para atender às despesas do litígio;
>
> III – quando qualquer das partes for sua credora ou devedora, de seu cônjuge ou companheiro ou de parentes destes, em linha reta até o terceiro grau, inclusive;
>
> IV – interessado no julgamento do processo em favor de qualquer das partes.

Os mesmos motivos de impedimento e suspeição vão ser aplicados ao Ministério Público, aos auxiliares da justiça e aos demais sujeitos imparciais do processo (quando a testemunha, impedimento e suspeição serão alegados por meio da contradita).

> Art. 148. Aplicam-se os motivos de impedimento e de suspeição:
>
> I – ao membro do Ministério Público;
>
> II – aos auxiliares da justiça;
>
> III – aos demais sujeitos imparciais do processo.
>
> § 1º A parte interessada deverá arguir o impedimento ou a suspeição, em petição fundamentada e devidamente instruída, na primeira oportunidade em que lhe couber falar nos autos.
>
> § 2º O juiz mandará processar o incidente em separado e sem suspensão do processo, ouvindo o arguido no prazo de 15 (quinze) dias e facultando a produção de prova, quando necessária.
>
> § 3º Nos tribunais, a arguição a que se refere o § 1º será disciplinada pelo regimento interno.
>
> § 4º O disposto nos §§ 1º e 2º não se aplica à arguição de impedimento ou de suspeição de testemunha.

Verificada a parcialidade do juiz, por meio dessas duas hipóteses, não será declarada extinção do processo. Deverá o magistrado ser afastado do processo e os autos encaminhados ao seu substituto legal (sendo que os atos decisórios praticados até a substituição devem ser invalidados).

No prazo de 15 dias, a contar do conhecimento do fato, a parte deverá alegar o impedimento ou suspeição, em petição específica, dirigida ao juiz do processo, na qual deverá ser indicado o fundamento da recusa, podendo instruí-la com documentos em que se fundar a alegação e com rol de testemunhas (art. 146 do CPC).

Se reconhecer o impedimento ou a suspeição, o juiz ordenará imediatamente remessa dos autos a seu substituto legal; caso contrário (não reconhecendo sua parcialidade), determinará a autuação em apartado e no prazo de 15 dias deverá apresentar suas razões, acompanhadas de documentos e de rol de testemunhas, se houver, ordenando remessa ao tribunal para que julgue o incidente (art. 146, § 1º, do CPC).

O juiz poderá declarar-se suspeito por motivo de foro íntimo, sem necessidade de revelar suas razões (art. 145, § 1º, do CPC), protegendo a sua intimidade.

3.6 LITISCONSÓRCIO

O litisconsórcio ocorre quando duas ou mais pessoas são partes em um mesmo processo:

> Art. 113. Duas ou mais pessoas podem litigar, no mesmo processo, em conjunto, ativa ou passivamente, quando:
>
> I – entre elas houver comunhão de direitos ou de obrigações relativamente à lide;
>
> II – entre as causas houver conexão pelo pedido ou pela causa de pedir;
>
> III – ocorrer afinidade de questões por ponto comum de fato ou de direito.

No caso de haver mais de um autor, o litisconsórcio será chamado de ativo; havendo mais de um réu, litisconsórcio passivo; e se houver pluralidade de autores e réus, será chamado de misto.

O litisconsórcio pode ser obrigatório ou facultativo.

O litisconsórcio necessário ou obrigatório decorre de expressa previsão legal, como no caso do art. 73 do CPC, que exige que ambos os cônjuges ou companheiros figurem conjuntamente em ações que versem sobre direito real imobiliário ou, ainda, devido à natureza da relação entre as partes.

Já o litisconsórcio facultativo deriva apenas da vontade da parte autora, que pode optar por propor uma única ação contra todos os réus que tenham ligação na demanda.

Ainda, o litisconsórcio poderá ser simples, quando a sentença não tiver que ser igual para todos os litisconsortes, ou unitário, quando necessariamente precisar ser igual para todos.

3.7 INTERVENÇÃO DE TERCEIROS

A intervenção de terceiros pode se dar mediante as seguintes formas:

a) *Assistência:* trata-se de uma intervenção voluntária, em que um terceiro interessado no conteúdo da sentença intervém no processo a fim de assistir e ajudar a parte com a qual tenha relação jurídica.

b) *Denunciação da lide:* aqui a intervenção é originada pela iniciativa de uma das partes, que será chamada de denunciante, cujo objetivo é garantir o direito de regresso no caso de improcedência do processo. Somente acontece nos casos do art. 125 do CPC.

> **IMPORTANTE!** Esse direito de regresso somente será julgado pelo juiz se o denunciante perder a ação principal.

c) *Chamamento ao processo:* ocorre quando o réu chama a integrar o polo passivo da demanda (apenas em processos de conhecimento) os demais devedores da mesma dívida, configurando o litisconsórcio passivo.

d) *Incidente de desconsideração da personalidade jurídica:* vem regulado nos art. 133 a 137 do CPC.

Sua finalidade é a responsabilização das pessoas físicas, sócias de empresas, pelos atos da pessoa jurídica.

Os requisitos para as relações civis são: abuso de poder, confusão patrimonial ou desvio de finalidade, conforme art. 50 do CC, bem como aqueles inseridos no Código de Defesa do Consumidor (art. 28).

e) *Amicus curiae:* está previsto no art. 138 do CPC, e sua finalidade é auxiliar na formação de convencimento do juiz.

Para que seja admitido o *amicus curiae*, deverá ser observada a relevância da matéria, a especificidade do tema objeto da demanda e a repercussão social da controvérsia.

4. ATOS PROCESSUAIS

O processo consiste em uma sucessão de atos.

Atos processuais são os atos humanos realizados no processo, os quais devem ser praticados em conformidade com o que determina a lei. Podem ser orais ou por escrito; todavia, sempre que forem orais, serão reduzidos a termo pelo escrivão, para sua documentação nos autos.

Independentemente de sua forma, em regra, os atos processuais serão públicos, salvo aqueles cuja ação tramitar em segredo de justiça:

> Art. 189 (...)
>
> I – em que o exija o interesse público ou social;
>
> II – que versem sobre casamento, separação de corpos, divórcio, separação, união estável, filiação, alimentos e guarda de crianças e adolescentes;

III – em que constem dados protegidos pelo direito constitucional à intimidade;

IV – que versem sobre arbitragem, inclusive sobre cumprimento de carta arbitral, desde que a confidencialidade estipulada na arbitragem seja comprovada perante o juízo.

É possível a prática de atos processuais também por meio eletrônico.

Atos processuais do juiz: o pronunciamento do juiz poderá ser feito por meio de sentenças, decisões interlocutórias e despachos.

De acordo com art. 203, § 1º, do CPC, sentença é o meio pelo qual o juiz extingue a ação e a execução, com ou sem resolução do mérito (arts. 487 e 485 do CPC).

Decisão interlocutória é toda decisão judicial que não se enquadra no conceito de sentença (§ 2º).

E despacho são os demais procedimentos do juiz realizados no processo, de ofício ou a requerimento da parte (§ 3º).

> *DICA OLHOS DE TIGRE* – A extinção do processo vai sempre acontecer por sentença (art. 316 do CPC).

4.1 INTERVENÇÃO DO MINISTÉRIO PÚBLICO NO PROCESSO CIVIL

A atuação do Ministério Público pode acontecer como parte ou como fiscal da ordem jurídica.

Sua atuação como fiscal da ordem jurídica será emitindo parecer/opinião, e esta atuação se restringe aos casos definidos no art. 178 do CPC.

Nesses casos definidos no art. 178, a intimação do Ministério Público será obrigatória (art. 179, I), e a falta de intimação acarretará a nulidade do processo (art. 279).

4.2 NULIDADES DOS ATOS PROCESSUAIS

Um ato processual será considerado nulo quando não observar todos os requisitos de validade e acarretar algum *prejuízo*.

Se o juiz identificar uma nulidade durante o processo, ordenará que seja corrigida, avaliando, inclusive, se os atos posteriores que dele *dependam* também devem ser reparados (art. 282 do CPC).

A nulidade de um ato só poderá invalidar os atos posteriores que dele dependam, não prejudicando os atos posteriores independentes, conforme disciplina o art. 281 do CPC.

De acordo com o art. 277 do CPC, o ato será considerado válido pelo juiz, desde que tenha alcançado a *finalidade* para a qual foi previsto, mesmo que tenha sido realizado de forma contrária à lei. Isso porque se adota o princípio da instrumentalidade das formas, que diz que a forma é necessária apenas para que o ato alcance o seu objetivo. Se o atingir por outro meio, não existirá o vício (Ex.: O réu é citado de forma incorreta, mas comparece à audiência e se defende – o ato que inicialmente era nulo se tornará válido).

> *DICA OLHOS DE TIGRE* – Identificando que o ato processual, mesmo nulo, não trouxe PREJUÍZO e alcançou a sua FINALIDADE, não será decretada sua nulidade.

4.3 TEMPO DOS ATOS PROCESSUAIS

Os atos processuais serão praticados em dias úteis, das 6 h às 20 h, conforme o art. 212 do CPC.

Para efeito processual, além dos declarados em lei, também se consideram feriados os sábados, os domingos e os dias em que não haja expediente nos órgãos jurisdicionais (art. 216 do CPC).

Ou seja, são dias úteis aqueles que não forem considerados feriado.

4.4 PRAZOS DOS ATOS PROCESSUAIS

Os prazos, no direito processual civil, serão contados apenas em dias úteis (art. 219).

Para contagem dos prazos, como regra, será identificado o dia do começo (art. 231), excluindo-se tal dia conforme o art. 224 (exclui-se o dia do começo e inclui-se o do final).

Na contagem de prazos, quando a intimação acontecer via publicação no *Diário da Justiça Eletrônico*, serão levados em consideração os §§ 2º e 3º do art. 224 do CPC.

Ocorrendo uma causa interruptiva de prazo, terminada a interrupção, o prazo reiniciará na sua integralidade (terminada a causa interruptiva, a parte tem todo o prazo de volta).

Emergindo uma causa suspensiva, encerrando-a, a parte terá apenas o que restou (o saldo) do prazo.

São causas que geram a modificação do prazo – contagem em dobro – aquelas previstas no art. 180 (Ministério Público), art. 186 (Fazenda Pública), art. 186 (Defensoria Pública) e art. 186, § 3º (escritórios de prática jurídica das faculdades de direito).

Também incidirá o prazo em dobro no caso do art. 229 (litisconsórcio com diferentes procuradores de escritórios distintos).

> **IMPORTANTE!** Segundo o § 2º do art. 229, tal dispositivo não se aplica aos processos em autos eletrônicos.

Para as partes, a consequência da não observância dos prazos processuais é a *preclusão temporal*, ou seja, a perda do direito de manifestação:

> Art. 223. Decorrido o prazo, extingue-se o direito de praticar ou de emendar o ato processual, independentemente de declaração

> judicial, ficando assegurado, porém, à parte provar que não o realizou por justa causa.

Trata-se de um mecanismo que gera a perda da faculdade processual, ou seja, a parte não poderá mais praticar determinado ato processual, podendo ser gerada por não ter sido exercida no tempo devido (preclusão temporal).

4.5 PRECLUSÃO LÓGICA

A parte deixa de ter a possibilidade de praticar algum ato, diante de já ter realizado ato anterior incompatível com ele. Ex.: Art. 1.000 do CPC.

4.6 PRECLUSÃO CONSUMATIVA

Trata-se da impossibilidade da parte refazer ou aperfeiçoar algum ato já realizado. Por exemplo: a reconvenção deverá ser apresentada com a contestação: nem antes, nem depois, junto.

O magistrado também deverá obedecer aos prazos processuais, na forma do art. 226 do CPC:

> Art. 226. O juiz proferirá:
>
> I – os despachos no prazo de 5 (cinco) dias;
>
> II – as decisões interlocutórias no prazo de 10 (dez) dias;
>
> III – as sentenças no prazo de 30 (trinta) dias.
>
> Art. 235. Qualquer parte, o Ministério Público ou a Defensoria Pública poderá *representar ao corregedor do tribunal ou ao Conselho Nacional de Justiça contra juiz ou relator que injustificadamente exceder os prazos previstos em lei, regulamento ou regimento interno.* (grifos nossos)
>
> § 1º Distribuída a representação ao órgão competente e ouvido previamente o juiz, não sendo caso de arquivamento liminar, será instaurado procedimento para apuração da responsabilidade, com intimação do representado por meio eletrônico para, querendo, apresentar justificativa no prazo de 15 (quinze) dias.
>
> § 2º Sem prejuízo das sanções administrativas cabíveis, em até 48 (quarenta e oito) horas após a apresentação ou não da justificativa de que trata o § 1º, se for o caso, o corregedor do tribunal ou o relator no Conselho Nacional de Justiça determinará a intimação do representado por meio eletrônico para que, em 10 (dez) dias, pratique o ato.
>
> § 3º Mantida a inércia, os autos serão remetidos ao substituto legal do juiz ou do relator contra o qual se representou para decisão em 10 (dez) dias.

IMPORTANTE! Contra o magistrado não existe preclusão temporal.

4.7 POSSIBILIDADE DE ALTERAÇÃO NO PROCEDIMENTO

Conforme previsão do art. 190, as partes podem estipular, de comum acordo, mudanças no procedimento:

> Art. 190. Versando o processo sobre direitos que admitam autocomposição, é lícito às partes plenamente capazes estipular mudanças no procedimento para ajustá-lo às especificidades da causa e convencionar sobre os seus ônus, poderes, faculdades e deveres processuais, antes ou durante o processo.
>
> Parágrafo único. De ofício ou a requerimento, o juiz controlará a validade das convenções previstas neste artigo, recusando-lhes aplicação somente nos casos de nulidade ou de inserção abusiva em contrato de adesão ou em que alguma parte se encontre em manifesta situação de vulnerabilidade.

E, nesse sentido, poderão inclusive criar um calendário processual próprio (art. 191 do CPC).

> **IMPORTANTE!** O calendário vincula as partes e o juiz, e os prazos nele previstos somente serão modificados em casos excepcionais, devidamente justificados (art. 191, § 1º, do CPC).

Dispensa-se a intimação das partes para a prática de ato processual ou a realização de audiência cujas datas tiverem sido designadas no calendário (art. 191, § 2º, do CPC).

4.8 COMUNICAÇÃO DOS ATOS PROCESSUAIS

4.8.1 Citação

Formas de citação:

> Art. 246. A citação será feita:
>
> I – pelo correio;
>
> II – por oficial de justiça;
>
> III – pelo escrivão ou chefe de secretaria, se o citando comparecer em cartório;
>
> IV – por edital;
>
> V – por meio eletrônico, conforme regulado em lei.
>
> Segundo o art. 247, a citação não poderá ser por correio quando:
>
> I – nas ações de estado, observado o disposto no art. 695, § 3º;
>
> II – quando o citando for incapaz;
>
> III – quando o citando for pessoa de direito público;
>
> IV – quando o citando residir em local não atendido pela entrega domiciliar de correspondência;

V – quando o autor, justificadamente, a requerer de outra forma.

A chamada citação por hora certa nada mais é do que, após *duas* tentativas de citação pelo oficial de justiça, poder o réu ser citado por hora certa, *desde que seja suspeito de ocultação* (art. 252).

> **Cuidado:** O oficial que vai duas vezes à casa do réu, e não o encontra porque está trabalhando, não dá motivos para fazer a citação por hora certa.

A citação por edital ocorrerá nos casos do art. 256.

> **IMPORTANTE!** Para que a parte seja considerada em local incerto e não sabido, são necessárias as diligências do art. 256, § 3º, do CPC.

O edital será publicado em *plataformas digitais*, no *site* do Tribunal de Justiça (se em âmbito estadual) e do Conselho Nacional de Justiça (CNJ), sendo FACULTATIVA a publicação em jornal local.

Os efeitos da citação estão elencados no art. 240 do CPC:

> Art. 240. A citação válida, ainda quando ordenada por juízo incompetente, induz *litispendência, torna litigiosa a coisa e constitui em mora o devedor*, ressalvado o disposto nos arts. 397 e 398 da Lei nº 10.406, de 10 de janeiro de 2002 (Código Civil). (grifos nossos)
>
> § 1º A interrupção da prescrição, operada pelo despacho que ordena a citação, ainda que proferido por juízo incompetente, retroagirá à data de propositura da ação.
>
> § 2º Incumbe ao autor adotar, no prazo de 10 (dez) dias, as providências necessárias para viabilizar a citação, sob pena de não se aplicar o disposto no § 1º.
>
> § 3º A parte não será prejudicada pela demora imputável exclusivamente ao serviço judiciário.
>
> § 4º O efeito retroativo a que se refere o § 1º aplica-se à decadência e aos demais prazos extintivos previstos em lei.

Tratando-se de pessoa jurídica, a citação poderá ser do gerente ou até mesmo do empregado responsável pelo recebimento de correspondência, de acordo com o § 2º do art. 248 do CPC.

> **Importante!** O Código de Processo Civil prevê que o comparecimento espontâneo do réu supre a nulidade da citação:

> Art. 239. Para a validade do processo é indispensável a citação do réu ou do executado, ressalvadas as hipóteses de indeferimento da petição inicial ou de improcedência liminar do pedido.
>
> § 1º O comparecimento espontâneo do réu ou do executado supre a falta ou a nulidade da citação, fluindo a partir desta data o prazo para apresentação de contestação ou de embargos à execução.

De acordo com os arts. 244 e 245, não poderão ser citados, salvo para evitar perecimento do direito:

Art. 244. (...)

I – de quem estiver participando de ato de culto religioso;

II – de cônjuge, de companheiro ou de qualquer parente do morto, consanguíneo ou afim, em linha reta ou na linha colateral em segundo grau, no dia do falecimento e nos 7 (sete) dias seguintes;

III – de noivos, nos 3 (três) primeiros dias seguintes ao casamento;

IV – de doente, enquanto grave o seu estado.

> Art. 245. Não se fará citação quando se verificar que o citando é mentalmente incapaz ou está impossibilitado de recebê-la.

4.8.2 Intimação

Forma de dar ciência às partes sobre atos e termos do processo (art. 269 do CPC).

Intimação direta: feita pelo advogado de uma das partes para o advogado da parte adversa, na forma do art. 269, §§ 1º e 2º, do CPC.

4.8.3 Cartas

Segundo o art. 67, são formas de cooperação entre órgãos jurisdicionais.

O art. 69, § 2º, elenca alguns atos processuais que poderão ser produzidos via cartas.

Os tipos de carta existentes estão definidos no art. 237: ordem, rogatória, precatória e arbitral.

> **IMPORTANTE!** Há dois tipos de carta rogatória: a carta rogatória ativa, que é expedida no Brasil (no juiz deprecante) e encaminhada para outro país para ser cumprida pelo juiz deprecado; e a carta rogatória passiva, quando algum país estrangeiro a expede para oitiva de alguma testemunha no Brasil.

Nesses casos, compete ao STJ autorizar o cumprimento da carta rogatória passiva, chamado *exequatur* (art. 105, I, *i*, da CF); mas cuidado: o *STJ apenas autorizará* a execução da carta rogatória, pois quem vai de fato executar, escutar a testemunha ou parte será o juiz federal (art. 109, X, da CF).

4.9 SUSPENSÃO DO PROCESSO

Das causas de suspensão elencadas no art. 313 do CPC, algumas são aplicáveis a todos os tipos (I, II, III e VI), outras são específicas do processo de conhecimento (IV e V), já as do processo de execução são tratadas no art. 921:

Art. 313. Suspende-se o processo:

I – pela morte ou pela perda da capacidade processual de qualquer das partes, de seu representante legal ou de seu procurador;

II - pela convenção das partes;

III - pela arguição de impedimento ou de suspeição;

IV - pela admissão de incidente de resolução de demandas repetitivas;

V - quando a sentença de mérito:

a) depender do julgamento de outra causa ou da declaração de existência ou de inexistência de relação jurídica que constitua o objeto principal de outro processo pendente;

b) tiver de ser proferida somente após a verificação de determinado fato ou a produção de certa prova, requisitada a outro juízo;

VI - por motivo de força maior;

VII - quando se discutir em juízo questão decorrente de acidentes e fatos da navegação de competência do Tribunal Marítimo;

VIII - nos demais casos que este Código regula.

(...)

5. TUTELAS PROVISÓRIAS

As tutelas provisórias são divididas em evidência e urgência.

A tutela provisória de evidência somente poderá ser pedida (e concedida/deferida) nos casos do art. 311, e sua análise será incidental.

Por outro lado, a tutela de urgência exige, para sua concessão, a presença dos requisitos do art. 300 (podendo ser requerida e analisada de forma incidente ou antecedente).

A tutela de urgência ainda se subdivide em antecipada (garantir direitos materiais) e cautelar (garantir direitos processuais).

Especificamente, as tutelas de urgência poderão ser requeridas de forma antecedente - a antecipada antecedente está regulada nos arts. 303 e 304, ao passo que a cautelar antecedente tem sua regulação nos arts. 305 e ss.

> ***DICA OLHOS DE TIGRE*** - O instituto da estabilização da tutela somente será aplicável nos pedidos de tutela provisória de urgência antecipada antecedente (art. 304).

6. AÇÃO DE CONHECIMENTO - PROCEDIMENTO COMUM

6.1 PETIÇÃO INICIAL

O juiz não age por ofício nos processos, isto é, faz-se necessária a iniciativa da parte - a petição inicial é a peça exordial para a inauguração do processo civil, independente do rito.

Tal peça – petição inicial – deve obedecer aos requisitos dos arts. 319 e 320 do CPC. Importante ressaltar a respeito:

A petição inicial deverá indicar se o autor deseja ou não que lhe seja designada audiência de conciliação ou mediação (art. 334), bem como deverá juntar a procuração contendo nome do advogado, OAB e endereço completo (art. 105, § 2º).

A não juntada será admitida somente para evitar preclusão, decadência ou prescrição, ou para praticar ato considerado urgente (art. 287, I, c/c art. 104).

IMPORTANTE! Se o autor for absoluta ou relativamente incapaz, deverá ser indicada pessoa que o represente ou assista.

DICA OLHOS DE TIGRE – Toda petição inicial deverá ter, obrigatoriamente, valor da causa. Como regra, corresponde ao valor do pedido (ou dos pedidos, caso ocorra a cumulação) – art. 292 do CPC.

6.2 EMENDA DA PETIÇÃO INICIAL

Se a petição inicial estiver irregular, por faltar algum dos requisitos dos arts. 319 e 320, ou apresentar defeitos e irregularidades capazes de dificultar o julgamento de mérito, o juiz determinará que o autor emende ou a complete, no prazo de 15 dias (informando, com precisão, o que deve ser corrigido ou completado – art. 321 do CPC).

Não cumprida tal diligência, a petição inicial será indeferida (art. 321, parágrafo único, do CPC) – restando a ação extinta sem resolução do mérito, na forma do art. 485, I, do CPC.

6.3 INDEFERIMENTO DA PETIÇÃO INICIAL

As hipóteses de indeferimento são aquelas previstas no art. 330 do CPC. Identificada pelo magistrado alguma das situações do art. 330, deverá intimar o autor para emendar/completar a inicial (art. 321, c/c o art. 317).

A decisão que indefere a inicial, por gerar a extinção sem resolução do mérito, é uma sentença (recorrível via apelação).

No caso de apelação, segundo o art. 331 do CPC, o juiz poderá retratar-se de sua decisão de indeferimento, no prazo de cinco dias; se não se retratar, o réu será citado para responder ao recurso.

6.4 IMPROCEDÊNCIA LIMINAR DO PEDIDO

Quando o juiz verificar que a inicial preenche os requisitos, determinará a citação do réu para que possa ser integrado ao processo, mas, se verificar uma das hipóteses do art. 332 do CPC, estará autorizado a proferir decisão liminar de total improcedência, sentença com resolução do mérito (art. 487, I, do CPC).

Para que não viole o princípio da ampla defesa e do contraditório, o juiz deverá ouvir o autor.

No entanto, *não é necessária a oitiva do réu*, pois as causas de improcedência liminar não prejudicam o réu, apenas o autor. Ademais, essa decisão liminar ocorre antes da citação do réu.

> *DICA OLHOS DE TIGRE* – Também pode configurar causa/fundamento para a improcedência liminar dos pedidos a identificação de prescrição ou decadência (art. 332, § 1º, do CPC); nesse caso, haverá extinção com resolução de mérito, conforme o art. 487, II, do CPC.

Assim como no indeferimento, a improcedência liminar gera a extinção (mas com mérito) – dessa forma, tal decisão será classificada como sentença (art. 316), restando a apelação como recurso adequado (art. 1.009).

Vale recordar ainda que, interposta a apelação, o juiz poderá retratar-se no prazo de cinco dias. Se houver a retratação, o juiz determinará o prosseguimento do processo, com a citação do réu; contudo, se não houver retratação, determinará que o réu apresente contrarrazões, no prazo de 15 dias.

6.5 AUDIÊNCIA DE MEDIAÇÃO OU CONCILIAÇÃO – ART. 334

De acordo com o art. 334 do CPC, o juiz, ao receber a petição e não for caso de improcedência liminar ou indeferimento, deverá designar a audiência de conciliação ou mediação com antecedência mínima de 30 dias, tendo o réu que ser citado, pelo menos 20 dias antes da audiência.

Lembrando que, para não ocorrer a audiência, *ambas* as partes deverão demonstrar desinteresse (o autor deve afirmar na petição inicial, e o réu, até dez dias antes da audiência, por simples petição) – art. 334, § 4º, I.

A audiência também não será realizada se o juiz, ao receber a inicial, entender que não é o caso de autocomposição, situação em que mandará citar o réu para contestar.

Ocorrendo a audiência, o comparecimento das partes é obrigatório, sob pena de ato atentatório contra a dignidade da justiça e sob pena de multa de 2 % da vantagem econômica pretendida ou do valor da causa (art. 334, § 8º).

As partes devem comparecer e estarem acompanhadas de seus respectivos advogados ou defensores públicos (art. 334, § 9º).

Contudo, se a parte não puder comparecer, poderá ser representada por seu advogado, desde que tenha procuração com poderes específicos (art. 334, § 10).

6.6 CONTESTAÇÃO

Forma processual do réu/demandado apresentar sua defesa. Deverá ser protocolada no prazo de 15 dias, obedecido o art. 335:

> Art. 335. O réu poderá oferecer contestação, por petição, no prazo de 15 (quinze) dias, cujo termo inicial será a data:

> I – da audiência de conciliação ou de mediação, ou da última sessão de conciliação, quando qualquer parte não comparecer ou, comparecendo, não houver autocomposição;
>
> II – do protocolo do pedido de cancelamento da audiência de conciliação ou de mediação apresentado pelo réu, quando ocorrer a hipótese do art. 334, § 4º, inciso I;
>
> III – prevista no art. 231, de acordo com o modo como foi feita a citação, nos demais casos.
>
> § 1º No caso de litisconsórcio passivo, ocorrendo a hipótese do art. 334, § 6º, o termo inicial previsto no inciso II será, para cada um dos réus, a data de apresentação de seu respectivo pedido de cancelamento da audiência.
>
> § 2º Quando ocorrer a hipótese do art. 334, § 4º, inciso II, havendo litisconsórcio passivo e o autor desistir da ação em relação a réu ainda não citado, o prazo para resposta correrá da data de intimação da decisão que homologar a desistência.

Em resumo, o prazo para contestação será contado:

a) da audiência (se ocorrer audiência);
b) da citação, se o réu for citado para contestar;
c) da juntada do último comprovante citatório, se vários forem os réus e todos forem citados para contestar;
d) do protocolo do pedido de cancelamento da audiência do art. 334, caso ela não ocorra por vontade das partes (nesse caso, ocorrendo litisconsórcio no polo passivo, o prazo será independente para cada réu, a partir do respectivo protocolo).

6.6.1 Princípio da eventualidade ou da concentração de defesa

Ao contrário do que ocorrer na petição inicial, a contestação não possui requisitos a serem preenchidos obrigatoriamente.

Cabe ao réu alegar na contestação toda matéria de defesa, de forma específica, expondo as razões de fato e de direito para impugnar o pedido do autor (art. 336 do CPC).

6.6.2 Ônus da impugnação especificada

O réu não pode apresentar, como regra, contestação genérica, devendo enfrentar de forma específica tudo aquilo que foi alegado pelo autor, na petição inicial.

> Art. 341. Incumbe também ao réu manifestar-se precisamente sobre as alegações de fato constantes da petição inicial, presumindo-se verdadeiras as não impugnadas, salvo se:
>
> I – não for admissível, a seu respeito, a confissão;

> II – a petição inicial não estiver acompanhada de instrumento que a lei considerar da substância do ato;
>
> III – estiverem em contradição com a defesa, considerada em seu conjunto.
>
> Parágrafo único. O ônus da impugnação especificada dos fatos não se aplica ao defensor público, ao advogado dativo e ao curador especial.

E, aqui, fato não contestado será considerado presumidamente verdadeiro.

Excepcionalmente, conforme previsão do art. 341, parágrafo único, será autorizada e permitida a contestação genérica.

O réu pode então, na contestação, apresentar sua defesa processual (as denominadas preliminares, previstas no art. 337) e de mérito (rebatendo de forma específica os fatos – art. 341 – e os pedidos, art. 336).

Quanto às preliminares, vale recordar algumas situações específicas:

a) *Incorreção do valor da causa:* a não impugnação pelo réu gera a preclusão, isto é, de acordo com o art. 293 do CPC, não haverá outro momento para impugnar o valor da causa.

b) *Ausência de legitimidade ou de interesse processual, art. 337, XI, do CPC:* nesse caso, será permitido ao autor, segundo o art. 338, concordar com a alegação de ilegitimidade do réu, aceitando a sua exclusão e redirecionando a ação contra o demandado correto.

c) *Indevida concessão do benefício da gratuidade de justiça, art. 337, XIII, do CPC:* se a gratuidade da justiça for concedida após a petição inicial, o pedido de revogação será formulado por petição simples, no prazo de 15 dias (art. 100, *caput*, do CPC).

6.7 RECONVENÇÃO

Além da contestação, o réu poderá se valer da reconvenção para contra-atacar o autor, isto é, por meio da reconvenção, o réu poderá formular pretensões, assim como fez o autor na petição inicial.

Segundo a expressa previsão do art. 343, deverá a reconvenção ser apresentada na contestação (entenda-se que não será em peça separada e no prazo da contestação).

A desistência da ação ou a ocorrência de alguma causa extintiva que impeça o exame do mérito da petição inicial não prejudicará o prosseguimento do processo quanto à reconvenção (art. 343, § 2º).

> ***DICA OLHOS DE TIGRE*** – Contestação não tem valor da causa, mas reconvenção, sim (art. 292).

6.8 REVELIA

A revelia é configurada pela inércia do réu, que deixa de apresentar defesa em relação aos fatos narrados na inicial – objetivamente, ocorrerá a revelia quando o réu não apresentar contestação.

A revelia do réu acarreta em presunção de veracidade dos fatos narrados na petição inicial (art. 344, segunda parte, do CPC) – os chamados efeitos da revelia; e desnecessidade de sua intimação para os demais atos do processo, caso não tenha constituído procurador nos autos.

Importante recordar que os do art. 345 são hipóteses que afastam a aplicação dos efeitos da revelia (o réu permanece revel, mas contra ele não se aplicam os efeitos, ou seja, a presunção de veracidade dos fatos):

> Art. 345. A revelia não produz o efeito mencionado no art. 344 se:
>
> I – havendo pluralidade de réus, algum deles contestar a ação;
>
> II – o litígio versar sobre direitos indisponíveis;
>
> III – a petição inicial não estiver acompanhada de instrumento que a lei considere indispensável à prova do ato;
>
> IV – as alegações de fato formuladas pelo autor forem inverossímeis ou estiverem em contradição com prova constante dos autos.

> *DICA OLHOS DE TIGRE* – O art. 349 permitiu, de forma expressa, que o réu, mesmo sendo revel, possa produzir prova no processo.

6.9 JULGAMENTO ANTECIPADO

Se já foram cumpridas as providências preliminares, o juiz procederá ao julgamento conforme estado do processo, momento em que deverá analisar o destino da relação processual; assim, ocorrendo qualquer hipótese prevista nos arts. 485 e 487, II e III, o juiz proferirá sentença, conforme art. 354 do CPC.

> **IMPORTANTE!** Essa decisão poderá ser apenas uma parcela do processo, caso em que será impugnável por agravo de instrumento, conforme parágrafo único do art. 354 do CPC.

6.9.1 Julgamento antecipado do mérito – total

Reconhecendo o magistrado a desnecessidade de produção de mais provas em audiência de instrução e julgamento (provas orais, periciais e inspeção judicial), estará autorizado a proferir sentença com resolução de mérito, segundo art. 355 do CPC:

> Art. 355. O juiz julgará antecipadamente o pedido, proferindo sentença com resolução de mérito, quando:
>
> I – não houver necessidade de produção de outras provas;

> II – o réu for revel, ocorrer o efeito previsto no art. 344 e não houver requerimento de prova, na forma do art. 349.

Essa decisão extinguirá o processo com resolução do mérito, na forma do 487, I, do CPC – e será recorrível via apelação (pois é uma sentença – art. 1.009 do CPC).

6.9.2 Julgamento antecipado parcial do mérito

O Código de Processo Civil também contempla a possibilidade de serem proferidas decisões parciais de mérito, ou seja e objetivamente: alguns pedidos serem terem o mérito julgado e o processo prosseguir quanto aos demais (produzindo, quanto a esses, a instrução):

> Art. 356. O juiz decidirá parcialmente o mérito quando um ou mais dos pedidos formulados ou parcela deles:
>
> I – mostrar-se incontroverso;
>
> II – estiver em condições de imediato julgamento, nos termos do art. 355.

Da decisão de julgamento antecipado parcial do mérito, cabe agravo de instrumento, como instrumento correto para impugnação, segundo o § 5º do art. 356 do CPC.

6.10 DECISÃO DE ORGANIZAÇÃO E SANEAMENTO DO PROCESSO

Passada a fase de providências preliminares e não sendo o caso de julgamento antecipado do mérito, o juiz proferirá decisão de organização e saneamento do processo, conforme art. 357 do CPC:

> I – resolvendo e julgando as questões processuais pendentes;
>
> II – fixando os fatos controvertidos (os quais serão objeto de produção probatória);
>
> III – estabelecendo o ônus (obrigação) de produzir a prova (respeitado o art. 373);
>
> IV – definindo os meios de prova;
>
> V – identificando as questões de direito relevantes (até em respeito ao art. 10);
>
> VI – aprazando audiência de instrução e julgamento, caso necessário.

Havendo necessidade de produção de prova testemunhal, o juiz fixará o prazo não superior a *quinze dias* para que as partes apresentem o rol de testemunhas (§ 4º) – até *dez*, sendo no máximo *três* para cada fato, conforme art. 357, § 6º, do CPC –, podendo o juiz delimitar o número de testemunhas levando em conta a complexidade da causa e dos fatos individualmente considerados.

IMPORTANTE! Pode o juiz, se entender necessário, marcar uma audiência de saneamento em cooperação, prevista no § 3º do art. 357 – com o objetivo de tomar as decisões referentes ao saneamento nessa audiência.

DICA OLHOS DE TIGRE – Caso seja marcada a audiência do art. 357, § 3º, o prazo para arrolar testemunhas muda, devendo esse rol ser apresentado na audiência de saneamento (art. 357, § 5º).

6.11 AUDIÊNCIA DE INSTRUÇÃO

A audiência de instrução serve, basicamente, para produzir prova oral – art. 361 (podendo, ainda, nesse ato, serem esclarecidas questões de perícia, produzir debates orais e decidir a causa).

A audiência é pública, ressalvada algumas exceções legais (arts. 368 e 189 do CPC).

Segundo os incisos do art. 361, acontecerá nessa audiência a ouvida do perito e dos assistentes técnicos (se existente a prova pericial), os depoimentos pessoais do autor e do réu (ouvidas as partes) e a inquirição de testemunhas.

A possibilidade de adiamento de tal audiência está prevista no art. 362, nas hipóteses de:

> Art. 362. A audiência poderá ser adiada:
>
> I – por convenção das partes;
>
> II – se não puder comparecer, por motivo justificado, qualquer pessoa que dela deva necessariamente participar;
>
> III – por atraso injustificado de seu início em tempo superior a 30 (trinta) minutos do horário marcado.

IMPORTANTE! O Juiz poderá dispensar a produção das provas requeridas pela parte cujo advogado ou defensor público não tenha comparecido nem tenha justificado, aplicando a mesma regra ao Ministério Público (art. 362, § 2º, do CPC).

Finda a instrução, o juiz passará a palavra para o advogado do autor, logo depois ao advogado do réu, bem como ao membro do Ministério Público, se for o caso de sua intervenção. Cada um terá o prazo de 20 minutos, prazo esse que poderá ser prorrogado por mais 10 minutos, se o juiz achar necessário (art. 364 do CPC).

Quando a causa apresentar complexidade em fatos ou de direito, o debate oral poderá ser substituído por razões finais escritas (antigamente classificados como memoriais), que serão apresentadas pelo autor e pelo réu, bem como pelo Ministério Público, se for o caso de intervenção, em prazos sucessivos de 15 dias para cada um, sendo assegurada vista aos autos (art. 364, § 2º, do CPC).

Encerrados os debates orais ou oferecidas as razões finais, o juiz proferirá sentença em audiência, ou no prazo de 30 dias (art. 366 do CPC).

6.12 TEORIA GERAL DA PROVA

6.12.1 Conceito de prova

A prova é um instrumento ou meio hábil para demonstrar a existência de um fato (o objeto da prova será, então, os fatos controvertidos, aqueles que têm mais de uma versão nos autos).

Os *meios legais de prova* legais e "moralmente legítimos" (art. 369). São inadmissíveis, no processo, as provas obtidas por meios ilícitos, segundo o inc. LVI do art. 5º da CF.

Não dependem de prova, de acordo com o art. 374, os fatos:

a) *notórios:* de conhecimento geral, como datas históricas;

b) *afirmados por uma parte e confessados pela outra parte:* quando a parte confirma as alegações da parte contrária;

c) *admitidos no processo como incontroversos;*

d) *em cujo favor milita presunção legal de existência ou de veracidade.*

Cabe ao juiz apreciar a prova constante nos autos, independentemente de quem a tiver promovido, e indicar na decisão as razões da formação de seu convencimento (art. 371 do CPC).

A quem cabe o requerimento de produção de provas?

As partes, em regra, têm o dever de requer a produção das provas, e cabe ao Poder Judiciário deferir ou não.

O juiz não pode substituir a vontade de uma das partes determinando a produção de alguma prova que a parte não produziu ou nem mesmo citou, exceto quando se tratar de direito indisponível, ocasião em que poderá solicitar de ofício a produção de provas, tratando-se de uma exceção.

6.12.2 Ônus da prova

Caberá o ônus da prova ao autor, quanto ao fato constitutivo de seu direito, e ao réu, quanto à existência de fato impeditivo, modificativo ou extintivo do direito do autor, sendo essa a regra geral (art. 373 do CPC).

O art. 373, § 1º, do CPC autoriza o julgador, mediante decisão fundamentada, a inverter o ônus da prova – é a chamada distribuição diversa do ônus da prova (ou distribuição dinâmica).

Essa alteração ou inversão do ônus da prova também poderá ser feita, acertada entre as partes, conforme prevê os §§ 3º e 4º do art. 373.

6.12.3 Prova emprestada

Em nome do princípio da economia processual e da celeridade, o juiz poderá admitir a utilização de prova produzida em outro processo, atribuindo-lhe o valor que considerar adequado, observado o contraditório (art. 372 do CPC).

6.12.4 Produção antecipada de provas

A prova pode ser antecipada (art. 381 do CPC):

a) quando exista fundado receio de impossibilidade ou dificuldade de verificação de certos fatos;
b) com o objetivo de alcançar provas que motivem as partes para autocomposição;
c) identificar fatos que possam justificar ou evitar o ajuizamento de uma ação.

6.13 PROVA EM ESPÉCIE

6.13.1 Ata notarial

É um documento lavrado pelo tabelião de notas exclusivamente. Ela tem a finalidade de atestar a existência ou o estado de coisas.

> Art. 384. A existência e o modo de existir de algum fato podem ser atestados ou documentados, a requerimento do interessado, mediante ata lavrada por tabelião.
>
> Parágrafo único. Dados representados por imagem ou som gravados em arquivos eletrônicos poderão constar da ata notarial.

6.13.2 Depoimento pessoal

Depoimento das partes – autor e réu. Cabe à parte adversa requerer o depoimento pessoal da outra parte (art. 385 do CPC).

> **IMPORTANTE!** Se a parte pessoalmente intimada para prestar depoimento pessoal não comparecer ou, se comparecer, recusar-se a depor, aplicar-se-á pena de confissão (art. 385, § 1º, do CPC), desde que advertida da pena de confesso no ato da intimação (que deve ser pessoal).

Em caso de pessoa jurídica, o depoimento poderá ser prestado por seus representantes legais ou prepostos indicados pelo contrato social, desde que tenham poderes para isso e, obviamente, tenham conhecimento dos fatos.

As partes serão ouvidas em separado, sendo vedado a quem ainda não depôs assistir ao interrogatório da outra parte (art. 385, § 2º, do CPC).

Somente não será obrigada a prestar depoimento pessoal nas hipóteses elencadas no art. 388 do CPC (ou seja, nesses casos a negativa de prestar depoimento ou de responder às perguntas não acarretará a pena de confissão):

> Art. 388. A parte não é obrigada a depor sobre fatos:
>
> I – criminosos ou torpes que lhe forem imputados;
>
> II – a cujo respeito, por estado ou profissão, deva guardar sigilo;

III – acerca dos quais não possa responder sem desonra própria, de seu cônjuge, de seu companheiro ou de parente em grau sucessível;

IV – que coloquem em perigo a vida do depoente ou das pessoas referidas no inciso III.

Parágrafo único. Esta disposição não se aplica às ações de estado e de família.

6.13.3 Confissão

Segundo o art. 389 do CPC, há confissão quando a parte admite a verdade de um fato, contrário ao seu próprio interesse e favorável aos interesses do adversário.

Eficácia da confissão por representante (arts. 392, § 2º, do CPC e 213, parágrafo único, do CC): é possível a confissão espontânea feita pelo representante legal; contudo, quem confessa é o representado, o representante é quem apresentará a confissão espontânea ao magistrado, ou seja, ele é mero condutor da vontade declarada pelo real confitente.

Para isso, serão necessários poderes especiais (arts. 390, § 1º, e 105 do CPC).

A confissão, uma vez feita, é irrevogável, salvo se for provado que ela acontece em decorrência de erro de fato ou coação (art. 393, *caput*) – nesse caso, poderá ser anulada.

6.13.4 Exibição de documento ou coisa

O juiz pode ordenar que a parte exiba documento ou coisa que se encontre em seu poder, sempre que o exame desses bens seja útil ou necessário para a instrução processual (art. 396 do CPC).

Quando o juiz não admitirá a recusa da exibição por parte do demandado?

Conforme art. 399, o juiz não admitirá a recusa se:

I – o requerido tiver obrigação legal de exibir: obrigação prevista em lei, por exemplo, a exibição de livros mercantis (arts. 1.190 e 1.191 do CC);

II – o requerido tiver aludido ao documento ou à coisa, no processo, com o intuito de constituir prova: o requerido afirmou, durante o processo, a existência de tal documento ou coisa;

III – o documento, por seu conteúdo, for comum às partes: como o recibo, seu conteúdo é comum às partes que litigam sobre determinado negócio jurídico.

Se o requerido não efetuar a exibição, nem fizer nenhuma declaração no prazo de cinco dias, o juiz admitirá como verdadeiros os fatos que a parte contrária pretendia demonstrar pelo documento ou coisa a ser exibida (art. 400, I, do CPC). Ou, ainda, se a recusa de exibição for ilegítima (art. 400, II, do CPC).

6.13.5 Prova documental: conceito e força probante

Documentos podem ser públicos ou particulares: desenhos, fotografias, as gravações sonoras, filmes cinematográficos etc.

Documentos públicos

Os documentos públicos fazem prova não só da sua formação, mas também dos fatos que o escrivão, o chefe de secretaria, o tabelião ou o servidor declararem que ocorreram em sua presença (art. 405 do CPC).

Documentos particulares

Documentos particulares são, por óbvio, aqueles que não ocorrem por interferência de órgão público em sua elaboração.

Segundo o art. 411 do CPC, os documentos particulares serão considerados autênticos quando:

> I - o tabelião reconhecer a firma do signatário;
>
> II - a autoria estiver identificada por qualquer outro meio legal de certificação, inclusive eletrônico, nos termos da lei;
>
> III - não houver impugnação da parte contra quem foi produzido o documento.

O documento particular de cuja autenticidade não se duvida prova que o seu autor fez a declaração que lhe é atribuída (art. 411 do CPC).

O valor do documento particular cessa quando (art. 428 do CPC):

> I - for impugnada sua autenticidade e enquanto não se comprovar sua veracidade;
>
> II - assinado em branco, for impugnado seu conteúdo, por preenchimento abusivo.

6.13.6 Produção da prova documental

Incumbe à parte instituir a petição inicial ou a contestação com os documentos destinados a provar suas alegações (art. 434 do CPC), cabendo à parte diversa manifestar-se aos documentos anexados.

Sempre que uma das partes requerer a juntada de documento aos autos, o juiz ouvirá a outra parte, no prazo de 15 dias, podendo esse prazo ser dilatado, levando-se em consideração a complexidade da documentação (art. 437 do CPC).

6.13.7 Prova testemunhal: conceito e admissibilidade

A prova testemunhal é um dos meios mais utilizados no processo civil. Ela consiste na inquirição em audiência de pessoas que não sejam as próprias partes, que tenham presenciado ou possam contribuir sobre os fatos relevantes no julgamento.

A prova testemunhal, em regra, será sempre admissível; somente será indeferida quando (arts. 442 e 443 do CPC):

I - *se o fato já foi provado por documento ou confissão da parte*: quando o documento é autêntico e não houve impugnação à sua veracidade, por exemplo;

II - *se o fato só pode ser provado por documento ou perícia*.

Direitos e deveres da testemunha

Qualquer pessoa poderá depor como testemunha, *exceto* as incapazes, impedidas ou suspeitas (art. 447).

A pessoa que depõe na condição de testemunha assumirá e prestará o compromisso de dizer a verdade.

Quando necessária a oitiva de testemunhas impedidas, menores ou suspeitas (447, § 4º, do CPC), os depoimentos destes serão prestados independentemente de compromisso de dizer a verdade (ou seja, como informantes), e o juiz lhes atribuirá o valor que possam merecer (447, § 5º, do CPC).

6.13.8 Produção da prova testemunhal

O momento adequado para requerer a prova testemunhal é a petição inicial (para o autor), na contestação (para o réu) ou, então, na fase de especificação da prova, durante as providências preliminares (fase de saneamento).

Na decisão de saneamento, o juiz determinará quais provas serão deferidas e quais testemunhas serão ouvidas, sendo designada audiência de instrução para sua oitiva.

Cada parte poderá arrolar até dez testemunhas, três para cada fato, podendo o juiz dispensar as que considerar impertinentes (art. 357, § 6º, do CPC).

6.13.9 Contradita

Caso a testemunha seja considerada incapaz (art. 447, § 1º), impedida (art. 447, § 2º) ou suspeita (art. 447, § 3º), a parte terá direito de contraditá-la (art. 457, § 1º) - ou seja, demonstrar que o depoente não pode prestar depoimento sob o juramento (compromisso de dizer a verdade).

A contradita aceita pelo juiz não impede o depoimento, apenas retira do depoente a condição de testemunha, passando para informante (o qual depõe sem o compromisso de dizer a verdade).

6.13.10 Intimação da testemunha

Cabe ao advogado da parte informar ou intimar a testemunha por ele arrolada, dispensando, assim, a intimação pelo juiz (art. 455, *caput*, do CPC).

A intimação deve ser realizada por carta com aviso de recebimento (AR). E deve o advogado juntar aos autos, com antecedência de três dias da data da audiência, cópia do AR e do comprovante de recebimento pela testemunha (art. 455, § 1º, do CPC).

Conforme § 4º do art. 455, a intimação só será feita pela via judicial quando:

> § 4º (...)
>
> I – for frustrada a intimação prevista no § 1º deste artigo;
>
> II – sua necessidade for devidamente demonstrada pela parte ao juiz;
>
> III – figurar no rol de testemunhas servidor público ou militar, hipótese em que o juiz o requisitará ao chefe da repartição ou ao comando do corpo em que servir;
>
> IV – a testemunha houver sido arrolada pelo Ministério Público ou pela Defensoria Pública;
>
> V – a testemunha for uma daquelas previstas no art. 454.

A testemunha que, intimada por AR ou via judicial, deixar de comparecer sem motivo justificado, será conduzida e responderá pelas despesas do adiamento (art. 455, § 5º, do CPC).

> **Importante!** Quando arroladas como testemunhas as pessoas (autoridades) elencadas no art. 454, elas terão o direito de prestar o depoimento no seu domicílio ou local de trabalho.

6.13.11 Prova pericial

A prova pericial é o meio utilizado quando a apuração dos fatos exige estudos técnicos, conhecimento de profissionais especializados em determinadas áreas. Nesses casos, são nomeados peritos, que realizam exame, vistoria ou avaliação.

Quando a prova não for complexa, poderá o juiz de ofício ou a requerimento das partes substituir a perícia por prova técnica simplificada, que consiste na inquirição de especialista.

O juiz, ao nomear o perito, fixará a data da entrega do laudo, e caberá às partes, dentro de 15 dias contados da intimação da decisão que nomeou o perito, apresentar, se for o caso, impedimento ou suspeição, indicar assistente técnico e apresentar quesitos (que poderão ser indeferidos pelo juízo, caso sejam impertinentes).

Ciente da nomeação, o perito apresentará em cinco dias (art. 465, § 2º):

> I – proposta de honorários;
>
> II – currículo, com comprovação de especialização;
>
> III – contatos profissionais, em especial o endereço eletrônico, para onde serão dirigidas as intimações pessoais.

Poderá o juiz determinar o pagamento da metade dos honorários do perito antes de os trabalhos começarem, sendo o restante pago posteriormente à sua conclusão, depois de entregue o laudo e prestados os esclarecimentos necessários.

As partes podem escolher o perito, com base no Código de Processo Civil, indicando, mediante requerimento, desde que estejam em comum acordo, sejam capazes e a causa possa ser resolvida por autocomposição.

E, mesmo indicando o perito, poderão sugerir também assistente técnico.

6.14 SENTENÇA

A sentença é ato do juiz que extingue o processo (art. 316) com ou sem resolução do mérito (arts. 485 e 487 do CPC).

Sentença terminativa: põe fim ao processo, sem resolver o mérito, conforme o art. 485 do CPC, o direito à ação permanece, mesmo depois de proferida a sentença.

Sentença de mérito: são as sentenças que decidem o mérito da questão, todo ou em parte, decisão com resolução do mérito, segundo o art. 487 do CPC.

O magistrado, após a publicação da sentença, não poderá mais alterá-la (arts. 494 e 505 do CPC).

Extinção do processo SEM resolução do mérito – art. 485

A extinção regulada pelo art. 485 do CPC terá como fundamento as circunstâncias listadas nos incisos de tal dispositivo.

IMPORTANTE!

1. A extinção sem resolução do mérito não gera coisa julgada material (art. 502) e não impede que o autor entre novamente com a mesma ação (art. 486).
2. Identificar os conceitos de perempção (art. 486, § 3º), litispendência (art. 337, §§ 1º, 2º e 3º) e coisa julgada (arts. 337, §§ 1º e 4º, e 502).
3. A desistência da ação, como causa de extinção sem resolução do mérito, pode ser apresentada até a sentença (art. 485, § 5º) – antes do oferecimento da contestação sem necessidade de consentimento do réu; se o pedido ocorrer depois da contestação, será necessário o consentimento do réu (art. 485, § 4º).
4. Quando ocorre o falecimento do titular do direito intransmissível, o direito se extingue com a pessoa do titular, conforme o inc. IX do art. 485 (no entanto, quando o direito for transmissível, aplica-se o art. 110, sem a extinção, mas sim com a sucessão da parte falecida pelos seus herdeiros ou sucessores).

Extinção do processo COM resolução do mérito

No art. 487, I, encontra-se a forma mais completa de extinção da causa com resolução do mérito, que ocorre quando o juiz acolhe ou rejeita (no todo ou em parte) o pedido formulado na ação (inicial) ou na reconvenção.

O inc. II desse artigo traz a resolução do mérito também quando o juiz reconhecer a prescrição ou a decadência (importante observar que o dispositivo autoriza ao juízo o reconhecimento da prescrição ou da decadência de ofício).

E, por fim, também haverá resolução do mérito quando o juiz homologar o reconhecimento do pedido (art. 487, III, *a*), a transação (art. 487, III, *b*) e a renúncia à pretensão formulada na ação ou na reconvenção (art. 487, III, *c*).

A fundamentação da sentença

Muito importante observar que não se considera fundamentada nenhuma decisão judicial, seja ela interlocutória, seja ela sentença ou acórdão, que (art. 489, § 1º):

> I – se limitar à indicação, à reprodução ou à paráfrase de ato normativo, sem explicar sua relação com a causa ou a questão decidida;
>
> II – empregar conceitos jurídicos indeterminados, sem explicar o motivo concreto de sua incidência no caso;
>
> III – invocar motivos que se prestariam a justificar qualquer outra decisão;
>
> IV – não enfrentar todos os argumentos deduzidos no processo capazes de, em tese, infirmar a conclusão adotada pelo julgador;
>
> V – se limitar a invocar precedente ou enunciado de súmula, sem identificar seus fundamentos determinantes nem demonstrar que o caso sob julgamento se ajusta àqueles fundamentos;
>
> VI – deixar de seguir enunciado de súmula, jurisprudência ou precedente invocado pela parte, sem demonstrar a existência de distinção no caso em julgamento ou a superação do entendimento.

A sentença possui limites que, se não respeitados, provocam sua nulidade, são as chamadas sentenças *extra petita, ultra petita e infra ou citra petita.*

Sentença *extra petita* é aquela que o juiz julga pedido que não foi proposto pelo autor.

Sentença *ultra petita* é aquela que o juiz condena o réu em quantidade superior à pedida.

A sentença *infra ou citra petita* é quando o juiz deixa de apreciar algum pedido da parte, quando houver cumulação de pedidos.

6.14.1 Remessa necessária

Também conhecida como duplo grau obrigatório. Não é recurso, é condição de eficácia da sentença.

Estará sujeita ao duplo grau de jurisdição, não produzindo efeito senão depois de confirmada pelo tribunal, a sentença (art. 496):

> I – proferida contra a União, os Estados, o Distrito Federal, os Municípios e suas respectivas autarquias e fundações de direito público;

II – que julgar procedentes, no todo ou em parte, os embargos à execução fiscal.

Nesses casos, se não for interposta apelação no prazo legal, o juiz ordenará a remessa dos autos ao tribunal; se não fizer, deverá o presidente do respectivo tribunal avocá-los.

Esta regra da remessa necessária comporta duas exceções.

Em primeiro lugar, quanto ao valor (art. 496, § 3º) – não se aplicará a remessa necessária quando a condenação for inferior a:

a) mil salários mínimos para a União e respectivas autarquias e fundações de direito público;
b) 500 salários mínimos para os Estados, Distrito Federal e respectivas autarquias e fundações de direito público e os Municípios que constituam capitais dos Estados; e
c) 100 salários mínimos para todos os demais Municípios e respectivas autarquias e fundações de direito público.

Em segundo lugar, também não se aplicará o reexame necessário em casos em que a sentença estiver fundada (art. 496, § 4º) em:

I – súmula de tribunal superior;

II – acórdão proferido pelo Supremo Tribunal Federal ou pelo Superior Tribunal de Justiça em julgamento de recursos repetitivos;

III – entendimento firmado em incidente de resolução de demandas repetitivas ou de assunção de competência;

IV – entendimento coincidente com orientação vinculante firmada no âmbito administrativo do próprio ente público, consolidada em manifestação, parecer ou súmula administrativa.

6.14.2 Coisa julgada

Efeito que atinge a decisão de mérito não mais sujeita a recurso, tornando-a IMUTÁVEL e INDISCUTÍVEL – art. 502.

6.14.3 Ação rescisória

Forma de atacar a coisa julgada.

Somente é possível se fundamentada nos casos do art. 966. Pode ser proposta no prazo de dois anos a partir do trânsito em julgado (art. 975).

A competência para julgar a rescisória é do Tribunal – a denominada competência originária.

7. AÇÃO DE EXECUÇÃO

A ação de execução exige a existência de um título ou obrigação executável.

Esse título pode ser judicial (conforme art. 515 do CPC) ou extrajudicial (aqueles elencados no art. 784 do CPC), a fim de que a atividade executiva seja exercida.

O legislador resolveu denominar a execução com base em título judicial de cumprimento de sentença (mas não são apenas as sentenças os título executivos judiciais, mas sim todos aqueles definidos no art. 515).

7.1 REQUISITOS DO TÍTULO EXECUTIVO (JUDICIAL E EXTRAJUDICIAL)

Os arts. 783 e 785 do CPC dispõem que:

> Art. 783. A execução para cobrança de crédito fundar-se-á sempre em título de obrigação certa, líquida e exigível.
>
> (...)
>
> Art. 785. A existência de título executivo extrajudicial não impede a parte de optar pelo processo de conhecimento, a fim de obter título executivo judicial.

Ou seja:

Obrigação representada no título deve ter:
Liquidez: exata quantidade da obrigação. É o *quantum*.
Certeza: exposição da obrigação no título, com exposição do devedor, qual obrigação e requisitos da lei.
Exigibilidade: a obrigação deve estar apta a ser exigida (art. 786 do CPC).

7.2 RESPONSABILIDADE PATRIMONIAL

Tal princípio pode ser extraído do art. 789 do CPC, que dispõe: “O devedor responde com todos os seus bens presentes e futuros para o cumprimento de suas obrigações, salvo as restrições estabelecidas em lei”.

Ou seja, não existindo pagamento voluntário, a satisfação do crédito somente será alcançada com o uso do patrimônio do devedor.

7.3 PRINCÍPIO DA DISPONIBILIDADE DA EXECUÇÃO

O exequente tem o direito de desistir da execução ou de parte dela, conforme disposto no art. 775 do CPC.

7.4 LEGITIMIDADE NA EXECUÇÃO

A *legitimidade ativa* para propor a execução está prevista no art. 778 do CPC:

> Art. 778. Pode promover a execução forçada o credor a quem a lei confere título executivo.
>
> § 1º Podem promover a execução forçada ou nela prosseguir, em sucessão ao exequente originário:
>
> I – o Ministério Público, nos casos previstos em lei;

> II – o espólio, os herdeiros ou os sucessores do credor, sempre que, por morte deste, lhes for transmitido o direito resultante do título executivo;
>
> III – o cessionário, quando o direito resultante do título executivo lhe for transferido por ato entre vivos;
>
> IV – o sub-rogado, nos casos de sub-rogação legal ou convencional.
>
> § 2º A sucessão prevista no § 1º independe de consentimento do executado.

Importante realçar o caso da sub-rogação na fiança, pois, quando o fiador paga a dívida pelo afiançado, está autorizado a executá-lo nos autos do mesmo processo. É o que dispõem os arts. 831 do CC e 794, § 2º, do CPC:

> Art. 831. O fiador que pagar integralmente a dívida fica sub-rogado nos direitos do credor; mas só poderá demandar a cada um dos outros fiadores pela respectiva quota.
>
> Parágrafo único. A parte do fiador insolvente distribuir-se-á pelos outros.
>
> Art. 794. O fiador, quando executado, tem o direito de exigir que primeiro sejam executados os bens do devedor situados na mesma comarca, livres e desembargados, indicando-os pormenorizadamente à penhora.
>
> § 2º *O fiador que pagar a dívida poderá executar o afiançado nos autos do mesmo processo.* (grifos nossos)

Outro legitimado ativo da execução previsto na doutrina é o advogado. O art. 23 da Lei nº 8.906/1994 conferiu ao advogado o direito de executar os honorários advocatícios de sucumbência:

> Art. 23. Os honorários incluídos na condenação, por arbitramento ou sucumbência, pertencem ao advogado, tendo este direito autônomo para executar a sentença nesta parte, podendo requerer que o precatório, quando necessário, seja expedido em seu favor.

Os *legitimados do polo passivo* da execução estão previstos no art. 779 do CPC:

> Art. 779. A execução pode ser promovida contra:
>
> I – o devedor, reconhecido como tal no título executivo;
>
> II – o espólio, os herdeiros ou os sucessores do devedor;
>
> III – o novo devedor que assumiu, com o consentimento do credor, a obrigação resultante do título executivo;
>
> IV – o fiador do débito constante em título extrajudicial;
>
> V – o responsável titular do bem vinculado por garantia real ao pagamento do débito;

> VI – o responsável tributário, assim definido em lei.

O art. 779, II, prevê a possibilidade de figurar como executado o espólio, os herdeiros ou os sucessores do devedor. Importante destacar que *a execução deverá respeitar os limites da herança.*

Sobre a legitimidade passiva prevista no art. 779, III (novo devedor que assumiu com consentimento do credor a obrigação resultante do título executivo), é importante destacar a *necessidade de concordância prévia do credor*, já que o devedor responde com seus bens pela execução.

O caso do art. 779, IV, do CPC é aquele em que figura no polo passivo da execução o fiador do débito constante em título extrajudicial. É importante frisar que o fiador, caso não tenha renunciado, tem direito ao benefício de ordem (art. 827 do CC), podendo requerer que sejam executados primeiramente os bens do devedor, sitos no mesmo município, livres e desembargados (tantos quantos bastarem para quitação do débito).

> Art. 827. O fiador demandado pelo pagamento da dívida tem direito a exigir, até a contestação da lide, que sejam primeiro executados os bens do devedor.
>
> Parágrafo único. O fiador que alegar o benefício de ordem, a que se refere este artigo, deve nomear bens do devedor, sitos no mesmo município, livres e desembargados, quantos bastem para solver o débito.

Quanto à *cumulação de dois ou mais títulos na mesma execução* não há nenhum impedimento legal, desde que os títulos apresentem os *requisitos de cumulação previstos nos arts. 327, § 1º, e 780 do CPC.*

7.5 PENHORA DE BENS

Uma vez promovida a execução e não quitado o débito voluntariamente, buscar-se-á a penhora dos bens de propriedade do devedor (seu patrimônio).

Todavia, o legislador resolveu preservar determinados bens, tornando-os impenhoráveis.

O rol dos bens impenhoráveis encontra-se no art. 833 do CPC.

IMPORTANTE!

Poupança: art. 833, X, do CPC: a impenhorabilidade dos bens depositados na caderneta de poupança *é limitada a 40 salários mínimos.*

Diversas cadernetas de poupança: caso o devedor possua diversas cadernetas de poupança, o limite de impenhorabilidade deve considerar a soma de todas elas.

Dívida relativa ao próprio bem: lembre-se de que a impenhorabilidade não é oponível à execução de dívida relativa ao próprio bem, inclusive àquela contraída para sua aquisição, na forma do art. 833, § 1º.

Vaga de Garagem: caso a vaga de garagemtenha matrícula individualizada, poderá ser objeto de penhora (Súm. nº 449 do STJ).

O art. 833, § 2º, é categórico ao afirmar que a impenhorabilidade prevista nos incs. IV e X não se aplica aos casos de penhora para pagamento de prestação alimentícia.

A segunda parte do § 2º do art. 833 refere-se à possibilidade de penhora dos ganhos excedentes a 50 salários mínimos mensais, seja qual for a origem da obrigação.

Impenhorabilidade do bem de família: previsão na Lei nº 8.009/1990. O imóvel residencial familiar é impenhorável por dívidas de qualquer natureza.

Exceção: pode haver penhora do bem de família nos casos previstos no art. 3º da Lei nº 8.009/1990.

Súmulas importantes
Súm. nº 364 do STJ: O conceito de impenhorabilidade de bem de família abrange também o imóvel pertencente a pessoas solteiras, separadas e Viúvas.
Súm. nº 449 do STJ: A vaga de garagem que possui matrícula própria no registro de imóveis não constitui bem de família para efeito de penhora. .
Súm. nº 486 do STJ: É impenhorável o único imóvel residencial do devedor que esteja locado a terceiros, desde que a renda obtida com a locação seja revertida para a subsistência ou a moradia da sua família.

Cadastro de inadimplentes: atualmente, o exequente poderá requerer, na petição inicial, a inclusão do executado no cadastro de inadimplentes, conforme previsão do art. 782, § 3º, do CPC. A inscrição no cadastro será imediatamente cancelada no caso do pagamento da dívida, se garantida a execução ou se a execução for extinta por qualquer outro motivo, na forma do art. 782, § 4º.

7.6 EXECUÇÃO POR QUANTIA CERTA – TÍTULO EXECUTIVO EXTRAJUDICIAL

A execução por quantia certa tem o objetivo de compelir o devedor a pagar determinada quantia em dinheiro.

Ao receber a petição inicial, o juiz fixará honorários advocatícios de 10% (art. 827) e determinará a citação do devedor para pagar o débito em *três dias*, sob pena de penhora (art. 829).

Penhora: não ocorrendo o pagamento em *três dias*, o oficial de justiça fará a penhora dos bens indicados pelo credor na petição inicial e, caso não haja indicação, fará a penhora sobre os bens que localizar em diligência, observado o rol de bens impenhoráveis previsto no art. 833 do CPC e na Lei nº 8.009/1990.

Importante referir, ainda, que a penhora de bens que estão em posse de terceiro é plenamente possível, sendo cabível, nesse caso, o terceiro apresentar *embargos de terceiro, conforme art. 674 do CPC.*

Destaca-se que a penhora nada mais é do que a individualização dos bens que serão afetados pelo pagamento da obrigação.

A penhora seguirá a seguinte ordem do art. 835 do CPC:

> Art. 835. A penhora observará, preferencialmente, a seguinte ordem:
>
> I – dinheiro, em espécie ou em depósito ou aplicação em instituição financeira;
>
> II – títulos da dívida pública da União, dos Estados e do Distrito Federal com cotação em mercado;
>
> III – títulos e valores mobiliários com cotação em mercado;
>
> IV – veículos de via terrestre;
>
> V – bens imóveis;
>
> VI – bens móveis em geral;
>
> VII – semoventes;
>
> VIII – navios e aeronaves;
>
> IX – ações e quotas de sociedades simples e empresárias;
>
> X – percentual do faturamento de empresa devedora;
>
> XI – pedras e metais preciosos;
>
> XII – direitos aquisitivos derivados de promessa de compra e venda e de alienação fiduciária em garantia;
>
> XIII – outros direitos.

Percebe-se, pela análise do § 1º, que a referência é que a penhora deva ser feita sobre dinheiro.

O art. 854 do CPC, na linha dessa preferência, regula a *penhora on-line*, que ocorre quando o juiz determina o bloqueio de valores diretamente da conta do devedor, por meio da emissão de comandos às unidades supervisoras das instituições financeiras.

> Art. 854. Para possibilitar a penhora de dinheiro em depósito ou em aplicação financeira, o juiz, a requerimento do exequente, sem dar ciência prévia do ato ao executado, determinará às instituições financeiras, por meio de sistema eletrônico gerido pela autoridade supervisora do sistema financeiro nacional, que torne indisponíveis ativos financeiros existentes em nome do executado, limitando-se a indisponibilidade ao valor indicado na execução.
>
> § 1º No prazo de 24 (vinte e quatro) horas a contar da resposta, de ofício, o juiz determinará o cancelamento de eventual indisponibilidade excessiva, o que deverá ser cumprido pela instituição financeira em igual prazo.
>
> § 2º Tornados indisponíveis os ativos financeiros do executado, este será intimado na pessoa de seu advogado ou, não o tendo, pessoalmente.

> § 3º Incumbe ao executado, no prazo de 5 (cinco) dias, comprovar que:
>
> I – as quantias tornadas indisponíveis são impenhoráveis;
>
> II – ainda remanesce indisponibilidade excessiva de ativos financeiros.
>
> § 4º Acolhida qualquer das arguições dos incisos I e II do § 3º, o juiz determinará o cancelamento de eventual indisponibilidade irregular ou excessiva, a ser cumprido pela instituição financeira em 24 (vinte e quatro) horas.
>
> § 5º Rejeitada ou não apresentada a manifestação do executado, converter-se-á a indisponibilidade em penhora, sem necessidade de lavratura de termo, devendo o juiz da execução determinar à instituição financeira depositária que, no prazo de 24 (vinte e quatro) horas, transfira o montante indisponível para conta vinculada ao juízo da execução.

A *expropriação dos bens* é o meio pelo qual o credor alcançará a satisfação de seu crédito na execução por quantia certa, e consiste na adjudicação, alienação ou apropriação de frutos e rendimentos de empresa ou estabelecimento e de outros bens.

A *adjudicação* ocorre quando o bem móvel ou imóvel penhorado é transferido para o credor a fim de satisfazer seu crédito, e nunca poderá ocorrer por valor inferior ao da avaliação.

Caso o valor do crédito seja inferior ao valor da avaliação, o credor deve depositar a diferença em juízo, na forma do art. 876, § 4º, I, do CPC.

Caso o valor do crédito seja superior ao valor da avaliação do bem, após a adjudicação do bem, o credor poderá seguir com a execução a fim de efetuar a cobrança, na forma do art. 876, § 4º, II, do CPC.

Alienação do bem: far-se-á por iniciativa particular ou em leilão judicial eletrônico ou presencial (art. 879 do CPC).

> Art. 879. A alienação far-se-á:
>
> I – por iniciativa particular;
>
> II – em leilão judicial eletrônico ou presencial.

Na *alienação por iniciativa particular*, o juiz fixará as regras para a venda do bem penhorado, além de fixar a forma de publicidade, preço mínimo, comissão de corretagem (se for o caso), condições de pagamento e as garantias que devem ser prestadas pelo adquirente, em caso de pagamento parcelado.

O *leilão judicial* abrange tanto a expropriação de bens imóveis como os móveis.

Será necessária a publicação do edital do leilão com antecedência de, no mínimo, *cinco dias* da data de sua primeira realização, devendo constar no edital todos os requisitos previstos nos arts. 886 e 887 do CPC, sob pena de nulidade da arrematação.

Além da publicação do edital, também é necessária a intimação das pessoas arroladas no art. 889 do CPC, com antecedência mínima de *cinco dias* da data do leilão judicial.

O bem poderá ser alienado por valor abaixo do previsto na avaliação, desde que não seja por preço vil (preço inferior ao mínimo estipulado pelo juiz e ao constante no edital e, não constando no edital, considera-se vil o preço inferior a 50% do valor de sua avaliação), conforme art. 891 do CPC.

Quando o bem penhorado pertencer a incapaz e não alcançar em leilão pelo menos 80% do valor da avaliação, o juiz o confiará à guarda e à administração de depositário idôneo, adiando a alienação pelo prazo de um ano, conforme art. 896 do CPC.

Efetivada a arrematação, será lavrado auto devidamente assinado pelo leiloeiro, arrematante e juiz, passando a fluir o prazo de *dez dias* para que se *postule a invalidade, ineficácia ou resolução da arrematação* nos casos previstos no art. 903, § 1º, do CPC.

Não havendo impugnação no prazo de *dez dias*, a carta de arrematação será expedida e, conforme o caso, a ordem de entrega ou mandado de imissão na posse.

IMPORTANTE! Após a expedição da carta de arrematação, a invalidação somente poderá ser pedida em ação autônoma (e o arrematante figurará como litisconsorte necessário – art. 903, § 4º).

DICA OLHOS DE TIGRE – Será autorizada a desistência da arrematação pelo arrematante nos casos do art. 903, § 5º, do CPC.

7.7 EMBARGOS À EXECUÇÃO

A propositura de embargos à execução é a forma que o executado ataca a ação de execução fundada em título executivo extrajudicial.

Trata-se de uma ação autônoma, mas vinculada à execução (deve ser *proposta no juízo da execução,* e a *distribuição deve ser por dependência com tramitação em autos apartados*).

Tem natureza de ação de conhecimento e se presta para desconstituir ou declarar a nulidade ou inexistência do crédito.

Importante destacar que o *caput* do art. 914 previu a possibilidade da interposição dos embargos, independentemente de penhora, depósito ou caução.

O *prazo* para apresentação dos embargos é de *quinze dias*, conforme preceitua o art. 915 do CPC e observado o art. 231 do CPC, que fixa as regras para a contagem do prazo.

IMPORTANTE! Não se aplica aos embargos à execução o prazo em dobro para litisconsortes com advogados distintos, de escritórios diferentes, previsto no art. 229 do CPC – art. 915, § 3º.

Caso o executado reconheça o crédito do exequente no prazo dos embargos e comprove o depósito de 30% do valor da execução (acrescido de custas e honorários), poderá requerer o *parcelamento* do restante em até seis parcelas mensais, acrescidas de correção monetária e juros de 1% por mês (art. 916 do CPC). Com o deferimento do pedido de parcelamento, a execução ficará suspensa até a quitação integral do débito.

Importante destacar que o credor não poderá se opor ao parcelamento, pois se trata de um direito que a lei confere ao devedor, mas será intimado (art. 916 § 1º) para manifestar-se em cinco dias sobre o preenchimento dos pressupostos.

O inadimplemento de qualquer das prestações do parcelamento acarretará no vencimento antecipado das prestações subsequentes e no prosseguimento do processo com o imediato reinício dos atos executivos, além de multa de 10% sobre o valor das prestações não pagas (art. 916, § 5º).

DICA OLHOS DE TIGRE – A opção pelo parcelamento acarreta renúncia ao direito de apresentar embargos (art. 916, § 6º).

DICA OLHOS DE TIGRE – O parcelamento só é aplicável às execuções de título extrajudicial (não cabe no cumprimento de sentença – art. 916, § 7º).

7.7.1 Efeito suspensivo

O art. 919 do CPC prevê que os embargos à execução não terão efeito suspensivo (ou seja, prossegue a execução).

Como forma de exceção, poderá ser concedido tal efeito (para suspender a execução, desde que presentes os requisitos do art. 919, § 1º).

Impugnação: conforme o art. 920, I, recebidos os embargos, o exequente será *intimado* para impugnar em 15 dias.

Essa impugnação tem natureza de contestação – sua falta leva à revelia.

Apresentada a impugnação, o rito será da ação de conhecimento.

7.8 EXECUÇÃO DE TÍTULO JUDICIAL – CUMPRIMENTO DE SENTENÇA

O cumprimento de sentença é utilizado quando o credor tem um título executivo judicial (rol de títulos executivos judiciais no art. 515 do CPC).

Para que seja iniciado o cumprimento de sentença, são necessários três requisitos: a) título executivo judicial; b) inadimplemento do devedor; e c) iniciativa do exequente (art. 513, § 1º, do CPC).

É possível fazer o cumprimento de sentença de decisões interlocutórias (Ex.: fixação liminar de alimentos), cumprimento de sentença provisório (quando a decisão exigida ainda pode ser modificada) e, ainda, cumprimento de sentença definitivo (sentença já transitada em julgado).

7.9 CUMPRIMENTO DE SENTENÇA DE QUANTIA CERTA

Para que o cumprimento de sentença seja iniciado, é necessária a manifestação do credor, mediante petição nos mesmos autos, requerendo a intimação do devedor para que efetue o pagamento do débito no prazo de 15 dias – art. 523.

O devedor será intimado na forma do art. 513, § 2º.

O art. 523. § 1º, dispõe que: "Não ocorrendo pagamento voluntário no prazo do *caput*, o débito será acrescido de *multa de dez por cento* e, também, de *honorários de advogado de dez por cento*". (grifos nossos)

Em caso de pagamento parcial do débito, aplica-se o § 2º: "Efetuado o pagamento parcial no prazo previsto no *caput*, a multa e os honorários previstos no § 1º incidirão sobre o restante".

7.10 IMPUGNAÇÃO AO CUMPRIMENTO DE SENTENÇA

A impugnação é o meio adequado de defesa do devedor no cumprimento de sentença (título executivo judicial), tratando-se de incidente da fase de cumprimento de sentença, julgado por intermédio de decisão interlocutória.

O prazo para apresentação de impugnação ao cumprimento de sentença é de *15 dias* após o decurso do prazo para pagamento voluntário, independentemente de penhora ou nova intimação, conforme art. 525 do CPC:

> Art. 525. Transcorrido o prazo previsto no art. 523 sem o pagamento voluntário, inicia-se o prazo de 15 (quinze) dias para que o executado, independentemente de penhora ou nova intimação, apresente, nos próprios autos, sua impugnação.

Prazo em dobro: diferentemente dos embargos, aplica-se na impugnação o prazo em dobro previsto no art. 229.

A impugnação ao cumprimento de sentença ocorre por intermédio de petição direcionada ao juízo da execução, devendo seu mérito basear-se de acordo com os fundamentos do art. 525, § 1º, do CPC.

Além disso, caso o impugnante deseje, deverá formular o pedido do efeito suspensivo.

Caso a impugnação esteja de acordo com os requisitos legais, o juiz a receberá e determinará a intimação do impugnado (exequente) para apresentar sua resposta *no prazo de 15 dias.*

7.11 CUMPRIMENTO DE SENTENÇA CONTRA FAZENDA PÚBLICA

Constituído o título judicial contra a Fazenda Pública, o cumprimento de sentença deve conter cálculo discriminado do valor do débito de acordo com os requisitos previstos no art. 534 do CPC.

A Fazenda Pública será intimada na pessoa de seu representante judicial, por carga, remessa ou meio eletrônico, para, querendo, no prazo de *30 dias* e nos próprios autos, impugnar a execução, podendo arguir as matérias elencadas nos incisos do art. 535 do CPC.

Se a Fazenda Pública não apresentar impugnação, será expedido o precatório ou requisição de pequeno valor.

Os precatórios referentes a créditos alimentares terão preferência sobre os demais, conforme Súm. nº 144 do STJ: "Os créditos de natureza alimentícia gozam de preferência, desvinculados os precatórios da ordem cronológica dos créditos de natureza diversa".

7.12 EXECUÇÃO CONTRA FAZENDA PÚBLICA

A execução contra Fazenda Pública fundada em título extrajudicial está regulada no art. 910 do CPC, que determina sua citação para opor embargos à execução em *30 dias*.

Não havendo interposição de embargos ou rejeitados em decisão transitada em julgado, será expedido precatório ou requisição de pequeno valor em favor do exequente, observado o disposto no art. 100 da CF.

Não existe expropriação de bens contra a Fazenda Pública.

7.13 FRAUDE A EXECUÇÃO X FRAUDE CONTRA CREDORES

Tanto a fraude contra execução quanto a fraude contra credores visam atacar o desfazimento do patrimônio pelo devedor.

A *fraude contra credores* é um defeito do negócio jurídico previsto nos arts. 158 a 165 do CC. Ocorre fraude contra credores quando o devedor se desfaz do seu patrimônio *antes de iniciado o processo judicial (que não precisa ser necessariamente uma ação de execução),* ficando totalmente insolvente para adimplir as obrigações assumidas.

Para atacar a fraude contra credores, é possível valer-se da *ação pauliana* ou *ação revocatória* com o objetivo de anular o negócio jurídico viciado pela fraude.

Deve-se provar na ação o *consilium fraudis,* ou seja, que o devedor e o terceiro adquirente de seus bens tinham o objetivo de fraudar o adimplemento do débito. Observa-se, ainda, que a ação deve conter o pedido de nulidade da transferência dos bens.

A *fraude contra execução* atenta contra o credor e contra o Poder Judiciário, já que a alienação dos bens ocorre somente *após a ciência da ação de execução.*

O pedido de reconhecimento de fraude contra a execução poderá ser feito por meio de *petição*, e seu reconhecimento poderá ocorrer nos próprios autos da ação de execução.

> **Atenção!** Antes de declarar a fraude à execução, o juiz deverá intimar o terceiro adquirente, que, se quiser, poderá opor *embargos de terceiro*, no prazo de *15 dias*, conforme art. 792, § 4º, do CPC.

> **Atenção!** O art. 828 permite que o exequente obtenha certidão comprobatória da *admissão da execução* a fim de averbar no registro de imóveis, de veículos ou de outros bens passiveis de penhora. Após a averbação, é considerada fraude à execução a alienação do bem – § 4º do art. 828.

7.14 PROTESTO DA DECISÃO JUDICIAL

A possibilidade de *protesto da decisão judicial transitada* em julgado está prevista no art. 517 do CPC:

> Art. 517. A decisão judicial transitada em julgado poderá ser levada a protesto, nos termos da lei, depois de transcorrido o prazo para pagamento voluntário previsto no art. 523.
>
> § 1º Para efetivar o protesto, incumbe ao exequente apresentar certidão de teor da decisão.
>
> § 2º A certidão de teor da decisão deverá ser fornecida no prazo de 3 (três) dias e indicará o nome e a qualificação do exequente e do executado, o número do processo, o valor da dívida e a data de decurso do prazo para pagamento voluntário.
>
> § 3º O executado que tiver proposto ação rescisória para impugnar a decisão exequenda pode requerer, a suas expensas e sob sua responsabilidade, a anotação da propositura da ação à margem do título protestado.
>
> § 4º A requerimento do executado, o protesto será cancelado por determinação do juiz, mediante ofício a ser expedido ao cartório, no prazo de 3 (três) dias, contado da data de protocolo do requerimento, desde que comprovada a satisfação integral da obrigação.

7.15 POSSIBILIDADE DE NEGATIVAÇÃO DO NOME DO DEVEDOR

Além do protesto, o Código de Processo Civil prevê a possibilidade da negativação do nome do executado no cadastro dos inadimplentes até que efetive o pagamento do valor devido, garanta o cumprimento de sentença ou até que o processo seja extinto por outro motivo, conforme art. 782, § 3º, do CPC.

> Art. 782. Não dispondo a lei de modo diverso, o juiz determinará os atos executivos, e o oficial de justiça os cumprirá.
>
> (...)
>
> § 3º *A requerimento da parte, o juiz pode determinar a inclusão do nome do executado em cadastros de inadimplentes*. (grifos nossos)

7.16 SUSPENSÃO DA EXECUÇÃO

A suspensão da execução vem regulada nos arts. 921 a 923 do CPC:

> Art. 921. Suspende-se a execução:
>
> I – nas hipóteses dos arts. 313 e 315, no que couber;
>
> II – no todo ou em parte, quando recebidos com efeito suspensivo os embargos à execução;
>
> III – quando o executado não possuir bens penhoráveis;
>
> IV – se a alienação dos bens penhorados não se realizar por falta de licitantes e o exequente, em 15 (quinze) dias, não requerer a adjudicação nem indicar outros bens penhoráveis;
>
> V – quando concedido o parcelamento de que trata o art. 916.
>
> § 1º Na hipótese do inciso III, o juiz suspenderá a execução pelo prazo de 1 (um) ano, durante o qual se suspenderá a prescrição.
>
> § 2º Decorrido o prazo máximo de 1 (um) ano sem que seja localizado o executado ou que sejam encontrados bens penhoráveis, o juiz ordenará o arquivamento dos autos.
>
> § 3º Os autos serão desarquivados para prosseguimento da execução se a qualquer tempo forem encontrados bens penhoráveis.
>
> § 4º Decorrido o prazo de que trata o § 1º sem manifestação do exequente, começa a correr o prazo de prescrição intercorrente.
>
> § 5º O juiz, depois de ouvidas as partes, no prazo de 15 (quinze) dias, poderá, de ofício, reconhecer a prescrição de que trata o § 4º e extinguir o processo.
>
> Art. 922. Convindo as partes, o juiz declarará suspensa a execução durante o prazo concedido pelo exequente para que o executado cumpra voluntariamente a obrigação.
>
> Parágrafo único. Findo o prazo sem cumprimento da obrigação, o processo retomará o seu curso.
>
> Art. 923. Suspensa a execução, não serão praticados atos processuais, podendo o juiz, entretanto, salvo no caso de arguição de impedimento ou de suspeição, ordenar providências urgentes.

IMPORTANTE!

1. *Efeito suspensivo aos embargos:* no caso de concessão de efeito suspensivo aos embargos à execução ou a impugnação, a execução ficará suspensa, no todo ou em parte, até o julgamento dos embargos/impugnação ou revogação do efeito concedido.
2. *Inexistência de bens do devedor:* a hipótese mais frequente de suspensão da execução é a inexistência de bens do devedor. Nesse caso, a execução ficará suspensa pelo *prazo de um ano*, consoante art. 921, § 1º. Decorrido

o prazo de um ano sem localização de bens passiveis de penhora, o juiz determinará o arquivamento dos autos (§ 2º), nada impedindo seu posterior desarquivamento se a qualquer tempo forem encontrados bens penhoráveis (§ 3º).

3. *Parcelamento do débito:* com o parcelamento do débito (previsto no art. 916 do CPC), a execução também deve ser suspensa até o adimplemento das parcelas.

7.17 EXTINÇÃO DA EXECUÇÃO

Os motivos que levam à extinção da execução estão previstos no art. 924 do CPC; o rol apresentado é exemplificativo, já que existem outras formas que acarretam na extinção da execução, por exemplo, o acolhimento dos embargos.

> Art. 924. Extingue-se a execução quando:
>
> I - a petição inicial for indeferida;
>
> II - a obrigação for satisfeita;
>
> III - o executado obtiver, por qualquer outro meio, a extinção total da dívida;
>
> IV - o exequente renunciar ao crédito;
>
> V - ocorrer a prescrição intercorrente.
>
> Art. 925. A extinção só produz efeito quando declarada por sentença.

O art. 925 determina a necessidade de sentença para que a extinção da execução produza efeitos.

7.18 DESISTÊNCIA DA AÇÃO DE EXECUÇÃO *VERSUS* EMBARGOS/IMPUGNAÇÃO

Se a execução for extinta, os embargos também serão? Em caso de desistência da ação de execução, serão extintos a impugnação e os embargos que versarem apenas sobre as questões processuais, devendo o *exequente* adimplir as custas processuais e os honorários advocatícios (art. 775, parágrafo único, I, do CPC). Nesse caso (embargos atacando apenas aspectos processuais), a extinção da impugnação e dos embargos *independe de concordância do embargante/impugnante*.

Nos demais casos, quando houver a extinção da ação de execução e os embargos versarem sobre questões de direito material, a extinção dos embargos dependerá de concordância do embargante/impugnante (art. 775, parágrafo único, II, do CPC).

7.19 EXCEÇÃO DE PRÉ-EXECUTIVIDADE

A exceção de pré-executividade é apresentada por meio de *simples petição* a ser juntada nos autos, alegando a nulidade da execução, conforme art. 803.

> **IMPORTANTE!** Não é permitida produção probatória na exceção de pré-executividade.

QUESTÕES

1. **(OAB – FGV – XXVIII EXAME DE ORDEM)** Amauri ingressou com ação ordinária em face de Mercadinho dos Suínos Ltda., em decorrência do consumo de alimento inapropriado vendido pelo réu. O pedido foi julgado procedente em decisão transitada em julgado, condenando a pessoa jurídica ré a indenizar o autor em R$ 10.000,00 (dez mil reais). Na fase de cumprimento de sentença, não foram encontrados bens penhoráveis pertencentes à sociedade, razão pela qual o juízo competente decretou, de ofício, a desconsideração da personalidade jurídica, penhorando um automóvel pertencente a Flávio, sócio majoritário da sociedade ré.

   Diante de tal cenário, assinale a afirmativa correta.

   a) A decisão está correta, pois o CPC admite a desconsideração da personalidade jurídica, independentemente de requerimento da parte interessada.

   b) A decisão está incorreta, diante da necessidade de requerimento da parte para que haja a desconsideração da personalidade jurídica, a qual possui natureza jurídica de processo autônomo.

   c) A decisão está incorreta, pois a desconsideração da personalidade jurídica exige, cumulativamente, o requerimento da parte interessada e a instauração do incidente, nos termos do CPC.

   d) Não é admissível a desconsideração da personalidade jurídica à luz do CPC.

2. **(OAB – FGV – XXVIII EXAME DE ORDEM)** Pedro propõe execução de alimentos, fundada em título extrajudicial, em face de Augusto, seu pai, no valor de R$ 10.000,00 (dez mil reais). Regularmente citado, Augusto não efetuou o pagamento do débito, não justificou a impossibilidade de fazê-lo, não provou que efetuou o pagamento e nem ofertou embargos à execução. Pedro, então, requereu a penhora do único bem pertencente a Augusto que fora encontrado, qual seja, R$ 10.000,00 (dez mil reais), que estavam depositados em caderneta de poupança. O juiz defere o pedido.

   Sobre a decisão judicial, assinale a afirmativa correta.

   a) Ela foi equivocada, pois valores depositados em caderneta, em toda e qualquer hipótese, são impenhoráveis.

   b) Ela foi correta, pois o Código de Processo Civil permite a penhora de quaisquer valores depositados em aplicações financeiras.

c) Ela foi equivocada, na medida em que o Código de Processo Civil assegura a impenhorabilidade da caderneta de poupança até o limite de cem salários mínimos, independentemente da natureza do débito.

d) Ela foi correta, pois o Código de Processo Civil admite a penhora de valores depositados em caderneta de poupança para o cumprimento de obrigações alimentícias.

3. (OAB – FGV – XXVIII EXAME DE ORDEM) Felipe, a fim de cobrar dívida proveniente de contrato de mútuo firmado com Aline, ajuizou demanda de conhecimento em face de João Alberto, fiador. Surpreendido pela citação, João Alberto procura, no mesmo dia, um(a) advogado(a). Diante de tal quadro, assinale a opção que apresenta a medida mais adequada a ser adotada pelo(a) advogado(a) para obter a responsabilização de Aline.

a) Realizar o chamamento ao processo de Aline.

b) Efetuar a denunciação da lide de Aline.

c) Sustentar a ilegitimidade passiva de João Alberto, na medida em que somente após eventual tentativa malsucedida de responsabilização de Aline, João Alberto poderia ser demandado.

d) Não promover a intervenção de terceiros e aguardar a fase executiva, momento em que deverá ser requerido o benefício de ordem, de modo que os bens de Aline sejam executados antes dos de João Alberto.

4. (OAB – FGV – XXII EXAME DE ORDEM) João ajuizou ação indenizatória contra Maria, postulando a condenação ao pagamento de R$ 100.000,00 a título de reparação por danos materiais e R$ 50.000,00 por indenização de danos morais, em razão do descumprimento de um contrato firmado entre eles, referente à compra e venda de dois imóveis, cujos valores eram R$ 500.000,00 e R$ 200.000,00. Maria, citada, apresentou contestação e reconvenção, pedindo a declaração de invalidade parcial do contrato relativo ao imóvel de R$ 200.000,00, bem como a condenação de João ao pagamento de indenização por danos morais, no valor de R$ 20.000,00. Diante de tal situação, assinale a opção que apresenta o valor da causa da reconvenção.

a) O valor deve ser o mesmo da ação principal, qual seja, R$ 150.000,00, por ser ação acessória.

b) Não é necessário dar valor à causa na reconvenção.

c) O valor deve ser de R$ 220.000,00, referente à soma do pedido de declaração de invalidade parcial do contrato e do pleito de indenização por danos morais.

d) O valor deve ser de R$ 200.000,00, referente ao pedido de declaração de invalidade parcial do contrato, sendo o pleito de indenização por danos morais meramente estimado, dispensando a indicação como valor da causa.

5. (OAB – FGV – XXII EXAME DE ORDEM) Jair promove ação em face de Carlos para cobrar uma dívida proveniente de contrato (não escrito) de prestação de serviços celebrado pelas partes. Com o trânsito em julgado da sentença que condenou Carlos a pagar o valor devido, Jair requer o cumprimento de sentença. O executado foi intimado regularmente na pessoa do seu advogado. No prazo da impugnação, deposita o correspondente a 30% do valor devido e requer o parcelamento do remanescente em até 6 (seis) prestações. O juiz defere o pedido do executado, fundamentando sua decisão no princípio da menor onerosidade, mas o exequente se insurge por intermédio de agravo de instrumento, alegando que o parcelamento legal não se aplica ao cumprimento de sentença. Diante da situação hipotética, a decisão do juiz está

a) correta, pois o parcelamento legal pode ser aplicado no caso de cumprimento de sentença.

b) equivocada, tendo em vista que só poderia deferir se fosse feito depósito de 50%.

c) equivocada, pois há vedação expressa para a concessão do parcelamento legal no caso de cumprimento de sentença.

d) correta, pois sempre se deve encontrar a forma mais efetiva para a execução.

GABARITO

1. C; 2. D; 3. A; 4. C; 5. C

Direito Processual Civil – Procedimentos especiais

Tatiane Kipper

Mestre em Direito. Professora de Direito na Universidade de Santa Cruz do SUL – UNISC e de Processo Civil para 1ª e 2ª fases da OAB no Centro de Ensino Integrado Santa Cruz – CEISC. Coordenadora e Professora da Pós-Graduação em Direito Civil e Processual Civil Prático Contemporâneo UNISC/CEISC.

SUMÁRIO

1. CONSIGNAÇÃO EM PAGAMENTO

a) *Previsão legal:* arts. 539 a 549 do CPC.

b) *Cabimento:* no Código Civil, as hipóteses de cabimento da ação de consignação em pagamento estão estabelecidas no art. 335. São hipóteses, conforme o Código Civil, que ensejam a ação de consignação em pagamento:

- Se o credor não puder ou, sem justa causa, recusar receber o pagamento ou dar quitação na devida forma;
- Se o credor não for nem mandar receber a coisa no lugar, no tempo e na condição devidos;
- Se o credor for incapaz de receber, for desconhecido, declarado ausente ou residir em lugar incerto ou de acesso perigoso ou difícil;
- Se ocorrer dúvida sobre quem deva legitimamente receber o objeto do pagamento;
- Se pender litígio sobre o objeto do pagamento.

É de se observar que, conforme o *caput* do art. 539 do CPC, a ação de consignação em pagamento pode ser utilizada tanto para coisa quanto para quantia em dinheiro.

Além disso, no que se refere à quantia em dinheiro, a consignação poderá ser realizada na via extrajudicial (em estabelecimento bancário oficial no local do pagamento), bem como na judicial, ao passo que a consignação de coisa admite apenas via ação judicial:

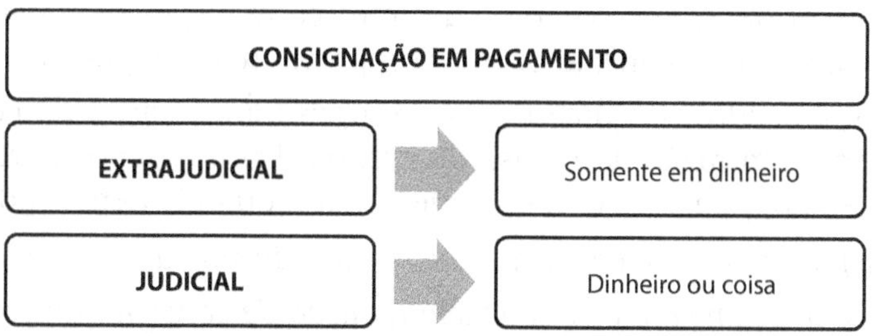

c) *Finalidade:* por meio da consignação, o devedor pretende se liberar da obrigação. Conforme previsão do art. 334 do CC, a consignação, que consiste no depósito judicial ou extrajudicial, possui a mesma força de liberatória que o pagamento (MARINONI, ARENHART e MITIDIERO, 2017).

Assim, o objetivo da consignação em pagamento é liberar o devedor da obrigação, evitando que permaneça com o encargo de responder pelos juros e pelos riscos da coisa, bem como para que possa desonerar-se da obrigação devida (MARINONI, ARENHART e MITIDIERO, 2017).

d) *Legitimados na ação de consignação em pagamento:*

- *No polo ativo:* próprio devedor e o juridicamente interessado;
- *No polo passivo: o credor*, de acordo com o art. 335 do CC.

Segundo Marinoni, Arenhart e Mitidiero (2017, p. 140) no polo passivo da ação poderá figurar o credor conhecido, aquele que se afirma credor, ou ainda, se ele é desconhecido, o credor incerto a ser citado por edital.

E, conforme o IV do art. 335 do CC, se ocorrer dúvida sobre quem deva legitimamente receber o objeto do pagamento, o autor requererá o depósito e a citação dos possíveis titulares do crédito para provarem o seu direito, tal qual preceitua o art. 547 do CPC.

e) *Consignação em pagamento extrajudicial:* o procedimento da consignação em pagamento EXTRAJUDICIAL está previsto nos parágrafos do art. 539[1] do CPC.

Conforme previsão do § 1º do art. 539 do CPC, se for obrigação de pagar quantia em dinheiro, o devedor poderá depositar a quantia em estabelecimento bancário oficial no local do pagamento, devendo o credor ser cientificado por carta com aviso de recebimento, sendo assinado o prazo de dez dias para manifestação de recusa, que será contado a partir do retorno do aviso de recebimento.

Transcorrido o prazo de dez dias, portanto, sem a manifestação de recusa por parte do credor, o devedor será considerado liberado da obrigação, e a quantia depositada ficará à disposição do credor.

Porém, caso haja a recusa manifestada por escrito ao estabelecimento bancário, o devedor não ficará liberado da obrigação, e, assim, para o devedor não perder o efeito do depósito realizado no estabelecimento bancário, deverá ingressar dentro do prazo de um mês com a ação de consignação em pagamento, instruindo a inicial com o comprovante do depósito e da recusa.

Se transcorrido esse prazo sem a propositura da ação de consignação em pagamento em razão da recusa do credor, ficará o depósito realizado no banco sem efeito, podendo o devedor levantar a quantia depositada.

f) *Disposições acerca da ação de consignação em pagamento:*

- *Competência e consequência da ação de consignação em pagamento*: no que tange à COMPETÊNCIA, o art. 540 do CPC estabelece que a consignação deverá ser requerida, no lugar do pagamento, tendo como CONSEQUÊNCIA que cessa para o devedor, à data

---

1 "Art. 539. Nos casos previstos em lei, poderá o devedor ou terceiro requerer, com efeito de pagamento, a consignação da quantia ou da coisa devida.

§ 1º Tratando-se de obrigação em dinheiro, poderá o valor ser depositado em estabelecimento bancário, oficial onde houver, situado no lugar do pagamento, cientificando-se o credor por carta com aviso de recebimento, assinado o prazo de 10 (dez) dias para a manifestação de recusa.

§ 2º Decorrido o prazo do § 1º, contado do retorno do aviso de recebimento, sem a manifestação de recusa, considerar-se-á o devedor liberado da obrigação, ficando à disposição do credor a quantia depositada.

§ 3º Ocorrendo a recusa, manifestada por escrito ao estabelecimento bancário, poderá ser proposta, dentro de 1 (um) mês, a ação de consignação, instruindo-se a inicial com a prova do depósito e da recusa.

§ 4º Não proposta a ação no prazo do § 3º, ficará sem efeito o depósito, podendo levantá-lo o depositante."(BRASIL, 2015)

do depósito, os juros e os riscos, salvo se a demanda for julgada improcedente.

Ou seja, a consignação deve ser realizada no local do pagamento, repetindo o comando previsto no art. 337 do CC, que trata do problema de direito material, consistente no lugar em que se deva realizar o cumprimento das obrigações (MARINONI, ARENHART e MITIDIERO, 2017, p. 141):

> Art. 337. O depósito requerer-se-á no lugar do pagamento, cessando, tanto que se efetue, para o depositante, os juros da dívida e os riscos, salvo se for julgado improcedente

- *Inclusão das prestações periódicas:* caso haja obrigação a ser cumprida mediante prestações sucessivas, consignada uma delas, pode o devedor continuar a depositar, no mesmo processo e sem mais formalidades, as que se forem vencendo, desde que o faça em até cinco dias contados da data do respectivo vencimento, conforme previsão do art. 541 do CPC.
- *Petição inicial:* se o devedor ingressar direto com a ação de consignação em pagamento, deverá requerer na petição inicial o depósito da quantia ou da coisa devida, a ser efetivado no prazo de cinco dias contados do deferimento, ressalvada a hipótese do art. 539, § 3º, que é a de quando o devedor primeiro realizou o procedimento extrajudicial se tratando de obrigação de pagar quantia em dinheiro. Além disso, deverá requerer a citação do réu para levantar o depósito ou oferecer contestação. É de se observar que, caso não realizado o depósito no prazo de cinco dias a contar do deferimento do juiz, o processo será extinto sem resolução do mérito.

Agora, se o devedor postulou primeiro a consignação extrajudicial de quantia em dinheiro em estabelecimento bancário oficial no local do pagamento e houve recusa por parte do credor quanto ao depósito efetuado, ele deverá, caso ingresse com a ação no prazo de um mês, juntar com a inicial o comprovante do depósito e da recusa, requerendo na forma do inc. II do art. 542 do CPC a citação do réu para contestar ou levantar o depósito.

Se ingressar direto na VIA JUDICIAL	Se for quantia em dinheiro e primeiro foi feito o procedimento extrajudicial, houve recusa do credor e o devedor ingressou com a ação no prazo de 1 mês
• Requerer o depósito da quantia ou coisa devida, a ser efetuado no prazo de 5 dias a contar do deferimento do juiz; • Requerer a citação do réu para levantar o depósito ou oferecer contestação.	• Instruir a inicial com o comprovante do depósito e da recusa; • Requerer a citação do réu para levantar o depósito ou oferecer contestação.

- *Coisa indeterminada e escolha pelo credor:* se o objeto da prestação for coisa indeterminada e a escolha couber ao credor, este será citado para exercer o direito dentro de cinco dias, se outro prazo não constar de lei ou do contrato, ou para aceitar que o devedor a faça, devendo o juiz, ao despachar a petição inicial, fixar lugar, dia e hora em que será feita a entrega, sob pena de depósito, conforme previsão do art. 543 do CPC.

- *Contestação:* segundo Marinoni, Arenhart e Mitidiero (2017), a defesa do réu não é o único caminho que poderá ser tomado. Ele poderá aceitar o valor depositado sem qualquer ressalva, gerando extinção do processo com resolução de mérito, por reconhecer juridicamente o pedido. Poderá se manter omisso e ser decretada revelia, gerando, provavelmente, a liberação do devedor, ante a aceitação tácita da prestação. Ou o réu poderá oferecer contestação.

Se oferecer contestação, o réu poderá alegar as matérias contidas no art. 544 do CPC:

> Art. 544. Na contestação, o réu poderá alegar que:
>
> I - não houve recusa ou mora em receber a quantia ou a coisa devida;
>
> II - foi justa a recusa;
>
> III - o depósito não se efetuou no prazo ou no lugar do pagamento;
>
> IV - o depósito não é integral.
>
> Parágrafo único. No caso do inciso IV, a alegação somente será admissível se o réu indicar o montante que entende devido

Marinoni, Arenhart e Mitidiero (2017) mencionam, em relação ao art. 544 do CPC, que o conteúdo da defesa é limitado, mas que não se cinge somente àquelas hipóteses do art. 544, podendo o réu alegar defesas processuais (337 do CPC).

- *Depósito insuficiente:* conforme previsão do art. 545 do CPC, caso o réu alegue em sua contestação a hipótese do inc. IV do art. 544 do CPC, essa alegação somente será admitida se o réu informar qual é o montante devido, sendo possibilitado ao autor complementar o depósito no prazo de dez dias, salvo se corresponder à prestação cujo inadimplemento acarrete a rescisão do contrato.

Como ensinam Marinoni, Arenhart e Mitidiero (2017), há situações em que essa complementação do depósito se mostra inviável, como no caso, por exemplo, em que o descumprimento gera a inutilidade, de modo que não há mais interesse do credor em receber o produto. Assim, se os bens a serem depositados não possuem mais utilidade porque se passou o momento em que seriam utilizados, então descabe a complementação do depósito, porque a prestação se tornou inútil ao credor.

Ainda, de acordo com o que dispõe o § 1º do art. 545 do CPC, mesmo diante da alegação pelo réu de que o depósito não é integral, ele poderá levantar, desde logo, a quantia ou a coisa depositada, com a consequente liberação parcial do autor, prosseguindo o processo quanto à parcela controvertida.

A sentença que concluir pela insuficiência do depósito determinará, sempre que possível, o montante devido e valerá como título executivo, facultado ao credor promover-lhe o cumprimento nos mesmos autos, após liquidação, se necessária.

- *Condenação do ré*u em custas e honorários: consoante previsão do art. 546 do CPC, julgado procedente o pedido, o juiz declarará extinta a obrigação e condenará o réu ao pagamento de custas e honorários advocatícios, sendo procedido do mesmo modo se o credor receber e der quitação.
- *Dúvida de quem deve receber o pagamento:* de acordo com o art. 547 do CPC, se o devedor tiver dúvida sobre quem deva legitimamente receber o pagamento, o autor requererá o depósito e a citação dos possíveis titulares do crédito para provarem o seu direito.

Ocorrendo a hipótese do art. 547 do CPC, a consequência do comparecimento de nenhum, ou um ou mais possíveis credores, está disposta no art. 548 do CPC, quando refere:

> Art. 548. No caso do art. 547 :
>
> I - não comparecendo pretendente algum, converter-se-á o depósito em arrecadação de coisas vagas;
>
> II - comparecendo apenas um, o juiz decidirá de plano;
>
> III - comparecendo mais de um, o juiz declarará efetuado o depósito e extinta a obrigação, continuando o processo a correr unicamente entre os presuntivos credores, observado o procedimento comum.

2. HABILITAÇÃO

a) *Previsão legal:* arts. 687 a 692 do CPC.

b) *Cabimento:* utilizada quando houver o falecimento de qualquer das partes no processo; os interessados vão suceder o falecido no processo. Ex.: no caso do falecimento do autor no processo, os seus sucessores o sucederão no processo.

Trata-se de um procedimento que tem por objetivo trazer ao processo os sucessores daquela parte que faleceu durante um processo judicial, justamente com o fim de dar prosseguimento à ação.

c) *Legitimidade para habilitação:* na forma do art. 688 do CPC, a habilitação poderá ser requerida:

- pela parte, em relação aos sucessores do falecido;
- pelos sucessores do falecido, em relação à parte.

d) *Competência da ação e consequência:* a habilitação vai se dar nos autos do processo principal, na instância em que estiver tramitando o processo, trazendo como consequência a suspensão do feito.

e) *Procedimento da habilitação:* recebida a petição, o juiz ordenará a citação dos requeridos para se pronunciarem no prazo de cinco dias.

Essa citação somente será pessoal se a parte não tiver procurador constituído nos autos do processo em que houve o falecimento da parte.

f) *Julgamento e necessidade de instrução:* em geral, o pedido de habilitação será decidido imediatamente pelo juiz.

Porém, caso o pedido de habilitação seja impugnado e houver necessidade de dilação probatória diversa da documental, o juiz determinará que o pedido seja autuado em apartado e disporá sobre a instrução.

Transitada em julgado a sentença de habilitação, o processo principal retomará o seu curso e cópia da sentença será juntada aos autos respectivos.

3. AÇÃO MONITÓRIA

a) *Previsão legal:* arts. 700 a 702 do CPC.

b) *Cabimento:* ação utilizada pelo credor que possua prova ESCRITA SEM EFICÁCIA de título executivo judicial ou extrajudicial a ser ajuizada contra devedor capaz, tendo por objetivo conferir executividade a documentos que não possuam força executiva.

Por meio da ação monitória, o credor poderá exigir do devedor capaz:

- o pagamento de quantia em dinheiro;
  - a entrega de coisa fungível ou infungível ou de bem móvel ou imóvel;
  - o adimplemento de obrigação de fazer ou de não fazer.

> **Observação:** Conforme previsão do § 1º do art. 700 do CPC, a prova escrita pode consistir em prova oral documentada, produzida antecipadamente nos termos do art. 381.

c) *Requisitos para propositura da ação:* o credor deverá ter prova escrita sem eficácia de título executivo, contra devedor capaz, devendo na petição inicial explicitar conforme o caso (art. 700, § 2º, do CPC):

- a importância devida, instruindo-a com memória de cálculo;
- o valor atual da coisa reclamada;
- o conteúdo patrimonial em discussão ou o proveito econômico perseguido.

Caso o autor não explicite tais valores, além das hipóteses do art. 330 do CPC, a petição inicial da ação monitória será indeferida (art. 700, § 4º, do CPC).

O *valor da causa* da ação monitória deve ser justamente o valor da importância devida, ou o valor atual da coisa reclamada, ou, ainda, o conteúdo patrimonial em discussão ou o proveito econômico perseguido, tal qual previsão do § 3º do art. 700 do CPC, quando aduz que o valor da causa deverá corresponder à importância prevista no § 2º, I a III.

Na forma do § 6º do art. 700 do CPC, é admissível a ação monitória em face da FAZENDA PÚBLICA.

d) *Meios de citação:* na ação monitória, admite-se citação por qualquer dos meios permitidos para o procedimento comum.

e) *Procedimento da ação monitória:*

- *Indeferimento da petição inicial:* ajuizada a ação monitória, o juiz poderá indeferir a inicial nas hipóteses do art. 330 do CPC, bem como, se o autor não explicitar o valor da obrigação, na forma do § 2º do art. 700 do CPC, tal qual previsão do § 4º do art. 700 do CPC;
- *Intimar o autor para adaptar a ação monitória ao procedimento comum:* se ajuizada a ação monitória, mas o juiz estiver em dúvida quanto à idoneidade de prova documental apresentada pelo autor, o juiz intimá-lo-á para, querendo, emendar a petição inicial, adaptando-a ao procedimento comum;

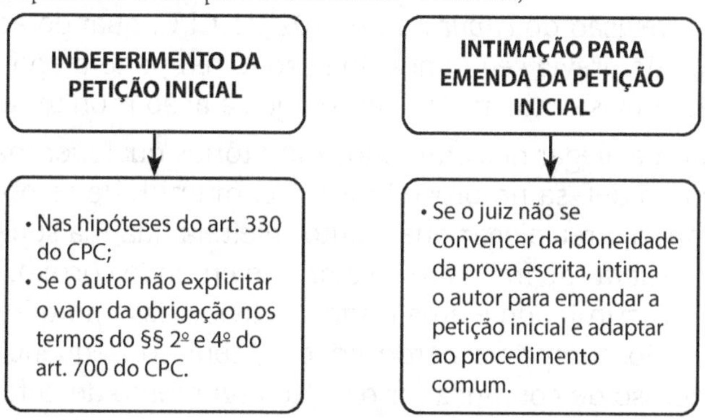

- *Se for evidente o direito do autor:* neste caso, se o juiz se convencer da idoneidade da prova juntada com a petição inicial da ação monitória, o juiz deferirá a expedição de mandado de pagamento, de entrega de coisa ou para execução de obrigação de fazer ou de não fazer, concedendo ao réu prazo de 15 dias para o cumprimento e o pagamento de honorários advocatícios de 5% do valor atribuído à causa.

Caso o réu da ação monitória cumpra a obrigação no prazo de 15 dias, além dos honorários taxativos em 5% do valor atribuído à causa, estará isento do pagamento de custas processuais.

Se o réu não cumprir a obrigação no prazo nem opor os embargos monitórios no referido prazo, constituir-se-á de pleno direito o título executivo judicial, independentemente de qualquer formalidade, observando-se, no que couber, o Título II do Livro I da Parte Especial.

Conforme previsão do § 3º do art. 701, é cabível ação rescisória da decisão que determina o réu cumprir a obrigação quando ocorrer a hipótese do § 2º.

Aplica-se à ação monitória, no que couber, a previsão do art. 916 do CPC, isto é, a possibilidade de o devedor no prazo dos embargos reconhecendo o crédito do exequente e comprovando o depósito de 30% do valor em execução, acrescido de custas e honorários advocatícios, requerer que lhe seja permitido pagar o restante em até seis parcelas acrescidas de correção monetária e juros de 1% ao mês.

f) *Defesa na ação monitória:* será por meio de EMBARGOS MONITÓRIOS, a serem opostos no prazo de 15 dias que o réu tem para cumprir a obrigação. Ou o réu cumpre a obrigação ou opõe os embargos à ação monitória, sob pena de formação do título executivo independentemente de qualquer formalidade.

DEFESA DO RÉU NA AÇÃO MONITÓRIA NÃO É CONTESTAÇÃO, E SIM EMBARGOS MONITÓRIOS.

Essa é a previsão do *caput* do art. 702 do CPC, quando aduz que, independentemente de prévia segurança do juízo, o réu poderá opor, nos próprios autos, no prazo previsto no art. 701, embargos à ação monitória.

O réu poderá alegar nos embargos monitórios qualquer matéria passível de alegação como defesa no procedimento comum. É de se observar, no entanto, que, quando o réu alegar que o autor pleiteia quantia superior à devida, cumprir-lhe-á declarar de imediato o valor que entende correto, apresentando demonstrativo discriminado e atualizado da dívida. Isso porque, se o réu fizer tal alegação e não cumprir a determinação, terá consequências diferentes, conforme o excesso de cobrança for o único argumento de defesa ou não:

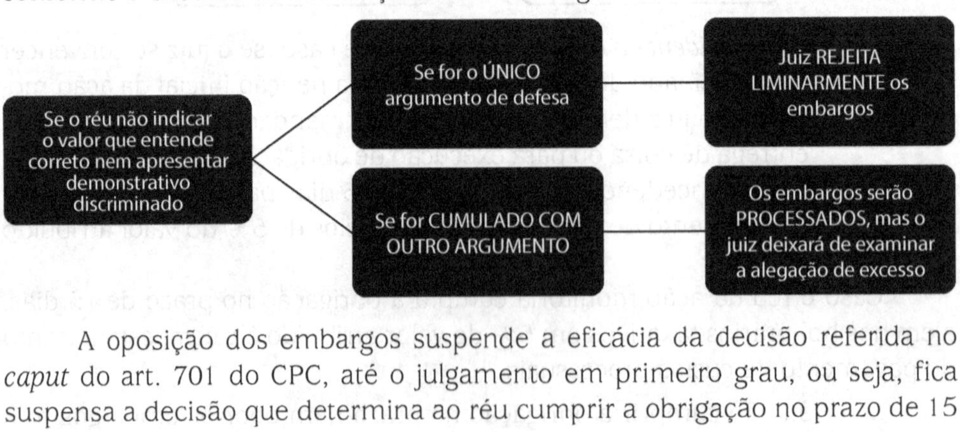

A oposição dos embargos suspende a eficácia da decisão referida no *caput* do art. 701 do CPC, até o julgamento em primeiro grau, ou seja, fica suspensa a decisão que determina ao réu cumprir a obrigação no prazo de 15 dias.

Os embargos serão autuados em apartado, a critério do juiz, se forem parciais, constituindo-se de pleno direito o título executivo judicial em relação à parcela incontroversa.

g) *Reconvenção na ação monitória:* na ação monitória admite-se a reconvenção, sendo vedado o oferecimento de reconvenção à reconvenção.

h) *Julgamento dos embargos monitórios:* rejeitados os embargos, constituir-se-á de pleno direito o título executivo judicial, prosseguindo-se o processo em observância ao disposto no Título II do Livro I da Parte Especial, no que for cabível.

i) *Recurso cabível:* cabe apelação contra a sentença que acolhe ou rejeita os embargos.

j) *Aplicação de multa na ação monitória:* o juiz condenará o autor de ação monitória proposta indevidamente e de má-fé ao pagamento, em favor do réu, de multa de até 10% sobre o valor da causa.

Também o réu poderá ser condenado ao pagamento de multa de até 10% sobre o valor atribuído à causa, em favor do autor, quando de má-fé opuser embargos à ação monitória.

4. EMBARGOS DE TERCEIRO

a) *Previsão legal:* arts. 674 a 681 do CPC.

b) *Cabimento:* consoante previsão do *caput* do art. 674 do CPC, os embargos de terceiro são a medida utilizada por aquele que, não sendo parte no processo, sofrer constrição ou ameaça desta sobre bens que possua ou sobre os quais tenha direito incompatível com o ato constritivo, podendo, por meio dos embargos, requerer seu desfazimento ou sua inibição.

É de se frisar ainda que os embargos de terceiro são procedimento especial de jurisdição contenciosa, constituindo-se em ação de conhecimento.

c) *Legitimados:* é de se reforçar, inicialmente, que os embargos de terceiro possuem essa denominação justamente porque são opostos por quem não faz parte do processo no qual ocorreu a constrição ou ameaça de constrição indevida. Ou seja, por terceiro. Na forma do § 1º do art. 674 do CPC, os embargos podem ser de terceiro proprietário, inclusive fiduciário, ou possuidor.

Além disso, conforme previsão do § 2º do art. 674 do CPC, CONSIDERA-SE TERCEIRO, para ajuizamento dos embargos:

- O cônjuge ou companheiro, quando defende a posse de bens próprios ou de sua meação, ressalvado o disposto no art. 843;
- O adquirente de bens cuja constrição decorreu de decisão que declara a ineficácia da alienação realizada em fraude à execução;

- Quem sofre constrição judicial de seus bens por força de desconsideração da personalidade jurídica, de cujo incidente não fez parte;
- O credor com garantia real para obstar expropriação judicial do objeto de direito real de garantia, caso não tenha sido intimado, nos termos legais dos atos expropriatórios respectivos.

Já quanto ao legitimado passivo, o § 4º do art. 677 do CPC estabelece que o embargado será o sujeito a quem o ato de constrição aproveita, assim como o será seu adversário no processo principal quando for sua a indicação do bem para a constrição judicial. Ou seja, na parte final do aludido diploma legal verifica-se a possibilidade de formação de litisconsórcio passivo nos embargos de terceiros.

Dispõe ainda o Código de Processo Civil que a citação do embargado será pessoal se ele não tiver procurador constituído nos autos da ação principal.

d) *Prazo para oposição dos embargos de terceiro:* a disposição no art. 675 do CPC é de que os embargos de terceiro podem ser opostos:

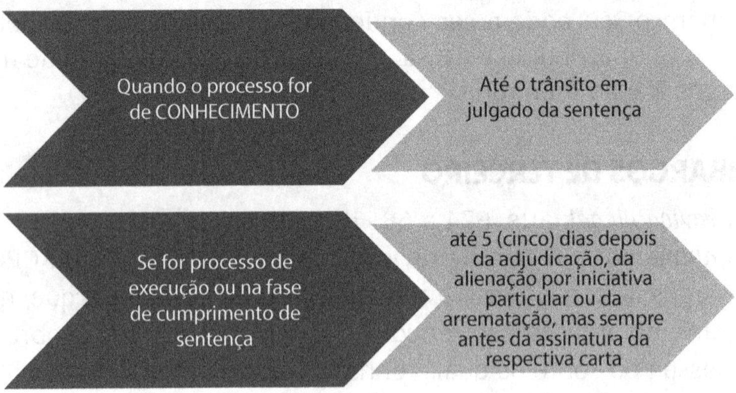

Além disso, cuidar situações específicas[2], conforme inclusive o parágrafo único do art. 675 do CPC que estabelece que o juiz mande intimar pessoalmente terceiro hábil a opor os embargos, sempre que verifique sua existência.

e) *Competência:* os embargos serão distribuídos por dependência ao juízo que ordenou a constrição e autuados em apartado, tal qual preceitua o *caput* do art. 676 do CPC.

No entanto, conforme previsão do parágrafo único do art. 676 do CPC, nos casos de ato de constrição realizado por carta, os embargos serão oferecidos no juízo deprecado, salvo se indicado pelo juízo deprecante o bem constrito ou se já devolvida a carta.

f) *Requisitos da petição inicial:* os requisitos específicos da petição inicial estão dispostos no art. 677 do CPC, que dispõe que, na petição inicial, o embargante fará a prova sumária de sua posse ou de seu domínio

2 Vide § 4º do art. 792 do CPC: § 4º Antes de declarar a fraude à execução, o juiz deverá intimar o terceiro adquirente, que, se quiser, poderá opor embargos de terceiro, no prazo de 15 (quinze) dias.

e da qualidade de terceiro, oferecendo documentos e rol de testemunhas.

Ainda, na forma do § 1º do art. 677 do CPC, é facultada a prova da posse em audiência preliminar designada pelo juiz.

Permite o § 2º do art. 677 do CPC que o possuidor direto alegue, além da sua posse, o domínio alheio.

Ou seja, na petição inicial o embargante deverá trazer todos os documentos para comprovar a sua legitimidade. E mais, poderá requerer ainda a designação de audiência preliminar, ou seja, de justificação a fim de demonstrar o seu direito caso não tenha conseguido por meio dos documentos.

g) *Previsão do art. 678 do CPC:* conforme dispõe o art. 678 do CPC, a decisão que reconhecer suficientemente provado o domínio ou a posse determinará a suspensão das medidas constritivas sobre os bens litigiosos objeto dos embargos, bem como a manutenção ou a reintegração provisória da posse, se o embargante a houver requerido.

O juiz poderá condicionar a ordem de manutenção ou de reintegração provisória de posse à prestação de caução pelo requerente, ressalvada a impossibilidade da parte economicamente hipossuficiente.

h) *Contestação nos embargos de terceiro:* o prazo da contestação nos embargos de terceiro é de 15 dias, e, uma vez apresentada a contestação, o processo segue o rito comum.

É de se observar que, contra os embargos do credor com garantia real, o embargado somente poderá alegar que:

- o devedor comum é insolvente;
- o título é nulo ou não obriga a terceiro;
- outra é a coisa dada em garantia.

i) *Consequência do acolhimento dos embargos de terceiro:* acolhido o pedido inicial do embargante, o ato de constrição judicial indevida será cancelado, com o reconhecimento do domínio, da manutenção da posse ou da reintegração definitiva do bem ou do direito ao embargante.

5. RESTAURAÇÃO DE AUTOS

a) *Previsão legal:* arts. 712 a 718 do CPC.

b) *Cabimento:* quando houver o extravio/desaparecimento dos autos.

Ou seja, na forma do art. 712 do CPC, verificado o desaparecimento dos autos, eletrônicos ou não, pode o juiz, de ofício, qualquer das partes ou o Ministério Público, se for o caso, promover-lhes a restauração.

O objetivo da presente ação é justamente devolver às partes o processo que desapareceu no estado em que se encontrava quando do extravio.

c) *Autos suplementares:* conforme previsão do parágrafo único do art. 712 do CPC, havendo autos suplementares, nesses prosseguirá o processo.

d) *Legitimados a requerer a restauração de autos:*

- juiz de ofício;
- qualquer das partes;
- Ministério Público.

Segundo Adede y Castro (2016, p. 711), pode o juiz, de ofício, determinar a restauração de autos, com a juntada de cópias de despachos, atas de audiência e outros documentos disponíveis, além de intimar as partes a colaborar com as peças que dispõem.

Por sua vez, as partes e o Ministério Público que possuem interesse na continuidade do processo podem requerer ao juiz a restauração dos autos, fazendo na forma do art. 713 do CPC (ADEDE Y CASTRO, 2016, p. 714).

e) *Petição inicial:* conforme previsão do art. 713 do CPC, na petição inicial deverá a parte declarar o ESTADO DO PROCESSO AO TEMPO DO DESAPARECIMENTO DOS AUTOS, oferecendo ainda:

- Certidões dos atos constantes do protocolo de audiências do cartório por onde haja corrido o processo;
- Cópia das peças que tenha em seu poder;
- Qualquer outro documento que facilite a restauração.

Dessa forma, o requerente deverá informar o momento processual em que estava o processo que desapareceu, justamente visando restaurar os autos até aquele marco.

Além disso, deverá o requerente juntar toda a documentação que possui acerca do processo que sumiu, como cópias de atas de audiências, laudos periciais, fotografias, filmes etc. (ADEDE Y CASTRO, 2016, p. 135).

f) *Contestação:* após o ajuizamento da inicial, a parte contrária será citada para oferecer contestação no prazo de cinco dias, cabendo-lhe exibir as cópias, as contrafés e as reproduções dos atos e dos documentos que estiverem em seu poder, consoante determina o art. 714 do CPC.

Porém, a parte contrária poderá não oferecer contestação se concordar com a restauração. Neste caso, se houver concordância, lavrar-se-á o auto que, assinado pelas partes e homologado pelo juiz, suprirá o processo desaparecido.

Caso a parte não contestar ou se a concordância for parcial, observar-se-á o procedimento comum.

g) *Provas e do momento que foram produzidas (se antes do desaparecimento dos autos):* disposições do art. 715[3] do CPC.

3 "Art. 715. Se a perda dos autos tiver ocorrido depois da produção das provas em audiência, o juiz, se necessário, mandará repeti-las.

Refere-se ao momento em que ocorreu o extravio ou perda dos autos. O art. 715 do CPC/2015 determina que, se a perda dos autos tiver ocorrido após a produção da prova em audiência, o juiz, se necessário, mandará repeti-las. No entanto, destaca-se que somente vai haver a reprodução das provas se for necessário.

Assim, quando o extravio ou perda ocorrer após a audiência, somente serão reproduzidas as provas se houver necessidade; por exemplo, reinquirir novamente as testemunhas. Ou ainda, se houver necessidade de se repetir a prova pericial porque houve perda do laudo e nenhuma das partes nem o perito possui cópia.

- *Quanto à prova testemunhal:* se for necessário repetir a prova testemunhal, devem ser reinquiridas as mesmas testemunhas, se possível. Agora, se não for possível a oitiva da mesma testemunha, esta poderá ser substituída por requerimento da parte ou de ofício pelo juiz.
- *Quanto à prova pericial:* Se houve prova pericial no processo extraviado, e esta tenha se perdido, de forma que não há cópia da certidão ou laudo, deverá a prova pericial ser realizada novamente, sempre que possível, PELO MESMO PERITO, justamente para evitar laudos contraditórios entre o processo extraviado e a restauração.
- Se já tiver sido proferida *sentença* no processo extraviado, a cópia que o escrivão ou o juiz porventura tenha, será juntada aos autos e valerá como a original.

Além disso, dispõe o § 3º do art. 715 que, caso não haja certidão de documentos, estes poderão ser reconstituídos mediante cópias ou, na falta destas, pelos meios ordinários de prova, tais como prova testemunhal.

O § 4º do art. 715 estabelece que *os serventuários e os auxiliares da justiça* não podem eximir-se de depor como testemunhas a respeito de atos que tenham praticado ou assistido.

h) *Julgamento da restauração:* a decisão que julga o processo de restauração se refere tão somente à necessidade de ela ser feita ou não.

Dessa forma, encerrado o procedimento de restauração, o processo principal que sumiu terá continuidade no procedimento de restauração.

E se aparecerem os autos originais? Neste prosseguirá o procedimento, devendo os autos restaurados ser a eles apensado.

---

§ 1º Serão reinquiridas as mesmas testemunhas, que, em caso de impossibilidade, poderão ser substituídas de ofício ou a requerimento.

§ 2º Não havendo certidão ou cópia do laudo, far-se-á nova perícia, sempre que possível pelo mesmo perito.

§ 3º Não havendo certidão de documentos, esses serão reconstituídos mediante cópias ou, na falta dessas, pelos meios ordinários de prova.

§ 4º Os serventuários e os auxiliares da justiça não podem eximir-se de depor como testemunhas a respeito de atos que tenham praticado ou assistido.

§ 5º Se o juiz houver proferido sentença da qual ele próprio ou o escrivão possua cópia, esta será juntada aos autos e terá a mesma autoridade da original."

i) *Desaparecimento dos autos no Tribunal:* se ocorrer tal situação, será aplicada a regra contida no art. 717 do CPC, ou seja, o processo de restauração será distribuído, sempre que possível, ao relator do processo.

Porém, caso haja necessidade de se repetir alguma prova que foi realizada no primeiro grau, por exemplo, oitiva de testemunha, a restauração far-se-á no juízo de origem quanto aos atos nele realizados. E, após concluir tal ato, serão remetidos os autos novamente ao tribunal, para nele se completar a restauração e proceder ao julgamento.

j) *Culpa e responsabilidade pelo extravio dos autos:* há previsão de responsabilidade para quem houver dado causa ao desaparecimento dos autos, e este responderá pelas custas da restauração e pelos honorários de advogado, sem prejuízo da responsabilidade civil ou penal em que incorrer.

6. AÇÃO DE EXIGIR CONTAS

a) *Previsão legal:* arts. 550 a 553 do CPC.

b) *Cabimento:* ação pelo procedimento especial a ser ajuizada por quem tem direito de exigir contas de outra pessoa. Somente será procedimento especial se a ação for de exigir contas.

Nesse sentido, entende Chacon (2016, p. 128) que cabe ação de exigir contas em razão de atos de gestão ou administração de bens, negócios ou interesses alheios, o que gera o dever de prestar contas do que ocorreu e se efetuou. O vínculo não precisa ser contratual ou expresso, bastando que, de fato, a gestão ou administração ocorra, mesmo que diante do mero controle de dinheiro alheio. Cita como exemplos: o presidente de um clube associativo, o sócio administrador de uma pessoa jurídica ou até mesmo o inventariante em relação ao inventário.

Assim, na forma do art. 550 do CPC, aquele que afirmar ser titular do direito de exigir contas requererá a citação do réu para que as preste ou ofereça contestação no prazo de 15 dias.

c) *Legitimidade:* a legitimidade no novo Código de Processo Civil difere da legitimidade prevista no antigo Código de Processo Civil de 1973. Isso porque, no Código antigo, por se referir à ação de prestação de contas, a legitimidade era tanto de quem tinha o direito de exigir quanto de quem tinha a obrigação de exibir. Ou seja, hoje como procedimento especial, para ser ação de exigir contas, somente tem legitimidade quem tiver direito de exigir.

d) *Requisitos:* conforme Marinoni, Arenhart e Mitidiero (2017, p. 158), o objetivo da ação de exigir contas é *apurar a existência ou não da pretensão às contas*. Não há necessidade, assim, que o autor da ação invoque algum suposto crédito existente ou desfalque efetuado pelo requerido. Basta que ostente o direito de exigir contas para que a ação seja julgada procedente.

Caso verificado a existência de saldo, o feito continuará para impor ao réu o ressarcimento dos prejuízos gerados.

Diante disso, segundo Marinoni, Arenhart e Mitidiero (2017, p. 158), a ação de exigir contas desenvolve-se, em geral, em duas fases. A primeira busca apurar a existência do direito de exigir contas. Na segunda, avalia-se a adequação das contas prestadas, impondo, quando for o caso, condenação ao administrador para restituir o atual saldo credor.

No § 1º do art. 550 do CPC/2015, estão dispostos os requisitos da inicial:

- O autor deverá especificar na petição inicial, detalhadamente, as razões pelas quais exige as contas;
- O autor deverá instruir a inicial com documentos comprobatórios dessa necessidade, se existirem.

e) *Citação do réu*: conforme o *caput* do art. 550 do CPC, o réu será citado para, no prazo de 15 dias, oferecer contestação ou prestar as contas.

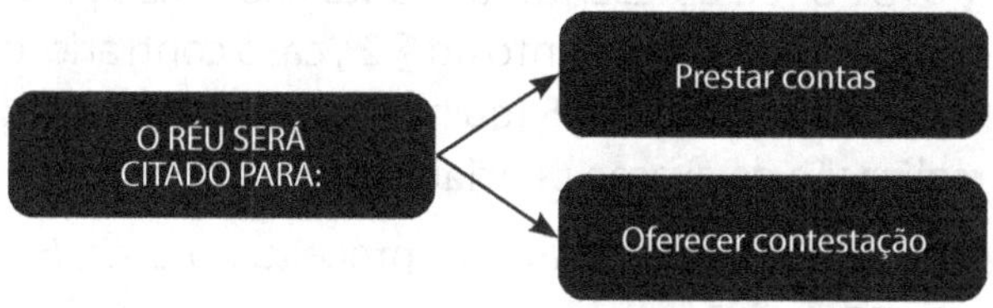

f) *Processamento:* uma vez prestadas as contas pelo réu após a citação, ou seja, no prazo de 15 dias, o autor posteriormente terá 15 dias para se manifestar. Caso o autor impugne as contas prestadas pelo réu, deverá fazer de forma fundamentada e específica, ou seja, o autor deve fazer referência expressa ao lançamento questionado por ele.

E se o réu não contestar? Observa-se[4] o disposto no art. 355 do CPC, ou seja, haverá julgamento antecipado do mérito:

> Art. 355. O juiz julgará antecipadamente o pedido, proferindo sentença com resolução de mérito, quando:
>
> I – não houver necessidade de produção de outras provas;
>
> II – o réu for revel, ocorrer o efeito previsto no art. 344 e não houver requerimento de prova, na forma do art. 349.

Na contestação, o réu, por exemplo, poderá prestar as contas exigidas pelo autor, alegar que já as prestou ou que não tem contas a prestar, uma vez que não mantém com o autor nenhuma relação negocial de representação

---

4 Conforme previsão do § 4º do art. 550 do CPC: "§ 4º Se o réu não contestar o pedido, observar-se-á o disposto no art. 355".

ou administração de interesses que possa gerar a obrigação de prestar contas (ADEDE y CASTRO, 2016, p. 15).

- *Se a ação for julgada improcedente:* o réu fica desobrigado a prestar contas exigidas pelo autor, e este responderá pelo ônus da sucumbência.
- *Se a ação for julgada procedente:* previsão do § 5º do art. 550 do CPC/2015. Decisão vai condenar o réu a prestar as contas no prazo de 15 dias; se não fizer, não poderá impugnar as contas apresentadas pelo autor.

> § 5º A decisão que julgar procedente o pedido condenará o réu a prestar as contas no prazo de 15 (quinze) dias, sob pena de não lhe ser lícito impugnar as que o autor apresentar.

Conforme Adede y Castro (2016, p. 16), com ou sem contestação, se o juiz se convencer de que o réu deve prestar contas porque não o fez ou porque as apresentadas são efetivamente insuficientes, proferirá decisão de mérito determinando que as contas sejam apresentadas em 15 dias.

E se o réu apresentar as contas no prazo de 15 dias, se condenado?

> § 6º Se o réu apresentar as contas no prazo previsto no § 5º, seguir-se-á o procedimento do § 2º, caso contrário, o autor apresentá-las-á no prazo de 15 (quinze) dias, podendo o juiz determinar a realização de exame pericial, se necessário.

g) *Apresentação das contas pelo* réu: preceitua o art. 551 do CPC que as contas do RÉU serão apresentadas na forma adequada, especificando-se as receitas, a aplicação das despesas e os investimentos, se houver.

Se houver impugnação por parte do autor, de forma específica e fundamentada, o juiz estabelecerá prazo razoável para que o réu apresente os documentos justificativos dos lançamentos individualmente impugnados.

Em outras palavras, apresentadas as contas pelo réu, deverá dar o juiz ao autor a oportunidade de impugnar, também de forma específica, que, se impugnadas, os autos retornam ao réu para que este possa apresentar documentos que comprovem que a impugnação do autor não se sustenta.

h) *Apresentação de contas pelo autor:* previsão no § 2º do art. 551 do CPC/2015, o qual preceitua que as contas. quando prestadas pelo autor da ação de exigir contas, para os fins do art. 550, § 5º, serão apresentadas na forma adequada, já instruídas com os documentos justificativos, especificando-se as receitas, a aplicação das despesas e os investimentos, se houver, bem como o respectivo saldo.

i) *Sentença na ação de exigir contas:* a sentença que porventura apurar eventual saldo por parte do réu constitui título executivo judicial.

Segundo Adede y Castro (2016, p. 17), ao final, se houver saldo a pagar ou devolver, deverá constar especificamente, sendo essa sentença título executivo judicial.

j) *Contas pelo inventariante, curador, tutor, depositário:* na forma do art. 553 do CPC, as contas do inventariante, do tutor, do curador, do depositário e de qualquer outro administrador serão prestadas em apenso aos autos do processo em que tiver sido nomeado.

Se qualquer dos referidos no *caput* for condenado a pagar o saldo e não o fizer no prazo legal, o juiz poderá destituí-lo, sequestrar os bens sob sua guarda, glosar o prêmio ou a gratificação a que teria direito e determinar as medidas executivas necessárias à recomposição do prejuízo.

7. AÇÃO DE OPOSIÇÃO

a) *Previsão legal:* arts. 682 a 686 do CPC.

b) *Cabimento:* observar que a oposição no novo Código de Processo Civil deixa de ser forma de intervenção de terceiro justamente para ser procedimento especial.

A oposição será proposta por aquele que pretender, no todo ou em parte, a coisa ou o direito sobre que controvertem autor e réu em um processo já existente. Ou seja, pressupõe também a existência de um terceiro que não participa de um processo que tramita entre autor e réu.

De acordo com Adede y Castro (2016, p. 109), a oposição é procedimento especial em que alguém vai a juízo postular, no todo ou em parte, o objeto ou direito em litígio, pelo ajuizamento de ação contra autor e réu de outro processo.

Dessa forma, o opoente não é provocado por nenhuma das partes nem chamado pelo juiz: ingressa com a ação de oposição porque entende que seu direito está sendo lesado, procurando afastar os litigantes do primeiro processo do direito, para tornar-se titular do bem controvertido (ADEDE Y CASTRO, 2016, p. 109).

c) *Espécies de oposição:* a oposição poderá ser total, quando se refere a toda a coisa ou direito litigioso, ou parcial, quando se refere somente a parte da coisa ou direito litigioso (ADEDE Y CASTRO, 2016, p. 109).

d) *Momento da oposição:* poderá ser proposta até a sentença do processo que tramita entre autor e réu, consoante previsão do art. 682 do CPC:

> Art. 682. Quem pretender, no todo ou em parte, a coisa ou o direito sobre que controvertem autor e réu poderá, *até ser proferida a sentença*, oferecer oposição contra ambos. (grifos nossos)

e) *Procedimento da oposição:* de acordo com Adede y Castro (2016, p. 110), a oposição constitui ação autônoma, que corre em apartado da ação principal, e nela o opositor pretende ver seu direito garantido.

Além disso, na forma do art. 683 do CPC, o opoente deduzirá o pedido em observação aos requisitos exigidos para propositura da ação.

Salienta Adede y Castro (2016, p. 110) que, como a oposição nasce em decorrência da existência de outra ação, já distribuída, a lei determina que seja autuada junto ao mesmo juiz que está instruindo a ação principal, ou seja, por dependência.

Passa a ser *distribuída por dependência*, sendo as partes citadas para *contestar no prazo COMUM de 15 dias*. Previsão do parágrafo único do art. 683:

> Parágrafo único. Distribuída a oposição por dependência, serão os opostos citados, na pessoa de seus respectivos advogados, para contestar o pedido no prazo comum de 15 (quinze) dias.

E se uma das partes reconhecer a procedência do pedido? A oposição continua contra a outra, conforme previsão do art. 684 do CPC/2015:

> Art. 684. Se um dos opostos reconhecer a procedência do pedido, contra o outro prosseguirá o opoente.

f) *Partes na ação de oposição:* aquele que propõe a ação de oposição é chamado de opoente, e o autor e réu do processo principal são chamados de opostos na ação de oposição.

Assim, na oposição, as partes são chamadas de:

POLO ATIVO DA OPOSIÇÃO - QUEM PROPÕE	POLO PASSIVO DA OPOSIÇÃO - CONTRA QUEM ELA É OPOSTA
TERCEIRO QUE AJUIZA É CHAMADO DE OPOENTE.	A OPOSIÇÃO DEVE SER OFERECIDA CONTRA O AUTOR E RÉU DO PROCESSO PRINCIPAL, OS QUAIS SÃO CHAMADOS DE OPOSTOS.

g) *Tramitação e julgamento da oposição:* a ação de oposição tramitará em apenso à ação originária sendo julgada juntamente com esta, consoante art. 685 do CPC/2015:

> Art. 685. Admitido o processamento, a oposição será apensada aos autos e tramitará simultaneamente à ação originária, sendo ambas julgadas pela mesma sentença.

Além disso, conforme disposição do parágrafo único do art. 685 do CPC, se a oposição for proposta após o início da audiência de instrução, o juiz suspenderá o curso do processo ao fim da produção das provas, salvo se concluir que a unidade da instrução atende melhor ao princípio da duração razoável do processo.

Por fim, como a ação originária e a oposição devem ser julgadas de forma conjunta (mesma sentença), deverá o juiz conhecer a oposição em primeiro lugar, vez que a solução da oposição interfere diretamente no resultado que terá a primeira ação, tal qual preceitua o art. 686 do CPC/2015: "Cabendo ao juiz decidir simultaneamente a ação originária e a oposição, desta conhecerá em primeiro lugar".

8. DIVÓRCIO E SEPARAÇÃO CONSENSUAIS, EXTINÇÃO CONSENSUAL DE UNIÃO ESTÁVEL E ALTERAÇÃO DO REGIME DE BENS DO MATRIMÔNIO

a) *Previsão legal:* arts. 731 a 734 do CPC.

b) *Cabimento:* regras aplicáveis quando houver o divórcio ou a separação de forma consensual, ou a extinção consensual de união estável, bem como a alteração do regime de bens do matrimônio.

c) *Requisitos da petição inicial:* o art. 731 do CPC determina que a homologação do divórcio ou da separação consensuais, observados os requisitos legais, poderá ser requerida em petição assinada por ambos os cônjuges, da qual constarão:

- as disposições relativas à descrição e à *partilha dos bens comuns*;
- as disposições relativas à *pensão alimentícia entre os cônjuges*;
- o acordo relativo à *guarda dos filhos incapazes* e ao regime de *visitas*; e
- o valor da *contribuição para criar e educar os filhos.*

d) *Previsão expressa de aplicação das regras à extinção consensual da união estável:* aplicam-se as regras contidas referentes ao divórcio e separação consensuais também à extinção consensual de união estável:

> Art. 732. As disposições relativas ao processo de homologação judicial de divórcio ou de separação consensuais aplicam-se, no que couber, ao processo de homologação da extinção consensual de união estável.

e) *Possibilidade de realização do divórcio, separação e extinção da união estável por meio de escritura pública:* ou seja, o divórcio, a separação e a extinção da união estável poderão ser realizados por meio de ESCRITURA PÚBLICA, da qual constarão as disposições do art. 731 (por exemplo, partilha dos bens, alimentos, guarda, visitas), desde que preenchidos os seguintes requisitos:

- que a mulher não esteja grávida, isto é, não pode haver nascituro;
- que não tenham filhos incapazes;
- que seja consensual.

Na forma do § 1º do art. 733 do CPC, a escritura não depende de homologação judicial e constitui título hábil para qualquer ato de registro, bem como para levantamento de importância depositada em instituições financeiras.

Além disso, haverá necessidade de as partes estarem assistidas por advogado ou defensor públicos, pois, conforme disposição do § 2º do art. 733

do CPC, o tabelião somente lavrará a escritura se os interessados estiverem assistidos por esses profissionais, cuja qualificação e assinatura constarão do ato notarial.

f) *Partilha de bens após o divórcio:* possibilidade de acordo com a previsão do parágrafo único do art. 731:

> Parágrafo único. Se os cônjuges não acordarem sobre a partilha dos bens, far-se-á esta depois de homologado o divórcio, na forma estabelecida nos arts. 647 a 658.

g) *Alteração do regime de bens do casamento:* a alteração do regime de bens do casamento, observados os requisitos legais, poderá ser requerida, motivadamente, em petição assinada por ambos os cônjuges, na qual serão expostas as razões que justificam a alteração, ressalvados os direitos de terceiros.

Conforme determina o Código de Processo Civil, o juiz, ao receber a petição inicial, determinará a intimação do Ministério Público e a publicação de edital que divulgue a pretendida alteração de bens, somente podendo decidir depois de decorrido o prazo de 30 dias da publicação do edital.

Ainda, os cônjuges, na petição inicial ou em petição avulsa, podem propor ao juiz meio alternativo de divulgação da alteração do regime de bens, a fim de resguardar direitos de terceiros.

Após o trânsito em julgado da sentença, serão expedidos mandados de averbação aos cartórios de registro civil e de imóveis e, caso qualquer dos cônjuges seja empresário, ao Registro Público de Empresas Mercantis e Atividades Afins.

QUESTÕES

1. (OAB - FGV - XXV EXAME DE ORDEM) Aline e Alfredo, casados há 20 anos pelo regime da comunhão parcial de bens, possuem um filho maior de idade e plenamente capaz. Não obstante, Aline encontra-se grávida do segundo filho do casal, estando no sexto mês de gestação. Ocorre que, por divergências pessoais, o casal decide se divorciar e se dirige a um escritório de advocacia, onde demonstram consenso quanto à partilha de bens comuns e ao pagamento de pensão alimentícia, inexistindo quaisquer outras questões de cunho pessoal ou patrimonial.

Assinale a opção que apresenta a orientação jurídica correta a ser prestada ao casal.

a) Inexistindo conflito de interesses quanto à partilha de bens comuns, Aline e Alfredo poderão ingressar com o pedido de divórcio pela via extrajudicial, desde que estejam devidamente assistidos por advogado ou defensor público.

b) Aline e Alfredo deverão ingressar com ação judicial de divórcio, uma vez que a existência de nascituro impede a realização de divórcio consensual pela via extrajudicial, ou seja, por escritura pública.

c) O divórcio consensual de Aline e Alfredo somente poderá ser homologado após a partilha de bens do casal.

d) A partilha deverá ser feita mediante ação judicial, embora o divórcio possa ser realizado extrajudicialmente.

2. (OAB – FGV – XXIII EXAME DE ORDEM) Jorge administra cinco apartamentos de Marina. Ele recebe os valores relativos à locação dos referidos bens, realiza os pagamentos inerentes aos imóveis (condomínio, IPTU), abate o valor pela prestação de serviços e repassa o saldo residual a Marina, mediante depósito em conta corrente, titularizada pela contratante.

Contudo, nos últimos dez meses, Jorge tem deixado de fornecer os relatórios mensais acerca da despesa e receita. Incomodada, Marina o questiona acerca da omissão, que nada faz.

Diante desse cenário, Marina procura um advogado, que, com o objetivo de obter os relatórios, deve ajuizar

a) ação de execução, fundada em título extrajudicial consubstanciado no acerto verbal havido entre as partes.

b) ação de reintegração de posse dos imóveis administrados por Jorge.

c) ação de exigir contas, para que Jorge forneça os relatórios.

d) ação de consignação de pagamento, objetivando que Jorge consigne os relatórios em Juízo.

3. (OAB – FGV – XXI EXAME DE ORDEM) Pedro, munido de documento comprobatório de vínculo jurídico de prestação de serviço com Carlos e, esgotadas todas as possibilidades consensuais para tentar exigir o cumprimento da obrigação, promove ação observando o rito especial monitório. Citado, Carlos oferece embargos, apontando em preliminar, que o rito da ação monitória não é adequado para pleitear cumprimento de obrigação de fazer e, no mérito, alega exceção de contrato não cumprido. Oferta, ainda, reconvenção, cobrando os valores supostamente devidos.

Diante da situação hipotética, sobre os posicionamentos adotados por Carlos, assinale a afirmativa correta.

a) A preliminar apontada por Carlos nos embargos deve ser acolhida, pois é vedado pleitear cumprimento de obrigação de fazer por intermédio de ação monitória.

b) A reconvenção deve ser rejeitada, em virtude do descabimento dessa forma de resposta em ação monitória.

c) A preliminar indicada por Carlos não deve prosperar, tendo em vista que é possível veicular em ação monitória cumprimento de obrigação de fazer.

d) A forma correta de oferecer defesa em ação monitória é via contestação, sendo assim, os embargos ofertados por Carlos devem ser rejeitados.

GABARITO

1. B; 2. C; 3. C

REFERÊNCIAS BIBLIOGRÁFICAS

ADEDE Y CASTRO, João Marcos. *Novo Código de Processo Civil comentado para concursos*: procedimentos especiais. Curitiba: Juruá, 2016. vol. III.

AGUIRRE, João; SÁ, Renato Montans de. *Prática civil*. 7. ed. São Paulo: Saraiva, 2017.

BRASIL, 2002. Código Civil. Disponível em: http://www.planalto.gov.br/ccivil_03/leis/2002/l10406.htm. Acesso em: jun. 2020.

BRASIL, 2015. Código de Processo Civil. Disponível em: http://www.planalto.gov.br/ccivil_03/_ato2015-2018/2015/lei/l13105.htm. Acesso em: jun. 2020.

CHACON, Luis Fernando Rabelo. *Manual de prática forense civil*. 3. ed. São Paulo: Saraiva, 2016.

LOURENÇO, Haroldo. *Processo civil sistematizado*. 3. ed. São Paulo: Método, 2017.

MARINONI, Luiz Guilherme; ARENHART, Sérgio Cruz; MITIDIERO, Daniel. *Novo curso de processo civil:* tutela dos direitos mediante procedimentos diferenciados. 3. ed. São Paulo: RT, 2017.

Direito Processual Civil – Recursos

Tatiane Kipper

Mestre em Direito. Professora de Direito na Universidade de Santa Cruz do SUL – UNISC e de Processo Civil para 1ª e 2ª fases da OAB no Centro de Ensino Integrado Santa Cruz – CEISC. Coordenadora e Professora da Pós-Graduação em Direito Civil e Processual Civil Prático Contemporâneo UNISC/CEISC.

SUMÁRIO

1. TEORIA GERAL DOS RECURSOS

Em apertada síntese, os recursos são uma faculdade que as partes possuem justamente para ser revista a decisão judicial que entendem que deve ser reformada ou invalidada.

Os recursos exigem o preenchimento de requisitos também chamados de pressupostos de admissibilidade, entre os quais se apontam: legitimidade para recorrer, interesse recursal, inexistência de fato impeditivo, recorribilidade da decisão, motivação, preparo, tempestividade, adequação e forma, os quais serão analisados alguns desses requisitos.

No que se refere à *legitimidade para recorrer*, o art. 996 do CPC estabelece que o recurso pode ser interposto pela parte vencida, pelo terceiro prejudicado e pelo Ministério Público, como parte ou como fiscal da ordem jurídica. Referente a este terceiro, o parágrafo único do art. 996 do CPC dispõe que cumpre a ele demonstrar a possibilidade de a decisão sobre a relação jurídica submetida à apreciação judicial atingir direito de que se afirme titular ou que possa discutir em juízo como substituto processual.

Quanto à *inexistência de fato impeditivo*, não pode haver nem a desistência, nem a renúncia nem a aceitação da decisão. A desistência do recurso encontra previsão do art. 998 do CPC, o qual estabelece que o recorrente poderá, a qualquer tempo, sem a anuência do recorrido ou dos litisconsortes, desistir do recurso. Porém, de acordo com o que estabelece o parágrafo único do art. 998 do CPC, a desistência do recurso não impede a análise de questão cuja repercussão geral já tenha sido reconhecida e daquela objeto de julgamento de recursos extraordinários ou especiais repetitivos.

A renúncia ao direito de recorrer, da mesma forma, independe da aceitação da outra parte (art. 999 do CPC).

Outro fato que não deve haver, então, para que o recurso seja processado é a aceitação da decisão, seja de forma tácita, seja de forma expressa, tal qual preconiza o art. 1.000 do CPC:

> Art. 1.000. A parte que aceitar expressa ou tacitamente a decisão não poderá recorrer.
>
> Parágrafo único. Considera-se aceitação tácita a prática, sem nenhuma reserva, de ato incompatível com a vontade de recorrer.

No que tange à *tempestividade*, ou seja, prazo para interposição dos recursos, o art. 1.003, § 5º, estabelece que todos os recursos previstos no Código de Processo Civil, com exceção dos embargos de declaração, deverão ser interpostos no prazo de 15 dias, tendo igual prazo a parte contrária para responder ao recurso. Ou seja, se o recorrente tem o prazo de 15 dias para interpor o recurso de agravo de instrumento, o recorrido (agravado) também terá 15 dias para oferecer contrarrazões ao recurso de agravo de instrumento.

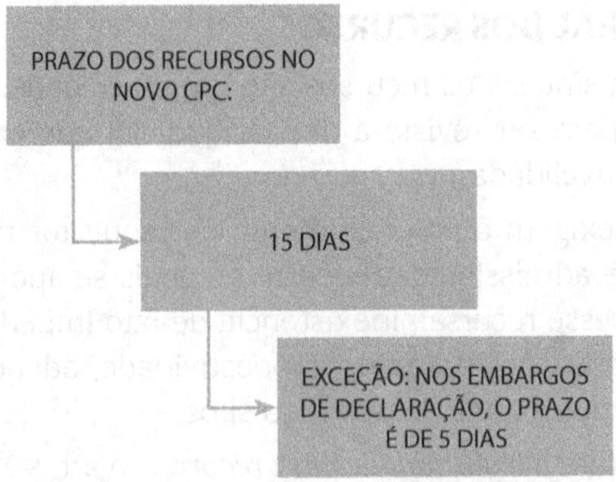

O *preparo* recursal, inclusive porte de remessa e de retorno, quando exigidos e a parte não requerer nem litigar com o benefício da gratuidade da justiça, é previsto no art. 1.007 do CPC. No *caput* do aludido dispositivo consta a regra de que, no ato de interposição do recurso, o recorrente comprovará, quando exigido pela legislação pertinente, o respectivo preparo, inclusive porte de remessa e de retorno, sob pena de deserção.

São dispensados de preparo, inclusive porte de remessa e de retorno, os recursos interpostos pelo Ministério Público, pela União, pelo Distrito Federal, pelos Estados, pelos Municípios, e respectivas autarquias, e pelos que gozam de isenção legal.

Caso haja a insuficiência no valor do preparo, inclusive porte de remessa e de retorno, implicará deserção se o recorrente, intimado na pessoa de seu advogado, não vier a supri-lo no prazo de 5 (cinco) dias, conforme previsão do § 2º do artigo 1.007 do CPC.

O recorrente que não comprovar, no ato de interposição do recurso, o recolhimento do preparo, inclusive porte de remessa e de retorno, será intimado, na pessoa de seu advogado, para realizar o recolhimento em dobro, sob pena de deserção, sendo vedada sua complementação se houver insuficiência neste caso.

INSUFIÊNCIA NO RECOLHIMENTO DO PREPARO – § 2º DO ART. 1.007 DO CPC	**NÃO COMPROVAÇÃO DO RECOLHIMENTO DO PREPARO – § 4º DO ART. 1.007 DO CPC**
Intimação do RECORRENTE na pessoa do SEU ADVOGADO para recolher o valor que falta no prazo de 05 dias → Se não suprir o valor no prazo, o recurso será considerado deserto.	Intimação do RECORRENTE na pessoa do SEU ADVOGADO para recolher o valor em dobro; • Se não recolher, não cabe nova intimação para suprir o valor.

Tais previsões encontram-se no art. 1.007 do CPC:

> Art. 1.007. No ato de interposição do recurso, o recorrente comprovará, quando exigido pela legislação pertinente, o respectivo

preparo, inclusive porte de remessa e de retorno, sob pena de deserção.

§ 1º São dispensados de preparo, inclusive porte de remessa e de retorno, os recursos interpostos pelo Ministério Público, pela União, pelo Distrito Federal, pelos Estados, pelos Municípios, e respectivas autarquias, e pelos que gozam de isenção legal.

§ 2º A insuficiência no valor do preparo, inclusive porte de remessa e de retorno, implicará deserção se o recorrente, intimado na pessoa de seu advogado, não vier a supri-lo no prazo de 5 (cinco) dias.

§ 3º É dispensado o recolhimento do porte de remessa e de retorno no processo em autos eletrônicos.

§ 4º O recorrente que não comprovar, no ato de interposição do recurso, o recolhimento do preparo, inclusive porte de remessa e de retorno, será intimado, na pessoa de seu advogado, para realizar o recolhimento em dobro, sob pena de deserção.

§ 5º É vedada a complementação se houver insuficiência parcial do preparo, inclusive porte de remessa e de retorno, no recolhimento realizado na forma do § 4º.

§ 6º Provando o recorrente justo impedimento, o relator relevará a pena de deserção, por decisão irrecorrível, fixando-lhe prazo de 5 (cinco) dias para efetuar o preparo.

§ 7º O equívoco no preenchimento da guia de custas não implicará a aplicação da pena de deserção, cabendo ao relator, na hipótese de dúvida quanto ao recolhimento, intimar o recorrente para sanar o vício no prazo de 5 (cinco) dias.

Quanto à adequação, o recurso interposto deve ser o recurso adequado, bem como no que se refere à recorribilidade, a decisão deve ser passível de recurso para que haja sua admissibilidade.

As decisões recorríveis são a sentença, a decisão interlocutória, o acórdão e a decisão monocrática. Dos despachos, os quais estão definidos no § 3º do art. 203[1] do CPC, não cabe recurso, consoante disposição do artigo 1.001 do CPC.

2. APELAÇÃO

a) *Previsão legal:* arts. 994, I, e 1.009 a 1.014 do CPC.

b) *Cabimento:* cabe recurso de apelação para atacar sentença.

1 § 3º São despachos todos os demais pronunciamentos do juiz praticados no processo, de ofício ou a requerimento da parte.

Conceito de sentença no CPC: sentença na forma do art. 203, § 1º, do CPC, ressalvadas as disposições expressas dos procedimentos especiais, é o pronunciamento do juiz por meio do qual, com fundamento nos arts. 485 e 487 , põe fim à fase cognitiva do procedimento comum, bem como extingue a execução.

c) *Preliminares de apelação:* na forma do § 1º do art. 1.009 do CPC, devem ser alegadas em preliminar de apelação ou nas contrarrazões as decisões interlocutórias proferidas na fase de conhecimento que não coube agravo de instrumento. Tais decisões interlocutórias não precluem porque não cabe agravo de instrumento e, assim, devem ser impugnadas na apelação ou nas contrarrazões:

> § 1º As questões resolvidas na fase de conhecimento, se a decisão a seu respeito não comportar agravo de instrumento, não são cobertas pela preclusão e devem ser suscitadas em preliminar de apelação, eventualmente interposta contra a decisão final, ou nas contrarrazões.

Conforme Medina (2016, p. 1.318) como as decisões que resolvem tais questões não são cobertas pela preclusão, não apenas o apelante, mas também o próprio apelado pode impugná-las em sede de contrarrazões. E tal situação, o apelante será intimado para manifestar-se a respeito, no prazo de 15 dias, consoante § 2º do artigo 1.009 do CPC.

d) *Matérias do art. 1.015 do CPC que foram decididas na sentença:* se houver matéria que consta no rol do art. 1.015 (que prevê o cabimento do agravo de instrumento), mas SE FOR DECIDIDA NA SENTENÇA, o recurso será apelação. Ex.: se o juiz revoga na sentença o benefício da justiça gratuita, tal decisão será impugnada na sentença.

Previsão do art. 1.009, § 3º, do CPC:

> § 3º O disposto no *caput* deste artigo aplica-se mesmo quando as questões mencionadas no art. 1.015 integrarem capítulo da sentença.

e) *Decisão a respeito de tutela provisória na sentença:* o capítulo da sentença que confirma, concede ou revoga a tutela provisória é impugnável na apelação (§ 5º do art. 1.013 do CPC).

- Cabimento da apelação → Cabe da sentença, porém, observar que serão ainda atacadas na sentença as seguintes decisões:

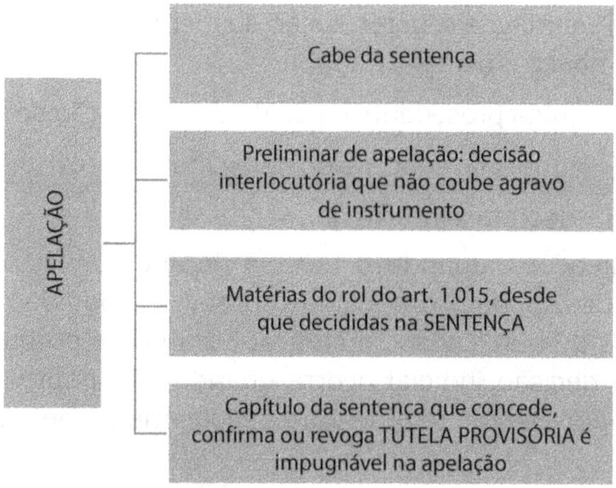

f) *Procedimento:* na forma do art. 1.010, *caput*, do CPC, a apelação será interposta perante o JUIZ de PRIMEIRO GRAU, e a petição do recurso conterá:

- os nomes e a qualificação das partes;
- a exposição do fato e do direito;
- as razões do pedido de reforma ou de decretação de nulidade;
- o pedido de nova decisão.

Uma vez interposta a apelação, o juiz intimará o apelado para oferecer contrarrazões no prazo de 15 dias, na forma do art. 1.010, § 1º, do CPC.

Observar que, caso haja decisão interlocutória que foi alegada em contrarrazões pelo apelado, conforme previsão do § 1º do art. 1.009 do CPC, o juiz deverá primeiro intimar o apelante para, no prazo, de 15 dias manifestar-se a respeito delas, tal qual preceitua o § 2º do art. 1.009 do CPC:

> § 2º Se as questões referidas no § 1º forem suscitadas em contrarrazões, o recorrente será intimado para, em 15 (quinze) dias, manifestar-se a respeito delas.

Além disso, caso o apelado interpuser apelação adesiva, o juiz intimará o apelante para apresentar contrarrazões.

Aí, sim, após o prazo das contrarrazões do recurso de apelação e das contrarrazões de eventual recurso de apelação adesivo, os autos serão remetidos ao tribunal pelo juiz, independentemente de juízo de admissibilidade.

g) *Efeitos do recurso de apelação:*

1) ***Suspensivo:*** de regra, a apelação terá efeito suspensivo automático, ou seja, não precisa requerer.

Exceção: a apelação NÃO terá efeito suspensivo nas hipóteses do § 1º do art. 1.012 do CPC, ou seja, QUANDO A SENTENÇA:

> I – homologa divisão ou demarcação de terras;
>
> II – condena a pagar alimentos;

> III - extingue sem resolução do mérito ou julga improcedentes os embargos do executado;
>
> IV - julga procedente o pedido de instituição de arbitragem;
>
> V - confirma, concede ou revoga tutela provisória;
>
> VI - decreta a interdição.

Em tais situações, quando o recurso de apelação não terá efeito suspensivo automático, poderá o apelado promover o pedido de cumprimento provisório depois de publicada a sentença, justamente porque o cumprimento provisório da decisão judicial ocorre quando não houve ainda o trânsito em julgado, estando pendente a decisão de julgamento de recurso sem efeito suspensivo.[2]

Mas poderá, nas situações do § 1º do art. 1.012, ser requerido o EFEITO SUSPENSIVO? Sim! Pois, conforme o § 3º, o pedido de concessão de efeito suspensivo nas hipóteses do § 1º *poderá ser formulado por requerimento dirigido ao:*

> I - tribunal, no período compreendido entre a interposição da apelação e sua distribuição, ficando o relator designado para seu exame prevento para julgá-la;
>
> II - relator, se já distribuída a apelação.

Além disso, para concessão do efeito suspensivo se faz necessário que o apelante demonstre:

- a probabilidade de provimento do recurso; ou
- sendo relevante a fundamentação, houver risco de dano grave ou de difícil reparação.

2) ***Devolutivo:*** significa que a apelação devolverá ao tribunal o conhecimento da matéria impugnada. Porém, na forma do § 1º do art. 1.013 do CPC, serão objeto de apreciação e julgamento pelo tribunal todas as questões suscitadas e discutidas no processo, ainda que não tenham sido solucionadas, desde que relativas ao capítulo impugnado.

Ainda, na forma do § 2º do art. 1.013 do CPC, quando o pedido ou a defesa tiver mais de um fundamento e o juiz acolher apenas um deles, a apelação devolverá ao tribunal o conhecimento dos demais.

- *Teoria da causa madura:* prevista nos §§ 3º e 4º do art. 1.013 do CPC, permite que o próprio Tribunal, quando o processo estiver apto para julgamento, julgue o mérito ao anular ou reformar sentença, nas seguintes hipóteses:

---

2 "Art. 520. O cumprimento provisório da sentença impugnada por recurso desprovido de efeito suspensivo será realizado da mesma forma que o cumprimento definitivo, sujeitando-se ao seguinte regime: (...)."

I – reformar sentença fundada no art. 485;

II – decretar a nulidade da sentença por não ser ela congruente com os limites do pedido ou da causa de pedir;

III – constatar a omissão no exame de um dos pedidos, hipótese em que poderá julgá-lo;

IV – decretar a nulidade de sentença por falta de fundamentação.

Ainda, quando reformar sentença que reconheça a decadência ou a prescrição, o tribunal, se possível, julgará o mérito, examinando as demais questões, sem determinar o retorno do processo ao juízo de primeiro grau (§ 4º do art. 1.013 do CPC).

3) ***Regressivo:*** possibilidade de o juiz de primeiro grau se retratar da sentença proferida, em razão da interposição da apelação.

- *Prazo para retratação:* cinco dias.
- *Hipóteses que permitem o efeito regressivo na apelação:*
  - Art. 331[3] do CPC (indeferimento da petição inicial).
  - Art. 332, § 3º[4], do CPC (improcedência liminar do pedido).
  - Art. 485, § 7º, do CPC (quando houver a extinção do processo sem resolução de mérito).

Atenção:

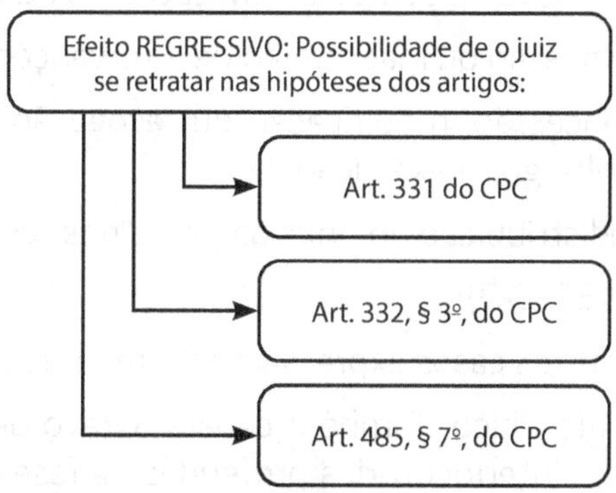

h) *Alegações de novas matérias em sede de recurso de apelação:* as questões de fato não propostas no juízo inferior poderão ser suscitadas na apelação, se a parte provar que deixou de fazê-lo por motivo de força maior (art. 1.014 do CPC).

3. AGRAVO DE INSTRUMENTO

a) *Previsão legal:* arts. 994, II, e 1.015 a 1.020 do CPC.

---

3 "Art. 331. Indeferida a petição inicial, o autor poderá apelar, facultado ao juiz, no prazo de 5 (cinco) dias, retratar-se."

4 "§ 3º Interposta a apelação, o juiz poderá retratar-se em 5 (cinco) dias."

b) *Cabimento:* de regra, o agravo de instrumento ataca as decisões interlocutórias que estão no rol do art. 1.015 do CPC.[5]

- *Conceito de decisão interlocutória no CPC:* a decisão interlocutória tem o seu conceito por exclusão, consoante previsão do art. 203, § 2º, do CPC, constituindo-se nos pronunciamentos do juiz com cunho decisório, mas que não se enquadram no conceito de sentença.

São decisões interlocutórias previstas no art. 1.015 do CPC:

> Art. 1.015. Cabe agravo de instrumento contra as decisões interlocutórias que versarem sobre:
>
> I – tutelas provisórias;
>
> II – mérito do processo;
>
> III – rejeição da alegação de convenção de arbitragem;
>
> IV – incidente de desconsideração da personalidade jurídica;
>
> V – rejeição do pedido de gratuidade da justiça ou acolhimento do pedido de sua revogação;
>
> VI – exibição ou posse de documento ou coisa;
>
> VII – exclusão de litisconsorte;
>
> VIII – rejeição do pedido de limitação do litisconsórcio;
>
> IX – admissão ou inadmissão de intervenção de terceiros;
>
> X – concessão, modificação ou revogação do efeito suspensivo aos embargos à execução;
>
> XI – redistribuição do ônus da prova nos termos do art. 373, § 1º;
>
> XII – (VETADO);
>
> XIII – outros casos expressamente referidos em lei.
>
> Parágrafo único. Também caberá agravo de instrumento contra decisões interlocutórias proferidas na fase de liquidação de sentença ou de cumprimento de sentença, no processo de execução e no processo de inventário.

Observar que o CPC prevê outras hipóteses de cabimento do agravo interno:

1º) Previsão do art. 1.027, § 1º, do CPC:

De início, é de se observar que os artigos 1.027 a 1.028 do CPC estão elencados dentro da previsão acerca do Recurso Ordinário. Porém, o 1.027, § 1º do CPC prevê que caberá agravo de instrumento diretamente ao STJ para

5 Observar o entendimento da taxatividade mitigada do agravo de instrumento (Tema 988 do STJ), no sentido de se admitir a interposição de agravo de instrumento quando verificada a urgência decorrente da inutilidade do julgamento da questão no recurso de apelação.

atacar as decisões interlocutórias se o processo envolver de um lado estado estrangeiro ou organismo internacional e de outro pessoa residente ou domiciliada no país ou município:

> § 1º Nos processos referidos no inciso II, alínea *b*, contra as decisões interlocutórias caberá agravo de instrumento dirigido ao Superior Tribunal de Justiça, nas hipóteses do art. 1.015.

2º) Previsão do 1.037, § 13, I, do CPC:

> § 13. Da decisão que resolver o requerimento a que se refere o § 9º caberá:
>
> I - agravo de instrumento, se o processo estiver em primeiro grau;
>
> II - agravo interno, se a decisão for de relator.

c) *Procedimento:* Conforme o *caput* do artigo 1.016 do CPC, o agravo de instrumento será dirigido diretamente ao tribunal competente, por meio de petição com os seguintes requisitos:
- os nomes das partes;
- a exposição do fato e do direito;
- as razões do pedido de reforma ou de invalidação da decisão e o próprio pedido;
- o nome e o endereço completo dos advogados constantes do processo.

Observar, portanto, que é requisito específico do agravo de instrumento que o agravante informe o nome e endereço completo dos advogados tanto do agravante quanto do agravado, consoante previsão do inc. IV do art. 1.016 do CPC.

Ainda, é de se observar a previsão do artigo 1.018 do CPC:

> Art. 1.018. O agravante poderá requerer a juntada, aos autos do processo, de cópia da petição do agravo de instrumento, do comprovante de sua interposição e da relação dos documentos que instruíram o recurso.
>
> § 1º Se o juiz comunicar que reformou inteiramente a decisão, o relator considerará prejudicado o agravo de instrumento.
>
> § 2º Não sendo eletrônicos os autos, o agravante tomará a providência prevista no *caput*, no prazo de 3 (três) dias a contar da interposição do agravo de instrumento.
>
> § 3º O descumprimento da exigência de que trata o § 2º, desde que arguido e provado pelo agravado, importa inadmissibilidade do agravo de instrumento.

Recebido o agravo de instrumento no tribunal e distribuído imediatamente, se não for o caso de aplicação do art. 932, III e IV, o relator, no prazo de cinco dias:

- poderá atribuir efeito suspensivo ao recurso ou deferir, em antecipação de tutela, total ou parcialmente, a pretensão recursal, comunicando ao juiz sua decisão;
- ordenará a intimação do agravado pessoalmente, por carta com aviso de recebimento, quando não tiver procurador constituído, ou pelo *Diário da Justiça* ou por carta com aviso de recebimento dirigida ao seu advogado, para que responda no prazo de 15 dias, facultando-lhe juntar a documentação que entender necessária ao julgamento do recurso;
- determinará a intimação do Ministério Público, preferencialmente por meio eletrônico, quando for o caso de sua intervenção, para que se manifeste no prazo de 15 dias.

Ademais, na forma do art. 1.020 do CPC, o relator solicitará dia para julgamento em prazo não superior a um mês da intimação do agravado.

d) *Requisitos da petição do agravo de instrumento:* além do requisito do inc. IV do art. 1.016 do CPC que determina ao agravante informar o nome e endereço completo dos advogados constantes no processo, a petição do agravo de instrumento deverá ser ainda instruída com cópias de peças OBRIGATÓRIAS E FACULTATIVAS.

- *Peças obrigatórias (inc. I do art. 1.017 do CPC):* cópias da petição inicial, da contestação, da petição que ensejou a decisão agravada, da própria decisão agravada, da certidão da respectiva intimação ou outro documento oficial que comprove a tempestividade e das procurações outorgadas aos advogados do agravante e do agravado;

Caso inexista qualquer das peças obrigatórias, deverá ser feita declaração de inexistência de qualquer dos documentos referidos no inc. I, efetuada pelo advogado do agravante, sob pena de sua responsabilidade pessoal, tal qual previsão do inc. II do art. 1.017 do CPC;

- *Peças facultativas:* poderão ainda ser juntadas com a petição do agravo de instrumento com outras peças que o agravante reputar úteis (inc. III do art. 1.017 do CPC).

Além disso, na forma do § 1º do art. 1.017 do CPC, acompanhará a petição o comprovante do pagamento das respectivas custas e do porte de retorno, quando devidos, conforme tabela publicada pelos tribunais.

Sobre as peças obrigatórias e facultativas do agravo de instrumento tem-se a previsão do artigo 1.017 do CPC:

> Art. 1.017. A petição de agravo de instrumento será instruída:
>
> I – obrigatoriamente, com cópias da petição inicial, da contestação, da petição que ensejou a decisão agravada, da própria decisão agravada, da certidão da respectiva intimação ou outro docu-

mento oficial que comprove a tempestividade e das procurações outorgadas aos advogados do agravante e do agravado;

II – com declaração de inexistência de qualquer dos documentos referidos no inciso I, feita pelo advogado do agravante, sob pena de sua responsabilidade pessoal;

III – facultativamente, com outras peças que o agravante reputar úteis.

§ 1º Acompanhará a petição o comprovante do pagamento das respectivas custas e do porte de retorno, quando devidos, conforme tabela publicada pelos tribunais.

§ 2º No prazo do recurso, o agravo será interposto por:

I – protocolo realizado diretamente no tribunal competente para julgá-lo;

II – protocolo realizado na própria comarca, seção ou subseção judiciárias;

III – postagem, sob registro, com aviso de recebimento;

IV – transmissão de dados tipo fac-símile, nos termos da lei;

V – outra forma prevista em lei.

§ 3º Na falta da cópia de qualquer peça ou no caso de algum outro vício que comprometa a admissibilidade do agravo de instrumento, deve o relator aplicar o disposto no art. 932, parágrafo único .

(...)

§ 5º Sendo eletrônicos os autos do processo, dispensam-se as peças referidas nos incisos I e II do *caput* , facultando-se ao agravante anexar outros documentos que entender úteis para a compreensão da controvérsia.

- **Observação em caso de recurso interposto por fax:** na hipótese de o recurso de agravo de instrumento ter sido interposto por sistema de transmissão de dados tipo fac-símile ou similar, as peças devem ser juntadas no momento de protocolo da petição original (§ 4º do art. 1.017 do CPC).
- **Observação caso falte alguma peça obrigatória:** de acordo com o que determina o § 3º do art. 1.017 do CPC, na falta da cópia de qualquer peça ou no caso de algum outro vício que comprometa a admissibilidade do agravo de instrumento, deve o relator aplicar o disposto no art. 932, parágrafo único.[6]

---

6 "Parágrafo único. Antes de considerar inadmissível o recurso, o relator concederá o prazo de 5 (cinco) dias ao recorrente para que seja sanado vício ou complementada a documentação exigível."

e) *Efeito suspensivo e da antecipação de tutela recursal previstas no inc. I do art. 1.019 do CPC:* os dois efeitos são diferentes, sendo a antecipação de tutela recursal ainda chamada de efeito suspensivo ativo.

EFEITO SUSPENSIVO	ANTECIPAÇÃO DE TUTELA RECURSAL (TAMBÉM CHAMADA DE EFEITO SUSPENSIVO ATIVO)
Será requerido toda vez que o juiz der uma decisão POSITIVA apta a prejudicar os interesses da parte a ser defendida. Há, na decisão, uma determinação no sentido de que algo seja cumprido; o magistrado concede algo que lhe trará prejuízos. Efeito suspensivo é requerido porque a outra parte pleiteou algo e o juiz concedeu. Fundamento: arts. 995, parágrafo único, e 1.019, I, ambos do CPC.	Será requerida toda vez que o juiz der uma decisão NEGATIVA apta a prejudicar os interesses da parte a ser defendida. Há, na decisão, uma denegação de algo que lhe é necessário; o juiz nega algo que a parte por você defendida precisa com urgência. O efeito ativo é concedido porque a própria parte requereu algo que foi negado. Fundamento: arts. 300 e 1.019, I, ambos do CPC.

Fonte: AGUIRRE, João; SÁ, Renato Montans de. *Prática civil*. 7. ed. São Paulo: Saraiva, 2017. p. 95.

4. AGRAVO INTERNO

a) *Previsão legal:* arts. 994, III, e 1.021 do CPC.

b) *Cabimento:* tal recurso é cabível contra decisão proferida pelo relator, ou seja, ATACA DECISÃO MONOCRÁTICA, conforme art. 1.021 do CPC, que dispõe:

> Art. 1.021. Contra decisão proferida pelo relator caberá agravo interno para o respectivo órgão colegiado, observadas, quanto ao processamento, as regras do regimento interno do tribunal.

Justamente por atacar decisão que foi proferida pelo relator (por exemplo, nas hipóteses do art. 932 do CPC), o agravo interno tem como objetivo fazer com que o órgão colegiado se manifeste acerca daquela decisão que foi proferida de forma monocrática.

Segundo Lourenço (2017, p. 501), o novo Código de Processo Civil fez com que acabasse a polêmica que existia entre agravo interno e o regimental, pois denominou no art. 1.021 de agravo interno, *sendo o recurso a ser utilizado contra a decisão monocrática do relator para o órgão a que este relator pertença*.

Exemplos de cabimento: é cabível o agravo interno quando o relator negar ou conceder efeito suspensivo ou a antecipação de tutela recursal, conforme Enunciado nº 142 do FPPC:

> Enunciado nº 142. (art. 298; art. 1.021) Da decisão monocrática do relator que concede ou nega o efeito suspensivo ao agravo de instrumento ou que concede, nega, modifica ou revoga, no todo ou em parte, a tutela jurisdicional nos casos de competência origi-

> nária ou recursal, cabe o recurso de agravo interno nos termos do art. 1.021 do CPC. (Grupo: Tutela Antecipada)

Observar que o Código de Processo Civil prevê outras hipóteses de cabimento do agravo interno:

1º) Previsão do art. 1.037, §§ 9º a 13, II, do CPC:

> Art. 1.037. Selecionados os recursos, o relator, no tribunal superior, constatando a presença do pressuposto do *caput* do art. 1.036, proferirá decisão de afetação, na qual:
>
> § 9º Demonstrando distinção entre a questão a ser decidida no processo e aquela a ser julgada no recurso especial ou extraordinário afetado, a parte poderá requerer o prosseguimento do seu processo.
>
> § 13. Da decisão que resolver o requerimento a que se refere o § 9º caberá:
>
> I - agravo de instrumento, se o processo estiver em primeiro grau;
>
> II - agravo interno, se a decisão for de relator.

Ou seja, se a decisão que resolver o requerimento de distinção for proferida por relator será impugnável via agravo interno. Porém, se a decisão for do juiz (pelo fato do processo estar em primeiro grau), será recorrível via agravo de instrumento.

2º) Previsão do art. 1.030, § 2º, do CPC:

Conforme previsão do § 2º do art. 1.030 do CPC, caberá agravo interno no caso de inadmissão de recurso especial ou extraordinário, quando a decisão que inadmitir tais recursos estiver fundada na aplicação de entendimento firmado em regime de repercussão geral ou em julgamento de recurso repetitivo.

Dessa forma, em tais situações não caberá agravo em recurso especial ou extraordinário, mas sim agravo interno.

> Art. 1.030. Recebida a petição do recurso pela secretaria do tribunal, o recorrido será intimado para apresentar contrarrazões no prazo de 15 (quinze) dias, findo o qual os autos serão conclusos ao presidente ou ao vice-presidente do tribunal recorrido, que deverá:
>
> I - negar seguimento:
>
> a) a recurso extraordinário que discuta questão constitucional à qual o Supremo Tribunal Federal não tenha reconhecido a existência de repercussão geral ou a recurso extraordinário interposto contra acórdão que esteja em conformidade com entendimento do Supremo Tribunal Federal exarado no regime de repercussão geral;

> b) a recurso extraordinário ou a recurso especial interposto contra acórdão que esteja em conformidade com entendimento do Supremo Tribunal Federal ou do Superior Tribunal de Justiça, respectivamente, exarado no regime de julgamento de recursos repetitivos;
>
> III – sobrestar o recurso que versar sobre controvérsia de caráter repetitivo ainda não decidida pelo Supremo Tribunal Federal ou pelo Superior Tribunal de Justiça, conforme se trate de matéria constitucional ou infraconstitucional;
>
> (...)
>
> § 2º Da decisão proferida com fundamento nos incisos I e III caberá agravo interno, nos termos do art. 1.021.

3º) Previsão do art. 1.035, § 7º, do CPC:

Também caberá agravo interno consoante previsão do § 7º do art. 1.035 do CPC:

> Art. 1.035. O Supremo Tribunal Federal, em decisão irrecorrível, não conhecerá do recurso extraordinário quando a questão constitucional nele versada não tiver repercussão geral, nos termos deste artigo.
>
> § 6º O interessado pode requerer, ao presidente ou ao vice-presidente do tribunal de origem, que exclua da decisão de sobrestamento e inadmita o recurso extraordinário que tenha sido interposto intempestivamente, tendo o recorrente o prazo de 5 (cinco) dias para manifestar-se sobre esse requerimento.
>
> § 7º Da decisão que indeferir o requerimento referido no § 6º ou que aplicar entendimento firmado em regime de repercussão geral ou em julgamento de recursos repetitivos caberá agravo interno.

4º) Previsão do parágrafo único do art. 136 do CPC:

Conforme o *caput* do art. 136 do CPC, concluída a instrução do incidente de desconsideração da personalidade jurídica, este será decidido por meio de decisão interlocutória, o que enseja a interposição do recurso de agravo de instrumento, tal qual preceitua o inc. IV do art. 1.015 do CPC.

No entanto, conforme o parágrafo único do art. 136[7] do CPC, se a decisão acerca do incidente de desconsideração da personalidade jurídica for do relator, caberá agravo interno.

---

7 "Art. 136. Concluída a instrução, se necessária, o incidente será resolvido por decisão interlocutória. Parágrafo único. Se a decisão for proferida pelo relator, cabe agravo interno."

5º) Previsão do § 3º do art. 1.036 do CPC:

Há ainda o cabimento do agravo interno na forma do § 3º do art. 1.036 quando a decisão for de indeferimento requerido de acordo com o § 2º do aludido artigo:

> Art. 1.036. Sempre que houver multiplicidade de recursos extraordinários ou especiais com fundamento em idêntica questão de direito, haverá afetação para julgamento de acordo com as disposições desta Subseção, observado o disposto no Regimento Interno do Supremo Tribunal Federal e no do Superior Tribunal de Justiça.
>
> § 1º O presidente ou o vice-presidente de tribunal de justiça ou de tribunal regional federal selecionará 2 (dois) ou mais recursos representativos da controvérsia, que serão encaminhados ao Supremo Tribunal Federal ou ao Superior Tribunal de Justiça para fins de afetação, determinando a suspensão do trâmite de todos os processos pendentes, individuais ou coletivos, que tramitem no Estado ou na região, conforme o caso.
>
> § 2º O interessado pode requerer, ao presidente ou ao vice-presidente, que exclua da decisão de sobrestamento e inadmita o recurso especial ou o recurso extraordinário que tenha sido interposto intempestivamente, tendo o recorrente o prazo de 5 (cinco) dias para manifestar-se sobre esse requerimento.
>
> § 3º Da decisão que indeferir o requerimento referido no § 2º caberá apenas agravo interno.

c) *Requisitos do agravo interno e juízo de retratação:* na peça do recurso de agravo interno, deverá o recorrente impugnar especificamente os fundamentos da decisão agravada, ou seja, da decisão monocrática do relator, consoante previsão do § 1º do art. 1.021 do CPC.

Quanto ao endereçamento, a petição do recurso de agravo interno deverá ser dirigida ao relator que proferiu a decisão, indicando o ponto com o qual não concorda e os motivos que ensejam a reforma da decisão, consoante previsão do § 2º do art. 1.021 do CPC.

Diante da interposição do agravo interno, o relator deverá intimar o agravado para se manifestar sobre o recurso no prazo de 15 dias, ao final do qual poderá o próprio relator se retratar. Caso não seja retratação, o relator levará o agravo interno para julgamento pelo órgão colegiado, com inclusão em pauta.

d) *Reprodução dos fundamentos:* é vedado ao relator limitar-se à reprodução dos fundamentos da decisão agravada para julgar improcedente o agravo interno, conforme dispõe o § 3º do art. 1.021 do CPC.

e) *Multa:* caso o agravo interno seja declarado manifestamente inadmissível ou improcedente em votação unânime, o órgão colegiado poderá condenar o agravado a pagar multa fixada entre 1% e 5% do valor atualizado da causa. E mais: qualquer interposição de outro recurso está condicionada ao depósito prévio da multa, com exceção da Fazenda Pública e do beneficiário de gratuidade da justiça, os quais farão o pagamento ao final.

5. EMBARGOS DE DECLARAÇÃO

a) *Previsão legal:* arts. 994, IV, e 1.022 a 1.026 do CPC.

b) *Cabimento:* na forma do art. 1.022 do CPC, cabem embargos de declaração contra QUALQUER DECISÃO JUDICIAL, justamente porque o objetivo dos embargos de declaração é sanar um vício que contém a decisão judicial.

Consoante os incs. do art. 1.022, cabem embargos de declaração para:

- esclarecer *obscuridade* ou eliminar *contradição*;
- suprir *omissão* de ponto ou questão sobre o qual devia se pronunciar o juiz de ofício ou a requerimento;
- corrigir *erro material*.

Ainda, o parágrafo único do art. 1.022 vem conceituar o que é uma decisão omissa:

> Parágrafo único. Considera-se omissa a decisão que:
>
> I – deixe de se manifestar sobre tese firmada em julgamento de casos repetitivos ou em incidente de assunção de competência aplicável ao caso sob julgamento;
>
> II – incorra em qualquer das condutas descritas no art. 489, § 1º.

Segundo Aguirre e Sá (2017, p. 102), os embargos de declaração não possuem como função principal a modificação de uma decisão. A finalidade principal dos embargos de declaração é esclarecer ou integrar uma decisão judicial que possui um dos vícios mencionados no art. 1.022 do CPC.

c) *Prazo para oposição dos embargos de declaração:* os embargos de declaração são o ÚNICO recurso, na forma do § 5º do art. 1.003 do CPC, em que o prazo para interposição não é de 15 dias, e sim de 5 dias, consoante disposição do art. 1.023 do CPC.

Atenção: O prazo para a interposição dos embargos de declaração é de **5 dias**.

Além disso, de acordo com a disposição do § 1º do art. 1.023 do CPC, aplica-se aos embargos de declaração o art. 229[8] do CPC.

8 "Art. 229. Os litisconsortes que tiverem diferentes procuradores, de escritórios de advocacia distintos, terão prazos contados em dobro para todas as suas manifestações, em qualquer juízo ou tribunal, independentemente de requerimento.
§ 1º Cessa a contagem do prazo em dobro se, havendo apenas 2 (dois) réus, é oferecida defesa por apenas um deles.

d) *Processamento e julgamento:* os embargos de declaração serão dirigidos ao julgador que proferiu a decisão com vício, indicando na petição do recurso o erro, a obscuridade, a contradição ou a omissão.

Os embargos de declaração NÃO SE SUJEITAM A PREPARO.

Observar que o embargado será intimado para se manifestar a respeito dos embargos de declaração opostos para, querendo, manifestar-se, no prazo de cinco dias, caso seu eventual acolhimento implique modificação da decisão embargada.

Ainda, consoante determina o *caput* do art. 1.024, o juiz julgará os embargos em cinco dias.

Nos tribunais, o relator apresentará os embargos em mesa na sessão subsequente, proferindo voto, e, não havendo julgamento nessa sessão, será o recurso incluído em pauta automaticamente.

Porém, quando os embargos de declaração forem opostos contra decisão de relator ou outra decisão unipessoal proferida em tribunal, o órgão prolator da decisão embargada decidi-los-á monocraticamente.

e) *Efeitos dos embargos de declaração:* eles não possuem efeito suspensivo, porém possuem efeito INTERRUPTIVO.

> Art. 1.026. Os embargos de declaração não possuem efeito suspensivo e interrompem o prazo para a interposição de recurso.

Porém, tal efeito suspensivo poderá ser concedido de acordo com o que prevê o § 1º do art. 1.026 do CPC, de forma que a eficácia da decisão monocrática ou colegiada poderá ser suspensa pelo respectivo juiz ou relator se preenchidos os seguintes requisitos:

- demonstrada a probabilidade de provimento do recurso; ou
- sendo relevante a fundamentação, se houver risco de dano grave ou de difícil reparação.

f) *Interposição de outro recurso antes do julgamento dos embargos de declaração:* caso a parte contrária ao embargante tenha interposto outro recurso contra a decisão embargada antes do julgamento dos embargos de declaração, poderá haver a necessidade de alterar as razões recursais no limite do que foi modificado pelo acolhimento dos embargos (§ 4º do art. 1.024 do CPC), ou nem mesmo haverá necessidade de ratificação, caso não sejam acolhidos os embargos (§ 5º do art. 1.024 do CPC).

Isto é, conforme previsão § 4º do art. 1.024, caso o acolhimento dos embargos de declaração implique modificação da decisão embargada, o embargado que já tiver interposto outro recurso contra a decisão originária tem o direito

§ 2º Não se aplica o disposto no *caput* aos processos em autos eletrônicos."

de complementar ou alterar suas razões, nos exatos limites da modificação, no prazo de 15 dias, contado da intimação da decisão dos embargos de declaração.

Porém, na forma do § 5º do art. 1.024 do CPC, se os embargos de declaração forem rejeitados ou não alterarem a conclusão do julgamento anterior, o recurso interposto pela outra parte antes da publicação do julgamento dos embargos de declaração será processado e julgado independentemente de ratificação.

g) *Recebimento dos embargos de declaração como agravo interno:* previsão do § 3º do art. 1.024 do CPC, o qual estabelece que o órgão julgador conhecerá dos embargos de declaração como agravo interno se entender ser este o recurso cabível, desde que determine previamente a intimação do recorrente para, no prazo de cinco dias, complementar as razões recursais, de modo a ajustá-las às exigências do art. 1.021, § 1º do CPC.

h) *Embargos de declaração para fins de prequestionamento:* os embargos de declaração poderão ser opostos para cumprir o requisito do prequestionamento (requisito exigido para os recursos especial e extraordinário), pois, consoante estabelece o art. 1.025 do CPC, consideram-se incluídos no acórdão os elementos que o embargante suscitou, para fins de prequestionamento, ainda que os embargos de declaração sejam inadmitidos ou rejeitados, caso o tribunal superior considere existentes erro, omissão, contradição ou obscuridade.

i) *Multa em caso de embargos protelatórios:* quando manifestamente protelatórios os embargos de declaração, o juiz ou o tribunal, em decisão fundamentada, condenará o embargante a pagar ao embargado multa não excedente a 2% sobre o valor atualizado da causa.

Caso haja reiteração de embargos de declaração manifestamente protelatórios, a multa será elevada a até 10% sobre o valor atualizado da causa, e a interposição de qualquer recurso ficará condicionada ao depósito prévio do valor da multa, à exceção da Fazenda Pública e do beneficiário de gratuidade da justiça, que a recolherão ao final.

Não serão admitidos novos embargos de declaração se os dois anteriores tiverem sido considerados protelatórios.

6. RECURSO ORDINÁRIO

a) *Previsão legal:* arts. 994, V, e 1.027 a 1.028 do CPC, bem como encontra previsão na Constituição Federal, em seus arts. 102, II,[9] e 105, II.[10]

---

9 "Art. 102. Compete ao Supremo Tribunal Federal, precipuamente, a guarda da Constituição, cabendo-lhe:

II – julgar, em recurso ordinário:

a) o *habeas corpus*, o mandado de segurança, o *habeas data* e o mandado de injunção decididos em única instância pelos Tribunais Superiores, se denegatória a decisão;

b) o crime político; (...)."

10 "Art. 105. Compete ao Superior Tribunal de Justiça:

b) *Cabimento:* de regra, o recurso ordinário ataca as decisões proferidas em razão da competência originária dos Tribunais, sendo julgado ou pelo STF (hipótese do inc. I do art. 1.027 do CPC) ou pelo STJ (hipóteses do inc. II do art. 1.027 do CPC).

Dessa forma, o recurso ordinário visa ao reexame das decisões proferidas em ações de competência originária dos tribunais.

Segundo Haroldo Lourenço (2017, p. 521):

> Cabe àqueles tribunais exercer competência recursal, funcionando como segundo grau de jurisdição, não havendo qualquer espécie de limitação em relação à matéria fática, havendo devolução ampla da matéria a ser apreciada ao STF/STJ, abrangendo tanto matéria de fato como reexame de provas e cláusulas contratuais, bem como matéria de direito, como constitucional, federal e local, dispensando-se, ainda, o prequestionamento.

No art. 1.027 do CPC também está estabelecido o cabimento do recurso ordinário, estando no inc. I do art. 1.027 do CPC previsto quando o recurso ordinário será julgado pelo STF:

> Art. 1.027. Serão julgados em recurso ordinário:
>
> I – pelo Supremo Tribunal Federal, os mandados de segurança, os *habeas data* e os mandados de injunção decididos em única instância pelos tribunais superiores, quando denegatória a decisão;

- *Decisão denegatória:* Observar que somente caberá neste caso o recurso ordinário quando for competência originária daqueles tribunais, de forma que, se tais meios de impugnação chegarem aos tribunais superiores por meio do manejo de apelação, por exemplo, não será cabível o recurso ordinário, consoante entendimento de Haroldo Lourenço (2017, p. 522).

Esse mesmo autor apresenta os seguintes requisitos para interposição do recurso ordinário para o STF (art. 1.027, I, do CPC):

- decisões denegatórias;
- competência originária dos tribunais superiores.

Por sua vez, no inc. II do art. 1.027 do CPC, está previsto quando o recurso ordinário será julgado pelo STJ:

> II – pelo Superior Tribunal de Justiça:

II – julgar, em recurso ordinário:
a) os *habeas corpus* decididos em única ou última instância pelos Tribunais Regionais Federais ou pelos tribunais dos Estados, do Distrito Federal e Territórios, quando a decisão for denegatória;
b) os mandados de segurança decididos em única instância pelos Tribunais Regionais Federais ou pelos tribunais dos Estados, do Distrito Federal e Territórios, quando denegatória a decisão;
c) as causas em que forem partes Estado estrangeiro ou organismo internacional, de um lado, e, do outro, Município ou pessoa residente ou domiciliada no País; (...)."

> a) os mandados de segurança decididos em única instância pelos tribunais regionais federais ou pelos tribunais de justiça dos Estados e do Distrito Federal e Territórios, quando denegatória a decisão;
>
> b) os processos em que forem partes, de um lado, Estado estrangeiro ou organismo internacional e, de outro, Município ou pessoa residente ou domiciliada no País.

Exemplo de cabimento de recurso ordinário a ser julgado pelo STJ: decisão denegatória de mandado de segurança interposto diretamente no tribunal de justiça contra ato do juiz de primeiro grau.

Ou seja, aqui também somente caberia recurso ordinário quando o mandado de segurança for interposto diretamente no Tribunal de Justiça ou Tribunal Regional Federal e não chegando lá em caso de eventual recurso de apelação. (LOURENÇO, 2017, p. 523).

Observar que, na hipótese do inc. II, *b*, entende-se que o recurso ordinário se equipara a apelação, inclusive o § 1º faz a ressalva de que nestes processos as decisões interlocutórias serão impugnadas por meio de agravo de instrumento dirigidas ao STJ, nas hipóteses do art. 1.015 do CPC (que estabelecem quando cabe agravo de instrumento):

> Art. 1.027. (...)
>
> § 1º Nos processos referidos no inciso II, alínea *b*, contra as decisões interlocutórias caberá agravo de instrumento dirigido ao Superior Tribunal de Justiça, nas hipóteses do art. 1.015.

Sendo assim, o recurso ordinário será julgado pelo STF ou pelo STJ:

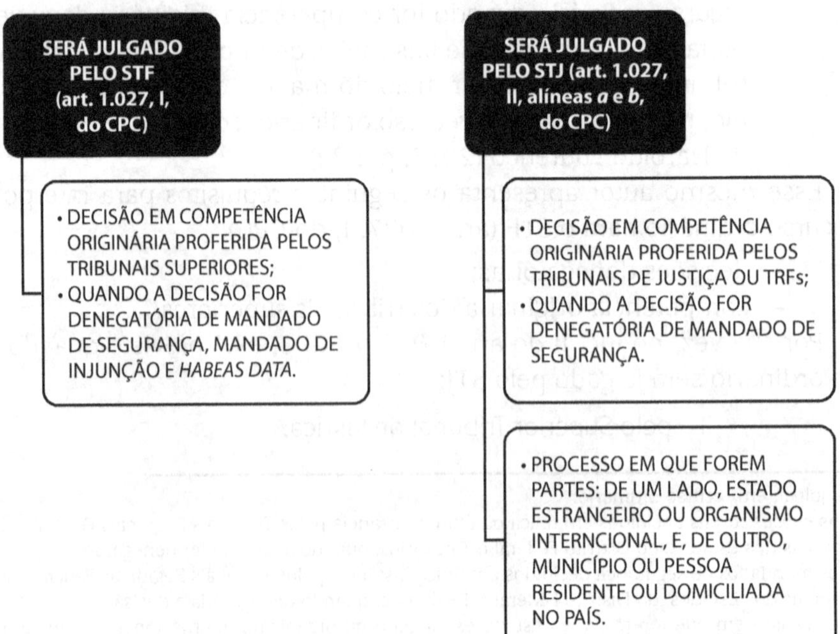

c) *Interposição:* na hipótese da alínea *b* do inc. II do art. 1.027 do CPC, a interposição do recurso ordinário seguirá os requisitos de admissibilidade e o procedimento, os relativos à APELAÇÃO e o regimento interno do STJ, conforme previsão do art. 1.028 do CPC:

> Art. 1.028. Ao recurso mencionado no art. 1.027, inciso II, alínea *b*, aplicam-se, quanto aos requisitos de admissibilidade e ao procedimento, as disposições relativas à apelação e o Regimento Interno do Superior Tribunal de Justiça.

No que tange ao recurso ordinário interposto nas hipóteses dos incs. I e II, *a*, do art. 1.027 CPC, o § 2º do art. 1.028 refere que o recurso deverá ser interposto perante o tribunal de origem, cabendo ao seu presidente ou vice-presidente determinar a intimação do recorrido para, em 15 dias, apresentar as contrarrazões. Ainda, conforme o § 3º do art. 1.028 do CPC, findo o prazo para resposta do recorrido, os autos serão remetidos ao respectivo Tribunal Superior, independentemente de juízo de admissibilidade.

Por fim, consoante disposição do § 2º do art. 1.027 do CPC, aplica-se ao recurso ordinário o disposto nos arts. 1.013, § 3º, e 1.029, § 5º.

7. RECURSOS ESPECIAL E EXTRAORDINÁRIO

a) *Previsão legal:*

- *recurso especial*: arts. 105, III, da CF e 1.029 e ss. do CPC;
- *recurso extraordinário:* arts. 102, III, da CF e 1.029 e ss. do CPC.

b) *Cabimento:*

- *No caso do recurso especial:* será julgado pelo STJ nas causas decididas em única ou última instância pelos Tribunais Regionais ou pelos Tribunais de Justiça e do Distrito Federal, quando a decisão recorrida:[11]

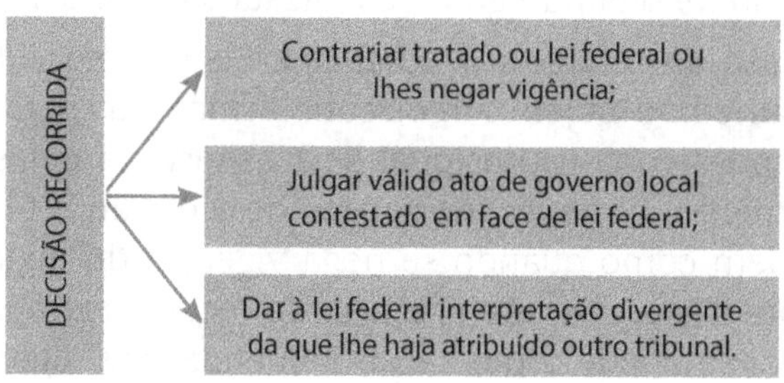

11 "III – julgar, em recurso especial, as causas decididas, em única ou última instância, pelos Tribunais Regionais Federais ou pelos tribunais dos Estados, do Distrito Federal e Territórios, quando a decisão recorrida:

a) contrariar tratado ou lei federal, ou negar-lhes vigência;

b) julgar válida lei ou ato de governo local contestado em face de lei federal;

b) julgar válido ato de governo local contestado em face de lei federal; [Redação dada pela EC nº 45/2004.]

c) der a lei federal interpretação divergente da que lhe haja atribuído outro tribunal."

Denota-se, assim, que para interpor o recurso especial se faz necessária a existência de questão federal. Ou seja, divergência quanto à interpretação ou aplicação de tratado ou lei federal.

Quando o recurso especial for interposto com fundamento na alínea *c* do inc. III do art. 105 da CF, deverá ser cumprido pelo recorrente o que está disposto no § 1º do art. 1.029 do CPC:

> Art. 1.029 (...)
>
> § 1º Quando o recurso fundar-se em dissídio jurisprudencial, o recorrente fará a prova da divergência com a certidão, cópia ou citação do repositório de jurisprudência, oficial ou credenciado, inclusive em mídia eletrônica, em que houver sido publicado o acórdão divergente, ou ainda com a reprodução de julgado disponível na rede mundial de computadores, com indicação da respectiva fonte, devendo-se, em qualquer caso, mencionar as circunstâncias que identifiquem ou assemelhem os casos confrontados.

Não cabe no recurso especial impugnação de questões de fato ou de direito local. Nesse sentido, é a Súm. nº 7 do STJ estabelecendo que só pode veicular matéria de direito: "A pretensão de simples reexame de prova não enseja recurso especial".

Segundo Aguirre e Sá (2017, p. 108), os recursos especial e extraordinário objetivam, com outros institutos do ordenamento como o incidente de resolução das demandas repetitivas e a assunção de competência, a preservação do princípio da unidade do ordenamento jurídico.

A finalidade dos recursos especial e extraordinário é assegurar que a lei federal e a Constituição Federal sejam aplicadas de maneira uniforme em todos os casos que necessitam de sua incidência. (AGUIRRE e SÁ, 2017, p. 108).

Verificar Súm. nº 203 do STJ: "Não cabe recurso especial contra decisão proferida por órgão de segundo grau dos Juizados Especiais".

- *No caso do recurso extraordinário:* o recurso extraordinário não possui como objetivo rediscutir a matéria, mas, sim, pedir que o dispositivo constitucional seja observado pelos Tribunais. Tem cabimento, portanto, nos casos de violação à Constituição Federal, bem como quando se nega vigência do texto constitucional. Diante disso, para interposição do recurso extraordinário, deve-se demonstrar que a decisão impugnada fere algum dispositivo da Constituição.

Entende-se que, como o art. 102, III, da CF/1988 não fala Tribunais, então também caberia recurso extraordinário das decisões proferidas pelas Turmas Recursais do JEC.

Ainda, o recurso extraordinário é julgado pelo STF e, para sua interposição, deve-se ter esgotado anteriormente os recursos cabíveis, portanto, não cabe de decisão monocrática proferida pelo relator.

Verificar Súm. nº 281 do STF: "É inadmissível o recurso extraordinário, quando couber na justiça de origem, recurso ordinário da decisão impugnada".

Da mesma forma, é de se observar que, assim como no recurso especial, no recurso extraordinário também não se pode discutir matéria de fato.

Súm. nº 279 do STF: "Para simples reexame de prova não cabe recurso extraordinário".

c) *Requisitos de admissibilidade específicos do recurso especial e extraordinário:* além dos requisitos de admissibilidade gerais de todos os recursos (por exemplo, tempestividade, preparo, motivação das decisões), esses dois recursos possuem alguns requisitos específicos a serem cumpridos.

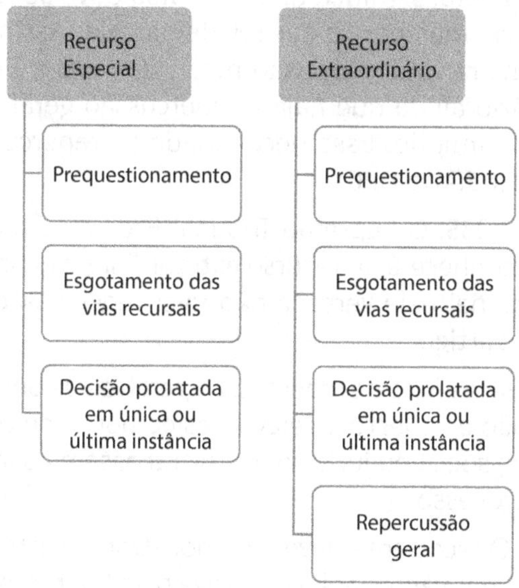

– O *prequestionamento* significa que a matéria objeto do recurso extraordinário tenha sido objeto de análise pelas instâncias inferiores.

Súm. nº 356 do STF: O ponto omisso da decisão, sobre o qual não foram opostos embargos declaratórios, não pode ser objeto de recurso extraordinário, por faltar o requisito do prequestionamento.
Súm. nº 282 do STF: É inadmissível o recurso extraordinário, quando não ventilada, na decisão recorrida, a questão federal suscitada.

É de se destacar que, conforme previsão do art. 1.025 do CPC, os embargos de declaração podem ser opostos com o fim de prequestionamento. Dessa forma, caso não tenha havido o prequestionamento na decisão recorrida, deverão ser opostos os embargos de declaração com o fim de ser sanada a omissão e cumprir esse requisito.

Além disso, deve ter havido o *esgotamento das vias recursais e em ambos os recursos não se discute matéria de fato*. Ou seja, tanto o recurso especial quanto o recurso extraordinário se destinam à revisão de acórdãos, não se prestando a revisar fatos, mas somente questão de direito.

Observar ainda que a repercussão geral é requisito específico do recurso extraordinário. De acordo com o § 3º do art. 102 da CF, para ser cabível o recurso extraordinário deve haver a repercussão geral das questões constitucionais:

> Art. 102. (...)
>
> § 3º No recurso extraordinário o recorrente deverá demonstrar a repercussão geral das questões constitucionais discutidas no caso, nos termos da lei, a fim de que o Tribunal examine a admissão do recurso, somente podendo recusá-lo pela manifestação de dois terços de seus membros.

A repercussão geral significa que o recurso deve ser importante não somente para as partes, mas para a sociedade/parcela. Assim sendo, não basta o recorrente demonstrar que a decisão recorrida viola a Constituição Federal de 1988, é necessário ainda que haja a repercussão geral para que o recurso extraordinário seja admitido. Essa necessidade de repercussão geral foi regulamentada no art. 1.035 do CPC:

> Art. 1.035. O Supremo Tribunal Federal, em decisão irrecorrível, não conhecerá do recurso extraordinário quando a questão constitucional nele versada não tiver repercussão geral, nos termos deste artigo.
>
> § 1º Para efeito de repercussão geral, será considerada a existência ou não de questões relevantes do ponto de vista econômico, político, social ou jurídico que ultrapassem os interesses subjetivos do processo.
>
> § 2º O recorrente deverá demonstrar a existência de repercussão geral para apreciação exclusiva pelo Supremo Tribunal Federal.

Observar, ainda, § 3º do art. 1.035 do CPC:

> Art. 1.035. (...)
>
> § 3º Haverá repercussão geral sempre que o recurso impugnar acórdão que:
>
> I - contrarie súmula ou jurisprudência dominante do Supremo Tribunal Federal;
>
> II - REVOGADO;
>
> III - tenha reconhecido a inconstitucionalidade de tratado ou de lei federal, nos termos do art. 97 da Constituição Federal.

d) *Interposição do recurso especial e extraordinário:* tanto o recurso especial quanto o recurso extraordinário deverão ser interpostos mediante petição endereçada ao *presidente ou vice-presidente do tribunal que proferiu a decisão*. Deve conter, segundo o art. 1.029 do CPC:

> Art. 1.029. O recurso extraordinário e o recurso especial, nos casos previstos na Constituição Federal, serão interpostos perante o presidente ou o vice-presidente do tribunal recorrido, em petições distintas que conterão:
>
> I – a exposição do fato e do direito;
>
> II – a demonstração do cabimento do recurso interposto;
>
> III – as razões do pedido de reforma ou de invalidação da decisão recorrida.

E se o acórdão impugnado contrariar tanto norma federal como preceito constitucional?

Deverá a parte neste caso interpor, simultaneamente, por meio de petições diferentes, recurso especial ao STJ e recurso extraordinário ao STF, sob pena da matéria que não foi impugnada transitar em julgado, conforme Súm. nº 126 do STJ:

É inadmissível recurso especial, quando o acórdão recorrido assenta em fundamentos constitucional e infraconstitucional, qualquer deles suficiente, por si só, para mantê-lo, e a parte vencida não manifesta recurso extraordinário.

e) *Processamento dos recursos especial e extraordinário:* na forma do art. 1.030 do CPC, recebida a petição do recurso pela secretaria do tribunal, o recorrido será intimado para apresentar contrarrazões no prazo de 15 dias, findo o qual os autos serão conclusos ao presidente ou ao vice-presidente do tribunal recorrido, que deverá tomar uma das providências estabelecidas no art. 1.030 do CPC, entre as quais, por exemplo, está a de negar seguimento ao recurso.

8. AGRAVO EM RECURSO ESPECIAL E EXTRAORDINÁRIO

a) *Previsão legal:* arts. 994, VIII, e 1.042 do CPC.

b) *Cabimento:* cabe agravo contra decisão do presidente ou do vice-presidente do tribunal recorrido que inadmitir recurso extraordinário ou recurso especial, salvo quando fundada na aplicação de entendimento firmado em regime de repercussão geral ou em julgamento de recursos repetitivos.

CABIMENTO: É utilizado quanto à admissibilidade do Recurso Especial e Extraordinário.
Cabe, portanto, quando o Tribunal de Origem não admitir o recurso especial ou extraordinário.
OBJETIVO: O agravo em Recurso Especial ou Extraordinário possui a função de fazer subir o recurso, caso não admitido.

Isso porque, segundo o art. 1.030 do CPC, quando o recurso especial ou extraordinário for interposto, recebida a petição do recurso pela secretaria do tribunal, o recorrido será intimado para apresentar contrarrazões no prazo de 15 dias, findo o qual os autos serão conclusos ao presidente ou ao vice-presidente do tribunal recorrido, que deverá fazer uma análise dos requisitos dos recursos especial e extraordinário, podendo, inclusive, inadmitir os recursos.

c) *Processamento:* as razões do agravo em recurso especial e extraordinário não devem repetir as razões do recurso especial ou extraordinário, mas justamente impugnar a decisão que inadmitiu o recurso. Além disso, o agravo em recurso especial ou extraordinário será interposto nos autos do processo perante o tribunal de origem, no prazo de 15 dias.

O recurso deve ser endereçado ao presidente ou vice-presidente do tribunal recorrido – daquele que inadmitiu o recurso especial ou extraordinário.

Não há recolhimento de preparo recursal, conforme art. 1.042, § 2º, do CPC/2015, aplicando-se a ela o regime de repercussão geral e de recursos repetitivos, inclusive quanto à possibilidade de sobrestamento e do juízo de retratação:

> Art. 1.042. (...)
>
> § 2º A petição de agravo será dirigida ao presidente ou ao vice-presidente do tribunal de origem e independe do pagamento de custas e despesas postais, aplicando-se a ela o regime de repercussão geral e de recursos repetitivos, inclusive quanto à possibilidade de sobrestamento e do juízo de retratação.

O agravado será intimado para oferecer contrarrazões no prazo de 15 dias, conforme previsto no art. 1.042, § 3º, do CPC/2015:

> § 3º O agravado será intimado, de imediato, para oferecer resposta no prazo de 15 (quinze) dias.

Poderá haver retratação, mas, se não houver, após o prazo de resposta o agravo será remetido ao Tribunal competente, ou seja, STJ ou STF:

> § 4º Após o prazo de resposta, não havendo retratação, o agravo será remetido ao tribunal superior competente.

E, na hipótese de a parte interpor recurso especial e extraordinário ao mesmo tempo e nenhum deles ser admitido? Deverá interpor dois recursos de agravo, conforme previsão do § 6º do art. 1.042 do CPC/2015:

> § 6º Na hipótese de interposição conjunta de recursos extraordinário e especial, o agravante deverá interpor um agravo para cada recurso não admitido.

Diante da interposição de dois recursos de agravo, primeiro os autos serão remetidos ao STJ e, depois, ao STF:

> § 7º Havendo apenas um agravo, o recurso será remetido ao tribunal competente, e, havendo interposição conjunta, os autos serão remetidos ao Superior Tribunal de Justiça.
>
> § 8º Concluído o julgamento do agravo pelo Superior Tribunal de Justiça e, se for o caso, do recurso especial, independentemente de pedido, os autos serão remetidos ao Supremo Tribunal Federal para apreciação do agravo a ele dirigido, salvo se estiver prejudicado.

9. EMBARGOS DE DIVERGÊNCIA

a) *Previsão legal:* arts. 994, IX, e 1.043 a 1.044 do CPC.

b) *Cabimento:* visa uniformizar a jurisprudência dentro do STJ ou do STF.

No CPC/2015, o cabimento tem previsão no art. 1.043:

> Art. 1.043. É embargável o acórdão de órgão fracionário que:
>
> I – em recurso extraordinário ou em recurso especial, divergir do julgamento de qualquer outro órgão do mesmo tribunal, sendo os acórdãos, embargado e paradigma, de mérito;
>
> II – *Revogado*. Lei nº 13.256, de 4-2-2016;
>
> III – em recurso extraordinário ou em recurso especial, divergir do julgamento de qualquer outro órgão do mesmo tribunal, sendo um acórdão de mérito e outro que não tenha conhecido do recurso, embora tenha apreciado a controvérsia;
>
> IV – *Revogado*. Lei nº 13.256, de 4-2-2016.

Ou seja, cabe quando existir conflito no julgamento dentro do próprio tribunal. Exemplo: quando o julgamento proferido no STJ *divergir* do julgamento dentro do STJ, proferido por outra turma, por exemplo.

Ainda, conforme o § 3º do art. 1.043, cabe embargos de divergência de decisão (julgado) da mesma turma, se houver tido mudança de composição:

> § 3º Cabem embargos de divergência quando o acórdão paradigma for da mesma turma que proferiu a decisão embargada, desde que sua composição tenha sofrido alteração em mais da metade de seus membros.

Observar ainda o § 2º do art. 1.043: "§ 2º A divergência que autoriza a interposição de embargos de divergência pode verificar-se na aplicação do direito material ou do direito processual".

c) *Comprovação da divergência:* o art. 1.043, § 4º, refere-se à necessidade de comprovação da divergência, devendo o embargante juntar cópia do acórdão paradigma com declaração de autenticidade.

> § 4º O recorrente provará a divergência com certidão, cópia ou citação de repositório oficial ou credenciado de jurisprudência, inclusive em mídia eletrônica, onde foi publicado o acórdão divergente, ou com a reprodução de julgado disponível na rede mundial de computadores, indicando a respectiva fonte, e mencionará as circunstâncias que identificam ou assemelham os casos confrontados.

Ou seja, consoante previsão do art. 1.043, § 4º, o embargante deve fazer uma comparação entre o acórdão embargado e o acórdão paradigma, justamente demonstrando o entendimento diverso do que foi dado a situações semelhantes.

> **Atenção:** Observar a aplicação da Súm. nº 168 do STJ, que determina que o recurso deve trazer dissídio atual: "Não cabem embargos de divergência, quando a jurisprudência do tribunal se firmou no mesmo sentido do acórdão embargado".

d) *Processamento dos embargos:* de acordo com o art. 1.044 do CPC, os embargos de divergência seguem o previsto nos regimentos internos dos Tribunais:

> Art. 1.044. No recurso de embargos de divergência, será observado o procedimento estabelecido no regimento interno do respectivo tribunal superior.

e) *Efeito interruptivo dos embargos de divergência:* previsão do art. 1.044, § 1º, do CPC/2015, no sentido de que os embargos de divergência interrompem o prazo para interposição do recurso extraordinário por qualquer das partes:

> § 1º A interposição de embargos de divergência no Superior Tribunal de Justiça interrompe o prazo para interposição de recurso extraordinário por qualquer das partes.

Por fim, a previsão do § 2º do art. 1.044 do CPC, que diz que não precisa o embargante reiterar o recurso extraordinário interposto antes do julgamento dos embargos de divergência se não houver alteração na decisão:

> § 2º Se os embargos de divergência forem desprovidos ou não alterarem a conclusão do julgamento anterior, o recurso extraordinário interposto pela outra parte antes da publicação do julgamento dos embargos de divergência será processado e julgado independentemente de ratificação.

QUESTÕES

1. **(OAB – FGV – XXX EXAME DE ORDEM)** Cláudio, em face da execução por título extrajudicial que lhe moveu Daniel, ajuizou embargos à execução,

os quais foram julgados improcedentes. O advogado de Cláudio, inconformado, interpõe recurso de apelação. Uma semana após a interposição do referido recurso, o advogado de Daniel requer a penhora de um automóvel pertencente a Cláudio. Diante do caso concreto e considerando que o juízo não concedeu efeito suspensivo aos embargos, assinale a afirmativa correta.

a) A penhora foi indevida, tendo em vista que os embargos à execução possuem efeito suspensivo decorrente de lei.

b) O recurso de apelação interposto por Cláudio é dotado de efeito suspensivo por força de lei, tornando a penhora incorreta.

c) A apelação interposta em face de sentença que julga improcedentes os embargos à execução é dotada de efeito meramente devolutivo, o que não impede a prática de atos de constrição patrimonial, tal como a penhora.

d) O recurso de apelação não deve ser conhecido, pois o pronunciamento judicial que julga os embargos do executado tem natureza jurídica de decisão interlocutória, devendo ser impugnada por meio de agravo de instrumento

2. (OAB – FGV – XXIX EXAME DE ORDEM) O Tribunal de Justiça do Estado X, em mandado de segurança de sua competência originária, denegou a ordem em ação dessa natureza impetrada por Flávio. Este, por seu advogado, inconformado com a referida decisão, interpôs recurso especial. Sobre a hipótese, assinale a afirmativa correta.

a) O Superior Tribunal de Justiça poderá conhecer do recurso especial, por aplicação do princípio da fungibilidade recursal.

b) O recurso especial não é cabível na hipótese, eis que as decisões denegatórias em mandados de segurança de competência originária de Tribunais de Justiça somente podem ser impugnadas por meio de recurso extraordinário.

c) O recurso especial não deve ser conhecido, na medida em que o recurso ordinário é que se mostra cabível no caso em tela.

d) As decisões denegatórias de mandados de segurança de competência originária de Tribunais são irrecorríveis, razão pela qual o recurso não deve ser conhecido.

3. (OAB – FGV – XXVIII EXAME DE ORDEM) Mariana ajuizou ação de cobrança em face do Banco Racional S.A., para buscar a restituição de valores pagos a título de "Tarifa de Manutenção de Conta", cobrados durante o período em que era titular de conta corrente perante tal Banco.

O juízo de primeiro grau, após a apresentação de contestação pelo Banco Racional S.A., determinou que, em razão de o Superior Tribunal de Justiça ter afetado para julgamento, sob o rito de "Recursos Especiais Repetitivos", a questão concernente à legalidade da "Tarifa de Abertura de Conta", o pro-

cesso ajuizado por Mariana deveria ficar suspenso até a publicação do acórdão paradigma.

Após ser intimado da decisão de suspensão, o(a) advogado(a) de Mariana analisou o processo afetado para julgamento pelo STJ, e entendeu que a questão debatida sob o rito de Recursos Repetitivos não era a mesma debatida no processo ajuizado por Mariana, porque discutia outra tarifa bancária.

Diante disso, pretende insurgir-se contra a suspensão do processo, para que ele volte a tramitar regularmente. Sobre o procedimento a ser adotado por Mariana, assinale a afirmativa correta.

a) Deverá peticionar ao Superior Tribunal de Justiça, demonstrando a distinção de seu caso e requerendo o prosseguimento; caso seja negado o pedido, poderá interpor Agravo Interno.

b) Deverá peticionar ao juízo de primeiro grau, demonstrando a distinção de seu caso e requerendo o prosseguimento; caso seja negado o pedido, poderá interpor Agravo de Instrumento.

c) Deverá impetrar Mandado de Segurança em face da decisão de suspensão.

d) Deverá peticionar ao juízo de primeiro grau, demonstrando a distinção de seu caso e requerendo o prosseguimento; caso seja negado o pedido, poderá interpor Agravo Interno.

4. (OAB – FGV – XXVII EXAME DE ORDEM) Pedro ajuizou ação indenizatória contra Diego, tendo o juiz de primeira instância julgado integralmente improcedentes os pedidos formulados na petição inicial, por meio de sentença que veio a ser mantida pelo Tribunal em sede de apelação. Contra o acórdão, Pedro interpôs recurso especial, sob o argumento de que teria ocorrido violação de dispositivo da legislação federal. A Presidência do Tribunal, no entanto, inadmitiu o recurso especial, ao fundamento de que o acórdão recorrido se encontra em conformidade com entendimento do Superior Tribunal de Justiça exarado no regime de julgamento de recurso repetitivo.

Diante dessa situação hipotética, assinale a opção que indica o recurso que Pedro deverá interpor.

a) Agravo em recurso especial, para que o Superior Tribunal de Justiça examine se o recurso especial preenche ou não os requisitos de admissibilidade.

b) Agravo interno, para demonstrar ao Plenário do Tribunal, ou ao seu Órgão Especial, que o acórdão recorrido versa sobre matéria distinta daquela examinada pelo Superior Tribunal de Justiça no regime de julgamento do recurso repetitivo.

c) Agravo interno, para demonstrar ao Superior Tribunal de Justiça que o acórdão recorrido versa sobre matéria distinta daquela examinada pelo mesmo Tribunal Superior no regime de julgamento do recurso repetitivo.

d) Recurso Extraordinário, para demonstrar ao Supremo Tribunal Federal que o recurso especial deveria ter sido admitido pela Presidência do Tribunal de origem.

5. (OAB – FGV – XXVI EXAME DE ORDEM) José ajuizou ação de indenização por danos morais, materiais e estéticos em face de Pedro. O juiz competente, ao analisar a petição inicial, considerou os pedidos incompatíveis entre si, razão pela qual a indeferiu, com fundamento na inépcia.

Nessa situação hipotética, assinale a opção que indica o recurso que José deverá interpor.

a) Apelação, sendo facultado ao juiz, no prazo de cinco dias, retratar-se do pronunciamento que indeferiu a petição inicial.

b) Apelação, sendo os autos diretamente remetidos ao Tribunal de Justiça após a citação de Pedro para a apresentação de contrarrazões.

c) Apelação, sendo que o recurso será diretamente remetido ao Tribunal de Justiça, sem a necessidade de citação do réu para apresentação de contrarrazões.

d) Agravo de Instrumento, inexistindo previsão legal de retratação por parte do magistrado.

6. (OAB – FGV – XXV EXAME DE ORDEM) Lucas, em litígio instaurado contra Alberto, viu seus pedidos serem julgados procedentes em primeira instância, o que veio a ser confirmado pelo tribunal local em sede de apelação. Com a publicação do acórdão proferido em sede de apelação na imprensa oficial, Alberto interpôs recurso especial, alegando que o julgado teria negado vigência a dispositivo de lei federal. Simultaneamente, Lucas opôs embargos de declaração contra o mesmo acórdão, suscitando a existência de omissão.

Nessa situação hipotética,

a) o recurso especial de Alberto deverá ser considerado extemporâneo, visto que interposto antes do julgamento dos embargos de declaração de Lucas.

b) Alberto, após o julgamento dos embargos de declaração de Lucas, terá o direito de complementar ou alterar as razões de seu recurso especial, independentemente do resultado do julgamento dos embargos de declaração.

c) Alberto não precisará ratificar as razões de seu recurso especial para que o recurso seja processado e julgado se os embargos de declaração de Lucas forem rejeitados, não alterando a decisão recorrida.

d) Alberto deverá interpor novo recurso especial após o julgamento dos embargos de declaração.

7. (OAB – FGV – XXIV EXAME DE ORDEM) O advogado Jonas interpôs Recurso Especial contra acórdão do Tribunal de Justiça do Estado X. Ocorre que, no corrente ano, a Vice-Presidência/Presidência do referido Tribunal negou seguimento ao recurso interposto, afirmando que o acórdão recorrido se encontra no mesmo sentido de precedente do STJ, julgado sob o rito dos recursos repetitivos.

Nessa hipótese, caso deseje impugnar a referida decisão, o advogado deverá interpor

a) Agravo de Instrumento, direcionado ao Ministro Presidente do STJ.

b) Agravo em Recurso Especial, direcionado ao Ministro Presidente do STJ.

c) Agravo em Recurso Especial, direcionado ao Vice-Presidente do Tribunal de Justiça do Estado X.

d) Agravo Interno, direcionado ao órgão colegiado competente para revisar as decisões do Presidente/Vice-Presidente do Tribunal de Justiça.

8. (OAB – FGV – XXII EXAME DE ORDEM) Jorge ajuizou demanda contra Maria, requerendo sua condenação à realização de obrigação de fazer e ao pagamento de quantia certa. Fez requerimento de tutela provisória de urgência em relação à obrigação de fazer. Após o transcurso da fase postulatória e probatória sem a análise do mencionado requerimento, sobreveio sentença de procedência de ambos os pedidos autorais, em que o juízo determina o imediato cumprimento da obrigação de fazer. Diante de tal situação, Maria instruiu seu advogado a recorrer apenas da parte da sentença relativa à obrigação de fazer.

Nessa circunstância, o advogado de Maria deve

a) impetrar Mandado de Segurança contra a decisão que reputa ilegal, tendo como autoridade coatora o juízo sentenciante.

b) interpor Agravo de Instrumento, impugnando o deferimento da tutela provisória, pois ausentes seus requisitos.

c) interpor Apelação, impugnando o deferimento da tutela provisória e a condenação final à obrigação de fazer.

d) interpor Agravo de Instrumento, impugnando a tutela provisória e a condenação final à obrigação de fazer.

GABARITO

1.C; 2.C; 3.B; 4.B; 5.A; 6.C; 7.D; 8.C

REFERÊNCIAS BIBLIOGRÁFICAS

ADEDE Y CASTRO, João Marcos. *Novo Código de Processo Civil comentado para concursos*: procedimentos especiais. Curitiba: Juruá, 2016. vol. III.

AGUIRRE, João; SÁ, Renato Montans de. *Prática civil*. 7. ed. São Paulo: Saraiva, 2017.

BRASIL, 1998. Constituição Federal. Disponível em: http://www.planalto.gov.br/ccivil_03/constituicao/constituicao.htm. Acesso em: jun. 2020.

BRASIL, 2002. Código Civil. Disponível em: http://www.planalto.gov.br/ccivil_03/leis/2002/l10406.htm. Acesso em: jun. 2020.

BRASIL, 2015. Código de Processo Civil. Disponível em: http://www.planalto.gov.br/ccivil_03/_ato2015-2018/2015/lei/l13105.htm. Acesso em: jun. 2020.

CHACON, Luis Fernando Rabelo. *Manual de prática forense civil*. 3. ed. São Paulo: Saraiva, 2016.

LOURENÇO, Haroldo. *Processo civil sistematizado*. 3. ed. São Paulo: Método, 2017.

MARINONI, Luiz Guilherme; ARENHART, Sérgio Cruz; MITIDIERO, Daniel. *Novo curso de processo civil:* tutela dos direitos mediante procedimentos diferenciados. 3. ed. São Paulo: RT, 2017.

MEDINA, José Miguel Garcia. Direito processual civil moderno. 2 ed. São Paulo: Editora Revista dos Tribunais, 2016.

Direito do Consumidor

Veridiana Maria Rehbein

Mestre em Direito. Professora na Universidade de Santa Cruz do Sul – UNISC e no Centro de Ensino Integrado Santa Cruz – CEISC. Advogada.

SUMÁRIO

1. BREVE CONTEXTUALIZAÇÃO E FINALIDADE DO DIREITO DO CONSUMIDOR

Até o surgimento do Direito do Consumidor como ramo autônomo, o consumidor era classificado e denominado apenas como contratante, cliente ou comprador, pois era simplesmente parte de algum negócio jurídico, sem integrar, contudo, uma categoria reconhecida e protegida em lei.

Foi a Constituição Federal de 1988 que reconheceu esse novo sujeito de direitos, o consumidor, nas suas relações individuais e como categoria. O direito do consumidor é um direito fundamental, por força do art. 5º, XXXII, que determina que "o *estado promoverá*, na forma da lei, a defesa do Consumidor" e é também um princípio da ordem econômica nacional, conforme art. 170, V. *Promover* significa assegurar afirmativamente que o Estado (em seus três poderes) realize de forma efetiva a defesa dos interesses dos consumidores. Surge assim o Código de Defesa do Consumidor, por expressa determinação constitucional, especialmente para proteger o mais vulnerável em suas relações econômicas.

O art. 1º da Lei nº 8.078/1990 esclarece que o Código estabelece normas de proteção e defesa do consumidor, de ordem pública e interesse social. Percebe-se claramente que o Código de Defesa do Consumidor é uma norma que visa proteger um sujeito de direitos, o consumidor.

> As normas de ordem pública estabelecem valores básicos e fundamentais de nossa ordem jurídica, são normas de direito privado, mas de forte interesse público, daí serem indisponíveis e inafastáveis através de contratos (BENJAMIN, MARQUES e BESSA, 2014, p. 70).

Essa indisponibilidade e inafastabilidade determinada no art. 1º se repete em outros importantes artigos. O art. 25 proíbe a estipulação de cláusula que impossibilite, exonere ou atenue a obrigação de indenizar. O art. 51 determina a nulidade, de pleno direito, das cláusulas que impossibilitem, exonerem ou atenuem a responsabilidade do fornecedor por vícios de qualquer natureza dos produtos e serviços ou impliquem renúncia ou disposição de direitos.

2. SUJEITOS E OBJETOS DA RELAÇÃO DE CONSUMO

Segundo Claudia Lima Marques (Benjamin, Marques e Miragem, 2017), o direito privado brasileiro divide-se em um direito geral, o direito civil, e dois direitos especiais, o direito comercial ou empresarial, voltado para as relações entre empresas; e o direito do consumidor, voltado para a proteção da parte mais frágil. Compreender as diferenças e saber identificar quando uma relação é de consumo é primordial para o *estudo do Direito do Consumidor e para o êxito no Exame de Ordem*. Segundo a autora, o grande desafio do intérprete é saber identificar cada personagem e aplicar a norma adequada.

Dessa forma, a identificação dos sujeitos de uma relação de consumo é extremamente importante para distinguir o tipo de relação e identificar o direito que deverá ser aplicado. *A relação será de consumo quando integrada por um consumidor e um fornecedor*. Contudo, o legislador não definiu a relação de consumo, apenas conceituou os sujeitos dessa relação.

2.1 CONCEITO DE CONSUMIDOR

O conceito básico de consumidor é definido no art. 2º, *caput*, e complementado pelo seu parágrafo único e pelos arts. 17 e 29. O conceito padrão de consumidor, constante no *caput* do art. 2º, determina que é consumidor toda a pessoa física ou jurídica, tanto a contratante (que adquire) como aquela que utiliza produto ou serviço como destinatária final. Percebe-se assim que, além do sujeito (pessoa física ou jurídica) e do objeto (produto ou serviço), o legislador também determinou a finalidade do ato (adquirir ou utilizar como destinatário final). A finalidade como requisito acabou gerando divergências em relação à aquisição e à utilização por profissionais e pessoas jurídicas.

A principal característica, portanto, para a conceituação padrão de consumidor (art. 2º, *caput*) é ser "destinatário final". Aquela pessoa que adquire produtos ou contrata serviços para uso individual e/ou familiar é, sem dúvida, destinatária final. No entanto, em relação ao uso profissional de bens e serviços, o legislador deixou ao intérprete a tarefa de esclarecer o sentido da expressão.

Para tanto, surgiram algumas teorias. Para a corrente finalista, o conceito de consumidor está ligado à destinação econômica dada ao produto ou serviço, sendo consumidor somente o destinatário final fático e econômico, ou seja, aquela pessoa não profissional que adquire um produto ou serviço para si ou sua família. Para essa corrente, se alguém adquire ou utiliza produto ou serviço para continuar a produzir, para fazer uso profissional, não se enquadraria no conceito de consumidor.

Já para os adeptos da teoria maximalista, não importa se a pessoa física (profissional ou não) ou jurídica adquiriu o produto ou serviço para consumo próprio ou com a finalidade de obter lucro. Como lembra Miragem (2012), "a interpretação maximalista considera consumidor o destinatário fático do produto ou serviço, ainda que não o seja necessariamente seu destinatário final econômico".

Em meio às duas correntes, uma terceira via se desenvolveu nos tribunais: *a interpretação finalista aprofundada ou mitigada*, dando relevância ao fator vulnerabilidade. Nesse sentido, o consumidor pode ser pessoa física ou jurídica, desde que seja destinatário final fático e econômico ou, caso faça uso profissional (seja destinatário final fático e não seja destinatário final econômico), que enfrente essa relação em situação de vulnerabilidade.

A jurisprudência do STJ se encontra consolidada no sentido de que a conceituação de consumidor deve ser feita mediante a utilização da teoria finalista mitigada, nos seguintes termos:

> AGRAVO INTERNO NO AGRAVO EM RECURSO ESPECIAL. AÇÃO DE RESCISÃO DE CONTRATO C/C INDENIZATÓRIA. INSTRUMENTO PARTICULAR DE COMPRA E VENDA ENTRE PARTICULAR E INCORPORADORA. RESCISÃO CONTRATUAL. APLICAÇÃO DO CDC. *TEORIA FINALISTA MITIGADA*. VULNERABILIDADE. SÚMULA 7 DO STJ. RESTITUIÇÃO DAS PARCELAS. SÚMULA 543 DO STJ. AGRAVO INTERNO NÃO PROVIDO.
>
> 1. Nos termos da jurisprudência do Superior Tribunal de Justiça, o Código de Defesa do Consumidor não se aplica no caso em que o produto ou serviço é contratado para implementação de atividade econômica, já que não estaria configurado o destinatário final da relação de consumo (teoria finalista ou subjetiva). Contudo, tem admitido o abrandamento da regra quando ficar demonstrada a condição de hipossuficiência técnica, jurídica ou econômica da pessoa jurídica, autorizando, excepcionalmente, a aplicação das normas do CDC (*teoria finalista mitigada*). (AgInt no AREsp nº 1545508 / RJ, j. 18-2-2020).

Essa vulnerabilidade, esclarece Bruno Miragem, não se restringe apenas à hipótese econômica, mas especialmente à fragilidade técnica quando, "por exemplo, pessoa jurídica que pretenda a equiparação demonstre que não era especialista e não conhecia as informações técnicas relativas ao produto ou serviço contratado, assim como que tais conhecimentos não lhe eram exigíveis" (MIRAGEM, 2012, p. 135). Em síntese, pode-se dizer que há vulnerabilidade quando o produto ou serviço adquirido/contratado não integra a atividade-fim do profissional (serviços como telefonia, seguro, energia elétrica; e produtos utilizados na atividade-meio, como os produtos do escritório, de limpeza, para os funcionários, entre outros).

No mesmo sentido, mas agora afastando a aplicação do Código de Defesa do Consumidor, a seguinte decisão:

> Consumidor, para fins de tutela pelo CDC, é aquele que exaure a função econômica do bem ou serviço, excluindo-o de forma definitiva do mercado de consumo. Com efeito, na linha da iterativa jurisprudência do STJ, entre a sociedade empresária que contratou o transporte e a transportadora da mercadoria, há liame meramente mercantil (REsp nº 1341364/SP, j. 5-6-2018).

Já as equiparações previstas em lei estão no parágrafo único do art. 2º e nos arts. 17 e 29.

O parágrafo único supracitado amplia a definição do *caput* ao equiparar a consumidor a coletividade de pessoas, ainda que indetermináveis, que de alguma forma possam ser afetadas por uma relação de consumo. Para Rizzatto Nunes (2017, p. 131), é "essa regra que dá legitimidade para a propositura de ações coletivas, para a defesa dos direitos coletivos e difusos, previstas no Título III da lei consumerista (arts. 81 a 107)". Sobre a proteção coletiva dos consumidores e a legitimidade do Ministério Público, o STJ publicou importante súmula:

> Súm. nº 601. O Ministério Público tem legitimidade ativa para atuar na defesa de direitos difusos, coletivos e individuais homogêneos dos consumidores, ainda que decorrentes da prestação de serviço público.

O entendimento sumulado decorre de alguns julgados em processos em que se discutia, entre outros aspectos, a *legitimidade do Ministério* Público *para ações em defesa de direitos divisíveis*. O STJ concluiu, portanto, pela legitimidade do Ministério Público para ajuizar ação civil pública a fim de promover a defesa dos direitos difusos e coletivos dos consumidores, e de seus interesses e direitos individuais homogêneos, inclusive no que se refere à prestação de serviços públicos.

A segunda hipótese de equiparação refere-se às vítimas dos acidentes de consumo. Mesmo não sendo contratantes ou usuárias, as pessoas que venham a sofrer danos em decorrência de uma relação de consumo são equiparadas a consumidores para fins de aplicação do Código de Defesa do Consumidor, conforme dispõe o art. 17.

No REsp nº 1.574.784/RJ, j. 19-6-2018, o STJ avaliou a aplicação do Código de Defesa do Consumidor a uma ação de reparação de danos movida por vítima que sofreu diversos cortes por cacos de vidro que ficaram na calçada após acidente ocorrido por um caminhão que transportava bebidas. Segundo a relatora, Min. Nancy Andrighi, "para fins de tutela contra acidente de consumo, o CDC amplia o conceito de consumidor para abranger qualquer vítima, mesmo que nunca tenha contratado ou mantido qualquer relação com o fornecedor", decidindo, portanto, pela aplicação do art. 17 do CDC.

A terceira equiparação refere-se às pessoas expostas às práticas comerciais, mas não contratantes. "Práticas comerciais são procedimentos, mecanismos, métodos e técnicas utilizados pelos fornecedores para, mesmo indiretamente, fomentar, manter, desenvolver e garantir a circulação de seus produtos e serviços até o destinatário final" (GRINOVER *et al.*, 2017, p. 261). No caso do art. 29, basta que haja uma exposição a alguma dessas práticas, mesmo sem contratação, aquisição ou uso, para que ocorra a proteção pelo Código de Defesa do Consumidor.

Dessa forma, pode-se, sobre o conceito de consumidor, concluir que:

- não é definido apenas sob a ótica individual, mas também como *categoria* (direito transindividual);
- não se limita à figura do contratante, pois alcança também o *usuário*, a *vítima de acidentes* (quando não há contrato entre as partes) e de *práticas abusivas* (mesmo que prejudicando não contratantes);
- pode ser pessoa física ou jurídica, nesse último caso, vulnerável.

2.2 CONCEITO DE FORNECEDOR

Conforme já mencionado, os conceitos de consumidor e de fornecedor são interdependentes, pois só haverá relação de consumo com a presença dos dois sujeitos. O art. 3º conceitua o sujeito "fornecedor", dizendo que:

> é toda pessoa física ou jurídica, pública ou privada, nacional ou estrangeira, bem como os entes despersonalizados, que *desenvolvem atividade* de produção, montagem, criação, construção, transformação, importação, exportação, distribuição ou comercialização de produtos ou prestação de serviços. (grifos nossos)

Percebe-se que o conceito é amplo e que o legislador não criou requisitos relacionados à natureza jurídica ou à situação fiscal e administrativa do fornecedor. O *caput* do art. 3º esclarece que fornecedor é gênero, do qual são espécies aqueles que desenvolvem as atividades listadas no artigo (produção, montagem, importação, comercialização etc.). O elemento definidor do conceito é "desenvolver atividade".

Desenvolver uma atividade, conforme definições doutrinárias, está relacionado à *habitualidade e ao profissionalismo*, mas de maneira ampla e não limitada a uma formação profissional específica. Assim, uma concessionária de veículos que decide vender um computador da loja para substituí-lo por um mais moderno não se transforma em fornecedora de computadores, *pois essa não é a sua atividade*.

Já o conceito de fornecedor de serviços, conforme o § 2º do art. 3º, tem outro elemento além do desenvolvimento de atividade no mercado de consumo: *a remuneração*.

Saliente-se que o legislador optou pelo temo "remunerados" em vez de "onerosos", que são aqueles que se contrapõem aos "gratuitos", assim, mesmo o serviço sendo gratuito ao consumidor, mas remunerado ao fornecedor (remuneração indireta), há a incidência do Código de Defesa do Consumidor. Alguns serviços que são prestados sem remuneração direta do consumidor, mas lucrativos, ou seja, remunerados de outra forma, sofrem a incidência do Código de Defesa do Consumidor. Nesse sentido, decidiu o STJ:

> O fato de o serviço prestado pelo provedor de serviço de internet ser gratuito não desvirtua a relação de consumo, pois o termo mediante remuneração, contido no art. 3º, § 2º, do CDC, deve ser interpretado de forma ampla, de modo a incluir o ganho indireto do fornecedor (REsp nº 1308830/RS, j. 8-5-2012).

Ainda sobre o requisito remuneração, Bruno Miragem (2018) esclarece que o profissionalismo da atividade a caracteriza como econômica, independentemente de ter ou não fins lucrativos.

> Neste sentido, podem ser relacionadas ao conceito de fornecedor as pessoas jurídicas sem fins lucrativos, mesmo as que ostentem a certificação de filantrópicas, desde que esteja presente

> o critério objetivo da contraprestação de remuneração em razão dos produtos e serviços prestados no mercado de consumo (MIRAGEM, 2018).

A aplicabilidade do Código de Defesa do Consumidor também não é afastada, em regra, somente pelo fato de o contrato ser disciplinado por lei específica. Assim ocorre com as operadoras de planos de saúde, que, embora disciplinadas por lei própria, sofrem a incidência do Código de Defesa do Consumidor (exceto aquelas criadas e efetivadas em regime de autogestão, conforme Súm. nº 608 do STJ).

Por fim, o legislador esclareceu que serviço é a atividade fornecida no mercado de consumo. A expressão "mercado de consumo" traz uma ideia de relação mercantilizada *e acaba por afastar a incidência do Código de Defesa do Consumidor a algumas relações que decorrem de políticas públicas*, como financiamento estudantil (AgRg no REsp nº 1230711/RS, 2015) ou imobiliário (submetidos às regras do SFH, AgRg no REsp nº 920075/RS, 2012). O mesmo argumento também afasta, segundo o STJ, a aplicabilidade do Código de Defesa do Consumidor à prestação de serviços advocatícios, por força do art. 133 da CF, que atribuiu ao advogado um *múnus* público, ou seja, que ao postular em nome do cidadão o advogado não exerce apenas uma profissão, mas uma atividade essencial, indispensável à administração da justiça.

Contudo, sobre o *financiamento habitacional*, há que se esclarecer que a incidência do Código de Defesa do Consumidor só é afastada quando os contratos estiverem:

> vinculados à garantia governamental em relação ao saldo devedor (FCVS – Fundo de Compensação de Variações Salariais), mantendo-se, contudo, a aplicação da legislação consumerista em relação aos demais contratos do SFH em que ausente esta participação estatal (MIRAGEM, 2018).

Nesse sentido, parte esclarecedora da ementa de julgado de 2016: a 1ª Seção do STJ:

> *pacificou o entendimento de serem inaplicáveis as regras do Código de Defesa do Consumidor ao contrato de mútuo habitacional firmado no âmbito do Sistema Financeiro da Habitação, com cobertura do FCVS*, tendo em vista que a garantia ofertada pelo Governo Federal, de quitar o saldo residual do contrato com recursos do mencionado Fundo, configura cláusula protetiva do mutuário e do SFH, fato que afasta a utilização das regras previstas no citado Código (AgRg no REsp nº 1.471.367/PR, *DJe* de 20-3-2015).

Esse entendimento permanece até os dias de hoje, conforme a transcrição parcial de ementa, que segue:

> O Código de Defesa do Consumidor não se aplica aos contratos regidos pelo SFH quando celebrados antes de sua entrada em

> vigor e também não é aplicável ao contrato de mútuo habitacional, com vinculação ao FCVS. Precedentes. (AgInt no AREsp nº 1558363 – MT, j. 9-3-2020).

Mais recentemente, duas súmulas do STJ também afastaram a aplicação do Código de Defesa do Consumidor a contratos de serviços que são disponibilizados apenas aos associados. Não são, portanto, oferecidos indistintamente no mercado de consumo. A Súm. nº 563 determina que o Código de Defesa do Consumidor é aplicável às entidades abertas de previdência privada, e não às fechadas; e a Súm. nº 608 esclarece que aplica-se o Código de Defesa do Consumidor aos contratos de plano de saúde, salvo os administrados por entidades de autogestão.

Apesar da irresignação dos agentes financeiros, os tribunais pacificaram a sua condição de fornecedores, conforme dispõe o § 2º do art. 3º do CDC e a Súm. nº 297 do STJ: "O Código de Defesa do Consumidor é aplicável às instituições financeiras".

Tema que vem sendo discutido – em decorrência de prática consolidada no mercado – é o da economia do compartilhamento (consumo colaborativo), que são negócios facilitados ou intermediados por plataformas digitais. Esse tema importa ao estudo do conceito de fornecedor, uma vez que se indaga o enquadramento dessas relações no conceito de relação de consumo. Para Claudia Lima Marques, essas relações, mesmo quando realizadas entre duas pessoas leigas, são intermediadas por um profissional, no exercício habitual de sua atividade para a obtenção de lucro. Configuram, portanto, relação de consumo e o Código de Defesa do Consumidor deve ser aplicado a elas (BENJAMIN, MARQUES e MIRAGEM, 2017).

Miragem (2020) menciona que, na década de 1990, a oferta de produtos e serviços pela internet se torna uma realidade. Desde então, muitos serviços são oferecidos de forma "aparentemente gratuita", porém com "base em refinados modelos de remuneração indireta, a partir do interesse que despertam nos consumidores, quantidade de acessos em sites, dados que permitem coletar, ou outros elementos que se vinculem, de diferentes formas, a um genuíno interesse negocial".

Ainda segundo autor, não há dúvida de que a relação entre um consumidor e um fornecedor, intermediada por uma plataforma, será de consumo. No entanto, a relação entre duas empresas (fornecedoras), intermediadas por uma plataforma, não será de consumo. Caberá ao intérprete a difícil missão de identificar se será ou não de consumo a relação entre aquele que oferta eventualmente algo e um destinatário final, quando essa relação for intermediada por uma plataforma profissional.

Para fins de Exame de Ordem, importa ao examinando acompanhar a evolução jurisprudencial, pois a banca tem perguntado reiteradamente sobre entendimentos consolidados no STJ. No momento que se conclui a revisão deste texto (meados de 2020), ainda não há um entendimento consolidado no STJ. Contudo, diversas decisões reiteram a compreensão de que "a exploração comercial da internet sujeita as relações de consumo daí advindas à Lei nº 8.078/90" (REsp nº 1186616/MG).

2.3 OBJETO DA RELAÇÃO JURÍDICA DE CONSUMO

Segundo o art. 3º, § 1º, produto é qualquer bem móvel ou imóvel, material ou imaterial. Já o conceito de serviço, como dito, inclui o elemento remuneração. Assim, serviço é atividade fornecida no mercado de consumo mediante remuneração. Conforme visto, essa remuneração pode ser direta (contraprestação pelo próprio consumidor) ou indireta (vantagens econômicas auferidas pelo fornecedor).

Ainda sobre o objeto das relações de consumo, resta avaliar a aplicação do Código de Defesa do Consumidor à prestação de serviços públicos, questão ainda controvertida. O legislador fez referência aos serviços públicos em diversos dispositivos: arts. 3º, *caput*, 4º, VII, 6º, X, e 22. Todavia, não são todos os serviços públicos que se subordinam às normas de proteção do consumidor.

Alguns doutrinadores, como Miragem e Filomeno, utilizam o critério da forma de remuneração para identificar a relação de consumo. Assim, afirma-se que não são relações de consumo aquelas de natureza tributária (serviços remunerados por tributos, taxas e contribuições de melhoria). Já aqueles remunerados por tarifa ou preço público configuram-se serviços para fins de aplicação do Código de Defesa do Consumidor.

> Serviços públicos *uti singuli* são aqueles prestados e fruídos individualmente e, por isso, de uso mensurável, os quais são remunerados diretamente por quem deles se aproveita, em geral por intermédio de tarifa (*e.g.*, serviços de energia elétrica, água). Já os serviços *uti universi*, prestados de modo difuso para toda a coletividade, não são passíveis de mensuração, sendo custeados por intermédio de impostos pagos pelos contribuintes (relação de direito tributário) (MIRAGEM, 2012, p. 150).

Dessa forma, será aplicado o Código de Defesa do Consumidor à prestação de serviços *uti singuli* (energia elétrica, água, telefonia, transporte etc.), e não será aplicado o Código de Defesa do Consumidor à prestação de serviços públicos custeados pela coletividade, mediante tributação (*uti universi*), como segurança pública.

Já para Leonardo Bessa (BENJAMIN, MARQUES e MIRAGEM, 2017), para a aplicação do Código de Defesa do Consumidor basta verificar se o serviço público está no "mercado de consumo"; se é divisível e mensurável individualmente, pois os serviços prestados de forma universal, à coletividade, não são disciplinados por este Código. Nesse sentido, recentes decisões do STJ afastando a aplicação do CDC aos serviços públicos de saúde (Sistema Único de Saúde):

> RECURSOS ESPECIAIS. AÇÃO DE COMPENSAÇÃO DE DANO MORAL. FUNDAMENTAÇÃO DEFICIENTE. SÚM. 284/STF. NEGATIVA DE PRESTAÇÃO JURISDICIONAL. AUSÊNCIA. MORTE DE PACIENTE ATENDIDO EM HOSPITAL PARTICULAR CONVENIADO AO SUS. RESPONSABILIDADE CIVIL DOS MÉDICOS. *PRESTAÇÃO DE SERVIÇO PÚBLICO INDIVISÍVEL E UNIVERSAL (UTI UNIVERSI). NÃO INCIDÊNCIA DO CDC*. ART. 1º-C DA LEI 9.494/97. PRAZO PRESCRICIONAL QUINQUENAL. ALEGADA MÁ VALORAÇÃO DA PROVA. CULPA DOS MÉDICOS E CARACTERIZAÇÃO DO DANO MORAL. SÚMULA 07/STJ. DISSÍDIO JURISPRUDENCIAL NÃO DEMONSTRADO. JULGAMENTO: CPC/15. (REsp nº 1771169 / SC, j. 26-5-2020).

3. PRINCÍPIOS DA POLÍTICA NACIONAL DAS RELAÇÕES DE CONSUMO

O princípio da vulnerabilidade é o princípio fundamental da proteção do consumidor. Diz-se que, uma vez identificada a figura do consumidor (conforme artigos anteriormente analisados), sua vulnerabilidade é presumida, de acordo com o art. 4º, I, do CDC. A vulnerabilidade só precisará ser analisada naquelas situações às quais se aplica a teoria finalista mitigada (profissionais e pessoas jurídicas).

> A noção de vulnerabilidade no direito associa-se à identificação de fraqueza ou debilidade de um dos sujeitos da relação jurídica em razão de determinadas condições ou qualidades que lhe são inerentes ou, ainda, de uma posição de força que pode ser identificada no outro sujeito da relação jurídica (MIRAGEM, 2012, p. 100).

Embora a vulnerabilidade do consumidor seja dividida em diversas espécies por alguns doutrinadores (técnica, jurídica, fática e informacional), importa compreender a origem dessa presunção de vulnerabilidade, que remonta ao episódio de despersonalização e massificação dos contratos. A partir do momento em que os produtos passaram a ser concebidos exclusivamente pelo fabricante e produzidos em grande escala, agravaram-se os riscos ao consumidor, fragilizando-o nessa relação. Esses riscos decorrem da produção massificada com redução do controle da qualidade final; da complexidade técnica do produto, cada vez mais distante da compreensão do consumidor leigo; da contratação em forma de mera adesão; do estímulo constante ao consumo conduzido por um agressivo *marketing*; da rápida obsolescência dos produtos, entre outras tantas modernas situações.

Conforme enunciado de questão do XII Exame da Ordem Unificado, "a doutrina consumerista dominante considera a vulnerabilidade um conceito jurídico indeterminado, plurissignificativo".

Entre os princípios referidos no art. 4º, importa mencionar também o princípio da boa-fé objetiva.

> O princípio da boa-fé objetiva implica a exigência nas relações jurídicas do respeito e da lealdade com o outro sujeito da relação, impondo um dever de correção e fidelidade, assim como o respeito às expectativas legítimas geradas no outro (MIRAGEM, 2012, p. 110).

Conforme questão do IV Exame da Ordem Unificado, o princípio da boa-fé objetiva *importa reconhecimento de um direito a cumprir em favor do titular passivo da obrigação.*

4. DIREITOS BÁSICOS DO CONSUMIDOR: REVISÃO CONTRATUAL E INVERSÃO DO ÔNUS DA PROVA

O art. 6º dispõe sobre os direitos básicos do consumidor. Na sua maioria, esses direitos são regulados posteriormente em artigos específicos, como os direitos à proteção da vida, saúde e segurança e proteção contra a publicidade enganosa e abusiva; outros, contudo, são disciplinados no próprio art. 6º, como o direito à modificação e à revisão dos contratos e o direito à inversão judicial do ônus da prova.

Antes, contudo, de analisar os incs. V e VIII, é de fundamental importância observar o inc. III, que determina que o consumidor tem o direito básico a:

> informação adequada e clara sobre os diferentes produtos e serviços, com especificação correta de quantidade, características, composição, qualidade, tributos incidentes e preço, bem como sobre os riscos que apresentem.

O direito à informação ampla é assunto recorrente no Exame de Ordem. Veja recente entendimento do STJ sobre o direito à informação:

> *Informativo de Jurisprudência do STJ* nº 612 (25-10-2017): O fornecedor de alimentos deve complementar a informação-conteúdo "contém glúten" com a informação-advertência de que o glúten é prejudicial à saúde dos consumidores com doença celíaca.

O direito do consumidor à informação também é disciplinado em outros artigos, especialmente o art. 31.

4.1 MODIFICAÇÃO E REVISÃO DAS CLÁUSULAS CONTRATUAIS

O direito à revisão e/ou modificação das cláusulas contratuais decorre do direito ao equilíbrio contratual. Conforme Bruno Miragem (2012, p. 171):

> o direito subjetivo do consumidor ao equilíbrio contratual constitui efeito da principiologia do direito do consumidor, muito especialmente dos princípios da boa-fé, da vulnerabilidade e, especialmente, do próprio princípio do equilíbrio.

O inc. V menciona a possibilidade de modificação das cláusulas contratuais que estabeleçam prestações desproporcionais ou sua revisão em razão de fatos supervenientes que as tornem excessivamente onerosas. Assim, pode o consumidor, diante de alguma abusividade (previstas no art. 51 ou outra), buscar a nulidade de determinada cláusula, assim como a revisão e a modificação de cláusulas que, *desde a contratação*, violem o equilíbrio do contrato.

Já quanto à revisão por fato superveniente que torne a obrigação excessivamente onerosa, há importante diferença em relação à disciplina do Código Civil. Segundo o art. 317 do diploma civil, o fato superveniente deve ser imprevisível, já o Código de Defesa do Consumidor não faz referência à imprevisibilidade.

Por fim, em relação à possibilidade de revisão e modificação das cláusulas contratuais, importa mencionar o *princípio da preservação dos contratos*. Conforme art. 51, § 2º, do CDC, a nulidade de uma cláusula contratual abusiva não invalida o contrato, exceto quando de sua ausência, apesar dos esforços de integração, decorrer ônus excessivo a qualquer das partes. O Código de Defesa do Consumidor priorizou a adequação dos contratos a um padrão de equilíbrio, e não a sua resolução, que, em regra, não interessa ao consumidor.

No Exame XXVI, na questão 45 da prova tipo 1, a banca questionou sobre um contrato de compra e venda de empreendimento imobiliário. A questão abordava o descumprimento do prazo contratual para a entrega das unidades, assim como o descumprimento das características ofertadas. As alternativas abordavam a compreensão de que o dano não era meramente individual (pois eram dez edifícios residenciais), a publicidade enganosa; a invalidade da exclusão de "cláusula penal" e, por fim, o *princípio da preservação dos contratos: o pedido de declaração de nulidade de cláusula abusiva não invalida integralmente o contrato*.

4.2 INVERSÃO JUDICIAL DO ÔNUS DA PROVA

Ter o ônus de provar significa suportar o risco pela falta de prova de um fato pertinente (o risco é o desfecho desfavorável da ação). A inversão do ônus da prova pode decorrer da lei (*ope legis*), como na responsabilidade pelo fato do produto ou do serviço (arts. 12 e 14 do CDC), ou por determinação judicial (*ope judicis*), como no caso do art. 6º, VIII. A norma (no caso da inversão judicial) autoriza o julgador a inverter o ônus da prova em favor do consumidor em duas hipóteses: *quando for verossímil a afirmação ou quando for ele hipossuficiente, segundo as regras ordinárias de experiência*.

Conforme Miragem, "não se pode desconhecer que a defesa judicial de interesses exige do titular da pretensão a disposição de recursos financeiros e técnicos para uma adequada demonstração da pertinência e procedência do seu interesse" (MIRAGEM, 2012, p. 183).

Impõe-se assim a compreensão dos conceitos de hipossuficiência e verossimilhança. Os doutrinadores esclarecem que, apesar da semelhança, não se pode confundir os significados de vulnerabilidade e hipossuficiência. Conforme visto, todos os consumidores são presumidamente vulneráveis, a partir do disposto no art. 4º. A hipossuficiência relaciona-se com a ausência de condições de provar sua pretensão (condições técnicas, econômicas, jurídicas ou informacionais). A verossimilhança refere-se à aparência de verdade: "já a verossimilhança se estabelece a partir de um critério de probabilidade, segundo os argumentos trazidos ao conhecimento do juiz, de que uma dada situação relatada tenha se dado de modo igual ou bastante semelhante ao conteúdo do relato" (MIRAGEM, 2012, p. 187).

A regra geral da distribuição do ônus da prova (que poderá ser invertida) está prevista no art. 373 do novo Código de Processo Civil, segundo o qual o autor deve provar o fato constitutivo do seu direito. Autorizada a inversão, caberá ao réu (fornecedor) provar que os fatos não se deram da forma alegada (e demonstrada minimamente) pelo consumidor.

A inversão judicial do ônus da prova deve ocorrer preferencialmente na fase de saneamento do processo ou, pelo menos, assegurando-se à parte a quem não incumbia inicialmente o encargo, a reabertura da oportunidade para apresentação de provas. O novo Código de Processo Civil determina, no art. 357, que o juiz *defina a distribuição do ônus da prova na decisão de saneamento*.

Por fim, destaque-se que o novo Código de Processo Civil disciplinou a possibilidade de inversão do ônus da prova para qualquer outra ação, nos limites definidos no § 1º do art. 373:

> Nos casos previstos em lei ou diante de peculiaridades da causa relacionadas à impossibilidade ou à excessiva dificuldade de cumprir o encargo nos termos do *caput* ou à maior facilidade de obtenção da prova do fato contrário, poderá o juiz atribuir o ônus da prova de modo diverso, desde que o faça por decisão fundamentada, caso em que deverá dar à parte a oportunidade de se desincumbir do ônus que lhe foi atribuído.

O legislador ainda determinou que não cabe a inversão quando o ônus se tornar impossível ou excessivamente difícil.

A respeito da possibilidade de convenção sobre a distribuição do ônus da prova, prevista no § 3º do art. 373, do CPC, deve-se destacar sua inconformidade com as relações de consumo. Além do direito do consumidor ser direito indisponível (restrição à aplicação da distribuição convencional pelo próprio Código de Processo Civil), o inc. VI do art. 51 do CDC *considera nula, de pleno direito, a cláusula que estabeleça a inversão do ônus da prova em prejuízo do consumidor*.

5. RESPONSABILIDADE CIVIL NAS RELAÇÕES DE CONSUMO: POR VÍCIO E POR FATO

A responsabilidade civil é uma das áreas do direito que melhor reflete as transformações sociais, políticas e econômicas do último século. Considerando que vivenciamos um modelo econômico fundamentado no acesso crescente aos bens de consumo, não surpreende a afirmação de que a responsabilidade civil decorrente das relações de consumo assumiu extrema importância na sociedade contemporânea.

Inicialmente fundamentada na teoria da culpa, a responsabilidade civil hoje volta seus olhos para a vítima. O Direito preocupa-se com o dano sofrido pela vítima; o resultado ou objeto. A responsabilidade civil nas relações de consumo é, portanto, objetiva e fundamentada na teoria do risco (a única exceção é a responsabilidade dos profissionais liberais por fato do serviço, que permanece subjetiva).

O Min. Herman Benjamin, com muita perspicácia, elaborou uma teoria que define com precisão os fundamentos da responsabilidade civil nas relações de consumo: a teoria da qualidade. Segundo o Ministro, o Código de Defesa do Consumidor, ao dividir o dever de responder em duas órbitas distintas, inseriu nas relações de consumo o impositivo dever de qualidade dos produtos e serviços oferecidos no mercado.

Segundo o Min. Benjamin, o dever de qualidade se subdivide em um dever de adequação (proteção contra os incidentes de consumo) e um dever de segurança (proteção contra os acidentes de consumo). Menciona que a responsabilidade pelo fato do produto ou serviço protege a "*incolumidade físico-psíquica* do consumidor, protegendo sua saúde e segurança, ou seja, preservando sua vida e integridade contra os *acidentes de consumo* provocados pelos riscos de produtos e serviços" (BENJAMIN, MARQUES e BESSA, 2014).

Contudo, é preciso compreender que a responsabilidade pelo fato do produto ou serviço também protege o consumidor em relação aos prejuízos exclusivamente patrimoniais. Um produto inseguro pode causar um acidente cujos danos não cheguem a atingir a incolumidade físico-psíquica do consumidor, apenas o seu patrimônio.

O entendimento presente nos gabaritos do Exame de Ordem se aproxima muito da explicação de Rizzatto Nunes (2017), para quem:

> vícios são aqueles problemas de qualidade ou quantidade, que tornem os produtos ou serviços impróprios ou inadequados ao consumo a que se destinam, aqueles que lhe diminuam o valor ou mesmo a simples disparidade com o que foi informado sobre o produto.

Já o defeito (fato) é o vício acrescido de um problema extra, algo que cause um dano maior que o simples mau funcionamento, não funcionamento ou depreciação. "O defeito causa, além desse dano do vício, outro ou outros danos ao patrimônio jurídico material e/ou moral e/ou estético e/ou à imagem do consumidor". Nesse mesmo sentido, o julgado do STJ de março de 2015 (REsp nº 1176323/SP):

> O vício do produto é aquele que afeta apenas a sua funcionalidade ou a do serviço, sujeitando-se ao prazo decadencial do art. 26 do Código de Defesa do Consumidor - CDC. Quando esse vício for grave a ponto de repercutir sobre o patrimônio material ou moral

do consumidor, a hipótese será de responsabilidade pelo fato do produto, observando-se, assim, o prazo prescricional quinquenal do art. 27 do referido diploma legal.

Antes, porém, de disciplinar as duas espécies de responsabilidade, o legislador tratou, no início do Capítulo IV, nos arts. 8º, 9º e 10, sobre a proteção à saúde e segurança do consumidor. Estabeleceu o dever de informação sempre que a periculosidade ou nocividade for inerente ao produto ou serviço (arts. 8º e 9º) e o dever de comunicar ao consumidor caso a periculosidade ou nocividade tenha sido identificada posteriormente (art. 10 – chamamento dos consumidores ou *recall*).

5.1 RESPONSABILIDADE POR FATO DO PRODUTO OU SERVIÇO

A responsabilidade pelo fato do produto ou serviço, também chamada de responsabilidade pelos acidentes de consumo (falha no dever de segurança), é aquela decorrente dos danos provocados por produtos ou serviços. O art. 12 trata da responsabilidade por fato do produto e indica quem são os responsáveis. Diferentemente da responsabilidade pelos vícios, o art. 12 não determina a responsabilidade solidária entre todos os fornecedores, uma vez que respondem pelos danos causados pelos produtos o fabricante, o produtor, o construtor e o importador.

A responsabilidade por fato do produto se dá independentemente de culpa, ou seja, de forma objetiva.

Conforme o § 1º do art. 12, "o produto é defeituoso quando não oferece a segurança que dele legitimamente se espera". "O dano é pressuposto inafastável da responsabilidade civil. Não há que se falar em responsabilidade civil sem dano – o que pode qualificar-se como patrimonial ou moral" (BENJAMIN, MARQUES e BESSA, 2014, p. 169).

O § 3º do art. 12 dispõe que os fornecedores indicados no *caput* só não responderão pelos danos se eles provarem (inversão legal do ônus da prova) que não colocaram o produto no mercado, que o produto não possuía defeito ou culpa exclusiva do consumidor ou de terceiro. Diz-se *inversão legal do ônus da prova* especialmente com base na seguinte decisão do STJ:

> A Segunda Seção deste Tribunal, no julgamento do REsp nº 802.832/MG, rel. Paulo de Tarso Sanseverino, *DJ* de 21-9-2011, pacificou a jurisprudência desta Corte no sentido de que em demanda que trata da responsabilidade pelo fato do produto ou serviço (arts. 12 e 14 do CDC), *a inversão do ônus da prova decorre da lei* (AgRg no AgREsp nº 402.107/RJ, rel. Min. Sidnei Beneti, 3ª T., 26-11-2013, *DJe* 9-12-2013).

Tema de muita importância para a preparação para o Exame de Ordem é o disciplinado no art. 13 do CDC. Embora o *comerciante* tenha ficado de fora do rol de responsáveis do art. 12, em algumas circunstâncias ele também responde pelos fatos dos produtos. Conforme o art. 13:

> Art. 13. O comerciante é igualmente responsável, nos termos do artigo anterior, quando:
>
> I – o fabricante, o construtor, o produtor ou o importador não puderem ser identificados;
>
> II – o produto for fornecido sem identificação clara do seu fabricante, produtor, construtor ou importador;
>
> III – não conservar adequadamente os produtos perecíveis.

A primeira situação é muito comum nos produtos vendidos a granel, normalmente hortifrutigranjeiros; a segunda trata dos produtos que deveriam estar devidamente identificados, mas não estão. A terceira, dos produtos que necessitam de conservação especial.

Dúvida surge sobre a natureza da responsabilidade do comerciante. Rizzatto Nunes entende solidária, especialmente em razão do termo "igualmente" constante no *caput*. Outros doutrinadores afirmam que nas hipóteses dos incs. I e II a responsabilidade do comerciante é subsidiária, pois decorre da impossibilidade de identificação do responsável principal (aqueles do *caput* do art. 12). Em relação à situação prevista no inc. III, Rizzatto Nunes tem compreensão muito coerente com o regime de proteção instituído pelo Código de Defesa do Consumidor: *diante da impossibilidade de o consumidor identificar onde o produto pereceu (se na fábrica, no transporte, no comércio...) importa reconhecer uma responsabilidade solidária de todos os integrantes da cadeia de fornecimento.*

O parágrafo único do art. 13 trata do *direito de regresso*, consequência natural da responsabilidade solidária: "aquele que efetivar o pagamento ao prejudicado poderá exercer o direito de regresso contra os demais responsáveis, segundo sua participação na causação do evento danoso".

O art. 14 trata da responsabilidade dos fornecedores de serviços, igualmente objetiva. Da mesma forma que no art. 12, o fornecedor de serviços só se exime de responsabilidade se ele provar uma das excludentes do § 3º: I – que, tendo prestado o serviço, o defeito inexiste; II – a culpa exclusiva do consumidor ou de terceiro.

Ainda quanto à responsabilidade pelo fato do serviço (art. 14), importa mencionar o dever de segurança inerente à prestação de alguns serviços. Em relação ao furto de veículos em *shopping centers*, supermercados e outros estabelecimentos que contam com estacionamento, a jurisprudência é hoje pacífica no sentido da existência do dever de cuidado, de segurança e de vigilância (Súm. nº 130 do STJ).

> Súm. nº 130. A empresa responde, perante o cliente, pela reparação de dano ou furto de veículo ocorridos em seu estacionamento.

Também objetiva é a responsabilidade civil das instituições financeiras por fraudes e delitos praticados por terceiros. Não cabe a alegação de caso fortuito, pois o dever de segurança é inerente à atividade, o que configuraria fortuito interno.

> Súm. nº 479. As instituições financeiras respondem objetivamente pelos danos gerados por fortuito interno relativo a fraudes e delitos praticados por terceiros no âmbito de operações bancárias.

O entendimento de que atos fraudulentos não eximem o fornecedor de responsabilidade (não configura a excludente de culpa exclusiva de terceiro) também é aplicado a outros fornecedores que não os de serviços bancários, como lojas e prestadoras de serviços de telefonia.

Questão importante e muito discutida no Exame de Ordem é a tratada no § 4º do art. 14. Trata-se de exceção à regra geral de responsabilidade objetiva: "a responsabilidade pessoal dos profissionais liberais será apurada mediante a verificação de culpa". Médicos, dentistas, arquitetos e quaisquer outros profissionais liberais respondem apenas mediante prova de sua culpabilidade.

Em relação a médicos e hospitais, o STJ consolidou o seguinte entendimento:

> AGRAVO INTERNO NO AGRAVO EM RECURSO ESPECIAL – AÇÃO CONDENATÓRIA – DECISÃO MONOCRÁTICA DA PRESIDÊNCIA DESTA CORTE QUE NEGOU PROVIMENTO AO RECLAMO. INSURGÊNCIA RECURSAL DA REQUERIDA.
>
> 1. De acordo com a jurisprudência desta Corte, o hospital responde de forma solidária e objetiva por defeitos na prestação de serviço médico por profissionais a ele vinculados, desde que apurada a culpa do profissional. Precedentes.
>
> 1.1. A conclusão a que chegou o Tribunal de origem, relativa à ausência de ato ilícito perpetrado pelo médico, fundamenta-se nas particularidades do contexto que permeia a controvérsia. Incidência da Súmula 7 do STJ.
>
> 2. Agravo interno desprovido.
>
> (AgInt no AREsp nº 1581823 / DF, j. 25-3-2020).

Conforme já mencionado, o art. 17, que determina que as vítimas dos acidentes de consumo são consumidores por equiparação, foi objeto de questionamento no XVII Exame de Ordem. Sobre o mesmo tema, é comum a menção ao exemplo do acidente de trânsito causado por defeito no veículo: nessa situação é possível que a vítima não seja adquirente, tampouco usuária (o pedestre atropelado, por exemplo), mas será equiparada a consumidor por força do art. 17, do CDC, e poderá ajuizar ação reparatória contra a fabricante do veículo.

5.2 RESPONSABILIDADE POR VÍCIO DO PRODUTO OU SERVIÇO

A responsabilidade pelos vícios dos produtos ou serviços refere-se à exigência de seu adequado funcionamento e à sua conformidade aos fins aos quais se destinam.

> O Código de Defesa do Consumidor determina que, independentemente da garantia oferecida pelo fornecedor (garantia de fábrica), os produtos e serviços devem ser adequados aos fins a que se destinam, ou seja, devem funcionar bem, atender às legítimas expectativas do consumidor (BENJAMIN, MARQUES e BESSA, 2014, p. 199).

O *caput* do art. 18 esclarece a existência de quatro modalidades de vícios: a) aqueles que tornam o produto impróprio ao consumo; b) aqueles que tornam o produto inadequado ao consumo; c) aqueles que lhe diminuem o valor; e d) aqueles em desconformidade com o que foi informado sobre eles.

A parte final do *caput* do art. 18 é relevante para a compreensão do direito que tem o consumidor que adquire um produto viciado: "exigir a substituição das partes viciadas". O § 1º complementa a parte final do *caput*, ao determinar que:

> *Não sendo o vício sanado no prazo máximo de trinta dias*, pode o consumidor exigir, *alternativamente e à sua escolha*: (grifos nossos)
>
> I – a substituição do produto por outro da mesma espécie, em perfeitas condições de uso;
>
> II – a restituição imediata da quantia paga, monetariamente atualizada, sem prejuízo de eventuais perdas e danos;
>
> III – o abatimento proporcional do preço.

Percebe-se que o fornecedor, em regra, tem até 30 dias para sanar o vício do produto. Entende-se, atualmente, que esse prazo é também um *direito do fornecedor*, ou seja, não teria interesse processual para ingressar com a ação o consumidor que não reclamou diretamente ao fornecedor. Nesse sentido, recente decisão do TJRS:

> A autora não oportunizou a possibilidade de a ré sanar o vício. Não há qualquer prova nos autos da tentativa de contato com a ré ou de inexistência de assistência técnica disponível. Constata-se, portanto, ausência de pretensão resistida por parte da ré e, por consequência, falta interesse de agir da autora. Extinção do processo sem resolução do mérito, de ofício, por ausência de interesse processual (TJRS, Recurso Cível nº 71006703094, j. 12-7-2017).

O fornecedor *não terá, contudo, o prazo de 30 dias* para sanar o vício nas hipóteses do § 3º do art. 18, ou seja, quando *o produto for essencial* ou quando *não for possível substituir as partes viciadas sem comprometer sua qualidade ou sem diminuir-lhe o valor.*

O art. 19 trata dos vícios de quantidade. Reafirma a responsabilidade solidária dos fornecedores sempre que o conteúdo real do produto for inferior às indicações constantes do recipiente, da embalagem, rotulagem ou de mensagem publicitária. Nesse caso, não há referência a prazo para sanar o vício, e o consumidor pode optar imediatamente entre as seguintes alternativas:

> I – o abatimento proporcional do preço;
>
> II – complementação do peso ou medida;
>
> III – a substituição do produto por outro da mesma espécie, marca ou modelo, sem os aludidos vícios;
>
> IV – a restituição imediata da quantia paga, monetariamente atualizada, sem prejuízo de eventuais perdas e danos.

O § 2º do art. 19 traz uma exceção à responsabilização solidária, pois dispõe que aquele que fizer a pesagem ou a medição e o instrumento utilizado não estiver aferido segundo os padrões oficiais é o responsável.

O art. 20 trata dos vícios na prestação de serviços. Também, diferentemente do art. 18, ao fornecedor de serviços o Código não disponibiliza prazo para que o vício seja sanado e o consumidor pode exigir, alternativamente e à sua escolha:

> I – a reexecução dos serviços, sem custo adicional e quando cabível;
>
> II – a restituição imediata da quantia paga, monetariamente atualizada, sem prejuízo de eventuais perdas e danos;
>
> III – o abatimento proporcional do preço.

O art. 21 trata da contratação de serviços que implicam substituição de peças. Embora a redação do artigo seja confusa, entende-se que o prestador de serviços, com autorização do consumidor, pode usar peças novas e usadas, originais ou não. Apenas não é lícito ao fornecedor utilizar peças em desconformidade com as especificações técnicas do fabricante. Se usá-las, mesmo coma autorização do consumidor, responderá pelos prejuízos advindos.

5.3 RESPONSABILIDADE SOLIDÁRIA

Tema bastante exigido pela banca tem sido a *responsabilidade solidária*. O parágrafo único do art. 7º traz uma espécie de regra geral sobre a solidariedade nas relações de consumo, ao dispor que, tendo mais de um autor a ofensa, todos responderão pela reparação dos danos. Leonardo Bessa esclarece que a solidariedade prevista no parágrafo único do art. 7º e no § 1º do art. 25 é diferente da solidariedade legal prevista no art. 18. Nos dois primeiros casos, o legislador ressaltou a necessidade de identificação de nexo de causalidade, pois fez referência a “mais de um responsável pela causação do dano” ou “mais de um autor a ofensa”. Dessa forma, são responsáveis aqueles que contribuíram de alguma forma para o dano (BENJAMIN, MARQUES e MIRAGEM, 2017).

Já no art. 18 – assim como no art. 34 –, a responsabilidade se dá por força de determinação legal. Assim, mesmo o comerciante não tendo dado causa ao vício, responde solidariamente com o fabricante pelos vícios; e o fornecedor responde, independentemente de ter dado causa, pelas consequências da oferta feita por seus prepostos ou representantes autônomos.

No XIV Exame da Ordem Unificado, foi questionado sobre *a responsabilidade solidária nas relações de consumo, no caso de serviços à saúde*. Segundo o enunciado, um homem foi submetido a cirurgia para remoção de cálculos renais em hospital privado. A intervenção foi realizada por equipe médica não integrante dos quadros de funcionários do referido hospital, mas indicada por esse mesmo hospital. Durante o procedimento, houve um erro médico e a vítima ingressou com ação judicial em face do hospital, visando à indenização por danos morais e estéticos. Em síntese, as alternativas versavam sobre a responsabilização ou não do hospital. A alternativa correta foi a de que "o hospital responde objetivamente pelos danos morais e estéticos decorrentes do erro médico, tendo em vista que ele indicou a equipe médica".

O STJ, em julgamento de um recurso especial em maio de 2015, entendeu também pela *responsabilidade solidária* em caso semelhante (médicos não integrantes do quadro de funcionários do hospital), *mas sinalizou que configurava uma exceção*. Assim, pode-se afirmar que a banca questionou, no XIV Exame, assunto ainda controvertido nos tribunais.

No REsp nº 1359156 (2015), a autora sustentava a ocorrência de erro médico consistente na perfuração do seu intestino durante a realização de cirurgia, o que a obrigou, dias depois, a realizar diversos outros atos cirúrgicos, permanecendo internada na UTI e correndo risco de morte. Para a manutenção da *condenação solidária*, o Tribunal reconheceu a *atuação coordenada dos réus* (hospital e administradora de plano de saúde) na prestação de serviços médico-hospitalares à autora, tendo a cirurgia sido praticada por médicos credenciados à administradora de planos de saúde, cuja rede de atendimento compreende o hospital réu.

O tema discutido no STJ foi a relação de solidariedade existente entre o hospital e a empresa que administrava o plano de saúde a que eram credenciados os médicos. O STJ concluiu que:

> em que pese a circunstância de os médicos que realizaram a cirurgia não pertencerem ao corpo clínico do hospital, em face da jurisprudência do STJ a este respeito, entendo que, no específico caso dos autos, a responsabilidade do hospital frente à consumidora autora deriva do *princípio da solidariedade existente entre os integrantes da cadeia de fornecimento de produto ou serviço*, que é matéria de fato.

O relator registrou ainda que "a responsabilidade dos demais integrantes da cadeia de consumo, todavia, não decorre de seu agir culposo ou de fato próprio, mas de uma imputação legal de responsabilidade que é servil ao propósito protetivo do sistema".

Conforme já mencionado, julgados mais recentes reafirmam a *responsabilidade solidária do hospital por erro de médico* contratado, nos seguintes termos:

> A jurisprudência desta Corte encontra-se consolidada no sentido de que a *responsabilidade dos hospitais, no que tange à atuação dos médicos contratados que neles trabalham, é subjetiva, dependendo da demonstração da culpa do preposto*. A responsabilidade objetiva para o prestador do serviço prevista no art. 14 do CDC, no caso, o hospital, limita-se aos serviços relacionados ao estabelecimento empresarial, tais como a estadia do paciente (internação e alimentação), as instalações, os equipamentos e os serviços auxiliares (enfermagem, exames, radiologia) (AgInt no AgREsp nº 1253588, j. 21-8-2018).

Não é diferente o entendimento para afastar a responsabilidade do hospital em caso de profissional não vinculado:

> Consoante a jurisprudência desta Corte, a "responsabilidade do hospital somente tem espaço quando o dano decorrer de falha de serviços cuja atribuição é afeta única e exclusivamente ao hospital. Nas hipóteses de dano decorrente de falha técnica restrita ao profissional médico, mormente quando este não tem vínculo com o hospital – seja de emprego ou de mera preposição –, não cabe atribuir ao nosocômio a obrigação de indenizar" (...) (AgInt no REsp nº 1739397/MT, j. 14-8-2018).

Ainda sobre a solidariedade dos integrantes de uma mesma cadeia de fornecedores, temos o caso das agências de viagens. O STJ tem entendido que a agência de viagem responde solidariamente pelos danos sofridos pelo consumidor de seus serviços, nos seguintes termos:

> Se o consumidor contrata a realização de uma viagem para o exterior e parte dela é interrompida por falha na prestação dos serviços, total é a responsabilidade das agências de turismo que disponibilizam os pacotes, uma vez que o consumidor não adere singularmente a cada uma das prestações integrantes, mas, sim, ao conjunto formado por todas elas, sendo devido, em tal caso, o pagamento de danos morais (*in re ipsa*) e materiais, desde devidamente comprovados estes últimos (decisão monocrática no AgREsp nº 941128, 2-3-2017).

No XXIV Exame, uma das questões de Direito do Consumidor foi sobre a responsabilidade solidária da agência de turismo que comercializa pacotes. O enunciado narrava que o casal teria adquirido um pacote para uma viagem de lua de mel e fora impedido de viajar por ausência de um visto de trânsito, cuja necessidade não foi informada pela agência de turismo. A alternativa correta mencionava o dever de informação e a consequente responsabilização da agência de turismo.

Mais recentemente, a banca perguntou novamente sobre o tema. Na prova do exame XXXI, a questão foi sobre a responsabilidade de um site especializado. A questão narra que o consumidor "por meio de um site especializado, efetuou reserva de hotel para estada com sua família em praia caribenha" e que, por erro, ocorreu o cancelamento da dita reserva, causando danos ao consumidor. A alternativa correta reforça a compreensão da responsabilidade solidária de todos os integrantes da cadeia de fornecimento, ao dizer que o ressarcimento "poderá ser buscado em face do site de viagens e do hotel, que respondem solidariamente, por comporem a cadeia de fornecimento do serviço".

6. GARANTIA, DECADÊNCIA E PRESCRIÇÃO

Os arts. 24 e 50 tratam do tema garantia. O art. 24 determina que "a garantia legal de adequação do produto ou serviço independe de termo expresso, vedada a exoneração contratual do fornecedor". O art. 50 esclarece que "a garantia contratual é complementar à legal e será conferida mediante termo escrito". O parágrafo único do art. 50 especifica os requisitos do termo de garantia contratual:

> O termo de garantia ou equivalente deve ser padronizado e esclarecer, de maneira adequada em que consiste a mesma garantia, bem como a forma, o prazo e o lugar em que pode ser exercitada e os ônus a cargo do consumidor, devendo ser-lhe entregue, devidamente preenchido pelo fornecedor, no ato do fornecimento, acompanhado de manual de instrução, de instalação e uso do produto em linguagem didática, com ilustrações.

Percebe-se que o art. 24 determina que todo e qualquer produto ou serviço possui garantia legal que não poderá ser afastada por disposição contratual. Já a garantia contratual é uma liberalidade do fornecedor. Ao determinar que a "contratual é complementar à legal" o legislador não foi suficientemente claro, já que o art. 24 não trata de prazos de garantia legal. Embora renomados doutrinadores denominem como de "garantia" os prazos decadenciais do art. 26, acredita-se que essa abordagem possa acabar prejudicando o examinando na análise e solução da questão.

Dessa forma, antes da análise do que significa a palavra "complementar" do art. 50, imperativa é a compreensão dos chamados prazos de garantia.

Em 2012 a 4ª T. do STJ proferiu decisão muito elucidativa quanto a esse tema. Inicialmente esclarece que "o prazo de decadência para a reclamação de defeitos surgidos no produto não se confunde com o prazo de garantia pela qualidade do produto", ressaltando, portanto, o equívoco dessa equiparação. O relator afirma que o Código de Defesa do Consumidor não trouxe prazos de garantia legal, apenas os prazos para que se reclame dos vícios e se exija a reparação, nos termos do art. 18. *Prazo de garantia é aquele durante o qual o fornecedor é o responsável pela reparação.*

> Por óbvio, o fornecedor não está, *ad aeternum*, responsável pelos produtos colocados em circulação, mas sua responsabilidade não se limita pura e simplesmente ao prazo contratual de garantia, o qual é estipulado unilateralmente por ele próprio.

É preciso analisar a natureza do vício que inquinou o produto: prazos de garantia são um "intervalo mínimo de tempo no qual não se espera que haja deterioração do objeto", o que nada mais é do que uma garantia legal de adequação. Ocorre que os produtos não duram para sempre e, após esse período mínimo de garantia, eles vão começar a se desgastar e a se deteriorar, até que se encerre sua vida útil. Contudo, o produto não pode se deteriorar ainda no início de sua vida útil, pois deve corresponder à expectativa de qualidade depositada sobre ele pelo consumidor – com base em suas características, preço, oferta, informações etc. Esses vícios que interrompem prematuramente a vida útil do produto são intrínsecos (de fabricação), e a lei confere ao consumidor o direito de tê-los sanado.

Assim, tratando-se de vício de fabricação aparente, facilmente identificável a partir da compra, o prazo para reclamar (art. 26) conta-se da entrega efetiva do bem (§ 1º). Mas, quando o vício permanece oculto por algum tempo, a contagem do prazo decadencial tem início quando ele se evidencia (§ 3º). Prossegue o relator:

> Porém, conforme assevera a doutrina consumerista, o Código de Defesa do Consumidor, no § 3º do art. 26, no que concerne à disciplina do vício oculto, adotou o critério da vida útil do bem, e não o critério da garantia, podendo o fornecedor se responsabilizar pelo vício em um espaço largo de tempo, mesmo depois de expirada a garantia contratual.

Evidencia-se, então, a diferença entre garantia contratual (prazo estipulado unilateralmente pelo fornecedor e constante em um "termo") e garantia legal (expectativa mínima e legítima de vida útil). Consequentemente, o prazo para reclamar pelo vício oculto que se evidenciou dentro de um prazo mínimo de expectativa de vida útil começa a correr no momento que se tornou aparente, "não obstante tenha isso ocorrido depois de expirado o prazo contratual de garantia, devendo ter-se sempre em vista o critério da vida útil do bem" (REsp nº 984106/SC, j. 4-10-2012).

Feitos esses esclarecimentos, pode-se voltar ao que determina o art. 50 do CDC, que dispõe que o prazo de garantia contratual é complementar à legal. Primeiramente, lembre-se que a garantia contratual não é obrigatória, e sim mera liberalidade do fornecedor. Então, mesmo que o produto não esteja garantido contratualmente, estará garantido durante uma expectativa mínima de vida útil. *Contudo, caso possua garantia contratual, o prazo para reclamar somente se inicia a seu termo.*

> Se o fornecedor dá prazo de garantia contratual (até a próxima copa, um ou dois anos etc.), dentro do tempo garantido até o fim (inclusive último dia) o produto não pode apresentar vício. Se apresentar, o consumidor tem o direito de reclamar, que se estende até 30 ou 90 dias após o término da garantia) (RIZZATTO NUNES, 2017, p. 438).

Não é diferente o entendimento do STJ:

> Sucede que existe a peculiaridade de que a montadora concedera ao veículo a garantia (contratual) de um ano, que é complementar à legal (art. 50 da citada legislação). Diferentemente da garantia legal, a lei não fixou prazo de reclamação para a garantia contratual, todavia a interpretação teleológica e sistemática do CDC permite estender à garantia contratual os mesmos prazos de reclamação referentes à garantia legal, a impor que, no caso, *após o término da garantia contratual, o consumidor tinha 90 dias (bem durável) para reclamar do vício de inadequação* (*Informativo de Jurisprudência* nº 390/2009).

Com a compreensão dos prazos de garantia, fica mais fácil entender os prazos decadenciais e o prazo prescricional.

O art. 26 trata do prazo para reclamar pelos vícios, e o próprio legislador o denominou de prazo decadencial, pois:

> a decadência tem em consideração a existência de um direito potestativo ou formativo que, uma vez exercido pelo titular, produz desde logo sua eficácia na constituição, modificação, ou extinção de uma determinada relação jurídica (MIRAGEM, 2012, p. 506).

Assim, por sua natureza, pode-se denominar de prazo decadencial aquele que o consumidor tem para reclamar (primeiramente perante o fornecedor) dos vícios aparentes ou ocultos dos produtos ou serviços.

Ocorre que o fornecedor pode não atender espontaneamente ao pedido do consumidor. Nesse caso, lesado o direito do consumidor e tendo este que recorrer ao judiciário, a natureza desse segundo prazo se aproximaria muito mais de um prazo prescricional. Contudo, não é esse o entendimento que prepondera na jurisprudência, *que aplica o mesmo prazo do art. 26 também à "reclamação judicial".*

O § 2º do art. 26 do CDC determina que "obsta a decadência" a reclamação comprovadamente formulada pelo consumidor perante o fornecedor de produtos e serviços até a resposta negativa correspondente, que deve ser transmitida de forma inequívoca.

Inicialmente registre-se que essa reclamação pode se dar por todos os meios possíveis e sua prova por todos os meios de prova admitidos em direito (REsp. nº 1.442.597/DF, *DJe* 30-10-2017).

A doutrina diverge sobre a natureza desse prazo, se interruptivo ou suspensivo. Os autores do anteprojeto defendem que a natureza é suspensiva (GRINOVER et al., 2017, p. 245), já Leonardo Bessa (BENJAMIN, MARQUES e BESSA, 2014) entende que deve prevalecer o entendimento mais favorável ao consumidor, portanto a natureza interruptiva. Talvez, em razão disso, até hoje a Fundação Getulio Vargas não tenha inserido esse tema em seus questionamentos.

Outra situação deve ser contemplada: muitas vezes o fornecedor não se nega a fazer o conserto, recebe o produto, mas o devolve ao consumidor com os mesmos vícios (ou eles reaparecem logo em seguida).

> No tocante à forma de contagem do prazo de 30 dias, é certo que o fornecedor possui uma única possibilidade de correção do vício. Afronta o princípio de proteção integral do consumidor (art. 6º, VI) entender que, se o vício ressurgir após o conserto, terá o fornecedor a possibilidade de invocar novamente o prazo de 30 dias ou até mesmo os dias eventualmente restantes (BENJAMIN, MARQUES e BESSA, 2014).

Quando, após a reclamação, o fornecedor recebe o produto para realizar o conserto (art. 18), o prazo permanece obstado. Caso o conserto não se realize a contento (não se efetive), o prazo para a reclamação judicial recomeça após a devolução do produto ao consumidor (art. 18, § 1º).

A interpretação deve ser conjunta e coerente: a devolução do produto sem que o vício tenha sido sanado reabre o prazo para a reclamação (agora judicial), com a escolha pelo conserto ou por uma das alternativas do § 1º do art. 18. Como também é um direito do fornecedor sanar o vício em até 30 dias (exceto nas hipóteses do art. 18, § 3º), não podemos cogitar que nesse período (em que o fornecedor fica com o produto para sanar o vício) esteja transcorrendo o prazo para reclamar judicialmente, pois o consumidor ainda acredita que o produto será devolvido com o vício sanado.

Já o prazo prescricional para o exercício da pretensão reparatória por danos causados aos consumidores-vítimas de acidentes de consumo (fato) é de cinco anos, segundo estabelece o art. 27 do CDC.

Contudo, diante da dificuldade, em algumas situações, de classificação específica em vício ou fato, os tribunais têm se utilizado também de prazos prescricionais do Código Civil. Observe alguns entendimentos específicos sobre prazos prescricionais:

O prazo prescricional nas ações relativas aos contratos de seguro é o previsto no art. 206, § 1º, II, do CC, segundo o qual prescreve em um ano a pretensão do segurado contra o segurador. Contudo, segundo o STJ, esse prazo dirige-se à pretensão resultante de inadimplemento contratual, envolvendo a cobertura securitária em si. No caso em que a pretensão decorre de prestação de serviço defeituosa, incide o prazo prescricional estabelecido no art. 27 do CDC (pedido de compensação de danos morais, por exemplo).

Já a pretensão de compensação de danos morais por negativação indevida deve ser formulada também no prazo prescricional de três anos, com fundamento no art. 206, § 3º, V (AgInt no REsp nº 1294478/RS, j. 20-4-2017). Segundo o entendimento jurisprudencial, o prazo quinquenal do art. 27 não se aplica ao caso, pois a situação não se enquadra no conceito de fato do serviço.

7. DA DESCONSIDERAÇÃO DA PERSONALIDADE JURÍDICA

O art. 6º dispõe que é um direito básico do consumidor a efetiva reparação dos danos morais e materiais. Para possibilitar essa reparação integral, o art. 28 autoriza a desconsideração da personalidade jurídica.

O art. 50 do CC, ao disciplinar a responsabilidade dos sócios da pessoa jurídica, disciplina a chamada teoria maior, pois exige, para a desconsideração, o abuso da personalidade jurídica, caracterizado pelo desvio de finalidade, ou pela confusão patrimonial. O *caput* do art. 28 do CDC se aproxima dessa teoria, ao exigir abuso de direito, excesso de poder, infração da lei, fato ou ato ilícito ou violação dos estatutos ou contrato social; ou ainda falência, estado de insolvência, encerramento ou inatividade da pessoa jurídica provocados por má administração.

Contudo, o § 5º do art. 28 *garante a aplicação, às relações de consumo, da teoria menor, ou seja, basta que a personalidade jurídica seja, de alguma forma, obstáculo ao ressarcimento dos prejuízos causados aos consumidores*. Tal entendimento está em consonância com a jurisprudência do STJ, para a qual:

> tratando-se de relação de consumo, é possível a desconsideração da personalidade jurídica quando esta representar obstáculo ao ressarcimento de prejuízos causados aos consumidores, nos termos do art. 28 do CDC (AgInt no AgREsp nº 1019605/PE, j. 22-3-2018).

8. DAS PRÁTICAS COMERCIAIS

O art. 29 do CDC determina que, para os fins do Capítulo V (das práticas comerciais), equiparam-se aos consumidores todas as pessoas determináveis ou não, expostas às práticas neles previstas. É importante, dessa forma, *não esquecer que não é apenas o contratante que é protegido pelo* Código de *Defesa do Consumidor*, o que, inclusive, é tema bastante questionado nos exames da OAB.

Os arts. 30 e ss. tratam da oferta, que, em termos gerais, é uma proposta de contrato que uma pessoa faz a outra. Contudo, no Direito do Consumidor, por suas características, abrange diferentes formatos, inclusive a publicidade.

> No contrato de massa, em virtude de seu caráter coletivo, a oferta deixa de ser individualizada e cristalina, e passa a ser feita também através de meios massificados, como a publicidade, a exposição das mercadorias em vitrines, em exposições, e até na rua. Quando

> o dono da banca de jornais e revistas expõe as suas mercadorias ao público, está fazendo oferta (CAVALIERI FILHO, 2011, p. 146).

Primeiro esclarecimento importante a respeito do art. 30 é que ele menciona informação e publicidade. As palavras não são sinônimas. Muitas vezes a publicidade veicula informações, mas nem toda informação é publicidade, e esta não tem o dever de informar amplamente. Contudo, qualquer informação (publicitária ou não), se encerrar os requisitos do art. 30, obriga o fornecedor que a fizer veicular.

O art. 30 trata do *princípio da vinculação*, que significa a obrigação do fornecedor de cumprir o que ofertou (preço, características do produto, forma de pagamento etc.). São dois os requisitos para a vinculação: que a oferta efetivamente chegue ao conhecimento dos consumidores (seja veiculada) e que seja suficientemente precisa (que não se trate de um exagero publicitário óbvio).

O *erro ao ofertar, em regra, não afasta a vinculação do fornecedor* (não afasta o seu dever de cumprir a oferta), exceto naquelas situações em que exigir o cumprimento de uma oferta evidentemente equivocada configurar má-fé do consumidor. Quando o equívoco "é extremo, o direito tem de admitir a recusa do fornecedor, como rara exceção do cumprimento da oferta, uma vez que aquele erro leva para fora dos quadros regulares da juridicidade instituída e dos princípios e normas impostos pelo CDC" (RIZZATTO NUNES, 2017, p. 471).

Em 5-5-2020 (REsp nº 1.794.991-SE), o STJ reiterou esse entendimento ao decidir que "o erro sistêmico grosseiro no carregamento de preços e a rápida comunicação ao consumidor podem afastar a falha na prestação do serviço e o princípio da vinculação da oferta" (Informativo de Jurisprudência nº 671, de 5-6-2020).

Sobre os efeitos da revogação da oferta, manifestou-se o STJ:

> A revogação da proposta ou da oferta ao público, veiculada no mesmo meio de comunicação, opera somente efeitos *ex nunc*, não alcançando a situação daqueles que, em tempo, já a aceitaram (REsp nº 1447375/SP, j. 13-12-2016).

Em caso de descumprimento da oferta, tem o consumidor as alternativas do art. 35:

> I – exigir o cumprimento forçado da obrigação, nos termos da oferta, apresentação ou publicidade;
>
> II – aceitar outro produto ou prestação de serviço equivalente;
>
> III – rescindir o contrato, com direito à restituição de quantia eventualmente antecipada, monetariamente atualizada, e a perdas e danos.

O art. 31 reafirma o direito básico à informação completa, conforme já visto.

O art. 32 estabelece o dever de oferta de componentes e peças de reposição enquanto não cessar a fabricação ou importação do produto. O parágrafo único do art. 31 estabelece que, "cessadas a produção ou importação, a oferta deverá ser mantida por período razoável de tempo, na forma da lei". Segundo os autores do anteprojeto, "a lei ou regulamento fixa um prazo máximo, ou o juiz, na sua carência, estabelece o período razoável de exigibilidade do dever. *Em todo caso, deve-se sempre levar em conta a vida útil do produto*" (GRINOVER *et al.*, 2017, p. 298).

O art. 33 reforça o dever de informação e a facilitação do exercício dos direitos do consumidor, ao estabelecer que, em caso de oferta ou venda por telefone ou reembolso postal, deve constar o nome do fabricante e endereço na embalagem, publicidade e em todos os impressos utilizados na transação comercial. O seu parágrafo único, incluído em 2008, proíbe a publicidade de bens e serviços por telefone, quando a chamada for onerosa ao consumidor que a origina.

O art. 34, já mencionado quando da abordagem da responsabilidade solidária, traz um dever de solidariedade que decorre da lei e não do nexo de causalidade, ao determinar que em situações relacionadas ao ato de ofertar o fornecedor do produto ou serviço é solidariamente responsável pelos atos de seus prepostos ou representantes autônomos, ou seja, o fornecedor não se exime de cumprir a oferta feita por aquele que fala em seu nome.

A seção seguinte trata de mais uma modalidade de prática comercial, a publicidade – que também vincula o fornecedor, como visto.

O *caput* do art. 36 determina a necessidade de identificação da mensagem publicitária, ou seja, o consumidor não pode "receber" publicidade sem saber se tratar de uma. É o chamado princípio da *vedação da publicidade clandestina*. O parágrafo único, por sua vez, traz o chamado princípio da transparência da fundamentação. Por exemplo, se o curso profissionalizante anuncia que consegue inserir a maioria dos seus alunos egressos no mercado de trabalho, deve dispor de dados que comprovem essa informação.

Nos artigos seguintes, o legislador tratou de conceituar e proibir a publicidade enganosa e a abusiva. *Publicidade enganosa* é aquela capaz de enganar o consumidor, total ou parcialmente, por omissão ou comissão. É irrelevante a intenção ou não de enganar, basta o resultado. Leva-se em conta somente a capacidade de induzir em erro. Já a *publicidade abusiva* é aquela que fere o sistema de valores da Constituição, que é discriminatória de qualquer natureza, que incite à violência, explore o medo ou a superstição, se aproveite do discernimento reduzido da criança, desrespeite valores ambientais, ou que seja capaz de induzir o consumidor a se comportar de forma prejudicial ou perigosa à sua saúde ou segurança.

Importa destacar que a responsabilidade é solidária também na oferta e na publicidade no caso de anúncio promovido pelo fabricante, mas que beneficia, também, o comerciante. Veja o *Informativo de Jurisprudência do STJ* (nº 562/2015) sobre a responsabilidade solidária do fabricante de automóveis:

> Responde solidariamente por vício de qualidade do automóvel adquirido o fabricante de veículos automotores que participa de propaganda publicitária garantindo com sua marca a excelência dos produtos ofertados por revendedor de veículos usados. O princípio da vinculação da oferta reflete a imposição da transparência e da boa-fé nos métodos comerciais, na publicidade e nos contratos, de forma que esta exsurge como princípio máximo orientador, nos termos do art. 30 do CDC. Realmente, é inequívoco o caráter vinculativo da oferta, integrando o contrato, de modo que o fornecedor de produtos ou serviços se responsabiliza também pelas expectativas que a publicidade venha a despertar no consumidor, mormente quando veicula informação de produto ou serviço com a chancela de determinada marca. Trata-se de materialização do princípio da boa-fé objetiva, exigindo do anunciante os deveres anexos de lealdade, confiança, cooperação, proteção e informação, sob pena de responsabilidade.

O julgado é muito elucidativo em relação aos princípios gerais de direito do consumidor, especialmente boa-fé objetiva, vinculação à oferta e solidariedade na publicidade. Observe que o entendimento é sobre a revenda de veículos usados.

8.1 PRÁTICAS ABUSIVAS

Práticas abusivas, segundo Antonio Benjamin, decorrem da "desconformidade com os padrões mercadológicos de boa conduta em relação ao consumidor" (BENJAMIN, MARQUES e BESSA, 2014). As práticas abusivas não são apenas aquelas do art. 39, pois estão apontadas em todo o Código e *podem ocorrer antes, durante e após a conclusão do contrato*.

O rol apresentado no art. 39 é exemplificativo. O inc. I refere-se à venda casada, assunto sempre muito comentado na imprensa. É vedado ao fornecedor condicionar o fornecimento de produto ou de serviço ao fornecimento de outro produto ou serviço. É o caso do banco que, para conceder crédito, exige que o consumidor adquira também contrato de seguro. Segundo Rizzatto Nunes, "a operação casada pressupõe a existência de produtos e serviços que são usualmente vendidos separados" (2017, p. 604). Veja o teor da Súm. nº 473 do STJ, que tem origem justamente na proibição da venda casada.

> Súm. nº 473. O mutuário do SFH não pode ser compelido a contratar o seguro habitacional obrigatório com a instituição financeira mutuante ou com a seguradora por ela indicada.

O inc. II considera abusiva a recusa do fornecedor de atendimento às demandas dos consumidores tendo disponibilidade de estoque. O inc. III, já questionado no Exame de Ordem, refere-se à proibição do ato de enviar ou entregar produto ou serviço sem solicitação prévia, dispositivo complementado pela Súm. nº 532 do STJ:

> Súm. nº 532. Constitui prática comercial abusiva o envio de cartão de crédito sem prévia e expressa solicitação do consumidor, configurando-se ato ilícito indenizável e sujeito à aplicação de multa administrativa.

Ainda em relação ao inc. III, veja o que dispõe o parágrafo único do art. 39:

> Os serviços prestados e os produtos remetidos ou entregues ao consumidor, na hipótese prevista no inciso III, equiparam-se às amostras grátis, inexistindo obrigação de pagamento.

Assim, se o fornecedor enviar produto ou prestar serviço sem solicitação prévia do consumidor, não poderá cobrar por eles.

O inc. IV traz uma regra geral de proteção da vulnerabilidade, especialmente daqueles que, em razão de alguma característica especial, têm sua vulnerabilidade majorada, tendo em vista sua *idade, saúde, conhecimento ou condição social*. Como o legislador reconheceu a fragilidade agravada em decorrência de situação de saúde, vale recordar que *o CDC é aplicado* aos planos de saúde, salvo os administrados por entidades de autogestão (Súm. nº 608 do STJ). E mais:

> Súm. nº 597. A cláusula contratual de plano de saúde que prevê carência para utilização dos serviços de assistência médica nas situações de emergência ou de urgência é considerada abusiva se ultrapassado o prazo máximo de 24 horas contado da data da contratação.
>
> Súm. nº 302. É abusiva a cláusula contratual de plano de saúde que limita no tempo a internação hospitalar do segurado.

O inc. V considera prática abusiva "exigir do consumidor vantagem manifestamente excessiva". O inc. VI proíbe a execução de serviços sem a prévia *elaboração de orçamento* e autorização expressa do consumidor, ressalvadas as decorrentes de práticas anteriores entre as partes.

O art. 40 complementa o tema orçamento, mencionando a sua obrigatoriedade; a sua validade pelo prazo de dez dias; que, uma vez aprovado pelo consumidor, obriga os contraentes e somente pode ser alterado mediante livre negociação das partes; e, por fim, que o consumidor não responde por quaisquer ônus ou acréscimos decorrentes da contratação de serviços de terceiros nele não previstos.

O inc. VII indica como prática abusiva repassar informação depreciativa, referente a ato praticado pelo consumidor no exercício de seus direitos. Diz-se ato praticado no exercício dos direitos, entre outros, quando o consumidor reclama no PROCON ou ajuíza ação consumerista. O fornecedor que tomar conhecimento não poderá repassar essa informação para depreciar ou prejudicar o consumidor.

O inc. VIII veda a colocação no mercado de consumo de qualquer produto ou serviço em desacordo com as normas expedidas pelos órgãos oficiais competentes. O inc. IX proíbe que o fornecedor recuse a venda de bens ou a prestação de serviços, diretamente a quem se disponha a adquiri-los, mediante pronto pagamento, ressalvados os casos de intermediação regulados em leis especiais. Por pronto pagamento deve-se entender o pagamento em dinheiro. É lícito ao fornecedor recusar outros meios de pagamento, como cheque e cartão de crédito. Contudo, tem o fornecedor o dever de informar ampla e previamente à venda os meios possíveis de pagamento.

O inc. X proíbe que o fornecedor eleve sem justa causa o preço de produtos ou serviços. Segundo Miragem, para a análise da aplicação dessa regra, temos que lembrar que vigora no país o princípio da livre-inciativa, que, em regra, impede a interferência do Estado na fixação dos preços. Contudo, a Lei de Defesa da Concorrência atualmente em vigor (Lei nº 12.529/2011) considera infração à ordem econômica "aumentar arbitrariamente os lucros". Assim, deve-se levar em conta as regras básicas de formação de preços, como o custo da produção, e *considerar prática abusiva a elevação de preços de modo excessivo, que viola os princípios da boa-fé e da vulnerabilidade do consumidor*.

Um exemplo de aplicação jurisprudencial do inc. X era a diferenciação entre pagamento em dinheiro, cheque ou cartão de crédito, reconhecida como prática abusiva pelo STJ:

> Caracteriza prática abusiva no mercado de consumo a diferenciação do preço do produto em função de o pagamento ocorrer em dinheiro, cheque ou cartão de crédito (*Informativo de Jurisprudência do STJ nº 571*).

Contudo, em 26-6-2017, foi publicada a Lei nº 13.422, que passou a permitir a diferenciação de preços em decorrência da forma de pagamento.

> Agora é possível fazer diferença de preço para aquele que pagar à vista e em dinheiro, por exemplo. Resta aguardarmos a posição do Superior Tribunal de Justiça, que sempre foi contrária a qualquer tipo de diferenciação no tocante ao preço dos bens de consumo, conforme acima demonstrado (ALMEIDA, 2018, p. 614).

O art. 39 ainda considera abusivas as seguintes práticas:

> (...)
>
> XII – o fornecedor deixar de estipular prazo para o cumprimento de sua obrigação ou deixar a fixação de seu termo inicial a seu exclusivo critério;
>
> XIII – aplicar fórmula ou índice de reajuste diverso do legal ou contratualmente estabelecido;

> XIV – permitir o ingresso em estabelecimentos comerciais ou de serviços de um número maior de consumidores que o fixado pela autoridade administrativa como máximo. [Incluído pela Lei nº 13.425, de 30-3-2017]

8.2 COBRANÇA DE DÍVIDAS

A Seção V do Código de Defesa do Consumidor trata da cobrança de dívida. O *caput* do art. 42 trata do dever de respeito ao consumidor e da preservação de sua dignidade, proibindo a cobrança vexatória. O parágrafo único aborda a repetição do indébito em dobro.

O Código de Defesa do Consumidor não proíbe o ato de cobrar, apenas os abusos empreendidos nessa prática. Na cobrança de dívidas, o consumidor não poderá ser exposto a ridículo, nem será submetido a qualquer tipo de constrangimento ou ameaça. O professor Bruno Miragem exemplifica:

> a) a relação entre fornecedor e consumidor é pessoal, logo, não é lícito ao primeiro dar conhecimento da dívida, ou tratar da questão com terceiras pessoas, como familiares, colegas de trabalho, amigos ou demais pessoas das relações do devedor; b) a exigência do crédito deve se dar de modo discreto e formal, sem a exposição da situação a terceiros, nem o constrangimento ou afetação da credibilidade social do devedor; c) são expressamente vedadas quaisquer ameaças físicas ou a adoção de medidas que não estejam previstas na lei ou no contrato, visando causar prejuízo ao devedor; e d) não é reconhecido ao credor o direito de perturbar o consumidor em suas atividades cotidianas, como seus momentos de descanso ou de desenvolvimento da atividade laboral, de modo de causar perturbações tais que o levem a satisfazer a dívida como modo de fazer cessar o infortúnio (MIRAGEM, 2018).

O parágrafo único trata da repetição do indébito, ou seja, o consumidor cobrado em quantia indevida terá direito à restituição em dobro. São, portanto, requisitos dessa penalidade *a cobrança de dívida extrajudicial de consumo e o respectivo pagamento*. A multa é devida, segundo a lei, salvo engano justificável. Dessa forma, compreende a doutrina que a cobrança efetivada de forma dolosa ou culposa seria suficiente para legitimar a restituição em dobro.

Contudo, as decisões ainda são divergentes sobre o conceito de engano justificável. Decisões mais recentes, inclusive do STJ, estão exigindo comprovação de má-fé para a restituição em dobro.

8.3 BANCOS DE DADOS E CADASTROS DE CONSUMIDORES

Ainda dentro do capítulo "Práticas Comerciais", o Código de Defesa do Consumidor trata dos bancos de dados e cadastros de consumidores. Ao discipliná-los, o legislador reconheceu sua licitude, desde que criados e mantidos conforme as regras estipuladas na lei. Para Leonardo Bessa:

> embora permita a existência de arquivos de consumo, vez que úteis para a dinamicidade da economia, beneficiando o fornecedor e o próprio consumidor, há evidente preocupação da lei em impor limites e regras, considerando a ameaça que os arquivos de consumo representam à privacidade e à honra das pessoas (BENJAMIN, MARQUES e BESSA, 2014, p. 325).

Embora seja comum – inclusive em julgados – encontrarmos o uso indiscriminado das expressões, o Min. Herman Benjamin tratou de ressaltar a importância de sua diferenciação. Segundo Bessa (mencionando a compreensão de Herman Benjamin), nos *cadastros* é o próprio consumidor, independentemente de a compra ser a crédito, que oferece seus dados pessoais para o estabelecimento. É comum estabelecimentos comerciais solicitarem ao consumidor o preenchimento desses cadastros. Já nos *bancos de dados* de consumo, cuja principal espécie são justamente os de proteção ao crédito, a informação advém dos fornecedores. *A regra hoje é o não fornecimento de crédito sem prévia consulta aos bancos de dados*. Por isso que eles exercem uma influência muito grande no mercado de consumo (inclusão ou exclusão).

> Além das informações fornecidas pelo comércio, há intensa permuta de informações entre bancos de dados. Algumas entidades também coletam, por iniciativa própria, informações de cartórios de distribuição de ações e de protesto de títulos (BENJAMIN, MARQUES e BESSA, 2014).

O art. 43 disciplina os principais aspectos dos cadastros e bancos de dados de consumo, e sua interpretação vem sendo qualificada pelos tribunais: a) as informações devem ser verdadeiras; b) a linguagem da informação ao consumidor deve ser de fácil compreensão; c) o consumidor deve ter acesso a essas informações; d) o consumidor tem direito à retificação da informação, em caso de erro, no prazo de cinco dias úteis; e) o consumidor tem o direito de ser comunicado previamente sobre a abertura de cadastro ou inserção de seu nome em bancos de dados; f) o consumidor tem direito a reparação por dano moral no caso de ausência de notificação prévia; g) a negativação indevida gera dano moral presumido, salvo quando preexista inscrição desabonadora regularmente realizada; e h) prazo máximo de cinco anos para manutenção de informação negativa, contados do primeiro dia seguinte à data de vencimento da dívida (REsp nº 1630659/DF, j. 21-9-2018).

Súmulas do STJ sobre o assunto:

> Súm. nº 323. A inscrição do nome do devedor pode ser mantida nos serviços de proteção ao crédito até o prazo máximo de cinco anos, independentemente da prescrição da execução.
>
> Súm. nº 359. Cabe ao órgão mantenedor do Cadastro de Proteção ao Crédito a notificação do devedor antes de proceder à inscrição.

> Súm. nº 385. Da anotação irregular em cadastro de proteção ao crédito, não cabe indenização por dano moral, quando preexistente legítima inscrição, ressalvado o direito ao cancelamento.
>
> Súm. nº 404. É dispensável o aviso de recebimento (AR) na carta de comunicação ao consumidor sobre a negativação de seu nome em bancos de dados e cadastros.
>
> Súm. nº 548. Incumbe ao credor a exclusão do registro da dívida em nome do devedor no cadastro de inadimplentes no prazo de cinco dias úteis, a partir do integral e efetivo pagamento do débito.
>
> Súm. nº 550. A utilização de escore de crédito, método estatístico de avaliação de risco que não constitui banco de dados, dispensa o consentimento do consumidor, que terá o direito de solicitar esclarecimentos sobre as informações pessoais valoradas e as fontes dos dados considerados no respectivo cálculo.

Ainda sobre esse tema, importa esclarecer que um dos precedentes que deram origem à Súm. nº 359 (cabe ao órgão mantenedor do cadastro de proteção ao crédito a notificação do devedor antes de proceder à inscrição), diz que: "os bancos são partes ilegítimas para responder pela responsabilidade da comunicação da inscrição, que é dever dos órgãos de proteção ao crédito" (REsp nº 442.483/RS, j. 5-9-2002). No mesmo sentido:

> A responsabilidade decorrente da ausência de comunicação prévia ao consumidor, medida imprescindível à regularidade da inscrição, é da empresa administradora do banco de dados, a quem cabe providenciar a cientificação do devedor (AgRg no AgREsp nº 341286/RS, j. 6-8-2013).

Depreende-se, portanto, que a responsabilidade por danos morais decorrentes da ausência de notificação é apenas do cadastrador, e não do credor. Já a responsabilidade pelo não cancelamento do registro após o pagamento é do fornecedor (credor).

9. PROTEÇÃO CONTRATUAL

Importa compreender que a proteção contratual do consumidor começa na fase pré-contratual, com a oferta, conforme exposto anteriormente. Já a fase contratual necessita de maior proteção em razão da preponderante contratação por adesão.

A primeira disposição, no art. 46, confirma os princípios da informação e da transparência ao registrar o dever do fornecedor de dar conhecimento prévio ao consumidor sobre o conteúdo do contrato. *Dar conhecimento, segundo a melhor doutrina, não é apenas oportunizar a leitura, mas proporcionar a compreensão.* Sem oportunizar o conhecimento, o contrato se torna ineficaz. Mesmo oportunizando a compreensão, se as cláusulas ainda necessitarem de interpretação, especialmente em razão de alguma ambiguidade, essa deverá se dar da maneira mais favorável ao consumidor (art. 47). Por fim, ressalva o legislador que todas as espécies de documentos relativos às relações de consumo vinculam (obrigam) o fornecedor (art. 48).

O art. 49 trata de assunto muito recorrente nas relações de consumo: o *direito à desistência*. O consumidor pode desistir do contrato, no prazo de sete dias, a contar de sua assinatura ou do ato de recebimento do produto ou serviço, sempre que a contratação de fornecimento de produtos e serviços ocorrer *fora do estabelecimento comercial*.

Um dos instrumentos de proteção mais utilizados na atualidade é o direito de arrependimento. *Importante não esquecer que ele se refere às compras feitas fora do estabelecimento comercial (em domicílio, pela TV, internet, catálogo etc.)*. A principal razão do direito de arrependimento é proporcionar ao consumidor um prazo de reflexão, no qual possa desistir do contrato, independentemente de qualquer justificativa.

> Quando o contrato de consumo for concluído fora do estabelecimento comercial, o consumidor tem o direito de desistir do negócio em 7 dias, sem nenhuma motivação, nos termos do art. 49 do CDC (AgRg no AgREsp nº 533990/MG, j. 18-8-2015).
>
> No caso do comércio eletrônico (internet), a razão para o direito de arrependimento é a impossibilidade de contato físico com o produto. Por mais que se mostrem diversas fotos, sejam esclarecidas as características e qualidades do produto, nada substitui o contato direto do consumidor com o bem, fator imprescindível para uma decisão de compra (BENJAMIN, MARQUES e BESSA, 2014).

Segundo Bessa, todos os gastos e despesas do consumidor, inclusive de transporte do bem, devem ser imediatamente devolvidos.

O art. 50 trata da garantia contratual, já abordada em tópico próprio.

O art. 51 tem um rol exemplificativo de cláusulas contratuais abusivas. As denominadas cláusulas abusivas, segundo o Código de Defesa do Consumidor, são nulas de pleno direito. "O controle das cláusulas abusivas e decretação da sua nulidade é competência tipicamente judicial" (MIRAGEM, 2012, p. 295).

Lembre-se de que, nas ações revisionais de contratos de consumo, o magistrado tanto pode invalidar a cláusula abusiva como realizar a modificação do seu conteúdo (art. 6º, inc. V).

O inc. I traz importante dispositivo que confirma a natureza de ordem pública do Código de Defesa do Consumidor, tornando nula de pleno direito a cláusula que implique renúncia ou disposição de direitos previstos no Código. Leonardo Bessa entende que o dispositivo *não veda, contudo, a estipulação de cláusula penal compensatória (definição prévia em contrato do valor de eventual reparação de danos)*, desde que equilibrada (sem atribuir vantagem exagerada ao fornecedor).

O inc. II estabelece que também são nulas as cláusulas contratuais que "subtraiam ao consumidor a opção de reembolso da quantia já paga". Em diversas situações o Código de Defesa do Consumidor confere-se ao consumidor o direito de reembolso, como no art. 49. O inc. III impede a transferência de responsabilidade a terceiros.

O inc. IV traz uma espécie de cláusula geral de boa-fé e equidade, pois determina abusiva a cláusula que cria um desequilíbrio. É, portanto, a principal e mais ampla possibilidade de identificação de abusividades.

> Trata-se de cláusula de abertura do sistema de reconhecimento das cláusulas abusivas no CDC, a partir da qual se dá o desenvolvimento jurisprudencial em relação à violação dos deveres decorrentes dos princípios da boa-fé, do equilíbrio ou da equidade (MIRAGEM, 2012, p. 296).

Embora a previsão seja ampla, o § 1º do art. 51 exemplifica algumas vantagens exageradas.

O inc. VI veda a inversão do ônus da prova em prejuízo do consumidor. O inc. VII proíbe a previsão, no contrato, de utilização compulsória da arbitragem. O inc. VIII proíbe a chamada cláusula-mandato, que visa impedir que o consumidor constitua o fornecedor seu representante, que passará a agir em nome do consumidor, mas no seu próprio interesse.

Os incs. IX, X, XI e XIII proíbem as denominadas cláusulas potestativas, que:

> estabelecem tão forte poder de direção do fornecedor na direção do contrato de consumo, que terminam por diminuir ou suprimir a possibilidade do consumidor promover com alguma utilidade seus interesses, comprometendo o equilíbrio do contrato (MIRAGEM, 2018).

São cláusulas que atribuem apenas ao fornecedor o poder de decisão, como concluir ou não ou contrato, variação unilateral de preço, cancelamento unilateral ou modificação unilateral do contrato.

O inc. XII insere no rol das abusividades a cláusula que determina o ressarcimento unilateral dos custos de cobrança pelo consumidor. Tal tema, contudo, encontra-se bastante controvertido na jurisprudência. Ao julgar recurso especial em ação civil pública (REsp nº 1361699/MG, j. 12-9-2017), o STJ concluiu que:

> (...)
>
> 3. À luz do princípio *restitutio in integrum*, consagrado no art. 395 do CC/2002, *imputa-se ao devedor a responsabilidade por todas as despesas a que ele der causa em razão da sua mora ou inadimple-*

> *mento*, estando o consumidor, por conseguinte, obrigado a ressarcir os custos decorrentes da cobrança de obrigação inadimplida.
>
> 4. *Havendo expressa previsão contratual, não se pode afirmar que a exigibilidade das despesas de cobrança em caso de mora ou inadimplemento, ainda que em contrato de adesão, seja indevida*, cabendo à instituição financeira apurar e comprovar os danos e os respectivos valores despendidos de forma absolutamente necessária e razoável, para efeito de ressarcimento.
>
> 5. *Eventual abusividade decorrente da inexistência de provas acerca dos referidos custos, bem como da falta de razoabilidade dos valores cobrados, deve ser examinada em cada caso*, a título singular, não se mostrando a ação civil pública adequada a tal propósito, uma vez reconhecida a legalidade, em tese, da cláusula contratual questionada.
>
> (...)

Mais recentemente, em 18-2-2020, ao julgar Ação Civil Pública (REsp nº 1.439.314/RS), o STJ reafirmou a possibilidade de se atribuir ao consumidor o pagamento dos custos da cobrança, nos seguintes termos:

> [...] 3. O Código de Defesa do Consumidor não veda a estipulação contratual que impõe ao consumidor o pagamento das despesas de cobrança. Apenas determina que esse direito seja uma via de mão dupla, permitindo que o consumidor também seja ressarcido por eventuais despesas de cobrança dirigida contra o fornecedor (art. 51, XII, do CDC).
>
> 4. Hipótese em que o boleto bancário não se constitui na única forma de pagamento colocada à disposição do consumidor, que pode se valer de outros meios de adimplemento das obrigações decorrentes dos contratos de locação celebrados com a empresa demandada, inclusive com instruções claras e adequadas sobre a possibilidade de pagamento com isenção da tarifa bancária. [...]

Os incs. XIV, XV e XVI vedam cláusulas que violem regras ambientais, que estejam em desacordo com o sistema de proteção do Código de Defesa do Consumidor e que possibilitem a renúncia de indenização por benfeitorias necessárias.

Por fim, conforme já mencionado, o legislador priorizou a manutenção dos contratos, ao determinar (§ 2º) que, em regra, a nulidade de uma cláusula contratual abusiva não invalida o contrato.

O art. 52 trata dos contratos de outorga de crédito ou concessão de financiamento, que deverão observar os seguintes requisitos: o preço do produto ou serviço deve ser informado em moeda corrente nacional; o consumidor deve ser informado dos acréscimos legalmente previstos, do número e periodicidade das prestações, assim como do total a pagar com ou sem financiamento.

O § 1º determina que as multas de mora decorrentes do inadimplemento de obrigações não poderão ser superiores a 2% do valor da prestação; e o § 2º assegura ao consumidor a possibilidade de quitar antecipadamente os seus débitos com desconto proporcional dos encargos.

O art. 53 determina que nos contratos de compra e venda de móveis ou imóveis mediante pagamento em prestações, bem como nas alienações fiduciárias em garantia, são nulas as cláusulas que estabeleçam a perda total das prestações pagas em benefício do credor que, em razão do inadimplemento, pleitear a resolução do contrato e a retomada do produto alienado. O STJ aprofundou a proteção do consumidor com a seguinte súmula:

> Súm. nº 543. Na hipótese de resolução de contrato de promessa de compra e venda de imóvel submetido ao Código de Defesa do Consumidor, deve ocorrer a imediata restituição das parcelas pagas pelo promitente comprador – integralmente, em caso de culpa exclusiva do promitente vendedor/construtor, ou parcialmente, caso tenha sido o comprador quem deu causa ao desfazimento.

Outro entendimento jurisprudencial também aborda os contratos de promessa de compra e venda de imóveis:

Informativo de Jurisprudência do STJ nº 612 (25-10-2017): Não é abusiva a cláusula de tolerância nos contratos de promessa de compra e venda de imóvel em construção que prevê prorrogação do prazo inicial para a entrega da obra pelo lapso máximo de 180 (cento e oitenta) dias.

Mais recentemente a Lei nº 13.786/2018 alterou as Leis nºs 4.591/1964 e 6.766/1979, disciplinando a resolução do contrato por inadimplemento do adquirente ou do vendedor de unidade imobiliária em incorporação imobiliária e em parcelamento de solo urbano, estabelecendo os limites máximos de pena convencional.

O art. 54 trata dos contratos de adesão e dispõe que a inserção de cláusula no formulário não desfigura a sua natureza de adesão; que devem ser escritos em termos claros e com caracteres ostensivos e legíveis, cujo tamanho da fonte não será inferior ao corpo doze; que as cláusulas que implicarem limitação de direito do consumidor deverão ser redigidas com destaque, permitindo sua imediata e fácil compreensão.

10. INFRAÇÕES PENAIS

O Direito Penal do Consumidor tem sua sede especialmente em duas normas: no Código de Defesa do Consumidor e na Lei nº 8.137/1990, que define crimes contra a ordem tributária, econômica e contra as relações de consumo. A compreensão das principais regras de direito material do Código auxilia na compreensão e identificação dos tipos penais.

> A par das condutas típicas relacionadas na legislação penal acerca de crimes de consumo impróprios, o CDC vai estabelecer uma série de tipos penais, visando a proteção de diversos aspectos da relação de consumo. *Neste sentido privilegia a descrição de condutas que violam deveres expressos previstos em outras disposições do Código*, estabelecendo um universo de crimes de consumos próprios, identificados com a proteção específica do consumidor individual ou da coletividade de consumidores. (MIRAGEM, 2012, p. 655).

Dessa forma, a violação de muitos dos direitos do consumidor aqui já estudados também configura crime. Sugere-se, assim, a leitura dos tipos penais constantes nos arts. 61 a 80 do CDC, cuja compreensão restará facilitada com o estudo dos temas aqui já tratados.

Veja, por exemplo, que em decorrência do direito básico à informação o art. 63 do CDC define como crime a conduta de "omitir dizeres ou sinais ostensivos sobre a nocividade ou periculosidade de produtos, nas embalagens, nos invólucros, recipientes ou publicidade".

O art. 65 tipifica como crime executar serviço de alto grau de periculosidade, contrariando determinação de autoridade competente. Importa, nesse caso, observar algumas alterações promovidas pela Lei nº 13.425/2017, que estabeleceu diretrizes gerais sobre medidas de prevenção e combate a incêndio e a desastres em estabelecimentos, edificações e áreas de reunião de público, como uma reação à tragédia da Boate Kiss, no Rio Grande do Sul. O § 2º determina que a "prática do disposto no inciso XIV do art. 39 desta Lei também caracteriza o crime previsto no *caput* deste artigo". O inc. XIV do art. 39 define como prática abusiva "permitir o ingresso em estabelecimentos comerciais ou de serviços de um número maior de consumidores que o fixado pela autoridade administrativa como máximo".

Outro exemplo é o tema abordado em uma das questões do XV Exame da Ordem Unificado que questionava sobre a negativa de Banco de Dados e Cadastro em fornecer a informação sobre a origem do cadastramento negativo. A alternativa correta era sobre o tipo penal previsto no art. 72, e foi redigida nos seguintes termos:

> o procedimento do empregado, ao negar as informações que constam no Banco de Dados e Cadastros sobre o consumidor, configura infração penal punível com pena de detenção ou multa, nos termos tipificados no Código de Defesa do Consumidor.

Assim, considerando os princípios de Direito Penal, especialmente os da legalidade e taxatividade, sugere-se que o estudo deste título se dê pela leitura e memorização das infrações penais.

11. DEFESA DO CONSUMIDOR EM JUÍZO

O Código de Defesa do Consumidor estabelece algumas garantias processuais ao consumidor. De nada adiantaria estabelecer regras protetivas de direito material e se omitir quanto ao processo.

Melhor seria se as demandas consumeristas sequer precisassem ser judicializadas, mas muitos fornecedores ainda oferecem um serviço de atendimento ao consumidor extremamente deficiente, o que acarreta a necessidade de acesso à justiça. Em relação ao consumidor, a problemática do acesso à justiça é mais grave em razão da enorme desigualdade existente entre os litigantes – eventuais x habituais. Conforme Mauro Capelletti, citado por Cavalieri Filho:

> Enquanto o produtor é de regra organizado, juridicamente bem informado e tipicamente um litigante habitual (no sentido de que o confronto judiciário não representará para ele episódio solitário, que o encontre desprovido de informação e experiência), o consumidor, ao contrário, está isolado; é um litigante ocasional e naturalmente relutante em defrontar-se com o poderoso adversário. E as maiores vítimas desse desequilíbrio são os cidadãos das classes sociais menos abastadas e culturalmente desaparelhados, por ficarem mais expostos às políticas agressivas da empresa moderna (palestra sobre o Acesso dos Consumidores à Justiça) (CAVALIERI FILHO, 2011, p. 341).

Atento a essa necessidade, o legislador dedicou todo um título à defesa do consumidor em juízo, dividindo-o em ações individuais e ações coletivas. Sob o título "Das ações de responsabilidade do fornecedor de produtos e serviços", disciplinou aspectos relativos às ações individuais.

Conforme art. 81 do CDC, a defesa do consumidor também pode ser exercida por meio de ações coletivas.

O art. 81 conceitua interesses difusos, coletivos e individuais homogêneos; o art. 82 traz o rol de legitimados para a propositura de ações coletivas e o art. 83 determina que são admissíveis todas as espécies de ações capazes de propiciar a adequada e efetiva tutela do consumidor.

O examinado deve atentar para os dispositivos que regulam as ações coletivas para proteção de interesses individuais homogêneos (arts. 91 a 100, pois a banca tem inserido diversas questões sobre esse tema nas últimas provas). Lembrar que, em caso de procedência do pedido, a condenação será genérica. A liquidação e a execução de sentença poderão ser promovidas pela vítima, por seus sucessores ou pelos legitimados para a ação coletiva (art. 97).

O art. 88 também traz importante previsão processual *ao vedar a denunciação da lide nas ações de responsabilidade civil por fato do produto*. O STJ ampliou a aplicação da proibição, conforme o seguinte entendimento:

> *Informativo de Jurisprudência do STJ nº 498* (21-5 a 1º-6-2012): A vedação à denunciação da lide prevista no art. 88 do CDC não se restringe à responsabilidade de comerciante por fato do produto (art. 13 do CDC), sendo aplicável também nas demais hipóteses de responsabilidade civil por acidentes de consumo (arts. 12 e 14 do CDC).

O art. 101 regula tema muito questionado pela Fundação Getulio Vargas nas provas de segunda fase, que dispõe que *as ações de consumo podem ser propostas no domicílio do autor*. Considerando essa faculdade do consumidor e todos os princípios protetivos presentes no Código de Defesa do Consumidor, questiona-se muito sobre a validade da cláusula de eleição de foro, prejudicial ao consumidor, nos contratos consumeristas.

O art. 63, § 3º, do CPC/2015, determina que:

> antes da citação, a cláusula de eleição de foro, se abusiva, pode ser reputada ineficaz de ofício pelo juiz, que determinará a remessa dos autos ao juízo do foro de domicílio do réu.

Assim, tem-se essa possibilidade naquelas ações em que o fornecedor demanda o consumidor.

A doutrina já considerava abusiva – e nula – a cláusula de eleição de foro contrária ao consumidor, por força dos incs. IV e XV do art. 51 do CDC.

Mais recentemente, contudo, o STJ se manifestou da seguinte forma:

> A jurisprudência do STJ tem se orientado pela indispensável demonstração de prejuízo ao exercício do direito de defesa do consumidor para restar configurada a nulidade da cláusula de eleição de foro (REsp nº 1707855/SP, j. 20-2-2018).

Percebe-se que a compreensão atual do STJ, a partir da entrada vigor do novo CPC, não é mais pela presunção de nulidade da cláusula de eleição de foro pelo simples fato de se tratar de contrato de adesão. Há que se identificar prejuízo a defesa do consumidor para se reconhecer a nulidade.

12. CONVENÇÃO COLETIVA DE CONSUMO

O art. 107 regula a chamada convenção coletiva de consumo. A convenção é *uma espécie de negócio jurídico pelo qual as entidades de representação de consumidores e fornecedores podem regular relações de consumo*, nos aspectos condizentes ao preço, à qualidade, à quantidade, à garantia e às características de produtos e serviços, bem como sobre reclamações e composição de conflitos consumeristas.

Para sua obrigatoriedade, é impositivo o registro do instrumento no cartório de títulos e documentos. O conteúdo da convenção coletiva de consumo é estabelecido pelo próprio art. 107, conforme mencionado anteriormente.

> Naturalmente, contudo, não podem fazer parte destas convenções qualquer espécie de obrigação que afaste ou de qualquer modo restrinja a aplicação das normas do Código, dado o seu caráter de normas de ordem pública, e deste modo, inderrogáveis pela vontade das partes (BENJAMIN, MARQUES e MIRAGEM, 2017).

QUESTÕES

1. **(OAB – FGV – VIII EXAME DE ORDEM)** Determinado consumidor, ao mastigar uma fatia de pão com geleia, encontrou um elemento rígido, o que lhe causou intenso desconforto e a quebra parcial de um dos dentes. Em razão do fato, ingressou com medida judicial em face do mercado que vendeu a geleia, a fim de ser reparado. No curso do processo, a perícia constatou que o elemento encontrado era uma pequena porção de açúcar cristalizado, não oferecendo risco à saúde do autor. Diante desta narrativa, assinale a afirmativa correta.

   a) O fabricante e o fornecedor do serviço devem ser excluídos de responsabilidade, visto que o material não ofereceu qualquer risco à integridade física do consumidor, não merecendo reparação.

   b) O elemento rígido não característico do produto, ainda que não o tornasse impróprio para o consumo, violou padrões de segurança, já que houve dano comprovado pelo consumidor.

   c) A responsabilidade do fornecedor depende de apuração de culpa e, portanto, não tendo o comerciante agido de modo a causar voluntariamente o evento, não deve responder pelo resultado.

   d) O comerciante não deve ser condenado e sequer caberia qualquer medida contra o fabricante, posto que não há fato ou vício do produto, motivo pelo qual não deve ser responsabilizado pelo alegado defeito.

2. **(OAB – FGV – XVIII EXAME DE ORDEM)** Dulce, cinquenta e oito anos de idade, fumante há três décadas, foi diagnosticada como portadora de enfisema pulmonar. Trata-se de uma doença pulmonar obstrutiva crônica caracterizada pela dilatação excessiva dos alvéolos pulmonares, que causa a perda da capacidade respiratória e uma consequente oxigenação insuficiente. Em razão do avançado estágio da doença, foi prescrito como essencial o tratamento de suplementação de oxigênio. Para tanto, Joana, filha de Dulce, adquiriu para sua mãe um aparelho respiratório na loja Saúde e Bem-Estar. Porém, com uma semana de uso, o produto parou de funcionar. Joana procurou imediatamente a loja para substituição do aparelho, oportunidade na qual foi informada pela gerente que deveria aguardar o prazo legal de trinta dias para conserto do produto pelo fabricante. Com base no caso narrado, em relação ao Código de Proteção e Defesa do Consumidor, assinale a afirmativa correta.

   a) Está correta a orientação da vendedora. Joana deverá aguardar o prazo legal de trinta dias para conserto e, caso não seja sanado o vício, exigir a substituição do produto, a devolução do dinheiro corrigido monetariamente ou o abatimento proporcional do preço.

b) Joana não é consumidora destinatária final do produto, logo tem apenas direito ao conserto do produto durável no prazo de noventa dias, mas não à devolução da quantia paga.

c) Joana não precisa aguardar o prazo legal de trinta dias para conserto, pois tem direito de exigir a substituição imediata do produto, em razão de sua essencialidade.

d) Na impossibilidade de substituição do produto por outro da mesma espécie, Joana poderá optar por um modelo diverso, sem direito à restituição de eventual diferença de preço, e, se este for de valor maior, não será devida por Joana qualquer complementação.

3. (OAB – FGV – V EXAME DE ORDEM) Ao instalar um novo aparelho de televisão no quarto de seu filho, o consumidor verifica que a tecla de volume do controle remoto não está funcionando bem. Em contato com a loja onde adquiriu o produto, é encaminhado à autorizada. O que esse consumidor pode exigir com base na lei, nesse momento, do comerciante?

a) A imediata substituição do produto por outro novo.

b) O dinheiro de volta.

c) O conserto do produto no prazo máximo de 30 dias.

d) Um produto idêntico emprestado enquanto durar o conserto.

4. (OAB – FGV – XXIV EXAME DE ORDEM) Osvaldo adquiriu um veículo zero-quilômetro e, ao chegar em casa, verificou que, no painel do veículo, foi acionada a indicação de problema no nível de óleo. Ao abrir o capô, constatou sujeira de óleo em toda a área. Osvaldo voltou imediatamente à concessionária, que realizou uma rigorosa avaliação do veículo e constatou que havia uma rachadura na estrutura do motor, que, por isso, deveria ser trocado. Osvaldo solicitou um novo veículo, aduzindo que optou pela aquisição de um zero-quilômetro por buscar um carro que tivesse toda a sua estrutura "de fábrica". A concessionária se negou a efetuar a troca ou devolver o dinheiro, alegando que isso não descaracterizaria o veículo como novo e que o custo financeiro de faturamento e outras medidas administrativas eram altas, não justificando, por aquele motivo, o desfazimento do negócio. No mesmo dia, Osvaldo procura você, como advogado, para orientá-lo.

Assinale a opção que apresenta a orientação dada.

a) Cuida-se de vício do produto, e a concessionária dispõe de até trinta dias para providenciar o reparo, fase que, ordinariamente, deve preceder o direito do consumidor de pleitear a troca do veículo.

b) Trata-se de fato do produto, e o consumidor sempre pode exigir a imediata restituição da quantia paga, sem prejuízo de pleitear perdas e danos em juízo.

c) Há evidente vício do produto, sendo subsidiária a responsabilidade da concessionária, devendo o consumidor ajuizar a ação de indenização por danos materiais em face do fabricante.

d) Trata-se de fato do produto, e o consumidor não tem interesse de agir, pois está no curso do prazo para o fornecedor sanar o defeito.

5. (OAB - FGV - XVIII EXAME DE ORDEM) Hugo colidiu com seu veículo e necessitou de reparos na lataria e na pintura. Para tanto, procurou, por indicação de um amigo, os serviços da Oficina Mecânica M, oportunidade na qual lhe foi ofertado orçamento escrito, válido por 15 (quinze) dias, com o valor da mão de obra e dos materiais a serem utilizados na realização do conserto do automóvel. Hugo, na certeza da boa indicação, contratou pela primeira vez com a Oficina. Considerando as regras do Código de Proteção e Defesa do Consumidor, assinale a afirmativa correta.

a) Segundo a lei do consumidor, o orçamento tem prazo de validade obrigatório de 10 (dez) dias, contados do seu recebimento pelo consumidor Hugo. Logo, no caso, somente durante esse período a Oficina Mecânica M estará vinculada ao valor orçado.

b) Uma vez aprovado o orçamento pelo consumidor, os contraentes estarão vinculados, sendo correto afirmar que Hugo não responderá por quaisquer ônus ou acréscimos no valor dos materiais orçados; contudo, ele poderá vir a responder pela necessidade de contratação de terceiros não previstos no orçamento prévio.

c) Se o serviço de pintura contratado por Hugo apresentar vícios de qualidade, é correto afirmar que ele terá tríplice opção, à sua escolha, de exigir da oficina mecânica: a reexecução do serviço sem custo adicional; a devolução de eventual quantia já paga, corrigida monetariamente, ou o abatimento do preço de forma proporcional.

d) A lei consumerista considera prática abusiva a execução de serviços sem a prévia elaboração de orçamento, o que pode ser feito por qualquer meio, oral ou escrito, exigindo se, para sua validade, o consentimento expresso ou tácito do consumidor.

6. (OAB - FGV - XXXI Exame de Ordem) Adriano, por meio de um site especializado, efetuou reserva de hotel para estada com sua família em praia caribenha. A reserva foi imediatamente confirmada pelo site, um mês antes das suas férias, quando fariam a viagem. Ocorre que, dez dias antes do embarque, o site especializado comunicou a Adriano que o hotel havia informado o cancelamento da contratação por erro no parcelamento com o cartão de crédito. Adriano, então, buscou nova compra do serviço, mas os valores estavam cerca de 30% mais caros do que na contratação inicial, com o qual anuiu por não ser mais possível alterar a data de suas férias. Ao retornar de viagem, Adriano procurou você, como advogado(a), a fim de saber se seria possível a restituição dessa diferença de valores.

Neste caso, é correto afirmar que o ressarcimento da diferença arcada pelo consumidor

a) poderá ser buscado em face exclusivamente do hotel, fornecedor que cancelou a contratação.

b) poderá ser buscado em face do site de viagens e do hotel, que respondem solidariamente, por comporem a cadeia de fornecimento do serviço.

c) não poderá ser revisto, porque o consumidor tinha o dever de confirmar a compra em sua fatura de cartão de crédito.

d) poderá ser revisto, sendo a responsabilidade exclusiva do site de viagens, com base na teoria da aparência, respondendo o hotel apenas subsidiariamente.

7. **(OAB – FGV – XXX Exame de Ordem)** O Ministério Público ajuizou ação coletiva em face de vaquinha laticínios, em função do descumprimento de normas para o transporte de alimentos lácteos. A sentença condenou a ré ao pagamento de indenização a ser revertida em favor de um fundo específico, bem como a indenizar os consumidores genericamente considerados, além de determinar a publicação da parte dispositiva da sentença em jornais de grande circulação, a fim de que os consumidores tomassem ciência do ato judicial. João, leitor de um dos jornais, procurou você como advogado(a) para saber de seus direitos, uma vez que era consumidor daqueles produtos. Nesse caso, à luz do Código do Consumidor, trata-se de hipótese

a) de interesse difuso; por esse motivo, as indenizações pelos prejuízos individuais de João perderão preferência no concurso de crédito frente às condenações decorrentes das ações civis públicas derivadas do mesmo evento danoso.

b) de interesses individuais homogêneos; nesses casos, tem-se, por inviável, a liquidação e execução individual, devendo João aguardar que o ministério público, autor da ação, receba a verba indenizatória genérica para, então, habilitar-se como interessado junto ao referido órgão.

c) de interesses coletivos; em razão disso, João poderá liquidar e executar a sentença individualmente, mas o mesmo direito não poderia ser exercido por seus sucessores, sendo inviável a sucessão processual na hipótese.

d) de interesses individuais homogêneos; João pode, em legitimidade originária ou por seus sucessores, por meio de processo de liquidação, provar a existência do seu dano pessoal e do nexo causal, a fim de quantificá-lo e promover a execução.

8. **(OAB – FGV – XXX Exame de Ordem)** Durante período de intenso calor, o Condomínio do Edifício X, por seu representante, adquiriu, junto à sociedade empresária equipamentos aquáticos, peças plásticas recreativas próprias para uso em piscinas, produzidas com material atóxico. Na primeira semana de uso, os produtos soltaram gradualmente sua tinta na vestimen-

ta dos usuários, o que gerou apenas problema estético, na medida em que a pigmentação era atóxica e podia ser removida facilmente das roupas dos usuários por meio de uso de sabão. O Condomínio do Edifício X, por seu representante, procurou você, como advogado(a), buscando orientação para receber de volta o valor pago e ser indenizado pelos danos morais suportados. Nesse caso, cuida-se de

a) fato do produto, sendo excluída a responsabilidade civil da sociedade empresária, respondendo pelo evento o fabricante das peças; não cabe indenização por danos extrapatrimoniais, por ser o condomínio pessoa jurídica, que não sofre essa modalidade de dano.

b) inaplicabilidade do CDC, haja vista a natureza da relação jurídica estabelecida entre o condomínio e a sociedade empresária, cabendo a responsabilização civil com base nas regras gerais de direito civil, e incabível pleitear indenização por danos morais, por ter o condomínio a qualidade de pessoa jurídica.

c) aplicabilidade do CDC somente por meio de medida de defesa coletiva dos condôminos, cuja legitimidade será exercida pelo condomínio, na defesa dos interesses a título coletivo.

d) vício do produto, sendo solidária a responsabilidade da sociedade empresária e do fabricante das peças; o Condomínio do Edifício X é parte legítima para ingressar individualmente com a medida judicial por ser consumidor, segundo a teoria finalista mitigada.

9. (OAB – FGV – XXIX Exame de Ordem) Antônio é deficiente visual e precisa do auxílio de amigos ou familiares para compreender diversas questões da vida cotidiana, como as contas de despesas da casa e outras questões de rotina. Pensando nessa dificuldade, Antônio procura você, como advogado(a), para orientá-lo a respeito dos direitos dos deficientes visuais nas relações de consumo. Nesse sentido, assinale a afirmativa correta.

a) o consumidor poderá solicitar às fornecedoras de serviços, em razão de sua deficiência visual, o envio das faturas das contas detalhadas em braille.

b) as informações sobre os riscos que o produto apresenta, por sua própria natureza, devem ser prestadas em formatos acessíveis somente às pessoas que apresentem deficiência visual.

c) a impossibilidade operacional impede que a informação de serviços seja ofertada em formatos acessíveis, considerando a diversidade de deficiências, o que justifica a dispensa de tal obrigatoriedade por expressa determinação legal.

d) o consumidor poderá solicitar as faturas em braille, mas bastará ser indicado o preço, dispensando-se outras informações, por expressa disposição legal.

10. (OAB – FGV – XXVIII Exame de Ordem) Mara adquiriu, diretamente pelo site da fabricante, o creme depilatório *belle et belle*, da Empresa Bela Cosméticos Ltda. Antes de iniciar o uso, Mara leu atentamente o rótulo e as instruções, essas unicamente voltadas para a forma de aplicação do produto. Assim que iniciou a aplicação, Mara sentiu queimação na pele e removeu imediatamente o produto, mas, ainda assim, sofreu lesões nos locais de aplicação. A adquirente entrou em contato com a central de atendimento da fornecedora, que lhe explicou ter sido a reação alérgica provocada por uma característica do organismo da consumidora, o que poderia acontecer pela própria natureza química do produto. Não se dando por satisfeita, Mara procurou você, como advogado(a), a fim de saber se é possível buscar a compensação pelos danos sofridos. Nesse caso de clara relação de consumo, assinale a opção que apresenta a orientação a ser dada a Mara.

a) poderá ser afastada a responsabilidade civil da fabricante, se esta comprovar que o dano decorreu exclusivamente de reação alérgica da consumidora, fator característico daquela destinatária final, não havendo, assim, qualquer ilícito praticado pela ré.

b) existe a hipótese de culpa exclusiva da vítima, na medida em que o CDC descreve que os produtos não colocarão em risco a saúde e a segurança do consumidor, excetuando aqueles de cuja natureza e fruição sejam extraídas a previsibilidade e a possibilidade de riscos perceptíveis pelo homem médio.

c) o fornecedor está obrigado, necessariamente, a retirá-lo de circulação, por estar presente defeito no produto, sob pena de prática de crime contra o consumidor.

d) cuida-se da hipótese de violação ao dever de oferecer informações claras ao consumidor, na medida em que a periculosidade do uso de produto químico, quando composto por substâncias com potenciais alergênicos, deve ser apresentada em destaque ao consumidor.

GABARITO

1. B; 2. C; 3. C; 4. A; 5. C; 6. B; 7. D; 8. D; 9. A; 10. D

REFERÊNCIAS BIBLIOGRÁFICAS

ALMEIDA, Fabrício Bolzan de. *Direito do consumidor esquematizado*. São Paulo: Saraiva, 2018.

BENJAMIN, Antonio Herman; MARQUES, Claudia Lima; BESSA, Leonardo Roscoe. *Manual de direito do consumidor*. São Paulo: RT, 2014.

CAVALIERI FILHO, Sérgio. *Programa de direito do consumidor*. São Paulo: Atlas, 2011.

GRINOVER, Ada Pellegrini et al. *Código brasileiro de Defesa do Consumidor comentado pelos autores do anteprojeto*. 11. ed. rev., atual. e reformulada. Rio de Janeiro: Forense, 2017.

MIRAGEM, Bruno. *Curso de direito do consumidor*. 4. ed. São Paulo: RT, 2012.

MIRAGEM, Bruno. *Comentários ao Código de Defesa do Consumidor*. 5. ed. rev., atual. e ampl. São Paulo: RT, 2017.

MIRAGEM, Bruno. *Curso de direito do consumidor*. 7. ed. São Paulo: RT, 2018. Disponível em: https://proview.thomsonreuters.com/launchapp/title/rt/monografias/75937820/v7/document/149201350/anchor/a-149201350. Acesso em: 21 jul. 2020.

MIRAGEM, Bruno. *Curso de direito do consumidor*. 8. ed. São Paulo: RT, 2020. Disponível em: https://proview.thomsonreuters.com/launchapp/title/rt/monografias/75937820/v8/page/I. Acesso em: 21 jul. 2020.

NUNES, Luiz Antonio Rizzatto. *Curso de direito do consumidor*. 11. ed. São Paulo: Saraiva, 2017.

Direito Empresarial

Grace Kellen

Professora de Direito na Universidade de Santa Cruz do Sul – UNISC. Subcoordenadora dos Cursos de Direito da Unisc Sobradinho e Venâncio Aires. Professora Orientadora dos Gabinetes de Assistência Judiciária na Unisc Sobradinho e Venâncio Aires. Professora de Direito Empresarial no Centro de Ensino Integrado Santa Cruz – CEISC. Advogada. Conselheira da OAB Subseção Rio Pardo, RS. Mestre em Direito e Especialista em Processo Civil e Empresarial. Sócia da Empresa Axis Assessoria e Prestação de Serviços Ltda.

SUMÁRIO

O Direito Empresarial faz parte, na clássica divisão dos ramos do Direito, do Direito Privado. Tem como principal foco o estudo das relações empresariais, já que dependem de regulação própria, tendo em vista suas características: cosmopolita, fragmentário, informal, elástico e oneroso.

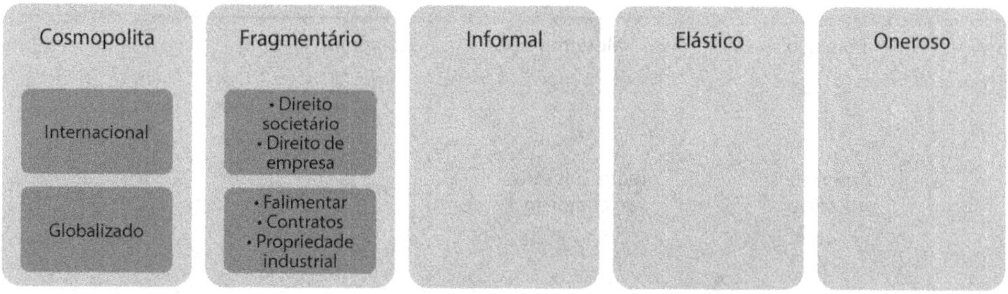

Nas relações empresariais, aplica-se o Código Civil e a legislação extravagante em matéria comercial, tendo como norma vigente o Código Comercial, mesmo após sua derrogação. São fontes do Direito Empresarial:

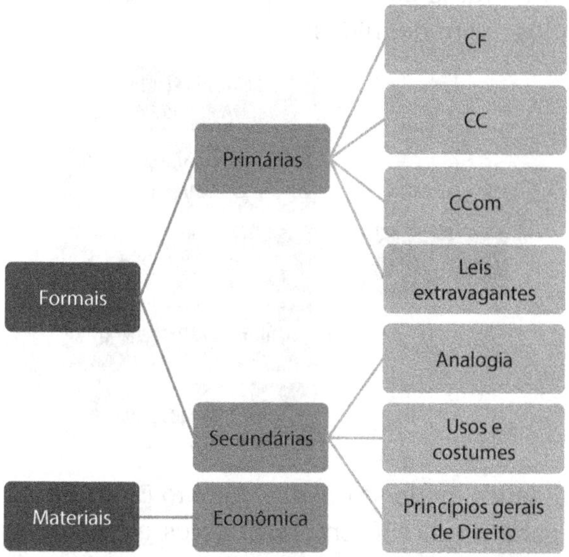

Cabe lembrar que a mudança legislativa significativa pela qual passa o Direito Empresarial ocorre especialmente em razão da modificação da teoria que o contempla. Inicialmente, ainda num direito primitivo, o sistema era subjetivista. Posteriormente, a legislação brasileira era regida pela teoria dos atos de comércio, de origem francesa (Código Comercial de Napoleão, de 1807), encampada pelo direito brasileiro em 1850, no Código Comercial – sistema objetivo.

Em 2002, o sistema brasileiro passou a adotar a teoria da empresa, eis que o Código Civil brasileiro optou por introduzir o sistema italiano para a caracterização de atos empresariais, revogando em parte o Código Comercial. Tal sistema subjetivo-objetivo modifica teoricamente a estrutura empresarial.

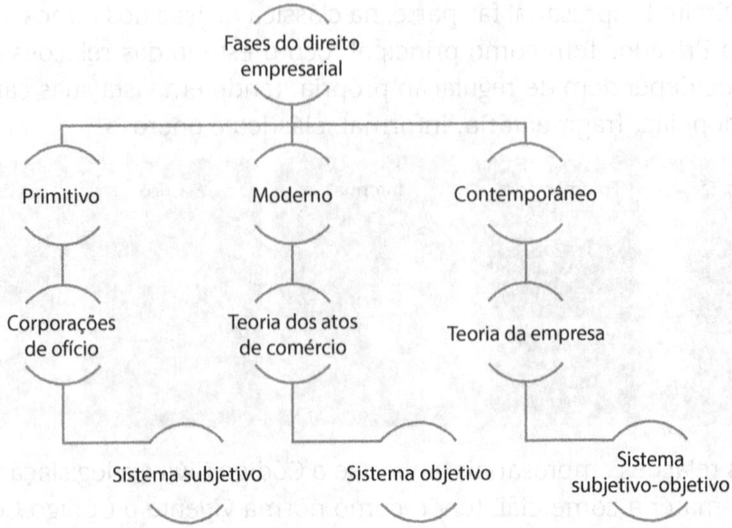

Ademais, como ramo autônomo que é, o Direito Empresarial apresenta um rol de princípios assim definidos:

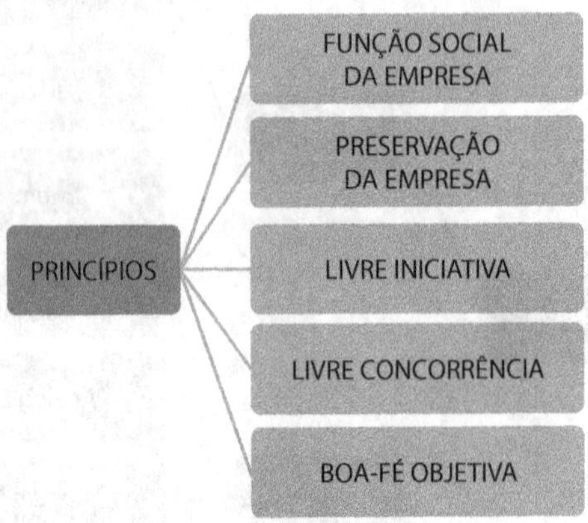

De modo didático, pode-se dividir o Direito Empresarial em seis grandes grupos: a parte geral do direito empresarial; os títulos de créditos; o direito societário; a propriedade industrial; a recuperação e falência de empresas; e os contratos.

Antes, no entanto, de adentrar tais aspectos, cabe fazer apontamentos introdutórios acerca do Direito Empresarial.

O que se considera atividade empresarial?

É empresarial a atividade econômica organizada para a produção ou a circulação de bens ou de serviços. Será empresário aquele que exercer profissionalmente esta atividade.

Embora existam outras atividades econômicas com as mesmas características, o legislador preferiu limitar o conceito de empresariais, excluindo as profissões intelectuais, de natureza científica, literária ou artística.

Será, portanto, empresarial toda e qualquer atividade econômica, organizada para a produção ou circulação de bens ou de serviços, excluídas as decorrentes de profissão de cunho intelectual, de natureza científica, literária ou artística.

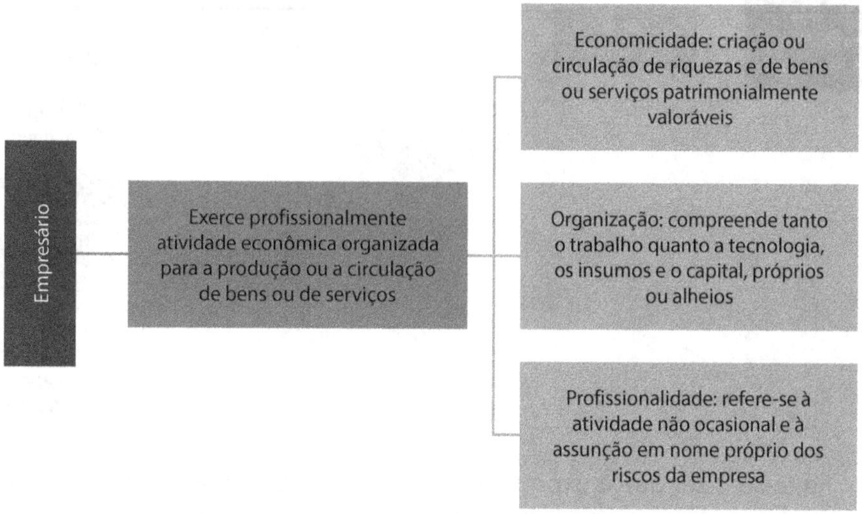

1. PARTE GERAL DO DIREITO EMPRESARIAL

Cabe abordar o Direito Empresarial a partir do prescrito no art. 966 do CC, que conceitua empresário como aquele que exerce profissionalmente atividade econômica organizada. Neste caso não está se referindo apenas à pessoa física (ou pessoa natural) que explora atividade econômica, mas também à pessoa jurídica.

Portanto, tem-se que o empresário pode ser um empresário individual (pessoa física que exerce profissionalmente atividade econômica organizada) ou uma sociedade empresária (pessoa jurídica constituída sob a forma de sociedade cujo objeto social é a exploração de uma atividade econômica organizada).

De todos os tipos prescritos como pessoa jurídica, importa ao Direito Empresarial apenas dois: as sociedades e as empresas individuais de responsabilidade limitada.

Nesse passo, o exercício individual da atividade econômica, que é abordado nesse primeiro momento, eis que as sociedades serão vistas dentro do tópico societário, sofreu uma subdivisão em 2011, com o advento da Lei nº 12.411: a) há empresários simplesmente denominados empresários individuais, cuja responsabilidade é ilimitada, alcançando todos os seus bens pessoais; b) há empresários individuais de responsabilidade limitada, de responsabilidade restrita ao valor do capital social integralizado.

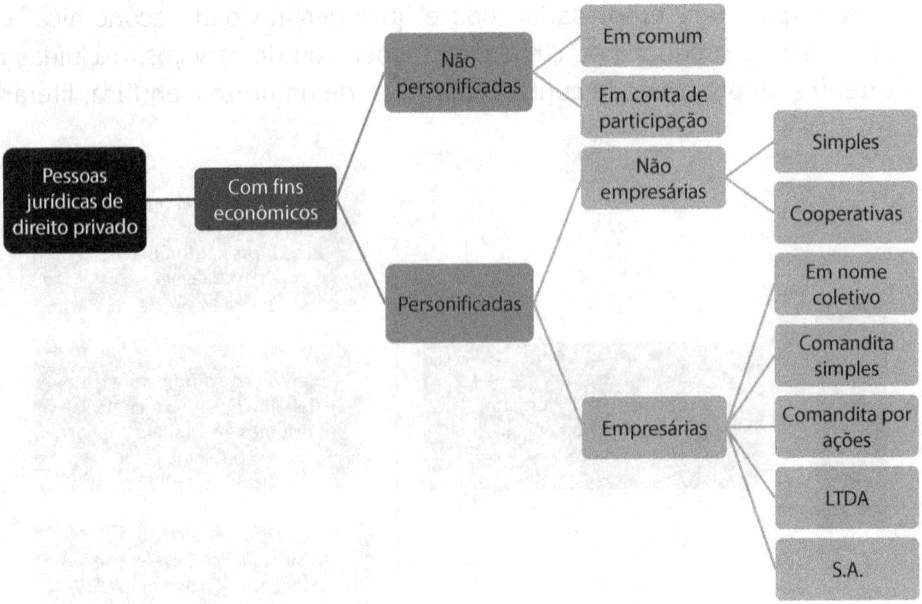

Pode-se dizer que a expressão "empresário" designa um gênero, do qual são espécies o empresário individual (pessoa física) e a sociedade empresária (pessoa jurídica).

1.1 INSCRIÇÃO EMPRESARIAL

A inscrição na Junta Comercial é obrigação legal imposta ao empresário (empresário individual ou sociedade empresária) para iniciar sua atividade, sob pena de começar a exercer o empreendimento irregularmente. Tal obrigação legal está prevista no art. 967 do CC.

O registro na Junta Comercial é formalidade legal imposta pela lei, exceto aos exercentes de atividade econômica rural (arts. 971 e 984 do CC), mas não é requisito para ser empresário e se submeter ao regime jurídico empresarial.

Após a inscrição em livro próprio do Registro Público de Empresas Mercantis, as averbações ocorrerão em ordem, conforme modificações vindouras ao ato constitutivo.

Em relação aos casos de sucursal, filial ou agência, conforme o art. 969 do CC, sua inscrição ocorrerá no lugar onde será instalada, e a constituição do estabelecimento secundário também será averbada no Registro Público de Empresas Mercantis da respectiva sede.

1.2 CAPACIDADE PARA SER EMPRESÁRIO

Para o exercício da atividade empresarial, é necessário ser pessoa capaz, no pleno gozo de sua capacidade civil.

Porém, duas são as exceções para que incapaz possa exercer atividade empresarial: a matéria está disciplinada no art. 974 do CC, o qual prevê que "poderá o incapaz, por meio de representante ou devidamente assistido, continuar a empresa antes exercida por ele enquanto capaz, por seus pais ou pelo autor de herança".

Ressalte-se que, de acordo com o art. 976, *caput*, do CC, "a prova da emancipação e da autorização do incapaz, nos casos do art. 974, e a de eventual revogação desta, serão inscritas ou averbadas no Registro Público de Empresas Mercantis".

O art. 974 do CC se refere ao exercício individual de empresa (pessoa física). Já a possibilidade de o incapaz ser sócio de uma sociedade empresária configura situação totalmente distinta, prevista no § 3º do art. 974 do CC, e as exigências são as de que o incapaz não exerça poderes de administração, que o capital esteja totalmente integralizado e que ele seja assistido ou representado, conforme o grau de sua incapacidade.

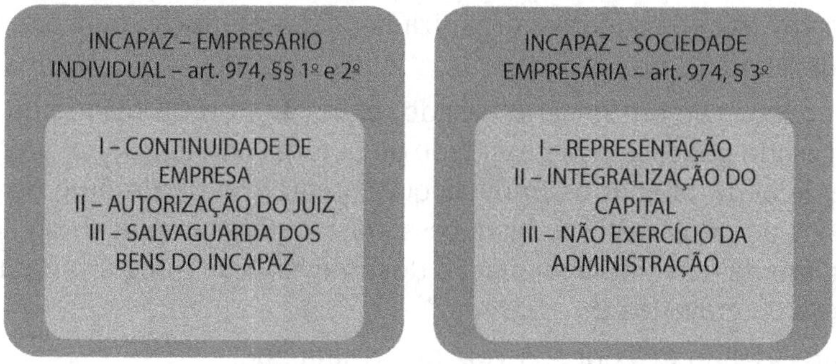

1.3 IMPEDIDOS DE EXERCER ATIVIDADE EMPRESARIAL

São impedidos de exercer a atividade empresarial:

a) falidos, enquanto não tiverem suas obrigações extintas (art. 158 da Lei nº 11.101/2005);

b) leiloeiros e corretores;

c) servidores públicos no exercício da atividade pública – o impedimento recai sobre a atividade de empresário individual, administrador de sociedade empresária, mas não o impede de ser sócio ou acionista de uma sociedade (art. 117, X, da Lei nº 8.112/1990). No mesmo sentido, magistrados e membros do Ministério Público (arts. 36, I e II, da LC nº 35/1979 e 44, III, da Lei nº 8.625/1993), bem como os militares na ativa (art. 204 do CPM);

d) deputados e senadores sofrem restrições na atividade empresarial, de tal modo que não podem ser proprietários, controladores ou diretores de empresa que goze de favor decorrente de contrato com pessoa jurídica de direito público, ou nela exercer função remunerada (art. 54, II, *a*, da CF/1988). No mesmo sentido, tais restrições se aplicam aos vereadores (art. 29, IX, da CF/1988);

e) estrangeiros e sociedades sem sede no Brasil, para algumas atividades, como a empresa jornalística e de radiodifusão (art. 222 da

CF/1988) e a exploração e aproveitamento das jazidas e demais recursos minerais, inclusive potenciais de energia hidráulica, que só podem ser exercidas por brasileiros ou pessoas jurídicas brasileiras, mediante autorização ou concessão da União (art. 176 da CF/1988);

f) médico, no exercício simultâneo de farmácia;

g) impedimento de constituição de sociedade empresarial composta por cônjuges casados sob o regime da comunhão universal de bens ou da separação obrigatória.

1.4 TIPOS INDIVIDUAIS EMPRESARIAIS

1.4.1 Empresário individual

A figura do empresário individual é a pessoa física que exerce profissionalmente atividade econômica organizada para a produção ou a circulação de bens ou de serviços (art. 966 do CC).

Em relação ao empresário casado, o art. 978 do CC dispõe que "O empresário casado pode, sem necessidade de outorga conjugal, qualquer que seja o regime de bens, alienar os imóveis que integrem o patrimônio da empresa ou gravá-los de ônus real" "é desnecessária a outorga conjugal, qualquer que seja o regime de bens, para alienação dos imóveis que integrem o patrimônio da empresa ou gravá-los de ônus real".

O art. 979 do CC, por sua vez, determina que:

> Além de no Registro Civil, serão arquivados e averbados, no Registro Público de Empresas Mercantis, os pactos e declarações antenupciais do empresário, o título de doação, herança, ou legado, de bens clausulados de incomunicabilidade ou inalienabilidade.

Portanto, se estes atos não forem devidamente registrados na Junta Comercial, o empresário não poderá opô-los contra terceiros.

Já o art. 980 do CC determina o seguinte: "A sentença que decretar ou homologar a separação judicial do empresário e o ato de reconciliação não podem ser opostos a terceiros, antes de arquivados e averbados no Registro Público de Empresas Mercantis".

1.4.2 Exercente de atividade econômica rural

O exercente de atividade econômica rural empresarial não está obrigado ao registro na Junta Comercial. Assim, há uma faculdade de se registrar ou não perante a Junta Comercial da sua unidade federativa.

1.4.3 Microempresa e empresa de pequeno porte

Entende-se como microempresas ou empresas de pequeno porte o empresário, na forma do art. 966 do CC, a sociedade empresária, a sociedade simples e a empresa individual de responsabilidade limitada, quando devidamente registrados no Registro de Empresas Mercantis ou no Registro Civil de Pessoas Jurídicas, desde que aufiram receita bruta igual ou inferior a

R$ 360.000,00 (trezentos e sessenta mil reais) – no caso da microempresa – e receita bruta superior a R$ 360.000,00 (trezentos e sessenta mil reais) e igual ou inferior a R$ 4.800.000,00 (quatro milhões e oitocentos mil reais), em cada ano-calendário, para empresa de pequeno porte, conforme art. 3º, I e II, da LC nº 123/2006.

Não poderá se beneficiar do tratamento diferenciado da LC nº 123/2006, conforme o art. 3º, § 4º, a pessoa jurídica:

> I – de cujo capital participe outra pessoa jurídica;
>
> II – que seja filial, sucursal, agência ou representação, no País, de pessoa jurídica com sede no exterior;
>
> III – de cujo capital participe pessoa física que seja inscrita como empresário ou seja sócia de outra empresa que receba tratamento jurídico diferenciado nos termos desta Lei Complementar, desde que a receita bruta global ultrapasse o limite de que trata o inciso II do *caput* deste artigo;
>
> IV – cujo titular ou sócio participe com mais de 10% (dez por cento) do capital de outra empresa não beneficiada por esta Lei Complementar, desde que a receita bruta global ultrapasse o limite de que trata o inciso II do *caput* deste artigo;
>
> V – cujo sócio ou titular seja administrador ou equiparado de outra pessoa jurídica com fins lucrativos, desde que a receita bruta global ultrapasse o limite de que trata o inciso II do *caput* deste artigo;
>
> VI – constituída sob a forma de cooperativas, salvo as de consumo;
>
> VII – que participe do capital de outra pessoa jurídica;
>
> VIII – que exerça atividade de banco comercial, de investimentos e de desenvolvimento, de caixa econômica, de sociedade de crédito, financiamento e investimento ou de crédito imobiliário, de corretora ou de distribuidora de títulos, valores mobiliários e câmbio, de empresa de arrendamento mercantil, de seguros privados e de capitalização ou de previdência complementar;
>
> IX – resultante ou remanescente de cisão ou qualquer outra forma de desmembramento de pessoa jurídica que tenha ocorrido em um dos 5 (cinco) anos-calendário anteriores;
>
> X – constituída sob a forma de sociedade por ações;
>
> XI – cujos titulares ou sócios guardem, cumulativamente, com o contratante do serviço, relação de pessoalidade, subordinação e habitualidade.

Além disso, conforme o art. 17 da mesma Lei Complementar, não poderão recolher os impostos e contribuições na forma do Simples Nacional a microempresa ou a empresa de pequeno porte:

I - que explore atividade de prestação cumulativa e contínua de serviços de assessoria creditícia, gestão de crédito, seleção e riscos, administração de contas a pagar e a receber, gerenciamento de ativos (*asset management*) ou compra de direitos creditórios resultantes de vendas mercantis a prazo ou de prestação de serviços (*factoring*) ou que execute operações de empréstimo, de financiamento e de desconto de títulos de crédito, exclusivamente com recursos próprios, tendo como contrapartes microempreendedores individuais, microempresas e empresas de pequeno porte, inclusive sob a forma de empresa simples de crédito; (Redação dada pela Lei Complementar nº 167, de 2019)

II - que tenha sócio domiciliado no exterior;

III - de cujo capital participe entidade da administração pública, direta ou indireta, federal, estadual ou municipal;

IV - (REVOGADO)

V - que possua débito com o Instituto Nacional do Seguro Social - INSS, ou com as Fazendas Públicas Federal, Estadual ou Municipal, cuja exigibilidade não esteja suspensa;

VI - que preste serviço de transporte intermunicipal e interestadual de passageiros;

VI - que preste serviço de transporte intermunicipal e interestadual de passageiros, exceto quando na modalidade fluvial ou quando possuir características de transporte urbano ou metropolitano ou realizar-se sob fretamento contínuo em área metropolitana para o transporte de estudantes ou trabalhadores; (Redação dada pela Lei Complementar nº 147, de 2014) (Produção de efeito)

VII - que seja geradora, transmissora, distribuidora ou comercializadora de energia elétrica;

VIII - que exerça atividade de importação ou fabricação de automóveis e motocicletas;

IX - que exerça atividade de importação de combustíveis;

X - que exerça atividade de produção ou venda no atacado de:

a) cigarros, cigarrilhas, charutos, filtros para cigarros, armas de fogo, munições e pólvoras, explosivos e detonantes;

b) bebidas não alcoólicas a seguir descritas: (Redação dada pela Lei Complementar nº 155, de 2016) Produção de efeito

1 - alcoólicas; (Revogado pela Lei Complementar nº 155, de 2016) (Vigência)

2 - refrigerantes, inclusive águas saborizadas gaseificadas;

2. (Revogado); (Redação dada pela Lei Complementar nº 147, de 2014)

3 - preparações compostas, não alcoólicas (extratos concentrados ou sabores concentrados), para elaboração de bebida refrigerante, com capacidade de diluição de até 10 (dez) partes da bebida para cada parte do concentrado;

3. (Revogado); (Redação dada pela Lei Complementar nº 147, de 2014)

4 - cervejas sem álcool;

c) bebidas alcoólicas, exceto aquelas produzidas ou vendidas no atacado por: (Incluído pela Lei Complementar nº 155, de 2016) Produção de efeito

1. micro e pequenas cervejarias; (Incluído pela Lei Complementar nº 155, de 2016) Produção de efeito

2. micro e pequenas vinícolas; (Incluído pela Lei Complementar nº 155, de 2016) Produção de efeito

3. produtores de licores; (Incluído pela Lei Complementar nº 155, de 2016) Produção de efeito

4. micro e pequenas destilarias; (Incluído pela Lei Complementar nº 155, de 2016) Produção de efeito

XI - que tenha por finalidade a prestação de serviços decorrentes do exercício de atividade intelectual, de natureza técnica, científica, desportiva, artística ou cultural, que constitua profissão regulamentada ou não, bem como a que preste serviços de instrutor, de corretor, de despachante ou de qualquer tipo de intermediação de negócios;

XI - (Revogado); (Redação dada pela Lei Complementar nº 147, de 2014) (Produção de efeito)

XII - que realize cessão ou locação de mão-de-obra;

XIII - que realize atividade de consultoria;

XIII - (Revogado); (Redação dada pela Lei Complementar nº 147, de 2014) (Produção de efeito)

XIV - que se dedique ao loteamento e à incorporação de imóveis.

XV - que realize atividade de locação de imóveis próprios, exceto quando se referir a prestação de serviços tributados pelo ISS.

XVI - com ausência de inscrição ou com irregularidade em cadastro fiscal federal, municipal ou estadual, quando exigível.

§ 1º As vedações relativas a exercício de atividades previstas no *caput* deste artigo não se aplicam às pessoas jurídicas que se dediquem exclusivamente às atividades referidas nos §§ 5º-B a 5º-E do art. 18 desta Lei Complementar, ou as exerçam em conjunto com outras atividades que não tenham sido objeto de vedação no *caput* deste artigo.

A partir desta definição e respeitadas as exclusões legais, será possível sua opção de recolhimento tributário pelo Simples Nacional (Sistema Integrado de Pagamento de Impostos e Contribuições das Microempresas e Empresas de Pequeno Porte), que permitirá o recolhimento mensal unificado do IR, IPI, CSLL, COFINS, PIS/Pasep, Contribuição Patronal Previdenciária (CPP), ICMS e ISS. Apesar de ser facultativa a opção pelo Simples Nacional, uma vez realizada, será irretratável durante o ano-calendário.

1.4.4 Microempreendedor individual

A definição dada pela LC nº 123/2006 para microempreendedor individual se dá também por faturamento, eis que o art. 18-A afirma que o microempreendedor individual (MEI) é aquele que se enquadre na definição do art. 966 do CC, ou o empreendedor que exerça as atividades de industrialização, comercialização e prestação de serviços no âmbito rural, que tenha auferido receita bruta, no ano-calendário anterior, de até R$ 81.000,00 (oitenta e um mil reais), que seja optante pelo Simples Nacional e que não esteja impedido de optar pela sistemática prevista neste artigo.

O instituto do MEI é uma política pública que tem por objetivo a formalização de pequenos empreendimentos e a inclusão social e previdenciária, conforme o art. 18-E da LC nº 123/2006.

1.4.5 Empresa individual de responsabilidade ilimitada

A empresa individual de responsabilidade limitada (EIRELI), é considerada pessoa jurídica por força do art. 44, VI, do CC. Sua constituição será feita conforme o capital social, que deve ser igual ou superior a 100 salários mínimos.

O art. 980-A não trata do administrador, portanto, seguindo o § 6º deste dispositivo, tem-se que aplicar a regra da sociedade limitada. Então, conforme art. 1.061 do CC/2002, o administrador não precisa ser o próprio instituidor, podendo ser nomeada uma terceira pessoa.

A integralização do capital social pode ser feita em bens, dinheiro ou crédito, não sendo admitida a contribuição em serviços (art. 1.055, § 2º, aplicável em consonância com o art. 980-A, § 6º). Aplicam-se as regras do art. 1.005; portanto, se houver integralização com bens, o instituidor ficará responsável pela evicção e por sua correta estimação (art. 1.055, § 1º, do CC/2002 – só não haverá solidariedade). Em caso de integralização com crédito, o instituidor ficará responsável pelo pagamento, excepcionando a regra do art. 296 do CC/2002, que trata da cessão de crédito.

A EIRELI pode ser derivada de uma transformação ou constituída na sua origem desse modo.

A Convertida na Lei nº 13.874, de 2019 introduziu o § 7º no art. 980-A no CC e implementou a blindagem patrimonial na EIRELI, ao afirmar que:

> § 7º Somente o patrimônio social da empresa responderá pelas dívidas da empresa individual de responsabilidade limitada, hipótese em que não se confundirá, em qualquer situação, com o patrimônio do titular que a constitui, ressalvados os casos de fraude.

1.5 NOME EMPRESARIAL

Em relação ao nome empresarial, cabe lembrar que é regido pelos princípios da veracidade, da novidade e da exclusividade (arts. 1.155 e ss. do CC/2002); sendo assim, o nome deve expressar o ramo de atividade, bem como a responsabilidade dos sócios (princípio da veracidade), só pode ser escolhido um nome empresarial diverso dos já registrados na Junta Comercial (princípio da novidade) e quem primeiro registrou possui a exclusividade do uso do nome (princípio da exclusividade).

O nome empresarial pode se apresentar por meio de firma (razão social) ou denominação. Na primeira, o nome é composto pelos nomes dos sócios (empresário individual, sociedade em nome coletivo, sociedade em comandita simples, sociedade limitada, sociedade em comandita por ações e pela EIRELI); na segunda, o nome é inventado, expressando a responsabilidade limitada de seus sócios, contendo sempre que possível o ramo de atividade (sociedade limitada, sociedade anônima, cooperativas, sociedade em comandita por ações e pela EIRELI). Frisa-se que a sociedade limitada e a comandita por ações podem utilizar qualquer forma.

Importa referir que o direito ao nome empresarial, segundo a doutrina majoritária, é um direito personalíssimo, sendo inalienável, mas o adquirente do estabelecimento, por ato entre vivos, pode, se o contrato permitir, usar o nome do alienante, precedido do seu próprio nome, com a qualificação de sucessor (art. 1.164 do CC/2002).

1.6 ESTABELECIMENTO

O estabelecimento é o conjunto de bens organizado, para exercício da empresa, por empresário, ou por sociedade empresária (art. 1.142 do CC). Para que o estabelecimento seja alienado, arrendado ou tenha usufruto, o contrato só produzirá efeitos quanto a terceiros depois de averbado à margem da inscrição do empresário, ou da sociedade empresária, no Registro Público de Empresas Mercantis, e de publicado na imprensa oficial (art. 1.144 do CC).

Para que a alienação seja eficaz, o alienante deve ter bens suficientes para solver o seu passivo ou do consentimento destes, de modo expresso ou tácito, em 30 dias a partir de sua notificação (art. 1.145 do CC).

Quem adquiriu o estabelecimento fica responsável pelo pagamento dos débitos anteriores à transferência, desde que regularmente contabilizados, ficando solidariamente obrigado pelo prazo de um ano, em relação aos créditos vencidos, da publicação, e, quanto aos outros, da data do vencimento (art. 1.146 do CC).

Quanto à transferência, o alienante do estabelecimento não pode fazer concorrência ao adquirente, nos cinco anos subsequentes à transferência, salvo se houver autorização expressa (art. 1.147 do CC), já nos de arrendamento ou usufruto do estabelecimento a proibição prevista neste artigo persistirá durante o prazo do contrato (art. 1.147, parágrafo único, do CC). Além disso, quando houver transferência, o adquirente se sub-roga nos contratos estipulados para exploração do estabelecimento, desde que não tenham caráter pessoal, podendo os terceiros, com justa causa, rescindir o contrato em 90 dias a contar da publicação da transferência, salvo a responsabilidade do alienante.

Em relação aos casos de cessão dos créditos referentes ao estabelecimento transferido, somente produzirá efeito em relação aos respectivos devedores, desde o momento da publicação da transferência. No entanto, o devedor ficará exonerado caso pague ao cedente de boa-fé (art. 1.149 do CC).

2. TÍTULOS DE CRÉDITOS

Em relação aos títulos de crédito, é muito importante que se compreenda alguns institutos básicos. Primeiramente, cabe lembrar que o Código Civil trata dos títulos de crédito, mas somente será aplicado quando não houver um tratamento diverso na legislação especial, conforme o art. 903 do referido Código. Para que haja um bom andamento, é fundamental que sejam lidas as principais leis: Dec. nº 57.663/1966, para letra de câmbio e nota promissória; Lei nº 5.474/1968, para duplicata; e Lei nº 7.357/1985, para cheque.

Em relação à definição, tem-se que *título de crédito*, no direito brasileiro, é o documento necessário para o exercício do direito literal e autônomo nele contido (art. 887 do CC/2002).

Quanto aos princípios dos títulos de crédito, cabe descrever:

- *Cartularidade:* a posse da cártula é fundamental para cobrança do título;
- *Literalidade:* somente o que se encontra expressamente consignado no título de crédito, ressaltando-se que o título pode ser completado por terceiro de boa-fé (Súm. nº 387 do STF);
- *Autonomia:* a obrigação representada por um título de crédito é um direito novo, totalmente desvinculado do negócio que o gerou. São decorrentes da autonomia a abstração e a independência das relações jurídicas;
- *Independência:* quanto à independência das relações jurídicas, significa que o vício que porventura tenha atingido uma das relações não será transmitido às demais.

2.1 CLASSIFICAÇÃO DOS TÍTULOS DE CRÉDITO

2.1.1 Quanto ao modelo

a) *Modelo livre:* não precisam de um padrão previamente estabelecido na norma. São exemplos de títulos com modelo livre a nota promissória e a letra de câmbio;

b) *Modelo vinculado:* possuem um padrão previamente fixado no ordenamento, de tal modo que a produção dos efeitos típicos dos títulos de crédito está vinculada a esse padrão. São exemplos de títulos com modelo vinculado o cheque e a duplicata.

2.1.2 Quanto à estrutura

a) *Ordem de pagamento:* tem origem a partir de três figuras intervenientes diferenciadas: aquele que dá a ordem, aquele que a paga e aquele que a recebe. São os casos da letra de câmbio, do cheque e da duplicata mercantil;

b) *Promessa de pagamento:* tem origem a partir de duas figuras intervenientes: aquele que a paga e aquele que a recebe. É o caso da nota promissória.

2.1.3 Quanto às hipóteses de emissão

a) *Causais:* são os títulos que só podem ser emitidos mediante a existência de uma origem específica, definida por lei, para criação do título. É o caso da duplicata mercantil;

b) *Não causais ou abstratos:* são os títulos que podem ser criados a partir de qualquer causa. São os casos do cheque e da nota promissória.

2.1.4 Quanto à circulação

a) *No título ao portador:* não há a identificação do credor, e será transmitido pela simples tradição.

b) *No título nominativo:* existe a identificação do credor, e é exatamente por isso que a transmissão ocorre pela tradição e pela presença de outro ato solene que permita a transferência.

> **IMPORTANTE:** é permitido apenas cheque ao portador, com valor igual ou inferior a R$ 100,00 (art. 69 da Lei nº 9.069/1995).

Para que haja transmissão por endosso, é necessária a assinatura do endossante no verso do título, sem nenhuma inscrição, ou, ainda, sua assinatura seguida da cláusula à ordem. O endosso, além de transmitir o título, também garante o garante solidariamente.

2.2 ENDOSSO

É a forma de transmissão dos títulos de crédito. O proprietário do título faz o endosso lançando sua assinatura no anverso (frente) ou no verso do documento. Trata-se de negócio jurídico unilateral, cuja eficácia se verifica com a saída do título das mãos do endossante e a posse pelo adquirente.

O endosso pode se apresentar das seguintes formas:

a) endosso em branco/incompleto, no qual se verifica a assinatura do endossante, mas não há a identificação do beneficiário, que seria chamado de endossatário;
b) endosso em preto/completo, no qual se verifica a assinatura do endossante seguida da identificação do beneficiário ou endossatário.

O endosso realizado após o protesto do título ou após o prazo do protesto é chamado de endosso tardio, ou póstumo, e produz efeitos de cessão civil de crédito, ou seja, serve apenas para transmitir o título de crédito (Anexo I do art. 20 do Dec. nº 57.663/1966).

É importante ressaltar que o endosso não pode ser parcial, apenas total.

Outra modalidade de endosso é o endosso impróprio, que não serve para transmitir a titularidade do título, podendo se apresentar sob duas formas:

a) endosso-mandato, no qual o endossante outorga poderes ao endossatário-mandatário para que este realize a cobrança, e, uma vez que a cobrança seja realizada, o mandatário deverá restituir o valor recebido ao endossante;
b) endosso-caução, no qual o título é utilizado como uma garantia de uma obrigação assumida pelo endossante. Para que se configure o endosso-caução, é necessária a inserção, no verso do título, da cláusula "valor em garantia", ou qualquer outra que traga o mesmo sentido.

2.3 AVAL

É uma garantia de pagamento do título dada por terceiro, típica do direito cambiário (arts. 897 e 898 do CC/2002). O avalista gera para si a obrigação pelo avalizado, comprometendo-se a satisfazê-la de forma solidária com o devedor principal.

O aval, como instituto típico de garantia de títulos de crédito.

Não importa ao instituto do aval se ele é realizado antes ou depois do vencimento do título. Em ambos os casos, seus efeitos serão os mesmos (art. 900 do CC/2002).

O avalista responde solidariamente pelo pagamento do título perante todos os credores do avalizado e, uma vez realizado o pagamento, poderá voltar-se contra todos os demais devedores.

O aval pode ser em preto ou em branco, conforme identificado ou não o avalizado.

Se o avalista for casado sob qualquer regime de bens que não o de separação, é necessária a concordância do cônjuge para a constituição do aval (arts. 1.642, IV, e 1.647, III, do CC/2002).

Para saber se o aval pode ser total ou parcial, cabe uma análise em legislação. Para a letra de câmbio e a nota promissória, conforme o art. 30 do Anexo I do Dec. nº 57.663/1966, e em relação ao cheque (art. 29 da Lei nº 7.357/1985), o aval pode ser total ou parcial.

Para os demais títulos, aplica-se o Código Civil, que, no parágrafo único do art. 897, determina ser "vedado o aval parcial".

2.4 APRESENTAÇÃO

A apresentação é o ato de submeter uma ordem de pagamento ao reconhecimento do devedor principal, com a finalidade de obter o pagamento.

2.5 ACEITE

É o ato pelo qual o devedor principal, que não assinou o título no ato da emissão, reconhece que deve, mediante a assinatura no título, passando a ser considerado aceitante. O aceite pode ser total ou parcial. Sua falta ou recusa é provada pelo protesto.

O devedor principal não é obrigado a aceitar o título, mas, se a recusa do aceite ocorrer na letra de câmbio, haverá o vencimento antecipado da obrigação. Na duplicata tal efeito não é produzido, e apenas será indispensável o protesto para supri-lo.

2.6 PROTESTO

É a apresentação pública do título ao devedor para aceite ou pagamento. É tirado apenas contra o devedor principal ou originário, devendo por ele serem avisados os outros coobrigados.

O protesto é obrigatório para suprir o aceite nos títulos em que o aceite é obrigatório, no pedido de falência por impontualidade e na execução contra os codevedores.

Quanto à interrupção do prazo prescricional, o Código Civil, no seu art. 202, III, inova ao estabelecer que o protesto cambial é causa de interrupção da prescrição.

2.7 AÇÃO CAMBIAL

E a execução de um título de crédito, por meio da qual o credor tentará receber seu crédito de qualquer devedor cambial.

O prazo prescricional para o ajuizamento da ação cambial é definido da seguinte forma (arts. 18 da Lei nº 5.474/1968 e 70 do Anexo I do Dec. nº 57.663/1966):

- credor: em três anos, a contar do vencimento, para o exercício do direito de crédito contra o devedor principal e seu avalista;

- credor: em um ano, a contar do protesto, para o exercício do direito de crédito contra o endossante e seu avalista;
- quem pagou: em seis meses, a contar do pagamento ou do ajuizamento da ação cambial, para o exercício do direito de regresso por qualquer dos coobrigados – salvo na duplicata mercantil, em que o prazo para a ação regressiva é de um ano.

Em relação à ação regressiva, é importante ressaltar que, apesar de todos os envolvidos serem solidariamente responsáveis, as regras dessa solidariedade nos títulos de crédito são peculiares. O devedor principal, quando realizar o pagamento, não tem o direito de ingressar com a ação regressiva contra os demais. Além disso, os coobrigados podem ingressar com a ação regressiva contra o devedor principal e contra os coobrigados que foram constituídos anteriormente, mas não contra os que foram constituídos posteriormente.

2.8 LETRA DE CÂMBIO – DECRETOS Nºs 2.044/1908 E 57.663/1966 – LEI UNIFORME

A letra de câmbio é uma ordem de pagamento que o sacador (aquele que emite o título de crédito) dirige ao sacado, para que este pague a importância consignada a um terceiro, denominado tomador/sacador (art. 1º do Dec. nº 2.044/1908).

São figuras intervenientes na letra de câmbio:

- sacador – aquele que dá a ordem de pagamento, que emite a letra de câmbio; se não for o próprio credor, será considerado um coobrigado;
- sacado – o destinatário da ordem, aquele que deve realizar o pagamento ordenado;
- tomador – o beneficiário da ordem de pagamento, o credor da quantia mencionada no título, podendo ser um terceiro ou o próprio sacador.

O sacado não está obrigado a aceitar a letra de câmbio. Porém, recusando-a, provoca o vencimento antecipado do título, possibilitando ao tomador sua cobrança imediata ao sacador por meio do protesto.

Tratando-se de letra de câmbio à vista, o prazo de apresentação é de um ano, a contar da emissão do título.

São requisitos essenciais da letra de câmbio: a) denominação letra de câmbio; b) quantia que deve ser paga; c) nome do tomador; d) data e lugar do saque; e) época do vencimento; f) assinatura do sacador.

2.9 NOTA PROMISSÓRIA – DECRETOS Nºs 2.044/1908 E 57.663/1966 – LEI UNIFORME

A nota promissória é uma promessa de pagamento que uma pessoa (sacador) faz a outra (sacado). A legislação aplicada à nota promissória é a mesma imposta à letra de câmbio.

São figuras intervenientes na nota promissória:

- sacador, que é o emitente e quem se compromete a pagar a quantia determinada. É o devedor principal do título;
- sacado, que é o beneficiário do título, o credor.

São requisitos essenciais da nota promissória: a) expressão nota promissória; b) promessa incondicional de pagar quantia determinada; c) nome do beneficiário da promessa; d) assinatura do emitente; e) data e local do saque ou da emissão; f) data e local do pagamento.

Por se tratar de uma promessa de pagamento que depende da assinatura do devedor para ser emitida, não há falar em aceite ou vencimento antecipado por recusa de aceite.

Se a nota promissória tiver vencimento a certo termo da vista, o prazo de apresentação será de um ano.

A nota promissória vinculada a um contrato, desde que conste expressamente da cártula da nota promissória, é um título causal ou não abstrato, perdendo a autonomia, já que o terceiro, ao receber essa nota promissória, saberá da vinculação ao contrato.

Súm. nº 258 do STJ: "A nota promissória vinculada a contrato de abertura de crédito não goza de autonomia em razão da iliquidez do título que a originou".

2.10 CHEQUE – LEI Nº 7.357/1985

O cheque é uma ordem de pagamento à vista, sacada contra um banco e com base em suficiente provisão de fundos depositados pelo sacador em mãos do sacado ou em conta-corrente (art. 4º). A Súm. nº 370 do STJ inova ao afirmar que: "Caracteriza dano moral a apresentação antecipada de cheque pré-datado".

Pode ser passado em favor próprio ou de terceiro.

É um título de modelo vinculado, cuja emissão somente pode ser feita em documento padronizado (art. 1º da Lei do Cheque). Possui independência, pois não se vincula a nenhum outro documento para sua existência. São figuras intervenientes do cheque:

- sacador, que é o devedor principal do cheque, ou seja, quem o emite;
- sacado, que é o banco;
- beneficiário, que é o credor do cheque.

São requisitos essenciais do cheque: a) denominação cheque no próprio título; b) ordem incondicional de pagar quantia determinada; c) identificação do banco sacado; d) local do pagamento; e) data e local de emissão; f) assinatura do sacador ou mandatário com poderes especiais. Esta assinatura com poderes especiais pode ser feita por chancela mecânica ou processo equivalente. O prazo de apresentação é de 30 dias, contados da emissão, para a mesma praça, e 60 dias, contados da emissão, para praças diferentes (art. 33 da Lei do Cheque).

Se não observar o prazo de apresentação, o portador perde o direito de crédito (decadência) contra os coobrigados (endossantes e respectivos avalistas). Perde-o também com relação ao emitente se durante o prazo de apresentação havia fundos e estes deixaram de existir, após o prazo, por fato não imputável ao correntista (art. 47 do Anexo I da Lei do Cheque).

O prazo prescricional do cheque é de seis meses, contados do prazo de apresentação (art. 59 da Lei do Cheque). O mesmo prazo será aplicado para a execução contra o endossante e seus avalistas – para tanto, o cheque deve ser apresentado em tempo hábil, e a recusa do pagamento deve ser comprovada pelo protesto ou por declaração do sacado, escrita e datada sobre o cheque.

Após a prescrição da ação executiva, o credor pode cobrar o cheque por meio de ação de cobrança e pela ação monitória (Súm. nº 299 do STJ). Além disso, é possível a utilização da ação de enriquecimento ilícito no prazo de dois anos contados da prescrição da ação executiva (art. 61 da Lei do Cheque).

O sacado pode recusar-se a pagar a ordem quando houver falta de fundos do emitente, falsidade comprovada, ilegitimidade do portador ou falta de requisitos essenciais.

Súmulas:

> Súm. nº 299 do STJ: É admissível a ação monitória fundada em cheque prescrito.
>
> Súm. nº 370 do STJ: Caracteriza dano moral a apresentação antecipada de cheque pré-datado.
>
> Súm. nº 388 do STJ: A simples devolução indevida de cheque caracteriza dano moral.
>
> Súm. nº 503 do STJ: O prazo para ajuizamento de ação monitória em face do emitente de cheque sem força executiva é quinquenal, a contar do dia seguinte à data de emissão estampada na cártula.
>
> Súm. nº 531 do STJ: Em ação monitória fundada em cheque prescrito ajuizada contra o emitente, é dispensável a menção ao negócio jurídico subjacente à emissão da cártula.
>
> Súm. nº 572 do STJ: O Banco do Brasil, na condição de gestor do Cadastro de Emitentes de Cheques sem Fundos (CCF), não tem a responsabilidade de notificar previamente o devedor acerca da sua inscrição no aludido cadastro, tampouco legitimidade passiva para as ações de reparação de danos fundadas na ausência de prévia comunicação.

2.11 DUPLICATA MERCANTIL – LEI Nº 5.474/1968

A duplicata é um título de crédito causal que tem origem em uma compra e venda mercantil ou em uma prestação de serviço. É sempre antecedida de uma fatura comercial (nota fiscal).

Desta fatura, o vendedor poderá extrair a duplicata (art. 2º da Lei da Duplicata), que deverá ser apresentada ao devedor dentro de 30 dias de sua emissão, e este deverá devolvê-la nos próximos dez dias, com sua assinatura de aceite ou declaração escrita esclarecendo por que não a aceita (art. 7º da Lei da Duplicata).

São figuras intervenientes da duplicata:

a) sacador, que é o emitente do título, o empresário, o credor da duplicata;
b) sacado, que é o devedor da duplicata.

São requisitos essenciais da duplicata:

a) denominação da duplicata;
b) data de sua emissão e número de ordem;
c) número de fatura da qual foi extraída;
d) data do vencimento ou declaração de ser à vista;
e) nome e domicílio do credor e do devedor;
f) importância a ser paga;
g) local do pagamento;
h) declaração da concordância do devedor assinada (aceite);
i) a cláusula à ordem.

A duplicata é título de modelo vinculado, devendo ser lançada em impresso próprio do vendedor. A duplicata é título de aceite obrigatório, independentemente da vontade do comprador. Por isso, o credor deve remeter a duplicata para que o devedor a aceite (art. 6º da Lei da Duplicata). A falta de aceite do sacado na duplicata, sem justo motivo, e por ele inadimplida, pode ser protestada e deve ser acompanhada do comprovante de entrega das mercadorias ou da prestação de serviços para que possa ser executada. A recusa só é admitida pelo sacado quando:

a) não receber a mercadoria ou esta vier avariada, não sendo, neste caso, o transporte de responsabilidade do sacado;
b) houver vícios, diferenças na qualidade ou na quantidade da mercadoria, divergência no preço ou prazos ajustados, entre outros.

Para promover a execução da duplicata aceita, é necessário apresentar, além da nota fiscal de compra e venda ou prestação de serviços, a comprovação da entrega da mercadoria ou da prestação de serviços. Mas, para promover a execução da duplicata não aceita, é preciso apresentar a duplicata, a nota fiscal, o comprovante de entrega de mercadorias ou da prestação do serviço e o instrumento de protesto. A Súm. nº 248 do STJ afirma que: "Comprovada a prestação dos serviços, a duplicata não aceita, mas protestada, é título hábil para instruir pedido de falência".

A duplicata pode ser protestada por falta de aceite, de devolução ou de pagamento. A falta de devolução do título pelo devedor (retenção) permite que o credor emita a triplicata e realize o protesto por indicações (art. 13 da Lei da

Duplicata). O portador da duplicata que não efetuar o protesto no prazo de 30 dias a partir do vencimento perde o direito de crédito contra os coobrigados (endossantes e avalistas).

Quanto ao prazo prescricional da execução da duplicata mercantil, determina o art. 18 da Lei da Duplicata que será de três anos contados do vencimento do título, se a execução for contra o sacado e os seus avalistas. Será de um ano, contado do protesto, o prazo para a ação contra os endossantes e os seus avalistas, e igualmente de um ano, a contar do pagamento, para a ação regressiva em face dos coobrigados.

3. DIREITO SOCIETÁRIO

Sociedade empresarial é a pessoa jurídica de direito privado que tem por objetivo social a exploração de atividade econômica.

A sociedade se constitui por meio de um contrato entre duas ou mais pessoas, que se obrigam a combinar esforços e recursos para atingir fins comuns (art. 981 do CC/2002).

O CC, no art. 977, diz: "Faculta-se aos cônjuges contratar sociedade, entre si ou com terceiros, desde que não tenham casado no regime da comunhão universal de bens, ou no da separação obrigatória".

O Código Civil divide as sociedades em personificadas e não personificadas. As sociedades personificadas são as que possuem personalidade jurídica, que é adquirida pelo registro, e as não personificadas são as que não possuem personalidade jurídica e, portanto, não são registradas.

Os órgãos capazes de fazer surgir a personalidade jurídica de uma sociedade são: a Junta Comercial (Registro Público de Empresas Mercantis), o Cartório de Registro Civil de Pessoas Jurídicas e a OAB (apenas para as sociedades de advogados).

São personificadas a sociedade simples, a sociedade em nome coletivo, a sociedade em comandita simples, a sociedade limitada, a sociedade anônima, a comandita por ações e a cooperativa.

As sociedades não personificadas são as sociedades comuns e as em conta de participação.

Em relação à pluralidade de pessoas, há exceções:

- da subsidiária integral (art. 251 da Lei nº 6.404/1976), que é um tipo de sociedade anônima, cujo capital social está totalmente nas mãos de uma pessoa jurídica brasileira;
- da sociedade anônima, que pode permanecer entre uma assembleia-geral ordinária e outra, com apenas um acionista (art. 206, I, *d*, da Lei nº 6.404/1976);
- de qualquer sociedade contratual, que pode permanecer por até 180 dias com apenas um sócio (art. 1.033, IV, do CC/2002);
- da sociedade unipessoal de advocacia (arts. 15 a 17 do EOAB).

As sociedades nascem com o registro do contrato social ou do estatuto social, o que diferencia as sociedades em contratuais e institucionais, respectivamente.

Extinguem-se as sociedades por dissolução, expiração do prazo de duração, iniciativa dos sócios, ato de autoridade etc.

A natureza jurídica pode ser configurada como de pessoas ou de capital. Na sociedade de pessoas, a presença da *affectio societatis*, que é o vínculo de confiança e de cooperação permanente para o fim social, é de tal modo que os sócios podem rejeitar o ingresso de alguém estranho na sociedade (sociedade em nome coletivo, sociedade em comandita simples e sociedade limitada). Por outro lado, na sociedade de capital existe a livre circulação dos sócios (sociedade anônima, sociedade em comandita por ações e sociedade limitada).

3.1 ESPÉCIES SOCIETÁRIAS

3.1.1 Sociedades não personificadas

3.1.1.1 Sociedade comum (irregular ou de fato) (arts. 986 a 990 do CC)

É a sociedade não personificada, que não possui contrato social ou este não é registrado na Junta Comercial ou no Registro Civil das Pessoas Jurídicas. Assim, não tem personalidade jurídica nem nome empresarial. O regramento serve para que os que não registraram sua atividade empresarial, salvo a sociedade anônima, conforme o art. 986 do CC.

Há proteção especial em relação aos bens – que constituem patrimônio especial (art. 988 do CC) –, sendo titularizados por todos os sócios e resultando em benefício de ordem para eles na cobrança das dívidas sociais, exceto para aquele sócio que contratou pela sociedade (art. 990 do CC).

3.1.1.2 Sociedade em conta de participação (arts. 991 a 996 do CC)

É a sociedade não personificada, porque existe por meio de um contrato entre os sócios. Não há nome empresarial da sociedade, e seu registro não acarretará personalidade jurídica para a sociedade (art. 991 do CC).

Caso a sociedade seja liquidada, suas regras serão regidas pela prestação de contas (art. 996 do CC – leia-se exigir contas). Ocorrendo falência, sendo o sócio ostensivo, o participante será tratado como credor quirografário; caso ocorra o inverso, a falência do sócio participante, a relação dele com o sócio ostensivo será tratada como um contrato bilateral (art. 994 do CC).

3.1.2 Sociedades personificadas

3.1.2.1 Sociedade simples (arts. 997 a 1.038 do CC)

As sociedades simples são a forma societária adotada para as atividades não empresariais e das cooperativas. Elas podem ser configuradas na forma pura, ou em alguma dessas formas societárias: em nome coletivo, cooperativa, comandita simples e limitada.

O regramento da forma pura são as regras utilizadas nos arts. 997 e ss. do CC, mas podem adotar as demais formas societárias do Código Civil e serão reguladas pelas regras específicas daquelas sociedades, aplicando-se de modo subsidiário as regras das sociedades simples.

O art. 997 do CC dispõe acerca das regras contratuais:

> I – nome, nacionalidade, estado civil, profissão e residência dos sócios, se pessoas naturais, e a firma ou a denominação, nacionalidade e sede dos sócios, se jurídicas;
>
> II – denominação, objeto, sede e prazo da sociedade;
>
> III – capital da sociedade, expresso em moeda corrente, podendo compreender qualquer espécie de bens, suscetíveis de avaliação pecuniária;
>
> IV – a quota de cada sócio no capital social, e o modo de realizá-la;
>
> V – as prestações a que se obriga o sócio, cuja contribuição consista em serviços;
>
> VI – as pessoas naturais incumbidas da administração da sociedade, e seus poderes e atribuições;
>
> VII – a participação de cada sócio nos lucros e nas perdas;
>
> VIII – se os sócios respondem, ou não, subsidiariamente, pelas obrigações sociais.

Para alterar qualquer dessas cláusulas, é necessária a concordância unânime dos sócios (art. 999 do CC); para as cláusulas facultativas, normalmente só é forçosa a maioria absoluta dos sócios.

O sócio que participe apenas com serviços possuirá parte nos lucros da empresa pela proporção média das quotas, mas não há previsão de participação nas perdas societárias (arts. 1.007 e 1.023 do CC). Além disso, deve se dedicar exclusivamente à atividade realizada pela sociedade, sob pena de ser excluído da sociedade (art. 1.006 do CC).

Os sócios que contribuíram com dinheiro ou com bens responderão, de regra, salvo disposição diversa, pelas perdas societárias na proporção de suas cotas (art. 1.023 do CC).

3.1.2.2 Cooperativas (arts. 1.093 a 1.096 CC e Lei nº 5764/1971)

As cooperativas possuem regramento no Código Civil e na legislação especial, mas nos casos de omissão aplicam-se as disposições referentes à sociedade simples (art. 1.096 do CC), desde que observadas as características essenciais (art. 1.094 do CC):

- variabilidade, ou dispensa do capital social;
- concurso de sócios em número mínimo necessário a compor a administração da sociedade, sem limitação de número máximo;

- limitação do valor da soma de quotas do capital social que cada sócio poderá tomar;
- intransferibilidade das quotas do capital a terceiros estranhos à sociedade, ainda que por herança;
- quórum, para a assembleia-geral funcionar e deliberar, fundado no número de sócios presentes à reunião, e não no capital social representado;
- direito de cada sócio a um só voto nas deliberações, tenha ou não capital a sociedade, e qualquer que seja o valor de sua participação;
- distribuição dos resultados, proporcionalmente ao valor das operações efetuadas pelo sócio com a sociedade, podendo ser atribuído juro fixo ao capital realizado;
- indivisibilidade do fundo de reserva entre os sócios, ainda que em caso de dissolução da sociedade.

Em relação à responsabilidade, pode ser limitada ou ilimitada (art. 1.095 do CC). Caso seja limitada, o cooperado responde somente pelo valor de suas quotas e pelo prejuízo verificado nas operações sociais, guardada a proporção de sua participação nas mesmas operações; caso seja ilimitada, o cooperado responde solidária e ilimitadamente pelas obrigações sociais.

3.1.2.3 Sociedade em nome coletivo (arts. 1.039 a 1044 do CC)

Sociedade personificada, com registro na Junta Comercial (sociedade empresária) ou no Cartório de Registro Civil de Pessoas Jurídicas (sociedade simples).

Utiliza-se, de modo subsidiário, das regras das sociedades simples.

Os sócios só podem ser pessoas físicas, respondendo ilimitada e solidariamente pelas dívidas da sociedade. Aplica-se o benefício de ordem aos bens societários (art. 1.024 do CC).

O incapaz não pode ser sócio, pois não há como proteger o seu patrimônio (art. 974 do CC).

A administração é exercida por todos os sócios.

3.1.2.4 Sociedade em comandita simples (arts. 1.045 a 1.051 do CC)

Também é uma sociedade personificada, regida subsidiariamente pelas regras da sociedade em nome coletivo e, também, pelas regras da sociedade simples, no que for compatível (art. 1.046 do CC).

Os sócios são de duas categorias: comanditados (pessoas físicas), que entram com o capital e o trabalho, e terão responsabilidade ilimitada pelas obrigações sociais; e pelos sócios comanditários (pessoas físicas ou jurídicas), que respondem no limite de suas quotas. Nos casos de extinção, a ausência por mais de 180 dias de uma das categorias de sócio resultará em dissolução da sociedade (art. 1.051 do CC).

O incapaz só pode ser sócio comanditário, por ter proteção patrimonial.

O patrimônio dos sócios comanditados possui benefício de ordem.

3.1.2.5 Sociedade limitada (arts. 1.052 a 1.087 do CC)

Nas omissões legais para a sociedade limitada, aplicam-se subsidiariamente as regras das sociedades simples e, se o contrato expressamente prever, a Lei das Sociedades Anônimas, supletivamente (art. 1.053, *caput* e parágrafo único, do CC).

Como em todos os tipos societários, há necessidade da *affectio societatis*, que é a vontade de estar em sociedade.

A MP nº 881/2019, convertida posteriormente na Lei nº 13.784/2019, introduziu uma importante modificação no art. 1.152 do CC que prevê no § 1º A sociedade limitada pode ser constituída por 1 (uma) ou mais pessoas e no § 2º Se for unipessoal, aplicar-se-ão ao documento de constituição do sócio único, no que couber, as disposições sobre o contrato social.

O capital social é composto pelos recursos trazidos pelos sócios à empresa, expressos em moeda nacional. Tais recursos, caso sejam bens, dependerão de avaliação dos sócios ou de terceiros para que os valores possam compor o capital social da empresa. Em razão disso, os sócios permanecem responsáveis solidariamente pela avaliação realizada por até cinco anos após a data de sua realização (art. 1.055, § 1º, do CC).

Lembrando que, pelo Código Civil, é proibido ingresso de sócio que não contribua com recursos, mas apenas com trabalho, de tal modo que a figura do sócio de indústria foi abolida do atual ordenamento (art. 1.055, § 2º, do CC/2002).

Quanto à cessão de quotas, só produzirá efeitos perante a sociedade e terceiros após a averbação do contrato social (art. 1.057, parágrafo único, do CC), que, se o contrato social for omisso, um sócio pode livremente ceder suas quotas a outro sócio, independentemente da concordância dos demais; mas, se quiser cedê-las para terceiros estranhos à sociedade, isso somente será possível se não ocorrer a oposição dos sócios que representem mais de um quarto do capital social.

Os sócios respondem pela integralização do capital subscrito e, solidariamente, pelo capital não integralizado (art. 1.052 do CC/2002).

As deliberações dependem do maior número de quotas. Caso haja empate em relação ao número de quotas, a definição será dada pelo número de sócios, e, se o empate ainda prevalecer, então apenas uma decisão judicial resolverá a questão (art. 1.010 do CC).

A sociedade pode ser gerida por um administrador sócio ou não sócio (art. 1.060 do CC). Caso o administrador pratique atos com excesso de poderes pode ser oposto a terceiro (teoria *ultra vires*). O Enunciado nº 219 do CJF afirma que:

> Está positivada a teoria *ultra vires* no Direito brasileiro, com as seguintes ressalvas: (a) o ato *ultra vires* não produz efeito apenas em

relação à sociedade; (b) sem embargo, a sociedade poderá, por meio de seu órgão deliberativo, ratificá-lo; (c) o Código Civil amenizou o rigor da teoria *ultra vires*, admitindo os poderes implícitos dos administradores para realizar negócios acessórios ou conexos ao objeto social, os quais não constituem operações evidentemente estranhas aos negócios da sociedade; (d) não se aplica o art. 1.015 às sociedades por ações, em virtude da existência de regra especial de responsabilidade dos administradores (art. 158, II, Lei nº 6.404/1976) (III Jornada de Direito Civil).

Caso o contrato social seja omisso quanto à função do administrador, ela será exercida por cada um dos sócios separadamente (art. 1.013 do CC).

Em relação ao ato constitutivo, quando os poderes do administrador sócio estiverem no contrato social, apenas por decisão judicial são revogáveis, ao passo que os concedidos a um administrador não sócio ou administrador sócio, com poderes em documento separado do contrato social, são revogáveis sem necessitar de decisão judicial (art. 1.019, parágrafo único, do CC).

A responsabilidade do administrador é solidária com a sociedade pelos atos que praticar, antes de requerer a averbação do documento que o nomeia na Junta Comercial (art. 1.012 do CC), e por perdas e danos perante a sociedade, se agir contrariando a vontade da maioria dos sócios, ou simplesmente desempenhar suas funções com culpa (arts. 1.013, § 2º, e 1.016 do CC).

As deliberações societárias serão tomadas por assembleias ou reuniões. No caso de sociedades compostas com até dez sócios, utiliza-se reunião (art. 1.072, § 1º, do CC). Quem deve convocar a assembleia são os administradores, mas, após 60 dias de inércia, qualquer sócio poderá fazer a convocação, ou ainda os sócios titulares de pelo menos 20% do capital social se o administrador permanecer inerte por oito dias diante do pedido de convocação (art. 1.073, I, do CC).

A convocação deve conter:

Três publicações em jornal de grande circulação e no *Diário Oficial*.
A primeira publicação deve respeitar a antecedência mínima de oito dias da data da assembleia (art. 1.152, § 3º, do CC).
É necessário o quórum de instalação da assembleia de no mínimo 3/4 do capital social (arts. 1.071, V e VI, e 1.076, I, do CC).

Caso todos os sócios estiverem presentes na assembleia ou houver uma declaração por escrito sobre a ciência de todos eles a respeito da assembleia, as publicações serão dispensadas (art. 1.072, § 2º, do CC).

Poderá a convocação ser em segunda chamada, desde que respeite uma antecedência de cinco dias, e que seguirá as solenidades anteriormente descritas e não terá quórum de instalação.

Assembleias	Editais	Anterioridade	*Quórum*
1ª Convocação	Três publicações no *Diário Oficial* e em jornal de grande circulação	1ª publicação deve sair com oito dias de antecedência da data da assembleia	3/4 do capital social
2ª Convocação	Três publicações no *Diário Oficial* e em jornal de grande circulação	1ª publicação deve sair com cinco dias de antecedência da data da assembleia	Não há

O Conselho Fiscal não é obrigatório nas sociedades limitadas, dependendo de previsão no contrato social. Suas atribuições são:

Examinar os livros e papéis da sociedade, ao menos de três em três meses (art. 1.069, I, do CC);
Lavrar o livro de atas e pareceres (art. 1.069, II, do CC);
Exarar no mesmo livro e apresentar à assembleia anual dos sócios parecer sobre os negócios e as operações sociais do exercício em que servirem, tomando por base o balanço patrimonial e o de resultado econômico (art. 1.069, III, do CC);
Denunciar erros, fraudes ou crimes que descobrirem (art. 1.069, IV, do CC);
Convocar a assembleia dos sócios por motivos graves e urgentes (art. 1.069, V, do CC);
Praticar, durante o período da liquidação da sociedade, os atos a que se refere este artigo, tendo em vista as disposições especiais reguladoras da liquidação.

Em relação às decisões da sociedade limitada, elas dependerão da matéria:

Por unanimidade
• Designação de administrador não sócio se o capital social não estiver integralizado (art. 1.061 do CC);
• Dissolução de sociedade com prazo determinado.
Concordância de 3/4 do capital social (arts. 1.071, V e VI, e 1.076, I, do CC) para:
• Modificação do contrato social;
• Aprovação de incorporação, fusão e dissolução.
Concordância de 2/3 do capital social (art. 1.061 do CC) para:
• Designação de administrador não sócio se o capital social estiver totalmente integralizado.
Mais da metade (art. 1.063, § 1º, do CC):
• Destituição de sócio-administrador designado pelo contrato social.
Concordância da maioria absoluta do capital social, ou seja, de mais da metade do capital social (arts. 1.071, II, III, IV e VIII, e 1.076, II, do CC) para:
• Designação de sócio-administrador realizada em ato separado;
• Remuneração de administradores;

• Exclusão de sócio por justa causa.
Concordância da maioria simples do capital social, ou seja, de mais da metade dos sócios presentes na assembleia (arts. 1.071, I e VII, e 1.076, III, do CC) para:
• Aprovação da prestação de contas dos administradores.

A dissolução de uma sociedade com previsão no Código Civil pode ser poder total ou parcial. A dissolução total ocorre por:

- vontade dos sócios;
- decurso do prazo determinado;
- falência (caso seja empresária);
- inexequibilidade do objeto social (art. 1.034, II, do CC): impossibilidade de executar o objeto social (falta de dinheiro para explorar aquele ramo de atividade ou interesse de mercado para aquela atividade);
- unipessoalidade por mais de 180 dias (art. 1.033, IV, do CC);
- causas determinadas pelo contrato.

Já a dissolução parcial ou resolução da sociedade em relação a um dos sócios ocorre por:

- vontade dos sócios;
- morte dos sócios, quando se impede a sucessão dos herdeiros, apenas ressarcindo-os pelas quotas do *de cujus* (art. 1.028 do CC);
- retirada dos sócios.

O sócio pode ser excluído por:

Remissão: quando o sócio não integraliza suas quotas, a sociedade deve notificá-lo, e se, após 30 dias da notificação, o sócio continuar devendo, será ele então constituído em mora; a partir daí, a maioria dos demais sócios poderá decidir por cobrá-lo judicialmente, reduzir sua quota ao valor que já foi integralizado ou, ainda, excluí-lo, devolvendo ao sócio excluído o que ele tiver disponibilizado à sociedade, deduzidas as despesas (arts. 1.004 e 1.058 do CC);

Falta grave: sócio que praticar falta grave que coloque em risco a continuidade da empresa – para que ocorra a exclusão por justa causa, é preciso, salvo nos casos em que se tenha apenas dois sócios na sociedade, reunião ou assembleia determinada especialmente para esse fim, ciente o acusado em tempo hábil para permitir seu comparecimento e o exercício do direito de defesa (art. 1.085, parágrafo único, do CC);

Exclusão judicial: pela prática de falta grave ou ainda em razão de incapacidade superveniente (art. 1.030 do CC).

A retirada, exclusão ou morte do sócio não o exime, ou a seus herdeiros, da responsabilidade pelas obrigações contraídas anteriormente, de tal modo que sua responsabilidade é mantida por dois anos contados da averbação do contrato social (art. 1.032 do CC).

Nos casos de saída de um sócio, seja por falecimento, seja por retirada ou exclusão, as quotas serão ressarcidas com base no valor patrimonial, mediante balanço especial (art. 1.031 do CC).

A dissolução pode ser judicial, ainda, a requerimento de qualquer sócio, quando a constituição da sociedade for anulada ou diante da inexequibilidade da empresa (art. 1.034 do CC).

3.1.2.6 Sociedade anônima ou companhia (arts. 1.088 e 1.089 do CC e Lei nº 6.404/1976 – Lei das Sociedades por Ações [LSA])

A sociedade anônima (S.A.) possui as seguintes características:

- sociedade empresarial (art. 982, parágrafo único, do CC);
- sociedade de capital (impessoalidade);
- mínimo de dois acionistas (exceções: subsidiária integral, em que todo o capital social da sociedade anônima está centralizado nas mãos de uma pessoa jurídica brasileira, cuja aquisição foi documentada por escritura pública – art. 251 da Lei nº 6.404/1976; e qualquer sociedade anônima, por até um exercício – art. 206, *d*, da Lei nº 6.404/1976);
- capital dividido em ações;
- ações livremente negociáveis, podendo até mesmo serem penhoradas;
- pode ser aberta ou fechada, conforme se permita ou não a negociação em bolsa de valores ou em mercado de balcão;
- adota como nome a denominação seguida por S.A. – Sociedade Anônima ou Cia. – Companhia (desde que utilizada no início ou meio do nome empresarial) (art. 3º da Lei nº 6.404/1976);
- responsabilidade dos acionistas: limitada ao preço de emissão das ações subscritas ou adquiridas (art. 1º da Lei nº 6.404/1976).

A S.A. pode se constituir por meio de subscrição pública ou particular.

Para que haja a subscrição particular ou constituição simultânea, o capital precisa ter sido obtido pelos próprios fundadores, sendo necessário reunir os fundadores numa assembleia de fundadores, com registro na Junta Comercial ou ainda em escritura pública, dos atos constitutivos (art. 88 da LSA).

Já a subscrição pública ou constituição sucessiva necessita de complementação do capital, com a captação de investimentos externos. Cabe registro prévio de emissão na Comissão de Valores Mobiliários (CVM), que fará um estudo de viabilidade financeira do futuro empreendimento, com depósito de 10% do capital social (art. 80, II, da LSA), e, se for uma instituição financeira, o depósito deverá ser de 50% do capital social. Autorizada pela CVM, a S.A. em formação deverá buscar a intermediação de uma instituição financeira para que suas ações sejam negociadas na bolsa de valores, e suas ações serão vendidas com a atribuição de "em organização" em seu nome (arts. 82 a 87 da LSA).

Resumindo:

Constituição simultânea ou particular	Constituição sucessiva ou pública
1. Assembleia de constituição 2. Ata da assembleia de constituição	1. Prévio registro dado pela CVM 2. Intermediação de instituição financeira 3. Assembleia de constituição 4. Ata da assembleia de constituição

Os títulos emitidos por S.A. são ações, menor unidade de parte do capital social. O valor atribuído às ações pode ser assim estabelecido:

Valor nominal: é o resultado da divisão do valor do capital social pelo número de ações;
Valor de negociação: é o preço pago pela ação no mercado, quando de sua alienação, definido por uma série de fatores políticos e econômicos;
Valor patrimonial: é o valor representativo da participação do acionista no patrimônio líquido da companhia, calculado com a divisão do patrimônio líquido pelo número de ações.

As ações, ainda, podem ser classificadas quanto à natureza e à forma de circulação.

1. Quanto à natureza ou espécie ou aos direitos que conferem a seus titulares (art. 15 da LSA):
   - ordinárias ou comuns, conferem os direitos reservados ao acionista comum, além de conceder a seus titulares o direito de voto (art. 16 da LSA);
   - preferenciais, conferem privilégios econômicos ou políticos a seus titulares (arts. 17, § 7º, 18 e 111 da LSA);
   - de gozo ou fruição, são as ações emitidas para amortizar dívidas da empresa. Uma vez devolvidas para o mercado, as ações concederão os mesmos direitos originalmente estabelecidos no Estatuto (preferenciais ou ordinárias).
2. Quanto à forma de circulação, as ações podem ser:
   - nominativas: declaram o nome do proprietário (arts. 20 e 31 da LSA);
   - escriturais: são as mantidas em contas de depósito em nome do seu titular.

Os acionistas podem ser classificados da seguinte forma:

- ordinários ou comuns: são os que possuem direitos e deveres comuns a todos os acionistas (dividendos, bonificações, fiscalização etc.);
- controladores: são as pessoas físicas ou jurídicas que possuem a maioria dos votos e o poder de eleger a maioria dos administradores, e exatamente por isso respondem por abusos praticados (arts. 116, 116-A e 117 da LSA);
- dissidentes: são os que não concordam com algumas deliberações que possam resultar em alteração do estatuto social, possuindo o direito de se retirar da sociedade (arts. 45 e 137 da LSA);

- minoritários: são aqueles que não participam do controle da companhia por desinteresse ou insuficiência de votos.

Os acionistas possuem direitos comuns (art. 109 da LSA):

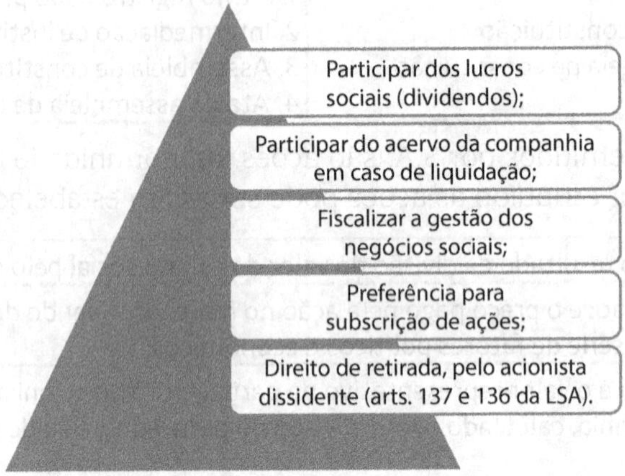

O direito de voto não é direito de todo acionista. Para os que possuem tal direito, é proibido causar dano à companhia ou a outros acionistas, obtendo para si ou para outrem vantagem a que não tem direito, prejudicando a companhia ou outros acionistas (art. 115 da LSA). Além disso, é proibido votar na Assembleia de aprovação do laudo de avaliação do bem com o qual contribuiu para a formação do capital social e de aprovação das próprias contas, se foi membro do Conselho de Administração (art. 115, § 1º, da LSA). Caso vote nessas situações, responderá pelos danos causados pelo exercício abusivo do direito de voto, e a deliberação pode ser anulada, se resultou da participação do acionista com interesse conflitante com o da companhia (art. 115, §§ 3º e 4º, da LSA).

O acionista possui direito a um voto nas deliberações da Assembleia, sendo proibido o voto plural, que consiste na atribuição de mais de um voto a uma determinada ação (art. 110, § 2º, da LSA).

Entretanto, é possível a concessão do voto múltiplo, com pedido de acionistas que representem, no mínimo, um décimo do capital social com direito de voto, em até 48 horas antes da assembleia-geral. Nesse tipo de voto, que cada ação permita tantos votos quantos forem os membros do Conselho de Administração, o acionista cumulará seus votos em um candidato ou poderá distribuir entre vários (art. 141 da LSA).

Voto plural	Voto múltiplo
Art. 110, § 2º, da LSA	**Art. 141 da LSA**
Proibido	Permitido na eleição dos membros do Conselho de Administração. Pode ser pedido por acionistas que representem ao menos 1% do capital votante. Atribui-se a cada ação tantos votos quantos forem os membros do Conselho de Administração.

A integralização das ações subscritas é dever dos acionistas (art. 106 da LSA).

A S.A. possui valores mobiliários expressos na LSA, servindo como títulos de investimento emitidos por ela para obtenção de recursos no mercado de capitais:

- debêntures: títulos negociáveis que conferem direito de crédito contra a sociedade, por meio de uma escritura de emissão (como se fosse um empréstimo à S.A.), de acordo com as condições estabelecidas no certificado (art. 52 da LSA). O crédito, aqui, não é eventual, pois no vencimento a debênture deverá ser resgatada pela companhia, com direito de preferência, podendo eventualmente ser convertida em ações;
- partes beneficiárias: títulos negociáveis, sem valor nominal e estranho ao capital social (arts. 46 e 47 da LSA), consistindo na participação dos lucros anuais em até 10%. O direito de crédito, nesse sentido, é eventual, na medida em que só é pago nos exercícios em que houver lucros. Não conferem direitos privativos de acionistas, salvo o de fiscalização. É importante ressaltar que é proibida a emissão onerosa das partes beneficiárias pela companhia aberta;
- bônus de subscrição: títulos negociáveis que conferem direito de subscrição de ações do capital social, emitidas até o limite de aumento do capital autorizado no estatuto (art. 75 da LSA). Podem ter a finalidade de facilitar a venda de ações ou debêntures, contribuindo para uma melhor programação do aumento de capital.

A S.A. possui como órgãos societários: a Assembleia-Geral, o Conselho de Administração, a Diretoria e o Conselho de Fiscalização.

1. A Assembleia-Geral

Constitui o poder supremo da companhia, consistente na reunião dos acionistas, com ou sem direito a voto. Para as sociedades anônimas de capital fechado, a convocação deve ser publicada no *Diário Oficial* e em jornal de grande circulação até oito dias antes de sua realização. Se for sociedade de capital aberto, a convocação, por meio do *Diário Oficial* e de jornal de grande circulação, deve ocorrer com 15 dias de antecedência. A instalação da assembleia só poderá ocorrer se estiverem presentes acionistas que representem 1/4 do capital votante (arts. 121 a 130 da LSA).

A assembleia-geral pode ser ordinária ou extraordinária. A assembleia-geral ordinária será instalada nos primeiros quatro meses seguintes ao término do exercício social, para discutir assuntos de rotina, tomar as contas de administradores, deliberar sobre a destinação dos lucros etc. (arts. 132 a 134 da LSA), ao passo que a assembleia-geral extraordinária pode ser instalada a qualquer tempo para a discussão de assuntos não rotineiros, por exemplo, a reforma do estatuto social (art. 135 da LSA).

Assembleia-Geral S.A.

Três publicações no *Diário Oficial* e em jornal de grande circulação	1ª publicação com 15 dias de antecedência na S.A. aberta e 8 dias na fechada. Na 2ª convocação, a antecedência será de 8 dias na aberta e 5 dias na fechada	Quórum: 1/4 do capital votante, na 1ª convocação

2. O Conselho de Administração

É o órgão facultativo de deliberação colegiado que fixa a orientação geral dos negócios, ou seja, quem define a pauta da assembleia, quem "filtra" as decisões que serão votadas nela. É composto por, no mínimo, três conselheiros, com mandato nunca superior a três anos, eleitos pela assembleia-geral. É também a esta assembleia-geral que ele deve prestar contas. É responsável pela eleição e destituição de diretores, fixando-lhes atribuições. É obrigatório nas companhias abertas, nas de capital autorizado e nas sociedades de economia mista (arts. 138 a 142 da LSA).

3. A Diretoria

É o órgão de representação legal da S.A. e de execução das deliberações da assembleia-geral e do Conselho de Administração. É composta por, no mínimo, dois diretores eleitos pelo Conselho de Administração para um mandato não superior a três anos (art. 143, *caput* e III, da LSA), conforme previsto no estatuto.

4. O Conselho de Fiscalização

É o órgão colegiado (mínimo de três e máximo de cinco membros) destinado ao controle dos órgãos de administração, com a finalidade de proteger os interesses da companhia e de todos os acionistas. É obrigatório, ainda que seu funcionamento seja facultativo (arts. 161 a 163 da LSA). Se seu funcionamento for facultativo, a convocação do Conselho Fiscal dependerá da Assembleia-Geral.

A dissolução da S.A. pode ser parcial ou total. A dissolução parcial ocorre, unicamente, na hipótese de reembolso de acionista dissidente. A morte de acionista não gera nenhuma consequência quanto à existência da S.A. e a exclusão de sócio é impossível.

A dissolução total pode ocorrer nas seguintes situações:

Pelo término do prazo de duração;

Por decisão judicial (falência) ou por decisão de autoridade administrativa competente;

Na cisão total;

Na incorporação, com relação à empresa incorporada;

Na fusão, com relação às duas empresas fundidas.

À dissolução segue-se a liquidação, que será judicial sempre que aquela o for e quando requerida por qualquer acionista ou representante do Ministério Público, se a liquidação amigável não for processada a contento.

3.1.2.7 Sociedade em comandita por ações (arts. 1.090 a 1.092 e 280 a 284 da LSA)

É a sociedade na qual se aplicam todas as normas relativas às sociedades anônimas, com as exceções previstas nos arts. 280 a 284 da LSA, respondendo o acionista diretor ilimitadamente pelas obrigações da sociedade. Tem como nome empresarial a firma com o nome do acionista diretor ou a denominação, ambas seguidas da expressão "comandita por ações".

A Assembleia Geral não tem poder para mudar o objeto social nem aumentar ou reduzir o capital social sem a autorização dos acionistas diretores, além de não possuir Conselho de Administração.

3.2 OUTRAS CLASSIFICAÇÕES SOCIETÁRIAS

3.2.1 Sociedade coligadas (arts. 1.097 a 1.101 do CC)

São as sociedades que, em suas relações de capital, são controladas, filiadas ou de simples participação.

Controlada: a) a sociedade de cujo capital outra sociedade possua a maioria dos votos nas deliberações dos quotistas ou da assembleia-geral e o poder de eleger a maioria dos administradores; b) a sociedade cujo controle, referido no inciso antecedente, esteja em poder de outra, mediante ações ou quotas possuídas por sociedades ou sociedades por esta já controladas.

Coligada ou filiada: a sociedade de cujo capital outra sociedade participa com 10% ou mais, do capital da outra, sem controlá-la.

De simples participação: a sociedade de cujo capital outra sociedade possua menos de 10% do capital com direito de voto.

Importa lembrar que, salvo disposição especial de lei, a sociedade não pode participar de outra, que seja sua sócia, por montante superior, segundo o balanço, ao das próprias reservas, excluída a reserva legal (art. 1.101 do CC). Caso seja aprovado o balanço em que se verifique ter sido excedido esse limite, a sociedade não poderá exercer o direito de voto correspondente às ações ou quotas em excesso, as quais devem ser alienadas nos 180 dias seguintes àquela aprovação.

3.2.2 Operações societárias (arts. 1.113 a 1.122 do CC)

As operações societárias são: transformação, cisão, fusão e incorporação. A transformação é a modificação do tipo societário, não precisando de dissolução ou liquidação da sociedade (art. 1.113 do CC).

Na incorporação, uma ou várias sociedades são absorvidas por outra, que lhes sucede em todos os direitos e obrigações, devendo todas aprová-la, na forma estabelecida para os respectivos tipos (art. 1.116 do CC). Nos casos de incorporação, a incorporadora declarará extinta a incorporada e promoverá a respectiva averbação no registro próprio (art. 1.118 do CC).

A fusão, por sua vez, determina a extinção das sociedades que se unem, para formar sociedade nova, que a elas sucederá nos direitos e obrigações (art. 1.119 do CC).

E, nos casos de cisão, parte da composição empresária de uma empresa cria outra.

Nos atos relativos a incorporação, fusão ou cisão, o credor por ela prejudicado poderá pleitear judicialmente a anulação, até 90 dias após a publicação (art. 1.112 do CC).

3.2.3 Sociedades dependentes de autorização (arts. 1.123 a 1.141 do CC)

Algumas sociedades dependem de autorização para funcionamento. Tais sociedades devem entrar em funcionamento nos 12 meses seguintes à respectiva publicação que as autoriza a funcionar (art. 1.124 do CC). As sociedades estrangeiras sempre dependerão de autorização para funcionamento (art. 1.134 do CC). O conceito de sociedade estrangeira deve ser usado por exclusão ao que aduz o art. 1.126 do CC, que define como sociedade nacional aquela "organizada de conformidade com a lei brasileira e que tenha no País a sede de sua administração".

4. DESCONSIDERAÇÃO DA PERSONALIDADE JURÍDICA

Na desconsideração da personalidade jurídica, ocorre um afastamento desta da empresa para se alcançar o patrimônio do sócio, com o requerimento do interessado e por decisão judicial.

A desconsideração da personalidade jurídica, em relações empresariais, somente pode ocorrer com base na teoria maior. Neste caso só pode ocorrer se houver abuso da personalidade jurídica, caracterizada pelo desvio de finalidade ou pela confusão patrimonial.

A MP nº 881/2019, convertida na Lei nº 13.874/2019, introduziu modificações no Código Civil na parte da desconsideração, permitindo que ela recaia em relação a certas e determinadas relações de obrigações. Ademais, conceitua desvio de finalidade como § 1º Para os fins do disposto neste artigo, desvio de finalidade é a utilização da pessoa jurídica com o propósito de lesar credores e para a prática de atos ilícitos de qualquer natureza. (art. 50, § 1º, do CC), e "não constitui desvio de finalidade a mera expansão ou a alteração da finalidade original da atividade econômica específica da pessoa jurídica" (art. 50, § 5º, do CC).

Por confusão patrimonial, compreende-se a ausência de separação de fato entre os patrimônios, verificada pelo:

> I – cumprimento repetitivo pela sociedade de obrigações do sócio ou do administrador ou vice-versa;
>
> II – pela transferência de ativos ou de passivos sem efetivas contraprestações, exceto o de valor proporcionalmente insignificante; e
>
> III – por outros atos de descumprimento da autonomia patrimonial (art. 50, § 2º, I a III, do CC).

No § 4º do art. 50 do CC, aduz que a: § 4º A mera existência de grupo econômico sem a presença dos requisitos de que trata o *caput* deste artigo não autoriza a desconsideração da personalidade da pessoa jurídica.

5. RECUPERAÇÃO E FALÊNCIA DE EMPRESAS

A lei estabelece que serão devedores (empresário ou sociedade empresária), sendo excluídos da Lei nº 11.101/2005: a) as empresas públicas e sociedades de economia mista (art. 2º, I, da LF); b) as câmaras ou prestadoras de serviços de compensação e de liquidação financeira; c) as entidades fechadas de previdência complementar (art. 47 da LC nº 109/2001); d) as sociedades arrendadoras, que tenham por objeto exclusivo a exploração de *leasing*, sujeitas ao mesmo regime de liquidação extrajudicial previsto para as instituições financeiras; e) as sociedades que se dediquem à administração de consórcios; f) as companhias de seguro; g) as entidades abertas de previdência complementar (art. 73 da LC nº 109/2001) e as de capitalização (art. 4º do Dec.-lei nº 261/1967); e h) as operadoras de planos privados de assistência à saúde.

Para processamento da recuperação e falência, será competente o juízo do principal estabelecimento do empresário.

A decretação da falência ou o deferimento do processamento da recuperação judicial suspende o curso da prescrição e de todas as ações e execuções em face do devedor, inclusive aquelas dos credores particulares do sócio solidário (art. 6º).

Com uma execução concursal do devedor empresário insolvente, a finalidade é reunir os credores (massa falida subjetiva) e arrecadar todos os bens (massa falida objetiva) do devedor. A massa falida subjetiva é formada com o procedimento de verificação e habilitação dos créditos, e a objetiva, com a arrecadação dos bens.

Ao perder o prazo de habilitações, não significa que o credor perdeu o direito de receber seu crédito no processo falimentar, apenas que serão recebidas como retardatárias.

5.1 ADMINISTRADOR JUDICIAL

O administrador judicial (AJ) é o principal auxiliar do juiz na condução do processo falimentar, chamado na legislação anterior de síndico. Além de exercer atribuições administrativas, conforme do art. 22 da Lei nº 11.101/2005, o administrador também é o representante legal da chamada massa falida subjetiva (credores).

Segundo o art. 21 da Lei nº 11.101/2005, essa escolha deve recair sob *profissional idôneo*, e ele deve ter formação profissional preferencialmente em Direito, Economia, Administração de Empresas ou Ciências Contábeis, respeitados os impedimentos constantes do art. 30 da Lei nº 11.101/2005.

Veja-se que a lei não exige que o profissional escolhido para a função de administrar a falência tenha formação específica numa das quatro áreas de conhecimento indicadas no *caput* do art. 21.

A grande novidade da Lei nº 11.101/2005 sobre esse tema, todavia, foi a possibilidade de o administrador judicial ser uma pessoa jurídica especializada (art. 21, parágrafo único). A atuação de empresas especializadas em administração pode contribuir sensivelmente para gestão eficiente dos ativos do falido.

O AJ é pago pelo recuperando ou pela massa, conforme disposto no art. 25 da Lei nº 11.101/2005, fixada, atendendo aos critérios estabelecidos na regra em análise: i) a capacidade de pagamento do devedor; ii) o grau de complexidade do trabalho; e iii) os valores praticados no mercado para o desempenho de atividades semelhantes. Deve-se limitar ao valor de 5% do valor devido aos credores submetidos à recuperação judicial ou do valor de venda dos bens na falência e reduzida ao limite de 2%, no caso de microempresas e empresas de pequeno porte.

A remuneração do administrador judicial e dos seus auxiliares é considerada crédito extraconcursal, segundo o disposto no art. 84, I, da Lei nº 11.101/2005, e, uma vez fixada, 40% do seu valor ficará reservado para ser pago logo após o julgamento das contas do administrador e sentença que encerra a falência, condicionada à apresentação do seu relatório final. Assim sendo, a remuneração dele é paga em duas parcelas: a primeira, correspondente a 60% do valor total, quando do pagamento dos créditos extraconcursais; e a segunda correspondente aos 40% restantes, somente após a aprovação das suas contas.

5.2 COMITÊ DE CREDORES

É um órgão importante, mas não é obrigatório nos processos de falência e de recuperação. Na sua falta, o administrador judicial exerce suas atribuições (art. 28 da Lei nº 11.101/2005).

Quando existir comitê, terá em regra, no máximo, quatro pessoas:

uma indicada pelos credores trabalhistas + dois suplentes	uma indicada pelos credores não sujeitos a rateio, ou seja, credores com garantia real e com privilégio especial + dois suplentes	uma indicada pelos credores quirografários e com privilégio geral + dois suplentes	uma indicada pelos representantes das microempresas e empresas de pequeno porte + dois suplentes

Os próprios membros elegerão o presidente, e as decisões do comitê serão tomadas por maioria, em regra. Os membros do comitê não são remunerados pela massa ou pelo devedor em recuperação. O máximo que pode ocorrer é o ressarcimento de despesas comprovadas e autorizadas pelo juiz.

Se o administrador judicial e os membros do comitê não cumprirem com suas atribuições legais, podem ser destituídos pelo juiz, de ofício ou a requerimento de algum interessado (devedor, qualquer credor ou Ministério Público), nos termos do art. 31 da Lei nº 11.101/2005.

Além da destituição, o administrador judicial e os membros do comitê podem ainda ser responsabilizados por prejuízos causados à massa, ao devedor ou aos credores em decorrência de atos praticados com dolo ou culpa. No caso do comitê, por se tratar de um órgão colegiado, o membro que discordar de determinada decisão deve registrar em ata sua discordância, se quiser ficar livre de responsabilidade pela decisão tomada contra sua vontade (art. 32 da Lei nº 11.101/2005).

5.3 ASSEMBLEIA-GERAL DE CREDORES

Uma das características da nova legislação falimentar foi a previsão de maior participação dos credores no processo falimentar, o que foi permitido, basicamente, com a da criação da assembleia-geral de credores, que tem suas atribuições descritas no art. 35 da Lei nº 11.101/2005.

Na recuperação judicial, as atribuições são:

- a aprovação, rejeição ou modificação do plano de recuperação judicial apresentado pelo devedor;
- a constituição do Comitê de Credores, a escolha de seus membros e sua substituição;
- o pedido de desistência do devedor, nos termos do § 4º do art. 52 desta Lei;
- o nome do gestor judicial, quando do afastamento do devedor;
- qualquer outra matéria que possa afetar os interesses dos credores.

Na falência, as atribuições são:

- a constituição do Comitê de Credores, a escolha de seus membros e sua substituição;
- a adoção de outras modalidades de realização do ativo;
- qualquer outra matéria que possa afetar os interesses dos credores.

Cabe destacar que as decisões da assembleia-geral de credores, quando versarem sobre as matérias de sua competência privativa, são soberanas. Portanto, só se deve admitir a intervenção do Poder Judiciário nas deliberações da assembleia-geral para simples controle da legalidade formal e para controle da legalidade material ou substancial.

A realização da assembleia-geral de credores é um ato extrajudicial, de modo que os atos nela praticados são considerados atos administrativos; sendo assim, não precisa ocorrer na sede do juízo, mas em local livremente escolhido pelo administrador judicial; não é presidida pelo juiz da causa, mas pelo administrador judicial; nem é secretariada por serventuário público, mas por um dos credores ou auxiliar do administrador (quando a assembleia versar sobre afastamento do administrador judicial ou sobre matérias em que ele se incompatibilize, o presidente será o titular de maior crédito presente no ato); não tem a participação obrigatória do devedor, que só participa do ato se for convidado pelos credores ou se o juízo assim determinar, salvo quando a deliberação for sobre o plano de recuperação, em que ele sempre estará presente; admite que os credores compareçam pessoalmente ou por meio de representantes, que podem ser advogados ou não; exige, para a representação, a outorga de procurações *ad negotia*, e não *ad juditia*; decide soberanamente sobre o plano de recuperação e sobre as demais matérias de sua competência exclusiva; e o juízo se limita apenas a homologar as deliberações, salvo na hipótese do art. 58, § 1º, da Lei nº 11.101/2005.

A assembleia-geral de credores se instala, em primeira convocação, com a presença de credores que representem mais da metade dos créditos de cada classe (o que conta é o valor do crédito). Em segunda convocação, instala-se com qualquer número de credores. É o que prevê o art. 37, § 2º, da Lei nº 11.101/2005.

O credor que comparece assina lista de presença. Caso seja representado por procurador, deve indicar com 24 horas de antecedência ao administrador judicial o documento que outorga os poderes (se já estiver nos autos, basta indicar a folha). No caso de credores trabalhistas, podem ser representados pelos respectivos sindicatos, desde que estes apresentem ao administrador judicial, com dez dias de antecedência, a relação dos associados. Se o trabalhador fizer parte de mais de um sindicato, deverá informar, com 24 horas de antecedência, qual deles o representará (art. 37 da Lei nº 11.101/2005).

Em regra, o voto do credor será proporcional ao valor do seu crédito. Essa regra só é excepcionada na recuperação judicial, no caso do art. 45, § 2º, da Lei nº 11.101/2005, ou seja, na votação sobre o plano de recuperação, na classe dos credores trabalhistas e de acidente do trabalho e na dos titulares de créditos enquadrados como microempresa ou empresa de pequeno porte, a votação é simples, isto é, o que conta é o número de credores, e não o valor de seus créditos.

Em regra, só pode votar o credor devidamente habilitado, que consta do quadro-geral de credores elaborado pelo administrador judicial, após o procedimento de verificação e habilitação dos créditos de que tratam os arts. 7º a 20.

Os credores mencionados no art. 49, §§ 3º e 4º, da Lei nº 11.101/2005 não podem votar nas assembleias, nem são computados para verificação de quórum de instalação. Se o plano de recuperação apresentado pelo devedor e submetido à assembleia-geral de credores não atingir determinado crédito, o seu titular não terá direito de votar nem será computado para fins de verificação de quórum (art. 45, § 3º).

O art. 40 da Lei nº 11.101/2005 impede o deferimento de medida de urgência (cautelar ou tutela antecipada) para a suspensão ou adiamento da assembleia-geral de credores em razão de pendência de discussão acerca da existência, da quantificação ou da classificação de créditos.

A assembleia geral de credores é dividida em quatro classes:

- a primeira, formada por credores titulares de créditos derivados da legislação do trabalho ou decorrentes de acidentes de trabalho;
- a segunda, formada por titulares de créditos com garantia real;
- a terceira, formada por titulares de créditos quirografários, com privilégio especial, com privilégio geral ou subordinados;
- a quarta, formada por titulares de créditos enquadrados como microempresa ou empresa de pequeno porte.

Perceba-se que a Fazenda Pública, titular de créditos tributários, não compõe a assembleia-geral de credores, visto que tais créditos não estão sujeitos, em princípio, à habilitação, e o processo de execução deles (execução fiscal) não se suspende.

Os credores com garantia real podem, eventualmente, fazer parte de duas classes distintas: a segunda e a terceira. Isso ocorrerá quando o valor do seu crédito superar o valor do bem gravado com ônus real. Nesse caso, o credor com garantia real votará na segunda classe até o limite do valor do bem gravado, e na terceira classe com o valor restante do seu crédito (art. 41, § 2º).

Em regra, as deliberações na assembleia-geral de credores são tomadas por "maioria geral", ou seja, a proposta é considerada aprovada se obtiver votos favoráveis de credores que representem mais da metade do valor total dos créditos presentes. Essa regra é excepcionada apenas nas deliberações: i) sobre aprovação, rejeição ou alteração do plano de recuperação judicial; ii) sobre a composição do Comitê de Credores; e iii) sobre forma alternativa de realização do ativo nos termos do art. 145 da Lei nº 11.101/2005.

No caso da deliberação sobre aprovação, rejeição ou alteração do plano de recuperação judicial, aplica-se a regra do art. 45: cada classe vota separadamente, e o plano tem que ser aprovado por credores que representem mais da metade do valor total dos créditos presentes à assembleia e, cumulativamente, pela maioria simples dos credores presentes. Mais ainda: na classe dos credores trabalhistas, de acidente do trabalho e aqueles enquadrados como microempresa ou empresa de pequeno porte, a proposta deverá ser aprovada pela maioria simples dos credores presentes, independentemente do valor de seu crédito. E, por fim, se o plano de recuperação apresentado pelo devedor e submetido à assembleia-geral de credores não atingir determinado crédito, o seu titular não terá direito de votar nem será computado para fins de verificação de quórum.

No caso da deliberação sobre a composição do comitê de credores, aplica-se a regra do art. 44: cada classe vota separadamente e elege seus respectivos membros.

Por fim, no caso da deliberação sobre eventual forma alternativa de realização do ativo no processo de falência (venda dos bens), aplica-se a regra do art. 46, ou seja, é necessário o voto favorável de credores que representem 2/3 dos créditos presentes à assembleia.

5.4 RECUPERAÇÃO JUDICIAL

O art. 47 da Lei nº 11.101/2005 trata da recuperação judicial e determina que o objetivo é viabilizar a superação da situação de crise econômico-financeira do devedor, ou seja, a recuperação judicial será requerida antes de a crise do empresário chegar a uma situação irreversível, isto é, o pedido de recuperação geralmente é feito antes de algum credor pedir a falência do devedor.

É possível, todavia, que o pedido de recuperação judicial seja feito após um credor pedir a falência do devedor. Esse pedido deve ser feito durante o prazo de contestação ao requerimento da falência, conforme previsto nos arts. 95 e 96, II, da Lei nº 11.101/2005.

Finalmente, pode-se dizer que o procedimento do pedido de recuperação judicial, analisado a seguir, é uma espécie de "procedimento especial". Todos os credores devem se habilitar para que possam votar nas assembleias. O devedor apresenta seu plano, os credores são comunicados, via edital, para que apresentem eventuais objeções e, caso haja alguma, a assembleia-geral de credores é convocada para deliberar sobre o plano apresentado.

No art. 48 da Lei nº 11.101/2005 estão delineados os requisitos que o devedor deve atender para que o juiz autorize o processamento do seu pedido de recuperação:

- exercício regular de suas atividades há mais de 2 (dois) anos;
- não ser falido e, se o foi, estejam declaradas extintas, por sentença transitada em julgado, as responsabilidades daí decorrentes;
- não ter, há menos de 5 (cinco) anos, obtido concessão de recuperação judicial;
- não ter, há menos de 5 (cinco) anos, obtido concessão de recuperação judicial com base no plano especial de que trata a Seção V deste Capítulo;

- não ter sido condenado ou não ter, como administrador ou sócio controlador, pessoa condenada por qualquer dos crimes previstos na Lei nº 11.101/2005.

Segundo o art. 51 da Lei nº 11.101/2005, a petição inicial do pedido de recuperação deve ser minuciosamente preparada e devidamente instruída com os documentos exigidos, sob pena de indeferimento.

Caso a petição inicial esteja em desacordo com as determinações constantes do art. 51 da Lei nº 11.101/2005, o juiz não deve indeferi-a e decretar a falência do devedor, mas possibilitar a emenda da inicial, nos termos da legislação processual. Caso esteja devidamente instruída a exordial do devedor, prevê o art. 52 da Lei nº 11.101/2005 que haverá deferimento do processamento da recuperação judicial.

Deferido o processamento do pedido de recuperação, o juiz então deverá tomar as medidas descritas nos incisos do art. 52 da Lei nº 11.101/2005. Importa referir que, a partir de então, o devedor não poderá desistir do pedido de recuperação judicial, salvo se a assembleia-geral de credores permitir.

Publicada a decisão que defere o processamento do pedido de recuperação, o devedor terá prazo de 60 dias para apresentar ao juízo o seu plano de recuperação, conforme previsão do art. 53 da Lei nº 11.101/2005. Caso o plano não seja apresentado no prazo mencionado (60 dias), a falência do devedor será decretada.

Quanto a essas medidas, propostas no plano como meios de recuperação do devedor, o art. 50 da Lei nº 11.101/2005 oferece a ele um extenso rol de alternativas, espalhadas em dezesseis incisos, sendo rol meramente exemplificativo.

- concessão de prazos e condições especiais para pagamento das obrigações vencidas ou vincendas;
- cisão, incorporação, fusão ou transformação de sociedade, constituição de subsidiária integral, ou cessão de cotas ou ações, respeitados os direitos dos sócios, nos termos da legislação vigente;
- alteração do controle societário;
- substituição total ou parcial dos administradores do devedor ou modificação de seus órgãos administrativos;
- concessão aos credores de direito de eleição em separado de administradores e de poder de veto em relação às matérias que o plano especificar;
- aumento de capital social;
- trespasse ou arrendamento de estabelecimento, inclusive à sociedade constituída pelos próprios empregados;
- redução salarial, compensação de horários e redução da jornada, mediante acordo ou convenção coletiva;
- dação em pagamento ou novação de dívidas do passivo, com ou sem constituição de garantia própria ou de terceiro;

- constituição de sociedade de credores;
- venda parcial dos bens;
- equalização de encargos financeiros relativos a débitos de qualquer natureza, tendo como termo inicial a data da distribuição do pedido de recuperação judicial, aplicando-se inclusive aos contratos de crédito rural, sem prejuízo do disposto em legislação específica;
- usufruto da empresa;
- administração compartilhada;
- emissão de valores mobiliários;
- constituição de sociedade de propósito específico para adjudicar, em pagamento dos créditos, os ativos do devedor.

O art. 54 da Lei nº 11.101/2005 menciona que: "O plano de recuperação judicial não poderá prever prazo superior a 1 (um) ano para pagamento dos créditos derivados da legislação do trabalho ou decorrentes de acidentes de trabalho vencidos até a data do pedido de recuperação judicial". E mais: "Parágrafo único. O plano não poderá, ainda, prever prazo superior a 30 (trinta) dias para o pagamento, até o limite de 5 (cinco) salários-mínimos por trabalhador, dos créditos de natureza estritamente salarial vencidos nos 3 (três) meses anteriores ao pedido de recuperação judicial".

Nem todos os credores do devedor se sujeitarão aos efeitos da medida de recuperação judicial, caso ela venha a ser posteriormente concedida, a despeito do que preceitua o art. 49 da Lei nº 11.101/2005, segundo o qual: "Estão sujeitos à recuperação judicial todos os créditos existentes na data do pedido, ainda que não vencidos".

De fato, estão excluídos da recuperação judicial, segundo os §§ 3º e 4º do art. 49 da Lei nº 11.101/2005.

Após o deferimento do processamento da recuperação pelo juiz e apresentado o plano de recuperação pelo devedor, caberá a publicação de edital para avisar todos os credores sobre o recebimento do plano de recuperação e fixado o prazo para a manifestação de eventuais objeções, que devem ser feitas no prazo de 30 dias, contados da publicação da relação preliminar de credores que o administrador judicial elaborará nos termos do art. 7º, § 2º, da Lei nº 11.101/2005.

O prazo para objeções, em regra, deve ser contado a partir da publicação da relação preliminar de credores elaborada pelo administrador judicial, nos termos do art. 7º, § 2º, da Lei nº 11.101/2005. Porém, pode ocorrer de o plano não ter sido ainda apresentado nessa data, aplicando-se, assim, a regra do parágrafo único do art. 55, e o prazo das objeções só será contado a partir da publicação do aviso de recebimento do plano, nos termos do art. 53, parágrafo único, da Lei nº 11.101/2005.

Se nenhum credor apresentar objeções ao plano de recuperação judicial apresentado pelo devedor, significa que houve uma aprovação tácita. Nesse caso, não se convoca assembleia e passa-se já para a fase do art. 57 da Lei nº 11.101/2005.

Por outro lado, se for apresentada alguma objeção por parte de qualquer credor ao plano de recuperação judicial, será convocada a assembleia-geral de credores.

É importante destacar que, havendo objeção de algum credor, não cabe ao juiz analisá-la e julgá-la. O juiz deve convocar a assembleia-geral de credores para que ela decida sobre o plano de recuperação judicial apresentado pelo devedor.

Nas objeções que os credores apresentarem ao juiz, eles poderão expor meios alternativos de recuperação, diferentes dos meios indicados pelo devedor no seu plano.

A assembleia-geral então será realizada e os credores devidamente habilitados deliberarão sobre a aprovação, a alteração ou a rejeição do plano apresentado pelo devedor.

Caso, todavia, o plano de recuperação do devedor não convença os credores quanto à sua viabilidade, a assembleia-geral o rejeitará, e a consequência dessa rejeição será a decretação da falência do devedor, conforme previsão do § 4º do art. 56 da Lei nº 11.101/2005. Ressalve-se, no entanto, a hipótese excepcional em que o juiz pode conceder a recuperação judicial mesmo se os credores não aprovarem o plano (art. 58, § 1º, da Lei nº 11.101/2005).

Em suma: a assembleia-geral de credores pode tomar basicamente três decisões sobre o plano de recuperação judicial apresentado pelo devedor: i) aprovar sem alterações; ii) aprovar com alterações; iii) não aprovar.

No primeiro caso, aprovação sem alterações, a própria assembleia já pode eleger os membros do comitê de credores, se for o caso, e passa-se à fase do art. 57 da Lei nº 11.101/2005.

No segundo caso, aprovação com alterações, será necessário que o devedor consinta expressamente com as mudanças e que elas não causem prejuízos aos credores ausentes, que não puderam votar. Cumpridos esses requisitos, passa-se à fase do art. 57.

No terceiro caso, não aprovação do plano, cabe ao juiz, em princípio, decretar a falência do devedor, porque a decisão dos credores é soberana. Existe apenas um caso em que a não aprovação do plano em assembleia não impede o juiz de conceder a recuperação judicial, que será analisada adiante: trata-se da hipótese prevista no art. 58, § 1º, da Lei nº 11.101/2005, em que ocorre uma "quase aprovação". Sendo esse o caso, e entendendo o juiz pela concessão, passa-se também à fase do art. 57.

Segundo o disposto no art. 57 da Lei nº 11.101/2005:

> Após a juntada aos autos do plano aprovado pela assembleia-geral de credores ou decorrido o prazo previsto no art. 55 desta Lei sem objeção de credores, o devedor apresentará certidões nega-

> tivas de débitos tributários nos termos dos arts. 151, 205 e 206 da Lei nº 5.172, de 25 de outubro de 1966 - Código Tributário Nacional.

Se o devedor apresentar as referidas certidões, comprovando sua regularidade fiscal, prevê o art. 58 da Lei nº 11.101/2005 que: "Cumpridas as exigências desta Lei, o juiz concederá a recuperação judicial do devedor cujo plano não tenha sofrido objeção de credor nos termos do art. 55 desta Lei ou tenha sido aprovado pela assembleia-geral de credores na forma do art. 45 desta Lei".

Está-se vendo, pois, que, nos termos do que prescreveu a Lei nº 11.101/2005, a concessão da recuperação judicial ao devedor depende basicamente da não apresentação de qualquer objeção ao seu plano por parte dos credores ou da aprovação do plano pela assembleia-geral. Mas pode ocorrer de o juiz conceder a recuperação judicial ao devedor mesmo sem a aprovação da assembleia-geral, conforme será visto adiante.

Em princípio, condiciona a concessão da recuperação judicial ao consentimento dos credores, o que pode ocorrer se estes não apresentarem nenhuma objeção ao plano do devedor ou se, apresentada objeção, o plano seja aprovado pela assembleia-geral, com ou sem alterações. Nesses casos, caberá ao juiz apenas homologar o plano, após comprovada pelo devedor a sua regularidade fiscal por meio da juntada aos autos das certidões negativas de débitos tributários.

No entanto, a Lei nº 11.101/2005 prevê também situação excepcional em que a recuperação judicial do devedor poderá ser concedida pelo juiz, mesmo que a assembleia-geral não tenha aprovado o plano. Esta hipótese está disciplinada pelo art. 58, § 1º, da Lei:

> § 1º O juiz poderá conceder a recuperação judicial com base em plano que não obteve aprovação na forma do art. 45 desta Lei, desde que, na mesma assembleia, tenha obtido, de forma cumulativa:
>
> I - o voto favorável de credores que representem mais da metade do valor de todos os créditos presentes à assembleia, independentemente de classes;
>
> II - a aprovação de 2 (duas) das classes de credores nos termos do art. 45 desta Lei ou, caso haja somente 2 (duas) classes com credores votantes, a aprovação de pelo menos 1 (uma) delas;
>
> III - na classe que o houver rejeitado, o voto favorável de mais de 1/3 (um terço) dos credores, computados na forma dos §§ 1º e 2º do art. 45 desta Lei.

Perceba-se que o juiz não está totalmente livre para conceder a recuperação judicial ao devedor se os credores não aprovarem seu plano. Ele só poderá fazê-lo se o plano tiver obtido a aprovação de parcela substancial dos credores. Em outras palavras, o juiz só poderá conceder a recuperação judicial, nesse caso, se o plano do devedor tiver obtido uma quase aprovação dos credores reunidos em assembleia.

Além dos requisitos transcritos anteriormente, os quais, frise-se, devem ser preenchidos cumulativamente, o juiz deve atentar ainda para a regra contida no § 2º do mesmo art. 58, segundo o qual: "A recuperação judicial somente poderá ser concedida com base no § 1º deste artigo se o plano não implicar tratamento diferenciado entre os credores da classe que o houver rejeitado".

Verificada umas das situações descritas anteriormente – i) consentimento dos credores quanto ao plano do devedor; ii) aprovação do plano em assembleia-geral; ou iii) quase aprovação do plano seguido do deferimento pelo juiz –, a recuperação judicial será então concedida (não se pode esquecer, é claro, do art. 57, supranalisado).

Uma vez concedida a recuperação, dispõe o art. 59 da Lei nº 11.101/2005 que:

> O plano de recuperação judicial implica novação dos créditos anteriores ao pedido, e obriga o devedor e todos os credores a ele sujeitos, sem prejuízo das garantias, observado o disposto no § 1º do art. 50 desta Lei.

A decisão judicial que conceder a recuperação judicial constituirá título executivo judicial, sendo recorrível por agravo de instrumento, que poderá ser interposto por qualquer credor e pelo Ministério Público.

No caso do plano de recuperação judicial propor como meio de recuperação a alienação de ativos ou mesmo de filiais, o arrematante (a venda será feita em hasta pública: leilão, pregão ou propostas fechadas) não assumirá nenhum ônus ou débito.

No processo de recuperação judicial, o devedor em crise não perde, em princípio, a administração da empresa, apenas nas situações previstas nos incisos do art. 64 da Lei nº 11.101/2005:

> Art. 64 (...)
>
> I – houver sido condenado em sentença penal transitada em julgado por crime cometido em recuperação judicial ou falência anteriores ou por crime contra o patrimônio, a economia popular ou a ordem econômica previstos na legislação vigente;
>
> II – houver indícios veementes de ter cometido crime previsto nesta Lei;
>
> III – houver agido com dolo, simulação ou fraude contra os interesses de seus credores;
>
> IV – houver praticado qualquer das seguintes condutas:
>
> a) efetuar gastos pessoais manifestamente excessivos em relação a sua situação patrimonial;

> b) efetuar despesas injustificáveis por sua natureza ou vulto, em relação ao capital ou gênero do negócio, ao movimento das operações e a outras circunstâncias análogas;
>
> c) descapitalizar injustificadamente a empresa ou realizar operações prejudiciais ao seu funcionamento regular;
>
> d) simular ou omitir créditos ao apresentar a relação de que trata o inciso III do *caput* do art. 51 desta Lei, sem relevante razão de direito ou amparo de decisão judicial;
>
> V – negar-se a prestar informações solicitadas pelo administrador judicial ou pelos demais membros do Comitê;
>
> VI – tiver seu afastamento previsto no plano de recuperação judicial.

Nestes casos, o juiz convocará a assembleia-geral de credores para deliberar sobre o nome do gestor judicial que assumirá a administração das atividades do devedor, aplicando-se os deveres, os impedimentos e a remuneração do administrador judicial.

Enquanto não for eleito o gestor judicial pela assembleia-geral, o administrador judicial exercerá suas funções (art. 65, § 1º). E, caso o gestor eleito não aceite a incumbência de gerir a empresa em recuperação ou esteja impedido de fazê-lo, caberá ao juiz convocar, no prazo de 72 horas, contado da recusa ou da declaração do impedimento nos autos, uma nova assembleia-geral de credores, para que se eleja um novo gestor, continuando o administrador judicial a exercer suas funções por enquanto.

Não obstante o devedor, em princípio, não perca a administração da empresa, conforme visto anteriormente, o art. 66 da Lei nº 11.101/2005 prevê que:

> Após a distribuição do pedido de recuperação judicial, o devedor não poderá alienar ou onerar bens ou direitos de seu ativo permanente, salvo evidente utilidade reconhecida pelo juiz, depois de ouvido o Comitê, com exceção daqueles previamente relacionados no plano de recuperação judicial.

Medida interessante prevista pela Lei nº 11.101/2005 para tentar criar melhores condições para a superação da crise do devedor está contida no seu art. 68, segundo o qual:

> As Fazendas Públicas e o Instituto Nacional do Seguro Social – INSS poderão deferir, nos termos da legislação específica, parcelamento de seus créditos, em sede de recuperação judicial, de acordo com os parâmetros estabelecidos na Lei nº 5.172, de 25 de outubro de 1966 – Código Tributário Nacional.

> Parágrafo único. As microempresas e empresas de pequeno porte farão jus a prazos 20% (vinte por cento) superiores àqueles regularmente concedidos às demais empresas.

Por fim, cumpre destacar que, em uma clara decorrência do princípio da veracidade que preside a formação e a utilização do nome empresarial, já estudado no Capítulo II, estabelece o art. 69 da Lei nº 11.101/2005 que: "Em todos os atos, contratos e documentos firmados pelo devedor sujeito ao procedimento de recuperação judicial deverá ser acrescida, após o nome empresarial, a expressão 'em Recuperação Judicial'". O parágrafo único desse mesmo dispositivo prevê ainda que: "O juiz determinará ao Registro Público de Empresas a anotação da recuperação judicial no registro correspondente".

5.4.1 O encerramento do processo de recuperação judicial

A recuperação judicial deve propiciar ao devedor as condições necessárias à superação de sua crise econômico-financeira. Assim, ela deve durar até o cumprimento das obrigações previstas no plano que tiverem vencimento no período de até dois anos após a concessão da recuperação pelo juiz.

Ressalte-se que o fim do prazo mencionado no art. 61 da Lei nº 11.101/2005 não significa, necessariamente, que a partir de então o descumprimento das obrigações constantes do plano não surtirão nenhum efeito, porque, segundo o art. 62 da Lei nº 11.101/2005: "Após o período previsto no art. 61 desta Lei, no caso de descumprimento de qualquer obrigação prevista no plano de recuperação judicial, qualquer credor poderá requerer a execução específica ou a falência com base no art. 94 desta Lei".

5.4.2 Convolação da recuperação judicial em falência

No art. 73 da Lei nº 11.101/2005, há previsão de que:

> Art. 73. O juiz decretará a falência durante o processo de recuperação judicial:
>
> I – por deliberação da assembleia-geral de credores, na forma do art. 42 desta Lei;
>
> II – pela não apresentação, pelo devedor, do plano de recuperação no prazo do art. 53 desta Lei;
>
> III – quando houver sido rejeitado o plano de recuperação, nos termos do § 4º do art. 56 desta Lei;
>
> IV – por descumprimento de qualquer obrigação assumida no plano de recuperação, na forma do § 1º do art. 61 desta Lei.

Assim, ao ocorrer uma das quatro situações transcritas e havendo a convolação da recuperação em falência, determina o art. 61, § 2º, da Lei nº 11.101/2005 que: "Decretada a falência, os credores terão reconstituídos seus direitos e garantias nas condições originalmente contratadas, deduzidos os valores eventualmente pagos e ressalvados os atos validamente praticados no âmbito da recuperação judicial".

A falência do devedor pode também ser decretada durante o processo de recuperação judicial, sem que decorra, necessariamente, de uma das situações descritas no art. 73 da Lei nº 11.101/2005. Não se trata, neste caso, de convolação da recuperação judicial em falência, mas de simples decretação da falência, em virtude da ocorrência de uma de suas causas ensejadoras.

5.4.3 Plano especial de recuperação judicial das microempresas e das empresas de pequeno porte

Há um plano especial para microempresas (MEs) e empresas de pequeno porte (EPPs), conforme orientação do art. 179 da CF.

Cabe aos devedores enquadrados como ME ou EPP optarem pelo plano especial da lei, mencionando essa opção em sua petição inicial, que terá como condições (art. 71 da Lei nº 11.101/2005):

> Art. 71. (...)
>
> I – abrangerá todos os créditos existentes na data do pedido, ainda que não vencidos, excetuados os decorrentes de repasse de recursos oficiais, os fiscais e os previstos nos §§ 3º e 4º do art. 49;
>
> II – preverá parcelamento em até 36 (trinta e seis) parcelas mensais, iguais e sucessivas, acrescidas de juros equivalentes à taxa Sistema Especial de Liquidação e de Custódia – SELIC, podendo conter ainda a proposta de abatimento do valor das dívidas;
>
> III – preverá o pagamento da 1ª (primeira) parcela no prazo máximo de 180 (cento e oitenta) dias, contado da distribuição do pedido de recuperação judicial;
>
> IV – estabelecerá a necessidade de autorização do juiz, após ouvido o administrador judicial e o Comitê de Credores, para o devedor aumentar despesas ou contratar empregados.

Além disso, conforme o parágrafo único do art. 71, todas as ações e execuções relativas a créditos não abrangidos pelo plano terão prosseguimento regular em suas respectivas varas, não sofrendo paralisação alguma. E mais: segundo o § 2º do art. 70: "Os credores não atingidos pelo plano especial não terão seus créditos habilitados na recuperação judicial".

O art. 72 prevê que a aprovação do plano especial apresentados pelas MEs e EPPs devedoras, ao contrário do que ocorre no processo de recuperação normal dos demais devedores, não é competência da assembleia-geral dos credores, mas do próprio juiz.

É ao juiz que competem a rejeição do plano especial e a consequente decretação da falência do micro ou pequeno devedor, conforme o art. 72, parágrafo único, da Lei nº 11.101/2005.

5.5 FALÊNCIA

A execução concursal, quando se tem devedores empresariais insolventes, é regida pelo princípio da *par conditio creditorum*, e que exige tratamento isonômico dos credores.

Afinal, entende-se que, no caso de devedor insolvente que exerça atividade empresarial, não caberia as regras da execução individual.

A falência possui um caráter híbrido, em razão da confluência de normas processuais e materiais em relação ao jurídico-falimentar.

Desse modo, o objetivo primordial do processo falimentar é "promover o afastamento do devedor de suas atividades", procurando "preservar e otimizar a utilização produtiva dos bens, ativos e recursos produtivos, inclusive os intangíveis, da empresa". Dois importantes princípios se destacam no Direito Falimentar moderno: i) o princípio da preservação da empresa; e ii) o princípio da maximização dos ativos.

Em matéria processual, dois são os princípios que o procedimento deve atender: a celeridade e a economia processual.

Para que se tenha o procedimento falimentar, existem três pressupostos: o primeiro é material subjetivo, a qualidade de empresário do devedor; o segundo é material objetivo, baseado na insolvência do devedor; e o terceiro é o pressuposto formal, que é a sentença que a decreta.

Assim, caso o empresário/sociedade empresária seja devedora (primeiro pressuposto) e esteja em estado de insolvência (segundo pressuposto), baseado numa das situações legais previstas (arts. 94 e 105 da Lei nº 11.101/2005), inicia-se o processo especial de execução concursal do seu patrimônio com a sentença declaratória da falência (terceiro pressuposto).

Objetivo da falência: soerguimento ou salvaguarda da empresa, manutenção do emprego, acertamento com os credores.	**Princípios:** celeridade e economia processual – mais rápido e menos oneroso possível.	**Pressupostos:** o estado de falência, que é um estado de direito, para se instaurar deve possuir três pressupostos: a qualidade de empresário do devedor; o estado de insolvência do empresário; e a decretação judicial.

A legitimidade para o pedido de falência está assentada no art. 97 da Lei nº 11.101/2005: o próprio devedor, na forma do disposto nos arts. 105 a 107 desta Lei; o cônjuge sobrevivente, qualquer herdeiro do devedor ou o inventariante; o cotista ou o acionista do devedor na forma da lei ou do ato constitutivo da sociedade; e qualquer credor.

O sujeito passivo do pedido de falência deve ser empresário (empresário individual ou sociedade empresária), o mesmo não ocorrendo com o sujeito ativo do pedido de falência, que pode ser empresário ou não. No entanto, caso ele seja credor empresário (empresário individual ou sociedade empresária), a petição inicial deve conter a certidão da Junta Comercial que comprove a regularidade de suas atividades, conforme o art. 97, § 1º, da Lei nº 11.101/2005.

Para credores não domiciliados no Brasil, há necessidade de caução com fundamento no art. 97, § 2º, da Lei nº 11.101/2005: "O credor que não tiver domicílio no Brasil deverá prestar caução relativa às custas e ao pagamento da indenização de que trata o art. 101 desta Lei".

O procedimento falimentar pode ser dividido numa fase prévia, na fase falimentar e na fase posterior. Na fase prévia e que finda com a decretação da falência, há os atos preparatórios para o pedido. A fase falimentar inicia-se com a decretação e finda-se com o encerramento do processo falimentar. Por fim, a fase posterior tem como fundamento os atos posteriores ao encerramento, como é o caso da extinção das obrigações do falido.

No procedimento falimentar, a instauração pode se dar com base em diversos pedidos. O primeiro sistema é o da impontualidade injustificada e que está previsto no inc. I do art. 94 da Lei nº 11.101/2005. Com este pedido, verifica-se o estado patrimonial deficitário, pois haveria insuficiência do ativo do empresário para saldar o seu passivo. Prevê o referido artigo que o devedor: "Sem relevante razão de direito, não paga, no vencimento, obrigação líquida materializada em título ou títulos executivos protestados cuja soma ultrapasse o equivalente a 40 salários mínimos na data do pedido de falência".

Em relação ao requisito de dívida acima de 40 salários mínimos, a Lei permite que os credores se reúnam em litisconsórcio para pedir a falência do devedor: "Credores podem reunir-se em litisconsórcio a fim de perfazer o limite mínimo para o pedido de falência com base no inciso I do *caput* deste artigo" (art. 94, § 1º, da Lei nº 11.101/2005).

Além disso, o § 3º do art. 94 da Lei nº 11.101/2005 afirma que:

> Na hipótese do inciso I do *caput* deste artigo, o pedido de falência será instruído com os títulos executivos na forma do parágrafo único do art. 9º desta Lei, acompanhados, em qualquer caso, dos respectivos instrumentos de protesto para fim falimentar nos termos da legislação específica.

Essa, com certeza, é a forma mais comum de pedido falimentar, sendo necessário que se tenha o protesto do título para que se demonstre a impontualidade injustificada (sem relevante razão de direito).

Súm. nº 361 do STJ: "A notificação do protesto, para requerimento de falência da empresa devedora, exige a identificação da pessoa que a recebeu".

Para compor o segundo sistema que enseja pedido de falência, está a cessação de pagamentos também, que exige a insolvência do devedor pelo não pagamento de suas dívidas e que na fase de execução não cumpre com o adimplemento das suas obrigações, a chamada execução frustrada, prevista no art. 94, II, da Lei nº 11.101/2005.

Neste caso o pedido de falência do devedor deve estar caracterizado pela tríplice omissão do devedor, quando citado em processo executivo: "executado por qualquer quantia líquida, não paga, não deposita e não nomeia à penhora bens suficientes dentro do prazo legal;".

Neste caso de pedido, a Lei nº 11.101/2005 determina, no § 4º do mesmo art. 94, que: "Na hipótese do inciso II do *caput* deste artigo, o pedido de falência será instruído com certidão expedida pelo juízo em que se processa a execução".

Para além desses pedidos, a lei fundamenta o pedido falimentar no rol taxativo constante das alíneas do seu inc. III do art. 94, que prevê uma série de condutas que, ao serem praticadas pelo devedor, ensejam o requerimento de decretação de sua falência.

Caso o pedido seja baseado na prática dos atos de falência (inc. III), a petição inicial deve obedecer ao comando normativo do § 5º do art. 94 da Lei nº 11.101/2005: "Na hipótese do inciso III do *caput* deste artigo, o pedido de falência descreverá os fatos que a caracterizam, juntando-se as provas que houver e especificando-se as que serão produzidas".

Em sede de resposta, ou seja, em contestação, cujo prazo legal é de dez dias, conforme o art. 98, *caput*, da Lei nº 11.101/2005, o devedor poderá alegar quaisquer das matérias previstas no art. 96 da Lei nº 11.101/2005:

> Art. 96. A falência requerida com base no art. 94, inciso I do *caput*, desta Lei, não será decretada se o requerido provar:
>
> I – falsidade de título;
>
> II – prescrição;
>
> III – nulidade de obrigação ou de título;
>
> IV – pagamento da dívida;
>
> V – qualquer outro fato que extinga ou suspenda obrigação ou não legitime a cobrança de título;
>
> VI – vício em protesto ou em seu instrumento;
>
> VII – apresentação de pedido de recuperação judicial no prazo da contestação, observados os requisitos do art. 51 desta Lei;
>
> VIII – cessação das atividades empresariais mais de 2 (dois) anos antes do pedido de falência, comprovada por documento hábil do Registro Público de Empresas, o qual não prevalecerá contra prova de exercício posterior ao ato registrado.

O caso de pedido de recuperação judicial como meio de defesa, contido no inc. VII do art. 96 da Lei nº 11.101/2005, está expressamente prevista no art. 95 da LEI N. 11.101/2005: "Dentro do prazo de contestação, o devedor poderá pleitear sua recuperação judicial".

Quanto à denegação da falência, pode ela estar fundamentada em dois motivos básicos: a improcedência do pedido de falência em razão de defesa, especialmente constante no art. 96 da Lei nº 11.101/2005, e a realização do depósito elisivo, no prazo contestacional, conforme o art. 98, parágrafo único, da Lei nº 11.101/2005.

Dessa maneira, decreta-se a falência do devedor caso o pedido de falência seja julgado procedente e não tenha sido realizado o depósito elisivo. Neste momento, a sentença que decreta a falência instaura o processo de execução concursal do empresário (empresário individual ou sociedade empresária) falido.

Em relação à sentença, o art. 100 da Lei nº 11.101/2005 afirma que, quando ela decreta a falência, cabe agravo; quando denega, cabe apelação.

O procedimento falimentar produz efeitos, sistematizados os principais:

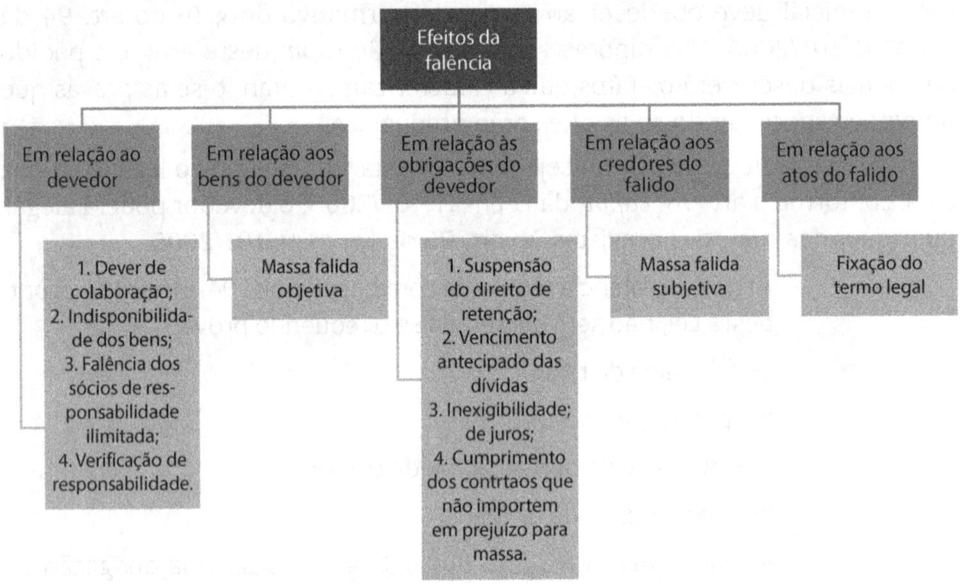

O administrador judicial acaba sendo o responsável pelo bom desenvolvimento do processo falimentar, e fará o procedimento de arrecadação dos bens do devedor falido (massa falida objetiva) e a verificação e habilitação dos créditos (massa falida subjetiva).

A arrecadação é efeito específico e necessário, porque os bens precisam ser vendidos para que o produto da venda seja utilizado para o pagamento dos credores. Os bens arrecadados constituem, pois, a chamada massa falida objetiva, que corresponde, então, ao ativo do devedor submetido à execução concursal falimentar.

Com a arrecadação dos bens, forma-se a massa falida objetiva e:

> Os bens arrecadados ficarão sob a guarda do administrador judicial ou de pessoa por ele escolhida, sob responsabilidade daquele,

> podendo o falido ou qualquer de seus representantes ser nomeado depositário dos bens (art. 108, § 1º, da Lei nº 11.101/2005).

Além disso, caso haja necessidade para os trabalhos de arrecadação, o juiz poderá até mesmo determinar a lacração do estabelecimento (art. 109 da Lei nº 11.101/2005).

Lavra-se pós-arrecadação o auto de arrecadação (art. 110 da Lei nº 11.101/2005), composto pelo inventário e pelo laudo de avaliação dos bens, os quais, sempre que possível, deverão ser individualizados.

Este procedimento não pode se restringir apenas ao ativo que o devedor possui no momento em que sua falência foi decretada, eis que existe uma possibilidade que o devedor tenha se desfeito de bens que compunham seu ativo para evitar que tais bens fossem arrecadados no processo falimentar.

Por isso, a importância da fixação do termo legal, que delimita um lapso temporal prévio à decretação da falência, estipulando um período suspeito e que possa gerar aos credores prejuízos causados por atos do empresário individual ou os administradores da sociedade empresária falida.

A Lei nº 11.101/2005 possui regras específicas que estabelecem a ineficácia de certos atos praticados pelo devedor falido antes da decretação da falência e que, ao serem reconhecidos, permitem que mais bens sejam incorporados a ela.

5.5.1 Os atos do falido objetivamente ineficazes perante a massa

Considera-se ato objetivamente ineficaz, segundo o art. 129 da Lei nº 11.101/2005, os previstos nos seus incs. I a VII:

> Art. 129. (...)
>
> I – o pagamento de dívidas não vencidas realizado pelo devedor dentro do termo legal, por qualquer meio extintivo do direito de crédito, ainda que pelo desconto do próprio título;
>
> II – o pagamento de dívidas vencidas e exigíveis realizado dentro do termo legal, por qualquer forma que não seja a prevista pelo contrato;
>
> III – a constituição de direito real de garantia, inclusive a retenção, dentro do termo legal, tratando-se de dívida contraída anteriormente; se os bens dados em hipoteca forem objeto de outras posteriores, a massa falida receberá a parte que devia caber ao credor da hipoteca revogada;
>
> IV – a prática de atos a título gratuito, desde 2 (dois) anos antes da decretação da falência;
>
> V – a renúncia à herança ou a legado, até 2 (dois) anos antes da decretação da falência;

VI - a venda ou transferência de estabelecimento feita sem o consentimento expresso ou o pagamento de todos os credores, a esse tempo existentes, não tendo restado ao devedor bens suficientes para solver o seu passivo, salvo se, no prazo de 30 (trinta) dias, não houver oposição dos credores, após serem devidamente notificados, judicialmente ou pelo oficial do registro de títulos e documentos;

VII - os registros de direitos reais e de transferência de propriedade entre vivos, por título oneroso ou gratuito, ou a averbação relativa a imóveis realizados após a decretação da falência, salvo se tiver havido prenotação anterior.

A doutrina denomina esses atos de objetivamente ineficazes, pois a declaração de ineficácia independe da demonstração de fraude do devedor ou de conluio com o terceiro que com ele contratou. Os atos objetivamente ineficazes estão previstos em rol taxativo e ocorrem, em geral, em lapso temporal específico, que em muitos casos coincide com o período suspeito, previsto no termo legal da falência.

5.5.2 Os atos do falido subjetivamente ineficazes perante a massa

O art. 130 da Lei nº 11.101/2005 prevê que: "São revogáveis os atos praticados com a intenção de prejudicar credores, provando-se o conluio fraudulento entre o devedor e o terceiro que com ele contratar e o efetivo prejuízo sofrido pela massa falida". Logo, para ser ineficaz de modo subjetivo, é necessário que se prove:

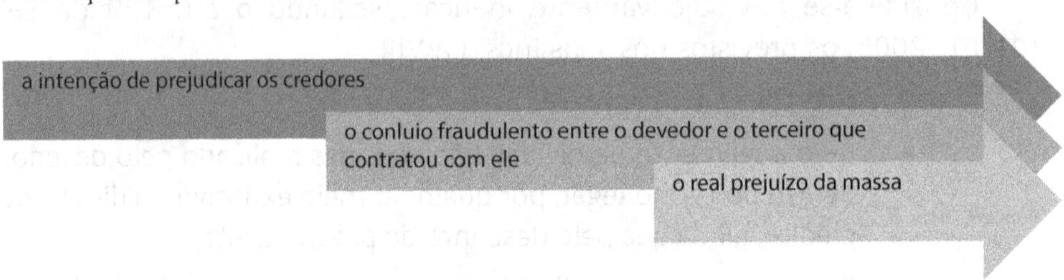

Neste artigo não há uma conduta específica e típica do devedor e também não há previsão de tempo. Logo, qualquer ato do devedor pode se encaixar na previsão do art. 130 da Lei nº 11.101/2005.

Os atos de ineficácia subjetiva, diferentemente dos atos de ineficácia objetiva, necessitam do ajuizamento de ação própria, a chamada ação revocatória, prevista no art. 132 da Lei nº 11.101/2005.

A ação revocatória, com o rito comum, tem como legitimados passivos, segundo o art. 133 da Lei nº 11.101/2005: todos os que figuraram no ato ou que por efeito dele foram pagos, garantidos ou beneficiados; os terceiros adquirentes, se tiveram conhecimento, ao se criar o direito, da intenção do devedor de prejudicar os credores; e os herdeiros ou legatários das pessoas indicadas nos dois casos ora mencionados.

Com a procedência da ação revocatória pelo juiz da falência: "A sentença que julgar procedente a ação revocatória determinará o retorno dos bens à massa falida em espécie, com todos os acessórios, ou o valor de mercado, acrescidos das perdas e danos" (art. 135 da Lei nº 11.101/2005), por meio de sentença, recorrível por apelação (art. 135, parágrafo único).

Ademais, conforme o art. 137 da Lei nº 11.101/2005: "O juiz poderá, a requerimento do autor da ação revocatória, ordenar, como medida preventiva, na forma da lei processual civil, o sequestro dos bens retirados do patrimônio do devedor que estejam em poder de terceiros", no curso da ação revocatória.

O ato ineficaz pode ser assim declarado, objetiva ou subjetivamente, mesmo "que praticado com base em decisão judicial, observado o disposto no art. 131 desta Lei" (art. 138 da Lei nº 11.101/2005), e a decisão em tal ação rescindirá a sentença que o motivou (art. 138, parágrafo único).

5.5.3 Os pedidos de restituição

Nos casos de arrecadação dos bens do devedor, pode ser que haja o atingimento dos bens de terceiros, e estes não poderão pagar os credores do falido. Assim, após a arrecadação deve ser feita a restituição de bens eventualmente arrecadados de maneira errônea.

São quatro hipóteses que ensejam a possibilidade de pedido de restituição de bens com procedimento específico, regulado nos seus arts. 85 a 93.

O *caput* do art. 85 da Lei nº 11.101/2005 prevê que: "O proprietário de bem arrecadado no processo de falência ou que se encontre em poder do devedor na data da decretação da falência poderá pedir sua restituição". O bem arrecadado é de terceiro.

No art. 85, parágrafo único, da Lei nº 11.101/2005, existe a segunda hipótese: "Também pode ser pedida a restituição de coisa vendida a crédito e entregue ao devedor nos 15 (quinze) dias anteriores ao requerimento de sua falência, se ainda não alienada". Vendido a crédito ao falido, o bem foi entregue nos 15 dias antes da decretação de sua quebra e ainda não alienado.

O inc. I do art. 86 da Lei nº 11.101/2005 determina a restituição em dinheiro nos casos em que o bem não exista mais na época da restituição ou não esteja mais com o devedor. Assim como os casos que segue.

O art. 86, II, da Lei nº 11.101/2005 determina que: "Da importância entregue ao devedor, em moeda corrente nacional, decorrente de adiantamento a contrato de câmbio para exportação, na forma do art. 75, §§ 3º e 4º, da Lei nº 4.728, de 14 de julho de 1965, desde que o prazo total da operação, inclusive eventuais prorrogações, não exceda o previsto nas normas específicas da autoridade competente;", que será feita em dinheiro.

Por fim, a hipótese do art. 86, III, da Lei nº 11.101/2005, que está disciplinada no art. 136 da Lei nº 11.101/2005. Neste caso, o juiz declara ineficaz o ato praticado pelo falido antes da decretação da quebra: "Reconhecida a ineficácia ou julgada procedente a ação revocatória, as partes retornarão ao estado anterior, e o contratante de boa-fé terá direito à restituição dos bens ou valores entregues ao devedor". Nesse caso a restituição também será feita em dinheiro, conforme reiterado no tópico seguinte.

O art. 87 da Lei nº 11.101/2005 afirma que: "O pedido de restituição deverá ser fundamentado e descreverá a coisa reclamada". Uma vez formulado, ele "suspende a disponibilidade da coisa até o trânsito em julgado" (art. 91 da Lei nº 11.101/2005). O requerimento será formulado perante o juízo universal da falência, que julgará por sentença o pedido de restituição, e, sendo procedente, determinará que a coisa seja entregue ao autor do pedido no prazo de 48 horas (art. 88 da Lei nº 11.101/2005).

Julgado improcedente pelo juiz da falência o pedido de restituição, mas compreendido que o requerente é credor do devedor falido, ele passa a integrar o quadro-geral de credores (art. 89 da Lei nº 11.101/2005).

O recurso da sentença é apelação, apenas com efeito devolutivo (art. 90).

O art. 93 da Lei nº 11.101/2005 prevê que: "Nos casos em que não couber pedido de restituição, fica resguardado o direito dos credores de propor embargos de terceiros, observada a legislação processual civil".

6. PROPRIEDADE INDUSTRIAL

O sistema de propriedade industrial instituído pela Convenção da União de Paris de 1883 é regulado pela Lei nº 9.279/1996, em consonância com nossa CF. Os bens da propriedade industrial são:

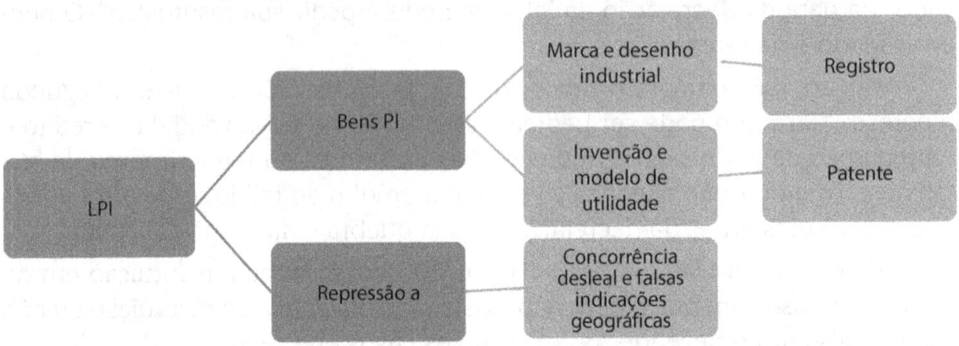

6.1 INVENÇÃO

É a criação original do espírito humano. O requisito para que a invenção possa ter proteção jurídica, além da originalidade, é a novidade e a aplicação industrial. A patente dar-se à no Instituto Nacional da Propriedade Industrial (INPI) e far-se-á pelo depósito.

6.2 MODELO DE UTILIDADE

É a melhoria introduzida na forma de objetos conhecidos, a fim de aumentar sua utilidade. Não se trata de uma invenção, mas, sim, de um acréscimo na utilidade. Pode-se dizer que uma novidade parcial é agregada.

A patente é o único instrumento de prova admissível pelo Direito para a demonstração de concessão do direito de exploração exclusiva de uma invenção ou modelo de utilidade. Para que a patente possa ser concedida, devem ser observados determinados requisitos: a) novidade; b) aplicação industrial; e c) atividade inventiva.

NOVIDADE:	• Novidade deve ser absoluta. • Fora do estado de técnica.
ATIVIDADE INVENTIVA:	• Não pode decorrer de conhecimentos simples do estado de técnica. • Vantagem não existente: diminuição de custos, simplificação de processos, aumento de eficiência.
APLICAÇÃO INDUSTRIAL:	• Deve satisfazer algo no mundo prático, não necessariamente industrial.

A concessão da patente confere ao seu titular o direito de impedir que terceiro, sem o seu consentimento, utilize de qualquer forma a invenção ou o modelo de utilidade.

Caso o titular de uma patente opte por autorizar terceiros a utilizar sua criação, poderá fazê-lo por meio de um contrato de licença de exploração, que deverá ser averbado no INPI.

Os direitos de exploração da patente serão compulsoriamente licenciados a terceiros, basicamente quando: a) o titular exercer os direitos dela decorrentes de forma abusiva ou praticar atos que configurem abuso de poder econômico; e b) pela não disponibilização da invenção ou do modelo de utilidade diante das necessidades do mercado.

A vigência da patente de invenção se dá pelo prazo de 20 anos, e do modelo de utilidade, 15 anos, a contar da data do depósito no INPI.

Em relação à extinção da patente, ocorre:

a) pela expiração do prazo de sua vigência;
b) pela renúncia de seu titular;
c) pela caducidade;
d) pelo não pagamento da retribuição anual ao INPI; e
e) por estrangeiros que deixem de nomear procuradores com poderes para receber citação.

6.3 DESENHO INDUSTRIAL

É considerado novo quando não compreendido no estado da técnica, tendo como requisitos:

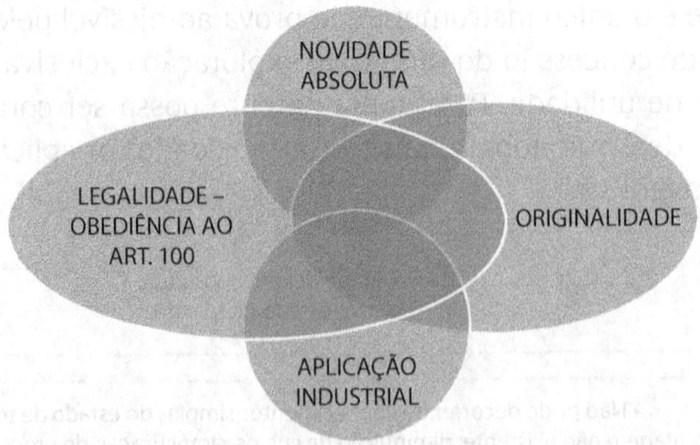

O registro será concedido apenas se o desenho tiver uma aplicação na indústria. As obras de cunho meramente artístico são protegidas pela Lei de Propriedade Intelectual nº 9.610/1998.

O registro vigorará pelo prazo de dez anos contados a partir da data do depósito, prorrogável por três períodos sucessivos de cinco anos cada. Registre-se que não há caducidade do registro de um desenho industrial.

6.4 MARCA

A marca surgiu como indicação de procedência do produto ou artigo, podendo adquirir a forma nominativa, figurativa ou mista. O registro depende de três condições: novidade, não colidência com marca notória e não impedimento.

Em relação à novidade, esta é relativa, porque não precisa ser necessariamente criada pelo empresário, mas sim a sua utilização ser nova em relação aos produtos industrializados ou comercializados, ou de serviços prestados. Este princípio deve atender a dois subprincípios: a) subprincípio da anterioridade; e b) subprincípio da especialidade ou especificidade de uma atividade.

Não deve, também, colidir com marca notória, porque esta independe de registro anterior da marca no Brasil.

Quanto ao não impedimento, é importante considerar que a lei impede o registro, como marca, de determinados signos.

A proteção da marca se restringe à classe a que pertence, salvo a declaração do INPI de "marca de alto renome", pois neste caso se amplia a todas as classes.

O prazo de concessão do registro da marca estende-se por dez anos a partir da sua concessão, prorrogável por períodos iguais e sucessivos, devendo o interessado pleitear a prorrogação sempre no último ano de vigência do registro.

A Lei nº 9.279/1996, no seu art. 173, prevê ação de nulidade de marca que pode ser proposta pelo INPI, ou qualquer pessoa com legítimo interesse.

Resumo dos prazos da LPI:

PRAZO DE VIGÊNCIA DAS PATENTES		
Registro	Depósito e prazo	Prazo suplementar
Invenções	20 anos	10 anos de concessão
Modelos de utilidade	15 anos	7 anos de concessão
Desenho industrial	10 anos	Prorrogável por três períodos sucessivos de 5 anos
Marcas	10 anos de concessão	Prorrogável por períodos sucessivos

7. CONTRATOS EMPRESARIAIS

Nos contratos empresarias, utilizam-se as regras gerais dos contratos civis, conforme o princípio da unificação.

7.1 COMPRA E VENDA MERCANTIL

É o acordo entre as partes sobre o preço e a entrega da mercadoria (art. 482 do CC/2002), em que vendedor se obriga a transferir o domínio de certo objeto para o comprador, que lhe pagará determinado preço em dinheiro. Possui as seguintes características:

- tem por objeto coisas móveis, imóveis ou semoventes;
- o comprador deve revender a coisa comprada ou locá-la, visando ao lucro;
- o comprador, pelo menos, deve ser empresário.

O preço engloba tanto o valor do bem adquirido como as despesas. Estas despesas, nos contratos de transporte, podem conter a presença das cláusulas (INCOTERMS) determinadas pela Câmara de Comércio Internacional e que estabelecem as obrigações, valores e responsabilidades acerca desse transporte.

7.2 LOCAÇÃO COMERCIAL

No contrato de locação, o locador se obriga a dar ao locatário o uso de uma coisa por determinado tempo e preço. Nos casos de locação comercial, é possível obter a renovação compulsória da locação, desde que o inquilino exerça tal direito, por meio da ação renovatória (arts. 51 e 52 da Lei nº 8.245/1991). Este direito é assegurado também aos cessionários ou sucessores da locação; no caso de sublocação total do imóvel, o direito à renovação somente poderá ser exercido pelo sublocatário (art. 51, § 1º, da Lei nº 8.245/1991).

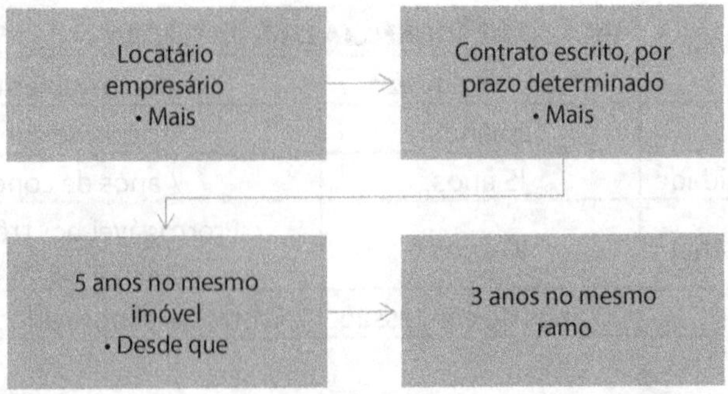

Com os requisitos presentes, deve ser concedida a renovação compulsória. O locador terá direito de retomada nos casos legais, nominados a seguir.

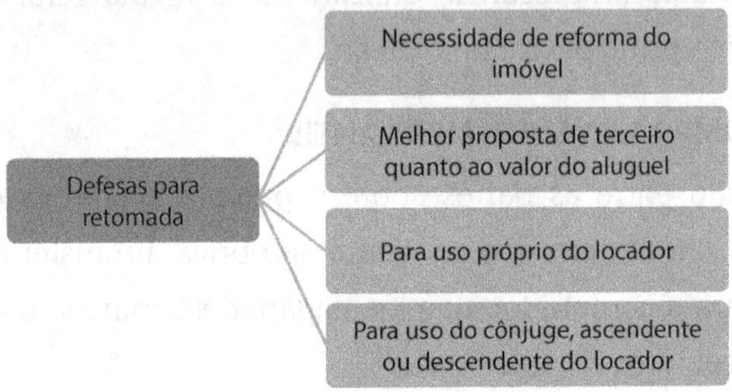

7.3 MANDATO MERCANTIL

Neste contrato, uma pessoa (mandatário) pratica atos comerciais (por ordem expressa) em nome e por conta de outra pessoa (mandante) a título oneroso (arts. 653 e ss. do CC/2002).

7.4 COMISSÃO MERCANTIL

Na comissão, um empresário (comissário) realiza negócios mercantis em nome próprio, mas por conta de outra pessoa (comitente). Sendo assim, o comissário, em seu próprio nome, assume a responsabilidade perante terceiros, arcando com sua insolvência. É possível a presença da cláusula *del credere*, que determina que o risco relativo à insolvência de terceiro será dividido entre o comissário e o contratado, o que acarreta a solidariedade na solvência do contratado, desde que haja um pagamento diferenciado e a maior (arts. 695 a 704 do CC/2002).

7.5 REPRESENTAÇÃO COMERCIAL AUTÔNOMA

Este contrato, conforme o art. 1º, *caput*, da Lei nº 4.886/1965, determina que:

> Exerce a representação comercial autônoma a pessoa jurídica ou a pessoa física, sem relação de emprego, que desempenha, em caráter não eventual por conta de uma ou mais pessoas, a mediação para a realização de negócios mercantis, agenciando propostas

ou pedidos, para transmiti-los aos representados, praticando ou não atos relacionados com a execução dos negócios.

Desse modo, a representação é o contrato pelo qual uma pessoa (representante) obtém pedidos de compra e venda de mercadorias fabricadas ou comercializadas por outra pessoa (representado) dentro de uma região delimitada. O representante exerce uma atividade autônoma, não havendo vínculo empregatício entre representado e representante.

A exclusividade territorial é presumida do representante, devendo atuar em região delimitada, salvo disposição diversa no contrato. As principais obrigações do representante são:

a) observar as instruções e as quotas de produtividade fixadas pelo representado (art. 29 da Lei nº 4.886/1965);
b) prestar contas ao representado;
c) não prejudicar, por dolo ou culpa, os interesses que lhe são confiados;
d) não facilitar o exercício da profissão por quem estiver impedido ou proibido de exercê-la;
e) não facilitar negócios ilícitos ou que prejudiquem a Fazenda Pública;
f) sempre apresentar a carteira profissional (art. 19 da Lei nº 4.886/1965);
g) respeitar a cláusula de exclusividade, se existente (arts. 31 e 41 da Lei nº 4.886/1965).

Em relação ao representado, as principais obrigações são:

a) pagar a comissão pactuada ao representante (arts. 32 e 33 da Lei nº 4.886/1965);
b) respeitar a exclusividade quanto à área delimitada no contrato (art. 31 da Lei nº 4.886/1965).

No caso de exclusividade de representação, deve estar expressa no contrato para que produza efeitos. Assim, caso não haja cláusula contratual determinando a exclusividade de representação, pode o representante exercer outras representações em ramos de atividade diferentes (arts. 31, parágrafo único, e 41 da Lei nº 4.886/1965).

A exclusividade na zona territorial é cláusula implícita do contrato, e o contrato pode limitar ou expressamente retirar a exclusividade territorial, presumindo-se a exclusividade territorial (art. 31 da Lei nº 4.886/1965).

Uma das partes pode rescindir o contrato quando a outra der causa a isso.

Por motivos justos para rescisão do contrato de representação comercial, pelo representado, estão:

a) a desídia do representante no cumprimento das obrigações decorrentes do contrato;
b) a prática de atos que importem em descrédito comercial do representado;

c) a falta de cumprimento de quaisquer obrigações inerentes ao contrato de representação comercial;
d) a condenação definitiva por crime considerado infamante;
e) força maior (art. 35 da Lei nº 4.886/1965).

Quanto aos motivos justos para rescisão do contrato de representação comercial, pelo representante, têm-se:

a) a redução de esfera de atividade do representante em desacordo com as cláusulas do contrato;
b) a quebra, direta ou indireta, da exclusividade, se prevista no contrato;
c) a fixação abusiva de preços em relação à zona do representante, com o exclusivo escopo de impossibilitar-lhe ação regular;
d) o não pagamento de sua retribuição na época devida;
e) força maior (art. 36 da Lei nº 4.886/1965). Neste caso, o representante terá direito a uma indenização de 1/12 da somatória das comissões recebidas, se o contrato for por prazo indeterminado.

No caso de o contrato ser firmado por prazo determinado, o valor da indenização será o resultado da multiplicação da metade do número de meses contratados pela média mensal das comissões recebidas.

7.6 CONCESSÃO MERCANTIL

Neste contrato, o concessionário se obriga a comercializar, com ou sem exclusividade, os produtos fabricados pelo concedente. No País, apenas foi regulamentada a concessão mercantil de veículos automotores terrestres (Lei nº 6.729/1979). Para outras mercadorias, o contrato é atípico.

O objeto do contrato de concessão mercantil, no caso de veículos automotores, é composto por comercialização de veículos automotores, prestação de assistência técnica, além do uso da marca do concedente como identificação (art. 3º da Lei nº 6.729/1979).

7.7 ARRENDAMENTO MERCANTIL (*LEASING*)

Uma pessoa jurídica (arrendadora) arrenda a uma pessoa física ou jurídica (arrendatária), por tempo determinado, um bem comprado pela primeira, de acordo com as indicações da segunda, cabendo à arrendatária a opção de adquirir o bem arrendado ao final do contrato, mediante valor residual garantido (VRG) e previamente fixado. Assim, o arrendamento mercantil é um misto de financiamento com opção de contrato e locação.

O arrendamento mercantil pode ainda ser financeiro ou operacional. No operacional, as contraprestações a serem pagas pela arrendatária contemplam o curso de arrendamento do bem e os serviços inerentes à sua colocação à disposição da arrendatária. Já no arrendamento mercantil financeiro, as contraprestações e demais pagamentos previstos no contrato devem ser suficientes para que a arrendadora recupere o custo do bem arrendado, durante o prazo contratual da operação, e ainda obtenha retorno sobre os recursos investidos.

7.8 CONTRATOS BANCÁRIOS

Nos contratos nos quais uma das partes é banco ou uma instituição financeira, cabem algumas regras específicas. Nos contratos bancários sempre estará presente um banco, mas isso não significa que todo contrato firmado por um banco mereça a qualificação de contrato bancário. Só receberão essa qualificação aqueles contratos i) firmados por bancos e ii) que se insiram no conceito de atividade bancária.

A atividade bancária é importantíssima para o desenvolvimento das atividades empresariais, na medida em que permite aos empreendedores a obtenção de recursos para fazer frente aos seus investimentos. Entenda-se atividade bancária, pois, como a intermediação de recursos monetários entre os agentes econômicos.

De acordo com o art. 17 da Lei nº 4.595,

> Consideram-se instituições financeiras, para os efeitos da legislação em vigor, as pessoas jurídicas públicas ou privadas, que tenham como atividade principal ou acessória a coleta, intermediação ou aplicação de recursos financeiros próprios ou de terceiros, em moeda nacional ou estrangeira, e a custódia de valor de propriedade de terceiros.

Desse dispositivo, portanto, é que extraímos o conceito de atividade bancária ora mencionado.

As principais modalidades de contratos bancários típicos são:

- mútuo bancário – contrato pelo qual a instituição financeira empresta determinada quantia em dinheiro ao mutuário, que se obriga a restituir o valor emprestado com os juros e os demais encargos contratados;
- desconto bancário – contrato pelo qual a instituição financeira antecipa o valor de um crédito contra terceiro ao cliente e, em virtude disso, desconta determinada taxa de juros;
- abertura de crédito – contrato pelo qual a instituição financeira disponibiliza ao correntista determinada quantia em dinheiro para que ele possa, se quiser, utilizá-la.

Das operações passivas, a mais importante é o depósito bancário. Nele, o cliente entrega determinada quantia em dinheiro à instituição financeira, para que esta a guarde e a restitua quando for pleiteado.

7.9 ALIENAÇÃO FIDUCIÁRIA EM GARANTIA

Este contrato é acessório, sendo atrelado ao contrato de mútuo, no qual o mutuário-fiduciante aliena a propriedade de um bem ao mutuante-fiduciário. O fiduciário terá apenas a propriedade resolúvel e a posse indireta do bem em questão, ao passo que o fiduciante terá a posse direta do bem.

No caso de o fiduciante não pagar as parcelas correspondentes ao mútuo, o fiduciário poderá ingressar com ação de busca e apreensão, podendo, inclusive, pleitear a concessão de liminar sem a oitiva do fiduciante. Com a liminar concedida, o fiduciante será citado para em 15 dias apresentar sua contestação, e, após este prazo, o juiz deverá sentenciar de plano em cinco dias.

Dessa sentença caberá apelação, que será recebida apenas no efeito devolutivo. É importante ressaltar que, após a concessão da liminar, o fiduciário pode vender de pronto o bem alienado, uma vez que a futura sentença lhe dará a plena propriedade do bem.

Se a venda do bem não for suficiente para saldar a dívida, o credor pode ingressar com ação monitória, para compor o saldo devedor.

Súm. nº 384 do STJ: "Cabe ação monitória para haver saldo remanescente oriundo de venda extrajudicial de bem alienado fiduciariamente em garantia".

7.10 FRANQUIA (*FRANCHISING*)

No contrato de franquia, o franqueador cede ao franqueado o direito de uso da marca ou patente, da tecnologia empregada, da distribuição, com ou sem exclusividade, de produtos ou serviços e da organização empresarial (art. 1º da Lei nº 13.966/2019).

Assim, na franquia prevalece a regra da transparência das negociações, e por isso o franqueador é obrigado a fornecer aos interessados a circular de oferta de franquia, que deve ser entregue em no máximo dez dias antes da assinatura do contrato principal e conter todas as informações essenciais do contrato de franquia. A falta dessa circular pode acarretar a nulidade do negócio a ser realizado no futuro, com a possibilidade de pedido de reparação de danos por parte do franqueado (art. 2º da Lei nº 13.966/2019).

Este contrato deve ser registrado no INPI, conforme o art. 211 da LPI.

7.11 FATURIZAÇÃO (*FACTORING*) OU FOMENTO MERCANTIL

O faturizador adquire direitos decorrentes do faturamento (compra e venda de mercadorias ou prestações de serviços) do faturizado por meio da cessão de créditos. Desse modo, o faturizador adquire o faturamento do faturizado, e, em ambos os casos, o faturizado responde pela existência da dívida e não pela garantia da obrigação. Uma *factoring* pode se apresentar sob duas modalidades distintas:

- *Conventional factoring*: o faturizador paga à vista a cessão dos créditos do faturizado, descontando do valor pago os juros de antecipação de recursos proporcionalmente ao tempo que faltar para o seu vencimento (deságio). Esse desconto se justifica, pois o faturizador está assumindo o risco do negócio;
- *Maturity factoring*: o faturizador apenas pagará o preço da cessão de créditos ao faturizado após ter recebido o pagamento dos créditos pelos devedores. Nesse caso, a remuneração do faturizador é a comissão, uma vez que não há juros pelo adiantamento dos pagamentos, não assumindo, portanto, o risco de inadimplência.

QUESTÕES

1. **(OAB – FGV – XXX EXAME DE ORDEM)** Determinadas pessoas naturais, em razão de sua atividade profissional, e certas espécies de pessoas jurídicas, todas devidamente registradas no órgão competente, gozam de tratamento simplificado, favorecido e diferenciado em relação aos demais agentes econômicos – microempresas e empresas de pequeno porte. De acordo com a Lei Complementar nº 123, de 14 de dezembro de 2006, as microempresas e as empresas de pequeno porte, quanto à forma jurídica, são

    a) cooperativa de produção, empresário individual, empresa pública e sociedade limitada.

    b) empresário individual, empresa individual de responsabilidade limitada, sociedade simples e sociedade empresária, exceto por ações.

    c) cooperativa de crédito, empresário individual, empresa individual de responsabilidade limitada e sociedade simples.

    d) empresário individual, profissional liberal, empresa Individual de responsabilidade limitada e sociedade por ações.

2. **(OAB – FGV – XXXI EXAME DE ORDEM)** Lauro emitiu uma nota promissória com vencimento a dia certo em favor da sociedade empresária W Corretora de Imóveis Ltda. Embora o título esteja assinado pelo emitente, nele não constam a data e o lugar de emissão. Há cláusula de juros remuneratórios, com fixação de taxa anual de 12%. Antes do vencimento, o título recebeu aval em branco prestado por Pedro, irmão de Lauro. Sendo certo que os dados omitidos na nota promissória não foram preenchidos pela sociedade empresária antes da cobrança judicial, assinale a afirmativa correta.

    a) Por se tratar de nota promissória com vencimento a dia certo, é válida a cláusula de juros remuneratórios.

    b) O avalista em branco poderá alegar vício de forma como exceção ao pagamento perante a sociedade empresária.

    c) A ausência do lugar de emissão na nota promissória acarreta sua nulidade, em razão da autonomia das obrigações cambiais.

    d) Todos os dados omitidos na nota promissória deveriam ter sido preenchidos pela sociedade empresária até o dia do vencimento. Portanto, a ação de cobrança deverá observar o procedimento da ação monitória.

3. **(OAB – FGV – XXX EXAME DE ORDEM)** Amambaí Inovação e Engenharia S.A. obteve, junto ao Instituto Nacional da Propriedade Industrial (INPI), patente de invenção no ano de 2013. Dois anos após, chegou ao conhecimento dos administradores a prática de atos violadores de direitos de patente. No entanto, a ação para reparação de dano causado ao direito de propriedade industrial só foi intentada no ano de 2019. Você é consultado(a), como advogado(a), sobre o caso.

Assinale a opção que apresenta seu parecer.

a) A reparação do dano causado pode ser pleiteada, porque o direito de patente é protegido por 20 (vinte) anos, a contar da data do depósito.

b) A pretensão indenizatória, na data da propositura da ação, encontrava-se prescrita, em razão do decurso de mais de 3 (três) anos.

c) A pretensão indenizatória, na data da propositura da ação, não se encontrava prescrita porque o prazo de 5 (cinco) anos não havia se esgotado.

d) A reparação do dano causado não pode ser pleiteada, porque a patente concedida não foi objeto de licenciamento pelo seu titular.

4. (OAB - FGV - XXX EXAME DE ORDEM) Nos contratos de comissão, corretagem e agência, é dever do corretor, do comissário e do agente atuar com toda diligência, atendo-se às instruções recebidas da parte interessada. Apesar dessa característica comum, cada contrato conserva sua tipicidade em razão de seu modus operandi. A esse respeito, assinale a afirmativa correta.

a) O agente pratica, em nome próprio, os atos a ele incumbidos à conta do proponente; o comissário não pode tomar parte - sequer como mandatário - nos negócios que vierem a ser celebrados em razão de sua intermediação; o corretor pode receber poderes do cliente para representa-lo na conclusão dos contratos.

b) O comissário pratica, em nome próprio, os atos a ele incumbidos à conta do comitente; o corretor não pode tomar parte - sequer como mandatário - nos negócios que vierem a ser celebrados em razão de sua mediação; o agente pode receber poderes do proponente para representá-lo na conclusão dos contratos.

c) O corretor pratica, em nome próprio, os atos a ele incumbidos à conta do cliente; o agente não pode tomar parte - sequer como mandatário - nos negócios que vierem a ser celebrados no interesse do proponente; o comissário pode receber poderes do comitente para representá-lo na conclusão dos contratos.

d) Tanto o comissário quanto o corretor praticam, em nome próprio, os atos a eles incumbidos pelo comitente ou cliente, mas o primeiro tem sua atuação restrita à zona geográfica fixada no contrato; o agente deve atuar com exclusividade tão somente na mediação para realização de negócios em favor do proponente.

5. (OAB - FGV - XXX EXAME DE ORDEM) Além da impontualidade, a falência pode ser decretada pela prática de atos de falência por parte do devedor empresário individual ou dos administradores da sociedade empresária. Assinale a opção que constitui um ato de falência por parte do devedor.

a) Deixar de pagar, no vencimento, obrigação líquida materializada em título executivo protestado por falta de pagamento, cuja soma ultrapasse o equivalente a 40 (quarenta) salários mínimos na data do pedido de falência.

b) Transferir, durante a recuperação judicial, estabelecimento a terceiro sem o consentimento de todos os credores e sem ficar com bens suficientes para solver seu passivo, em cumprimento à disposição de plano de recuperação.

c) Não pagar, depositar ou nomear à penhora, no prazo de 3 (três) dias, contados da citação, bens suficientes para garantir a execução.

d) Deixar de cumprir, no prazo estabelecido, obrigação assumida no plano de recuperação judicial, após o cumprimento de todas as obrigações previstas no plano que vencerem até dois anos depois da concessão da recuperação judicial.

6. (OAB – FGV – XXXI EXAME DE ORDEM) José adquiriu dois refrigeradores a prazo numa das filiais de Comércio de Eletrodomésticos Ltda., tendo efetuado pagamento de entrada no valor de 50% do preço. Foi decretada a falência da vendedora e esta não entregou a mercadoria. Interpelado o administrador judicial, este resolveu não executar o contrato. De acordo com as informações do enunciado e as disposições da Lei nº 11.101/2005 (Lei de Falências e Recuperação de Empresas), assinale a afirmativa correta.

a) O comprador poderá pedir ao juiz da falência a reserva do valor de seu crédito.

b) O comprador poderá pedir a restituição em dinheiro do valor pago a título de entrada.

c) O comprador poderá ajuizar ação em face da massa para o cumprimento compulsório do contrato.

d) O comprador terá seu crédito relativo ao valor pago habilitado como quirografário na falência.

7. (OAB – FGV – XXXI EXAME DE ORDEM) Perseu, em 2012, ingressa numa sociedade simples, constituída em 2008, formada por cinco pessoas naturais e com sede na cidade de Primeira Cruz. De acordo com as disposições do Código Civil sobre a sociedade simples, assinale a afirmativa correta.

a) Perseu é responsável por todas as dívidas sociais anteriores à admissão.

b) Perseu responde apenas pelas dívidas sociais posteriores à admissão.

c) Perseu responde apenas pelas dívidas sociais contraídas no ano anterior à admissão.

d) Perseu não responde pelas dívidas sociais anteriores e posteriores à admissão.

8. (OAB – FGV – XXXI EXAME DE ORDEM) Paulo, casado no regime de comunhão parcial com Jacobina, é empresário enquadrado como microempreendedor individual (MEI). O varão pretende gravar com hipoteca o imóvel onde está situado seu estabelecimento, que serve exclusivamente aos fins da empresa. De acordo com o Código Civil, assinale a opção correta.

a) Paulo pode, sem necessidade de outorga conjugal, qualquer que seja o regime de bens, gravar com hipoteca os imóveis que integram o seu estabelecimento.

b) Paulo não pode, sem a outorga conjugal, gravar com hipoteca os imóveis que integram o seu estabelecimento, salvo no regime de separação de bens.

c) Paulo, qualquer que seja o regime de bens, depende de outorga conjugal para gravar com hipoteca os imóveis que integram o seu estabelecimento.

d) Paulo pode, sem necessidade de outorga conjugal, gravar com hipoteca os imóveis que integram o seu estabelecimento, salvo no regime da comunhão universal.

9. (OAB – FGV – XXXI EXAME DE ORDEM) Assinale a alternativa correta em relação aos conceitos de empresa e empresário no Direito Empresarial.

a) Empresa é a sociedade com ou sem personalidade jurídica; empresário é o sócio da empresa, pessoa natural ou jurídica com responsabilidade limitada ao valor das quotas integralizadas.

b) Empresa é qualquer atividade econômica destinada à produção de bens; empresário é a pessoa natural que exerce profissionalmente a empresa e tenha receita bruta anual de até R$ 100.000,00 (cem mil reais).

c) Empresa é a atividade econômica organizada para a produção e/ou a circulação de bens e de serviços; empresário é o titular da empresa, quem a exerce em caráter profissional.

d) Empresa é a repetição profissional dos atos de comércio ou mercancia; empresário é a pessoa natural ou jurídica que pratica de modo habitual tais atos de comércio.

10. (OAB – FGV – XXIX EXAME DE ORDEM) Álvares Florence tem um filho relativamente incapaz e consulta você, como advogado(a), para saber da possibilidade de transferir para o filho parte das quotas que possui na sociedade empresária Redenção da Serra Alimentos Ltda., cujo capital social se encontra integralizado. Apoiado na disposição do Código Civil sobre o assunto, você respondeu que

a) é permitido o ingresso do relativamente incapaz na sociedade, bastando que esteja assistido por seu pai no instrumento de alteração contratual.

b) não é permitida a participação de menor, absoluta ou relativamente incapaz, em sociedade, exceto nos tipos de sociedades por ações.

c) não é permitida a participação de incapaz em sociedade, mesmo que esteja representado ou assistido, salvo se a transmissão das quotas se der em razão de sucessão *causa mortis*.

d) é permitido o ingresso do relativamente incapaz na sociedade, desde que esteja assistido no instrumento de alteração contratual, devendo constar a vedação do exercício da administração da sociedade por ele.

GABARITO

1. B; 2. B; 3. C; 4. B; 5. D; 6. D; 7. A; 8. A; 9. C; 10. D

REFERÊNCIAS BIBLIOGRÁFICAS

CHAGAS, Edilson Enedino das. *Direito empresarial esquematizado.* 5. ed. São Paulo: Saraivajur, 2018.

MAMEDE, Gladston. *Empresa e atuação empresarial.* 7. ed. São Paulo: Atlas, 2015.

MAMEDE, Gladston. *Falência e recuperação de empresas.* São Paulo: Atlas, 2016.

RAMOS, André Luiz Santa Cruz. *Direito empresarial.* 8. ed. Rio de Janeiro: Método, 2018.

Direito Penal – Parte geral

Arnaldo Quaresma

Especialista em Direito Público. Mestrando em Direito Penal, Direitos Humanos e Segurança Pública na Universidade de Salamanca (ESP). Professor de Direito Penal e Processo Penal no Centro de Ensino Integrado Santa Cruz – CEISC, nos cursos preparatórios para o Exame de Ordem e Concursos Públicos. Professor de Direito Penal e Processo Penal na Faculdade Dom Alberto. Professor da Fundação Escola da Defensoria Pública. Defensor Público do Estado do Rio Grande do Sul. Ex-Delegado de Polícia Civil do Estado do Espírito Santo. Ex-técnico da Justiça Federal da Seção Judiciária do Rio de Janeiro. Ex-técnico administrativo do Ministério Público do Estado do Rio de Janeiro. Ex-técnico de suporte em Direito da Agência Nacional de Saúde Suplementar.

Nidal Ahmad

Mestre e Especialista em Direito. Assessor Jurídico do Ministério Público do Estado do Rio Grande do Sul. Professor de Direito Penal e Processo Penal da Graduação e Pós-Graduação na Universidade de Santa Cruz do Sul – UNISC e no Curso Preparatório do Centro de Ensino Integrado Santa Cruz – CEISC.

SUMÁRIO

1. PRINCÍPIOS

Os princípios são fontes formais mediatas do Direito Penal. O principal objetivo dessa fonte é limitar o poder punitivo estatal, razão pela qual os princípios penais são verdadeiros instrumentos do Estado Democrático de Direito, uma vez que restringem o arbítrio estatal, em especial a utilização de seu *jus puniendi*.

Na concepção de Cezar Roberto Bitencourt:

> Poderíamos chamar de princípios reguladores do controle penal princípios constitucionais fundamentais de garantia do cidadão, ou simplesmente de princípios fundamentais de Direito Penal de um Estado Social e Democrático de Direito.
>
> Todos esses princípios são de garantias do cidadão perante o poder punitivo estatal e estão amparados pelo novo texto constitucional de 1988 (art. 5º). (BITENCOURT, 2011, p. 40)

Conforme Luiz Regis Prado, "servem de fundamento e de limite à responsabilidade penal" (PRADO, 2013, p. 156).

Podemos afirmar que os princípios possuem força cogente, servindo, inclusive, como parâmetro para a declaração de inconstitucionalidade de lei ou ato normativo, por exemplo, o princípio da individualização da pena, o qual foi utilizado para reconhecer a inconstitucionalidade do art. 2º, § 1º (redação original) da Lei nº 8.072/1990, por ocasião do julgamento do HC nº 82959/SP pelo STF.

1.1 PRINCÍPIOS EM ESPÉCIE

Os princípios em matéria penal podem ser expressos, os quais encontram positivação na Constituição da República Federativa do Brasil ou na legislação infraconstitucional, ou implícitos	
Princípio da legalidade *Art. 5º, XXXIX, da CF*	→ Determina que "não haverá crime sem lei anterior que o defina, nem pena sem prévia cominação legal". Trata-se da fórmula latina *nullum crimen sine lege*, que impossibilita a punição por fato não previsto em lei. O Código Penal tem idêntica previsão no art. 1º: "Não há crime sem lei anterior que o defina. Não há pena sem prévia cominação legal". O princípio da legalidade atua como verdadeiro limite formal ao poder de punir do Estado, uma vez que se o ente estatal considerar uma conduta reprovável o suficiente para ser considerada como crime deve instituir uma lei prévia, estrita e escrita. *Observações:* 1. Como só há crime quando presente a perfeita correspondência entre o fato e a descrição legal, torna-se impossível sua existência sem lei que o descreva. Conclui-se que só há crime nas hipóteses taxativamente previstas em lei.

Os princípios em matéria penal podem ser expressos, os quais encontram positivação na Constituição da República Federativa do Brasil ou na legislação infraconstitucional, ou implícitos	
	2. As medidas de segurança não são penas, possuindo caráter essencialmente preventivo; no entanto, resta-lhes certo caráter aflitivo, uma vez que também restringem a liberdade do agente, razão pela qual também se sujeitam ao princípio legalidade.
Princípio da reserva legal *inerente ao princípio da legalidade*	→ Somente a lei, em seu sentido estrito, pode definir crimes e cominar penalidades, ou seja, somente uma lei em sentido formal oriunda do Poder Legislativo da União pode instituir crimes e cominar penas. Como exemplo, podemos elencar o art. 62, § 1º, I, *b*, de nossa Carta Magna, o qual proíbe a edição de medidas provisórias em caráter penal.
Princípio da anterioridade *inerente ao princípio da legalidade*	→ O jurisdicionado, por razões inerentes à segurança jurídica e para evitar uma surpresa desagradável, tem o direito de saber que aquela conduta cometida por ele em determinado momento não constitui crime e, se por acaso vier a ser incriminada em legislação posterior, não será alcançado pela nova lei incriminadora. Cabe, portanto, à lei a tarefa de definir e não proibir o crime, propiciando ao agente prévio e integral conhecimento das consequências penais da prática delituosa e evitando, assim, qualquer invasão arbitrária em seu direito de liberdade. Desta feita, podemos concluir que, para que haja crime e seja imposta uma pena, é preciso que o fato tenha sido cometido depois de a lei entrar em vigor.
Princípio da taxatividade *inerente ao princípio da legalidade*	→ Dispõe que o rol incriminador é taxativo, não se admitindo a incriminação por meio da analogia e dos costumes.
Princípio da determinação *inerente ao princípio da legalidade*	→ A lei penal deve ser precisa e determinada, não se admitindo a edição de tipos penais abstratos e genéricos.
Princípio da individualização da pena *Art. 5º, XLVI, da CF*	→ Tal princípio será abordado no tópico inerente à teoria da pena.
Princípio da alteridade ou da transcendentalidade	→ Por este princípio, que decorre do princípio da lesividade ou da ofensividade, para que uma conduta seja considerada crime deve transcender a esfera individual do agente, ou seja, ser capaz de atingir interesse jurídico alheio. Desta feita, podemos concluir que a conduta puramente interna, ou seja, que não sai da esfera do agente, não tem lesividade, não devendo ser objeto do Direito Penal. Como efeito prático desse princípio, os atos de cogitação e de preparação, assim como a própria autolesão, não são puníveis.

Os princípios em matéria penal podem ser expressos, os quais encontram positivação na Constituição da República Federativa do Brasil ou na legislação infraconstitucional, ou implícitos	
	Por fim, este princípio é utilizado como argumento para defender a inconstitucionalidade da tipificação do delito de posse de drogas para uso próprio (art. 28 da Lei de Drogas), porquanto o usuário não causaria lesão aos direitos de outras pessoas, mas apenas a si próprio.
Princípio da adequação social	→ Trata-se de princípio oriundo de Hans Welzel, consistindo na ideia de que, mesmo que uma conduta esteja prevista na lei como infração, não será considerada típica se for socialmente adequada ou reconhecida, isto é, se a sociedade aceitar a conduta. Gera, portanto, a exclusão da tipicidade. Poderíamos citar como exemplo de uma conduta que ensejaria a aplicação desse princípio a manutenção de casa de prostituição, tipificada no art. 229 do CP. Entretanto, a 1ª T. do STF, no julgamento do HC nº 104.667/RS, de 2011, rechaçou a aplicação de tal princípio, entendendo que não compete ao órgão julgador descriminalizar conduta tipificada formal e materialmente pela legislação penal.
Princípio da intervenção mínima	→ O princípio da intervenção mínima dispõe que a atuação do direito penal deve ser freada pelo Estado, fundamentando a atuação de um direito penal mínimo, devendo ser utilizado somente na proteção dos bens jurídicos mais imprescindíveis ao convívio social. Tal princípio se justifica no fato de o direito penal ser um ramo extremamente repressivo e ser o único capaz de restringir a liberdade de locomoção de um indivíduo como sanção. Logo, o Direito Penal é subsidiário, sendo a *ultima ratio*, ou seja, o último meio de regulamentação a ser utilizado, somente podendo ser usado quando os outros ramos do direito forem insuficientes para proteger determinado bem jurídico.
Princípio da fragmentariedade	→ O princípio da fragmentariedade decorre do princípio da intervenção mínima, dispondo que o direito penal deve proteger somente os aspectos mais relevantes e necessários de determinado bem jurídico já selecionado. Como exemplo desse princípio, podemos citar o crime de dano previsto no art. 163 do CP, o qual somente é punido a título de dolo, razão pela qual o dano culposo deve ser tratado na esfera cível. Como exceção ao princípio da fragmentariedade, podemos elencar o bem jurídico vida, o qual merece proteção ampla do Direito Penal, sendo protegido na fase intrauterina, por meio da tipificação do delito de aborto, ou na fase extrauterina, por meio da tipificação dos delitos de infanticídio e de homicídio.

Os princípios em matéria penal podem ser expressos, os quais encontram positivação na Constituição da República Federativa do Brasil ou na legislação infraconstitucional, ou implícitos	
Princípio da ofensividade ou da lesividade	→ O princípio da lesividade ou da ofensividade estabelece o limite material ao poder de punir do Estado, o qual somente deve punir condutas que possuam ofensividade, ou seja, que sejam capazes de ofender materialmente determinado bem jurídico. Desta feita, apenas condutas que tenham o condão de lesionar um bem jurídico alheio merecem ser punidas pelo Direito Penal. Como decorrência do princípio da lesividade ou ofensividade, podemos elencar os princípios da alteridade e o da insignificância.
Princípio da humanidade *Art. 5º, XLVII, da CF*	→ Tal princípio será abordado no tópico inerente à teoria da pena.
Princípio da personalidade ou da intranscendência	→ Tal princípio será abordado no tópico inerente à teoria da pena.
Princípio do *ne bis in idem*	→ Em matéria penal ninguém pode ser punido duas vezes pelo mesmo fato. É pacífico que a reincidência, ao ser utilizada como agravante (art. 61, I, do CP), não é *bis in idem*. Logo, pode ser aplicada como agravante. Como exemplo de aplicação desse princípio, podemos citar o art. 8º do CP, o qual dispõe que a pena cumprida no estrangeiro atenua a pena imposta no Brasil pelo mesmo crime, quando diversas, ou nela é computada, quando idênticas.
Princípio da insignificância	→ Também conhecido como princípio da bagatela e idealizado por Claus Roxin, o princípio da insignificância constitui, portanto, um instrumento por cujo meio o juiz, em razão da manifesta desproporção entre crime e castigo, reconhece o caráter não criminoso de um fato que, embora formalmente típico, não constitui uma lesão digna de proteção penal, por não traduzir uma violação realmente importante ao bem jurídico tutelado. Em suma, pelo princípio da insignificância, o fato é materialmente atípico, apesar de estar previsto na lei como infração penal, em razão da pequena (insignificante) lesão ao bem jurídico tutelado. A insignificância afeta a tipicidade material. O principal exemplo seria o furto de 10 reais praticado contra uma pessoa de boas condições financeiras. Segundo o STF (HC nº 92.961/SP), são requisitos a mínima ofensividade da conduta, a ausência de periculosidade social da ação, o reduzido grau de reprovabilidade do comportamento e a inexpressividade da lesão jurídica. Há posicionamento, ainda, entendendo que são necessários requisitos subjetivos (condições pessoais), ou seja, que o agente não tenha reincidência ou antecedentes. A doutrina e a jurisprudência são divergentes.

<table>
<tr><th colspan="2">Os princípios em matéria penal podem ser expressos, os quais encontram positivação na Constituição da República Federativa do Brasil ou na legislação infraconstitucional, ou implícitos</th></tr>
<tr><td></td><td>Lembrar que é possível sua aplicação nos crimes de menor potencial ofensivo, que são aqueles cuja pena máxima não é superior a dois anos. Ademais, o crime de bagatela ou insignificante está relacionado à ínfima lesão ao bem jurídico, ao passo que o crime de menor potencial ofensivo se relaciona com a pena, com o fim de obter informação, declaração ou confissão da vítima ou de terceira pessoa.
Casos específicos:
- crimes contra a Administração Pública: o STF já aceitou, mas o STJ entende inadmissível, a aplicação da insignificância (REsp nº 1.062.533/RS);
- crimes contra a ordem tributária: é aplicável, havendo um limite de R$ 20.000,00, que é o valor que a Fazenda pode requerer o arquivamento;
- crimes com violência ou grave ameaça: não é aplicável;
- posse de drogas para uso próprio: o STF entende que não é aplicável (HC nº 91.759/MG).
Além disso, podemos elencar as Súmulas nºs 589 e 599 do STJ:
Súm. nº 589: "É inaplicável o princípio da insignificância nos crimes ou contravenções penais praticados contra a mulher no âmbito das relações domésticas".
Súm. nº 599: "O princípio da insignificância é inaplicável aos crimes contra a administração pública".</td></tr>
</table>

2. TEORIA GERAL DA NORMA

2.1 LEI PENAL NO TEMPO

A análise do âmbito temporal da aplicação da lei penal necessita da fixação do momento em que se considera o delito cometido. O Código Penal adotou a teoria da atividade, segundo a qual se reputa praticado o delito no momento da conduta, não importando o instante do resultado. Ex.: homicídio: o mais importante é detectar o instante da ação (desfecho dos tiros), e não o momento do resultado (ocorrência da morte).

De acordo com o art. 2º do CP: "Ninguém pode ser punido por fato que lei posterior deixa de considerar crime, cessando em virtude dela a execução e os efeitos penais da sentença condenatória". Esta é a regra.

Como uma das exceções, o parágrafo único do referido artigo diz que: "A lei posterior, que de qualquer modo favorecer o agente, aplica-se aos fatos anteriores, ainda que decididos por sentença condenatória transitada em julgado". Vale destacar que há dois princípios que regem os conflitos de leis penais no tempo:

1. o da irretroatividade da lei mais severa;
2. o da retroatividade da lei mais benigna.

Esses dois princípios podem ser resumidos em um só: o da retroatividade da lei mais benigna.

Ainda, o Código Penal traz mais uma exceção: a lei excepcional ou temporária. Segundo o art. 3º: "A lei excepcional ou temporária, embora decorrido o período de sua duração ou cessadas as circunstâncias que a determinaram, aplica-se ao fato praticado durante sua vigência".

Assim, aplicam-se os efeitos da lei temporária ao fato que tenha ocorrido durante a sua vigência, mesmo que posteriormente ela deixe de existir, pelo cessamento do seu período de vigência ou pelo atendimento a suas circunstâncias determinantes.

2.2 LEIS DE VIGÊNCIA TEMPORÁRIA E EXCEPCIONAL

De acordo com o art. 3º do CP, as leis excepcionais ou temporárias, embora decorrido o período de sua duração ou cessadas as circunstâncias que as determinaram, aplicam-se aos fatos praticados durante sua vigência. São as leis autorrevogáveis. Comportam duas espécies:

Leis excepcionais: são feitas para durar enquanto um estado anormal ocorrer. Cessam a sua vigência ao mesmo tempo em que a situação excepcional também terminar. Portanto, são aquelas promulgadas em caso de calamidade pública, guerras, revoluções, cataclismos, epidemias etc.

Leis temporárias: são as editadas com período determinado de duração, portanto, dotadas de autorrevogação. São feitas para vigorar em um período de tempo previamente fixado pelo legislador. Trazem em seu bojo a data de cessação de sua vigência. São leis que, desde a entrada em vigor, estão marcadas para morrer.

CARACTERÍSTICAS	
Autorrevogáveis	→ Em regra, uma lei somente pode ser revogada por outra lei, posterior, que a revogue expressamente, que seja com ela incompatível ou que regule integralmente a matéria nela tratada (art. 2º, § 1º, da LINDB). As leis de vigência temporária constituem exceção a esse princípio, visto que perdem sua vigência automaticamente, sem que outra lei as revogue.
Ultrativas	→ A ultratividade significa a possibilidade de uma lei se aplicar a um fato cometido durante a sua vigência, mesmo após a sua revogação (a lei adere ao fato como se fosse um carrapato, acompanhando-o para sempre, mesmo após sua morte).

2.3 HIPÓTESES DE CONFLITO NA LEI PENAL NO TEMPO

Abolitio criminis	→ Ocorre a chamada *abolitio criminis* quando a lei nova já não incrimina fato que anteriormente era considerado como ilícito penal. A nova lei, demonstrando não haver mais, por parte do Estado, interesse na punição do autor de determinado fato, retroage para alcançá-lo (adultério era típico, mas se tornou atípico com a Lei nº 11.106/2005). É decorrência da previsão dos arts. 5º, XL, da CF e 2º do CP.
	Observações especiais: A *abolitio criminis*, nos termos do art. 2º do CP, somente extingue os efeitos penais da sentença condenatória, por exemplo, o cumprimento da pena e o efeito de gerar reincidência em caso de uma futura condenação. Os efeitos civis permanecem, razão pela qual, ainda que sobrevenha lei penal abolicionista, persistirá a obrigação de reparar o dano pelo agente. Não devemos confundir a *abolitio criminis*, na qual há a revogação do tipo penal e a supressão da figura criminosa, com o princípio da continuidade normativo-típica, em que há somente há a revogação do tipo penal e a migração da figura criminosa para outro tipo penal por exemplo, o atentado violento ao pudor, antes tipificado pelo art. 214 do CP, e, em decorrência da Lei nº 12.015/2009, houve a migração da conduta proibida para o tipo penal previsto no art. 213 do CP.
Novatio legis in mellius	→ Além da *abolitio criminis*, a lei nova pode favorecer o agente de várias maneiras. A lei posterior, que de qualquer modo favorecer o agente, aplica-se aos fatos anteriores, ainda que decididos por sentença condenatória transitada em julgado (art. 2º, parágrafo único, do CP). *Observação especial:* Em caso de edição de uma lei penal abolicionista ou uma *novatio legis in mellius* durante o cumprimento da pena pelo agente, a competência para aplicar a legislação mais favorável ao agente é do Juízo da Execução Penal, nos termos da Súm. nº 611 do STF.
Novatio legis incriminadora	→ A lei nova incrimina fatos antes considerados lícitos (*novatio legis* incriminadora): não retroage. A *novatio legis* incriminadora, ao contrário da *abolitio criminis*, considera crime fato anteriormente não incriminado.
Novatio legis in pejus	→ A quarta hipótese refere-se à nova lei, mais severa do que a anterior (a nova Lei de Drogas, Lei nº 11.343/2006, no art. 33, aumentou a pena do crime de tráfico de drogas). Incide, no caso, o princípio da irretroatividade da lei penal: "A lei penal não retroagirá, salvo para beneficiar o réu" (art. 5º, XL, da CF).
Crime permanente Crime continuado	→ Aplica-se a lei nova durante a atividade executória do CRIME PERMANENTE, ainda que seja prejudicial ao réu, já que a cada momento da atividade criminosa está presente a vontade do agente, nos termos da Súm. nº 711 do STF.

2.4 LEI PENAL NO ESPAÇO

A lei penal é elaborada para vigorar dentro dos limites em que o Estado exerce a sua soberania. Em geral, pelo princípio da territorialidade, aplicam-se as leis brasileiras aos delitos cometidos dentro do território nacional. Esta é uma regra geral, que advém do conceito de soberania, ou seja, a cada Estado cabe decidir e aplicar as leis pertinentes aos acontecimentos dentro do seu território.

TERRITÓRIO BRASILEIRO POR EQUIPARAÇÃO (EMBARCAÇÕES E AERONAVES)
Nos termos do art. 5º, § 1º, do CP, há duas situações de território brasileiro por equiparação: a) embarcações e aeronaves brasileiras de natureza pública ou a serviço do governo brasileiro onde estiverem; b) embarcações e aeronaves brasileiras, de propriedade privada, que estiverem navegando em alto-mar ou sobrevoando águas internacionais; c) os navios estrangeiros em águas territoriais brasileiras, desde que públicos, não são considerados parte do nosso território. Em face disso, os crimes neles cometidos devem ser julgados de acordo com a lei da bandeira que ostentam. Se, entretanto, são de natureza privada, aplica-se a lei brasileira (art. 5º, § 2º, do CP).

2.4.1 Territorialidade

É a regra. Ao crime cometido no território nacional aplica-se a lei brasileira, sem prejuízo de convenções, tratados e regras de direito internacional, conforme art. 5º e seus parágrafos.

2.4.2 Extraterritorialidade

É uma exceção. Mesmo que o crime seja cometido fora do Brasil, os agentes se sujeitam à lei brasileira, nas hipóteses mencionadas no art. 7º do CP, quais sejam:

EXTRATERRITORIALIDADE INCONDICIONADA	
a) contra a vida ou a liberdade do Presidente da República; b) contra o patrimônio ou a fé pública da União, do Distrito Federal, de Estado, de Território, de Município, de empresa pública, sociedade de economia mista, autarquia ou fundação instituída pelo Poder Público; c) contra a administração pública, por quem está a seu serviço; d) de genocídio, quando o agente for brasileiro ou domiciliado no Brasil.	Nesses casos, o agente é punido segundo a lei brasileira, ainda que absolvido ou condenado no estrangeiro.

EXTRATERRITORIALIDADE CONDICIONADA	
a) que, por tratado ou convenção, o Brasil se obrigou a reprimir; b) praticados por brasileiro;	Nesses casos, a aplicação da lei brasileira depende do concurso das seguintes condições: a) entrar o agente no território nacional;
c) praticados em aeronaves ou embarcações brasileiras, mercantes ou de propriedade privada, quando em território estrangeiro e aí não sejam julgados; d) cometido por estrangeiro contra brasileiro fora do Brasil.	b) ser o fato punível também no país em que foi praticado; c) estar o crime incluído entre aqueles pelos quais a lei brasileira autoriza a extradição; d) não ter sido o agente absolvido no estrangeiro ou não ter aí cumprido a pena; e) não ter sido o agente perdoado no estrangeiro ou, por outro motivo, não estar extinta a punibilidade, segundo a lei mais favorável. Se, reunidas as condições: a) entrar o agente no território nacional; b) ser o fato punível também no país em que foi praticado; c) estar o crime incluído entre aqueles pelos quais a lei brasileira autoriza a extradição; d) não ter sido o agente absolvido no estrangeiro ou não ter aí cumprido a pena; e) não ter sido o agente perdoado no estrangeiro ou, por outro motivo, não estar extinta a punibilidade, segundo a lei mais favorável. + a) não foi pedida ou foi negada a extradição; b) houve requisição do Ministro da Justiça.

2.4.3 Princípios para aplicação da extraterritorialidade

1. *Nacionalidade ou personalidade ativa:* aplica-se a lei brasileira ao crime cometido por brasileiro fora do Brasil (art. 7º, II, *b*, do CP).
2. *Nacionalidade ou personalidade passiva:* aplica-se a lei brasileira ao crime cometido por estrangeiro contra brasileiro fora do Brasil (art. 7º, § 3º, do CP). Nessa hipótese, o que interessa é a nacionalidade da vítima.
3. *Real, da defesa ou proteção:* aplica-se a lei brasileira ao crime cometido fora do Brasil, que afete interesse nacional (art. 7º, I, *a*, *b* e *c*, do CP).

4. *Justiça universal:* também conhecido como princípio da universalidade, da justiça cosmopolita, da jurisdição universal. Tal princípio parte da premissa de uma justiça penal universal, uma vez que determinados crimes afetam mais de um país simultaneamente (art. 7º, I, *d*, e II, *a*, do CP).
5. *Princípio da representação ou da bandeira:* por este princípio, aplica-se aos delitos praticados no interior de embarcação ou aeronave a lei do país em que esteja registrada ou da bandeira adotada (art. 7º, II, *c*, do CP).

2.5 PENA CUMPRIDA NO ESTRANGEIRO

Segundo o art. 8º do CP, a pena cumprida no estrangeiro atenua a pena imposta no Brasil pelo mesmo crime, quando diversas, ou nela é computada, quando idênticas.

2.6 EFICÁCIA DE SENTENÇA ESTRANGEIRA

A sentença estrangeira pode ser homologada no Brasil quando a aplicação da lei brasileira produz na espécie as mesmas consequências. Pode ser homologada para: obrigar o condenado à reparação do dano, a restituições e a outros efeitos civis; ou sujeitá-lo à medida de segurança. Entretanto, a homologação depende:

a) de pedido da parte interessada, se for para reparar o dano;
b) da existência de tratado de extradição com o país de cuja autoridade judiciária emanou a sentença, ou, na falta de tratado, de requisição do Ministro da Justiça.

Com o advento da EC nº 45/2004, a competência para homologar uma sentença estrangeira passou a ser do STJ, e não mais do STF, lembrando que tal procedimento está regulamentado nos arts. 787 a 790 do CPP.

2.7 TEMPO E LUGAR DO CRIME

2.7.1 Tempo do crime

De acordo com o art. 4º do CP, aplica-se a teoria da atividade, considerando praticado o crime no momento da ação ou omissão, ainda que outro seja o momento do resultado.

Desta feita, por exemplo, se um indivíduo com 17 anos, 11 meses e 20 dias, na data do fato, vier a desferir disparos em seu inimigo, o qual só vem a falecer 30 dias após a conduta, tal sujeito será considerado inimputável, pois ao tempo da ação ou omissão ele ainda não possuía 18 anos, razão pela qual será responsabilizado nos termos do Estatuto da Criança e do Adolescente.

Entretanto, nos crimes permanentes, aqueles cuja consumação se prolonga no tempo, por exemplo, no crime de sequestro, tal regra merece uma especial atenção, uma vez que, se o adolescente completar a maioridade durante o tempo em que a permanência do crime ainda não havia cessado, será considerado imputável, passando a ser responsabilizado nos termos do Código Penal, e não da Lei nº 8.069/1990.

2.7.2 Lugar do crime

A determinação do lugar em que o crime se considera praticado é decisiva no tocante à competência penal internacional. Surge o problema quando o crime se desenrola em lugares diferentes.

O Código Penal adotou a teoria da ubiquidade ou mista, segundo a qual é local do crime tanto onde houve a conduta quanto onde se deu o resultado.

Aplica-se então a teoria mista ou da ubiquidade, considerando-se tanto o lugar em que ocorreu a ação ou omissão, no todo ou em parte, como aquele onde se produziu ou deveria produzir-se o resultado do crime, conforme art. 6º do CP.

2.8 CONTAGEM DE PRAZO

2.8.1 Contagem do prazo no Direito Penal

Se o prazo for de natureza penal, ou seja, de alguma forma tiver relação com o direito de punir do Estado, como o prazo prescricional ou decadencial, deve ser contado de acordo com o art. 10 do CP, que inclui no cômputo do prazo o dia do começo, contando-se os dias, os meses e os anos pelo calendário comum.

Lembrando que, se o prazo for de natureza processual (por exemplo, o prazo para apelar de uma sentença condenatória), deverá ser contado de acordo com a forma estabelecida no art. 798, § 1º, do CPP, ou seja, não se computando no prazo o dia do começo, incluindo-se, porém, o do vencimento.

2.8.2 Frações não computáveis da pena

Segundo o art. 11 do CP, desprezam-se, nas penas privativas de liberdade e nas restritivas de direitos, as frações de dia, e, na pena de multa, as frações de cruzeiro.

2.9 LEGISLAÇÃO ESPECIAL

Segundo o art. 12 do CP, as regras gerais previstas no Código Penal aplicam-se aos fatos incriminados por lei especial, se esta não dispuser de modo diverso. Tal artigo é a base legal do princípio da especialidade, aplicável no conflito aparente de normas, a ser analisado no próximo item.

3. CONFLITO APARENTE DE NORMAS

É o conflito que se estabelece entre duas ou mais normas aparentemente aplicáveis ao mesmo fato. Há conflito, porque mais de uma norma pretende regular o fato, mas é aparente, porque apenas uma delas acaba sendo aplicada à hipótese.

3.1 PRINCÍPIOS PARA A SOLUÇÃO DE CONFLITOS

Princípio da especialidade	A norma especial, ou seja, a que acresce elemento próprio à descrição legal do crime previsto na geral, prefere esta.	A norma do art. 123 do CP, que trata do infanticídio, prevalece sobre a do art. 121, que cuida do homicídio, porque possui, além dos elementos genéricos deste último, os seguintes especializantes: "próprio filho", "durante o parto ou logo após" e "sob a influência do estado puerperal".
Princípio da subsidiariedade	Conceito de norma subsidiária: uma norma é considerada subsidiária à outra quando a conduta nela prevista integra o tipo da principal, significando que a lei principal afasta a aplicação da lei secundária. Há relação de subsidiariedade entre normas quando descrevem graus de violação do mesmo bem jurídico, de forma que a infração definida pela subsidiária, de menor gravidade que a principal, é absorvida por esta.	O crime de ameaça (art. 147) cabe no de constrangimento ilegal mediante ameaça (art. 146), o qual, por sua vez, cabe dentro da extorsão (art. 158). O sequestro (art. 148) no de extorsão mediante sequestro (art. 159). O disparo de arma de fogo (Lei nº 10.826/2003, art. 15) cabe no de homicídio cometido mediante disparos de arma de fogo (art. 121). Há um único fato, o qual pode ser maior do que a norma subsidiária, só se pode encaixar na primária.
	Subsidiariedade expressa ou explícita: ocorre quando a própria lei indica ser a norma subsidiária de outra. Quando a norma, em seu próprio texto, subordina a sua aplicação a não aplicação de outra, de maior gravidade punitiva. A própria norma reconhece expressamente seu caráter subsidiário, admitindo incidir somente se não ficar caracterizado fato de maior gravidade.	Ex.: "Art. 132. Expor a vida ou a saúde de outrem a perigo direto e iminente: Pena - detenção, de três meses a um ano, se o fato não constitui crime mais grave."
	Subsidiariedade tácita ou implícita: ocorre quando uma figura típica funciona como elementar ou circunstância legal específica de outra, de maior gravidade punitiva, de forma que esta exclui a simultânea punição da primeira. A norma nada diz, mas, diante do caso concreto, verifica-se sua subsidiariedade.	Ex.: estupro contendo o constrangimento ilegal.

Princípio da consunção	Ocorre quando um ato definido por uma norma incriminadora é meio necessário ou normal fase de preparação ou execução de outro crime, bem como quando constitui conduta anterior ou posterior do agente, cometida com a mesma finalidade prática atinente àquele crime. Em outras palavras, quando a infração prevista na primeira norma constituir simples fase de realização da segunda infração, prevista em dispositivo diverso, deve-se aplicar apenas a última. Trata-se da hipótese de crime-meio e do crime-fim.	Ex. 1: é o que se dá na violação de domicílio com a finalidade de praticar furto em residência. A violação é mera fase de execução do delito de furto. Ex. 2: Súm. nº 17 do STJ: "Quando o falso se exaure no estelionato, sem maior potencialidade lesiva, é por este absorvido". Ex. 3: porte ilegal de arma de fogo é absorvido pelo crime de roubo majorado.

3.2 OBSERVAÇÃO ESPECIAL: PRINCÍPIO DA ALTERNATIVIDADE

Parte da doutrina não elenca o princípio da alternatividade no concurso de normas, uma vez que, diferentemente dos outros princípios, não há conflito entre tipos penais distintos, mas conflito dentro da própria figura típica.

Entretanto, a Fundação Getulio Vargas (FGV), em prova objetiva, já elencou esse princípio entre as alternativas de questão envolvendo o concurso de normas, razão pela qual será abordado aqui.

O princípio da alternatividade se aplica aos tipos mistos alternativos, ou seja, aqueles tipos penais que descrevem crimes de ação múltipla, como o art. 33 da Lei nº 11.343/2006. Desta feita, podemos destacar que, havendo várias formas de conduta (mais de um verbo) previstas no mesmo tipo penal, no caso de o agente praticar mais de uma delas no mesmo contexto fático, responderá por apenas um crime, e não por mais de um crime em concurso de crimes.

Por exemplo, imagine que o agente, no mesmo contexto fático, tenha drogas em depósito, a traga consigo e venda essa droga a um usuário. Nesse caso podemos concluir que responderá apenas por um crime de tráfico de drogas, e não por três crimes de tráfico em concurso de crimes, bem como, se o agente, no mesmo contexto fático, praticar conjunção carnal e ato libidinoso contra a mesma vítima, responderá por apenas um crime de estupro.

Ex.: arts. 213 do CP e 33 da Lei de Drogas.

4. DELITO CONSUMADO E TENTADO

4.1 TENTATIVA

A tentativa é uma causa de diminuição de pena prevista no art. 14, II, do CP. Ocorre quando, iniciada a execução de um crime, o delito não se consuma por circunstâncias alheias à vontade do agente.

O legislador adotou, no art. 14, parágrafo único, do CP, a teoria objetiva em relação à tentativa, a qual elenca que, em se perfectibilizando o crime tentado, haverá uma causa de diminuição de pena de um a dois terços em relação ao crime consumado. Esse patamar variará de acordo com a proximidade da consumação, ou seja, quanto mais próximo da consumação, menor será o patamar de redução.

A tentativa se subdivide em:

a) branca – quando não há lesão;
b) cruenta ou vermelha – quando há lesão;
c) perfeita – quando há o esgotamento dos atos executórios, mas o crime não se consuma por circunstâncias alheias à vontade do agente. Também conhecida como crime falho;
d) imperfeita – quando não há o esgotamento dos crimes consumados.

4.2 DELITO CONSUMADO (CONSUMAÇÃO)

Nos termos do art. 14, I, do CP, podemos afirmar que a consumação de um delito ocorre no momento em que foram realizados todos os elementos constantes em sua definição legal.

Assim, consuma-se o crime quando *todos os elementos do tipo penal são preenchidos pela realização de um fato natural*. Desse modo, no instante em que o agente realiza todos os elementos que compõem a descrição do tipo legal, diz-se que o crime está consumado.

Súm. nº 582: Consuma-se o crime de roubo com a inversão da posse do bem mediante emprego de violência ou grave ameaça, ainda que por breve tempo e em seguida à perseguição imediata ao agente e recuperação da coisa roubada, sendo prescindível a posse mansa e pacífica ou desvigiada (Súm. nº 582, 3ª Seção, j. 14-9-2016, *DJe* 19-9-2016).

Os crimes apresentam, normalmente, quatro fases, que constituem o *iter criminis*:

a) *cogitação:* momento em que tem a intenção de praticar o ato. Ex.: tem a intenção de matar a vítima;
b) *atos preparatórios:* pratica atos que, sem ser o núcleo do tipo penal, darão suporte à execução. Ex.: adquirir um revólver e se colocar na emboscada esperando a vítima;
c) *execução:* pratica o ato executório previsto no tipo penal. Ex.: atirar contra a vítima;

d) *consumação:* ocorrência do resultado. Ocorre a morte.

Salienta-se que, pelo princípio da alteridade ou transcendentalidade, não se pune a cogitação nem a preparação (em regra) de um crime, pois, nesse caso, a conduta do agente ainda não possui o condão de violar um bem jurídico externo. Cumpre destacar que os atos preparatórios não serão puníveis, salvo se o legislador os definir como atos executórios de outro delito autônomo. Um exemplo seria adquirir uma arma para cometer o crime de homicídio. O porte ou a posse da arma já constituiria crime previsto no Estatuto do Desarmamento.

Outro ponto de destaque é que só se cogita da tentativa com a realização de atos executórios do crime. Antes, havendo atos preparatórios, a conduta é atípica.

Nos crimes materiais, o momento *consumativo é o da produção do resultado*.

Nos crimes culposos, por sua vez, a *consumação ocorre com a produção do resultado naturalístico*.

Urge mencionar que os crimes formais ou de consumação antecipada se consumam com a simples atividade, independentemente da produção do resultado descrito no tipo penal, como no crime de extorsão mediante sequestro, em que o crime se consuma com a privação da liberdade da vítima, e não com o pagamento do resgate, o qual constitui, se for o caso, mero exaurimento do crime.

Os crimes permanentes são consumados enquanto a conduta não cessa. Em outras palavras, a consumação se protrai no tempo desde o instante em que se reúnem os seus elementos até que cesse o comportamento do agente.

Nos crimes omissivos próprios, que necessitam do simples comportamento negativo, a consumação ocorre no instante da conduta. Por outro lado, nos crimes omissivos impróprios (comissivos por omissão), que exigem a ocorrência de um evento naturalístico posterior à conduta negativa, a consumação se verifica somente com a produção do resultado (JESUS, 2013, p. 371).

Observação: Infrações que não admitem a tentativa:
I – crimes culposos;
II – crimes preterdolosos;
III – contravenções penais (art. 4º da LCP);
IV – crimes omissivos próprios;
V – crimes unissubsistentes;
VI – crimes habituais.

4.3 DELITO EXAURIDO (EXAURIMENTO)

O exaurimento caracteriza-se pela circunstância na qual o agente, após atingir o resultado consumativo, continua a agredir o bem jurídico tutelado pela norma penal, procurando dar-lhe uma nova destinação ou tentando tirar novo proveito, fazendo com que sua conduta continue a produzir efeitos no mundo concreto, mesmo após a realização integral do tipo.

Observe-se que a consumação do crime pode ser independente do seu exaurimento. É o caso, por exemplo, do funcionário público que, após atingir a consumação, *mediante a solicitação de vantagem indevida, vem a recebê-la efetivamente* (art. 317 do CP) (CAPEZ, 2005, p. 239).

Para a realização da adequação típica, o efetivo recebimento dessa vantagem é irrelevante, pois se atinge a consumação com a mera solicitação; no entanto, o recebimento é um proveito ulterior obtido pelo sujeito ativo (CAPEZ, 2005, p. 239).

Quando não prevista como causa específica de aumento, o exaurimento funcionará como circunstância judicial na primeira fase de aplicação da pena (art. 59, *caput*, do CP - consequências do crime).

Tal função é subsidiária, porque, em alguns casos, como na corrupção passiva, em que vem previsto expressamente no tipo incriminador como causa de aumento de pena (art. 317, § 1º, do CP), o exaurimento incidirá como tal, hipótese em que não poderá funcionar também como circunstância judicial, evitando-se, assim, um duplo sancionamento (evitando-se o chamado *bis in idem*).

4.4 CLASSIFICAÇÃO DE CRIMES QUANTO À NECESSIDADE DE RESULTADO NATURALÍSTICO PARA FINS DE CONSUMAÇÃO

Crime material: a consumação ocorre com a produção do resultado naturalístico, como o homicídio, que só se consuma com a morte.

Crime formal: é aquele em que o resultado naturalístico é até possível, mas irrelevante, uma vez que a consumação (da conduta delitiva) se opera antes e independentemente da ocorrência efetiva de um resultado naturalístico. Ex.: extorsão mediante sequestro (art. 159 do CP).

Crime de mera conduta: é aquele que não admite em hipótese alguma resultado naturalístico, como o crime de desobediência, que não produz nenhuma alteração no mundo concreto. Importante observar que, no crime formal, o resultado naturalístico é irrelevante, embora possível; no de mera conduta, não existe tal possibilidade. Ex.: crime de desobediência (art. 330 do CP); crime de desacato contra autoridade (art. 331 do CP); crime de invasão de domicílio (art. 150 do CP).

Os poderes surgem como instrumentos por meio dos quais o Poder Público vai perseguir seu interesse público.

5. DESISTÊNCIA VOLUNTÁRIA E ARREPENDIMENTO EFICAZ

5.1 DESISTÊNCIA VOLUNTÁRIA

Trata-se de tentativa abandonada ou qualificada. Havia uma tentativa, que acabou sendo abandonada, conforme previsão constante na 1ª parte do art. 15 do CP:

> Art. 15. *O agente que, voluntariamente, desiste de prosseguir na execução* ou impede que o resultado se produza, *só responde pelos atos já praticados*. (grifos nossos)

O agente pretendia produzir o resultado consumativo, mas acabou por mudar de ideia, vindo a impedi-lo por sua própria vontade. Com isso, o resultado não se produz por força da vontade do agente, ao contrário da tentativa, na qual atuam circunstâncias alheias a essa vontade. Ora, só há tentativa se, após o agente ter iniciado a execução do tipo, o crime não se consuma por circunstâncias alheias à sua vontade (art. 14, II, do CP).

Por outro lado, "se a desistência ou o arrependimento forem involuntários, haverá tentativa" (QUEIROZ, 2013, p. 382).

5.1.1 Natureza jurídica

Trata-se de causa geradora de atipicidade, ou seja, exclui a tipicidade. E, por isso, provoca a exclusão da adequação típica, e o autor não responde pela tentativa, mas apenas pelos atos de execução puníveis, produzidos até o momento da desistência voluntária (CAPEZ, 2005, p. 247).

Há posicionamento clássico no sentido de que desistência voluntária seria causa de extinção de punibilidade, entendimento este seguido por Nélson Hungria, Magalhães Noronha e Aníbal Bruno.

Entrementes, rechaçando o posicionamento clássico, assim preceitua Damásio de Jesus:

> Então, o arrependimento eficaz e a desistência voluntária não são causas de extinção da punibilidade, mas causas de exclusão da adequação típica ampliada. Por outro lado, a punibilidade é a possibilidade jurídica de imposição da *sanctio juris* em face da prática de um crime (ou de uma tentativa). Ora, não há falar que aquelas causas extinguem a possibilidade de aplicação da pena, pois a "extinção da punibilidade" pressupõe a causa da punibilidade (no caso, o *conatus*) com todos os seus elementos. Se a punibilidade é consequência da existência da tentativa, quando esta não existe, não se pode falar em extinção daquela (JESUS, 2013, p. 383).

Assim, verifica-se que na DESISTÊNCIA VOLUNTÁRIA o agente interrompe voluntariamente a execução do crime, impedindo, desse modo, a sua consumação. Nele dá-se o início da execução, porém ocorre que o agente muda de ideia e, por sua própria vontade, interrompe a sequência de atos executórios, fazendo com que o resultado não aconteça.

Ex.: O agente tem um revólver municiado com 6 projéteis. Efetua dois disparos contra a vítima, não a acerta e, podendo prosseguir atirando, desiste por vontade própria e vai embora.

> Vale destacar que é impossível desistência voluntária na tentativa perfeita, pois nela o sujeito esgota os atos de execução, assim como não é possível a desistência voluntária nos crimes de mera conduta, pois nestes o início da execução já constitui consumação (JESUS, 2013, p. 384).

Entretanto, deve-se lembrar que nos crimes comissivos por omissão a desistência se concretiza por meio de uma conduta positiva, qual seja, o comportamento anteriormente omitido.

Um exemplo disso ocorre quando a mãe suspende a amamentação do filho a fim de causar sua morte. Se desistir da consumação e alimentar a criança, não será caso de arrependimento ativo, mas sim de desistência voluntária.

5.1.2 Requisitos

Na desistência voluntária, exige-se apenas a voluntariedade, não sendo necessária a espontaneidade, conforme Damásio de Jesus:

> Segundo se depreende do art. 15, tanto a desistência quanto a resipiscência precisam ser voluntárias para a produção de efeitos jurídicos. Não se exige que o abandono da empreitada criminosa seja espontânea, bastando a voluntariedade. Isso significa que a renúncia pode não ser espontânea, mas mesmo assim aproveita ao agente. Suponha-se que o sujeito, já na resistência da vítima para praticar furto, embora possa prosseguir na execução, desista da consumação em face de violenta dor causada por infecção dentária. A desistência não é espontânea; sendo voluntária, aproveita. Por outro lado, não importa a natureza do motivo: pode desistir ou arrepender-se por medo, piedade, receio de ser descoberto, decepção com a vantagem do crime, remorso, repugnância pela conduta, ou por qualquer outra razão. O importante é que sua conduta seja voluntária, não determinada por circunstância alheia à sua vontade. Dessa forma, se o sujeito só desiste de seu intento de cometer o crime diante do perigo de ser preso em flagrante, ao perceber que seus movimentos são atentamente seguidos por outrem, não há falar em desistência voluntária (JESUS, 2013, p. 384-385).

5.2 ARREPENDIMENTO EFICAZ

Assim como a desistência voluntária, o arrependimento eficaz também se trata de hipótese de tentativa abandonada ou qualificada, com fulcro na 2ª parte do art. 15 do CP:

> Art. 15. *O agente que*, voluntariamente, desiste de prosseguir na execução ou *impede que o resultado se produza, só responde pelos atos já praticados*. (grifos nossos)

O agente pretendia produzir o resultado consumativo, mas acabou por mudar de ideia, vindo a impedi-lo por sua própria vontade. Com isso, o resultado não se produz por força da vontade do agente, ao contrário da tentativa, na qual atuam circunstâncias alheias a essa vontade.

Ora, só há tentativa se, após o agente ter iniciado a execução do tipo, o crime não se consumar por circunstâncias alheias à sua vontade (art. 14, II, do CP).

5.3 NATUREZA JURÍDICA E CONSIDERAÇÕES ESPECIAIS

Aplica-se tudo aquilo relatado no problema anterior em relação à desistência voluntária.

No *arrependimento eficaz* o agente, após encerrar a execução do crime, impede a produção do resultado. Nesse caso, a execução vai até o final, não sendo interrompido pelo auto. No entanto, este, após esgotar a atividade executória, arrepende-se e impede o resultado (CAPEZ, 2005, p. 248).

Ex.: O agente descarrega sua arma de fogo na vítima, ferindo-a gravemente, mas arrepende-se do desejo de matá-la; vendo-a em estado deplorável com sua conduta, presta-lhe imediato e exitoso socorro, impedindo e evitando o evento letal que sua conduta estava produzindo. Insta salientar que os crimes de mera conduta e crimes formais não comportam arrependimento eficaz, uma vez que, encerrada a execução, o crime já está consumado, não havendo resultado naturalístico a ser evitado.

Só é possível, portanto, nos crimes materiais, nos quais o resultado naturalístico é imprescindível para a consumação, sendo passível de ser evitado voluntariamente pelo agente (CAPEZ, 2005, p. 248).

Nota-se que a distinção principal

> entre desistência voluntária e arrependimento eficaz consiste em que aquela tem caráter negativo, consistindo em o agente não continuar a atividade inicialmente visada, enquanto o arrependimento eficaz tem natureza positiva, exigindo o desenvolvimento de nova atividade (JESUS, 2013, p. 384).

5.4 ARREPENDIMENTO POSTERIOR

É causa de diminuição de pena que ocorre nos crimes cometidos sem violência ou grave ameaça à pessoa, em que o agente, voluntariamente, repara o dano ou restitui a coisa até o recebimento da denúncia ou queixa, conforme art. 16 do CP.

> Art. 16. Nos crimes cometidos sem violência ou grave ameaça à pessoa, reparado o dano ou restituída a coisa, até o recebimento da denúncia ou da queixa, por ato voluntário do agente, a pena será reduzida de um a dois terços.

O objetivo é estimular a reparação do dano nos crimes patrimoniais cometidos sem violência ou grave ameaça (CAPEZ, 2005, p. 250). Ostenta a natureza jurídica de causa obrigatória de redução de pena.

É importante observar que o arrependimento posterior é um instituto aplicável aos delitos dolosos e culposos, consumados ou tentados (QUEIROZ, 2013, p. 327).

5.5 DIFERENÇAS ENTRE ARREPENDIMENTO POSTERIOR E EFICAZ

Entre as principais distinções, o arrependimento eficaz aplica-se aos delitos cometidos com violência ou grave ameaça; o posterior só incide sobre crimes sem violência ou grave ameaça. Além disso, o arrependimento eficaz faz com que o agente não responda pelo resultado visado, mas somente pelos atos até então praticados; o posterior é uma simples causa de redução da pena, prevista na Parte Geral do Código Penal, que permite a redução da pena de um a dois terços. O arrependimento eficaz é anterior à consumação, ao passo que o posterior, como o nome já diz, pressupõe a produção do resultado (CAPEZ, 2005, p. 250).

5.6 REQUISITOS DO ARREPENDIMENTO POSTERIOR

Conforme Paulo Queiroz, o arrependimento posterior demanda o concurso simultâneo dos seguintes requisitos:

a) crime praticado sem violência ou grave ameaça à pessoa;
b) reparação ou restituição anterior ao recebimento da denúncia ou queixa;
c) voluntariedade do ato.

Quanto ao primeiro requisito, afasta-se desde já a incidência desse instituto no crime de homicídio (tentado ou consumado), que é praticado com violência contra a pessoa. Também não é cabível, por exemplo, no roubo praticado por ameaça.

Atente-se para o fato de que a violência deve ser contra a pessoa para que não seja possível o arrependimento posterior. Se for contra uma coisa, como no furto qualificado por rompimento de obstáculo, será possível o instituto em comento.

Entende-se, ainda, que será possível nos crimes culposos, como homicídio e lesões corporais, uma vez que, ao prever violência ou grave ameaça à pessoa, o legislador quis se referir exclusivamente aos crimes dolosos (QUEIROZ, 2013, p. 327).

5.7 ARREPENDIMENTO PURO E SIMPLES

Se a reparação ocorrer depois do recebimento da denúncia, não há arrependimento posterior, mas configurará a atenuante prevista no art. 65, III, *b*, do CP:

> Art. 65. São circunstâncias que sempre atenuam a pena:
>
> (...)
>
> III – ter o agente:
>
> (...)

> b) procurado, por sua espontânea vontade e com eficiência, logo após o crime, evitar-lhe ou minorar-lhe as consequências, ou ter, antes do julgamento, reparado o dano;
>
> (...)

Exige-se, ainda, a *voluntariedade do agente*, o que não significa espontaneidade. A reparação ou restituição por conselho ou sugestão de terceiro não impede a diminuição, uma vez que o ato, embora não espontâneo, foi voluntário (CAPEZ, 2005, p. 251).

6. CRIME IMPOSSÍVEL

É aquele que, pela ineficácia total do meio empregado ou pela impropriedade absoluta do objeto material, é impossível de se consumar (CAPEZ, 2005, p. 252). O fato é, portanto, atípico.

Encontra-se previsto no art. 17 do CP: "Art. 17. Não se pune a tentativa quando, por ineficácia absoluta do meio ou por absoluta impropriedade do objeto, é impossível consumar-se o crime".

Não se trata de causa de isenção de pena, como o art. 17 do CP parece sugerir, mas de causa geradora de atipicidade, pois não se concebe queira o tipo incriminador descrever como crime uma ação impossível de se realizar. Trata-se, portanto, de causa de exclusão da tipicidade. Na tentativa, a consumação deixa de ocorrer pela interferência de causa alheia à vontade do agente, ao passo que, no crime impossível, a consumação jamais ocorrerá e, assim sendo, a ação não se configura como tentativa de crime que se pretendia cometer por ausência de tipicidade (CAPEZ, 2005, p. 252).

Em outras palavras, se é possível a consumação, mas ela não ocorre por circunstâncias alheias à vontade do agente, há tentativa. Por outro lado, se não é possível a consumação, por ineficácia absoluta do meio ou por absoluta impropriedade do objeto, o fato é atípico, por ser crime impossível.

6.1 PRESSUPOSTOS PARA O CRIME SER IMPOSSÍVEL

No Brasil, *adotamos a teoria objetiva temperada*, pela qual os meios empregados e o objeto do crime devem ser absolutamente inidôneos para que seja configurado o crime impossível.

Se presente um dos elementos a seguir, o crime será impossível, sendo o fato atípico, em razão da sua impossibilidade de ocorrência.

a) *Ineficácia absoluta do meio:* o meio empregado ou o instrumento utilizado para a execução do crime jamais levará à consumação. Ex.: uma arma de fogo inapta a efetuar disparos, um palito de dente para matar um adulto, uma cédula de 3 reais, eis que, por se tratar de uma falsificação grosseira, é facilmente perceptível, são meios absolutamente ineficazes para a realização do fato típico.

Portanto, deve ser observado se o meio empregado é totalmente ineficaz (tentar matar com revólver sem munição ou dando açúcar achando que é veneno) ou se o próprio bem jurídico protegido que não pode ser lesado (tentar matar um cadáver). É possível, ainda, a conjugação de ambos (tentar matar um cadáver com um revólver sem munição).

Entretanto, se o meio for relativamente ineficaz, não será caso de crime impossível, como o furto cometido em estabelecimento monitorado por vídeo e equipe de segurança. Nesse caso, a Súm. nº 567 do STJ dispõe que sistema de vigilância realizado por monitoramento eletrônico ou por existência de segurança no interior de estabelecimento comercial, por si só, não impossibilita a configuração do crime de furto.

b) Impropriedade absoluta do objeto material: a pessoa ou a coisa sobre a qual recai a conduta é absolutamente inidônea para a produção de algum resultado lesivo.

Ex.: matar um cadáver; ingerir substância abortiva, com a intenção de provocar aborto, imaginando-se grávida.

6.2 CRIME IMPOSSÍVEL E PROVOCAÇÃO DE FLAGRANTE

A Súm. nº 145 do STF refere que "não há crime quando a preparação do flagrante pela polícia torna impossível a sua consumação". Já a doutrina interpreta a súmula em comento da seguinte forma:

> A súmula incide, portanto, sempre que a polícia instigar alguém a praticar um crime e assim surpreendê-lo em flagrante. Se isso ocorrer, o flagrante é nulo e o crime é considerado impossível, em razão da impossibilidade concreta de consumação decorrente da provocação (QUEIROZ, 2013, p. 324).

Um exemplo de provocação do flagrante (ou crime de ensaio) é a hipótese em que um policial, passando-se por usuário de drogas, convence o traficante a lhe vender o entorpecente, prendendo-o no exato momento da venda.

Sabe-se que flagrante provocado, que é crime impossível e objeto da súmula supra, não se confunde com o flagrante esperado, consistente na mera espera da polícia, depois de informada, pela prática de crime que não provocou. No flagrante preparado, a atuação policial é legítima, não incidindo a súmula, razão pela qual o crime será punível, ou seja, não há crime impossível.

7. TEORIA DO CRIME

7.1 CONCEITO DE CRIME

A definição de crime passa pela necessidade de viabilizar a instituição de regras de censura a determinadas espécies de condutas, que são tidas como indesejáveis por uma determinada sociedade, num específico espaço de tempo.

Assim, o crime pode ser conceituado sob o aspecto formal, material ou analítico.

O aspecto material é aquele que visa estabelecer a essência do conceito, determinando o porquê de um fato ser considerado criminoso e outro não. Sob essa abordagem, crime pode ser definido como todo fato humano que, de modo proposital ou descuidado, lesa ou expõe a perigo bens jurídicos considerados fundamentais para a existência da coletividade e da paz social. O conceito material de crime parte da análise do seu objeto, e não da sua forma (KREBS, 2006, p. 3).

Quanto ao aspecto formal, crime é o resultado da mera mecânica de subsunção formal da conduta ao tipo legal, considerando-se como infração penal tudo aquilo que o legislador concebeu como tal, sendo irrelevante o seu conteúdo material. Por isso, à luz do aspecto formal, crime é a violação da lei (KREBS, 2006, p. 3).

Todavia, considerar a existência de um crime sem levar em conta sua essência ou sua lesividade material afronta o princípio constitucional da dignidade humana.

Já o aspecto analítico busca, sob um prisma jurídico, estabelecer os requisitos estruturais do crime que identificam sua existência (KREBS, 2006, p. 3). Trata-se de uma análise técnica que se fará sobre a infração penal em si e o seu agente por meio do processo penal, propiciando ao intérprete judicial (juiz) a eleição de uma decisão justa.

Assim, primeiro deve ser aferida a tipicidade da conduta. Em caso afirmativo para esse quesito, ou seja, havendo fato típico, passa-se ao segundo quesito, que consiste na aferição do grau de licitude ou ilicitude da conduta.

Desse modo, sendo um fato típico e ilícito, estamos diante da ocorrência de uma infração penal.

A partir daí, é necessário averiguar se o acusado foi ou não culpado pela prática desse fato típico e ilícito, isto é, se deve ou não sofrer a reprovação pelo crime que cometeu.

Sob tais referências, portanto, existindo FATO TÍPICO E ILÍCITO, já existe a infração penal. Isso segundo o aspecto analítico bipartite. Quem adota o aspecto analítico tripartite, que é o majoritário, diz que o fato será crime quando for TÍPICO, ILÍCITO E CULPÁVEL.

Considerando o padrão adotado pela FGV, adotaremos o conceito analítico tripartido de crime.

7.2 FATO TÍPICO E CONDUTA

Fato típico é o que se amolda ao modelo legal da conduta proibida. É o fato que se enquadra no conjunto de elementos descritivos do delito contidos na lei penal.

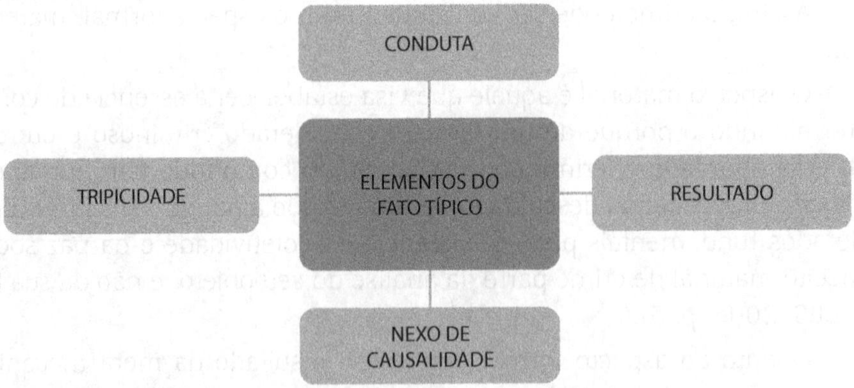

Ausente um dos elementos do fato típico, a conduta passa a constituir um indiferente penal. É um fato atípico.

É o fato que se amolda ao modelo legal da conduta proibida e que se enquadra no conjunto de elementos descritivos do delito contidos na lei penal. São elementos do fato típico:

a) a conduta;

b) o resultado;

c) o nexo de causalidade;

d) a tipicidade.

Ausente um dos elementos do fato típico, a conduta passa a constituir um indiferente penal. É um fato atípico.

Já a conduta é a ação ou omissão humana consciente e dirigida a determinada finalidade. Para a caracterização da conduta, sob qualquer prisma, é indispensável a existência do binômio vontade e consciência. Ausente a vontade ou consciência, não haverá conduta punível, por exemplo, na coação física irresistível, movimentos reflexos e estado de inconsciência.

a) *Coação física irresistível* (*vis absoluta*): ocorre quando o sujeito pratica o movimento em consequência de força corporal exercida sobre ele. Quem atua obrigado por uma força irresistível não age voluntariamente. Nesse caso, o agente é mero instrumento realizador da vontade do coator. Assim, não havendo vontade, não há conduta. Não havendo conduta, não há fato típico. Não havendo fato típico, não há crime. Logo, o fato praticado mediante coação física irresistível é atípico. Não responde por crime nenhum. Diversa é a situação, contudo, quando se tratar de coação moral.

Na coação moral, não há aplicação da força física, mas de ameaça ou intimidação, feita mediante promessa de um mal, para que se determine o coato à realização do fato criminoso. No caso da coação moral, o fato é revestido de tipicidade, mas não é culpável, em face da inexigibilidade de conduta diversa. Portanto, existe o fato típico, pois a ação é juridicamente relevante, mas não se há falar em culpabilidade, aplicando-se a regra do art. 22, 1ª parte, do CP (causa de exclusão da culpabilidade).

Em síntese: coação física irresistível, causa de exclusão da tipicidade; coação moral irresistível, causa de exclusão da culpabilidade; coação moral resistível, atenuante (art. 65, III, *c*, do CP).

b) *Movimentos reflexos:* são atos reflexos, puramente somáticos, aqueles em que o movimento corpóreo ou sua ausência é determinado por estímulos dirigidos diretamente ao sistema nervoso. Nesses casos, o estímulo exterior é recebido pelos centros sensores, que o transmitem diretamente aos centros motores, sem intervenção da vontade, como ocorre, por exemplo, em um ataque epilético. Os atos reflexos não dependem da vontade, uma vez que são reações motoras, secretórias ou fisiológicas, produzidas pela excitação de órgãos do corpo humano (ex.: tosse, espirro, etc.).

c) *Estados de inconsciência:* a doutrina tem catalogado como exemplos de estados de inconsciência a hipnose, o sonambulismo e a narcolepsia.

7.2.1 Omissão e suas formas

a) *Crimes omissivos próprios*

São os que se perfazem com a simples conduta negativa do sujeito, independentemente da produção de qualquer consequência posterior.

A norma, em vez de descrever uma conduta negativa (não matarás, p. ex.), impõe um comportamento positivo. Nos crimes omissivos próprios, basta a abstenção, é suficiente a desobediência ao dever de agir para que o delito se consume.

A obrigação do agente é de agir e não de evitar o resultado. O resultado que eventualmente surgir dessa omissão será irrelevante para a consumação do crime, podendo apenas configurar uma majorante ou uma qualificadora.

Ex.:

> ***Omissão de socorro***
>
> Art. 135. Deixar de prestar assistência, quando possível fazê-lo sem risco pessoal, à criança abandonada ou extraviada, ou à pessoa inválida ou ferida, ao desamparo ou em grave e iminente perigo; ou não pedir, nesses casos, o socorro da autoridade pública:
>
> Pena – detenção, de um a seis meses, ou multa.
>
> Parágrafo único. A pena é aumentada de metade, se da omissão resulta lesão corporal de natureza grave, e triplicada, se resulta a morte.
>
> **Abandono material**
>
> Art. 244. Deixar, sem justa causa, de prover a subsistência do cônjuge, ou de filho menor de 18 (dezoito) anos ou inapto para o tra-

> balho, ou de ascendente inválido ou maior de 60 (sessenta) anos, não lhes proporcionando os recursos necessários ou faltando ao pagamento de pensão alimentícia judicialmente acordada, fixada ou majorada; deixar, sem justa causa, de socorrer descendente ou ascendente, gravemente enfermo:
>
> Pena – detenção, de 1 (um) a 4 (quatro) anos e multa, de uma a dez vezes o maior salário mínimo vigente no País.

Nesses casos, o crime se perfectibiliza com a conduta omissiva. A norma impõe que o agente pratique uma ação para que o delito não se consume. Se deixar de praticar a ação, terá cometido o delito omissivo.

b) *Crimes omissivos impróprios ou comissivos por omissão*

Nos crimes omissivos impróprios, o agente não tem simplesmente a obrigação de agir, mas a OBRIGAÇÃO DE AGIR PARA EVITAR UM RESULTADO, isto é, deve agir com a finalidade de impedir a ocorrência de determinado evento. Nos crimes comissivos por omissão há, na verdade, um crime material, isto é, um crime de resultado.

O Código Penal regulou expressamente as hipóteses em que o agente assume a condição de garantidor. De fato, para que alguém responda por crime comissivo por omissão, é preciso que tenha o dever jurídico de impedir o resultado.

E esse dever está previsto no art. 13, § 2º:

a) ter por lei obrigação de cuidado, proteção ou vigilância É um dever decorrente de lei. Dever esse que aparece numa série de situações, como o dever de assistência que se devem mutuamente os cônjuges (art. 1.564 do CC), que devem os pais aos filhos (art. 1.634 do CC);
b) de outra forma, assumir a responsabilidade de impedir o resultado. A doutrina não fala mais em dever contratual, uma vez que a posição de garantidor pode advir de situações em que não existe relação jurídica entre as partes. O importante é que o sujeito se coloque em posição de garante da não ocorrência do resultado, haja contrato ou não, como nas hipóteses em que voluntariamente assume encargo sem mandato ou função tutelar. Ex.: médico plantonista; salva-vidas, com relação aos banhistas; babá, em relação à criança;
c) com o comportamento anterior, criar o risco da ocorrência do resultado. Nessa hipótese, o sujeito, com o comportamento anterior, cria situação de perigo para bens jurídicos alheios penalmente tutelados, de sorte que, tendo criado o risco, fica obrigado a evitar que ele se degenere ou desenvolva para o dano ou lesão.

Não importa que o tenha feito voluntaria ou involuntariamente, dolosa ou culposamente; importa é que com sua ação ou omissão originou uma situação de risco ou agravou uma situação já existente. Ex.: exímio nadador convida uma criança para nadar e se omite na hipótese de o infante estar se afogando.

7.3 RELAÇÃO DE CAUSALIDADE

Pela própria denominação (nexo causal), é possível perceber que consiste no vínculo ou liame de causa e efeito entre a ação e o resultado do crime. Em geral, a conduta do agente produz o resultado criminoso de forma direta. Trata-se de relação de causa (conduta) e efeito (resultado): nexo de causalidade. Todavia, pode ocorrer que, aliada à conduta do agente, outra causa contribua para o resultado. É a chamada concausa, que pode ser absolutamente ou relativamente independente, dependendo se teve ou não origem na conduta do agente.

7.3.1 Causas absolutamente independentes

São aquelas que não têm origem na conduta do agente. O advérbio de intensidade "absolutamente" serve para designar que a causa não partiu da conduta, mas de fonte totalmente distinta. Além disso, por serem independentes, tais causas atuam como se tivessem por si mesmas produzido o resultado, situando-se fora da linha de desdobramento causal da conduta. Há, na verdade, uma quebra do nexo causal.

7.3.2 Espécies de causas absolutamente independentes

a) *Preexistentes:* existem antes de a conduta ser praticada e atuam independentemente de seu cometimento, de maneira que com ou sem a ação o resultado ocorreria do mesmo modo. Ex.: "A" desfecha um tiro de revólver em "B", que vem a falecer pouco depois, não em consequência dos ferimentos recebidos, mas porque antes ingerira veneno.

b) *Concomitantes:* são as causas que não têm nenhuma relação com a conduta e produzem o resultado independentemente desta; no entanto, por coincidência, atuam exatamente no instante em que a ação é realizada.

   Ex.: "A" fere "B" no mesmo momento em que este vem a falecer exclusivamente por força de um ataque cardíaco.

c) *Supervenientes*: são causas que atuam após a conduta.

   Ex.: "A" ministra veneno na alimentação de "B", que, quando está tomando a refeição, vem a falecer em consequência de um desabamento ou posterior atropelamento.

7.3.3 Consequências das causas absolutamente independentes

Quando a causa é absolutamente independente da conduta do sujeito, o problema é resolvido pelo *caput* do art. 13: há exclusão da causalidade decorrente da conduta. Ou seja, o agente responde somente por aquilo que deu causa. Nos exemplos, a causa da morte não tem ligação alguma com o comportamento do agente. Em face disso, ele não responde pelo resultado morte, mas sim pelos atos praticados antes de sua produção. Isso porque ocorreu quebra do nexo causal.

> **Cuidado:** Se o enunciado apontar dolo de lesão corporal, por exemplo, o agente responderá por aquilo que deu causa: lesão corporal (leve, grave ou gravíssima).

7.3.4 Causas relativamente independentes

São as que, funcionando em face da conduta anterior, conduzem-se como se, por si sós, tivessem produzido o resultado.

Como são causas independentes, produzem por si sós o resultado, não se situando dentro da linha de desdobramento causal da conduta.

Por serem, no entanto, apenas relativamente independentes, encontram sua origem na própria conduta praticada pelo agente. Aqui não há, em geral, uma quebra do nexo causal, mas uma soma entre as causas, que, ao final, conduzem ao resultado lesivo.

7.3.5 Espécies de causas relativamente independentes

a) *Preexistentes:* são as que atuam antes da conduta. Ex.: "A" desfere um golpe de faca na vítima, que é hemofílica e vem a morrer em face da conduta, somada à contribuição de seu peculiar estado fisiológico. No caso, o golpe isoladamente seria insuficiente para produzir o resultado fatal, de modo que a hemofilia atuou de forma independente, produzindo por si só o resultado.

b) *Concomitantes*: são as causas que atuam exatamente no instante em que a ação é realizada. Ex.: considera-se o ataque à vítima, por meio de faca, que, no exato momento da agressão, sofre ataque cardíaco, vindo a falecer, apurando-se que a soma desses fatores (causas) produziu a morte, já que a agressão e o ataque cardíaco, considerados isoladamente, não teriam o condão do produzir o resultado morte.

c) *Supervenientes*: são as causas que ocorrem depois da conduta praticada pelo agente. Ex.: a vítima de um atentado é levada ao hospital e sofre acidente no trajeto, vindo, por esse motivo, a falecer. A causa é independente, porque a morte foi provocada pelo acidente, e não pelo atentado, mas essa independência é relativa, já que, se não fosse o ataque, a vítima não estaria na ambulância acidentada e não morreria. Tendo atuado posteriormente à conduta, denomina-se causa superveniente.

7.3.6 Consequência das causas relativamente independentes

No caso das causas preexistentes e concomitantes, como existe nexo causal, o agente responderá pelo resultado, a menos que não tenha concorrido para ele com dolo ou culpa. Na hipótese das causas supervenientes, embora exista nexo físico-naturalístico, a lei, por expressa disposição do art. 13, § 1º, do CP, que excepcionou a regra geral, manda desconsiderá-lo, não respondendo o agente jamais pelo resultado, mas tão somente pelos fatos anteriores.

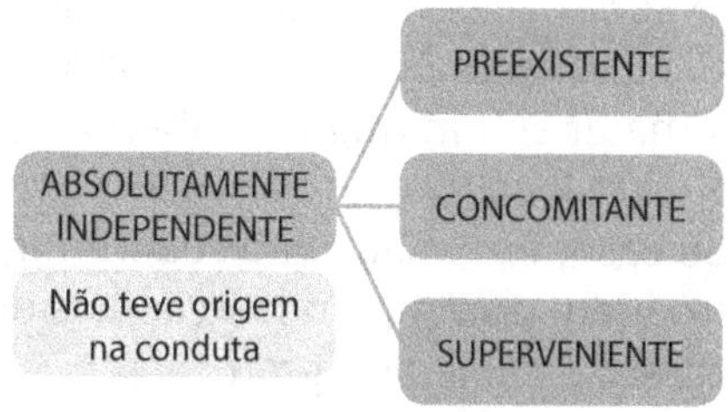

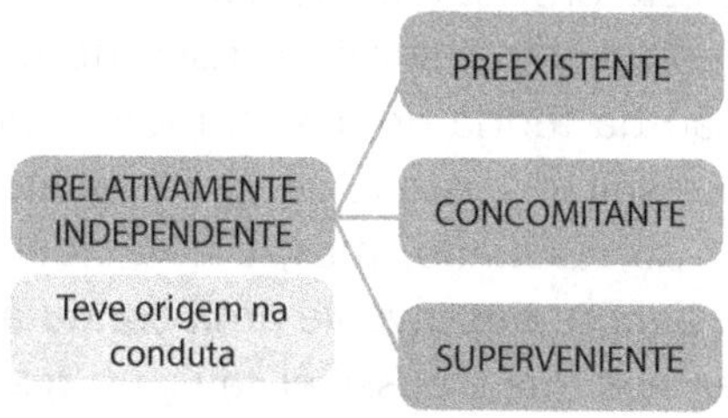

Pela própria denominação (nexo causal), é possível perceber que consiste no vínculo ou liame de causa e efeito entre a ação e o resultado do crime.

Em geral, a conduta do agente produz o resultado criminoso de forma direta. Trata-se de relação de causa (conduta) e efeito (resultado): nexo de causalidade.

7.4 CRIMES DOLOSO E CULPOSO

7.4.1 Crime doloso

O dolo pode ser conceituado como a vontade consciente de produzir o resultado, possuindo dois elementos importantes em seu conceito, quais sejam, o volitivo e o cognitivo. Cumpre ressaltar que o legislador, no art. 18, I, do CP, define o dolo com a seguinte expressão: "quando o agente quis o resultado ou assumiu o risco de produzi-lo".

Desse modo, o agente, deliberadamente, movido pela vontade e pela consciência, objetiva atingir um resultado lesivo, ou assume o risco de produzi-lo.

a) *Dolo direto:* tal espécie de dolo está prevista no art. 18, I, 1ª parte, quando o legislador utiliza a expressão "o agente quis o resultado morte". Nesse caso, houve adoção da teoria da vontade, a qual dispõe que dolo é a vontade de realizar a conduta e produzir o resultado de lesão.

Ex.: o agente desfere vários disparos de arma de fogo na vítima com intenção de matá-la. O dolo se projeta de forma direta no resultado morte.

Observação: O dolo direto se subdivide em dolo direto de primeiro grau, no qual o elemento vontade é o preponderante, como no caso supraelencado, e em dolo direto de segundo grau, no qual o elemento cognitivo é preponderante, ou seja, o agente tem a certeza pela forma que escolheu praticar o crime que o resultado será necessário. O dolo de segundo grau também é conhecido como dolo de consequências necessárias. Podemos citar o caso do agente que deseja matar seu inimigo e, sabendo que a vítima iria viajar de avião para determinada localidade, resolve implantar uma bomba na referida aeronave. Nesse caso, em relação ao seu inimigo, o agente atua com dolo direto de primeiro grau; porém, em relação aos demais passageiros do avião, seu dolo será direto de segundo grau.

b) *Dolo eventual:* está previsto no art. 18, I, 2ª parte, quando o legislador utiliza a expressão "ou assumiu o risco de produzi-lo". Nesse caso, houve a adoção da teoria do assentimento, na qual assume o risco de produzir o resultado, isto é, admite e aceita o risco de produzi-lo. Há a previsão do resultado, mas, em vez de não seguir adiante no seu intento, o agente desenvolve uma conduta assumindo o risco de produzi-lo. Percebe que é possível causar o resultado e, não obstante, realiza o comportamento. Entre desistir da conduta e causar o resultado, prefere que este se produza.

7.4.2 Crime culposo

Extrai-se do art. 18, II, do CP que, no crime culposo, o agente desenvolve uma conduta voluntária, produzindo, no entanto, um resultado involuntário (não querido ou aceito pelo agente), mas que lhe era previsível (culpa inconsciente) ou excepcionalmente previsto (culpa consciente) e poderia ser evitado se empregasse a cautela necessária.

Em geral, os tipos penais culposos não descrevem a conduta, limitando-se a apontar que determinado delito é culposo. Trata-se de um tipo penal aberto, sendo, por isso, necessário empregar um juízo de valor acerca da conduta do agente. Ex.: homicídio culposo, previsto no art. 121, § 3º, do CP.

O legislador adotou, no art. 18, parágrafo único, do CP, a regra da excepcionalidade culposa, na qual a culpa deve estar prevista expressamente no tipo penal, o que significa dizer que, se determinado delito não prevê a modalidade culposa, o fato praticado será atípico.

Ex.: O crime de dano (art. 163 do CP) não prevê a modalidade culposa. Logo, causar, por negligência ou imprudência, dano a patrimônio alheio constitui fato atípico.

Nos crimes culposos incide a denominada previsibilidade objetiva, ou seja, a possibilidade de uma pessoa dotada de prudência e cautela exigida a todos prever que poderá gerar um resultado. Em outras palavras, exige-se a diligência necessária objetiva quando o resultado produzido era previsível para um homem comum, nas circunstâncias em que o sujeito realizou a conduta. O cuidado necessário deve ser objetivamente previsível. É típica a conduta que deixou de observar o cuidado necessário objetivamente previsível.

De outro lado, se o resultado não era previsível sob a ótica de uma pessoa com discernimento, que não teria condições de antever que da sua conduta poderia resultar um delito, o fato será atípico.

7.5 ILICITUDE

É a contrariedade do fato típico praticado pelo agente em relação ao ordenamento jurídico. Em virtude da adoção da teoria da *ratio cognoscendi*, o tipo penal possui um caráter indiciário, ou seja, se o fato for típico, há uma presunção de que também será ilícito, razão pela qual nesse substrato do crime o importante é analisar as causas excludentes da ilicitude, as quais podem estar previstas na parte geral do Código Penal ou na parte especial do Código Penal, por exemplo, em relação ao art. 128 do CP referente ao delito de aborto.

Aqui, falaremos das causas excludentes de ilicitude previstas na parte geral, quais sejam:

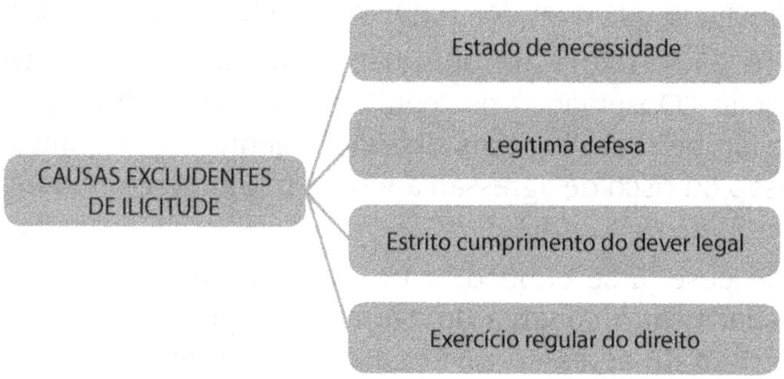

7.5.1 Estado de necessidade

O estado de necessidade está elencado no art. 24 do CP e exclui a ilicitude da conduta em razão da adoção da teoria unitária. Nesse caso, haverá a exclusão da ilicitude da conduta de quem, não tendo o dever legal de enfrentar o perigo atual, que não provocou por sua vontade, sacrifica um bem jurídico ameaçado por esse perigo para salvar outro, próprio ou alheio, cuja perda não era razoável exigir.

Os requisitos para configurar o estado de necessidade são:

a) Perigo atual;
b) Ameaça a direito próprio ou alheio;
c) Situação de perigo não provocado voluntariamente pelo agente;
d) Ausência do dever legal de enfrentar o perigo;
e) Inevitabilidade do comportamento lesivo;
f) Não ser exigível sacrifício do interesse ameaçado;
g) Ter conhecimento da situação do fato justificante.

Exemplos de estado de necessidade: a) danos materiais produzidos em propriedade alheia para extinguir um incêndio e salvar pessoas; b) subtração de um carro para transportar um doente em perigo de vida ao hospital; c) violação de domicílio para salvar vítimas de desastres; d) subtração de alimentos para salvar alguém da morte por inanição.

7.5.2 Legítima defesa

É uma causa de exclusão da ilicitude prevista no art. 25 do CP, que consiste em repelir injusta agressão, atual ou iminente, a direito próprio ou alheio, usando moderadamente dos meios necessários.

Requisitos:

1. agressão injusta, atual ou iminente;
2. agressão a direito próprio ou de terceiro;
3. repulsa com os meios necessários;
4. uso moderado dos meios;
5. conhecimento da agressão e da necessidade da defesa (vontade de defender-se).

A ausência de qualquer dos requisitos exclui a legítima defesa.

A Lei nº 13.964/2019 introduziu o parágrafo único ao art. 25 do CP, segundo o qual: "Observados os requisitos previstos no *caput* deste artigo, considera-se também em legítima defesa o agente de segurança pública que repele agressão ou risco de agressão a vítima mantida refém durante a prática de crimes".

Em que pese já se enquadrar no *caput* do art. 25 do CP, o legislador optou por especificar a conduta do agente de segurança que se depara com agressão ou risco de agressão a vítima mantida refém durante a prática de crimes.

É o caso, por exemplo, do agente de segurança efetuar disparos contra o sujeito que, durante a prática de roubo a banco, mantém vítima refém.

7.5.3 Estrito cumprimento do dever legal

O fundamento reside no fato de que não há crime quando o agente pratica o fato no "estrito cumprimento de dever legal". Quem cumpre um dever legal dentro dos limites impostos pela lei obviamente não pode estar praticando ao mesmo tempo um ilícito penal, a não ser que aja fora daqueles limites.

Ex.: o policial que prende o agente em flagrante ou cumprindo mandado de prisão, embora atinja o seu direito de liberdade, não comete o crime previsto no art. 148 do CP, porque cumpre o dever que lhe é imposto por lei.

7.5.4 Exercício regular de direito

É o desempenho de uma atividade ou a prática de uma conduta autorizada por lei, que torna lícito um fato típico. É uma causa de exclusão da ilicitude que consiste no exercício de uma prerrogativa conferida pelo ordenamento jurídico, caracterizado como fato típico.

Ex.: prisão em flagrante realizada por um particular.

Qualquer pessoa pode exercitar um direito subjetivo ou uma faculdade previstos em lei (penal ou extrapenal).

7.6 EXCESSO

Segundo o parágrafo único do art. 23, o excesso pode ser verificado em quaisquer das excludentes de ilicitude mencionadas anteriormente, podendo ser doloso ou culposo.

7.6.1 Excesso doloso

Ocorre quando o agente, por exemplo, ao se defender de uma injusta agressão, emprega meio que sabe ser desnecessário ou, mesmo tendo consciência de sua desproporcionalidade, atua com imoderação.

Ex.: já prostrado seu agressor, que não pode continuar a agressão, o agredido prossegue na conduta de feri-lo.

De uma conduta lícita passa a um comportamento ilícito. Responde por crime doloso (art. 23, parágrafo único). Consequência: constatado o excesso doloso, o agente responde pelo resultado dolosamente.

Ex.: aquele que mata, quando bastava tão somente a lesão, responde por homicídio doloso.

7.6.2 Excesso culposo

Ocorre quando o agente, diante de temor, aturdimento ou emoção provocada pela agressão injusta, acaba por deixar a posição de defesa e partir para um verdadeiro ataque, após ter dominado o seu agressor.

Não houve intensificação intencional, pois o sujeito imaginava-se ainda sofrendo o ataque, tendo seu excesso decorrido de uma equivocada realidade.

O agente responderá pelo resultado produzido, a título de culpa.

7.7 CULPABILIDADE

Segundo a teoria normativa pura da culpabilidade, que foi adotada pelo Código Penal, a culpabilidade é formada apenas de elementos normativos, uma vez que, com o finalismo penal, o dolo e a culpa passam a ser analisados no contexto do fato típico. Desta feita, podemos elencar os seguintes elementos da culpabilidade:

a) imputabilidade do sujeito;

b) potencial consciência da ilicitude;

c) exigibilidade de conduta diversa.

De outro lado, as causas excludentes de culpabilidade consistem em inimputabilidade, falta de potencial consciência de ilicitude e inexigibilidade de conduta diversa.

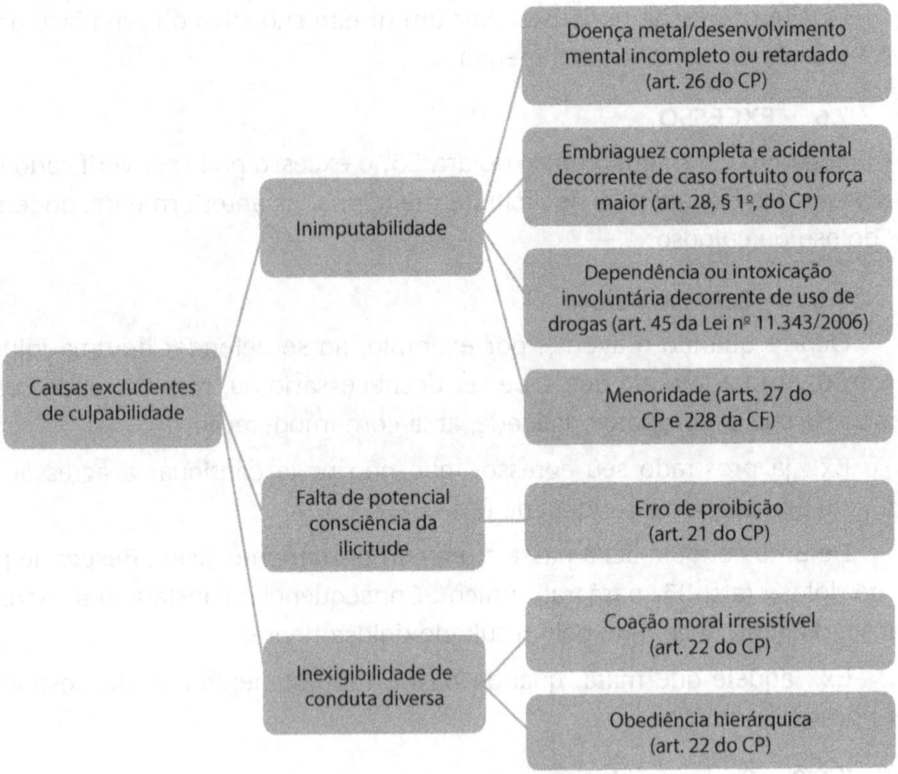

7.7.1 Causas excludentes de culpabilidade

7.7.1.1 Inimputabilidade

Inimputável é o agente que, por doença mental ou desenvolvimento mental incompleto ou retardado, não possui, ao tempo da prática do fato, capacidade de entender o seu caráter ilícito ou de determinar-se de acordo com esse entendimento. São causas de exclusão da imputabilidade previstas no Código Penal:

a) doença mental ou desenvolvimento mental incompleto ou retardado (art. 26 do CP);

b) menoridade (arts. 27 do CP e 228 da CF/1988);

c) embriaguez completa, proveniente de caso fortuito ou força maior (art. 28, § 1º, do CP). Em relação à inimputabilidade pela enfermidade mental, o Código Penal adotou o critério biopsicológico.

Só é imputável o sujeito que, em consequência da anomalia mental, não possui capacidade de compreender o caráter criminoso do fato ou de determinar-se de acordo com essa compreensão.

7.7.1.2 Inimputabilidade por doença mental ou desenvolvimento mental incompleto ou retardado (art. 26)

Para que seja considerado inimputável, não basta que o agente seja portador de "doença mental ou desenvolvimento mental incompleto ou retardado". É necessário que, em consequência desses estados, seja "inteiramente incapaz de entender o caráter ilícito do fato ou de determinar-se de acordo com esse entendimento" (no momento da conduta). Nesse caso, o agente estará sujeito à medida de segurança, a qual será abordada em item próprio.

Observação especial: Diminuição da capacidade de entendimento e de vontade – Semi-imputabilidade – art. 26, parágrafo único, do CP:

É a perda de parte da capacidade de entendimento e autodeterminação, em razão de doença mental ou de desenvolvimento incompleto ou retardado. Alcança os indivíduos em que as perturbações psíquicas tornam menor o poder de autodeterminação e mais fraca a resistência interior em relação à prática do crime.

A responsabilidade diminuída, como o próprio nome indica, não constitui causa de exclusão da culpabilidade. O agente responde pelo crime com pena privativa de liberdade atenuada ou medida de segurança. E a sentença é condenatória.

7.7.1.3 Menoridade

Nesse caso, houve a adoção do critério biológico, no qual se o agente, por ocasião da conduta, for menor de 18 anos será considerado inimputável, devendo ser responsabilizado nos termos do Estatuto da Criança e do Adolescente, pela prática de ato infracional, podendo se sujeitar a uma medida de proteção ou medida socioeducativa.

7.7.1.4 Inimputabilidade por embriaguez completa proveniente de caso fortuito ou força maior – art. 28, § 1º, do CP

É a causa capaz de levar à exclusão da capacidade de entendimento e vontade do agente, em virtude de uma intoxicação aguda e transitória causada por álcool ou qualquer substância de efeitos psicotrópicos, sejam eles entorpecentes (morfina, ópio), sejam eles estimulantes (cocaína) ou alucinógenos (ácido lisérgico).

Quando a embriaguez acidental, proveniente de CASO FORTUITO OU FORÇA MAIOR, é COMPLETA, em consequência da qual, ao tempo da ação ou da omissão, o agente ERA INTEIRAMENTE INCAPAZ de entender o caráter ilícito do fato ou de determinar-se de acordo com esse entendimento, HÁ EXCLUSÃO DA IMPUTABILIDADE (art. 28, § 1º, do CP).

Quando a embriaguez acidental, proveniente de CASO FORTUITO OU FORÇA MAIOR, é INCOMPLETA, não há exclusão da imputabilidade. O sujeito responde pelo crime com a pena atenuada, desde que haja redução de sua capacidade intelectiva ou volitiva. A sentença é condenatória. Aplica-se o disposto no art. 28, § 2º, do CP.

Tratando-se de EMBRIAGUEZ PREORDENADA, não há exclusão da imputabilidade. O agente responde pelo crime, incidindo sobre a pena a agravante prevista no art. 61, II, *l*, do CP.

Observação especial: Embriaguez voluntária ou culposa – art. 28, II, do CP.

Não só a embriaguez proveniente de álcool não exclui a imputabilidade, mas também a derivada de outras substâncias de consequências semelhantes, como maconha, éter, ópio etc., sendo irrelevante que seja completa ou incompleta.

Se o sujeito comete uma infração penal sob efeito de embriaguez voluntária ou culposa, não há exclusão da imputabilidade e, por consequência, não fica excluída a culpabilidade. Ele responde pelo crime.

7.8 TEORIA DO ERRO

Nos termos do art. 20, *caput*, do CP, caracteriza-se pelo erro sobre o elemento constitutivo do tipo penal. Antes de tudo, mostra-se importante compreender o que significa a expressão elemento constitutivo do tipo penal. A figura típica (ou tipo legal) é composta de elementos específicos ou elementares. Cada expressão que compõe uma figura típica é um elemento que constitui o modelo legal de conduta proibida.

Ex.: O crime de homicídio (art. 121 do CP) é composto pelos elementos "matar" "alguém". "Matar" é um elemento constitutivo do tipo que define o crime de homicídio; "alguém" é também um elemento constitutivo do tipo que define o crime de homicídio.

O erro de tipo é o que recai sobre um dos elementos constitutivos do tipo penal. Há uma falsa percepção da realidade que cerca o agente, que desenvolve uma conduta sem saber que está praticando um fato típico. Não sabe, em função do erro, que está praticando uma conduta típica.

Ex.: Durante uma caçada, o agente percebe que há movimentação atrás de arbustos. Supondo ser um animal, atira em direção ao alvo, e, quando vai se certificar do produto da caça, verifica que, na realidade, atingiu uma pessoa, que estava escondida atrás dos arbustos. A realidade do caçador era a de que estava atirando contra um animal. Todavia, trata-se de uma falsa percepção da realidade, já que acabou atingindo uma pessoa. O agente errou sobre o elemento constitutivo "alguém". Desenvolveu uma conduta sem saber, por conta do erro, que estava praticando um fato típico.

Imaginemos a conduta de um estudante universitário que apanha um notebook que deixou carregando na tomada, supondo ser seu, quando, na realidade, era do colega, que antes o teria colocado para carregar na mesma tomada. A realidade do estudante universitário era a de que estava se apossando do seu notebook. Todavia, trata-se de uma falsa percepção da realidade, pois se apossou do notebook alheio. O agente não sabia que estava praticando uma conduta típica, pois errou sobre o elemento constitutivo "alheio" do tipo penal que define o crime de furto (art. 155 do CP). Em outras palavras, no erro de tipo, o agente desenvolve conduta sem consciência e vontade em relação ao resultado e nexo causal. Há desconformidade entre a realidade e a representação do sujeito que, se a conhecesse, não realizaria a conduta.

Ex.: No crime de homicídio, temos os seguintes elementos: matar + alguém. O erro sobre qualquer desses elementos pode levar ao erro de tipo.

O erro de tipo pode recair sobre uma circunstância qualificadora.

Ex.: No crime de lesão corporal seguida de aborto, o sujeito não responde por esse crime se desconhecia o estado de gravidez da vítima. É que, nesse caso, ele supõe inexistente uma circunstância do crime (o estado de gravidez da vítima), subsistindo o tipo fundamental doloso (lesão corporal leve).

O erro de tipo sempre exclui o dolo, seja invencível, seja vencível, podendo, no entanto, dependendo do caso concreto, levar à punição por crime culposo, se previsto em lei.

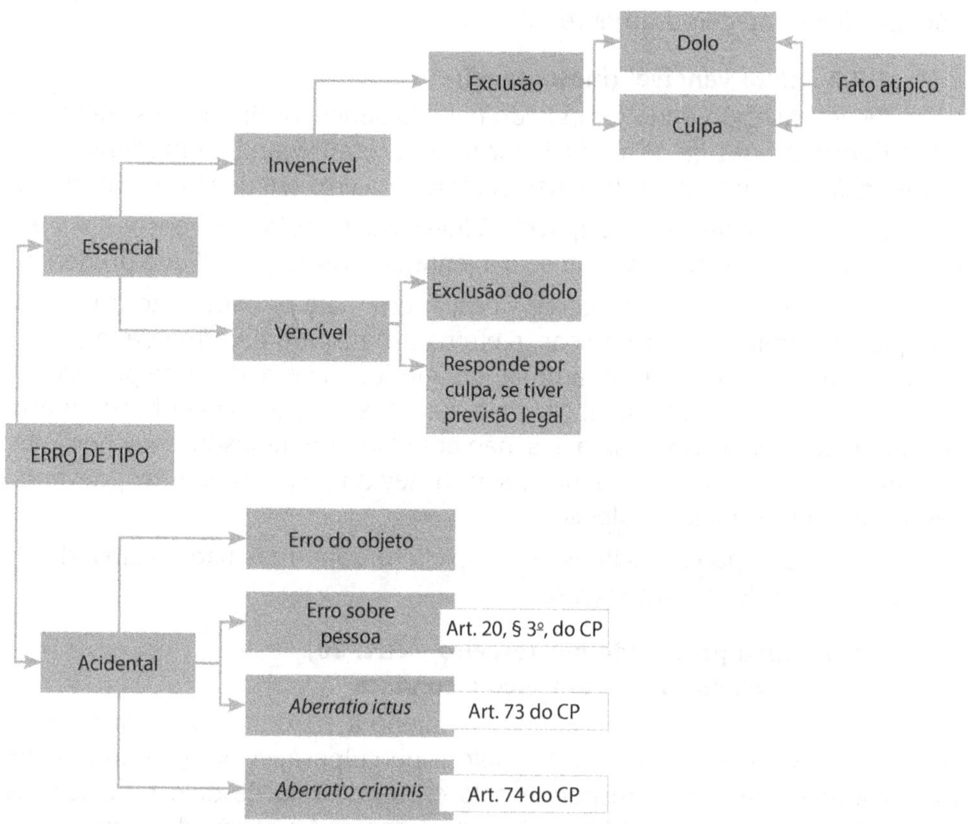

7.9 ERRO DE TIPO ESSENCIAL

É o erro que incide sobre as elementares e circunstâncias do tipo. Por isso o nome erro essencial: incide sobre situação de tal importância para o tipo que, se o erro não existisse, o agente não teria cometido o crime, ou, pelo menos, não naquelas circunstâncias. Portanto, há erro de tipo essencial quando a falsa percepção da realidade impede o sujeito de compreender a natureza criminosa do fato. O erro de tipo essencial se subdivide em: INVENCÍVEL OU VENCÍVEL.

7.9.1 Invencível (escusável)

Ocorre quando não pode ser evitado pela normal diligência. Qualquer pessoa, empregando a diligência ordinária exigida pelo ordenamento jurídico, nas condições em que se viu o sujeito, incidiria em erro.

Ex.: O agente se embrenha em mata virgem e fechada, distante de qualquer centro urbano, com a intenção de caçar capivara. Pelas tantas, vislumbra um vulto se movimentando pela intensa vegetação. Supondo ser um animal, efetua um disparo. Atinge o alvo e constata, para sua surpresa, que abateu não um animal, mas um ser humano, que, por coincidência, também caçava por ali.

O erro de tipo essencial invencível *exclui* o dolo e a culpa, pois o sujeito não age dolosa ou culposamente.

7.9.2 Erro vencível (inescusável)

Ocorre quando pode ser evitado pela diligência ordinária, resultando de imprudência ou negligência. Qualquer pessoa, empregando a prudência normal exigida pela ordem jurídica, não cometeria o erro em que incidiu o sujeito.

É o erro evitável, indesculpável ou inescusável (cuidado: vencível = inescusável): poderia ter sido evitado se o agente empregasse mediana prudência.

Ex.: Suponha-se que o agente vá caçar em mata próxima a zona urbana, em que costumam passar pessoas, e efetua um disparo de arma de fogo contra um vulto pensando ser um animal, atingindo, na verdade, uma pessoa que passava pelo local, matando-a. No caso, não obstante ter se verificado o erro de tipo, o erro, pelas circunstâncias, não era plenamente justificável, porquanto o agente agiu com imprudência, sem o devido cuidado objetivo, devendo responder por homicídio culposo.

O erro de tipo essencial vencível exclui o dolo, mas não a culpa, desde que previsto em lei o crime culposo.

7.9.3 Erro provocado por terceiro - Art. 20, § 2º, do CP - Fato típico e conduta

Existe o erro provocado quando o sujeito a ele é induzido por conduta de terceiro. A provocação pode ser dolosa ou culposa. A posição do terceiro provocador é a seguinte: responde pelo crime a título de dolo ou culpa, de acordo com o elemento subjetivo do induzimento. A posição do provocado é a seguinte:

a) tratando-se de erro invencível, não responde pelo crime cometido, quer a título de dolo, quer de culpa;

b) tratando-se de provocação de erro vencível, não responde pelo crime a título de dolo, subsistindo a modalidade culposa, se prevista na lei penal incriminadora.

7.9.4 Erro de tipo acidental

Incide sobre dados irrelevantes da conduta típica. Não impede o sujeito de compreender o caráter ilícito de seu comportamento. Mesmo que não existisse, ainda assim a conduta seria antijurídica.

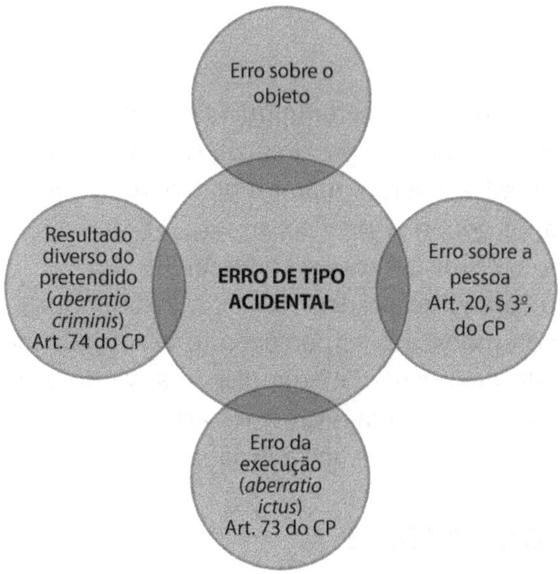

7.9.5 Erro sobre objeto

Há erro sobre objeto quando o sujeito supõe que sua conduta recai sobre determinada coisa, mas, na realidade, incide sobre outra. É o caso do sujeito subtrair farinha pensando ser açúcar. O erro é irrelevante, pois a tutela penal abrange a posse e a propriedade de qualquer coisa, pelo que o agente responde por furto.

É o caso, ainda, do sujeito desejar subtrair joia preciosa, mas se apossar de objeto com valor reduzido, pois banhado a ouro. O erro é irrelevante, sendo meramente acidental, não influenciando na tipicidade da conduta do agente, pois subtraiu conscientemente coisa alheia móvel, errando, no entanto, quanto ao objeto.

Todavia, boa parte da doutrina, considera possível, verificando-se o caso concreto, a aplicação do princípio da insignificância, quando, por exemplo, o agente, primário e sem antecedentes criminais, subtrai a réplica de uma joia, avaliada em R$ 10,00, supondo ser verdadeira e de elevado valor.

7.9.6 Erro sobre pessoa

Ocorre quando há erro de representação, em face do qual o sujeito atinge uma pessoa supondo tratar-se da que pretendia ofender. Ela pretende atingir certa pessoa, vindo a ofender outra inocente pensando tratar-se da primeira.

O art. 20, § 3º, 2ª parte, do CP reza o seguinte: "Não se consideram, neste caso [erro sobre pessoa], as condições ou qualidades da vítima, senão as de pessoa contra quem o agente queria praticar o crime". Significa que, no tocante ao crime cometido pelo sujeito, não devem ser considerados os dados subjetivos da vítima efetiva, mas sim esses dados em relação à vítima virtual (que o agente pretendia ofender).

Exemplos:

1. O agente pretende cometer homicídio contra Pedro. Coloca-se de atalaia e, pressentindo a aproximação de um vulto e supondo tratar-se da vítima, atira e vem a matar o próprio pai. Sobre o fato não incide a agravante genérica prevista no art. 61, II, *e*, 1ª figura, do CP (ter cometido o crime contra ascendente).
2. O agente pretende praticar um homicídio contra o próprio irmão. Põe-se de emboscada e, percebendo a aproximação de um vulto e o tomando pelo irmão, efetua disparos, vindo a matar um terceiro. Sobre o fato incide a agravante do art. 61, II, *e*, 3ª figura, do CP (ter sido o crime cometido contra irmão).

8. CONCURSO DE PESSOAS

8.1 INTRODUÇÃO

No concurso de pessoas há uma pluralidade de agentes concorrendo para a prática de uma mesma infração penal, podendo essa concorrência se dar na função de autor ou coautor do delito, bem como na função de partícipe. A doutrina utiliza também as expressões concurso de agentes e codelinquência.

Em relação ao instituto em comento, de fundamental importância se distinguir a autoria da participação, sendo o conceito de partícipe obtido por exclusão, ou seja, partícipe é aquele que concorre para o crime sem ser autor do delito. Desta feita, de rigor estabelecer quem pode ser autor de uma infração penal.

No que tange ao conceito de autor, o legislador brasileiro adotou a teoria restritiva, ou seja, autor é aquele que pratica a ação descrita no verbo nuclear do tipo penal, isto é, o que pratica o verbo nuclear do tipo: mata, subtrai, constrange etc. Em síntese, autor é aquele que realiza a conduta descrita no tipo penal, ou seja, executa a ação consubstanciada no verbo núcleo do tipo.

O partícipe, por sua vez, apenas coopera com o delito, induzindo, instigando ou auxiliando materialmente seu autor. A título de exemplo, podemos afirmar que quem aponta o revólver, exercendo a grave ameaça, e quem subtrai os bens da vítima são coautores do roubo, pois executam a conduta principal descrita no tipo penal, ao passo que o motorista do carro que aguarda para dar fuga aos agentes é o partícipe, pois auxiliou materialmente na produção do resultado.

Assim, AUTOR é quem realiza a figura típica, isto é, quem executa o crime, ao passo que PARTÍCIPE é todo aquele que contribui de qualquer forma para a prática delituosa, induzindo, instigando ou auxiliando, sem executar, portanto, a ação descrita no verbo nuclear do tipo.

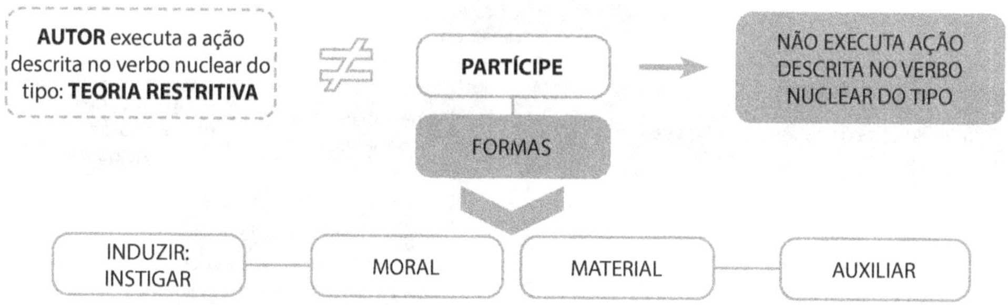

Observação especial: Participação

Conceito e formas de participação – Art. 31

Conforme a teoria restritiva de autoria, partícipe é quem contribui para que o autor ou coautores realizem a conduta principal, ou seja, aquele que, sem praticar o verbo nuclear do tipo, concorre de algum modo para a produção do resultado.

Como regra, o partícipe responde pelo mesmo crime dos autores e coautores do delito, e a pena em abstrato para todos é a mesma. É claro que, no momento da fixação da pena, o juiz deve levar em conta o grau de envolvimento de cada um no ilícito (culpabilidade). É até possível em certos casos que o partícipe receba pena mais alta do que o próprio autor do delito, como eventualmente no caso do mentor intelectual.

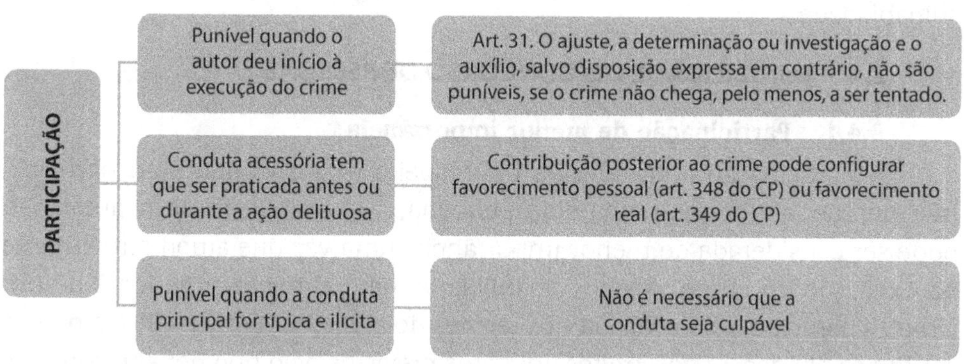

8.2 REQUISITOS

Os requisitos para o concurso de pessoas são cumulativos. A regra é evidenciada pelo art. 29 do CP, são aplicados aos chamados crimes de concurso eventual, que são aqueles que poderão ser cometidos por um único agente, mas eventualmente são praticados por duas ou mais pessoas.

Nesses termos, quando duas ou mais pessoas reúnem-se a fim de praticar uma infração penal, seja ela homicídio, seja ela furto, entre outros, concorrem para o crime e assim incidirão nas penas a este cominadas, na medida de sua culpabilidade.

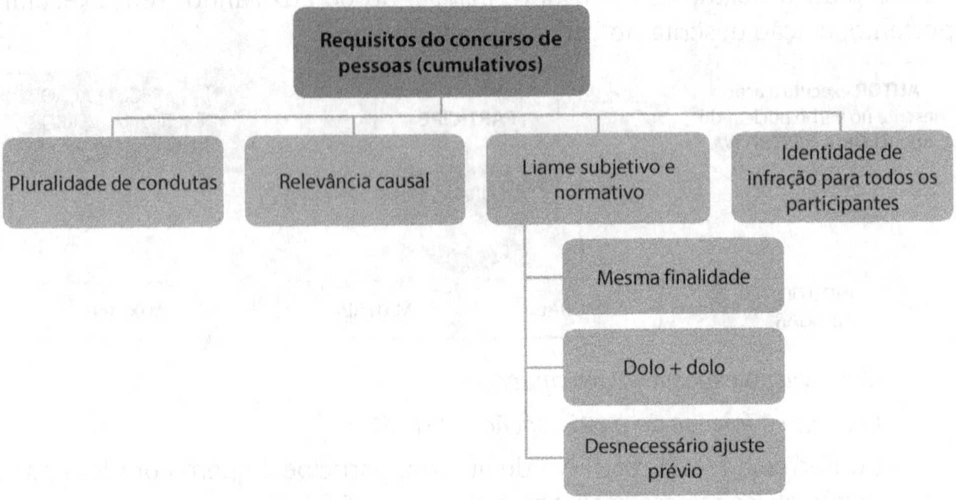

8.3 PUNIBILIDADE E COMUNICABILIDADE DAS CIRCUNSTÂNCIAS

A ressalva "na medida da sua culpabilidade" feita aos limites da culpabilidade no art. 29 diz respeito somente à graduação da pena para os agentes que praticaram o mesmo crime. Portanto, todos respondem pelo mesmo crime (teoria monista ou unitária). Todavia, a unidade criminosa não importa necessariamente na aplicação de pena idêntica a todos os que contribuíram para a prática do crime, pois cada um deverá responder na medida da sua culpabilidade.

8.4 PUNIBILIDADE DO CONCURSO DE PESSOAS

8.4.1 Participação de menor importância

A participação aqui referida diz respeito exclusivamente ao partícipe. Isso porque, ainda que tenha sido pequena, a contribuição do coautor não pode ser considerada de menor importância, uma vez que atuou diretamente na execução do crime. A sua culpabilidade, naturalmente superior à de um simples partícipe, será avaliada nos termos do art. 29, *caput*, do CP, e a pena a ser fixada obedecerá aos limites abstratos previstos pelo tipo penal infringido.

O partícipe que houver tido "participação de menor importância" poderá ter sua pena reduzida de um sexto a um terço, nos termos do art. 29, § 1º, do CP. Trata-se, pois, de uma causa de diminuição da pena.

8.4.2 Cooperação dolosamente distinta ou desvios subjetivos entre os participantes

O agente que desejava praticar um delito, sem a condição de prever a concretização de crime mais grave, deve responder pelo que pretendeu fazer, não se podendo a ele imputar outra conduta indesejada, sob pena de se estar tratando de responsabilidade objetiva.

Esse dispositivo cuida da hipótese de o autor principal cometer delito mais grave que o pretendido pelo partícipe ou coautor.

Exemplo: "A" determina "B" a espancar "C". "B" mata "C". Segundo o art. 29, § 2º, do CP, "A" responde por crime de lesão corporal, cuja pena deve ser aumentada até metade se a morte da vítima lhe era previsível.

De fato, a solução dada pelo Código Penal leva à punição de "A" pelo delito de lesões corporais, que foi o crime desejado, cuja pena será elevada até a metade se o homicídio for previsível.

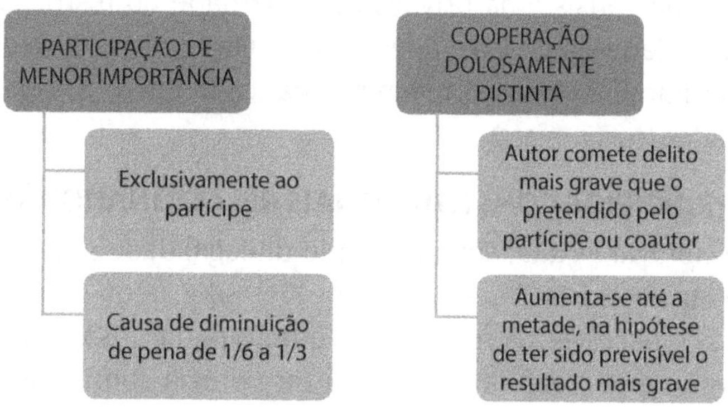

8.5 COMUNICABILIDADE DAS ELEMENTARES E CIRCUNSTÂNCIAS DO CRIME

Em geral, as circunstâncias e condições pessoais relacionadas a um dos agentes não se comunica aos outros que contribuíram para a prática delituosa. Todavia, há determinadas circunstâncias ou condições pessoais que integram o tipo penal, figurando, no caso, como verdadeira elementar no tipo penal.

Nesse caso, quando também constituem o tipo penal, ou seja, figuram como elementares do tipo penal, as circunstâncias ou condições pessoais relacionadas a um dos sujeitos se comunicam aos demais coautores ou partícipes.

Exemplo: "A", funcionário público, comete um crime de peculato (art. 312 do CP), com a participação de "B", não funcionário público. A condição pessoal (funcionário público) é elementar do crime de peculato, comunicando-se, portanto, ao agente que não é funcionário público. Logo, os dois respondem por crime de peculato.

Conforme Estefam (2010, p. 285), da regra contida no art. 30 do CP, podem-se extrair duas conclusões:

a) todas as elementares do crime, objetivas, normativas ou subjetivas, comunicam-se a todos os agentes (se por eles conhecidas). Assim, por exemplo, a condição de funcionário público, elementar do crime de peculato (art. 312 do CP), estende-se ao coautor ou partícipe que não ostente tal qualidade, fazendo com que ele, embora particular, responda pelo delito;

b) as circunstâncias da infração penal comunicam-se apenas quando objetivas (e forem conhecidas pelos demais concorrentes). Por esse motivo, o emprego de arma por um dos agentes no crime de roubo provoca, com relação a todos, a incidência da causa de aumento de pena daí decorrente (art. 157, § 2º, I, do CP). Se subjetivas, serão incomunicáveis.

9. TEORIA DA PENA

A pena é a espécie de sanção imposta pelo Estado em razão da prática de um crime, que consiste na privação da liberdade ou restrições de direitos ou bens. A finalidade das penas, apesar de muitas críticas e de acordo com a doutrina majoritária, é punir e prevenir a prática delitiva, ou seja, possui uma dupla finalidade (*teoria mista*).

9.1 PRINCÍPIOS CONSTITUCIONAIS RELACIONADOS ÀS PENAS

- *Princípio da legalidade:* o princípio da legalidade possui fundamentação legal no arts. 5º, XXXIX, da CF/1988 e 1º do CP. Ambos dispositivos transcrevem a máxima do direito penal: "Não há crime sem lei anterior que o defina, nem pena sem prévia cominação legal".
- *Princípio da humanização:* o princípio da humanização possui fundamentação legal no art. 5º, XLIX, da CF/1988, impondo que seja assegurado aos presos o respeito à integridade física e moral.
- *Princípio da intranscendência ou pessoalidade da pena:* o princípio da intranscendência possui fundamentação legal no art. 5º, XLV, da CF/1988. Esse princípio assegura (em termos formais) que a pena não passará da pessoa do condenado, todavia é impossível olvidar que a pena produz efeitos além da pessoa condenada.
- *Princípio da individualização da pena:* o princípio da individualização da pena possui fundamentação legal no art. 5º, XLVI, da CF/1988. Esse princípio possui três fases: 1. *fase legislativa*, em que o legislador estipula uma pena específica para cada delito; 2. *fase judiciária*, manifesta-se no momento em que o juiz aplicará a pena específica para o delito praticado, tornando aquela pena abstrata prevista ao delito, em uma pena concreta; 3. e, por último, a *fase executória*, momento que a pena aplicada na condenação passa a ser executada, nos termos da Lei nº 7.210/1984.

9.2 ESPÉCIES DE PENAS

A CF, no art. 5º, XLVII, dispõe que não haverá penas: de morte, salvo em caso de guerra declarada; de caráter perpétuo; de trabalhos forçados; de banimento; ou cruéis.

Dessa forma, o art. 33 do CP prevê três espécies de pena:

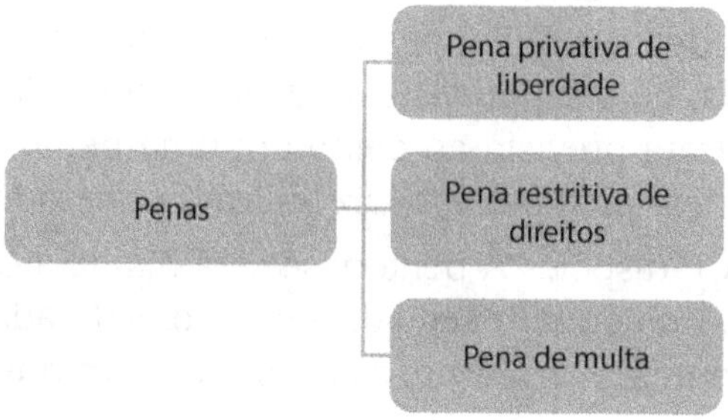

As *penas privativas de liberdade* dividem-se em: *reclusão, detenção* e *prisão simples*. A pena de prisão simples é destinada às contravenções penais (Dec.-lei nº 3.688/1941). Já as penas de reclusão e detenção são as penas estipuladas em regra abaixo dos tipos penais, sendo a penalidade eleita como regra na previsão legal.

De acordo com o art. 33, *caput*, do CP, é possível inferir que a pena de reclusão é destinada a delitos mais graves, podendo ser iniciada em regime fechado, semiaberto ou aberto; a pena de detenção, por sua vez, aplicada em delitos menos graves, e somente poderá ser iniciado o cumprimento da pena em regime semiaberto ou aberto, unicamente sendo aplicável em caso de regressão o regime fechado.

O Código Penal, no intuito de preservar a vedação de caráter perpétuo (art. 5º, XLVII, *b*, da CF), dispõe acerca do limite de cumprimento de pena privativa de liberdade. Dessa forma, o art. 75 do CP prevê atualmente que o tempo de cumprimento de pena privativa de liberdade não poderá ser superior a 40 anos. Esse novo limite temporal foi introduzido pelo Pacote Anticrime, sendo a redação anterior mais benéfica, estipulando o prazo de 30 anos. Por certo, trata-se de lei penal irretroativa, não podendo retroagir a fatos praticados antes da sua vigência, em atenção ao art. 5º, XL, da CF.

As *penas restritivas de direitos* estão previstas no art. 43 do CP, da seguinte forma: a) prestação pecuniária; b) perda de bens ou valores; c) prestação de serviços à comunidade ou a entidades públicas; d) interdição temporária de direitos; e) limitação de fim de semana.

As *penas de multa* estão previstas nos tipos penais de forma isolada (art. 20 do Dec.-lei nº 3.688/1941), cumulativa (art. 312 do CP) ou alternativa (ex.: art. 147 do CP).

9.3 PENAS PRIVATIVAS DE LIBERDADE: DOSIMETRIA DA PENA E REGIME PRISIONAL

O método adotado para fixação da pena (dosimetria da pena) é o trifásico, idealizado por Nélson Hungria.

A combinação dos arts. 59 e 68 do CP conduz o caminho seguro para a aplicação da pena. De acordo com o art. 59, I, do CP, primeiramente, o juiz deverá identificar o delito a que a pessoa foi condenada e ver a pena mínima e máxima cominada, ou seja, prevista ao delito. Após, o juiz aplicará a pena e transformará a abstrata prevista ao delito em uma pena concreta (art. 59, II, do CP). Para quantificar essa pena, o juiz utilizará o método trifásico. Vejamos:

O art. 68 do CP dispõe: "A pena-base será fixada atendendo-se ao critério do art. 59 deste Código; em seguida serão consideradas as circunstâncias atenuantes e agravantes; por último, as causas de diminuição e de aumento".

1ª Fase: pena-base – análise das circunstâncias judiciais

Nessa fase, o juiz responderá às oito circunstâncias judiciais descritas no *caput* do art. 59 do CP, vejamos: "à culpabilidade, aos antecedentes, à conduta social, à personalidade do agente, aos motivos, às circunstâncias e consequências do crime, bem como ao comportamento da vítima".

Das diversas circunstâncias judiciais, destacam-se os antecedentes. A problemática reside em definir o que pode ser considerado maus antecedentes. Dessa forma, o STJ firmou entendimento na Súm. nº 444 que: "É vedada a utilização de inquéritos policiais e ações penais em curso para agravar a pena-base".

Nesse contexto, prevalece o disposto na Súm. nº 241 do STJ: "A reincidência penal não pode ser considerada como circunstância agravante e, simultaneamente, como circunstância judicial".

2ª Fase: pena provisória – análise das agravantes e atenuantes

Nessa fase são avaliadas as circunstâncias agravantes (arts. 61 e 62 do CP) e atenuantes (arts. 65 e 66 do CP), também determinadas de circunstâncias legais.

Importante registrar que a pena provisória, de acordo com a Súm. nº 231 do STJ, não poderá ficar aquém do mínimo legal previsto ao delito, ainda que incidam circunstâncias atenuantes.

Diante do rol das agravantes, destaca0se a reincidência, que é tratada especificamente nos arts. 63 e 64 do CP.

Considera-se reincidente quem pratica novo crime após transitar em julgado a sentença que, no país ou no estrangeiro, o tenha condenado por crime anterior. Logo, *somente sentença penal irrecorrível* poderá gerar reincidência. Por exemplo, se a pessoa no ano de 2018 foi condenada com trânsito em julgado por um crime, e, em 2019, o juiz estiver condenando a mesma pessoa por outro crime, aquela sentença servirá para fins de reincidência.

Outro aspecto importante a ser considerado é que a reincidência tem um período depurador, previsto no art. 64, I, do CP, qual seja, decorridos cinco anos do cumprimento da pena do crime anterior ou de sua extinção (como ocorre na prescrição), o sujeito voltará a ser primário, porém portador de maus antecedentes.

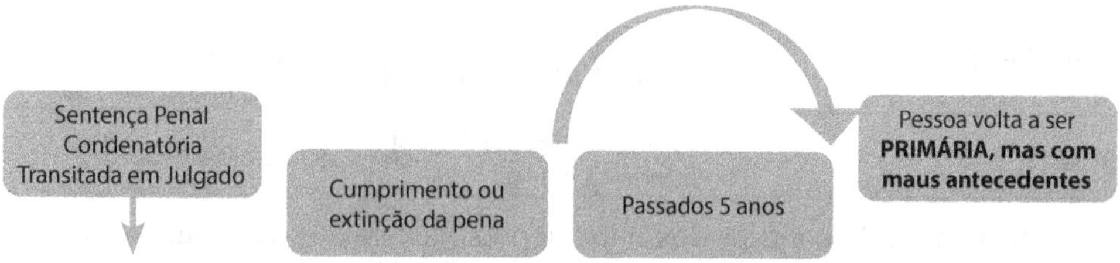

Exemplo: Pessoa condenada em 2003 e pena extinta em 2005. No ano de 2011, ao praticar novo crime, a pessoa pode ser considerada reincidente?
Reincidente, não, mas portadora de antecedentes, sim.

Além das agravantes, nessa fase se observam as atenuantes. Chama-se a atenção para o fato de que a *primariedade não é atenuante*, não se encontra no rol do art. 66 do CP.

Entre as atenuantes, destacam-se a confissão espontânea e a menoridade, ser maior de 18 e menor de 21 anos na data da sentença. Trata-se a menoridade de questão bastante debatida nos últimos tempos.

Ainda no art. 66 do CP, é preservada uma hipótese de o juiz atenuar a pena, considerando circunstâncias não previstas em lei, antes, durante e depois da prática delitiva, a chamada *circunstância inominada*.

3ª Fase: pena definitiva – análise de majorantes e minorantes

A última fase de aplicação de pena, *pena definitiva*, em que se verificam as causas de aumento e diminuição de pena. Por exemplo: majorantes do art. 157, § 2º, II, do CP, aumento de um terço da pena se o roubo for cometido em concurso de agentes; ou, no caso de minorantes do art. 14, parágrafo único, diminui-se a pena de um a dois terços no caso de tentativa.

Geralmente, as causas de aumento e diminuição de pena são identificadas por se manifestarem em forma de *"fração"*. Nessa última fase, importante informar que pena poderá ficar aquém ou além do mínimo e máximo previstos.

Importante definir as circunstâncias denominadas *qualificadoras*, pois são circunstâncias que, quando presentes, introduzem uma nova pena mínima e uma nova pena máxima ao delito. Por exemplo, se o homicídio for qualificado (art. 121, § 2º, do CP), a pena será de *12 a 30 anos*; se for simples (art. 121, *caput*, do CP), a pena será de *6 a 20 anos*. Nesses casos, a pena pertinente ao delito qualificado deverá ser observada desde a *pena-base*.

9.4 FIXAÇÃO DO REGIME PRISIONAL – ART. 59, III, DO CP

Aplicada a pena, em observância ao método trifásico, será fixado o regime prisional pelo juiz, por ocasião da sentença penal condenatória, nos termos do art. 59, III, e, especificamente, do art. 33, § 2º, ambos do CP. Vejamos o critério de quantidade de pena:

Regime	Quantidade de pena	Local de cumprimento
Fechado	Superior a 8 anos	Penitenciária
Semiaberto	Não reincidente, pena superior a 4 anos até 8 anos	Colônia penal agrícola, industrial ou estabelecimento similar
Aberto	Não reincidente, pena igual ou inferior a 4 anos	Casa do albergado

Nos casos de condenados reincidentes, deverá ser observado o teor da Súm. nº 269 do STJ: "É admissível a adoção do regime prisional semiaberto aos reincidentes condenados à pena igual ou inferior a quatro anos se favoráveis as circunstâncias judiciais".

Os *crimes hediondos e equiparados* seguem a regra do art. 33, § 2º, do CP, em razão do entendimento firmado no julgamento do HC nº 111.840 pelo STF, que declarou a inconstitucionalidade do art. 2º, § 1º, da Lei nº 8.072/1990, que prevê a imposição de regime inicial fechado para essas modalidades de delitos.

9.5 POSSIBILIDADE DE SUBSTITUIÇÃO DE PENA – PENAS RESTRITIVAS DE DIREITOS

Fixada a pena e após ser estipulado o regime prisional, alerta o art. 59, IV, do CP para a necessidade do juiz verificar a possibilidade de substituição de pena, nos termos do art. 44 do CP.

O art. 44 do CP introduz requisitos subjetivos e objetivos para *substituição da pena privativa de liberdade*. A pena privativa de liberdade será substituída quando:

a) aplicada pena privativa de liberdade *não superior a quatro anos e o crime não for cometido com violência ou grave ameaça à pessoa*;
b) *qualquer* que seja a *pena aplicada*, se o *crime for culposo*;
c) se o réu não for *reincidente em crime doloso*;

O art. 44, § 3º, do CP faz uma ressalva que o juiz poderá substituir a pena no caso de reincidente em crime doloso, *desde que seja socialmente recomendável*, e a reincidência não tenha se operado em virtude da prática do mesmo crime. Em outros termos, não se trata de *reincidente específico*.

d) a culpabilidade, os antecedentes, a conduta social e a personalidade do condenado, bem como os motivos e as circunstâncias indicarem que essa substituição seja suficiente.

A substituição da pena privativa de liberdade observará a seguinte orientação:

Art. 44, § 2º, do CP	condenação igual ou inferior a um ano	substituição pode ser feita por *uma multa* ou por *uma pena restritiva de direitos*
	condenação superior a um ano	substituída por *uma pena restritiva de direitos e uma multa* ou por *duas penas restritivas de direitos*

9.6 PENA DE MULTA

É o pagamento ao Fundo Penitenciário de quantia em dinheiro fixada na sentença e calculada em *dias-multa*, como dispõe o art. 49 do CP. Será, no mínimo, de 10 e, no máximo, de 360 dias-multa.

O valor do dia-multa será fixado pelo juiz, não podendo ser inferior a um trigésimo do maior salário mínimo mensal vigente ao tempo do fato, nem superior a cinco vezes esse salário. Na fixação da pena de multa, o juiz deve atender, principalmente, à situação econômica do réu.

Lembre-se de que a pena de multa pode ser aumentada até o triplo, se o juiz considerar que, em virtude da situação econômica do réu, é ineficaz, embora aplicada no máximo (art. 60, § 1º, do CP).

O critério para aplicação da pena de multa é bifásico, observando, em primeiro lugr, a quantidade de dias-multa e, em segundo, o valor de cada dia-multa.

A atual redação do art. 51 do CP determina que a pena de multa será executada perante o juiz da vara de execução penal.

9.7 *SURSIS* – SUSPENSÃO CONDICIONAL DA PENA – ART. 77 DO CP

Trata-se de um instituto não tão evidente na sistemática do Código Penal atual, pois ele somente é aplicável nos casos em que não haja substituição da pena privativa de liberdade, e os seus requisitos são bem mais restritos do que aqueles que permitem a substituição de pena.

Nesse caso, a pessoa foi condenada a uma pena, que não foi substituída por não preencher os requisitos do art. 44 do CP. A suspensão da execução da pena surge como mais uma alternativa evitando o recolhimento ao cárcere do condenado não reincidente, cuja pena não seja superior a dois anos (ou quatro, se septuagenário ou enfermo), sob determinadas condições, fixadas pelo juiz, bem como dentro de período de prova pré-definido. Deverá haver o preenchimento dos requisitos do art. 77 do CP. Vejamos:

a) Requisitos objetivos:

I – condenação à pena privativa de liberdade não superior a dois anos;

II – quanto à qualidade da pena, somente a pena privativa de liberdade, seja reclusão, seja detenção. As penas restritivas de direitos e a multa não o permitem (art. 80);

III – a pena privativa de liberdade não pode ser superior a dois anos, ainda que resulte, no concurso de crimes, de sanções inferiores a ela;

> **Observação:** Tratando-se, entretanto, de *condenado maior de 70 anos de idade*, poderá ser suspensa a pena privativa de liberdade não superior a quatro anos (art. 77, § 2º).

IV – impossibilidade de substituição por pena restritiva de direitos;

V – não cabimento de pena restritiva de direitos.

Portanto, somente em casos excepcionais, quando não for cabível a referida substituição, por exemplo, quando se tratar de crimes violentos contra a pessoa, como a lesão corporal, pode o juiz aplicar o *sursis*.

b) Requisitos subjetivos:

Condenado não reincidente em crime doloso

Nem toda reincidência impede a concessão do *sursis*, mas tão somente a reincidência em crime doloso. Isso quer dizer que a condenação anterior, mesmo definitiva, por crime culposo ou por simples contravenção, por si só, não é causa impeditiva da suspensão condicional da pena.

Nos termos do art. 77, § 1º, se a condenação anterior quanto ao crime doloso gerou aplicação exclusiva de pena de multa, igualmente se mostra possível a suspensão condicional da pena.

Circunstâncias judiciais favoráveis ao agente

As condições que devem ser observadas durante a suspensão estão descritas no art. 78 do CP. Poderá ainda o juiz estipular outras condições, denominadas *condições judiciais*.

Após o término do período de provas, sem que tenha havido qualquer hipótese de revogação (art. 81 do CP), será declarada extinta a punibilidade.

> **Observação:** O *sursis* da pena, também chamado de suspensão da execução da pena (art. 77 do CP), não se confunde com o *sursis* do processo (suspensão condicional do processo), previsto no art. 89 da Lei nº 9.099/1995, uma vez que nesse último instituto não há sequer condenação, o que está suspenso é o processo.

10. MEDIDAS DE SEGURANÇA

As medidas de segurança, espécies de sanção penal previstas no art. 96 do CP, dividem-se em: a) medida de segurança de internação (detentiva); e b) medida de segurança de tratamento ambulatorial (restritiva). O fundamento da medida de segurança é a periculosidade do agente.

Como regra, tem-se que, se a infração penal em questão for apenada com reclusão, a medida de segurança será de internação; se for apenada com detenção, poderá ser determinado o tratamento ambulatorial. Todavia, há decisões nos Tribunais relativizando a regra do art. 97 do CP.

De acordo com o art. 97, § 1º, do CP, o prazo da internação ou do tratamento ambulatorial será por tempo indeterminado, perdurando enquanto não for averiguada, mediante perícia médica, a cessação da periculosidade.

Todavia, a lei estipula um período mínimo de internação que será fixado pelo juiz na sentença, podendo variar entre um e três anos. Em suma, o Código Penal não prevê prazo máximo de internação, mas define o período mínimo que o agente deverá ficar submetido a medida de segurança (um a três anos). No entanto, para parte da doutrina, embora não seja pena, a indeterminação do prazo de duração da medida de segurança possui caráter de perpetuidade, violando a própria constituição.

Atualmente, o entendimento mais benéfico, que limita o poder punitivo, é do STJ, que editou a Súm. nº 527, segundo a qual: "O tempo de duração da medida de segurança não deve ultrapassar o limite máximo da pena abstratamente cominada ao delito praticado".

11. CONCURSO DE CRIMES

Concurso material
Concurso formal
Concurso continuado

11.1 CONCURSO MATERIAL

Ocorre o concurso material quando o agente, mediante mais de uma ação ou omissão, pratica dois ou mais crimes, idênticos ou não (art. 69, *caput*).

11.2 APLICAÇÃO DA PENA

Nos termos do art. 69, *caput*, quando o agente realiza o concurso real de crimes, "aplicam-se cumulativamente as penas em que haja incorrido". Portanto, no concurso material as penas são cumuladas, somadas.

Ex.: Se comete furto e estupro, as penas privativas de liberdade devem ser somadas.

11.3 CONCURSO FORMAL

Ocorre o concurso formal (ou ideal) quando o agente, mediante uma só ação ou omissão, pratica dois ou mais crimes (art. 70, *caput*). Difere do concurso material pela unidade de conduta.

Ex.: O agente, com um só tiro ou um golpe só, ofende mais de uma pessoa.

11.4 CONCURSO FORMAL PERFEITO

Está previsto na 1ª parte do art. 70. Ocorre quando o agente pratica duas ou mais infrações penais mediante uma única conduta. Resulta de um único desígnio. O agente, por meio de um só impulso volitivo, dá causa a dois ou mais resultados.

Ex.: O agente dirige um carro em alta velocidade e acaba por atropelar e matar três pessoas.

11.5 CONCURSO FORMAL IMPERFEITO

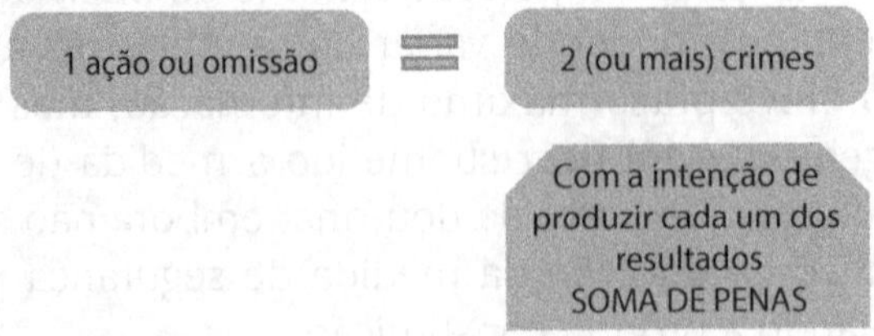

É o resultado de desígnios autônomos. Aparentemente, há uma só ação, mas o agente intimamente deseja os outros resultados ou aceita o risco de produzi-los. Como se nota, essa espécie de concurso formal só é possível nos crimes dolosos.

Ex.: O agente incendeia uma residência com a intenção de matar todos os moradores. O agente tem desígnios autônomos (intenção de matar) em relação a cada um dos moradores da residência.

Observe-se a expressão “desígnios autônomos”: abrange tanto o dolo direto quanto o dolo eventual. Assim, haverá concurso formal imperfeito, por exemplo, entre o delito de homicídio doloso com dolo direto e outro com dolo eventual. Nesse caso, o concurso continua sendo formal, mas, na aplicação da pena, manda o Código Penal que seja realizada com base na regra do concurso material: as penas devem ser somadas.

11.6 CRIME CONTINUADO

Ocorre o crime continuado quando o agente, mediante mais de uma ação ou omissão, pratica dois ou mais crimes da MESMA ESPÉCIE, devendo os subsequentes, pelas condições de TEMPO, LUGAR, MANEIRA DE EXECUÇÃO E OUTRAS SEMELHANTES, ser havidos como continuação do primeiro (art. 71, *caput*).

11.6.1 Requisitos

Pluralidade de condutas
Crimes da mesma espécie
Condições de tempo
Condições de lugar
Maneira de execução
Homogeneidade das circunstâncias

a) *Pluralidade de condutas:* o mesmo agente deve praticar duas ou mais condutas. Se houver uma conduta, ainda que desdobrada em vários atos ou vários resultados, o concurso poderá ser formal.

b) *Crimes da mesma espécie:* são os que estiverem previstos no mesmo tipo penal. Nesse prisma, tanto faz sejam figuras simples ou qualificadas, dolosas ou culposas, tentadas ou consumadas. Assim, furto e roubo, embora delitos do "mesmo gênero" (contra o patrimônio), não são da mesma espécie. Entre eles, por isso, não pode haver continuação. Esta é a posição dominante.

c) *Condições de tempo:* deve haver uma conexão temporal entre as condutas praticadas para que se configure a continuidade delitiva. Deve existir, em outros termos, certa periodicidade que permita se observar determinado ritmo e uniformidade, entre as ações sucessivas, embora não se possam fixar, a respeito, indicações precisas. A jurisprudência considera crime continuado quando praticado no intervalo de tempo entre um e outro inferior a 30 dias.

d) *Condições de lugar (espaço):* deve existir entre os crimes da mesma espécie uma conexão espacial para caracterizar o crime continuado.

A jurisprudência considera mesma circunstância de espaço quando os crimes são praticados na mesma cidade ou em regiões metropolitanas.

e) *Maneira de execução:* a lei exige semelhança e não identidade. A semelhança na "maneira de execução" se traduz no *modus operandi* de realizar a conduta delitiva. Maneira de execução é o modo, a forma, o estilo de praticar o crime, que, na verdade, é apenas mais um dos requisitos objetivos da continuação criminosa.

Ex.: O furto fraudulento, por exemplo, não guarda nexo de continuidade com o furto mediante arrombamento ou escalada.

f) *Homogeneidade das circunstâncias:* para a configuração do crime continuado, não é suficiente a satisfação das circunstâncias objetivas homogêneas, sendo de exigir-se, além disso, que "os delitos tenham sido praticados pelo sujeito aproveitando-se das mesmas relações e oportunidades ou com a utilização de ocasiões nascidas da primitiva orientação".

11.6.2 Crime continuado específico

O crime continuado específico prevê a necessidade de três requisitos, que devem ocorrer simultaneamente:

a) *contra vítimas diferentes:* admite-se nexo de causalidade entre crimes que lesam interesses jurídicos pessoais, ainda que praticados contra vítimas diversas.

Assim, admite a reforma penal nexo de continuidade entre homicídios, lesões corporais ou roubos contra vítimas diversas, podendo o juiz, de acordo com as circunstâncias judiciais do art. 59, *caput*, aumentar a pena de um dos delitos até o triplo, desde que a pena não seja superior à que seria imposta se o caso fosse de concurso material;

b) *com violência ou grave ameaça à pessoa:* mesmo que o crime seja contra vítimas diferentes, se não houver violência - real ou ficta - contra a pessoa, não haverá a continuidade específica, mesmo que haja violência contra a coisa;

c) *somente em crimes dolosos:* se a ação criminosa for praticada contra vítimas diferentes, com violência à pessoa, mas não for produto de uma conduta dolosa, não estará caracterizada a exceção;

d) *aplicação da pena:*

- *crime continuado comum:* aplica-se a pena do crime mais grave, aumentada de um sexto até dois terços;
- *crime continuado específico:* aplica-se a pena do crime mais grave aumentada até o triplo.

Se, da aplicação da regra do crime continuado, a pena resultar superior à que restaria se somadas as penas, aplica-se a regra do concurso material.

12. EFEITOS DA CONDENAÇÃO

12.1 EFEITOS GENÉRICOS

a) Tornar certa a obrigação de indenizar o dano causado pelo crime.

b) A perda em favor da União, ressalvado o direito do lesado ou de terceiro de boa-fé, dos instrumentos do crime, desde que consistam em coisas cujo fabrico, alienação, uso, porte ou detenção constitua fato ilícito - art. 91, II, *a*, do CP. O art. 91, II, ressalva o direito do lesado ou do terceiro de boa-fé.

Logo, o confisco só pode recair sobre objeto que pertença ao autor ou partícipe do crime.

12.1 EFEITOS ESPECÍFICOS

a) Perda de cargo, função pública ou mandato eletivo: nesses casos, a condenação só produz o efeito específico quando impõe pena privativa de liberdade por tempo igual ou superior a um ano. Nos demais casos, isto é, nos crimes comuns cometidos por funcionário público, a referida perda advém de condenação à pena privativa de liberdade por tempo superior a quatro anos;

b) Incapacidade para o exercício do pátrio poder (poder familiar), tutela ou curatela, nos crimes dolosos, sujeitos à pena de reclusão, cometidos contra filho, tutelado ou curatelado;

A incapacidade para o exercício do poder familiar, tutela ou curatela, depende de duas condições: a) que o crime seja doloso; b) que seja cominada pena de reclusão.

Trata-se de incapacidade permanente.

c) Inabilitação para dirigir veículo, quando utilizado como meio para a prática de crime doloso. Depende de dois requisitos:
   - que o crime seja doloso;
   - que o veículo tenha sido utilizado "como meio" para a sua prática.

Em todos os casos do art. 92 do CP, o efeito não é automático, devendo ser motivadamente declarado na sentença. A imposição é facultativa e não obrigatória.

A Lei nº 13.964/2019 introduziu mais um efeito da sentença penal condenatória.

Nos termos do art. 91-A do CP, na hipótese de condenação por infrações às quais a lei comine pena máxima superior a 6 (seis) anos de reclusão, poderá ser decretada a perda, como produto ou proveito do crime, dos bens correspondentes à diferença entre o valor do patrimônio do condenado e aquele que seja compatível com o seu rendimento lícito.

Para efeito da perda prevista no *caput* do referido artigo, entende-se por patrimônio do condenado todos os bens:

I – de sua titularidade, ou em relação aos quais ele tenha o domínio e o benefício direto ou indireto, na data da infração penal ou recebidos posteriormente; e

II – transferidos a terceiros a título gratuito ou mediante contraprestação irrisória, a partir do início da atividade criminal.

O condenado poderá demonstrar a inexistência da incompatibilidade ou a procedência lícita do patrimônio.

A perda prevista nesse artigo deverá ser requerida expressamente pelo Ministério Público, por ocasião do oferecimento da denúncia, com indicação da diferença apurada.

Na sentença condenatória, o juiz deve declarar o valor da diferença apurada e especificar os bens cuja perda for decretada.

Os instrumentos utilizados para a prática de crimes por organizações criminosas e milícias deverão ser declarados perdidos em favor da União ou do Estado, dependendo da Justiça onde tramita a ação penal, ainda que não ponham em perigo a segurança das pessoas, a moral ou a ordem pública, nem ofereçam sério risco de ser utilizados para o cometimento de novos crimes.

A referida alteração visa dar mais celeridade à justiça, em especial no combate à corrupção, possibilitando a perda de bens ou valores com grande probabilidade de serem obtidos de forma ilícita, tendo em vista a diferença do valor do patrimônio do condenado e o valor que seria compatível com o seu rendimento lícito.

Ademais, de grande destaque, o § 5º do dispositivo em questão, permitindo o confisco em favor da União ou do Estado, dos instrumentos utilizados para a prática de crimes por organizações criminosas e milícias.

13. EXTINÇÃO DA PUNIBILIDADE

A extinção da punibilidade evidencia-se diante de informações que não interferem na infração penal propriamente dita, mas na existência de fatores que eventualmente proíbem o Estado de puni-los. Mesmo que exista a infração, ele está diante de um impedimento de exercer seu direito de punir.

O art. 107 do CP traz um rol das chamadas causas extintivas de punibilidade, embora não seja taxativo, vez que se tem previsão também no § 3º do art. 312 do CP e também no § 5º do art. 89 da Lei nº 9.099/1995, por exemplo.

Assim importante ressalvar o art. 61 do CPP, que diz que "em qualquer fase do processo, o juiz, se reconhecer extinta a punibilidade, deverá declará-lo de ofício". Essa redação demonstra que a declaração de extinção de punibilidade só ocorre após o início da ação penal, ou seja, quando já há um processo em trâmite.

13.1 EFEITOS DA EXTINÇÃO DA PUNIBILIDADE

Em regra, as causas extintivas da punibilidade só alcançam o direito de punir do Estado, substituindo o crime em todos os seus requisitos e a sentença condenatória irrecorrível. Excepcionalmente, a causa resolutiva do direito de punir apaga o fato praticado pelo agente e rescinde a sentença condenatória irrecorrível. É o que acontece com a *abolitio criminis* e a *anistia*.

13.2 MORTE DE AGENTE

Sendo personalíssima a responsabilidade penal, a morte do agente faz com que o Estado perca o direito de punir (*jus puniendi*), não se transmitindo a seus herdeiros nenhuma obrigação de natureza penal (princípio da culpabilidade).

13.3 ANISTIA, GRAÇA E INDULTO

São espécies de indulgência clemência soberana ou graça em sentido amplo.

Trata-se de renúncia do Estado ao direito de punir. A anistia é o esquecimento jurídico de uma ou mais infrações penais. Deve ser concedida em casos excepcionais, para apaziguar os ânimos, acalmar as paixões sociais etc. Aplica-se, em regra, a crimes políticos (anistia especial), nada obstante que incida sobre delitos comuns (anistia comum).

A lei considerará crimes inafiançáveis e insuscetíveis de graça ou anistia "a prática de tortura, o tráfico ilícito de entorpecentes e drogas afins, o terrorismo e os definidos como crimes hediondos" (arts. 5º, XLIII, da CF/1988 e 2º, I, da Lei nº 8.072/1990).

A anistia tem CARÁTER DA GENERALIDADE, abrangendo FATOS e não pessoas. A anistia rescinde a sentença penal condenatória irrecorrível. Assim, se o sujeito vier a cometer novo delito, NÃO SERÁ CONSIDERADO REINCIDENTE.

A competência para concessão de anistia é exclusiva da União e privativa do Congresso Nacional (art. 48, VIII, da CF/1988), com a sanção do Presidente da República, só podendo ser concedida por meio de lei federal. Enquanto a anistia e o indulto têm caráter de generalidade, incidindo sobre fatos e abrangendo uma generalidade de pessoas, A GRAÇA É INDIVIDUAL, POIS SÓ ATINGE DETERMINADO CRIMINOSO.

A graça e o indulto somente extinguem a punibilidade, SUBSISTINDO O CRIME, A CONDENAÇÃO IRRECORRÍVEL E SEUS EFEITOS SECUNDÁRIOS. Assim, vindo a ser agraciado ou recebendo o indulto, o sujeito que cometer novo crime será considerado reincidente.

A competência para CONCEDER A GRAÇA E O INDULTO É DO PRESIDENTE DA REPÚBLICA, nos termos do art. 84, XII, da CF/1988, podendo, nos termos do parágrafo único, delegar a atribuição "aos Ministros de Estado, ao Procurador-Geral da República ou ao Advogado-Geral da União".

Em tese, compete, privativamente, ao presidente da República conceder graça e indulto; já a anistia é atribuição do Congresso Nacional, com a sanção do presidente da República. Nos termos do art. 5º, XLIII, da CF/1988, a graça e a anistia não podem ser aplicadas em relação a delitos referentes à prática de tortura, tráfico ilícito de entorpecentes e drogas afins, terrorismo e aos definidos como crimes hediondos.

13.4 RETROATIVIDADE DE LEI QUE NÃO MAIS CONSIDERA O FATO COMO CRIMINOSO

A lei penal retroage, atingindo fatos ocorridos antes de sua entrada em vigor, sempre que beneficiar o agente de qualquer modo (arts. 5º, XL, da CF/1988 e 2º do CP).

A *abolitio criminis* é causa de extinção da punibilidade, nos termos do art. 107, III, do CP, e gera o efeito de fazer cessar a execução e os efeitos penais da sentença condenatória (reincidência, maus antecedentes, lançamento do nome do réu no rol dos culpados).

Todavia, não apaga os efeitos civis da prática delituosa, já que a lei fala em cessação dos efeitos "penais" da sentença.

13.5 DECADÊNCIA E PEREMPÇÃO

13.5.1 Decadência

Decadência é a perda do direito de ação do ofendido em face do decurso do tempo.

A decadência *não se aplica à requisição do Ministério da Justiça*, de modo que esta pode ser formulada em qualquer tempo, desde que não esteja extinta a punibilidade por outra causa.

Se o ofendido é menor de 18 anos, o direito de queixa ou de representação pertence a seu representante legal. Se o ofendido é maior de 18, só ele pode exercer o direito.

13.5.2 Perempção da ação penal

Perempção é a perda do direito de demandar o querelado pelo mesmo crime em *face de inércia do querelante*, diante do que o Estado perde o *jus puniendi*.

A perempção só é possível na *ação penal exclusivamente privada*. Cabe após o início da ação penal privada. Nos termos do art. 60 do CPP:

Considerar-se-á perempta a ação penal:

> I - quando, falecendo o querelante, ou sobrevindo sua incapacidade, não comparecer em juízo, para prosseguir no processo, dentro do prazo de 60 dias, qualquer das pessoas a quem couber fazê-lo, ressalvado o disposto no art. 36;
>
> II - quando o querelante deixar de comparecer, sem motivo justificado, a qualquer ato do processo a que deva estar presente, ou deixar de formular o pedido de condenação nas alegações finais;
>
> III - quando, sendo querelante pessoa jurídica, esta se extinguir sem deixar sucessor.

13.6 RENÚNCIA

É a abdicação do ofendido ou de seu representante legal do direito de promover a ação penal privada.

A renúncia só é possível antes do início da ação penal privada. Assim, é oportuna a renúncia dentro dos seis meses previstos para o exercício da ação penal privada (art. 103 do CP). A renúncia pode ser expressa e tácita.

A *renúncia expressa* consta de declaração assinada pelo ofendido, por seu representante legal ou procurador com poderes especiais, que não precisa ser advogado (art. 50 do CPP).

Importa *renúncia tácita* ao direito de queixa a prática de ato incompatível com a vontade de o ofendido ou seu representante legal iniciar a ação penal privada (art. 104, parágrafo único, 1ª parte, do CP).

No caso de *concurso de pessoas*, a exclusão de um dos ofensores *indica renúncia*, não podendo o Promotor de Justiça aditar a queixa para nela incluir o ofensor excluído.

Dessa forma, se forem três autores do crime de ação penal privada, cumpre ao ofendido oferecer a queixa contra todos ou nenhum.

A exclusão de um importa renúncia tácita, estendendo-se aos demais, nos termos do art. 49 do CPP.

13.7 PERDÃO DO OFENDIDO

O perdão é o ato pelo qual, iniciada a ação penal privada, o ofendido ou seu representante legal desiste de seu prosseguimento, nos termos do art. 105, *caput*, do CP. O perdão só tem lugar na ação penal exclusivamente privada. O *perdão só é possível depois de iniciada a* ação penal privada mediante o oferecimento da queixa, tendo o efeito até o trânsito em julgado da sentença condenatória.

Transitada em julgado a sentença penal condenatória, não é mais admissível (art. 106, § 2º, do CP). O perdão não produz efeitos quando recusado pelo querelado (art. 106, III, do CP), pois este pode ter o interesse de provar a sua inocência.

Quando há dois ou mais querelados, *o perdão concedido a um deles se estende a todos*, sem que produza, entretanto, efeito em relação ao que o recusa (arts. 51 do CPP e 106, I e III, do CP).

Assim, havendo dois réus, o perdão aceito por um produz efeito de extinguir a punibilidade também em relação ao outro, *salvo se ocorre recusa*. Nesse caso, a ação penal continua em relação ao querelado que o recusou.

13.8 PERDÃO JUDICIAL NOS CASOS PREVISTOS EM LEI

Perdão judicial é o instituto pelo qual *o juiz*, não obstante comprovada a prática da infração penal pelo sujeito culpado, deixa de aplicar a pena em face de justificadas circunstâncias.

Como exemplos: arts. 121, § 5º, 129, § 8º, e 140, § 1º, I e II, do CP.

O perdão judicial constitui causa extintiva da punibilidade de aplicação restrita (art. 107, IX, do CP). Significa que não é aplicável a todas as infrações penais, mas somente àquelas especialmente indicadas pelo legislador.

O *perdão judicial se distingue do perdão do ofendido*, também causa extintiva da punibilidade (arts. 105, 106 e 107, V, parte final, do CP).

O *perdão do ofendido* é concedido pelo sujeito passivo do crime de ação penal provada, dependendo de aceitação. O perdão judicial é concedido pelo juiz e não depende de aceitação.

14. PRESCRIÇÃO

A prescrição penal é a perda da pretensão punitiva ou executória do Estado pelo decurso do tempo sem o seu exercício. É a perda do direito de punir do Estado pelo não exercício em determinado lapso de tempo. Não há mais interesse estatal na repressão do crime, tendo em vista o decurso de tempo e porque o infrator não reincide, readaptando-se à vida social.

Em regra, a prescrição alcança todas as infrações penais. Nos termos da Constituição Federal, porém, não se aplica aos *crimes de racismo* (art. 5º, XLII, da CF/1988) e aos referentes à *ação de grupos armados, civis ou militares, contra a ordem constitucional e o estado democrático* (art. 5º, XLIV, da CF/1988), de modo que o decurso do tempo não extingue a prescrição em qualquer de suas formas.

14.1 ESPÉCIES DE PRESCRIÇÃO

Existem duas modalidades de prescrição:

a) a prescrição da pretensão punitiva estatal, que ocorre antes do trânsito em julgado da sentença condenatória;

b) a prescrição da pretensão executória, que pressupõe a existência de sentença condenatória transitada em julgado.

A prescrição da pretensão punitiva subdivide-se em:

a) prescrição da pretensão punitiva em abstrato;

b) prescrição da pretensão punitiva em concreto, que, por sua vez, subdivide-se em prescrição da pretensão punitiva retroativa e superveniente/intercorrente.

14.1.1 Prescrição da pretensão punitiva

Na *prescrição da pretensão punitiva*, o decurso do tempo faz com que o Estado perca o direito de punir no tocante à pretensão de o Poder Judiciário julgar a lide e aplicar a sanção penal.

A prescrição da pretensão punitiva *ocorre antes de a sentença final transitar em julgado*. Para saber qual o prazo de prescrição da pretensão abstrata punitiva, devemos verificar o limite máximo da pena imposta em abstrato no preceito sancionador e enquadrá-lo em um dos incisos do art. 109 do CP. Ex.: Suponha-se que um sujeito cometa um crime de lesão corporal leve (pena de três meses a um ano), não se descobrindo a autoria. Se o Estado, dentro de quatro anos, não exercer o direito de punir, opera-se a extinção da punibilidade pela prescrição da pretensão punitiva. Aplica-se o disposto no art. 109 do CP. Ex.: calúnia (art. 138 do CP). Máximo da pena abstrata: dois anos. Prazo prescricional da pretensão punitiva: quatro anos (art. 109, V, do CP).

No *concurso de crimes* (concurso material, formal e continuado), a prescrição atinge a pretensão punitiva em relação a *cada infração considerada isoladamente* (art. 119 do CP).

O primeiro termo inicial é a data da consumação do delito (I). Constitui exceção à teoria da atividade, pois, na prescrição, adota-se a teoria do resultado.

No caso da tentativa (II), o termo *a quo* da prescrição da pretensão punitiva é o dia da cessação da atividade criminosa.

No crime permanente (III), a prescrição começa a correr do dia em que cessou a permanência (art. 111, III, 1ª figura, do CP). Suponha-se que a vítima de sequestro permaneça presa durante 30 dias. A prescrição começa a correr a partir do dia em que conseguiu a liberdade. No crime continuado, a prescrição deve ser considerada em relação a cada crime, isoladamente (art. 119 do CP). Nos crimes de bigamia e de falsificação ou alteração de assentamento de registro civil (arts. 235 e 299, parágrafo único, do CP), a prescrição começa a correr da data em que o fato se tornou conhecido de qualquer autoridade pública (art. 111, IV, do CP).

Nos crimes contra a dignidade sexual de crianças e adolescentes, previstos no Código Penal ou em legislação especial, o termo inicial da prescrição ocorre da data em que a vítima completar 18 anos, salvo se a esse tempo já houver sido proposta a ação penal (art. 111, V, do CP). Esse inciso foi introduzido no Código Penal pela Lei nº 12.650/2012.

Nesse sentido, se uma criança de 10 anos for vítima de crime de estupro, por exemplo, e a ação ainda não tiver sido instaurada, o prazo prescricional passará a correr a partir da data em que ela completar 18 anos. Existe uma ressalva no texto legal, segundo a qual a prescrição começará a correr antes de a vítima completar 18 anos se a esse tempo já tiver sido proposta ação penal para apurar a infração penal. Ex.: crime contra criança de 10 anos em que a vítima conta o ocorrido aos pais e o Ministério Público oferece denúncia quando ela tem 15 anos. O prazo prescricional, nesse caso, começará a correr da propositura da ação penal, e não da data do crime; se até o oferecimento da denúncia a prescrição não estava ocorrendo, o termo inicial é o da propositura da ação, não retroagindo à data do fato.

14.1.2 Prescrição da pretensão punitiva retroativa

A prescrição retroativa tem por pressuposto o trânsito em julgado da sentença penal condenatória para a acusação. Com o trânsito em julgado da sentença penal condenatória para a acusação, tem-se que, a partir de eventual recurso da defesa, o Tribunal não poderá agravar a situação do réu, sob pena de incidir na *reformatio in pejus* direta, o que é vedado conforme prevê o art. 617 do CPP.

Assim, a base para calcular a prescrição se altera, passando a ser considerada a pena aplicada na sentença. Nesse caso, deve-se considerar a pena aplicada na sentença e enquadrá-la num dos incisos do art. 109 do CP para verificar o prazo prescricional.

Verificado o prazo prescricional com base na pena aplicada na sentença, a prescrição retroativa deve ser considerada a partir da publicação da sentença ou acórdão condenatório para trás. Por isso o nome retroativo, porque sua incidência é verificada entre os marcos interruptivos existentes antes da sentença condenatória.

Nos crimes em geral, a prescrição da pretensão retroativa pode ocorrer entre a publicação da sentença ou acórdão condenatório e o recebimento da denúncia ou queixa.

No contexto dos crimes de competência do Tribunal do Júri, a prescrição retroativa pode incidir: a) entre a data da publicação da sentença condenatória e a decisão confirmatória da pronúncia; b) entre a decisão confirmatória da pronúncia e a decisão de pronúncia; c) entre a pronúncia e o recebimento da denúncia.

14.1.3 Prescrição da pretensão punitiva intercorrente ou superveniente a sentença condenatória

Sendo espécie de prescrição da pretensão punitiva, a prescrição da pretensão punitiva intercorrente incide somente antes do trânsito em julgado da sentença penal condenatória para todos.

Como visto, nos termos do que dispõe o art. 109, *caput*, do CP, a prescrição da pretensão punitiva, salvo a exceção do § 1º do art. 110 do CP, é regulada pelo máximo da sanção privativa de liberdade.

Há, porém, no art. 110, § 1º, do CP, uma primeira exceção: caso em que, não obstante *tratar-se de prescrição da pretensão punitiva, transitando em julgado* a sentença condenatória para a *acusação*, ou *sendo improvido* o seu recurso, a partir da sua publicação começa a correr prazo prescricional regulado pela *pena concreta*.

Ex.: Suponha-se que o réu venha a ser condenado a dois anos de detenção, tendo transitado em julgado a sentença para a acusação. Sendo a pena aplicada de dois anos, o prazo prescricional é de quatro anos (art. 109, V, do CP). O réu interpôs recurso de apelação, que, passados quatro anos, ainda não havia sido julgado pelo Tribunal. No caso, passados quatro anos da data da publicação da sentença sem que o recurso interposto pela defesa tenha sido apreciado, ocorrerá a prescrição da pretensão punitiva superveniente ou intercorrente, prevista no art. 110, § 1º, do CP.

14.1.4 Prescrição da pretensão executória

Na *prescrição da pretensão executória*, o decurso do tempo sem o seu exercício faz com que o Estado perca o direito de executar a sanção imposta na sentença condenatória.

A prescrição da pretensão executória *incide após o trânsito em julgado* da sentença condenatória. Nos termos do art. 110, *caput*, do CP, a prescrição, depois de transitar em julgado a sentença condenatória, *regula-se pela pena imposta na sentença* e verifica-se nos prazos fixados no art. 109 do CP, os quais se aumentam de um terço se o condenado é reincidente.

Ex.: Suponha-se que o agente tenha sido condenado irrecorrivelmente a quatro anos de reclusão pela prática do delito de roubo simples (art. 157 do CP). O prazo prescricional, considerando a pena aplicada, será de oito anos (art. 109, IV, do CP). Nesse caso, se o Estado não iniciar a execução da pena dentro de oito anos, opera-se a extinção da punibilidade pela prescrição da pretensão executória. Aplica-se o disposto no art. 110 do CP.

Tratando-se de *reincidente*, o prazo da prescrição da *pretensão executória da pena privativa de liberdade é aumentado de* um terço (art. 110, *caput, in fine*). Para tanto, é necessário que a sentença condenatória tenha reconhecido a reincidência. No *concurso material e formal*, cada delito tem seu prazo prescricional *isolado*, ainda que as penas tenham sido impostas na mesma sentença (art. 119 do CP).

a) *Do dia em que transita em julgado a sentença condenatória, para a acusação, ou a que revoga a suspensão condicional da pena ou o livramento condicional:* cumpre observar que a prescrição da pretensão executória depende de uma condição: o trânsito em julgado da sentença condenatória para a acusação e defesa. Satisfeita a condição, entretanto, na contagem do prazo leva-se em conta a data em que transitou em julgado para a acusação.

b) *Do dia em que se interrompe a execução, salvo quando o tempo da interrupção deva computar-se na pena*: interrompida a execução da pena pela fuga do condenado, inicia-se a contagem do prazo prescricional da prescrição executória (art. 112, II, 1ª parte, do CP). Nos casos dos arts. 41 e 42 do CP (superveniência de doença mental ou internação em hospital), em que se aplica o princípio da detração penal, embora interrompida a efetiva execução da pena, não corre a prescrição (art. 112, II, 2ª parte, do CP).

14.1.5 Causas interruptivas da prescrição

Ocorrendo uma causa interruptiva, o curso da prescrição interrompe-se, desaparecendo o lapso temporal já decorrido, recomeçando sua contagem desde o início. A incidência das causas do art. 117 do CP, salvo a do inc. V, faz com que seja extinto o prazo decorrido antes da interrupção, recomeçando a correr a prescrição por inteiro (§ 2º).

I – *Pelo recebimento da denúncia ou da queixa:* o recebimento da denúncia interrompe o prazo prescricional, recomeçando a correr a prescrição da pretensão punitiva por inteiro, não se levando em conta o tempo já decorrido antes da interrupção.

II – *Pela pronúncia:* a pronúncia também interrompe a prescrição (art. 117, II, do CP). A decisão do juiz tem força de interromper a prescrição, ainda que o réu venha a ser absolvido no Júri.

III – *Pela decisão confirmatória da pronúncia:* "Decisão confirmatória da pronúncia". Se o *réu recorre da pronúncia* e o Tribunal confirma, o acórdão também interrompe a prescrição (art. 117, III, do CP), o mesmo ocorrendo quando é impronunciado (art. 409, *caput*, do CPP) ou absolvido sumariamente (art. 411 do CPP) e o tribunal o pronuncia.

IV – *Pela publicação da sentença ou acórdão condenatórios recorríveis:* o art. 117, IV, do CP determina que a prescrição se interrompe pela sentença condenatória recorrível. A interrupção ocorre na data da publicação da sentença, isto é, no dia em que o escrivão recebe a sentença do juiz e a junta aos autos, independentemente do registro e de outras diligências. O *acórdão condenatório*, ainda que não unânime, e por isso sujeito a embargos infringentes, *também interrompe o prazo prescricional* da pretensão punitiva. Isso ocorre quando, tendo sido absolvido em primeiro grau, *o réu vem a ser condenado pelo acórdão do tribunal*. Trata-se de acórdão recorrível.

V – *Pelo início ou continuação do cumprimento da pena:* iniciando-se o prazo da prescrição da pretensão executória com o trânsito em julgado da sentença condenatória, interrompe-se pelo começo do cumprimento da pena. Fugindo o condenado, a prescrição começa a correr da data da fuga (art. 112, II, 1ª parte, do CP), regulando-se pelo tempo que resta da pena (art. 113 do CP). Recapturado, interrompe-se a prescrição (art. 106 do CP).

VI – *Pela reincidência:* a reincidência somente interrompe o prazo da prescrição da pretensão executória, sendo inaplicável à prescrição da pretensão punitiva (art. 109 do CP). Nesse sentido, a Súm. nº 220 do STJ: "A reincidência não influi no prazo da prescrição da pretensão punitiva".

14.1.6 Causas impeditivas da prescrição.

O art. 116 elenca algumas causas que impedem o decurso do prazo prescricional:

> I – enquanto não resolvida, em outro processo, questão de que dependa o reconhecimento da existência do crime; [Redação dada pela Lei nº 7.209, de 11-7-1984]
>
> II – enquanto o agente cumpre pena no exterior; [Redação dada pela Lei nº 13.964, de 2019]
>
> III – na pendência de embargos de declaração ou de recursos aos Tribunais Superiores, quando inadmissíveis; e [Incluído pela Lei nº 13.964, de 2019]
>
> IV – enquanto não cumprido ou não rescindido o acordo de não persecução penal. [Incluído pela Lei nº 13.964, de 2019]
>
> Parágrafo único. Depois de passada em julgado a sentença condenatória, a prescrição não corre durante o tempo em que o condenado está preso por outro motivo.

Cumpre ressaltar a inclusão dos incs. III e IV pela Lei nº 13.964/2019, sendo o inc. III incluído com o objetivo de evitar a prescrição no âmbito dos Tribunais Superiores pela demora em julgar alguns processos, lembrando que somente haverá o impedimento da prescrição quando os embargos de declaração ou outro recurso dirigido aos Tribunais Superiores forem considerados inadmissíveis.

Ademais, a inclusão do inc. IV se deu no sentido de adequar ao novo instituto despenalizador (acordo de não persecução penal) incluído no art. 28-A do CPP, impedindo o decurso do prazo prescricional enquanto não cumprido ou não rescindido tal instrumento de justiça negocial.

QUESTÕES

1. (OAB – FGV – XXXI EXAME DE ORDEM) André, nascido em 21/11/2001, adquiriu de Francisco, em 18/11/2019, grande quantidade de droga, com o fim de vendê-la aos convidados de seu aniversário, que seria celebrado em

24/11/2019. Imediatamente após a compra, guardou a droga no armário de seu quarto. Em 23/11/2019, a partir de uma denúncia anônima e munidos do respectivo mandado de busca e apreensão deferido judicialmente, policiais compareceram à residência de André, onde encontraram e apreenderam a droga que era por ele armazenada. De imediato, a mãe de André entrou em contato com o advogado da família.

Considerando apenas as informações expostas, na Delegacia, o advogado de André deverá esclarecer à família que André, penalmente, será considerado

a) inimputável, devendo responder apenas por ato infracional análogo ao delito de tráfico, em razão de sua menoridade quando da aquisição da droga, com base na Teoria da Atividade adotada pelo Código Penal para definir o momento do crime.

b) inimputável, devendo responder apenas por ato infracional análogo ao delito de tráfico, tendo em vista que o Código Penal adota a Teoria da Ubiquidade para definir o momento do crime.

c) imputável, podendo responder pelo delito de tráfico de drogas, mesmo adotando o Código Penal a Teoria da Atividade para definir o momento do crime.

d) imputável, podendo responder pelo delito de associação para o tráfico, que tem natureza permanente, tendo em vista que o Código Penal adota a Teoria do Resultado para definir o momento do crime.

2. (OAB – FGV – XXII EXAME DE ORDEM) Tony, a pedido de um colega, está transportando uma caixa com cápsulas que acredita ser de remédios, sem ter conhecimento que estas, na verdade, continham Cloridrato de Cocaína em seu interior. Por outro lado, José transporta em seu veículo 50 g de *Cannabis sativa L.* (maconha), pois acreditava que poderia ter pequena quantidade do material em sua posse para fins medicinais.

Ambos foram abordados por policiais e, diante da apreensão das drogas, denunciados pela prática do crime de tráfico de entorpecentes.

Considerando apenas as informações narradas, o advogado de Tony e José deverá alegar em favor dos clientes, respectivamente, a ocorrência de

a) erro de tipo, nos dois casos.

b) erro de proibição, nos dois casos.

c) erro de tipo e erro de proibição.

d) Erro de proibição e erro de tipo.

3. (OAB – FGV – XXII EXAME DE ORDEM) Acreditando estar grávida, Pâmela, 18 anos, desesperada porque ainda morava com os pais e eles sequer a deixavam namorar, utilizando um instrumento próprio, procura eliminar o feto sozinha no banheiro de sua casa, vindo a sofrer, em razão de tal comportamento, lesão corporal de natureza grave.

Encaminhada ao hospital para atendimento médico, fica constatado que, na verdade, ela não se achava e nunca esteve grávida. O Hospital, todavia, é

obrigado a noticiar o fato à autoridade policial, tendo em vista que a jovem de 18 anos chegou ao local em situação suspeita, lesionada.

Diante disso, foi instaurado procedimento administrativo investigatório próprio e, com o recebimento dos autos, o Ministério Público ofereceu denúncia em face de Pâmela pela prática do crime de "aborto provocado pela gestante", qualificado pelo resultado de lesão corporal grave, nos termos dos art. 124 c/c o art. 127, ambos do CP.

Diante da situação narrada, assinale a opção que apresenta a alegação do advogado de Pâmela.

a) Atipicidade de sua conduta.

b) Afastamento da qualificadora, tendo em vista que esta somente pode ser aplicada aos crimes de aborto provocado por terceiro, com ou sem consentimento da gestante, mas não para o delito de autoaborto de Pâmela.

c) Desclassificação para o crime de lesão corporal grave, afastando a condenação pelo aborto.

d) O reconhecimento da tentativa do crime de aborto qualificado pelo resultado.

4. (OAB – FGV – XXIV EXAME DE ORDEM) Jorge foi condenado, definitivamente, pela prática de determinado crime, e se encontrava em cumprimento dessa pena. Ao mesmo tempo, João respondia a uma ação penal pela prática de crime idêntico ao cometido por Jorge. Durante o cumprimento da pena por Jorge e da submissão ao processo por João, foi publicada e entrou em vigência uma lei que deixou de considerar as condutas dos dois como criminosas. Ao tomarem conhecimento da vigência da lei nova, João e Jorge o procuram, como advogado, para a adoção das medidas cabíveis.

Com base nas informações narradas, como advogado de João e de Jorge, você deverá esclarecer que

a) não poderá buscar a extinção da punibilidade de Jorge em razão de a sentença condenatória já ter transitado em julgado, mas poderá buscar a de João, que continuará sendo considerado primário e de bons antecedentes.

b) poderá buscar a extinção da punibilidade dos dois, fazendo cessar todos os efeitos civis e penais da condenação de Jorge, inclusive não podendo ser considerada para fins de reincidência ou maus antecedentes.

c) poderá buscar a extinção da punibilidade dos dois, fazendo cessar todos os efeitos penais da condenação de Jorge, mas não os extrapenais.

d) não poderá buscar a extinção da punibilidade dos dois, tendo em vista que os fatos foram praticados anteriormente à edição da lei.

5. (OAB – FGV – XVII EXAME DE ORDEM) Reconhecida a prática de um injusto culpável, o juiz realiza o processo de individualização da pena, de acordo

com o art. 68 do CP. Segundo a jurisprudência do Superior Tribunal de Justiça, assinale a afirmativa correta.

a) A condenação com trânsito em julgado por crime praticado em data posterior ao delito pelo qual o agente está sendo julgado pode funcionar como maus antecedentes.

b) Não se mostra possível a compensação da agravante da reincidência com a atenuante da confissão espontânea.

c) Nada impede que a pena intermediária, na segunda fase do critério trifásico, fique acomodada abaixo do mínimo legal.

d) O aumento da pena na terceira fase no roubo circunstanciado exige fundamentação concreta, sendo insuficiente a simples menção ao número de majorantes.

6. (OAB – FGV – XXXI EXAME DE ORDEM) Yuri foi denunciado pela suposta prática de crime de estupro qualificado em razão da idade da vítima, porque teria praticado conjunção carnal contra a vontade de Luana, de 15 anos, mediante emprego de grave ameaça. No curso da instrução, Luana mudou sua versão e afirmou que, na realidade, havia consentido na prática do ato sexual, sendo a informação confirmada por Yuri em seu interrogatório. Considerando apenas as informações expostas, no momento de apresentar alegações finais, a defesa técnica de Yuri deverá pugnar por sua absolvição, sob o fundamento de que o consentimento da suposta ofendida, na hipótese, funciona como

a) causa supralegal de exclusão da ilicitude.

b) causa legal de exclusão da ilicitude.

c) fundamento para reconhecimento da atipicidade da conduta.

d) causa supralegal de exclusão da culpabilidade.

7. (OAB – FGV – XXXI EXAME DE ORDEM) Inconformado por estar desempregado, Lúcio resolve se embriagar. Quando se encontrava no interior do coletivo retornando para casa, ele verifica que o passageiro sentado à sua frente estava dormindo, e o telefone celular deste estava solto em seu bolso. Aproveitando-se da situação, Lúcio subtrai o aparelho sem ser notado pelo lesado, que continuava dormindo profundamente. Ao tentar sair do coletivo, Lúcio foi interpelado por outro passageiro, que assistiu ao ocorrido, iniciando-se uma grande confusão, que fez com que o lesado acordasse e verificasse que seu aparelho fora subtraído. Após denúncia pelo crime de furto qualificado pela destreza e regular processamento do feito, Lúcio foi condenado nos termos da denúncia, sendo, ainda, aplicada a agravante da embriaguez preordenada, já que Lúcio teria se embriagado dolosamente.

Considerando apenas as informações expostas e que os fatos foram confirmados, o(a) advogado(a) de Lúcio, no momento da apresentação de recurso de apelação, poderá requerer

a) o reconhecimento de causa de diminuição de pena diante da redução da capacidade em razão da sua embriaguez, mas não o afastamento da qualificadora da destreza.

b) a desclassificação para o crime de furto simples, mas não o afastamento da agravante da embriaguez preordenada.

c) a desclassificação para o crime de furto simples e o afastamento da agravante, não devendo a embriaguez do autor do fato interferir na tipificação da conduta ou na dosimetria da pena.

d) a absolvição, diante da ausência de culpabilidade, em razão da embriaguez completa

8. (OAB – FGV – XXXI EXAME DE ORDEM) Durante uma reunião de condomínio, Paulo, com o animus de ofender a honra objetiva do condômino Arthur, funcionário público, mesmo sabendo que o ofendido foi absolvido daquela imputação por decisão transitada em julgado, afirmou que Artur não tem condições morais para conviver naquele prédio, porquanto se apropriara de dinheiro do condomínio quando exercia a função de síndico. Inconformado com a ofensa à sua honra, Arthur ofereceu queixa-crime em face de Paulo, imputando-lhe a prática do crime de calúnia. Preocupado com as consequências de seu ato, após ser regularmente citado, Paulo procura você, como advogado(a), para assistência técnica.

Considerando apenas as informações expostas, você deverá esclarecer que a conduta de Paulo configura crime de

a) difamação, não de calúnia, cabendo exceção da verdade por parte de Paulo.

b) injúria, não de calúnia, de modo que não cabe exceção da verdade por parte de Paulo.

c) calúnia efetivamente imputado, não cabendo exceção da verdade por parte de Paulo.

d) calúnia efetivamente imputado, sendo possível o oferecimento da exceção da verdade por parte de Paulo.

9. (OAB – FGV – XXX EXAME DE ORDEM) Durante ação penal em que Guilherme figura como denunciado pela prática do crime de abandono de incapaz (Pena: detenção, de 6 meses a 3 anos), foi instaurado incidente de insanidade mental do acusado, constatando o laudo que Guilherme era, na data dos fatos (e permanecia até aquele momento), inteiramente incapaz de entender o caráter ilícito do fato, em razão de doença mental. Não foi indicado, porém, qual seria o tratamento adequado para Guilherme. Durante a instrução, os fatos imputados na denúncia são confirmados, assim como a autoria e a materialidade delitiva.

Considerando apenas as informações expostas, com base nas previsões do Código Penal, no momento das alegações finais, a defesa técnica de Guilherme, sob o ponto de vista técnico, deverá requerer

a) a absolvição imprópria, com aplicação de medida de segurança de tratamento ambulatorial, podendo a sentença ser considerada para fins de reincidência no futuro.

b) a absolvição própria, sem aplicação de qualquer sanção, considerando a ausência de culpabilidade.

c) a absolvição imprópria, com aplicação de medida de segurança de tratamento ambulatorial, não sendo a sentença considerada posteriormente para fins de reincidência.

d) a absolvição imprópria, com aplicação de medida de segurança de internação pelo prazo máximo de 02 anos, não sendo a sentença considerada posteriormente para fins de reincidência..

10. (OAB – FGV – XXX EXAME DE ORDEM) Regina dá à luz seu primeiro filho, Davi. Logo após realizado o parto, ela, sob influência do estado puerperal, comparece ao berçário da maternidade, no intuito de matar Davi. No entanto, pensando tratar-se de seu filho, ela, com uma corda, asfixia Bruno, filho recém-nascido do casal Marta e Rogério, causando-lhe a morte. Descobertos os fatos, Regina é denunciada pelo crime de homicídio qualificado pela asfixia com causa de aumento de pena pela idade da vítima.

Diante dos fatos acima narrados, o(a) advogado(a) de Regina, em alegações finais da primeira fase do procedimento do Tribunal do Júri, deverá requerer

a) o afastamento da qualificadora, devendo Regina responder pelo crime de homicídio simples com causa de aumento, diante do erro de tipo.

b) a desclassificação para o crime de infanticídio, diante do erro sobre a pessoa, não podendo ser reconhecida a agravante pelo fato de quem se pretendia atingir ser descendente da agente.

c) a desclassificação para o crime de infanticídio, diante do erro na execução (*aberratio ictus*), podendo ser reconhecida a agravante de o crime ser contra descendente, já que são consideradas as características de quem se pretendia atingir.

d) a desclassificação para o crime de infanticídio, diante do erro sobre a pessoa, podendo ser reconhecida a agravante de o crime ser contra descendente, já que são consideradas as características de quem se pretendia atingir.

11. (OAB – FGV – XXX EXAME DE ORDEM) Enquanto assistia a um jogo de futebol em um bar, Francisco começou a provocar Raul, dizendo que seu clube, que perdia a partida, seria rebaixado. Inconformado com a indevida provocação, Raul, que estava acompanhado de um cachorro de grande porte, atiça o animal a atacar Francisco, o que efetivamente acontece. Na tentativa de se defender, Francisco desfere uma facada no cachorro de Raul, o qual vem a falecer. O fato foi levado à autoridade policial, que instaurou inquérito para apuração.

Francisco, então, contrata você, na condição de advogado(a), para patrocinar seus interesses. Considerando os fatos narrados, com relação à conduta praticada por Francisco, você, como advogado(a), deverá esclarecer que seu cliente

a) não poderá alegar qualquer excludente de ilicitude, em razão de sua provocação anterior.

b) atuou escorado na excludente de ilicitude da legítima defesa.

c) praticou conduta atípica, pois a vida do animal não é protegida penalmente.

d) atuou escorado na excludente de ilicitude do estado de necessidade.

12. (OAB – FGV – XXX EXAME DE ORDEM) Gabriel foi condenado pela prática de um crime de falso testemunho, sendo-lhe aplicada a pena de 03 anos de reclusão, em regime inicial aberto, substituída a pena privativa de liberdade por duas restritivas de direitos (prestação de serviços à comunidade e limitação de final de semana). Após cumprir o equivalente a 01 ano da pena aplicada, Gabriel deixa de cumprir a prestação de serviços à comunidade. Ao ser informado sobre tal situação pela entidade beneficiada, o juiz da execução, de imediato, converte a pena restritiva de direitos em privativa de liberdade, determinando o cumprimento dos 03 anos da pena imposta em regime semiaberto, já que Gabriel teria demonstrado não preencher as condições para cumprimento de pena em regime aberto.

Para impugnar a decisão, o(a) advogado(a) de Gabriel deverá alegar que a conversão da pena restritiva de direitos em privativa de liberdade

a) foi válida, mas o regime inicial a ser observado é o aberto, fixado na sentença, e não o semiaberto.

b) foi válida, inclusive sendo possível ao magistrado determinar a regressão ao regime semiaberto, restando a Gabriel cumprir apenas 02 anos de pena privativa de liberdade, pois os serviços à comunidade já prestados são considerados pena cumprida.

c) não foi válida, pois o descumprimento da prestação de serviços à comunidade não é causa a justificar a conversão em privativa de liberdade.

d) não foi válida, pois, apesar de possível a conversão em privativa de liberdade pelo descumprimento da prestação de serviços à comunidade, deveria o apenado ser previamente intimado para justificar o descumprimento.

13. (OAB – FGV – XXIX EXAME DE ORDEM) Durante a madrugada, Lucas ingressou em uma residência e subtraiu um computador. Quando se preparava para sair da residência, ainda dentro da casa, foi surpreendido pela chegada do proprietário. Assustado, ele o empurrou e conseguiu fugir com a coisa subtraída. Na manhã seguinte, arrependeu-se e resolveu devolver a coisa subtraída ao legítimo dono, o que efetivamente veio a ocorrer. O proprietário, revoltado com a conduta anterior de Lucas, compareceu em sede policial e narrou o ocorrido. Intimado pelo Delegado para comparecer em sede policial, Lucas, preocupado com uma possível responsabilização penal, procura o advogado da família e solicita esclarecimentos sobre a sua situação jurídica, reiterando que já no dia seguinte devolvera o bem subtraído. Na ocasião da assistência jurídica, o(a) advogado(a) deverá informar a Lucas que poderá ser reconhecido(a)

a) desistência voluntária, havendo exclusão da tipicidade de sua conduta.

b) o arrependimento eficaz, respondendo o agente apenas pelos atos até então praticados.

c) o arrependimento posterior, não sendo afastada a tipicidade da conduta, mas gerando aplicação de causa de diminuição de pena.

d) a atenuante da reparação do dano, apenas, não sendo, porém, afastada a tipicidade da conduta.

14. (OAB – FGV – XXIX EXAME DE ORDEM) João, por força de divergência ideológica, publicou, em 03 de fevereiro de 2019, artigo ofensivo à honra de Mário, dizendo que este, quando no exercício de função pública na Prefeitura do município de São Caetano, desviou verba da educação em benefício de empresa de familiares. Mário, inconformado com a falsa notícia, apresentou queixa-crime em face de João, sendo a inicial recebida em 02 de maio de 2019. Após observância do procedimento adequado, o juiz designou data para a realização da audiência de instrução e julgamento, sendo as partes regularmente intimadas. No dia da audiência, apenas o querelado João e sua defesa técnica compareceram.

Diante da ausência injustificada do querelante, poderá a defesa de João requerer ao juiz o reconhecimento

a) da decadência, que é causa de extinção da punibilidade.

b) do perdão do ofendido, que é causa de extinção da punibilidade.

c) do perdão judicial, que é causa de exclusão da culpabilidade.

d) da perempção, que é causa de extinção da punibilidade.

15. (OAB – FGV – XXIX EXAME DE ORDEM) Após discussão em uma casa noturna, Jonas, com a intenção de causar lesão, aplicou um golpe de arte marcial em Leonardo, causando fratura em seu braço. Leonardo, então, foi encaminhado ao hospital, onde constatou-se a desnecessidade de intervenção cirúrgica e optou-se por um tratamento mais conservador com analgésicos para dor, o que permitiria que ele retornasse às suas atividades normais em 15 dias. A equipe médica, sem observar os devidos cuidados exigidos, ministrou o remédio a Leonardo sem observar que era composto por substância à qual o paciente informara ser alérgico em sua ficha de internação. Em razão da medicação aplicada, Leonardo sofreu choque anafilático, evoluindo a óbito, conforme demonstrado em seu laudo de exame cadavérico. Recebidos os autos do inquérito, o Ministério Público ofereceu denúncia em face de Jonas, imputando-lhe o crime de homicídio doloso.

Diante dos fatos acima narrados e considerando o estudo da teoria da equivalência, o(a) advogado(a) de Jonas deverá alegar que a morte de Leonardo decorreu de causa superveniente

a) absolutamente independente, devendo ocorrer desclassificação para que Jonas responda pelo crime de lesão corporal seguida de morte.

b) relativamente independente, devendo ocorrer desclassificação para o crime de lesão corporal seguida de morte, já que a morte teve relação com sua conduta inicial.

c) relativamente independente, que, por si só, causou o resultado, devendo haver desclassificação para o crime de homicídio culposo.

d) relativamente independente, que, por si só, produziu o resultado, devendo haver desclassificação para o crime de lesão corporal, não podendo ser imputado o resultado morte.

16. (OAB - FGV - XXIX EXAME DE ORDEM) Em 05/10/2018, Lúcio, com o intuito de obter dinheiro para adquirir uma moto em comemoração ao seu aniversário de 18 anos, que aconteceria em 09/10/2018, sequestra Danilo, com a ajuda de um amigo ainda não identificado. No mesmo dia, a dupla entra em contato com a família da vítima, exigindo o pagamento da quantia de R$ 50.000,00 (cinquenta mil reais) para sua liberação. Duas semanas após a restrição da liberdade da vítima, período durante o qual os autores permaneceram em constante contato com a família da vítima exigindo o pagamento do resgate, a polícia encontrou o local do cativeiro e conseguiu libertar Danilo, encaminhando, de imediato, Lúcio à Delegacia. Em sede policial, Lúcio entra em contato com o advogado da família.

Considerando os fatos narrados, o(a) advogado(a) de Lúcio, em entrevista pessoal e reservada, deverá esclarecer que sua conduta

a) não permite que seja oferecida denúncia pelo Ministério Público, pois o Código Penal adota a Teoria da Ação para definição do tempo do crime, sendo Lúcio inimputável para fins penais.

b) não permite que seja oferecida denúncia pelo órgão ministerial, pois o Código Penal adota a Teoria do Resultado para definir o tempo do crime, e, sendo este de natureza formal, sua consumação se deu em 05/10/2018.

c) configura fato típico, ilícito e culpável, podendo Lúcio ser responsabilizado, na condição de imputável, pelo crime de extorsão mediante sequestro qualificado na forma consumada.

d) configura fato típico, ilícito e culpável, podendo Lúcio ser responsabilizado, na condição de imputável, pelo crime de extorsão mediante sequestro qualificado na forma tentada, já que o crime não se consumou por circunstâncias alheias à sua vontade, pois não houve obtenção da vantagem indevida.

17. (OAB - FGV - XXIX EXAME DE ORDEM) Inconformado com o comportamento de seu vizinho, que insistia em importunar sua filha de 15 anos, Mário resolve dar-lhe uma "lição" e desfere dois socos no rosto do importunador, nesse momento com o escopo de nele causar diversas lesões. Durante o ato, entendendo que o vizinho ainda não havia sofrido na mesma intensidade do constrangimento de sua filha, decide matá-lo com uma barra de ferro, o que vem efetivamente a acontecer. Descobertos os fatos, o Ministério Público oferece denúncia em face de Mário, imputando-lhe a prática dos crimes de lesão corporal dolosa e homicídio, em concurso material. Durante toda a instrução, Mário confirma os fatos descritos na denúncia. Considerando apenas as informações narradas e confirmada a veracidade dos fatos expostos, o(a) advogado(a) de Mário, sob o ponto de vista técnico, deverá buscar o reconhecimento de que Mário pode ser responsabilizado

a) apenas pelo crime de homicídio, por força do princípio da consunção, tendo ocorrido a chamada progressão criminosa.

b) apenas pelo crime de homicídio, por força do princípio da alternatividade, sendo aplicada a regra do crime progressivo.

c) apenas pelo crime de homicídio, com base no princípio da especialidade.

d) pelos crimes de lesão corporal e homicídio, em concurso formal.

18. (OAB - FGV - XXIX EXAME DE ORDEM) Sílvio foi condenado pela prática de crime de roubo, ocorrido em 10/01/2017, por decisão transitada em julgado, em 05/03/2018, à pena base de 4 anos de reclusão, majorada em 1/3 em razão do emprego de arma branca, totalizando 5 anos e 4 meses de pena privativa de liberdade, além de multa. Após ter sido iniciado o cumprimento definitivo da pena por Sílvio, foi editada, em 23/04/2018, a Lei nº 13.654/18, que excluiu a causa de aumento pelo emprego de arma branca no crime de roubo. Ao tomar conhecimento da edição da nova lei, a família de Sílvio procura um(a) advogado(a). Considerando as informações expostas, o(a) advogado(a) de Sílvio

a) não poderá buscar alteração da sentença, tendo em vista que houve trânsito em julgado da sentença penal condenatória.

b) poderá requerer ao juízo da execução penal o afastamento da causa de aumento e, consequentemente, a redução da sanção penal imposta.

c) deverá buscar a redução da pena aplicada, com afastamento da causa de aumento do emprego da arma branca, por meio de revisão criminal.

d) deverá buscar a anulação da sentença condenatória, pugnando pela realização de novo julgamento com base na inovação legislativa.

19. (OAB - FGV - XXVIII EXAME DE ORDEM) David, em dia de sol, levou sua filha, Vivi, de 03 anos, para a piscina do clube. Enquanto a filha brincava na piscina infantil, David precisou ir ao banheiro, solicitando, então, que sua amiga Carla, que estava no local, ficasse atenta para que nada de mal ocorresse com Vivi. Carla se comprometeu a cuidar da filha de David. Naquele momento, Vitor assumiu o posto de salva-vidas da piscina. Carla, que sempre fora apaixonada por Vitor, começou a conversar com ele e ambos ficam de costas para a piscina, não atentando para as crianças que lá estavam. Vivi começa a brincar com o filtro da piscina e acaba sofrendo uma sucção que a deixa embaixo da água por tempo suficiente para causar seu afogamento. David vê quando o ato acontece através de pequena janela no banheiro do local, mas o fecho da porta fica emperrado e ele não consegue sair. Vitor e Carla não veem o ato de afogamento da criança porque estavam de costas para a piscina conversando. Diante do resultado morte, David, Carla e Vitor ficam preocupados com sua responsabilização penal e procuram um advogado, esclarecendo que nenhum deles adotou comportamento positivo para gerar o resultado.

a) Carla e Vitor, apenas, poderão responder por homicídio culposo, já que podiam atuar e possuíam obrigação de agir na situação.

b) David, apenas, poderá responder por homicídio culposo, já que era o único com dever legal de agir por ser pai da criança.

c) David, Carla, Vitor poderão responder por homicídio culposo, já que os três tinham o dever de agir.

d) Vitor, apenas, poderá responder pelo crime de omissão de socorro.

20. (OAB - FGV - XXVIII EXAME DE ORDEM) Fabrício cumpria pena em livramento condicional, em razão de condenação pela prática de crime de lesão corporal grave. Em 10 de janeiro de 2018, quando restavam 06 meses de pena a serem cumpridos, ele descobre que foi novamente condenado, definitivamente, por crime de furto que teria praticado antes dos fatos que justificaram sua condenação pelo crime de lesão. A pena aplicada em razão da nova condenação foi de 02 anos e 06 meses de pena privativa de liberdade em regime inicial semiaberto. Apesar disso, somente procura seu(sua) advogado(a) em 05 de agosto de 2018, esclarecendo o ocorrido. Ao consultar os autos do processo de execução, o(a) advogado(a) verifica que, de fato, existe a nova condenação, mas que, até o momento, não houve revogação ou suspensão do livramento condicional.

Considerando apenas as informações narradas, o(a) advogado(a) de Fabrício, de acordo com a jurisprudência do Superior Tribunal de Justiça, deverá esclarecer que

a) poderá haver a revogação do livramento condicional, tendo em vista que a nova condenação por crime doloso, aplicada pena privativa de liberdade, é causa de revogação obrigatória do benefício.

b) não poderá haver a revogação do livramento condicional, tendo em vista que a nova condenação é apenas prevista como causa de revogação facultativa do benefício e não houve suspensão durante o período de prova.

c) não poderá haver a revogação do livramento condicional, tendo em vista que a nova condenação não é prevista em lei como causa de revogação do livramento condicional, já que o fato que a justificou é anterior àquele que gerou a condenação em que cumpre o benefício.

d) não poderá haver a revogação do livramento condicional, pois ultrapassado o período de prova, ainda que a nova condenação seja prevista no Código Penal como causa de revogação obrigatória do benefício.

GABARITO

1. C; 2. C; 3. A; 4. C; 5. D; 6. C; 7. C; 8. C; 9. C; 10. B; 11. B; 12. D; 13. D; 14. D; 15. D; 16. C; 17. A; 18. B; 19. A; 20. D

REFERÊNCIAS BIBLIOGRÁFICAS

BITENCOURT, Cezar Roberto. *Tratado de direito penal:* parte geral. 16. ed. São Paulo: Saraiva, 2011. vol. 1.

CAPEZ, Fernando. *Curso de direito penal*: parte geral. 8. ed. São Paulo: Saraiva, 2015. vol. 1.

CAPEZ, Fernando. *Curso de direito penal*: parte geral. São Paulo: Saraiva, 2017. vol. 1.

COELHO, Yuri Carneiro. *Manual de direito penal*. Salvador: JusPodivm, 2019.

CUNHA, Rogério Sanches. *Manual de direito penal:* parte geral. 6. ed. São Paulo: JusPodivm, 2014.

ESTEFAM, André. *Direito Penal:* parte geral. São Paulo: Saraiva, 2010. vol. 1.

JESUS, Damásio de. *Direito penal:* parte geral. 34. ed. São Paulo: Saraiva, 2013. vol. 1.

KREBS, Pedro. *Teoria jurídica do delito*. 2. ed. Barueri: Manole, 2006.

NUCCI, Guilherme. *Direito Penal*: parte geral. São Paulo: Saraiva, 2013. vol. 1 (Coleção Esquemas & Sistemas).

PRADO, Luiz Regis. *Curso de direito penal brasileiro:* parte geral. 12. ed. São Paulo: RT, 2013. vol. 1.

QUEIROZ, Paulo. *Curso de direito penal*. 9. ed. Salvador: JusPodivm, 2013.

Direito Processual Penal

Letícia Neves

Mestre em Direitos Fundamentais. Especialista em Ciências Criminais. Professora no CEISC de Direito Processual Penal. Professora na Graduação na Uniritter Laureate Internacional Universities. Advogada Criminalista.

Mauro Sturmer

Graduado em Ciências Jurídicas e Sociais pela Universidade Federal de Santa Maria – UFSM (2003). Especialista em Direito Penal Militar pela Faculdade de Direito de Santa Maria – FADISMA (2007). Mestre em Direito Público pela Universidade de Direito de Santa Cruz do Sul. (2009). Professor da Faculdade de Direito de Santa Maria (FADISMA), Professor do Curso Preparatório do Centro de Ensino Integrado Santa Cruz – CEISC. Conteudista do Conselho Nacional de Justiça (CNJ). Analista Judiciário Tribunal Militar – STM – DF.

SUMÁRIO

1. NOTAS INTRODUTÓRIAS

Com o objetivo de aperfeiçoar a legislação processual penal, no final de 2019 o processo penal brasileiro sofreu uma grande alteração. Tudo ocorreu com o advento da Lei nº 13.964/2019, publicada em 24 de dezembro de 2019, mas com uma *vacatio legis* de 30 dias entrando em vigor no dia 23 de janeiro de 2020.

Ainda que muito elogiado, o Pacote Anticrime foi objeto de inúmeras ações de controle de sua constitucionalidade no Supremo Tribunal Federal. Um dos argumentos de maior relevo foi o fato de que o tempo entre a publicação e a vigência da norma seria exíguo e que as reformas necessárias para sua implementação não poderiam ser feitas. Nas ADIs nºs 6.298, 6.299, 6.300 e 6.305, após liminar do Presidente do STF Ministro Dias Tófoli, em 22 de janeiro de 2020, um dia antes da vigência, o Ministro Luiz Fux concedeu liminar, inclusive revogando a decisão anterior, para suspender *sine die* a eficácia da norma nos seguintes pontos:

a) Juiz das garantias (arts. 3ºA a 3º-F do CPP);
b) Arquivamento do inquérito pelo Ministério Público (art. 28 do CPP);
c) Substituição do juiz que teve contato com a prova ilícita (art. 157, § 5º, do CPP);
d) Ilegalidade da prisão diante da não realização da audiência de custódia (art. 310, § 4º, do CPP).

Dessa forma, os pontos apresentados continuam em vigor, mas, para sua aplicação, dependem de nova manifestação de nossa Suprema Corte. Até que isso ocorra, os dispositivos supracitados estão sem aplicação prática.

Em outras palavras: não temos a atuação do juiz das garantias (aquele que atuará na fase do inquérito policial); o arquivamento do inquérito continua sendo realizado pelo juiz, após promoção do Ministério Público; o magistrado que teve contado com eventual prova ilícita, após o desentranhamento desta, continuará no inquérito; e a não realização da audiência de custódia, que hoje possui previsão legal, não torna, por si só, a prisão passível de relaxamento por ilegalidade.

1.1 POSITIVAÇÃO DO SISTEMA ACUSATÓRIO

Como é sabido, temos três sistemas processuais: inquisitivo, misto e acusatório. Ainda que no Brasil o juiz possua alguma iniciativa, em especial no tocante à produção de provas de ofício, a doutrina majoritária sustenta que o sistema aqui adotado é o acusatório, pois as funções de acusar e julgar estão em clara separação. Essa posição doutrinária ganhou forte respaldo legal, pois pela primeira vez nossa legislação trouxe expressa manifestação nesse sentido:

> Art. 3º-A O processo penal **terá estrutura acusatória**, vedadas a iniciativa do juiz na fase de investigação e a substituição da atua-

ção probatória do órgão de acusação. [Incluído pela Lei nº 13.964, de 2019] (grifos nossos)

Dessa forma, forçoso concluir que nosso sistema, anteriormente sustentado pela doutrina, hoje, com respaldo legal, está consolidado como acusatório e que não se aceita um juiz inquisidor.

1.2 JUIZ DAS GARANTIAS

Primeiramente, é necessário esclarecer que esse importante ator do processo penal brasileiro ainda está sem aplicação prática, tudo conforme esclarecemos quando da fala introdutória sobre o Pacote Anticrime e a atuação do Supremo Tribunal Federal.

Instituído pela Lei nº 13.964/2019, o juiz das garantias é responsável pelo controle da legalidade da investigação criminal e pela salvaguarda dos direitos individuais cuja franquia tenha sido reservada à autorização prévia do Poder Judiciário. Sua designação ocorrerá conforme as normas de organização judiciária da União, dos Estados e do Distrito Federal, observando critérios objetivos a serem periodicamente divulgados pelo respectivo tribunal.

É de sua competência:

> a) receber a **comunicação imediata da prisão**, nos termos do inciso LXII do *caput* do art. 5º da Constituição Federal.
>
> b) **receber o auto da prisão em flagrante** para o controle da legalidade da prisão, observado o disposto no art. 310 deste Código;
>
> c) zelar pela **observância dos direitos do preso**, podendo determinar que este seja conduzido à sua presença, a qualquer tempo;
>
> d) ser **informado sobre a instauração** de qualquer **investigação** criminal;
>
> e) **decidir** sobre o requerimento de **prisão provisória ou outra medida cautelar**, observado o disposto no § 1º deste artigo;
>
> f) **prorrogar a prisão provisória ou outra medida cautelar**, bem como **substituí-las ou revogá-las**, assegurado, no primeiro caso, o exercício do contraditório em audiência pública e oral, na forma do disposto neste Código ou em legislação especial pertinente;
>
> g) **decidir** sobre o requerimento de **produção antecipada de provas** consideradas urgentes e não repetíveis, assegurados o contraditório e a ampla defesa em audiência pública e oral;
>
> h) **prorrogar o prazo de duração do inquérito**, estando o investigado **preso**, em vista das razões apresentadas pela autoridade policial e observado o disposto no § 2º deste artigo;
>
> i) **determinar o trancamento do inquérito policial** quando não houver fundamento razoável para sua instauração ou prosseguimento;

j) requisitar documentos, laudos e informações ao delegado de polícia sobre o andamento da investigação;

k) **decidir sobre** os requerimentos de **interceptação telefônica**, do fluxo de comunicações em sistemas de informática e telemática ou de outras formas de comunicação; **afastamento dos sigilos** fiscal, bancário, de dados e telefônico; **busca e apreensão** domiciliar; **acesso a informações sigilosas**; **outros meios** de obtenção da prova **que restrinjam direitos fundamentais** do investigado;

l) **julgar o *habeas corpus*** impetrado antes do oferecimento da denúncia;

m) determinar a **instauração de incidente de insanidade** mental;

n) **decidir sobre o recebimento da denúncia ou queixa**, nos termos do art. 399 deste Código;

o) **assegurar** prontamente, quando se fizer necessário, o direito outorgado ao investigado e ao seu defensor de **acesso a todos os elementos informativos e provas produzidos no âmbito da investigação criminal**, salvo no que concerne, estritamente, às diligências em andamento;

p) **deferir** pedido de admissão de **assistente técnico** para acompanhar a produção da perícia;

q) **decidir sobre a homologação de acordo de não persecução penal** ou os de **colaboração premiada**, quando formalizados durante a investigação.

Da leitura das atribuições anteriores, percebe-se a importância desse novo sujeito processual.

O § 1º do art. 3º-B do CPP, que previa a proibição de audiência de custódia por videoconferência, restou vetado pelo Presidente da República sob o argumento de que tal previsão poderia gerar insegurança jurídica em face de existir previsão de videoconferência em outros dispositivos do CPP.

Importante alteração foi trazida no § 2º do mencionado art. 3º-B, no qual consta que, se o investigado estiver **preso**, o juiz das garantias poderá, mediante representação da autoridade policial e ouvido o Ministério Público, **prorrogar, uma única vez, a duração do inquérito por até 15 (quinze) dias**, após o que, se ainda assim a investigação não for concluída, a prisão será imediatamente relaxada.

A competência do juiz das garantias abrange todas as infrações penais, **exceto as de menor potencial ofensivo (art. 61 da Lei nº 9.099/1995)**, e cessa com o recebimento da denúncia ou queixa. O juiz, na forma do art. 399 do CPP, designará dia e hora para a audiência, ordenando a intimação do acusado, de seu defensor, do Ministério Público e, se for o caso, do querelante e do assistente.

Necessário mencionar que as decisões proferidas pelo juiz das garantias não vinculam o juiz da instrução e julgamento, que, após o recebimento da denúncia ou queixa, deverá, no prazo máximo de 10 (dez) dias, reexaminar a necessidade de eventuais medidas cautelares em curso.

Os autos que compõem as matérias de competência do juiz das garantias, como as questões relacionadas ao inquérito policial e suas diligências, como regra, ficarão acautelados na secretaria desse juízo, à disposição do Ministério Público e da defesa, que sempre terão acesso a elas. Esse conteúdo inquisitivo não será apensado aos autos do processo enviados ao juiz da instrução e julgamento. Todavia, os documentos relativos às provas irrepetíveis, medidas de obtenção de provas ou de antecipação de provas serão apensados aos autos da ação e enviados em apartado.

Com o Pacote Anticrime, criou-se uma nova causa de impedimento para o magistrado, pois, segundo o art. 3º-D do CPP, o juiz que tiver atuado como juiz das garantias não poderá atuar como juiz da instrução.

É também da competência do juiz das garantias não permitir o uso midiático dos presos; dessa forma, cabe a ele impedir o acordo ou ajuste de qualquer autoridade com órgãos da imprensa para explorar a imagem da pessoa submetida à prisão, sob pena de responsabilidade civil, administrativa e penal.

2. INQUÉRITO POLICIAL

2.1 CONCEITO

Trata-se de procedimento administrativo investigatório voltado a reunir elementos informativos no sentido de apontar a existência da infração penal e a sua autoria, produzindo substrato probatório suficiente e, por conseguinte, justa causa para que o titular da ação penal possa oferecer a peça acusatória em juízo.

2.2 CARACTERÍSTICAS

As principais características do inquérito policial são:

2.2.1 Procedimento escrito

Nos termos do art. 9º do CPP, "todas as peças do inquérito policial serão, num só processado, reduzidas a escrito ou datilografadas e, neste caso, rubricadas pela autoridade".

Embora não conste expressamente no Código de Processo Penal, até porque sua entrada em vigor foi em 1942, com a evolução tecnológica, deve-se considerar, por interpretação progressiva, a aplicação subsidiária do disposto no art. 405, § 1º, do CPP, a possibilidade de utilização de meios ou recursos de gravação magnética, estenotipia, digital ou técnica similar, inclusive audiovisual, destinada a obter maior fidelidade das informações.

2.2.2 Procedimento sigiloso

Segundo o art. 20 do CPP, o inquérito policial é sigiloso, devendo a autoridade assegurar o sigilo necessário à elucidação do fato ou exigido pelo interesse da sociedade. O sigilo não se estende ao representando do Ministério Público nem à autoridade judiciária, que podem acompanhar os atos investigatórios.

Não obstante o disposto no art. 20 do CPP, o art. 7º, XIV, da Lei nº 8.906/1994 (Estatuto da OAB), prevê que é direito do advogado examinar, em qualquer instituição responsável por conduzir investigação, mesmo sem procuração, autos de flagrante e de investigações de qualquer natureza, findos ou em andamento, ainda que conclusos à autoridade, podendo copiar peças e tomar apontamentos, em meio físico ou digital.

Se decretado segredo de justiça, por conter, por exemplo, informações sigilosas, como quebra de sigilo fiscal ou bancário, apenas o advogado dotado de procuração poderá ter acesso ao inquérito policial, nos termos do art. 7º, § 10, da Lei nº 8.906/1994.

Para compatibilizar a necessidade do sigilo das investigações e o direito do advogado ter acesso aos autos do inquérito policial, o STF editou a Súm. Vinc. nº 14, segundo a qual:

> É direito do defensor, no interesse do representado, ter acesso amplo aos elementos de prova que, já documentados em procedimento investigatório realizado por órgão com competência de polícia judiciária, digam respeito ao exercício do direito de defesa.

Em outras palavras, poderá a autoridade policial desenvolver atos investigatórios de forma sigilosa; todavia, uma vez documentados os elementos informativos coletados, passando a integrar os autos do procedimento investigatório, o advogado passa a ter direito ao acesso amplo aos elementos de prova que nele constam.

2.2.3 Procedimento inquisitivo

Os atos investigatórios são, em geral, de responsabilidade da autoridade policial, que poderá conduzir as investigações de forma discricionária (e não arbitrária) e mais pertinente para apuração da infração penal e sua autoria, sem a necessidade de estabelecer o contraditório e a ampla defesa.

A autoridade policial não está condicionada, pois, à provocação de quem quer que seja, podendo e devendo agir de ofício, empreendendo, com discricionariedade, as atividades necessárias ao esclarecimento do crime e da sua autoria.

Pode-se verificar o caráter inquisitivo do procedimento investigatório, por exemplo, a partir do disposto no art. 107 do CPP, que proíbe a arguição de suspeição das autoridades policiais, bem como no art. 14 do CPP, que permite à autoridade policial indeferir qualquer diligência requerida pelo ofendido ou indiciado, salvo no caso de exame de corpo de delito, por expressa previsão no art. 184 do CPP.

Convém assinalar, por pertinente, que a nova redação do art. 7º, XXI, da Lei nº 8.906/1994,[1] não modificou a natureza inquisitiva do inquérito policial nem tornou obrigatória a presença de advogado durante o interrogatório policial.

Em outras palavras, se o investigado não constituiu ou indicou advogado, não estará a autoridade policial obrigada a nomear defensor dativo para acompanhar o interrogatório policial.

Na verdade, esse dispositivo é destinado ao advogado constituído pelo investigado. Ou seja, se negado o direito ao advogado contratado de assistir o seu cliente, configurada estará a nulidade absoluta do interrogatório e de todos os elementos investigatórios e probatórios dele decorrentes ou derivados.

2.2.4 Procedimento oficial

O inquérito policial se trata de procedimento investigatório realizado por órgãos oficiais, não podendo ficar a cargo do particular, ainda que a titularidade da ação penal seja atribuída ao ofendido.

Nos termos do art. 144, § 1º, I, e § 4º, da CF cabe ao Delegado de Polícia Federal e Civil a presidência do inquérito policial.

2.2.5 Procedimento discricionário

Diversamente da fase judicial, que prevê um procedimento a ser observado, a fase investigatória é dirigida de forma discricionária pela autoridade policial, que conduz a coleta de elementos informativos da forma que considerar conveniente em relação ao caso concreto.

2.2.6 Procedimento indisponível

Após determinar sua instauração, a autoridade policial não poderá mandar arquivar o inquérito policial. É o que se extrai do art. 17 do CPP.

O arquivamento do inquérito policial incumbe ao juiz após promoção do Ministério Público.

2.2.7 Procedimento dispensável

O inquérito policial é um procedimento administrativo voltado a coletar elementos informativos para apurar a infração penal e apontar a autoria. Nesse sentido, se o titular da ação penal já dispõe de elementos suficientes acerca da materialidade e indícios da autoria, poderá dispensar a instauração do inquérito policial.

É o que se extrai dos arts. 12, 39, § 5º, e 46, § 1º, todos do CPP.

---

1 Lei nº 8.906/1994 "Art. 7º (...) XXI – assistir a seus clientes investigados durante a apuração de infrações, sob pena de nulidade absoluta do respectivo interrogatório ou depoimento e, subsequentemente, de todos os elementos investigatórios e probatórios dele decorrentes ou derivados, direta ou indiretamente, podendo, inclusive, no curso da respectiva apuração: (...)".

2.2.8 Defesa do investigado que for servidor da segurança pública

A Lei nº 13.964/2019, que teve por objetivo aperfeiçoar a legislação penal e processual penal, conhecida como Pacote Anticrime, inovou quando tratou de eventuais investigados que sejam, na forma do art. 144 da CF, servidores da segurança pública. Assim, quando policiais federais, rodoviários federais, ferroviários federais, policiais civis, policiais e bombeiros militares e, atualmente, por força da EC nº 104, os policiais penais, figuram como investigados em inquéritos policiais, inquéritos policiais militares e demais procedimentos extrajudiciais, cujo objeto for a investigação de fatos relacionados ao uso da força letal praticados no exercício profissional, de forma consumada ou tentada, poderão constituir defensor.

Para isso, o agente deverá ser citado da instauração do procedimento investigatório, podendo constituir defensor no prazo de até 48 (quarenta e oito) horas a contar do recebimento da citação. Caso o servidor não constitua defensor no prazo antes referido, a autoridade responsável pela investigação deverá intimar a instituição a que estava vinculado o investigado à época da ocorrência dos fatos, para que esta, no prazo de 48 (quarenta e oito) horas, indique defensor para a representação do investigado.

O supranarrado aplica-se também aos Militares das Forças Armadas quando estes, por força de previsão do art. 142 da CF, estiverem atuando em ação subsidiária de garantia da lei e da ordem.

2.3 INSTAURAÇÃO DO INQUÉRITO POLICIAL

A forma de instauração do inquérito policial guarda relação, em última análise, com a espécie de ação penal, podendo ser das seguintes formas:

2.3.1 Ação penal pública incondicionada

a) De ofício

Nos termos do art. 5º, I, do CPP, ao tomar conhecimento de forma direta e imediata do fato, verificando que se trata, em tese, de infração penal, havendo, pois, justa causa, a autoridade policial tem a obrigação de instaurar o inquérito policial, independentemente de provocação.

b) Por requisição da autoridade judiciária ou do Ministério Público

Conforme o art. 5º, II, do CPP, o inquérito policial será iniciado mediante requisição da autoridade judiciária ou do Ministério Público.

Nesse caso, embora não haja hierarquia ou subordinação, a autoridade policial não pode se recusar a instaurar o inquérito, por força do princípio da obrigatoriedade.

c) Requerimento do ofendido ou do seu representante legal

O ofendido ou seu representante legal pode provocar a instauração do inquérito policial por meio de requerimento. É o que se extrai da parte final do art. 5º, II, do CPP.

Esse requerimento deverá proporcionar à autoridade policial o mínimo de informações para desencadear os atos investigatórios, como: a) narração do fato, com todas as circunstâncias; b) a individualização do indiciado ou seus sinais característicos; c) nomeação das testemunhas, com indicação de sua profissão e residência (art. 5º, § 1º, do CPP).

d) Comunicação de qualquer pessoa do povo

Além do ofendido, qualquer pessoa do povo, ao tomar conhecimento da prática de alguma infração penal em que caiba ação penal pública incondicionada, poderá comunica--la verbalmente ou por escrito, à autoridade policial, que, verificando a procedência das informações, mandará instaurar o inquérito (art. 5º, § 3º, do CPP).

e) Auto de prisão em flagrante delito

Em que pese não constar expressamente no Código de Processo Penal, o auto de prisão em flagrante constitui forma de instauração de inquérito policial.

2.3.2 Crimes de ação penal pública condicionada

A ação pública pode estar condicionada à representação da vítima ou à requisição do Ministério da Justiça.

Nos crimes de ação penal pública condicionada à representação, o inquérito policial ou qualquer outro procedimento investigatório somente poderá ser instaurado com a manifestação de vontade do ofendido ou de quem tenha qualidade para representá-lo. Ou seja, conforme o art. 5º, § 4º, do CPP, nos crimes de ação penal pública, o inquérito policial não poderá ser instaurado sem prévia manifestação de vontade do ofendido ou do seu representante legal.

Nos termos dos arts. 100, § 1º, do CP e 24 do CPP, podem oferecer representação o ofendido ou quem tiver qualidade para representá-lo, ou seja, representante legal da vítima e, por força do art. 39, *caput*, do CPP, o procurador com poderes especiais.

2.3.3 Crimes de ação penal privada

Conforme dispõe o art. 5º, § 5º, do CPP, nos crimes de ação privada, a autoridade policial somente poderá proceder a inquérito a requerimento de quem tenha qualidade para intentá-la, ou seja, o ofendido ou o seu representante legal (art. 30 do CPP).

Na hipótese de morte ou ausência judicialmente declarada do titular, o direito de queixa passa a ser do cônjuge, ascendente, descendente ou irmão (art. 31 do CPP).

O requerimento não exige formalidades, mas é necessário que sejam fornecidos os elementos indispensáveis à instauração do inquérito policial (art. 5º, § 1º, do CPP).

2.4 ENCERRAMENTO

Encerradas as diligências investigatórias, a autoridade policial deve fazer minucioso relatório do que tiver sido apurado no inquérito policial, sem emitir juízo de valor (art. 10, § 1º, 1ª parte, do CPP).

Concluído o inquérito e elaborado o relatório, a autoridade deverá remeter os autos ao juiz competente (art. 10, § 1º, 2ª parte, do CPP).

Nos termos do art. 10 do CPP, se o indiciado estiver preso, o prazo para a conclusão do inquérito é de dez dias. Se o indiciado estiver solto, a autoridade policial deverá concluir as investigações no prazo de 30 dias, contados a partir do recebimento da *notitia criminis*.

Na hipótese de indiciado solto, sendo o fato de difícil elucidação, é possível a prorrogação do prazo pelo juiz sempre que o inquérito não estiver concluído dentro do prazo legal.

Conforme o art. 51 da Lei nº 11.343/2006, o inquérito policial será concluído no prazo de 30 dias, se o indiciado estiver preso, e de 90 dias, quando solto. Os prazos a que se refere esse artigo podem ser duplicados pelo juiz, ouvido o Ministério Público, mediante pedido justificado da autoridade de polícia judiciária.

No âmbito da Justiça Federal, se o acusado estiver preso, o prazo para a conclusão do inquérito policial será de 15 dias, nos termos do art. 66 da Lei nº 5.010/1966. No silêncio da lei, em relação ao acusado solto, segue-se a regra geral, considerando o prazo de 30 dias.

2.5 ARQUIVAMENTO

2.5.1 Nova sistemática trazida pelo pacote anticrime

Cumpre, preliminarmente, assinalar que o dispositivo 28 do Código de Processo Penal, que atualmente trata do arquivamento do Inquérito, está com sua eficácia suspensa pela decisão cautelar do Ministro Luiz Fux do STF nas ADIs nºs 6.298, 6.299, 6.300 e 6.305.

Dessa forma, o arquivamento ainda ocorre com a participação do juiz, após necessária promoção ministerial.

A nova sistemática prevê que o arquivamento ocorre diretamente pelo Ministério Público, que apenas comunicará a vítima sobre sua decisão. Esta, caso discorde da decisão do Ministério Público, terá um prazo de 30 dias para submeter a matéria à revisão da instância competente do órgão ministerial.

Tratando-se das ações penais relativas a crimes praticados em detrimento da União, dos Estados e Municípios, a revisão do arquivamento do inquérito policial poderá ser provocada pela chefia do órgão a quem couber a sua representação judicial.

Como dito, diante da decisão do STF, até que a mencionada cautelar seja revogada, o arquivamento segue a sistemática em que o é necessária a decisão judicial.

Dessa forma, ainda que provada a inexistência do fato ou que não se tenha apurado a autoria do ilícito penal, a autoridade policial não pode mandar arquivar o inquérito (art. 17 do CPP). Tal providência cabe ao juiz, a requerimento do órgão do Ministério Público (art. 28 do CPP).

O juiz não poderá determinar o arquivamento do inquérito sem prévia manifestação do Ministério Público; se o fizer, da decisão caberá correição parcial.

Se o juiz discordar do pedido de arquivamento do representante do Ministério Público, deverá remeter os autos ao Procurador-Geral, o qual poderá oferecer a denúncia, designar outro órgão do Ministério Público para fazê-lo ou insistir no arquivamento, quando, então, estará o juiz obrigado a atendê-lo.

O promotor ou procurador designado pelo Procurador-Geral para oferecer denúncia estará obrigado a fazê-lo, haja vista que não atua, no caso, em nome próprio, mas no da autoridade que o designou; ele age por delegação. Não há, portanto, nenhuma ofensa ao princípio institucional da independência funcional.

Arquivado o inquérito policial por falta de provas, a autoridade policial poderá, enquanto não se extinguir a punibilidade pela prescrição, proceder a novas pesquisas, desde que surjam outras provas que modifiquem o contexto probatório que ensejou o arquivamento (art. 18 do CPP). Nesse sentido, a Súm. nº 524 do STF: "Arquivado o inquérito policial por despacho do juiz, a requerimento do promotor de justiça, não pode a ação penal ser iniciada sem novas provas".

Convém sinalar que, se o inquérito policial for arquivado sob o fundamento da incidência de uma causa de exclusão do crime, por exemplo, atipicidade do fato, haverá coisa julgada material, não sendo possíveis, portanto, novas diligências acerca do fato.

2.6 ACESSO A DADOS CADASTRAIS DA VÍTIMA OU DE SUSPEITOS

Conforme se verifica do art. 13-A do CPP, nos crimes de sequestro e cárcere privado, redução à condição análoga de escravo, tráfico de pessoas, extorsão qualificada pela restrição da liberdade da vítima, extorsão mediante sequestro e, ainda, no crime previsto no art. 239 do ECA, o membro do Ministério Público ou o delegado de polícia poderá requisitar, de quaisquer órgãos do Poder Público ou de empresas da iniciativa privada, dados e informações cadastrais da vítima ou de suspeitos.

2.7 REQUISIÇÃO ÀS EMPRESAS PRESTADORAS DE SERVIÇOS DE TELECOMUNICAÇÕES E/OU TELEMÁTICA

Nos termos do art. 13-B do CPP, se necessário à prevenção e à repressão dos crimes relacionados ao tráfico de pessoas, o membro do Ministério Público ou o delegado de polícia poderão requisitar, mediante autorização judicial, às empresas prestadoras de serviço de telecomunicações e/ou telemática que disponibilizem imediatamente os meios técnicos adequados – como sinais, informações e outros – que permitam a localização da vítima ou dos suspeitos do delito em curso.

3. ACORDO DE NÃO PERSECUÇÃO PENAL

Certamente uma das maiores inovações no sistema processual penal brasileiro das últimas décadas. Antes previstos apenas em ato normativo infralegal (Res. nº 181 do Conselho Nacional do Ministério Público [CNMP]), o que demandava debates sobre sua constitucionalidade, o acordo de não persecução penal restou positivado pela Lei nº 13.964/2019 como um meio de aplicação da justiça penal consensual. Ao lado de outros instrumentos de justiça consensual já existentes (transação penal e da suspensão condicional do processo da Lei nº 9.099/1995), o acordo de não persecução penal vem a mitigar o princípio da obrigatoriedade da ação penal pública.

A legitimidade para a propositura do acordo de não persecução penal é do Ministério Público.

Para sua implementação, porém, alguns requisitos devem ser cumpridos. São eles:

1. Não ser caso de arquivamento do Inquérito policial* * O Ministério Público possui prova da materialidade e indícios de autoria.
2. Infração penal sem violência ou grave ameaça
3. Infração cuja pena mínima inferior a 4 (quatro) anos* * Para aferição da pena mínima (4 anos) cominada ao delito, serão consideradas as causas de aumento e diminuição aplicáveis ao caso concreto
4. Acordo necessário e suficiente para reprovação e prevenção do crime

Ainda que preenchidos os requisitos anteriores, o acordo não poderá ser celebrado:

> I – se for cabível transação penal de competência dos Juizados Especiais Criminais, nos termos da lei;
>
> II – se o investigado for reincidente ou se houver elementos probatórios que indiquem conduta criminal habitual, reiterada ou profissional, exceto se insignificantes as infrações penais pretéritas;
>
> III – ter sido o agente beneficiado nos 5 (cinco) anos anteriores ao cometimento da infração, em acordo de não persecução penal, transação penal ou suspensão condicional do processo; e
>
> IV – nos crimes praticados no âmbito de violência doméstica ou familiar, ou praticados contra a mulher por razões da condição de sexo feminino, em favor do agressor.

Uma vez preenchidos os requisitos positivos e negativos anteriormente apresentados, o Ministério Público deverá ajustar, cumulativa ou isoladamente, com o autor do fato as seguintes condições:

I – reparar o dano ou restituir a coisa à vítima, exceto na impossibilidade de fazê-lo;

II – renunciar voluntariamente a bens e direitos indicados pelo Ministério Público como instrumentos, produto ou proveito do crime;

III – prestar serviço à comunidade ou a entidades públicas por período correspondente à pena mínima cominada ao delito diminuída de um a dois terços, em local a ser indicado pelo juízo da execução, na forma do art. 46 do Decreto-Lei nº 2.848, de 7 de dezembro de 1940 (Código Penal);

IV – pagar prestação pecuniária, a ser estipulada nos termos do art. 45 do Decreto-Lei nº 2.848, de 7 de dezembro de 1940 (Código Penal), a entidade pública ou de interesse social, a ser indicada pelo juízo da execução, que tenha, preferencialmente, como função proteger bens jurídicos iguais ou semelhantes aos aparentemente lesados pelo delito;

V – cumprir, por prazo determinado, outra condição indicada pelo Ministério Público, desde que proporcional e compatível com a infração penal imputada.

Para reforçar, não se esqueça de que as condições anteriores poderão ser estipuladas de maneira cumulativa ou isolada. Dessa forma, seria possível, por exemplo, o agente beneficiado com o acordo prestar serviço à comunidade e reparar o dano ou somente se submetido a prestação de serviço.

Da formalização do acordo, que necessariamente será escrito, o juiz não participa. Nela participam o Ministério Público, o investigado e seu defensor. Após tal formalização, haverá audiência, na qual o juiz deverá verificar a sua voluntariedade, por meio da oitiva do investigado na presença do seu defensor, e sua legalidade. Homologado o acordo, o juiz o encaminhará ao Ministério Público para sua promoção no juízo de execução penal.

Caso o juiz considere inadequadas, insuficientes ou abusivas as condições dispostas no acordo de não persecução penal, devolverá os autos ao Ministério Público para que seja reformulada a proposta, com concordância do investigado e seu defensor. Caso não sejam realizadas tais adequações ou os demais requisitos legais não sejam cumpridos, o juiz poderá recusar o acordo e, nesse caso, o devolverá ao Ministério Público. Caso o Ministério Público não concorde com a decisão do magistrado, poderá interpor recurso em sentido estrito, com fundamento no art. 581, XXV, do CPP.

Mostrando preocupação com a vítima do delito, a Lei nº 13.964/2019 previu que ela será intimada da homologação do acordo de não persecução penal e de seu descumprimento.

Uma vez descumprido o acordo o Ministério Público, deverá comunicar ao juiz para fins de rescisão e posterior oferecimento da denúncia. Tal descumprimento também possibilitará ao Ministério Público o não oferecimento de eventual suspensão condicional do processo (art. 88 da Lei nº 9.099/1995) a que o agente teria direito.

Uma vez cumprido o acordo, que não constará de eventual certidão de antecedente, exceto quando ela for utilizada para negativa de novo acordo, o juiz deverá decretar a extinção da punibilidade.

Presentes os requisitos para a concessão do acordo e diante da recusa do Ministério Público em ofertá-lo, poderá o investigado requerer a remessa dos autos ao órgão superior do Ministério Público.

Importante mencionar que, enquanto não cumprido ou não rescindido o acordo de não persecução penal, a prescrição não correrá, tudo conforme nova redação do art. 116 do CP.

4. AÇÃO PENAL

4.1 CONCEITO

Ação penal é o direito de agir exercido perante o Poder Judiciário, invocando a prestação jurisdicional para aplicação do direito penal objetivo no caso concreto.

A ação penal pode ser pública ou privada, conforme seja promovida pelo Ministério Público ou pela vítima e seu representante legal, respectivamente.

A ação penal pública pode ser incondicionada e condicionada.

As espécies de ação penal privada são: a) ação penal exclusivamente privada; b) ação penal privada personalíssima; c) ação penal privada subsidiária da pública.

4.2 AÇÃO PENAL PÚBLICA

Na ação pública incondicionada, o Ministério Público promoverá a ação independentemente da vontade ou interferência de quem quer que seja, bastando, para tanto, que concorram as condições da ação e os pressupostos processuais.

Assim, não havendo expressa disposição legal sobre a forma de se proceder, a ação será pública incondicionada; se houver, a ação será pública condicionada ou, então, ação privada, conforme o caso.

Cabe ao Ministério Público, com exclusividade, a propositura da ação penal pública, seja ela incondicionada, seja ela condicionada.

A Constituição Federal prevê, todavia, no art. 5º, LIX, uma única exceção: caso o Ministério Público não ofereça a denúncia no prazo legal, é admitida ação penal privada subsidiária, proposta pelo ofendido ou por seu representante legal. A ressalva também está prevista nos arts. 29 do CPP e 100, § 3º, do CP.

4.2.1 Princípios da ação penal pública

a) Princípio da obrigatoriedade

Se o fato constituir infração penal, havendo prova da materialidade e indícios suficientes de autoria, o Ministério Público não poderá se recusar a oferecer a denúncia. Ou seja, presentes as condições de ação e justa causa, deverá o Ministério Público oferecer a peça acusatória.

Todavia, o princípio da obrigatoriedade comporta algumas exceções, em que o Ministério Público poderá deixar de desencadear a ação penal nos casos expressamente previstos em lei, por exemplo:

a) transação penal (art. 76 da Lei nº 9.099/1995);
b) termo de ajustamento de conduta (Lei nº 7.347/1985);
c) parcelamento do débito tributário (art. 83, § 2º, da Lei nº 9.430/1996; art. 9º, §§ 1º e 2º, da Lei nº 10.684/2003);
d) acordo de leniência (arts. 86 e 87 da Lei nº 12.529/2011);
e) colaboração premiada (art. 4º, § 4º, da Lei nº 12.850/2013).

b) Princípio da indisponibilidade

Como consequência lógica do princípio da obrigatoriedade, o princípio da indisponibilidade inviabiliza que o Ministério Público, uma vez oferecida a denúncia, desista da ação penal. É o que se extrai do art. 42 do CPP.

Além disso, por força do princípio da indisponibilidade, o Ministério Público não poderá desistir do recurso que haja interposto (art. 576 do CPP).

Todavia, assim como no princípio da obrigatoriedade, incidem algumas exceções ao princípio da indisponibilidade, por exemplo, na hipótese de suspensão condicional do processo (art. 89 da Lei nº 9.099/1995).

c) Princípio da oficiosidade

Os encarregados da persecução penal devem agir de ofício, independentemente de provocação, salvo nas hipóteses em que a ação penal pública for condicionada à representação ou à requisição do Ministro da Justiça (arts. 100, § 1º, do CP e 24 do CPP).

d) Princípio da intranscendência

Pelo princípio da intranscendência, a ação só pode ser proposta contra a pessoa a quem se imputa a prática do delito. Trata-se de um desdobramento do princípio da pessoalidade da pena, previsto no art. 5º, XLV, da CF.

4.3 AÇÃO PENAL PÚBLICA CONDICIONADA

4.3.1 Noções gerais

É aquela cujo exercício se subordina a uma condição. Essa condição tanto pode ser a manifestação de vontade do ofendido ou de seu representante legal, como também a requisição do Ministro da Justiça.

Nesses casos, o Ministério Público somente poderá ingressar com a ação penal, mediante oferecimento da denúncia, após a representação ou requisição do Ministro da Justiça. Trata-se, pois, de condição de procedibilidade.

A representação pode ser exercida pelo ofendido ou representante legal. Se o ofendido contar com menos de 18 anos ou for mentalmente enfermo, o direito de representação cabe exclusivamente a quem tenha qualidade para representá-lo. Ao completar 18 anos e não sendo deficiente mental, o ofendido adquire o direito de representar (art. 24 do CPP).

No caso de morte do ofendido ou quando declarado ausente por decisão judicial, o direito de representação passará ao cônjuge, ascendente, descendente ou irmão (art. 24, § 1º, do CPP,).

Se o ofendido for incapaz (por razões de idade ou de enfermidade mental) e não possuir representante legal, o juiz, de ofício ou a requerimento do Ministério Público, nomeará um curador especial para analisar a conveniência de oferecer a representação. É a aplicação por analogia do art. 33 do CPP.

O direito de representação não exige procedimento formal, podendo, inclusive, ser exercido mediante declaração escrita ou oral. Pode também ser exercido por procurador com poderes especiais (art. 39 do CPP).

As pessoas jurídicas também poderão representar, desde que o façam por intermédio da pessoa indicada no respectivo contrato ou estatuto social, ou, no silêncio destes, pelos seus diretores ou sócios-gerentes (art. 37do CPP).

A representação pode ser dirigida ao juiz, ao representante do Ministério Público ou à autoridade policial.

4.3.2 Prazo

O direito de representação pode ser exercido dentro do prazo de seis meses, contados do dia em que o ofendido ou seu representante legal veio a saber quem é o autor do crime (art. 38 do CPP).

Cuidando-se de menor de 18 anos ou, se maior, de possuidor de doença mental, o prazo não fluirá para ele enquanto não cessar a incapacidade (decorrente da idade ou da enfermidade).

O prazo flui, todavia, para o representante legal, desde que ele saiba quem é o autor do ilícito penal. Quando a vítima é menor de 18 anos, portanto, o prazo para representar ou ingressar com queixa-crime corre somente para o representante legal.

Trata-se de prazo decadencial, que não se suspende nem se prorroga, devendo observar o disposto no art. 10 do CP, incluindo-se o dia do começo, contando-se os dias, os meses e os anos pelo calendário comum.

Assim, supondo que a vítima tenha tomado conhecimento da autoria no dia 4 de janeiro, o prazo encerrará no dia 3 de julho, às 24 horas.

Se o direito à representação não for exercido ou extrapolar o prazo previsto em lei, ensejará a decadência do direito de representação, com a consequente extinção da punibilidade, com base no art. 107, IV, do CP.

4.3.3 Retratação

Nos termos dos arts. 25 do CPP e 102 do CP, a representação será irretratável depois de oferecida a denúncia. Assim, se o ofendido exercer o direito de representação, pode retirá-la antes de iniciar-se a ação penal com o oferecimento da denúncia.

A retratação não impede o exercício do direito de representação, desde que a retratação da retratação ocorra dentro do prazo legal.

No que diz respeito a crimes envolvendo violência doméstica ou familiar contra a mulher, que se procedem mediante representação, como o crime de ameaça (art. 147 do CP), a renúncia à representação só será admitida perante o juiz, em audiência especialmente designada com tal finalidade, antes do recebimento da denúncia e ouvido o Ministério Público. É o que se extrai do art. 16 da Lei nº 11.340/2006.

Lembrando que, nos termos da Súm. nº 542 STJ: "A ação penal relativa ao crime de lesão corporal resultante de violência doméstica contra a mulher é pública incondicionada".

4.4 AÇÃO PENAL PÚBLICA CONDICIONADA À REQUISIÇÃO DO MINISTRO DA JUSTIÇA

Trata-se de ação penal pública, porque promovida pelo Ministério Público, mas que exige prévia requisição do Ministro da Justiça, sem o que é impossível a instauração do processo.

Os dois únicos casos previstos no Código Penal são os dos arts. 7º, § 3º, *b*, e 145, parágrafo único, quando se trata de crime contra a honra de chefe de governo estrangeiro. Quando o agente comete calúnia ou difamação contra o Presidente da República, trata--se de crime contra a segurança nacional.

O Código Penal e o Código de Processo Penal são omissos a respeito do prazo para o oferecimento da requisição. Entende-se, por isso, que o Ministro da Justiça poderá oferecê-la a qualquer tempo, enquanto não estiver extinta a punibilidade do agente.

A retratação da requisição não é admitida porque a lei não contempla expressamente essa hipótese, como no caso da representação.

4.5 AÇÃO PENAL PRIVADA

4.5.1 Noções gerais

É aquela em que o Estado, titular exclusivo do direito de punir, transfere a legitimidade para a propositura da ação penal à vítima ou a seu representante legal.

A ação penal privada é promovida mediante queixa do ofendido ou de seu representante legal (art. 30 do CPP).

Se o ofendido morre ou é declarado ausente, o direito de oferecer queixa, ou de dar prosseguimento à acusação, passa ao cônjuge, ascendente, descendente ou irmão (art. 31 do CPP).

4.5.2 Princípios

a) Princípio da oportunidade ou conveniência

Pelo princípio da oportunidade, o ofendido ou seu representante legal têm a faculdade de ajuizar ou não a ação penal se considerar oportuno ou conveniente. Ou seja, o ofendido ou seu representante legal ingressam com a ação penal se assim desejarem, não sendo, pois, obrigatório, como no caso da ação penal pública.

b) Princípio da disponibilidade

Ao contrário da ação penal pública, na ação penal privada, o querelante poderá dispor a respeito do prosseguimento da ação penal, podendo deliberar se chegará ou não até a sentença definitiva.

Em outras palavras, é possível ao ofendido dispor do conteúdo do processo até o trânsito em julgado da sentença condenatória, por meio do perdão do ofendido (art. 51 do CPP) ou da perempção (art. 60 do CPP).

c) Princípio da indivisibilidade

O ofendido ou seu representante legal poderá deliberar entre ingressar ou não com a ação penal. Todavia, havendo mais de um ofensor, não poderá eleger contra quem ingressará com a ação penal. Nesse caso, deverá ingressar com a ação penal contra todos os ofensores.

Nos termos do art. 48 do CPP, a queixa contra qualquer dos autores do crime obrigará ao processo de todos, e o Ministério Público velará pela sua indivisibilidade. E, por força do princípio da indivisibilidade, a renúncia ao exercício do direito de queixa em relação a um dos autores do crime a todos se estenderá.

O Ministério Público não pode aditar a queixa para nela incluir os outros ofensores, porque estaria invadindo a legitimação do ofendido. No caso, a queixa deve ser rejeitada em face da ocorrência da renúncia tácita em relação aos ofensores não incluídos na queixa-crime, diante da comunicabilidade dessa causa de extinção da punibilidade.

Da mesma forma, em face do princípio da indivisibilidade, o perdão concedido a um dos querelados aproveitará a todos, sem que produza, todavia, efeito em relação ao que o recusar (art. 51 do CPP).

d) Princípio da intranscendência

Pelo princípio da intranscendência, a ação só pode ser proposta contra a pessoa a quem se imputa a prática do delito. Trata-se de um desdobramento do princípio da pessoalidade da pena, previsto no art. 5º, XLV, da CF.

4.5.3 Prazo da ação penal privada

O prazo para o oferecimento da queixa-crime é de seis meses, contados a partir da data do conhecimento da autoria do crime pelo ofendido ou seu representante legal (art. 38 do CPP).

O prazo é decadencial, conforme o art. 10 do CP, computando-se o dia do começo e excluindo-se o dia final. Do mesmo modo, não se prorroga em face de domingo, feriado e férias. Assim, se o termo final do prazo cair em sábado, domingo ou feriado, o ofendido ou seu representante não poderá aguardar o primeiro dia útil para propor a ação penal.

No caso de ofendido menor de idade, o prazo decadencial começa a ser contado no dia em que ele completar 18 anos, e não no dia em que ele tomou conhecimento da autoria.

No caso de morte ou ausência do ofendido, o prazo decadencial de seis meses começará a correr a partir da data em que qualquer dos sucessores elencados no art. 31 do CPP tomar conhecimento da autoria (art. 38 do CPP), exceto se já tinha se operado a decadência ao direito de queixa ao tempo da morte da vítima.

4.6 AÇÃO PENAL PRIVADA SUBSIDIÁRIA DA PÚBLICA

Nos termos do art. 5º, LIX, da CF, será admitida ação privada nos crimes de ação pública, se esta não for intentada no prazo legal. É o que se extrai do art. 29 do CPP.

A ação penal privada subsidiária é proposta nos crimes de ação pública, condicionada ou incondicionada, quando o Ministério Público permanecer inerte e não oferecer a denúncia no prazo legal.

O ofendido ou seu representante legal têm o prazo de seis meses para intentar a ação penal subsidiária por meio de queixa substitutiva, contados a partir do dia em que se esgotou o prazo para o Promotor de Justiça iniciar a ação penal pública (arts. 38, parte final, do CPP e 103, parte final, do CP).

O pressuposto para a ação penal privada subsidiária da pública é a inércia do Ministério Público. Assim, se, ao receber o inquérito policial, o Ministério Público não requisitar diligências, promover pelo arquivamento e não oferecer denúncia no prazo legal (5 dias, se o réu estiver preso; 15 dias, no caso de réu solto, nos termos do art. 46 do CPP), surge a legitimidade para o ofendido ou seu representante legal ajuizar a queixa--crime subsidiária ou substitutiva.

Diante disso, a ação penal privada subsidiária da pública não tem cabimento nos casos de arquivamento do inquérito policial ou das peças de informação e quando o Promotor Público requerer, tratando-se de indiciado solto, a devolução dos autos à autoridade policial no sentido de realização de diligências imprescindíveis para o oferecimento da denúncia.

5. AÇÃO CIVIL *EX DELICTO*

5.1 NOÇÕES INTRODUTÓRIAS

Diante da prática de uma infração penal, podem surgir duas espécies de pretensões, distintas entre si: a) a pretensão punitiva, ou seja, a pretensão do Estado em impor uma sanção penal; b) a pretensão à reparação do dano que a infração penal possa ter causado a determinada pessoa.

De fato, a prática do crime origina o *jus puniendi* para a aplicação da sanção penal, bem como a obrigação da reparação do dano por parte do responsável pelo ilícito praticado.

5.2 AÇÃO DE EXECUÇÃO *EX DELICTO*

Nos termos do art. 91, I, do CP, um dos efeitos da sentença penal condenatória é tornar certa a obrigação de indenizar o dano causado pelo crime. Segundo o art. 63 do CPP, transitada em julgado a sentença condenatória, poderão promover-lhe a execução, no juízo civil, para efeito da reparação do dano, o ofendido, seu representante legal e seus herdeiros.

Diante disso, a partir da sentença penal condenatória transitada em julgado, constitui-se um título executivo, consubstanciado no art. 515, VI, do CPC.

Nesse caso, não se discutirá mais a responsabilidade do agente, já que consolidada na esfera penal, mas tão somente o montante da indenização.

Convém sinalar que, nos termos do art. 387, IV, do CPP, poderá o juiz, já na sentença penal condenatória, fixar o valor mínimo para reparação dos danos causados pela infração penal, considerando os prejuízos sofridos pela vítima.

Esse arbitramento do valor mínimo pelo juiz criminal não impede, contudo, que a vítima busque, na esfera cível, o prejuízo efetivo que julga ter sofrido em consequência da infração penal. É o que dispõe o art. 63, parágrafo único, do CPP.

Em outras palavras, não obstante fixado o valor mínimo indenizatório na sentença penal condenatória (art. 387, IV, do CPP), poderá a vítima ajuizar, desde logo, no juízo cível, ação de execução *ex delicto* em relação ao montante fixado na sentença condenatória e, ainda, buscar a liquidação por artigos da sentença penal condenatória, com a finalidade de quantificar o prejuízo efetivamente sofrido com a prática criminosa.

A legitimação para a ação de execução *ex delicto* pertence ao ofendido, a seu representante legal ou aos herdeiros, nos termos do art. 63 do CPP.

5.3 AÇÃO CIVIL *EX DELICTO*

Inexistindo sentença condenatória irrecorrível, a ação ordinária civil para reparação do dano pode ser proposta contra o autor do crime, seu responsável civil ou seu herdeiro (art. 64 do CPP).

Na hipótese de correrem paralelamente a ação civil e a ação penal, o juiz poderá suspender o curso daquela até o julgamento definitivo desta (art. 64, parágrafo único, do CPP).

Procura-se, com a suspensão, evitar, o quanto possível, decisões contraditórias.

A sentença cível que vier a ser prolatada, se procedente a ação, já poderá conter o valor do dano indenizável, não se exigindo, nesse caso, previamente à execução, a fase da liquidação da sentença.

Assim como na ação de execução *ex delicto*, a legitimação para a ação *ex delicto* pertence ao ofendido, a seu representante legal ou aos herdeiros, nos termos do art. 63 do CPP.

5.4 EFEITOS CIVIS DA SENTENÇA ABSOLUTÓRIA PENAL

Nos termos do art. 66 do CPP, a sentença absolutória não exerce nenhuma influência sobre o processo cível, salvo quando reconhece, expressamente, a inexistência material do fato ou afasta categoricamente a autoria ou participação.

É nesse sentido o disposto no art. 935 do CC, segundo o qual a responsabilidade civil é independente da criminal, não se podendo questionar mais sobre a existência do fato, ou quem seja o seu autor, quando essas questões se acharem decididas no juízo criminal.

Em outras palavras, dependendo do fundamento, a sentença absolutória poderá (ou não) impedir a propositura da ação civil *ex delicto*. Nesse aspecto, surge a importância de verificar as hipóteses do art. 386 do CPP, cujos incisos dispõem sobre os fundamentos da sentença absolutória:

a) *Estar provada a inexistência do fato:* nesse caso, o juiz formou sua convicção no sentido de que o fato não ocorreu. Aqui há um juízo de certeza da inexistência do fato, razão pela qual a sentença absolutória por esse fundamento faz coisa julgada no cível, nos termos do art. 66 do CPP, c/c art. 935 do CC.

b) *Não haver prova da existência do fato:* nesse caso, o fato até pode ter existido, mas não restou provado. Prevalece, no caso, a dúvida quanto à existência do fato, incidindo a regra do *in dubio pro reo*.

Logo, não havendo certeza sobre a inexistência do fato, a sentença absolutória por esse fundamento não faz coisa julgada no cível, podendo o ofendido buscar reparação de eventual dano na esfera extrapenal.

c) *Não constituir o fato infração penal:* sempre que o legislador utilizar a expressão "não constitui o fato infração penal", refere-se às causas excludentes de tipicidade.

A sentença absolutória que conclui pela atipicidade da conduta não faz coisa julgada no juízo cível, já que o reconhecimento da atipicidade na esfera penal não afasta a possibilidade de reconhecimento do ilícito no âmbito cível, com o consequente reconhecimento da obrigação de reparar o dano (art. 67, III, do CPP).

d) *Estar provado que o réu não concorreu para a infração penal:* assim como na hipótese do inc. I do art. 386, o fundamento dessa decisão absolutória retrata um juízo de certeza. Nesse caso, a sentença absolutória faz coisa julgada no cível, não podendo a suposta vítima ingressar com ação cível contra o réu, já que atestado na esfera criminal, de forma peremptória, que ele não foi autor ou partícipe do fato.

e) *Não existir prova de ter o réu concorrido para a infração penal:* aqui resta a dúvida, ou seja, até pode ter sido o réu o autor do fato, mas não restou provado. Incide a hipótese do *in dubio pro reo*. Nesse caso, a sentença absolutória não faz coisa julgada no cível.

f) Existirem circunstâncias que excluam o crime ou isentem o réu de pena (arts. 20, 21, 22, 23, 26 e 28, § 1º, todos do CP), ou mesmo se houver fundada dúvida sobre sua existência.

Nesse caso de hipóteses de absolvição, deve-se atentar para algumas situações.

Nos termos do art. 65 do CPP, faz coisa julgada no cível a sentença penal que reconhecer ter sido o ato praticado em estado de necessidade, legítima defesa, em estrito cumprimento do dever legal ou no exercício regular do direito.

Nesse caso, a sentença absolutória fará coisa julgada no cível, mas desde que o ofendido tenha dado causa à excludente.

Todavia, se o fato praticado sob amparo da excludente de ilicitude tiver atingido terceiro inocente ou se o estado de necessidade, o estrito cumprimento do dever legal e o exercício regular do direito não tiverem sido desencadeados pela pessoa ofendida, mas por um terceiro (ex.: estado de necessidade agressivo), a vítima não fica impedida de buscar no cível, em demanda proposta contra o acusado absolvido, a indenização pelos prejuízos sofridos, podendo, nesse caso, o acusado absolvido intentar ação regressiva contra o terceiro que deu causa à situação.

A absolvição com base no reconhecimento expresso de uma causa excludente de culpabilidade não faz coisa julgada no cível.

Nos termos do art. 67 do CPP, não fazem coisa julgada, permitindo-se a propositura da ação civil, o despacho de arquivamento do inquérito ou das peças de informação; a decisão que julgar extinta a punibilidade; a sentença absolutória que decidir que o fato imputado não constitui crime.

6. COMPETÊNCIA

6.1 NOÇÕES GERAIS

Competência é a delimitação do poder jurisdicional, na medida em que estabelece os limites dentro dos quais o juiz pode prestar jurisdição.

A doutrina tradicional distribui a competência considerando quatro aspectos diferentes:

a) *ratione materiae*: estabelecida em razão da natureza do crime praticado;
b) *ratione personae:* em razão da qualidade das pessoas incriminadas;
c) *ratione loci* (art. 69, I e II, do CPP): em razão do local em que foi praticado ou consumou-se o crime, ou o local da residência do seu autor;
d) competência funcional.

6.2 COMPETÊNCIAS ABSOLUTA E RELATIVA

A *competência absoluta* tem origem em norma constitucional.

Diante do interesse público, essa espécie de competência é indisponível às partes e deve ser aplicada de forma obrigatória. Tratando--se de competência absoluta, não pode ser prorrogada, nem modificada pelas partes, sob pena de implicar nulidade absoluta.

A competência absoluta tem certas características:

a) Pode ser arguida a qualquer tempo, enquanto não transitar em julgado a decisão. Todavia, tratando-se de sentença condenatória ou absolutória imprópria, as nulidades absolutas podem ser arguidas mesmo depois do trânsito em julgado, já que existem medidas processuais cabíveis nessas hipóteses, como a revisão criminal e o *habeas corpus*.
b) O prejuízo é presumido. Considerando que tem origem em norma constitucional, a inobservância da competência absoluta ensejará violação a preceito constitucional, derivando daí o prejuízo. Verificando-se hipótese de incompetência absoluta, deve o processo ser anulado desde o início.

São exemplos de competências absolutas: a) competência em razão da matéria (ex.: competência da Justiça Federal, Militar, Eleitoral, Estadual etc.); b) competência por prerrogativa de função; c) competência funcional.

Assim, se o crime é da competência da Justiça Federal tramitando o processo na Justiça Estadual, a incompetência será absoluta, podendo ser declarada a qualquer tempo.

A *competência relativa* tem origem em norma infraconstitucional, por exemplo, no Código de Processo Penal.

A competência relativa é prorrogável. Ou seja, se não arguida no momento oportuno, o juízo, originariamente incompetente, passará a ser competente para processar e julgar o fato delituoso.

As características da competência relativa são: a) deve ser arguida oportunamente, que, no caso, deve ser no prazo da resposta à acusação, conforme art. 396-A do CPP, sob pena de preclusão; b) o prejuízo deve ser comprovado.

São exemplos de competências relativas: a) competência territorial; b) competência por prevenção (Súm. nº 706 do STF); c) competência por distribuição; d) competência por conexão ou continência.

Ao contrário da incompetência absoluta, que pode ser arguida a qualquer tempo, inclusive após o trânsito em julgado da sentença penal, se for contra o réu, a exceção de incompetência está prevista no art. 95, II, do CPP, podendo ser oposta no prazo de defesa, que é de dez dias a contar da efetiva citação (art. 396-A, § 1º, do CPP).

6.3 COMPETÊNCIA DA JUSTIÇA FEDERAL

A competência da Justiça Federal está prevista no art. 109 da CF, merecendo destaque as seguintes hipóteses de incidência:

a) Os crimes políticos e as infrações penais praticadas em detrimento de bens, serviços ou interesse da União ou de suas entidades autárquicas ou empresas públicas, excluídas as contravenções e ressalvada a competência da Justiça Militar e da Justiça Eleitoral.

Assim, qualquer delito que atinja bens jurídicos de interesse da União será da competência da Justiça Federal.

Por expressa ressalva no próprio art. 109, IV, da CF, a competência da Justiça Federal não abrange as contravenções penais, ainda que praticadas em detrimento de bens, interesse ou serviço da União ou de suas entidades autárquicas ou empresas públicas. É o que se extrai, inclusive, da Súm. nº 38 do STJ, segundo a qual: "Compete à Justiça Estadual Comum, na vigência da Constituição de 1988, o processo por contravenção penal, ainda que praticada em detrimento de bens, serviços ou interesses da União ou de suas entidades".

Se o crime for praticado por funcionário público federal ou contra ele, desde que relacionados com o exercício da função, a competência será da Justiça Federal. Logo, a circunstância de o agente ser funcionário público federal, por si só, não enseja a competência da Justiça Federal. É necessário que o crime esteja relacionado à função que exerce. Assim, se o funcionário público federal, ainda que no exercício da função, praticar crime na esfera da Justiça Estadual, por esse juízo será julgado. Isso porque não tem foro privilegiado. É o que se extrai da Súm. nº 147 do STJ.

Por se limitar o art. 109, IV, da CF às autarquias e às empresas públicas, se o crime for praticado em detrimento de bens, interesses ou serviços de sociedade de economia mista, ainda que controlada pela União, a competência para processar e julgar o fato delituoso será da Justiça Estadual. É o que se extrai da Súm. nº 42 do STJ.

Por isso, são da competência da Justiça Estadual os crimes praticados, por exemplo, contra o Banco do Brasil e a Petrobras, desde que não conexos com crime da competência da Justiça Federal.

b) Crimes previstos em tratado ou convenção internacional, quando teve a execução iniciada no Brasil, consumando-se ou devendo consumar-se no exterior, ou vice-versa.

Nos termos do art. 109, V, da CF, compete à Justiça Federal o processo e julgamento dos "crimes previstos em tratado ou convenção internacional, quando, iniciada a execução no país, o resultado tenha ou devesse ter ocorrido no estrangeiro, ou reciprocamente".

Assim, o crime de tráfico internacional de drogas será da competência da Justiça Federal, conforme se infere, inclusive, da Súm. nº 522 do STF.

c) Causas relativas a direitos humanos a que se refere o § 5º do art. 109 da CF.

Nos termos do art. 109, § 5º, da CF, nas hipóteses de grave violação de direitos humanos, o Procurador-Geral da República, com a finalidade de assegurar o cumprimento de obrigações decorrentes de tratados internacionais de direitos humanos dos quais o Brasil seja parte, poderá suscitar, perante o STJ, em qualquer fase do inquérito ou processo, incidente de deslocamento de competência para a Justiça Federal.

Assim, será possível, em tese, o deslocamento de um crime para a Justiça Federal quando realmente houver grave violação de direitos humanos, de caráter coletivo, como um massacre produzido por policiais contra vários indivíduos.

d) Crimes contra a organização do trabalho, quando envolver interesses coletivos dos trabalhadores e crimes contra o sistema financeiro e a ordem econômico-financeira.

São da competência da Justiça Federal: arts. 201, 202, 204, 206 e 207 do CP.

Nos termos do art. 26 da Lei nº 7.492/1986, será da competência da Justiça Federal processar e julgar os crimes previstos na referida Lei, que define os crimes contra o sistema financeiro nacional.

e) Crimes cometidos a bordo de navios e aeronaves, excetuados o da Justiça Militar.

Consideram-se navios embarcações de grande cabotagem ou de grande capacidade de transporte de passageiros, aptas a realizar viagens internacionais.

Logo, somente as embarcações de grande porte envolvem a Justiça Federal. As demais (lanchas, botes, iates etc.) ficam na esfera da justiça estadual.

Os crimes cometidos a bordo de aeronaves terão competência sempre da Justiça Federal, sendo irrelevante para a definição da competência se a aeronave se encontra no ar ou em terra, bastando que o crime tenha sido praticado no seu interior.

6.4 COMPETÊNCIA DA JUSTIÇA ESTADUAL

É a competência mais residual de todas, pois o crime somente será julgado na Justiça Estadual quando não for da competência da Justiça Especial (Militar ou Eleitoral) e da Justiça Comum Federal.

A propósito, havendo conexão entre crimes da competência da Justiça Comum Federal e Estadual, prevalece a competência da Justiça Federal, nos termos do art. 78, III, do CPP e da Súm. nº 122 do STJ.

6.5 COMPETÊNCIA TERRITORIAL

Depois de estabelecida se a competência é da Justiça Militar, Eleitoral, Federal ou Estadual, deve-se verificar qual o juízo tramitará o processo, mediante a fixação da competência territorial, também chamada competência de foro.

Trata-se de competência relativa, já que há interesse preponderantemente das partes, podendo, pois, ser modificada (prorrogada), seja por meio da conexão ou continência, seja por vontade das partes, pela não oposição de exceção de incompetência.

Para a determinação da competência do lugar do crime, a regra geral é a de que o juízo competente será o do lugar da consumação. É o que prevê o art. 70, *caput*, do CPP.

No caso de tentativa, a competência é determinada "pelo lugar em que for praticado o último ato de execução" (art. 70, *caput*, 2ª parte, do CPP).

Tratando-se de infração continuada ou permanente, praticada em território de duas ou mais jurisdições, a competência firmar-se-á pela prevenção (art. 71 do CPP). Assim, no caso de crime de extorsão mediante sequestro, sendo a vítima sequestrada em Niterói-RJ, comarca onde foi decretada a prisão preventiva do suspeito, e resgatada na cidade do Rio de Janeiro, o juízo competente para processar e julgar o crime será o primeiro local, já que foi o juízo que primeiro proferiu decisão acerca do fato, sendo, pois, prevento para processar e julgar o delito.

Duas são as hipóteses em que, não ocorrendo hipótese de fixação por outra razão, determina-se a competência pelo domicílio do réu.

A primeira delas encontra-se no art. 72, *caput*, do CPP, segundo o qual, não sendo conhecido o lugar da infração, a competência regular-se-á pelo domicílio ou residência do réu.

A segunda hipótese refere-se à ação privada exclusiva, em que o querelante poderá preferir o foro do domicílio ou residência do réu, ainda quando conhecido o lugar da infração (art. 73 do CPP).

6.6 CAUSAS MODIFICADORAS DA COMPETÊNCIA (CONEXÃO OU CONTINÊNCIA)

6.6.1 Competência por conexão

A conexão existe quando duas ou mais infrações estiverem relacionadas entre si, havendo um vínculo que recomenda a reunião dos processos, ensejando a unidade de processo e julgamento.

Em razão disso, os efeitos da conexão consistem na prorrogação da competência e reunião das ações penais em um mesmo processo.

A conexão pode ser intersubjetiva, objetiva ou probatória.

a) Conexão intersubjetiva

A conexão intersubjetiva está prevista no art. 76, I, do CPP, caracterizando-se pela pluralidade de crimes praticados por uma multiplicidade de pessoas.

Haverá conexão intersubjetiva quando duas ou mais infrações forem praticadas, ao mesmo tempo, por várias pessoas reunidas. Ex.: várias pessoas integrantes de uma torcida organizada, ocasionalmente reunidas, praticarem depredações no estádio de futebol e estabelecimentos comerciais localizados no seu entorno.

Haverá conexão intersubjetiva por concurso de pessoas quando duas ou mais infrações forem praticadas por várias pessoas em concurso, embora diverso o tempo e lugar. É a hipótese de concurso de pessoas em várias infrações. Ex.: três ou mais agentes que, reunidos em concurso, praticaram três roubos em curto espaço de tempo. Nesse caso, os três roubos serão reunidos para serem processados e julgados pelo mesmo juízo.

Haverá, ainda, conexão intersubjetiva por reciprocidade quando os crimes forem praticados por várias pessoas, umas contra as outras. Ex.: agressões entre componentes de dois grupos rivais.

b) Conexão objetiva, lógica ou material

Nos termos do art. 76, II, do CPP, a competência é determinada pela conexão se, no caso de várias infrações, "houverem sido umas praticadas para facilitar ou ocultar as outras, ou para conseguir impunidade ou vantagem em relação a qualquer delas".

Assim, se, por exemplo, o agente pratica o crime de estupro e mata a vítima para assegurar a sua impunidade. Nesse caso, os crimes de homicídio qualificado e o de estupro serão reunidos para serem processados e julgados pelo mesmo juízo.

c) Conexão instrumental ou probatória

A conexão probatória incide quando a prova de uma infração influencia na existência de outra. Pode--se citar como exemplo a prova do crime de furto influenciar na prova do delito de receptação.

6.6.2 Competência por continência

Haverá continência quando os vínculos entre pessoas ou entre os fatos delituosos estiverem interligados entre si, a ponto de estarem contidos um no outro. Há uma relação de continente e conteúdo, ou seja, uma coisa está contida em outra, não sendo possível a separação.

São duas as hipóteses de continência previstas no Código de Processo Penal.

a) Continência em razão do concurso de pessoas

Conforme o art. 77, I, do CPP, haverá continência quando duas ou mais pessoas forem acusadas pela mesma infração. Justifica-se a junção de processos contra diferentes réus, desde que eles tenham cometido o crime em conluio, com unidade de propósitos, tornando único o fato a ser apurado, ou seja, em concurso de pessoas, nos termos do art. 29 do CP.

Ao contrário da conexão por concurso, em que vários agentes praticam vários crimes, a continência pelo concurso se dá quando vários agentes, reunidos entre si, praticam um único crime.

Assim, se dois agentes praticam, em concurso, um crime de homicídio, ambos serão processados e julgados na mesma ação penal, perante o mesmo Juízo.

b) Continência em razão do concurso formal de crimes

Nos termos do art. 77, II, do CPP, haverá continência no caso de infração praticada no contexto de concurso formal de crimes, erro na execução (*aberratio ictus*) e resultado diverso do pretendido (*aberratio criminis*).

O art. 70 do CP refere-se ao concurso formal de crimes, em que, com uma mesma conduta, o agente pratica dois ou mais crimes.

O art. 73, 2ª parte, do CP refere-se ao erro de execução (*aberratio ictus*), em que, por acidente ou erro no uso dos meios de execução, o agente, além de atingir a pessoa que pretendia ofender, lesa outra.

O art. 74, 2ª parte, do CP refere-se ao resultado diverso do pretendido (*aberratio criminis*), em que, fora da hipótese anterior, o agente, além do resultado pretendido, causa outro.

Em todos os casos, está-se diante de concurso formal, razão pela qual, na essência, o fato a ser apurado é um só, embora existam dois ou mais resultados.

6.6.3 Foro prevalente

a) Competência prevalente do Tribunal do Júri

Conforme prevê o art. 78, I, do CPP, no concurso entre a competência do júri e a de outro órgão da jurisdição comum, prevalecerá a competência do júri. É a força atrativa do procedimento do júri quando um crime comum for praticado em conexão ou continência com crime doloso contra a vida.

Nesse sentido, se o agente praticou o crime de estupro e depois matou a vítima, para assegurar sua impunidade, cometendo o crime de homicídio qualificado, ambos os delitos (estupro e homicídio qualificado) serão processados e julgados perante o Tribunal do Júri.

b) Jurisdição da mesma categoria

Considera-se jurisdição da mesma categoria aquela que reúne magistrados com competência para julgar o mesmo tipo de infrações penais.

Ocorre, porém, que pode haver um conflito real entre magistrados, como ter sido praticado um furto numa cidade e a coisa subtraída ter sido adquirida por outro agente em cidade diversa, sendo, pois, objeto de receptação, havendo, portanto, conexão instrumental ou probatória. Imaginemos que os inquéritos instaurados para cada um desses delitos tenham sido distribuídos a juízes diferentes. Havendo conexão instrumental, torna-se recomendável que sejam julgados por um único juiz.

Como ambos são de idêntica jurisdição, estabelecem-se regras para escolha do foro prevalente:

b.1) Foro onde foi cometida a infração mais grave

Nos termos do art. 78, II, *a*, do CPP, no concurso de jurisdições da mesma categoria preponderará a do lugar da infração, à qual for cominada a pena mais grave. Assim, se, por exemplo, foi praticado o crime de furto qualificado, cuja pena é de dois a oito anos, em Santa Cruz do Sul-RS, sendo a coisa objeto de receptação simples, cuja pena é de um a quatro anos, em Porto Alegre-RS, prevalecerá a competência do Juízo da comarca de Santa Cruz do Sul-RS, já que o delito de furto qualificado ali praticado prevê pena mais grave.

b.2) Foro onde foi cometido o maior número de infrações

Conforme o art. 78, II, *b*, do CPP, no concurso de jurisdições da mesma categoria prevalecerá a do lugar em que houver ocorrido o maior número de infrações, se as respectivas penas forem de igual gravidade.

Se as infrações penais praticadas preverem penas de igual gravidade, prevalecerá o foro onde foi praticado o maior número de infrações penais.

Se, por exemplo, foram praticados três crimes de furto simples, cuja pena é de um a quatro anos, em Porto Alegre-RS, e um crime de receptação simples, que também prevê pena de um a quatro anos, em Santa Cruz do Sul-RS, prevalecerá a competência do Juízo da comarca de Porto Alegre, onde foi praticado o maior número de crimes.

b.3) Foro residual estabelecida pela prevenção

Na hipótese de infrações penais de igual gravidade, sendo praticadas em igual número, a competência será firmada pela prevenção, conforme prevê o art. 78, II, *c*, do CPP.

Nesse caso, havendo magistrados de igual jurisdição em confronto e não sendo possível escolher pela regra da gravidade do crime (ex.: furto simples e receptação simples), nem pelo número de delitos (foi praticado um crime de furto simples em determinada comarca e uma receptação simples em outra), elege-se o juiz pela prevenção, isto é, aquele que primeiro conhecer de um dos processos torna-se competente para julgar ambos, avocando da Comarca ou Vara vizinha o outro.

6.7 COMPETÊNCIA POR PRERROGATIVA DE FUNÇÃO

Determinadas pessoas, por exercerem funções específicas, possuem a prerrogativa de serem julgadas originariamente por determinados órgãos. Trata-se de foro por prerrogativa da função exercida e não privilégio da pessoa.

Importante atentar para decisão recente do STF, a qual trouxe alterações significativas ao firmar o entendimento de que o foro por prerrogativa de função conferido aos deputados federais e senadores se aplica apenas a crimes cometidos no exercício do cargo e em razão das funções a ele relacionadas. Ainda, o relator da respectiva ação penal (APn nº 937), Min. Luís Roberto Barroso, estabeleceu que, após o final da instrução processual, com a publicação do despacho de intimação para apresentação de alegações finais, a competência para processar e julgar ações penais não será mais afetada em razão de o agente público vir a ocupar outro cargo ou deixar o cargo que ocupava, qualquer que seja o motivo.

Passa-se, agora, à análise de algumas hipóteses de foro por prerrogativa de função:

6.7.1 Competência do Supremo Tribunal Federal

Conforme o art. 102, I, *b* e *c*, da CF, compete ao STF processar e julgar, originariamente, nas infrações penais comuns, o Presidente da República, o Vice-Presidente, os membros do Congresso Nacional, seus próprios Ministros e o Procurador-Geral da República; nas infrações penais comuns e nos crimes de responsabilidade, os Ministros de Estado e os Comandantes da Marinha, do Exército e da Aeronáutica, ressalvado o disposto no art. 52, I, os membros dos Tribunais Superiores, os do Tribunal de Contas da União e os chefes de missão diplomática de caráter permanente

O STF já firmou entendimento de que a expressão "infrações penais comuns" abrange todas as modalidades de infrações penais, inclusive os crimes eleitorais, militares e as contravenções penais.

6.7.2 Competência do Superior Tribunal de Justiça

Nos termos do art. 105, I, *a*, da CF, compete ao STJ processar e julgar, originariamente, nos crimes comuns, os Governadores dos Estados e do Distrito Federal, e, nestes e nos de responsabilidade, os desembargadores dos Tribunais de Justiça dos Estados e do Distrito Federal, os membros dos Tribunais de Contas dos Estados e do Distrito Federal, os dos Tribunais Regionais Federais, dos Tribunais Regionais Eleitorais e do Trabalho, os membros dos Conselhos ou Tribunais de Contas dos Municípios e os do Ministério Público da União que oficiem perante tribunais.

6.7.3 Competência dos Tribunais Regionais Federais

Conforme dispõe o art. 108, I, *a*, da CF, compete aos Tribunais Regionais Federais (TRF) processar e julgar, originariamente, os juízes federais da área de sua jurisdição, incluídos os da Justiça Militar e da Justiça do Trabalho, nos crimes comuns e de responsabilidade, e os membros do Ministério Público da União, ressalvada a competência da Justiça Eleitoral.

A ressalva em relação aos crimes eleitorais significa que, se um desses agentes praticar um crime eleitoral, será julgado perante o Tribunal Regional Eleitoral (TRE).

6.7.4 Competência dos Tribunais de Justiça

Nos termos do art. 96, III, da CF, compete aos Tribunais de Justiça dos Estados julgar juízes estaduais e do Distrito Federal, bem como dos membros do Ministério Público dos Estados. Contudo, a Constituição faz expressa ressalva à Justiça Eleitoral, de modo que, se qualquer desses agentes praticar crime eleitoral, será julgado no TRE.Os magistrados e os membros do Ministério Público devem ser julgados pelo Tribunal ao qual estão vinculados.

6.7.5 Competência para julgar prefeitos

Se o prefeito cometer um crime de competência de Justiça Comum Estadual, será julgado no Tribunal de Justiça do Estado, conforme prevê o art. 29, X, da CF.

Contudo, se praticar um crime eleitoral, será julgado pelo TRE.

Se o delito for de competência da Justiça Federal, será julgado pelo TRF.

É o que se extrai da Súm. nº 702 do STF: "A competência do Tribunal de Justiça para julgar prefeitos restringe-se aos crimes de competência da Justiça Comum Estadual; nos demais casos, a competência originária caberá ao respectivo tribunal de segundo grau".

Conforme a Súm. nº 208 do STJ, compete à Justiça Federal processar e julgar prefeito municipal por desvio de verba sujeita a prestação de contas perante órgão federal.

Todavia, se o prefeito desviar verba já transferida e incorporada ao patrimônio municipal, a competência será da Justiça Estadual. É o que se extrai da Súm. nº 209 do STJ.

6.7.6 Prerrogativa de função e concurso de pessoas

Se um agente que não detém prerrogativa comete crime comum em concurso de pessoas com outro que a detém, o processo será reunido para julgamento simultâneo. Assim, mesmo que não tenha foro por prerrogativa de função, o particular passará a tê-lo por extensão, cabendo ao Tribunal competente o julgamento dos dois agentes.

É o que dispõe a Súm. nº 704 do STF: "Não viola as garantias do juiz natural, da ampla defesa e do devido processo legal a atração por continência ou conexão do processo do corréu ao foro por prerrogativa de função de um dos denunciados".

6.7.7 Foro por prerrogativa de função e tribunal do júri

Compete sempre ao Tribunal do Júri o julgamento dos crimes previstos nos arts. 121, §§ 1º e 2º, 122, parágrafo único, 123 a 127 do CP, consumados ou tentados (art. 74, § 1º, do CPP).

Não obstante a competência de o júri estar prevista na Constituição Federal, se a prerrogativa de função também estiver, prevalece a prerrogativa de função, porquanto, sendo ambas as competências constitucionais, prevalece a jurisdição superior do tribunal.

Se a prerrogativa de função estiver prevista na Constituição Estadual ou lei ordinária, prevalece a competência do Tribunal do Júri, por estar prevista na Constituição Federal.

É nesse sentido a Súm. nº 721 do STF, que tem a mesma redação da Súm. Vinc. nº 45 do STF: "A competência constitucional do Tribunal do Júri prevalece sobre o foro por prerrogativa de função estabelecido exclusivamente pela Constituição estadual".

6.7.8 Separação de processos

A existência de conexão ou continência importa unidade de processo e julgamento perante o juízo prevalente. Entretanto, prevê a lei processual exceções ao princípio, com a separação de processos.

A primeira delas é a do concurso entre a jurisdição comum e a militar (art. 79, I, do CPP). A prevalência devia ser desta, como justiça especial, mas a lei determina a pluralidade de processos: o civil será processado pela Justiça Comum e o militar, pela Justiça Militar.

Nesse sentido é a Súm. nº 90 do STJ: "Compete à Justiça Estadual Militar processar e julgar o policial militar pela prática do crime militar, e à Comum pela prática do crime comum simultâneo àquele".

Assim, se, por exemplo, um policial civil e um policial militar praticarem, em concurso de pessoas, crime de lesão corporal grave contra determinada pessoa, o policial civil será julgado na Justiça Comum, ao passo que o policial militar será julgado na Justiça Militar.

Havendo concurso entre crime de competência da jurisdição comum e ato infracional da competência do juízo de menores: a separação dos processos é evidente, em face da inimputabilidade do menor de 18 anos (art. 27 do CP), submetido apenas ao ECA (art. 79, II, do CPP).

Cessa ainda a unidade de processo se, em relação, a algum corréu, sobrevier o caso previsto no art. 152 (art. 79, § 1º, do CPP). Sobrevindo a um dos réus doença mental, exige-se a separação dos processos.

A unidade do processo não importará a do julgamento, se houver corréu foragido que não possa ser julgado à revelia, ou ocorrer a hipótese do art. 461 (art. 79, § 2º, do CPP).

O art. 80 do CPP prevê a separação facultativa dos processos, embora haja continência ou conexão. A separação de processos é facultativa no caso de infrações praticadas em circunstâncias de tempo ou de lugar diferentes ou em razão do elevado número de réus, ou por qualquer outro motivo considerado relevante pelo juiz.

Verificada a reunião dos processos por conexão ou continência, ainda que no processo da sua competência própria venha o juiz ou tribunal a proferir sentença absolutória ou que desclassifique a infração para outra que não se inclua na sua competência, continuará competente em relação aos demais processos (art. 81 do CPP).

7. QUESTÕES PREJUDICIAIS

7.1 NOÇÕES GERAIS

No sentido jurídico, as questões e processos incidentes são situações pontuais que podem surgir ao longo do processo e que devem ter solução definitiva antes da decisão da causa principal. Ou seja, a questão posta prejudica a análise do mérito da ação penal principal.

Em outras palavras, a questão prejudicial, que pode ser penal ou extrapenal, está relacionada à infração penal em julgamento, e deve ser solucionada antes do exame do mérito da ação penal.

7.2 QUESTÃO PREJUDICIAL OBRIGATÓRIA

Nos termos do art. 92 do CPP, se a decisão sobre a existência da infração depender da solução de controvérsia, que o juiz repute séria e fundada, sobre o estado civil das pessoas, o curso da ação penal ficará suspenso até que no juízo cível seja a controvérsia dirimida por sentença passada em julgado, sem prejuízo, entretanto, da inquirição das testemunhas e de outras provas de natureza urgente.

A questão prejudicial obrigatória está relacionada ao estado civil das pessoas, como a questão da anulação de casamento, no crime de bigamia, a da anulação do registro, no crime de registro de nascimento inexistente ou de parto suposto etc.

Os pressupostos para o reconhecimento da prejudicial obrigatória são: a) existência da infração; b) controvérsia séria e fundada; c) questão prejudicial relativa ao estado civil das pessoas.

Uma vez verificados os pressupostos, o reconhecimento da questão prejudicial obrigatória acarretará as seguintes consequências: a) inquirição das testemunhas e produção de outras provas de natureza urgente; b) suspensão do processo e da prescrição.

Nos termos dos arts. 92 e 94 do CPP, a suspensão será decretada pelo juiz, de ofício ou a requerimento das partes, e deve perdurar até o trânsito em julgado da decisão cível que dirimir a controvérsia.

7.3 QUESTÃO PREJUDICIAL FACULTATIVA

São as questões prejudiciais heterogêneas não relativas ao estado civil das pessoas. Ou seja, se o reconhecimento da existência da infração penal depender de decisão sobre questão diversa da prevista no artigo anterior, da competência do juízo cível, e se neste houver sido proposta ação para resolvê-la, o juiz criminal poderá, desde que essa questão seja de difícil solução e não verse sobre direito cuja prova a lei civil limite, suspender o curso do processo, após a inquirição das testemunhas e realização das outras provas de natureza urgente (art. 93 do CPP).

Para a solução das prejudiciais que se referem à matéria diversa da do estado das pessoas, relacionando-se ao próprio direito penal ou ao direito civil (propriedade, posse etc.), trabalhista, comercial, administrativa etc., a lei processual orientou-se pelo sistema da prejudicialidade facultativa, ou seja, da remessa facultativa ao juiz especializado.

Exemplos de prejudiciais facultativas: a verificação do direito de propriedade nos crimes de furto, estelionato; da posse, no de esbulho e invasão de domicílio etc.

Os pressupostos para o reconhecimento da prejudicial facultativa são: a) existência da infração; b) questão prejudicial heterogênea não relativa ao estado civil das pessoas; c) ação cível em andamento.

Ao contrário da prejudicial obrigatória, o reconhecimento da prejudicial facultativa somente será possível se já tiver sido proposta ação para resolvê-la no juízo cível, pelo menos em momento anterior a sua arguição no âmbito processual penal. Ou seja, para a suspensão do processo é indispensável que já exista no juízo extrapenal a ação que se refira à matéria prejudicial.

O reconhecimento da questão prejudicial facultativa acarretará as seguintes consequências: a) inquirição das testemunhas e produção de outras provas de natureza urgente; b) suspensão do processo e da prescrição; c) intervenção do Ministério Público no âmbito cível.

No caso de questão prejudicial facultativa a suspensão do processo não é obrigatória, cabendo ao juiz decidir se deve ou não deter o processo criminal.

Todavia, se, na prejudicial obrigatória, a suspensão perdurar até a solução no juízo cível, na questão prejudicial facultativa, o juiz deverá marcar o prazo para a suspensão, que pode ser razoavelmente prorrogado, se a demora não for imputável à parte (art. 93, § 1º, do CPP).

Suspenso o processo e tratando--se de crime de ação pública, incumbe ao Ministério Público intervir imediatamente na causa civil, para o fim de promover-lhe o rápido andamento (art. 93, § 3º, do CPP).

8. MEDIDAS ASSECURATÓRIAS

8.1 NOÇÕES GERAIS

São providências cautelares de natureza processual, urgentes e provisórias, determinadas com o fim de assegurar a eficácia de uma futura decisão judicial, seja quanto à reparação do dano decorrente do crime, seja para a efetiva execução da pena a ser imposta.

Constituem-se em sequestro, arresto e especialização de hipoteca legal.

8.2 SEQUESTRO

Trata-se de medida assecuratória voltada à constrição dos bens imóveis (art. 125 do CPP) ou móveis (art. 132 do CPP) adquiridos com os proventos da infração penal, ou seja, com o proveito do crime.

Deve estar demonstrada, nos autos, a existência de indícios veementes da procedência ilícita dos bens (art. 126 do CPP). O dispositivo exige a existência de indícios veementes, mediante elementos robustos sobre a proveniência ilícita dos bens. Logo, não basta mera suspeita da origem ilícita dos bens, sendo a presença de elementos que confiram a segurança necessária para retirar de alguém a possibilidade de dispor do seu bem.

Há ampla possibilidade de provocação, uma vez que a lei conferiu iniciativa ao representante do Ministério Público, ao ofendido, seu representante legal ou seus herdeiros, à autoridade policial condutora das investigações e ao próprio magistrado (art. 127 do CPP).

Enfim, a viabilidade da medida assecuratória aumenta consideravelmente, não se restringindo ao interesse indenizatório da vítima, até porque o Estado pode pretender garantir o confisco do proveito auferido pelo delito.

Tratando-se de procedimento incidente, sobre o qual pode haver litígio, é preciso que seja autuado à parte (art. 129 do CPP).

O sequestro poderá ser levantado nas seguintes hipóteses: a) se a ação penal não for intentada no prazo de 60 dias, contado da data em que ficar concluída a diligência; b) se o terceiro, a quem tiverem sido transferidos os bens, prestar caução que assegure a aplicação do disposto no art. 74, II, *b*, 2ª parte, do CP (atual art. 91, II, *b*, do CP); c) o levantamento do sequestro também será determinado se for julgada extinta a punibilidade ou absolvido o réu, por sentença transitada em julgado.

Nos termos do art. 132 do CPP, é possível também o sequestro de bens móveis.

8.3 HIPOTECA LEGAL

É o direito real de garantia em virtude do qual um bem imóvel, que continua em poder do devedor, assegura ao credor, precipuamente, o pagamento da dívida.

Ao contrário do sequestro, voltado à constrição de bens de origem ilícita, a hipoteca legal recai sobre o patrimônio lícito do réu ou indiciado, visando à futura reparação do dano *ex delicto*.

A hipoteca legal sobre os imóveis do indiciado poderá ser requerida pelo ofendido em qualquer fase do processo, desde que haja certeza da infração e indícios suficientes da autoria (art. 134 do CPP).

8.4 ARRESTO

Trata-se de medida semelhante à hipoteca legal, com as mesmas características e finalidades, apenas com uma diferença: recai sobre bens móveis (art. 137 do CPP).

Não se confunde com o sequestro previsto nos arts. 125 e 132 do CPP, porque nestes a medida constritiva recai sobre bens de origem ilícita, os quais serão, ao final, perdidos em favor da União, nos termos do art. 91, II, *b*, do CP.

A medida contemplada no art. 137 do CPP tem por objeto bens móveis de origem lícita, para futura reparação do dano, de acordo com o art. 91, I, do CP.

Diferencia-se do arresto previsto no art. 136 do CPP, uma vez que, embora esse último também vise garantir a futura indenização pelo dano *ex delicto*, seu objeto são bens imóveis, a serem, dentro do prazo subsequente de 15 dias, inscritos em hipoteca legal.

9. PROVA

9.1 NOÇÕES GERAIS

Trata-se do conjunto de elementos voltados a comprovar a veracidade de um fato ou alegação, influenciando, assim, na formação da convicção do juiz.

O Código de Processo Penal adotou, como regra, o princípio do livre convencimento motivado do juiz, fundamentado na prova produzida sob o contraditório judicial (art. 155, *caput*, do CPP), embora remanesçam exceções com resquícios dos sistemas da íntima convicção, como na decisão dos jurados no procedimento do júri.

9.1.1 CADEIA DE CUSTÓDIA DA PROVA

A Lei nº 13.964/2019, que trouxe um aperfeiçoamento à legislação processual penal, não se esqueceu desse importantíssimo ponto do processo e inovou com a positivação da cadeia de custódia da prova.

Podemos entender como cadeia de custódia o conjunto de todos os procedimentos utilizados para manter e documentar a história cronológica do vestígio coletado em locais ou em vítimas de crimes, para rastrear sua posse e manuseio a partir de seu reconhecimento até o descarte. Como vestígio a ser preservado, devemos entender todo objeto ou material bruto, visível ou latente, constatado ou recolhido, que se relaciona à infração penal.

A cadeia de custódia terá início com a preservação do local de crime ou com procedimentos policiais ou periciais nos quais seja detectada a existência de vestígio. Após o reconhecimento de um elemento como de potencial interesse para a produção da prova pericial, fica o agente público, por tal reconhecimento, responsável por sua preservação.

A legislação inovou a ponto de trazer as etapas do rastreamento de um vestígio dentro de uma investigação. São elas:

> I - **reconhecimento:** ato de distinguir um elemento como de potencial interesse para a produção da prova pericial;
>
> II - **isolamento:** ato de evitar que se altere o estado das coisas, devendo isolar e preservar o ambiente imediato, mediato e relacionado aos vestígios e local de crime;
>
> III - **fixação:** descrição detalhada do vestígio conforme se encontra no local de crime ou no corpo de delito, e a sua posição na área de exames, podendo ser ilustrada por fotografias, filmagens ou croqui, sendo indispensável a sua descrição no laudo pericial produzido pelo perito responsável pelo atendimento;
>
> IV - **coleta:** ato de recolher o vestígio que será submetido à análise pericial, respeitando suas características e natureza;
>
> V - **acondicionamento:** procedimento por meio do qual cada vestígio coletado é embalado de forma individualizada, de acordo com suas características físicas, químicas e biológicas, para posterior análise, com anotação da data, hora e nome de quem realizou a coleta e o acondicionamento;
>
> VI - **transporte:** ato de transferir o vestígio de um local para o outro, utilizando as condições adequadas (embalagens, veículos, temperatura, entre outras), de modo a garantir a manutenção de suas características originais, bem como o controle de sua posse;
>
> VII - **recebimento:** ato formal de transferência da posse do vestígio, que deve ser documentado com, no mínimo, informações referentes ao número de procedimento e unidade de polícia judiciária relacionada, local de origem, nome de quem transportou o vestígio, código de rastreamento, natureza do exame, tipo do vestígio, protocolo, assinatura e identificação de quem o recebeu;
>
> VIII - **processamento:** exame pericial em si, manipulação do vestígio de acordo com a metodologia adequada às suas características biológicas, físicas e químicas, a fim de obter o resultado desejado, que deverá ser formalizado em laudo produzido por perito;
>
> IX - **armazenamento:** procedimento referente à guarda, em condições adequadas, do material a ser processado, guardado para

realização de contraperícia, descartado ou transportado, com vinculação ao número do laudo correspondente;

X – **descarte:** procedimento referente à liberação do vestígio, respeitando a legislação vigente e, quando pertinente, mediante autorização judicial.

No tocante à coleta, determina o Código de Processo Penal que ela deve ser feita, de preferência, por peritos oficiais, e que estes encaminharão os vestígios à central de custódia. Estabeleceu ainda que é proibida a entrada em locais isolados, bem como a remoção de quaisquer vestígios de locais de crime antes da liberação por parte do perito responsável, sendo tipificada como fraude processual a sua realização.

Chegou a legislação, diante da relevância do tema, a tratá-lo de maneira específica até mesmo no tocante ao recipiente, que será determinado pela natureza do material em que o vestígio ficará armazenado, bem como quanto ao seu respectivo lacre. No tocante a este, determinou que os lacres sejam numerados e que, a cada rompimento, os substituídos, após as devidas anotações, sejam armazenados com o vestígio.

Trouxe ainda a determinação de que todos os institutos de criminalística devem ter uma central de custódia destinada à guarda e ao controle dos vestígios, e sua gestão deve ser vinculada diretamente ao órgão central de perícia oficial de natureza criminal. Nela, todos os materiais que derem entrada ou que forem retirados, bem como toda entrada e saída de pessoas, devem ser objeto de registro.

9.2 PROVA ILEGAL

A Constituição Federal, em seu art. 5º, LVI, consagrou a regra da inadmissibilidade das provas ilícitas. Nesse sentido, a doutrina majoritária sempre traçou uma diferenciação entre a prova ilícita (obtida com violação a uma regra de direito material) e a prova ilegítima (obtida com violação a uma regra de direito processual).

A prova ilegal comporta duas espécies: a) prova ilegítima; b) prova ilícita.

a) *Prova ilegítima:* quando a norma violada tiver natureza processual, a prova vedada será chamada de ilegítima. São aquelas produzidas a partir da violação de normas de natureza eminentemente processual.

   Ex.: perícia realizada por apenas um perito não oficial, em afronta ao disposto no art. 159, § 1º, do CPP.

b) *Prova ilícita:* quando a prova for produzida com afronta a normas de direito material, produzindo reflexos diretos ou indiretos em direitos e garantias constitucionais.

   Ex.: confissão obtida com emprego de tortura (Lei nº 9.455/1997); apreensão de documento realizada mediante violação de domicílio (art. 150 do CP); a captação de uma conversa por meio de crime de interceptação telefônica (art. 10 da Lei nº 9.296/1996).

A consequência do reconhecimento da ilegalidade da prova produzido ao seu desentranhamento dos autos, conforme prevê o art. 157 do CPP, e, uma vez preclusa a decisão de desentranhamento da prova declarada inadmissível, será inutilizada, podendo as partes acompanhar o incidente.

9.3 PROVAS ILÍCITAS POR DERIVAÇÃO E A TEORIA DOS "FRUTOS DA ÁRVORE ENVENENADA"

As denominadas provas ilícitas por derivação são, por si só, lícitas. Todavia, originaram-se de prova ilicitamente produzida. Assim, embora tenha sido produzida regularmente, por se originar de prova obtida ilicitamente, passa a ser considerada prova ilícita por derivação.

É o caso da confissão extorquida mediante tortura, que venha a fornecer informações corretas a respeito do lugar onde se encontra o produto do crime, propiciando a sua regular apreensão. Essa última prova, a despeito de ser regular, estaria contaminada pelo vício na origem.

Outro exemplo seria o da interceptação telefônica clandestina, que constitui crime, nos termos do art. 10 da Lei nº 9.296/1996, por intermédio da qual o órgão policial descobre uma testemunha do fato que, em depoimento regularmente prestado, incrimina o acusado. Haveria, igualmente, ilicitude por derivação.

Tanto a prova originariamente ilícita como a prova dela derivada devem ser desentranhadas dos autos, nos termos do art. 157 do CPP.

9.3.1 Limites da prova ilícita por derivação

Prevista de forma expressa no art. 157, §§ 1º e 2º, do CPP, a teoria da fonte independente dispõe que, apesar da prova ilícita, se outro elemento de convicção licitamente produzido conduzir ao objeto da prova, não haverá ilicitude. Nesse caso, não haverá nexo de causalidade entre os meios de produção da prova ilícita com o outro elemento de prova regularmente utilizado. Esse outro elemento de prova constitui a fonte independente da prova obtida por meio ilícito.

Tomemos como exemplo que a testemunha João, essencial para a elucidação de um fato, foi descoberta em razão de uma interceptação telefônica não revestida das formalidades legais. Ocorre que outra testemunha, sem qualquer relação com aquela interceptação telefônica ilegal, teria mencionado que João presenciou o referido fato. Nesse sentido, o depoimento de João não será considerado ilegal, pois decorreu de uma fonte independente.

9.4 PROVAS EM ESPÉCIE

9.4.1 Exame de corpo de delito

O exame de corpo de delito tem por finalidade comprovar a materialidade de infrações que deixam vestígios (delitos não transeuntes).

O exame de corpo de delito direto é aquele realizado sobre o próprio corpo de delito, como o cadáver, a janela arrombada, a chave utilizada.

Exame de corpo de delito indireto é realizado quando desaparecidos os vestígios, por meio de prova testemunhal, conforme dispõe o art. 167 do CPP.

A confissão não supre a necessidade de realização do auto de exame de corpo de delito direto ou indireto, nos termos da parte final do art. 158 do CPP.

Sendo possível o exame de corpo de delito direto, não pode supri-lo o indireto (feito, por exemplo, por meio de prova testemunhal).

O art. 167 do CPP cuida de hipótese diversa, qual seja, a do desaparecimento de todos os vestígios, principais e periféricos. Nesse caso, pode a prova testemunhal suprir-lhe a falta.

Assim, nos termos do art. 167 do CPP, a prova testemunhal supre a ausência do exame. Também pode ser documental (fotografia).

A falta de exame de corpo de delito enseja a ocorrência de nulidade, com base no art. 564, III, *b*, do CPP.

O art. 77, § 1º, da Lei nº 9.099/1995 mitiga a exigência do exame de corpo de delito, uma vez que basta boletim médico ou equivalente.

O art. 159 do CPP expressamente exige apenas "um perito oficial", portador de diploma de curso superior. É considerado oficial quando investido na função por lei e não pela nomeação feita pelo juiz, ou seja, quando, após o regular concurso de provas e títulos, vem a ser nomeado e investido no cargo de perito. Daí a desnecessidade de esse perito prestar compromisso nos processos e nas investigações em que atua.

Não havendo perito oficial, o exame será realizado por duas pessoas idôneas, portadoras de diploma de curso superior, preferencialmente na área específica entre as que tiverem habilitação técnica relacionada com a realização do exame (art. 159, § 1º, do CPP).

A Lei nº 13.721/2018 incluiu o parágrafo único ao art. 158 do CPP, que estabelece prioridades à realização do exame de corpo de delito, quando o crime envolver: a) violência doméstica e familiar contra mulher; b) violência contra criança, adolescente, idoso ou pessoa com deficiência.

9.4.2 Interrogatório

É o ato judicial no qual o juiz ouve o acusado sobre a imputação contra ele formulada. É o momento destinado ao réu para apresentar a sua versão dos fatos. Trata-se, pois, de um meio de prova e também de defesa.

A presença do defensor durante o interrogatório, do início ao fim, é obrigatória, sob pena de nulidade, nos termos do art. 185, *caput* e § 1º, do CPP.

Nos termos do art. 185, § 2º, do CPP, em caráter excepcional, mediante decisão fundamentada, intimação das partes com no mínimo dez dias de antecedência, poderá ser realizado o interrogatório por videoconferência, desde que a medida seja necessária: a) para prevenir risco à segurança pública e fundada suspeita de que o preso integre organização criminosa; b) para prevenir risco à segurança pública quando possa o acusado fugir durante o deslocamento; c) caso haja relevante dificuldade para seu comparecimento em juízo, por enfermidade ou outra circunstância pessoal; d) para impedir influência do réu no ânimo de testemunha ou da vítima; e) para responder à gravíssima questão de ordem pública.

Antes de o Magistrado proceder ao interrogatório, deverá assegurar ao réu o direito de, reservadamente, entrevistar-se com o seu defensor (art. 185, § 5º, do CPP).

E também deverá advertir o acusado a respeito do seu direito ao silêncio (art. 186 do CPP), sob pena de nulidade.

9.4.3 Confissão

Trata-se da declaração voluntária por parte do réu, reconhecendo, parcial ou totalmente, a veracidade da imputação que recai sobre si.

Nos termos do art. 197 do CPP, o valor da confissão se aferirá pelos critérios adotados para os outros elementos de prova, e para a sua apreciação o juiz deverá confrontá-la com as demais provas do processo, verificando se entre ela e estas existe compatibilidade ou concordância.

Se o juiz utilizar a confissão para formar sua convicção, o réu fará jus à atenuante prevista no art. 65, III, *d*, do CP, conforme se extrai da Súm. nº 545 do STJ.

9.4.4 Ofendido

É a pessoa que teve diretamente o seu interesse ou bem jurídico violado pela prática da infração penal. É a vítima ou sujeito passivo do fato delituoso.

Se devidamente intimado para comparecer à audiência para prestar declarações, deixar de atender ao chamamento, sem motivo justo, poderá a autoridade mandar conduzi-lo à sua presença (art. 201, § 1º, do CPP).

O ofendido será comunicado dos atos processuais relativos ao ingresso e à saída do acusado da prisão, à designação de data para audiência e à sentença e aos respectivos acórdãos que a mantenham ou modifiquem (art. 201, § 2º, do CPP).

9.4.5 Prova testemunhal

Testemunha é a pessoa imparcial que declara o que sabe à autoridade, mediante o compromisso de dizer a verdade.

Nos termos do art. 202 do CPP, toda pessoa poderá ser testemunha. Assim, nada impede que uma criança de 8 anos compareça em juízo para depor sobre fatos a que, porventura, tenha assistido.

A testemunha arrolada, em geral, tem o dever de testemunhar. Não se trata de um direito, mas de uma obrigação, passível de punição em caso de negativa.

Todavia, o próprio art. 206 do CPP relaciona pessoas que podem se eximir do dever de testemunhar, como o ascendente ou descendente, o afim em linha reta, o cônjuge, ainda que desquitado, o irmão e o pai, a mãe, ou o filho adotivo do acusado.

Essa recusa do dever de testemunhar não é, porém, absoluta, pois, na sua parte final, o art. 206 do CPP estabelece que, quando não for possível por outros modos obter-se ou integrar-se as provas do fato ou de sua circunstância, não poderá o cônjuge, ascendente, descendente ou irmão eximir-se da obrigação de depor. A relevância do interesse público sobrepõe-se às relações de família.

Aqueles que devem guardar segredo em razão de função, ministério, ofício ou profissão são proibidos de depor. Todavia, se desobrigadas pela parte interessada e assim desejarem, poderão prestar testemunho (art. 207 do CPP).

O juramento de dizer a verdade, que comprova o perfil de testemunha, não será realizado no tocante aos doentes e deficientes mentais, aos menores de 14 anos e às pessoas referidas no art. 206 (o ascendente ou descendente, o afim em linha reta, o cônjuge, mesmo que separado, o irmão e o pai, a mãe, ou o filho adotivo do acusado). Se for indispensável ouvir qualquer um deles, será inquirido como mero informante (art. 208 do CPP).

Diante da atual redação do art. 212 do CPP, o sistema presidencialista de inquirição de testemunhas deixou de ser adotado, havendo a possibilidade de perguntas diretamente pelas partes. Adota-se, portanto, o sistema denominado *cross-examination*, segundo o qual as partes formularão perguntas diretamente à testemunha, podendo o juiz, ao final, complementar a inquirição sobre os pontos não esclarecidos.

Ninguém se exime de colaborar com o Poder Judiciário, razão pela qual, se foi a testemunha intimada a tempo e pessoalmente, não pode deixar de comparecer ao fórum para ser ouvida.

Ausente sem razão plausível, pode o magistrado requisitar a sua apresentação à autoridade policial ou determinar que o oficial de justiça a conduza coercitivamente à sua presença, ainda que necessite se valer de força policial (art. 218 do CPP).

Quando a testemunha tiver que ser ouvida por precatória, a regularidade de sua inquirição estará condicionada à anterior e regular intimação do réu e defensor a respeito da expedição da carta.

À luz do disposto no art. 222, §§ 1º e 2º, do CPP e consoante entendimento doutrinário e jurisprudencial, esgotado o prazo para a oitiva de testemunhas via precatória, pode ser preferida a sentença, não havendo que se falar em nulidade.

Conforme a Súm. nº 273 do STJ, intimada a defesa da expedição da carta precatória, torna-se desnecessária intimação da data da audiência no juízo deprecado.

Segundo a Súm. nº 155 do STF, é relativa a nulidade do processo criminal por falta de intimação da expedição de precatória para inquirição de testemunha.

9.4.6 Reconhecimento de pessoas e coisas

O art. 226 do CPP prevê o procedimento para o reconhecimento de pessoa.

A pessoa convidada a fazer o reconhecimento deverá descrever a criatura a ser reconhecida.

Em seguida, deverá o reconhecedor apontá-la entre outras que com ela guardarem semelhança, se possível.

Ao final, lavrar-se-á o auto subscrito pela autoridade, pelo reconhecedor e por duas testemunhas presenciais.

Havendo receio de que, por intimidação, a pessoa chamada para o reconhecimento não fale a verdade, a autoridade poderá providenciar para que não seja vista por quem deva ser reconhecida.

Ao reconhecimento de coisas aplicam-se as mesmas regras, no que for cabível, abstraindo-se a previsão contida no inc. III do art. 226 do CPP.

9.4.7 Acareação

É o ato processual, presidido pelo juiz, que coloca uma pessoa na presença de outra para confrontar e comparar declarações contraditórias ou divergentes no processo, a fim de contribuir para a formação da convicção do juiz.

A acareação será admitida entre acusados, entre acusado e testemunha, entre testemunhas, entre acusado ou testemunha e a pessoa ofendida e entre as pessoas ofendidas, sempre que divergirem, em suas declarações, sobre fatos ou circunstâncias relevantes.

A acareação pode ser realizada igualmente na fase policial (art. 6º, VI, do CPP).

Trata-se de meio de prova, porque, por seu intermédio, o magistrado conseguirá eliminar do processo declarações e depoimentos divergentes, que constituem autênticos obstáculos à descoberta da verdade material.

9.4.8 Documentos

Documento é todo objeto apto a representar e expressar um pensamento, um fato ou ato relevante. São documentos, portanto, escritos, fotos, fitas de vídeo e som, desenhos, esquemas, gravuras, disquetes, CDs, e-mails.

Salvo nos casos expressamente previstos em lei, os documentos podem ser juntados em qualquer fase do processo, nos termos do art. 231 do CPP.

O art. 479 do CPP constitui uma exceção, já que o documento deverá ser juntado pela parte interessada até três dias úteis antes do julgamento perante o tribunal do júri.

O juiz não pode admitir a juntada de cartas particulares, interceptadas ou obtidas por meios criminosos (art. 233 do CPP).

9.4.9 Indícios e presunções

Considera-se indício toda circunstância conhecida e provada, que permite, mediante raciocínio lógico, aplicando-se o método indutivo, chegar à conclusão sobre outro fato.

Presunção é um conhecimento que se baseia no aspecto natural, normal sobre determinada circunstância ou fato. Se a presunção for relativa, admite-se prova em contrário. As presunções legais ou absolutas não admitem prova em contrário.

Assim, por exemplo, o fato de o agente ser menor de 18 anos gera a presunção absoluta de que não atingiu capacidade de entender o caráter ilícito da sua conduta e de se comportar de acordo com esse entendimento, sendo, portanto, inimputável.

9.5 BUSCA E APREENSÃO

Busca significa a diligência promovida por agentes do Estado para localizar objetos ou pessoas relacionadas a determinado fato delituoso. A busca pode ser domiciliar ou pessoal.

Apreensão constitui medida constritiva, passando à custódia do Estado determinado objeto ou pessoa, com a finalidade de produzir prova ou preservar direitos.

A busca poderá ser domiciliar ou pessoal. A busca domiciliar pode ser autorizada para: a) prender criminosos; b) apreender coisas achadas ou obtidas por meios criminosos; c) apreender instrumentos de falsificação ou de contrafação e objetos falsificados ou contrafeitos; d) apreender armas e munições, instrumentos utilizados na prática de crime ou destinados a fim delituoso; e) descobrir objetos necessários à prova de infração ou à defesa do réu; f) apreender cartas, abertas ou não, destinadas ao acusado ou em seu poder, quando haja suspeita de que o conhecimento do seu conteúdo possa ser útil à elucidação do fato; g) apreender pessoas vítimas de crimes; h) colher qualquer elemento de convicção (art. 240, § 1º, do CPP).

Nos termos do art. 242 do CPP, a busca poderá ser determinada de ofício ou a requerimento de qualquer das partes.

O mandado de busca deverá: a) indicar, o mais precisamente possível, a Casa em que será realizada a diligência e o nome do respectivo proprietário ou morador; ou, no caso de busca pessoal, o nome da pessoa que terá de sofrê-la ou os sinais que a identifiquem; b) mencionar o motivo e os fins da diligência; c) ser subscrito pelo escrivão e assinado pela autoridade que o fizer expedir (art. 243 do CPP).

A busca pessoal pode ser determinada pelo juiz ou pela autoridade policial. A busca pessoal independerá de mandado, no caso de prisão ou quando houver fundada suspeita de que a pessoa esteja na posse de arma proibida ou de objetos ou papéis que constituam corpo de delito, ou quando a medida for determinada no curso de busca domiciliar (art. 244 do CPP).

A busca domiciliar pode ser feita somente pela autoridade judiciária competente. Isso porque, nos termos do art. 5º, XI, da CF, a casa é asilo inviolável, ninguém nela podendo penetrar sem o consentimento do morador, salvo em caso de flagrante delito ou desastre, ou para prestar socorro, ou durante o dia, por determinação judicial. Logo, não sendo caso de flagrante delito ou desastre, ou para prestar socorro, somente será possível ingressar no domicílio mediante autorização judicial.

Em síntese, durante o dia, será possível ingressar no domicílio alheio com o consentimento do morador, em caso de flagrante delito, desastre, para prestar socorro, ou mediante determinação judicial. Durante a noite, somente com o consentimento do morador, flagrante delito, desastre, ou para prestar socorro.

Em que pese divergência doutrinária acerca do conceito de dia, a jurisprudência se inclina no sentido de considerar como dia o período correspondente ao nascimento e o pôr do sol.

A expressão casa compreende qualquer compartimento habitado, aposento ocupado de habitação coletiva, compartimento não aberto ao público, onde alguém exerce profissão ou atividade (art. 246 do CPP).

Conforme dispõe o art. 245 do CPP, durante a execução do mandado, em caso de desobediência do morador, a porta poderá ser arrombada, forçando-se a entrada, sendo, ainda, possível o emprego de força contra coisas existentes no interior da casa, para a localização do objeto da busca.

10. MEDIDAS CAUTELARES DIVERSAS DA PRISÃO

A Lei nº 12.403/2011 introduziu no ordenamento jurídico medidas cautelares diversas da prisão, cujo rol está elencado nos arts. 319 e 320 do CPP.

Conforme o art. 282 do CPP, a concessão das medidas cautelares diversas da prisão deve observar dois princípios legais, consistentes na necessidade e adequação.

A medida cautelar deve ser necessária para: a) aplicação da lei penal; b) investigação ou para a instrução criminal; c) para evitar a prática de infrações penais.

Verificando-se a necessidade, passa-se à análise da medida adequada para atender à proporcionalidade da gravidade do crime, às circunstâncias do fato e às condições pessoais do indiciado ou acusado.

Preenchidos os requisitos legais da necessidade e adequação, as medidas cautelares podem ser aplicadas isolada ou cumulativamente.

Na fase de investigação criminal, as medidas cautelares diversas da prisão poderão ser decretadas pelo juiz mediante requerimento do Ministério Público ou representação da autoridade policial. Na fase judicial, poderá ser decretada pelo juiz, de ofício, ou a requerimento das partes (Ministério Público, seu assistente ou querelante) (art. 282, § 2º, do CPP).

No caso de descumprimento de qualquer das obrigações impostas, o juiz, de ofício ou mediante requerimento do Ministério Público, de seu assistente ou do querelante, poderá substituir a medida, impor outra em cumulação, ou, em último caso, decretar a prisão preventiva (art. 312, parágrafo único, do CPP).

O juiz poderá revogar a medida cautelar ou substituí-la quando verificar a falta de motivo para que subsista, bem como voltar a decretá-la, se sobrevierem razões que a justifiquem. A nova redação do § 6º do art. 282 do CPP, modificado pelo Pacote Anticrime, determina que o não cabimento da substituição da prisão preventiva por outra medida cautelar deverá ser justificada de forma fundamentada, nos elementos existentes no caso concreto.

11. PRISÃO CAUTELAR, PROVISÓRIA OU PROCESSUAL

11.1 NOÇÕES GERAIS

A prisão processual decorre da necessidade de custódia cautelar do acusado da prática de um delito durante as investigações ou no curso da ação penal nas hipóteses previstas na legislação processual penal.

É aquela que ocorre antes do trânsito em julgado da sentença penal condenatória. São espécies de prisão provisória: prisão em flagrante (arts. 301 e ss. do CPP), preventiva (arts. 311 e ss. do CPP) e temporária (Lei nº 7.960/1989).

Conforme dispõe o art. 283, § 2º, do CPP, a prisão poderá ser efetuada em qualquer dia e a qualquer hora, respeitada a garantia fundamental da inviolabilidade do domicílio, prevista no art. 5º, XI, da CF.

Nos termos do art. 5º, XI, da CF, salvo na hipótese de prisão em flagrante, a prisão somente pode ser efetivada mediante ordem escrita e fundamentada da autoridade judiciária competente.

O art. 293 do CPP disciplina o cumprimento do mandado de prisão, dispondo que:

> Se o executor do mandado verificar, com segurança, que o réu entrou ou se encontra em alguma casa, o morador será intimado a entregá-lo, à vista da ordem de prisão. Se não for obedecido imediatamente, o executor convocará duas testemunhas e, sendo dia, entrará à força na casa, arrombando as portas, se preciso; sendo noite, o executor, depois da intimação ao morador, se não for atendido, fará guardar todas as saídas, tornando a casa incomunicável, e, logo que amanheça, arrombará as portas e efetuará a prisão.

Em outras palavras, durante o período noturno, no caso de prisão preventiva e temporária, em que se exige mandado de prisão expedido por juiz competente, é vedado à autoridade policial ingressar em domicílio alheio para efetivar a prisão do suspeito. Todavia, nesse caso, se o morador consentir com o ingresso no seu domicílio, a autoridade policial, desde que munida de mandado, poderá efetivar a prisão.

Se o morador não permitir o ingresso no seu domicílio, a autoridade policial deverá aguardar o amanhecer, com os primeiros raios solares, para invadir, com ou sem consentimento do morador, a residência e, aí, sim, efetivar a prisão. Se invadir sem permissão do morador, a prisão é ilegal, devendo ser relaxada.

De outro lado, se o sujeito estiver em lugar público, a prisão pode ser efetivada a qualquer hora do dia ou da noite. Sempre lembrando que, à exceção da prisão em flagrante, é indispensável mandado de prisão expedido por juiz competente.

Quanto à forma de execução da prisão, dispõe o art. 284 do CPP que não será permitido o emprego de força, salvo se indispensável no caso de resistência ou de tentativa de fuga do preso.

Com relação ao uso de algemas, convém destacar a Súm. Vinc. nº 11 do STF, segundo a qual somente é lícito o uso de algemas em casos de resistência e de fundado receio de fuga ou de perigo à integridade física própria ou alheia, por parte do preso ou de terceiros, justificada a excepcionalidade por escrito, sob a responsabilidade disciplinar, civil e penal do agente ou da autoridade e de nulidade da prisão ou do ato processual a que se refere, sem prejuízo de responsabilidade civil do Estado.

O mandado de prisão deverá preencher os requisitos do art. 285, parágrafo único, do CPP.

11.2 PRISÃO EM FLAGRANTE

11.2.1 Noções gerais

É medida restritiva de liberdade, de natureza cautelar e processual, consistente na prisão, independentemente de ordem escrita do juiz competente, de quem é surpreendido cometendo, ou logo após ter cometido, um crime.

Até o advento da Lei nº 12.403/2011, predominava o entendimento de que a prisão em flagrante tinha natureza cautelar, já que mantinha, por si, o agente preso enquanto fosse necessário, podendo, inclusive, perdurar até a sentença final se assim justificassem as circunstâncias do caso concreto.

Ocorre, contudo, que a Lei nº 12.403/2011 introduziu o inc. II ao art. 310 do CPP, suprimindo a possibilidade de a prisão em flagrante prender, por si só, na medida em que, se presentes os requisitos do art. 312 do CPP e inadequada ou insuficiente a aplicação das medidas cautelares diversas da prisão, o juiz deverá converter a prisão em flagrante em prisão preventiva.

Logo, forçoso concluir que a prisão em flagrante passou a assumir natureza precautelar, com duração limitada até a adoção pelo juiz de uma das providências do art. 310 do CPP (relaxar a prisão em flagrante, convertê-la em prisão preventiva ou conceder a liberdade provisória).

Nos termos do art. 301 do CPP, qualquer pessoa do povo pode prender em flagrante. Trata-se do flagrante facultativo.

11.2.2 Espécies de flagrante

a) Flagrante próprio

Está previsto no art. 302, I e II, do CPP. Trata-se de prisão efetivada quando o sujeito está praticando uma infração penal, ou quando acabou de cometê-la. Trata-se de hipótese em que o agente foi preso ainda no local do delito.

b) Flagrante impróprio (quase-flagrante)

Está previsto no art. 302, III, do CPP. É a hipótese em que o agente é preso em flagrante, em situação que faça presumir ser ele o autor da infração, após perseguição iniciada logo após a prática do delito.

A definição da expressão "logo após" traduz uma relação de imediatidade, com perseguição iniciada em momento bem próximo da infração. Aqui o agente já deixou o local do crime.

É o tempo que decorre entre a prática do delito e as primeiras coletas de informações a respeito da identificação do autor, iniciando-se, logo depois, imediatamente a perseguição. Uma vez cessada a perseguição, cessa a situação de flagrância. Ou seja, a perseguição deve ser contínua, sem interrupções.

A concepção de perseguição pode ser extraída do art. 290 do CPP, notadamente das alíneas *a* e *b* do § 1º.

Não confundir início com duração da perseguição. O início da perseguição deve ser logo após o fato; a perseguição, no entanto, pode perdurar por muitas horas, como em crime de roubo a banco, em que a polícia chega imediatamente ao local, faz o primeiro levantamento e, de imediato, sai em perseguição aos suspeitos, que se embrenharam numa mata por mais de 30 horas.

> **Cuidado:** A perseguição deve ser ininterrupta. Uma vez cessada a perseguição, não há mais situação de flagrância, devendo-se, a partir de então, efetivar-se a prisão somente munido de mandado judicial (prisão preventiva ou temporária, conforme o caso).

c) Flagrante presumido

Está previsto no art. 302, IV, do CPP. Aqui a pessoa não é "perseguida", mas "encontrada" na posse de objetos ou instrumentos do crime, cujo contexto fático permita a conclusão de que o sujeito detido é autor do delito. É o que ocorre, por exemplo, quando o agente subtrai um carro e, algumas horas depois, é parado em uma *blitz* de rotina da polícia que verifica se tratar de objeto de furto, sendo o condutor do veículo o autor do delito.

11.2.3 Flagrante provocado ou preparado, esperado, forjado e diferido

a) Flagrante provocado ou preparado

O flagrante preparado ocorre quando uma pessoa, policial ou particular, provoca, induz ou instiga alguém a praticar uma infração penal, somente para poder prendê-la. Nesse caso, não fosse a ação do agente provocador, o sujeito não teria praticado o delito, pelo menos nas circunstâncias pelas quais foi preso.

Trata-se, na verdade, de hipótese de crime impossível, já que, por força da preparação engendrada pelo policial ou terceiro para prendê-lo, jamais o sujeito consumaria o crime. Em síntese, simultaneamente à indução à prática do crime, o agente provocador do flagrante age para evitar a consumação.

É o que diz a Súm. nº 145 do STF: "Não há crime quando a preparação do flagrante pela polícia torna impossível a sua consumação".

Em que pese a súmula mencionar somente o flagrante pela polícia, a ilegalidade também pode decorrer de flagrante preparado por particular.

Ex.: Suspeitando que a empregada doméstica esteja furtando objetos da residência, uma dona de casa deixa uma joia na mesa de centro da sala, ficando à espreita. No momento em que a empregada pega a joia, a dona de casa, auxiliada ou não por outras pessoas, a detém, prendendo-a em flagrante. Trata-se de prisão ilegal, já decorrente de flagrante preparado.

Em suma, o flagrante provocado é ilegal, devendo, pois, a prisão ser relaxada.

b) Flagrante esperado

O flagrante esperado não se confunde com o preparado, a começar pelo fato de que constitui modalidade de flagrante válido, regular e, portanto, legal.

O flagrante esperado ocorre quando a autoridade policial, tomando conhecimento, por fonte segura, de que será praticado um delito, desloca-se até o local indicado, aguarda o início da execução do delito ou, se for o caso, a consumação, e, na sequência, prende em flagrante o agente criminoso.

c) Flagrante forjado

O flagrante forjado se caracteriza pela criação de provas para forjar a prática de um crime inexistente. Aqui a ação da autoridade policial ou de um particular visa simular um fato típico inexistente, com o objetivo de incriminar falsamente alguém.

Tomemos como exemplo o policial que coloca/enxerta droga no interior do veículo de determinada pessoa para prendê-la pelo delito de tráfico ilícito de entorpecentes.

Trata-se de hipótese de flagrante absolutamente nulo, merecendo, pois, ser relaxado.

A autoridade policial ou particular que forjou o flagrante responderá por denunciação caluniosa e/ou abuso de autoridade, se for funcionário público no exercício da função.

d) Flagrante retardado ou diferido

Caracteriza-se pela possibilidade de retardar o momento da prisão em flagrante, não obstante estar o delito em curso, justamente para buscar mais informações ou provas contra pessoas envolvidas em organizações criminosas ou tráfico ilícito de entorpecentes.

O flagrante retardado ou diferido funciona como autorização legal para que a prisão em flagrante seja retardada ou protelada para outro momento, que não aquele em que o agente está em situação de flagrância. Trata-se, pois, de uma autorização legal para que a autoridade policial e seus agentes, que, a princípio, teriam a obrigação de efetuar a prisão em flagrante (art. 301, 2ª parte, do CPP), deixem de fazê-lo, visando a uma maior eficácia da investigação.

Há previsão de ação controlada, com destaque ao flagrante retardado ou diferido, por exemplo, nos arts. 53, II, da Lei nº 11.343/2006 (Lei de Drogas) e 8º da Lei nº 12.850/2013 (Lei das Organizações Criminosas).

Nos termos do art. 53, II, da Lei nº 11.343/2006, a não atuação policial na prisão imediata em flagrante depende de autorização judicial e manifestação do Ministério Público. Essa autorização judicial está condicionada ao conhecimento do itinerário provável e à identificação dos agentes do delito ou de colaboradores.

Conforme o art. 8º, § 1º, da Lei nº 12.850/2013, o retardamento da intervenção policial não exige prévia autorização judicial, mas mera comunicação ao juiz competente que, se for o caso, fixará os limites da atuação e comunicará ao Ministério Público.

11.2.4 Procedimento para a lavratura do auto de prisão em flagrante

Auto de prisão em flagrante é o documento elaborado, em geral, sob a presidência da autoridade policial, contendo as formalidades que revestem a prisão em flagrante, tendo por objetivo precípuo retratar os fatos que ensejaram a restrição de liberdade do agente e, ainda, reunir os primeiros elementos de convicção acerca da infração penal que motivou a prisão.

Uma vez preso em flagrante, por policial ou particular, o acusado deve ser conduzido à presença da autoridade policial. Se a autoridade policial considerar se tratar de situação de flagrância e que o fato constitui crime, determinará a lavratura do auto de prisão, incumbindo-lhe proceder da seguinte forma:

a) oitiva do condutor: o condutor é a pessoa que levou o preso até a Delegacia de Polícia e o apresentou à autoridade policial. Pode ser policial ou qualquer pessoa. Embora na maioria das vezes o condutor seja quem procedeu à prisão, não precisa necessariamente ser o responsável pela detenção do suspeito.

Ex.: Seguranças de determinada loja prendem em flagrante uma pessoa pela prática do delito de furto e acionam a polícia militar, que conduz o preso à Delegacia de Polícia. Será um dos policiais, portanto, que apresentará o preso ao delegado de polícia, figurando, assim, como condutor.

b) *oitiva de testemunhas:* em seguida, devem ser ouvidas as testemunhas que acompanharam o condutor, que, pelo art. 304, *caput* e § 1º, do CPP, devem ser, no mínimo, duas (referem-se a "testemunhas", no plural).

Não há vedação a que sirvam como testemunhas agentes policiais.

A falta de testemunhas da infração não impedirá a lavratura do auto de prisão em flagrante; mas, nesse caso, com o condutor deverão assinar a peça pelo menos duas pessoas que tenham testemunhado a apresentação do preso à autoridade (art. 304, § 2º, do CPP). Consideram-se, portanto, testemunhas de apresentação aquelas que presenciaram o momento em que o condutor apresentou o preso à autoridade policial.

c) *interrogatório do preso:* o interrogatório deve observar as mesmas formalidades exigidas para o interrogatório judicial, previstas nos arts. 185 a 196 do CPP, entre as quais se destaca a advertência ao preso do seu direito constitucional ao silêncio, sem que isso possa ser interpretado em seu desfavor (art. 5º, LXIII, da CF).

d) *nota de culpa:* nos termos do art. 306, §§ 1º e 2º, do CPP, superadas essas etapas, cumpre à autoridade policial, em até 24 horas após a realização da prisão, encaminhar o auto de prisão em flagrante devidamente instruído ao juiz competente, bem como entregar ao preso, no mesmo prazo, mediante recibo, a nota de culpa, assinada pela autoridade, com o motivo da prisão, o nome do condutor e os das testemunhas.

Trata-se a nota de culpa de documento por meio do qual a autoridade policial cientifica o preso dos motivos de sua prisão, do nome do condutor e das testemunhas.

Se não for entregue nota de culpa, o flagrante deve ser relaxado por falta de formalidade essencial.

Além disso, a Lei nº 13.257/2016 incluiu o § 4º ao art. 304, segundo o qual:

> Da lavratura do auto de prisão em flagrante deverá constar a informação sobre a existência de filhos, respectivas idades e se possuem alguma deficiência e o nome e o contato de eventual responsável pelos cuidados dos filhos, indicado pela pessoa presa.

11.2.5 Garantias legais e constitucionais do preso

a) Comunicação imediata ao juiz competente e ao Ministério Público

De acordo com o art. 306 do CPP, a prisão de qualquer pessoa e o local onde se encontre serão comunicados imediatamente ao juiz competente, ao Ministério Público e à família do preso ou à pessoa por ele indicada.

O art. 5º, LXII, da CF dispõe que a prisão de qualquer pessoa e o local onde se encontre serão comunicados imediatamente ao juiz competente e à família do preso ou à pessoa por ele indicada.

A ausência da comunicação imediata da prisão em flagrante ao juiz competente e ao Ministério Público torna a prisão ilegal, devendo, portanto, ser relaxada.

b) Comunicação imediata da prisão à família do preso ou à pessoa por ele indicada

Nos termos dos arts. 306 do CPP e 5º, LXII e LXIII, da CF, cumpre à autoridade policial providenciar a comunicação imediata da prisão em flagrante à família do preso ou à pessoa por ele indicada, garantindo-lhe, assim, a assistência da família.

Essa comunicação tem por objetivo certificar familiares sobre a localização do preso, bem como viabilizar ao preso o apoio e a assistência da família.

A comunicação à família ou à pessoa pelo preso indicada constitui direito subjetivo do flagrado. Se não for observada essa formalidade pela autoridade policial, a prisão em flagrante será ilegal, devendo, pois, ser relaxada.

c) Assistência de advogado ao preso

Nos termos do art. 5º, LXIII, parte final, da CF, o preso tem direito à assistência da família e de advogado.

A presença de advogado não é imprescindível à lavratura do auto de prisão em flagrante. De outro lado, se o preso constituir/contratar advogado, não cabe, à evidência, à autoridade policial vedar a presença do advogado constituído nos atos que integram a lavratura do auto de prisão em flagrante, podendo o profissional acompanhar a oitiva do condutor, das testemunhas, bem como o interrogatório do flagrado.

Se o flagrado não informar o nome do seu advogado, deverá a autoridade policial encaminhar, em até 24 horas, cópia integral do auto de prisão em flagrante (APF) à Defensoria Pública, nos termos do art. 306, § 1º, do CPP.

Em síntese, a inobservância de qualquer dessas formalidades gera a ilegalidade da prisão em flagrante, devendo o juiz quando receber os autos deixar de homologar o auto de prisão em flagrante e determinar o relaxamento da prisão por ilegalidade formal.

11.2.6 Providências judiciais ao receber o auto de prisão em flagrante

O art. 310 do CPP recebeu nova redação com o Pacote Anticrime. Inclusive, uma das grandes modificações legislativas foi a **positivação da Audiência de Custódia**. Vejamos:

> Art. 310. Após receber o auto de prisão em flagrante, no prazo máximo de até 24 (vinte e quatro) horas após a realização da prisão, o juiz deverá promover audiência de custódia com a presença do acusado, seu advogado constituído ou membro da Defensoria Pública e o membro do Ministério Público, e, nessa audiência, o juiz deverá, fundamentadamente:
>
> I – relaxar a prisão ilegal; ou
>
> II – converter a prisão em flagrante em preventiva, quando presentes os requisitos constantes do art. 312 deste Código, e se revelarem inadequadas ou insuficientes as medidas cautelares diversas da prisão; ou
>
> III – conceder liberdade provisória, com ou sem fiança.
>
> § 1º Se o juiz verificar, pelo auto de prisão em flagrante, que o agente praticou o fato em qualquer das condições constantes dos incisos I, II ou III do *caput* do art. 23 do Decreto-Lei nº 2.848, de 7 de dezembro de 1940 (Código Penal), poderá, fundamentadamente, conceder ao acusado liberdade provisória, mediante termo de comparecimento obrigatório a todos os atos processuais, sob pena de revogação.
>
> § 2º Se o juiz verificar que o agente é reincidente ou que integra organização criminosa armada ou milícia, ou que porta arma de fogo de uso restrito, deverá denegar a liberdade provisória, com ou sem medidas cautelares.
>
> § 3º A autoridade que deu causa, sem motivação idônea, à não realização da audiência de custódia no prazo estabelecido no *caput* deste artigo responderá administrativa, civil e penalmente pela omissão.
>
> § 4º Transcorridas 24 (vinte e quatro) horas após o decurso do prazo estabelecido no *caput* deste artigo, a não realização de audiência de custódia sem motivação idônea ensejará também a ilegalidade da prisão, a ser relaxada pela autoridade competente, sem prejuízo da possibilidade de imediata decretação de prisão preventiva.

Dessa forma, é possível concluir que, nos termos do art. 306 do CPP, em até 24 após a prisão em flagrante será encaminhado ao juiz o auto de prisão em flagrante, que, ao receber os autos, terá 24 horas para realizar a audiência de custódia. Entretanto, como já mencionado nas notas introdutórias, a não realização da audiência no prazo estipulado não resulta na ilegalidade da prisão, como pretende o § 4º do art. 310 do CPP, por enquanto, pois esse parágrafo está com a aplicação suspensa, em razão da decisão proferida pelo Ministro Luiz Fux.

Para fins de prova, é importante reconhecer a existência, ou seja, a positivação do instituto no CPP com o advento do Pacote Anticrime, porém está suspensa a consequência de manifesta ilegalidade da prisão pela não realização no prazo de 24 horas do recebimento do auto de prisão em flagrante.

Vale assinalar que a positivação da audiência de custódia vem ao encontro da Convenção Americana de Direitos Humanos e outras legislações internacionais. No Brasil, estava sendo regulada pela Res. nº 213/2015 do CNJ. O objetivo dessa audiência é apresentar o preso à autoridade judiciária após a sua prisão, para tutelar a integridade física e analisar as questões previstas nos incisos do art. 310 do CPP.

Dessa forma, na audiência de custódia, após ouvir o Ministério Público e a Defesa, o juiz deverá adotar de forma fundamentada uma das providências previstas na nova redação do art. 310 do CPP:

a) relaxar a prisão ilegal;
b) converter a prisão em flagrante em prisão *preventiva*, quando inviável a substituição por outra cautelar, art. 282, § 6º, do CPP;
c) conceder liberdade provisória (com ou sem fiança ou medidas cautelares).

Nesse sentido, num primeiro momento, o magistrado deverá analisar o aspecto formal, a legalidade do auto de prisão em flagrante, bem como se há situação de flagrância, conforme as hipóteses do art. 302 do CPP. Se observadas as formalidades, o juiz homologa; na hipótese de alguma ilegalidade, seja formal, seja material, o juiz deverá relaxar a prisão em flagrante.

Num segundo momento, uma vez homologado o auto de prisão em flagrante, o juiz deverá verificar a necessidade de conversão da prisão em flagrante em prisão preventiva ou a concessão de liberdade provisória, com ou sem fiança, e a eventual imposição de medida cautelar diversa.

Sendo legal a prisão em flagrante, o juiz deve verificar se concederá a liberdade provisória ou se converterá a prisão em flagrante em prisão preventiva.

Convém ressaltar, por pertinente, que a prisão preventiva somente poderá ser decretada em substituição da prisão em flagrante se estiverem presentes os requisitos do art. 312 do CPP. E, se não for suficiente outra medida diversa da prisão (art. 282, § 6º, do CPP), bem como se presente uma das hipóteses do art. 313 do CPP.

Assim, pela leitura do art. 310, II, do CPP, verifica-se que a prisão preventiva é a *ultima ratio* das medidas cautelares. Ela somente deve ser decretada quando todas as demais medidas cautelares se revelarem inadequadas e insuficientes para o caso concreto. Em outras palavras, a insuficiência das medidas cautelares diversas da prisão (aquelas previstas no art. 319 do CPP) passou a ser mais um requisito para o cabimento da prisão preventiva.

Logo, por ser medida de caráter excepcional, o juiz somente poderá converter a prisão em flagrante em prisão preventiva se estiverem presentes os requisitos dos arts. 312 e 313 do CPP.

Em síntese: o juiz, ao receber o auto de prisão em flagrante, deverá, fundamentadamente, converter a prisão em flagrante em preventiva (inc. II, 1ª parte), desde que:

a) a prisão seja legal (inc. I);
b) as medidas cautelares diversas da prisão se revelarem inadequadas ou insuficientes (inc. II, parte final);
c) o agente não tenha praticado o fato ao amparo das causas de exclusão da ilicitude previstas no art. 23 do CP;
d) estejam presentes os requisitos dos arts. 312 e 313 do CPP.

Caso contrário, será concedida liberdade provisória (com ou sem fiança ou cautelar diversa da prisão).

Por fim, consta no § 2º do art. 310 do CPP que, se o juiz verificar a reincidência ou que o agente integra organização criminosa armada ou milícia, ou que portava arma de fogo de uso restrito, deverá denegar a liberdade provisória, com ou sem medidas cautelares.

11.3 PRISÃO PREVENTIVA

11.3.1 Noções gerais

Trata-se de modalidade de prisão processual decretada exclusivamente por juiz competente quando presentes os pressupostos e as hipóteses previstas em lei (arts. 312 e 313 do CPP).

Possui natureza cautelar, uma vez que visa à tutela da sociedade, da investigação criminal e à garantia da aplicação da pena. Por se tratar de medida cautelar, pressupõe a coexistência do *fumus boni iuris* (ou *fumus comissi delicti*) e do *periculum in mora* (ou *periculum libertatis*).

Como repercute na esfera da liberdade do acusado, que constitui direito e garantia fundamental do cidadão, a possibilidade de decretação da prisão preventiva encontra embasamento também no art. 5º, especificamente no inc. LXI da CF, que permite a prisão provisória, antes do trânsito em julgado da sentença condenatória, desde que precedida de ordem escrita e fundamentada da autoridade judiciária competente. Em síntese, somente é possível decretar a prisão preventiva por ordem escrita e fundamentada da autoridade judiciária competente.

Conforme dispõe o art. 283, § 2º, do CPP, a prisão poderá ser efetuada em qualquer dia e a qualquer hora, respeitada a garantia fundamental da inviolabilidade do domicílio, prevista no art. 5º, XI, da CF, segundo o qual, salvo na hipótese de prisão em flagrante, a prisão somente pode ser efetivada mediante ordem escrita e fundamentada da autoridade judiciária competente.

De acordo com o art. 293 do CPP, durante o período noturno, no caso de prisão preventiva e temporária, em que se exige mandado de prisão expedido por juiz competente, é vedado à autoridade policial ingressar em domicílio alheio para efetivar a prisão do suspeito. Todavia, nesse caso, se o morador consentir com o ingresso no seu domicílio, a autoridade policial, desde que munida de mandado, poderá efetivar a prisão.

Durante o período noturno, se o morador não permitir o ingresso no seu domicílio, a autoridade policial deverá aguardar o amanhecer, com os primeiros raios solares, para invadir, com ou sem consentimento do morador, a residência e, aí, sim, efetivar a prisão. Se invadir sem permissão do morador, a prisão será ilegal, devendo ser relaxada.

O mandado de prisão deverá preencher os requisitos do art. 285, parágrafo único, do CPP.

Nos termos do art. 314 do CPP, a decretação da prisão preventiva é vedada se o juiz verificar, pelas provas constantes dos autos, que o agente praticou o ato sob a égide de uma das causas excludentes de ilicitude (legítima defesa, estado de necessidade, exercício regular de direito ou estrito cumprimento de dever legal).

11.3.2 Legitimação

Diante do que dispõe o art. 5º, LXI, da CF, no sentido de que ninguém será preso senão em flagrante delito ou por ordem escrita e fundamentada de autoridade judiciária competente, salvo nos casos de transgressão militar ou crime propriamente militar, definidos em lei, resta claro que a prisão preventiva somente pode ser decretada por ordem judicial.

Nesse caso, o magistrado decreta, durante a investigação criminal ou ação penal, a prisão preventiva, que deve ser cumprida mediante a expedição do respectivo mandado. A prisão preventiva pode ser decretada em qualquer fase da investigação policial ou do processo penal.

Conforme se extrai do art. 311 do CPP, alterado pelo Pacote Anticrime, o juiz não pode decretar a prisão preventiva de ofício, sendo possível a decretação somente a requerimento do Ministério Público, do querelante ou do assistente, ou por representação da autoridade policial.

11.3.3 Pressupostos

Nos termos da parte final do art. 312 do CPP, a prisão preventiva somente é possível, se, no caso concreto, houver indícios suficientes de autoria e prova da materialidade. Como o dispositivo se refere expressamente a "crime", forçoso concluir que não cabe prisão preventiva nas contravenções penais.

11.3.4 Fundamentos da prisão preventiva

De acordo com o art. 312 do CPP, a prisão preventiva pode ser decretada como garantia da ordem pública, da ordem econômica, por conveniência da instrução criminal, para assegurar a aplicação da lei penal ou em caso de descumprimento das obrigações impostas por força de outras medidas cautelares. Inobstante os fundamentos, conforme a nova redação determinada pelo Pacote Anticrime, é necessária a demonstração do perigo gerado pelo estado de liberdade do imputado (art. 312, *caput*, do CPP), que nada mais é do que chamado *periculum in libertatis*, ou seja, o perigo gerado pela liberdade do agente.

a) Garantia da ordem pública

A prisão preventiva para garantia da ordem pública somente deve ocorrer em hipóteses de crimes que se revestem de especial gravidade no caso concreto, seja pela pena prevista, seja, sobretudo, pelos meios de execução utilizados. Cabe, ainda, prisão preventiva para garantia da ordem pública diante do risco de reiteradas investidas criminosas e quando presente situação de comprovada intranquilidade coletiva no seio social ou de uma determinada comunidade.

A gravidade em abstrato do crime não autoriza a prisão preventiva. O juiz deve analisar a gravidade de acordo com as circunstâncias do caso concreto. Se não fosse assim, todo crime de homicídio ou de roubo, por ser abstratamente grave, autorizaria a prisão preventiva compulsória.

Em suma: a gravidade em concreto que autoriza a prisão preventiva é aquela revelada não só pela pena abstratamente prevista para o crime, mas também pelos meios de execução, quando a perversidade e o desprezo pelo bem jurídico atingido reclamem medidas imediatas para assegurar a ordem pública, decretando-se a prisão preventiva. Diante disso, a gravidade em abstrato não constitui motivo idôneo a embasar um decreto de preventiva, devendo o magistrado fundamentar sua decisão, nos termos dos arts. 5º, LXI, e 93, IX, da CF, bem como do art. 315 do CPP.

Ressalta-se, por pertinente, que o clamor público, por si só, não autoriza o decreto da prisão preventiva, servindo como uma referência adicional para o exame da necessidade da custódia cautelar, devendo, portanto, estar acompanhado de situação concreta excepcional que justifique a prisão processual.

b) Conveniência da instrução criminal

É empregada quando houver risco efetivo para a instrução criminal e não meras suspeitas ou presunções. Ou seja, simples receio ou medo da vítima ou testemunha em relação ao acusado não autoriza o decreto da prisão preventiva.

Não cabe prisão preventiva com fundamento na conveniência da instrução criminal quando se pretende interrogar ou compelir o acusado a participar de algum ato probatório (acareação, reconstituição ou reconhecimento), sobretudo pela violação ao direito ao silêncio.

Se a prisão preventiva foi decretada exclusivamente com base na conveniência da instrução criminal, uma vez encerrada a instrução, não há mais motivo para subsistir o decreto, impondo-se, então, a revogação, conforme se infere dos arts. 316 e 282, § 5º, ambos do CPP. Do contrário, passa a preventiva a se constituir uma forma de execução antecipada de pena, configurando constrangimento ilegal.

c) Garantia da aplicação da lei penal

Significa assegurar a finalidade útil do processo penal, que é proporcionar ao Estado o exercício do seu direito de punir, aplicando a sanção devida a quem é considerado autor da infração penal.

É a prisão para evitar que o agente empreenda fuga, tornando inútil a sentença penal por impossibilidade de aplicação da pena cominada.

Todavia, o risco de fuga não pode ser presumido. Tem de estar fundado em circunstâncias concretas. Logo, não havendo nenhum elemento concreto, mas mera suspeita de fuga, não há motivo suficiente para o decreto da prisão preventiva.

d) Garantia de ordem econômica

Nesse caso, visa-se, com a decretação da prisão preventiva, impedir que o agente, causador de seriíssimo abalo à situação econômico-financeira de uma instituição financeira ou mesmo de órgão do Estado, permaneça em liberdade, demonstrando à sociedade a impunidade reinante nessa área.

Equipara-se o criminoso do colarinho-branco aos demais delinquentes comuns, na medida em que o desfalque em uma instituição financeira pode gerar maior repercussão na vida das pessoas do que um simples roubo contra um indivíduo qualquer.

e) Descumprimento de obrigações impostas por força de outras medidas cautelares

Nos termos do art. 312, parágrafo único, do CPP, a prisão preventiva também poderá ser decretada em caso de descumprimento de qualquer das obrigações impostas por força de outras medidas cautelares (art. 319 do CPP), conforme art. 282, § 4º, do CPP.

Nesse caso, é imprescindível que o juiz atente para a proporcionalidade, devendo sempre priorizar a cumulação de medidas cautelares ou adoção de outra mais grave, optando pela prisão preventiva em último caso.

Em síntese, o juiz deve priorizar a aplicação de medida cautelar diversa da prisão caso entenda adequada e suficiente diante do caso concreto. Ex.: suponha que o juiz determine a proibição do acusado de estabelecer contato com pessoa determinada (art. 319, III, do CPP) e ele descumpra a medida. Nesse caso, o juiz deve, primeiro, optar por substituir a medida ou aplicar outra em cumulação, para só então, se persistir o descumprimento, decretar a preventiva, conforme dispõe o art. 312, parágrafo único, c/c o art. 282, § 4º, do CPP.

11.3.5 Condições de admissibilidade da prisão preventiva

Não se mostra suficiente a presença de um dos fundamentos da prisão preventiva, devendo, além disso, ser decretada somente em determinadas espécies de infração penal ou sob certas circunstâncias. Trata-se das condições de admissibilidade previstas no art. 313 do CPP.

a) Nos crimes dolosos punidos com pena privativa de liberdade máxima superior a quatro anos

Nos termos desse inciso, somente é cabível a prisão preventiva para os crimes dolosos com pena máxima, privativa de liberdade, superior a quatro anos.

O limite de quatro anos tem a sua razão de ser, porquanto, se condenado definitivamente, o agente poderá, se preenchidos os requisitos do art. 44 do CP, ter substituída sua pena privativa de liberdade em restritiva de direitos. Nesse sentido, se condenado, o agente não irá, a princípio, para a prisão, com muito mais razão não poderá ser mantido preso quando incide a seu favor a presunção da inocência.

Além disso, se condenado à pena não superior a quatro anos, o agente poderá cumprir a pena privativa de liberdade em regime aberto, podendo sair para trabalhar durante o dia e retornar ao cárcere à noite.

São inúmeros os crimes que, em razão desse inciso, não comportam prisão preventiva, como furto simples (art. 155 do CP), apropriação indébita (art. 168 do CP), receptação simples (art. 180 do CP), descaminho (art. 334 do CP), entre outros.

No caso de concurso material de crimes, somam-se as penas para fins de prisão preventiva. Nos casos de concurso formal de crimes e crime continuado, considera-se a causa de aumento no máximo e a de diminuição no mínimo. Em qualquer caso, se a pena máxima for superior a quatro anos, poderá, em tese, ser decretada a prisão preventiva.

Tratando-se de causas de aumento e de diminuição da pena, deve-se considerar a quantidade que mais aumente ou que menos diminua, respectivamente, a fim de se chegar à pena máxima cominada ao delito.

Assim, se uma pessoa primária está sendo processada por crime cuja pena máxima não excede quatro anos, descabe inicialmente a prisão preventiva, ainda que existam provas de que ela, por exemplo, está ameaçando testemunhas, podendo, nesse caso, ser aplicada uma das medidas cautelares previstas no art. 319 do CPP. Somente se descumprida a medida cautelar, pode-se aventar a possibilidade de decreto da preventiva, com base no art. 282, § 4º, c/c art. 312, parágrafo único, do CPP.

b) Se o réu ostentar condenação anterior definitiva por outro crime doloso no prazo de cinco anos da reincidência

Trata-se da hipótese do réu reincidente em crime doloso. Nesse sentido, ainda que se trate de crime com pena máxima não superior a quatro anos, poderá ser decretada a prisão preventiva se o réu for reincidente em crime doloso, desde que presente um dos fundamentos do art. 312 do CPP.

Note-se que não é qualquer reincidência que viabiliza o decreto da prisão preventiva, mas a reincidência em crime doloso. Assim, se, por exemplo, o agente ostentar sentença condenatória transitada em julgado por crime culposo anterior, e praticar novo crime doloso, cuja pena máxima não supere quatro anos, não será possível o juiz decretar a prisão preventiva por esse fundamento.

c) Se o crime envolver violência doméstica e familiar contra mulher, criança, adolescente, idoso, enfermo ou pessoa com deficiência, para garantir a execução das medidas protetivas de urgência

Por fim, cabe preventiva se o crime envolver violência doméstica e familiar contra mulher, criança, adolescente, idoso, enfermo ou pessoa com deficiência, para garantir a execução das medidas protetivas de urgência.

Além das medidas protetivas previstas na Lei nº 11.340/2006 (Lei Maria da Penha), a nova redação do art. 313 do CPP incluiu os casos de violência doméstica não só em relação à mulher, mas à criança, ao adolescente, ao idoso, ao enfermo ou a qualquer pessoa com deficiência.

Essas medidas protetivas estão previstas no art. 22 da Lei nº 11.340/2006 (Lei Maria da Penha), arts. 43 a 45 do Estatuto do Idoso (Lei nº 10.741/2003) e arts. 98 a 101 do ECA (Lei nº 8.069/1990).

Convém registrar que, nesse caso, a prisão preventiva será decretada apenas para garantir a execução das medidas protetivas de urgência, indicando, assim, a necessidade de imposição anterior das cautelares protetivas de urgência.

Por fim, outras alterações importantes no tocante à prisão preventiva referem-se à previsão legal de não ser permitida a decretação com finalidade de antecipação de pena ou decorrência imediata de investigação criminal ou da apresentação da denúncia (art. 313, § 2º, do CPP).

11.3.6 Fundamentação e revisão da necessidade de manutenção da prisão

Importantes modificações ocorridas pelo Pacote Anticrime dizem respeito à demonstração da motivação e fundamentação das decisões que decretam a prisão preventiva, havendo imposição legal de fundamentação acerca da inviabilidade de medidas cautelares diversas da prisão, inclusive o legislador enfatizou a necessidade de indicação de forma concreta de fatos novos ou contemporâneos que justifiquem a medida. Houve também preocupação em destacar as hipóteses de não se considerar fundamentada a decisão, nos moldes do § 2º do art. 315 do CPP.

Por fim, importante destacar que o legislador, muito embora não tenha determinado prazo máximo de duração para a prisão preventiva, introduziu no art. 316, parágrafo único, do CPP que, a cada 90 dias, deverá ser revisada a manutenção da prisão, mediante decisão fundamentada, de ofício, sob pena de tornar ilegal a prisão.

11.4 PRISÃO TEMPORÁRIA

11.4.1 Noções gerais

É prisão cautelar de natureza processual destinada a possibilitar as investigações a respeito de crimes graves, durante o inquérito policial.

A prisão temporária pode ser decretada em relação aos crimes previstos no art. 1º, III, da Lei nº 7.960/1989, e crimes hediondos ou equiparados, e nas seguintes hipóteses:

a) Imprescindibilidade para as investigações do inquérito policial

Quando a autoridade policial, atualmente, representa pela prisão temporária, é obrigada a dar os motivos dessa necessidade, expondo fundamentos que serão avaliados, caso a caso, pelo magistrado competente.

b) Residência fixa e identidade conhecida

Esses dois elementos permitem a correta qualificação do suspeito, impedindo que outra pessoa seja processada ou investigada em seu lugar, evitando-se, por isso, o indesejado erro judiciário.

Aquele que não tem residência (morada habitual) em lugar determinado ou que não consegue fornecer dados suficientes para o esclarecimento da sua identidade (individualização como pessoa) proporciona insegurança na investigação policial.

11.4.2 Decretação por autoridade judicial

No caso de prisão temporária, não pode o magistrado decretá-la de ofício. Há, invariavelmente, de existir requerimento do Ministério Público ou representação da autoridade policial.

11.4.3 Prazo

Denomina-se prisão temporária, porque é a única espécie de prisão que prevê prazo de duração estabelecido em lei.

Nos termos do art. 2º da Lei nº 7.960/1989:

A prisão temporária será decretada pelo Juiz, em face da representação da autoridade policial ou de requerimento do Ministério Público, e terá o prazo de 5 (cinco) dias, prorrogável por igual período em caso de extrema e comprovada necessidade.

No caso de prisão temporária pela prática de crime hediondo e equiparados, o art. 2º, § 4º, da Lei nº 8.072/1990 estabelece que o prazo de prisão temporária pode atingir 30 dias, prorrogáveis por igual período, em caso de extrema e comprovada necessidade.

11.4.4 Procedimento

A prisão temporária pode ser decretada em face da representação da autoridade policial ou de requerimento do Ministério Público. Não pode ser decretada de ofício pelo juiz.

No caso de representação da autoridade policial, o juiz, antes de decidir, tem de ouvir o Ministério Público.

O juiz tem o prazo de 24 horas, a partir do recebimento da representação ou do requerimento, para decidir fundamentadamente sobre a prisão.

O mandado de prisão deve ser expedido em duas vias, uma das quais deve ser entregue ao iniciado, servindo como nota de culpa.

Efetuada a prisão, a autoridade policial deve advertir o preso do direito constitucional de permanecer calado.

Ao decretar a prisão, o juiz poderá (faculdade) determinar que o preso lhe seja apresentado, solicitar informações da autoridade policial ou submetê-lo a exame de corpo de delito.

O prazo de 5 dias (ou 30) pode ser prorrogado uma vez, em caso de comprovada e extrema necessidade.

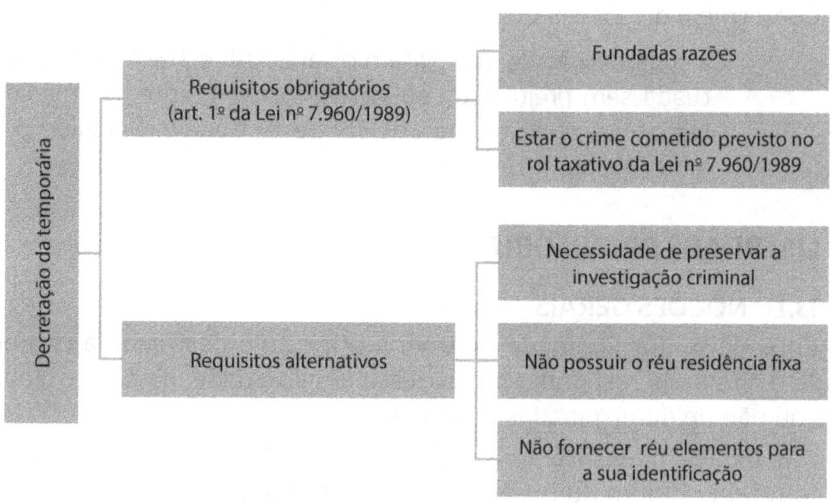

12. PRISÃO DOMICILIAR

Nos termos do art. 317 do CPP, a prisão domiciliar consiste no recolhimento do indiciado ou acusado em sua residência, só podendo dela ausentar-se com autorização judicial.

Conforme o art. 318 do CPP, o juiz poderá substituir a prisão preventiva pela domiciliar quando o agente for:

> I – maior de 80 (oitenta) anos;
>
> II – extremamente debilitado por motivo de doença grave;
>
> III – imprescindível aos cuidados especiais de pessoa menor de 6 (seis) anos de idade ou com deficiência;
>
> IV – gestante; [Redação dada pela Lei nº 13.257, de 8-3-2016]
>
> V – mulher com filho de até 12 (doze) anos de idade incompletos; [Incluído pela Lei nº 13.257, de 8-3-2016]
>
> VI – homem, caso seja o único responsável pelos cuidados do filho de até 12 (doze) anos de idade incompletos. [Incluído pela Lei nº 13.257, de 8-3-2016]
>
> Parágrafo único. Para a substituição, o juiz exigirá prova idônea dos requisitos estabelecidos neste artigo. [Incluído pela Lei nº 12.403, de 4-5-2011]

No final de dezembro de 2018, por meio da Lei nº 13.769/2018, introduziu-se a prisão preventiva imposta à mulher gestante ou que for mãe ou responsável por crianças ou pessoas com deficiência será substituída por prisão domiciliar, desde que:

> I – não tenha cometido crime com violência ou grave ameaça a pessoa;
>
> II – não tenha cometido o crime contra seu filho ou dependente.

Conforme o art. 318-B do CPP:

> a substituição de que tratam os arts. 318 e 318-A poderá ser efetuada sem prejuízo da aplicação concomitante das medidas alternativas previstas no art. 319 deste Código. [Incluído pela Lei nº 13.769, de 19-12-2018]

13. LIBERDADE PROVISÓRIA

13.1 NOÇÕES GERAIS

Entende-se por liberdade provisória o instituto destinado a conferir ao acusado o direito de responder ao processo em liberdade, mediante o cumprimento ou não de determinadas condições.

A liberdade provisória está prevista no art. 310, III, do CPP, segundo o qual, ao receber o auto de prisão em flagrante, o juiz poderá, fundamentadamente, conceder a liberdade provisória, com ou sem fiança. Está previsto ainda no art. 5º, LXVI, da CF que ninguém será levado à prisão ou nela mantido quando a lei admitir a liberdade provisória, com ou sem fiança.

Além disso, o art. 321 do CPP dispõe que, ausentes os requisitos que autorizam a decretação da prisão preventiva, o juiz deverá conceder liberdade provisória, impondo, se for o caso, as medidas cautelares previstas no art. 319 do CPP e observados os critérios constantes do art. 282 do CPP.

Conforme entendimento da maioria da doutrina, a liberdade provisória guarda relação à prisão em flagrante, condicionada à legalidade da prisão em flagrante. Ou seja, liberdade provisória somente nas hipóteses de prisão em flagrante legal; se ilegal a prisão em flagrante, a medida adequada será o relaxamento da prisão.

Trata-se da hipótese de a prisão em flagrante se revestir de legalidade, mas o magistrado considerar o direito ao suspeito responder ao processo em liberdade. Pode o magistrado conceder a liberdade provisória sem nenhuma restrição, ou, ao contrário, impor ao liberado a prestação de fiança ou outras medidas cautelares diversas da prisão.

Eis as hipóteses:

a) Quando houver indicativos de que o agente praticou a infração penal abrigado por excludentes de ilicitude (art. 310, parágrafo único, do CPP).

Trata-se da hipótese em que os elementos constantes no auto de prisão em flagrante indicam ter o agente praticado o fato em situação de legítima defesa, estado de necessidade, exercício regular do direito ou estrito cumprimento do dever legal.

Nesses casos, deverá o juiz conceder a liberdade provisória ao agente, independentemente se o fato praticado caracteriza delito afiançável ou inafiançável.

Embora não esteja previsto no art. 310, parágrafo único, do CPP, parte da doutrina entende possível a concessão da liberdade provisória nas hipóteses de excludente de culpabilidade (embriaguez acidental completa, coação moral irresistível, erro de proibição etc.), uma vez que, ao final, o agente não será privado de liberdade.

b) Quando ausentes os fundamentos da prisão preventiva (art. 321 do CPP).

Nos termos do art. 321do CPP, ausentes os requisitos da prisão preventiva, o juiz deverá conceder a liberdade provisória, sendo-lhe facultado, com a observância dos critérios da necessidade e da adequação previstos no art. 282, exigir a prestação de fiança com a finalidade de assegurar o comparecimento a atos do processo, evitar a obstrução do seu andamento ou em caso de resistência injustificada à ordem judicial, bem como aplicar outras medidas cautelares diversas da prisão previstas no art. 319 do CPP.

c) Quando, embora afiançável o crime, não possui o flagrado condições econômicas para pagar a fiança (art. 350 do CPP).

A jurisprudência e a doutrina oscilavam em relação ao art. 44 da Lei nº 11.343/2006, que veda a concessão de liberdade provisória no crime de tráfico ilícito de entorpecentes.

Todavia, o STF, no julgamento do *HC* nº 104.339/SP, considerou inconstitucional o disposto no art. 44 da Lei nº 11.343/2006 também na parte que veda a concessão da liberdade provisória, sob o fundamento de que o dispositivo viola o princípio da presunção da inocência e da dignidade da pessoa humana, bem como que a Lei nº 11.464/2007, ao excluir dos crimes hediondos e equiparados a vedação à liberdade provisória, sendo posterior à Lei de Drogas, revogou, tacitamente, o art. 44 desta Lei, que proibia o benefício ao crime de tráfico de drogas.

Assim, é possível conceder a liberdade provisória ao agente preso em flagrante pelo delito de tráfico ilícito de entorpecentes, desde que ausentes os requisitos que autorizam a decretação da prisão preventiva.

14. COMUNICAÇÃO DE ATOS PROCESSUAIS

Ao longo do procedimento, deverá ocorrer comunicação dos atos às partes, às testemunhas e aos demais atores que atuam no processo.

A principal comunicação de ato processual é a citação. Trata-se do ato processual com que se dá conhecimento ao réu da acusação contra ele intentada a fim de que possa defender-se e vir integrar a relação processual.

Os demais atos processuais são comunicados por meio da intimação.

14.1 CITAÇÃO POR MANDADO

Mandado é a ordem escrita, corporificada em um instrumento e emitida pela autoridade competente para o cumprimento de determinado ato.

Destina-se à citação do réu em local certo e sabido, dentro do território do juízo processante. Lugar certo diz respeito ao país, ao estado e à cidade; lugar sabido refere-se ao bairro, à rua e ao número.

A regra, no processo penal, é a citação por mandado.

Os requisitos intrínsecos da citação por mandado versam sobre formalidades que fazem parte do instrumento do mandado.

Além dos requisitos intrínsecos, previstos no art. 352, há os requisitos extrínsecos da citação por mandado, que são as formalidades externas ao mandado, que devem cercar a realização do ato de citação, como leitura do mandado ao citando, entrega da contrafé (cópia do inteiro do mandado e da acusação) ao citando, certificação no verso ou ao pé do mandado, pelo oficial, acerca do cumprimento das duas formalidades anteriores.

14.2 CITAÇÃO POR CARTA PRECATÓRIA

A carta precatória destina-se à citação do acusado que estiver no território nacional, em lugar certo e sabido, porém fora da comarca do juízo processante (art. 353 do CPP).

Constitui na realidade um pedido formulado pelo juízo processante ao juízo da localidade em que se encontra o réu, no sentido de que esse último proceda ao ato citatório.

O juiz solicitante (em que corre o processo) denomina-se deprecante, ao passo que o solicitado, deprecado (em que está o citando). O primeiro pede que o segundo mande citar o acusado, não importando se o juízo deprecado encontra-se sediado na mesma ou em outra Unidade da Federação.

Além dos requisitos exigidos na citação por mandado, a carta precatória deverá conter a indicação do juiz deprecante (o que depreca, o que pede) e a do juiz deprecado (aquele a quem se pede), bem como a sede de um e de outro.

Recebendo a carta precatória, o juiz deprecado dará o seguinte despacho: "cumpra-se". Cumprirá, então, ao escrivão expedir o mandado, com aqueles requisitos presentes no art. 352, entregando-o ao Oficial de Justiça para o devido cumprimento. Uma vez cumprida, a carta precatória será devolvida ao juiz deprecante (art. 355, *caput*, do CPP).

14.3 CITAÇÃO DO MILITAR

Trata-se de providência que tem em vista resguardar a intangibilidade do quartel, bem como a hierarquia e a disciplina, características inerentes à conduta militar.

Assim, evitando-se que o oficial de justiça ingresse em dependências militares, à procura do réu, encaminha-se a requisição do juiz, por ofício, ao superior, que fará chegar ao destinatário, no momento propício.

De acordo com o art. 358 do CPP, a citação do militar far-se-á por intermédio do chefe do respectivo serviço.

Nesse caso, o juiz não manda expedir mandado, mas apenas um ofício em que constem todas as indicações indispensáveis ao mandado de citação.

A execução compete ao chefe do serviço, que dará ao subordinado ciência de todos os termos da citação.

14.4 CITAÇÃO DO FUNCIONÁRIO PÚBLICO

Se o acusado for funcionário público da ativa, será citado por mandado.

Parte-se, nesse caso, do pressuposto de que a ausência do funcionário público de seu posto, ainda que para comparecer a interrogatório criminal, pode trazer graves danos ao serviço público e, portanto, ao interesse geral da sociedade.

Assim, quando se faz a citação do funcionário público, expede-se, concomitantemente, um ofício de requisição ao seu superior, para que tenha ciência da ausência e providencie o substituto (art. 359 do CPP).

14.5 CITAÇÃO DO PRESO

Nos moldes do acusado solto, deve ser feita pessoalmente, por mandado, recebendo cópia de denúncia e podendo preparar-se, a tempo, para sua defesa e interrogatório (art. 360 do CPP).

14.6 CITAÇÃO POR EDITAL

Consiste na citação por meio da publicação ou afixação na entrada do fórum da ordem judicial de citação. É a modalidade de citação denominada ficta, porque não é realizada pessoalmente, presumindo-se que o réu dela tomou conhecimento.

Publica-se em jornal de grande circulação ou afixa-se o edital no átrio do fórum, admitindo-se a possibilidade de que o acusado, ou pessoa a ele ligada, leia, permitindo ciência da existência da ação penal.

A citação editalícia é providência excepcional que reclama redobrada prudência, só podendo ser adotada depois de esgotados todos os meios para localizar o acusado.

Por isso, o esgotamento dos meios de localização é providência indispensável para validar a fictícia citação por edital.

Se o acusado tiver vários endereços nos autos, incluindo os constantes no inquérito, deve ser procurado em todos eles, sem qualquer exceção.

No mais, esgotadas as vias de procura, cabe a citação por edital.

A prova de que o réu não foi encontrado é a certidão lavrada pelo oficial de justiça encarregado da execução do mandado de citação pessoal que o considera "em lugar incerto e não sabido".

É nula, pois, a citação quando não for exarada tal certidão. Resultando incerteza quanto a estar o citando em lugar ignorado diante de uma certidão omissa ou incompleta, não se justifica a citação por edital, que deve ser considerada nula.

O réu preso no mesmo Estado, embora em comarca diversa, não pode ser citado por edital. Cabe ao juiz procurar, ao menos no seu Estado, pelos meios de controle que possui, se o acusado está preso em algum estabelecimento penitenciário. Negativa a resposta, pode-se fazer a citação editalícia. É o teor da Súm. nº 351 do STF: "É nula a citação por edital de réu preso na mesma unidade da Federação em que o juiz exerce sua jurisdição".

Havendo citação por edital, não comparecendo o réu, nem indicando advogado, o processo e o prazo prescricional devem ser suspensos (art. 366 do CPP).

Se o réu for citado pessoalmente, não se aplica a suspensão. Se não comparecer ao interrogatório, nem contratar advogado, declara-se sua ausência, nomeia-se defensor dativo (ou remete-se o caso à defensoria pública) e o processo segue normalmente o seu curso.

Não pode ser, no entendimento da doutrina dominante, suspensa indefinidamente, pois isso equivaleria a tornar o delito imprescritível, o que somente pode ocorrer por força de preceito constitucional, como acontece nos casos de racismo e de terrorismo.

Assim, por ausência de previsão legal, tem prevalecido o entendimento de que a prescrição fica suspensa pelo prazo máximo em abstrato previsto para o delito. Depois, começa a correr normalmente.

É o que se extrai da Súm. nº 415 do STJ, segundo a qual: "O período de suspensão do prazo prescricional é regulado pelo máximo da pena cominada". Isso significa que, no caso de furto simples, cuja pena máxima é de quatro anos, a prescrição não corre por oito anos. Expirado os oito anos, passa a correr o prazo prescricional de oito anos (considerando o máximo da pena cominada), ocasião em que, se passados os oito anos, o juiz pode julgar extinta a punibilidade do réu.

14.7 CITAÇÃO POR HORA CERTA

A citação por hora certa está prevista no art. 362 do CPP e ocorre quando o réu se oculta para não ser citado.

Na esfera penal, esse tipo de citação segue o procedimento previsto no novo Código de Processo Civil. Nos termos do novo Código de Processo Civil, especificamente nos arts. 252 a 254, quando, por duas vezes, o oficial de justiça houver procurado o citando em seu domicílio ou residência sem o encontrar, deverá, havendo suspeita de ocultação, intimar qualquer pessoa da família ou, em sua falta, qualquer vizinho de que, no dia útil imediato, voltará a fim de efetuar a citação, na hora que designar.

Nos termos do art. 253 do novo Código de Processo Civil, no dia e na hora designados, o oficial de justiça, independentemente de novo despacho, comparecerá ao domicílio ou à residência do citando a fim de realizar a diligência. Se o citando não estiver presente, o oficial de justiça procurará informar-se das razões da ausência, dando por feita a citação, ainda que o citando se tenha ocultado em outra comarca, seção ou subseção judiciárias.

A citação com hora certa será efetivada mesmo que a pessoa da família ou o vizinho que houver sido intimado esteja ausente, ou se, embora presente, a pessoa da família ou o vizinho se recusar a receber o mandado.

Da certidão da ocorrência, o oficial de justiça deixará contrafé com qualquer pessoa da família ou vizinho, conforme o caso, declarando-lhe o nome.

O oficial de justiça fará constar do mandado a advertência de que será nomeado curador especial se houver revelia.

Conforme o art. 254 do novo Código de Processo Civil, feita a citação com hora certa, o escrivão ou chefe de secretaria enviará ao réu, executado ou interessado, no prazo de dez dias, contados da data da juntada do mandado aos autos, carta, telegrama ou correspondência eletrônica, dando-lhe de tudo ciência.

15. PROCEDIMENTOS PROCESSUAIS PENAIS

15.1 CONCEITOS BÁSICOS

O procedimento é a ordem, o caminho que os atos devem respeitar, obedecer ou se desenvolver durante o processo penal. Por sua vez, o processo penal é muito mais amplo, é o instrumento que o Estado utiliza para exercer a jurisdição, desempenha um papel de garantir aos indivíduos que somente poderão ser responsabilizados criminalmente após o devido processo legal, respeitados o contraditório e a ampla defesa (art. 5º, LV, da CF).

O art. 394 do CPP dispõe que os procedimentos penais podem ser divididos em comum ou especial.

O procedimento especial é a exceção, possui regras próprias a serem observadas no trâmite processual, previsão no Código de Processo Penal ou na legislação especial. Alguns exemplos: procedimento especial para apuração dos crimes dolosos contra a vida (arts. 406 a 497 do CPP); crimes de responsabilidade dos funcionários públicos (arts. 513 a 518 do CPP); procedimento especial das ações penais originárias dos Tribunais (arts. 1º a 12 da Lei nº 8.038/1990); procedimento especial da Lei de Drogas (arts. 54 a 58 da Lei nº 11.343/2006), entre outros.

Vale ressaltar que a análise dos procedimentos deverá observar a seguinte regra: se o delito não se enquadrar como procedimento especial, deverá ser enquadrado no procedimento comum. Isto é, não sendo procedimento especial, deverá ser observada a pena máxima cominada ao delito para se realizar a devida adequação a algum dos procedimentos previstos no art. 394, § 1º, do CPP, conforme demonstrado a seguir.

15.2 PROCEDIMENTO COMUM

O procedimento comum divide-se em: *ordinário, sumário* e *sumaríssimo*. O critério adotado para diferenciá-los é a quantidade máxima de pena privativa de liberdade prevista ao tipo penal, da seguinte forma:

Procedimento comum (art. 394, § 1º, do CPP)	
Procedimento comum ordinário	Crimes cuja pena máxima seja igual ou superior a quatro anos
Procedimento comum sumário	Crimes cuja pena máxima seja inferior a quatro anos
Procedimento comum sumaríssimo	Infrações de menor potencial ofensivo – art. 61 da Lei nº 9.099/1995 *Observação:* Art. 94 do Estatuto do Idoso (Lei nº 10.741/2003)
Observação: Desde que não haja procedimento especial previsto no Código de Processo Penal ou em legislação extravagante.	

Dessa forma, por exemplo, um delito de roubo, previsto no art. 157 do CP, não se enquadra em hipótese alguma de procedimento especial, logo deverá observar o procedimento comum ordinário, visto que a pena máxima em abstrato estipulada é de dez anos.

Para adoção do procedimento comum, deve ser observada a existência de majorantes ou minorantes (causas de aumento ou diminuição de pena), as quais poderão interferir no procedimento a ser adotado.

> **Observação 1:** As disposições do *procedimento comum ordinário* aplicam-se subsidiariamente aos procedimentos *especiais, sumário* e *sumaríssimo* (art. 394, § 5º, do CPP). Logo, deverá ser objeto de estudo detalhado.

> **Observação 2:** Os processos que apurem a prática de *crime hediondo* terão *prioridade de tramitação* em *todas* as instâncias (art. 394-A do CPP). É uma regra geral, aplicando-se a todos os procedimentos.

15.3 PROCEDIMENTO COMUM ORDINÁRIO

Trata-se do procedimento destinado às infrações penais que possuem pena máxima igual ou superior a quatro anos, desde que não se enquadre em algum procedimento especial. Como exemplo, citam-se: crime de furto, estelionato, roubo, extorsão, estupro etc.

Inicialmente, conforme consta no art. 396 do CPP, oferecida a denúncia ou queixa, o juiz poderá rejeitar ou receber, inaugurando o processo penal.

Importante reforçar que, com as alterações provocadas pela Lei nº 13.964/2019 (Pacote Anticrime), uma das notáveis inovações foi a pretensão de separar as funções do magistrado durante a persecução criminal, introduzindo o denominado "juiz das garantias" e delimitando a atuação do "juiz da instrução". Conforme dispõe o art. 3º-B, XIV, do CPP, o juiz competente para decidir sobre a rejeição ou o recebimento da denúncia será o "juiz das garantias", o qual terá a atuação encerrada com o recebimento da denúncia (art. 3º-C, 1ª parte, do CPP). A partir desse momento, a condução do processo competirá a um juiz criminal diferente, ao chamado "juiz da instrução e julgamento", a quem incumbirá acompanhar a instrução processual e a apreciação do caso concreto.

Entretanto, atualmente, a implementação do denominado "juiz das garantias" e as demais modificações decorrentes à nova estrutura processual estão suspensas, em razão de uma decisão de caráter liminar proferida pelo Ministro Luiz Fux, em face de quatro ações diretas de inconstitucionalidade propostas no âmbito do Supremo Tribunal Federal.[2] Por consequência, o que se tem em vigência é a manutenção da estrutura processual penal brasileira

2 O Min. do STF, Luiz Fux, suspendeu, em 22-1-2020, a implementação do juiz das garantias e de seus consectários (arts. 3º-A, 3º-B, 3º-C, 3º-D, 3º-E e 3º-F do CPP) até que a questão seja apreciada pelo Plenário do Tribunal. Ver: Medida Cautelar na ADI nº 6.299 e ADIs nºs 6.298, 6.300 e 6.305.

com apenas um juiz criminal, que será competente para apreciar a peça acusatória e acompanhar o processo até a sentença.

Assim sendo, diante do oferecimento da peça acusatória, o juiz criminal poderá rejeitá-la nas hipóteses do art. 395 do CPP, quais sejam: inépcia da acusação, falta dos pressupostos ou condições para o exercício da ação penal ou falta de justa causa para a ação penal. Essas hipóteses já foram estudadas no item referente à ação penal. Não se esqueça de que da decisão que rejeita/não recebe a peça acusatória, como regra, caberá recurso em sentido estrito, nos termos do art. 581, I, do CPP.

Caso não seja hipótese de rejeição liminar, deverá o juiz receber a denúncia ou queixa, ordenar a citação do acusado para responder à acusação, por escrito, no prazo de dez dias. Registra-se que a decisão que recebe a acusação é irrecorrível.

15.3.1 Resposta à acusação – art. 396 do CPP

A resposta à acusação é a primeira manifestação escrita da defesa, que deverá observar o prazo de dez dias a contar da efetiva citação, nos termos da Súm. nº 710 do STF. Nessa defesa inicial, poderá o defensor arguir preliminares e alegar tudo o que interesse à sua defesa, como matérias que levem à absolvição sumária, as quais se encontram descritas no art. 397. No caso de citação por edital, o prazo para a defesa começará a fluir a partir do comparecimento pessoal do acusado ou do defensor constituído (art. 363, § 4º, do CPP).

Ainda, sob pena de preclusão, deverá ser arguida na defesa inicial, por exemplo, a nulidade por incompetência relativa do juízo, pois a absoluta pode ser arguida em qualquer tempo e grau de jurisdição.

Além da incompetência do juízo, este é o momento para arguir litispendência, coisa julgada, ilegitimidade de parte, suspeição do juízo, consoante o disposto nos arts. 108 e 109 do CPP. Inclusive, oferecer documentos e justificações, bem como especificar as provas pretendidas, arrolando testemunhas e qualificando-as, requerendo sua intimação, quando necessário.

Destaca-se que a resposta à acusação é peça obrigatória, nos termos do art. 396-A, § 2º, do CPP, pois, não apresentada a resposta no prazo legal, ou se o acusado, citado, não constituir defensor, o juiz nomeará defensor para oferecê-la, concedendo-lhe vista dos autos por dez dias. A não nomeação de defensor pelo juiz para oferecimento da defesa gerará nulidade absoluta.

15.3.2 Absolvição sumária – art. 397 do CPP

Apresentada a resposta à acusação, o juiz absolverá o acusado, nos termos do art. 397 do CPP, quando verificar:

1. **a existência manifesta de causa excludente da ilicitude do fato** (Ver: art. 23 do CP);
2. **a existência manifesta de causa excludente da culpabilidade do agente, salvo inimputabilidade;** (Ver: art. 22 do CP).

> **Observação:** Na hipótese em que a inimputabilidade se encontrar comprovada por exame de insanidade mental, o Código de Processo Penal não autoriza a absolvição sumária imprópria do agente, pois esta implicará a imposição de medida de segurança, o que poderá ser prejudicial ao acusado, visto que teria a aplicação de uma sanção penal sem a observância do devido processo legal.

3. que o fato narrado evidentemente não constitui crime;

Por exemplo, hipótese de aplicação do princípio da insignificância.

4. extinta a punibilidade do agente.

> **Observação:** Importante atentar para as diferenças entre as hipóteses de *rejeição* e *absolvição sumária*. A decisão de rejeição da denúncia ou queixa, em regra, produz *coisa julgada formal*, ou seja, sanado o vício, poderá ser oferecida nova acusação, desde que não extinta a punibilidade. Já a decisão de absolvição sumária gera *coisa julgada material*, não podendo ser proposta nova ação criminal.

15.3.3 Audiência de instrução e julgamento – art. 400 do CPP

A audiência de instrução e julgamento deverá ser realizada no prazo de 60 dias e somente será feita se não ocorrer a hipótese de absolvição sumária.

Em regra, o juiz que presidir a instrução processual deverá sentenciar, nos termos do art. 399, § 2º, do CPP, percebendo-se, portanto, a adoção do princípio da identidade física do juiz.

Nesse momento, em atenção ao devido processo legal, deve-se respeitar a ordem estabelecida pelo procedimento legal.

Primeiramente, ouve-se o *ofendido*; depois, as *testemunhas* de acusação; após, as de defesa. Pode ocorrer eventual inversão na ordem, desde que haja concorrência das partes. Se a inversão for determinada pelo juiz, havendo contrariedade de qualquer das partes, gera-se nulidade relativa.

O *número de testemunhas* que cada parte poderá arrolar é de *oito* por infração penal, não se incluindo nesse número aquelas que não prestarem compromisso ou as referidas, bem como aquelas que nada sabem a respeito da causa (arts. 209 e 401 do CPP).

Após a oitiva das testemunhas, serão oportunizadas as demais provas, como esclarecimento dos peritos, se previamente requerido; acareações (art. 229 do CPP) e reconhecimento de pessoas e coisas (arts. 226 e 227 do CPP).

O último será o *interrogatório do acusado*, que observará as regras dos arts. 185 a 196 do CPP. Terminado o interrogatório, passa-se à fase das diligências, passíveis de serem requeridas pelas partes cuja necessidade ou conveniência se origine de circunstâncias ou de fatos apurados na instrução.

Ordenada diligência considerada imprescindível, de ofício ou a requerimento da parte, a audiência será concluída sem as alegações finais. Realizada, em seguida, a diligência determinada, as partes apresentarão, no prazo sucessivo de cinco dias, suas *alegações finais*, por memorial, e, no prazo de dez dias, o juiz proferirá a *sentença*. Trata-se, portanto, de hipótese em que será autorizada a cisão da audiência única.

Não havendo requerimento de diligências, ou sendo indeferido, serão oferecidas alegações finais orais por 20 minutos, respectivamente, pela acusação e pela defesa, prorrogáveis por mais de 10 minutos, proferindo o juiz, a seguir sentença.

Havendo mais de um acusado, o tempo previsto para a defesa de cada um será individual. Ao assistente do Ministério Público, após a manifestação deste, serão concedidos 10 minutos, prorrogando-se por igual período o tempo de manifestação da defesa. Findas as alegações orais, o juiz deve, então, proferir sentença.

A regra no procedimento comum ordinário é a oralidade; porém, se existirem diligências imprescindíveis, como supramencionado, as partes não farão alegações finais orais, e sim deverão apresentar memoriais, no prazo de cinco dias, nos termos do art. 404, parágrafo único, do CPP. Da mesma forma, as alegações orais serão convertidas em memoriais no caso de complexidade da causa ou em razão do número de acusados. Nesse caso, o juiz terá o prazo de dez dias para proferir sentença.

Procedimento comum ORDINÁRIO (arts. 394 a 405 do CPP)

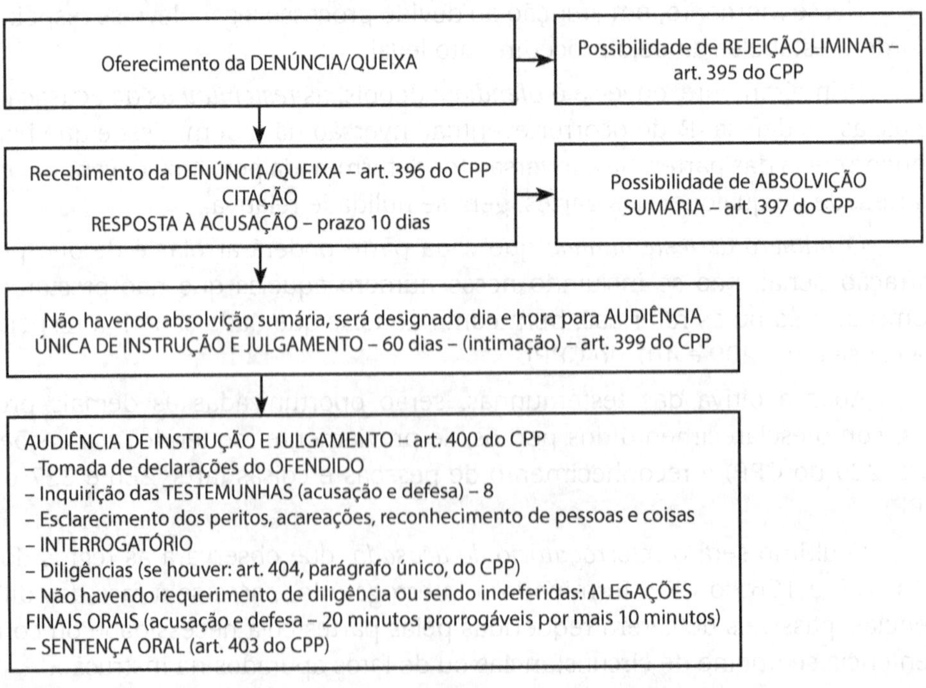

15.4 PROCEDIMENTO COMUM SUMÁRIO

O art. 394, § 1º, II, do CPP dispõe que o procedimento será o sumário quando tiver por objeto crime cuja sanção máxima cominada seja inferior a quatro anos de pena privativa de liberdade, *desde que* não constituam infrações de menor potencial ofensivo (contravenção e crime cuja pena cominada não seja superior a dois anos).

O procedimento comum sumário deverá observar os arts. 396 e 397 do CPP, acrescendo a parte específica dos arts. 531 a 538 do CPP. Vejamos:

1º) Oferecimento da denúncia ou queixa (art. 396 do CPP).

2º) O juiz analisará se não é caso de rejeição liminar da acusação, observando o art. 395 do CPP.

3º) Se não for caso de rejeição, o juiz receberá a denúncia ou queixa e ordenará a citação do acusado para responder à acusação, por escrito, no prazo de dez dias (art. 396). Da mesma forma que no procedimento comum ordinário, a resposta à acusação é peça obrigatória; passado o prazo de dez dias para o seu oferecimento, o juiz obrigatoriamente nomeará um defensor para realizar o ato.

4º) Com a resposta do acusado, o juiz analisará a possibilidade de absolvição sumária (art. 397 do CPP).

5º) Não sendo hipótese de absolvição sumária, o juiz designará dia e hora para a audiência de instrução e julgamento, a ser realizada no prazo máximo de 30 dias, ordenando a intimação do acusado, seu defensor, do Ministério Público e, se for o caso, do querelante e do assistente. A audiência será única, por força do princípio da concentração dos atos processuais.

6º) O juiz, na audiência de instrução e julgamento, a ser realizada no prazo máximo de 30 dias (art. 531 do CPP), proceder-se-á primeiramente à tomada de declarações do ofendido; em seguida, à inquirição das testemunhas arroladas pela acusação e pela defesa, em número de cinco, ressalvado o disposto no art. 222 do CPP (art. 532 do CPP). Após a oitiva das testemunhas, serão produzidas as demais provas, os esclarecimentos dos peritos, se previamente solicitado, as acareações, o reconhecimento de pessoas e coisas; por fim, o interrogatório do acusado.

7º) As alegações finais serão orais, concedendo-se a palavra, respectivamente, à acusação e à defesa, pelo prazo de 20 minutos, prorrogáveis por mais 10, proferindo o juiz, a seguir, sentença (art. 534 do CPP).

Havendo mais de um acusado, o tempo previsto para a defesa de cada um será individual (art. 534, § 1º, do CPP). Ao assistente do Ministério Público, após a manifestação deste, serão concedidos 10 minutos, prorrogando-se por igual período o tempo de manifestação da defesa (art. 534, § 2º, do CPP).

8º) Adiamento de ato processual: em regra, nenhum ato será adiado, salvo quando imprescindível a prova faltante, determinando o juiz a condução coercitiva de quem deva comparecer (art. 535 do CPP).

> **Observação:** Importante registrar que, em caso de infrações penais de menor potencial ofensivo, quando o Juizado Especial Criminal encaminhar ao juízo comum as peças existentes, por exemplo, em razão de não ter sido localizado acusado para citação ou no caso de complexidade da causa, será adotado o procedimento sumário para dar continuidade ao processo.

15.5 PROCEDIMENTO COMUM SUMARÍSSIMO

O procedimento sumaríssimo está previsto nos arts. 77 a 83 da Lei nº 9.099/1995 e destina-se, em regra, aos Juizados Especiais Criminais.

Os Juizados Especiais Criminais são competentes para o julgamento das *infrações de menor potencial ofensivo*, isto é, as contravenções penais e os crimes a que a lei comine pena máxima não superior a dois anos, cumulada ou não com multa, nos termos do art. 61 da Lei nº 9.099/1995.

O processo perante esses Juizados deverá observar os *critérios* da oralidade, simplicidade, informalidade, economia processual e celeridade, e ter como *objetivos*, sempre que possível, a reparação dos danos sofridos pela vítima e a aplicação de pena não privativa de liberdade. Para memorizar os critérios, orienta-se a lembrança da sigla: **CEIOS** (art. 62 da Lei nº 9.099/1995).

C	Celeridade
E	Economia processual
I	Informalidade
O	Oralidade
S	Simplicidade

A competência é determinada pelo lugar em que foi praticada a infração penal. Importante destacar que há situações em que a competência desses Juizados poderá ser afastada, remetendo-se a questão para o julgamento perante uma Vara Criminal. Vejamos:

- quando o acusado não for localizado para citação – art. 66, parágrafo único, da Lei nº 9.099/1995;
- nos casos em que a complexidade ou circunstâncias do caso não permitirem a formulação de acusação – art. 77, §§ 2º e 3º, da Lei nº 9.099/1995;
- quando ocorrer conexão ou continência com crimes da competência do Tribunal do Júri ou outras Varas Criminais – art. 60, parágrafo único, da Lei nº 9.099/1995;
- quando, nos casos de concursos de crimes, as penas máximas somadas extrapolarem o conceito de infração de menor potencial ofensivo.

O afastamento da competência do Juizado Especial Criminal implica a adoção do procedimento sumário, na maioria das vezes, conforme consta no art. 538 do CPP, excetuando os casos em que houver conexão ou continência com delitos mais graves, como dispõe o art. 60 da Lei nº 9.099/1995.

Há situações em que a própria legislação afasta a aplicação da Lei nº 9.099/1995, como ocorre no art. 41 da Lei Maria da Penha, Lei nº 11.340/2006, em que não se aplicam as disposições do Juizado Especial Criminal (JECrim).

Diante desse contexto, a fim de imprimir maior celeridade na solução dos conflitos, há duas fases bem delineadas no âmbito dos Juizados Criminais: uma primeira fase denominada *preliminar ao processo* e outra destinada ao *procedimento sumaríssimo*.

1ª) Fase preliminar

Primeiramente, quando a autoridade policial tomar conhecimento da prática de uma infração de menor potencial ofensivo, lavrará o denominado *termo circunstanciado*, nos termos do art. 69 da Lei nº 9.099/1995, encaminhando de imediato o autor ao Juizado Especial Criminal ou determinando que este assuma o compromisso de comparecer quando intimado. O termo circunstanciado substitui o inquérito policial, visando maior celeridade, simplicidade, enfim é um instrumento que se orienta pelos critérios do art. 62 da Lei nº 9.099/1995.

Após ser concluído o termo circunstanciado, será encaminho ao respectivo Juizado. Em seguida, as partes, caso não tenham sido comunicadas, serão intimadas na forma dos arts. 67 e 68 da Lei nº 9.099/1995 para comparecerem à *audiência preliminar*.

Na *audiência preliminar*, serão oferecidas as medidas despenalizadoras denominadas *composição civil dos danos* e *transação penal*, como se vê nos arts. 74 a 76 da Lei nº 9.099/1995.

A *composição civil dos danos* é um acordo de natureza civil, que, se realizado pelas partes no caso de ação penal privada ou pública condicionada à representação, resultará na extinção da punibilidade. Nos casos de ação penal pública incondicionada, a composição dos danos não gera nenhuma consequência no tocante à punibilidade, dando-se continuidade ao trâmite legal.

Em caso de não haver a composição civil, ou sendo o caso de ação penal incondicionada, e em qualquer situação não caracterizar possibilidade de arquivamento, será oportunizada, ainda na audiência preliminar, a *transação penal*, que se constituiu numa proposta de aplicação de pena restritiva de direito ou pena de multa para evitar que haja processo penal.

A transação é instituto extremamente importante, pois evita o processo e não gera reincidência ou maus antecedentes. Todavia, o autor do fato não poderá ter usufruído de outra transação nos últimos cinco anos, bem como não pode ter sido condenado definitivamente a crime anterior por pena privativa de liberdade, e as circunstâncias, como antecedentes, conduta social, personalidade, devem indicar a possibilidade da medida.

O cumprimento da transação penal resulta na extinção da punibilidade, já o descumprimento resulta na retomada da situação no momento que parou, podendo, inclusive, ser oferecida ação penal (Súm. Vinc. nº 35 do STF).

Atente-se para o fato de que a audiência preliminar, como o próprio nome remete, precede à fase processual, logo somente haverá *procedimento sumaríssimo* se não houver adoção de nenhuma das medidas anteriores.

2ª) Fase processual

Observe que, ainda na *audiência preliminar*, não sendo realizado nenhum acordo ou aceitação de pena restritiva ou pena multa (transação), será *oferecida de forma oral a acusação*, que poderá ser uma denúncia ou queixa-crime a depender da situação, conforme consta no art. 77 da Lei nº 9.099/1995. Perceba que, nesse momento, iniciamos o *procedimento sumaríssimo*, ou seja, a fase processual, até então não havia menção à acusação, somente à proposta de alguma medida despenalizadora (composição ou transação), para evitar justamente chegarmos à via processual.

Após o oferecimento oral da acusação, será reduzida a termo, e o acusado, caso presente na audiência, será *citado pessoalmente*, no Juizado Especial Criminal, e imediatamente cientificado da designação de dia e hora para a audiência de instrução e julgamento, da qual também tomarão ciência o Ministério Público, o ofendido, o responsável civil e seus advogados. Caso o acusado não esteja presente, será citado na forma do art. 66 da Lei, por mandado a ser cumprido pelo Oficial de Justiça.

Destaca-se que no âmbito do Juizado especial criminal a *citação é pessoal*, não se admitindo citação por edital, sendo inclusive uma hipótese de remessa do procedimento para uma Vara Criminal, afastando-se assim a competência.

Dando continuidade, na *audiência de instrução e julgamento* (art. 81), a ordem dos atos difere do procedimento comum ordinário. Vejamos:

Audiência de instrução e julgamento (art. 81)

- proposta de composição ou transação, se não tiverem sido propostas;
- *palavra ao defensor* para responder à acusação;
- *juiz decide se receberá, ou não*, a denúncia ou queixa;
- em caso de recebimento, serão ouvidas a vítima e as testemunhas de acusação e defesa;
- após, o acusado será interrogado, se presente;
- debates orais (acusação e defesa);
- sentença.

Durante a audiência de instrução, é possível verificar a oralidade bastante presente, visto que a resposta à acusação é oral. Outra observação interessante é que a citação é feita antes do *recebimento da acusação*, pois este é em audiência e na forma oral. Chama-se a atenção também para o fato de que, se o juiz optar por rejeitar a denúncia ou queixa, no âmbito do Juizado Especial Criminal, caberá *o recurso de apelação*, nos termos do art. 82 da Lei nº 9.099/1995. Inclusive, o prazo da apelação neste procedimento é *dez dias*.

Por fim, o procedimento sumaríssimo é, em regra, destinado às infrações de menor potencial ofensivo, todavia o Estatuto do Idoso (Lei nº 10.741/2003) prevê, no seu art. 94, que se aplica o sumaríssimo aos crimes previstos naquele estatuto cuja *pena máxima privativa de liberdade não ultrapasse quatro anos*, fugindo à regra geral de aplicação somente às infrações de menor potencial ofensivo.

Importante destacar o instituto da *suspensão condicional do processo* que, embora esteja previsto no art. 89 da Lei nº 9.099/1995, é aplicável em *todos os procedimentos processuais, desde que não haja vedação legal*.

A aplicação da suspensão condicional do processo deverá se destinar aos crimes em que a pena mínima prevista ao delito não ultrapasse um ano, desde que o acusado não esteja sendo processado por outro crime, não tenha sido condenado por outro crime e a culpabilidade, os antecedentes, os motivos e as circunstâncias do crime autorizem a concessão do instituto. Logo, é possível que uma pessoa acusada pelo delito de aborto, previsto no art. 124 do CP, obtenha a suspensão do processo, da mesma forma que uma pessoa que esteja respondendo por estelionato, art. 171 do CP, desde que preencha os demais requisitos do art. 89 da Lei nº 9.099/1995.

> **Observação: Não se aplica** a suspensão condicional do processo e a transação penal para os crimes praticados no âmbito da violência doméstica. Ver: Súm. nº 536 do STJ e art. 41 da Lei nº 9.099/1995.

15.6 PROCEDIMENTO ESPECIAL DOS CRIMES DOLOSOS CONTRA A VIDA

O procedimento destinado para processar e julgar crimes dolosos contra a vida é um procedimento especial, conforme consta no art. 394, § 3º, do CPP. Além da previsão no art. 5º, XXXVIII, da CF, o Código de Processo Penal regula os atos nos arts. 406 a 497 do CPP.

Trata-se de um procedimento bifásico, assim estabelecido:

1. a primeira fase se inicia legalmente com o oferecimento da denúncia, encerrando-se com a decisão de pronúncia *pelo juiz da instrução* (*judicium accusationis* ou sumário de culpa);

2. a segunda tem início com o recebimento dos autos pelo juiz presidente do Tribunal do Júri, e termina com o julgamento pelo Tribunal do Júri (*judicium causae*).

a) Procedimento da primeira fase – judicium accusationis – arts. 406 a 421 do CPP

A chamada fase da acusação é muito similar à ordem estabelecida ao procedimento comum ordinário. Nesse momento, não falamos em jurados, tão somente numa admissibilidade ou não de uma acusação de um crime doloso contra a vida.

Dessa forma, ao receber a denúncia ou queixa, é determinada a citação do acusado, com a abertura do prazo para a defesa responder à acusação, no prazo de dez dias.

Nesse momento, a defesa poderá arguir preliminares e alegar tudo que interesse à sua defesa, oferecer documentos e justificações, especificar as provas pretendidas e arrolar testemunhas, até o máximo de oito, qualificando-as e requerendo sua intimação, quando necessário; as exceções são processadas em apartado.

A resposta à acusação é peça indispensável também no procedimento do Júri, ou seja, não apresentada a resposta no prazo legal, o juiz nomeará defensor para oferecê-la em até dez dias, concedendo-lhe vista dos autos.

Observe que nesse procedimento, conforme o art. 409 do CPP, apresentada a defesa, o juiz ouvirá o Ministério Público ou o querelante sobre preliminares e documentos, em cinco dias. É uma espécie de oportunização de contraditório à acusação, o que difere da regra geral.

Logo após, *sem a possibilidade expressa em lei* de o juiz, aqui no procedimento do Júri, evitar a continuidade do processo, efetuando a absolvição sumária antes da audiência de instrução, como ocorre em outros procedimentos, o legislador determinou que fosse realizada a *audiência de instrução*, nos termos do art. 411 do CPP.

Para tanto, o juiz determinará a inquirição das testemunhas e a realização das diligências requeridas pelas partes, no prazo máximo de dez dias. Os esclarecimentos dos peritos dependerão de prévio requerimento e de deferimento pelo juiz. Todas as provas serão produzidas em uma só audiência, podendo o juiz indeferir as consideradas irrelevantes, impertinentes ou protelatórias.

Nenhum ato será adiado, salvo quando imprescindível à prova faltante, determinando o juiz a condução coercitiva de quem deva comparecer.

A audiência terá a seguinte ordem: 1ª) declarações do ofendido, se possível; 2ª) declarações de testemunhas; 3ª) interrogatório do acusado; 4ª) debates; 5ª) decisão.

Durante as alegações orais, concede-se a palavra, respectivamente, à acusação e à defesa, pelo prazo de 20 minutos, prorrogáveis por mais 10; havendo mais de um acusado, o tempo previsto para a acusação e a defesa de cada um deles será individual; ao assistente do Ministério Público, após a manifestação deste, serão concedidos 10 minutos, prorrogando-se por igual período o tempo de manifestação da defesa.

Importante registrar que ao final da instrução pode-se constatar que os fatos narrados na denúncia ou queixa não coincidem com as provas colhidas, podendo incidir o instituto da *mutatio libelli* (art. 411, § 3º, do CPP). Portanto, pode ser necessário adaptar a peça acusatória ao contexto das provas produzidas, evitando-se qualquer surpresa ao réu, seguindo-se o disposto no art. 384 do CPP.

Finda a instrução do processo nessa primeira fase do procedimento do Júri, cuidando de crimes dolosos contra a vida e infrações conexas, o magistrado possui quatro opções para decidir:

Pronúncia	Impronúncia	Absolvição sumária	Desclassificação
Art. 413 do CPP	Art. 414 do CPP	Art. 415 do CPP	Art. 419 do CPP

- *Pronúncia:* é uma decisão interlocutória mista não terminativa, que julga admissível a acusação, remetendo o caso à apreciação do Tribunal do Júri. Na pronúncia, há um mero juízo de prelibação, pelo qual o juiz admite a acusação, porém sem penetrar no exame do mérito. No caso de o juiz se convencer da existência do crime e de indícios suficientes da autoria, deve proferir sentença de pronúncia, fundamentando os motivos de seu convencimento de forma comedida, pois, lembre-se, ele não está julgando o crime, pois o julgamento será feito pelos jurados na segunda fase. Da decisão de *pronúncia* o recurso cabível será o *recurso em sentido estrito*, nos termos do art. 581, IV, do CPP.
- *Impronúncia:* é a decisão interlocutória mista de conteúdo terminativo, visto que encerra a primeira fase, deixando de inaugurar a segunda, sem haver juízo de mérito. Assim, se o juiz não estiver convencido da materialidade do fato ou não havendo indícios suficientes de autoria, deve impronunciar o réu. Destaca-se que, como a impronúncia não é um julgamento de mérito, enquanto não estiver extinta a punibilidade, poderá ser proposta *nova ação penal*. Da decisão de *impronúncia* o recurso cabível será o de *apelação*, nos termos do art. 416 do CPP.
- *Absolvição sumária:* diferentemente das demais decisões, essa decisão exige um juízo de certeza e ocorrerá quando estiver provada a inexistência do fato, provado não ser o réu autor ou partícipe do fato, o fato não constituir infração penal ou estiver demonstrada causa de isenção de pena ou de exclusão do crime. No caso de inimputáveis, a absolvição sumária só é possível, agora por disposição expressa, se a inimputabilidade for a única tese defensiva. Da decisão de *absolvição sumária* o recurso cabível será o de *apelação*, nos termos do art. 416 do CPP.
- *Desclassificação:* a decisão de desclassificação ocorre quando o juiz se convencer, em discordância com a acusação, da existência de crime não doloso contra a vida e se, não for competente para o julgamento, remeterá os autos ao juiz que o seja, ficando à disposição deste o acusado preso. Por exemplo, após a instrução ficou evidenciado que não se tratava de hipótese de tentativa de homicídio, e sim da prática do delito de lesão, ou seja, que não havia *animus necandi* e a intenção

evidente era de lesionar. Da decisão de *desclassificação* caberá *recurso em sentido estrito*, nos termos do art. 581, II, do CPP.

b) Procedimento da segunda fase do Júri – judicium causae – arts. 422 a 497 do CPP

A segunda fase do Tribunal do Júri é aquela que ocorre com a participação dos jurados, com o objetivo de realizar o julgamento efetivo da acusação pelo júri popular.

O Tribunal do Júri, em conformidade com o art. 447 do CPP, é composto por um juiz togado, seu presidente, e 25 jurados, sorteados entre os previamente alistados na forma do art. 425 do CPP. Desses 25 jurados, serão sorteados **7**, que formarão o chamado Conselho de Sentença.

No dia determinado para a sessão de julgamento, deverão comparecer, no mínimo, 15 jurados daqueles 25 convocados (arts. 447 e 463 do CPP), para que seja feito o sorteio do Conselho de Sentença. Formado o referido Conselho, será iniciada a instrução em Plenário (art. 473 do CPP).

A *instrução em plenário* segue a mesma ordem que o procedimento comum ordinário, vejamos: inicialmente, será ouvido o *ofendido*, se possível; após as *testemunhas* de acusação e defesa, nessa ordem (lembrando que, nessa segunda fase, o número de testemunhas é de cinco para cada parte); em seguida, oportuniza-se a oitiva dos peritos, se previamente requerido, as acareações, o reconhecimento de pessoas e coisas; por fim, procede-se ao *interrogatório do acusado*.

Após a instrução, iniciam-se os *debates orais*, sendo concedida a palavra primeiramente à acusação e após à defesa, sendo o tempo destinado para cada parte de *uma hora e meia*. Além disso, poderá a acusação replicar e a defesa treplicar, utilizando-se do tempo de *uma hora* cada parte. Havendo mais de um acusado, o tempo para a acusação e a defesa será acrescido de uma hora e elevado ao dobro o da réplica e da tréplica.

Observação: A decisão de pronúncia limita acusação, não podendo, durantes os debates orais, a acusação ultrapassar os limites ali previstos. Por exemplo, não poderá ser sustentado durante os debates orais qualificadoras não descritas na pronúncia, ainda que a acusação acredite na pertinência da argumentação. Outra questão importante é que durante os *debates orais* não poderão as partes, sob pena de nulidade, fazer referência à decisão de pronúncia ou de decisão posterior que a tenha confirmado como argumento de autoridade (art. 478 do CPP).

Outro ponto que não se pode olvidar é que somente poderão ser mostrados no Plenário do Júri documentos juntados até *três dias úteis* antes do julgamento, dando-se ciência à outra parte, conforme determina o art. 479 do CPP.

Após os debates, estando os jurados habilitados para o julgamento, o Conselho de Sentença será questionado sobre matéria de fato e se o acusado deve ser absolvido, por meio de quesitos que serão formulados pelo juiz presidente (art. 483 do CPP). A sentença será proferida após o julgamento pelos jurados e com base na decisão tomada por maioria de votos (art. 489 do CPP).

A sentença proferida pelo juiz presidente deverá obedecer ao regramento do art. 492 do CPP, qual seja, no caso de condenação, fixar a pena-base com observância às circunstâncias agravantes e atenuantes e eventuais causas de aumento e diminuição, além das demais determinações do art. 387 do CPP.

Ainda, em caso de condenação, é competência do juiz presidente determinar a prisão do condenado, se presentes os requisitos da prisão preventiva previstos no art. 312 do CPP.

Entretanto, **com a publicação da Lei nº 13.964/2019 (Pacote Anticrime)**, foi inserida a regra de **execução provisória de sentença nos processos julgados pelo Tribunal do Júri** quando a **pena cominada na sentença condenatória for igual ou superior a 15 anos** (art. 492, I, *e*, 2ª parte), sem prejuízo do conhecimento de eventual recurso a ser interposto.

Por fim, destaca-se que da *sentença do juiz presidente* caberá o *recurso de apelação*, nos termos do art. 593, III, do CPP. Inclusive, a sentença que dispuser sobre condenação igual ou superior a 15 anos admitirá igualmente a interposição de apelação; todavia, de acordo com a nova redação do art. 492, § 4º, do CPP, esse recurso, em regra, não terá efeito suspensivo. Entretanto, poderá ser concedido o efeito suspensivo, em caráter excepcional, situação que será estudada no tópico **17.4.6**, quando tratarmos dos *Efeitos da apelação*.

16. NULIDADES

16.1 NOÇÕES GERAIS

Nulidade é o vício que contamina determinado ato processual, praticado sem a observância da forma prevista em lei, podendo invalidar o ato ou o processo, no todo ou em parte. Portanto, é exigência do devido processo legal (art. 5º, LIV, da CF), que a forma seja obedecida a fim de resguardar o direito de defesa e o contraditório.

16.2 NULIDADES ABSOLUTAS E RELATIVAS

Nulidades absolutas são aquelas que devem ser proclamadas pelo magistrado, de ofício ou a requerimento de qualquer das partes, pois violam normas de interesse público. Já as nulidades relativas são aquelas que somente serão reconhecidas caso arguidas pela parte interessada, que deverá demonstrar o prejuízo sofrido pela inobservância da formalidade legal prevista para ato realizado.

Se o ato, ainda que produzido de forma irregular, atingiu a sua finalidade, inexiste razão para anulá-lo (art. 563 do CPP).

Exige-se tenha a parte prejudicada pela nulidade interesse no seu reconhecimento. Logo, não pode ser ela a geradora do defeito (art. 565 do CPP).

16.3 NULIDADE IRRELEVANTE

É possível haver um ato processual praticado sem as formalidades legais que, no entanto, foi irrelevante para chegar-se à verdade real no caso julgado. Assim, preserva-se o ato praticado e mantém-se a regularidade do processo (art. 566 do CPP).

16.4 ANULAÇÃO DOS ATOS DECISÓRIOS – ART. 567

Segundo maioria da doutrina, somente em casos de incompetência relativa (territorial) podem-se aproveitar os atos instrutórios, que serão ratificados (art. 108, § 1º, do CPP), anulando-se os decisórios para que sejam renovados pelo juízo competente.

16.5 CONVALIDAÇÃO DO ATO IRREGULAR: REGRAS ESPECIAIS

O Código de Processo Penal estabelece algumas regras específicas para que isso se dê, entre as quais a que prevê a possibilidade de regularização dos atos processuais praticados, com a participação de representante ilegítimo na sua constituição (pressuposto processual), e não para causa, mediante a simples ratificação do que foi realizado. Regulariza-se a representação e, em seguida, colhe-se a ratificação (art. 568 do CPP).

16.6 OMISSÕES DA DENÚNCIA OU QUEIXA

Segundo o art. 569 do CPP, as omissões da denúncia ou da queixa, da representação, poderão ser supridas a todo o tempo, antes da sentença final.

16.7 VÍCIOS PROCESSUAIS ARROLADOS NO ART. 564 DO CPP

16.7.1 Vícios referentes à jurisdição e à competência

a) Incompetência

A competência absoluta (em razão da matéria e de foro privilegiado) não admite prorrogação; logo, se infringida, é de ser reconhecido o vício como nulidade absoluta.

b) Suspeição

Se houver suspeição do juiz, caberá às partes, se o próprio magistrado não se abstiver de funcionar no feito, argui-la, nos termos do art. 98 do CPP. Reconhecida a suspeição, ficarão nulos todos os atos (probatórios e decisórios), como estabelece o art. 101 do CPP. Os motivos legais de suspeição estão elencados no art. 254 do CPP.

17.7.2 Vícios referentes à ilegitimidade da parte

Tratando-se de ilegitimidade do representante da parte, poderão ser sanados antes da sentença, com a simples ratificação dos atos processuais (art. 564, II, do CPP).

17.7.3 Falta de atos essenciais ou termos (art. 564, III, do CPP)

Há, no processo, atos considerados essenciais, imprescindíveis para a validade da relação processual. São assim considerados porque a omissão (do ato) de qualquer deles é nulidade absoluta. São atos estruturais, ou essenciais, os alinhados no inc. III do art. 564. Faz-se exceção àqueles elencados nas letras *d* e *e*, segunda parte, e, finalmente, *g* e *h* desse mesmo inciso. O próprio legislador admitiu sanar esses atos, nos termos do art. 572 do CPP. O inc. IV do art. 564 do CPP cuida da omissão da formalidade que constitua elemento essencial do ato.

a) Denúncia ou queixa e a representação (art. 564, III, *a*, do CPP): a falta de denúncia ou de queixa impossibilita o início da ação penal, razão pela qual esse inciso, na realidade, refere-se à ausência das fórmulas legais previstas para essas peças processuais. Uma denúncia ou queixa formulada sem os requisitos indispensáveis (art. 41 do CPP) certamente é nula.

   Representação: a falta de representação pode gerar nulidade, pois termina provocando ilegitimidade para o órgão acusatório agir. Entretanto, é possível convalidá-la, se dentro do prazo decadencial.

b) Exame de corpo de delito – art. 564, III, *b*: quando o crime deixa vestígios, é indispensável a realização do exame de corpo de delito, direto ou indireto, conforme preceitua o art. 158 deste Código.

Assim, havendo um caso de homicídio, por exemplo, sem laudo necroscópico, nem outra forma válida de produzir a prova de existência da infração penal, deve ser decretada a nulidade do processo. Trata-se de nulidade absoluta.

c) Defesa do réu – art. 564, III, *c*, do CPP: preceitua a Constituição Federal que "aos litigantes, em processo judicial ou administrativo, e aos acusados em geral são assegurados o contraditório e ampla defesa, com os meios e recursos a ela inerentes" (art. 5º, LV, da CF).

Nessa esteira, o Código de Processo Penal prevê que "nenhum acusado, ainda que ausente ou foragido, será processado ou julgado sem defensor" (art. 261 do CPP). Assim, a falta de defesa é motivo de nulidade absoluta.

c.1) Não nomeação de defensor dativo: é caso de nulidade absoluta.

c.2) Ausência de defesa ou deficiência de defesa: Súm. nº 523 do STF: "No processo penal, a falta de defesa constitui nulidade absoluta, mas a sua deficiência só o anulará se houver prova de prejuízo para o réu".

d) Falta de intervenção do Ministério Público – art. 564, III, *d*, do CPP: é causa de nulidade se o representante do Ministério Público não interferir nos feitos por ele intentados (ação pública), bem como naqueles que foram propostos pela vítima, em atividade substitutiva do Estado-acusação (ação privada subsidiária da pública) e nas ações privadas.

e) Falta ou nulidade da citação do réu para se ver processar (ampla defesa e contraditório e interrogatório) – art. 564, III, *e*, do CPP.

e.1) Citação: se o réu não for citado ou se a citação for feita em desacordo com as normas processuais, prejudicando ou cerceando o réu, é motivo para anulação do feito a partir da ocorrência do vício. Trata-se de nulidade absoluta.

A falta ou a nulidade da citação estará sanada desde que o interessado compareça antes de o ato consumar-se (art. 570 do CPP).

Porém, haverá nulidade insanável se a falta de citação prejudicar a defesa do acusado, não sendo possível a convalidação do vício apenas pelo comparecimento do réu ao ato.

e.2) Interrogatório – art. 564, III, *e*, do CPP.

O interrogatório, sendo ato fundamental – mesmo que não imprescindível –, deve sempre ser realizado quando o acusado estiver presente, em qualquer momento do procedimento, a fim de que ele, no exercício de sua defesa pessoal, possa apresentar diretamente a sua versão a respeito do fato, influindo sobre o convencimento do juiz. Por isso, o CPP, estatui, no art. 564, III, *e*, que há nulidade na falta de interrogatório do réu presente. Cuida-se de nulidade insanável.

e.3) Concessão de prazos à acusação e à defesa: ao longo da instrução, vários prazos para manifestações e produção de provas são concedidos às partes. Deixar de fazê-lo pode implicar um cerceamento de acusação ou de defesa, resultando em nulidade relativa, ou seja, se houver prejuízo demonstrado.

f) Decisão de pronúncia – art. 564, III, *f*, do CPP: com a abolição do libelo, a alínea *f* fica restrita à pronúncia.

g) Intimação do réu para a sessão de julgamento pelo Tribunal do Júri – art. 564, III, *g*, do CPP.

Tornou-se possível a realização do julgamento em plenário do Tribunal do Júri, mesmo estando o réu ausente (art. 457). Entretanto, é direito do acusado ter ciência de que se realizará a sessão, podendo exercer o seu direito de comparecimento. Logo, a falta de intimação pode gerar nulidade, porém relativa.

Por outro lado, se o acusado, ainda que não intimado, comparecer para a sessão, supera-se a falta de intimação, pois a finalidade da norma processual foi atingida, que é permitir sua presença diante do júri.

h) Intimação de testemunhas – art. 564, III, *h*: com a abolição do libelo, as partes poderão arrolar suas testemunhas (máximo cinco para cada uma das partes), conforme dispõem os arts. 422 e 423 do CPP. Se não forem intimadas e, sem embargo, comparecerem, a nulidade será considerada sanada, nos termos do art. 572 do CPP. Não comparecendo, por não terem sido intimadas, a nulidade é absoluta.

i) Instalação da sessão do júri – art. 564, III, *i*, do CPP: trata-se de norma cogente, implicando nulidade absoluta a instalação dos trabalhos, no Tribunal do Júri, com menos de 15 jurados.

j) Incomunicabilidade dos jurados – art. 564, III, *j*, do CPP: é causa de nulidade absoluta a comunicação dos jurados, entre si, sobre os fatos relacionados ao processo, ou com o mundo exterior – pessoas estranhas ao julgamento –, sobre qualquer assunto.
k) Inexistência dos quesitos e suas respostas – art. 564, III, *k*, do CPP. Súm. nº 156 do STF: "É absoluta a nulidade do julgamento pelo júri, por falta de quesito obrigatório".
l) Acusação e defesa no julgamento pelo Tribunal do Júri – art. 564, III, *l*, do CPP.
m) Ausência da sentença – art. 564, III, *m*, do CPP.
n) Recurso de ofício – art. 564, III, *n*, do CPP: na verdade, cuida-se do duplo grau de jurisdição necessário. Em determinadas hipóteses, impôs a lei que a questão, julgada em primeiro grau, seja obrigatoriamente revista por órgão de segundo grau. A importância do tema faz com que haja dupla decisão a respeito. Ex.: a sentença concessiva de *habeas corpus* (art. 574, I, do CPP). O desrespeito a esse dispositivo faz com que a sentença não transite em julgado, implicando a nulidade absoluta dos atos que vierem a ser praticados após a decisão ter sido proferida. Caso a parte interessada apresente recurso voluntário, supre-se a falta do recurso de ofício.
o) Intimação para recurso – art. 564, III, *o*: as partes têm direito a recorrer de sentenças e despachos, quando a lei prevê a possibilidade, motivo pelo qual devem ter ciência do que foi decidido. Omitindo-se a intimação, o que ocorrer, a partir daí, é nulo, por evidente cerceamento de acusação ou de defesa, conforme o caso.

Nos termos do art. 564, IV, do CPP, haverá nulidade por omissão de formalidade que constitua elemento essencial do ato. Por exemplo, regularização da falta ou nulidade da citação, intimação ou notificação – estabelece o art. 570 do CPP o comparecimento do interessado, ainda que somente com o fim de arguir a irregularidade, sanar a falta ou nulidade da citação, intimação ou notificação.

Por fim, o Pacote Anticrime introduziu o inc. V no art. 564 do CPP, dispondo que ocorrerá nulidade quando a decisão for carente de fundamentação, o que vem ao encontro do art. 93, IX, da CF.

17. RECURSOS EM PROCESSO PENAL

17.1 CONCEITOS BÁSICOS

Recurso é o meio processual adequado para impugnar decisões judiciais dentro de uma mesma relação jurídica, provocando o reexame das questões. Recorre-se da decisão de um julgador/órgão julgador, que será chamado de juízo *a quo*, e outro órgão jurisdicional apreciará o recurso, que, nesse caso, será chamado de juízo *ad quem*.

17.2 PRESSUPOSTOS RECURSAIS

Classificam-se em *subjetivos e objetivos*.

a) Pressupostos recursais subjetivos: interesse e legitimidade

Não será admitido recurso em processo penal da parte que não tenha interesse na reforma da decisão (art. 577, parágrafo único, do CPP). Eventualmente é questionado em prova: é possível o réu absolvido recorrer? A resposta é no sentido de que se existir interesse na alteração dos fundamentos indicados no art. 386 do CPP seria possível, por exemplo, buscar alterar a hipótese de absolvição, visando evitar uma eventual ação indenizatória no juízo civil.

Em relação à legitimidade, no processo penal temos o que chamamos de *legitimidade múltipla*, em que o Ministério Público, o querelante, o réu, seu procurador ou defensor poderão recorrer. Inclusive, em determinados casos a vítima, ou quem legalmente a represente ou as pessoas do art. 31 do CPP, poderá recorrer, ainda que não tenha se habilitado como assistente de acusação. Por exemplo, no caso do art. 598 do CPP.

b) Pressupostos recursais objetivos: previsão legal, adequação e tempestividade

O pressuposto recursal da *previsão legal* corresponde à existência do recurso em matéria penal, ou seja, se há previsão na legislação processual penal do recurso em questão. Por exemplo, aqui no processo penal não há previsão do chamado recurso de revista, utilizado em matéria trabalhista.

Já a *adequação* pressupõe que, entre os recursos previstos na legislação, o recurso utilizado esteja observando o seu adequado cabimento.

A *tempestividade* também é um pressuposto recursal objetivo. Todo recurso deverá observar o prazo legal: os prazos são peremptórios e, se não observados, resultam em intempestividade, ausência do requisito. A contagem do prazo se dá na forma do art. 798 do CPP, excluindo o dia da ciência e computando o último. Para tanto, devemos observar as seguintes regras: a) o primeiro dia sempre terá que ser um dia útil; b) se o último dia não for útil, como sábado, domingos, ou feriados, prorroga-se para o próximo dia útil; c) em regra, os prazos não se interrompem, nem suspendem; d) a contagem é diferente daquela que se faz no processo civil.

Terça	Quarta	Quinta	Sexta	Sábado	Domingo	Segunda
	Intimação (prazo: 5 dias)	1º dia do prazo	2º dia	3º dia	4º dia	5º dia **FIM DO PRAZO**
			Intimação	-	-	1º DIA DO PRAZO
Intimação (prazo: 5 dias)	1º dia do prazo	2º dia	3º dia	4º dia	5º dia ÚLTIMO DIA DO PRAZO	**FIM DO PRAZO**

Para reforçar o estudo, é preciso se ater ao conteúdo da Súm. nº 710 do STF, que reitera a informação de que no processo penal os prazos são contados da ciência, e não da juntada aos autos de eventuais mandados. Da mesma forma, a Súm. nº 310 do STF reforça a ideia ilustrada na tabela que, se a intimação ocorrer na sexta, o início da contagem se dará somente na segunda, pois é o dia útil subsequente ao da intimação, e o início somente poderá ocorrer em dias úteis.

Por fim, de um modo geral, pode-se dizer que a lei prevê diversos prazos diferentes para **interposição dos recursos em matéria processual penal**, observando-se que o prazo mais comum é o prazo de cinco dias:

Prazo	Recursos - Interposição
48 horas	Carta Testemunhável
2 dias	Embargos Declaratórios no Código de Processo Penal
5 dias	Apelação, Recurso em Sentido Estrito, Agravo em Execução, Embargos Declaratórios no JECrim, Recurso Ordinário Constitucional em *Habeas Corpus*
10 dias	Apelação no JECrim e Embargos Infringentes e de Nulidades
15 dias	Recurso Especial e Recurso Extraordinário, Recurso Ordinário em Mandado de Segurança

17.3 RECURSO EM SENTIDO ESTRITO (RESE)

É o recurso destinado à impugnação de decisões interlocutórias, que não tenham caráter definitivo ou terminativo. No entanto, é cabível contra decisões que encerram o processo ou determinada fase processual, sem julgamento do mérito, como se verá.

17.3.1 Hipóteses de cabimento - art. 581 do CPP

As hipóteses de cabimento do recurso em sentido estrito são taxativas, previstas no art. 581 do CPP, podendo, eventualmente, ser adotada interpretação extensiva, que não desborde sobremaneira da natureza da decisão recorrida, por exemplo, recurso em sentido estrito contra decisão rejeitou o aditamento próprio da denúncia ou queixa. Portanto, cabe recurso em sentido contra as seguintes decisões:

- *Decisão que rejeitar a denúncia ou queixa (art. 581, I, do CPP)* – As hipóteses de rejeição estão no art. 395 do CPP. Em regra, da decisão contrária, ou seja, aquela que recebe a denúncia ou queixa, não cabe nenhum recurso, apenas impetração de *habeas corpus*, ante a absoluta falta de previsão legal.

> **Observação:** No caso das infrações penais de *competência do juizado especial criminal*, não cabe recurso em sentido estrito da decisão que *rejeitar a denúncia ou queixa*, mas *apelação*, com prazo de dez dias (art. 82, *caput*, da Lei nº 9.099/1995).

O STF firmou entendimento, por meio da Súm. nº 707 do STF, no sentido de que: "Constitui nulidade a falta de intimação do denunciado para oferecer contrarrazões ao recurso interposto da rejeição da denúncia, não a suprindo a nomeação de defensor dativo".

- *Decisão que concluir pela incompetência do juízo (art. 581, II, do CPP)* – É o caso do reconhecimento *ex officio* da incompetência pelo próprio juiz, que determina a remessa dos autos ao juízo competente, nos termos do art. 109 do CPP. Se o juiz se dá por incompetente, acolhendo exceção (caso de incompetência relativa), aplica-se o inc. III do art. 581.

No procedimento do júri, da decisão de desclassificação do fato para crime não doloso contra a vida (art. 419 do CPP), cabe recurso em sentido estrito com base nesse inciso, pois o juiz estará, em última análise, concluindo pela incompetência do Tribunal do Júri para julgar a causa.

- Da decisão do juiz dando-se por competente não cabe nenhum recurso, podendo a parte prejudicada intentar apenas *habeas corpus*.
- *Decisão que julgar procedentes as exceções, salvo a de suspeição (art. 581, III, do CPP)* – O art. 95 do CPP enumera as cinco exceções oponíveis, a saber: suspeição, incompetência do juízo, litispendência, ilegitimidade de parte e coisa julgada.

Acolhida a exceção de incompetência relativa, ficam anulados apenas os atos decisórios (art. 567), aproveitando-se os instrutórios e os de mero encaminhamento do processo.

Em síntese, rejeitadas as exceções de ilegitimidade de parte, incompetência do juízo, litispendência ou coisa julgada, a decisão é irrecorrível.

Acolhida ou rejeitada a exceção de suspeição, não cabe nenhum recurso, pois não se pode forçar o juiz que se considera suspeito a julgar a causa.

- *Decisão que pronunciar (art. 581, IV, do CPP)* – A decisão de pronúncia é uma decisão interlocutória mista não terminativa, que encerra uma fase do procedimento, sem julgar o mérito, isto é, sem declarar o réu culpado.

- *Decisão que conceder, negar, arbitrar, cassar ou julgar inidônea a fiança, indeferir requerimento de prisão preventiva ou revogá-la, conceder liberdade provisória ou relaxar a prisão em flagrante (art. 581, V, do CPP)* – Nessa hipótese, a lei prevê tanto situação favorável ao réu quanto desfavorável. Assim, concedida a fiança ou fixado um valor muito baixo, pode o Ministério Público recorrer. Negada, cassada ou considerada inidônea, cabe ao acusado apresentar o seu inconformismo.

Embora quando a decisão seja desfavorável ao réu possa este impetrar *habeas corpus*, pois se está diante de norma que envolve liberdade de locomoção, previu o legislador a possibilidade de utilização do recurso em sentido estrito.

Tratando-se de prisão preventiva, pode o juiz indeferir o pedido formulado pelo promotor, não acolher a representação feita pelo delegado ou revogá-la, propiciando recurso por parte do Ministério Público.

Destaca-se que as situações envolvendo a decretação da prisão preventiva ou indeferimento de sua revogação devem ser discutidas por meio da ação de *habeas corpus*.

Por outro lado, quando o juiz conceder liberdade provisória, pode o Ministério Público recorrer; mas não cabe recurso em sentido estrito para o réu que tem o seu pedido de liberdade provisória negado, devendo, nesse caso, utilizar o *habeas corpus*.

Finalmente, quando a prisão, por ser ilegal, mereça ser relaxada, caso o juiz o faça, proporciona ao Ministério Público a interposição de recurso em sentido estrito. Quando houver a negativa ao relaxamento, somente por *habeas corpus* o interessado pode questionar a decisão.

- *Decisão que julgar quebrada a fiança ou perdido o seu valor (art. 581, VII, do CPP)* – São situações desfavoráveis ao réu, sendo-lhe permitido o recurso em sentido estrito, porque, realmente, são decisões interlocutórias, merecedoras do duplo grau de jurisdição.

Entretanto, quando houver o quebramento, implicando a obrigação de se recolher à prisão, poder dar ensejo à impetração de *habeas corpus*. Caso o juiz negue o quebramento ou a perda, o Ministério Público somente pode insurgir-se contra a decisão em preliminar de futura apelação, se houver.

- *Decisão que julgar extinta a punibilidade do acusado (art. 581, VIII, do CPP)* – Trata-se de sentença terminativa de mérito, isto é, que encerra o processo com julgamento do mérito, sem absolver ou condenar o réu.
- *Decisão que indeferir pedido de extinção de punibilidade (art. 581, IX, do CPP)* – É a contraposição do inciso anterior. Negada a extinção da punibilidade, o processo seguirá seu curso normal. Trata-se, portanto, de decisão interlocutória simples. Diante da previsão expressa da lei, caberá recurso em sentido estrito.

- *Decisão que conceder ou negar a ordem de* habeas corpus *(art. 581, X, do CPP)* – O dispositivo refere-se à decisão do juiz de primeira instância, da qual, na hipótese de concessão, cabe também recurso *ex officio* (art. 574, I).

No caso de decisão denegatória proferida em única ou última instância, pelos Tribunais Regionais Federais e pelos tribunais dos Estados, caberá recurso ordinário para o STJ (art. 105, II, *a*, da CF).

Se a decisão denegatória for proferida em única instância (somente em única instância) pelos tribunais superiores, caberá recurso ordinário ao STF (art. 102, II, *a*, da CF).

- *Decisão que conceder, negar ou revogar a suspensão condicional da pena (art. 581, XI, do CPP)* – No caso de a decisão estar embutida em sentença condenatória, cabe apelação. Após o trânsito em julgado da condenação, cabe agravo em execução (art. 197 da Lei nº 7.210/1984). Assim, esse dispositivo tem aplicação prejudicada.
- *Decisão que conceder, negar ou revogar livramento condicional (art. 581, XII, do CPP)* – Hipótese que caberá agravo em execução, estando o dispositivo em questão revogado (art. 197 da Lei nº 7.210/1984).
- *Decisão que anular a instrução criminal no todo ou em parte (art. 581, XIII, do CPP)* – Reconhecida essa hipótese, que é típica decisão interlocutória, cabe à parte inconformada ter que reiniciar a instrução ou reproduzir determinados atos, impugnar a decisão anulatória pelo recurso em sentido estrito.
- *Decisão que incluir ou excluir jurado na lista geral (art. 581, XIV, do CPP)* – Tendo em vista a imparcial formação da lista de jurados, o procedimento deve ser de conhecimento geral, publicando-se o resultado final na imprensa e afixando-se no fórum. Logo, é possível que qualquer pessoa questione a idoneidade de um jurado, incluído na lista (art. 426, § 1º, do CPP). Nesse caso, pode o juiz, acolhendo petição da parte interessada, excluir esse jurado da lista, o que dá margem ao inconformismo daquele que foi extirpado. Por outro lado, a inclusão de alguém, impugnada e mantida pelo magistrado, dá lugar à interposição de recurso em sentido estrito. Nesse caso, em caráter excepcional, segue o recurso ao Presidente do Tribunal de Justiça. Há autores que sustentam a revogação desse inciso, em razão do art. 426, § 1º, do CPP ter sido introduzido pela reforma processual no júri em 2008, trazendo uma nova modalidade de impugnação.
- *Decisão que denegar a apelação ou julgá-la deserta (art. 581, XV, do CPP)* – No caso da apelação, o juízo de prelibação (admissibilidade) deve ser feito tanto na primeira quanto na instância superior. Assim, o juiz *a quo* pode deixar de receber o apelo (o que equivale a denegá-lo), se entender não preenchido algum pressuposto recursal objetivo ou subjetivo.

Nessa hipótese, cabe recurso em sentido estrito contra o despacho denegatório da apelação. Note-se que o recurso não se volta contra a sentença apelada, mas exclusivamente contra o despacho que negou seguimento à apelação.

Se o juiz denegar também o recurso em sentido estrito, estará agindo sem respaldo legal, e, dessa decisão, caberá carta testemunhável dirigida ao escrivão (art. 640).

- *Decisão que ordenar a suspensão do processo, em virtude de questão prejudicial (art. 581, XVI, do CPP)* – As questões prejudiciais estão previstas nos arts. 92 e 93 do CPP.
- *Decisão que decidir o incidente de falsidade (art. 581, XVIII, do CPP)* – O incidente de falsidade está previsto nos arts. 145 a 148 do CPP.
- *Decisão que recusar homologação ao acordo de não persecução penal (art. 581, XXV, do CPP)* – O acordo de não persecução penal está previsto no art. 28-A do CPP. Se o juiz competente entender pela não homologação do referido acordo, tal decisão será atacada por RESE.

Atenção!
Hipóteses revogadas:
- Art. 581, XII, XVII e XIX a XXIII, do CPP – Essas hipóteses não são mais objeto de recurso em sentido estrito, e sim de *agravo em execução penal*, em virtude do art. 197 da LEP, que introduziu recurso específico das decisões do juiz da Vara de Execução Penal.
- Art. 581, XXIV, do CPP também é hipótese em desuso, pois, com a atual redação do art. 51 do CP, o descumprimento da pena de multa não poderá gerar prisão, a não ser dívida da Fazenda Pública.

17.3.2 Prazos do recurso em sentido estrito – arts. 586 e 588

O prazo para interposição do recurso em sentido estrito é de cinco dias (art. 586 do CPP), já para oferecer as razões e contrarrazões, será de dois dias (art. 588 do CPP).

Exceções:

- Prazo de 20 dias, no caso de inclusão ou exclusão de jurado na lista, conforme art. 581, XIV, do CPP.
- Prazo de 15 dias para interposição (dois dias para razões), quando a impugnação é feita pelo assistente à acusação não habilitado, nos termos dos arts. 584, § 1º, e 598, parágrafo único, do CPP.

Observação: O assistente de acusação poderá recorrer em sentido estrito somente da decisão que "decretar a prescrição ou julgar, por outro modo, extinta a punibilidade", nos termos dos arts. 584, § 1º, e 581, VIII, já que tal decisão impede a formação de título executivo para eventual reparação do dano. O assistente de acusação pode ser habilitado nos autos, hipótese que, nessa condição, será intimado de todos os atos e poderá recorrer, caso não o faça o Ministério Público, no prazo de cinco dias. No caso de assistente de acusação não habilitado, considerando que ainda não tinha tomado ciência dos atos praticados no processo e, portanto, não foi intimado das decisões, terá o prazo de 15 dias para interpor o recurso em sentido estrito (arts. 584, § 1º, e 598, parágrafo único, do CPP).

A contagem do prazo para o assistente de acusação interpor recurso segue a regra disposta na Súm. nº 448 do STF: "O prazo para o assistente recorrer, supletivamente, começa a correr imediatamente após o transcurso do prazo do Ministério Público".

17.3.3 Competência para o julgamento – art. 582

A interposição do recurso deve ser dirigida ao juiz de primeiro grau que proferiu a decisão, para que este possa rever a decisão, em sede de juízo de retratação.

As razões de recurso devem ser endereçadas ao Tribunal competente (Tribunal de Justiça, se da competência da Justiça Comum Estadual; ou Tribunal Regional Federal, se da competência da Justiça Federal).

17.3.4 Efeitos do recurso em sentido estrito

O recurso em sentido estrito possui efeito regressivo, uma vez que a interposição do recurso obriga o juiz que prolatou a decisão recorrida a reapreciar a questão, mantendo-a ou reformando-a, conforme dispõe o art. 589, *caput*, do CPP.

No tocante ao efeito regressivo do recurso: recebendo os autos, o juiz, dentro de dois dias, reformará ou sustentará a sua decisão, mandando instruir o recurso com as cópias que lhe parecerem necessárias.

Se o juiz mantiver o despacho, remeterá os autos à instância superior; se reformá-la, o recorrido, por simples petição, e dentro do prazo de cinco dias, poderá requerer a subida dos autos. O recorrido deverá ser intimado, no caso de retratação do juiz.

Na hipótese de manutenção da decisão recorrida, ou, ainda, se houver retratação e agora a outra parte impugnar a nova decisão, o recurso passará a ter efeito devolutivo, devolvendo a discussão de toda a matéria ao tribunal competente.

Em geral, o recurso em sentido estrito não tem efeito suspensivo, salvo nas hipóteses previstas no art. 584 do CPP.

17.4 APELAÇÃO

É o recurso interposto da sentença definitiva ou com força de definitiva, para a segunda instância, com o fim de que se proceda ao reexame da matéria, com a consequente modificação parcial ou total da decisão.

17.4.1 Hipóteses de cabimento da apelação – art. 593 do CPP

Sentenças definitivas de condenação ou absolvição proferidas por juiz singular (art. 593, I, do CPP) – Cabe apelação nas sentenças definitivas de condenação ou absolvição. São as decisões que encerram a relação jurídica processual, julgando o seu mérito, quer absolvendo, quer condenando o acusado. De toda sentença condenatória cabe apelação, e de toda absolutória também.

Com o advento da Lei nº 11.689/2008, caberá apelação contra a sentença de absolvição sumária (art. 416), tanto as proferidas nos processos de competência do juiz singular (art. 397 do CPP), exceto a decisão que declara extinta a punibilidade (art. 397, IV, do CPP), como as proferidas nos processos de competência do júri, na 1ª fase do procedimento (art. 415 do CPP).

- *Decisões definitivas, ou com força de definitivas, proferidas por juiz singular nos casos não previstos no capítulo anterior* – Cabe, ainda, apelação das sentenças que, julgando o mérito, põem fim à relação jurídica processual ou ao procedimento, sem, contudo, absolver ou condenar o acusado. Logo, no caso, consistem na hipótese de decisões interlocutórias mistas (definitivas ou com força de definitivas), que não integram o rol do art. 581, sendo, assim, cabível, na forma residual, portanto, o recurso de apelação, previsto no inc. II do art. 593.
- *Decisões definitivas* – Também denominadas terminativas de mérito, são aquelas que encerram o processo, incidental ou principal, com julgamento do mérito, sem, no entanto, absolver ou condenar. Ex.: procedência ou improcedência da restituição de coisa apreendida (art. 120, § 1º, do CPP); decisão que autoriza levantamento do sequestro; que concede a reabilitação.
- *Decisões com força de definitivas* – São aquelas decisões que encerram o processo, sem julgamento do mérito (decisão interlocutória mista terminativa) ou uma etapa procedimental (decisão interlocutória mista não terminativa). Ex.: decisão de impronúncia, que é apelável (art. 416 do CPP).

17.4.2 Apelação das decisões do júri

Quando a parte pretender recorrer de decisão proferida no Tribunal do Júri, deve apresentar logo na petição de interposição qual o motivo que o leva a apelar, deixando expressa a alínea eleita do inc. III do art. 593 do CPP. Posteriormente, no momento de apresentação das razões, fica vinculado ao motivo declinado.

Assim sendo, o Tribunal somente pode julgar nos limites da interposição. Nesse sentido é a Súm. nº 713 do STF: "O efeito devolutivo da apelação contra decisões do júri é adstrito aos fundamentos da sua interposição". No caso de *apelação* das decisões da segunda fase do júri, as hipóteses são as seguintes, expostas no art. 593, III, do CPP.

a) Nulidade posterior à pronúncia

Tratando-se de nulidade anterior à pronúncia, a questão já foi analisada na própria decisão ou em recurso contra ela interposto, operando-se, por conseguinte, a preclusão.

Quanto à nulidade posterior, se relativa, deve ser arguida, logo após o início do julgamento, em seguida ao pregão das partes, sob pena de considerar-se sanada (art. 571, V). Se a nulidade relativa tiver ocorrido durante o julgamento, o protesto deve ser feito logo após a sua ocorrência, sob pena de ser convalidada (art. 571, VIII).

b) Sentença do juiz presidente contrária à letra expressa da lei ou à decisão dos jurados

O juiz está obrigado a cumprir as decisões do Júri, não havendo supremacia do juiz togado sobre os jurados, mas simples atribuições diversas de funções. Os jurados decidem o fato e o juiz presidente aplica a pena, de acordo com essa decisão, não podendo dela desgarrar-se.

c) Quando houver erro ou injustiça no tocante à aplicação da pena ou da medida de segurança

É outra hipótese que diz respeito, exclusivamente, à atuação do juiz presidente, não importando em ofensa à soberania do veredicto popular. Logo, o Tribunal pode corrigir a distorção diretamente.

A aplicação de penas muito acima do mínimo legal para réus primários, ou excessivamente brandas para reincidentes, por exemplo, sem ter fundamento razoável, ou medidas de segurança incompatíveis com a doença mental apresentada pelo réu, pode ser alterada pela Instância superior.

d) Quando a decisão dos jurados for manifestamente contrária à prova dos autos

Contrária à prova dos autos é a decisão que não encontra respaldo em nenhum elemento de convicção colhido sob o crivo do contraditório. Não é o caso de condenação que apoia em versão mais fraca.

Só cabe apelação com base nesse fundamento uma única vez. Não importa qual das partes tenha apelado, é uma vez para qualquer das duas.

17.4.3 Prazo

O prazo de interposição do recurso de apelação é de cinco dias, conforme art. 593, *caput*, do CPP.

O prazo para razões de apelação e contrarrazões é de oito dias (art. 600 do CPP).

O prazo flui a partir da juntada da carta precatória ou mandado aos autos; contudo, recentemente, o STF editou a Súm. nº 710, na qual pacificou o entendimento no sentido de que: "No processo penal, contam-se os prazos da data da intimação, e não da juntada aos autos do mandado ou carta precatória ou ordem".

No caso do réu, devem ser intimados ele e seu defensor, iniciando-se o prazo após a última intimação.

17.4.4 Legitimidade

Podem interpor recurso de apelação o Ministério Público, o querelante (ação penal privada), o réu ou seu defensor (art. 577 do CPP) e o assistente de acusação.

A legitimidade do assistente de acusação está prevista no art. 598 do CPP. Pode ser: a) habilitado nos autos, sendo, portanto, intimado dos atos processuais, podendo, nessa condição, interpor recurso no prazo de cinco dias; b) não habilitado nos autos, não sendo até então, portanto, intimado dos atos processuais, razão pela qual terá o prazo mais dilatado para interpor recurso de apelação, qual seja, 15 dias, nos termos do art. 598, parágrafo único, do CPP.

A contagem do prazo para o assistente de acusação interpor recurso segue a regra disposta na Súm. nº 448 do STF: "O prazo para o assistente recorrer, supletivamente, começa a correr imediatamente após o transcurso do prazo do Ministério Público".

17.4.5 Processamento

A apelação é interposta por termo ou petição, admitindo-se, ainda, a interposição por telex ou fax. Interposta a apelação, as razões devem ser oferecidas dentro do prazo de oito dias, se for crime, salvo nos crimes de competência do juizado especial criminal, quando as razões deverão ser apresentadas no ato de interposição. É obrigatória a intimação do apelante para que passe a correr o prazo para oferecimento das razões de apelação.

Se houver assistente, este arrazoará no prazo de três dias após o Ministério Público.

Outra peculiaridade é se o apelante desejar poderá oferecer as suas razões em segunda instância, perante o juízo *ad quem* (art. 600, § 4º).

Importante registrar que a apresentação tardia das razões de apelação não impede o conhecimento do recurso, e é considerada mera irregularidade.

No Tribunal *ad quem*, os autos serão remetidos ao Ministério Público de segunda instância, que poderá opinar livremente, já que não é parte.

17.4.6 Efeitos da apelação

São eles:

a) *devolutivo:* devolve o conhecimento da matéria à instância superior;
b) *suspensivo:* trata-se do efeito da dilação procedimental, que retarda a execução da sentença condenatória. Aplicava-se nos casos de primariedade e bons antecedentes. Com o advento da Lei nº 11.719/2008, o art. 594 do CPP foi revogado expressamente e o réu somente será preso se estiverem presentes os requisitos da prisão preventiva (art. 387, parágrafo único).

O efeito suspensivo vem ao encontro do art. 283 do CPP, que dispõe: "Ninguém poderá ser preso senão em flagrante delito ou por ordem escrita e fundamentada da autoridade judiciária competente, em decorrência de prisão cautelar ou em virtude de condenação criminal transitada em julgado", respaldado pela CF, que diz, em seu art. 5º, LVII, que "ninguém será considerado culpado até o trânsito em julgado de sentença penal condenatória".

Todavia, quando se trata de julgamento realizado pelo Tribunal do Júri, o STF tem relativizado os preceitos supratranscritos, sob o argumento de que, havendo conflito de entre princípios, devem preponderar o bem jurídico tutelado pelo Tribunal do Júri e a soberania do veredito exarado pelo Conselho de Sentença. Dessa forma, no julgamento do *HC* nº 118.770 (2017), o Min. rel. Luís Roberto Barroso entendeu cabível a execução provisória no caso de crimes dolosos contra a vida.

Nessa linha de entendimento, a nova redação do *art. 492, § 4º, do CPP*, determinada pelo Pacote Anticrime, dispôs que a apelação interposta em face de sentença condenatória *no âmbito do Tribunal do Júri* que estipular pena igual ou superior a 15 anos deverá determinar a execução imediata da sentença, independentemente da interposição de recurso.

O juiz presidente, excepcionalmente, poderá deixar de autorizar a execução provisória se houver questão substancial cuja resolução pelo tribunal ao qual competir o julgamento possa plausivelmente levar à revisão da condenação.

Caso não obtido o efeito suspensivo, o Tribunal que julgar o recurso de apelação poderá atribuir efeito suspensivo à apelação quando verificar que o recurso interposto não tem propósito meramente protelatório; e a que há questão substancial que poderá resultar em absolvição, anulação da sentença, novo julgamento ou redução da pena para patamar inferior a 15 anos.

O pedido do efeito suspensivo poderá ser feito no corpo da apelação ou, por meio de petição endereçada ao relator, instruída com cópias da sentença, razões de apelação e prova da tempestividade, além das contrarrazões e das demais peças necessárias à controvérsia (art. 492, § 6º, do CPP).

c) *extensivo* (art. 580 do CPP): ocorre nos casos de concursos de agentes, quando a decisão do recurso interposto somente por um dos corréus beneficia o corréu que não recorreu, mas isso somente é possível se a matéria não for de caráter exclusivamente pessoal.

Não há efeito regressivo no recurso de apelação.

17.5 VEDAÇÃO À *REFORMATIO IN PEJUS*

Embora a apelação permita o reexame da matéria decidida na sentença, o efeito devolutivo não é pleno. Recorrendo apenas o réu, não é possível haver reforma da sentença para agravar sua situação; recorrendo a acusação em caráter limitado, não pode o tribunal dar provimento em maior extensão contra o apelado. É o que se extrai do art. 617 do CPP.

A *reformatio in pejus* pode ser indireta. Trata-se da anulação da sentença, por recurso exclusivo do réu, vindo outra a ser proferida, devendo respeitar os limites da primeira, sem poder agravar a situação do acusado.

Assim, caso o réu seja condenado a cinco anos de reclusão, mas obtenha a defesa a anulação dessa decisão, quando o magistrado – ainda que seja outro – venha a proferir outra sentença, está adstrito a uma condenação máxima de cinco anos.

Se pudesse elevar a pena, ao proferir nova decisão, estaria havendo uma autêntica reforma em prejuízo da parte que recorreu.

Em tese, seria melhor ter mantido a sentença, ainda que padecendo de nulidade, pois a pena seria menor.

Observação: Nos Juizados Especiais Criminais, a *apelação* possui algumas peculiaridades. O prazo é único, dez dias, logo as razões obrigatoriamente devem acompanhar a interposição do recurso. O julgamento é feito no âmbito das Turmas Recursais.

17.6 EMBARGOS INFRINGENTES E DE NULIDADE

Trata-se de recurso privativo da defesa, voltado a garantir o reexame da matéria decidida em segundo grau, por ter havido maioria de votos e não unanimidade, ampliando-se no novo julgamento o quórum.

Dessa forma, caso a decisão proferida contra os interesses do réu constituir-se de maioria (dois a um) de votos, cabe a oposição de embargos infringentes, chamando-se o restante da câmara ao julgamento.

Importante referir que, quando se tratar de matéria de mérito, o nome que devemos utilizar é embargos infringentes; caso a matéria em divergência seja de nulidades, utilizaremos somente embargos de nulidade; se porventura a divergência for de matéria de mérito e nulidade, utilizaremos o nome completo: embargos infringentes e de nulidade.

17.6.1 Hipóteses de cabimento

Só são cabíveis embargos infringentes e de nulidades de acórdãos de *apelação e recurso em sentido estrito*. A doutrina e jurisprudência ampliam para possibilidade de acórdãos referentes ao *agravo em execução*, pois o processamento desse recurso segue as regras do recurso em sentido estrito.

Não é cabível de acórdão de turmas recursais, porque não possuem natureza de tribunais.

Não são cabíveis de acórdãos de *habeas corpus* e *revisão criminal*.

Cabível de acórdãos referentes à apelação, recurso em sentido estrito e agravo em execução, desde que a decisão seja *não unânime, desfavorável ao réu*.

17.6.2 Prazo

O prazo para interposição dos embargos infringentes ou de nulidade é de dez dias, a contar da publicação do acórdão (art. 609, parágrafo único, do CPP).

Por ocasião da interposição, deve o recurso ser devidamente instruído com as razões, pois não será aberta vista para essa finalidade.

17.7 EMBARGOS DE DECLARAÇÃO - ARTS. 382 E 619 DO CPP E 83 DA LEI Nº 9.099/1995

Trata-se de recurso posto à disposição de qualquer das partes, voltado ao esclarecimento de dúvidas surgidas no acórdão, quando configurada ambiguidade, obscuridade, contradição ou omissão, permitindo, então, o efetivo conhecimento do teor do julgado, facilitando a sua aplicação e proporcionando, quando for o caso, a interposição de recurso especial ou extraordinário.

Ambiguidade: é o estado daquilo que possui duplo sentido, gerando equivocidade e incerteza, capaz de comprometer a segurança do afirmado. Assim, no julgado, significa a utilização, pelo magistrado, de termos com duplo sentido, que ora apresentam uma determinada orientação, ora seguem em caminho oposto, fazendo com que o leitor, seja ele leigo, seja ele não leigo, termine não entendendo qual o seu real conteúdo.

Obscuridade: é o estado daquilo que é difícil de entender, gerando confusão e ininteligência, no receptor da mensagem. No julgado, evidencia-se a utilização de frases e termos complexos e desconexos, impossibilitando ao leitor da decisão, leigo ou não, captar-lhe o sentido e o conteúdo.

Contradição: trata-se de uma incoerência entre uma afirmação anterior e outra posterior, referentes ao mesmo tema e no mesmo contexto, gerando a impossibilidade de compreensão do julgado.

Omissão: é a lacuna ou o esquecimento. No julgado, traduz-se pela falta de abordagem do magistrado acerca de alguma alegação ou requerimento formulado, expressamente, pela parte interessada, merecedor de apreciação.

17.7.1 Prazo

Os embargos devem ser interpostos no prazo de dois dias perante o próprio juiz prolator da sentença (art. 382 do CPP) ou, no caso dos tribunais (art. 619 do CPP), endereçados ao próprio relator do acórdão embargado. No caso de embargos nos Juizados Especiais Criminais, o prazo é de cinco dias.

17.7.2 Efeito interruptivo

Por analogia ao disposto no art. 1.026 do novo CPC, os embargos de declaração possuem o efeito de interromper o prazo para interposição de recurso. Com a novação redação do art. 83, § 2º, da Lei nº 9.099/1995, dada pelo novo Código de Processo Civil (Lei nº 13.105/2015), os embargos de declaração no âmbito do Juizado Especial Criminal passaram também a ter efeito interruptivo.

17.8 CARTA TESTEMUNHÁVEL – ART. 639 DO CPP

É o recurso que tem por fim provocar o reexame da decisão que denegar ou impedir o seguimento de recurso em sentido estrito e do agravo em execução.

Com relação ao não recebimento da apelação, cabe recurso em sentido estrito (art. 581, XV, do CPP), não sendo necessária carta testemunhável.

17.8.1 Procedimento

A carta testemunhável será requerida ao escrivão nas 48 horas seguintes ao despacho que denegar o recurso, indicando o requerente as peças do processo que deverão ser trasladadas. A carta testemunhável não terá efeito suspensivo.

A carta testemunhável deve ser requerida dentro de 48 horas, após a ciência do despacho que denegar o recurso ou da decisão que obstar o seu seguimento.

O requerimento deve ser endereçado ao escrivão, indicando o requerente as peças do processo que deverão ser trasladadas. O escrivão dará recibo à parte recorrente da entrega do recurso. Este, dentro do prazo máximo de cinco dias, fará a entrega da carta devidamente formada com as peças indicadas; o escrivão que se negar a dar o recibo ou deixar de entregar, sob qualquer pretexto, será suspenso por 30 dias.

Na instância superior, o recurso seguirá o rito do recurso denegado. O tribunal mandará processar o recurso ou, se a carta estiver suficientemente instruída, julgará diretamente o recurso.

17.9 AGRAVO EM EXECUÇÃO PENAL

É o recurso cabível das decisões do Juiz da Vara de Execução Penal, nos termos do art. 197 da Lei nº 7.210/1984. É possível encontrar no art. 66 da LEP um rol exemplificativo da competência do Juiz da Vara de Execução, por exemplo: decidir sobre progressão de regime, livramento condicional, saída temporária, entre outros. Logo, dessas decisões o recurso será o agravo em execução, que poderá ser interposto pelo Ministério Público ou pelo apenado, conforme o interesse de cada parte.

17.9.1 Prazo e processamento

O prazo para interposição do recurso de agravo em execução é de cinco dias para interpor, conforme se extrai da Súm. nº 700 do STF.

Prazo para razões e contrarrazões é de dois dias (art. 588 do CPP).

17.9.2 Processamento

Idêntico ao recurso em sentido estrito, pois na lei de execução penal não há processamento específico. Logo, no *agravo em execução também é permitido o juízo de retratação, nos termos do art. 589 do CPP.*

Observação: Em regra, o recurso de agravo não possui efeito suspensivo (art. 197 da LEP). Todavia, é importante ressaltar que, no tocante às medidas de segurança, somente poderá ocorrer a desinternação ou liberação de tratamento ambulatorial após transitar em julgado essa decisão (art. 179 da LEP).

17.10 RECURSO ORDINÁRIO CONSTITUCIONAL EM *HABEAS CORPUS*

É o recurso cabível das decisões denegatórias de *habeas corpus* proferidas no âmbito dos Tribunais.

17.10.1 Cabimento

Cabe recurso ordinário constitucional ao STF da decisão dos Tribunais Superiores que julgar em única instância o *habeas corpus*, desde que denegatória (art. 102, II, *a*, da CF).

Cabe recurso ordinário constitucional ao STJ da decisão denegatória de *habeas corpus*, proferida em única ou última instância pelos Tribunais Regionais Federais, ou pelos tribunais dos Estados e do Distrito Federal (art. 105, II, *a*, da CF).

17.10.2 Prazo

O prazo para interposição e oferecimento das razões é de cinco dias, conforme art. 30 da Lei nº 8.038/1990 e Súm. nº 319 do STF.

18. AÇÕES AUTÔNOMAS DE IMPUGNAÇÃO

O *habeas corpus*, a revisão criminal e o mandado de segurança são ações autônomas de impugnação de decisões. As ações mais frequentes no processo penal são *habeas corpus* e revisão criminal, as quais serão expostas a seguir.

18.1 *HABEAS CORPUS*

É o remédio judicial, com previsão no art. 5º, LXVIII, da CF, que tem por finalidade evitar ou fazer cessar a violência ou a coação à liberdade de locomoção decorrente de ilegalidade ou abuso de poder. Não é um recurso, e sim uma ação, que qualquer pessoa poderá impetrar a fim de resguardar a liberdade.

O *habeas corpus* pode ser: a) liberatório ou repressivo: existindo violência ou coação ilegal por parte do coator, só restará então impetrar-se a ordem do juiz para que fique restabelecida a liberdade de locomoção do paciente; b) preventivo: se a violência ou coação ilegal ainda não ocorreu, mas tudo indica que iria consumar-se em breve, dá-se então o *habeas corpus* preventivo. Bastará a simples ameaça de coação à liberdade de coação.

Como mencionado, o *habeas corpus* pode ser impetrado por qualquer pessoa, independentemente de habilitação legal ou representação de advogado (dispensada a formalidade da procuração). Em relação ao polo passivo da ação de *habeas corpus*, legitimidade passiva, está a pessoa – autoridade ou não

– apontada como coatora, que deve defender a legalidade do seu ato, quando prestar as informações.

Acrescente-se, ainda, que a Constituição Federal não distingue, no polo passivo, a autoridade do particular, de modo que é possível impetrar *habeas corpus* contra qualquer pessoa que constranja a liberdade de locomoção de outrem. Ex.: imagine-se os inúmeros casos de internação irregular em hospitais psiquiátricos ou mesmo da vedação de saída a determinados pacientes que não liquidam seus débitos no nosocômio.

18.1.1 Hipóteses de cabimento – art. 648 do CPP

I – Quando não houver justa causa (art. 648, I, do CPP): justa causa é a existência de fundamento jurídico e suporte fático autorizadores do constrangimento à liberdade ambulatória. A hipótese trata da falta de justa causa para a prisão, para o inquérito e para o processo. Só há justa causa para a prisão no caso de flagrante delito ou de ordem escrita e fundamentada da autoridade judiciária competente, salvo nos casos de transgressão ou crime militar. Falta justa causa para o inquérito policial quando este investiga fato atípico ou quando já estiver extinta a punibilidade do indiciado.

II – Quando alguém estiver preso por mais tempo do que determina a lei (art. 648, II, do CPP): em regra, o processo do réu preso, na antiga sistemática do CPP, devia estar encerrado dentro do prazo de 81 dias. A nova reforma processual penal, ao concentrar os atos da instrução numa única audiência, visou, em especial, concretizar o princípio constitucional da celeridade processual, impedindo, por consequência, que os réus fiquem sujeitos ao constrangimento ilegal da prisão por excesso de prazo.

Cumpre mencionar que a audiência de instrução e julgamento, no procedimento ordinário, deverá realizar no prazo máximo de 60 dias (art. 400 do CPP), após o oferecimento da defesa inicial (arts. 396 e 396-A do CPP). Portanto, principalmente, quando não for a defesa que postergar o andamento processual, é possível argumentar o excesso de prazo com base nesses parâmetros.

III – Quando quem ordenar a coação não tiver competência para fazê-lo (art. 648, III, do CPP): só pode determinar a prisão a autoridade judiciária dotada de competência material e territorial, salvo caso de prisão em flagrante. A incompetência absoluta do juízo também pode ser reconhecida em sede de *habeas corpus*.

IV – Quando houver cessado o motivo que autorizou a coação (art. 648, IV, do CPP): Ex.: sentenciado que já cumpriu sua pena, mas continua preso.

V – Quando não for alguém admitido a prestar fiança, nos casos em que a lei a autoriza (art. 648, V, do CPP).

VI – Quando o processo for manifestamente nulo (art. 648, VI, do CPP).

VII – Quando extinta a punibilidade (art. 648, VII, do CPP): se presente alguma das causas do art. 107 do CP.

18.1.2 Competência para o julgamento

Do juiz de direito de primeira instância: para trancar inquérito policial. Porém, se o inquérito tiver sido requisitado por autoridade judiciária, a competência será do tribunal de segundo grau competente, de acordo com a sua competência. O juiz não pode conceder a ordem sobre ato de autoridade judiciária do mesmo grau.

Tribunal de Justiça: a hipótese mais comum, quando juiz de direito for autoridade coatora. Quando a autoridade coatora for representante do Ministério Público Estadual. Ex.: se o promotor de justiça requisita a instauração de inquérito policial, sem lastro para tanto, o *habeas corpus* deve ser impetrado perante o tribunal de justiça. No caso, estando a autoridade policial obrigada a atender a requisição, o promotor de justiça é o verdadeiro responsável pela coação.

Tribunal Regional Federal: se a autoridade coatora for juiz federal (art. 108, I, *d*, da CF).

Superior Tribunal de Justiça: art. 105, I, *c*, da CF.

Supremo Tribunal Federal: art. 102, I, *d* e *i*, da CF.

18.1.3 Recursos cabíveis em *habeas corpus*: trata-se de matéria cobrada com frequência nos Exames da OAB

- decisão de juiz de 1º grau concedendo ou negando *habeas corpus* → RSE (recurso em sentido estrito - art. 581, X, do CPP).
- decisão de Tribunal denegando *habeas corpus* → ROC (recurso ordinário constitucional - art. 30 da Lei nº 8.038/1990 e/ou arts. 102, II, *a* e 105, II, *a*, da CF.

18.2 REVISÃO CRIMINAL

É uma ação penal autônoma de impugnação, de competência originária dos tribunais, destinada a rever decisão condenatória, com trânsito em julgado, quando ocorreu erro judiciário. Dessa forma, considerando a possibilidade de falha humana, permite-se que o condenado possa pedir a qualquer tempo aos tribunais, nos casos expressos em lei, que reexamine o processo já findo, a fim de ser absolvido ou beneficiado de alguma forma.

Em regra, é possível a propositura da revisão apenas nos "processos findos", sendo um pressuposto indispensável ao cabimento do pedido que a sentença condenatória tenha transitado em julgado, ou seja, que da decisão não caiba qualquer recurso, inclusive extraordinário. Admite-se a revisão de sentenças penais absolutórias impróprias, sob o argumento de que a imposição da sanção penal de medida de segurança não poderá ser injusta.

18.2.1 Cabimento da revisão criminal - art. 621 do CPP

São hipóteses taxativas, pois a coisa julgada é resguardada, somente em caráter excepcional se modifica, devendo se encaixar perfeitamente nestas possibilidades:

I – quando a sentença condenatória for contrária ao texto expresso da lei penal ou à evidência dos autos (art. 621, I, do CPP).

A *sentença condenatória é contrária à lei* quando não procede como ela manda ou quando nela não encontra respaldo para sua existência. Ex.: réu condenado por fato que não constitui crime ou condenação a pena superior ao limite máximo previsto em lei. Quando se tratar de interpretação controversa do texto de lei, não cabe revisão criminal para se buscar outra análise do mesmo preceito. A hipótese desse inciso é clara: afronta ao texto expresso de lei – e não do sentido que esta possa ter para uns e outros.

Já a *sentença contrária à evidência dos autos* é a condenação que não tem apoio em provas idôneas, mas em meros indícios, sem qualquer consistência lógica e real. Para ser admissível a revisão criminal, torna-se indispensável que a decisão condenatória proferida ofenda frontalmente as provas constantes nos autos. Ex.: seria o equivalente a dizer que todas as testemunhas idôneas e imparciais ouvidas afirmaram não ter sido o réu o autor do crime, mas o juiz, somente porque o acusado confessou na fase policial, resolveu condená-lo. Não havendo recurso, transitou em julgado a sentença.

II – quando a sentença condenatória se fundar em depoimentos, exames ou documentos comprovadamente falsos (art. 621, II, do CPP).

A lei utiliza a qualificação comprovadamente para denominar o falso dessas peças constitutivas do conjunto probatório, determinante para a condenação. Portanto, não é qualquer suspeita de fraude, vício ou falsidade que levará à reavaliação da condenação com trânsito em julgado. Torna-se nítida a exigência de uma falsidade induvidosa. Não basta que seja a prova falha, precária ou insuficiente. Não fundamenta a revisão, por exemplo, simples falta de fundamentação de laudo pericial.

III – quando, após a sentença, se descobrirem novas provas de inocência do condenado ou de circunstância que determine ou autorize diminuição especial da pena (art. 621, III, do CPP).

Prova nova é aquela produzida sob o crivo do contraditório, não se admitindo, por exemplo, depoimentos extrajudiciais. É também aquela que já existia à época da sentença, mas cuja existência não foi cogitada.

Se as provas inéditas, surgidas depois de a sentença condenatória definitiva ter sido proferida, inocentarem o acusado, seja porque negam ser ele o autor, seja porque indicam não ter havido fato criminoso, é de se acolher a revisão criminal.

Importante registrar que só é cabível revisão criminal em prol do condenado, logo não se pode utilizar da revisão criminal para condenar alguém que já foi absolvido. A revisão criminal poderá ser proposta a *qualquer tempo*, até mesmo após a extinção da pena ou da morte do condenado (art. 622 do CPP).

Impede-se a reiteração do pedido de revisão sem novas provas, evitando-se assim simples repetição indefinida daquilo que já foi examinado. Assim, apenas um novo pedido com pretensão diversa, ou alicerçado em novas provas, que possibilite nova apreciação por novos fundamentos de fato e de direito, merece conhecimento.

No tocante à legitimidade, é uma ação privativa do réu condenado, podendo ele ser substituído por seu representante legal ou seus sucessores, em rol taxativo – cônjuge, ascendente, descendente ou irmão, art. 31 do CPP.

Nesse sentido, a revisão pode ser pedida pelo próprio réu, independentemente de estar representado por seu procurador. Todavia, nos casos em que for feita por quem não tem capacidade técnica, deverá ser dada vista à Defensoria Pública para a devida formatação jurídica, essa é a atual orientação dos tribunais.

A revisão pode ser proposta por procurador legalmente habilitado, não se exigindo a outorga ao advogado de poderes especiais.

18.2.2 Competência para julgamento

As revisões criminais são de *competência originária dos Tribunais* (art. 624 do CPP), organizadas da seguinte maneira:

- julgadas pelo STF, quanto às condenações por ele proferidas (art. 102, I, *j*, da CF);
- julgadas pelo STJ, quanto às condenações por ele proferidas (art. 105, I, *e*, da CF);
- julgadas pelos Tribunais Regionais Federais ou Tribunais Estaduais, quanto às condenações por eles proferidas.

18.2.3 Decisão na revisão criminal – art. 626 do CPP

É possível que o Tribunal que julgar a revisão criminal, em caso de procedência da ação, profira uma das seguintes decisões: altere a classificação da infração, absolva o réu, modifique a pena ou anule o processo. Além dessas possibilidades, o Tribunal poderá reconhecer o direito a uma justa indenização, caso o interessado tenha requerido (art. 630 do CPP).

Lembre-se que, em hipótese alguma, poderá ser agravada a situação do condenado, ou seja, o art. 626, parágrafo único, do CPP impõe a proibição de *reformatio in pejus*, aliás imposição lógica, considerando que a revisão criminal somente é cabível em prol do condenado.

19. EXECUÇÃO PENAL (LEI Nº 7.210/1984)

A execução das penas e medidas de segurança no Brasil é regulada pela Lei nº 7.210/1984 (LEP). A sua finalidade é efetivar as disposições da sentença ou decisão criminal, propiciando condições para harmônica integração social do condenado ou internado.

A Lei nº 13.964/2019, Pacote Anticrime, proferiu diversas alterações na execução penal, modificando o regramento de progressão de regime, modificando características do regime disciplinar diferenciado, entre outras modificações que serão destacadas ao longo da exposição.

Durante a execução das penas e medidas de segurança, ao Juiz da Vara de Execução Criminal (VEC) compete apreciar os pedidos em sede de execução, conforme o art. 66 da LEP, como progressão de regime, livramento condicional, saída temporária, etc.

A formação do processo de execução criminal (PEC), em regra, se dá quando se está diante de uma sentença penal condenatória transitada em julgado. Entretanto, muitos presos no Brasil estão executando pena em caráter provisório, ou seja, sem ter transitado em julgado a condenação.

19.1 COMPETÊNCIA DO JUIZ DA VARA DE EXECUÇÃO

Como já mencionado, o art. 66 da Lei nº 7.210/1984 traz um rol exemplificativo da competência do juiz da Vara de Execução. Geralmente, esse juiz é um estadual, pois a maior parte da execução das penas em nosso país se dá em estabelecimentos estaduais.

Dessa forma, tem-se que a competência na execução penal é determinada pelo local de recolhimento, independentemente da origem da condenação. Por exemplo, condenada por tráfico internacional de drogas, está recolhida em penitenciária estadual, o juiz competente para acompanhar a execução é um juiz da Vara de Execução Estadual, e não Federal. Isso se dá em decorrência da aplicação da Súm. nº 192 do STJ. Vejamos:

> Súm. nº 192 do STJ: Compete ao Juízo das Execuções Penais do Estado a execução das penas impostas a sentenciados pela Justiça Federal, Militar ou Eleitoral, quando recolhidos a estabelecimentos sujeitos à administração estadual.

Não se esqueça de que o inverso também poderá ocorrer: alguém foi condenado pela Justiça Estadual, mas, por alguma razão, foi transferido para uma Penitenciária Federal, situação em que o juiz competente será um Juiz da Vara de Execução Federal.

19.2 INDIVIDUALIZAÇÃO DA PENA NA EXECUÇÃO - ARTS. 5º A 9º DA LEP

Os condenados serão classificados segundo os seus antecedentes e personalidade. Essa classificação será feita por uma Comissão Técnica de Classificação (CTC).

A comissão elaborará o programa individualizador da pena privativa de liberdade (PPL) ao condenado ou preso provisório.

A CTC será presidida pelo diretor e composta, no mínimo, por dois chefes de serviço, um psiquiatra, um psicólogo e um assistente social (art. 7º).

O condenado à pena privativa de liberdade em regime fechado será submetido ao exame criminológico para uma adequada classificação. Já os condenados em regime semiaberto poderão ser submetidos ao exame criminológico (art. 8º).

O exame criminológico supramencionado consiste em entrevistas, análise de dados e informações a respeito do apenado e outras diligências consideradas necessárias para revelação da personalidade do agente (art. 9º).

Aqueles condenados por crime com violência grave contra pessoa, ou por delito elencado no rol do art. 1º da Lei nº 8.072/1990, serão submetidos também a identificação do perfil genético mediante extração do DNA, que será armazenada em banco de dados sigiloso, o qual poderá ser acessado, mediante requerimento ao juiz competente, pela autoridade policial, federal ou estadual (art. 9º-A, §§ 1º e 2º).

Com o advento da Lei nº 13.964/2019, Pacote Anticrime, foi inserido na Lei de Execução Penal que a negativa do apenado a submeter-se ao procedimento configura hipótese de falta de natureza grave (arts. 9-A, § 8º, e 50, VIII, da LEP).

19.3 DETRAÇÃO PENAL – ART. 42 DO CP

A detração penal é o cômputo na pena privativa de liberdade e na medida de segurança, de prisão provisória, no Brasil ou no estrangeiro, ou de internação. O instituto está previsto no art. 42 do CP.

A partir da alteração legislativa provocada pela Lei nº 12.736/2012, tem-se que a detração penal deverá ser observada, desde logo, na sentença condenatória para fins de fixação de regime prisional. Antes da alteração legislativa do art. 387 do CPP, somente o juiz da VEC se manifestava sobre o instituto.

Embora estivesse prevista no art. 42 do CP, a detração era vista como um instituto da execução da pena, competindo ao juiz da VEC a sua declaração.

Atualmente, a competência do juiz da VEC é subsidiária, ou seja, quando não for objeto na sentença, deverá ser observada pelo juiz da Vara de Execução. Tal entendimento decorre dos arts. 66, III, *c*, e 111 da LEP.

19.4 REGIMES PRISIONAIS NA EXECUÇÃO DA PENA

Em regra, o regime a ser cumprido vem estabelecido na sentença penal condenatória ou, quando for aplicada a pena em um acórdão pelo Tribunal, inclui uma das fases da individualização da pena (arts. 59, III, do CP e 110 da LEP). Será determinado conforme as regras contidas no Código Penal (arts. 33, § 2º, e 59 do CP).

Caso sobrevenha nova condenação durante o cumprimento de uma pena, a determinação do regime será feita por meio da soma do restante da que está sendo cumprida com a nova condenação (art. 111, parágrafo único, da LEP).

Na aplicação da pena privativa de liberdade, o juiz, para fixar o regime prisional, deverá se orientar pela tabela contida no art. 33, § 2º, do CP.

19.5 SISTEMA PROGRESSIVO: PROGRESSÃO DE REGIME

A LEP adotou o sistema progressivo para o cumprimento da pena, ou seja, a transferência do regime mais rigoroso para um menos rigoroso mediante a observância de alguns requisitos, sendo "inadmissível a chamada progressão *per saltum* de regime prisional", nos termos da Súm. nº 491 do STJ.

Para fins de progressão de regime, observa-se a pena total, nos termos da Súm. nº 715 do STF. Todavia, a presente súmula deverá ser interpretada considerando também a nova redação do art. 75 do CP, que prevê atualmente um novo limite de cumprimento de penas privativas de liberdade, qual seja, de 40 anos. Enfatizando-se que se trata de lei penal material, portanto irretroativa.

Lembre-se: é permitida a progressão de regime mesmo antes do trânsito em julgado da sentença penal condenatória, conforme consta na Súm. nº 716 do STF. Vejamos: Admite-se a progressão de regime de cumprimento da pena ou a aplicação imediata de regime menos severo nela determinada antes do trânsito em julgado da sentença condenatória.

Dessa forma, quem estiver executando pena poderá progredir, ainda que esteja aguardando definição de recurso, bastando o preenchimento do requisito objetivo (lapso temporal) e subjetivo (bom comportamento), observando as especificidades referentes à natureza do delito e as condições do apenado.

Primeiramente, em relação ao requisito objetivo, convém destacar que o Pacote Anticrime alterou profundamente o lapso temporal e o formato exigido para o cálculo. Antes da Lei nº 13.964/2019, exigia-se, conforme a redação antiga do art. 112 da LEP, o cumprimento de ao menos *um sexto da pena no regime anterior*, no caso de condenados por crime comum (não hediondo), independentemente de ser primário ou reincidente. Já para delitos considerados crimes hediondos ou equiparados, o art. 2º, § 2º, da Lei 8.072/1990 exigia dois quintos para apenados primários e três quintos para condenados reincidentes.

Atualmente, a legislação prevê o lapso temporal em forma de percentual, avaliando de forma diferenciada as diversas situações. Inobstante a vigência dos dispositivos a seguir, quando mais gravosos, somente poderão ser aplicados aos crimes praticados a partir da vigência das alterações (dia 23-1-2019 – vigência do Pacote Anticrime). Para fins de prova, sugere-se que não haja preocupação com o cálculo e tão somente com o percentual destinado aos casos específicos. Vejamos:

<table>
<tr><th colspan="4">Requisito objetivo para progressão de regime – art. 112 da LEP – redução atual – Pacote Anticrime</th></tr>
<tr><td>16% da pena</td><td>Primário</td><td rowspan="2">Crime tiver sido cometido sem violência à pessoa ou grave ameaça;</td><td rowspan="4">Crime comum (não hediondo)</td></tr>
<tr><td>20% da pena</td><td>Reincidente</td></tr>
<tr><td>25% da pena</td><td>Primário</td><td rowspan="2">Crime cometido com violência à pessoa ou grave ameaça;</td></tr>
<tr><td>30% da pena</td><td>Reincidente</td></tr>
</table>

Requisito objetivo para progressão de regime – art. 112 da LEP – redução atual – Pacote Anticrime		
40% da pena	Condenado pela prática de crime hediondo ou equiparado, se for primário;	
50% da pena	Se o apenado for: a) condenado pela prática de crime hediondo ou equiparado, com resultado morte, se for primário, vedado o livramento condicional; b) condenado por exercer o comando, individual ou coletivo, de organização criminosa estruturada para a prática de crime hediondo ou equiparado; ou c) condenado pela prática de crime de constituição de milícia privada*;	Crimes hediondos ou equiparados
60% da pena	Se o apenado for reincidente na prática de crime hediondo ou equiparado;	
70% da pena	Se o apenado for reincidente em crime hediondo ou equiparado com resultado morte, vedado o livramento condicional.	

Percebe-se que a legislação atual primou por diferenciar entre os delitos comuns os reincidentes e os primários, bem como aqueles praticados com violência e grave ameaça à pessoa. No tocante aos delitos hediondos, o tratamento diferenciado entre primário e reincidente permaneceu, inovando a análise dos delitos com resultado morte.

Em relação ao requisito subjetivo, foi mantido como requisito para concessão da progressão o atestado de bom comportamento carcerário emitido pelo diretor do estabelecimento prisional, nos termos do art. 112, § 3º, da LEP.

No tocante à progressão para o regime aberto, esta possui algumas condições específicas, previstas nos arts. 113, 114 e 115 da LEP, por exemplo, estar trabalhando ou possuir condições de trabalhar imediatamente. Nesse caso, convém reforçar que a inexistência, por exemplo, de vaga para trabalho não autoriza o juiz a suprir essa condição impondo uma pena restritiva de direito, por exemplo, prestação de serviços à comunidade, pois caracteriza uma afronta à legalidade. Inclusive, há vedação expressa na Súm. nº 493 do STJ, matéria já cobrada no Exame da OAB.

Em relação ao exame criminológico para fins de progressão de regime, até 2003 era obrigatória a realização para que se alcançasse a progressão de regime, mas, com a redação dada ao art. 112 da LEP pela Lei nº 10.792/2003, foi retirada a obrigatoriedade. Entretanto, é possível que o juiz exija a realização do exame, desde que em decisão motivada, nos termos da Súm. nº 439 do STJ e da Súm. Vinc. nº 26 do STF, parte final, pois o início da súmula está prejudicado pela alteração legislativa.

Por fim, nos casos de crimes contra a administração, aplica-se como requisito para progressão além do tempo e do comportamento, a reparação do prejuízo gerado ao erário (art. 33, § 4º, do CP).

19.5.1 Falta grave e progressão de regime

Antes da Lei nº 13.964/2019, a interrupção da contagem para progressão como sanção ao cometimento de falta grave era aceita jurisprudencialmente e devidamente aplicada pelos tribunais. Conforme assegura a Súm. nº 534 do STJ: "A prática de falta grave interrompe a contagem do prazo para a progressão de regime de cumprimento de pena, o qual se reinicia a partir do cometimento dessa infração". Atualmente, a nova redação do § 6º do art. 112 da LEP refere expressamente: "O cometimento de falta grave durante a execução da pena privativa de liberdade interrompe o prazo para a obtenção da progressão no regime de cumprimento da pena, caso em que o reinício da contagem do requisito objetivo terá como base a pena remanescente".

19.5.2 Progressão especial para mulheres

A Lei de Execução Penal foi alterada em dezembro de 2018, inserindo o § 3º no art. 112, assegurando que, no caso de mulher gestante ou que for mãe ou responsável por criança ou pessoas com deficiência, a progressão de regime deverá obedecer aos seguintes requisitos cumulativos:

1. não ter cometido crime com violência ou grave ameaça à pessoa;
2. não ter cometido o crime contra seu filho ou dependente;
3. ter cumprido ao menos 1/8 (um oitavo) da pena no regime anterior;
4. ser primária e ter bom comportamento carcerário, comprovado pelo diretor do estabelecimento;
5. não ter integrado organização criminosa.

O cometimento de fato definido como crime doloso ou falta grave, conforme dispõe a lei, implica a revogação da progressão de regime diferenciada.

19.6 REGRESSÃO DE REGIME

As hipóteses de regressão estão previstas nos arts. 118 e 146-C, parágrafo único, I, da LEP. Vejamos:

- o apenado praticar fato definido como crime doloso ou falta grave (arts. 50 a 52 da LEP) – art. 118, I, da LEP. Nesses casos, antes da regressão de regime, deverá ser ouvido, previamente, o apenado – art. 118, § 2º – audiência de justificativa.

A jurisprudência tem admitido a regressão cautelar, hipótese em que se regride o regime antes de ouvir o preso, mas para a regressão em caráter definitivo exige-se a oitiva.

> Súm. nº 526 do STJ: O reconhecimento de falta grave decorrente do cometimento de fato definido como crime doloso no cumprimento da pena prescinde do trânsito em julgado de sentença pe-

> nal condenatória no processo penal instaurado para apuração do fato.

Durante a execução penal, é possível que o preso pratique *faltas disciplinares*, as quais, de acordo com a LEP, dividem-se em: leves, médias e graves. De acordo com o art. 49 da LEP, as faltas leves e médias serão disciplinadas pela legislação local, já as faltas graves estão previstas somente nos arts. 50, 51 e 52 da LEP. Todas as faltas praticadas no âmbito da administração prisional, em regra, deverão ser apuradas por Procedimento Administrativo Disciplinar (PAD) – art. 59 da LEP, com o acompanhamento do defensor. Entretanto, o atual entendimento dos Tribunais Superiores é no sentido de que o juiz poderá reconhecer a prática de falta grave independentemente da existência de Procedimento Administrativo Disciplinar, desde que em audiência na presença da defesa.

Inobstante as diversas espécies de faltas disciplinares, a única que poderá ensejar a regressão de regime é a *falta de natureza grave*.

- quando o apenado sofrer condenação, por crime anterior, cuja soma da pena restante com a nova condenação impossibilite a manutenção do regime (art. 111) – art. 118, II, da LEP.
- quando o apenado em regime aberto frustrar os fins da execução ou não pagar, podendo a multa ser cumulativamente imposta. Tal hipótese deve ser analisada com cautela – art. 118, § 1º, da LEP.
- a violação comprovada dos deveres inerentes ao monitoramento eletrônico poderá ensejar a regressão (art. 146-C, parágrafo único, I, da LEP).

19.7 PRISÃO DOMICILIAR

Para cumprir a pena em residência particular, o preso deverá estar em regime aberto e se enquadrar em uma das quatro hipóteses do art. 117 da LEP, quais sejam:

- condenado maior de 70 anos;
- condenado acometido de doença grave;
- condenada com filho menor ou deficiente físico ou mental;
- condenada gestante.

Atentar para a Súm. Vinc. nº 56 do STF:

> A falta de estabelecimento penal adequado não autoriza a manutenção do condenado em regime prisional mais gravoso, devendo-se observar, nessa hipótese, os parâmetros fixados no RE nº 641.320/RS.

Precedente representativo da Súmula:

> 4. Havendo déficit de vagas, deverão ser determinados: (i) a saída antecipada de sentenciado no regime com falta de vagas; (ii) a liberdade eletronicamente monitorada ao sentenciado que sai antecipadamente ou é posto em prisão domiciliar por falta de vagas;

(iii) o cumprimento de penas restritivas de direito e/ou estudo ao sentenciado que progride ao regime aberto. Até que sejam estruturadas as medidas alternativas propostas, poderá ser deferida a prisão domiciliar ao sentenciado. (RE nº 641320, rel. Min. Gilmar Mendes, Tribunal Pleno, j. 11-5-2016, *DJe* de 8-8-2016)

19.8 REMIÇÃO DE PENA

A remição é o cômputo na pena dos dias trabalhados ou estudados como pena efetivamente cumprida (art. 128 da LEP), estando prevista nos arts. 126 a 130 da LEP. A remição pode se dar em razão do trabalho ou estudo.

A remição de pena por trabalho pode ser usufruída por presos no regime fechado ou semiaberto. A lei não prevê a hipótese de remição por trabalho no regime aberto, sendo o entendimento do STF e do STJ de que, diante da ausência de previsão, não deve ser concedido.

A contagem se dá da seguinte forma: cada três dias de trabalho equivale a um dia da pena. O trabalho poderá ser realizado interna ou externamente, a depender do caso específico. Nesse sentido, a Súm. nº 562 do STJ reitera que é "possível a remição de parte do tempo de execução da pena quando o condenado, em regime fechado ou semiaberto, desempenha atividade laborativa, ainda que extramuros".

Já a remição por estudo pode ser usufruída em qualquer regime (fechado, semiaberto ou aberto) e, inclusive, quem estiver em livramento condicional. Cada 12 horas de estudo divididas, no mínimo, em três dias, equivale a um dia da pena.

Alguns aspectos gerais que devem ser observados para fins de prova são:

- o preso impossibilitado, por acidente, de prosseguir no trabalho ou nos estudos continuará a beneficiar-se com a remição;
- o tempo a remir em função das horas de estudo será acrescido de um terço no caso de conclusão dos ensinos fundamental, médio ou superior durante o cumprimento da pena, desde que certificada pelo órgão competente do sistema de educação;
- a remição é aplicada também aos presos cautelares;
- forjar acidente de trabalho é falta grave (art. 50 da LEP);
- é possível cumular remição por trabalho e estudo, desde que compatíveis.

Por fim, destaca-se que o juiz poderá revogar até um terço do tempo remido do apenado que praticar falta grave durante a execução (art. 127 da LEP).

19.9 AUTORIZAÇÕES DE SAÍDA: PERMISSÃO DE SAÍDA E SAÍDA TEMPORÁRIA

A autorização de saída é gênero possui duas espécies: a) permissão de saída; e b) saída temporária.

Podem obter *permissão de saída* (arts. 120 e 121 da LEP), mediante autorização do diretor, os apenados que cumprem pena em regime fechado, semiaberto e provisório, devidamente escoltados, em duas hipóteses:

- falecimento ou doença grave CCADI (cônjuge, companheiro, ascendente, descendente ou irmão);
- necessidade de tratamento médico.

Já a *saída temporária* (arts. 122 a 125 da LEP), sem vigilância direta, isto é, sem escolta, poderá ser concedida a apenados que cumprem pena em regime semiaberto.

Destaca-se que a ausência de vigilância direta não impede que o juiz determine a monitoração eletrônica. Constitui uma faculdade do juiz, não uma obrigação legal.

> Súm. nº 520 do STJ: "O benefício de saída temporária no âmbito da execução penal é ato jurisdicional insuscetível de delegação à autoridade administrativa do estabelecimento prisional".

Para obtenção da saída temporária, os apenados em regime semiaberto deverão preencher os seguintes requisitos:

- comportamento adequado;
- cumprimento mínimo de um sexto para apenado primário e de, no mínimo, um quarto para reincidentes;
- compatibilidade do benefício com os objetivos da pena.

Será concedida por período não superior a dias dias, podendo ser renovada por mais quatro vezes, logo faz jus a 35 dias de saída, com intervalo de 45 dias entre elas.

IMPORTANTE! Art. 124, § 2º, da LEP: "Quando se tratar de frequência a curso profissionalizante, de instrução de ensino médio ou superior, o tempo de saída será o necessário para o cumprimento das atividades discentes".

Obs.: A nova redação dada pelo Pacote Anticrime para o § 2º do art. 122 da LEP refere que é vedada a saída temporária aos apenados que cumprem pena por delito hediondo com resultado morte.

19.10 MONITORAMENTO ELETRÔNICO

É uma faculdade judicial, pois, de acordo com art. 146-B da LEP, poderá ser definido pelo juiz nos casos definidos em lei, desde que seja necessário.

Poderá ser determinado nos casos de prisão domiciliar e saída temporária no regime semiaberto.

Em caso de descumprimento das regras da monitoração eletrônica, poderá o juiz, ouvidos o Ministério Público e a Defesa: regredir o regime prisional; revogar a prisão domiciliar; revogar a saída temporária; ou apenas aplicar uma advertência.

Atualmente, é muito comum a utilização do monitoramento eletrônico nos casos em que se autoriza a prisão domiciliar em razão de falta de vagas no sistema prisional.

19.11 LIVRAMENTO CONDICIONAL

Como o próprio nome permite concluir, é a liberdade mediante condições. Trata-se da última etapa do cumprimento de pena. O instituto é regulado pelos arts. 83 a 90 do CP e 131 a 146 da LEP, sendo a análise conjunta dos dois dispositivos legais. Acrescenta-se o art. 44, parágrafo único, da Lei nº 11.343/2006, que traz regras específicas para o livramento nos casos de delitos da Lei de Drogas.

Registre-se que a prática de falta grave não interrompe o prazo para obtenção do instituto, como dispõe a Súm. nº 441 do STJ, diferentemente do que ocorre para a progressão de regime.

A liberdade condicional poderá ser concedida para condenados com pena privativa de liberdade igual ou superior a dois anos.

Os requisitos para obtenção de livramento estão previstos no art. 83 do CP, em combinação com o art. 112, § 2º, da LEP. São requisitos objetivos e subjetivos. Os requisitos subjetivos estão no art. 83, III, *a*, *b* e *d*, exigindo o bom comportamento carcerário atestado pelo diretor, por força do art. 112 da LEP. Já no tocante aos requisitos objetivos, temos os incs. I, II e V do art. 83 versando sobre o lapso temporal, e o inc. IV exigindo a reparação do dano, salvo impossibilidade de fazer. Como inovação do Pacote Anticrime, foi inserida a exigência de não cometimento de falta grave nos últimos 12 meses (art. 83, III, *b*, do CP); trata-se de requisito objetivo, que poderá influenciar diretamente no requisito subjetivo.

Art. 83 do CP	Lapso temporal
+ 1/3	Não reincidente em crime doloso e tiver bons antecedentes
+ 1/2	Reincidente em crime doloso
+ 2/3	Condenados por crimes hediondos, tráfico, tortura, terrorismo e tráfico de pessoas se enquadram nessa hipótese. Ressaltando que, em caso de reincidência em delitos dessa natureza, não será possível a concessão de livramento condicional
Demais requisitos	
Art. 83, III, do CP	a) bom comportamento durante a execução da pena; b) *não cometimento de falta grave nos últimos 12 (doze) meses*; (introduzido pelo Pacote Anticrime) c) bom desempenho no trabalho que lhe foi atribuído; e d) aptidão para prover a própria subsistência mediante trabalho honesto.
Art. 83, IV, do CP	Tenha reparado, salvo efetiva impossibilidade de fazê-lo, o dano causado pela infração.

Depois de concedido, o livramento condicional somente poderá ser revogado obrigatoriamente se durante o período de prova for trazida ao processo de execução nova sentença penal condenatória irrecorrível por crime praticado antes ou durante o período em que estava em liberdade (art. 86 do CP).

Também é possível que, a critério do juiz, seja revogado o livramento condicional nos termos do art. 87 da LEP, quando descumpridas as condições ou superveniência de condenação irrecorrível por crime que não tenha sido determinada pena de prisão ou contravenção penal.

Portanto, são duas espécies de revogação: obrigatória e facultativa. Se chegar até o final do período de provas sem que haja revogação ou suspensão, declara-se extinta a pena (art. 90 do CP). Se porventura, após o término do período de provas, se descobrirem causas de revogação, não poderá afetar a declaração de extinção. Vejamos a Súm. nº 617 do STJ: "A ausência de suspensão ou revogação do livramento condicional antes do término do período de prova enseja a extinção da punibilidade pelo integral cumprimento da pena".

Os efeitos das diferentes formas de revogação estão previstos nos arts. 88 do CP e 141 e 142 da LEP.

Aspectos importantes no tocante ao livramento condicional referente ao delito de associação ao tráfico (art. 35 da Lei nº 11.343/2006): o crime de associação ao tráfico não é considerado hediondo pelo entendimento do STJ, inclusive, não há previsão na lei dos crimes hediondos do referido tipo penal, logo, para progressão de regime, utiliza-se o lapso temporal de um sexto da pena. Porém, o art. 44, parágrafo único, da Lei nº 11.343/2006 dispõe que, para livramento condicional, dever-se-á exigir mais de dois terços da pena, incluindo o delito de associação.

Observação: De acordo com a nova redação do art. 2º, § 9º, da Lei nº 12.850/2013, alterado pelo Pacote Anticrime, o condenado expressamente em sentença por integrar organização criminosa ou por crime praticado por meio de organização criminosa *não poderá progredir de regime de cumprimento de pena ou obter livramento condicional ou outros benefícios prisionais se houver elementos probatórios que indiquem a manutenção do vínculo associativo.*

19.12 GRAÇA E INDULTO

São institutos que extinguem a punibilidade, conforme o art. 107, II, do CP.

A graça é o perdão individual da pena, concedido por decreto do Presidente da República, é uma medida excepcional. De acordo com o art. 5º, XLIII, da CF, não é permitida nem a graça nem a anistia para delitos considerados hediondos e equiparados.

Já o indulto também é uma causa extintiva da punibilidade, no entanto é concedido de forma coletiva, ou seja, tornou-se comum ao final de cada ano a publicação de um decreto concedendo indulto para todos aqueles que preencherem determinadas condições.

Assim sendo, qualquer preso que preencher as condições passará a ter direito ao indulto, devendo ser declarado pelo juiz da Vara de Execuções.

19.13 RECURSO DE AGRAVO EM EXECUÇÃO

Há previsão expressa no art. 197 que, das decisões proferidas pelo juiz em processo de execução criminal, o recurso cabível será o de agravo.

O prazo para interposição é regulado pela Súm. nº 700 do STF, sendo de cinco dias.

O processamento do recurso se dá da mesma forma que o recurso em sentido estrito, logo as razões e contrarrazões serão de dois dias, nos termos do art. 588 do CPP. Inclusive, o recurso de agravo possui, da mesma forma que o recurso em sentido estrito, juízo de retratação (art. 589 do CPP).

Em regra, o referido recurso não possui efeito suspensivo. Entretanto, nos casos de medida de segurança, no art. 179 da LEP há previsão no sentido de que, somente após o trânsito em julgado da decisão que determinar a liberação ou desinternação do paciente, poderá ser efetivamente expedida a guia de liberação. Assim sendo, entende-se que, se for interposto recurso de agravo de uma decisão que determinar a desinternação de um paciente, somente após ser julgado esse recurso e não haver mais possibilidade de recurso é que poderá ocorrer a desinternação. Por isso, nesses casos sustenta-se que o agravo em execução terá excepcionalmente efeito suspensivo.

QUESTÕES

1. **(OAB - FGV - XXV EXAME DE ORDEM)** Maria, 15 anos de idade, comparece à Delegacia em janeiro de 2017, acompanhada de seu pai, e narra que João, 18 anos, mediante grave ameaça, teria constrangido-a a manter com ele conjunção carnal, demonstrando interesse, juntamente com seu representante, na responsabilização criminal do autor do fato. Instaurado inquérito policial para apurar o crime de estupro, todas as testemunhas e João afirmaram que a relação foi consentida por Maria, razão pela qual, após promoção do Ministério Público pelo arquivamento por falta de justa causa, o juiz homologou o arquivamento com base no fundamento apresentado. Dois meses após o arquivamento, uma colega de classe de Maria a procura e diz que teve medo de contar antes a qualquer pessoa, mas em seu celular havia filmagem do ato sexual entre Maria e João, sendo que no vídeo ficava demonstrado o emprego de grave ameaça por parte deste. Maria, então, entrega o vídeo ao advogado da família.

   Considerando a situação narrada, o advogado de Maria

   a) nada poderá fazer sob o ponto de vista criminal, tendo em vista que a decisão de arquivamento fez coisa julgada material.

   b) poderá apresentar o vídeo ao Ministério Público, sendo possível o desarquivamento do inquérito ou oferecimento de denúncia por parte do Promotor de Justiça, em razão da existência de prova nova.

c) nada poderá fazer sob o ponto de vista criminal, tendo em vista que, apesar de a decisão de arquivamento não ter feito coisa julgada material, o vídeo não poderá ser considerado prova nova, já que existia antes do arquivamento do inquérito.

d) poderá iniciar, de imediato, ação penal privada subsidiária da pública em razão da omissão do Ministério Público no oferecimento de denúncia em momento anterior.

2. (OAB – FGV – XXVI EXAME DE ORDEM) Patrícia foi a um *shopping center* a fim de comprar um celular para sua filha, Maria, de 10 anos, que a acompanhava. Não encontrando o modelo desejado, Patrícia saiu da loja, esclarecendo o ocorrido para a criança que, inconformada com o fato, começou a chorar. Patrícia chamou a atenção de sua filha, o que fez com que seu colega de trabalho Henrique, que passava pelo local, a advertisse, de que não deveria assim agir com a criança, iniciando uma discussão e acabando por empurrá-la contra a parede. Em razão do comportamento de Henrique, Patrícia sofre uma pequena lesão na perna. Ela efetuou o registro e a perícia confirmou a lesão; contudo, dois dias depois, ela compareceu à Delegacia e desistiu da representação. Em razão de a vítima ser do sexo feminino, o Ministério Público ofereceu denúncia contra Henrique pela prática do crime de lesão corporal no âmbito da violência doméstica e familiar contra a mulher, previsto no art. 129, § 9º, do Código Penal.

Considerando as informações narradas, o advogado de Henrique deverá alegar que

a) apesar de o crime ser de lesão corporal no âmbito da violência doméstica e familiar contra a mulher, será cabível, em caso de condenação, a substituição da pena privativa de liberdade por restritiva de direito.

b) o crime em tese praticado é de lesão corporal leve simples, de modo que, apesar de irrelevante a vontade da vítima para o oferecimento da denúncia, pode ser oferecida proposta de suspensão condicional do processo.

c) apesar de o crime ser de lesão corporal no âmbito da violência doméstica e familiar contra a mulher, deverá ser rejeitada a denúncia por depender de representação da vítima.

d) o crime em tese praticado é de lesão corporal leve simples, devendo a denúncia ser rejeitada por depender de representação da vítima.

3. (OAB – FGV – XXIII EXAME DE ORDEM) Silva foi vítima de um crime de ameaça por meio de uma ligação telefônica realizada em 2 de janeiro de 2016. Buscando identificar o autor, já que nenhum membro de sua família tinha tal informação, requereu, de imediato, junto à companhia telefônica, o número de origem da ligação, vindo a descobrir, no dia 3 de julho de 2016, que a linha utilizada era de propriedade do ex-namorado de sua filha, Carlos, razão pela qual foi até a residência deste, onde houve a confissão da prática do crime. Quando ia ao Ministério Público, na companhia de Marta, sua esposa, para oferecer representação, Silva sofreu um infarto e veio a falecer. Marta, no dia seguinte, afirmou oralmente, perante o Promotor de

Justiça, que tinha interesse em representar em face do autor do fato, assim como seu falecido marido. Diante do apelo de sua filha, Marta retorna ao Ministério Público no dia 6 de julho de 2016 e diz que não mais tem interesse na representação. Ainda assim, considerando que a ação penal é pública condicionada, o Promotor de Justiça ofereceu denúncia, no dia 7 de julho de 2016, em face de Carlos, pela prática do crime de ameaça.

Considerando a situação narrada, o(a) advogado(a) de Carlos, em resposta à acusação, deverá alegar que

a) ocorreu decadência, pois se passaram mais de 6 meses desde a data dos fatos.

b) a representação não foi válida, pois não foi realizada pelo ofendido.

c) ocorreu retratação válida do direito de representação.

d) a representação não foi válida, pois foi realizada oralmente.

4. (OAB – FGV – XXII EXAME DE ORDEM) Fagner, irmão de Vitor, compareceu à Delegacia e narrou que foi vítima de agressões que lhe causaram lesão corporal de natureza leve. Afirmou Fagner, em sede policial, que Vitor desferiu um soco em seu rosto, deixando a agressão vestígios, mas esclareceu que não necessitou de atendimento médico. Apesar de demonstrar interesse inequívoco em ver seu irmão responsabilizado criminalmente pelo ato praticado, não assinou termo de representação formal, além de não realizar exame de corpo de delito. Vitor foi denunciado pela prática do crime do art. 129, § 9º, do Código Penal. Durante a instrução, Fagner não foi localizado para ser ouvido, não havendo outras testemunhas presenciais. Vitor, em seu interrogatório, contudo, confirmou que desferiu um soco no rosto de seu irmão. Em relação aos documentos do processo, consta apenas a Folha de Antecedentes Criminais do acusado.

Considerando apenas as informações narradas na hipótese, assinale a afirmativa correta.

a) O processo deve ser extinto sem julgamento do mérito, pois a representação do ofendido necessariamente deve ser expressa e formal.

b) Não existe prova da materialidade, pois, quando a infração penal deixa vestígios, o exame de corpo de delito é indispensável, não podendo supri-lo a confissão do acusado.

c) Não existe prova da materialidade, pois o Código de Processo Penal apenas admite o exame de corpo de delito direto.

d) Existe prova da materialidade, pois o Código de Processo Penal admite a figura do exame de corpo de delito indireto e este ocorreu no caso concreto.

5. (OAB – FGV – XXIV EXAME DE ORDEM) Vinícius, sócio de um grande escritório de advocacia, especializado na área criminal, recebeu, no dia 2 de outubro de 2017, duas intimações de decisões referentes a dois clientes diferentes. A primeira intimação tratava de decisão proferida pela 1ª Câmara Criminal de determinado Tribunal de Justiça denegando a ordem de *habeas corpus* que havia sido apresentada perante o órgão em favor de Gilmar (após negativa em primeira instância), que responde preso a ação pela suposta prática de crime de roubo. A segunda intimação foi de decisão proferida pelo Juiz de Direito da 1ª Vara Criminal de Fortaleza, também denegando ordem de *habeas corpus*, mas, dessa vez, a medida havia sido apresentada em favor de Rubens, que figura como indiciado em inquérito que investiga a suposta prática do crime de tráfico de drogas.

Diante das intimações realizadas, insatisfeito com as decisões proferidas, Vinícius, para combater as decisões prejudiciais a Gilmar e Rubens, deverá apresentar.

a) Recurso ordinário constitucional e recurso em sentido estrito, respectivamente.

b) Recurso em sentido estrito, nos dois casos.

c) Recurso ordinário constitucional, nos dois casos.

d) Recurso especial e recurso ordinário constitucional, respectivamente.

6. **(OAB – FGV – XXIII EXAME DE ORDEM)** Vitor, corretor de imóveis, está sendo investigado em inquérito policial. Considerando que o delegado vem atuando com abuso e colocando em risco a liberdade de Vitor, o advogado do investigado apresenta *habeas corpus* perante o órgão competente. Quando da análise do *habeas corpus*, a autoridade competente entende por denegar a ordem.

   Considerando as informações narradas, o advogado de Vitor poderá recorrer da decisão que denegou a ordem por meio de

   a) recurso em sentido estrito, tendo em vista que o Tribunal de Justiça foi o órgão competente para análise do *habeas corpus* apresentado em razão da conduta do delegado.

   b) recurso em sentido estrito, tendo em vista que o juiz de primeiro grau era competente para a análise do *habeas corpus* apresentado em razão da conduta do delegado.

   c) recurso ordinário constitucional, tendo em vista que o Tribunal de Justiça foi o órgão competente para análise do *habeas corpus* apresentado em razão da conduta do delegado.

   d) recurso ordinário constitucional, tendo em vista que o juiz de primeiro grau era competente para a análise do *habeas corpus* apresentado em razão da conduta do delegado.

7. **(OAB – FGV – XXIV EXAME DE ORDEM)** Lívia, insatisfeita com o fim do relacionamento amoroso com Pedro, vai até a casa deste na companhia da amiga Carla e ambas começam a quebrar todos os porta-retratos da residência nos quais estavam expostas fotos da nova namorada de Pedro. Quando descobre os fatos, Pedro procura um advogado, que esclarece a natureza privada da ação criminal pela prática do crime de dano. Diante disso, Pedro opta por propor queixa-crime em face de Carla pela prática do crime de dano (art. 163, *caput*, do Código Penal), já que nunca mantiveram boa relação e ele tinha conhecimento de que ela era reincidente, mas, quanto

a Lívia, liga para ela e diz que nada fará, pedindo, apenas, que o fato não se repita. Apesar da decisão de Pedro, Lívia fica preocupada quanto à possibilidade de ele mudar de opinião, razão pela qual contrata um advogado junto com Carla para consultoria jurídica. Considerando apenas as informações narradas, o advogado deverá esclarecer que ocorreu

a) renúncia em relação a Lívia, de modo que a queixa-crime não deve ser recebida em relação a Carla.

b) renúncia em relação a Lívia, de modo que a queixa-crime deve ser recebida apenas em relação a Carla.

c) perempção em relação a Lívia, de modo que a queixa-crime deve ser recebida apenas em relação a Carla.

d) perdão do ofendido em relação a Lívia, de modo que a queixa-crime deve ser recebida apenas em relação a Carla.

8. **(OAB - FGV - XXVI EXAME DE ORDEM)** Durante as investigações de um crime de associação criminosa (art. 288 do CP), a autoridade policial representa pela decretação da prisão temporária do indiciado Jorge, tendo em vista que a medida seria imprescindível para a continuidade das investigações. Os autos são encaminhados ao Ministério Público, que se manifesta favoravelmente à representação da autoridade policial, mas deixa de requerer expressamente, por conta própria, a decretação da prisão temporária. Por sua vez, o magistrado, ao receber o procedimento, decretou a prisão temporária pelo prazo de 10 dias, ressaltando que a lei admite a prorrogação do prazo de 05 dias por igual período. Fez o magistrado constar, ainda, que Jorge não poderia permanecer acautelado junto com outros detentos que estavam presos em razão de preventivas decretadas. Considerando apenas as informações narradas, o advogado de Jorge, ao ser constituído, deverá alegar que

a) o prazo fixado para a prisão temporária de Jorge é ilegal.

b) a decisão do magistrado de determinar que Jorge ficasse separado dos demais detentos é ilegal.

c) a prisão temporária decretada é ilegal, tendo em vista que a associação criminosa não está prevista no rol dos crimes hediondos e nem naquele que admite a decretação dessa espécie de prisão.

d) a decretação da prisão foi ilegal, pelo fato de ter sido decretada de ofício, já que não houve requerimento do Ministério Público.

9. **(OAB - FGV - XXVII EXAME DE ORDEM)** No âmbito de ação penal, foi proferida sentença condenatória em desfavor de Bernardo pela suposta prática de crime de uso de documento público falso, sendo aplicada pena privativa de liberdade de cinco anos. Durante toda a instrução, o réu foi assistido pela Defensoria Pública e respondeu ao processo em liberdade. Ocorre que Bernardo não foi localizado para ser intimado da sentença, tendo o oficial de justiça certificado que compareceu em todos os endereços identificados. Diante disso, foi publicado edital de intimação da sentença, com prazo de

90 dias. Bernardo, ao tomar conhecimento da intimação por edital 89 dias após sua publicação, descobre que a Defensoria se manteve inerte, razão pela qual procura, de imediato, um advogado para defender seus interesses, assegurando ser inocente.

Considerando apenas as informações narradas, o(a) advogado(a) deverá esclarecer que

a) houve preclusão do direito de recurso, tendo em vista que a Defensoria Pública se manteve inerte.

b) foi ultrapassado o prazo recursal de cinco dias, mas poderá ser apresentada revisão criminal.

c) é possível a apresentação de recurso de apelação, pois o prazo de cinco dias para interposição de apelação pelo acusado ainda não transcorreu.

d) é possível apresentar medida para desconstituir a sentença publicada, tendo em vista não ser possível a intimação do réu sobre o teor de sentença condenatória por meio de edital.

10. (OAB – FGV – XXVI EXAME DE ORDEM) Maria recebe ligação de duas delegacias diferentes, informando a prisão em flagrante de seus dois filhos. Após contatar seu advogado, Maria foi informada de que Caio, seu filho mais velho, praticou, em Niterói, um crime de lesão corporal grave consumado, mas somente veio a ser preso no Rio de Janeiro. Soube, ainda, que Bruno, seu filho mais novo, foi preso por praticar um crime de roubo simples (pena: 04 a 10 anos de reclusão e multa) em Niterói e um crime de extorsão majorada (pena: 04 a 10 anos de reclusão, aumentada de 1/3 a 1/2, e multa) em São Gonçalo, sendo certo que a prova do roubo influenciaria na prova da extorsão, já que o carro subtraído no roubo foi utilizado quando da prática do segundo delito.

Considerando apenas as informações constantes do enunciado, o advogado de Maria deverá esclarecer que o(s) juízo(s) competente(s) para julgar Caio e Bruno será(ão),

a) Niterói, nos dois casos, sendo que, entre os crimes de roubo e extorsão, há, de acordo com o Código de Processo Penal, continência.

b) Niterói, nos dois casos, sendo que, entre os crimes de roubo e extorsão, há, de acordo com o Código de Processo Penal, conexão.

c) Rio de Janeiro e São Gonçalo, respectivamente, sendo que, entre os crimes de roubo e extorsão, há, de acordo com o Código de Processo Penal, continência.

d) Niterói e São Gonçalo, respectivamente, sendo que, entre os crimes de roubo e extorsão, há, de acordo com o Código de Processo Penal, conexão.

11. (OAB – FGV – XXVIII EXAME DE ORDEM) Gabriel, nascido em 31 de maio 1999, filho de Eliete, demonstrava sua irritação em razão do tratamento conferido por Jorge, namorado de sua mãe, para com esta. Insatisfeito, Jorge, no dia 1º de maio de 2017, profere injúria verbal contra Gabriel. Após a vítima contar para sua mãe sobre a ofensa sofrida, Eliete comparece, em 27 de maio de 2017, em sede policial e, na condição de representante do seu filho, renuncia ao direito de queixa. No dia 02 de agosto de 2017, porém, Gabriel, contra a vontade da mãe, procura auxílio de advogado, informando que tem interesse em ver Jorge responsabilizado criminalmente pela ofensa realizada.

Diante da situação narrada, o(a) advogado(a) de Gabriel deverá esclarecer que

a) Jorge não poderá ser responsabilizado criminalmente, em razão da renúncia do representante legal do ofendido, sem prejuízo de indenização no âmbito cível.

b) poderá ser proposta queixa-crime em face de Jorge, mas, para que o patrono assim atue, precisa de procuração com poderes especiais.

c) Jorge não poderá ser responsabilizado criminalmente em razão da decadência, tendo em vista que ultrapassados três meses desde o conhecimento da autoria.

d) poderá ser proposta queixa-crime em face de Jorge, pois, de acordo com o Código de Processo Penal, ao representante legal é vedado renunciar ao direito de queixa.

12. (OAB – FGV – XXVI EXAME DE ORDEM) Maicon, na condução de veículo automotor, causou lesão corporal de natureza leve em Marta, desconhecida que dirigia outro automóvel, que inicialmente disse ter interesse em representar em face do autor dos fatos, diante da prática do crime do Art. 303, *caput*, do Código de Trânsito Brasileiro. Em audiência preliminar, com a presença de Maicon e Marta acompanhados por seus advogados e pelo Ministério Público, houve composição dos danos civis, reduzida a termo e homologada pelo juiz em sentença. No dia seguinte, Marta se arrepende, procura seu advogado e afirma não ter interesse na execução do acordo celebrado.

Considerando apenas as informações narradas, o advogado de Marta deverá

a) interpor recurso de apelação da sentença que homologou a composição dos danos civis.

b) esclarecer que o acordo homologado acarretou renúncia ao direito de representação.

c) interpor recurso em sentido estrito da sentença que homologou composição dos danos civis.

d) esclarecer que, sendo crime de ação penal de natureza pública, não caberia composição dos danos civis, mas sim transação penal, de modo que a sentença é nula.

13. (OAB – FGV – XXXI EXAME DE ORDEM) Ricardo foi pronunciado pela suposta prática do crime de homicídio qualificado. No dia anterior à sessão plenária do Tribunal do Júri, o defensor público que assistia Ricardo até aquele momento acostou ao processo a folha de antecedentes criminais da vítima, matérias jornalísticas e fotografias que poderiam ser favoráveis à defesa do acusado. O Ministério Público, em sessão plenária, foi surpreendido por aquele material do qual não tinha tido ciência, mas o juiz presidente manteve o julgamento para a data agendada e, após o defensor público mencionar a documentação acostada, Ricardo foi absolvido pelos jurados, em 23/10/2018 (terça-feira). No dia 29/10/2018, o Ministério Público apresentou recurso de apelação, acompanhado das razões recursais, requerendo a realização de novo júri, pois a decisão dos jurados havia sido manifestamente contrária à prova dos autos. O Tribunal de Justiça conheceu do recurso interposto e anulou o julgamento realizado, determinando nova sessão plenária, sob o fundamento de que a defesa se utilizou em plenário de documentos acostados fora do prazo permitido pela lei. A família de Ricardo procura você, como advogado(a), para patrocinar os interesses do réu.

Considerando as informações narradas, você, como advogado(a) de Ricardo, deverá questionar a decisão do Tribunal, sob o fundamento de que

a) respeitando-se o princípio da amplitude de defesa, não existe vedação legal na juntada e utilização em plenário de documentação pela defesa no prazo mencionado.

b) diante da nulidade reconhecida, caberia ao Tribunal de Justiça realizar, diretamente, novo julgamento, e não submeter o réu a novo julgamento pelo Tribunal do Júri.

c) não poderia o Tribunal anular o julgamento com base em nulidade não arguida, mas tão só reconhecer, se fosse o caso, que a decisão dos jurados era manifestamente contrária à prova dos autos.

d) o recurso foi apresentado de maneira intempestiva, de modo que sequer deveria ter sido conhecido.

14. (OAB – FGV – XXVI EXAME DE ORDEM) Pablo e Leonardo foram condenados, em primeira instância, pela prática do crime de furto qualificado, à pena de 02 anos e 06 meses de reclusão e 12 dias-multa, por fatos que teriam ocorrido quando Pablo tinha 18 anos e Leonardo, 21 anos. A pena-base foi aumentada, não sendo reconhecidas atenuantes ou agravantes nem causas de aumento ou diminuição. Intimados da sentença, o promotor e o advogado de Leonardo não tiveram interesse em apresentar recurso, mas o advogado de Pablo apresentou recurso de apelação. Por ocasião do julgamento do recurso, entenderam os desembargadores por reconhecer que o crime restou tentado, bem como que deveria ser aplicada a atenuante da menoridade relativa a Pablo.

Com base nas informações expostas, os efeitos da decisão do Tribunal

a) não poderão ser estendidos a Leonardo, tendo em vista que houve trânsito em julgado da sua condenação.

b) poderão ser integralmente estendidos a Leonardo, aplicando-se a atenuante e a causa de diminuição de pena da tentativa.

c) poderão ser parcialmente estendidos a Leonardo, aplicando-se a causa de diminuição de pena da tentativa, mas não a atenuante.

d) não poderão ser estendidos a Leonardo, pois, ainda que sem trânsito em julgado, em recurso exclusivo de Pablo não poderia haver *reformatio in mellius* para o corréu.

15. (OAB – FGV – XXXI EXAME DE ORDEM) Durante escuta telefônica devidamente deferida para investigar organização criminosa destinada ao contrabando de armas, policiais obtiveram a informação de que Marcelo receberia, naquele dia, grande quantidade de armamento, que seria depois repassada a Daniel, chefe de sua facção. Diante dessa informação, os policiais se dirigiram até o local combinado. Após informarem o fato à autoridade policial, que o comunicou ao juízo competente, eles acompanharam o recebimento do armamento por Marcelo, optando por não o prender naquele momento, pois aguardariam que ele se encontrasse com o chefe da sua organização para, então, prendê-los. De posse do armamento, Marcelo se dirigiu ao encontro de Daniel e lhe repassou as armas contrabandeadas, quando, então, ambos foram surpreendidos e presos em flagrante pelos policiais que monitoravam a operação. Encaminhados para a Delegacia, os presos entraram em contato com um advogado para esclarecimentos sobre a validade das prisões ocorridas. Com base nos fatos acima narrados, o advogado deverá esclarecer aos seus clientes que a prisão em flagrante efetuada pelos policiais foi

a) ilegal, por se tratar de flagrante esperado.

b) legal, restando configurado o flagrante preparado.

c) legal, tratando-se de flagrante retardado.

d) ilegal, pois a conduta dos policiais dependeria de prévia autorização judicial.

16. (OAB – FGV – XXIX EXAME DE ORDEM) Vanessa foi condenada pela prática de um crime de furto qualificado pela 1ª Vara Criminal de Curitiba, em razão de suposto abuso de confiança que decorreria da relação entre a vítima e Vanessa. Como as partes não interpuseram recurso, a sentença de primeiro grau transitou em julgado. Apesar de existirem provas da subtração de coisa alheia móvel, a vítima não foi ouvida por ocasião da instrução por não ter sido localizada. Durante a execução da pena por Vanessa, a vítima é localizada, confirma a subtração por Vanessa, mas diz que sequer conhecia a autora dos fatos antes da prática delitiva. Vanessa procura seu advogado para esclarecimento sobre eventual medida cabível.

Considerando apenas as informações narradas, o advogado de Vanessa deve esclarecer que

a) não poderá apresentar revisão criminal, tendo em vista que a pena já está sendo executada, mas poderá ser buscada reparação civil.

b) caberá apresentação de revisão criminal, sendo imprescindível a representação de Vanessa por advogado, devendo a medida ser iniciada perante o próprio juízo da condenação.

c) não poderá apresentar revisão criminal em favor da cliente, tendo em vista que a nova prova não é apta a justificar a absolvição de Vanessa, mas tão só a redução da pena.

d) caberá apresentação de revisão criminal, podendo Vanessa apresentar a ação autônoma independentemente de estar assistida por advogado, ou por meio de procurador legalmente habilitado.

17. (OAB – FGV – XXX EXAME DE ORDEM) O advogado de Josefina, ré em processo criminal, entendendo que, entre o recebimento da denúncia e o término da instrução, ocorreu a prescrição da pretensão punitiva estatal, apresentou requerimento, antes mesmo do oferecimento de alegações finais, de reconhecimento da extinção da punibilidade da agente, sendo o pedido imediatamente indeferido pelo magistrado.

Intimado, caberá ao(à) advogado(a) de Josefina, discordando da decisão, apresentar

a) recurso em sentido estrito, no prazo de 5 dias.

b) recurso de apelação, no prazo de 5 dias.

c) carta testemunhável, no prazo de 48 h.

d) reclamação constitucional, no prazo de 15 dias.

18. (OAB – FGV – XXIX EXAME DE ORDEM) Vitor foi denunciado pela prática de um crime de peculato. O magistrado, quando da análise da inicial acusatória, decide rejeitar a denúncia em razão de ausência de justa causa. O Ministério Público apresentou recurso em sentido estrito, sendo os autos encaminhados ao Tribunal, de imediato, para decisão. Todavia, Vitor, em consulta ao sítio eletrônico do Tribunal de Justiça, toma conhecimento da existência do recurso ministerial, razão pela qual procura seu advogado e demonstra preocupação com a revisão da decisão do juiz de primeira instância.

Considerando as informações narradas, de acordo com a jurisprudência do Supremo Tribunal Federal, o advogado de Vitor deverá esclarecer que

a) o Tribunal não poderá conhecer do recurso apresentado, tendo em vista que a decisão de rejeição da denúncia é irrecorrível.

b) o Tribunal não poderá conhecer do recurso apresentado, pois caberia recurso de apelação, e não recurso em sentido estrito.

c) ele deveria ter sido intimado para apresentar contrarrazões, apesar de ainda não figurar como réu, mas tão só como denunciado.

d) caso o Tribunal dê provimento ao recurso, os autos serão encaminhados para o juízo de primeira instância para nova decisão sobre recebimento ou não da denúncia.

19. (OAB – FGV – XXX EXAME DE ORDEM) Fred foi denunciado e condenado, em primeira instância, pela prática de crime de corrupção ativa, sendo ele e seu advogado intimados do teor da sentença no dia 05 de junho de 2018, terça-feira. A juntada do mandado de intimação do réu ao processo, todavia, somente ocorreu em 11 de junho de 2018, segunda-feira.

Considerando as informações narradas, o prazo para interposição de recurso de apelação pelo advogado de Fred, de acordo com a jurisprudência dos Tribunais Superiores, será iniciado

a) no dia seguinte à juntada do mandado de intimação (12/06/18), devendo a data final do prazo ser prorrogada para o primeiro dia útil seguinte, caso se encerre no final de semana.

b) no dia da juntada do mandado de intimação (11/06/18), devendo ser cumprido até o final do prazo de 05 dias previsto em lei, ainda que este ocorra no final de semana.

c) no dia da intimação (05/06/18), independentemente da data da juntada do mandado, devendo ser cumprido até o final do prazo de 05 dias previsto em lei, ainda que este ocorra no final de semana.

d) no dia seguinte à intimação (06/06/18), independentemente da data da juntada do mandado, devendo a data final do prazo ser prorrogada para o primeiro dia útil seguinte, caso se encerre no final de semana.

20. (OAB – FGV – XXIX EXAME DE ORDEM) Anderson, Cláudio e Jorge arquitetam um plano para praticar crime contra a agência de um banco, empresa pública federal, onde Jorge trabalhava como segurança. Encerrado o expediente, em 03/12/2017, Jorge permite a entrada de Anderson e Cláudio no estabelecimento e, em conjunto, destroem um dos cofres da agência e subtraem todo o dinheiro que estava em seu interior. Após a subtração do dinheiro, os agentes roubam o carro de Júlia, que trafegava pelo local, e fogem, sendo, porém, presos dias depois, em decorrência da investigação realizada. Considerando que a conduta dos agentes configura os crimes de furto qualificado (pena: 2 a 8 anos e multa) e roubo majorado (pena: 4 a 10 anos e multa, com causa de aumento de 1/3 até metade), praticados em conexão, após solicitação de esclarecimentos pelos envolvidos, o(a) advogado(a) deverá informar que

a) a Justiça Federal será competente para julgamento de ambos os delitos conexos.

b) a Justiça Estadual será competente para julgamento de ambos os delitos conexos.

c) a Justiça Federal será competente para julgamento do crime de furto qualificado e a Justiça Estadual, para julgamento do crime de roubo majorado, havendo separação dos processos.

d) tanto a Justiça Estadual quanto a Federal serão competentes, considerando que não há relação de especialidade entre estas, prevalecendo o critério da prevenção.

GABARITO

1. B; 2. D; 3. C; 4. B; 5. A; 6. B; 7. A; 8. A; 9. C; 10. D; 11. B; 12. B; 13. C; 14. C; 15. C; 16. D; 17. A; 18. C; 19. D; 20. A

Direito do Trabalho

Luiz Henrique Dutra

Mestre em Direito Constitucional. Especialista em Direito Constitucional. Especialista em Direito do Trabalho e Processual do Trabalho. MBA – Identidade Empresarial. Professor na Faculdade Antonio Meneghetti (AMF). Professor na Faculdade de Direito de Santa Maria (FADISMA). Professor no CEISC. Advogado.

SUMÁRIO

DIREITO INDIVIDUAL DO TRABALHO

1. RELAÇÃO DE TRABALHO E EMPREGO

1.1 RELAÇÃO DE EMPREGADO

Para verificar a existência de vínculo de emprego entre um trabalhador e um empregador, devem ser observados os seguintes requisitos do **art. 3º da CLT**:

a) **Pessoa Física.** Pessoa Jurídica não poderá ser empregada.
b) **Pessoalidade.** A pessoa é contratada para prestar o serviço e não pode se fazer substituir, salvo prévia autorização do empregador.
c) **Não eventual.** As partes têm conhecimento dos dias em que haverá a prestação do serviço.
d) **Onerosidade.** A simples promessa de pagamento já configura o requisito da onerosidade.
e) **Subordinação.** Deve estar presente a subordinação jurídica entre as partes, ou seja, o empregador deve determinar a forma da prestação de serviço.

Existindo todos os requisitos, há o vínculo empregatício entre as partes, independentemente de outros fatores, como o fato de o empregado trabalhar em casa e não no estabelecimento **(art. 6º da CLT)** ou de o trabalhador também ser policial militar **(Súm. nº 386 do TST).**

1.2 TIPOS ESPECIAIS DE EMPREGADOS

A) APRENDIZ

É aquele empregado com uma formação técnico-profissional, que terá de 14 a 24 anos de idade, conforme determina o disposto no **art. 428 da CLT**, e, tratando-se de aprendiz portador de deficiência, a idade máxima não é aplicada **(§ 5º do art. 428 da CLT)**.

Para ser considerado válido o contrato de aprendizagem, deve o menor estar inscrito em um programa de aprendizagem com sua devida anotação na Carteira de Trabalho e Previdência Social (CTPS), bem como matriculado e frequentando a escola, ou, se já concluído o Ensino Médio, em entidade qualificada em formação técnico-profissional **(§ 1º do art. 428 da CLT)**.

Tendo em vista a jornada de o aprendiz ser de até 6 horas diárias **(art. 432 da CLT), é** importante destacar que ele tem direito ao salário mínimo por hora, ou seja, tem direito a receber, no mínimo, o salário mínimo de maneira proporcional **à** sua jornada **(§ 2º do art. 428 da CLT)**.

O contrato do aprendiz é de, no máximo, dois anos, porém esse prazo máximo não é aplicado ao aprendiz portador de deficiência, conforme disposto no **§ 3º do art. 428 da CLT**.

O contrato de aprendizagem extinguir-se-á no seu termo ou quando o aprendiz completar 24 (vinte e quatro) anos, ressalvada a hipótese prevista no § 5º do art. 428 desta Consolidação, ou, ainda, antecipadamente nas seguintes hipóteses **(art. 433 da CLT)**:

> I – desempenho insuficiente ou inadaptação do aprendiz, salvo para o aprendiz com deficiência quando desprovido de recursos de acessibilidade, de tecnologias assistivas e de apoio necessário ao desempenho de suas atividades;
>
> II – falta disciplinar grave;
>
> III – ausência injustificada à escola que implique perda do ano letivo;
>
> IV – a pedido do aprendiz.

No que ser refere à alíquota do Fundo de Garantia do Tempo de Serviço (FGTS) para o aprendiz, ao contrário dos demais empregados, é de 2 % sobre a sua remuneração, conforme disposto no § 7º **do art. 15 da Lei nº 8.036/1990**.

B) EMPREGADO MENOR

É considerado empregado menor o trabalhador de 16 a 18 anos de idade, sendo-lhe vedado o trabalho noturno, insalubre e perigoso, conforme disposto no **art. 7º, XXXIII, da CF/1988**.

Ao menor também são proibidas as atividades elencadas no **art. 405 da CLT**, conforme segue:

> **Art. 405 da CLT.** Ao menor não será permitido o trabalho:
>
> I – nos locais e serviços perigosos ou insalubres, constantes de quadro para esse fim aprovado pelo Diretor Geral do Departamento de Segurança e Higiene do Trabalho;
>
> II – em locais ou serviços prejudiciais à sua moralidade.
>
> § 1º (Revogado pela Lei nº 10.097, de 2000).
>
> § 2º O trabalho exercido nas ruas, praças e outros logradouros dependerá de prévia autorização do Juiz de Menores, ao qual cabe verificar se a ocupação é indispensável à sua própria subsistência ou à de seus pais, avós ou irmãos e se dessa ocupação não poderá advir prejuízo à sua formação moral.
>
> § 3º Considera-se prejudicial à moralidade do menor o trabalho:
>
> a) prestado de qualquer modo, em teatros de revista, cinemas, boates, cassinos, cabarés, *dancings* e estabelecimentos análogos;
>
> b) em empresas circenses, em funções de acróbata, saltimbanco, ginasta e outras semelhantes;
>
> c) de produção, composição, entrega ou venda de escritos, impressos, cartazes, desenhos, gravuras, pinturas, emblemas, ima-

> gens e quaisquer outros objetos que possam, a juízo da autoridade competente, prejudicar sua formação moral;
>
> d) consistente na venda, a varejo, de bebidas alcoólicas.
>
> § 4º Nas localidades em que existirem, oficialmente reconhecidas, instituições destinadas ao amparo dos menores jornaleiros; só aos que se encontrem sob o patrocínio dessas entidades será outorgada a autorização do trabalho a que alude o § 2º.
>
> § 5º Aplica-se ao menor o disposto no art. 390 e seu parágrafo único.

O Juiz de Menores, atualmente denominado Juiz da Vara da Infância e Juventude, poderá autorizar o trabalho a que se referem às alíneas *a* e *b* do § 3º do art. 405 da CLT **(art. 406 da CLT)**.

A jornada do empregado menor é igual **à** dos demais trabalhadores, salvo no caso da existência de dois vínculos empregatícios, aos quais, nessa situação, para configuração da jornada de trabalho e an**á**lise de eventuais horas extras, deve-se somar a jornada dos dois vínculos empregatícios **(art. 414 da CLT)**.

O menor não poderá assinar sozinho o termo de rescisão do contrato de trabalho, mas poderá assinar normalmente o recebido de pagamento do salário **(art. 439 da CLT)**.

Quanto **à** prescrição, **é** importante frisar que esta somente começa a fluir quando o trabalhador completar a maioridade, ou seja, 18 anos, conforme disposto no **art. 440 da CLT**.

C) EMPREGADA MULHER

Tem alguns direitos específicos, podendo-se destacar, por exemplo, o uso da força conforme disposto no **art. 390 da CLT**, que dispõe que:

> Ao empregador é vedado empregar a mulher em serviço que demande o emprego de força muscular superior a 20 (vinte) quilos para o trabalho contínuo, ou 25 (vinte e cinco) quilos para o trabalho ocasional.

Já o parágrafo único do artigo traz uma exceção:

> Não está compreendida na determinação deste artigo a remoção de material feita por impulsão ou tração de vagonetes sobre trilhos, de carros de mão ou quaisquer aparelhos mecânicos.

O **art. 391-A da CLT** informa que a gestante terá estabilidade da confirmação da gravidez até 5 (cinco) meses após o nascimento da criança; já o § 1º **do art. 391-A da CLT** estende a estabilidade também para quem adotar uma criança.

O **art. 392 da CLT**, por sua vez, garante licença-maternidade de, no mínimo, 120 dias às gestantes, e o **art. 392-A da CLT**, para quem adotar uma criança. Em caso de falecimento durante a licença-maternidade, de acordo com o **art. 392-B da CLT**, é garantida a licença-maternidade ao cônjuge.

Quanto ao trabalho em ambiente insalubre para mulheres, é importante a transcrição do **art. 394-A da CLT:**

> Art. 394-A. Sem prejuízo de sua remuneração, nesta incluído o valor do adicional de insalubridade, a empregada deverá ser afastada de: (Redação dada pela Lei nº 13.467, de 2017)
>
> I – atividades consideradas insalubres em grau máximo, enquanto durar a gestação; (Incluído pela Lei nº 13.467, de 2017)
>
> II – atividades consideradas insalubres em grau médio ou mínimo, quando apresentar atestado de saúde, emitido por médico de confiança da mulher, que recomende o afastamento durante a gestação; (Incluído pela Lei nº 13.467, de 2017) (Vide ADIN 5938)
>
> III – atividades consideradas insalubres em qualquer grau, quando apresentar atestado de saúde, emitido por médico de confiança da mulher, que recomende o afastamento durante a lactação. (Incluído pela Lei nº 13.467, de 2017) (Vide ADIN 5938)
>
> § 1º (VETADO) (Redação dada pela Lei nº 13.467, de 2017)
>
> § 2º Cabe à empresa pagar o adicional de insalubridade à gestante ou à lactante, efetivando-se a compensação, observado o disposto no art. 248 da Constituição Federal, por ocasião do recolhimento das contribuições incidentes sobre a folha de salários e demais rendimentos pagos ou creditados, a qualquer título, à pessoa física que lhe preste serviço. (Incluído pela Lei nº 13.467, de 2017)
>
> § 3º Quando não for possível que a gestante ou a lactante afastada nos termos do *caput* deste artigo exerça suas atividades em local salubre na empresa, a hipótese será considerada como gravidez de risco e ensejará a percepção de salário-maternidade, nos termos da Lei nº 8.213, de 24 de julho de 1991, durante todo o período de afastamento. (Incluído pela Lei nº 13.467, de 2017).

Na hipótese de aborto não criminoso, terá a mulher direito a duas semanas de repouso remunerado **(art. 395 da CLT)**.

Por fim, é garantido à mulher, durante o período de gestação (até seis meses após o nascimento da criança), dois intervalos de 30 (trinta) minutos para amamentação **(art. 396 da CLT)**.

D) EMPREGADO DOMÉSTICO

É aquele que presta serviço de finalidade não lucrativa à pessoa ou à família, mais de duas vezes na semana, não podendo ser menor de 18 anos, conforme disposto no **art. 1º da LC nº 150/2015**.

O empregado doméstico pode ser contratado em regime de tempo parcial, desde que sua jornada não exceda 25 horas semanais. Seu salário será proporcional à sua jornada, e poderá realizar uma hora por dia, desde que sua jornada não exceda 6 horas diárias **(art. 3ª da LC nº 150/2015)**.

O empregado doméstico que concordar poderá acompanhar o seu chefe em viagens. É importante destacar que contam como tempo de serviço somente as horas efetivamente trabalhadas na viagem, bem como o valor da hora normal é acrescido de 25 %, podendo esse acréscimo ser compensado de acordo com a vontade do empregador **(art. 11 da LC nº 150/2015)**.

O intervalo do empregado doméstico será de, no mínimo, uma hora e, no máximo, de duas horas, podendo ser reduzido mediante acordo entre as partes para 30 minutos **(art. 13 da LC nº 150/2015)**.

E) SÓCIO/DIRETOR

No que se refere ao empregado que é eleito diretor, **é** importante o teor da **Súm. nº nº 269 do TST**, a qual menciona que a eleição faz com que o seu contrato de trabalho seja suspenso.

> **Súmula nº 269 do TST**
>
> **DIRETOR ELEITO. CÔMPUTO DO PERÍODO COMO TEMPO DE SERVIÇO**
>
> O empregado eleito para ocupar cargo de diretor tem o respectivo contrato de trabalho suspenso, não se computando o tempo de serviço desse período, salvo se permanecer a subordinação jurídica inerente à relação de emprego.

F) BANCÁRIO

Está regulamentado nos arts. 224 a 226 da CLT e nas Súmulas nºs 102 e 287 do TST.

O bancário pode ter três tipos de jornada, dependendo da função exercida no banco.

CARGO	REQUISITOS	JORNADA	HORAS EXTRAS	FUNDAMENTAÇÃO
Escriturário e caixa	X	6 h/diárias e 30 h/semanais	A partir de 6 h/diária	*Caput* art. 224 da CLT
Gerente de agência	Cargo de confiança + gratificação de 1/3	8 h/diárias e 40 h/semanais	A partir de 8 h/diária	§§ 2º do art. 224 da CLT
Gerente-geral	Gratificação de 40%	Não tem	Não tem	Art. 62, II, da CLT

G) ADVOGADO

A profissão do advogado está regulamentada na **Lei nº 8.906/1994**.

A relação de emprego, na qualidade de advogado, não retira a isenção técnica nem reduz a independência profissional inerente à advocacia. O advogado empregado não está obrigado à prestação de serviços profissionais de interesse pessoal dos empregadores, fora da relação de emprego (art. 18).

A jornada de trabalho do advogado empregado, no exercício da profissão, não poderá exceder a duração diária de 4 horas contínuas nem a de 20 horas semanais, salvo acordo ou convenção coletiva, ou em caso de dedicação exclusiva. Considera-se período de trabalho o tempo em que o advogado estiver à disposição do empregador, aguardando ou executando ordens, no seu escritório ou em atividades externas, sendo-lhe reembolsadas as despesas feitas com transporte, hospedagem e alimentação. As horas trabalhadas que excederem a jornada normal são remuneradas por um adicional não inferior a 100% sobre o valor da hora normal, mesmo havendo contrato escrito (art. 20).

Para os empregados com dedicação exclusiva, a jornada de trabalho é aumentada para 8 horas diárias e 40 horas semanais.

As horas trabalhadas no período das 20 horas de um dia até as 5 horas do dia seguinte são remuneradas como noturnas, acrescidas do adicional de 25% (§ 3º do art. 20).

Nas causas em que for parte o empregador ou pessoa por este representado, os honorários de sucumbência serão devidos aos advogados empregados. Os honorários de sucumbência, percebidos por advogado empregado de sociedade de advogados, são partilhados entre ele e a empregadora, na forma estabelecida em acordo (art. 21).

H) EMPREGADO RURAL

O trabalho rural está regulamento pela **Lei nº 5.889/1973**, que define empregado rural como toda pessoa física que, em propriedade rural ou prédio rústico, presta serviços de natureza não eventual a empregador rural, sob a dependência deste e mediante salário (art. 2º), e empregador, rural, a pessoa física ou jurídica, proprietária ou não, que explore atividade agroeconômica, em caráter permanente ou temporário, diretamente ou por meio de prepostos e com auxílio de empregados (art. 3º).

1.3 RELAÇÃO DE TRABALHO

Ocorre quando existe a prestação de serviço, mas sem a existência de vínculo empregatício.

A) AVULSO

O trabalhador avulso está regulamentado na **Lei nº 12.023/2009** e, apesar de não ser empregado, possui igualdade de direitos com o trabalhador com vínculo empregatício **(art. 7º, XXXIV, da CF/1988)**.

Eventual conflito entre o trabalhador avulso e o seu contratante será analisado pela Justiça do Trabalho, conforme determina o disposto no **art. 643 da CLT**.

B) AUTÔNOMO

A contratação do autônomo, cumpridas por este todas as formalidades legais, com ou sem exclusividade, de forma contínua ou não, afasta a qualidade de empregado prevista no art. 3º desta Consolidação **(art. 442-B da CLT)**.

C) ESTAGIÁRIO

O estágio está regulamentado pela **Lei nº 11.788/2008**.

Estágio é ato educativo escolar supervisionado, desenvolvido no ambiente de trabalho, que visa à preparação para o trabalho produtivo de educandos que estejam frequentando o ensino regular em instituições de educação superior, de educação profissional, de Ensino Médio, da educação especial e dos anos finais do Ensino Fundamental, na modalidade profissional da educação de jovens e adultos **(art. 1º da Lei nº 11.788/2008)**.

São requisitos para validade do estágio **(art. 3º da Lei nº 11.788/2008)**:

- Matrícula e frequência regular do educando em curso de educação superior, de educação profissional, de Ensino Médio, da educação especial e nos anos finais do Ensino Fundamental, na modalidade profissional da educação de jovens e adultos e atestados pela instituição de ensino;
- Celebração de termo de compromisso entre o educando, a parte concedente do estágio e a instituição de ensino;
- Compatibilidade entre as atividades desenvolvidas no estágio e as previstas no termo de compromisso.

O estágio, como ato educativo escolar supervisionado, deverá ter acompanhamento efetivo pelo professor orientador da instituição de ensino e por supervisor da parte concedente, comprovado por vistos nos relatórios e por menção de aprovação final. O descumprimento de qualquer dos incisos deste artigo ou de qualquer obrigação contida no termo de compromisso caracteriza vínculo de emprego do educando com a parte concedente do estágio para todos os fins da legislação trabalhista e previdenciária.

Os arts. 10 e 11 da Lei do Estágio regulamentam a jornada do estagiário e o prazo máximo do seu contrato:

> **Art. 10.** A jornada de atividade em estágio será definida de comum acordo entre a instituição de ensino, a parte concedente e o aluno estagiário ou seu representante legal, devendo constar do termo de compromisso ser compatível com as atividades escolares e não ultrapassar:
>
> I - 4 (quatro) horas diárias e 20 (vinte) horas semanais, no caso de estudantes de educação especial e dos anos finais do Ensino Fundamental, na modalidade profissional de educação de jovens e adultos;
>
> II - 6 (seis) horas diárias e 30 (trinta) horas semanais, no caso de estudantes do ensino superior, da educação profissional de nível médio e do Ensino Médio regular.
>
> § 1º O estágio relativo a cursos que alternam teoria e prática, nos períodos em que não estão programadas aulas presenciais, poderá ter jornada de até 40 (quarenta) horas semanais, desde que

isso esteja previsto no projeto pedagógico do curso e da instituição de ensino.

§ 2º Se a instituição de ensino adotar verificações de aprendizagem periódicas ou finais, nos períodos de avaliação, a carga horária do estágio será reduzida pelo menos à metade, segundo estipulado no termo de compromisso, para garantir o bom desempenho do estudante.

Art. 11. A duração do estágio, na mesma parte concedente, não poderá exceder 2 (dois) anos, exceto quando se tratar de estagiário portador de deficiência.

1.4 CTPS

É obrigatória para o exercício de qualquer emprego, inclusive de natureza rural, ainda que em caráter temporário, e para o exercício por conta própria de atividade profissional remunerada **(art. 13 da CLT)**.

A CTPS será obrigatoriamente apresentada, contra recibo, pelo trabalhador ao empregador que o admitir, o qual terá o prazo de cinco dias úteis para nela anotar, especificamente, a data de admissão, a remuneração e as condições especiais, se houver, sendo facultada a adoção de sistema manual, mecânico ou eletrônico, conforme instruções a serem expedidas pelo Ministério do Trabalho **(art. 29 da CLT)**.

É vedado ao empregador efetuar anotações desabonadoras à conduta do empregado em sua Carteira de Trabalho e Previdência Social **(§ 4º do art. 29 da CLT)**.

Dicas:

1) Requisitos de vínculo de emprego: pessoalidade, trabalho não eventual, onerosidade e subordinação.
2) Prazo para anotação da CTPS: cinco dias úteis.
3) A idade máxima (24 anos) e o prazo máximo (2 anos) do contrato do aprendiz não se aplicam ao portador de deficiência.
4) O menor (maior de 16 e menor de 18 anos) não pode trabalhar em local insalubre e perigoso e no período noturno (das 22 h às 5 h).
5) É empregado doméstico aquele de presta serviços mais de duas vezes na semana para pessoa física ou família, desde que seu serviço não gere lucre para o seu empregador.

2. EMPREGADOR

2.1 CONCEITO E GRUPO ECONÔMICO

Considera-se empregador a empresa, individual ou coletiva, que, assumindo os riscos da atividade econômica, admite, assalaria e dirige a prestação pessoal de serviços **(art. 2º da CLT)**.

Empresas que pertencem ao mesmo grupo econômico, de acordo com o § **2º do art. 2º da CLT**, possuem responsabilidade solidária quanto aos direitos dos empregados.

O empregado que for contratado por uma empresa do grupo econômico, mas acaba prestando serviço para outras empresas do mesmo grupo, por si só, não quer dizer que tenha vários contratos de trabalho, conforme disposto na **Súm. nº 129 do TST**.

2.2 PODERES DO EMPREGADOR

O empregador possui os seguintes poderes em relação aos seus empregados no ambiente de trabalho:

- Poder de organização;
- Poder de controle;
- Poder disciplinar.

Referente ao poder disciplinar, deve o empregador cuidar da proibição do *bis in idem*, ou seja, não pode o empregado ser punido duas vezes pelo mesmo ato.

O empregador não está obrigado a fazer nada que não esteja previsto em lei, conforme determina o disposto no **art. 5º, II, da CF/1988**.

2.3 SUCESSÃO DE EMPRESAS E ALTERAÇÃO DO EMPREGADOR

O sócio retirante de uma empresa tem responsabilidade subsidiária por dois anos após a sua saída, e o credor deverá cobrar a dívida na seguinte ordem **(art. 10-A da CLT)**:

I – Empresa.

II – Sócios atuais.

III – Sócios retirantes.

Se comprovada a fraude na saída do sócio, sua responsabilidade passa de subsidiária para solidária.

Alteração na estrutura da empresa não afeta os contratos de trabalho, conforme segue:

> **Art. 10 da CLT.** Qualquer alteração na estrutura jurídica da empresa não afetará os direitos adquiridos por seus empregados.
>
> **Art. 448 da CLT.** A mudança na propriedade ou na estrutura jurídica da empresa não afetará os contratos de trabalho dos respectivos empregados.
>
> **Art. 448-A da CLT.** Caracterizada a sucessão empresarial ou de empregadores prevista nos arts. 10 e 448 desta Consolidação, as obrigações trabalhistas, inclusive as contraídas à época em que os empregados trabalhavam para a empresa sucedida, são de responsabilidade do sucessor.

> Parágrafo único. A empresa sucedida responderá solidariamente com a sucessora quando ficar comprovada fraude na transferência.

Dicas:

1) Empresa do mesmo grupo econômico possui responsabilidade solidária.
2) O sócio retirante tem responsabilidade subsidiária por um período de até dois anos da sua saída.

3. CONTRATO DE TRABALHO

3.1 CONCEITO E PRAZO DO CONTRATO DE TRABALHO

De acordo com o **art. 442 da CLT**, o contrato de trabalho é o acordo entre empregado e empregador, não existindo vínculo entre a sociedade cooperativa e os seus associados.

No ato da contratação, não poderá a empresa exigir experiência superior a seis meses do candidato à vaga de emprego **(art. 442-A da CLT)**.

Quanto ao prazo do contrato de trabalho, a regra é que seja indeterminado, porém o **§ 2º do art. 443 da CLT** traz as hipóteses de contratação por prazo determinado, conforme segue:

a) serviço transitório;
b) atividade transitória;
c) contrato de experiência.

De acordo com o **art. 445 da CLT**, o contrato por prazo determinado será de, no máximo, dois anos, podendo ser renovado uma única vez dentro desse prazo.

Para o contrato de experiência, esse prazo é reduzido para 90 dias, também renovável uma vez dentro desse período.

3.2 CONTRATO INTERMITENTE

O contrato de trabalho do intermitente é uma das novidades da reforma trabalhista, e está previsto no **§ 3º do art. 443 da CLT** e no **art. 452-A da CLT**.

Considera-se intermitente o contrato de trabalho no qual a prestação de serviços, com subordinação, não é contínua, ocorrendo com alternância de períodos de prestação de serviços e de inatividade, determinados em horas, dias ou meses, independentemente do tipo de atividade do empregado e do empregador, exceto para os aeronautas, regidos por legislação própria **(§ 3º do art. 443 da CLT)**.

O contrato de trabalho do intermitente deve, obrigatoriamente, ser escrito e conter o valor da hora que será pago ao empregado, não podendo o valor da hora ser inferior ao mínimo nacional nem ao valor pago aos demais empregados que realizam a mesma atividade.

Como o intermitente não possui dias definidos para o trabalho, sempre que o empregador precisar de seus serviços deverá chamá-lo com antecedência mínima de 72 horas, e o empregado deverá responder em até 24 horas se aceita ou não o serviço. A recusa do serviço pelo empregado não caracteriza insubordinação.

O **§ 4º do art. 452-A da CLT** dispõe sobre multa por descumprimento das partes do contrato de trabalho do intermitente, conforme segue:

> § 4º Aceita a oferta para o comparecimento ao trabalho, a parte que descumprir, sem justo motivo, pagará à outra parte, no prazo de 30 dias, multa de 50% (cinquenta por cento) da remuneração que seria devida, permitida a compensação em igual prazo.

Sobre a remuneração, é importante destacar que o intermitente tem todos os direitos que os demais empregados, porém o pagamento é feito mês a mês, assim mensalmente ser**ão** pagos o 13º salário proporcional e as férias proporcionais.

3.3 LIVRE ESTIPULAÇÃO DO CONTRATO DE TRABALHO

O contrato de trabalho é de livre estipulação das partes, desde que não contrarie o disposto em lei. Quando o empregado tiver diploma de curso superior e receber duas vezes o limite máximo dos benefícios do Regime Geral de Providência Social, poderá haver negociação entre empregado e empregador nos termos do disposto nos arts. 611 e ss. da CLT, ou seja, poderá a negociação coletiva ser realizada entre o empregado e o empregador, conforme determina o **parágrafo único do art. 444 da CLT**.

3.4 DO UNIFORME

Conforme disposto no **art. 456-A da CLT**, o uniforme será definido pelo empregador, podendo ter logomarca da empresa e de seus parceiros comerciais. Quanto à limpeza do uniforme, o mesmo artigo dispõe que é de responsabilidade do empregado, salvo se a limpeza necessitar de produtos especiais, no caso, passando a responsabilidade para o empregador.

3.5 DA ALTERAÇÃO DO CONTRATO DE TRABALHO

O contrato de trabalho somente pode ser alterado nas seguintes condições:

a) Se o empregado concordar;

b) Se a alteração for mais benéfica ao empregado.

Não é considerada alteração contratual a reversão de um empregado em cargo de confiança ao seu cargo original, e, nessa situação, além de perder o cargo, o empregado também perderá a sua gratificação de função, independentemente do prazo que ficou recebendo a gratificação **(§§ 2º e 3º do art. 468 da CLT)**.

Sobre a transferência de um empregado para local diverso da contratação, esta somente pode ocorrer se o empregado concordar com a transferência, conforme dispõe o **art. 469 da CLT**.

Caso tenha previsão no contrato de trabalho da transferência ou o empregado for cargo de confiança **(§ 1º do art. 469 da CLT)**, poderá ocorrer a transferência do empregado sem sua concordância, caso o empregador comprove a necessidade da transferência, conforme a **Súm. nº 43 do TST**.

No caso de fechamento do estabelecimento, também é lícita a transferência **(§ 2º do art. 469 da CLT)**.

3.6 DA CLÁUSULA DE ARBITRAGEM

A cláusula de arbitragem é uma novidade da reforma trabalhista, e está regulamentada no **art. 507-A da CLT**, conforme segue:

> **Art. 507-A da CLT.** Nos contratos individuais de trabalho cuja remuneração seja superior a duas vezes o limite máximo estabelecido para os benefícios do Regime Geral de Previdência Social, poderá ser pactuada cláusula compromissória de arbitragem, desde que por iniciativa do empregado ou mediante a sua concordância expressa, nos termos previstos na Lei nº 9.307, de 23 de setembro de 1996.

3.7 DA QUITAÇÃO ANUAL DO CONTRATO DE TRABALHO

Outra novidade da reforma trabalhista é a possibilidade de quitação anual do contrato de trabalho do empregado com a homologação do sindicato, conforme disposto no **art. 507-B da CLT**:

> **Art. 507-B da CLT.** É facultado a empregados e empregadores, na vigência ou não do contrato de emprego, firmar o termo de quitação anual de obrigações trabalhistas, perante o sindicato dos empregados da categoria.

3.8 DO CONTRATO DE TELETRABALHO

O contrato de teletrabalho teve sua regulamentação com a reforma trabalhista, que introduziu na CLT os **arts. 75-A a 75-E da CLT**:

> **Art. 75-A da CLT.** A prestação de serviços pelo empregado em regime de teletrabalho observará o disposto neste Capítulo.
>
> **Art. 75-B da CLT.** Considera-se teletrabalho a prestação de serviços preponderantemente fora das dependências do empregador, com a utilização de tecnologias de informação e de comunicação que, por sua natureza, não se constituam como trabalho externo.
>
> Parágrafo único. O comparecimento às dependências do empregador para a realização de atividades específicas que exijam a presença do empregado no estabelecimento não descaracteriza o regime de teletrabalho.

Art. 75-C da CLT. A prestação de serviços na modalidade de teletrabalho deverá constar expressamente do contrato individual de trabalho, que especificará as atividades que serão realizadas pelo empregado.

§ 1º Poderá ser realizada a alteração entre regime presencial e de teletrabalho desde que haja mútuo acordo entre as partes, registrado em aditivo contratual.

§ 2º Poderá ser realizada a alteração do regime de teletrabalho para o presencial por determinação do empregador, garantido prazo de transição mínimo de 15 dias, com correspondente registro em aditivo contratual.

Art. 75-D da CLT. As disposições relativas à responsabilidade pela aquisição, manutenção ou fornecimento dos equipamentos tecnológicos e da infraestrutura necessária e adequada à prestação do trabalho remoto, bem como ao reembolso de despesas arcadas pelo empregado, serão previstas em contrato escrito.

Parágrafo único. As utilidades mencionadas no *caput* deste artigo não integram a remuneração do empregado.

Art. 75-E da CLT. O empregador deverá instruir os empregados, de maneira expressa e ostensiva, quanto às precauções a tomar a fim de evitar doenças e acidentes de trabalho.

Parágrafo único. O empregado deverá assinar termo de responsabilidade, comprometendo-se a seguir as instruções fornecidas pelo empregador.

3.9 DO DANO EXTRAPATRIMONIAL

Com a aprovação da Lei nº 13.467/2017, foi incluído na CLT o Título II-A, que trata de forma específica do dano extrapatrimonial nas relações de emprego.

O **art. 223-A da CLT** é claro no sentido que, sempre que houver o pedido de dano extrapatrimonial na esfera trabalhista, deverá haver fundamentação nos artigos deste título, que são os arts. 223-A a 223-G da CLT.

A configuração do dano de natureza extrapatrimonial, conforme disposto no **art. 223-B da CLT**, ocorre tanto na omissão quanto na ação que ofenda a esfera moral ou existencial da pessoa física ou jurídica.

Sabendo que as pessoas físicas e jurídicas são os titulares exclusivos do direito de reparação, o **art. 223-C da CLT** define quais são os bens tutelados inerentes à pessoa física, e **o art. 224-D da CLT** define quais são os bens tutelados inerentes à pessoa jurídica.

São bens juridicamente tutelados inerentes à pessoa física:

- Honra;
- Imagem;

- Intimidade;
- Liberdade de ação;
- Autoestima;
- Sexualidade;
- Saúde;
- Lazer;
- Integridade física.

São bens juridicamente tutelados inerente à pessoa jurídica:

- Imagem;
- Marca;
- Nome;
- Segredo empresarial;
- Sigilo da correspondência.

Havendo a violação de um bem juridicamente tutelado, deverá o juiz verificar todos que tenham colaborado para a ofensa e definir a responsabilidade na proporção da ação ou da omissão, conforme disposto no **art. 223-E da CLT**.

O **art. 223-F da CLT** é claro no sentido de que o pedido de dano extrapatrimonial não impede o autor da ação de requerer, de forma conjunta, indenização por danos materiais decorrentes do mesmo ato jurídico, devendo o julgador, ao analisar os pedidos, discriminar os valores de forma separada do dano material e do dano extrapatrimonial.

Ainda, o § **2º do art. 223-F** esclarece sobre a interferência na avaliação dos danos extrapatrimoniais quando houver, no caso em discussão, perdas e danos e lucros cessantes:

> § 2º A composição das perdas e danos, assim compreendidos os lucros cessantes e os danos emergentes, não interfere na avaliação dos danos extrapatrimoniais.

O juiz, quando for analisar a existência ou não do dano extrapatrimonial, deverá levar em consideração os seguintes pontos:

- a natureza do bem jurídico tutelado;
- a intensidade do sofrimento ou da humilhação;
- a possibilidade de superação física ou psicológica;
- os reflexos pessoais e sociais da ação ou da omissão;
- a extensão e a duração dos efeitos da ofensa;
- as condições em que ocorreu a ofensa ou o prejuízo moral;
- o grau de dolo ou culpa;
- a ocorrência de retratação espontânea;
- o esforço efetivo para minimizar a ofensa;
- o perdão, tácito ou expresso;
- a situação social e econômica das partes envolvidas;
- o grau de publicidade da ofensa.

Entendendo ter ocorrido a violação de um dos bens tutelados do autor da ação, o juiz da demanda fixará a indenização que deverá, obrigatoriamente, ter os seguintes parâmetros presentes nos incisos do § 1º **do art. 223-G da CLT**:

- ofensa de natureza leve, até três vezes o último salário contratual do ofendido;
- ofensa de natureza média, até cinco vezes o último salário contratual do ofendido;
- ofensa de natureza grave, até vinte vezes o último salário contratual do ofendido;
- ofensa de natureza gravíssima, até cinco vezes o último salário contratual do ofendido.

Conforme anteriormente exposto, o valor da indenização é calculado de acordo com o salário contratual do ofendido.

Mas, se o bem tutelado violado for de uma pessoa jurídica? Para responder a essa pergunta, o legislador inseriu o § **2º no art. 223-G da CLT**, que tem o seguinte texto:

> § 2º Se o ofendido for pessoa jurídica, a indenização será fixada com observância dos mesmos parâmetros estabelecidos no § 1º deste artigo, mas em relação ao salário contratual do ofensor.

Na hipótese de reincidência entre partes idênticas, o juiz poderá elevar ao dobro o valor da indenização. Deve-se cuidar que o § **3º do art. 223-G da CLT** usa exatamente o termo "poderá", razão pela qual se torna uma faculdade do juiz dobrar o valor da indenização em hipótese de reincidência.

3.10 DA INTERRUPÇÃO E SUSPENSÃO DO CONTRATO DE TRABALHO

As regras sobre interrupção e suspensão do contrato de trabalho estão nos **arts. 471 a 476-A da CLT**.

a) **Suspensão contratual:** é a sustação temporária dos principais efeitos do contrato de trabalho no tocante às partes, em virtude de um fato juridicamente relevante, sem ruptura, contudo, do vínculo contratual formado. Exemplos: greve; suspensão disciplinar; licença-maternidade, prisão, aposentadoria por invalidez.

b) **Interrupção contratual**: a sustação temporária da principal obrigação do contrato de trabalho (prestação de trabalho e disponibilidade perante o empregador), em razão de um fato juridicamente relevante, mantidas em vigor todas as demais cláusulas contratuais. Exemplos: feriados, descanso semanal remunerado, férias, faltas abonadas e hipóteses do art. 473 da CLT.

Arts. 471 até 476-A	Suspensão	Interrupção	Acidente de trabalho e serviço militar
Salário	Não é devido	Devido	Não é devido
Trabalho	Não há	Não há	Não há
Tempo de serviço e FGTS	Não conta e não deposita	Conta e deposita	Conta e deposita

3.11 DO ACÚMULO/DESVIO DE FUNÇÃO

A prova do contrato individual do trabalho será feita pelas anotações constantes da carteira profissional ou por instrumento escrito, e suprida por todos os meios permitidos em direito. A falta de prova ou, inexistindo cláusula expressa a tal respeito, entender-se-á que o empregado se obrigou a todo e qualquer serviço compatível com a sua condição pessoal **(art. 456 da CLT)**.

3.12 DAS INVENÇÕES DOS EMPREGADOS

Na vigência do contrato de trabalho, as invenções do empregado, quando decorrentes de sua contribuição pessoal e da instalação ou equipamento fornecidos pelo empregador, serão de propriedade comum, em partes iguais, salvo se o contrato de trabalho tiver por objeto, implícita ou explicitamente, pesquisa científica. Ao empregador caberá a exploração do invento, ficando obrigado a promovê-la no prazo de um ano da data da concessão da patente, sob pena de reverter em favor do empregado a plena propriedade desse invento **(art. 454 da CLT)**.

3.13 DOS CONTRATOS DE SUBEMPREITADA

Nos contratos de subempreitada responderá o subempreiteiro pelas obrigações derivadas do contrato de trabalho que celebrar, cabendo, todavia, aos empregados o direito de reclamação contra o empreiteiro principal pelo inadimplemento daquelas obrigações por parte do primeiro. Ao empreiteiro principal ficam ressalvadas, nos termos da lei civil, ação regressiva contra o subempreiteiro e a retenção de importâncias a este devidas, para a garantia das obrigações **(art. 455 da CLT)**.

3.14 DA TERCEIRIZAÇÃO E DO TRABALHO TEMPORÁRIO

A terceirização e o trabalho temporário estão regulamentados na Lei nº 6.019/1974.

O trabalho temporário está principalmente nos arts. 2º e 10 da referida lei.

> **Art. 2º** Trabalho temporário é aquele prestado por pessoa física contratada por uma empresa de trabalho temporário que a coloca à disposição de uma empresa tomadora de serviços, para atender à necessidade de substituição transitória de pessoal permanente ou à demanda complementar de serviços.

> § 1º É proibida a contratação de trabalho temporário para a substituição de trabalhadores em greve, salvo nos casos previstos em lei.
>
> § 2º Considera-se complementar a demanda de serviços que seja oriunda de fatores imprevisíveis ou, quando decorrente de fatores previsíveis, tenha natureza intermitente, periódica ou sazonal.
>
> **Art. 10.** Qualquer que seja o ramo da empresa tomadora de serviços, não existe vínculo de emprego entre ela e os trabalhadores contratados pelas empresas de trabalho temporário.
>
> § 1º O contrato de trabalho temporário, com relação ao mesmo empregador, não poderá exceder o prazo de 180 dias, consecutivos ou não.
>
> § 2º O contrato poderá ser prorrogado por até 90 dias, consecutivos ou não, além do prazo estabelecido no § 1º deste artigo, quando comprovada a manutenção das condições que o ensejaram.
>
> § 3º (VETADO).
>
> § 4º Não se aplica ao trabalhador temporário, contratado pela tomadora de serviços, o contrato de experiência previsto no parágrafo único do art. 445 da Consolidação das Leis do Trabalho (CLT), aprovado pelo Decreto-Lei nº 5.452, de 1º de maio de 1943.
>
> § 5º O trabalhador temporário que cumprir o período estipulado nos §§ 1º e 2º deste artigo somente poderá ser colocado à disposição da mesma tomadora de serviços em novo contrato temporário, após 90 dias do término do contrato anterior.
>
> § 6º A contratação anterior ao prazo previsto no § 5º deste artigo caracteriza vínculo empregatício com a tomadora.
>
> § 7º A contratante é subsidiariamente responsável pelas obrigações trabalhistas referentes ao período em que ocorrer o trabalho temporário e o recolhimento das contribuições previdenciárias observará o disposto no art. 31 da Lei nº 8.212, de 24 de julho de 1991.

Já a terceirização tem destaque nos seguintes artigos:

> **Art. 4º-A.** Considera-se prestação de serviços a terceiros a transferência feita pela contratante da execução de quaisquer de suas atividades, inclusive sua atividade principal, à pessoa jurídica de direito privado prestadora de serviços que possua capacidade econômica compatível com a sua execução.
>
> § 1º A empresa prestadora de serviços contrata, remunera e dirige o trabalho realizado por seus trabalhadores, ou subcontrata outras empresas para a realização desses serviços.

> § 2º Não se configura vínculo empregatício entre os trabalhadores, ou sócios das empresas prestadoras de serviços, qualquer que seja o seu ramo, e a empresa contratante.
>
> **Art. 5º-C.** Não pode figurar como contratada, nos termos do art. 4º-A desta Lei, a pessoa jurídica cujos titulares ou sócios tenham, nos últimos 18 meses, prestado serviços à contratante na qualidade de empregado ou trabalhador sem vínculo empregatício, exceto se os referidos titulares ou sócios forem aposentados.
>
> **Art. 5º-D.** O empregado que for demitido não poderá prestar serviços para esta mesma empresa na qualidade de empregado de empresa prestadora de serviços antes do decurso de prazo de 18 meses, contados a partir da demissão do empregado.

Dicas:

1) É possível a terceirização da atividade-fim da empresa.
2) A responsabilidade da lavagem do uniforme, em regra, é do empregado.
3) O aeronauta não pode ser contratado como intermitente.
4) É possível pedido de indenização por dano extrapatrimonial para empresas.
5) O prazo máximo do contrato de aprendiz é de 90 dias, podendo ser uma vez, desde que dentro desse prazo.

4. DURAÇÃO DO TRABALHO

4.1 JORNADA DE TRABALHO

Como regra, é de 8 horas diárias e 44 horas semanais, podendo haver uma variação de 5 minutos para mais ou para menos na jornada, conforme o **art. 58 da CLT**.

As horas *in itinire*, conforme dispõe o **§ 2º do art. 58 da CLT**, para contratos de trabalho posteriores à reforma trabalhista, não existem mais, ou seja, o período de deslocamento do empregado da sua casa até a empresa e o da empresa até a sua casa não serão considerados tempo **à** disposição do empregador.

Conta tempo como de jornada sempre que o empregado estiver **à** disposição ou efetivamente trabalhando para o empregador, conforme disposto no **art. 4 da CLT**. Também conta como tempo de serviço o período que o empregado estiver com o contrato suspenso em razão do serviço militar obrigatório e na percepção do auxílio-doença acidentário **(§ 1º do art. 4 da CLT)**.

Quando o empregado permanecer dentro da empresa para realizar atividades particulares, não contará o tempo de serviço, conforme disposto no **§ 2º do art. 4 da CLT**:

> § 2º Por não se considerar tempo à disposição do empregador, não será computado como período extraordinário o que exceder

a jornada normal, ainda que ultrapasse o limite de cinco minutos previsto no § 1º do art. 58 desta Consolidação, quando o empregado, por escolha própria, buscar proteção pessoal, em caso de insegurança nas vias públicas ou más condições climáticas, bem como adentrar ou permanecer nas dependências da empresa para exercer atividades particulares, entre outras:

I - práticas religiosas;

II - descanso;

III - lazer;

IV - estudo;

V - alimentação;

VI - atividades de relacionamento social;

VII - higiene pessoal;

VIII - troca de roupa ou uniforme, quando não houver obrigatoriedade de realizar a troca na empresa.

4.2 DA JORNADA EM REGIME DE TEMPO PARCIAL

Com a reforma trabalhista, a CLT passou a prever no **art. 58-A** dois tipos de empregados em regime de tempo parcial, conforme segue:

- Jornada de 27 até 30 horas, sem a possibilidade de realizar horas extras;
- Até 26 horas semanais, com a possibilidade de realizar até 6 horas extras por semana.

O empregado em regime de tempo parcial receberá o salário proporcional à sua jornada.

4.3 TURNO ININTERRUPTO DE REVEZAMENTO

O empregado que trabalha em turno ininterrupto de revezamento (trocas constantes de turnos de trabalho) tem sua jornada reduzida para 6 horas diárias, conforme estabelece o **art. 7º, XIV, da CF/1988**.

O turno ininterrupto de revezamento ocorre quando existe rotineiramente troca de turno na jornada de trabalho do empregado.

OJ nº 275 da SDI-1 do TST. Não havendo instrumento normativo, o empregado tem direito às HE excedentes a 6ª diária.

Súmula nº 423 do TST. Pode instrumento normativo estabelecer jornada superior a 6 horas para o empregado em regime de turnos ininterruptos de revezamento.

OJ nº 420 da SDI-1 do TST. O instrumento normativo que estabelece jornada de 8 horas para o empregado em turno ininterrupto de revezamento não pode ter eficácia retroativa.

4.4 JORNADA EXTRAORDINÁRIA

De acordo com o disposto no ***caput* do art. 59 da CLT**, o empregado pode fazer, no máximo, duas horas extras por dia, com pagamento de adicional de, no mínimo, 50% **(art. 59, § 1º, da CLT)**.

O banco de horas pode ser realizado com o sindicato da categoria, e terá validade de um ano **(art. 59, § 2º, da CLT)**; já, se o acordo for realizado diretamente com o empregado, o prazo de validade será de seis meses **(art. 59, § 5º, da CLT)**. Se antes da compensação houver rescisão do contrato de trabalho, deverão ser pagas todas as horas no ato da rescisão com acréscimo de 50%.

Além do banco de horas, pode o empregador realizar compensação mensal da jornada de trabalho, desde que previamente negociado com o empregado **(art. 59, § 6º, da CLT)**.

Um exemplo de compensação realizada mensalmente é a jornada do empregado 12 x 36, prevista no **art. 59-A da CLT**, conforme segue:

> **Art. 59-A da CLT.** Em exceção ao disposto no art. 59 desta Consolidação, é facultado às partes, mediante acordo individual escrito, convenção coletiva ou acordo coletivo de trabalho, estabelecer horário de trabalho de 12 horas seguidas por 36 horas ininterruptas de descanso, observados ou indenizados os intervalos para repouso e alimentação.
>
> Parágrafo único. A remuneração mensal pactuada pelo horário previsto no *caput* deste artigo abrange os pagamentos devidos pelo descanso semanal remunerado e pelo descanso em feriados, e serão considerados compensados os feriados e as prorrogações de trabalho noturno, quando houver, de que tratam o art. 70 e o § 5º do art. 73 desta Consolidação.

Quando a compensação de jornada for inválida, deve-se observar o disposto no **art. 59-B da CLT**, conforme segue:

> **Art. 59-B da CLT.** O não atendimento das exigências legais para compensação de jornada, inclusive quando estabelecida mediante acordo tácito, não implica a repetição do pagamento das horas excedentes à jornada normal diária se não ultrapassada a duração máxima semanal, sendo devido apenas o respectivo adicional.
>
> Parágrafo único. A prestação de horas extras habituais não descaracteriza o acordo de compensação de jornada nem o banco de horas.

Os empregados que trabalham em local insalubre somente podem fazer horas extras se houver prévia autorização do Ministério do Trabalho e Emprego, salvo os empregados que estão incluídos no regime de compensação de jornada 12 x 36, conforme disposto no **art. 60 da CLT**.

O **art. 61 da CLT** menciona quando poderá se exceder o limite legal ou convencionado de horas extras:

> **Art. 61 da CLT.** Ocorrendo necessidade imperiosa, poderá a duração do trabalho exceder o limite legal ou convencionado, seja para fazer face a motivo de força maior, seja para atender à realização ou conclusão de serviços inadiáveis ou cuja inexecução possa acarretar prejuízo manifesto.
>
> § 1º O excesso, nos casos deste artigo, pode ser exigido independentemente de convenção coletiva ou acordo coletivo de trabalho.
>
> § 2º Nos casos de excesso de horário por motivo de força maior, a remuneração da hora excedente não será inferior à da hora normal. Nos demais casos de excesso previstos neste artigo, a remuneração será, pelo menos, 25% (vinte e cinco por cento) superior à da hora normal, e o trabalho não poderá exceder 12 (doze) horas, desde que a lei não fixe expressamente outro limite.
>
> § 3º Sempre que ocorrer interrupção do trabalho, resultante de causas acidentais, ou de força maior, que determinem a impossibilidade de sua realização, a duração do trabalho poderá ser prorrogada pelo tempo necessário até o máximo de 2 (duas) horas, durante o número de dias indispensáveis à recuperação do tempo perdido, desde que não exceda 10 (dez) horas diárias, em período não superior a 45 (quarenta e cinco) dias por ano, sujeita essa recuperação à prévia autorização da autoridade competente.

Não possuem direito a horas extras nem controle de jornada os seguintes empregados **(art. 62 da CLT)**:

- Trabalhador externo;
- Cargo de confiança (que receber gratificação de, no mínimo, 40%);
- Empregado em regime de teletrabalho.

4.5 SOBREAVISO E PRONTIDÃO

Se, após a jornada normal de trabalho, o empregado ficar à disposição do empregador, terá ele direito à percepção de sobreaviso ou prontidão **(art. 244 da CLT)**, conforme mostra a tabela a seguir:

SOBREAVISO	PRONTIDÃO
CASA	EMPRESA
1/3 do valor da hora	2/3 do valor da hora
Máximo de 24 horas	Máximo de 12 horas

É importante destacar que o simples uso de meios telemáticos não gera direito à percepção do sobreaviso, devendo estar presente a subordinação do uso do aparelho, conforme **Súm. nº 428 do TST**.

4.6 HORA NOTURNA

São devidas as seguintes vantagens aos empregados que trabalharem no período noturno, conforme arts. 73 da CLT e 7º da Lei nº 5.889/1973:

URBANO	RURAL
52h30	60 h
20%	25%
22 h – 5 h	Pecuária: 20 h – 4 h Lavoura: 21 h – 5 h

É importante lembrar que ao empregado que cumprir integralmente a jornada as horas prorrogadas também serão consideradas noturnas.

4.7 INTERVALOS

A) INTERVALO INTERJORNADA: aquele concedido entre uma e outra jornada laboral para os restabelecimentos físico e mental do empregado, previsto no art. 66 da CLT.

> **Art. 66 da CLT.** Entre 2 (duas) jornadas de trabalho, haverá um período mínimo de 11 (onze) horas consecutivas para descanso.
>
> **OJ nº 355 da SDI-1 do TST.** Não respeitado o intervalo mínimo de 11, as horas não concedidas deverão ser pagas como extras.

B) INTERVALO INTRAJORNADA: aquele concedido dentro da jornada de trabalho, previsto no art. 71 da CLT.

> **Art. 71 da CLT.** Em qualquer trabalho contínuo, cuja duração exceda 6 (seis) horas, é obrigatória a concessão de um intervalo para repouso ou alimentação, o qual será, no mínimo, de 1 (uma) hora e, salvo acordo escrito ou contrato coletivo em contrário, não poderá exceder 2 (duas) horas.
>
> § 1º Não excedendo 6 (seis) horas o trabalho, será, entretanto, obrigatório um intervalo de 15 (quinze) minutos quando a duração ultrapassar 4 (quatro) horas.
>
> § 2º Os intervalos de descanso não serão computados na duração do trabalho.
>
> § 3º O limite mínimo de uma hora para repouso ou refeição poderá ser reduzido por ato do Ministro do Trabalho, Indústria e Comércio, quando ouvido o Serviço de Alimentação de Previdência Social, se verificar que o estabelecimento atende integralmente às exigências concernentes à organização dos refeitórios, e quando os respectivos empregados não estiverem sob regime de trabalho prorrogado a horas suplementares.
>
> § 4º A não concessão ou a concessão parcial do intervalo intrajornada mínimo, para repouso e alimentação, a empregados urbanos e rurais implica o pagamento, de natureza indenizatória, ape-

> nas do período suprimido, com acréscimo de 50% (cinquenta por cento) sobre o valor da remuneração da hora normal de trabalho.
>
> § 5º O intervalo expresso no *caput* poderá ser reduzido e/ou fracionado, e aquele estabelecido no § 1º poderá ser fracionado, quando compreendidos entre o término da primeira hora trabalhada e o início da última hora trabalhada, desde que previsto em convenção ou acordo coletivo de trabalho, ante a natureza do serviço e em virtude das condições especiais de trabalho a que são submetidos estritamente os motoristas, cobradores, fiscalização de campo e afins nos serviços de operação de veículos rodoviários, empregados no setor de transporte coletivo de passageiros, mantida a remuneração e concedidos intervalos para descanso menores ao final de cada viagem.

C) FÉRIAS: trata-se de um intervalo anual para descanso que o empregado adquire após um ano de trabalho.

- **Período aquisitivo:** período trabalhado para adquirir as férias.
- **Período concessivo:** período destinado ao gozo das férias.

A prescrição das férias somente começa quando do término do período aquisitivo, conforme previsão no **art. 149 da CLT**.

Os dias de férias dos empregados são definidos de acordo com o número de faltas que tiveram no período aquisitivo, conforme segue:

> **Art. 130 da CLT.** Após cada período de 12 (doze) meses de vigência do contrato de trabalho, o empregado terá direito a férias, na seguinte proporção:
>
> I - 30 (trinta) dias corridos, quando não houver faltado ao serviço mais de 5 (cinco) vezes;
>
> II - 24 (vinte e quatro) dias corridos, quando houver tido de 6 (seis) a 14 (quatorze) faltas;
>
> III - 18 (dezoito) dias corridos, quando houver tido de 15 (quinze) a 23 (vinte e três) faltas;
>
> IV - 12 (doze) dias corridos, quando houver tido de 24 (vinte e quatro) a 32 (trinta e duas) faltas.
>
> § 1º É vedado descontar, do período de férias, as faltas do empregado ao serviço.
>
> § 2º O período das férias será computado, para todos os efeitos, como tempo de serviço.

Não terá direito a férias o empregado que **(art. 133 da CLT)**:

- Deixar o emprego e não for readmitido dentro de 60 (sessenta) dias subsequentes à sua saída;

- Permanecer em gozo de licença, com percepção de salários, por mais de 30 (trinta) dias;
- Deixar de trabalhar, com percepção do salário, por mais de 30 (trinta) dias, em razão de paralisação parcial ou total dos serviços da empresa;
- Tiver percebido da Previdência Social prestações de acidente de trabalho ou de auxílio-doença por mais de 6 (seis) meses, embora descontínuos.

Em regra, as férias serão concedidas em um único período, podendo, porém, com autorização do empregado, ser parceladas em até três períodos, desde que pelo menos um seja superior a 14 dias e nenhum inferior a 5 dias **(§ 1º do art. 134 da CLT)**.

É vedado o início das férias no período de dois dias que antecedem feriado ou dia de repouso semanal remunerado **(§ 3º do art. 134 da CLT)**.

As férias deverão ser comunicadas ao empregado por escrito e com 30 dias de antecedência, sendo o período das férias escolhido pelo empregador, salvo para membros da mesma família, se disso não resultar em prejuízo ao serviço, e do trabalhador menor **(arts. 134 e 135 da CLT)**.

Quando existir qualquer irregularidade referente à concessão do período de férias pelo empregador, estas deverão ser pagas em dobro, conforme determina o disposto no **art. 137 da CLT**.

O empregado poderá vender um terço das suas férias, desde que comunique o seu interesse ao empregador 15 dias antes do término do período aquisitivo **(art. 143 da CLT)**.

As férias deverão ser pagas pelo empregador até dois dias antes do início do gozo pelo empregado **(art. 145 da CLT)**.

Poderá o empregador dar férias coletivas aos seus empregados. Nessa situação, deverá ser observado o disposto nos **arts. 139 e 140 da CLT**:

> **Art. 139 da CLT.** Poderão ser concedidas férias coletivas a todos os empregados de uma empresa ou de determinados estabelecimentos ou setores da empresa.
>
> § 1º As férias poderão ser gozadas em 2 (dois) períodos anuais desde que nenhum deles seja inferior a 10 (dez) dias corridos.
>
> § 2º Para os fins previstos neste artigo, o empregador comunicará ao órgão local do Ministério do Trabalho, com antecedência mínima de 15 (quinze) dias, as datas de início e fim das férias, precisando quais os estabelecimentos ou setores abrangidos pela medida.
>
> § 3º Em igual prazo, o empregador enviará cópia da aludida comunicação aos sindicatos representativos da respectiva categoria profissional e providenciará a afixação de aviso nos locais de trabalho.

> **Art. 140 da CLT.** Os empregados contratados há menos de 12 (doze) meses gozarão, na oportunidade, férias proporcionais, iniciando-se, então, novo período aquisitivo.

D) DESCANSO SEMANAL REMUNERADO: é o descanso devido ao empregado dentro da semana, preferencialmente aos domingos. Está previsto na Lei nº 605/1949, nos arts. 67 a 70 da CLT e no art. 7º, XV, da CF/1988:

> **Art. 7º, XV, da CF/1988.** Repouso semanal remunerado, preferencialmente aos domingos.
>
> **Art. 67 da CLT.** Será assegurado a todo empregado um descanso semanal de 24 (vinte e quatro) horas consecutivas, o qual, salvo motivo de conveniência pública ou necessidade imperiosa do serviço, deverá coincidir com o domingo, no todo ou em parte.
>
> Parágrafo único. Nos serviços que exijam trabalho aos domingos, com exceção quanto aos elencos teatrais, será estabelecida escala de revezamento, mensalmente organizada e constando de quadro sujeito à fiscalização.
>
> **Art. 68 da CLT.** O trabalho em domingo, seja total ou parcial, na forma do art. 67, será sempre subordinado à permissão prévia da autoridade competente em matéria de trabalho.
>
> Parágrafo único. A permissão será concedida a título permanente nas atividades que, por sua natureza ou pela conveniência pública, devem ser exercidas aos domingos, cabendo ao Ministro do Trabalho, Industria e Comercio, expedir instruções em que sejam especificadas tais atividades. Nos demais casos, ela será dada sob forma transitória, com discriminação do período autorizado, o qual, de cada vez, não excederá de 60 (sessenta) dias.
>
> **Art. 69 da CLT.** Na regulamentação do funcionamento de atividades sujeitas ao regime deste Capítulo, os municípios atenderão aos preceitos nele estabelecidos, e as regras que venham a fixar não poderão contrariar tais preceitos nem as instruções que, para seu cumprimento, forem expedidas pelas autoridades competentes em matéria de trabalho.
>
> **Art. 70 da CLT.** Salvo o disposto nos artigos 68 e 69, é vedado o trabalho em dias feriados nacionais e feriados religiosos, nos termos da legislação própria.

E) INTERVALOS ESPECIAIS: algumas categorias profissionais possuem, além dos intervalores anteriormente mencionados, alguns especiais, conforme seguem:

Categoria	Intervalo	Previsão legal
Mecanógrafo ou digitador	10 min para cada 90 min trabalhados	Art. 72 da CLT e Súm. nº 346 do TST
Trabalhador em câmaras frias	20 min a cada 1h40min trabalhados	Art. 253 da CLT e Súm. nº 438 do TST
Minas de subsolo	15 min a cada 3 h trabalhadas	Art. 298 da CLT
Amamentação	Dois intervalos de 30 min	Art. 396 da CLT

Dicas:

1) Atividades particulares dentro da empresa não contam como tempo de serviço.
2) Não conta como tempo de serviço o deslocamento da residência do empregado até a empresa.
3) O empregado em turno ininterrupto de revezamento tem jornada diária de 6 horas.
4) Entre duas jornadas, deve haver um descanso mínimo de 11 horas.
5) O período de afastamento para o serviço militar obrigatório e o auxílio doença acidentário conta como tempo de serviço.

5. REMUNERAÇÃO E SALÁRIO

5.1 CONCEITO

O **art. 457 da CLT** traz o conceito de remuneração, que, de maneira simples, é tudo o que o empregado recebe, ao passo que salário é somente o que é pago pelo empregador, e gorjetas, o que é pago pelos clientes.

REMUNERAÇÃO = SALÁRIO + GORJETAS.

Integram o salário a importância fixa estipulada (salário-base), as gratificações legais e as comissões pagas pelo empregador **(§ 1º do art. 457 da CLT)**.

Salário-base é a quantia mínima estipulada, que não será reduzida, salvo acordo ou convenção coletiva de trabalho, conforme disposto no art. 7º, VI, da CF/1988.

Se for pactuada cláusula que reduza o salário ou a jornada, a convenção coletiva ou o acordo coletivo de trabalho deverá prever a proteção dos empregados contra dispensa imotivada durante o prazo de vigência do instrumento coletivo **(§ 3º do art. 461-A da CLT)**.

Já nas gratificações mencionadas no § 1º do art. 457 da CLT, temos as seguintes:

ADICIONAIS	GRATIFICAÇÕES
HORA EXTRA	NATALINA
HORA NOTURNA	TEMPO DE SERVIÇO

ADICIONAIS	GRATIFICAÇÕES
TRANSFERÊNCIA	FUNÇÃO
INSALUBRIDADE	
PERICULOSIDADE	

As importâncias, ainda que habituais, pagas a título de ajuda de custo, auxílio-alimentação, vedado seu pagamento em dinheiro, diárias para viagem, prêmios e abonos não integram a remuneração do empregado, não se incorporam ao contrato de trabalho nem constituem base de incidência de nenhum encargo trabalhista e previdenciário **(§ 2º do art. 457 da CLT)**.

Considera-se gorjeta não só a importância espontaneamente dada pelo cliente ao empregado, mas também o valor cobrado pela empresa, como serviço ou adicional, a qualquer título, e destinado à distribuição aos empregados **(§ 3º do art. 457 da CLT)**.

5.2 SALÁRIO-UTILIDADE

Além do pagamento em dinheiro, compreende-se no salário, para todos os efeitos legais, a habitação, o vestuário ou outras prestações *in natura* que a empresa, por força do contrato ou do costume, fornece habitualmente ao empregado. Em caso algum, será permitido o pagamento com bebidas alcoólicas ou drogas nocivas **(art. 458 da CLT)**. Para saber se a utilidade é ou não salário, deve-se observar a seguinte regra:

UTILIDADE PARA O TRABALHO	NÃO É SALÁRIO-UTILIDADE
UTILIDADE PELO TRABALHO	É SALÁRIO-UTILIDADE

O § 2º do art. 458 da CLT elenca algumas utilidades que, quando fornecidas para o trabalho, **não serão consideradas salário-utilidade**, conforme segue:

- Vestuários, equipamentos e outros acessórios fornecidos aos empregados e utilizados no local de trabalho, para a prestação do serviço;
- Educação, em estabelecimento de ensino próprio ou de terceiros, compreendendo os valores relativos a matrícula, mensalidade, anuidade, livros e material didático;
- Transporte destinado ao deslocamento para o trabalho e retorno, em percurso servido ou não por transporte público;
- Assistência médica, hospitalar e odontológica, prestada diretamente ou mediante seguro-saúde;
- Seguros de vida e de acidentes pessoais;
- Previdência privada;
- O valor correspondente ao vale-cultura.

A habitação e a alimentação fornecidas como salário-utilidade deverão atender aos fins a que se destinam e não poderão exceder, respectivamente, a 25% (vinte e cinco por cento) nem a 20% (vinte por cento) do salário contratual. Tratando-se de habitação coletiva, o valor do salário-utilidade a ela correspondente será obtido mediante a divisão do justo valor da habitação pelo número de coabitantes, vedada, em qualquer hipótese, a utilização da mesma unidade residencial por mais de uma família (**§§ 3º e 4º do art. 458 da CLT**).

O valor relativo à assistência prestada por serviço médico ou odontológico, próprio ou não, inclusive o reembolso de despesas com medicamentos, óculos, aparelhos ortopédicos, próteses, órteses, despesas médico-hospitalares e outras similares, mesmo quando concedido em diferentes modalidades de planos e coberturas, não integra o salário do empregado para qualquer efeito nem o salário de contribuição (**§ 5º do art. 458 da CLT**).

5.3 EQUIPARAÇÃO SALARIAL

Equiparar salário é ganhar o mesmo mensal que um colega de trabalho que possui características semelhantes técnicas e temporais determinadas pelo **art. 461 da CLT**. São requisitos para percepção da equiparação salarial o paradigma:

- Trabalhar na mesma empresa;
- Trabalhar no mesmo estabelecimento;
- Exercer a mesma função;
- Possuir mesma qualidade de serviço;
- Não possuir quatro anos de diferença na empresa;
- Não possuir dois anos de diferença na função;
- Contemporâneo no cargo ou na função.

Preenchidos todos os requisitos anteriormente mencionados, só não haverá procedência no pedido de equiparação salarial se na empresa tiver "Quadro Organizado em Carreira" que preveja promoções por mérito ou antiguidade (basta uma delas), não havendo necessidade de homologação do quadro por órgão competente (**§§ 2º e 3º do art. 461 da CLT**).

O readaptado em nova função por motivo de doença não pode servir como paradigma (**§ 4º do art. 461 da CLT**).

No caso de comprovada discriminação por motivo de sexo ou etnia, o juízo determinará, além do pagamento das diferenças salariais devidas, multa, em favor do empregado discriminado, no valor de 50% (cinquenta por cento) do limite máximo dos benefícios do Regime Geral de Previdência Social (**§ 6º do art. 461 da CLT**).

5.4 DESCONTOS SALARIAIS

De acordo com o disposto no **art. 462 da CLT**, somente é possível o desconto do salário do empregado na hipótese de adiantamento salarial.

Quando o empregado causa prejuízo ao empregador, será possível o desconto na hipótese de culpa se houve previsão contratual; ocorrendo dano de forma dolosa, não é necessária a previsão contratual.

> **Art. 462 da CLT.** Ao empregador é vedado efetuar qualquer desconto nos salários do empregado, salvo quando este resultar de adiantamentos, de dispositivos de lei ou de contrato coletivo.
>
> § 1º Em caso de dano causado pelo empregado, o desconto será lícito, desde que esta possibilidade tenha sido acordada ou na ocorrência de dolo do empregado.
>
> § 2º É vedado à empresa que mantiver armazém para venda de mercadorias aos empregados ou serviços estimados a proporcionar-lhes prestações *in natura* exercer qualquer coação ou induzimento no sentido de que os empregados se utilizem do armazém ou dos serviços.
>
> § 3º Sempre que não for possível o acesso dos empregados a armazéns ou serviços não mantidos pela Empresa, é lícito à autoridade competente determinar a adoção de medidas adequadas, visando a que as mercadorias sejam vendidas e os serviços prestados a preços razoáveis, sem intuito de lucro e sempre em benefício dos empregados.
>
> § 4º Observado o disposto neste Capítulo, é vedado às empresas limitar, por qualquer forma, a liberdade dos empregados de dispor do seu salário.

5.5 REGRAS PARA PAGAMENTO

De acordo com o **art. 463 da CLT**, o pagamento do salário deve ocorrer em moeda corrente nacional. O seu pagamento de maneira diversa configura como se não tivesse sido feito.

5.6 DAS COMISSÕES

A comissão é uma forma de pagamento do salário prevista no art. 466 da CLT, sendo devida no momento que a transação é finalizada pelo empregado.

Existem dois tipos de empregados que recebem por comissão:

- **Comissionista misto:** recebe salário-base mais comissões.
- **Comissionista puro:** recebe somente comissão.

Como nenhum empregado pode trabalhar no Brasil sem receber ao menos o mínimo nacional, caso o comissionista puro não atinja o valor do salário mínimo em comissões, deverá o empregador completar o seu salário até chegar ao mínimo.

Se a venda for em prestações, o pagamento da comissão também poderá ser parcelado, bem como o término do contrato de trabalho não prejudica o pagamento das comissões **(§§ 1º e 2º do art. 466 da CLT)**.

Caso ocorra o inadimplemento das parcelas pelo cliente, o empregador deverá continuar o pagamento das comissões ao empregador, visto que, conforme o **art. 2º da CLT**, o risco do negócio é exclusivo do empregador, não podendo ser transferido ao empregado.

5.7 ADICIONAIS

A) ADICIONAL DE HORAS EXTRAS: sempre que o empregado realizar horas extras, não existindo nenhuma forma de compensação, deverão ser pagas as horas extras com adicional de, no mínimo, 50% para advogados; no descanso semanal remunerado (DSR) e nos feriados, o adicional é aumentado para 100%.

A supressão total ou parcial, pelo empregador, de serviço suplementar prestado com habitualidade, durante pelo menos 1 (um) ano, assegura ao empregado o direito à indenização correspondente ao valor de 1 (um) mês das horas suprimidas, total ou parcialmente, para cada ano ou fração igual ou superior a seis meses de prestação de serviço acima da jornada normal. O cálculo observará a média das horas suplementares nos últimos 12 (doze) meses anteriores à mudança, multiplicada pelo valor da hora extra do dia da supressão **(Súm. nº 291 do TST)**.

A remuneração do serviço suplementar é composta do valor da hora normal, integrado por parcelas de natureza salarial e acrescido do adicional previsto em lei, contrato, acordo, convenção coletiva ou sentença normativa **(Súm. nº 264 do TST)**.

B) ADICIONAL NOTURNO: quando o empregado trabalhar no período noturno, deverá haver um acréscimo salarial na importância de 20% para o trabalhador urbano e 25% para o trabalhador rural sobre os seus salários-base.

Cumprida integralmente a jornada no período noturno e prorrogada esta, é devido também o adicional quanto às horas prorrogadas. Exegese do art. 73, § 5º, da CLT **(Súm. nº 60 do TST)**.

A transferência para o período diurno de trabalho implica a perda do direito ao adicional noturno **(Súm. nº 265 do TST)**.

C) ADICIONAL DE TRANSFERÊNCIA: é devido o adicional de transferência quando o empregado é transferido **provisoriamente** para outro local, desde que importe a mudança de sua residência, conforme disposto no **§ 3º do art. 469 da CLT**.

O adicional é de 25% sobre o salário-base.

O fato de o empregado exercer cargo de confiança não exime o empregador de pagar o adicional de transferência **(OJ nº 113 da SDI-1 do TST)**.

D) ADICIONAL DE INSALUBRIDADE: é pago aos empregados que estão em contato com agentes nocivos **à** saúde. Está previsto nos **arts. 189 a 192 da CLT**.

O adicional é pago na importância de 10% (mínimo), 20% (médio) e 40% (máximo) do salário mínimo regional.

São requisitos para a percepção do adicional de insalubridade o agente nocivo estar previsto na NR nº 15 do MTE e a realização de perícia.

A reclassificação ou a descaracterização da insalubridade, por ato da autoridade competente, repercute na satisfação do respectivo adicional, sem ofensa a direito adquirido ou ao princípio da irredutibilidade salarial **(Súm. nº 248 do TST)**.

A verificação mediante perícia de prestação de serviços em condições nocivas, considerado agente insalubre diverso do apontado na inicial, não prejudica o pedido de adicional de insalubridade **(Súm. nº 293 do TST)**.

E) ADICIONAL DE PERICULOSIDADE: **é** pago aos empregados que trabalham em um ambiente perigoso, na importância de 30% sobre o salário-base do empregado. Está previsto nos **arts. 193 a 197 da CLT**.

É devido o adicional para quem trabalha com:

- Explosíveis;
- Inflamáveis;
- Energia elétrica;
- Profissionais de segurança;
- Motocicleta.

O empregado poderá optar pelo adicional de insalubridade que, porventura, lhe seja devido. Serão descontados ou compensados do adicional outros da mesma natureza eventualmente já concedidos ao vigilante por meio de acordo coletivo **(§§ 2º e 3º do art. 193 da CLT)**.

Os empregados que operam em bomba de gasolina têm direito ao adicional de periculosidade **(Súm. nº 39 do TST)**. Os tripulantes e demais empregados em serviços auxiliares de transporte aéreo que, no momento do abastecimento da aeronave, permanecem a bordo não têm direito ao adicional de periculosidade a que aludem o art. 193 da CLT e o Anexo 2, item 1, *c*, da NR nº 16 do MTE **(Súm. nº 447 do TST)**.

Sobre a exposição ao agente perigoso:

> **Súmula nº 364 do TST – ADICIONAL DE PERICULOSIDADE. EXPOSIÇÃO EVENTUAL, PERMANENTE E INTERMITENTE**
>
> I – Tem direito ao adicional de periculosidade o empregado exposto permanentemente ou que, de forma intermitente, sujeita-se a condições de risco. Indevido, apenas, quando o contato dá-se de forma eventual, assim considerado o fortuito, ou o que, sendo habitual, dá-se por tempo extremamente reduzido (ex-Ojs da SBDI-1 nºs 5 – inserida em 14-3-1994 – e 280 – *DJ* 11-8-2003)
>
> II – Não é válida a cláusula de acordo ou convenção coletiva de trabalho fixando o adicional de periculosidade em percentual inferior ao estabelecido em lei e proporcional ao tempo de exposição ao risco, pois tal parcela constitui medida de higiene, saúde

e segurança do trabalho, garantida por norma de ordem pública (arts. 7º, XXII e XXIII, da CF e 193, § 1º, da CLT).

> **Dicas:**
> 1) A utilidade fornecida para o trabalho não é considerada verba salarial.
> 2) A ajuda de custo paga em decorrência da mudança definitiva do empregado é verba indenizatória.
> 3) O empregado que trabalha com moto tem direito ao adicional de periculosidade.

6. DO AVISO PRÉVIO

O aviso prévio está previsto nos seguintes dispositivos: art. 7º, XXI, da Lei nº 12.506/2011 e arts. 487 a 491 da CLT.

Em regra, cabe apenas nos contratos com prazo indeterminado, salvo estipulação contrária, conforme disposto no art. 481 da CLT e na Súm. nº 163 do TST.

É direito do trabalho o aviso prévio proporcional, que possui prazo de, no mínimo, 30 dias e, no máximo, 90 dias, contando três dias para cada ano trabalhado, conforme demonstrado a seguir:

MESES	ANO	DIAS DE AVISO
11	0	30
13	1	30 + 3 = 33
23	1	30 + 3 = 33
25	2	30 + 3 + 3 = 36

De acordo com o **art. 487 da CLT**, o aviso prévio pode ser trabalhado ou indenizado, e, em ambos os casos, o período conta para fins de FGTS, conforme disposto na **Súm. nº 305 do TST**.

O aviso prévio não pode se dado pelo empregador ao empregado durante o seu período de estabilidade **(Súm. nº 348 do TST)**.

Quando o empregador dá o aviso prévio, pode o empregado escolher se quer reduzir duas horas por dia de trabalho ou sete dias corridos, conforme disposto no **art. 488 da CLT**.

Dado o aviso prévio, somente é possível a sua anulação com a concordância da parte contrária **(art. 489 da CLT)**.

São possíveis rescisão indireta e justa causa durante o aviso prévio, visto que na vigência do aviso o contrato vai fluir normalmente **(arts. 490 e 491 da CLT)**.

> **Dicas:**
> 1) O contrato de trabalho somente termina depois de expirado o prazo do aviso prévio, mesmo que indenizado.
> 2) É possível retratação do aviso prévio, desde que a parte contrária aceite.

7. FORMAS DE RESCISÃO DO CONTRATO DE TRABALHO

Art. 479 da CLT – Rescisão antecipada por iniciativa do empregador na hipótese de contrato por prazo determinado.

> **Art. 479 da CLT.** Nos contratos que tenham termo estipulado, o empregador que, sem justa causa, despedir o empregado será obrigado a pagar-lhe, a título de indenização, e por metade, a remuneração a que teria direito até o termo do contrato.
>
> Parágrafo único. Para a execução do que dispõe o presente artigo, o cálculo da parte variável ou incerta dos salários será feito de acordo com o prescrito para o cálculo da indenização referente à rescisão dos contratos por prazo indeterminado.

Art. 480 da CLT – Rescisão antecipada por iniciativa do empregado na hipótese de contrato por prazo determinado.

> **Art. 480 da CLT.** Havendo termo estipulado, o empregado não se poderá desligar do contrato, sem justa causa, sob pena de ser obrigado a indenizar o empregador dos prejuízos que desse fato lhe resultarem.
>
> § 1º A indenização, porém, não poderá exceder aquela a que teria direito o empregado em idênticas condições.

Art. 481 da CLT – Possibilidade de aviso prévio no contrato por prazo determinado, no lugar das multas dos arts. 479 e 480 da CLT.

> **Art. 481 da CLT.** Aos contratos por prazo determinado, que contiverem cláusula assecuratória do direito recíproco de rescisão antes de expirado o termo ajustado, aplicam-se, caso seja exercido tal direito por qualquer das partes, os princípios que regem a rescisão dos contratos por prazo indeterminado.

Art. 482 da CLT – O empregado que cometer uma falta grave durante a vigência do contrato poderá ser demitido por justa causa.

> **Art. 482 da CLT.** Constituem justa causa para rescisão do contrato de trabalho pelo empregador:
>
> a) ato de improbidade;
>
> b) incontinência de conduta ou mau procedimento;
>
> c) negociação habitual por conta própria ou alheia sem permissão do empregador, e quando constituir ato de concorrência à empresa para a qual trabalha o empregado, ou for prejudicial ao serviço;
>
> d) condenação criminal do empregado, passada em julgado, caso não tenha havido suspensão da execução da pena;
>
> e) desídia no desempenho das respectivas funções;
>
> f) embriaguez habitual ou em serviço;

> g) violação de segredo da empresa;
>
> h) ato de indisciplina ou de insubordinação;
>
> i) abandono de emprego;
>
> j) ato lesivo da honra ou da boa fama praticado no serviço contra qualquer pessoa, ou ofensas físicas, nas mesmas condições, salvo em caso de legítima defesa, própria ou de outrem;
>
> k) ato lesivo da honra ou da boa fama ou ofensas físicas praticadas contra o empregador e superiores hierárquicos, salvo em caso de legítima defesa, própria ou de outrem;
>
> l) prática constante de jogos de azar;
>
> m) perda da habilitação ou dos requisitos estabelecidos em lei para o exercício da profissão, em decorrência de conduta dolosa do empregado.
>
> Parágrafo único. Constitui igualmente justa causa para dispensa de empregado a prática, devidamente comprovada em inquérito administrativo, de atos atentatórios à segurança nacional.

Art. 483 da CLT – A rescisão indireta é considerada a justa causa do empregador e deve ser realizada através de ação judicial.

> **Art. 483 da CLT.** O empregado poderá considerar rescindido o contrato e pleitear a devida indenização quando:
>
> a) forem exigidos serviços superiores às suas forças, defesos por lei, contrários aos bons costumes, ou alheios ao contrato;
>
> b) for tratado pelo empregador ou por seus superiores hierárquicos com rigor excessivo;
>
> c) correr perigo manifesto de mal considerável;
>
> d) não cumprir o empregador as obrigações do contrato;
>
> e) praticar o empregador ou seus prepostos, contra ele ou pessoas de sua família, ato lesivo da honra e boa fama;
>
> f) o empregador ou seus prepostos ofenderem-no fisicamente, salvo em caso de legítima defesa, própria ou de outrem;
>
> g) o empregador reduzir o seu trabalho, sendo este por peça ou tarefa, de forma a afetar sensivelmente a importância dos salários.
>
> § 1º O empregado poderá suspender a prestação dos serviços ou rescindir o contrato, quando tiver de desempenhar obrigações legais, incompatíveis com a continuação do serviço.
>
> § 2º No caso de morte do empregador constituído em empresa individual, é facultado ao empregado rescindir o contrato de trabalho.

> § 3º Nas hipóteses das letras *d* e *g*, poderá o empregado pleitear a rescisão de seu contrato de trabalho e o pagamento das respectivas indenizações, permanecendo ou não no serviço até o final da decisão do processo.

Art. 484 da CLT – A culpa recíproca acontece quando ambas as partes são culpadas pela rescisão do contrato de trabalho.

> **Art. 484 da CLT.** Havendo culpa recíproca no ato que determinou a rescisão do contrato de trabalho, o tribunal de trabalho reduzirá a indenização a que seria devida em caso de culpa exclusiva do empregador, por metade.
>
> **Súmula nº 14 do TST – CULPA RECÍPROCA –** Reconhecida a culpa recíproca na rescisão do contrato de trabalho (art. 484 da CLT), o empregado tem direito a 50% (cinquenta por cento) do valor do aviso prévio, do décimo terceiro salário e das férias proporcionais.

Art. 484-A da CLT – Com a reforma trabalhista, surgiu uma nova possibilidade de rescisão do contrato de trabalho, o acordo entre as partes.

> **Art. 484-A da CLT.** O contrato de trabalho poderá ser extinto por acordo entre empregado e empregador, caso em que serão devidas as seguintes verbas trabalhistas:
>
> I – por metade:
>
> a) o aviso prévio, se indenizado;
>
> b) a indenização sobre o saldo do Fundo de Garantia do Tempo de Serviço, prevista no § 1º do art. 18 da Lei nº 8.036, de 11 de maio de 1990;
>
> II – na integralidade, as demais verbas trabalhistas.
>
> § 1º A extinção do contrato prevista no *caput* deste artigo permite a movimentação da conta vinculada do trabalhador no Fundo de Garantia do Tempo de Serviço na forma do inciso I-A do art. 20 da Lei nº 8.036, de 11 de maio de 1990, limitada até 80% (oitenta por cento) do valor dos depósitos.
>
> § 2º A extinção do contrato por acordo prevista no *caput* deste artigo não autoriza o ingresso no Programa de Seguro-Desemprego.

Art. 485 da CLT – Morte do empregador.

> **Art. 485 da CLT.** Quando cessar a atividade da empresa, por morte do empregador, os empregados terão direito, conforme o caso, à indenização a que se referem os arts. 477 e 497.

Art. 486 da CLT – A dispensa por fato ocorre quando o estabelecimento fecha em decorrência de ato de autoridade municipal, estadual ou federal. É a conhecida dispensa por fato do príncipe.

> **Art. 486 da CLT.** No caso de paralisação temporária ou definitiva do trabalho, motivada por ato de autoridade municipal, estadual ou federal, ou pela promulgação de lei ou resolução que impossibilite a continuação da atividade, prevalecerá o pagamento da indenização, que ficará a cargo do governo responsável.
>
> § 1º Sempre que o empregador invocar em sua defesa o preceito do presente artigo, o tribunal do trabalho competente notificará a pessoa de direito público apontada como responsável pela paralisação do trabalho, para que, no prazo de 30 (trinta) dias, alegue o que entender devido, passando a figurar no processo como chamada à autoria.
>
> § 2º Sempre que a parte interessada, firmada em documento hábil, invocar defesa baseada na disposição deste artigo e indicar qual o juiz competente, será ouvida a parte contrária, para, dentro de 3 (três) dias, falar sobre essa alegação.
>
> § 3º Verificada qual a autoridade responsável, a Junta de Conciliação ou Juiz dar-se-á por incompetente, remetendo os autos ao Juiz Privativo da Fazenda, perante o qual correrá o feito nos termos previstos no processo comum.

Súm. nº 443 do TST – A dispensa discriminatória ocorre quando o empregado é demitido por um motivo discriminatório, que, sendo comprovado, enseja a possibilidade de reintegração ou indenização substitutiva do empregado.

> **Súmula nº 443 do TST – DISPENSA DISCRIMINATÓRIA. PRESUNÇÃO. EMPREGADO PORTADOR DE DOENÇA GRAVE. ESTIGMA OU PRECONCEITO. DIREITO À REINTEGRAÇÃO**
>
> Presume-se discriminatória a despedida de empregado portador do vírus HIV ou de outra doença grave que suscite estigma ou preconceito. Inválido o ato, o empregado tem direito à reintegração no emprego.

Dicas:

1) Na rescisão por acordo entre as partes, o empregado não tem direito ao seguro-desemprego.
2) Na rescisão por fato do príncipe, as verbas indenizatórias são de responsabilidade do ente que causou o fechamento da empresa.

8. ATO DA RESCISÃO DO CONTRATO DE TRABALHO

A rescisão do contrato está regulamentada nos arts. 477 e ss. da CLT.

No momento da rescisão do contrato de trabalho, devem ocorrer a baixa da CTPS do empregado e a comunicação aos órgãos competentes, com a realização do Termo de Rescisão do Contrato de Trabalho (TRCT), que deve conter, de formar discriminada, todas as parcelas pagas ao empregado no ato da rescisão **(§ 2º e *caput* do art. 477 da CLT)**. Cumpridas as exigências anteriores elencadas, basta ao empregado sacar os valores relativos ao saldo de FGTS e realizar o pedido de seguro-desemprego com a apresentação de sua CTPS **(§ 10 do art. 477 da CLT)**.

O § **4º do art. 477 da CLT** permite o pagamento das verbas rescisórias em dinheiro, depósito bancário e cheque, fazendo-se a observação de que, se o empregado for analfabeto, o pagamento não poderá ocorrer com cheque.

No momento da rescisão, caso o empregado esteja devendo ao empregador valores referentes ao contrato de trabalho, poderá ocorrer a compensação dos valores, limitada a uma remuneração do empregado.

O empregador possui o prazo de dez dias do término do contrato de trabalho para efetuar o pagamento das verbas rescisórias **(§ 6º do art. 477 da CLT)**, mas, se não for respeitado esse prazo, terá que pagar uma multa ao empregado no valor de um salário **(§ 8º do art. 477 da CLT)**.

O **art. 477-A da CLT** equipara a dispensa coletiva com a individual. Na prática, tal situação ocorreu principalmente para que o empregador não precise de prévia autorização do sindicato para realizar uma dispensa coletiva.

O Plano de Demissão Voluntária ou Incentivada, para dispensa individual, plúrima ou coletiva, previsto em convenção coletiva ou acordo coletivo de trabalho, enseja quitação plena e irrevogável dos direitos decorrentes da relação empregatícia, salvo disposição em contrário estipulada entre as partes **(art. 477-B da CLT)**.

Em caso de rescisão de contrato de trabalho, havendo controvérsia sobre o montante das verbas rescisórias, o empregador é obrigado a pagar ao trabalhador, à data do comparecimento à Justiça do Trabalho, a parte incontroversa dessas verbas, sob pena de pagá-las acrescidas de 50% **(art. 467 da CLT)**.

Sobre o pagamento das verbas rescisórias, é importante a leitura das seguintes Súmulas do TST:

> **Súmula nº 69 do TST** – RESCISÃO DO CONTRATO – A partir da Lei nº 10.272, de 05/09/2001, havendo rescisão do contrato de trabalho e sendo revel e confesso quanto à matéria de fato, deve ser o empregador condenado ao pagamento das verbas rescisórias, não quitadas na primeira audiência, com acréscimo de 50% (cinquenta por cento).
>
> **Súmula nº 388 do TST** – MASSA FALIDA. ARTS. 467 E 477 DA CLT. INAPLICABILIDADE – A Massa Falida não se sujeita à penalidade do art. 467 nem à multa do § 8º do art. 477, ambos da CLT (ex-Ojs da SBDI-1 nºs 201 – *DJ* 11-8-2003 – e 314 – *DJ* 8-11-2000)
>
> **Súmula nº 462 do TST** – MULTA DO ART. 477, § 8º, DA CLT. INCIDÊNCIA. RECONHECIMENTO JUDICIAL DA RELAÇÃO DE EMPRE-

GO – A circunstância de a relação de emprego ter sido reconhecida apenas em juízo não tem o condão de afastar a incidência da multa prevista no art. 477, § 8º, da CLT. A referida multa não será devida apenas quando, comprovadamente, o empregado der causa à mora no pagamento das verbas rescisórias.

Dicas:

1) O prazo para pagamento das verbas rescisórias é de dez dias do término do contrato de trabalho.
2) O empregado analfabeto não pode receber as verbas rescisórias com cheque.
3) A dispensa coletiva não precisa de prévia autorização.
4) A adesão ao Plano de Demissão Voluntária quita o contrato de trabalho do empregado.

9. ESTABILIDADE

9.1 DIRIGENTE SINDICAL

De acordo com o disposto no **art. 8º, VIII, da CF/1988**, o dirigente sindical possui estabilidade do registro da sua candidatura até um ano após o término do seu mandato.

O dirigente sindical somente poderá ser demitido por justa causa (art. 482 da CLT) apurada por meio de inquérito judicial para apuração de falta grave, conforme previsão na **Súm. nº 379 do TST**.

A **Súm. nº 369 do TST** também regulamentou algumas situações que envolvem a estabilidade do dirigente sindical, conforme segue:

> **Súmula nº 369 do TST** – DIRIGENTE SINDICAL. ESTABILIDADE PROVISÓRIA
>
> I – É assegurada a estabilidade provisória ao empregado dirigente sindical, ainda que a comunicação do registro da candidatura ou da eleição e da posse seja realizada fora do prazo previsto no art. 543, § 5º, da CLT, desde que a ciência ao empregador, por qualquer meio, ocorra na vigência do contrato de trabalho.
>
> II – O art. 522 da CLT foi recepcionado pela Constituição Federal de 1988. Fica limitada, assim, a estabilidade a que alude o art. 543 § 3º, da CLT a sete dirigentes sindicais e igual número de suplentes.
>
> III – O empregado de categoria diferenciada eleito dirigente sindical só goza de estabilidade se exercer na empresa atividade pertinente à categoria profissional do sindicato para o qual foi eleito dirigente.
>
> IV – Havendo extinção da atividade empresarial no âmbito da base territorial do sindicato, não há razão para subsistir a estabilidade.

V – O registro da candidatura do empregado a cargo de dirigente sindical durante o período de aviso prévio, ainda que indenizado, não lhe assegura a estabilidade, visto que inaplicável a regra do § 3º do art. 543 da Consolidação das Leis do Trabalho.

IMPORTANTE! Membro do Conselho Fiscal **(OJ nº 365 da SDI-1 do TST)** e Delegado Sindical **(OJ nº 369 da SDI-1 do TST)** não possuem estabilidade.

9.2 REPRESENTANTE PESSOAL

O representante pessoal dos empregados está previsto no art. 11 da CF/1988, porém somente foi regulamentado com a reforma trabalhista, que inclui na CLT os **arts. 510-A a 510-D na CLT**.

De acordo com o **art. 510-A da CLT**, as empresas com mais de 200 funcionários terão que ter comissões de representantes na seguinte proporção:

Número de empregados	Número de representantes
200 a 3 mil	3
+ 3 mil a 5 mil	5
+ 5 mil	7

No caso de a empresa possuir empregados em vários Estados da Federação e no Distrito Federal, será assegurada a eleição de uma comissão de representantes dos empregados por Estado ou no Distrito Federal **(§ 2º do art. 501-A da CLT)**.

O **art. 510-B da CLT** traz as atribuições dos representantes dos empregados, em que destacamos o diálogo entre os empregados e o empregador, não se confundindo suas atribuições com as do dirigente sindical.

Para a realização das eleições, será criada uma comissão de cinco empregados, que não poderão concorrer nas eleições. Também não poderão concorrer às eleições os seguintes empregados (art. 510-C da CLT):

- Empregados com contrato determinado;
- Empregados com contrato suspenso;
- Empregados que estão no aviso prévio.

O mandato dos representantes pessoais será de um ano, não podendo a reeleição ocorrer por dois anos seguidos. Durante o mandato, o contrato flui normalmente e os representantes terão estabilidade da candidatura até um ano após o término do mandato **(art. 510-D da CLT)**.

9.3 MEMBRO DA COMISSÃO INTERNA DE PREVENÇÃO DE ACIDENTES

A Comissão Interna de Prevenção de Acidentes (CIPA) está regulamentada nos **arts. 163 a 165 da CLT**.

A CIPA será composta de membros **eleitos pelos empregados** e **membros indicados pelo empregador**.

Terão estabilidade somente os membros eleitos pelos empregados, conforme disposto no ***caput* do art. 165 da CLT**, e somente poderão ser demitidos por justo motivo.

O **§ 5º do art. 164 da CLT** diz que o presidente da CIPA será indicado pelo empregador, logo se conclui que o presidente não possui estabilidade.

A **Súm. nº 339 do TST** fala que o suplente da CIPA também possui estabilidade e que o fechamento da empresa é hipótese de extinção da estabilidade desse membro.

9.4 EMPREGADA GESTANTE OU ADOTANTE

Os **arts. 391 e 391-A da CLT** tratam da estabilidade da gestante e de quem adotar uma criança.

O período da estabilidade está disposto no art. 10, II, *b*, da ADCT.

> **Art. 10.** Até que seja promulgada a lei complementar a que se refere o art. 7º, I, da Constituição:
>
> (...)
>
> II – fica vedada a dispensa arbitrária ou sem justa causa:
>
> (...)
>
> b) da empregada gestante, desde a confirmação da gravidez até cinco meses após o parto.

Casos específicos sobre a estabilidade da gestante e adotante são resolvidos pela aplicação da Súm. nº 244 do TST:

> **Súmula nº 244 do TST – GESTANTE. ESTABILIDADE PROVISÓRIA**
>
> I – O desconhecimento do estado gravídico pelo empregador não afasta o direito ao pagamento da indenização decorrente da estabilidade (art. 10, II, *b* do ADCT).
>
> II – A garantia de emprego à gestante só autoriza a reintegração se esta se der durante o período de estabilidade. Do contrário, a garantia restringe-se aos salários e demais direitos correspondentes ao período de estabilidade.
>
> III – A empregada gestante tem direito à estabilidade provisória prevista no art. 10, inciso II, alínea *b*, do Ato das Disposições Constitucionais Transitórias, mesmo na hipótese de admissão mediante contrato por tempo determinado.

9.5 ACIDENTADO

O empregado que sofre acidente de trabalho, ao receber o benefício de auxílio-doença acidentário, terá no retorno ao seu trabalho estabilidade de 12 meses e somente poderá ser demitido por justa causa. A estabilidade também existirá mesmo que um acidente ocorra na vigência de um contrato por prazo determinado, conforme disposto na **Súm. nº 378 do TST.**

É importante observar o disposto nos arts. 19, 20 e 21 da Lei nº 8.213/1990, que determina em quais situações existem acidente de trabalho:

> **Art. 19.** Acidente do trabalho é o que ocorre pelo exercício do trabalho a serviço de empresa ou de empregador doméstico ou pelo exercício do trabalho dos segurados referidos no inciso VII do art. 11 desta Lei, provocando lesão corporal ou perturbação funcional que cause a morte ou a perda ou redução, permanente ou temporária, da capacidade para o trabalho.
>
> § 1º A empresa é responsável pela adoção e uso das medidas coletivas e individuais de proteção e segurança da saúde do trabalhador.
>
> § 2º Constitui contravenção penal, punível com multa, deixar a empresa de cumprir as normas de segurança e higiene do trabalho.
>
> § 3º É dever da empresa prestar informações pormenorizadas sobre os riscos da operação a executar e do produto a manipular.
>
> § 4º O Ministério do Trabalho e da Previdência Social fiscalizará e os sindicatos e entidades representativas de classe acompanharão o fiel cumprimento do disposto nos parágrafos anteriores, conforme dispuser o Regulamento.
>
> **Art. 20.** Consideram-se acidente do trabalho, nos termos do artigo anterior, as seguintes entidades mórbidas:
>
> I – doença profissional, assim entendida a produzida ou desencadeada pelo exercício do trabalho peculiar a determinada atividade e constante da respectiva relação elaborada pelo Ministério do Trabalho e da Previdência Social;
>
> II – doença do trabalho, assim entendida a adquirida ou desencadeada em função de condições especiais em que o trabalho é realizado e com ele se relacione diretamente, constante da relação mencionada no inciso I.
>
> § 1º Não são consideradas doença do trabalho:
>
> a) doença degenerativa;
>
> b) a inerente a grupo etário;
>
> c) a que não produza incapacidade laborativa;
>
> d) doença endêmica adquirida por segurado habitante de região em que ela se desenvolva, salvo comprovação de que é resultante de exposição ou contato direto determinado pela natureza do trabalho.
>
> § 2º Em caso excepcional, constatando-se que a doença não incluída na relação prevista nos incisos I e II deste artigo resultou das condições especiais em que o trabalho é executado e com ele

se relaciona diretamente, a Previdência Social deve considerá-la acidente do trabalho.

Art. 21. Equiparam-se também ao acidente do trabalho, para efeitos desta Lei:

I – o acidente ligado ao trabalho que, embora não tenha sido a causa única, haja contribuído diretamente para a morte do segurado, para redução ou perda da sua capacidade para o trabalho, ou produzido lesão que exija atenção médica para a sua recuperação;

II – o acidente sofrido pelo segurado no local e no horário do trabalho, em consequência de:

a) ato de agressão, sabotagem ou terrorismo praticado por terceiro ou companheiro de trabalho;

b) ofensa física intencional, inclusive de terceiro, por motivo de disputa relacionada ao trabalho;

c) ato de imprudência, de negligência ou de imperícia de terceiro ou de companheiro de trabalho;

d) ato de pessoa privada do uso da razão;

e) desabamento, inundação, incêndio e outros casos fortuitos ou decorrentes de força maior;

III – a doença proveniente de contaminação acidental do empregado no exercício de sua atividade;
IV – Revogado.

a) na execução de ordem ou na realização de serviço sob a autoridade da empresa;

b) na prestação espontânea de qualquer serviço à empresa para lhe evitar prejuízo ou proporcionar proveito;

c) em viagem a serviço da empresa, inclusive para estudo quando financiada por esta dentro de seus planos para melhor capacitação da mão de obra, independentemente do meio de locomoção utilizado, inclusive veículo de propriedade do segurado;

d) no percurso da residência para o local de trabalho ou deste para aquela, qualquer que seja o meio de locomoção, inclusive veículo de propriedade do segurado.

§ 1º Nos períodos destinados a refeição ou descanso, ou por ocasião da satisfação de outras necessidades fisiológicas, no local do trabalho ou durante este, o empregado é considerado no exercício do trabalho.

> § 2º Não é considerada agravação ou complicação de acidente do trabalho a lesão que, resultante de acidente de outra origem, se associe ou se superponha às consequências do anterior.

Dicas:

1) O dirigente sindical somente poderá ser demitido após o ajuizamento do inquérito judicial para apuração de falta grave.
2) Não pode ser representante pessoal dos empregados: quem está no aviso prévio, possui contrato por prazo determinado ou está com o contrato suspenso.
3) Somente tem estabilidade o membro da CIPA eleito pelos empregados.
4) A gestante tem estabilidade mesmo no contrato de experiência.

10. DIREITO COLETIVO DO TRABALHO

10.1 DIREITO COLETIVO DO TRABALHO NA CF/1988

O art. 8º da CF/1988 traz os princípios/fundamentos do direito coletivo, os quais servirão como base para todos os dispositivos do Direito Coletivo do Trabalho.

> **Art. 8º da CF/1988.** É livre a associação profissional ou sindical, observado o seguinte:
>
> I – a lei não poderá exigir autorização do Estado para a fundação de sindicato, ressalvado o registro no órgão competente, vedadas ao Poder Público a interferência e a intervenção na organização sindical;
>
> II – é vedada a criação de mais de uma organização sindical, em qualquer grau, representativa de categoria profissional ou econômica, na mesma base territorial, que será definida pelos trabalhadores ou empregadores interessados, não podendo ser inferior à área de um Município;
>
> III – ao sindicato cabe a defesa dos direitos e interesses coletivos ou individuais da categoria, inclusive em questões judiciais ou administrativas;
>
> IV – a assembleia geral fixará a contribuição que, em se tratando de categoria profissional, será descontada em folha, para custeio do sistema confederativo da representação sindical respectiva, independentemente da contribuição prevista em lei;
>
> V – ninguém será obrigado a filiar-se ou a manter-se filiado a sindicato;
>
> VI – é obrigatória a participação dos sindicatos nas negociações coletivas de trabalho;

VII – o aposentado filiado tem direito a votar e ser votado nas organizações sindicais;

VIII – é vedada a dispensa do empregado sindicalizado a partir do registro da candidatura a cargo de direção ou representação sindical e, se eleito, ainda que suplente, até um ano após o final do mandato, salvo se cometer falta grave nos termos da lei.

Parágrafo único. As disposições deste artigo aplicam-se à organização de sindicatos rurais e de colônias de pescadores, atendidas as condições que a lei estabelecer.

10.2 CONCEITO DE SINDICATO

O conceito e a divisão das categorias existentes estão elencados no art. 511 da CLT, conforme segue:

Art. 511 da CLT. É lícita a associação para fins de estudo, defesa e coordenação dos seus interesses econômicos ou profissionais de todos os que, como empregadores, empregados, agentes ou trabalhadores autônomos ou profissionais liberais, exerçam, respectivamente, a mesma atividade ou profissão ou atividades ou profissões similares ou conexas.

§ 1º A solidariedade de interesses econômicos dos que empreendem atividades idênticas, similares ou conexas, constitui o vínculo social básico que se denomina categoria econômica.

§ 2º A similitude de condições de vida oriunda da profissão ou trabalho em comum, em situação de emprego na mesma atividade econômica ou em atividades econômicas similares ou conexas, compõe a expressão social elementar compreendida como categoria profissional.

§ 3º Categoria profissional diferenciada é a que se forma dos empregados que exerçam profissões ou funções diferenciadas por força de estatuto profissional especial ou em consequência de condições de vida singulares.

§ 4º Os limites de identidade, similaridade ou conexidade fixam as dimensões dentro das quais a categoria econômica ou profissional é homogênea e a associação é natural.

10.3 CONTRIBUIÇÕES

Os sindicatos se mantêm financeiramente com as contribuições que recebem dos membros das categorias, que são as seguintes:

CONTRIBUIÇÃO	COBRANÇA	PREVISÃO LEGAL
SINDICAL	Somente com prévia autorização	Arts. 578 e 579 da CLT

CONTRIBUIÇÃO	COBRANÇA	PREVISÃO LEGAL
ASSOCIATIVA	Somente com prévia autorização	Estatuto de cada sindicato
CONFEDERATIVA	Somente com prévia autorização dos sócios do sindicato	Art. 8º, IV, da CF/1988 e Súm. Vinc. nº 40 do STF
ASSISTENCIAL	Somente com prévia autorização dos sócios do sindicato	Nos acordos ou nas convenções coletivas do trabalho

10.4 ACORDO E CONVENÇÃO COLETIVA DO TRABALHO

É atribuição dos sindicatos a participação das negociações coletivas. Havendo acordo, criarão normas entre as partes envolvidas, conforme previsto no **art. 611 da CLT**.

SINDICATO **X** SINDICATO = CONVENÇÃO COLETIVA

SINDICATO **X** EMPRESA = ACORDO COLETIVO

> **Art. 611 da CLT.** Convenção Coletiva de Trabalho é o acordo de caráter normativo pelo qual dois ou mais sindicatos representativos de categorias econômicas e profissionais estipulam condições de trabalho aplicáveis, no âmbito das respectivas representações, às relações individuais de trabalho.
>
> § 1º É facultado aos sindicatos representativos de categorias profissionais celebrar acordos coletivos com uma ou mais empresas da correspondente categoria econômica, que estipulem condições de trabalho, aplicáveis no âmbito da empresa ou das acordantes respectivas relações de trabalho.
>
> § 2º As federações e, na falta desta, as confederações representativas de categorias econômicas ou profissionais poderão celebrar convenções coletivas de trabalho para reger as relações das categorias a elas vinculadas, inorganizadas em sindicatos, no âmbito de suas representações.

O **art. 611-A da CLT** prevê quais matérias podem ser objetos de discussão em acordo ou convenção coletiva.

> **Art. 611-A da CLT.** A convenção coletiva e o acordo coletivo de trabalho têm prevalência sobre a lei quando, entre outros, dispuserem sobre:
>
> I – pacto quanto à jornada de trabalho, observados os limites constitucionais;
>
> II – banco de horas anual;

III – intervalo intrajornada, respeitado o limite mínimo de trinta minutos para jornadas superiores a seis horas;

IV – adesão ao Programa Seguro-Emprego (PSE), de que trata a Lei nº 13.189, de 19 de novembro de 2015;

V – plano de cargos, salários e funções compatíveis com a condição pessoal do empregado, bem como identificação dos cargos que se enquadram como funções de confiança;

VI – regulamento empresarial;

VII – representante dos trabalhadores no local de trabalho;

VIII – teletrabalho, regime de sobreaviso e trabalho intermitente;

IX – remuneração por produtividade, incluídas as gorjetas percebidas pelo empregado, e remuneração por desempenho individual;

X – modalidade de registro de jornada de trabalho;

XI – troca do dia de feriado;

XII – enquadramento do grau de insalubridade;

XIII – prorrogação de jornada em ambientes insalubres, sem licença prévia das autoridades competentes do Ministério do Trabalho;

XIV – prêmios de incentivo em bens ou serviços, eventualmente concedidos em programas de incentivo;

XV – participação nos lucros ou resultados da empresa.

§ 1º No exame da convenção coletiva ou do acordo coletivo de trabalho, a Justiça do Trabalho observará o disposto no § 3º do art. 8º desta Consolidação.

§ 2º A inexistência de expressa indicação de contrapartidas recíprocas em convenção coletiva ou acordo coletivo de trabalho não ensejará sua nulidade por não caracterizar um vício do negócio jurídico.

§ 3º Se for pactuada cláusula que reduza o salário ou a jornada, a convenção coletiva ou o acordo coletivo de trabalho deverão prever a proteção dos empregados contra dispensa imotivada durante o prazo de vigência do instrumento coletivo.

§ 4º Na hipótese de procedência de ação anulatória de cláusula de convenção coletiva ou de acordo coletivo de trabalho, quando houver a cláusula compensatória, esta deverá ser igualmente anulada, sem repetição do indébito.

§ 5º Os sindicatos subscritores de convenção coletiva ou de acordo coletivo de trabalho deverão participar, como litisconsortes necessários, em ação individual ou coletiva, que tenha como objeto a anulação de cláusulas desses instrumentos.

Já o **art. 611-B da CLT** traz quais são as matérias que não podem ser objeto de discussão de acordo ou convenção coletiva.

> **Art. 611-B da CLT.** Constituem objeto ilícito de convenção coletiva ou de acordo coletivo de trabalho, exclusivamente, a supressão ou a redução dos seguintes direitos:
>
> I - normas de identificação profissional, inclusive as anotações na Carteira de Trabalho e Previdência Social;
>
> II - seguro-desemprego, em caso de desemprego involuntário;
>
> III - valor dos depósitos mensais e da indenização rescisória do Fundo de Garantia do Tempo de Serviço (FGTS);
>
> IV - salário mínimo;
>
> V - valor nominal do décimo terceiro salário;
>
> VI - remuneração do trabalho noturno superior à do diurno;
>
> VII - proteção do salário na forma da lei, constituindo crime sua retenção dolosa;
>
> VIII - salário-família;
>
> IX - repouso semanal remunerado;
>
> X - remuneração do serviço extraordinário superior, no mínimo, em 50% (cinquenta por cento) à do normal;
>
> XI - número de dias de férias devidas ao empregado;
>
> XII - gozo de férias anuais remuneradas com, pelo menos, um terço a mais do que o salário normal;
>
> XIII - licença-maternidade com duração mínima de cento e vinte dias;
>
> XIV - licença-paternidade nos termos fixados em lei;
>
> XV - proteção do mercado de trabalho da mulher, mediante incentivos específicos, nos termos da lei;
>
> XVI - aviso prévio proporcional ao tempo de serviço, sendo, no mínimo, de trinta dias, nos termos da lei;
>
> XVII - normas de saúde, higiene e segurança do trabalho previstas em lei ou em normas regulamentadoras do Ministério do Trabalho;
>
> XVIII - adicional de remuneração para as atividades penosas, insalubres ou perigosas;
>
> XIX - aposentadoria;
>
> XX - seguro contra acidentes de trabalho, a cargo do empregador;

XXI – ação, quanto aos créditos resultantes das relações de trabalho, com prazo prescricional de cinco anos para os trabalhadores urbanos e rurais, até o limite de dois anos após a extinção do contrato de trabalho;

XXII – proibição de qualquer discriminação no tocante a salário e critérios de admissão do trabalhador com deficiência;

XXIII – proibição de trabalho noturno, perigoso ou insalubre a menores de dezoito anos e de qualquer trabalho a menores de dezesseis anos, salvo na condição de aprendiz, a partir de quatorze anos;

XXIV – medidas de proteção legal de crianças e adolescentes;

XXV – igualdade de direitos entre o trabalhador com vínculo empregatício permanente e o trabalhador avulso;

XXVI – liberdade de associação profissional ou sindical do trabalhador, inclusive o direito de não sofrer, sem sua expressa e prévia anuência, qualquer cobrança ou desconto salarial estabelecidos em convenção coletiva ou acordo coletivo de trabalho;

XXVII – direito de greve, competindo aos trabalhadores decidir sobre a oportunidade de exercê-lo e sobre os interesses que devam por meio dele defender;

XXVIII – definição legal sobre os serviços ou atividades essenciais e disposições legais sobre o atendimento das necessidades inadiáveis da comunidade em caso de greve;

XXIX – tributos e outros créditos de terceiros;

XXX – as disposições previstas nos arts. 373-A, 390, 392, 392-A, 394, 394-A, 395, 396 e 400 desta Consolidação.

Parágrafo único. Regras sobre duração do trabalho e intervalos não são consideradas como normas de saúde, higiene e segurança do trabalho para os fins do disposto neste artigo.

Os acordos e as convenções entram em vigor três dias após o registro no órgão competente, não podendo ser estipulado prazo superior a dois anos, sendo vedada a sua ultratividade, conforme disposto no **§ 3º do art. 614 da CLT**.

As condições estabelecidas em acordo coletivo de trabalho sempre prevalecerão sobre as estipuladas em convenção coletiva de trabalho **(art. 620 da CLT)**.

10.5 GREVE

É a suspensão coletiva, temporária e pacífica, total ou parcial, de prestação pessoal de serviços a empregador **(art. 2º da Lei nº 7.783/1989 – Lei da Greve)**; quando frustrada a negociação ou verificada a impossibilidade de recursos via arbitral, é facultada a cessação coletiva do trabalho **(art. 3º da Lei anteriormente citada)**.

É obrigatória a prévia comunicação dos empregados ao empregador do início da greve; para atividades normais, o prazo é 48 horas; já para as essenciais, é 72 horas.

É vedada a rescisão de contrato de trabalho durante a greve, bem como a contratação de trabalhadores substitutos, exceto na ocorrência de hipóteses da não manutenção de um número mínimo de empregados nas atividades essenciais ou naquelas em que a paralisação total causará danos a máquinas da empresa ou a produtos perecíveis.

A greve é hipótese de suspensão do contrato de trabalho, ao passo que o *lockout* é hipótese de interrupção.

Dicas:

1) O previsto no acordo coletivo prevalece sobre o disposto na convenção coletiva.
2) Greve é hipótese de suspensão do contrato de trabalho.
3) *Lockout* é hipótese de interrupção do contrato de trabalho.
4) O prazo máximo de vigência dos instrumentos normativos é dois anos.

QUESTÕES

1. (OAB FGV – XXX EXAME DE ORDEM – 2019-3) Reinaldo é empregado da padaria Cruz de Prata Ltda., na qual exerce a função de auxiliar de padeiro, com jornada de segunda a sexta-feira, das 12h às 17h, e pausa alimentar de 15 minutos. Aproxima-se o final do ano, e Reinaldo aguarda ansiosamente pelo pagamento do 13º salário, pois pretende utilizá-lo para comprar uma televisão.

A respeito do 13º salário, assinale a afirmativa correta.

a) Com a reforma da CLT, a gratificação natalina poderá ser paga em até três vezes, desde que haja concordância do empregado.

b) A gratificação natalina deve ser paga em duas parcelas, sendo a primeira entre os meses de fevereiro e novembro e a segunda, até o dia 20 de dezembro de cada ano.

c) Atualmente é possível negociar a supressão do 13º salário em convenção coletiva de trabalho.

d) O empregado tem direito a receber a primeira parcela do 13º salário juntamente com as férias, desde que a requeira no mês de março.

2. (OAB FGV – XXX EXAME DE ORDEM – 2019-3) Edimilson é vigia noturno em um condomínio residencial de apartamentos. Paulo é vigilante armado de uma agência bancária. Letícia é motociclista de entregas de uma empresa de logística.

Avalie os três casos apresentados e, observadas as regras da CLT, assinale a afirmativa correta.

a) Paulo e Letícia exercem atividade perigosa e fazem jus ao adicional de periculosidade. A atividade de Edimilson não é considerada perigosa, e, por isso, ele não deve receber adicional.

b) Considerando que os três empregados não lidam com explosivos e inflamáveis, salvo por disposição em norma coletiva, nenhum deles terá direito ao recebimento de adicional de periculosidade.

c) Os três empregados fazem jus ao adicional de periculosidade, pois as profissões de Edimilson e Paulo estão sujeitas ao risco de violência física e, a de Letícia, a risco de vida.

d) Apenas Paulo e Edimilson têm direito ao adicional de periculosidade por conta do risco de violência física.

3. (OAB FGV – XXVIII EXAME DE ORDEM – 2019-1) Rita de Cássia é enfermeira em um hospital desde 10/01/2018, no qual trabalha em regime de escala de 12x36 horas, no horário das 7.00 às 19.00 horas. Tal escala encontra-se prevista na convenção coletiva da categoria da empregada. Alguns plantões cumpridos por Rita de Cássia coincidiram com domingos e outros, com feriados. Em razão disso, a empregada solicitou ao seu gestor que as horas cumpridas nesses plantões fossem pagas em dobro.

Sobre a pretensão da empregada, diante do que preconiza a CLT, assinale a afirmativa correta.

a) Ela fará jus ao pagamento com adicional de 100% apenas nos feriados.

b) Ela não terá direito ao pagamento em dobro nem nos domingos nem nos feriados.

c) Ela terá direito ao pagamento em dobro da escala que coincidir com o domingo.

d) Ela receberá em dobro as horas trabalhadas nos domingos e feriados

4. (OAB FGV – XXVII EXAME DE ORDEM – 2018-2) Jorge era caixa bancário e trabalhava para o Banco Múltiplo S.A. Recebia salário fixo de R$ 4.000,00 mensais. Além disso, recebia comissão de 3% sobre cada seguro de carro, vida e previdência oferecido e aceito pelos clientes do Banco, o que fazia concomitantemente com suas atividades de caixa, computando-se o desempenho para suas metas e da agência. Os produtos em referência não eram do banco, mas, sim, da Seguradora Múltiplo S.A., empresa do mesmo grupo econômico do empregador de Jorge.

Diante disso, observando o entendimento jurisprudencial consolidado do TST, bem como as disposições da CLT, assinale a afirmativa correta.

a) Os valores recebidos a título de comissão não devem integrar a remuneração de Jorge, por se tratar de liberalidade.

b) Os valores recebidos a título de comissão não devem integrar a remuneração de Jorge, porque relacionados a produtos de terceiros.

c) Os valores recebidos a título de comissão devem integrar a remuneração de Jorge.

d) Os valores recebidos a título de comissão não devem integrar a remuneração de Jorge, uma vez que ocorreram dentro do horário normal de trabalho, para o qual Jorge já é remunerado pelo banco.

5. (OAB FGV – XXVII EXAME DE ORDEM – 2018-2) Em 2018, um sindicato de empregados acertou, em acordo coletivo com uma sociedade empresária, a redução geral dos salários de seus empregados em 15% durante 1 ano.

Nesse caso, conforme dispõe a CLT,

a) uma contrapartida de qualquer natureza será obrigatória e deverá ser acertada com a sociedade empresária.

b) a contrapartida será a garantia no emprego a todos os empregados envolvidos durante a vigência do acordo coletivo.

c) a existência de alguma vantagem para os trabalhadores para validar o acordo coletivo será desnecessária.

d) a norma em questão será nula, porque a redução geral de salário somente pode ser acertada por convenção coletiva de trabalho.

6. (OAB FGV – XXXI EXAME DE ORDEM – 2020-1) Gervásia é empregada na Lanchonete Pará desde fevereiro de 2018, exercendo a função de atendente e recebendo o valor correspondente a um salário mínimo por mês.

Acerca da cláusula compromissória de arbitragem que o empregador pretende inserir no contrato da empregada, de acordo com a CLT, assinale a afirmativa correta.

a) A inserção não é possível, porque, no Direito do Trabalho, não cabe arbitragem em lides individuais.

b) A cláusula compromissória de arbitragem não poderá ser inserida no contrato citado, em razão do salário recebido pela empregada.

c) Não há mais óbice à inserção de cláusula compromissória de arbitragem nos contratos de trabalho, inclusive no de Gervásia.

d) A cláusula de arbitragem pode ser inserida em todos os contratos de trabalho, sendo admitida de forma expressa ou tácita.

7. (OAB FGV – XXIV EXAME DE ORDEM – 2017-3) Solange é comissária de bordo em uma grande empresa de transporte aéreo e ajuizou reclamação trabalhista postulando adicional de periculosidade, alegando que permanecia em área de risco durante o abastecimento das aeronaves porque ele era feito com a tripulação a bordo. Iracema, vizinha de Solange, trabalha em uma unidade fabril recebendo adicional de insalubridade, mas, após cinco anos, sua atividade foi retirada da lista de atividades insalubres, por ato da autoridade competente.

Sobre as duas situações, segundo a norma de regência e o entendimento consolidado do TST, assinale a afirmativa correta.

a) Solange não tem direito ao adicional de periculosidade e Iracema perderá o direito ao adicional de insalubridade.

b) Solange tem direito ao adicional de periculosidade e Iracema manterá o adicional de insalubridade por ter direito adquirido.

c) Solange não tem direito ao adicional de periculosidade e Iracema manterá o direito ao adicional de insalubridade.

d) Solange tem direito ao adicional de periculosidade e Iracema perderá o direito ao adicional de insalubridade.

8. (OAB FGV – XXIII EXAME DE ORDEM – 2017-2) Um grupo econômico é formado pelas sociedades empresárias X, Y e Z. Com a crise econômica que assolou o país, todas as empresas do grupo procuraram formas de reduzir o custo de mão de obra. Para evitar dispensas, a sociedade empresária X acertou a redução de 10% dos salários dos seus empregados por convenção coletiva; Y acertou a mesma redução em acordo coletivo; e Z fez a mesma redução, por acordo individual escrito com os empregados.

Diante da situação retratada e da norma de regência, assinale a afirmativa correta.

a) As empresas estão erradas, porque o salário é irredutível, conforme previsto na Constituição da República.

b) Não se pode acertar redução de salário por acordo coletivo nem por acordo individual, razão pela qual as empresas Y e Z estão erradas.

c) A empresa Z não acertou a redução salarial na forma da lei, tornando-a inválida.

d) As reduções salariais em todas as empresas do grupo foram negociadas e, em razão disso, são válidas.

9. (OAB FGV – XXII EXAME DE ORDEM – 2017-1) Lino trabalha como diagramador na sociedade empresária XYZ Ltda., localizada em um grande centro urbano, e recebe do empregador, além do salário, moradia e plano de assistência odontológica, graciosamente.

Sobre o caso narrado, de acordo com a CLT, assinale a afirmativa correta.

a) Ambos os benefícios serão incorporados ao salário de Lino.

b) Somente o benefício da habitação será integrado ao salário de Lino.

c) Nenhum dos benefícios será incorporado ao salário de Lino.

d) Somente o benefício do plano de assistência odontológica será integrado ao salário de Lino.

10. (OAB FGV – XXII EXAME DE ORDEM – 2017-2) Célio e Paulo eram funcionários da sociedade empresária Minério Ltda. e trabalhavam no município do Rio de Janeiro. Por necessidade de serviço, eles foram deslocados para trabalhar em outros municípios. Célio continuou morando no mesmo lugar, porque o município em que passou a laborar era contíguo ao Rio de Janeiro. Paulo, no entanto, mudou-se definitivamente, com toda a família, para o município em que passou a trabalhar, distante 350 km do Rio de Janeiro. Dois anos depois, ambos foram dispensados. A sociedade empresária nada pagou aos funcionários quando das transferências de locais de trabalho, salvo a despesa com a mudança de Paulo. Ambos ajuizaram ações trabalhistas.

A partir da hipótese sugerida, assinale a afirmativa correta.

a) Célio e Paulo não têm direito ao adicional de transferência.

b) Apenas Paulo tem direito ao adicional de transferência.

c) Apenas Célio tem direito ao adicional de transferência.

d) Ambos têm direito ao adicional de transferência.

11. (OAB FGV - XXXI EXAME DE ORDEM - 2020-1) Paulo trabalhou para a Editora Livro Legal Ltda. de 10/12/2017 a 30/08/2018 sem receber as verbas rescisórias ao final do contrato, sob a alegação de dificuldades financeiras da empregadora. Em razão disso, ele pretende ajuizar ação trabalhista e procurou você, como advogado(a). Sabe-se que a empregadora de Paulo estava sob o controle e a direção da sócia majoritária, a Editora Mundial Ltda.

Assinale a afirmativa que melhor atende à necessidade e à segurança de satisfazer o crédito do seu cliente.

a) Poderá incluir a sociedade empresária controladora no polo passivo da demanda, e esta responderá solidariamente com a empregadora, pois se trata de grupo econômico.

b) Poderá incluir a sociedade empresária controladora no polo passivo da demanda, e esta responderá subsidiariamente com a empregadora, pois se trata de grupo econômico.

c) Não há relação de responsabilização entre as sociedades empresárias, uma vez que possuem personalidades jurídicas distintas, o que afasta a caracterização de grupo econômico.

d) Não se trata de grupo econômico, porque a mera identidade de sócios não o caracteriza; portanto, descabe a responsabilização da segunda sociedade empresária.

12. (OAB FGV - XXXI EXAME DE ORDEM - 2020-1) Enzo é professor de Matemática em uma escola particular, em que é empregado há 8 anos. Após 2 anos de namoro e 1 ano de noivado, irá se casar com Carla, advogada, empregada em um escritório de advocacia há 5 anos.

Sobre o direito à licença pelo casamento, de acordo com a CLT, assinale a afirmativa correta.

a) O casal poderá faltar aos seus empregos respectivos por até 3 dias úteis para as núpcias.

b) Carla, por ser advogada, terá afastamento de 5 dias e Enzo, por ser professor, poderá faltar por 2 dias corridos.

c) Enzo poderá faltar ao serviço por 9 dias, enquanto Carla poderá se ausentar por 3 dias consecutivos.

d) Não há previsão específica, devendo ser acertado o período de afastamento com o empregador, observado o limite de 10 dias.

13. (OAB FGV – XXXI EXAME DE ORDEM – 2020-1) Eduardo e Carla são empregados do Supermercado Praiano Ltda., exercendo a função de caixa. Após 10 meses de vigência do contrato, ambos receberam aviso prévio em setembro de 2019, para ser cumprido com trabalho. Contudo, 17 dias após, o Supermercado resolveu reconsiderar a sua decisão e manter Eduardo e Carla no seu quadro de empregados. Ocorre que ambos não desejam prosseguir, porque, nesse período, distribuíram seus currículos e conseguiram a promessa de outras colocações num concorrente do Supermercado Praiano, com salário um pouco superior.

Diante da situação posta e dos termos da CLT, assinale a afirmativa correta.

a) Os empregados não são obrigados a aceitar a retratação, que só gera efeito se houver consenso entre empregado e empregador.

b) Os empregados são obrigados a aceitá-la, uma vez que a retratação foi feita pelo empregador ainda no período do aviso prévio.

c) A retratação deve ser obrigatoriamente aceita pela parte contrária se o aviso prévio for trabalhado, e, se for indenizado, há necessidade de concordância das partes.

d) O empregador jamais poderia ter feito isso, porque a CLT não prevê a possibilidade de reconsideração de aviso prévio, que se torna irreversível a partir da concessão.

14. (OAB FGV – XXX EXAME DE ORDEM – 2019-3) João e Maria são casados e trabalham na mesma empresa, localizada em Fortaleza/CE. Maria ocupa cargo de confiança e, por absoluta necessidade do serviço, será transferida para Porto Alegre/RS, lá devendo fixar residência, em razão da distância.

Diante da situação retratada e da legislação em vigor, assinale a afirmativa correta.

a) A transferência não poderá ser realizada, porque o núcleo familiar seria desfeito, daí ser vedada por Lei.

b) A transferência poderá ser realizada, mas, como o casal ficará separado, isso deverá durar, no máximo, 1 ano.

c) João terá direito, pela CLT, a ser transferido para o mesmo local da esposa e, com isso, manter a família unida.

d) Não há óbice para a transferência, que poderá ser realizada sem que haja obrigação de a empresa transferir João.

15. (OAB FGV – XXIX EXAME DE ORDEM – 2019-2) A sociedade empresária Ômega Ltda. deseja reduzir em 20% o seu quadro de pessoal, motivo pelo qual realizou um acordo coletivo com o sindicato de classe dos seus empregados, prevendo um Programa de Demissão Incentivada (PDI), com vantagens econômicas para aqueles que a ele aderissem.

Gilberto, empregado da empresa havia 15 anos, aderiu ao referido Programa em 12/10/2018, recebeu a indenização prometida sem fazer qualquer ressalva e, três meses depois, ajuizou reclamação trabalhista contra o ex-empregador.

Diante da situação apresentada e dos termos da CLT, assinale a afirmativa correta.

a) A adesão ao Programa de Demissão Incentivada (PDI) não impede a busca, com sucesso, por direitos lesados.

b) A quitação plena e irrevogável pela adesão ao Programa de Demissão Incentivada (PDI) somente ocorreria se isso fosse acertado em convenção coletiva, mas não em acordo coletivo.

c) O empregado não terá sucesso na ação, pois conferiu quitação plena.

d) A demanda não terá sucesso, exceto se Gilberto previamente devolver em juízo o valor recebido pela adesão ao Programa de Demissão Incentivada (PDI).

16. (OAB FGV – XXVIII EXAME DE ORDEM – 2019-1) A sociedade empresária Beta Ltda. está passando por grave crise econômica e financeira e, em razão disso, resolveu reduzir drasticamente suas atividades, encerrando unidades e terceirizando grande parte dos seus serviços. Por conta disso, a empresa, que possuía 500 empregados, dispensou 450 deles no dia 23 de janeiro de 2018.

Diante do caso apresentado e dos preceitos da CLT, assinale a afirmativa correta.

a) Trata-se de dispensa em massa, sendo nula porque não autorizada em norma coletiva.

b) Equivocou-se a empresa, porque para realizar a dispensa coletiva ela é obrigada a oferecer antes adesão ao Programa de Demissão Voluntária (PDV).

c) A ordem de antiguidade obrigatoriamente deve ser respeitada, pelo que os 50 empregados mais antigos não poderão ser dispensados.

d) A dispensa ocorreu validamente, pois a dispensa coletiva é equiparada à dispensa individual.

17. (OAB FGV – XXVIII EXAME DE ORDEM – 2019-1) Alaor, insatisfeito com o pequeno lucro do restaurante do qual era sócio, retirou-se da sociedade empresária e averbou, na respectiva junta comercial, novo contrato social, onde constava sua retirada.

O empresário, 36 meses após esse fato, foi surpreendido com sua citação em uma reclamação trabalhista ajuizada dias antes.

Sobre a hipótese apresentada, considerando a atual redação da CLT, assinale a afirmativa correta.

a) Alaor responde solidariamente pelos débitos da sociedade na ação trabalhista em referência.

b) Alaor responde subsidiariamente pelos débitos da sociedade na ação trabalhista em referência.

c) Alaor não mais responde, na ação trabalhista em referência, pelos débitos da sociedade.

d) No caso, primeiro responde a empresa devedora, depois, os sócios atuais e, em seguida, os sócios retirantes, que é o caso de Alaor.

18. (OAB FGV – XXVIII EXAME DE ORDEM – 2019-1) Gerson Filho é motorista rodoviário e trabalha na sociedade empresária Viação Canela de Ouro Ltda. No dia 20 de agosto de 2018, ele se envolveu em grave acidente automobilístico, sendo, ao final da investigação, verificado que Gerson foi o responsável pelo sinistro, tendo atuado com dolo no evento danoso. Em razão disso, teve a perda da sua habilitação determinada pela autoridade competente. O empregador procura você, como advogado(a), afirmando que não há vaga disponível para Gerson em outra atividade na empresa e desejando saber o que deverá fazer para solucionar a questão da maneira mais econômica e em obediência às normas de regência.

Diante desta situação e dos termos da CLT, assinale a afirmativa correta.

a) O contrato de Gerson deverá ser suspenso.

b) O empregador deverá interromper o contrato de Gerson.

c) O contrato do empregado deverá ser rompido por justa causa.

d) A empresa deverá dispensar Gerson sem justa causa.

19. (OAB FGV – XXVII EXAME DE ORDEM – 2018-3) Em determinada localidade, existe a seguinte situação: a convenção coletiva da categoria para o período 2018/2019 prevê o pagamento de adicional de 70% sobre as horas extras realizadas de segunda-feira a sábado. Ocorre que a sociedade empresária Beta havia assinado um acordo coletivo para o mesmo período, porém alguns dias antes, prevendo o pagamento dessas horas extras com adicional de 60%.

De acordo com a CLT, assinale a opção que indica o adicional que deverá prevalecer.

a) Prevalecerá o adicional de 70%, por ser mais benéfico aos empregados.

b) Diante da controvérsia, valerá o adicional de 50% previsto na Constituição Federal.

c) Deverá ser respeitada a média entre os adicionais previstos em ambas as normas coletivas, ou seja, 65%.

d) Valerá o adicional de 60% previsto em acordo coletivo, que prevalece sobre a convenção.

20. (OAB FGV - XXVII EXAME DE ORDEM - 2018-3) Renato trabalha na empresa Ramos Santos Ltda. exercendo a função de técnico de manutenção. De segunda a sexta-feira, ele trabalha das 8h às 17h, com uma hora de almoço, e, aos sábados, das 8h às 12h, sem intervalo.

Ocorre que, por reivindicação de alguns funcionários, a empresa instituiu um culto ecumênico toda sexta-feira, ao final do expediente, cujo comparecimento é facultativo. O culto ocorre das 17h às 18h, e Renato passou a frequentá-lo.

Diante dessa situação, na hipótese de você ser procurado como advogado(a) em consulta formulada por Renato sobre jornada extraordinária, considerando o enunciado e a legislação trabalhista em vigor, assinale a afirmativa correta.

a) Renato não faz jus a qualquer valor de horas extras.

b) Renato tem direito a uma hora extra semanal, pois o culto foi instituído pela empregadora.

c) Renato tem direito a uma hora extra diária, de segunda a sexta-feira, em razão do horário de trabalho das 8h às 17h.

d) Renato tem direito a nove horas extras semanais, sendo cinco de segunda a sexta-feira e mais as 4 aos sábados.

GABARITO

1. B; 2. A; 3. B; 4. C; 5. B; 6. B; 7. A; 8. C; 9. B; 10. A; 11. A; 12. C; 13. A; 14. D; 15. C; 16. D; 17. C; 18. C; 19. D; 20. A

Direito Processual do Trabalho

Cleize Kohls

Doutoranda em Direito. Professora na Universidade de Santa Cruz do Sul – UNISC.
Professora no Centro de Ensino Integrado Santa Cruz – CEISC.

SUMÁRIO

1. ORGANIZAÇÃO E COMPETÊNCIA DA JUSTIÇA DO TRABALHO

1.1 ORGANIZAÇÃO

Previsão: art. 111 da CF.

Tribunal Superior do Trabalho (TST): composto de 27 ministros, escolhidos entre brasileiros com mais de 35 anos e menores de 65 anos, nomeados pelo presidente após aprovação pela maioria absoluta do Senado Federal.

Tribunais Regionais do Trabalho (TRTs): compostos de, no mínimo, 7 juízes recrutados e nomeados pelo presidente, entre brasileiros com mais de 30 e menos de 65 anos.

Juízes do Trabalho (Varas do Trabalho).

1.2 COMPETÊNCIA MATERIAL

Previsão: art. 114 da CF.

Compete à Justiça do Trabalho processar e julgar:

I – *as ações oriundas da relação de trabalho, abrangidos os entes de direito público externo e da administração pública direta e indireta da União, dos Estados, do Distrito Federal e dos Municípios;*

> **Fique atento:**
> Diferença entre relação de emprego e relação de trabalho. A primeira é espécie, ao passo que a segunda é gênero. A segunda inclui qualquer vínculo jurídico por meio do qual uma pessoa executa obra ou serviço a outra (trabalho autônomo, eventual, avulso etc.).

II – *as ações que envolvam exercício do direito de greve;*

A Justiça do Trabalho tem competência inclusive para ações possessórias, ajuizada em decorrência do exercício do direito de greve pelos trabalhadores da iniciativa privada, a teor da Súmula Vinculante nº 23 do STF.

III – *as ações sobre representação sindical, entre sindicatos, entre sindicatos e trabalhadores, e entre sindicatos e empregadores;*

Nessa situação, enquadram-se disputas de base territorial de representação de categoria.

IV – *os mandados de segurança,* habeas corpus e habeas data, *quando o ato questionado envolver matéria sujeita à sua jurisdição.*

> **Fique atento:**
> O mandado de segurança é utilizado para atacar decisões quando não há recurso cabível na Justiça do Trabalho (Súm. nº 414 do TST).

V – *os conflitos de competência entre órgãos com jurisdição trabalhista, ressalvado o disposto no art. 102, I, o;*

Para entender como se resolvem os conflitos de competência, lembre-se:

Art. 105, I, *d*, da CF – competência ao Superior Tribunal de Justiça: conflitos de competência entre quaisquer tribunais, bem como entre tribunal e juízes a ele não vinculados e entre juízes vinculados a tribunais diversos;

Art. 102, I, *o*, do TST – competência do Supremo Tribunal Federal: os conflitos de competência entre o Superior Tribunal de Justiça e quaisquer tribunais, entre Tribunais Superiores, ou entre estes e qualquer outro tribunal;

Art. 808 da CLT – os conflitos de jurisdição de que trata o art. 803 serão resolvidos: pelos Tribunais Regionais, os suscitados entre Juntas e entre Juízos de Direito, ou entre uma e outras, nas respectivas regiões; pelo TST, os suscitados entre Tribunais Regionais, ou entre Juntas e Juízos de Direito sujeitos à jurisdição de Tribunais Regionais diferentes.

É importante lembrar também que:

Súm. nº 420 do TST: "Não se configura conflito de competência entre Tribunal Regional do Trabalho e Vara do Trabalho a ele vinculada".

Para não esquecer:

VT x VT (mesma região) = TRT
VT x VT (regiões diferentes) = TST
TRT x TRT = TST
TJ ou TRT x TRT = STJ
TST x STJ = STF

VI – *as ações de indenização por dano moral ou patrimonial, decorrentes da relação de trabalho*;

Sobre essa competência, ainda temos a Súm. nº 392 do TST, que referenda a competência para processar e julgar ações de indenização por dano moral e material, decorrentes da relação de trabalho, inclusive as oriundas de acidente de trabalho e doenças a ele equiparadas, ainda que propostas pelos dependentes ou sucessores do trabalhador falecido.

VII – *as ações relativas às penalidades administrativas impostas aos empregadores pelos órgãos de fiscalização das relações de trabalho*;

VIII – *a execução, de ofício, das contribuições sociais previstas no art. 195, I, a, e II, e seus acréscimos legais, decorrentes das sentenças que proferir*;

A competência em questão é para a execução, e não para a cobrança. Sobre esse tema, o TST editou algumas súmulas que já foram cobradas em exames anteriores:

Súm. nº 368 do TST: I – A Justiça do Trabalho é competente para determinar o recolhimento das contribuições fiscais. A competência da Justiça do Trabalho, quanto à execução das contribuições previdenciárias, limita-se às sentenças condenatórias em pecúnia que proferir e aos valores, objeto de acordo homologado, que integrem o salário de contribuição. II – É do empregador a responsabilidade pelo recolhimento das contribuições previdenciárias e fiscais, resultantes de crédito do empregado oriundo de condenação judicial. A culpa do empregador pelo inadimplemento das verbas remuneratórias, contudo, não exime a responsabilidade do empregado pelos pagamentos do imposto de renda devido e da contribuição previdenciária que recaia sobre sua quota-parte. III – Os descontos previdenciários relativos à contribuição do empregado, no caso de ações trabalhistas, devem ser calculados mês a mês, em conformidade com o art. 276, § 4º, do Dec. nº 3.048/1999, que regulamentou a Lei nº 8.212/1991, aplicando-se as alíquotas previstas no art. 198, observado o limite máximo do salário de contribuição. IV – Considera-se fato gerador das contribuições previdenciárias decorrentes de créditos trabalhistas reconhecidos ou homologados em juízo, para os serviços prestados até 4-3-2009, inclusive o efetivo pagamento das verbas, configurando-se a mora a partir do dia dois do mês seguinte ao da liquidação (art. 276, *caput*, do Dec. nº 3.048/1999). Eficácia não retroativa da alteração legislativa promovida pela MP nº 449/2008, posteriormente convertida na Lei nº 11.941/2009, que deu nova redação ao art. 43 da Lei nº 8.212/91. V – Para o labor realizado a partir de 5-3-2009, considera-se fato gerador das contribuições previdenciárias decorrentes de créditos trabalhistas reconhecidos ou homologados em juízo a data da efetiva prestação dos serviços. Sobre as contribuições previdenciárias não recolhidas a partir da prestação dos serviços incidem juros de mora e, uma vez apurados os créditos previdenciários, aplica-se multa a partir do exaurimento do prazo de citação para pagamento, se descumprida a obrigação, observado o limite legal de 20% (art. 61, § 2º, da Lei nº 9.430/96). VI – O imposto de renda decorrente de crédito do empregado recebido acumuladamente deve ser calculado sobre o montante dos rendimentos pagos, mediante a utilização de tabela progressiva resultante da multiplicação da quantidade de meses a que se refiram os rendimentos pelos valores constantes da tabela progressiva mensal correspondente ao mês do recebimento ou crédito, nos termos do art. 12-A da Lei nº 7.713, de 22-12-1988, com a redação conferida pela Lei nº 13.149/2015, observado o procedimento previsto nas instruções normativas da Receita Federal do Brasil.

Súmula nº 454 do TST: compete à Justiça do Trabalho a execução, de ofício, da contribuição referente ao Seguro de Acidente de Trabalho (SAT), que tem natureza de contribuição para a seguridade social (arts. 114, VIII, e 195, I, *a*, da CF), pois destina-se ao financiamento de benefícios relativos à incapacidade do empregado decorrente de infortúnio no trabalho (arts. 11 e 22 da Lei nº 8.212/1991).

OJ nº* 376 SDI-*I: é devida a contribuição previdenciária sobre o valor do acordo celebrado e homologado após o trânsito em julgado de decisão judicial, respeitada a proporcionalidade de valores entre as parcelas de natureza salarial e indenizatória deferidas na decisão condenatória e as parcelas objeto do acordo.

OJ nº* 398 SDI-*I: nos acordos homologados em juízo, em que não haja o reconhecimento de vínculo empregatício, é devido o recolhimento da contribuição previdenciária, mediante a alíquota de 20% a cargo do tomador de serviços, e de 11 % por parte do prestador de serviços, na qualidade de contribuinte individual, sobre o valor total do acordo, respeitado o teto de contribuição. Inteligência do § 4º do art. 30 e do inc. III do art. 22, todos da Lei nº 8.212, de 24-7-1991.

Súm. nº 401 do TST: os descontos previdenciários e fiscais devem ser efetuados pelo juízo executório, ainda que a sentença exequenda tenha sido omissa sobre a questão, dado o caráter de ordem pública ostentado pela norma que os disciplina. A ofensa à coisa julgada somente poderá ser caracterizada na hipótese de o título exequendo, expressamente, afastar a dedução dos valores a título de imposto de renda e de contribuição previdenciária.

IX – *outras controvérsias decorrentes da relação de trabalho, na forma da lei.*

> ***Mas atenção!***
>
> - A Justiça do Trabalho é incompetente para ações previdenciárias decorrentes de acidente do trabalho (Súmulas nºs 235 e 501 do STF).
> - A Justiça do Trabalho é incompetente parar ações que envolvam servidores públicos estatutários, conforme entendimento do STF (ADIN nº 3.395-6).
> - A Justiça do Trabalho é incompetente para processar e julgar ações decorrentes de cobrança de honorários advocatícios (Súm. nº 363 do STJ).
> - Compete ao Juiz da Infância e Juventude autorizar o trabalho dos menores (art. 406 da CLT).
> - Compete à Justiça Estadual processar e julgar a ação de cobrança ajuizada por profissional liberal contra cliente. (Súm. nº 363 do STJ).
> - O Supremo Tribunal Federal (STF) já decidiu que cabe à Justiça comum julgar processos decorrentes de contrato de previdência complementar privada (RE nºs 586.453 e 583050).

#ficaadica:

1.3 COMPETÊNCIA TERRITORIAL

Previsão: art. 651 da CLT.

A regra é o local da prestação do serviço, ainda que o empregado tenha sido contratado noutro local ou no estrangeiro.

Contudo, quando for parte de dissídio agente ou viajante comercial, a competência será da Junta da localidade em que a empresa tenha agência ou filial e a esta o empregado esteja subordinado. Na falta, será competente a Junta da localização em que o empregado tenha domicílio ou a localidade mais próxima.

Tratando-se de empregador que promova realização de atividades fora do lugar do contrato de trabalho, é assegurado ao empregado apresentar reclamação no foro da celebração do contrato ou no da prestação dos respectivos serviços.

Outro ponto esclarecido pelo art. 651 da CLT é que a competência das Juntas de Conciliação e Julgamento estende-se aos dissídios ocorridos em agência ou filial no estrangeiro, desde que o empregado seja brasileiro e não haja convenção internacional que disponha em contrário.

#ficaadica:

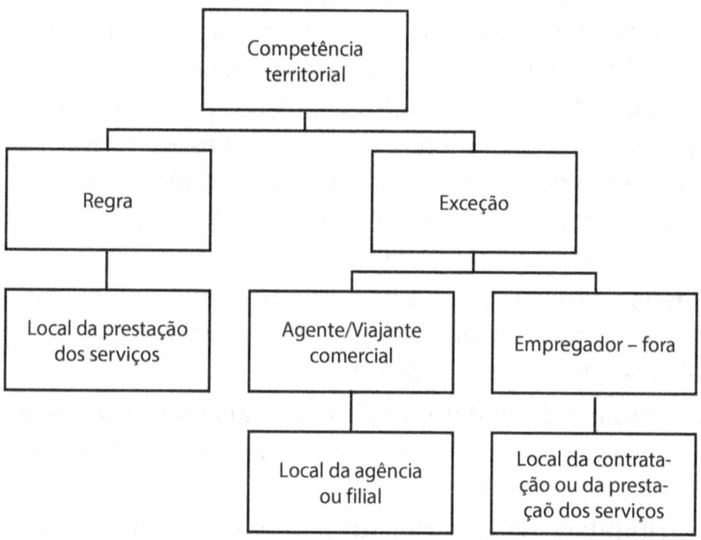

2. PRINCÍPIOS

Vários são os princípios aplicáveis ao processo do trabalho, como os consagrados pela Constituição Federal e assegurados em todo o processo, como contraditório, ampla defesa, juiz natural, igualdade, devido processo legal, imparcialidade do juiz. Destaca-se, contudo, para esse estudo, alguns que são peculiares ao processo do trabalho:

Jus postulandi – Significa que as partes podem litigar pessoalmente, sem patrocínio de advogados. Contudo, de acordo com a Súm. nº 425 do TST, restringe-se às Varas do Trabalho e aos Tribunais Regionais do Trabalho, não abrangendo os recursos ao TST nem também alcançando a ação rescisória, a ação cautelar nem o mandado de segurança.

#ficaadica:

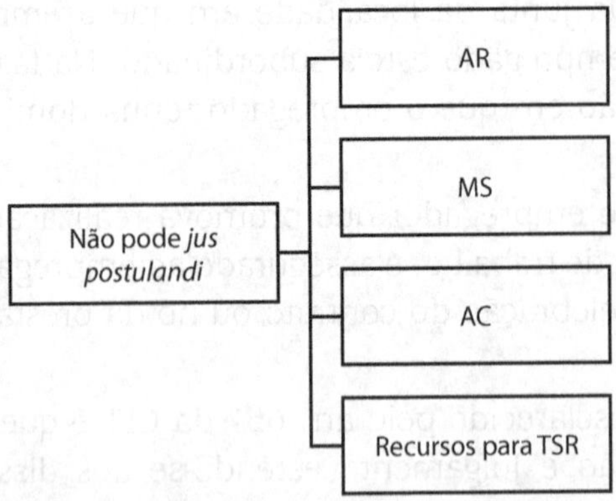

Ultrapetição da sentença – Em alguns casos, a sentença trabalhista pode conceder além do pedido. Ex.: o empregado reclama verbas rescisórias que decorrem de uma relação de emprego não reconhecida pelo empregador. Na sentença, sendo reconhecida a relação de emprego, o juiz poderá condenar a empresa, de ofício, a anotar a CTPS do empregado.

Celeridade – Significa que todos os sujeitos processuais (partes, advogado, juízes, auxiliares, perito, intérprete, testemunhas etc.) devem agir de modo a que se chegue rapidamente ao deslinde da controvérsia com o menor dispêndio de atos, energia e custo e com o maior grau de justiça e de segurança na entrega da prestação jurisdicional.

Oralidade – Prevalência da palavra como meio de expressão. A oralidade pressupõe outro princípio: imediação ou imediatidade, isto é, o contato direto do juiz com as partes e as provas.

Pagamento imediato das parcelas salariais incontroversas – O art. 467 da CLT manda pagar as verbas incontroversas acrescidas de 50%, caso não sejam pagas na primeira audiência.

Irrecorribilidade das interlocutórias – Visa à celeridade. Para não haver prejuízo às partes, a matéria fica imune à preclusão, sendo apreciada depois pelo Tribunal. Localiza-se na CLT, arts. 799, § 2º, e 893, § 1º.

3. FONTES

São fontes do Direito Processual do Trabalho:

a) Lei: *CF, CLT, CPC, LEF etc.*

b) Regimentos internos dos tribunais.

c) Costume.

d) Princípios.

e) Jurisprudência.

f) Equidade.

g) Doutrina.

Lembre-se de que o CPC é fonte supletiva e subsidiária do processo do trabalho:

Art. 769 – Nos casos omissos, o Direito Processual Comum será fonte subsidiária do Direito Processual do Trabalho, exceto naquilo em que for incompatível com as normas deste título.

Ou seja, para aplicar o CPC, é necessário haver OMISSÃO + COMPATIBILIDADE.

Exemplo de aplicabilidade: reconvenção.

Exemplo de não aplicabilidade: prazo para a contestação.

#ficaadica:

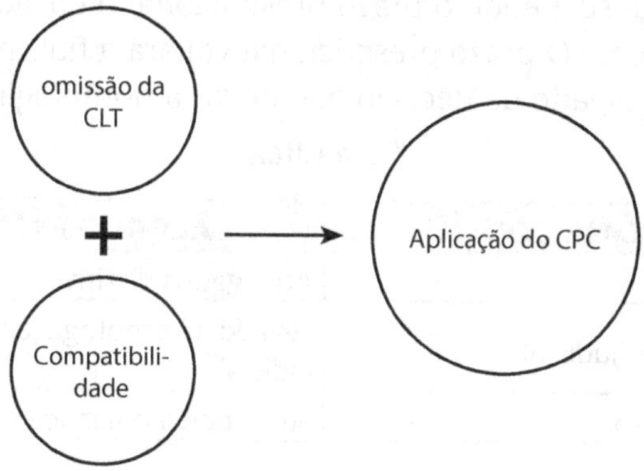

4. FORMAS EXTRAJUDICIAIS DE SOLUÇÃO DE CONFLITOS

4.1 COMISSÃO DE CONCILIAÇÃO PRÉVIA

Previsão: arts. 625-A e ss. da CLT.

As empresas e os sindicatos podem instituir Comissões de Conciliação Prévia (CCP), de composição paritária, com representante dos empregados e dos empregadores, com a atribuição de tentar conciliar os conflitos individuais do trabalho.

O termo de conciliação é *título executivo extrajudicial; assim* terá eficácia liberatória geral, exceto quanto às parcelas expressamente ressalvadas.

As CCP têm prazo de dez dias para a realização da sessão de tentativa de conciliação a partir da provocação do interessado. *O prazo prescricional será suspenso* a partir da provocação da CCP, recomeçando a fluir, pelo que lhe resta, a partir da tentativa frustrada de conciliação ou do esgotamento do prazo.

4.2 DO PROCESSO DE JURISDIÇÃO VOLUNTÁRIA – PARA HOMOLOGAÇÃO DE ACORDO EXTRAJUDICIAL

Localização: arts. 855 e ss. da CLT.

Conforme o art. 855-B da CLT, o processo de homologação de acordo extrajudicial terá início por petição conjunta, sendo obrigatória a representação das partes por advogado. Contudo, as partes não poderão ser representadas por advogado comum. Faculta-se ao trabalhador ser assistido pelo advogado do sindicato de sua categoria.

Além disso, o procedimento não prejudica o prazo estabelecido no § 6º do art. 477 desta Consolidação nem afasta a aplicação da multa prevista no § 8º do art. 477 desta Consolidação – art. 855-C da CLT.

No prazo de 15 dias a contar da distribuição da petição, o juiz analisará o acordo, designará audiência, se entender necessário, e proferirá sentença – art. 855-D da CLT.

Finalmente, conforme art. 855-E da CLT, a petição de homologação de acordo extrajudicial suspende o prazo prescricional da ação quanto aos direitos nela especificados. O prazo prescricional voltará a fluir no dia útil seguinte ao do trânsito em julgado da decisão que negar a homologação do acordo.

#ficaadica:

ACORDO NA CCP	ACORDO EXTRAJUDICIAL
CCP	Advogados distintos
Título executivo extrajudicial	Levado à homologação – título executivo judicial
Suspende a prescrição	Suspende a prescrição

5. DAS PARTES E DOS PROCURADORES

Capacidade de ser parte: aptidão de ser titular de direitos e deveres.

Capacidade processual: aptidão para a prática de atos processuais sem a necessidade de assistência ou representação.

Conforme art. 791 da CLT, os empregados e os empregadores poderão reclamar pessoalmente perante a Justiça do Trabalho e acompanhar as suas reclamações até o final.

A constituição de procurador com poderes para o foro em geral poderá ser efetivada mediante simples registro em ata de audiência, a requerimento verbal do advogado interessado, com anuência da parte representada.

Litisconsórcio – cumulação de lides, com pluralidades de pessoas no polo ativo ou passivo. Lembre-se de que não terão prazo em dobro, em razão da incompatibilidade com a celeridade, conforme estabelecido na OJ nº 310 SDI-I do TST.

A reclamação trabalhista do menor de 18 anos será feita por seus representantes legais e, na falta destes, pela Procuradoria da Justiça do Trabalho, pelo sindicato, pelo Ministério Público estadual ou curador nomeado em juízo – art. 793 da CLT.

Sobre a representação, há, ainda, os seguintes entendimentos do TST:

OJ nº 318 da SDI-1

I – Os Estados e os Municípios não têm legitimidade para recorrer em nome das autarquias e das fundações públicas.

II – Os procuradores estaduais e municipais podem representar as respectivas autarquias e fundações públicas em juízo somente se designados pela lei da respectiva unidade da federação (art. 75, IV, do CPC/2015) ou se investidos de instrumento de mandato válido.

Súm. nº 436 do TST

I – A União, Estados, Municípios e Distrito Federal, suas autarquias e fundações públicas, quando representadas em juízo, ativa e passivamente, por seus procuradores, estão dispensados da juntada de instrumento de mandato e de comprovação do ato de nomeação.

II – Para os efeitos do item anterior, é essencial que o signatário ao menos se declare exercente do cargo de procurador, não bastando a indicação do número de inscrição na Ordem dos Advogados do Brasil.

Súm. nº 395 do TST

I – Válido é o instrumento de mandato com prazo determinado que contém cláusula estabelecendo a prevalência dos poderes para atuar até o final da demanda (§ 4º do art. 105 do CPC/2015).

II – Se há previsão, no instrumento de mandato, de prazo para sua juntada, o mandato só tem validade se anexado ao processo o respectivo instrumento no aludido prazo.

III – São válidos os atos praticados pelo substabelecido, ainda que não haja, no mandato, poderes expressos para substabelecer (art. 667, e parágrafos, do CC/2002).

IV – Configura-se a irregularidade de representação se o substabelecimento é anterior à outorga passada ao substabelecente.

V – Verificada a irregularidade de representação nas hipóteses dos itens II e IV, deve o juiz suspender o processo e designar prazo razoável para que seja sanado o vício, ainda que em instância recursal (art. 76 do CPC/2015).

Súmula nº 383 do TST

I – É inadmissível recurso firmado por advogado sem procuração juntada aos autos até o momento da sua interposição, salvo mandato tácito. Em caráter excepcional (art. 104 do CPC/2015), admite-se que o advogado, independentemente de intimação, exiba a procuração no prazo de 5 (cinco) dias após a interposição do recurso, prorrogável por igual período mediante despacho do juiz. Caso não a exiba, considera-se ineficaz o ato praticado e não se conhece do recurso.

II – Verificada a irregularidade de representação da parte em fase recursal, em procuração ou substabelecimento já constante dos autos, o relator ou o órgão competente para julgamento do recurso designará prazo de 5 (cinco) dias para que seja sanado o vício. Descumprida a determinação, o relator não conhecerá o recurso, se a providência couber ao recorrente, ou determinará o desentranhamento das contrarrazões, se a providência couber ao recorrido (art. 76, § 2º, do CPC/2015).

6. HONORÁRIOS

Previsão: art. 791-A da CLT.

O art. 791-A da CLT estabelece que ao advogado, ainda que atue em causa própria, serão devidos honorários de sucumbência, fixados entre o mínimo de 5% (cinco por cento) e o máximo de 15% (quinze por cento) sobre o valor que resultar da liquidação da sentença, do proveito econômico obtido ou, não sendo possível mensurá-lo, sobre o valor atualizado da causa.

Os honorários são devidos também nas ações contra a Fazenda Pública e nas ações em que a parte estiver assistida ou substituída pelo sindicato de sua categoria.

Já o § 2º elenca os critérios a serem observados quando da fixação dos honorários:

I – o grau de zelo do profissional;

II – o lugar de prestação do serviço;

III – a natureza e a importância da causa;

IV – o trabalho realizado pelo advogado e o tempo exigido para o seu serviço.

Na hipótese de procedência parcial, o juízo arbitrará honorários de sucumbência recíproca, vedada a compensação entre os honorários.

Vencido o beneficiário da justiça gratuita, desde que não tenha obtido em juízo, ainda que em outro processo, créditos capazes de suportar a despesa, as obrigações decorrentes de sua sucumbência ficarão sob condição suspensiva de exigibilidade e somente poderão ser executadas se, nos dois anos subsequentes ao trânsito em julgado da decisão que as certificou, o credor demonstrar que deixou de existir a situação de insuficiência de recursos que justificou a concessão de gratuidade, extinguindo-se, passado esse prazo, tais obrigações do beneficiário.

São devidos honorários de sucumbência na reconvenção.

> **Fique atento!**
> Pagam-se honorários de sucumbência mesmo se tiver o benefício da justiça gratuita, se a parte tiver créditos naquele processo ou em outro.

#ficaadica:

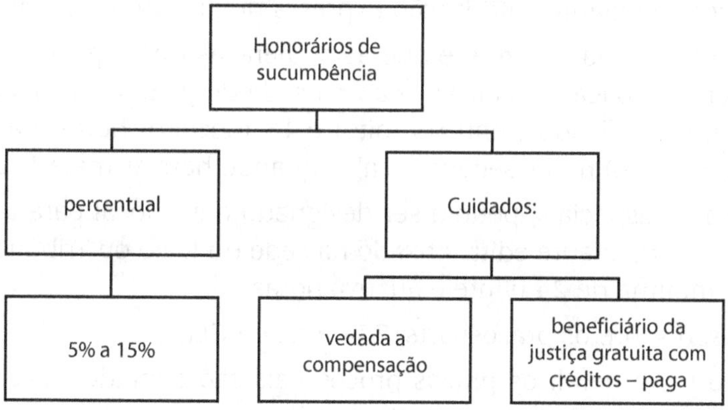

7. ASSISTÊNCIA JUDICIÁRIA GRATUITA/JUSTIÇA GRATUITA

No Processo do Trabalho, a Assistência Judiciária Gratuita está disciplinada no art. 14, § 1º, da Lei nº 5.584/1970.

A gratuidade da justiça tem previsão no art. 790, §§ 3º e 4º, da CLT.

É facultado aos juízes, órgãos julgadores e presidentes dos Tribunais do Trabalho de qualquer instância conceder, a requerimento ou de ofício, o benefício da justiça gratuita, inclusive quanto a traslados e instrumentos, àqueles que perceberem salário **igual ou inferior a 40% (quarenta por cento) do limite máximo dos benefícios do regime geral de previdência social**.

O benefício da justiça gratuita será concedido à parte que comprovar insuficiência de recursos para o pagamento das custas do processo.

O benefício da justiça gratuita deve ser requerido na inicial ou na defesa, mas é importante lembrar a OJ nº 269 da SDI-I do TST, que diz que o benefício da justiça gratuita pode ser requerido em qualquer tempo ou grau de jurisdição, desde que, na fase recursal, seja o requerimento formulado no prazo alusivo ao recurso. Ao ser indeferido o requerimento de justiça gratuita formulado na fase recursal, cumpre ao relator fixar prazo para que o recorrente efetue o preparo (art. 99, § 7º, do CPC/2015).

#ficaadica:

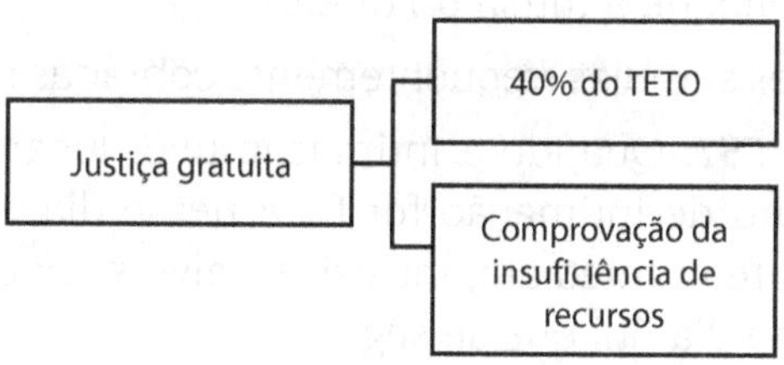

8. ATOS E PRAZOS

Conforme o art. 770 da CLT, os atos processuais serão públicos, salvo quando o contrário determinar o interesse social, e realizar-se-ão nos dias úteis das 6 (seis) às 20 (vinte) horas. A penhora poderá realizar-se em domingo ou dia feriado, mediante autorização expressa do juiz ou presidente.

Já o art. 813 da CLT refere que as audiências dos órgãos da Justiça do Trabalho serão públicas e realizar-se-ão na sede do Juízo ou Tribunal em dias úteis previamente fixados, entre 8 (oito) e 18 (dezoito) horas, não podendo ultrapassar 5 (cinco) horas seguidas, salvo quando houver matéria urgente.

Em casos especiais, poderá ser designado outro local para a realização das audiências, mediante edital afixado na sede do Juízo ou Tribunal, com antecedência mínima de 24 (vinte e quatro) horas.

Previsão sobre os prazos: arts. 774 e ss. da CLT.

Como regra geral: os prazos processuais são contados, excluindo-se o dia do começo e incluindo-se o dia do vencimento.

Atenção! Os prazos são contados em dias úteis.

Conforme o art. 774, salvo disposição em contrário, **os prazos contam-se**, conforme o caso, **a partir da data em que for feita pessoalmente, ou recebida a notificação, daquela em que for publicado o edital no jornal oficial ou no que publicar o expediente da Justiça do Trabalho, ou, ainda, daquela em que for afixado o edital na sede da Junta, Juízo ou Tribunal**.

Tratando-se de notificação postal, no caso de não ser encontrado o destinatário ou no de recusa de recebimento, o Correio ficará obrigado, sob pena de responsabilidade do servidor, a devolvê-la, no prazo de 48 (quarenta e oito) horas, ao Tribunal de origem.

Por sua vez, o art. 775 estabelece que os prazos serão CONTADOS EM DIAS ÚTEIS, com exclusão do dia do começo e inclusão do dia do vencimento.

Os prazos podem ser prorrogados, pelo tempo estritamente necessário, nas seguintes hipóteses:

I – quando o juízo entender necessário;

II – em razão de força maior, devidamente comprovada.

Ao juízo incumbe dilatar os prazos processuais e alterar a ordem de produção dos meios de prova, adequando-os às necessidades do conflito de modo a conferir mais efetividade à tutela do direito.

Também há três súmulas frequentemente cobradas no Exame de Ordem:

Súm. nº 1 do TST: Quando a intimação tiver lugar na sexta-feira, ou a publicação com efeito de intimação for feita nesse dia, o prazo judicial será contado da segunda-feira imediata, inclusive, salvo se não houver expediente, caso em que fluirá no dia útil que se seguir.

Súm. nº 385 do TST: I – Incumbe à parte o ônus de provar, quando da interposição do recurso, a existência de feriado local que autorize a prorrogação do prazo recursal (art. 1.003, § 6º, do CPC/2015). No caso de o recorrente alegar a existência de feriado local e não o comprovar no momento da interposição do recurso, cumpre ao relator conceder o prazo de 5 (cinco) dias para que seja sanado o vício (art. 932, parágrafo único, do CPC/2015), sob pena de não conhecimento se da comprovação depender a tempestividade recursal;

II – Na hipótese de feriado forense, incumbirá à autoridade que proferir a decisão de admissibilidade certificar o expediente nos autos;

III – Admite-se a reconsideração da análise da tempestividade do recurso, mediante prova documental superveniente, em agravo de instrumento, agravo interno, agravo regimental, ou embargos de declaração, desde que, em momento anterior, não tenha havido a concessão de prazo para a comprovação da ausência de expediente forense.

Súm. nº 262 do TST: I – Intimada ou notificada a parte no sábado, o início do prazo se dará no primeiro dia útil imediato e a contagem, no subsequente. II – O recesso forense e as férias coletivas dos Ministros do Tribunal Superior do Trabalho suspendem os prazos recursais.

Os prazos podem ser suspensos ou interrompidos. Para tanto, é importante lembrar que:

- **SUSPENSÃO:** a contagem é paralisada e retoma de onde parou. Ex.: férias forenses.
- **INTERRUPÇÃO:** a contagem é inutilizada e recomeça-se a contagem do início. Ex.: embargos de declaração.

Também é importante lembrar o Dec-Lei. nº 779/1969, que refere que nos processos perante a Justiça do Trabalho constituem privilégio da União, dos Estados, do Distrito Federal, dos Municípios e das autarquias ou fundações de direito público federais, estaduais ou municipais que não explorem atividade econômica: II – o quádruplo do prazo fixado no art. 841, *in fine*, da Consolidação das Leis do Trabalho (prazo entre a notificação e a audiência); III – o prazo em dobro para recurso.

#ficaadica:

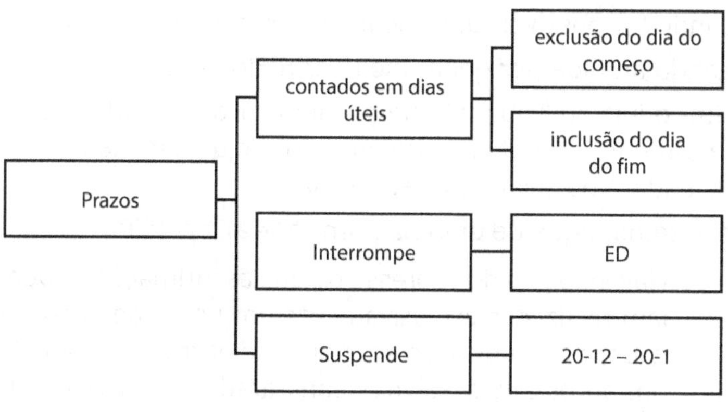

9. NULIDADES

Há irregularidades que acarretam nulidades processuais, pois trazem uma consequência processual de acordo com a gravidade da nulidade, que, por isso, pode ser relativa ou absoluta.

A **nulidade absoluta** é imposta quando determinado ato fere uma norma fundamentada no interesse público, de ordem pública absoluta. As partes não têm o poder de dispor em relação a um interesse público. Essa nulidade compromete todo o processo. Ex.: regras de competência funcional e material da JT.

Já a **nulidade relativa** representa um vício sanável e está no interesse da parte. Por exemplo, não estando a parte devidamente representada, o juiz designará um prazo para que esse vício seja sanado e, sendo-o, o processo prosseguirá normalmente.

#ficaadica:

Nulidade absoluta	Interesse público	Pode ser de ofício	A qualquer tempo
Nulidade relativa	Interesse da parte	Precisa de provocação	Na primeira oportunidade

Consoante o art. 794, nos processos sujeitos à apreciação da Justiça do Trabalho, **só haverá nulidade quando resultar dos atos inquinados manifesto prejuízo às partes litigantes**.

As nulidades não serão declaradas senão mediante **provocação das partes**, as quais deverão argui-las **à primeira vez em que tiverem** de falar em audiência ou nos autos **(art. 795)**.

A nulidade absoluta, sobre incompetência absoluta, deverá, entretanto, ser declarada *ex officio*. Nesse caso, serão considerados nulos os atos decisórios.

O juiz ou Tribunal que se julgar incompetente determinará, na mesma ocasião, que se faça remessa do processo, com urgência, à autoridade competente, fundamentando sua decisão.

O art. 796 dispõe que a nulidade NÃO SERÁ PRONUNCIADA:

a) quando for possível suprir-se a falta ou repetir-se o ato;

b) quando arguida por quem lhe tiver dado causa.

Por fim, o juiz ou Tribunal que pronunciar a nulidade declarará os atos a que ela se estende, e a nulidade do ato não prejudicará senão os posteriores que dele dependam ou sejam consequência.

Sobre o tema, fique de olho na Súm. nº 427 do TST:

> Havendo pedido expresso de que as intimações e publicações sejam realizadas exclusivamente em nome de determinado advogado, a comunicação em nome de outro profissional constituído nos autos é nula, salvo se constatada a inexistência de prejuízo.

Então: não se esqueça de que, para ter nulidade relativa, precisa haver prejuízo.

10. PROCEDIMENTOS NO PROCESSO DO TRABALHO

10.1 SUMÁRIO (ALÇADA)

Demandas de até 2 salários mínimos.

Restrição de recursos: matéria constitucional e ED – Embargos de Declaração.

Previsão: Lei nº 5.584/1970.

10.2 SUMARÍSSIMO

Os dissídios individuais cujo valor não exceda quarenta vezes o salário mínimo vigente na data do ajuizamento da ação serão processados pelo rito sumaríssimo (CLT, art. 852-A). Estarão excluídas do procedimento sumaríssimo as demandas em que seja parte a Administração Pública direta, autárquica e fundacional.

Lembre-se: 40 salários mínimos.

Não pode: Administração Pública direta, autárquica nem fundacional.

10.2.1 Petição inicial

Sobre a petição inicial, o art. 852-B estabelece que precisa ter:

I – o pedido deverá ser certo ou determinado e indicará o valor correspondente;

II – **não se fará citação por edital, incumbindo ao autor** a correta indicação do nome e endereço do reclamado.

O não atendimento pelo reclamante importará no **arquivamento** da reclamação e na condenação ao pagamento de **custas** sobre o valor da causa.

A apreciação da reclamação deverá ocorrer no **prazo máximo de 15 dias** do seu ajuizamento, podendo constar de pauta especial, se necessário, de acordo com o movimento judiciário da Junta de Conciliação e Julgamento.

Mas, interrompida a audiência, o seu prosseguimento e a solução do processo dar-se-ão no **prazo máximo de 30 dias**, salvo motivo relevante justificado nos autos pelo juiz da causa.

As partes e os advogados comunicarão ao juízo as mudanças de endereço ocorridas no curso do processo, reputando-se eficazes as intimações enviadas ao local anteriormente indicado, na ausência de comunicação.

Então, **não se esqueça de que:**

- O pedido deve ser certo, determinado e com a indicação do valor.
- Não se faz citação por edital nesse rito.
- Não observar isso gera o *arquivamento*.

10.2.2 Audiência

Conforme o art. 852-C, as demandas sujeitas a rito sumaríssimo serão instruídas e julgadas em **audiência única**, sob a direção de juiz presidente ou substituto.

O juiz dirigirá o processo com liberdade para determinar as provas a serem produzidas, considerado o ônus probatório de cada litigante, podendo limitar ou excluir as que considerar excessivas, impertinentes ou protelatórias, bem como as apreciar e dar especial valor às regras de experiência comum ou técnica (art. 852-D).

Aberta a sessão, o juiz esclarecerá as partes presentes sobre as vantagens da conciliação e usará os meios adequados de persuasão para a solução conciliatória do litígio, em qualquer fase da audiência (art. 852-E).

Consoante o art. 852-F, na ata de audiência serão registrados resumidamente os atos essenciais, as afirmações fundamentais das partes e as informações úteis à solução da causa trazidas pela prova testemunhal. Serão decididos, de plano, todos os incidentes e exceções que possam interferir no prosseguimento da audiência e do processo. As demais questões serão decididas na sentença (art. 852-G).

Fique atento que, de acordo com o art. 852-H, todas as provas serão produzidas na audiência de instrução e julgamento, ainda que não requeridas previamente.

Sobre os documentos apresentados por uma das partes, manifestar-se-á imediatamente a parte contrária, sem interrupção da audiência, salvo absoluta impossibilidade, a critério do juiz.

As testemunhas, até o máximo de duas para cada parte, comparecerão à audiência de instrução e julgamento, independentemente de intimação.

Só será deferida intimação de testemunha que, comprovadamente convidada, deixar de comparecer. Não comparecendo a testemunha intimada, o juiz poderá determinar sua imediata condução coercitiva.

Ou seja: são até duas testemunhas por cada parte. Para que elas sejam intimadas, precisa-se de prova do convite.

Sobre a prova pericial, deve-se observar que, somente quando a prova do fato o exigir, ou for legalmente imposta, será deferida prova técnica, incumbindo ao juiz, desde logo, fixar o prazo, o objeto da perícia e nomear perito.

Nesse caso, as partes serão intimadas a manifestar-se sobre o laudo, no prazo comum de cinco dias.

10.2.3 Sentença

O art. 852-I refere que a sentença mencionará os elementos de convicção do juízo, com resumo dos fatos relevantes ocorridos em audiência, **dispensado o relatório**.

O juízo adotará em cada caso a decisão que reputar mais justa e equânime, atendendo aos fins sociais da lei e **à**s exigências do bem comum.

As partes serão intimadas da sentença na própria audiência em que prolatada.

Assim, possui algumas peculiaridades:

#ficaadica:

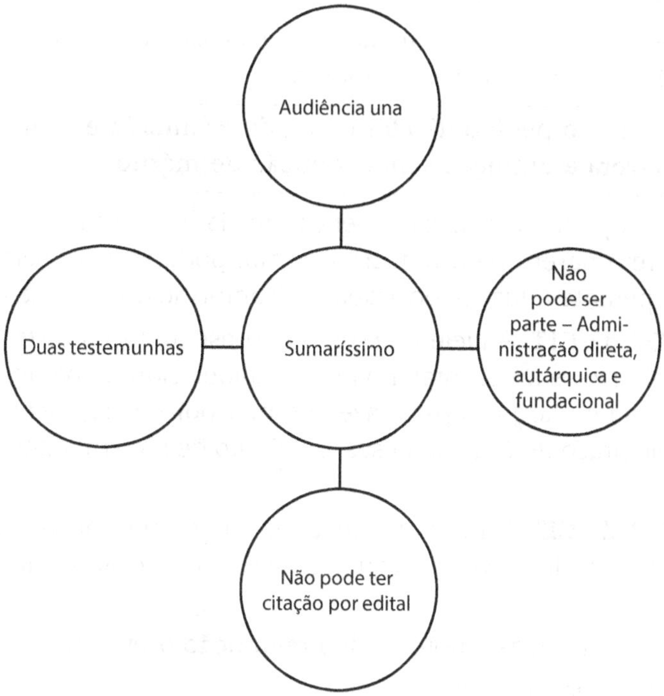

10.3 RITO ORDINÁRIO

As reclamatórias trabalhistas que se submetem ao rito ordinário são as de valores que ultrapassem 40 (quarenta) salários mínimos, na data de seu ajuizamento, ou que por outro motivo não puderam tramitar pelos outros ritos.

#ficaadica:

PROCEDIMENTOS	
SUMÁRIO	2 SALÁRIOS MÍNIMOS
SUMARÍSSIMO	ATÉ 40 SALÁRIOS MÍNIMOS
ORDINÁRIO	+ 40 SALÁRIOS MÍNIMOS

11. PETIÇÃO INICIAL – RECLAMAÇÃO TRABALHISTA

A petição inicial pode ser escrita ou verbal. Com a reforma trabalhista, passou-se a exigir pedidos certos, determinados e com a indicação do valor.

Art. 840 da CLT. A reclamação poderá ser escrita ou verbal.

§ 1º Sendo escrita, a reclamação deverá conter a designação do juízo, a qualificação das partes, a breve exposição dos fatos de que resulte o dissídio, o pedido, que deverá ser certo, determinado e com indicação de seu valor, a data e a assinatura do reclamante ou de seu representante.

§ 2º Se verbal, a reclamação será reduzida a termo, em duas vias datadas e assinadas pelo escrivão ou secretário, observado, no que couber, o disposto no § 1º deste artigo.

§ 3º Os pedidos que não atendam ao disposto no § 1º deste artigo serão julgados extintos sem resolução do mérito.

Fique atento: se o pedido não for certo, determinado e com a indicação do valor, haverá a extinção sem resolução de mérito.

As partes poderão realizar a petição inicial na forma oral, observando que, se não retornarem para reduzir a termo, poderão ficar seis meses sem poder litigar perante a Justiça do Trabalho (conforme art. 731 da CLT):

Art. 731 da CLT. Aquele que, tendo apresentado ao distribuidor reclamação verbal, não se apresentar, no prazo estabelecido no parágrafo único do art. 786, à Junta ou ao Juízo para fazê-lo tomar por termo, incorrerá na pena de perda, pelo prazo de 6 (seis) meses, do direito de reclamar perante a Justiça do Trabalho.

Art. 732 da CLT. Na mesma pena do artigo anterior incorrerá o reclamante que, por 2 (duas) vezes seguidas, der causa ao arquivamento de que trata o art. 844.

Logo, existem duas hipóteses de **preempção** provisória:

- na reclamação oral;
- no arquivamento, por não comparecer o reclamante à audiência inicial.

11.1 PROTOCOLO E NOTIFICAÇÃO

Após ser recebida a reclamação, o escrivão ou secretário, dentro de 48 (quarenta e oito) horas, remeterá a segunda via da petição, ou do termo, ao reclamado, notificando-o ao mesmo tempo, para comparecer à audiência do julgamento, **que será a primeira desimpedida, depois de 5 (cinco) dias**, conforme o art. 841.

11.2 RECLAMAÇÃO PLÚRIMA

É possível utilizar a ação plúrima (uma espécie de litisconsórcio ativo), quando tiver identidade de matéria, e se se tratar de empregados da mesma empresa ou estabelecimento (art. 842).

Ou seja, temos dois requisitos:

- Identidade de matéria;
- Mesma empresa/estabelecimento.

11.3 TUTELA PROVISÓRIA - LIMINAR

Também é matéria que pode constar da petição inicial ou de pedido a qualquer tempo do processo, desde que presentes os requisitos.

A tutela provisória pode der de URGÊNCIA ou EVIDÊNCIA, e segue a disciplina dos arts. 300 e ss. do CPC.

Na CLT, encontramos que:

> Art. 659. Competem privativamente aos Presidentes das Juntas, além das que lhes forem conferidas neste Título e das decorrentes de seu cargo, as seguintes atribuições:
>
> (...)
>
> IX - conceder medida liminar, até decisão final do processo, em reclamações trabalhistas que visem a tornar sem efeito transferência disciplinada pelos parágrafos do art. 469 desta Consolidação.
>
> X - conceder medida liminar, até decisão final do processo, em reclamações trabalhistas que visem reintegrar no emprego dirigente sindical afastado, suspenso ou dispensado pelo empregador.

11.4 ALTERAÇÃO DA PETIÇÃO INICIAL

Previsão: art. 841, § 3º, da CLT.

Oferecida a contestação, ainda que eletronicamente, o reclamante não poderá, sem o consentimento do reclamado, desistir da ação.

12. AUDIÊNCIA

Previsão: arts. 843 e 844 da CLT.

Um dos temas mais cobrados no Exame de Ordem, primeira fase, é o relativo ao comparecimento das partes em audiência.

12.1 COMPARECIMENTO DAS PARTES

Na Justiça do Trabalho, preza-se pelo comparecimento das partes, de maneira que o art. 843 da CLT refere que as partes devem comparecer, independentemente do comparecimento de seus representantes, salvo nos casos de Reclamatórias Plúrimas ou Ações de Cumprimento, quando os empregados poderão fazer-se representar pelo Sindicato de sua categoria.

Contudo, as partes poderão se fazer substituir ou representar.

É facultado ao empregador fazer-se SUBSTITUIR PELO GERENTE OU QUALQUER OUTRO PREPOSTO que tenha conhecimento do fato e cujas declarações obrigarão o proponente.

O preposto NÃO precisa ser empregado da parte reclamada (§§ 1º e 3º).

Já o empregado pode se fazer REPRESENTAR (se por doença ou qualquer outro motivo poderoso), devidamente comprovado, se não for possível comparecer pessoalmente, POR OUTRO EMPREGADO QUE PERTENÇA À MESMA PROFISSÃO OU PELO SEU SINDICATO.

#ficaadica:

Empregado	Doença/motivo poderoso	Representar	Sindicato Outro empregado
Empregador	Sempre	Substituir	Gerente preposto

Ademais, as consequências do não comparecimento são graves, conforme dispõe o art. 844: "O não comparecimento do reclamante à audiência importa o arquivamento da reclamação, e o não comparecimento do reclamado importa revelia, além de confissão quanto à matéria de fato".

Se ambos não comparecerem à audiência inicial ou a uma delas, tal ação gerará o arquivamento da reclamação.

Mas, se ocorrer algum motivo relevante, poderá o juiz suspender o julgamento, designando nova audiência.

Na ausência do reclamante, este será condenado ao pagamento das custas, ainda que beneficiário da justiça gratuita, salvo se comprovar, no prazo de 15 dias, que a ausência ocorreu por motivo legalmente justificável (§ 2º).

O pagamento das custas é condição para a propositura de nova demanda (§ 3º).

Outro ponto a ser observado é de que a revelia não produz efeito se:

I – havendo pluralidade de reclamados, algum deles contestar a ação;

II – o litígio versar sobre direitos indisponíveis;

III – a petição inicial não estiver acompanhada de instrumento que a lei considere indispensável à prova do ato;

IV – as alegações de fato formuladas pelo reclamante forem inverossímeis ou estiverem em contradição com prova constante dos autos.

Ainda que ausente o reclamado, presente o advogado na audiência, serão aceitos a contestação e os documentos eventualmente apresentados.

#ficaadica:

Empregado	ARQUIVAMENTO + PAGAMENTO DE CUSTAS
Empregador	REVELIA E CONFISSÃO

Observar que, consoante o TST:

Súm. nº 9 do TST:

> A ausência do reclamante, quando adiada a instrução após contestada a ação em audiência, não importa arquivamento do processo.

Súm. nº 74 do TST:

CONFISSÃO

I - Aplica-se a confissão à parte que, expressamente intimada com aquela cominação, não comparecer à audiência em prosseguimento, na qual deveria depor;

II - A prova pré-constituída nos autos pode ser levada em conta para confronto com a confissão ficta (arts. 442 e 443 do CPC/2015 - art. 400, I, do CPC/1973), não implicando cerceamento de defesa ou indeferimento de provas posteriores;

III - A vedação à produção de prova posterior pela parte confessa somente a ela se aplica, não afetando o exercício, pelo magistrado, do poder/dever de conduzir o processo.

Súm. nº 122 do TST:

A reclamada, ausente à audiência em que deveria apresentar defesa, é revel, ainda que presente seu advogado munido de procuração, podendo ser ilidida a revelia mediante a apresentação de atestado médico, que deverá declarar, expressamente, a impossibilidade de locomoção do empregador ou do seu preposto no dia da audiência.

OJ nº 152 da SDI-I:

Pessoa jurídica de direito público sujeita-se à revelia prevista no art. 844 da CLT.

12.2 ATRASO

- DAS PARTES: não há tolerância (conforme OJ nº 245 da SDI-I do TST).
- DO JUIZ: **é possível**, por até 15 minutos, conforme o art. 815, parágrafo único: "Se, **até 15 (quinze) minutos** após a hora marcada, o juiz ou presidente não houver comparecido, os presentes poderão retirar-se, devendo o ocorrido constar do livro de registro das audiências". (grifos nosso)

13. RESPOSTA DO RÉU

Previsão: art. 847 da CLT.

São respostas do réu a contestação e as exceções, mas também é aplicável a reconvenção, pela subsidiariedade do CPC.

13.1 EXCEÇÕES

Previsão: arts. 799 e ss. da CLT.

Poderão ser opostas exceções de incompetência, suspeição ou impedimento.

13.2 INCOMPETÊNCIA RELATIVA OU ABSOLUTA

A incompetência territorial, considerada relativa, será oposta necessariamente por meio de exceção. No entanto, prorrogar-se-á a competência se dela o juiz que não declinar ou o reclamado não opuser exceção declinatória nos casos e prazos legais.

Em contrapartida, as incompetências materiais ou funcionais, consideradas absolutas, serão declaradas de ofício, podendo ser alegadas em qualquer tempo e grau de jurisdição.

Atenção, o art. 800 menciona que, se for apresentada exceção de incompetência territorial no **prazo de cinco dias** a contar da notificação, antes da audiência e em peça que sinalize a existência desta exceção, seguir-se-á o procedimento estabelecido neste artigo.

Ademais, protocolada a petição, será **suspenso o processo e não se realizará a audiência até que se decida a exceção**.

Os autos, então, serão imediatamente conclusos ao juiz, que intimará o reclamante e, se existentes, os litisconsortes, para manifestação no prazo comum de cinco dias. Se entender necessária a produção de prova oral, o juízo designará audiência, garantindo o direito de o excipiente e de suas testemunhas serem ouvidos, por carta precatória, no juízo que este houver indicado como competente.

Por fim, decidida a exceção de incompetência territorial, o processo retomará seu curso, com a designação de audiência, a apresentação de defesa e a instrução processual perante o juízo competente.

13.3 SUSPEIÇÃO/IMPEDIMENTO

Consoante dispõe o art. 801 da CLT, o juiz é obrigado a dar-se por suspeito e pode ser recusado, por algum dos seguintes motivos, em relação à pessoa dos litigantes:

- inimizade pessoal;
- amizade íntima;
- parentesco por consanguinidade ou afinidade até o terceiro grau civil;
- interesse particular na causa.

Se o recusante houver praticado algum ato pelo qual haja consentido na pessoa do juiz, não mais poderá alegar exceção de suspeição, salvo sobrevindo novo motivo. Ademais, ela não será admitida se do processo constar que o recusante deixou de alegá-la anteriormente, quando já a conhecia, ou que, depois de conhecida, aceitou o juiz recusado ou, finalmente, se procurou de propósito o motivo de que ela se originou.

Por fim, temos que o magistrado pode se declarar suspeito por motivo íntimo.

A doutrina consagra a aplicação subsidiária e adaptada do Código de Processo Civil ao Processo do Trabalho, no que tange às causas de impedimento do magistrado.

Assim, fica defeso ao juiz exercer as suas funções no processo (art. 144):

> I – em que interveio como mandatário da parte, oficiou como perito, funcionou como membro do Ministério Público ou prestou depoimento como testemunha;
>
> II – de que conheceu em outro grau de jurisdição, tendo proferido decisão;
>
> III – quando nele estiver postulando, como defensor público, advogado ou membro do Ministério Público, seu cônjuge ou companheiro, ou qualquer parente, consanguíneo ou afim, em linha reta ou colateral, até o terceiro grau, inclusive;
>
> IV – quando for parte no processo ele próprio, seu cônjuge ou companheiro, ou parente, consanguíneo ou afim, em linha reta ou colateral, até o terceiro grau, inclusive;
>
> V – quando for sócio ou membro de direção ou de administração de pessoa jurídica parte no processo;
>
> VI – quando for herdeiro presuntivo, donatário ou empregador de qualquer das partes;
>
> VII – em que figure como parte instituição de ensino com a qual tenha relação de emprego ou decorrente de contrato de prestação de serviços;
>
> VIII – em que figure como parte cliente do escritório de advocacia de seu cônjuge, companheiro ou parente, consanguíneo ou afim, em linha reta ou colateral, até o terceiro grau, inclusive, mesmo que patrocinado por advogado de outro escritório;
>
> IX – quando promover ação contra a parte ou seu advogado.

13.4 CONTESTAÇÃO

O art. 847 prevê que a contestação deve ser apresentada oralmente em audiência, no prazo de 20 minutos.

A parte também poderá apresentar defesa escrita pelo sistema de processo judicial eletrônico até a audiência.

Está dividida em **questões preliminares, de mérito e de reconvenção**.

13.4.1 Preliminares

São defesas indiretas aquelas que não adentram o mérito das alegações a serem impugnadas na defesa. Nestas, o reclamado alega fato impeditivo, modificativo ou extintivo do direito do autor (art. 337 da CPC).

Essas questões devem ser analisadas pelo juiz do trabalho antes de analisar o mérito.

> Art. 337. Incumbe ao réu, antes de discutir o mérito, alegar:
>
> I – inexistência ou nulidade da citação;

> II – incompetência absoluta e relativa;
>
> III – incorreção do valor da causa;
>
> IV – inépcia da petição inicial;
>
> V – perempção;
>
> VI – litispendência;
>
> VII – coisa julgada;
>
> VIII – conexão;
>
> IX – incapacidade da parte, defeito de representação ou falta de autorização;
>
> X – convenção de arbitragem;
>
> XI – ausência de legitimidade ou de interesse processual;
>
> XII – falta de caução ou de outra prestação que a lei exige como preliminar;
>
> XIII – indevida concessão do benefício de gratuidade de justiça.

Observe-se que a incompetência relativa (territorial), como visto, deve ser alegada em exceção de incompetência.

A maioria das situações anteriormente narradas leva à **extinção sem resolução de mérito do feito**, com exceção da nulidade de citação, incorreção do valor da causa, conexão e indevida concessão do benefício da gratuidade da justiça. Para saber se leva à extinção, veja o art. 485 do CPC.

Prescrição

A Constituição Federal estabelece em seu art. 7º, XXIX, a ação, quanto aos créditos resultantes das relações de trabalho, com prazo prescricional de **cinco** anos para os trabalhadores urbanos e rurais, até o limite de **dois** anos após a extinção do contrato de trabalho.

Por sua vez, a CLT assim estabelece:

> Art. 11. A pretensão quanto a créditos resultantes das relações de trabalho prescreve em cinco anos para os trabalhadores urbanos e rurais, até o limite de dois anos após a extinção do contrato de trabalho.
>
> § 2º Tratando-se de pretensão que envolva pedido de prestações sucessivas decorrente de alteração ou descumprimento do pactuado, a prescrição é total, exceto quando o direito à parcela esteja também assegurado por preceito de lei.
>
> § 3º A interrupção da prescrição somente ocorrerá pelo ajuizamento de reclamação trabalhista, mesmo que em juízo incompetente, ainda que venha a ser extinta sem resolução do mérito, produzindo efeitos apenas em relação aos pedidos idênticos.

O prazo da prescrição quinquenal é contato do ajuizamento da ação, e não da rescisão do contrato. Nesse sentido:

Súm. nº 308 do TST:

> I – Respeitado o biênio subsequente à cessação contratual, a prescrição da ação trabalhista concerne às pretensões imediatamente anteriores a cinco anos, contados da data do ajuizamento da reclamação e, não, às anteriores ao quinquênio da data da extinção do contrato.
>
> II – A norma constitucional que ampliou o prazo de prescrição da ação trabalhista para 5 (cinco) anos é de aplicação imediata e não atinge pretensões já alcançadas pela prescrição bienal quando da promulgação da CF/1988.

Logo:

- **Da data da rescisão, a parte tem dois anos para ajuizar a ação.**
- **Da data do ajuizamento, pode buscar até cinco anos retroativamente.**

Já a prescrição intercorrente:

- só ocorre na execução.
- no prazo de dois anos.
- pode ser declarada de ofício.

> Art. 11-A. Ocorre a prescrição intercorrente no processo do trabalho no prazo de dois anos.
>
> § 1º A fluência do prazo prescricional intercorrente inicia-se quando o exequente deixa de cumprir determinação judicial no curso da execução.
>
> § 2º A declaração da prescrição intercorrente pode ser requerida ou declarada de ofício em qualquer grau de jurisdição.

Lembre-se também – prescrição do FGTS também é no prazo de cinco dias.

Súm. nº 362 do TST:

> I – Para os casos em que a ciência da lesão ocorreu a partir de 13-11-2014, é quinquenal a prescrição do direito de reclamar contra o não recolhimento de contribuição para o FGTS, observado o prazo de dois anos após o término do contrato;
>
> II – Para os casos em que o prazo prescricional já estava em curso em 13-11-2014, aplica-se o prazo prescricional que se consumar primeiro: trinta anos, contados do termo inicial, ou cinco anos, a partir de 13-11-2014 (STF-ARE-709212/DF).

Ações meramente declaratórias: essas ações são imprescritíveis. Nesse sentido, aponta o § 1º do art. 11 da CLT: "O disposto neste artigo não se aplica às ações que tenham por objeto anotações para fins de prova junto à Providência Social". Exemplo: ações de reconhecimento de vínculo empregatício com anotação na CTPS.

OJ nº 401 da SDI-I:

> O marco inicial da contagem do prazo prescricional para o ajuizamento de ação condenatória, quando advém a dispensa do empregado no curso de ação declaratória que possua a mesma causa de pedir remota, é o trânsito em julgado da decisão proferida na ação declaratória e não a data da extinção do contrato de trabalho.

Menor: contra os menores de 18 anos não corre nenhum prazo de prescrição. Assim, dispõem os arts. 440 da CLT e 10, parágrafo único, da Lei nº 5.889/1973:

> Art. 440 da CLT. Contra os menores de 18 (dezoito) anos não corre nenhum prazo de prescrição.
>
> Art. 10 da Lei nº 5.889/1973. A prescrição dos direitos assegurados por esta Lei aos trabalhadores rurais só ocorrerá após dois anos de cessação do contrato de trabalho.
>
> Parágrafo único. Contra o menor de dezoito anos não corre qualquer prescrição.

Decadência

É a perda do próprio direito material pela inércia do titular no decurso do tempo. Atinge as ações constitutivas.

#ficaadica:

MANDADO DE SEGURANÇA	120 DIAS
AÇÃO RESCISÓRIA	2 ANOS
INQUÉRITO PARA APURAÇÃO DE FALTA GRAVE	30 DIAS

13.4.2 De mérito

A contestação deve reportar-se a cada um dos pedidos. Não se admite a chamada contestação genérica, sendo, portanto, a negativa geral ineficaz.

São admitidas a compensação e a retenção, conforme **art. 767 da CLT** e Súmulas nºs 48 e 18. Mas a compensação, na Justiça do Trabalho, está restrita a dívidas de natureza trabalhista.

13.4.3 Reconvenção

É ação do réu contra o autor no mesmo processo. Tem previsão no CPC.

É cabível no mesmo prazo da defesa (CPC, art. 343). Pode ser feita contra o autor e terceiro.

Não será possível ao reclamado, todavia, reconvir quando o reclamante estiver demandando em nome de outrem.

A desistência da ação, ou a existência de qualquer causa que a extinga, não obsta ao prosseguimento da reconvenção (CPC, art. 343, § 2º).

Julgar-se-ão na mesma sentença a ação e a reconvenção.

14. DAS PROVAS

Provas: arts. 818 e ss. da CLT.

Conforme redação atualizada do art. 818 da CLT, o ônus da prova incumbe:

I – ao reclamante, quanto ao fato constitutivo de seu direito;
II – ao reclamado, quanto à existência de fato impeditivo, modificativo ou extintivo do direito do reclamante.

Ademais, consoante o § 1º, nos casos previstos em lei ou diante de peculiaridades da causa relacionadas à impossibilidade ou à excessiva dificuldade de cumprir o encargo nos termos deste artigo ou à maior facilidade de obtenção da prova do fato contrário, poderá o juízo atribuir o ônus da prova de modo diverso, desde que o faça por decisão fundamentada, caso em que deverá dar à parte a oportunidade de se desincumbir do ônus que lhe foi atribuído. Essa decisão deverá ser proferida antes da abertura da instrução e, a requerimento da parte, implicará o adiamento da audiência e possibilitará provar os fatos por qualquer meio em direito admitido.

14.1 DAS PROVAS DOCUMENTAIS, TESTEMUNHAIS E PERICIAIS

14.1.1 Documentais

Devem ser produzidas no primeiro momento em que a parte se manifesta no processo, sob pena de preclusão do direito produzir essa prova, salvo se comprovar que não tinha acesso à prova no momento da petição inicial ou contestação.

> *Súm. nº 8 do TST:* "A juntada de documentos na fase recursal só se justifica quando provado o justo impedimento para sua oportuna apresentação ou se referir a fato posterior à sentença".

Consoante o art. 830 da CLT, o documento em cópia oferecido para prova poderá ser declarado autêntico pelo próprio advogado, sob sua responsabilidade pessoal.

14.1.2 Testemunhais

Podem variar de acordo com o rito ou processo utilizado.

#ficaadica:

ORDINÁRIO	3
SUMARÍSSIMO	2
INQUÉRITO PARA APURAÇÃO DE FALTA GRAVE	6

Lembre-se ainda que:

a) As testemunhas não poderão sofrer nenhum desconto pelas faltas ao serviço, ocasionadas pelo seu comparecimento para depor, quando devidamente arroladas ou convocadas – art. 822;

b) Se a testemunha for funcionário civil ou militar, e tiver de depor em hora de serviço, será requisitada ao chefe da repartição para comparecer à audiência marcada – art. 823;

c) O juiz ou presidente providenciará para que o depoimento de uma testemunha não seja ouvido pelas demais que tenham de depor no processo – art. 824;

d) AS TESTEMUNHAS COMPARECERÃO À AUDIÊNCIA, **INDEPENDENTEMENTE** DE NOTIFICAÇÃO OU INTIMAÇÃO, E AS QUE NÃO COMPARECEREM SERÃO INTIMADAS, *ex officio* ou a requerimento da parte, ficando sujeitas à condução coercitiva, caso, sem motivo justificado, não atendam à intimação – art. 825;

e) A testemunha que for parente até o terceiro grau civil, amigo íntimo ou inimigo de qualquer das partes não prestará compromisso, e seu depoimento valerá como simples informação – art. 829.

Observe-se que, conforme a Súm. nº 357 do TST, não torna suspeita a testemunha o simples fato de estar litigando ou de ter litigado contra o mesmo empregador.

14.1.3 Periciais

Serão feitas sempre que houver necessidade para sua realização, sendo assinalado prazo de cinco dias para as partes apresentarem seus quesitos. Quem paga o perito é quem perde na pretensão objeto da perícia, ainda se for beneficiário da justiça gratuita (art. 790-B da CLT).

O juízo poderá deferir parcelamento dos honorários periciais, e não poderá exigir adiantamento de valores para realização de perícias.

Por fim, somente no caso em que o beneficiário da justiça gratuita não tenha obtido em juízo créditos capazes de suportar a despesa referida no *caput*, ainda que em outro processo, a União responderá pelo encargo.

Logo: quem paga é a parte sucumbente, MESMO se beneficiária da justiça gratuita.

Se tem créditos, paga com os créditos.

Se não tem créditos, a União paga.

Arguida em juízo insalubridade ou periculosidade, seja por empregado, seja por sindicato em favor de grupo de associado, o juiz designará perito habilitado na forma deste artigo, e, onde não houver, requisitará perícia ao órgão competente do Ministério do Trabalho – art. 195, § 2º, da CLT.

A perícia poderá ser feita por médico ou engenheiro, conforme OJ nº 165 SDI-I.

É fundamental lembrar ainda que é ilegal a exigência de depósito prévio para custeio dos honorários periciais, dada a incompatibilidade com o processo do trabalho, sendo cabível o mandado de segurança visando à realização da perícia, independentemente do depósito.

Já o **assistente técnico** é pago pela parte que o indicou.

Fique atento também aos seguintes entendimentos do TST, sobre o ônus da prova:

Súm. nº 341 do TST:

> A indicação do perito assistente é faculdade da parte, a qual deve responder pelos respectivos honorários, ainda que vencedora no objeto da perícia.

Súm. nº 212 do TST:

> O ônus de provar o término do contrato de trabalho, quando negados a prestação de serviço e o despedimento, é do empregador, pois o princípio da continuidade da relação de emprego constitui presunção favorável ao empregado.

Súm. nº 338 do TST:

> I – É ônus do empregador que conta com mais de 10 (dez) empregados o registro da jornada de trabalho na forma do art. 74, § 2º, da CLT. A não apresentação injustificada dos controles de frequência gera presunção relativa de veracidade da jornada de trabalho, a qual pode ser elidida por prova em contrário.
>
> II – A presunção de veracidade da jornada de trabalho, ainda que prevista em instrumento normativo, pode ser elidida por prova em contrário.
>
> III – Os cartões de ponto que demonstram horários de entrada e saída uniformes são inválidos como meio de prova, invertendo-se o ônus da prova, relativo às horas extras, que passa a ser do empregador, prevalecendo a jornada da inicial se dele não se desincumbir.

OJ nº 233 SDI-I do TST:

> A decisão que defere horas extras com base em prova oral ou documental não ficará limitada ao tempo por ela abrangido, desde que o julgador fique convencido de que o procedimento questionado superou aquele período.

Súm. nº 460 do TST:

> É do empregador o ônus de comprovar que o empregado não satisfaz os requisitos indispensáveis para a concessão do vale-transporte ou não pretenda fazer uso do benefício.

Súm. nº 461 do TST:

> É do empregador o ônus da prova em relação à regularidade dos depósitos do FGTS, pois o pagamento é fato extintivo do direito do autor (art. 373, II, do CPC de 2015).

#ficaadica:

Quem paga:

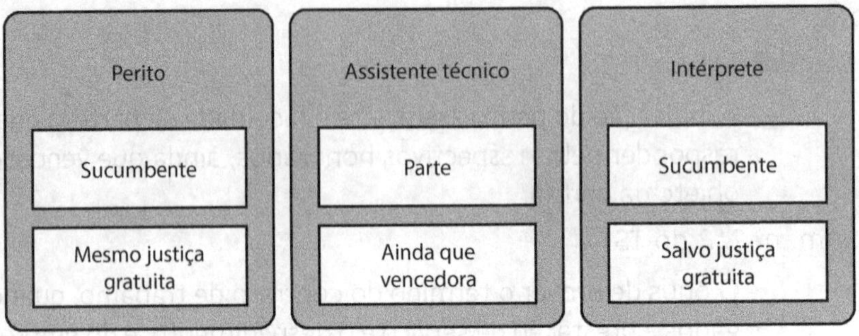

15. JULGAMENTO LIMINAR IMPROCEDENTE

Conforme IN nº 39, art. 7º, aplicam-se ao Processo do Trabalho as normas do art. 332 do CPC, com as necessárias adaptações à legislação processual trabalhista, cumprindo ao juiz do trabalho julgar liminarmente improcedente o pedido que contrariar:

> I – enunciado de súmula do Supremo Tribunal Federal ou do Tribunal Superior do Trabalho (CPC, art. 927, inciso V);
>
> II – acórdão proferido pelo Supremo Tribunal Federal ou pelo Tribunal Superior do Trabalho em julgamento de recursos repetitivos (CLT, art. 896-B; CPC, art. 1.046, § 4º);
>
> III – entendimento firmado em incidente de resolução de demandas repetitivas ou de assunção de competência;
>
> IV – enunciado de súmula de Tribunal Regional do Trabalho sobre direito local, convenção coletiva de trabalho, acordo coletivo de trabalho, sentença normativa ou regulamento empresarial de observância obrigatória em área territorial que não exceda à jurisdição do respectivo Tribunal (CLT, art. 896, *b*, *a contrario sensu*).
>
> Parágrafo único. O juiz também poderá julgar liminarmente improcedente o pedido se verificar, desde logo, a ocorrência de decadência.

16. RAZÕES FINAIS

Terminada a instrução processual, as partes podem aduzir razões finais no prazo de 10 minutos para cada uma (art. 850 da CLT). Se as partes não apresentarem as razões finais, não haverá nulidade, pois é uma faculdade das partes: podem apresentá-las ou não.

Após as razões finais, o juiz renova a proposta de conciliação.

17. SENTENÇA

Nos termos do art. 832, da decisão deverão constar o nome das partes, o resumo do pedido e da defesa, a apreciação das provas, os fundamentos da decisão e a respectiva conclusão.

Quando a decisão concluir pela procedência do pedido, determinará o prazo e as condições para o seu cumprimento.

A decisão também mencionará sempre as custas que devam ser pagas pela parte vencida.

As decisões cognitivas ou homologatórias deverão sempre indicar a natureza jurídica das parcelas constantes da condenação ou do acordo homologado, inclusive o limite de responsabilidade de cada parte pelo recolhimento da contribuição previdenciária, se for o caso.

Observe-se também que a União será intimada das decisões homologatórias de acordos que contenham parcela indenizatória, facultada a interposição de recurso relativo aos tributos que lhe forem devidos.

Celebrado acordo após o trânsito em julgado da sentença ou após elaboração dos cálculos de liquidação de sentença, tal fato não prejudicará os créditos da União.

18. ACORDO

A qualquer momento, poderão as partes realizar acordo na Justiça do Trabalho, inclusive quando o processo estiver já na fase de execução.

No caso de conciliação, o termo que for lavrado valerá como decisão irrecorrível, salvo para a Previdência Social quanto às contribuições que lhe forem devidas (art. 831, parágrafo único, da CLT).

Súm. nº 259 do TST:

> Só por ação rescisória é impugnável o termo de conciliação previsto no parágrafo único do art. 831 da CLT.

É lícito às partes celebrar acordo que ponha termo ao processo, ainda mesmo depois de encerrado o juízo conciliatório – art. 764, § 3º, da CLT.

O juiz não está obrigado a homologar o acordo celebrado entre as partes (Súm. nº 418 do TST).

Súm. nº 418 do TST:

> A homologação de acordo constitui faculdade do juiz, inexistindo direito líquido e certo tutelável pela via do mandado de segurança.

19. DA RESPONSABILIDADE POR DANO PROCESSUAL

O art. 793-A da CLT estabelece que responde por perdas e danos aquele que litigar de má-fé como reclamante, reclamado ou interveniente.

Consoante art. 793-B, considera-se litigante de má-fé aquele que:

I – deduzir pretensão ou defesa contra texto expresso de lei ou fato incontroverso;

II – alterar a verdade dos fatos;

III – usar do processo para conseguir objetivo ilegal;

IV – opuser resistência injustificada ao andamento do processo;

V – proceder de modo temerário em qualquer incidente ou ato do processo;

VI – provocar incidente manifestamente infundado;

VII – interpuser recurso com intuito manifestamente protelatório.

Nesses casos, de ofício ou a requerimento, o juízo condenará o litigante de má-fé a pagar multa, que deverá ser superior a 1 % (um por cento) e inferior a 10 % (dez por cento) do valor corrigido da causa, a indenizar a parte contrária pelos prejuízos que esta sofreu e a arcar com os honorários advocatícios e com todas as despesas que efetuou (art. 793-C).

Quando forem dois ou mais os litigantes de má-fé, o juízo condenará cada um na proporção de seu respectivo interesse na causa ou solidariamente aqueles que se coligaram para lesar a parte contrária. Quando o valor da causa for irrisório ou inestimável, a multa poderá ser fixada em até duas vezes o limite máximo dos benefícios do Regime Geral de Previdência Social.

Por sua vez, o valor da indenização será fixado pelo juízo ou, caso não seja possível mensurá-lo, liquidado por arbitramento ou pelo procedimento comum, nos próprios autos.

A multa também se aplica à testemunha que intencionalmente alterar a verdade dos fatos ou omitir fatos essenciais ao julgamento da causa.

Por fim, a execução da multa prevista neste artigo dar-se-á nos mesmos autos.

20. PROCEDIMENTOS ESPECIAIS

20.1 INQUÉRITO PARA APURAÇÃO DE FALTA GRAVE

Previsão: arts. 853 a 855 da CLT.

Trata-se de ação judicial proposta pelo empregador em face do empregado estável. A petição inicial deve ser escrita.

Prazo para ajuizamento da ação: 30 dias contados a partir do primeiro dia da suspensão do empregado.

Conforme art. 494 da CLT, o empregado acusado de falta grave poderá ser suspenso de suas funções, mas a sua despedida só se tornará efetiva após o inquérito e que se verifique a procedência da acusação.

A suspensão, no caso deste artigo, perdurará até a decisão final do processo.

O art. 853 da CLT menciona que, para a instauração do inquérito para apuração de falta grave contra empregado garantido com estabilidade, o empregador apresentará reclamação por escrito, dentro de 30 (trinta) dias, contados da data da suspensão do empregado.

Já o art. 495 da CLT refere que, reconhecida a inexistência de falta grave praticada pelo empregado, fica o empregador obrigado a readmiti-lo no serviço e a pagar-lhe os salários a que teria direito no período da suspensão.

Efeitos da sentença:

a) Se procedente o inquérito: a ação tem natureza constitutiva, autorizando a dispensa por justa causa. Se houver suspensão prévia do obreiro, a extinção do contrato é considerada a partir da data da interposição do inquérito.
b) Se improcedente o inquérito: inexistindo suspensão, o contrato permanece íntegro, como se nada tivesse ocorrido. Se houver suspensão, deverá o obreiro ser reintegrado, pagando-se os salários do período e demais direitos trabalhistas, como asseverado anteriormente. Se desaconselhável a reintegração, a obrigação poderá ser convertida em indenização, nos termos do art. 496 da CLT.

20.2 AÇÃO RESCISÓRIA

Cabe no processo, conforme art. 836 da CLT. Para ela, exige-se um depósito prévio de 2% (salvo miserabilidade), nas hipóteses previstas pelo art. 966 do CPC:

> Art. 966. A sentença de mérito, transitada em julgado, pode ser rescindida quando:
>
> I - se verificar que foi proferida por força de prevaricação, concussão ou corrupção do juiz;
>
> II - for proferida por juiz impedido ou por juízo absolutamente incompetente;
>
> III - resultar de dolo ou coação da parte vencedora em detrimento da parte vencida ou, ainda, de simulação ou colusão entre as partes, a fim de fraudar a lei;
>
> IV - ofender a coisa julgada;
>
> V - violar manifestamente norma jurídica;
>
> VI - for fundada em prova cuja falsidade tenha sido apurada em processo criminal ou venha a ser demonstrada na própria ação rescisória;

VII – obtiver o autor, posteriormente ao trânsito em julgado, prova nova cuja existência ignorava ou de que não pôde fazer uso, capaz, por si só, de lhe assegurar pronunciamento favorável;

VIII – for fundada em erro de fato verificável do exame dos autos.

Já a legitimidade para propor a ação rescisória está definida no art. 967 do CPC, que dispõe o seguinte:

I – quem foi parte no processo ou o seu sucessor a título universal ou singular;

II – o terceiro juridicamente interessado;

III – o Ministério Público.

Observe-se também os entendimentos do TST sobre o tema.

Súm. nº 402 do TST:

I – Sob a vigência do CPC de 2015 (art. 966, inciso VII), para efeito de ação rescisória, considera-se prova nova a cronologicamente velha, já existente ao tempo do trânsito em julgado da decisão rescindenda, mas ignorada pelo interessado ou de impossível utilização, à época, no processo.

II – Não é prova nova apta a viabilizar a desconstituição de julgado:

a) sentença normativa proferida ou transitada em julgado posteriormente à sentença rescindenda;

b) sentença normativa preexistente à sentença rescindenda, mas não exibida no processo principal, em virtude de negligência da parte, quando podia e deveria louvar-se de documento já existente e não ignorado quando emitida a decisão rescindenda.

Súm. nº 385 do TST:

I – Incumbe à parte o ônus de provar, quando da interposição do recurso, a existência de feriado local que autorize a prorrogação do prazo recursal (art. 1.003, § 6º, do CPC de 2015). No caso de o recorrente alegar a existência de feriado local e não o comprovar no momento da interposição do recurso, cumpre ao relator conceder o prazo de 5 (cinco) dias para que seja sanado o vício (art. 932, parágrafo único, do CPC de 2015), sob pena de não conhecimento se da comprovação depender a tempestividade recursal;

II – Na hipótese de feriado forense, incumbirá à autoridade que proferir a decisão de admissibilidade certificar o expediente nos autos;

III – Admite-se a reconsideração da análise da tempestividade do recurso, mediante prova documental superveniente, em agravo de instrumento, agravo interno, agravo regimental, ou embargos de declaração, desde que, em momento anterior, não tenha havido a concessão de prazo para a comprovação da ausência de expediente forense.

20.3 MANDADO DE SEGURANÇA

É **o meio impugnativo constitucional para a proteção de direito individual, próprio, líquido e certo, não amparado por** *habeas corpus* nem *habeas data*. Pode se impetrado tanto por pessoa física quanto jurídica.

Quando ataca ato de juiz de primeiro grau, a competência originária é do respectivo TRT; se o ato é do desembargador do TRT, ao colegiado desta caberá a apreciação, e se interposto contra ato de Ministro do TST, ao colegiado deste caberá a sua apreciação.

No que se refere à legitimidade para agir, exige-se a identidade do réu, como pessoa obrigada, e identidade da pessoa do autor, como pessoa favorecida pela Lei.

Para a impetração do Mandado de Segurança, **há um prazo de** 120 dias, contados da data em que o interessado tiver conhecimento oficial do ato arbitrário.

Fique atento às seguintes súmulas e ao OJs:

Súm. nº 33 do TST:

> Não cabe mandado de segurança de decisão judicial transitada em julgado.

Súm. nº 414 do TST:

> I – A tutela provisória concedida na sentença não comporta impugnação pela via do mandado de segurança, por ser impugnável mediante recurso ordinário. É admissível a obtenção de efeito suspensivo ao recurso ordinário mediante requerimento dirigido ao tribunal, ao relator ou ao presidente ou ao vice-presidente do tribunal recorrido, por aplicação subsidiária ao processo do trabalho do artigo 1.029, § 5º, do CPC de 2015.
>
> II – No caso de a tutela provisória haver sido concedida ou indeferida antes da sentença, cabe mandado de segurança, em face da inexistência de recurso próprio.
>
> III – A superveniência da sentença, nos autos originários, faz perder o objeto do mandado de segurança que impugnava a concessão ou o indeferimento da tutela provisória.

OJ nº 98 da SDI-2:

> É ilegal a exigência de depósito prévio para custeio dos honorários periciais, dada a incompatibilidade com o processo do trabalho, sendo cabível o mandado de segurança visando à realização da perícia, independentemente do depósito.

20.4 AÇÃO DE CONSIGNAÇÃO EM PAGAMENTO

Havendo recusa do trabalhador em receber o importe de suas verbas rescisórias ou dúvida sobre quem deva legitimamente receber pagamento de crédito ou indenização trabalhista ou contribuição sindical, poderá o empregador requerer o depósito da quantia correspondente, com a consequente extinção da obrigação, mediante ação de consignação em pagamento.

A petição inicial deve ser instruída com os documentos comprobatórios da existência da obrigação e, conforme o caso, da recusa do empregado em receber seu crédito, requerendo, ainda:

I – O depósito da quantia devida, a ser efetivado no prazo de cinco dias, contados do deferimento;

II – A notificação do consignado (ou dos consignados, no caso de dúvida acerca da titularidade do direito) para comparecer à audiência trabalhista (não se conferindo simples prazo para resposta, tal como ocorre no processo civil).

Quando forem prestações periódicas, uma vez deferida a primeira parcela, deverá o autor continuar efetuando o pagamento das demais.

Diante da discordância em receber quantia depositada e dar quitação, o credor poderá oferecer contestação, sob os fundamentos de que:

a) Não houve recusa em receber a quantia;
b) Foi justa a recusa;
c) O depósito não se efetuou no prazo;
d) O depósito não é integral.

A alegação de depósito insuficiente (não integral) somente será admissível se o consignante indicar o montante que entende devido. Será lícito ao consignante, por sua vez, completá-lo em dez dias.

Não sendo realizado o complemento indicado, será autorizado, desde logo, o levantamento pelo consignado da quantia depositada, com a consequente liberação parcial do consignante, prosseguindo o processo quanto à parte controvertida.

Caso existam outras verbas trabalhistas a serem saldadas, o consignado poderá propor reconvenção que, após regular instrução, será decidida conjuntamente com a ação consignatória.

Não oferecida a contestação, e ocorrendo os efeitos da revelia, o juiz julgará procedente o pedido, declarará extinta a obrigação e condenará o demandado às custas.

Quando a consignação se fundar em dívida sobre quem deva legitimamente receber, teremos as seguintes implicações:

a) Não comparecendo nenhum dos indicados, converter-se-á o depósito em arrecadação de bens ausentes;
b) Comparecendo apenas um, o juiz decidirá de plano;

c) Comparecendo mais de um, o juiz declarará efetuado o depósito e julgará extinta a obrigação, continuando o processo a correr unicamente entre os credores.

21. RECURSOS

21.1 CARACTERÍSTICAS DOS RECURSOS TRABALHISTAS

a) **Unirrecorribilidade:** só é possível um recurso de cada vez.

b) **Fungibilidade**: dúvida sobre o recurso cabível; inexistência de erro grosseiro; apresentado no prazo do recurso cabível.

c) **Variabilidade:** possibilidade de substituição de um recurso por outro dentro do prazo legal.

d) **Irrecorribilidade das decisões interlocutórias:** apenas se pode discutir a matéria em recurso definitivo. As exceções a essa regra são encontradas na Súm. nº 214 do TST: da decisão de incompetência em razão da matéria (art. 799, § 2º, da CLT); decisão do TRT que contrarie súmula ou OJ do TST; das decisões suscetíveis de recurso para o próprio tribunal; que acolhe exceção de incompetência territorial com remessa a TRT diverso.

e) **Proibição da *reformatio in pejus*:** não se pode agravar a situação do recorrente. Constituem exceção ao princípio da vedação *da reformatio in pejus* as matérias que o Tribunal pode conhecer de ofício, como as mencionadas no art. 337 do CPC (matérias de ordem pública).

f) **Da remessa necessária ou recurso de ofício:** quando houver condenação em face da Fazenda Pública, nos termos do Dec.-lei nº 779/1969 e art. 496 do CPC, o processo estará sujeito ao duplo grau de jurisdição obrigatório ou à remessa de ofício.

Súm. nº 303 do TST:

> I – Em dissídio individual, está sujeita ao reexame necessário, mesmo na vigência da Constituição Federal de 1988, decisão contrária à Fazenda Pública, salvo quando a condenação não ultrapassar o valor correspondente a: a) 1.000 (mil) salários mínimos para a União e as respectivas autarquias e fundações de direito público; b) 500 (quinhentos) salários mínimos para os Estados, o Distrito Federal, as respectivas autarquias e fundações de direito público e os Municípios que constituam capitais dos Estados; c) 100 (cem) salários mínimos para todos os demais Municípios e respectivas autarquias e fundações de direito público.
>
> II – Também não se sujeita ao duplo grau de jurisdição a decisão fundada em:
>
> a) súmula ou orientação jurisprudencial do Tribunal Superior do Trabalho;

b) acórdão proferido pelo Supremo Tribunal Federal ou pelo Tribunal Superior do Trabalho em julgamento de recursos repetitivos;

c) entendimento firmado em incidente de resolução de demandas repetitivas ou de assunção de competência;

d) entendimento coincidente com orientação vinculante firmada no âmbito administrativo do próprio ente público, consolidada em manifestação, parecer ou súmula administrativa.

III – Em ação rescisória, a decisão proferida pelo Tribunal Regional do Trabalho está sujeita ao duplo grau de jurisdição obrigatório quando desfavorável ao ente público, exceto nas hipóteses dos incisos anteriores;

IV – Em mandado de segurança, somente cabe reexame necessário se, na relação processual, figurar pessoa jurídica de direito público como parte prejudicada pela concessão da ordem. Tal situação não ocorre na hipótese de figurar no feito como impetrante e terceiro interessado pessoa de direito privado, ressalvada a hipótese de matéria administrativa.

21.2 INCIDENTE DE RESOLUÇÃO DE DEMANDAS REPETITIVAS

Conforme a IN nº 39, em seu art. 8º, aplicam-se ao Processo do Trabalho as normas dos arts. 976 a 986 do CPC que regem o incidente de resolução de demandas repetitivas (IRDR).

Admitido o incidente, o relator suspenderá o julgamento dos processos pendentes, individuais ou coletivos, que tramitam na Região, no tocante ao tema objeto de IRDR, sem prejuízo da instrução integral das causas e do julgamento dos eventuais pedidos distintos e cumulativos igualmente deduzidos em tais processos, inclusive, se for o caso, do julgamento antecipado parcial do mérito.

Do julgamento do mérito do incidente, caberá recurso de revista para o Tribunal Superior do Trabalho, dotado de efeito meramente devolutivo, nos termos dos arts. 896 e 899 da CLT.

Apreciado o mérito do recurso, a tese jurídica adotada pelo Tribunal Superior do Trabalho será aplicada no território nacional a todos os processos, individuais ou coletivos, que versem sobre idêntica questão de direito.

22. RECURSOS EM ESPÉCIE

Os recursos previstos para o processo do trabalho estão elencados no art. 893 da CLT:

I – embargos;

II – recurso ordinário;

III – recurso de revista;

IV – agravo.

23. EFEITO

Os recursos no processo do trabalho têm **efeito devolutivo**, conforme estabelece o art. 899 da CLT.

Existem exceções, como a prevista no art. 14 da Lei nº 10.192/2001: "O recurso interposto de decisão normativa da Justiça do Trabalho terá efeito suspensivo, na medida e extensão conferidas em despacho do Presidente do Tribunal Superior do Trabalho".

Quanto à extensão do efeito devolutivo, podemos ter sua profundidade em que o RO devolve todos os fundamentos da defesa ou da inicial ao Tribunal – art. 1.013, § 2º, do CPC.

> Art. 1.013. A apelação devolverá ao tribunal o conhecimento da matéria impugnada.
>
> (...)
>
> § 2º Quando o pedido ou a defesa tiver mais de um fundamento e o juiz acolher apenas um deles, a apelação devolverá ao tribunal o conhecimento dos demais.

Súm. nº 393 do TST:

> I – O efeito devolutivo em profundidade do recurso ordinário, que se extrai do § 1º do art. 1.013 do CPC de 2015 (art. 515, § 1º, do CPC de 1973), transfere ao Tribunal a apreciação dos fundamentos da inicial ou da defesa, não examinados pela sentença, ainda que não renovados em contrarrazões, desde que relativos ao capítulo impugnado.
>
> II – Se o processo estiver em condições, o tribunal, ao julgar o recurso ordinário, deverá decidir desde logo o mérito da causa, nos termos do § 3º do art. 1.013 do CPC de 2015, inclusive quando constatar a omissão da sentença no exame de um dos pedidos.

24. PRESSUPOSTOS DE ADMISSIBILIDADE

São os requisitos para que o recurso seja conhecido. É importante lembrar que o recurso precisa ser conhecido, para só então ser analisado o seu mérito. Podem ser classificados como intrínsecos ou extrínsecos.

Intrínsecos (ligados às partes)

- LEGITIMIDADE DA PARTE: pessoa que tenha participado como parte do processo em primeiro grau de jurisdição.
- CAPACIDADE DA PARTE: é preciso que o recorrente, no momento de interposição do recurso, esteja plenamente capaz.
- INTERESSE DA PARTE: necessidade e utilidade.

Extrínsecos (ligados ao recurso)

- RECORRIBILIDADE e ADEQUAÇÃO: a decisão atacada é passível de recurso e o recurso é o adequado.
- REGULARIDADE DA REPRESENTAÇÃO

Se a parte é representada por advogado, é indispensável a apresentação do instrumento de mandato.

- **TEMPESTIVIDADE**: regra de oito dias (art. 6º da Lei nº 5.584/1970).

Salvo embargos de declaração - cinco dias; Rext - 15 dias. A Fazenda Pública e o Ministério Público possuem prazo em dobro para recorrer.

- **PREPARO** (depósito recursal + custas)

Na seara trabalhista, o preparo de recurso trabalhista não engloba apenas as custas processuais, mas também o depósito recursal.

24.1 QUANTO ÀS CUSTAS

Serão pagas pela parte vencida.

Conforme o art. 789 da CLT, nos dissídios individuais e nos dissídios coletivos do trabalho, nas ações e procedimentos de competência da Justiça do Trabalho, bem como nas demandas propostas perante a Justiça Estadual, no exercício da jurisdição trabalhista, as custas relativas ao processo de conhecimento incidirão à base de 2% (dois por cento), observados o mínimo de R$ 10,64 (dez reais e sessenta e quatro centavos) e o máximo de quatro vezes o limite máximo dos benefícios do Regime Geral de Previdência Social, e serão calculadas:

I - quando houver acordo ou condenação sobre o respectivo valor;

II - quando houver extinção do processo, sem julgamento do mérito, ou julgado totalmente improcedente o pedido, sobre o valor da causa;

III - no caso de procedência do pedido formulado em ação declaratória e em ação constitutiva, sobre o valor da causa;

IV - quando o valor for indeterminado sobre o que o juiz fixar.

As custas serão pagas pelo vencido, após o trânsito em julgado da decisão. No caso de recurso, as custas serão pagas se comprovado o recolhimento dentro do prazo recursal.

No processo de execução são devidas custas, sempre de responsabilidade do executado e pagas ao final.

Mas, lembre-se:

Conforme o art. 790-A da CLT, são **ISENTOS** do pagamento de custas:

a) beneficiários de justiça gratuita;

b) a União, os Estados, o Distrito Federal, os Municípios e as respectivas autarquias e fundações públicas federais, estaduais ou municipais que não explorem atividade econômica;

c) o Ministério Público do Trabalho.

A isenção, porém, não alcança as entidades fiscalizadoras do exercício profissional, nem exime as pessoas jurídicas referidas no inc. I da obrigação de reembolsar as despesas judiciais realizadas pela parte vencedora.

24.2 QUANTO AO DEPÓSITO RECURSAL

É feito pela parte vencida – reclamada –, desde que tenha condenação e pecúnia.

O depósito recursal será feito em conta vinculada ao juízo e corrigido com os mesmos índices da poupança.

Nos termos do art. 899:

#ficaadica:

Reduzidos pela metade	Isentos	Substituídos
• Entidades sem fins lucrativos • Empregadores domésticos • Microempreendedores individuais • Microempresas • Empresas de pequeno porte	• Beneficiários da justiça gratuita • Entidades filantrópicas • Empresas em recuperação judicial	• Fiança bancária ou seguro-garantia judicial

A massa falida também não está sujeita ao depósito recursal nem ao pagamento das custas, conforme a Súm. nº 86 do TST.

Recursos em que há necessidade de depósito recursal: recurso ordinário, recurso de revista, embargos ao TST, recurso extraordinário e recurso ordinário em ação rescisória.

Súm. nº 128 do TST:

> I – É ônus da parte recorrente efetuar o depósito legal, integralmente, em relação a cada novo recurso interposto, sob pena de deserção. Atingido o valor da condenação, nenhum depósito mais é exigido para qualquer recurso.
>
> II – Garantido o juízo, na fase executória, a exigência de depósito para recorrer de qualquer decisão viola os incisos II e LV do art. 5º da CF/1988. Havendo, porém, elevação do valor do débito, exige-se a complementação da garantia do juízo.
>
> III – Havendo condenação solidária de duas ou mais empresas, o depósito recursal efetuado por uma delas aproveita as demais, quando a empresa que efetuou o depósito não pleiteia sua exclusão da lide.

Não havendo condenação em pecúnia, por exemplo, em obrigações de fazer ou não fazer, bem como nas sentenças declaratórias ou constitutivas, não há a exigência do depósito recursal (Súm. nº 161 do TST).

O depósito recursal deve ser comprovado no prazo que a lei prevê para o recurso, conforme dispõe a Súm. nº 245 do TST, e a interposição antecipada deste não prejudica a dilação legal.

Além disso, consoante a Súm. nº 99 do TST, havendo recurso ordinário em sede de rescisória, o depósito recursal só é exigível quando for julgado procedente o pedido e imposta condenação em pecúnia, devendo este ser efetuado no prazo recursal, no limite e nos termos da legislação vigente, sob pena de deserção.

> **Atenção!**
> OJ nº 140 da SDI-1 do TST: No caso de insuficiência de custas processuais ou depósito, não leva de imediato a deserção, pois somente haverá deserção do recurso se, concedido o **prazo de 5 (cinco) dias** previsto no § 2º do art. 1.007 do CPC/2015, o recorrente não complementar nem comprovar o valor devido.

25. CONTRARRAZÕES

A parte adversa é intimada para apresentar contrarrazões ao recurso, no mesmo prazo.

Art. 900 da CLT: "Interposto o recurso, será notificado o recorrido para oferecer as suas razões, em prazo igual ao que tiver tido o recorrente".

26. RECURSO ADESIVO

É o meio de interpor recurso, quando presentes os seguintes REQUISITOS:

a) Sucumbência recíproca.

b) Interposição de recurso por uma das partes.

Súm. nº 283 do TST:

> O recurso adesivo é compatível com o processo do trabalho e cabe, no prazo de 8 (oito) dias, nas hipóteses de interposição de recurso ordinário, de agravo de petição, de revista e de embargos, sendo desnecessário que a matéria nele veiculada esteja relacionada com a do recurso interposto pela parte contrária.

Prazo: prazo para contrarrazões.

Vale lembrar que, assim como o recurso principal, o recurso adesivo passa pela análise dos pressupostos de admissibilidade, e a outra parte pode oferecer contrarrazões. Além disso, depende do principal, de maneira que, se o principal não for conhecido ou a parte desistir do recurso, o adesivo restará prejudicado.

27. RECURSO ORDINÁRIO

Previsão: art. 895 da CLT.

Cabimento:

> Art. 895. Cabe recurso ordinário para a instância superior:
>
> I - **das decisões definitivas ou terminativas das Varas e Juízos, no prazo de 8 (oito) dias**;
>
> II - **das decisões definitivas ou terminativas dos Tribunais Regionais, em processos de sua competência originária, no prazo de 8 (oito) dias, quer nos dissídios individuais, quer nos dissídios coletivos**. (grifos nosso)

Nas reclamações sujeitas ao procedimento sumaríssimo, o recurso ordinário será imediatamente distribuído, uma vez recebido no Tribunal, devendo o relator liberá-lo no prazo máximo de dez dias, e a Secretaria do Tribunal ou Turma colocá-lo imediatamente em pauta para julgamento, sem revisor; terá parecer oral do representante do Ministério Público presente à sessão de julgamento, se este entender necessário o parecer, com registro na certidão; terá acórdão consistente unicamente na certidão de julgamento, com a indicação suficiente do processo e parte dispositiva, e das razões de decidir do voto prevalente.

Se a sentença for confirmada pelos próprios fundamentos, a certidão de julgamento, registrando tal circunstância, servirá de acórdão.

Os Tribunais Regionais, divididos em turmas, poderão designar turma para o julgamento dos recursos ordinários interpostos das sentenças prolatadas nas demandas sujeitas ao procedimento sumaríssimo.

28. EMBARGOS DE DECLARAÇÃO

Previsão: art. 897-A da CLT.

Os embargos de declaração são utilizados no processo do trabalho para sanar omissão, obscuridade, contradição ou manifesto inequívoco no exame dos pressupostos extrínsecos do recurso, conforme estabelece o art. 897-A da CLT:

> Art. 897-A. Caberão embargos de declaração da sentença ou acórdão, no prazo de cinco dias, devendo seu julgamento ocorrer na primeira audiência ou sessão subsequente a sua apresentação, registrado na certidão, admitido efeito modificativo da decisão nos casos de **omissão e contradição** no julgado e **manifesto equívoco no exame dos pressupostos extrínsecos do recurso**.
>
> § 1º Os erros materiais poderão ser corrigidos de ofício ou a requerimento de qualquer das partes.
>
> § 2º Eventual efeito modificativo dos embargos de declaração somente poderá ocorrer em virtude da correção de vício na decisão embargada e desde que ouvida a parte contrária, no prazo de 5 (cinco) dias.

> § 3º Os embargos de declaração interrompem o prazo para interposição de outros recursos, por qualquer das partes, salvo quando intempestivos, irregular a representação da parte ou ausente a sua assinatura.
>
> Art. 1.022 do CPC. Cabem embargos de declaração contra qualquer decisão judicial para:
>
> I – esclarecer obscuridade ou eliminar contradição;
>
> II – suprir omissão de ponto ou questão sobre a qual devia se pronunciar o juiz de ofício ou a requerimento;
>
> III – corrigir erro material.
>
> Art. 1.023 do CPC: "Os embargos serão opostos, no prazo de 5 (cinco) dias, em petição dirigida ao juiz, com indicação do erro, obscuridade, contradição ou omissão, e não se sujeitam a preparo".

É necessário lembrar que o prazo é de cinco dias.

Objeto: (fundamentação vinculada)

1) Omissão: pode ser de ponto, questão ou matéria, sobre os quais devia o juiz ou tribunal ter se pronunciado.
2) Obscuridade: se a sentença ou acórdão não for claro, impedindo ou dificultando a correta compreensão do julgado, haverá obscuridade ensejadora de embargos de declaração.
3) Contradição (interna à decisão): pode ocorrer entre o relatório e a fundamentação, ou entre a fundamentação e o dispositivo, ou qualquer das partes da sentença.
4) Manifesto equívoco quanto ao exame dos pressupostos extrínsecos dos recursos (OJ nº 377 da SDI-1).

OJ-SDI1-142 da SDI-1: Exige contraditório, exceto sentença (efeito devolutivo – recurso ordinário) da CLT, art. 897-A, § 2º – Eventual efeito modificativo dos embargos de declaração somente poderá ocorrer em virtude da correção de vício na decisão embargada e desde que ouvida a parte contrária, no prazo de 5 dias (Lei nº 13.015/2014).

Embargos protelatórios:

> Art. 1.026 do CPC. Os embargos de declaração não possuem efeito suspensivo e interrompem o prazo para a interposição de recurso.
>
> (...)
>
> § 2º Quando manifestamente protelatórios os embargos de declaração, o juiz ou o tribunal, em decisão fundamentada, condenará o embargante a pagar ao embargado multa não excedente a dois por cento sobre o valor atualizado da causa.

§ 3º Na reiteração de embargos de declaração manifestamente protelatórios, a multa será elevada a até dez por cento sobre o valor atualizado da causa, e a interposição de qualquer recurso ficará condicionada ao depósito prévio do valor da multa, à exceção da Fazenda Pública e do beneficiário de gratuidade da justiça, que a recolherão ao final.

§ 4º Não serão admitidos novos embargos de declaração se os 2 (dois) anteriores houverem sido considerados protelatórios.

29. RECURSO DE REVISTA

Previsão: art. 896 da CLT.

É o recurso direcionado ao TST em hipóteses específicas, da decisão do recurso ordinário.

Conforme o art. 896 da CLT, cabe recurso de revista para Turma do Tribunal Superior do Trabalho das decisões proferidas em grau de recurso ordinário, em dissídio individual, pelos Tribunais Regionais do Trabalho, quando:

a) derem ao mesmo dispositivo de lei federal interpretação diversa da que lhe houver dado outro Tribunal Regional do Trabalho, no seu Pleno ou Turma, ou a Seção de Dissídios Individuais do Tribunal Superior do Trabalho, ou contrariarem súmula de jurisprudência uniforme dessa corte ou súmula vinculante do Supremo Tribunal Federal;
b) derem ao mesmo dispositivo de lei estadual, Convenção Coletiva de Trabalho, Acordo Coletivo, sentença normativa ou regulamento empresarial de observância obrigatória em área territorial que exceda a jurisdição do Tribunal Regional prolator da decisão recorrida, interpretação divergente, na forma da alínea *a*;
c) proferidas com violação literal de disposição de lei federal ou afronta direta e literal à Constituição Federal.

O recurso terá efeito devolutivo.

Compete à parte, sob pena de não ter conhecido o seu recurso:

I – indicar o trecho da decisão recorrida que consubstancia o prequestionamento da controvérsia objeto do recurso de revista;

II – indicar, de forma explícita e fundamentada, contrariedade a dispositivo de lei, súmula ou orientação jurisprudencial do Tribunal Superior do Trabalho que conflite com a decisão regional;

III – expor as razões do pedido de reforma, impugnando todos os fundamentos jurídicos da decisão recorrida, inclusive mediante demonstração analítica de cada dispositivo de lei, da Constituição Federal, de súmula ou orientação jurisprudencial cuja contrariedade aponte.

IV – transcrever na peça recursal, no caso de suscitar preliminar de nulidade de julgado por negativa de prestação jurisdicional, o trecho dos

embargos declaratórios em que foi pedido o pronunciamento do tribunal sobre questão veiculada no recurso ordinário e o trecho da decisão regional que rejeitou os embargos quanto ao pedido, para cotejo e verificação, de plano, da ocorrência da omissão.

Execução: das decisões proferidas pelos Tribunais Regionais do Trabalho ou por suas Turmas, em execução de sentença, inclusive em processo incidente de embargos de terceiro, não caberá recurso de revista, salvo na hipótese de ofensa direta e literal de norma da Constituição Federal.

> **Atenção!**
> A divergência apta a ensejar o recurso de revista **deve ser atual**, não se considerando como tal a ultrapassada por súmula do Tribunal Superior do Trabalho ou do Supremo Tribunal Federal, ou superada por iterativa e notória jurisprudência do Tribunal Superior do Trabalho.
> Quando o recurso fundar-se em dissenso de julgados, incumbe ao recorrente o ônus de produzir prova da divergência jurisprudencial, mediante certidão, cópia ou citação do repositório de jurisprudência, oficial ou credenciado, inclusive em mídia eletrônica, em que houver sido publicada a decisão divergente, ou ainda pela reprodução de julgado disponível na internet, com indicação da respectiva fonte, mencionando, em qualquer caso, as circunstâncias que identifiquem ou assemelhem os casos confrontados.

> **Atenção!**
> Nas causas sujeitas ao procedimento sumaríssimo, somente será admitido recurso de revista por contrariedade a súmula de jurisprudência uniforme do Tribunal Superior do Trabalho ou a súmula vinculante do Supremo Tribunal Federal e por violação direta da Constituição Federal.
> Cabe recurso de revista por violação à lei federal, por divergência jurisprudencial e por ofensa à Constituição Federal nas execuções fiscais e nas controvérsias da fase de execução que envolvam a Certidão Negativa de Débitos Trabalhistas (CNDT), criada pela Lei nº 12.440, de 7 de julho de 2011.

Por fim, quando o recurso tempestivo contiver defeito formal que não se repute grave, o Tribunal Superior do Trabalho poderá desconsiderar o vício ou mandar saná-lo, julgando o mérito.

Da decisão denegatória caberá agravo no prazo de 8 (oito) dias.

Dada a relevância da matéria, por iniciativa de um dos membros da Seção Especializada em Dissídios Individuais do Tribunal Superior do Trabalho, aprovada pela maioria dos integrantes da Seção, o julgamento poderá ser afeto ao Tribunal Pleno.

Conforme o art. 896-A da CLT, o Tribunal Superior do Trabalho, no recurso de revista, examinará previamente se a causa oferece **transcendência** com relação aos reflexos gerais de natureza econômica, política, social ou jurídica. São indicadores de transcendência, entre outros:

> I – econômica, o elevado valor da causa;
>
> II – política, o desrespeito da instância recorrida à jurisprudência sumulada do Tribunal Superior do Trabalho ou do Supremo Tribunal Federal;
>
> III – social, a postulação, por reclamante-recorrente, de direito social constitucionalmente assegurado;
>
> IV – jurídica, a existência de questão nova em torno da interpretação da legislação trabalhista.

Poderá o relator, monocraticamente, denegar seguimento ao recurso de revista que não demonstrar transcendência, cabendo agravo dessa decisão para o colegiado.

Em relação ao recurso que o relator considerou não ter transcendência, o recorrente poderá realizar sustentação oral sobre a questão da transcendência, durante 5 minutos em sessão.

Mantido o voto do relator quanto a não transcendência do recurso, será lavrado acórdão com fundamentação sucinta, que constituirá decisão irrecorrível no âmbito do tribunal.

É irrecorrível a decisão monocrática do relator que, em agravo de instrumento em recurso de revista, considerar ausente a transcendência da matéria.

O juízo de admissibilidade do recurso de revista exercido pela Presidência dos Tribunais Regionais do Trabalho limita-se à análise dos pressupostos intrínsecos e extrínsecos do apelo, não abrangendo o critério da transcendência das questões nele veiculadas.

O art. 896-B refere ainda que aplicam-se ao recurso de revista, no que couber, as normas do CPC, relativas ao julgamento dos recursos extraordinário e especial repetitivos.

O recurso de revista **restringe-se à discussão de matéria de direito** (art. 896, *a*, *b* e *c*, da CLT), e não é cabível em debate sobre matéria de fato.

Se a decisão recorrida estiver em consonância com enunciado do Tribunal Superior do Trabalho (art. 896, § 5º, da CLT), o processamento do recurso deverá ser indeferido.

Não admite reexame de fatos e provas – Súm. nº 126 do TST – nem fundamentação vinculada, sendo cabível apenas em dissídios individuais.

Competência para julgamento: Turmas do TST.

Alguns entendimentos do TST que podem ser cobrados na prova:

Súm. nº 296 do TST:

> I – A divergência jurisprudencial ensejadora da admissibilidade, do prosseguimento e do conhecimento do recurso há de ser específica, revelando a existência de teses diversas na interpretação

de um mesmo dispositivo legal, embora idênticos os fatos que as ensejaram.

II – Não ofende o art. 896 da CLT decisão de Turma que, examinando premissas concretas de especificidade da divergência colacionada no apelo revisional, conclui pelo conhecimento ou desconhecimento do recurso.

Súm. nº 337 do TST:

I – Para comprovação da divergência justificadora do recurso, é necessário que o recorrente:

a) Junte certidão ou cópia autenticada do acórdão paradigma ou cite a fonte oficial ou o repositório autorizado em que foi publicado; e

b) Transcreva, nas razões recursais, as ementas e/ou trechos dos acórdãos trazidos à configuração do dissídio, demonstrando o conflito de teses que justifique o conhecimento do recurso, ainda que os acórdãos já se encontrem nos autos ou venham a ser juntados com o recurso.

II – A concessão de registro de publicação como repositório autorizado de jurisprudência do TST torna válidas todas as suas edições anteriores.

III – A mera indicação da data de publicação, em fonte oficial, de aresto paradigma é inválida para comprovação de divergência jurisprudencial, nos termos do item I, *a*, desta súmula, quando a parte pretende demonstrar o conflito de teses mediante a transcrição de trechos que integram a fundamentação do acórdão divergente, uma vez que só se publicam o dispositivo e a ementa dos acórdãos;

IV – É válida para a comprovação da divergência jurisprudencial justificadora do recurso a indicação de aresto extraído de repositório oficial na internet, desde que o recorrente:

a) transcreva o trecho divergente;

b) aponte o sítio de onde foi extraído;

c) decline o número do processo, o órgão prolator do acórdão e a data da respectiva publicação no Diário Eletrônico da Justiça do Trabalho.

V – A existência do código de autenticidade na cópia, em formato pdf, do inteiro teor do aresto paradigma, juntada aos autos, torna-a equivalente ao documento original e também supre a ausência de indicação da fonte oficial de publicação.

Súm. nº 221 do TST:

I – A admissibilidade do recurso de revista por violação tem como pressuposto a indicação expressa do dispositivo de lei ou da Constituição tido como violado.

> II - (...)

Súm. nº 266 do TST:

> A admissibilidade do recurso de revista interposto de acórdão proferido em agravo de petição, na liquidação de sentença ou em processo incidente na execução, inclusive os embargos de terceiro, depende de demonstração inequívoca de violência direta à Constituição Federal.

Prequestionamento

Trata-se de pressuposto recursal específico dos recursos de natureza extraordinária. Diz respeito à obrigatoriedade de que haja decisão prévia acerca do direito objetivo.

Súm. nº 297 do TST:

> I - Diz-se prequestionada a matéria ou questão quando na decisão impugnada haja sido adotada, explicitamente, tese a respeito.
>
> II - Incumbe à parte interessada, desde que a matéria haja sido invocada no recurso principal, opor embargos declaratórios objetivando o pronunciamento sobre o tema, sob pena de preclusão.
>
> III - Considera-se prequestionada a questão jurídica invocada no recurso principal sobre a qual se omite o Tribunal de pronunciar tese, não obstante opostos embargos de declaração.

Súm. nº 442 do TST:

> Nas causas sujeitas ao procedimento sumaríssimo, a admissibilidade de recurso de revista está limitada à demonstração de violação direta a dispositivo da Constituição Federal ou contrariedade a Súmula do Tribunal Superior do Trabalho, não se admitindo o recurso por contrariedade a Orientação Jurisprudencial deste Tribunal (Livro II, Título II, Capítulo III, do RITST), ante a ausência de previsão no art. 896, § 6º, da CLT.

Não cabimento do recurso de revista:

1) Decisões conflitantes dentro do mesmo Tribunal.
2) Agravo de instrumento (Súm. nº 218 do TST).

Súm. nº 218 do TST:

> É incabível recurso de revista interposto de acórdão regional prolatado em agravo de instrumento.

Súm. nº 184 do TST:

> Ocorre preclusão se não forem opostos embargos declaratórios para suprir omissão apontada em recurso de revista ou de embargos.

Súm. nº 126 do TST:

> Incabível o recurso de revista ou de embargos (arts. 896 e 894, *b*, da CLT) para reexame de fatos e provas.

Súm. nº 333 do TST:

> Não ensejam recurso de revista decisões superadas por iterativa, notória e atual jurisprudência do Tribunal Superior do Trabalho.

30. EMBARGOS AO TRIBUNAL SUPERIOR DO TRABALHO

Previsão: art. 894 da CLT.

Sua finalidade precípua é a uniformização da jurisprudência emanada do TST. Os embargos são apreciados pela SDI ou pela SDC. Também exige a comprovação de depósito recursal.

Não ensejam recursos de revista nem embargos decisões superadas por iterativa, notória e atual jurisprudência da SDI (Súm. nº 333 do TST).

30.1 EMBARGOS DE DIVERGÊNCIA

Cabe para reexame pela SDI da decisão proferida pelo TST, quando se tratar de matéria exclusivamente de direito e:

a) a decisão da Turma do TST contraria acórdão de outra Turma do TST;

b) contrariar acórdão da SDI;

c) contrariar súmula do TST;

d) contrariar orientação jurisprudencial do TST;

e) contrariar súmula vinculante;

Súmulas e OJs sobre o assunto:

Súm. nº 433 do TST:

> A admissibilidade do recurso de embargos contra acórdão de Turma em Recurso de Revista em fase de execução, publicado na vigência da Lei nº 11.496, de 26-6-2007, condiciona-se à demonstração de divergência jurisprudencial entre Turmas ou destas e a Seção Especializada em Dissídios Individuais do Tribunal Superior do Trabalho em relação à interpretação de dispositivo constitucional.

Súm. nº 353 do TST:

> Não cabem embargos para a Seção de Dissídios Individuais de decisão de Turma proferida em agravo, salvo:
>
> a) da decisão que não conhece de agravo de instrumento ou de agravo pela ausência de pressupostos extrínsecos;
>
> b) da decisão que nega provimento a agravo contra decisão monocrática do Relator, em que se proclamou a ausência de pressupostos extrínsecos de agravo de instrumento;
>
> c) para revisão dos pressupostos extrínsecos de admissibilidade do recurso de revista, cuja ausência haja sido declarada originariamente pela Turma no julgamento do agravo;

> d) para impugnar o conhecimento de agravo de instrumento;
>
> e) para impugnar a imposição de multas previstas nos arts. 1.021, § 4º, do CPC de 2015 ou 1.026, § 2º, do CPC de 2015 (art. 538, parágrafo único, do CPC de 1973, ou art. 557, § 2º, do CPC de 1973).
>
> f) contra decisão de Turma proferida em agravo em recurso de revista, nos termos do art. 894, II, da CLT.

30.2 EMBARGOS DE INFRINGENTES

São os embargos utilizados nos dissídios coletivos, conforme previsão do art. 894:

> Art. 894. No Tribunal Superior do Trabalho cabem embargos, no prazo de 8 (oito) dias:
>
> I - de decisão não unânime de julgamento que:
>
> a) conciliar, julgar ou homologar conciliação em dissídios coletivos que excedam a competência territorial dos Tribunais Regionais do Trabalho e estender ou rever as sentenças normativas do Tribunal Superior do Trabalho, nos casos previstos em lei; e
>
> (...)

31. AGRAVO DE INSTRUMENTO

Previsão: art. 897, *b*, da CLT.

No processo do trabalho, o agravo de instrumento é utilizado para destrancar outro recurso, quando o recurso principal tem negado seu seguimento.

> Art. 897. Cabe agravo, no prazo de 8 (oito) dias:
>
> (...)
>
> b) de instrumento, dos despachos que denegarem a interposição de recursos.
>
> (...)
>
> § 2º O agravo de instrumento interposto contra o despacho que não receber agravo de petição não suspende a execução da sentença.
>
> (...)
>
> § 5º Sob pena de não conhecimento, as partes promoverão a formação do instrumento do agravo de modo a possibilitar, caso provido, o imediato julgamento do recurso denegado, instruindo a petição de interposição:
>
> I - obrigatoriamente, com cópias da decisão agravada, da certidão da respectiva intimação, das procurações outorgadas aos advogados do agravante e do agravado, da petição inicial, da con-

testação, da decisão originária, do depósito recursal referente ao recurso que se pretende destrancar, da comprovação do recolhimento das custas e do depósito recursal a que se refere o § 7º do art. 899 desta Consolidação;

II – facultativamente, com outras peças que o agravante reputar úteis ao deslinde da matéria de mérito controvertida.

§ 6º O agravado será intimado para oferecer resposta ao agravo e ao recurso principal, instruindo-a com as peças que considerar necessárias ao julgamento de ambos os recursos.

§ 7º Provido o agravo, a Turma deliberará sobre o julgamento do recurso principal, observando-se, se for o caso, daí em diante, o procedimento relativo a esse recurso.

O depósito recursal será de 50% do valor do recurso que se pretende destrancar. Não será necessário, no entanto, em recurso de revista quando contrariar jurisprudência uniforme do TST, consubstanciada nas súmulas ou OJs.

32. RECURSO EXTRAORDINÁRIO

Competência: Superior Tribunal Federal.

O recurso extraordinário é interposto das decisões proferidas pelo Tribunal Superior do Trabalho, desde que agridam a Constituição Federal, no prazo de 15 dias.

Requisitos:

- esgotamento das vias recursais trabalhistas;
- prequestionamento da matéria constitucional;
- ofensa literal e direta à Constituição.

#ficaadica:

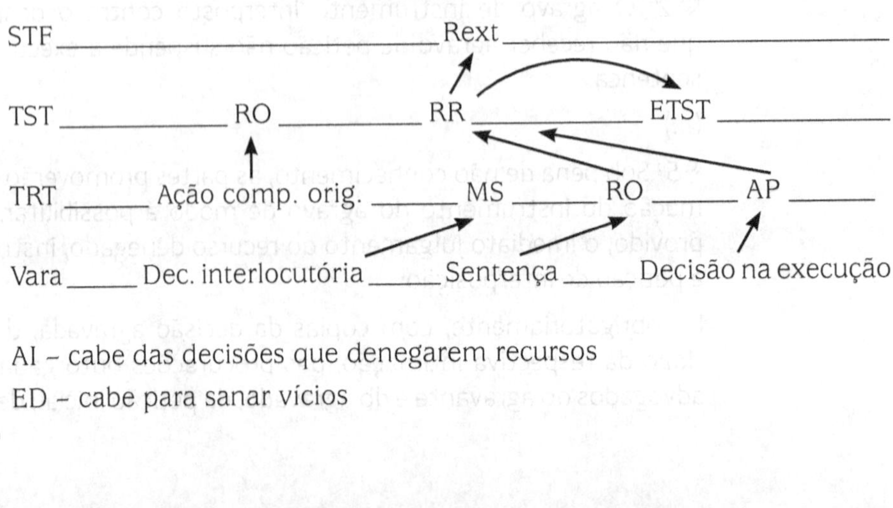

AI – cabe das decisões que denegarem recursos

ED – cabe para sanar vícios

RECURSO	PREVISÃO	PRAZO	CABIMENTO	OBSERVAÇÃO
RECURSO ORDINÁRIO	Art. 895 da CLT	8 dias	I – das decisões definitivas ou terminativas das Varas e Juízos II – das decisões definitivas ou terminativas dos TRTs, em processos de sua competência originária, quer nos dissídios individuais, quer nos dissídios coletivos.	Rito sumaríssimo: • Imediatamente distribuído • Parecer oral • Certidão de julgamento
RECURSO DE REVISTA	Art. 896 da CLT	8 dias	Das decisões proferidas em grau de recurso ordinário, em dissídio individual, pelos TRTs, quando: – Tiver interpretação diversa – Contrariar súmula do TST ou súmula vinculante do STF – For proferida com violação literal de disposição de lei federal ou afronta direta e literal à CF	Precisa ter: • Prequestionamento e transcendência • Das decisões proferidas em execução de sentença, não caberá recurso de revista, salvo na hipótese de ofensa direta e literal de norma da CF • Nas causas sujeitas ao procedimento sumaríssimo, somente será admitido recurso de revista por contrariedade a súmula de jurisprudência uniforme do TST ou súmula vinculante do STF e por violação direta da CF
EMBARGOS DE DECLARAÇÃO	Art. 897-A da CLT	5 dias	• Omissão • Obscuridade • Contradição • Manifesto equívoco na análise dos pressupostos extrínsecos do recurso	• Se tiver efeito modificativo, precisa ter contraditório • Para prequestionamento (Súm. nº 197 do TST)
AGRAVO DE INSTRUMENTO	Art. 897, *b*, da CLT	8 dias	Cabe dos despachos que denegarem a interposição de recursos	Depósito recursal de 50% do valor do recurso que pretende destrancar

RECURSO	PREVISÃO	PRAZO	CABIMENTO	OBSERVAÇÃO
AGRAVO DE PETIÇÃO	Art. 897, *a*, da CLT	8 dias	Cabe das decisões do Juiz ou Presidente nas execuções	Só será recebido quando o agravante delimitar, justificadamente, as matérias e os valores impugnados
EMBARGOS AO TST	Art. 894 da CLT	8 dias	Cabe: Infringentes – nos dissídios coletivos. Decisão não unânime de julgamento que conciliar, julgar ou homologar conciliação em dissídios coletivos que excedam a competência territorial dos TRTs e estender ou rever as sentenças normativas do TST Divergentes – nos dissídios individuais. Das decisões das Turmas que divergirem entre si ou das decisões proferidas pela SDI, ou contrárias a súmula ou OJ do TST ou súmula vinculante do STF	Julgados pela SDI ou SDC
RECURSO EXTRAOR-DINÁRIO	CF	15 dias	Decisão que viola a CF	Esgotamento das vias recursais próprias

33. LIQUIDAÇÃO DE SENTENÇA

Sobre a liquidação de sentença, é imprescindível analisar o art. 879 da CLT.

Nele, encontra-se que, sendo ilíquida a sentença exequenda, ordenar-se-á, previamente, a sua liquidação, que poderá ser feita por cálculo, por arbitramento ou por artigos.

Trata-se de fase intermediária que busca definir o valor devido ou individualizar objeto.

A liquidação está diretamente relacionada ao valor econômico da obrigação trabalhista reconhecida pelo título e, em hipótese alguma, relacionada à existência desta. Não se poderá, portanto, modificar e inovar sentença liquidanda, nem discutir matéria pertinente à causa principal.

Espécies:

a) Cálculo.
b) Arbitramento.
c) Artigos.

Na liquidação, não se poderá modificar e inovar a sentença liquidanda nem discutir matéria pertinente à causa principal.

A liquidação abrangerá, também, o cálculo das contribuições previdenciárias devidas.

A atualização do crédito devido à Previdência Social observará os critérios estabelecidos na legislação previdenciária. **A atualização dos créditos decorrentes de condenação judicial será feita pela Taxa Referencial (TR), divulgada pelo Banco Central do Brasil, conforme a Lei nº** 8.177, de **1º de março de 1991**.

As partes deverão ser previamente intimadas para a apresentação do cálculo de liquidação, inclusive da contribuição previdenciária incidente. **Elaborada a conta e tornada líquida, o juízo deverá abrir às partes prazo comum de oito dias para impugnação fundamentada com a indicação dos itens e valores objeto da discordância, sob pena de preclusão**.

Também, elaborada a conta pela parte ou pelos órgãos auxiliares da Justiça do Trabalho, o juiz procederá à intimação da União para manifestação, no prazo de 10 (dez) dias, sob pena de preclusão.

O Ministro de Estado da Fazenda poderá, mediante ato fundamentado, dispensar a manifestação da União quando o valor total das verbas que integram o salário de contribuição, na forma do art. 28 da Lei nº 8.212, de 24 de julho de 1991, ocasionar perda de escala decorrente da atuação do órgão jurídico.

Tratando-se de cálculos de liquidação complexos, o juiz poderá nomear perito para a elaboração e fixará, depois da conclusão do trabalho, o valor dos respectivos honorários com observância, entre outros, dos critérios de razoabilidade e proporcionalidade.

34. JUROS E CORREÇÃO MONETÁRIA

Conforme entendimento jurisprudencial pacificado, consubstanciado na Súm. nº 381 do TST, as prestações mensais sujeitam-se à atualização monetária desde quando se fizerem exigíveis, ou seja, a partir do primeiro dia do mês subsequente ao da prestação de serviço.

Os juros de mora serão devidos a partir da data em que foi ajuizada a reclamação trabalhista (art. 882 da CLT), e incidirão sobre a importância da condenação já corrigida monetariamente (Súm. nº 200 do TST).

Os juros de mora decorrentes do inadimplemento de obrigação de pagamento em dinheiro não integram a base de cálculo do imposto de renda, independentemente da natureza jurídica da obrigação inadimplida, ante o cunho indenizatório aos juros de mora (OJ nº 400, SDI-1, do TST).

Os juros de mora e a correção monetária incluem-se na liquidação, ainda que omisso o pedido inicial ou a condenação (Súm. nº 211 do TST).

Súm. nº 211 do TST:

> Os juros de mora e a correção monetária incluem-se na liquidação, ainda que omisso o pedido inicial ou a condenação.

Súm. nº 439 do TST:

> Nas condenações por dano moral, a atualização monetária é devida a partir da data da decisão de arbitramento ou de alteração do valor. Os juros incidem desde o ajuizamento da ação, nos termos do art. 883 da CLT.

Súm. nº 193 do TST:

> Nos casos de execução de sentença contra pessoa jurídica de direito público, os juros e a correção monetária serão calculados até o pagamento do valor principal da condenação.

35. EXECUÇÃO TRABALHISTA

Princípios

a) **EFETIVIDADE**: o direito material reconhecido em um título judicial ou extrajudicial deverá ser realizado, implementado e efetivado;

b) **MEIO MENOS GRAVOSO PARA O DEVEDOR**: quando o credor puder promover a execução por vários meios, o juiz mandará que se faça pelo modo menos gravoso para o devedor.

c) **IMPULSO OFICIAL**: juiz do trabalho ou tribunal competente deverá promover *ex officio* a execução trabalhista – mesmo na inércia da parte ou qualquer interessado.

d) **PATRIMONIALIDADE**: devedor responde, para o cumprimento de suas obrigações, com todos os seus bens presente e futuros, salvo restrições estabelecidas em lei.

É importante salientar que a execução trabalhista altera a ordem de aplicação subsidiária da normativa processual. Enquanto no processo de conhecimento se aplicam as disposições do CPC naquilo que não for incompatível com o processo do trabalho, na execução a aplicação subsidiária é das normas da Lei de Execuções Fiscais, restando o CPC em última posição.

Tipos de atos: de acertamento, de constrição e de alienação.

Execução de títulos judiciais (CLT, art. 876):

1) Decisões passadas em julgado.
2) Decisões das quais não tenha havido recurso com efeito suspensivo.
3) Acordos, quando não cumpridos.

4) Créditos previdenciários decorrentes de sentença condenatória.

Execução de títulos extrajudiciais (CLT, art. 876):

1) Termos de ajustamento de conduta firmados perante o MPT.
2) Termos celebrado na Comissão de Conciliação Prévia (CCP).
3) Certidão da dívida ativa da União (multas da fiscalização).

A Justiça do Trabalho executará, de ofício, as contribuições sociais previstas na alínea *a* do inc. I, e no inc. II do *caput* do art. 195 da CF e seus acréscimos legais, relativas ao objeto da condenação constante das sentenças que proferir e dos acordos que homologar.

Conforme o art. 878, a execução será promovida pelas partes, permitida a execução de ofício pelo juiz ou pelo Presidente do Tribunal apenas nos casos em que as partes não estiverem representadas por advogado.

Espécies de execuções:

a) **Provisória:** durante algum recurso pendente na fase de conhecimento até a penhora. Art. 899 da CLT: "*Os recursos serão interpostos por simples petição e terão efeito meramente devolutivo, salvo as exceções previstas neste Título,* **permitida a execução provisória** *até a penhora". (grifos nosso)*

Permite a apresentação e o julgamento dos embargos à execução e a realização dos atos que têm função preparatória.

Os autos principais sobem à Instância Superior com o recurso admitido no efeito devolutivo.

Após a penhora ou o julgamento dos embargos, os autos deverão ser sobrestados até o retorno da execução definitiva.

b) **Definitiva:**

Arts. 876 e ss. da CLT.

Cabível de sentença irrecorrível, transitada em julgado.

Conforme art. 883-A, a decisão judicial transitada em julgado somente poderá ser levada a protesto, gerar inscrição do nome do executado em órgãos de proteção ao crédito ou no Banco Nacional de Devedores Trabalhistas (BNDT), nos termos da lei, depois de transcorrido o prazo de 45 dias a contar da citação do executado, se não houver garantia do juízo.

Cita-se o executado para que pague em 48 horas ou garanta a execução sob pena de penhora. Art. 880 da CLT:

> Art. 880. Requerida a execução, o juiz ou presidente do tribunal mandará expedir mandado de citação do executado, a fim de que cumpra a decisão ou o acordo no prazo, pelo modo e sob as cominações estabelecidas ou, quando se tratar de pagamento em dinheiro, inclusive de contribuições sociais devidas à União, para que o faça em 48 (quarenta e oito) horas ou garanta a execução, sob pena de penhora.

§ 1º O mandado de citação deverá conter a decisão exequenda ou o termo de acordo não cumprido.

§ 2º A citação será feita pelos oficiais de diligência.

§ 3º Se o executado, procurado por 2 (duas) vezes no espaço de 48 (quarenta e oito) horas, não for encontrado, far-se-á citação por edital, publicado no jornal oficial ou, na falta deste, afixado na sede da Junta ou Juízo, durante 5 (cinco) dias.

O mandado de citação deverá conter a decisão exequenda ou o termo de acordo não cumprido, e será feita por Oficial de Justiça.

Nesse sentido, é de se observar que não se aplica o procedimento do art. 513 do CPC com a intimação da parte para pagamento sob pena de multa. Isso porque a CLT não é omissão quanto à disciplina da execução nesse tópico.

O art. 889 da CLT determinou, de forma expressa, que aos trâmites e incidentes do processo da execução são aplicáveis, naquilo em que não contravierem ao disposto na CLT, os preceitos que regem os processos executivos fiscais para a cobrança judicial da dívida ativa da Fazenda Pública Federal.

Formas de execução:

Execução para entrega de coisa.

Execução das obrigações de fazer ou não fazer – anotar CTPS, reintegrar servidor, entregar guias etc.

Execução de prestações sucessivas – complementação de aposentadoria.

36. EMBARGOS À EXECUÇÃO

Os embargos à execução ou embargos do executado exigem:

a) Garantia do juízo;

b) Tempestividade – prazo de cinco dias.

Veja-se:

Art. 884 da CLT: "Garantida a execução ou penhorados os bens, terá o executado 5 (cinco) dias para apresentar embargos, cabendo igual prazo ao exequente para impugnação".

A matéria de defesa será restrita às alegações de cumprimento da decisão ou do acordo, quitação ou prescrição da dívida.

Se na defesa tiverem sido arroladas testemunhas, poderá o Juiz ou o Presidente do Tribunal, caso julgue necessários seus depoimentos, marcar audiência para a produção das provas, a qual deverá realizar-se dentro de 5 (cinco) dias.

> **Atenção!**
> Somente nos embargos à penhora poderá o executado impugnar a sentença de liquidação, cabendo ao exequente igual direito e no mesmo prazo.

Julgar-se-ão na mesma sentença os embargos e as impugnações à liquidação apresentadas pelos credores trabalhista e previdenciário.

Considera-se inexigível o título judicial fundado em lei ou ato normativo declarados inconstitucionais pelo Supremo Tribunal Federal ou em aplicação ou interpretação tidas por incompatíveis com a Constituição Federal.

A exigência da garantia ou penhora não se aplica às entidades filantrópicas **nem/ou àqueles que compõem ou compuseram a diretoria dessas instituições**.

Fique atento ao prazo: cinco dias contados da garantia ou penhora. O prazo começa a fluir do depósito da importância da condenação ou assinatura do termo de penhora.

Os embargos à execução têm por finalidade a desconstituição do título executivo e a insubsistência da penhora que recaiu sobre os bens do embargante.

37. EMBARGOS DE TERCEIROS

Os embargos de terceiros, por sua vez, buscam defender um terceiro no processo.

Art. 674 do CPC:

> Quem, não sendo parte no processo, sofrer constrição ou ameaça de constrição sobre bens que possua ou sobre os quais tenha direito incompatível com o ato constritivo, poderá requerer seu desfazimento ou sua inibição por meio de embargos de terceiro.

Momento de interposição

1) Fase de conhecimento: qualquer tempo antes do trânsito em julgado.

2) Fase de execução: até cinco dias depois da arrematação, adjudicação ou remição, mas antes da assinatura da respectiva carta.

Súm. nº 419 do TST: "Na execução por carta precatória, os embargos de terceiro serão oferecidos no juízo deprecado, salvo se indicado pelo juízo deprecante o bem constrito ou se já devolvida a carta (art. 676, parágrafo único, do CPC de 2015)".

38. EXCEÇÃO DE PRÉ-EXECUTIVIDADE

Trata-se de construção doutrinária e jurisprudencial, como forma de defesa na execução, sem a necessidade de garantia do juízo.

Fique ligado com as situações cabíveis: a) ausência de citação no processo de conhecimento; b) incompetência da JT; c) litispendência, coisa julgada, perempção; d) prescrição intercorrente; e) excesso de execução, quitação, novação.

Não há produção de provas.

39. RESPONSABILIDADE DO SÓCIO (DESCONSIDERAÇÃO)

Basta insuficiência de bens na PJ (CDC, art. 28). Seguem-se as regras do CPC.

40. PENHORA

Na execução, se o executado não pagar nem garantir o juízo, serão penhorados seus bens.

Sobre essa penhora, é necessário analisar alguns pontos:

Ordem de indicação de bens à penhora (CLT, art. 882 – CPC, art. 835)

> Art. 835 do CPC. (...)
>
> I – dinheiro, em espécie ou em depósito ou aplicação em instituição financeira;
>
> II – títulos da dívida pública da União, dos Estados e do Distrito Federal com cotação em mercado;
>
> III – títulos e valores mobiliários com cotação em mercado;
>
> IV – veículos de via terrestre;
>
> V – bens imóveis;
>
> VI – bens móveis em geral;
>
> VII – semoventes;
>
> VIII – navios e aeronaves;
>
> IX – ações e quotas de sociedades simples e empresárias;
>
> X – percentual do faturamento de empresa devedora;
>
> XI – pedras e metais preciosos;
>
> XII – direitos aquisitivos derivados de promessa de compra e venda e de alienação fiduciária em garantia;
>
> XIII – outros direitos.

A penhora em dinheiro tem preferência sobre todos os demais bens, de maneira que não cabe mandado de segurança, conforme Súm. nº 417 do TST:

> I – Não fere direito líquido e certo do impetrante o ato judicial que determina penhora em dinheiro do executado para garantir crédito exequendo, pois é prioritária e obedece à gradação prevista no art. 835 do CPC de 2015 (art. 655 do CPC de 1973).
>
> II – Havendo discordância do credor, em execução definitiva, não tem o executado direito líquido e certo a que os valores penhorados em dinheiro fiquem depositados no próprio banco, ainda que atenda aos requisitos do art. 840, I, do CPC de 2015 (art. 666, I, do CPC de 1973).

41. AGRAVO DE PETIÇÃO

Previsão: art. 897, *a*, da CLT.

O recurso de agravo de petição é adequado para impugnar as sentenças proferidas na execução no processo do trabalho.

Conforme o art. 897, *a*, da CLT, cabe agravo de petição, no prazo de 8 (oito) dias: das decisões do Juiz ou Presidente, nas execuções.

O agravo de petição só será recebido quando o agravante delimitar, justificadamente, as matérias e os valores impugnados, permitida a execução imediata da parte remanescente até o final, nos próprios autos ou por carta de sentença.

Quando o agravo de petição versar apenas sobre as contribuições sociais, o juiz da execução determinará a extração de cópias das peças necessárias, que serão autuadas em apartado, conforme dispõe o § 3º, parte final, e remetidas à instância superior para apreciação, após contraminuta.

Observe-se também que, conforme a Súm. nº 416 do TST, devendo o agravo de petição delimitar justificadamente a matéria e os valores objeto de discordância, não fere direito líquido e certo o prosseguimento da execução quanto aos tópicos e valores não especificados no agravo.

42. DISSÍDIO COLETIVO

É o conflito resultante da infrutífera negociação havida entre os sindicatos patronais e os trabalhadores.

É interposto no TRT se a discussão for em âmbito regional ou estadual; no TST, se a discussão for em âmbito nacional.

REQUISITOS

São requisitos para a interposição dos dissídios coletivos de natureza econômica:

Frustação da negociação coletiva; **comum acordo entre as partes:** dispõe o art. 114, § 2º, da CF que:

> Recusando-se qualquer das partes à negociação coletiva ou à arbitragem, é facultado, de comum acordo, ajuizar dissídio coletivo de natureza econômica, podendo a Justiça do Trabalho decidir o conflito, respeitadas as disposições mínimas legais de proteção ao trabalho, bem como as convencionadas anteriormente.

Espécies de dissídios coletivos:

DE NATUREZA ECONÔMICA: objetivam a criação, a extinção ou a modificação de normas ou condições de trabalho em geral, por meio de uma sentença normativa constitutiva.

DE NATUREZA JURÍDICA: pretendem conferir interpretação judicial a uma norma coletiva, por meio de uma sentença normativa declaratória.

DE GREVE: ajuizados diante da paralisação do trabalho.

PODER NORMATIVO DA JUSTIÇA DO TRABALHO

É a possibilidade de a Justiça do Trabalho apreciar e julgar os dissídios coletivos. A decisão tem efeito vinculativo aos sindicatos litigantes.

Conforme dispõe o art. 868, parágrafo único, da CLT, a sentença normativa não terá vigência superior a quatro anos.

> Art. 868. Em caso de dissídio coletivo que tenha por motivo novas condições de trabalho e no qual figure como parte apenas uma fração de empregados de uma empresa, poderá o Tribunal competente, na própria decisão, estender tais condições de trabalho, se julgar justo e conveniente, aos demais empregados da empresa que forem da mesma profissão dos dissidentes.
>
> Parágrafo único. O Tribunal fixará a data em que a decisão deve entrar em execução, bem como o prazo de sua vigência, o qual não poderá ser superior a 4 (quatro) anos.

Por fim, conforme o TST, é dispensável o trânsito em julgado da sentença normativa para a propositura da ação de cumprimento (Súm. nº 246 do TST).

QUESTÕES

1. **(OAB – FGV – XXXI EXAME DE ORDEM)** Após tentar executar judicialmente seu ex-empregador (a empresa Tecidos Suaves Ltda.) Sem sucesso, o credor trabalhista Rodrigo instaurou o incidente de desconsideração de personalidade jurídica, objetivando direcionar a execução contra os sócios da empresa, o que foi aceito pelo magistrado. De acordo com a CLT, assinale a opção que indica o ato seguinte.

   a) O sócio será citado por oficial de justiça para pagar a dívida em 48 horas.

   b) O sócio será citado para manifestar-se e requerer as provas cabíveis no prazo de 15 dias.

   c) O juiz determinará de plano o bloqueio de bens e valores do sócio, posto que desnecessária a sua citação ou intimação.

   d) Será conferida vista prévia ao Ministério Público do trabalho, para que o *parquet* diga se concorda com a desconsideração pretendida.

2. **(OAB – FGV – XXXI EXAME DE ORDEM)** José da Silva, que trabalhou em determinada sociedade empresária de 20/11/2018 a 30/04/2019, recebeu, apenas parcialmente, as verbas rescisórias, não tendo recebido algumas horas extras e reflexos. A sociedade empresária pretende pagar ao ex-empregado o que entende devido, mas também quer evitar uma possível ação trabalhista. Sobre a hipótese, na qualidade de advogado(a) da sociedade empresária, assinale a afirmativa correta. José da Silva, que trabalhou em determinada sociedade empresária de 20/11/2018 a 30/04/2019, recebeu, apenas parcialmente, as verbas rescisórias, não tendo recebido algumas horas extras e reflexos. A sociedade empresária pretende pagar ao ex-em-

pregado o que entende devido, mas também quer evitar uma possível ação trabalhista. Sobre a hipótese, na qualidade de advogado(a) da sociedade empresária, assinale a afirmativa correta.

a) Deverá ser indicado e custeado um advogado para o empregado, a fim de que seja ajuizada uma ação para, então, comparecerem para um acordo, que já estará previamente entabulado no valor pretendido pela empresa.

b) Deverá ser instaurado um processo de homologação de acordo extrajudicial, proposto em petição conjunta, mas com cada parte representada obrigatoriamente por advogado diferente.

c) Deverá ser instaurado um processo de homologação de acordo extrajudicial, proposto em petição conjunta, mas cada parte poderá ser representada por advogado, ou não, já que, na Justiça do Trabalho, vigora o *jus postulandi*.

d) Deverá ser instaurado um processo de homologação de acordo extrajudicial, proposto em petição conjunta, mas com advogado único representando ambas as partes, por se tratar de acordo extrajudicial.

3. (OAB - FGV - XXXI EXAME DE ORDEM) Você foi contratado(a) para atuar nas seguintes ações trabalhistas: (i) uma ação de cumprimento, como advogado da parte autora; (ii) uma reclamação plúrima, também como advogado da parte autora; (iii) uma reclamação trabalhista movida por João, ex-empregado de uma empresa, autor da ação; (iv) uma reclamação trabalhista, por uma sociedade empresária, ré na ação. Sobre essas ações, de acordo com a legislação trabalhista em vigor, assinale a afirmativa correta.

a) Tanto na ação de cumprimento como na ação plúrima, todos os empregados autores deverão obrigatoriamente estar presentes. O mesmo deve ocorrer com João. Já a sociedade empresária poderá se fazer representar por preposto não empregado da ré.

b) O sindicato de classe da categoria poderá representar os empregados nas ações plúrima e de cumprimento. João deverá estar presente, em qualquer hipótese, de forma obrigatória. A sociedade empresária tem que se fazer representar por preposto, que não precisa ser empregado da ré.

c) Nas ações plúrima e de cumprimento, a parte autora poderá se fazer representar pelo sindicato da categoria. João deverá estar presente, mas, por doença ou motivo ponderoso comprovado, poderá se fazer representar por empregado da mesma profissão ou pelo seu sindicato. Na ação em face da sociedade empresária, o preposto não precisará ser empregado da ré.

d) O sindicato da categoria poderá representar os empregados nas ações plúrima e de cumprimento. João deverá estar presente, mas, por doença ou motivo ponderoso comprovado, poderá se fazer representar por empregado da mesma profissão ou pelo seu sindicato. Na ação em face da sociedade empresária, o preposto deverá, obrigatoriamente, ser empregado da ré.

4. (OAB - FGV - XXXI EXAME DE ORDEM) Em setembro de 2019, durante a audiência de um caso que envolvia apenas pedido de adicional de insalubri-

dade, o juiz do trabalho determinou a realização de perícia e que a reclamada antecipasse os honorários periciais. Inconformada com essa decisão, a sociedade empresária impetrou mandado de segurança contra esse ato judicial, mas o TRT, em decisão colegiada, não concedeu a segurança. Caso a sociedade empresária pretenda recorrer dessa decisão, assinale a opção que indica a medida recursal da qual deverá se valer.

a) Agravo de instrumento.

b) Recurso ordinário.

c) Agravo de petição.

d) Recurso de revista.

5. **(OAB – FGV – XXX EXAME DE ORDEM)** O juiz, em sede de execução trabalhista, intimou a parte para cumprir despacho, determinando que o exequente desse seguimento à execução, indicando os meios de prosseguimento na execução, já que não foram encontrados bens no patrimônio do réu. Com fundamento na legislação vigente, assinale a afirmativa correta.

a) O processo ficará parado aguardando a manifestação do exequente por período indefinido de tempo.

b) A declaração de prescrição somente poderá ocorrer por requerimento da parte contrária.

c) A prescrição intercorrente ocorrerá após dois anos, se a parte não cumprir com o comando judicial.

d) O juiz deverá intimar novamente a parte, a fim de dar início ao curso do prazo.

6. **(OAB – FGV – XXX EXAME DE ORDEM)** Em sede de reclamação trabalhista proposta por Sávio, os pedidos liquidados somaram valor inferior a 40 salários mínimos nacionais. A ação foi movida em face do ex-empregador e da União, em razão de alegação de responsabilidade subsidiária. Sobre o caso apresentado, assinale a opção que indica o procedimento a ser seguido.

a) A ação correrá sob o rito sumaríssimo, pois cabível o rito especial para qualquer parte na Justiça do Trabalho, desde que o valor da causa seja compatível.

b) A ação correrá sob o rito ordinário, porque, em que pese o valor da causa, figura ente de direito público no polo passivo.

c) A ação correrá no rito ordinário, mas, caso a primeira ré não seja encontrada, não será possível realizar a citação por edital, em vista de a segunda ré ser a União.

d) A ação correrá no rito sumaríssimo, e, em caso de prova testemunhal, cada parte terá direito a ouvir até três testemunhas.

7. **(OAB – FGV – XXX EXAME DE ORDEM)** No decorrer de uma reclamação trabalhista, que transitou em julgado e que se encontra na fase executória, o juiz intimou o autor a apresentar os cálculos de liquidação respectivos, o que foi feito. Então, o juiz determinou que o cálculo fosse levado ao setor de

Contadoria da Vara para conferência, tendo o calculista confirmado que os cálculos estavam adequados e em consonância com a coisa julgada. Diante disso, o juiz homologou a conta e determinou que o executado depositasse voluntariamente a quantia, sob pena de execução forçada. Diante dessa narrativa e dos termos da CLT, assinale a afirmativa correta.

a) Equivocou-se o juiz, porque ele não poderia homologar o cálculo sem antes conceder vista ao executado pelo prazo de 8 dias.

b) Correta a atitude do magistrado, porque as contas foram conferidas e foi impressa celeridade ao processo do trabalho, observando a duração razoável do processo.

c) A Lei não fixa a dinâmica específica para a liquidação, daí porque cada juiz tem liberdade para criar a forma que melhor atenda aos anseios da justiça.

d) O juiz deveria conceder vista dos cálculos ao executado e ao INSS pelo prazo de 5 dias úteis, pelo que o procedimento adotado está errado.

8. (OAB – FGV – XXX EXAME DE ORDEM) Considere as quatro situações jurídicas a seguir.

(i) A Instituição ABCD é uma entidade sem fins lucrativos.

(ii) Rosemary é uma empregadora doméstica.

(iii) O Instituto Sonhar é uma entidade filantrópica.

(iv) Mariana é uma microempreendedora individual.

Considere que todas essas pessoas são empregadoras e têm reclamações trabalhistas ajuizadas contra si e que nenhuma delas comprovou ter as condições para ser beneficiária de justiça gratuita.

Assinale a opção que indica, nos termos da CLT, quem estará isento de efetuar o depósito recursal para recorrer de uma sentença desfavorável proferida por uma Vara da Justiça do Trabalho.

a) A Instituição ABCD e o Instituto Sonhar, somente.

b) Todos estarão dispensados

c) Instituto Sonhar, somente.

d) Mariana e Rosemary, somente.

9. (OAB – FGV – XXIX EXAME DE ORDEM) O réu, em sede de reclamação trabalhista, ajuizada em 20/04/2018, apresentou defesa no processo eletrônico, a qual não foi oferecida sob sigilo. Feito o pregão, logo após a abertura da audiência, a parte autora manifestou interesse em desistir da ação.

Sobre a desistência da ação pela parte autora, assinale a afirmativa correta.

a) O juiz deverá, imediatamente, homologar a desistência.

b) Não é possível desistir da ação após a propositura desta.

c) Oferecida a contestação, ainda que eletronicamente, o reclamante não poderá, sem o consentimento do reclamado, desistir da ação.

d) O oferecimento da defesa pelo réu em nada se relaciona à questão da desistência de pedidos ou da demanda.

10. (OAB – FGV – XXVIII EXAME DE ORDEM) Em uma greve ocorrida há dois dias dentro de uma indústria metalúrgica, o dirigente sindical, que é empregado da referida empresa, agrediu fisicamente o diretor com tapas e socos, sendo a agressão gravada pelo sistema de segurança existente no local. O dono da empresa, diante dessa prática, pretende dispensar o empregado por justa causa. Em razão disso, ele procura você, como advogado(a), no dia seguinte aos fatos narrados, para obter sua orientação.

De acordo com o disposto na CLT, assinale a opção que apresenta sua recomendação jurídica e a respectiva justificativa.

a) Dispensar imediatamente o empregado por justa causa e ajuizar ação de consignação em pagamento dos créditos porventura devidos.

b) Apresentar notícia-crime e solicitar da autoridade policial autorização para dispensar o empregado por justa causa.

c) Suspender o empregado e, em até 30 dias, ajuizar inquérito para apuração de falta grave.

d) Não fazer nada, porque a justa causa teria de ser aplicada no dia dos fatos, ocorrendo então perdão tácito.

11. (OAB – FGV – XXVII EXAME DE ORDEM) Seu escritório foi contratado pela empresa Alumínio Brilhante Ltda. para assisti-la juridicamente em uma audiência. Você foi designado(a) para a audiência. Forneceram-lhe cópia da defesa e dos documentos, e afirmaram que tudo já havia sido juntado aos autos do processo eletrônico. Na hora da audiência, tendo sido aberta esta, bem como os autos eletrônicos do processo, o juiz constatou que a defesa não estava nos autos, mas apenas os documentos.

Diante disso, o juiz facultou-lhe a opção de apresentar defesa. Nos exatos termos previstos na CLT, você deverá

a) entregar a cópia escrita que está em sua posse.

b) aduzir defesa oral em 20 minutos.

c) requerer o adiamento da audiência para posterior entrega da defesa.

d) requerer a digitalização da sua defesa para a juntada no processo.

12. (OAB – FGV – XXVII EXAME DE ORDEM) A sociedade empresária Alfa S.A. está sendo executada na Justiça do Trabalho e, em 13/03/2018, recebeu citação para pagamento da dívida que possui em relação a um processo. Mesmo citada, a sociedade empresária permaneceu inerte, pelo que, no 10º dia contado da citação, o juízo iniciou, a requerimento do exequente a tentativa de bloqueio pelo sistema Bacen-Jud e, paralelamente, inscreveu o nome do executado no Banco Nacional de Devedores Trabalhistas (BNDT).

Diante da situação apresentada e dos termos da CLT, assinale a afirmativa correta.

a) A atitude do magistrado está correta, eis que não houve o pagamento voluntário da dívida no prazo legal, sendo a inserção imediata no BNDT uma adequada medida coercitiva judicial.

b) A Lei deixa ao arbítrio do juiz determinar a partir de quando o nome do devedor deve ser inserido em cadastro restritivo de crédito, inclusive no BNDT.

c) A Justiça do Trabalho não atua mais com inserção e retirada do nome de devedores no BNDT, pelo que a atitude do magistrado é inócua e contrária às regras da CLT.

d) A decisão que determinou a inserção do nome do devedor no BNDT está equivocada, porque somente poderia ocorrer 45 dias depois de ele não pagar, nem garantir o juízo.

13. (OAB – FGV – XXVII EXAME DE ORDEM) Em reclamação trabalhista ajuizada em fevereiro de 2018, os pedidos formulados por Paulo em face do seu ex-empregador foram julgados totalmente procedentes.

Em relação à verba honorária, de acordo com a CLT, sabendo-se que o patrocínio de Paulo foi feito por advogado particular por ele contratado, assinale a afirmativa correta.

a) Não haverá condenação em honorários advocatícios, porque o autor não está assistido pelo sindicato de classe.

b) Haverá condenação em honorários de, no mínimo, 10% e de, no máximo, 20% em favor do advogado.

c) Haverá condenação em honorários de, no mínimo, 5% e de, no máximo, 15% em favor do advogado.

d) Somente se a assistência do advogado do autor for gratuita é que haverá condenação em honorários, de até 20%.

14. (OAB – FGV – XXVII EXAME DE ORDEM) Em uma reclamação trabalhista, o autor afirmou ter sido vítima de discriminação estética, pois fora dispensado pelo ex-empregador por não ter querido raspar o próprio bigode. Requereu, na petição inicial, tutela de urgência para ser imediatamente reintegrado em razão de prática discriminatória. O juiz, não convencido da tese de discriminação, indeferiu a tutela de urgência e determinou a designação de audiência, com a respectiva citação.

Como advogado(a) do autor, assinale a opção que contém, de acordo com a Lei e o entendimento consolidado do TST, a medida judicial a ser manejada para reverter a situação e conseguir a tutela de urgência desejada.

a) Interpor recurso ordinário seguido de medida cautelar.

b) Nada poderá ser feito, por tratar-se de decisão interlocutória, que é irrecorrível na Justiça do Trabalho.

c) Impetrar mandado de segurança.

d) Interpor agravo de instrumento.

15. (OAB - FGV - XXIII EXAME DE ORDEM) A sociedade empresária Arco Íris Limpeza Ltda. foi citada para pagar o valor de uma dívida trabalhista homologada pelo juiz e, sem apresentar guia de pagamento ou arrolar bens, apresentou embargos de devedor, nos quais aponta diversas inconsistências nos cálculos. Diante disso, de acordo com a CLT, assinale a afirmativa correta:

a) A Justiça do Trabalho passou a adotar o sistema do CPC, pelo qual não há necessidade de garantir o juízo para embargar, de modo que os embargos serão apreciados.

b) A CLT prevê que, para o ajuizamento de embargos de devedor, é necessário garantir o juízo com 50% do valor da dívida exequenda, o que não aconteceu na espécie.

c) Sem a garantia do juízo, o executado não poderá ajuizar embargos de devedor, de modo que as matérias por ele trazidas não serão apreciadas naquele momento.

d) A CLT determina quem, havendo ajuizamento de embargos de devedor, o executado é obrigado a declarar, o valor que entende devido e a depositar essa quantia à disposição do juízo.

16. (OAB - FGV - XXIII EXAME DE ORDEM) Rita é engenheira e trabalhou na empresa Irmãos Construtores Ltda. por 3 anos. Ao ser dispensada, ajuizou ação trabalhista em face da ex-empregadora. Como tinha experiência na área de recursos humanos de empregos anteriores, decidiu ela própria fazer sua defesa jurídica, não buscando, portanto, a assistência de advogado ou sindicato. Elaborou a petição inicial, compareceu à audiência e formulou perguntas para testemunhas e para a parte ré.

Ao término da instrução o juiz prolatou sentença de improcedência do petitório de Rita, a qual, inconformada, interpôs recurso ordinário, que teve provimento negado, sendo mantida a sentença de primeiro grau. Ainda inconformada, adotando o mesmo sistema, entendendo ter havido violação literal de dispositivo constitucional tanto na sentença de primeiro grau como no acórdão, Rita, da mesma forma e desacompanhada de advogado, interpõe o competente recurso de revista para o TST.

Com base na jurisprudência consolidada do TST acerca da postulação em causa própria, assinale a afirmativa correta.

a) O recurso deverá ser conhecido e provido.

b) O recurso deveria ser endereçado ao STF, em razão da alegada violação constitucional.

c) Não cabe mais recurso do julgado.

d) O recurso deverá ter o seguimento negado por irregularidade de representação.

17. (OAB - FGV - XXIII EXAME DE ORDEM) Reinaldo, Wilma e Teodoro trabalharam no restaurante Fino Paladar Ltda. Todos procuraram o mesmo advogado para apresentar reclamação trabalhista: Reinaldo diz que não recebeu horas extras, Wilma informa que não recebeu as verbas resilitórias e Teodoro diz que não recebeu a participação nos lucros. Diante da situação retratada e de acordo com a CLT, assinale a afirmativa correta.

a) Não é possível o ajuizamento de reclamação plúrima, porque os pedidos são distintos.

b) A CLT não traz os requisitos para o litisconsórcio ativo e, por isso, ficará a critério do juiz aceitar o ingresso conjunto.

c) Cabe manejo da reclamação plúrima, porque o empregador é o mesmo.

d) No caso apresentado, caberá o ajuizamento de dissídio coletivo.

18. (OAB – FGV – XXIII EXAME DE ORDEM) Rômulo ajuizou ação trabalhista em face de sua ex-empregadora, a empresa Análise Eletrônica Ltda. Dentre outros pedidos, pretendeu indenização por horas extras trabalhadas e não pagas, férias vencidas não gozadas, nem pagas, e adicional de periculosidade.

Na audiência, foi requerida e deferida a perícia, a qual foi custeada por Rômulo, que se sagrou vitorioso no respectivo pedido. Contudo, os pedidos de horas extras e férias foram julgados improcedentes. Rômulo também indicou e custeou assistente técnico, que cobrou o mesmo valor de honorários que o perito do juízo.

Observados os dados anteriores e o disposto na CLT, na qualidade de advogado(a) que orientará Rômulo acerca do custeio dos honorários periciais e do assistente técnico, assinale a afirmativa correta.

a) Tendo Rômulo sido vitorioso no objeto da perícia, não há que se falar em pagamento de honorários periciais nem do assistente técnico, pois a ré os custeará.

b) Independentemente do resultado no objeto da perícia, como ao final o rol de pedidos foi parcialmente procedente, Rômulo custeará os honorários periciais e os do assistente técnico.

c) Em virtude da aplicação do princípio da celeridade, descabe a indicação de assistente técnico no processo do trabalho, não cabendo a aplicação subsidiária do CPC nesse mister.

d) Tendo Rômulo sido vitorioso no objeto da perícia, os honorários periciais serão custeados pela parte sucumbente no seu objeto, porém os honorários do assistente técnico serão de responsabilidade da parte que o indicou.

19. (OAB – FGV – XXII EXAME DE ORDEM) Lucas é vigilante. Nessa condição, trabalhou como terceirizado durante um ano em um estabelecimento comercial privado e, a seguir, em um órgão estadual da administração direta, no qual permaneceu por dois anos. Dispensado, ajuizou ação contra o ex-empregador e contra os dois tomadores dos seus serviços (a empresa privada e o Estado), pleiteando o pagamento de horas extras durante todo o período contratual e a responsabilidade subsidiária dos tomadores nos respectivos períodos em que receberam o serviço. A sentença julgou procedente o pedido e os réus pretendem recorrer. Em relação às custas, com base nos ditames da CLT, assinale a afirmativa correta.

a) Cada réu deverá recolher 1/3 das custas.

b) Havendo participação do Estado, ninguém pagará custas.

c) Somente o Estado ficará dispensado das custas.

d) Cada réu deverá recolher a integralidade das custas.

20. (OAB – FGV – XX[illegible]I EXAME DE ORDEM) Em reclamação trabalhista que se encontra na fase de execução, o executado apresentou exceção de pré-executividade. Após ser conferida vista à parte contrária, o juiz julgou-a procedente e reconheceu a nulidade da citação e de todos os atos subsequentes, determinando nova citação para que o réu pudesse contestar a demanda. Considerando essa situação e o que dispõe a CLT, assinale a opção que indica o recurso que o exequente deverá apresentar para tentar reverter a decisão.

a) Apelação.

b) Agravo de Petição.

c) Recurso de Revista.

d) Recurso Ordinário.

GABARITO

1. B; 2. B; 3. C; 4. B; 5. C; 6. B; 7. A; 8. C; 9. C; 10. C; 11. B; 12. D; 13. C; 14. C; 15. C; 16. D; 17. A; 18. D; 19. C; 20. B

REFERÊNCIAS BIBLIOGRÁFICAS

LEITE, Carlos Henrique Bezerra. *Curso de direito processual do trabalho*. 16. ed. São Paulo: Saraiva, 2018.

MARTINS, Sérgio Pinto. *Direito processual do trabalho*. 35. ed. São Paulo: Atlas, 2015.

SCHIAVI, Mauro. *Manual de direito processual do trabalho:* de acordo com o novo CPC. 12. ed. São Paulo: LTr, 2017.